# 中国工运通史

## 海员工会卷（上册）

中国海员建设工会　编

中国工人出版社

**图书在版编目（CIP）数据**

中国工运通史．海员工会卷．上 / 中国海员建设工会编．-- 北京：中国工人出版社，2025. 4. -- ISBN 978-7-5008-8712-6

Ⅰ．K261.3

中国国家版本馆 CIP 数据核字第 2025UK6094 号

中国工运通史 海员工会卷（上）

| | |
|---|---|
| **出 版 人** | 董 宽 |
| **项目统筹** | 蒋佩轩 |
| **责任编辑** | 葛忠雨 丁洋洋 |
| **流程编辑** | 李若昕 |
| **责任校对** | 张 彦 |
| **责任印制** | 栾征宇 |
| **封面设计** | 久品轩 |
| **出版发行** | 中国工人出版社 |
| **地 址** | 北京市东城区鼓楼外大街45号 邮编：100120 |
| **网 址** | http://www.wp-china.com |
| **电 话** | （010）62005043（总编室）<br>（010）62005039（印制管理中心） |
| **发行热线** | （010）82029051 62383056 |
| **经 销** | 各地书店 |
| **印 刷** | 北京盛通印刷股份有限公司 |
| **开 本** | 710毫米×1000毫米 1/16 |
| **印 张** | 66.75 |
| **字 数** | 837千字 |
| **版 次** | 2025年4月第1版 2025年4月第1次印刷 |
| **定 价** | 357.00元 |

# 《中国工运通史 海员工会卷》

## 编 委 会



## 顾问委员会

# 序

为隆重庆祝中华全国总工会成立100周年，编写《中国工运通史 海员工会卷》，这是件很有意义的工作，不仅是对历史的致敬，更是对未来的启迪。中国海员工人运动作为中国工人运动的重要组成部分，其历史是一部波澜壮阔的史诗，它们镌刻着无数海员在惊涛骇浪中追求光明、捍卫权益、投身革命的壮举，也承载着中国工人阶级与民族命运同频共振的深厚情怀。作为这段历史的见证者与参与者，我深感荣幸能以序言的形式，为这部凝聚血泪与荣光的史册增添一份敬意与思考。

中国海员工人运动的萌芽，始于近代中国的屈辱与抗争。鸦片战争后，西方列强的坚船利炮轰开了国门，航运业成为殖民势力攫取利益的工具。彼时的中国海员，是国际航运链条中的廉价劳动力，饱受歧视与剥削，生活在民族苦难中，但他们在压迫中逐渐觉醒，成为中国第一代工人阶级的重要代表。1921年3月6日，中华海员工业联合总会宣告成立，成为中国工人运动史上第一个具有现代工会特征的全国性产业工会，有着重要的历史意义。它标志着中国工人阶级从自在阶级向自为阶级转变，团结起来开展有意识、有组织的斗争，维护合法权益，并开始走上政治舞台，为中国革命第一次工运高潮的形成作了组织准备、积累了斗争经验。

1922年，在中国共产党领导支持下，海员工会直接发动和领导了香港海员大罢工并取得了胜利，揭开了中国海员工运史的光辉一页。香港海员大罢工成为中国工人运动第一个高潮的起点。

1925年6月，海员工会作为主要发动者之一，参加了震撼世界的五卅运动和省港大罢工，在斗争中表现出极大的革命热忱，发挥了先锋和骨干作用，推动形成了波澜壮阔的工人运动高潮。1925年，海员工会与汉冶萍总工会、全国铁路总工会、广州工人代表会等共同发起组建成立了中华全国总工会，促成了全国工人运动的团结统一，为中国工会建设作出了重大贡献。

在新民主主义革命时期，特别是在国内革命战争、抗日战争、国际反法西斯斗争和解放战争中，在中国共产党领导下，中国海员坚决反抗帝国主义、封建主义和官僚资本主义三座大山的压迫，积极开展斗争，成为革命斗争中一支不可忽视的力量。

1949年，在国家和民族发展的重要转折时刻，在中国共产党的领导下，方枕流船长毅然决然率领“海辽”轮起义，冒着生命危险，冲破重重封锁成功到达解放区。“海辽”轮起义成功，吹响了中国海员反对国民党黑暗统治，投向新中国的号角，在“海辽”轮的影响和鼓舞下，香港招商局及其一系列海轮起义，为新中国航运事业的发展奠定了基础。正如毛主席所言：“海辽轮的起义，是为着人民国家的利益，是全国人民所欢迎的……”“海辽”轮在开国大典前升起了五星红旗，成为新中国第一艘升起五星红旗的海轮。“海辽”轮起义被载入新中国交通大事记的第一篇，新中国航运事业的伟大征程也由此起步。“海辽”轮起义是中国海员追求民族解放的缩影。

新中国成立后，在全国总工会的领导下，中国海员为打破帝国主义的封锁禁运，为恢复和发展中国独立自主的水运事业和完成水运五年规划建设而艰苦创业。党的十一届三中全会后，中国海员工会以经济建设为中心，积极组织海员参与改革开放，开拓创新，水运事业取得大发展，对外运输跃上了新台阶。随着中国航运事业的发展，中国海员建设工会积极参与《2006年海事劳工公约》的制定和实施工作，有效增强了产业工会源头参与和整体维权的工作力度，为中国航运业实施“走出去”战略保驾护航作出贡献。2009 年 12 月 23 日，中国海员建设工会与中国船东协会签署《中国船员集体协议（A 类）》，这是中国第一个全国性行业集体协议，为维护劳动者合法权益提供行业模式。

进入新时代，中国海员建设工会始终坚守初心、砥砺前行，推动中国海员践行“一带一路”倡议，为承担人类命运共同体理念的传播作出贡献；积极实施《新时期产业工人队伍建设改革方案》，以探索建立跨区域、跨行业、跨企业的劳模和工匠人才创新工作室联盟为着力点，与时俱进支持企业和广大海员职工参与人工智能与绿色航运的变革浪潮，推动改革不断深化，为国家作出了新贡献。

纵观中国海员工运史，我们更加敬仰林伟民、苏兆征等早期工运领袖，更加崇敬陈郁、廖承志、刘达潮、丘金等老一辈海员工会领导人，更加深切缅怀“海辽”轮、香港招商局及其船舶的起义英雄，以及在社会主义革命、建设及改革开放中涌现出的成千上万的英雄模范人物。他们集中体现了中国海员热爱祖国、追求光明、勇于奉献、团结奋斗、开拓创新的革命传统和优良品质，构筑起了中国海员的精神丰碑，值得我们永远学习继承和发扬光大。

纵观中国海员工人运动一百多年的光辉历程，我们借编撰《中国工运通史 海员工会卷》的机会，运用辩证唯物主义的历史观和方法论，客观、全面、准确地审视和评价中国海员工会和工人运动的历史地位、历史责任、优良传统和当代任务，能够更加有力加强对海员的思想政治引领，团结引导广大海员坚定理想信念，提升自身素质，勇挑重担，勇往直前，扬帆再起航。

纵观中国海员工人运动史，我们一定要深刻认识中国工会是中国共产党领导的职工自愿结合的工人阶级群众组织，是中国共产党联系职工群众的桥梁和纽带，中华全国总工会及其各工会组织代表职工的利益，工会在维护全国人民总体利益的同时，代表和维护职工的合法权益。这是社会主义国家工会区别于资本主义国家工会的最基本特征和政治原则，是由国家性质决定的。工会应把党和国家的方针政策与职工的工作和愿望协调统一起来，把群众团结在党的周围，去完成党的总目标。党的群众路线的加强是党的根本指导方针的加强，是社会主义制度的完善和巩固。工会作为中国政权支柱的作用是中国工会必须坚持的正确政治方向。

纵观中国海员工人运动史，历史证明中国海员工人运动和工会必须坚持中国共产党领导；必须坚持服从服务于党和国家的大局；必须坚持在全国总工会领导下的工人运动的团结统一；必须坚持结合产业特点，贯彻新发展理念、构建新发展格局，着力推动和谐劳动关系的构建，代表和维护本产业工人在生产安全、社会保障、民主管理、教育培训、生活福利等方面的权益。团结引领广大水运职工听党话、跟党走，深刻诠释中国工人运动的时代主题，让水运职工成为我们党可以信赖和依靠的坚强力量。

编写《中国工运通史 海员工会卷》不仅是缅怀过去，更是为了回应时代，回应工运事业；我们不仅要秉承先辈们的理想信念，践行与祖国同命运，与时代共发展的使命，更要凝聚起复兴中华、建设海洋强国、统一祖国的强大力量！继往开来，振兴中国海员工人运动和工会事业，再创辉煌！

至此要感谢在中国海员建设工会全国委员会统一组织领导下，全委会委员单位共同努力，感谢老领导和专家们的大力支持；特别要感谢以桑史良主编为首的编纂组和中国海员建设工会海员工作部的同志，他们为编撰工作倾注了大量心血，克服了诸多困难，为本书最终出版作出了重要贡献。

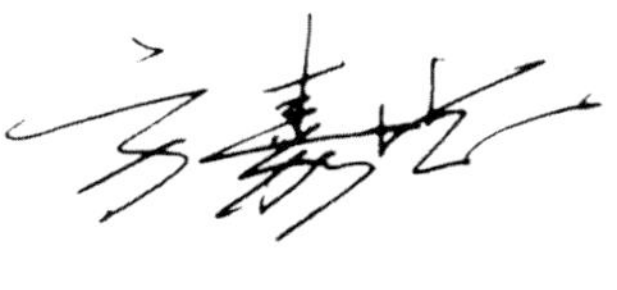

2025 年 3 月

# 编撰说明

2022年5月，为迎接中华全国总工会成立100周年，全国总工会启动了《中国工运通史》编撰工作。中国海员建设工会为贯彻落实全国总工会的相关要求，成立了由中国海员建设工会主席李庆忠为主任的《中国工运通史 海员工会卷》编审委员会，编撰出版《中国工运通史 海员工会卷》。这是中国海员建设工会发展历程中的大事，是以史为鉴、以史为师、以史为镜的基础工作，有利于更好地把交通建设产业职工紧密团结到中国共产党周围，发挥好党联系职工群众的桥梁纽带作用；有利于更好地围绕党和国家中心任务，深化推进产业工人队伍建设改革，组织动员广大职工为推动高质量发展贡献智慧和力量；有利于更好地履行维权服务基本职责，聚焦职工群众急难愁盼问题，不断增强广大职工的获得感、幸福感、安全感。

《中国工运通史 海员工会卷》以海员工会诞生发展为脉络，系统阐述和总结了中国海员工人运动发展的重大事件和历史经验，第一次全面梳理了中国共产党领导下的中国海员工人运动历史，是中国工人运动历史的重要组成部分。本书以时间为序，共设八章。前二章自鸦片战争后至新中国成立前，介绍了中国海员和海员工会的诞生、发展过程，展现了在中国共产党领导下，海员工会以维护海员利益为己任，团结海员与资本家、帝国主义、军阀和国民党反动派进行斗争的过程。后六章自从新中国诞生至2023年，介绍了各个阶段中国海员工会、中国海员建设工会团结引导产业职工开展以建设新中国与维护职工权益为主线的各项工作过程。每章按内容设八节，分为方针政策、组织机构、重点工作、劳动竞赛、维护权益、文化宣传、工会管理、对外交往内容，突显时代特征、重点任务和工作特色。

《中国工运通史 海员工会卷》编撰过程分会稿和统稿两个阶段。第一阶段，由桑史良执笔第一章至第四章，谢茹梦执笔第五章和第六章，郭禄执笔第七章，陈建执笔第八章。第二阶段，由桑史良统写成稿。本书成稿后，朱嫣红、王建兰对第七、第八章行进了审读，提出了许多宝贵意见；谢茹梦、王剑对全书进行校稿。在此基础上，编审委员会先后组织了三次评审，得到了方嘉德、李滨生、张士辉、吴子恒、李铁桥、丁小岗、朱临庆、魏薇、张苏仲、孙涛、张善民、马骥、卢晓露、陈德诚、佟成权、邹卫民、戴文宪等领导和专家的全力支持，他们仔细研读，认真把关，纠正错误，为本书正确反映历史史实，恰如其分评价历史，提高史稿质量作出重要贡献。

本书编撰期间得到了中央档案馆、中国第二历史档案馆、全国总工会办公厅档案处、广东省历史档案馆、招商局档案馆、黑龙江省历史档案馆、辽宁省历史档案馆的支持；得到了中国远洋海运集团有限公司工会、中国建筑第二工程局有限公司工会和中国海事服务中心的全面保障；得到了广东省海员工会、山东省海员工会、黑龙江省海员工会、烟台市总工会、深圳市工交工会、交通运输部北海救助局工会、中国交通建设集团有限公司工会联合会、中国外运股份有限公司工会、天津港集团有限公司工会、河北港口集团有限公司工会、山东省港口集团有限公司工会、江苏省港口集团有限公司工会、宁波舟山港集团有限公司工会、江苏海事职业技术学院、烟台国际海员俱乐部、汕头国际海员俱乐部以及全委会委员单位支持协助。得到了全国总工会办公厅、组织部、研究室、财务部、国际部、中国工运研究所、中国职工交流中心、中国劳动关系学院及各全国产业工会、全国总工会有关部门、交通运输部海事局等单位对编史工作的重要帮助；中央档案馆谷欣、付文谦，全国总工会办公厅档案处宋钦，同济大学马克思主义学院博士后徐迟，烟台港档案馆衣彩艳等为本书提供了珍贵资料；杨巍、倪道余、许国胜、潘英雪、王志鹏、邢艺、刘超男、周巍、王勇、高增云、卢艳民、侯禹、金鸥等专家和同志在不同阶段参与了本书的编写和研究工作，在此表示衷心感谢。

由于《中国工运通史 海员工会卷》是一部行业工人运动史，特作如下说明：

一、本书断代上限起于1840年1月，下限止于2023年12月。

二、本书所称的“新中国”是指1949年10月1日成立的中华人民共和国，之前的中华民国时期，对应称“旧中国”，书内所称“解放前”，是指各地政权由中国人民解放军接管之前，所称“解放后”则指接管之后。

三、本书记述内容地域范围限于中国内地（大陆）地区，香港特别行政区、澳门特别行政区和台湾地区的海员工人运动历史另行著述。

四、由于约定俗成，新中国成立前，中华海员工业联合总会书内用简称“海总”“海员工会”“赤色海总”；新中国成立后，中国海员工会全国委员会，书内用“中国海员工会”等予以代指。中国海员工会下属工会因历史变迁，虽然名称多次调整和变更，但业内都形成了约定俗成的简称。如中国海员工会上海海运管理局委员会，书内用“上海海运工会”等予以代指。

五、新中国水运行业的一些单位，虽经不同时期的多次调整和名称变更，业内都形成了约定俗成的简称。为简洁流畅记述，本书在使用这些简称时不再一一加注，如：简称“上海海运”，其不同阶段单位名称变化很大：中国人民轮船总公司上海区公司、华东区海运管理局、交通部上海海运管理局、交通部华东区管理局、交通部上海区海运管理局、上海海运管理局、上海轮船公司、上海海运局、交通部上海海运管理局、上海海运（集团）公司、中远海运（上海）公司和中远海运（上海）有限公司等，书内用“上海海运”予以代指。

六、本书所称船员，是指船上的一切任职人员。实际上船员有不同工种，并对应着从一般到最高级别的不同称谓。如船长、轮机长、驾驶员、轮机员、电机员、木匠、舵工、水手、生火、机匠、电工、服务员等。

七、本书编著采用的史料主要来源于中央档案馆、中国第二历史档案馆、广东省历史档案馆、黑龙江省历史档案馆、辽宁省历史档案馆、全国总工会办公厅档案处、中国海员建设工会办公室和水运行业相关单位，部分来源于水运领域专业文献资料，除特别标注的，一般不注明出处。

八、本书引用的统计数据，除专门注明来源外，源自全国总工会、中国海员建设工会档案资料。鉴于统计数据存在修正过程，同一名称的数据在不同统计时点、不同统计口径以及使用时点先后等情形下可能略有不同。

九、本书计量单位、数字用法，均按国家标准和规定。由于水运行业的特殊性和国际性，也使用业内常用的计量单位。如里程距离，习惯上河运使用“公里”，海运使用“海里”（1 海里等于 1.852 千米）为计量单位。

十、本书以编年体为主，按公元纪年，年份前均省去“公元”二字。

由于本书跨度时间长，涉及内容多，专业性强，而编写时间短，又遇到特殊时期收集资料困难等，再囿于笔者的学识和能力，错漏之处难免，欢迎各位专家和广大读者给予指正。

2025 年 3 月

# 目录 / CONTENTS

第五章

## 改革开放谋海员工会发展（1978—1992）



第六章

## 海员工会支持改革维护权益（1992—2002）

第一章

# 中国海员工会成立

（1840—1927）

中国近代航运的发展，孕育了中国最早的产业工人之一——中国海员，他们是推动近代航运事业发展，乃至中国社会革命的动力，他们的反抗斗争，在中国民主主义革命史上占有突出的地位。

1840 年，清朝闭塞、腐朽的统治与西方资本主义强国工业革命后的对外扩张发生了激烈冲突，并爆发了鸦片战争，结果清朝战败。1842 年 8 月，清政府被迫与英国政府签订了《南京条约》，使得英国拥有对华便利其商品输出等特权。该条约是中国近代史上第一个不平等条约，它破坏了中国主权和领土的完整，并使中国开始沦为半殖民地半封建社会。1844 年，美、法两国与清政府签订了《望厦条约》《黄埔条约》，获得与英国相同的特权。1858 年，第二次鸦片战争中清政府战败，被迫签订《天津条约》，允许外国军舰和商船可以在长江各口岸自由航行等。之后，俄、美、英、法压迫清政府，进一步获得了侵略特权，中国封建社会自然经济开始解体。

## 第一节　中国海员的诞生

鸦片战争后，一系列不平等条约的签订，使中国沿海海关和港口完全被外国列强控制，内河航权逐步丧失殆尽。中国海上和内河的广大水域成为帝国主义者的领地，中国航运事业在列强压迫下求生存，在反抗中谋发展。

《南京条约》废除公行制度，准许英商贸易船直驶中国广州、福州、厦门、宁波、上海等开放港口，可以在华自由贸易等。1843 年 10 月，英国强迫清政府在虎门订立了《五口通商附粘善后条款》①，其航运势力深入中国内陆。同时，西方列强趁火打劫，相继强迫清政府签订了一系列不平等条约，并实施“一体均沾”，迫使清政府放弃海禁和闭关锁国政策，被迫向世界敞开大门，沿海及内河航行主权丧失，西方列强大量贸易船舶直接驶入中国港口。

## 一、近代航运业的兴起

西方列强航运企业利用船舶性能上的优势，纷纷开辟至中国航线的运输，先后成立贸易洋行、轮船公司，经营往返中国的水上运输。1848 年，一名英国商人在香港成立香港广州小轮公司（又称“省港小轮公司”，1854 年倒闭）。1862 年，美国旗昌洋行在上海设立“旗昌轮船公司”。此后，一大批洋行争相成立专走中国江海航线的专业轮船公司。英国商人先后于 1863 年、1867 年、1868 年、1872 年和 1873 年，设立“德忌利士”“公正轮船公司”“北清轮船公司”“太古轮船公司”“华海轮船公司”等。1881 年，又一名英国商人成立“印度中国轮船公司”，因属上海怡和洋行，所以通称“怡和轮船公司”②。其间，法兰西火轮公司、北德轮船公司、西班牙轮船公司和日本的“湖南民船会社”“日销汽船会社”等船公司也开始设置往返至中国的航线或参与中国境内航线经营。这些轮船公司都雇用了中国海员。据不完全统计，帝国主义在中国开办的航运公司，1894 年前有 14 家，1895 年至 1913 年设立的有 14 家，1914 年至 1938 年设立的有 16 家，即先后有 44 个外国资本家在中国经营航运企业。其主要的代表有英国的怡和洋行、太古洋行，日本的邮船会社和日清汽船会

---

① 《五口通商附粘善后条款》通常称为《虎门条约》。

② 聂宝璋：《中国近代航运史资料》第一辑上册，上海人民出版社 1983 年，第 727 页。

社等。

随着对中国贸易量的增加，航运业迅速发展，形成由南向北扩展，并进入长江流域的各口岸。由于洋行经营的贸易运输利润丰厚，因此不断增加船舶，扩充运能。以上海为例，1844 年，进口船舶才有 44 艘，载货量只有 8584 吨，到了 1855 年，进口船舶增到 437 艘，载货量达 157000 多吨。短短 11 年，进口船舶增加近 10 倍，进口货运量增长近 20 倍。1864 年至 1871 年中国通商口岸进出港船舶统计表详见表 1-1。

**表 1-1　1864 年至 1871 年中国通商口岸进出港船舶统计表①**

| 年份 | 全国进出港船舶 | | 中国籍船舶 | | 各国吨位所占比重（%） | | | |
|---|---|---|---|---|---|---|---|---|
| | 艘数 | 吨数 | 艘数 | 吨数 | 英国 | 美国 | 德国 | 中国 |
| 1864 | 17966 | 6635485 | 1021 | 64588 | 43. 1 | 39. 3 | 8. 7 | 1 |
| 1865 | 16628 | 7136301 | 574 | 39548 | 48. 6 | 37. 1 | 7. 2 | 0. 6 |
| 1866 | 15672 | 6877582 | 516 | 33724 | 57. 0 | 28. 5 | 9. 0 | 0. 5 |
| 1867 | 14704 | 6396815 | 561 | 34600 | 58. 0 | 26. 2 | 9. 6 | 0. 5 |
| 1868 | 14075 | 6418503 | 571 | 32732 | 51. 9 | 34. 9 | 7. 3 | 0. 5 |
| 1869 | 14802 | 6843072 | 482 | 29636 | 44. 6 | 40. 1 | 9. 7 | 0. 4 |
| 1870 | 14136 | 6907828 | 469 | 29939 | 45. 2 | 43. 5 | 5. 4 | 0. 4 |
| 1871 | 14966 | 7385197 | 474 | 30013 | 45. 2 | 43. 2 | 5. 8 | 0. 4 |

西方列强的航运业资本家都知道，在中国建立洋行（轮船公司）是有重利可图的。然而，西方列强之间在华经营水上运输贸易的竞争也是十分激烈的。以经营长江航线为例，1861 年 1 月，美国琼记洋行的轮船最早驶进长江开展贸易；几乎同时，英商宝顺洋行也在积极筹办长江航运；1862 年 7 月，怡和洋行也开始投入长江班

① 聂宝璋：《中国近代航运史资料》第一辑上册，上海人民出版社 1983 年版，第 324—325 页。

轮运营。此后，其他一些洋行也相继涌入长江开展水上运输。

1862 年，旗昌洋行采取了降低运费打击对手的政策，开始参与竞争，经过与怡和、宝顺等洋行协商，最终达成一项运价协定。但在经营过程中，由于协议过粗，无法协调，很快又恢复到压价竞争状态。在激烈的价格竞争中，首先倒下的是一些小洋行。1865 年 6 月，吠礼查洋行首先表示愿意退出长江航运，紧接着同孚洋行、广隆洋行也决定退出；1867 年 1 月底，宝顺洋行因经营困难被迫与旗昌洋行达成协议约定，保证宝顺洋行 10 年之内不在长江航线派船经营，也不经营轮船代理业务。与宝顺洋行达成协议几天后，怡和洋行与旗昌洋行签订了和宝顺洋行完全相同的协议。同年 2 月，丰裕洋行首先将“大华”号船舶出售给旗昌轮船公司；琼记洋行也只得与旗昌洋行签订一项退出长江航线的协定。

随着一系列不平等条约的签订，外国洋行（轮船公司）获得了更多特权，如外国洋行船舶的吨税大大降低，再加上航速快、抗灾害天气能力强和客货都有保险，航运优势明显。他们凭借获得的种种特权以及轮船技术上的优越性能，大举入侵中国航运业，抢占了木帆船的航运业务。相比之下，中国传统帆船运输显然处于不利的地位，航运业务受到严重影响，面临着日趋衰落的局面，以致众多木帆船船商迅速破产。外国轮船不仅挤垮了本地沿海贸易和运输业，南粮北调的漕运也受到严重威胁。另外，华商为了逃避繁重的国家税收和无度水脚①，还利用外商特权，挂外商旗号从事航运，这种船舶诡谲经营直接给清政府的航运管理造成了混乱，并带来了损失。

面对“三千余年一大变局”，以李鸿章等为代表的官员决心兴起洋务运动，把魏源的“师夷长技以制夷”的思想付诸实践，解除内忧外患，谋求自强。1872 年 8 月，在总理衙门支持下，李

① “水脚”常指的是通过水路运输货物或人员所需的费用。

鸿章开始组织人员筹办轮船招商；12 月 23 日，李鸿章向清廷奏呈《试办招商轮船折》，提出“招商试办轮船，分运来年江浙漕粮”等建议；三天后，奏折获同治皇帝批准。1873 年 1 月 17 日，轮船招商局在上海正式开业，并相继在中国烟台、汉口、天津、福州、广州、香港，日本横滨、神户，菲律宾吕宋等地设立分局，这标志着中国近代民族航运业的兴起。轮船招商局也是中国近代设立最早、历时最久、规模最大的民族企业。之后，兆安轮船公司、元安轮船公司、政记轮船公司、宁绍商轮公司等华商轮船公司也陆续成立。

这一时期，外国航业的大量大吨位轮船涌进中国，扩大在中国的航运势力，完全控制了中国的航运事业。1893 年，外国轮船进出中国通商口岸的船吨，有 2200 余万吨，占进出口总吨量的 79. 1%；而 10 年后的 1903 年，外国轮船进出量剧增至 4700 余万吨，占进出口总吨量的 84. 3%。

中国帆船之所以在激烈的水上运输竞争中没落，除了其运输工具落后外，最大的原因还是受到封建主义的束缚和帝国主义的压迫。中国沙船的兴衰就可以证明这一点。沙船是一种平底的、适宜航行于北方浅沙水道的大型远航帆船，在元朝漕运中得到很大发展，虽然在明末清初被禁止出海，但是到 1850 年时沙船仍有 4000 余艘。这些沙船船商多则拥有四五十艘（每艘值钱七八千两）沙船，除运粮外，也往来于上海、关东之间，运送豆、麦、杂粮及商货。船商除经营运输外，亦兼营商业，因此，这些沙船的经营已经出现了资本主义的萌芽。当外国轮船入侵，以及轮船招商局成立后，漕运被轮船招商局所夺，沿海运输又受到外轮的竞争，传统帆船运输自然无法与现代轮船运输相抗衡，到 1872 年（同治十一年），沙船仅剩下 400 余艘，到 1900 年已不足 50 艘。

1883 年 1 月 10 日，《北华捷报》曾报道了一家沙船行的倒闭："一个老船行'周三行'，经营百余年的沙船号，上周二倒闭了，负债20万两，是轮船进入中国领水及沿岸之后业务恶劣所致。"中国帆船在中国封建经济压抑下和帝国主义经济压迫下，即便像沙船那样具有资本主义萌芽的船行亦避免不了衰落的命运。

## 二、海员队伍的形成

1835年，第一艘来到中国的轮船——英国船舶"Jardine"号轮，首先来到广州，之后便航行于广东与澳门及伶仃岛之间。1842年，英国船舶"Medisa"号轮到达上海。之后来中国的外国船舶逐渐增多。

鸦片战争后，帝国主义列强派大量船舶前往中国，销售鸦片，牟取暴利；同时演变成了他们倾销商品和掠夺原料资源以谋取利益的途径。为了扩大经济侵略的需要，帝国主义列强不仅在中国办起了轮船公司，还开办了码头业和船舶修造业，同时开办了一些加工企业。

当时由于中国木帆业迅速没落，帆船船员大批失业。与此同时，同样受到洋货入侵而大批失业或破产的手工业者和农民等生活日益窘迫。为了谋生，大批廉价劳动力充斥着劳动力市场，为外国资本经营的企业所雇用，成为中国的第一代工人阶级。他们的构成"主要是外国轮船上的船员，香港及沿海通商口岸的船坞工人、码头工人，以及其他少数的工厂工人"①。中国的海员就是在失败与屈辱中被动诞生的。

在中国交通便利的沿海城市，人们为了谋生，被招募去当海员。从上海以南沿海地区的中国海员一般到欧美各国的船舶上谋职，广州籍的占3/5，宁波籍的占2/5。上海以北沿海和长江沿线

① 胡绳：《从鸦片战争到五四运动》（上册），人民出版社1981年版，第203页。

航线上的海员，主要是宁波籍和天津籍的海员承担；当时，香港成为中国海员聚居和集散的主要港口城市。

当时，英国殖民主义者利用其占领香港的有利条件，抢先经营，并宣布香港为自由港，免纳各种关税，吸引各国在香港设立轮船公司，经营航运。来往中国的外国轮船，特别是以香港为基地经营定期班轮的公司，特别愿意招募廉价的中国劳动力上船做工。这样，在 1842 年前后，广东第一批“行船仔”（海员）便由此产生。为了加紧掠夺中国的资源，英国、美国、日本等国的资本家在华扩张航运，扩建码头，增设仓库，遍立货栈。第一次世界大战后，在中国的外国轮船公司（包括原有的轮船公司）计有英国 17 家、日本 7 家、美国 8 家、德国 5 家、法国 2 家。此外，挪威、瑞典、丹麦等国也在中国设立轮船公司。一批批中国“行船仔”也受雇到外国远洋轮船上工作。

广东近代海员工人大都是来自广东沿海沿江各县的船工、渔工、破产农民和手工业者。当时，外国轮船上最早的一批海员是在香港招募的，1842 年 5 月 15 日《香港宪报》第二号所载当地政府第一次人口调查报告称：“全岛华人 5650 人，其中散居筲箕湾、黄泥涌等 20 多处村落的渔民共计 2550 人，水上艇雇工 2000 人。”这些渔民和水上艇雇工长期在海上谋生，又得地利之便，故最早成为外国轮船招募的海员工人。

早期外国轮船公司雇用的中国普通海员为数较多，航行太平洋两岸的英商昌兴轮船公司“皇后”号系列和美商总统轮船公司各轮，都是客货轮，中途在上海和香港停靠，每船都雇用上百名中国海员，共计有几千人之多。他们是近代轮船业中较早的海员工人。此后，随着轮船招商局（以下简称“招商局”）等一些民族航运企业的成立，大批帆船船员、手工业者与农民等被招募进来。他们上船充当水手、舵工、生火①、铜匠和侍役等，由此成为中国航运企业的海员工人。

清王朝被推翻后，专制制度被废除，对中国航运业发展的束缚和限制得以减轻；同时，国内经济的发展、对外贸易的增加，加之第一次世界大战爆发后世界航运业均受到影响，西方列强纷纷抽调船舶回国服务。当时英国在华航运量虽占第一位，但已逐年降低，其他欧美诸国在华航运亦呈低落之势，唯日本乘此机会发展最为迅速。1918 年，日本在华航运量位居第一，英国反居其次。此时，中国民族航运业的轮船公司除招商局外，也有了较大发展，成立了如大达、宁绍、同记、泰和、中国商业、泰记等数 10 家轮船公司，船舶吨数亦由 1913 年的 1990 余万吨，增至 1918 年的 2400 余万吨，海员工人数量也不断增加。

海员队伍逐步成长为中国工人阶级的重要组成部分，据邓中夏《我们的力量》② 一文中说："远洋轮船固然完全为帝国主义者所有，就是沿海及内河轮船亦百分之九十五六是帝国主义者所有，我们何从调查呢？中国远洋轮船舶中国邮船公司一家有三艘，现在已卖去了。中国沿海及内河轮船亦只招商局、三北公司、宁绍公司三家有数十艘，可惜都无从调查。据悉海员情形的人说，外国轮船航行远洋的华籍海员，宁波人约 4 万以上，广东人约 6 万以上。假使此话正确，那么加上沿海及河内的海员，总人数当有 15 万人。"

在外国列强的轮船公司纷至沓来，以及中国民族航运业奋力谋求发展的大背景下，来往中国的船舶数量和船员人数不断增加，形成了一支约 15 万人的中国海员工人队伍。

---

① "生火"是一个工种，在蒸汽机型船上主要负责炉灶管理和烧火工作。

② 邓中夏：《我们的力量》，《中国工人》1924 年 11 月第二期。

## 第二节　中华海员工业联合总会成立

### 一、中国海员备受压迫

由于绝大多数中国海员在外国船上充当水手、舵工、生火、铜匠和侍役等，工作时间长，劳动条件差，工作与生活极为悲惨。

中国海员从事着最繁重的工作。在外轮上干的是生火、水手、侍役等最繁重、最低下的粗重工作，一般每天需要劳动 14—15 小时。在甲板上工作的水手，每天劳动 11—12 小时，终年风吹浪打、日晒雨淋，遇上狂风巨浪，时有被摔伤甚至被掀下海去的危险。当侍役的服侍洋人，每天劳动时间长达 18 小时。生火整天为锅炉加煤烧火，住处在锅炉房的煤堆旁，没有降温设备，舱内温度在 60℃以上，高温煎熬，灼热迫人。在外轮上工作的服务员、厨工、杂工等，往往 10 多个人挤住一间房子，他们只得轮流睡觉。而且，这些房间都是在舱底，没有通风设备，条件最差，寒冬季节，冷得犹如冰窖；盛夏季节，又热得酷似蒸笼。

中国海员工资收入微薄。在外轮上工作的广东海员都是在香港签订合同，工资以港币支付，而工资待遇只有白人的 1/3，甚至 1/5。在第一次世界大战前，船上水手和生火每月工资仅 13—15 元（港币），到第一次世界大战时，工资虽提高到 22—25 元，但当时香港的物价已比战前上涨了一倍半至两倍左右，实际上海员的工资降低了一半。据《香港晨报》1920 年 5 月 1 日在《劳动号》上发表的香港海员生活情况调查材料显示，海员每月费用支出最低需要 9.4 元，海员一家三口每月生活费支出最低需要 26 元。以这样的微薄工资养活妻儿是十分困难的。

中国海员健康无保障。船上根本没有什么劳动保护设备和措施。由于船上劳动条件、生活条件恶劣，工时过长，劳动强度过于紧张，海员伤病时有发生，但得不到及时治疗。船上的医生、岸上的医院只为洋人服务，不少中国海员积劳成疾，也不敢声张，怕因此而被解雇。不少海员就这样慢慢被病魔夺去生命。当时在海员中流行着这样的说法："海员只有死的，没有病的！"船上种族歧视很严重，外国轮船上的洋人把中国海员当成奴隶，不准中国海员进入白人船长的房间，不准踩白人的地毯。中国海员经常受到洋人职员的虐待、辱骂和殴打，且没有讲话的权利，人身自由毫无保障。轮船途经各国港口时，有的不准中国海员上岸，即使允许上岸，中国海员也会受到各种侮辱人格的搜身和刁难。外轮的船长常常辱骂中国海员"笨"，不把他们当人看待，即使有的海员技术精湛，能胜任船上高一级的职务，船方也不会任用他们。自 19 世纪 40 年代外国轮船闯入上海港至 20 世纪 20 年代末的大半个世纪里，洋船主都不准许中国海员担任驾驶员、轮机员的职务，更不准许中国海员担任船长、大副、轮机长一类高级船员职务。

中国海员受盘剥严重。当时有一种招募方式称为"包工制"，粤语中称呼包工头为"洗马沙"。海员中有所谓"馆口"，主要有三种：一是"洗马沙馆"，由包工头设立，包工头与船东勾结，包揽介绍海员的工作。凡找工作者必须贿赂工头数十元不等，上船工作后，包工头还要从海员的工资中抽扣 13 元到 15 元不等。二是"君主馆"，由个人设立，其营业性质亦是与船东勾结。凡加入者须缴纳馆费数十元，方有候工资格；在馆食宿的，馆主还要收取他们饭钱并征收其他种种名义的费用。被介绍上船做工的工人，并不按先后次序轮流，而是要根据馆主个人意愿被安排。三是"民主馆"，亦名"兄弟馆"，为海员合股组织，系公共宿舍性质，自然比较公平；但海员多不识字，故必请知识分子做馆中管理先生，此管理先生久而久之便把持馆务，从中渔利剥削工人。

上述三种“馆口”，在香港一地便有130余处之多，前两种自然最有势力。很显然，因包工者与船东勾结，海员不经过包工者则得不到工作；即使得到工作，若不经常回报包工者，又随时可能被取消工作，因此海员只能忍气吞声，受包工制的剥削。

## 二、反歧视、反压迫斗争不断发生

在清政府被迫向世界敞开大门、丧失航行主权的历史背景下，中国海员上船充当水手、舵工、生火、铜匠和侍役等工作，为了谋生忍辱负重、委曲求全，无奈地忍受剥削与压迫。然而，“哪里有压迫，哪里就有反抗”。中国海员自诞生之日开始，就与反歧视、反压迫斗争伴随而行。同时，中国海员不仅为生存而斗争，也为了正义挺身而出。

1884年9月，香港海员和码头工人反对法国发动侵华战争举行了罢工。这次罢工是香港工人对法国侵略者挑起中法战争的直接回击，罢工由香港的船舶修造工人揭开序幕，很快就把香港的中国工人全部吸收到斗争中。直接参与行动的，包括码头、航运、运煤、舂米等各行业的工人。罢工运动声势浩大，行动坚决，前后延续了一个多月，最终获得了胜利。

原来，在中法战争中，香港英国殖民当局在口头上声称严守中立，实际上却为法国侵略者提供军事侵略基地，利用香港为法国修理船舶、运输军火。这引起全体中国人，特别是香港船舶修造工人的义愤。事件起于1884年9月3日，有一艘在台湾受了伤的法国铁甲船“加利桑尼亚”轮，驶到香港黄埔公司的船坞，打算进行修理。在厂的中国工人立即要求英国当局拒绝修理，然而英国当局却无理拒绝了工人的要求，于是船厂工人愤起罢工，拒绝为敌国战舰施工。14日，又有一艘法国水雷艇“阿塔兰特”轮驶入香港船坞，这一次船坞工人计划采取更进一步的行动，将水雷艇“焚毁”，不料事机不密，被英国当局侦知。因此，英国当局遂派了两艘“满载差队”的小轮驻扎船坞，企图对工人进行镇压，法国侵略者则连夜将所有船舶驶出船坞。船坞工人这一正义行动，得到了香港其他各业中国工人的普遍响应。18 日，法国商人在港购煤，令小工挑运上船，而小工皆哗然散去。27 日，法国商船到港，在港购买牛、羊食品和物资等，中国工人的小艇拒载。接着，法国轮船公司往来香港东洋海员中的生火华工，亦表示抗议，不愿继续服务，均辞职离船。由于香港工人罢工影响到了法国侵华舰队的货物供应，香港英国当局（以下简称港英当局）竟协助法国，妄图阻止和镇压罢工斗争。29 日，香港警察局无理拘捕了 11 名拒绝替法国船舶运货的小艇工人，并对其中八名船员科处罚金，同时吊销了许多小艇的营业执照。这种蛮横手段激起了更多小艇工人和搬运工人的愤怒，他们联合起来索性对所有“中外货皆不搬运”。这样，反对法国侵略者的斗争，就扩大演变成了反对一切外国侵略者的斗争，整个港口工作陷入完全停顿状态。10 月 3 日，罢工斗争达到高潮。以船厂、小艇和搬运工人为主体的香港工人群众，进行了一次大规模的示威行动。港英当局动用武力镇压，所有警察都出动了。他们打死了一个示威者，逮捕了大批中国工人，并判处一批无辜者，处以罚款和六个月至一年的苦役。但是，香港的工人斗争并没有被殖民当局镇压下去。从 5 日到 7 日，东区的码头工人和九龙区的油麻地工人先后举行示威行动，要求释放被捕工人，对香港地区的罢工工人进行声援。这样，该罢工运动最初只发生在港岛，后蔓延到九龙半岛，形成了全港工人大罢工。罢工工人纷纷离港返穗，准备进行长期抵制运动。

香港工人的这次罢工斗争，从 9 月 3 日一直持续到 10 月 7 日，历时 35 天，终于迫使英国当局不得不低下头来“还所罚款，放所拘人”“挺华不装法货”。罢工风暴过去以后，一家英国报纸报道称这是“香港有史以来最严重的一次暴动”。

中国海员为了维护保障自身利益，持续不断开展反歧视、反压迫斗争。但许多活动中海员们只是发泄了一下心中的愤怒，收效甚微。这是因为大多数斗争都因突发事件而起，没有强有力的组织领导和长远的目标，更多的海员则被扣上“刁民”的帽子而受到惩罚。近代早期海员工人自发的压迫斗争见表 1-2。

**表 1-2 近代早期海员工人自发的压迫斗争**

| 序号 | 时间 | 缘　由 |
|---|---|---|
| 1 | 1848 年 11 月 | 招商局原属旗昌公司的海员反对降低工资举行罢工 |
| 2 | 1862 年 | 香港码头工人罢工反对强迫登记 |
| 3 | 1877 年 5 月 | 招商局原属旗昌公司的海员抗议降低工资举行怠工集会 |
| 4 | 1881 年 5 月 | 英商轮“天克楷司”中国水手反对洋人殴打集体辞职 |
| 5 | 1881 年 11 月 | 福州船政局工人反对减资和延长工作时间举行罢工 |
| 6 | 1882 年 7 月 | 上海会德丰公司水手罢工，反对工头克扣工资 |
| 7 | 1882 年 7 月 | 福建船政局工人抗议封建官吏无故杀害工人林永成的斗争 |
| 8 | 1883 年 5 月 | 芜湖船工要求提高工资举行罢工 |
| 9 | 1884 年 8 月 | 福建船政局工人抗法斗争 |
| 10 | 1884 年 12 月 | 芜湖船工罢工反对减少工资 |
| 11 | 1885 年 3 月 | 上海各大汽轮公司船员反对减少工资举行罢工 |
| 12 | 1885 年 3 月下旬 | 上海被辞歇的数百名驳船工人捣毁商船会 |
| 13 | 1886 年 2 月 | 上海公和祥栈房码头工人反对拖欠工资举行罢工 |
| 14 | 1888 年 5 月 | 港英当局强迫货艇船工登记住所引发货艇罢工 |
| 15 | 1893 年 9 月 | 天津驳运公司工人反对任意解雇工人举行罢工 |
| 16 | 1894 年 5 月 | 香港货船工人发生了罢工 |
| 17 | 1895 年 3 月 | 香港轮船工人罢工 |
| 18 | 1899 年 7 月 | 厦门驳船工人罢工反对日本在虎头山、草仔垵一带划设租界 |

续表

| 序号 | 时间 | 缘　由 |
| --- | --- | --- |
| 19 | 1902 年 | 上海太古码头工人罢工反对克扣工资 |
| 20 | 1907 年 4 月 | 汉口米船船工要求增加工资举行罢工 |
| 21 | 1913 年 7 月 | 招商、太古、怡和等轮船公司海员罢工要求增资 |
| 22 | 1913 年 9 月 | 福州船政局工人罢工，抗议拖欠工资 |
| 23 | 1914 年 4 月 | 上海日商码头工人反对“二十一条”罢工波及各码头 |
| 24 | 1914 年 10 月 | 招商、怡和、太古三公司船上侍役罢工要求增资 |
| 25 | 1914 年 12 月 | 上海 17 座码头的工人要求增资联合罢工 |
| 26 | 1915 年底 | 秦皇岛港口工人罢工，要求改善居住条件 |
| 27 | 1916 年 6 月 | 上海华通码头工人要求发给“贴水”的斗争 |
| 28 | 1917 年 6 月 | 长沙 11 个码头的工人要求增资举行罢工 |
| 29 | 1917 年 7 月 | 汉口码头工人抗议日本侵占山东，捣毁日本三菱、大和、九三等行商 |

## 三、形式多样的海员组织的出现

残酷的现实使中国海员深深感到组织起来保障自身利益的必要。他们早就成立过“关帝会”“同乡会”等团体，但这些封建性组织大都为把头所控制，不能为群众谋福利。

英、美等国在中国开设轮船公司的最早城市之一香港，其行会组织尤为盛行。行会在香港叫“馆口”，曾经发展到 100 多家，由馆口头子（“洗马沙”）组织各种职业性的“馆口”（如“生火馆”“水手馆”），工人要找工作就得加入馆口，由馆口头子作“保人”。

“洗马沙”取得“保人”权、“介绍人”之权，首先是标卖船上工头“头老”的职位，谁要想到船上当“头老”就得给“洗马沙”钱，这就是一般人所说的“活动费”；其次是为自肥而从工人身上刮钱。职业标卖与馆口的剥削曾引起了海员反抗大罢工，工人自动组织了“兄弟馆”来代替馆口。但不久又失败了，兄弟馆又为少数工头所操纵，旧的馆口又复活了。

上海行会组织是因袭香港“馆口”行会而来的，一般叫“社团”，其中有叫“公所”的，也有叫俱乐部的，其性质与香港“馆口”一样，都是封建性的行会组织。

到1914年，上海宁波籍生火和加油工人，为了内部团结、维护切身利益，成立了一个组织，叫作“焱盈社”，参加者一时达6000多人。同年10月15日，怡和公司、太古公司和招商局船上的侍役和厨工为要求增薪举行罢工。“焱盈社”的会员发动同盟罢工，三家公司在上海的船舶全部停航，此次活动声势盛大。不久，受到官方镇压，资方另雇广东籍海员以解决罢工者之缺，同盟罢工遂告失败。①

此次罢工虽然失败了，但影响很大，海员经过磨炼，懂得了互相支援是争取斗争胜利的重要保证。此次带有同盟性质的罢工也初步显示出海员斗争的力量以及把工人阶级组织起来的重要意义。

1913年，孙中山“二次革命”失败后流亡日本，但其准备复举，特命“地洋丸”轮的革命党党员黄本、黄森、林来、雷德佳、赵植芝、郑石和陈炳生等人在日本横滨组织“侨海联谊会”，使其团结其他忠实党员，承担海上运输任务。② 其间，孙中山对海员说：“自由是可以争取的，商人有商会，你们为什么不成立工会呢？”1915年春，中华革命党委任陈炳生自奉党派为“MOUNTAINEAGLE”轮（音译为“满提高”轮）分部部长③，积极执行孙中山的意见，与该船海员黄仲平、陈焕庭商量筹备如

① 1914年《民声》21号。
② 马超俊：《中国劳工运动史》，商务印书馆1942年版，第82页。
③ 马超俊：《中国劳工运动史》，商务印书馆1942年版，第82页。

何组织航海工人团体。

当时，“满提高”轮航行抵达日本神户港，适遇工头麦顺突患重病，船上医生因缺乏仪器、药品，无法救治。于是麦顺马上登陆，在神户医院看病，所幸的是麦顺有些积蓄，能获得及时治疗，否则卧病船上，难脱险境。船上各工友睹此情形，感觉一旦病临己身，没有钱医治，岂不束手待毙。陈炳生利用这一机会，以船员急病如何救治为题，呼吁工友团结起来，说明若组成有益工人之社团，互相帮助，则患病者可由团体来支助医药费用，且船上可购备良药，方便工友及来往乘船侨胞，益人益己，何乐不为。经陈炳生等人的积极活动，工友们群起响应，拥护成立工人之社团。于是“满提高”轮工友起草章程，集会研讨，首先成立组织，团体名称为“中华海员公益社”。

中国对于从事航运服务的人，称为“行船人”，称船上工人为“行船仔”，或加以文雅称谓，称为“航海客”。陈炳生深感这些称谓都不是一般通称，留心观察后发现日本及欧美各国社会上对海船服务人员，都称为海员，故此次提出了“中华海员”的称呼。“海员”二字自此开始使用，也成为世界各国共同了解的称呼。对于公益社的组织基金及月费，参加工友无须特别缴纳，只在船上工人之娱乐收入项下略拨少许，以充经费，即足以购备各种良药，作为各工友及搭载客人偶有患病时应急所需。因此，在不增加船员负担的情况下，这一解决了船员顾虑的方法受到了海员们的追捧。当时船上只有一名西医，医术也不甚精湛，所备西药又极其简单，故经常发生矛盾。为了照顾到工友及旅客的心理需求，陈炳生利用国人信赖中医的心理，特别在“满提高”轮上设立了“中华海员中医救济所”，作为公益社社务的一部分，并暗中聘中医一名随船主理医务事宜，为患者服务，并购储大量中药备用。此措施原本遭到船主的反对，但陈炳生机智巧妙应对，暗中与船上水手等各行当工友磋商，规定每一次船员换班，便悄悄抽调一名中医以船员的名义上船，各行当轮流空出一个岗位来，周而复始，才得以顺利达成中医救济之任务。凡搭乘该轮之侨胞，都对此举大加赞许，并纷纷解囊相助，捐款补充药物，这一措施成效显著。

“满提高”轮成立海员公益社之初，海员中参加者不多，规模较小。于是陈炳生积极研究工作方法，希望将公益社这一团体扩大并推及至其他轮船，以加强和团结海员力量。他经常分赴各轮船演讲，各轮工友深受其赤诚感动。“满提高”轮除热忱赞助者黄仲平、陈焕庭以外，又增加了该轮各行工友黄瑞堂、杨秋、陈十、曹葵、黄实、吴伙、莫泉等 170 余人。大家分头对外宣传，不久，凡有华工服务之轮船都相继成立了“中华海员公益社”，海员公益社的力量逐渐团结，并日趋壮大。不久，在日本横滨又设立了“中华海员公益社通讯处”并派出负责人主持工作，除救助患病海员外，还办理救济海员的失业事宜。中华海员公益社业务逐渐得到推广，并形成了集中的枢纽力量。

1918 年，在海员的要求下，中华海员公益社在香港成立总社，以统一各船公益社业务。为了便于向港英当局申请注册，中华海员公益社改以“中华海员慈善会”的名义立案，陈炳生被推为会长。

1918 年，上海的水手工人在钱孝裕、朱宝庭等发动下成立“均安水手公所”，会员 4000 余人，大都属宁波籍。“均安水手公所”带有同乡会的性质，旨在互助、介绍就业、救济失业、免费医疗、抚恤死难，后来还创办了子弟学校，负责人为钱孝裕、朱宝庭。

这样在上海和香港，两个中国海员最集中的地方，均组织成立了海员工人群众团体。上海为“焱盈社”“均安水手公所”和其他类似组织，香港为“中华海员慈善会”。两地都拥有广大海员，发动过海员斗争，初现工会的萌芽。

上述自发性的群众活动，从零碎的、分散的斗争发展到联合的、有组织的斗争，使中国海员工人运动前进了一大步。但是，这些组织都有很大的局限性，如“焱盈社”“均安水手公所”这类团体还没有摆脱“行会”“帮会”的性质，易被阶级敌人利用、分化、各个击破；“海员慈善会”虽然不同于“行会”或帮口，但所起的作用更多的是致力于经济上、生活上的互助互济。它们都尚未成为海员工人团结战斗的工会组织。

从上述情况可以看出，中国海员工人产生的时间较早、人数较多且较为团结；同时受到西方文化的影响，接受革命思想也比较快；而且在帝国主义、官僚资本主义、封建主义三重大山的压迫、剥削下，所遭受的苦难较世界上其他海员更为深重。这些都从客观上为反对帝国主义侵略和奴役，以及反抗压迫和剥削埋下了革命的火种。

## 四、中华海员工业联合总会的诞生

航行于中国香港至旧金山航线的中国海员，过去曾有私自夹带侨商赴美（实为“偷关登陆”）行为。美国海关因此规定凡发现船员有偷带一名“偷关登陆”者，即对轮船公司处罚金 500 美元。轮船公司为杜绝船员此项行为，令船员以薪金为保证，具名负责联保。此项办法实施后，“偷关登陆”现象基本消失。

当时有“荣利”办馆者与昌兴轮船公司某高级职员勾结，建议公司取消船员联保制，限令船员改以现金担保，如不能缴纳现金，概由办馆者代保。按此项办法由办馆者代保的海员，每人每月在薪金内扣缴两元，新招雇之海员，第一月扣缴五元。各轮船公司便采用了此项新制，从而废除了联保旧例。

然而，这一新制又成了办馆者克扣工资、剥削海员的办法。海员闻讯群情愤怒，即公推“日本皇后”海轮船员陈祥为领导发起反抗斗争，“满提高”轮派水手部代表梁洞成、生火代表曹葵、传话代表王泰、大楼代表陈十、搭厘代表王述等首先响应，采取联名发出通告，反抗剥削、克扣等措施。这时“满提高”轮海员多为香港中华海员慈善会会员，他们随即召开慈善会会议，布置各种反抗工作，为斗争做准备。海员代表经过几番交涉，由香港华民政务司出面召集劳资双方进行调解，资方以劳方的中华海员慈善会不是正式团体为由，拒绝调解，以致调解无果。遭此交涉失败后，海员感觉到无正式工人团体之痛苦，从而产生了组织成立正式工人团体的愿望。

香港海员中的活跃分子陈炳生、翟汉奇、林伟民、苏兆征、邝达生等人利用当时广东的有利形势，积极开展活动，并以海员慈善会的名义召集各馆口参加会议，筹备组建海员工会。

1920 年秋季，香港有关馆口的海员代表 60 余人，在中华海员慈善会总部聚会，初拟就慈善会改组为海员工会的协议，但没有获得通过。之后，“义庆阁”代表邝达生提议，由当日到会代表发起，组织成立海员工会，此提议得到一致赞成。随后，当日到会的 60 余名代表签名成为发起人，并以各馆口为单位成立海员工会。当时，“港九”馆口有“陶义阁”① 等 140 余家，同为发起单位。

在稍后的各海员办馆发起会议上，海员工会筹备会干事会成立，负责海员工会的筹备工作。即席选出了筹备员（干事）17 人；又即席选举罗贵生（“广义和”代表）、林伟民（“乐雅山

---

① “港九”馆口有记录的馆口有“陶义阁”“义庆阁”“和美阁”“松庆阁”“琼海阁”“顺海阁”“联胜阁”“善海阁”“合义阁”“业安山房”“庆乐山房”“乐雅山房”“群贤”“义利堂”“礼和堂”“东义堂”“同义堂”“咏雅公司”“致中和”“惠安和”“张义和”“仁义和”“泗和兴”“宝兴”“义兴”“联兴”“来兴”“如记福州馆”“榕卢福州馆”“诚安”“茶安”“泰安”“合安”“有安”“张与记”“张林记”“荣安”“荣泰”“同益”“敬诚信”“公安祥”“福安祥”“叙兰别墅”“荣义”“联乐轩”“诚兴”“广麟记”“顺泰”“两仪”等。

房”代表)、翟汉奇（“致中和”代表)、冯永垣（“群义阁”代表)、邝达生（“义庆阁”代表)、陈炳生、陈一擎（“满提高”轮代表）等七人为常务筹备员；再由“乐雅山房”代表林伟民提议借中华海员慈善会为筹备处，但遭到拒绝；后由“致中和”代表翟汉奇提议，暂由各寄宿舍各借20元为筹备费，得到会议通过。

会议确定海员工会最高权力机构为全体海员大会，每年召开一次会议；其次为干事会，每月召开一次会议；最后为职员会，每半月召开一次会议。干事会设会长、副会长、司理、司库、交际和调查等负责会务。

1920年11月，孙中山从上海回广州重建军政府。他乘坐昌兴公司的“俄国皇后”轮到达广州，在船上，他对海员作演讲，支持海员建立工会组织，还书写了“博爱”二字送给海员。

因筹备成立的海员工会总部设在香港，1921年，香港总督施塔士（工党党员）在中国海员的强烈要求下，不得不允许成立海员工会。但由于中国香港无此先例，所以还需要报英国伦敦立案，经过了好几个月，伦敦终于批准了海员工会成立的申请。

1921年3月5日，海员工会筹备会召开干事会。对于工会采用什么名称，会上曾有过一番争论，因当时欧美一些国家按海员的工种分别成立工会，例如，美国的海员按水手、伙夫、机工等工种分别组织成立了工会。经过讨论后，大家一致同意将工会定名为“中华海员工业联合总会”，既表示海员工人的联合，又表示它是产业性的。

后来，工会在请示孙中山关于海员工会名称问题时，孙中山十分赞赏“中华海员工业联合总会”这一名称，并为工会招牌题了字。[①] 之后，他又请准中华海员工业联合总会在广州的军政府

① 中国海员工会广东省委员会编：《广东海员工人运动史》，广东人民出版社1993年版，第24—25页。

内政部注册。

3月6日，中华海员工业联合总会（以下简称海员总会）在香港宣告成立，设会址于香港中环德辅道中137号3楼。①

当时共有会员2000多人，凡积极支持工会、吸收会员最多的馆口，可选出代表为工会干事，干事会为权力机关，实行委员、会长制。成立时，干事会议选举陈炳生为会长，蔡文修为副会长，翟汉奇为司理，罗贵生为司库，林伟民、邝达生为交际，冯永垣为调查，共七个委员。由委员和部分干事组成干事部，负责常务工作。

海员总会的成立标志着中国海员第一个全国性的产业工会组织诞生，它是中国最早的全国性产业工会。随着海员总会的成立，广东沿海各港，汕头、香山，广西梧州等地相继建立起支会。

1921年6月，为了扩大影响，宣传海员总会改良海员生活条件、增加工资等主张，海员总会成立了加工维持团，团长为谭华泽，机构设置包括交际部（专理加工维持团接洽内外界一切事宜）、代表部（专理加工维持团同业请愿与一切交涉事宜）、调查部（专理加工维持团稽查内外界一切事宜）、宜劝进部（专理加工维持团征求同业一致加入事宜）和疏通部（专理加工维持团疏通内外界一切意见事宜）。

1922年1月，香港海员大罢工爆发，海员总会在广州建立罢工领导机构"罢工总办事处"，下设总务科、财务科、粮食管理科、宣传队、慰问队、骑车队、执行处、谈判代表、纠察队等。

① 《香港华字日报》中华民国十年三月七日（1921年3月7日）辛酉年正月二十八日礼拜一第二张二页报道："德辅道中137号3楼中华海员工业联合总会于昨日二十七日（农历）礼拜日11点钟举行成立庆典，各职员任职后，是日各寄宿舍代表及来宾同人200余，入座为之满。有新智学校洋乐队诗歌班全体到场助庆。由正主席陈炳生宣布开会理由，陈锦棠、莫全、杨秋、孙汝南、林伟民演说等。"

总务科主任由苏兆征担任。另外推荐苏兆征（苏兆征代理会长后，林伟民接替）、翟汉奇、陆常言、卢俊民四名会员为谈判代表。

由于香港海员大罢工期间，海总会长陈炳生当时犯了杀妻罪被广东当局拘捕，2 月海员总会主席进行改选。苏兆征因在罢工过程中始终态度坚定、立场鲜明，表现出工人阶级的品德和斗争智慧，被选为代理会长。

1922 年底，海员总会召开会议，对海员总会领导进行改选，谭华泽为会长，苏兆征为司理，谭华泽、苏兆征、林伟民、冯永垣、何来、罗贵生等为委员。

1924 年 2 月，海员总会对领导机构进行改组，选举产生了海员总会新一届领导和委员。会长：谭华泽；副会长：梁日青；正司库：罗贵生；副司库：彭达芝；司理：苏兆征；会计：何君冕；调查：何来（兼任）；交际：陈杏林、何来、陈剑夫；核数员：崔展鹏、芦俊文、郑伯泉、张尧勋；西文书记：钟筱朋、钟玉昆；中文书记：谭晦更、何君冕、蔡幻观。①

1925 年 6 月，省港大罢工爆发以后，当时，海员总会主要领导人都在广州工作，因此广州成为海员总会的总部。1926 年 10 月，省港大罢工结束后，海员总会决定在香港设海员分会。

## 五、参加、发起全国劳动大会

### （一）参加第一次全国劳动大会

1922 年，鉴于当时出现罢工高潮的形势，中国共产党认为有召集第一次全国劳动大会的必要，于是利用中国劳动组合书记部

---

① 《中华海员工业联合总会月刊》，1925 年。

的名义发起召集。中国共产党召集此次大会的原则是不分何党何派，只要是工会均邀其参加。4 月 10 日，中国共产党发出通告，邀请全国各工会派代表到广州，并于 5 月 1 日开会。

参加大会的代表成分非常复杂，有共产党党员、国民党党员、无党派人士，以及工商合组的团体等。在“五一”国际劳动节那天，广州海旁街口扎了一座雄伟奇丽的花牌楼，门上贴着一副对联，写着“拥护三民主义”“实行五权宪法”。

海员总会参加了第一次全国劳动大会。在会上，海员总会代表苏兆征报告了 1922 年香港海员举行大罢工期间遭到港英当局武力镇压的情况；大批罢工工人被迫愤怒离开香港，徒步回广州。3 月 4 日，罢工工人行至九龙沙田时，遭到英国军警开枪射击，被打死六人，伤者数百人，酿成“沙田惨案”。据此，大会通过了一项决议，“规定海员罢工沙田烈士死难日（3 月 4 日）为纪念节日”。

### （二）发起第二次全国劳动大会

在广州召开第一次全国劳动大会时，中国共产党便通过大会委托中国劳动组合书记部筹备次年召集第二次全国劳动大会。后因“二七”惨案的发生，全国工团皆在严重压迫之下，第二次全国劳动大会未能如期召开。1925 年 5 月 1 日，中国共产党准备在广州召集第二次全国劳动大会，但以国民党右派为首的国内反革命分子竭力破坏中国共产党领导下的各革命阶级的统一战线和中国工人阶级的内部团结。为了不给国内反革命分子进行诽谤的机会，谋求工人阶级内部的广泛团结，中国共产党根据当时的情况，认为以中国劳动组合书记部的名义来召集这次大会已不适宜。1925 年春，海员总会苏兆征接受共产党之邀，在赴北京参加国民会议促成会途经上海时，与中国共产党相关人员进行了接洽。于是，海员总会作为第二次全国劳动大会发起团体之一，积极参加了第二次全国劳动大会的筹备工作。

1925 年 5 月 1 日，由海员总会、汉冶萍总工会、全国铁路总工会、广东工人代表会等四个团体发起召集的中国第二次全国劳动大会召开。大会正式组织成立了中华全国总工会（以下简称全国总工会），它代表 166 个工会，共拥有有组织的工人 54 万人。海员代表林伟民、苏兆征、谭华泽被大会选举为全国总工会执行委员会委员。5 月 7 日，召开第一次执行委员会议，推选林伟民为委员长，刘少奇、邓培、郑泽生为副委员长，总干事由林伟民兼任，邓中夏为秘书长兼宣传部部长，李森为组织部部长，孙云鹏为经济部部长。

此后，海员总会就成为全国总工会系统的一个组成部分，在全国总工会领导下，为中国工人阶级的解放事业发挥着不可替代的作用。

### （三）参加第三次全国劳动大会

1926 年 5 月 1—12 日，第三次全国劳动大会在广州召开，参会代表 502 人，代表着全国 699 个工会、124 万名会员。

其中，海员总会作为重要的产业工会派出多位代表参加会议，并在大会上作《海员工会报告》。报告详细说明了海员的生活，经济状况：中国海员生活之恶劣状况，比任何行业职工都要痛苦一些，而月薪 10 余元至 20 元的中国海员，怎能养活妻儿。因此，海员工人的革命性，在帝国主义者的直接压迫下完全表现出来。海员工人既然遭受的压迫如此深重，就要找出一条生路来！1922 年的海员大罢工一鸣惊人，推动了中国职工运动的进程。海员总会于香港集中海员的势力，向压迫阶级——帝国主义者反抗；并组织广州、上海、汕头、中山、天津等处分会开展反抗斗争。海员总会建立之初，工会人员都是航海归来的海员，组织工会的常识还不够，所以海员工会只有上层组织总会，无下层组织总会，工会职员易于舞弊。1926年1月5日，海员总会正式于广州召开代表大会，香港、上海、汕头、天津及外洋各口岸选派出席代表122人，代表了有组织的海员52000多人。此次代表大会最重要的工作就是改组海员工会，海员工会从前是会长制，改组之后则采用委员制，最高机关原系全球中国海员大会，会后最高机关改为执行委员会；各口岸原有之分会改为分部，在轮船上则名为支部，以解决组织问题。

在第三次全国劳动大会上，海员总会还报告了1922年香港海员大罢工的情况和上海发生五卅惨案后海员总会接到全国总工会之命令，联合全港各工会一致反抗帝国主义者的斗争情况等。

大会选举执行委员35人，其中海员总会代表林伟民、苏兆征、戴卓民当选为执行委员，朱宝庭当选为候补执行委员。在全国总工会第一次全体执行委员会上，苏兆征当选为全国总工会委员长。

第三次全国劳动大会于1926年5月13日闭幕，海员总会出席劳动大会的代表于14日晚在海员总会总部举行联欢会，并备筵席欢迎广东北上代表团工会界代表回粤。14日晚7时举行的联欢会，由海员总会执行委员长苏兆征主持，由冯永垣、毛树珍、古觉岸、胡超、赖满等各北上代表相继发表演说，详述广东北上代表团奋斗经过，之后由海员各参加劳动大会的代表相继发言。一时间，革命气氛高涨，联欢会直至夜深才散会。

## 第三节　领导香港海员大罢工

### 一、提出改善生活条件的要求

20世纪20年代，中国海员生活艰难，海员平均工资在20元上下，单身的海员尚难为生，如有家属则生活更为困苦。为了能够得到工作，海员们只能忍受包工制。而且上船工作按例必须贿赂“洗马沙”，要花费数十元至数百元不等。上船工作后，每月工资必须以十分之几孝敬“洗马沙”。因为轮船公司为了自身利益委托“洗马沙”招工，所以海员们不找“洗马沙”便得不到工作；找到了工作，如果不交钱，“洗马沙”又随时可以向轮船公司提出撤换海员。而且在船上，白人海员和其他人种的海员虽做着同样的工作，获得的工资却不同，他们的工资比例一般是10∶2，其他方面的待遇更是相差悬殊。

海员总会成立后，于1921年9月向轮船公司提出改善生活条件的要求：“反对剥夺权利，反对待遇无礼，反对每日14小时之长时间工作及半饥半饿状态之生活；提出多数中国海员平均有家属三四人，倚以为生，而每人所得工资每月仅约华币20元，断难敷用，以当时生活程度论，每月至少非得工资华币29.5元才能维持生活……”对此，资方却不予答复。11月海员总会再次提出要求，资方还是不答复。面对资方傲慢的态度，海员总会做了准备，联系了一大批信任工会的轮船海员作为罢工的中坚力量，并对工人罢工进行了部署。

1922年1月12日，海员总会第三次提出改善生活条件的要求，并要求资方在24小时内予以答复，否则罢工。最后通牒发出后，24小时期限到了，资方仍然无答复。

## 二、发起海员总罢工

1922年1月13日，面对资方的无动于衷，海员总会主席陈炳生签发海员总罢工的命令，令各船员迅即离船，转赴广州。不到12小时，罢工便爆发了。凡香港开往广东广州、江门、澳门和广西梧州的轮船以及到港的英、荷、法、日、美及其他各国的海洋轮船一致罢工。

罢工海员人数约1500人，海员总会负责安排离港到穗船员的宿膳招待所等事项。因广州生活费用低于香港，工会尚可支撑较长时间；且工人群众离开罢工现场，既避免了资方的强迫复工，又避免了工人闲居肇事，引起枝节纠葛；对于离港赴穗的交通招待，工会亦有周密的安排，因此离船工人秩序极佳。此次离船的群众，包括领港人、甲板西崽、伙夫、救生船水手、煤夫、码头小工、计数工人和机器间工人等。在罢工令颁发后的24小时内，即有在港停泊的大小轮船50余艘的海员离船，之后又陆续有近30艘海员离船，合计有大小轮船81艘海员离船参加罢工。除停泊在港的轮船外，凡外洋船舶，各国商轮一旦驶入香港海口，船上工友均一致行动，罢工离船。①

苏兆征是一位具有20多年海上经历的老海员，感受海员生活艰难之痛苦特甚，因此积极参加罢工行动，被选为罢工总务科的主任。他不仅担任内部行政工作，而且担任着对外一切的交际工作，是罢工运动的主要领导人。

罢工令颁布后，香港政府马上派华民政务司到海员工会进行劝阻。华民政务司说："本港政府是不允许此种罢工行动的，你们有条件可交本大人替你们斟酌办理。你们罢工，不怕饿肚子吗？"工会办公室挤满了海员，工会门外聚集了群众，起初鸦雀无声，而后苏兆征说道："我们提出要求已经三次了，我们的请求已经再三陈诉政府了，政府在事前为什么不说半句话呢？现在，我们罢工了。完全圆满地答复了我们的请求后，我们才肯复工。我们会饿死或不会饿死，这是我们自家的事，请政府毋庸多管罢！"② 群众一片拥护声，华民政务司只好灰溜溜地走了。

---

① 《中国劳工运动史》第1册，台湾竹利印刷事业有限公司1948年增订版，第172页。

② 中共广东省委党史研究室委员会编：《苏兆征研究史料》，广东人民出版社1985年版，第335—338页。

当天，华民政务司便发出通告，一面虚伪地表示“船东主允愿将各船员困难情节磋商办法，如彼此仍有未协之处，即由政府委托公证人出为调处，务求妥善，其商妥所加工资定由本年元月1日起加”；一面又威胁海员说：“汝等须于本月16日正午前一律回船工作，否则无磋商调处之希望，汝等勿再迟疑。”

当时留在香港的海总办事人中，有个别不坚定分子对港英当局诱骗海员复工的伎俩认识不清，竟然信以为真。他们在没有经过干事会和工会会员讨论同意的情况下，擅自印发传单，交给报馆登报，通知各罢工海员于16日复工。但各报馆认为这不是海员工会正式通知，不予刊登，只有《大光报》登出。

罢工海员看到复工通知，十分气愤。留在香港的罢工海员立即在“海员总会”门前贴出“凡我海员工人，须候船东认见签字，方可开工”的标语，表达了奋斗到底的决心。接着，在广州的罢工总办事处马上派人进行调查，通电各报：“经同人等严密调查，始知全非事实，显然二三办事人所为，是非公决，势难承认。总之，同人态度已定，宗旨已决。加薪条件，一日未有保证签字，则一日未便开工。”同时又致电华民政务司夏理德：“当加工资未签字之前，决不开工。”就这样，英国当局破坏罢工的阴谋未能得逞。①

罢工情形日益严重，许多洋船（外国籍船舶）皆不敢经过香港。凡是西方来的洋船皆直接取道上海，凡是东方的洋船皆直接取道新加坡或马尼拉而不敢经过中国香港。与此同时，香港运输工人（如船坞工人及起货工人等）也参加了罢工。此后，全香港的工人都举行支持性的罢工。香港政府此时开始感到形势危急。国内一些资本家则依照帝国主义者的命令行事，对海员们说道：

---

① 中国海员工会广东省委员会编：《广东海员工人运动史》，广东人民出版社1993年版，第36—39页。

"我们都是中国人，我们对于你们的罢工，深表无限的同情。可是，我们还是要彼此调解的。你们对于中国船须先行复工。等外国公司的船老板答应了你们的条件以后，我们自然要依照他们的榜样（参照执行）。"有些海员代表听了这番甜言蜜语以后，险些就被资本家欺骗。苏兆征正言厉色地回答这些资本家说："不错，我们都是中国人。所以，我们在起初罢工的时候，我们就邀请华人资本家的帮助。据你们所说，假如你们是同情了我们的罢工，你们为什么对于我们的请求置之不问呢？你们为什么不来帮助我们向香港政府提出抗议呢？现在，你们说顾全民族利益，须知你们所说的民族利益，实际上就是你们资本家的利益！这是万万不可能的事情。我想你们现在好（帮助海总）的工作，就是帮助我们压迫港英当局，使其完全接纳我们的条件。"①

23 日下午，英国副领事斯华德、万乐斯两人以及特托古医生往海员罢工办事处，约海员代表苏兆征、冯永垣、严翼及谢英伯律师等，到亚洲酒店谈话。斯华德对海员代表说："港督有电来省，有两事与各代表磋商：其一，请海员诸君先返轮船开工，对于诸君提出之条件，容日务必商妥；其二，如诸君坚执不肯，则欧洲太平洋各船东，唯有转雇别人行驶。欧洲太平洋之船员，工值颇不微薄，今为中国沿岸一部分船员要求加薪，遂至影响全部，即行驶欧洲太平洋之船员，亦连带加入，此诸君亦当为欧洲方面各船员一计及之也。"海员代表回答："贵领事提出港督来电之第一事，实难承命，必须磋商协调，方能开工。其第二事，则贵领事与港督，均似尚未明了海员内幕之苦况。因海员所得之奖金，每为'洗马沙'多方克扣。而船中之伙食，又甚微薄，月中必由支出之薪金贴补。至于行驶欧洲太平洋之船员，工值虽较高，而所到之埠，物价银水均比中国沿岸昂贵数倍。况行船一次，家私

---

① 中华全国总工会编：《苏兆征纪念册》，1930 年 2 月 7 日。

之损失者，既要船员担任赔偿，同人之逃走者，又要船员担任罚款，左折右扣，所余者能有几何？其行驶中国沿岸之海员，并伙食亦无之，其艰苦更无论矣！”① 英国领事听后遂不了了之。

当海员罢工时，海员总会本已联络其他运输工会一致罢工。但运输工会内部情况非常复杂，大半由工头或小买办所控制，故当时他们只是观望，后来由于轮船越停越多，以致运输工会工人已无工可做，且海员总会的活动不到半月，运输工人们也逐渐同情罢工。罢工开始时尚有一两艘船偷偷摸摸起落货物逃去，到运输工人全体罢工后，则完全停顿。于是，此次罢工人数增至 3 万人以上。此时正值中国旧历年关，香港形势更加严峻。

2 月 1 日，港英当局下令封闭海员总会及其他同情罢工的运输工会，逮捕罢工领袖和工人，并架大炮对准海员工会，将海员工会招牌拆去，理由是“海员工会打算陷本殖民地生命于危险之境”②。

香港运输工人一致罢工，使港英当局更为为难，对付罢工软硬兼施均无效力，他们不得托人加入帮助调停罢工之事。首先，港英当局请华工总会到广州协同基督教青年会和中国航业公司向海员总会进行调停。海员总会回复说：“这次罢工，港英当局不但不居中调停，反而采用高压手段，封闭我工会，逮捕我工人，野蛮至极！我们只有坚持到底！”因此这场调停毫无结果。

华工总会调停失败，港英当局又促使东华医院③以街坊名义出面调停，东华医院于是写信到广州邀请海员工会派代表到香港会谈。海员工会接受邀请，并派了 5 名代表去香港参加会谈。

当时港英当局已封闭工会，拆去工会招牌。故海员总会在会

---

① 《工人周刊》第 29 号，1922 年 2 月 13 日。
② 邓中夏：《中国职工运动简史》，人民出版社 1953 年版，第 50 页。
③ 东华医院是留居香港的中国绅商之大集团，其名义上是一家医院，实际上是一个社会集团，故在香港颇有政治势力。

谈中首先提出以恢复工会为先决条件。东华医院的绅士们说，恢复工会可以，但要改变招牌，添多或减少几个字。因为港英当局皇皇文告宣布封禁，你们是知道的，这关系政府的威信。海员代表说：“工会招牌，‘中华海员工业联合总会’一字也不能增、一字也不能减，而且要还给原有招牌。”绅士见话不投机，便改变态度，说：“你们罢工我们不反对，但你们要顾念现在香港粮尽食绝，岂不把几十万留居香港的中国同胞活活饿死。”海员代表说：“是的，香港居民将绝食，这是实情。是我们早已预计到的，而且早已挂念着的。但是，我们挂念香港居民，而你们却是一点也不挂念海员，我们海员老早就有几十万人要饿死了。我们此次罢工，更苦得要命，天寒肚饿，你们为什么不曾说一句救济的话呢？”

海员代表申明：“增加工资，改良待遇，是天经地义的事。而港英当局反把工会封闭，且把同情罢工的工会也封闭；还要逮捕工人，拘禁领袖，是何道理？你们为什么只替政府说话？政府既然没道理，你们为什么不帮助我们？你们若有本事叫政府还给我们工会招牌，就有话可说，否则我们即刻回广州去。”绅士知难挽回，便说：“我们同去华民大人处说情，可以不可以呢？”海员代表表示拒绝，后经绅士再三要求，海员代表方同意。

到华民政务司后，华民司说：“因为你恐吓他人罢工，故政府封闭工会，现在不能把工会招牌还给你们。恢复工会可以，但名称要改。加资问题，你们是知道的，各船情形不一样，将来或增或减，我们举出代表按照公道评判，看哪船该加，哪船该减。”海员代表说：“恐吓他人罢工，有何证据？用莫须有的罪名，用机关枪拆去我们工会招牌，抢去我们工会家具，还说我们恐吓。中国海员罢工是多么文明哟，你看，香港自罢工后，秩序比之前好得多（按意即谓市面萧条）。英国煤矿铁路海员三角罢工，我们中国海员到伦敦，他们还要我们一同参加。现在我们还没有邀请各国工人同情罢工。说到加工资，如果港英当局主持公道，早就应该调解。我们三次向资方提出要求时，同时通知政府，而政府看不起中国海员，全然不管，因此造成罢工。说到将来举出代表公道评判解决加资问题，那我们就‘唔领过的甘哟’（即“不上这个当”的意思）。现在的问题很简单，第一送还工会招牌，第二承认加资条件，我们立刻上工。如工会招牌要改，那么加资问题也不必谈了。”海员表示明天回广州去，华民司说：“西人商会要找你们谈话。”

当晚上海银行大班、渣甸洋行大班等请海员代表谈判，非常秘密，不许旁听。他们问：“你们愿意华民司参加吗？”海员代表说：“有什么不可以！”华民司亦一同参加。洋行资本家说了一套与华民司类似的话，海员代表亦用与答复华民司类似的话答复。说到恐吓罢工一事，海员代表否认，华民司说：“是事实，现在许多人愿回香港做工，你们强迫他们不许回来。”海员代表说：“省城太远了。拿香港来说吧，有馆口130余间，每间总有数十人，为什么他们不肯上工？是谁恐吓他们？”说到加资一事，海员代表说：“找公证人调查评判，我们不能接受，只有说定加多少，大家签了条约，才是实际。”说了几个钟头，海员代表坚持以恢复工会、归还招牌为先决条件。对方说这事要请示“兵头”①，于是一场谈判又无果而散。

到此时已是山穷水尽了，港英当局暗使华商总会约海员代表去谈话，劝他们明日莫回广州，等西商请示“兵头”后再看看有什么可以商量。香港著名的罗大绅士请海员代表到他的写字楼去，他说：“今天的事，你们几人帮助我一下就可解决。”海员代表说：“什么叫帮助？你不来帮助我们，反叫我们帮助你！”他说：“一切都在你们身上，你们说什么就可解决。”海员代表已料定罗大绅士有行贿的意思，就说：“我们做什么都取决于罢工工人，哪

---

① “兵头”即香港总督，他有统率香港海陆空的全权，故俗称为兵头。

能说一切在我们几人身上。”说毕，海员代表不顾他的强留便走了。

第二日，华民政务司约海员代表见面，并拿出公文来，大意与华民司昨日所说相同。海员代表立即拒绝，说：“工人委托我们要以恢复工会、给还招牌为先决条件，现既办不到，带此公文何用？”继而说：“带回公文也可以，但我们在此郑重声明，并不是接受了公文上的什么条件。”

调停破裂以后，华民政务司与轮船公司资本家一起决定前往中国上海、菲律宾、印度等地招募新工人来取代罢工海员。他们唆使由买办开办的“香港宝泰办馆”发出急电，要上海流氓、包工头桂阿茂在上海招募新工人，并尽速送来香港，以瓦解香港海员罢工。

当宝泰办馆急电桂阿茂时，中国劳动组合书记部接到海员总会急电后，立即组建了上海工人“香港海员后援会”研究对策。中国劳动组合书记部负责人李启汉、上海宁波籍海员组织“均安水手公所”的钱孝裕、“焱盈总社”的穆生甫、“全国工界协进会”的邵博强等作为代表，去包工头桂阿茂家，提出严正警告，结果遭到法租界巡捕拘留。桂阿茂乘上海各工会为营救李启汉等代表而奔忙之机，在几天之内，加紧招募了上千名新工人，准备在找到轮船后，立即将他们送往香港。这些新招来的工人都是失业工人，是为生活所迫而应招的。新工人启程那天，李启汉等被罚款后获释，他和“均安水手公所”负责人朱宝庭急忙赶到码头劝说新工人。当时，聚集码头正待乘船赴港的新工人听了李启汉和朱宝庭的宣传教育后，有一半的工人当场表示不去香港，其余一半工人还是乘船前往了香港。船在汕头停留时，汕头香港海员罢工办事处的人员又上船对新工人进行耐心劝说，结果这些人中又有一半的人留在了汕头。最后抵达香港的，已不足300人。①

---

① 中国海员工会广东省委员会编：《广东海员工人运动史》，广东人民出版社1993年版，第36—39页。

这批新工人是宝泰办馆经理梁玉春代太古轮船公司招雇的。香港罢工海员莫不痛恨梁玉春只顾私人利益，不惜损害香港海员工人利益的行为。香港罢工海员梁和立誓为团体除害，他侦悉梁玉春经常乘坐私人黄包车前往太古轮船公司，隐伏于梁玉春必经之路。有一天，他终于在香港皇后巷前遇见梁玉春，遂拔枪将梁玉春击毙，然后弃枪逃跑。后来梁和立被捕，以杀人罪被判绞刑。

梁和立枪杀梁玉春的壮烈事迹影响甚大。在“蓝烟通”轮船工作的上海新工人纷纷迅速离船，不敢继续工作，一致前往广州，参加罢工工人的斗争，给轮船公司资本家以沉重的打击。

当时又有从宁波雇来的少数海员，当他们所乘的一艘英籍商船缓缓驶至筲箕湾的时候，由“维持团”布根率领的一个纠察小组乘小电船追至该商船上，劝告这些海员不要破坏工人团结，而应支持罢工。其中有一名海员不服劝告，反唇相讥并动手打人。布根为了自卫，以匕首刺向该人腹部，该人流血不止而死。布根等即跳海潜水而逃。从宁波招来的海员见发生此事，知情况复杂，均自动解雇离船。自此以后，轮船公司资本家虽出高薪招聘中国海员，亦无人应聘。

1922 年 2 月 9 日，中国共产党广东支部发布《敬告罢工海员》传单，声援香港海员罢工，提出“本党以海员同志们为开始斗争的急先锋，定当竭其能力，为之后援”，并指出要注意“坚持到底”“团结一致”“严守秩序”“注重自治”。

香港其他工人及一般平民对港英当局皆表示愤怒，并一致支持海员罢工。先是香港各工会召开联席会议，商讨支持海员罢工事宜，决定首先由运输工人开展罢工声援，如运输工人声援罢工不能胜利，则举行总同盟罢工。海员工会此时便根据此决议向各工会开展宣传活动，工会都表示支持。但工人又不能立即全部罢工，因为按照香港的一般习惯，工人须到月底才能取得工资，而此时正值二月中旬，罢工尚需略等些日子。各工会共派出七名代表到广州与海员工会商议筹备罢工工作，并组织“全港同情罢工办事处”。

港英当局得知全港工人准备同情总罢工消息后，便促使机器工会（本名“华人机器会”）向工人宣传说：“海员罢工我们应该援助，海员现在最需要的是经济援助，我们可以捐款，不必急于罢工。”又说：“海员罢工势成骑虎，下不得背，我们应该援助他们下背。我们可组织‘全港工人调停海员罢工会’来援助他们，这才是实际。”这种宣传居然产生了极大效力。海员工会得此消息后，即派在广州筹商总罢工的七名代表回港制止调停会之实现。同时海员工会召集大会，宣言：“我们工人若同情就加入罢工，不能说什么调停，调停就是妥协。”大会一致决议不接受工人调停，要求香港工人切勿组织调停机关。群众异常激昂，高呼“工人兄弟团结一致”“打倒调停机关”口号。此消息在报纸上发布并流传香港后，工人们顿时醒悟，立即取消调停会，并打碎调停会的招牌，撕碎调停会的印刷资料。从此工人们一意准备罢工，毫不动摇了。

2 月 27 日，港英当局得知全市总罢工就要到来，宣布欧战时一样的戒严令，把中国各口岸所有的英国军舰调集香港，禁止火车通行，加岗巡查街道，离港者要铺保。香港变成战时状态，谣言四起，一些罢工海员率性而为，放火烧了香港三个储藏粮食的货仓，以致全市更起恐慌，大有“风声鹤唳，草木皆兵”之势。

当时，港英当局虽下战时戒严令，然而工人并不害怕，月底领得工钱后，大家收拾被袱乘夜过海，预备天亮后步行回广州（因火车已停）。邮局、银行、酒店、茶居、街市（即菜场）一律罢工，连住家的使役、女仆、厨司、轿夫、园丁以及水底电线工人、山顶电车夫、报馆工人、印刷工人、轮渡夫役、饼干店伙夫、面包工人、公事房使唤人、牛奶房工人等都加入罢工。财主佬家里饭没有人烧，火炉没有人管，小孩啼哭没有人理；全市关门闭户，秩序大乱，全港居民都感觉危在旦夕。港英当局只得调遣全部海陆军警巡查街道，加紧戒严。

罢工海员方面更加加紧封锁香港，扩大纠察队的组织，分派到各港口去，禁止粮食运往香港。此时真是一棵菜、一粒米都不能到香港，香港粮食状况更为紧张。从此，双方对峙的局面更加严重。表 1-3 所列为 1922 年 2 月中旬罢工的船舶情况表。

**表 1-3　1922 年 2 月中旬罢工的船舶情况表**

| 序号 | 国家 | 船舶数量（艘） | 吨位（吨） |
|---|---|---|---|
| 1 | 英国 | 82 | 58368 |
| 2 | 中国 | 36 | 30166 |
| 3 | 日本 | 15 | 36474 |
| 4 | 荷兰 | 11 | 27417 |
| 5 | 美国 | 8 | 14529 |
| 6 | 挪威 | 7 | 8798 |
| 7 | 法国 | 4 | 3053 |
| 8 | 丹麦 | 1 | 1456 |
| 9 | 葡萄牙 | 1 | 1145 |
| 10 | 暹罗 | 1 | 998 |
|  | 总计 | 166 | 182404 |

这次罢工传播得异常迅速，只要船上有中国海员，不需要工会的命令，他们便自动离船上岸。所以各地轮船都认为香港水域好像是疫区，不敢开来，或者只在港外稍停便走，或者径直经过不敢停留，由西来的直达中国上海，由东来的直达新加坡或小吕宋。

香港工人声援海员罢工，广州工人援助罢工亦极为踊跃。即使远在北方的铁路工人，亦大力援助，京奉、京汉、陇海、正太、京绥等铁路工人，发起“香港海员罢工北方后援会”，频频举行大会，并发出通电和文告，一面向铁路工人宣传休戚相关之义，一面组织捐款援助海员罢工。在国外的华侨捐款也不少。各国工会也有许多电报表示慰问及援助，但均被港英当局扣留。当时广东有一个由苏联组织的华俄通讯社，海员工会和它建立了密切联系，每日报告罢工消息，请该通讯社转达各国。当时海员工会常致电法国共产党的机关报《人道报》，请其转告各国工人阶级予以援助。此时中国的阶级分化还不明显，一些小资产阶级和民族资产阶级都对海员罢工表示同情，乃至给予了物质援助。①

自罢工风潮发生以来，全国劳动界风气为之一变。有以罢工援助者，有以捐款援助者，有以舆论援助者。对上海、宁波、汕头、江汉等地影响尤甚。北方各处工人团体，自长辛店工人发起“香港海员罢工北方后援会”后，各地工人予以广泛支持，其中京汉、京奉、陇海、京绥各路铁路工人纷纷来函，表示坚决支持海员罢工。②

当工会准备罢工时，虽已筹备经费，但为数极微，所得之数还不够罢工海员回广州的火车票。陆续回广州的海员人数不下五万人，后来又加上同情罢工的运输工人和香港各业工人，其人数更多了，罢工经费自然拮据万状。幸而此时广东政府支持海员罢工。

广州罢工总办事处设置总务科、财政科、粮食管理处、纠察队、宣传队、慰问队、骑车队、招待处等机构；设立宿舍数十所。广州市及郊区的祠堂、庙宇、学校、社团，都设法让出空屋，以供香港到来的罢工工人住宿。每日膳食供应的费用尤巨，此时海总会长陈炳生、加薪维持团团长谭华泽，整日从事款项的筹措，得到海内外各方广泛的资助。国内各地的工团慷慨捐资的很多，如平汉路、津浦路、京奉路、京绥路各路工人，有许多工友捐一

① 邓中夏：《中国职工运动简史》，人民出版社 1953 年版，第 60 页。

② 《工人周刊》第 29 号，1922 年 2 月 13 日。

日的工资，以充罢工海员的救济费。天津、上海两地的海员也竭力募捐汇寄，上海劳动总同盟以及法国回国的劳工，除捐款接济外，还拍电慰问。在广州民间，杨西岩先生先后捐款逾万元；何盖民在广州组织乐剧团演剧筹款，所得不少。最大的支持者，应推党政方面，在资金紧缺阶段，黄焕庭、马超俊借访省长公署政务厅长古应芬、粤军总司令部参谋长邓铿，大本营财政部部长廖仲恺，极力为罢工海员呼吁，得到诸氏的同情和支持，先后设法筹拨款50余万元。

罢工经费虽然每日有数千元接济，但人数众多，工人生活仍然很艰苦。每日饭食两顿，每顿一毛。除提供饭食外，其他的什么都没有。时值隆冬，只发棉衣一件，后来棉衣买不起，就发给麻包。工人都在地上打地铺，又无被盖。当时经常下雨，道路泥泞，工人连鞋也没得穿，冷得不行只好烧柴取暖。但大家互相鼓励着说："顶硬上，兄弟！米俾人睇俾！"①。罢工总办事处对外省海员（如宁波海员）稍为优待，让他们住在小旅馆，提供棉被，每日还发五分钱买香烟。

罢工开始时，孙中山先生正在广西桂林指挥北伐战事，闻讯后立即致电香港海总，表达亲切的慰问，并电令马超俊迅速赴香港慰问并与港英当局协商。孙中山至韶关后，仍经常打电话到广州慰问罢工工人，极力赞助罢工，并指令广东省政府、大本营筹措膳食供应等费用。按照孙中山的指示，省长公署政务厅长古应芬、粤军总司令部参谋长邓铿、大本营财政部部长廖仲恺等着力为罢工海员呼吁筹款。政府每日借出数千元（白银）给海员作罢工经费，并协助解决罢工海员的生活安排等，前后借给罢工海员的经费共约10万元。

① "顶硬上，兄弟！米俾人睇俾！"粤语，即"坚持到底，兄弟们，不要给人看轻！"之意。

## 三、罢工取得了历史性胜利

香港帝国主义者最终接受了工人的要求。3月6日，港英当局发表特别公报，宣布取消“中华海员工业联合总会”为不合法会社的命令，同时取消香港居民离港的禁令，恢复广九铁路九龙段的火车通行等，并定于当日下午将工会的招牌送回挂上。

罢工胜利的喜讯传出后，工人们群情振奋，欢欣若狂。海总内外张灯结彩，一派节日景象。港九两地工人、居民闻讯前来庆祝，工会周围人山人海，热闹非常。下午三时半，港英当局派香港教会会督率领英警、印差、警察各四人，列队捧着“中华海员工业联合总会”招牌前来原会址。队伍中三名海员高举会旗作为前导，队后有数百名海员工人手执彩旗护从。在海总会所前，英警、印差、警察前后肃立敬礼，牧师向“中华海员工业联合总会”招牌祈祷，然后亲自将工会招牌挂回原处。此时，数千名群众振臂高呼：“工人万岁！”“海员工会万岁！”鞭炮、锣鼓齐鸣，响彻整个香港上空。次日，香港工人和各阶层居民继续集队游行。游行队伍途经中环、皇后大道、荷里活道时，各商店大放鞭炮庆祝，街中烟雾弥漫、历久不散。

香港海员罢工胜利后，总会即派人到上海，素来互相隔膜的宁波与广东海员骤然发生变化，一致携手起来。

此次罢工能够取得胜利的原因，正如邓中夏总结所说：“在客观上当然是当时国内外革命潮流的激荡，是一个利于斗争的环境；在主观上则为罢工有相当准备；选择的时机适当（中国旧历年关），群众完全了解并兴奋；团结力甚强；领导者聪明而坚决；援助力量有莫大的作用（运输工人甚至全港工人的同情总罢工）；

应对策略适宜（特别是封锁香港的饥饿政策）等。”①

香港海员大罢工是中国海员奋斗时期的最佳成果。表面上看，它是海员要求增加工资的经济斗争，但实际上有着反抗帝国主义的政治意义，因为中国航运业几乎全系外国资本家经营，中国民族资本只拥有少量小吨位远洋船，远航能力有限；沿海内河船也不及外资公司的1/3。所以中国海员与帝国主义有着不可避免的冲突，成了直接的仇敌。这是中国海员斗争的特殊意义。

香港海员大罢工是世界海员历史上最光荣的篇章。它对中国工人运动产生了巨大影响，掀起了工人运动的第一个高潮。它让中国工人阶级认识到只有团结起来才有能力与帝国主义、资本主义、殖民主义进行斗争，并且取得胜利；它让中国工人阶级向全世界宣告登上历史舞台；它让刚刚诞生的中国共产党看到了工人阶级的力量，从而更加明确自己的根本任务；它让中国海员在罢工中对中国共产党有了新的认识，并且开始逐步自觉地接受中国共产党的领导。

## 第四节　中国共产党重视海员工会工作

### 一、中国劳动组合书记部支持香港海员大罢工

香港海员大罢工前，海总有鉴于1914年10月上海海员罢工失败的历史教训，在罢工前已致函上海各工会，告知香港海员已向船东提出增加工资的要求，并且可能罢工，要求上海海员给予支持，并特别嘱咐他们：“倘船东向贵埠请人来港，勿受其愚。”罢工开始后，在香港、广州的宁波籍海员也立即致电上海同乡会，

① 邓中夏：《中国职工运动简史》，人民出版社1953年版。

通知他们香港海员已经罢工，“请同乡切勿受雇，破坏团体”。

1922 年，上海“均安水手公所”支持香港海员大罢工，发出了通告：

工人兄弟们：

1 月 11 日接香港中华海员工会来电，据称关于增加工资要求尚未解决，来电劝告上海方面的同志们勿以代替罢工工作来帮助资方。因此，凡个别海员与雇主秘密安排所引起的后果，本会概不负责。我们需要你们的合作，同时对你们的忠诚表示感谢。

均安水手公所启

旧历十二月

香港海员大罢工调停破裂以后，香港政府改变策略，破坏罢工，派人到中国上海、菲律宾、印度等处招集新工。上海中国劳动组合书记部得此消息后，便纠合宁波海员公所阻止招募新工行动。

中国劳动组合书记部为了支持香港海员大罢工向租界内各水手、伙夫介绍机构发出通知，内容主要是劝告各级海员支援香港海员大罢工。

1 月 29 日下午三时，中国劳动组合书记部在静安区成都北路 899 号（原北成都路 19 号 C）《劳动周刊》编辑部召开工人会议，到会者有本埠六个工会的代表 17 人，由《劳动周刊》记者董锄平主持。会议决定组织“香港海员罢工后援会”援助香港海员罢工；派代表警告上海武昌路祥安里 915 号福安公司的包工头桂阿茂，要求他停止代轮船公司招募破坏罢工者。当时，上海公共租界工部局事先得到情报，对包工头桂阿茂采取了保护措施。

1 月 30 日，按上述会议决定，李启汉、钱孝裕、穆生甫和邵博强等八人代表到桂阿茂家做工作，桂阿茂的妻子向早有准备保护桂阿茂的法租界巡捕控告李启汉等人有“恐吓行为”，法租界巡捕立即将他们三人拘留。李启汉和其他两人被拘禁后，中国劳动组合书记部组织力量营救，经努力疏通，经罚款后三人得以保释。李启汉等人和“均安水手公所”负责人朱宝庭急忙赶到码头进行劝说，取得了一定的效果。

与此同时，中国劳动组合书记部积极筹划上海各团体组建香港海员罢工后援会，2 月 3 日，全国工界协进会、工商友谊会、全国总工会、《劳动周刊》、中华烟草工人会、上海机器工会、上海电器工界联合会、上海印刷工会、南市均安（宁波）水手公所、南焱盈社和焱盈总社决定参加香港海员罢工后援会。7 日，香港海员罢工后援会决定聘定古沃公馆为法律顾问。

8 日，香港海员罢工后援会筹备工作已完成。下午三时，在中国劳动组合书记部在静安区成都北路 899 号（原北成都路 19 号 C）举行援助香港罢工工人及其家属的会议，参加者有各工会与海员代理处代表约 18 人，会议由刚刚被保释的李启汉主持。

会议讨论了援助香港海员的办法，决定：（甲）捐款；（乙）派人劝告海员勿破坏同业团体。中国劳动组合书记部当即捐银 150 元，焱盈总社捐银五元，焱盈南社捐银两元。其他工会由代表回去报告以后再行认捐。代表个人认捐的也很踊跃。会议还决定制作捐款簿，由各人负责向外界募捐，并号召海员个人捐助。会议还决定“劝本埠海员亦组织一中华海员工会”，并通电香港海员，嘱其坚持到底。

中国劳动组合书记部组织的支援香港海员罢工工作取得了成效，得到了海员工会的赞许。2 月 16 日，中国劳动组合书记部李启汉接到海员工会律师谢英伯从广州发来的电报：“北成都路 19 号 C《劳动周刊》（劳动组合）书记部、宁波、浦东和广州海员：广州海员坚持罢工，盼组织工人与书记部联合，继续支援我们。”

之后，中国劳动组合书记部不断向本埠各工会发出募捐援助香港罢工工人的书面呼吁。为了组织上海全体工人援助罢工，李启汉等共产党员做了大量工作。

## 二、香港海员罢工对工人运动的启示

香港海员大罢工是中国工会运动第一次高潮的起点，这次罢工是海员工会争取自身权益的胜利斗争，既打击了帝国主义的威风，又增强了工人阶级的信心和力量。

1922 年 5 月，中国共产党领导召集的第一次全国劳动大会就对海员工人运动有了新的认识。当时在中国各大商埠已有了一些工会组织，也有了一些为增加工资和改良待遇而举行的罢工运动，但还只是一个工厂、一条铁路或是一个地方的举动。海员罢工运动，对刚刚成立的代表工人阶级利益的中国共产党产生了深远的影响。他们在第一次全国劳动大会宣言中明确提出："我们已知道，组织运动的规模越大，就越能取得胜利。香港海员的罢工的胜利，使我们知道工人们是具有伟大能力的，但必须有组织，而且需要全国工人们一致行动。从此我们渐渐明白只有公所和无意义的工会组织是断断不行的，因为这种组织是不能够自卫，更没有反抗的能力；我们渐渐明白工人们是不可容那些东家或东家的走狗加入工会的，因为那些敌人会破坏我们这个阶级的团体；我们渐渐明白工人们不可把我们自己分成什么广东帮、宁波帮、江北帮、天津帮等，因为这是使自己这个阶级互相分裂，断不能用这种'帮'的团体与资本家斗争。"①

① 第一次全国劳动大会宣言（一九二二年五月）。

## 三、中国共产党时刻关心指导海员工会建设

海员工会组织香港海员罢工取得胜利后，增强了工人阶级的信心和力量，更受到中国共产党的重视。当时，中国共产党在召开历次重要会议和第一次全国劳动大会上都十分关注海员工会的情况，并把改造海员工会作为重要工作，有计划地实施。

1922 年 7 月，中国共产党第二次全国代表大会专门作了《关于“工会运动与共产党”的议决案》，指出“中国的劳动运动，是在第一个阶段中发展，还脱不了旧行会和手艺组合的束缚。同时劳动阶级的奋斗还不过是为某种手艺或某个工厂的特别状况的单独运动，并没有普遍性质的运动。工人的组织也不强固，组合的人数也不多。切实研究这种现状，集中、扩大和正当指挥这种运动，是中国共产党的根本任务。”

中华海员工业联合总会建立之初受孙中山和国民党影响很大，中国共产党根据党的决议非常重视工会运动，也十分关注海员工会动态。1923 年 6 月，在中国共产党第三次全国代表大会上，陈独秀在报告中谈到工会的宣传工作时指出，在上海国民党与海员有联系，共产党也应该更加注意与海员的联系；在《劳动运动议决案》中，提出“大的产业工会，尤其是海员工会，须设法引（导）其与赤色职工国际联合”等要求。

1923 年 11 月，中国共产党三届中央执委会第一次会议讨论通过的“劳动运动进行方针议决案”中提出“拟先行选择最重要的三个产业工人，如铁路、海员、矿工，集中力量，加以切实的各个组织或整顿。并制定了组织整顿海员产业工人计划”，“由上海及留法同志努力于宁波海员之联络及宣传；上海、汉口、天津的同志，努力于北洋及长江航路之船员组织”，“由广州同志用国民党的力量设法改造海员工会，并在香港特设国民党海员部，以

便开始宣传及改良其组织。中国上海、香港，新加坡间之文件输送，亦是海员运动中的重要工作”等。

1924 年 5 月，中共中央执行委员会扩大会议关于《工会运动问题议决案》再次明确：“产业无产阶级的经济上、政治上的力量，必定要和他的组织力同时生长，因此党的最重要的责任，便是继续不断在产业工人里有规划地创设工会的组织。因此最主要的工作，便是应当注意铁路工人、矿工及海员。”

1925 年 1 月，中国共产党第四次全国代表大会在《对于职工运动之议决案》关于职工运动的具体计划中提出：“一是联络未加入工会及公所之海员组织俱乐部这一类的团体；二是派人到海船上去活动。以上工作进行到相当程度时，须联络起来改造现在之海员工会，而成为产业的斗争的工会。”

1926 年 1 月，共产党全国职工运动讨论会①，对海员工会运动发展情况进行了分析：在香港、上海一带之海员工会，从五卅运动以后，亦能受本党指挥，香港与上海之海员罢工，确能使帝国主义者受重大打击，唯天津、汉口、宁波、青岛诸处之海员，尚未有相当之组织；同时关于内河之海员，尚无确实之调查；上海之海员工会，实际上有为上海之大买办阶级及虞洽卿、李征五等篡夺之势，开资本家势力深入工人群众中之恶例；而香港、上海之海员工会并未成为群众之组织，这确为海员运动中最大的问题。为此，中国共产党提出以后在海员运动中，在汉口、天津、青岛、宁波四处，应从速设立海员工会，非但要组织外洋与沿海各轮船上的海员，同时关于内河轮船之水手，亦当组织起来；在海员工会中，当尽量发展本党的组织，务使海员中之各种运动均能受吾党之指挥；在海员工会下面之各帮公所及寄宿舍、俱乐部，

① “产业工会的发展与统一问题”是全国职工运动讨论会制定的，收入 1926 年 5 月 1 日出版的《校刊》第六期。

当切实与其联络，作为中国共产党深入海员群众中之渠道。切实整顿海员工会之下层组织，上海之海员工会当根本改组，务必使资本家之势力排除在海员工会以外，同时努力消除各帮同乡观念，使海员工会不会发生分化的危险。

## 四、中国共产党加强对海员工会的领导

海员工会成立后受孙中山影响很大，但中国共产党诞生后，一直关心帮助海员工会的成长。从1924年5月，中共中央首次提出了在海员工会里建立共产党组织，到1925年，中国共产党第四次全国代表大会后，海员工会组织实际已处在中国共产党的指导之下，这是一个重大的进步和成绩。

1924年5月，中共中央执行委员会扩大会议首次提出了在海员工会里建立共产党组织："我们的党必须进入海员工会里开展工作——这是运输业里最重要的一部分。我们应当经过国民党整理海员工会使成一有组织的群众工会。同时我们应当在海员里发展党的小组，只有共产党的工作有相当的成效时，海员工会方能成为无产阶级组织。"

1925年1月，中国共产党第四次全国代表大会《对于职工运动之议决案》对海员工会工作进行了总结提出：第四次大会后，本党职工运动重要工作的海员运动，在香港、上海虽说有初步进行，但实际上没有深入海员群众中。在以前我们想完全借国民党来整理海员工会的政策，已不成功。现在应一面由我们直接去活动，活动的方法是：在海员工会中建立本党的组织，以冀由上层改造海员工会；同时在海员工会下面之各帮公所及寄宿舍、俱乐部等，去建立工会小组及党的组织。

1925年5月1日第二次全国劳动大会召开，宣布成立中华全国总工会，海员工会代表林伟民、苏兆征等被选为执行委员，其

中林伟民当选为委员长。

省港大罢工期间，中国共产党十分重视对海员工人的教育和培养工作。罢工前，海员中已有林伟民、苏兆征等加入了中国共产党。罢工期间，共产党在海员中吸收了一批积极分子加入中国共产党，成立了海员党支部。在罢工期间加入共产党的海员有陈郁、陈权、冯燊、林锵云、邓发、何来、陈春霖、周福、黄养、陈剑夫等人。中共广东区委非常重视在海员中发展党员。区委派梁复然、陈日长等在海员中进行共产主义的宣传教育；又派张瑞成、梁祖谊在海员中筹建党支部。

1925 年 7 月初，海员工会支部成立，有 10 多名党员，张瑞成任支部书记。至 10 月，党员发展到 72 名，包括陈权、周材、冯燊、周福、温生、陈郁、黄卓、黄来、李鹏、何潮、方世林、黄美等人。1926 年 4 月，中共广东区委和全国总工会决定调张瑞成到全国总工会省港罢工委员会担任教育宣传委员会主任兼广州土布工会主席之后，李源担任中华海员工业联合总会支部书记。同年 12 月，海员又组建了共产主义青年团海员支部，有团员 44 人，梁祖谊任团支部书记。以后方世林、谭捷、李海筹等先后任团支部书记。团员有黄宝南、陈淑英、崔秉南等。

1926 年 7 月，中共中央执行委员会扩大会议提出："过去海员工会，除在一部分航海轮船上有相当基础外，内河轮船上的海员加入工会者尚少；粤港罢工后，一部分最革命的海员又离开了他们的工作，因此海员运动在最近的将来应在航海轮船上进行秘密工作，并设法使内河轮船的海员加入工会，海员工会的组织亦应推广到各大口岸，自然党的组织亦应随着工会的发展而努力发展。以后各当地党部对于海员运动更应十分注意。"①

---

① 1926 年 7 月，中共中央执行委员会扩大会议"职工运动议决案"，收入 1926 年 9 月出版的《中国共产党第三次中央扩大执行委员会议决案》。

经过共产党对海员工会的先进分子的帮助教育和培养，海员工会组织逐渐接受了共产党领导。1927 年 4 月，中国共产党第五次全国代表大会上明确指出“第四次大会后，海员（工会）转变到本党指导之下，这是一个很大的成绩，本党应该继续加紧海员中的工作。唯海员运动，虽渐次在各轮船推行支部的组织，特别以省港轮船组织为最有成绩，但是宁波籍海员仍未完全组织在海员工会之下，内河轮船分会有放弃轮船而只组织木船划子的倾向，都是应该纠正的。”①

## 第五节　中华海员工业联合总会第一次代表大会

### 一、第一次代表大会概况

当时海员工会为全国产业工会中最大工会之一，但组织不是十分严密，尤其下层组织较为薄弱，海员工会领导对此已有共识，为此准备召开全国代表大会讨论组织问题，提高海员工会综合能力。

1926 年 1 月 4 日下午 1 时，海员总会在广州太平戏院召开全体同人大会（预备大会），到会 2000 余人，由大会主席苏兆征讲解召开此次大会的意义，之后上海、汕头等各地代表报告各地海员工会情况，然后陈权、何来、唐汉、张瑞成相继发言说明改组海员工会组织的重要性，全体代表鼓掌支持提高海员工会综合能力的决定。会议通过选出代表 100 名的方案，即省港罢工工人代表大会 77 名代表作为本次大会正式代表外，另外选出 23 名代表；会议决定全国海员代表大会定于 1 月 5 日正式召开会议，讨论决

① 中国共产党第五次全国代表大会《职工运动议决案》。

策海员工会未来工作。会议邀请全国总工会、省港各工团派员等莅会参加开幕典礼。

5 日，全国海员代表大会开幕，会场设在广东大学礼堂，布置甚为庄严，门首悬生花横额，上写“全国海员第一次代表大会”，两边挂有“世界海员联合起来”“运输工人联合起来”的对联，场内贴满了标语。下午一时举行开幕典礼，到会千余人，主持人陈权宣布开会，并介绍大会情况，然后推举主席团谭华泽任大会主席。接着大会主席致开幕词，对召开全国海员代表大会得到各位来宾的支持表示感谢，并希望各位来宾加以指导，使海员工会以后有更好之奋斗方法等。

全国铁路总工会代表张特立发表演说，他说：“海员是反帝国主义最有力量的战斗员，兄弟代表全国铁路总工会希望海员同志要努力联络全国以及全世界的海员共同奋斗，因为只有我们海员是世界的、无国界的。也只有全世界的海员同志团结起来，才能使世界革命成功。”全国总工会代表邓中夏发表演说，并指出：第一要改良组织，应增设支部，作为下层的基本组织；第二要打破地方帮口之分；第三要联络全国的海员，加入海员工会去共同奋斗；第四要领导全国的海员加入国际运输职工会；第五要确定反帝国主义的方针。工人代表会代表刘尔崧发表演说，他说：“海员要坚固自己的组织和力量去奋斗。”

嘉宾代表演说完毕后，由苏兆征报告会务情况，并总结这个时期罢工斗争所取得的伟大胜利。①

大会当天收到各团体祝词甚多，并有军乐队到场助兴。大会开至下午四时余，开始拍团体照留念，之后举行茶会，与会者非常兴奋，高呼口号，会议在欢乐中结束。

1 月 7 日 12 时，全国海员代表在全国总工会会场内召开大

---

① 《工人之路》特号 193 期，1926 年 1 月 6 日。

会，到会代表达百人，旁听者数百人。大会首先推举主席团，并推举陈权为大会主席。

大会特请黄平作演讲，黄平演讲的内容是“政治斗争问题”。他首先分析现在世界已很明显分成两个对垒，一边是压迫者，即资本帝国主义者；一边是被压迫者，即无产阶级和弱小民族。他认为帝国主义者扶助军阀买办阶级侵略弱小民族，所以半殖民地或殖民地的人民想谋解放，必须打倒帝国主义及其工具——军阀买办阶级。其次，他提出在国民革命当中海员的责任非常重大，因为海员为运输工人，海员的罢工不但有自卫性质，而且有进攻的性质，可以给帝国主义国家造成政治上的影响及经济上的损失；海员目前的责任是，参加国民革命，帮助各殖民地开展民族独立运动，反对太平洋上帝国主义的战争。

1 月 8 日，全国海员代表大会再次召开，会场仍在全国总工会内，代表到会者 120 人左右，大会主席陈权宣布议事日程主要包括组织问题、宣传教育问题和运输工人大联合问题等三项。

首先议组织问题。由张瑞成先作报告，大家加以讨论，承认以前海员组织有三项缺点：一是没有吸收所有海员加入工会，二是没有下层基本组织，三是没有普通的会议制度。

会议首先决议组织问题，明确此后组织应加以改良，使其严密。会议决定除在香港或广州设立总会外，于广州、上海、汕头、厦门、重庆、青岛、天津、大连等处设立分会，海外如新加坡、马赛、伦敦、纽约、横滨等处亦设立分会；决定在此后一年之内，海员应以全力扩张并整顿其组织，特别是船上支部组织；决定各级会议之召集规定；决定各地支部改为分会，各船设支部组织。

其次讨论教育宣传问题。大家讨论后，决议设立补习学校和图书馆，成立的各种剧社应重视教育与宣传，并服务各种斗争（如罢工）；大会决定总会办一本定期周刊，名曰《中国海员》。

最后讨论运输工人联合问题。大会承认中国运输工人、世界运输工人有联合的必要。决议内容包括：促成香港水陆运输工人之联合；促成全国运输业之联合；正式加入赤色职工国际之国际运输工人宣传委员会，以促进世界运输工人大联合。

晚上七点，各代表前往广东大学参加新学生社举行的欢迎会。

## 二、发布《告全国海员书》

第一次代表大会结束后，中华海员工业联合总会发布了《告全国海员书》。主要内容如下：

亲爱的海员工友们：

我们是打倒帝国主义一支最有力量的军队，在1922年的大罢工和这次省港大罢工中，都先后表现出来，万恶的帝国主义者不能不低首下心来求和，但是我们的组织不甚健全，我们的力量未能完全集中，因此不能一举而打倒帝国主义，这是我们一个很大的缺憾。我们现在觉悟了，我们应该怎样使我们的组织健全，我们应该怎样使我们的力量集中，即是说我们应该怎样预备打倒帝国主义，所以我们乘这个大罢工的机会，召集全国海员代表大会，来整理组织、检阅力量。

空前的全国代表大会于1926年1月在广州举行了，到会的代表有百余人，代表六处地方，一连开会五日。这次大会，把我们的组织整理了。我们以前的组织只是空有招牌，现在已有军队一般的组织了。我们的工会，能造一个总司令部了。此外，议决了几个重要的决议案：第一是政治斗争决议案，说明世界大势及中国情形，决定了我们对于政治的态度。第二是经济斗争决议案，决定了经济斗争的方式，我们要打破“洗马沙”，我们要待遇平等，规定八小时工作制。第三是运输业联合的决议案，说明运输业在革命时期中的重要，和我们应该联合的必要，不但中国运输业要联合，全世界运输业也应该联合一气，来反对帝国主义。第四是组织问题决议案，说明以前组织不好的地方，将以前的五个支部改为分会，同时在每艘船上设立支部，这样一来，我们的组织严密许多了。第五是打破帮口的决议案，说明帮口是分散海员力量的宗法社会的遗产，凡是海员都应该把它打破。第六是教育宣传决议案，决定我们宣传的方案、教育的方针。总之，这次空前的大会把我们的队伍检阅一番，决定我们奋斗的步骤，我们可以说，这次大会就是向帝国主义者进攻的第一步。

亲爱的海员同志们！我们的队伍检阅好了，我们预备着未来的斗争。中华海员工业联合总会是全体中国海员的生命，只要他强有力，我们才能像1922年那样得到利益。所以假如你是已经加入中华海员工业联合总会的，那么你更要努力，担负起你历史上的使命。假使你尚未加入，应该马上加入中华海员工业联合总会旗帜之下共同奋斗。你要知道，中国民族革命工人阶级尤其是我们海员所负的使命是很重大的，你们只有在有组织有纪律的海员工会之下集中起来，才能为你自己谋利益，为全中国谋解放。我们以十二分诚恳的态度欢迎你们加入，站在一面旗帜之下共同奋斗，我们看帝国主义在我们面前发抖！

海员工友们：我们是帝国主义者孕育出来的，我们尝过了多少的痛苦，受过了多少压迫，但是我们也是帝国主义的刽子手呵！帝国主义者一定会在我们的手上丧失生命的。我们不要忘记了自己的痛苦，我们要在海员工会旗帜下尽我们的使命。我们高呼：全国海员站在海员工会旗帜之下共同奋斗！打倒帝国主义！打倒军阀！中国革命成功万岁！世界革命成功万岁！中华海员工业联合总会万岁！

海员总会第一次代表大会的召开，是中国海员发展史上的里程碑，具有深远的历史意义。海员工会在孙中山支持下成立，在斗争成长的过程中，海员工会苏兆征、林伟民等主要领导看清国民党本质，于是逐渐接受了共产党的主张。从当时公开发布的《告全国海员书》就可以清楚地表明，海员工会完全在落实邓中夏代表中国共产党在大会上提出的主张。

## 三、代表大会形成的决议

海员总会第一次代表大会通过了组织问题、打破帮口、经济斗争、运输工人联合、政治斗争和教育宣传等决议案。

第一是组织问题决议案。工人阶级欲得完全之解放，只有在推翻资产阶级和工农掌握政权之后。因此，工会是推翻资产阶级的重要武器之一，所以他的组织必须严密。当时，海员工会仅上层有组织，于香港设总会，于广州、上海、汕头、香山设支部，这是不够的。因为海员都在轮船上，如使其与海员工会发生密切关系则必须每船都组织支部。上层组织与下层组织均严密，然后才能形成一个有力量、能斗争的工会。故决议提出，以后海员工会各地支部改为分会，各船上设支部。

海员从前没有会议制度，造成了海员意见无处提、训练亦无从获得。所以，以后海员工会应有经常的会议，全国海员代表大会每年开一次，审查上年工作、规定来年的计划并选举执行委员会。全体执行委员会每年开三次，各船支部全体同人会议每月开一次，各地分会同人大会随时召集。

第二是打破帮口（即地方主义）决议案。中国海员，无论是广东人、宁波人、天津人还是湖北人等，他们同样受帝国主义资本家的压迫摧残，同样过着牛马奴隶的生活。从前不觉悟的分子心目中存着广东帮、宁波帮、天津帮等，让资本家得着渔人之利，使海员愈加痛苦。故决议提出打破帮口，一致团结，一致奋斗。

第三是经济斗争决议案。1922 年海员大罢工是中国海员经济斗争之第一次。由于帝国主义资本家之反复，胜利的条约在当时没有完全履行，海员应本着奋斗之精神，促此条约之实现，以完成第一次之胜利而获得新的胜利。中国海员最迫切之经济要求是：一要提高工资，二要取得雇工介绍权，三要规定八小时工作制，四要反对一切虐待，五要规定伤亡抚恤条例。

第四是政治斗争决议案。资本主义发展到最高峰就成为帝国主义，实行殖民政策，东方的殖民地和半殖民地的民族被资本家和帝国主义压迫得极其不堪，于是乎世界上分成两个壁垒：一边是压迫者，即资本家和帝国主义者；一边是被压迫者，即无产阶级和东方民族。帝国主义者靠海员运输商品、原料、资本、枪炮和军队来实施对殖民地的侵略，海员罢工可以牵制资本家和帝国主义。故决议提出中国海员应参加国民革命运动，以打倒帝国主义及其走狗（军阀、买办阶级），并根本推翻资本主义制度，取得政权，达到完全解放。

第五是教育宣传决议案。海员工会的教育必是阶级斗争的教育，绝不是以提高普通文化为满足。海员工会的教育宣传应注意打破帮口观念和行会观念，实现世界运输工人之联合，并促成船上成立支部组织。海员工会应创办一本定期周刊，名为《中国海员》，其内容主要是解释第一次代表大会的决议案，登载中国工人运动及一般革命运动之消息与批评，介绍世界上工人运动特别是运输工人运动状况，登载本会重要文件及会议记录，开展各船生活状况之调查，并设英文栏，以反映世界工人消息等。

第六是运输工人联合决议案。世界运输工人的力量足以抵抗帝国资本主义。中国海员与外国海员之仇视不过是帝国主义与资本家离间运输工人势力的结果。惟其如是，所以世界运输工人同是无产阶级，无国家种族之分，应一致联合反对资本家之压迫与反对将来太平洋上帝国主义战争之大屠杀。中国海员有下列责任，以实现世界运输工人之大联合：促成香港运输业联合会，统领全港水陆运输工人的力量，做政治与经济的斗争；促成全国运输业联合会；正式加入赤色职工之国际运输工人宣传委员会，以促世界运输工人大联合；联合东方的运输工人，促进被压迫民族之反帝国主义运动；中国海员与外国运输工人，随时随地发生密切关系；中国海员到外埠时，如遇中国海员罢工时，采取一致行动，以实行联合之意义。

第七是接受第二次全国劳动大会之决议案。

## 四、改组中华海员工业联合总会组织

海员总会之前采用的是会长制，第一次代表大会之后则采用委员长制，最高权力机关即系中国海员代表大会；大会闭会期间，最高权力机关为执行委员会，执行委员会（组织干事局）下设：文书部、组织部、宣传部、庶务部、交际部、调查部、游艺部、财政部，并有特设机关：救济委员会、失业介绍所和消费合作社等。①

### （一）选举执行委员会领导

1926 年 1 月 9 日，中华海员工业联合总会召开全体会议，到会者百余人，下午三时选举，苏兆征、谭华泽、陈剑夫、陈权、林伟民、冯永垣、何来、朱明江、陆月棠、康荣、周福、张显浩、陈杏林、励金甫、朱宝庭当选执行委员。

1926 年 1 月 10 日，海员总会召开第一次执行委员会议。会议首先是通过各部办事细则及船上支部组织法；其次是公举苏兆征为总会执行委员会委员长，谭华泽为总会执行委员会副委员长，选举何来为总干事。会议任命总会各部主任：文书部苏兆征，宣

① 《中国第三次全国劳动大会会刊》1926 年 5 月第 10 期。

传部林伟民，组织部陈权、朱明光，调查部陈权、朱明光，财政部何来，交际部陈剑夫，救济委员会谭华泽。此外，聘请邓中夏、黄平两先生为本会顾问；会议决定何来、苏兆征、林伟民、谭华泽、陈权、陈剑夫、朱明江在广州分会工作，并由何来为主任；会议指定冯永垣、周福、陆月棠、励金甫、朱宝庭、陈杏林往上海分会工作，并由冯永垣为主任；会议指定康荣、张显浩两位委员在汕头分会工作。

1926 年北伐前后，由于苏兆征、林伟民参加全国总工会等领导工作，而海员工会有许多日常工作他们已无暇过问，分工主持海员工作的何来代为负责，但何来又是罢工委员会财政委员会主任，工作繁忙。因此，日常工作实际上都由陈郁处理。苏兆征等北上武汉后，海员总工会工作就由陈郁负责。

### （二）海总积极分子入党

1924 年夏，赤色职工国际所属运输工人国际宣传委员会决定在苏联莫斯科召开国际运输工人代表大会。赤色职工国际邀请海员工会派代表参加大会。运输工人国际宣传委员会（以下简称国际宣传会）是赤色职工国际下面的一个产业组合的机构。它将各国运输工人集合在革命的旗帜之下，俄、德、法、美、希腊、中国、澳洲和爪哇等八个国家和地区的海员革命工会和中国等 11 个国家的铁路工会等团体加入国际宣传会。

海员工会决定由林伟民代表海员工会参加该会议，于是林伟民从香港乘船辗转到了海参崴，再从海参崴转乘火车，途经伯力、赤塔、伊尔库茨克等站，前往莫斯科。由于当时苏联经受了国内战争的冲击，社会秩序相当混乱，生产遭受严重破坏。铁路沿线伤痕累累，火车所需燃料缺乏，铁路交通时续时断。这样一来，林伟民从海参崴出发，由于路途遥远，又遇到诸多阻塞，差不多花了一个月时间才到达目的地莫斯科。这时国际运输工人大会已经散会了。林伟民虽然没赶上参加会议，但仍受到了赤色职工国际的欢迎和接待。鉴于林伟民和苏兆征等人曾领导香港海员大罢工，赤色职工国际安排他到莫斯科、列宁格勒以及南俄等地参观访问，并与当地工会和工人群众见面，互相交流经验。

林伟民在苏联期间，赤色职工国际介绍他到东方大学与旅俄中国共产党的负责人罗亦农联系，并与莫斯科东方大学的中国学员会面。罗亦农以旅俄中国共产党负责人的身份，会见了前来参加国际运输工人代表大会的中国海员代表林伟民。由于林伟民长期以来在反对帝国主义和外国资本主义侵略压迫的斗争中立场坚定、勇敢无畏，处处表现出中国工人阶级的优秀品德，旅俄中共党组织经过研究，认为他完全具备了一个共产党人的条件，因而委托罗亦农专门负责对林伟民进行有关马克思主义和中国共产党性质任务等方面的宣传教育，并征求他对加入中国共产党的意见。

林伟民在苏联期间与罗亦农等共产党人相处，直接受到了党组织的教育，对党的认识进一步加深，因此当罗亦农征求他对加入共产党的意见时，他毫不犹豫地毅然表示愿意加入中国共产党，并请求罗亦农当他的入党介绍人。罗亦农在莫斯科介绍林伟民加入了中国共产党，使林伟民成为广东海员中最早的共产党员之一，也是外洋广东海员中第一个入党的工人。从此，林伟民作为无产阶级先锋队的一名战士更加自觉地为共产主义事业作毕生的奋斗。①

1924 年夏，林伟民在苏联加入中国共产党后，及时向党组织汇报关于苏兆征积极工作的表现以及信仰共产党的思想等情况，郑重地把苏兆征推荐给党组织。共产党非常重视苏兆征的情况。

1925 年春，在中国共产党和国民党左派等进步力量的共同努力下，发起了一个全国性的国民会议活动，并于同年 3 月在北京

① 卢权、禤倩红：《林伟民》，中国工人出版社 2011 年版，第 135 页。

举行了国民会议促成会全国代表大会。苏兆征代表广东、香港的工人团体到北京出席了这次会议。

在北京期间，苏兆征有机会与共产党的一些领导人和从事工人运动的共产党人接触。党的北方局负责人李大钊等人多次邀请苏兆征到北京大学红楼（李大钊办公的地方）会晤，对他领导香港海员罢工及这次国民会议促成会议中的表现给予很高评价，同时向他介绍中国共产党的历史及成立经过，并向他进行关于党的纲领、章程和政策的教育，帮助他进一步提高思想认识。苏兆征向李大钊汇报了自己对共产党的认识，正式向李大钊提出了加入中国共产党的要求。不久，苏兆征就在北京光荣地加入了中国共产党。

苏兆征入党后，随即参加了国民会议促成会的共产党党团。他十分自觉地严格要求自己，一切行动完全依照党的纪律，执行党的政策。在此期间，李大钊还与苏兆征研究过党的组织工作等问题，嘱咐他回到广东后要多找一些优秀的同志谈话，注意做好发展党的组织的工作。当时与苏兆征一同赴北京开会并参加共产党的一位老海员回忆当时入党的情景：苏兆征到北京后，与李大钊等接触谈话，并参加了中国共产党的组织，在组织生活会上陈延年介绍了苏兆征等几位刚刚入党的新同志，会上还研究了以后发展党的工作问题。①

## 第六节　开展反帝、反军阀斗争

1925 年 5 月 15 日，上海内外棉第七厂日本资本家枪杀了工人顾正红，并致使 10 余名工人受伤。5 月 30 日，爆发了大规模反帝爱国运动，上海 2000 余名学生在公共租界进行宣传、讲演，

① 卢权、禤倩红：《苏兆征》，中国工人出版社 2011 年版，第 77 页。

其中100余名遭巡捕（租界内的警察）逮捕，引起了学生和市民的极大愤慨，有近万人聚集在巡捕房门口，要求释放被捕学生。英帝国主义的巡捕向群众开枪，打死打伤许多人，由此发生了震惊中外的五卅惨案。6月，英、日本等帝国主义在中国上海和其他地方继续进行屠杀，激起了全国人民的公愤，全国许多城市和县镇民众举行了游行示威，并罢工、罢课和罢市。

## 一、上海码头工人参加五卅大罢工

上海共产党组织了全市的反帝同盟大罢工，黄浦江两岸3万多名码头工人立即响应，码头上的罢工斗争迅速开展起来。

最早罢工的是黄浦码头工人。这个码头的工人接受共产党的教育较早，工会已经成立，有较好的群众基础。五卅惨案发生之前就涌现出一大批积极分子。五卅惨案后，他们冲破重重阻挠，很快组织起罢工。当时近邻的大阪码头还没有停止工作，黄浦码头工人们冒着滂沱大雨，手持杠棒，冲进大阪码头，号召大阪码头的工人团结起来反对帝国主义，立即停止装卸，投入罢工斗争。他们同大阪码头工人一起与阻止罢工的把头进行对峙，接着又冲进汇山、华顺、虹口和顺泰等码头，号召这些码头的工人进行罢工。就这样，自1925年6月3日开始，从提篮桥的黄浦码头到外白渡桥的三菱码头的全部中外码头工人，一致开展罢工。与此同时，全港码头实现了全面大罢工。

上海港的罢工斗争开展得蓬蓬勃勃。根据形势发展和斗争需要，中国共产党决定在上海港成立上海码头总工会。码头总工会成立后，在党的领导下，采取了适当措施，粉碎了中外反动派的破坏活动。如码头总工会组织成立了码头工人纠察队，这是一支坚强的战斗队伍，骨干大都是参加过工人夜校学习的积极分子，他们阶级觉悟高，有广泛的群众基础，在罢工高潮中屡次击破帝国主义、买办和把头的阴谋破坏，坚决捍卫总罢工的成果，使罢工斗争更加深入地向前发展。但是中外反动派并不甘心失败，他们千方百计地进行疯狂反扑，叫嚣要“采取最强硬的手段，扑灭当前的运动”。英、日帝国主义立即增调了38艘军舰，开进上海港。万国商团的武装也纷纷进驻外商码头。后来，英、日、美、法等帝国主义又调来2000多人全副武装的海军陆战队，在码头上横冲直撞，强迫工人开工，对罢工工人进行血腥镇压。例如，英商公和祥码头大班禁止工人开会游行，英国军舰“达哇米”轮靠在码头上，码头上驻有大量英国水兵，工人一有举动，英国水兵即举枪相向，加以威胁。英国水兵和巡捕在太古码头也对工人进行了血腥屠杀，三名工人被刺后扔入黄浦江。据调查，6月2日至7月7日的36天中，码头上发生了83起逮捕和屠杀案件，遭到迫害的工人达150多人次。

帝国主义为了扼杀码头工人的罢工斗争，在采取武装镇压的同时，又企图用金钱来瓦解工人的斗志。码头工人及时识破了敌人的阴谋，给以有力的回击。7月28日夜间，一艘日本货轮靠上了汇山码头，日本老板虽提出“每人一天三元大洋”的高工资但也找不到工人卸货。工人们豪迈地说：“不用说3元，就是300元也不干。”最后，这艘日本船舶只好原船开回日本。码头工人不畏强暴、不为利诱的革命气概，使得帝国主义分子束手无策，最后，他们又唆使码头上的买办和把头进行欺骗及破坏，妄想恢复码头装卸。为了反击敌人的新阴谋，码头总工会决定充分发挥工人纠察队的战斗作用。当时，浦东老三井和蓝烟囱码头是日、英帝国主义控制得比较严的两座码头。老三井是装卸煤炭的主要码头，日本纱厂、印染厂都要靠这个码头供应煤炭。蓝烟囱则是远洋货轮的深水码头。因此，日、英帝国主义要破坏罢工，首先从这两个码头下手。7月6日，一场反破坏罢工的斗争终于爆发了。蓝烟囱码头的买办伙同老三井码头的把头，到农村诱骗了一部分不明真相的农民上码头，关起门来偷偷卸货。在浦东吴家厅的上海码头总工会得悉后，集合了总部的纠察队，带领其昌栈、十八间等四五百名码头工人，在这两个码头的罢工工人配合下，奋勇冲进了蓝烟囱码头。买办、把头闻风丧胆，不敢出来。洋大班手持短枪，指挥武装警卫，妄图进行阻止。当他看到上千名码头工人威风凛凛的英勇气概，吓得赶忙缩了回去。工人们大步跨上英国“泰坦”货轮，揭露帝国主义买办和把头的欺骗阴谋，受骗的农民了解事实真相后，扔下装卸工具，和工人并肩战斗起来。这时，买办的一个弟弟正在现场监工，看到罢工工人的威武阵容，吓得丧魂落魄，准备跳上划子逃跑，结果一脚踏空，落入江中淹死了。与此同时，老三井码头反对破坏罢工的斗争也在激烈地进行。日本大班、买办和把头统统溜进了办公室，不敢露面。停在老三井码头对面浮筒上的日本军舰，接到码头上的求援通知后，派了近百名陆战队士兵乘汽艇登上码头，企图用武力强迫工人复工。可是，等到侵略军一上码头，留给他们的只有一百多只箩筐，工人们早就离开了码头。码头工人粉碎了中外反动派破坏罢工的种种阴谋，使罢工斗争一直坚持到 8 月中旬。许多外国轮船停靠在码头边或江心，进退两难。船上货物不能装卸，仓库里的货物不能进出。这给了帝国主义以沉重的打击。

码头工人罢工使英、日等帝国主义者损失惨重。他们有几千万吨货物不能上岸，他们在中国沿海沿江所有的轮船一步也不能移动，他们在上海的工厂完全关闭，他们的洋行甚至饭店都歇了生意。这次罢工显示出海员工会团结一心的力量和维护工人阶级利益的坚强意志，沉重打击了帝国主义，特别是英国、日本殖民统治者的嚣张气焰；同时，对码头工人的觉醒起了推动作用。

## 二、上海海员参加五卅大罢工

到 6 月 4 日，上海海员工会罢工已达到高潮。由于上海海员工会被巡警封闭了工会场所，组织行动受到了影响。于是，上海海员工会便从百老汇路转移到民国路福佑里海员俱乐部办公。6 月 7 日下午三时至四时，上海海员工会召集各公所负责人 50 多人召开紧急会议，研究部署罢工工作。会上成立了罢工委员会，并一致决定英、日两国轮船的华籍海员于 6 月 8 日一律罢工。

当时任全国总工会秘书长兼宣传部部长的邓中夏，也赶到会场进行指导。他说："海员罢工了，吴淞口没有柴、没有米进来，等于把上海滩的喉咙口封住了，帝国主义就会头痛、恐慌。"他又说："这次罢工具有伟大的政治意义，我们要推翻帝国主义的统治，打倒军阀！"会后，邓中夏同海员工会的负责人一起拟写标语、传单，刻印蜡纸、油印，一直忙到半夜，一切准备妥帖之后才离去。此后，他几乎每天都去海员工会，了解罢工情况，并给予指导。

上海海员工会一声令下，太古、怡和等在沪的 11 艘船立即罢工，以后，凡是开到上海的轮船一经靠岸，船员便纷纷离船罢工，每天都有十几艘轮船停航。几天之内黄浦江中便停泊了四五十艘外国轮船。太古、怡和轮船公司慌忙发电报给香港，要求英国轮船停止开往上海。日本轮船也不敢开来中国上海。英商轮船开到日本，中国海员就在日本登陆，弃船回国。

上海海员工会还组织小轮、驳船、救火船、领港船参加罢工。当时在上海英商汇德丰公司的驳船上做工的施章（即施五郎）将驳船和小轮的海员组织起来，成立了浦江轮驳船工会，领导工人罢工。6 月 17 日至 18 日两天，上海 2000 多名驳船工人和浦东其昌栈、蓝烟囱等 20 多个码头的工人一致罢工。至此，码头上已没有一个码头工人干活，上海的转运和装卸工作全部停顿。据 6 月 13 日统计，海员、驳船工人罢工者已有 9000 多人。

海员参加罢工，使上海工人反帝斗争的声势更猛烈，对帝国主义的打击也更大。仅从在中国规模最大、盈利最多的英商太古和怡和、日商日清三家轮船公司来看，当时太古、怡和共有船 52 艘，停航的就有 51 艘；日清共有船 24 艘，停航的也有 22 艘。据统计，三个公司因海员罢工每天损失的营业额达 4.1 万元。帝国主义者对海员参加罢工发出哀鸣："令人感到棘手的是海员罢工。""即使对局势原来抱有乐观看法的人，也不得不承认前途并不如大家所预料的那样光明。"当驳船、码头工人一致罢工时，帝国主义者更悲叹道："上海罢工形势比以前更加严重。"

上海海员、码头工人粉碎帝国主义阴谋坚持罢工斗争。帝国主义者对海员参加罢工非常惊恐，急于破坏海员罢工，恢复航运。他们利用走狗、工贼，四处威胁海员并武装押送失业海员到船上去，将一些原本停航的船舶开走了。海员工会领导人和积极分子朱宝庭等不顾个人安危，到码头上做海员工作，还到工贼家中当面予以警告，海员工会积极分子郑振生在此行动中壮烈牺牲。

帝国主义者除了在上海威胁、雇用失业海员，还指使买办、工贼前往天津、湖北等地，用较高的工资诱招多年失业的海员，并且武力监督新雇海员开船。海员工会获悉后，立即电告各团体设法阻止，同时发出通告："不与破坏者为伍。"海员工会为防止敌人利用海员中的帮派隔阂来破坏罢工，特召集天津、宁波两帮海员开会，讨论如何巩固团结、坚持一致对外。两帮海员拟定如下公约，决意共同遵守："如有此罢彼做，即为自甘洋奴种子。若在交涉未解决之前，有敢胆大妄为，而私开英、日轮离沪者，即为存心破坏，为吾海员全体之公敌，为民国之罪人，我两帮同人，以后决不承认（其）为海员，我两帮中人，亦不得与该破坏者为伍。"海员工会并为此组织罢工海员自卫团，由海员工会、各公所和天津帮、汉口帮、广东帮各派海员共同组成，“以调查各海员罢工期内之秩序，及劝导各失业海员勿破坏及潜夺他人之原有工作为旨”。上海海员工人以不畏牺牲的精神，针锋相对地揭露了帝国主义及其走狗——买办、工贼的破坏阴谋，坚持罢工斗争。

据统计，英、日停在黄浦江上的商轮就有85艘，驳船和货运小轮43艘。英国怡和、太古和日商日清三家公司共停轮船60艘，每月运费损失约96万元，加上码头不动产不能利用，以及其他各项损失，每月损失共计700多万元。日本航界公布，从6月15日起，“大阪—神户—上海线，横滨—上海线，名古屋日中线，近海线等，所有日轮几乎完全停航。”英国太古公司在发给伦敦的电报中说：“整个黄浦江成了一条死港，仓库里堆满了积压物资，粮食开始霉烂，堆栈共存杂粮、豆饼、糖、纸、杂货等共38200百件，均无从出仓。”

## 三、声援五卅罢工

五卅运动的爆发很快席卷了全国，在中国共产党的直接领导下，掀起以工人阶级为主力军的反对帝国主义的革命运动高潮。

6月2日，厦门各界为五卅惨案召开特别会议，成立厦门国民外交后援会，领导全市人民开展反帝爱国斗争。6月25日后，厦门共青团组织深入工人群众，号召邮电、海员、驳船、码头以致所有日英商店、寓宅的职员和洋务华员等，举行罢工。码头工人和双桨工人响应号召，坚决拒绝为日轮“凤山丸”起卸货物。30日，为五卅惨案周月纪念，全市罢市、罢工、罢课。

6月6日，五卅惨案消息传到重庆后，重庆各界立即掀起了抗议英、日帝国主义侵略罪行的斗争。重庆码头提装工会等38个工界团体联合致电上海工人、学生，“抗议凶恶，宁为玉碎，不为瓦全”，希望“奋勇起来，团结起来，打倒帝国主义，争取中华民族解放”。英商“老蜀通”轮中国海员罢工。6 月 17 日，英商“老蜀通”轮载满货后，在该轮服务的中国船员为抗议五卅惨案中英帝国主义的暴行，全体罢工，拒绝开船。

汉口学生自得知上海屠杀消息后，于 6 月 2 日起即罢课，并走出校门四处讲演，劝导店员、工人罢市罢工，有商店和几个行业工人参加了罢市罢工；但因受湖北省省长肖耀南的压迫，罢市罢工风潮受到压制。6 月 10 日下午，英国太古公司“武昌”轮抵达汉口后，该公司雇员与码头工人发生纠纷，重殴码头工人余金山，并打伤另外两名工人。11 日，数千码头工人举行游行示威，强烈抗议英帝国主义者殴伤中国工人的暴行，英水兵开枪射击，死 40 余人，打伤 30 余人，制造了汉口六一一惨案。

噩耗传来，湖北人民怒不可遏，奋起抗争，掀起了更大规模的反帝浪潮。面对江城人民如火如荼的反帝怒潮，英帝国主义企图全力压制。在董必武、陈潭秋等人的领导下，以共产党员和共青团员为主体的国民党湖北省临时党部和汉口市临时党部立即发表宣言，向全国民众说明“汉口屠杀之真相”，呼吁全国各界同胞“以援助沪案之同一精神努力和方法，援助汉案”。武汉爱国学生和工人涌上街头举行抗议示威，汉口英、日经营的报馆、商店、工厂、洋行的中国职工一律罢工，武昌商界也一致行动，不卖英货、日货，不用英、日钱币。

6 月 15 日，杭州拱墅日商戴生昌轮局，大东药房、英商怡和兰厂、英美烟草公司企业的中国工人，因五卅惨案而自动脱离所在单位，用实际行动表示爱国之心。

6 月 16 日，青岛各界举行雪耻大会。参加大会的有胶济铁路工人沪青后援会等 7 个团体及 17 所学校师生三万余人，要求胶澳督办公署对英、日严重交涉，释放因罢工被捕的全体纱厂工人代表，号召英、日厂店工人罢工，号召码头工人拒绝装卸英、日货物。

6月21日，秦皇岛举行爱国志士大会，支援上海五卅被难兄弟。会后，参加集会的人士代表各界民众，积极为上海工人募捐。秦皇岛港工人代表以极大的热情参加了这次五卅反帝爱国运动集会。6月25日，工人、学生、商会和其他各界民众代表在秦皇岛车站北足球场集会，继续愤怒声讨帝国主义的残暴罪行，追悼五卅惨案死难爱国志士，港口工人一致罢工参加集会，还每人捐出一日工资来支援上海工人兄弟。港口工人的反帝爱国运动，使开滦煤矿的英国资本家大为震惊。

自五卅惨案发生后，九江码头工人相继罢工，并努力整顿扩充码头运输工会之组织，增加了会员500余人。工会一方面设法救济罢工工人的生活，做长期奋斗之准备；另一方面阻止英人及走狗，散布即日复工之谣言，买通流氓，冒充工人，破坏罢工。该运输工会乃于22日下午四时特开临时会议，会议决议电请政府修改工会条例，除加入工商学联合会外，主要针对帝国主义者破坏罢工之阴谋，工会极力开展救济；同时明确罢工工人之目的系声讨英、日帝国主义制造的五卅惨案。九江的爱国运动大致分为两个方面，一是工人罢工，二是抵制旧货。而运输工人的罢工成为这两项运动的中坚力量。

宁波江北岸茂利洋行有一艘货船到港，内装糖1000余吨，装卸工人一致拒绝搬运。6月27日，由越南开到宁波的英商太古公司“镇江”轮上的50余名中国海员，毅然停止装卸，抛锚在港口，加入罢工行列。

上海惨案发生后激起全国各界的公愤。天津各船户亦为此事召开紧急会议，报告沪案之经过。全体船户闻讯无不激愤，议决对英、日经济绝交，不为英、日商人运货。

到7月初，天津海员首先加入罢工；其次日商报馆内的印刷工人、码头工人陆续参加罢工；美商宝面纱厂及华商北洋纱厂的工人罢工相继取得胜利；最后是日商裕大纱厂罢工，外国资本家指挥走狗李景林对工人进行了空前的屠杀和逮捕，将工人及一般民众运动镇压了下去。[①]

1925 年 7 月，英国蓝烟囱公司的一艘远洋轮船刚到日本神户，船上的中国海员听到五卅惨案的消息，就一致表示要参加这次反帝斗争。他们和另一艘“皇后”号轮上的中国海员同时发动罢工，并推派代表去北京军阀政府驻神户的领事馆交涉，要求送他们回国，然而遭到无理拒绝。工人气愤，把领事馆的办公室捣毁，领事吓跑了。北京军阀政府驻横滨领事亲自接见了海员代表，承认错误，并办好手续，让罢工海员搭船回国。

## 四、率先发起省港大罢工

五卅惨案发生以后，中国共产党决定进一步发动群众，对帝国主义进行反击，把斗争扩大到各阶层群众中，迅速掀起罢工斗争。

经过紧张而有秩序的准备工作，在中国共产党的领导下，1925 年 6 月 19 日，香港工团联合会发表罢工宣言：“我们为民族的生存与尊严计，明知帝国主义的快枪、巨炮可以致我们的死命，然而，我们亦知中华民族奋斗亦死，不奋斗亦死。与其不奋斗而死，何如奋斗而死，可以用鲜血铸成民族历史之光荣。所以，我们毫不畏惧，愿与强权决一死战。”这一天，海员、电车、印务三个工会首先发起罢工。接着洋务、起落货、煤炭等工会也都罢工了。机器工会的工人冲破阻力，自己起来罢工。到 6 月 24 日，罢工人数达到 25 万人。6 月 29 日晚，整个香港爆发了同盟总罢工。随着罢工形势的发展，工人纷纷乘火车、轮船由前山、江门、

---

① 秋白：《五卅运动中之国民革命与阶级斗争》，《向导》周报 1925 年 9 月 11 日第 129 期。

三水河口分道回广州。7 月初，全国总工会召开了香港、广州两地罢工工人代表大会，在广州建立了领导罢工的机构——省港罢工委员会，下设干事局、法制局、审计局、纠察队等机构。苏兆征被推选为罢工委员会委员长。

中国海员是一支特别能战斗的队伍，在省港大罢工斗争中发挥了骨干作用。在省港罢工工人代表大会的 800 多名代表中，以陈权为团长的海员代表就有 70 人。罢工委员会各机构中，大多有海员代表参加。海员工人表现出极大的革命热忱，他们冲破阻力，使海员工会成为首先罢工的单位之一。跟随海总罢工的还有汕头支部、天津支部。天津支部当时刚成立不久，一成立就发动海员罢工，参加罢工的有“惠州”“菱州”“昌生”“裕生”“湖北”等轮船。英国船东从塘沽雇来准备到“菱州”“惠州”等轮工作的新海员共计 70 多人；当他们知道详情后，也拒绝为英国船东工作。

省港大罢工爆发以后，中国海员按照海总的罢工通知，积极投身到斗争中。各国轮船凡经过香港的，船上的中国海员就立即登岸罢工。许多在远洋航行的中国海员，一听到罢工的消息和沙基惨案后，就想方设法冲破重重阻力，克服种种困难，积极投入罢工斗争。

英船“星亚路宾”轮航行到小吕宋时，船上中国海员得知了沙基惨案的消息，就准备罢工。当时船主令英差持枪巡逻，碰到议论罢工问题的中国海员便乱打乱踢。这条船抵达日本神户后，船主不准中国海员登岸，但全船 126 名中国海员攀绳下海，泅渡登陆，罢工而去。英籍“澳洲皇后”轮驶抵日本横滨时，船上中国海员 400 多人放弃了即将领薪水的机会，在横滨登陆罢工。从 6 月 30 日到 8 月 9 日，在日本登陆的中国海员达 1280 多人。他们想方设法返回祖国，参加罢工。英国渣甸公司“捷升”轮由天津抵达香港，香港著名大绅的儿子带着英警到船上向海员做欺骗性的宣传，受到中国海员的抵制。中国海员陈就、陆尤、梁苏、陈耀、李耀等 12 人被抓到船政司受到非法审讯。陈就等人义正词严地表示：“宁可坐牢亦不做工，宁可饿死也要罢工!”他们在被无理关押四周后，被递解出境。他们回到广州后立即参加罢工，充分表现了中国海员不屈不挠的顽强斗争精神。

省港罢工工人纠察队是罢工工人的武装，担负着封锁港口、缉查、截留私运出口的粮食和货物，维持秩序等重任。纠察队伍中有两个支队是由 200 多名海员组成的，这就是以陈剑夫为支队长的第九支队和以蔡林蒸为支队长的第十支队。海员纠察队组建后，分别驻守深圳及附近沿海，对香港实行封锁。在那里，封锁与反封锁斗争尖锐复杂。他们经常要对英帝国主义的炮舰偷袭进行武装反击，又要对与帝国主义相勾结的地方军阀、土匪的破坏活动进行针锋相对的斗争，表现了忘我的革命精神。

8 月 15 日下午，驻守在沙头角附近的第九支队，发现有两艘船舶偷运粮食去香港，立即前去制止。当时，两艘英帝军舰出现在附近海面，向纠察队开枪射击，企图劫走粮船。经过近一个小时的激战，纠察队赶走了英舰。

省港大罢工期间，为了壮大革命力量，促进革命形势的发展，中国共产党号召工农联合，号召罢工工人中的积极分子到农村去，广泛开展农民运动。海员积极响应党的号召，很快组织起宣传队。海员何潮、方林、莫旺等人携带农会章程和各种宣传材料到农村，宣传反帝、反封建、反军阀的道理，协助各乡组织了农会，成立了农民自卫军，反对地主、土豪劣绅的压迫，取消苛捐杂税，实行减租减息，促进了农民运动的发展。“加拿大皇后”轮上的海员剧社也组织了宣传队下乡开展工作。

在广州农民运动讲习所学习毕业的恩平籍海员工人禤全光（禤荣）、梁廉、梁振三等，一起回到家乡致力于发展农民运动。他们协助农民组织了农会、农民自卫军，接管了公偿田产，分给少地或无地的农民，实行了减租减息，与恶霸地主做斗争，群众大为振奋。恩平县县长横行霸道，勾结恶霸、土匪，欺压群众。海员工人就领导群众示威游行，数百农民在县府斗争了两天两夜，取得了反贪官污吏的胜利，不久该县长被撤职，恩平县的农民运动也从此进一步发展起来。

在省港大罢工的伟大斗争中，海员工会及广大海员推动和支持了广东革命政府肃清内奸，在进行东征、南讨、北伐的战争中加强工农联盟，发展统一战线，争取国际联系和国际支援。李森（即李启汉）在《工人之路》特号上发表的短评说："海员工会为我国大产业工会之一，人数众多，海员工会与帝国主义生活上有密切的关系。故海员工人之奋斗，无一次不是对中国国民革命发生重大影响。帝国主义既孕育海员，掘坟墓以待帝国主义的亦当为海员。""自五卅以后，事实告诉吾人，罢工最整齐者为海员，坚持最久者亦为海员。"

中国海员在斗争的实践中，得到了锻炼，经受了考验，阶级觉悟不断提高。经过党的教育，一批先进分子加入了中国共产党，党员人数由初建党支部时的 10 多名发展到后来的 20 多名。斗争的锻炼还造就了一批有领导能力的人才，除林伟民、苏兆征外，还有何来、陈权、邓发、黄苏、陈郁、林锵云、冯桑等，他们在大罢工和以后的革命斗争中都发挥了骨干作用。

1925 年广州和香港工人举行的省港大罢工，是中国人民为了反对帝国主义而掀起的五卅运动的一个组成部分。罢工斗争坚持了一年零四个月之久，是中国工人运动史上持续时间最长的一次罢工，也为世界工人运动史上所罕见。

## 五、参加上海武装起义

随着北伐战争的胜利进军，五卅运动后暂处低潮的上海工人运动重新高涨起来。为了迎接北伐军进军上海，1926 年秋至 1927 年春，中共中央和上海区委发动组织上海工人，连续举行了三次武装起义，上海海员也积极参加。

1926 年 10 月，随着北伐军的胜利进军，军阀孙传芳的部下浙江省省长夏超宣布独立。这在客观上对革命有利，对孙传芳不利。中共江浙区委决定抓住时机，领导上海工人进行武装起义。10 月 24 日拂晓，工人分头在南市、闸北和浦东集合，正要准备袭击反动军警时，孙传芳却打退了夏超，腾出手来对付工人。第一次起义失败了。

在这次起义中，有 100 多人被捕，10 多人惨遭杀害。其中就有共产党员、上海码头总工会副委员长、浦东码头工人起义总指挥陶静轩。当时他在吴家厅指挥起义，不幸被反动军警逮捕，同时被捕的还有多名码头工人。敌人施尽了威胁和利诱，陶静轩大义凛然，视死如归，表现了共产党员坚贞不屈的英雄气概。在刑场上，他向周围的群众发表了慷慨激昂的演说，然后昂首就义。陶静轩被害后，在上海海员工会的领导下，全市各业工人纷纷举行追悼会；各业工会，包括码头总工会接着又发表宣言，揭露军阀的阴谋，号召全市人民继续和反动派斗争。

1927 年 2 月利用北伐军占领杭州的大好形势，上海工人发动了第二次起义。2 月 18 日，北伐军抵达嘉兴。上海海员工会发布命令，号召上海工人举行总同盟罢工。19 日发表总罢工宣言，当天参加罢工的工人达 15 万人，22 日增至 36 万人。招商局以及宁绍、舟山、太古、日清等公司的中国海员一起参加了罢工。仅日商轮船公司就有 11 艘船舶停航。三万多码头工人也同时参加罢工。因此，航运几乎全部罢运。2 月 22 日，总罢工转入第二次武装起义。但这次起义仍然准备不足，特别是已抵达嘉兴的北伐军受蒋介石指使，故意停止进攻上海，致使起义又遭到失败。

随即，中共中央和上海区委着手准备第三次武装起义。首先决定联合组成起义的最高指挥机关——中共特别委员会，由陈独秀、罗亦农、赵世炎、周恩来出任委员，起义总指挥由周恩来担任。1927 年 2 月 26 日，特别委员会会议决定在总同盟罢工基础上进行武装暴动，经过周密准备，组建了武装工人纠察队，进行秘密的军事训练；在市民中开展广泛的政治动员，召开市民代表会议。

在第三次武装起义中，海员工人纠察队担负攻打淞沪警察厅和兵工厂等任务。3 月 20 日，北伐军白崇禧从松江攻下上海市郊新龙华，此时蒋介石另有企图，密令白崇禧按兵不动，暂不向市区进军。21 日上午，罗亦农代表上海区委宣布于 21 日下午二时实行总同盟罢工，并立即全面发动武装起义。中午 12 时整，停泊在黄浦江上的轮船汽笛齐鸣，全市 80 万工人开始总同盟罢工。下午二时不到，海员工人纠察队有的背着枪，有的拿着斧头，有的扛着长柄榔头，有的握着木棍，衣袖上一律别着红布符号，集合完毕后，在海员分会负责人励金富的带领下，按照预定的目标出发了。

海员纠察队第一个进攻的目标是海员分会门口的派出所（小东门大生弄）。这个派出所的警察经常敲诈工人，不仅帮助流氓在海员工会捣乱，还把海员工会成员抓去关押、拷打，因此被广大海员视作毒瘤。两个站岗的警察看到工人纠察队走过来，马上就向里逃。所长正想开抽屉拿手枪，总指挥陈忠玉抢前一步，一斧头劈倒了所长。纠察队队员蜂拥而上，很快占领了这个派出所，缴获了两支长枪，门口的岗哨也换上了海员纠察队队员。

第二个进攻目标是攻打大东门淞沪警察厅。它设在旧上海道台衙门内，是反动军阀在上海的主要堡垒之一，也是这次上海武装起义的一个主攻目标。海员纠察大队闯入警察厅，厅内空荡荡的。原来警厅头目早已逃之夭夭，留守的警察听到枪声也逃跑了。少数还在的警察见大势已去，也扯起白旗投降了。在这里，海员纠察队缴获了大批武器弹药，没有枪的纠察队员也武装起来了。

之后，海员纠察队又以冲锋式的步伐，来到高昌庙的一个上海兵工厂，这是反动军阀在上海的一个重要基地。此时，南市其他各路工人纠察队也赶到了。会师后的工人纠察队从四面八方把兵工厂围得水泄不通。枪声一响，潜伏在兵工厂内部的工人纠察队员马上响应。这样，内外夹攻，兵工厂的守军便被夹在中间。兵工厂守军寡不敌众，没过多久他们就扯起白旗，缴械投降。

至此，南市区工人纠察队的战斗任务全部完成。

除南市区外，虹口、沪东、沪西、浦东、吴淞等其他各区也结束了战斗，唯有闸北区的战斗仍在激烈进行，胜负未分。21 日凌晨，海员纠察队接到指挥部命令，出发支援闸北区的战斗。他们经八仙桥前往闸北，途中要通过英、法两个租界。他们用叠罗汉的方法跨过一人多高的铁丝网和沙袋，天未亮时到达闸北天宝里，并立即投入战斗，包围、攻打东方图书馆里的军阀部队，从早晨一直相持到下午四时半才结束战斗。此时传来了周恩来、赵世炎下达的向北站发起总攻击的命令，武装工人纠察队像潮水一样从四面八方冲向火车站。海员纠察队涌入冲锋的人流，冒着被敌人机枪和迫击炮击中的危险，毫不畏惧地向前突击。到下午六点，北站也完全被上海工人武装纠察队控制了。

经过 30 个小时的英勇战斗，上海工人武装共歼敌 5000 余人，缴获 5000 多支枪等大量武器弹药，第三次武装起义取得成功。

上海工人第三次武装起义的胜利，是大革命时期中国工人运动的一个壮举，也是北伐战争时期工人运动发展的最高峰，为在中国开展城市武装斗争做了大胆的尝试。

第二章

# 海员工会的顽强斗争

## （1927—1949）

1922 年 1 月，香港海员大罢工取得胜利，极大鼓舞了中国工人阶级的斗争信心，至 1923 年 2 月，全国罢工达 180 多次。但二七惨案的发生让中国共产党意识到没有强有力的同盟者，要战胜强大的敌人是不可能的，于是决定采取“党内合作”① 方式，参加新一届中国国民党中央领导机构，实现了第一次国共合作。

第一次国共合作掀起了轰轰烈烈的国民革命，中国共产党有了极大的发展。这时，以蒋介石为首的新右派逐渐形成，1926 年 3 月，他们策划了针对共产党人的“中山舰事件”②，并在国民党二届二中全会上提出“整理党务案”③。当时由于陈独秀的屈服、妥协和退让，共产党人被挤出国民党领导岗位，蒋介石攫取了国民党最高权力。1927 年 3 月，国民党二届三中全会提出坚持孙中山三大政策等决议，蒋介石表面通电表示拥护，实际上却加紧了反共活动。4 月初，蒋介石等人在上海举行秘密会议，决定用暴力手段实行“清党”。

1937 年抗日战争全面爆发，民族航运业遭遇了极大的灾难。根据 1937 年的统计，当时中国有船舶 3457 艘，载货量约 57. 6 万总吨。其中江船 3333 艘，约 20. 86 万总吨；海船 124 艘，约 36. 74 万总吨。战事中被国民党政府征用充当江防、受到日本帝国主义轰炸、受掠劫而造成的直接或间接损失的船只约达 3000

---

① “党内合作”是第一次国共合作的方式，指共产党员以个人身份加入国民党，国共两党的合作在国民党一党内部进行。

② “中山舰事件”是蒋介石为破坏国共合作，夺取革命领导权，蓄意打击和排斥中国共产党的政治事件。

③ “整理党务案”的主要内容是限制共产党员在中国国民党高级党部任执行委员的人数，不得超过各该党部全体执行委员人数的 1/3；共产党员不能担任中国国民党中央各部部长；加入中国国民党的共产党员名单须全部交出等。

艘，载货量约 49.53 万总吨。当时，中国所拥有的船舶数损失了90%以上，仅剩下不足 10 万总吨的船舶撤往了西南。在 1937 年至 1945 年的八年中，有 3 万总吨左右的小船航行川江外，其余不适合川江航行的船舶都被搁置，因此造成了海员失业严重。但航行在世界各地的中国海员仍然充满爱国之心，开展形式多样的抗日斗争。

新中国成立前夕，全国各地海员、码头工人等在党的领导下，开展反对国民党反动派的黑暗统治，成立了纠察队等组织，开展护船、护码头、护工厂等工作，机智地保护设备设施，为迎接新中国成立做出了巨大贡献。

## 第一节　海员工会组织遭到破坏

1927 年 4 月 11 日晚，蒋介石密令：已克复的各省，一致实行清党。当晚，蒋介石指使杜月笙诱杀上海总工会委员长、共产党员汪寿华。12 日凌晨，蒋介石在上海发动反革命政变，强行解除 2000 名工人纠察队的武装。13 日上午，上海总工会举行了 10 万工人参加的群众大会，会后工人们整队游行，结果遭到国民党军队的屠杀，群众死百余人，伤无数。此后，蒋介石继续捕杀共产党人和革命群众，仅三天即杀害 300 多人，逮捕 500 多人，5000 多人因此失踪。

### 一、工会组织被查封

1927 年 4 月 12 日清晨，驻守在浦东的北伐军特务营营长周济民，根据反动派的密令，率领全副武装的反动军队扑向以码头工人为主体的浦东工人纠察队总部。码头工人纠察队一听到这群反革命分子要收缴工人武装，个个怒火万丈，他们不顾强敌当前，立即奋起抵抗。当时正在值班的纠察队坚决进行还击，终究寡不敌众，小队长彭海清、汤斌权和队员冷汉魁、杨森云不幸壮烈牺牲。大队长陈博云也遭敌人逮捕，受到严刑拷打。刽子手想用封官许愿的办法，诱骗陈博云变节和交出名单，陈博云严词拒绝，表现了一个共产党员在生死关头坚持革命气节、视死如归的无产阶级革命精神，也表达了上海港码头工人永远跟着共产党走的共同心愿。4 月 25 日夜，陈博云被反动派秘密杀害于龙华。

为反击反革命暴行，中华海员全国联合总会上海分会发布罢工令：

万急！海员全体工友鉴：

我全上海工人以血肉换来的自由与武装，彼国民党右派的军队已在各地缴纠察队武装，包围上海总工会，开枪轰击，竟欲恢复我工人在军阀时代的地位。本会已奉上海总工会紧急命令，限我海员工会接令后，即刻罢工与敌人决一死战，继续暴动，解除右派军队武装。此系我全上海工人阶级生死之关键，凡我海员遵行毋违。

此令！

上海海员接到罢工令后纷纷参加罢工，抗议蒋介石解散工人纠察队。参加罢工的有“新江天”“新宁绍”“海晏”“江天”“新铭”“山东”“奉天”“吴淞”“鄱阳”“益利”“新宝华”“海门”“大宁”“宝华”“永利”“万县”“大吉”“爱仁”“昌和”“图南”“洞庭”“利生”“顺天”“万通”“公和”“恒生”“富生”“阜生”“大福”“襄阳”“新济”“秀山”“南阳”“嵩山丸”“华山丸”“瑞阳丸”“盛京”“镇安”“宜昌”“四川”“长沙”等数十艘船舶的海员。直至 15 日接到复工令后，上述船舶才复航。

4 月 16 日上午 10 时，反动派派兵到民国路（现人民路）海员分会查抄，搜去由武汉寄来的传单10篓、手枪6支、步枪10支、子弹200多发，当场逮捕14人，解往警备司令部。[①] 上海海员分会负责人梁润庵等也在其中。之后，中华海员总工会曾先后调莫旺、陈权、梁日清来主持海员分会工作，亦相继被捕遇害。

继上海反革命政变后，江苏、浙江、安徽、福建、广东、广西等省相继以“清党”为名，大规模捕杀共产党员和革命群众。仅广东一地，被捕杀者就达2000多人。

早已与蒋介石订有密约的广东国民党右派，也于4月15日清晨突然宣布广州戒严，派出军队包围省港罢工委员会，解除省港罢工委员会纠察队的武装，搜查和封闭中华全国总工会广州办事处、省港罢工委员会、广州工代会等革命群众团体，并大肆逮捕共产党员、工人领袖和工人积极分子。海员总会广州海员分会共产党员何来主任因逃脱搜捕而遭到国民党右派的通缉。

反革命政变后，由于当时广州海员分会没有任何准备，虽然每日照常办公，但已风声鹤唳，同时广州联义社[②]又在旁边积极鼓动国民党政府来改组海员工会，故海员工会已成为反动派众矢之的。

由于何来主任遭到通缉，又面临即将改组，广州海员工会拟将重要文件、资料等进行转移。但当时工会负责人当中有一部分人表现得十分软弱，如陈杏林、冯永垣两执委都想与国民党政府合作，并终日奔走于联义社，以借此保持他们的地位，海总的存款4.3万元也是陈杏林告诉联义社的。但他们的行为遭到了大多数会员的反对，于是形成了不与联义社合作、反对任何方面来改组的主流意见。

4月22日，广州工代会发布命令实行广州工人总罢工，海总

① 1927年4月17日《申报》报道。

② 联义社原为海员组织的一部分，后来投靠国民党，唯国民党之命是从。

接到这个命令后，即通告省港船上工人一致行动，停止工作，省港大部分船舶开展罢工。广州市公安局闻报，即派保安队到各船迫令工人开工，船员见此情形遂心生畏惧。但广州市工人因当日罢工令执行不一致，以致未能完全执行。面对混乱局面，海总当即决定：各船即日正午一律复工。此次罢工之后，国民党政府即有了借口，对海总实施了改组。

4 月 27 日，由国民党政府派员[①]占领广州海员分会，成立改组委员会（以下简称改委），夺取海员工会领导权。改委委员包括：邝达生、林荫生、区玉、黄朗正、陈毓梅、曾飞鸿、侯灿、陈章、林润、蔡广、宋沛延、黄德等。

新成立的改委起初想通过运动来接收香港分会，但运动没有结果，遂想方设法破坏香港海员分会。5 月 19 日，香港海员分会反对成立改组委员会，发出拥护海员工会的通告，港英当局就拿这个通告为借口，于 5 月 28 日，第二次封闭了香港海员分会。香港海员分会迅速转移到洛克道一家洋服店，之后转入地下工作。

## 二、海员工会转入地下坚持斗争

面对国民党改委的夺权，海员工会开始分裂，形成国民党领导的海员工会在面上，共产党领导的海员工会被迫转入地下的局面。共产党领导的海员工会当时的主要工作转到反对改委、夺回工会领导权等方面。

### （一）开展宣传工作

当时，海总对海员的宣传工作抓得很紧，每日都派人上船，

① 国民党政府授权联义社的人员为代表，来接收中华海员工业联合总会广州海员分会。

到各宿舍与工友谈话，分发海总宣传品；油印《中国海员特刊》，每周发刊一次，分发到海员手中。

海总对海员的宣传工作重点是反对航海工会及黄色海员工会，反对改委压迫剥削海员，反对改组工会，反对香港帝国主义封闭工会，拥护海总执行委员会，反对国民党屠杀工农，工农要拥护自己的政党——共产党，恢复各地海员工会，争回职业介绍权，打倒“洗马沙”包工制，发展和巩固船上支部组织，要求加薪及提高待遇。

四一二反革命政变后，海总更加重视政治宣传工作，而且宣传工作随着政治环境的变迁而变化；政变之初，因张发奎拥护汪精卫，反对蒋介石，武汉国民政府明令讨蒋。海总即宣传武汉军队张发奎、陈嘉将打回广东，帮助海员工会夺回工会领导权；不久武汉事变，海总便宣传八一南昌起义；叶、贺部队从福建进入广东，当部队抵达潮汕后，海总更积极将这些信息宣传扩大。

当时海总的确希望共产党领导的某支军队回广东来解决问题，因此海总不断增加向海员的政治宣传，但效果很差，甚至失去了信用。以至于在 12 月广州暴动的时候，多数海员都不敢行动起来。

### （二）打击改组委员会，增强海员信心

自改委夺权后，海总就开始了与他们的斗争。开始海总只注重文字宣传，并未有实际的效果，后来便利用维持队①找机会打击改委。有一次罢工宿舍内有一海员和改委爪牙发生冲突，海员工会即借着这个冲突，发动全体海员罢工，向改委进攻。原准备让改委出来向工友解释，待改委出来说话的时候，即开展斗争。

① 改委夺取海员工会领导权后，海总即组织海员维持队，共有四百余人，开展与“改委”的斗争。

到了开会当日，海总组织海员四五百人参加会议。不料由于组织成员太鲁莽，改委人员还未进入会堂，海员已经表现得异常激愤，并砸烂了会场，改委成员开枪恐吓，海员被驱散。就这样，第一次打击改委的斗争未能按计划推进。

自此以后，改委委员对各宿舍工友不敢放肆压迫；而一般海员已明白海总还是存在的，同时能够认清楚团结的力量，尤其是省港船上的海员，畏难的情绪开始减少。

自改委受了第一次打击之后，他们即准备召集同人大会，并通知各船及香港各馆口，派出代表参加。他们召集这个大会的目标是想把以前工会的议决案推翻，把省港粤江的船舶上的工会负责人通通换成他们自己的人。具体目的：通过大会提取海员工会存款4.3万元；宣传改委工作，欺骗工友，掩饰罪恶；通过大会改组工会，改选职员，巩固自己的基础。

海总听到召集大会的消息之后，立即研究对策，决定组织47人代表团参加会议，并提出：反对非法提取工会存款；反对改组工会；组织一个“维持职业”，恢复香港海员工会代表团。成立代表团的意义在于，转入地下的海总将有公开活动的机关，并可以借这个组织来号召广州工友开展反帝运动。

在大会进行过程中，改委觉得形势不对，就在大会第三天加派爪牙武装监视，并用种种强硬手段推翻了前两日会议通过的决议。代表团提出要另组审查委员会开展审查，改委不同意马上成立，并在会场拘留了一位海员。改委的所作所为使海员们更清楚地认识到改委的罪恶。改委在同人大会上没有达到自己的目的，便开始独断专行，计划把省港汕粤江的船舶的职业介绍权，归并到私人手里，不受职业介绍所轮值的限制。他们极力向船上海员施压，而当时海员因为历经几次斗争失败，又受到环境压迫，勇气已减低，只能屈服。

海员工会为保护这部分海员的职业，决定由恐怖队[①]采取暗杀手段，打击改委的嚣张气焰。改委平日集中工作的地方，他们没有机会下手，于是，一天，借改委与船上买办在一家会所内商量省港船换人事件之机，恐怖队成员慌忙往改委船上投掷炸弹，结果因掷得不得法，炸弹没有爆炸，但这次行动还是让改委受到了惊吓。过了三天，恐怖队员又在陆羽居茶室抓住机会抛掷炸弹，炸弹当场爆炸，一名改委成员被炸成重伤。这两件事情发生之后，改委方面的嚣张气焰有所收敛。

两次“炸弹案”发生之后，工友的勇气有所提高，这也更加提振了恐怖队成员行动的信心。不久，恐怖队成员刺杀了改委走狗李世民；在夺回工会运动前几天，恐怖队成员又刺杀了海员罢工代表团主任。这些事件都在海员中产生了很大影响。

采取暗杀工作乃是海总的无奈之举。广州自从 4 月 15 日以来，天天都有反动派拘捕工友、枪杀工人、改组工会和封闭工会等情况，而共产党方面又无反抗能力，以至于一般海员非常恐惧。因此，海员工会不得不用“暗杀”手段来向反动派发起反攻，从而振作海员的士气。

## 三、苏兆征辞去国民党政府职务

1926 年 5 月初，第三次全国劳动大会在广州召开，苏兆征当选为全国总工会第二届执委会委员长，成为全国工人拥护的工人运动领袖。

1927 年元旦，国民政府迁到武汉办公。随后，全国总工会亦从广州迁至武汉办公。1927 年 3 月下旬，苏兆征离开广州到武汉主持全国总工会的工作，代表中国共产党在武汉国民政府担任劳

① 恐怖队是由维持队里挑选的勇敢分子组成的，当时只组织了一支队伍，共八人。

工部部长的职务，并兼任武汉市政府委员。1927 年 6 月 19 日至 28 日，第四次全国劳动大会在汉口召开。苏兆征再次当选为全国总工会委员长。

蒋介石在上海发动反共大屠杀后，国民党中央执委常委会于 4 月 15 日召开第七次扩大会议，谴责蒋介石的罪行并开除蒋介石的党籍。6 月，武汉国民政府北伐军与冯玉祥国民军会师郑州，双方在随后召开的郑州会议上就反共的问题达成了共识。7 月 14 日夜，面对变局，汪精卫控制的国民党中央政治委员会主席团召开秘密会议，接受了汪精卫提出的“分共”主张。7 月 15 日，国民党中央执行委员会举行第二届常务委员会第 20 次扩大会议，会上通过了《统一本党政策案》，正式与共产党决裂，并实施封闭武汉的工会、农会，疯狂屠杀共产党员和革命分子等措施。面对国民党的迫害与镇压，中共中央被迫命令参加国民政府的共产党员退出政府，进行斗争。

苏兆征当即与谭平山一起写了辞职书，毅然决然退出国民政府，并阐明：由于国民党背弃第三次中央全体会议决议，因此共产党员同意加入政府之基础已经消失，共产党员既为革命的国民党党员及共产主义者，在此状况下，退出政府乃是天职。①

之后，苏兆征在中共八七会议上当选为中央临时政治局委员，分管工委。1928 年 6 月，苏兆征在中共第六次全国代表大会上当选为中共中央政治局委员，兼任中央工委书记。1929 年 2 月 25 日，苏兆征在上海病故，时年 44 岁。苏兆征为中国共产党和工人运动的发展作出了杰出贡献。

① 《谭平山苏兆征辞职书》，《向导》1927 年 7 月第 201 期。

## 四、国民党控制海员工会

1927 年 10 月 14 日，在海总的支持下，广州海员工人驱逐改委，夺回会所，组织自己管理的工会，但遭到国民党反动派的镇压。

当时国民党中央党部为了加紧对中华海员工业联合总会的控制，派谢英伯为指导员，赴穗指导国民党海员总工会改委工作。他们为了制止共产党领导的职工运动，决议将国民党领导的中华海员工业联合总会迁于上海闸北鸿庆里 977 号，由改委委员黄朗正、曾飞鸿等即刻赴沪筹备，并于 1927 年 11 月中旬发表海员总会迁沪宣言，宣告次年 1 月国民党海员总工会总部将从广州迁到上海。

由于国民党叛变革命，海员总会被分裂为国民党领导的国民党海员总工会和共产党领导的坚持革命斗争的海员总工会（或称“赤色海员工会”“海总”），形成了国民党领导的海员工会在面上，共产党领导的海员工会被迫转入地下的局面。

国民党海员总工会迁沪后，按国民党中央民众训练委员会制定工会及特种工会条例，由国民党中央民众训练委员会直接派员对海员等工会的民众团体进行整理。据 1929 年 2 月出版的民众训练委员会工作报告的记载，中华海员工业联合总工会整理委员会于 1928 年 8 月 10 日成立。这样，国民党完全控制了面上的中华海员工业联合总会。

1932 年 8 月 11 日，国民党第四届中央执行委员会第 33 次常务会议修正了海员工会组织规则，将海员总会的名称改为“中华海员总工会”。

## 五、二月紧急会议

在1927年4月发生四一二反革命政变的大背景下，海总便将全部精力投入反对改委、打倒改委及夺回工会权力的运动中，并希望夺回公开的海员工会。但广州及汕头夺回工会运动的失败，使海总冷静下来进行反思：在这样严酷的白色恐怖之下，能不能夺回工会？夺回了能坚持多久？当时，海员工友们对海总的态度正在逐渐发生改变，刚开始他们以为海总能够夺回他们的工会，为其谋利益，所以很乐意参加斗争，但几经失败后，他们便产生一种感觉，认为海员工会是利用他们来打冲锋，因而开始怀疑海员工会。广州暴动失败后，海员工友们眼见着几千人在白色恐怖统治下牺牲，就更加害怕了。在这种情况下，欲再鼓动海员工友展开激烈斗争，已不太可能了。

当时，在海员工会领导人苏兆征负责全国总工会和担任武汉国民政府劳工部部长后，林伟民也因病住院，分工主持广州海员工作的何来也遭到通缉。因此，就由陈郁和陈权来承担起海员工会的日常领导工作。

在这个关键时刻，海总决定于1928年2月召开各地分会负责人紧急会议，确定下一步海员工会工作的重心，谋求海员工会的出路，并将工作纳入正轨。

### （一）二月紧急会议主要内容

会议回顾了海员工会的发展历程，总结了工作取得成功的原因以及失败的教训，提出了实现各船工友的加薪、提高海员待遇、争回工会职业介绍权、恢复全国海员的组织、消灭帮口、打倒“洗马沙”包工制、打退轮船资本家联合进攻、反抗官办工会强收会费及一切捐款、反对各地的官办工会、尽快召集第二次全国海员代表大会、救济一切为革命而被捕及死难的海员家属和海员工友、反抗国民党政府武装摧残与压迫，以及力争集会、结社、言论、出版及罢工自由等 11 个方面的工作要求。

这次会议最重要的决策，是将以前零散的组织变成有系统的组织，并且有计划地开展各项工作；恢复工会一切手续，如发证书、收会费及派“开船交际”等；将原来局限于反对改委转变为与海员的一切敌人（包括改委）做斗争。

会议对当时提出经济与政治斗争的目标，并认为既然要自发起来直接革命，就要根据目标，敢于杀出一条血路。

会议针对过去各地组织均疏忽了船上支部的工作，且自从四一二反革命政变之后各地分会多半没有了工会机关，工会因组织不健全而成了空壳的组织等情况，提出了以后重点的几项工作。

一是发展与巩固船上支部。凡某船上有工会会员三人以上的，应立即成立船上支部，因为船上支部组织的作用是让工友能够受工会的影响，且支部必须成为全船工友的核心。因此，船上支部组织不必拘泥于会员数量而要求全船工友加入会员后才成立，当然，工友们都能够加入会员则更好。假使船上支部的会员人数很少，但能在该船上发挥很大作用，那么，这个支部就是合格的支部了。

二是组织船上委员会。之所以要组织船上委员会，因为每船的工友，无论是否加入工会，其被压迫程度是没有分别的，他们的要求也是一致的。假使某次斗争到来的时候，想使全船工友行动一致，必须有一个全船工友的组织，这个组织可以是船上委员会。船上委员会是由全船工友选举出来的，是全船工友的独立组织，与工会并无关系。不论是何党派，通通都可以加入这个组织，因为这个组织的作用并不是要拥护任何党派，而是在于能够领导全船工友团结起来做一切斗争，反抗一切压迫，改善全船工友生活。

三是发展与巩固分会的组织。各地如果已有分会组织的，如香港、汕头、上海等地，应立即恢复工会机关，由各当地海员代表大会选举职员出来负责。未有组织的重要口岸，如大连、神户、新加坡等地，应立即派人成立秘密工会。广州江门的工作，暂归香港兼理；厦门的工作，暂归汕头兼理；汉口的工作，暂归上海兼理。

四是恢复海总指导。海员工会应该在适当地点设立指导机关，指导全国海员工作。

## （二）会议的主要决定

1928 年 2 月，陈郁主持召开了海总各地分会负责人联席会议，会议决定加强中国共产党对海总的领导；为了应对国民党实施中华海员工业联合会总会迁沪决定，加之考虑在广州的海员工会工作环境，决定设立指导机关，负责指导全国海员工会工作；由于考虑到当时香港船舶最集中，因此改变总会地点，指导机关设在香港，负责指导南中国沿海一带及国外海员运动。北方工作，因地势上的便利，设总会办事处于上海，指导北方区域的各项工作。

会议决定，发展群众组织，巩固工会的基础。对共产党领导的海员总会广州分会、厦门分会、香港分会、上海海员工会等进行整顿；并考虑到北方海员工作，因地势上的便利，设上海海员分会；组建中华海员工业联合总会南洋办事处。

联席会议还决定，副委员长谭华泽因投靠国民党当“改委顾问”，被革除执委、副委员长职务；执委陈杏林串通改委提取海员总工会经费，被革除执委职务；执委、广州分会代理主任冯永垣和执委、厦门分会主任康荣在四一二反革命政变后匿避无踪，停止其执委职权。

二月紧急会议是在国民党反动派夺取海员工会领导权、海员工会斗争屡遭失败的紧急关头，在上海召开海总各地分会负责人所召开的联席会议。这是海员工会发展史上具有重要转折意义的会议。

二月紧急会议是在中国共产党的领导和全国总工会的指导下，总结经验，调整工作重点，明确下一步工作思路的重要会议。会议重点确定了健全海员工会的组织方法，为进一步开展工作、坚持斗争并取得胜利奠定了扎实基础。

## 六、加强赤色海员工会组织建设

由于国民党禁止赤色海员总工会的活动，因此海员工会组织规模受到了严重影响。根据 1928 年 11 月赤色海员总工会的报告，该会各部会员人数共有 825 人，其中外洋 153 人，沿岸 261 人，内河 40 人，岸上宿舍 371 人。

1929 年 9 月 25 日，为了加强海员工会的组织建设，全国总工会要求海总进行改组，全国总工会决定暂定常委三人：方才、刘达潮、叶全。以方才为主任，夏德专做海委工作，崔昌专门负责工代会，再派张昔万负责秘书及宣传工作。

1929 年，第五次全国劳动大会在上海召开，大会通过《中国海员工人运动决议案》，对海员工会组织工作提出了明确的要求。1930 年初，赤色海员工会完全处于秘密工作状态。由于赤色海员总工会设于香港，工作范围仅限于香港、南洋、上海三处，其中只有香港、南洋两处有些群众组织基础，且大部分会员在太平洋航线上活动。上海海员分会，统辖长江北洋之船员，能力异常薄弱。赤色海员工会基本组织不甚健全，或尚未形成组织，会员分散于各船上。

1930 年 3 月，根据全国总工会指示，海总立即恢复上海的海员工会的组织和工作，确立在中国沿海、长江及内河的海员领导中心地位。同时在福建、武汉、天津、大连等处成立海员组织。到了6月，海总的基层组织有了相当的发展，海总下设四个分会，正式建立船上支部，能收会费的会员共有374人。

香港分会，多半建立在太平洋航线及内河沿海各船上，都有船上支部组织，其中以昌兴公司的“皇后”号船、蓝烟囱公司及“兰字”号船和渣甸公司的船组织最强大。“俄国皇后”“加拿大皇后”“亚洲皇后”轮等船的组织工作最好，船上组织了俱乐部来团结全船工人。上海分会的主要工作是在沿海及长江沿线各船上，除有六个船上支部外，其他船上只有一两名会员，共有150人。天津分会是当时刚刚成立的，已有会员约30人，多半是北洋航线的船舶上的海员。厦门分会共有会员90人，是到汕头及沿岸小轮船上的海员。汉口分会还没有建立起来。

此外，在海员工会领导之下，上海驳船工人已成立了一个工会。

7月，为加强海总对于全国海员工作的政治指导，顾及全国工作，动员广大海员群众，开创工作的新局面，全国总工会决定海总马上迁到全国海员中心的上海办公。海总总部当月由香港迁到上海，与上海海员工会合并，领导成员与机构未发生变化。由于苏兆征去世，谭华泽被革除职务，加上海员代表大会一直没有召开，海员工会委员长、副委员长职务空缺。中共海员工会党团负责人陈郁实际领导着海总的工作。

## 七、第二次全国海员代表大会夭折

第二次全国海员代表大会原计划于1927年召开，但由于适遇国民党反动派政变，未能如期召开。1928年2月，海员总会各地分会代表紧急会议提出：海员工会工作断不能因为政治环境不好而停止，并且海员的代表大会乃全国海员工友发表意见的一个机会，应尽快召集第二次代表大会，改选执委，审查过去工作，解决一切重要问题及重新制定全国海员运动方针等。

11月29日，海员总工会给全国总工会的报告中再次提出要召开第二次全国海员代表大会，并明确在下次会议确定召开日期。

1929年，在筹备第二次全国海员代表大会过程中，由于对“俄国皇后”轮斗争失败等原因，9月25日，全国总工会在致海员总工会的信《关于海员工会工作的具体指示》中对当时海总的中心工作提出批评，对海总急于召开改选海员工会会议（代表大会）持不同意见，并提出了11个方面的工作指示，决定采取措施加强海员工会组织建设。因此，召开第二次全国海员代表大会的计划就被耽搁下来了。

1929年11月，第五次全国劳动大会《海员工作决议案》明确同意召开全国海员代表会议，讨论海员工会工作。议定五个月内，应充分准备这个会议的工作，必须保证代表会议有代表多数群众的代表参加；在这次会议上选举新的海总执行委员会。

可是，海总在筹备过程中遇到了许多困难和问题，直到1930年6月1日才发布为召集全国海员第二次代表大会的通告，提出了“海总根据目前这些客观政治因素与海员工人斗争要求，为进一步推动和实现政治总同盟罢工，决定领导全国海员准于十月革命纪念节举行第二次全国代表大会。其主要任务是重新决定进攻统治阶级的战略和路线，进一步与国际海员以及国内劳苦群众斗争紧密地联系起来，加紧准备暴动，根本消灭帝国主义，推翻国民党的统治。”同时，海总明确要求这些代表必须由群众选举出来，绝对不许随便指派。代表成分中从业者至少要占80%，代表推举条件为：一是开完大会之后能有把握地回去参加生产；二是努力勇敢而且有作用的分子。代表的路费必须自筹；任何一地的代表均须于10月1日前选出赴会（大会地点另行通知）。这次大会要集中各种材料来分析讨论，各地必须根据海总下发的调查表，切实将各种情形调查清楚之后，做成统计表，并形成报告供大会参考，该报告与提案等均限于9月1日前寄交海总。第二次全国海员代表大会代表人数分配详见表2-1。

**表2-1　第二次全国海员代表大会代表人数分配表**

| 地区 | 代表人数 | 地区 | 代表人数 | 地区 | 代表人数 | 地区 | 代表人数 |
|---|---|---|---|---|---|---|---|
| 香港 | 内河1人 | 上海 | 长江2人 | 南洋 | 欧洲2人 | 厦门 | 1人 |
| 香港 | 哥士2人 | 上海 | 驳船1人 | 南洋 | 哥士2人 | 天津 | 2人 |
| 香港 | 太平洋2人 | 上海 | 公所2人 | 南洋 | 分会1人 | 武汉 | 2人 |
| 香港 | 欧洲1人 | 上海 | 哥士1人 | | | 青岛 | 2人 |
| 香港 | 宿舍3人 | 上海 | 分会1人 | | | 秦皇岛 | 2人 |
| 香港 | 分会2人 | | | | | | |

当时，随着形势的变化，全国总工会为加强海总对全国海员工作的政治指导，指示海总马上迁到全国海员中心的上海。1930年7月，海总立即执行全国总工会的命令，在匆忙之中迁往上海办公。因此，这又一次影响了原定十月革命纪念节举行第二次全国海员代表大会的筹备工作，会议只能延期。

1930年11月9日，海总发布《老海员工会召集第二次全国海员代表大会告工友书》，宣布第二次全国海员代表大会开幕日期定于1931年1月15日。但由于多种原因，工会没有完成筹备工作，会议只能推迟举行。

1931年，海总在制订工作计划大纲时，又一次提出准备第二次全国海员代表大会，并要求各地不可怠工，积极准备召开第二次全国海员代表大会。但是，由于当时海总党团对王明批判李立三路线为右倾机会主义持反对态度，当年6月，海总的党团书记被撤换，之后九一八事变爆发，海总筹备的第二次全国海员代表大会工作又夭折了，抗战期间就再也没有机会召开第二次全国海员代表大会了。

## 八、海总领导人频繁调整

1928 年 12 月 6 日，中共广东省委扩大会议选出海员工会特别支部和海员工会党团领导人员，包括：海员特支书记吴锦德、海员特支干事梁忆才、海员特支监察刘华根、海员特支秘书朱宝庭、海总党团书记谭宝。

1930 年 7 月，海员工会总部迁往上海，并与上海分会合并，陈郁任海总负责人、党团书记，其他成员有朱宝庭、王任叔和从苏联回来的吴福海，还有戴卓民、李海筹、李鹏等。

1931 年 1 月 7 日，中共中央在上海召开六届四中全会。海总党团书记陈郁参加了会议，并被选为中央政治局委员。海总党团对王明批判立三路线为右倾机会主义都持反对态度。6 月，中共中央派陈郁去苏联国际列宁学院学习后，贾大容接任海总负责人、党团书记。

1932 年 1 月 28 日，上级安排林仲丹（张浩）到海总任负责人、党团书记。7 月，张浩奉派担任全国总工会驻赤色职工国际代表，离开了海员工会党团，之后海总便由廖承志接任书记。

1933 年 3 月 20 日，海总党团书记廖承志被捕。4 月，李同庆（外号“大刘”）接任书记，1933 年底李同庆又遭国民党逮捕，在此期间被捕的还有在海总负责外洋工委工作的林锵云和负责长江工委的王德仁。1933 年 6 月，丘金、陶林福调到海员工会担任领导工作。

1934 年 5 月间，中共海上区委撤销，江苏省委将海总和海上区委负责干部集中起来组成海总党团。党团成员为丘金、夏爵一（中共上海海上区委负责人）、陶林福，丘金任书记。丘金主持海总工作，并兼任外洋委员会负责人，夏爵一为长江委员会负责人，陶林福为沿海委员会负责人。全国总工会执行局饶漱石负责与海总维持工作联系。

1935 年 10 月，中央红军经过二万五千里长征，胜利到达陕北。1935 年 12 月，中共中央在陕北瓦窑堡召开的政治局会议上，确定了建立抗日民族统一战线的新策略，并总结了过去白区工运中“左”倾错误的教训。这一时期，海总仍在上海开展活动，丘金主持工作；夏爵一被调到上海工联，后转全国总工会执行局；闵一帆被调来海总工作。

至 1936 年 6 月，海总坚持地下斗争已度过了九个年头。海总的活动由于受“左”的错误路线的影响，工作路子越走越窄，拥有的海员群众也越来越少，与日益高涨的抗日救亡运动很不适应。6 月间，上级指示海总停止在上海活动，领导人转移到生产岗位上去。在上海负责海总工作的丘金、闵一帆、陶林福先后下到基层；丘金去香港，闵一帆留在上海一段时间后也前往香港；陶林福上船工作。至此，赤色海员工会宣告结束。

1936 年 11 月，海总在香港开展海员抗日救国运动。当时，曾生认为需要解决党的领导问题，丘金支持曾生的意见，于是他们与中共中央临时南方工作委员会（以下简称“南临委”）薛尚实书记（当时称“老孔”）取得关系并向薛尚实请示，薛尚实同意建立中共香港海委，并批准由丘金、曾生、叶盘生担任委员，丘金任书记，曾生分管组织，叶盘生负责宣传部，直属“南临委”领导。这时，原赤色海员工会党团成员闵一帆也从上海来到香港，负责联络工作。

中共香港海委建立之后，首先对中断了党的组织关系的党员进行了解。在中断组织关系期间对党的态度好，在抗日救亡运动中表现积极、群众关系比较好，要求恢复党的组织关系的同志，他们的党组织关系得到恢复，其中有曾寿隆、周石永、刘达潮、周才、方世林等。同时，中共香港海委还吸收了一批在抗日救亡运动中表现积极、思想品质好、群众关系好、有一定活动能力的积极分子入党，如肖春、曾文瑞、李秀等。

1937 年 10 月，根据党中央的指示，“南临委”改组，成立了中共南方工作委员会（以下简称“南委”）。1938 年初，“南委”决定调丘金去延安学习。中共香港海委的领导成员因此进行了调整，由曾生接任海委书记，榻荣任组织部部长，潘汉夫任宣传部部长。

中共香港海委成立初期，组织发展工作进行得比较慢，从 1936 年 12 月至 1937 年底将近一年时间，党员才发展到 30 人。1938 年以后，海委总结了前阶段工作的经验教训，认真抓党的组织建设，积极发展党员，党员人数已发展到 300 余人。除了在香港建立了党的基层组织，还在船上建立了 38 个党支部。

1938 年 12 月，曾生带领一批海员等党员积极分子，到东江敌后开展抗日游击战争，开辟敌后抗日游击根据地。潘汉夫接替曾生任海委书记，吴光任组织干事，协助潘汉夫开展工作。

1941 年，周恩来派闵一帆到上海恢复海员工作，以“海利办庄”名义开展工作，但工作异常困难，不久“海利办庄”便关闭了。“海利办庄”负责人先后是闵一帆、毛良、乐圣法。

## 第二节　各地海员组织的成立

### 一、成立“余闲乐社”

大革命失败后，香港党组织遭到很大破坏，共产党被迫转入地下。党员大多数失掉组织关系，个别虽仍有组织关系，工作却开展不了。省港大罢工后，部分党员不得不上船做工。

海员生活是很单调的，船开航后，在茫茫大海上，水天连成一线，景致单一，长时间海上航行让人感觉生活无聊，因此大多数海员喜欢上了赌博。在船上不赌博的反而有被开除的可能，因为工头允许赌博是为了从中抽头，向船员榨取不义之财。船到了国外港口，船员上岸后同样会因为无聊而过上花天酒地的生活。

为了挽救海员这种不健康的思想和生活，船上的党员自觉发挥骨干作用，建立群众性社团，以开展娱乐及慈善互助的形式来组织、教育、团结船上的海员。经过反复考虑，他们给自己的社团取名为“余闲乐社”。

这一群众性社团是在英国昌兴轮船公司属下的四大“皇后”号轮上发展起来的。这些船上都有四五百名海员工人，而且其中都有党员骨干。这些船在海上航行时间长，从中国香港途经上海、日本，再航行至美国、温哥华等港口，往返需 40 天左右。因此，社团可以开展各种活动。

1933 年，余闲乐社首先在“加拿大皇后”轮上组织起来，轮船开航后，余闲乐社就组织海员开展粤剧表演等文娱活动，有时还售票向旅客演出，以增加一些经济收入。这样，海员在航行中有了新的生活内容，精神上有所寄托。当然，仍有少数人仍然沉迷于赌博。工头与船上的余闲乐社是有矛盾的，因为余闲乐社的活动影响了他们的抽头剥削。但是，工人们组织起来就有了一定力量，且余闲乐社得到多数工人的支持，工头也就不敢公开反对余闲乐社。

余闲乐社成功开展活动，其影响力马上扩展到“俄国皇后”“日本皇后”① “亚洲皇后”轮等其他大型客货轮上。组织发展扩大，演出次数多了，经济收入也相应增加了。同时，工人中也涌现出了更多的会演戏或玩乐器的人才。挣到了钱，又增添了不少戏服、布景、乐器等，海员们的演出也就更加有声有色，演出活动也更加受到船员及乘客的欢迎，从而形成了良性循环。

---

① “法国皇后”轮退役后，由新造的“日本皇后”轮代替。

当时，四大“皇后”号轮上办社的积极分子有：“加拿大皇后”轮的曾寿隆、叶盘生；“俄国皇后”轮是邝九如；“亚洲皇后”轮的负责人徐生；“日本皇后”轮办社的初期负责人为曾寿隆、叶盘生①，他们调走后的负责人则是张东荃。

最初，余闲乐社只建立在船上，社员都在船上开展活动。岸上没有余闲乐社，船员上了岸就没有聚集的地方，很不方便。特别是曾姓家族的海员，他们多住在离香港市区较远的九华径，更加感到活动不便。于是大家都要求在岸上也建立余闲乐社，这样船回到香港后他们就有了可以联络的地方，即使失业上岸也有个住处。可是岸上建社需要一笔钱来筹办。社员们原打算集合各船余闲乐社进行筹划，但“日本皇后”轮的工头曾才予以反对，不仅不给钱，还不同意搞岸上余闲乐社。“加拿大皇后”轮也不同意。后来，“日本皇后”轮的工头换成了曾森，他比较开明，同意从该船的余闲乐社中拿出一些钱来建岸上的余闲乐社。

在未取得各船工头同意在岸上建立余闲乐社之前，船上的少数积极分子已经集资在九龙花园街租了一间房，建立了一个名为“大众俱乐部”的活动场所。船到港后，船上社员都可以到那里玩音乐、唱戏、聊天。直到曾森等各船工头同意在岸上建立余闲乐社之后，这个大众俱乐部便告结束。这些积极分子同意结束大众俱乐部还有一个原因是，它不能起到应有作用，不能有效地向广大海员宣传抗日救国、维护工人合法利益，团结教育工人开展斗争。

岸上总社于1935年正式成立，地址也从旺角花园街搬到油麻地弥敦道大华戏院旁一幢楼的三楼，并聘请一名姓胡的当“先生”（秘书，日常社务的实际负责人）。因胡先生工作做得不好，

---

① “加拿大皇后”轮上的船员有一半调到“日本皇后”轮，其中就有曾寿隆、叶盘生。

社员们不满意，不久就换了一名姓廖的来当“先生”。廖先生工作做得好一些，但不久也出现了问题。

1936 年 7 月，丘金从上海来香港负责海委工作。他感到廖先生的工作还是不够理想，提出扩大发展余闲乐社社员，这样不仅能更广泛地将海员组织起来，而且能解决余闲乐社的经济独立问题。他的设想分两步走：第一步是发展社员到 2000 人，初步解决余闲乐社的经济困难；第二步是发展社员到 4000 人，使余闲乐社在经济上能完全独立。以每月向每个社员征收两角钱月费计算，4000 名社员就可筹集 800 元的费用，这样余闲乐社的房租、水电费及几名工作人员的工资都可以得到解决。他认为，过去长期依靠向船上募捐不是好的办法，应以社员的月费来养社，走经济独立之路。丘金还提出：要组织海员参加余闲乐社，动员海员开展抗日救亡活动，使工人运动与当前政治形势结合起来。廖先生表面上认可丘金的设想，但实际上却不同意。丘金便跟叶汉生商量，要改组余闲乐社，提出用民主选举的办法选出社的领导班子。廖先生对自己估计过高，认为没有别人可以接替他的工作，所以同意了进行选举。选举工作由叶汉生、方世林、周石永和廖先生一起筹备。船上则由曾寿隆、张东荃、邝九如、徐和等把选票分发给各“皇后”轮的社员。叶汉生等负责宣传发动社员，并向社员骨干及熟悉的群众推荐候选人。选举结果出来，廖先生落选。

改组后的余闲乐社采取委员制，建立了两个委员会：一是执行委员会，二是监察委员会，两个委员会都由社员代表大会选举产生。执行委员会再选举产生常务委员会，并由常务委员会推举委员长一人。监察委员会也推选委员长一人，监委会的职权是对执行委员会的工作进行监督。这次改选，选举何沛为执行委员会委员长，周石永、方世林及叶汉生为常务委员，具体分工是：周石永协助何沛全面开展工作，方世林负责外勤工作，叶汉生任秘书。欧阳礼被选为监察委员会委员长。

余闲乐社是受中共香港海委直接领导的。在中共香港海委成立之前，余闲乐社没有党的领导。大革命失败后，香港地区的党组织遭到破坏，党员都失掉组织关系。船上积极分子都是赤色工会会员，他们是推动组织建立余闲乐社的骨干力量。

香港海委建立起来后，海员抗日救国委员会即停止活动。海委当时紧抓党员关系恢复与发展工作，对中断了党组织关系的党员进行了解，那些在抗日运动中表现积极、群众关系比较好的同志，得以恢复党组织关系，其中包括刘达潮、方才、周石永、曾寿隆和叶汉生等；同时又对抗救积极分子注意进行考察，从而吸收了一批新党员，把海员抗日救国运动推向新的高潮。

当时，余闲乐社根据海员抗日救国纲领，对开除抗日救国积极分子的海员职业进行交涉，大都取得胜利。因此余闲乐社威信大为提高，社员人数迅速增加到 2000 余人。

1937 年，海委研究决定，余闲乐社要大力发展社员，对象仍以海员及洋务工人为主，但不应局限于这两类工人，只要承认余闲乐社章程，各行各业工人都可以加入。打开这个大门之后，社员很快就发展到 4000 人。后来，何潮、苏其德、方国魂、彭伯琼等也都加入了余闲乐社，余闲乐社进一步壮大。这时，有了群众基础，经济也能独立，余闲乐社开始了筹备重建海员工会的工作。

## 二、成立“海华学校”

1937 年 7 月，曾生从中山大学毕业，8 月开始搬到香港居住，全力开展海员工会的工作。曾生到了香港之后，根据余闲乐社成员的建议急需解决一部分海员子弟读书的困难问题。曾生认为这个意见很好，他有个公开的职业可以作为掩护，海委也有一个可靠的联络点，同时又可以解决海员子弟读书的困难问题。于是，曾生回家说服了母亲，把自己家里的两亩田卖掉，筹款 500 元，在九龙弥敦道余闲乐社附近的南京街租了一层楼做校舍，办起了一间专门供海员和洋务工人子弟读书的学校，取名“海华学校”，向香港政府申请办学资格，并亲自兼任校长。刘宣、沙克负责教学工作，罗文光、阮群英任教员。学校采用复式制教学，招收一年级至六年级的学生。由于师生的努力，学校办得很有朝气。

海委还利用这间学校的校址，开办英文夜校，招收海员、洋务工人到夜校学习英文，受到工人的欢迎。海委又以这间学校为阵地，进行抗日救国的宣传活动，并组织了一个党的外围组织“救国十人团”，以考察和培养建党的对象，发展了一批党员。后来，“海华学校”的全部教员和部分学生先后到东江参加抗日武装斗争。教员刘宣成为开辟东江敌后抗日游击根据地的骨干。学生郑锦等参加了抗日游击队。

“海华学校”办起来之后，曾生就以校长的公开身份开展工作，“海华学校”就成为海委的一个联络点。党内的同志有事就到学校来，开展工作很方便。

## 三、重建香港海员工会

1937 年 7 月，抗日救亡运动发展到高潮，维护海员日常利益的斗争也日益发展，至此，海员群众感到余闲乐社的组织形式已不能全面适应斗争需要，从而提出在香港重新建立海员工会的要求。这个要求首先从“日本皇后”轮上的余闲乐社反映上来。香港共产党组织海委召集在港有关党员进行讨论，认为群众这个要求是正确合理的，在当时条件下是有可能实现的，于是决定开始筹备建立海员工会。方法是采取统一战线的政策，进行公开合法的筹备。于是，由余闲乐社出面，派人到各馆口（包括兄弟馆和“洗马沙”馆）活动，争取他们支持合作；同时聘请知名律师罗文锦为顾问，帮助写呈文，请各馆口盖章。在广大群众强烈要求的声势下，很快就有60多家馆口盖了同意的图章；接着他们便向香港当局呈文，提出的要求是恢复原来被封的中国海员工会香港分会。香港当局认为这个分会已被封闭，不能恢复，如换一个名字则可以批准。海委再次开会讨论，结果为了取得合法的存在，工作名字的问题可以让步，遂改名为“香港海员工会”。经过各馆口同意，香港当局也予以批准通过。

1937年8月15日，香港海员工会成立，李发被推选为主席，刘达潮为副主席，曾生为组织部部长。

日本发动侵华战争后，英、美等国资本家为牟取利润，乘机运送军事物资供日侵华。香港海员工会号召海员拒运、罢工等。日本政府向港英当局提出了抗议，施加压力，要求对海员工会实行制裁。同时，英国资本家也纷纷要求港英当局制裁海员工会。港英当局害怕海员罢工斗争持续发展，于12月初颁布了紧急治安法。12月30日，港英当局以“煽动罢工，扰乱治安”为借口，又把海员工会封闭了。

抗日战争胜利前夕，从香港到惠阳、宝安游击区参加抗日斗争的一批海员骨干分子积极筹备恢复香港海员工会的工作。经过酝酿和讨论，决定成立恢复香港海员、洋务工会筹备会，推选周石永、张东荃、吴渭池、欧维、林勤等负责筹备会工作。会址设在宝安沙鱼涌。筹备会成立后，立即开展会员登记、开办训练班，培养骨干等工作。

抗日战争胜利后，筹备会立即派吴渭池、欧维两名委员回香港开展工作。他们与原香港海员工会主席李发联系，商讨筹备恢复香港海员工会事宜。1945年9月1日，彭柏文、吴渭池、李发、黎桥、黄苏、汤潮、徐生等人组成恢复香港海员工会筹备委员会，把原在东江游击队成立的筹备会撤销，立即开展会员登记和向港英当局申请批准等工作。筹委会成立后，便租赁了九龙油麻地庙街132号楼为会所。登记的会员也有1500人。1945年底，港英华民政务司批准恢复香港海员工会。

1946 年 1 月 3 日，香港海员同人大会召开，宣布香港海员工会正式恢复。到会海员数千人。会上选出李发、张东荃、吴渭池、吴理广、汤潮、莫元、温应光、廖寿、梁福兴、吴坤、廖茂、方世林、叶石、游文光和黄苏 15 人为第一届执行委员会委员，推选李发为主席，张东荃为副主席，叶高为英文秘书，卢明为中文秘书。1946 年底，工会因业务发展的需要，会址迁往九龙佐敦道 11 号 A2 的三楼办公。

## 四、闽浙赣苏区成立船工、码头工会

闽浙赣苏区是土地革命战争时期中国共产党领导的苏区之一，位于闽（福建）、浙（浙江）、赣（江西）三省交界地区。1928 年 1 月，方志敏等创建了闽北苏区。1930 年 7 月，信江苏区和闽北苏区合并为赣东北苏区。1932 年 12 月，赣东北苏区扩大到闽、浙、赣等省 20 多个县境，中共赣东北省委和省苏维埃政府亦随之改称为闽浙赣省委和省苏维埃政府。1935 年 1 月，闽浙赣苏区被国民党军队占领，苏区变为游击区。

### （一）成立赣东北苏区船工、码头工会

1930 年 3 月，在方志敏的领导下，第二次信江工农兵代表大会召开，成立了信江总工会筹委会，颁布了《工会临时组织条例》，并推荐中共信江特委委员、弋阳船工出身的余汉朝当委员长。5 月，余汉朝获悉敌人粮船正好由贵溪开往上饶，便及时地向苏区红军报告，要求苏区政府派红军帮助当地农民截阻粮船。按照余汉朝等人的策划和部署，红军和农民密切配合，抓住战机，在不到两小时的战斗后，十几艘装了米的船均被红军截获到手。在第三次攻打弋阳县城时，余汉朝在弋阳县四区、五区内组织船

舶，送红军过河，并参与指挥作战，均取得胜利。8 月中旬，余汉朝参加了弋阳县总工会在二区缪家召开的会议，会后即担负起了组建成立船工工会、码头工会的任务。之后，新成立的船工、码头工会会员人数超过 3000 人。

### （二）成立闽东船民工会

赛江是闽东的第一大河，赛江发源于闽浙交界的洞宫山，分交溪、穆阳、茜洋三溪南下，汇聚了浙江泰顺、庆元以及福建的寿宁、福鼎、霞浦、柘荣等百余条溪涧之水，贯穿福安南北，到中下游赛岐会合。为了促进苏区的发展，通过水上把苏区连成一片，福安中心县委早就派一批同志到各地进一步发动船民起来革命。至 1934 年春，从赛江上游的寿宁斜滩、福安上白石，至下游的下白石、溪尾、湾坞等沿江沿海地区 16 岁至 60 岁的船民、渔民中，已建立了许多的船民工会小组和交通站（船）。

1934 年 6 月，中共闽东临时特委成立闽东船民工会筹备处，在福安溪柄北山奶娘宫召开各县船民代表会，成立闽东船民工会，选举林顺佺为主席，郑延妹为副主席。设办公处于北山，并在福鼎沙埕、寿宁斜滩、福安赛岐和宁德、连江、罗源等地设立分处。此外，还在福安的六屿、溪尾、三十六僻及连江的厦宫、朝天洋等地建立了秘密运输联络站，开辟水上交通线。船民工会的建立，将赛江两岸连接起来，使苏区连成一片，赛江成为一个新的水上游击战场，给敌人以沉重的打击。①

## 五、陕甘宁边区成立黄河水手工会

1935 年 10 月，中央红军长征到达了陕北。11 月初，在党中

① 宁德福安市老促会：《喜迎建党百年重温红色印记（六）》。

央的直接指导下，陕北省总工会筹委会在瓦窑堡召开了第二次各县工会工作联席会议。全国总工会西北执行局委员长刘少奇参加了这次会议，在会上刘少奇代表党中央作了报告，提出了在陕甘宁边区成立黄河水手工会的任务。

根据党中央的指示，陕北省总工会筹委会立即向沿黄河各县发出通知，要求各县立即清查统计黄河水手的数目和组织状况，并向黄河水手做好教育工作，准备建立黄河水手工会。

不久，陕北省总工会在瓦窑堡召开了黄河水手工人代表大会，宣告成立黄河水手工会。陕北省总工会下设“黄河水手工会委员会”，负责整个根据地水手工会的工作。黄河水手工会下设若干分会，并根据水手工人数量分成小组，按每只船渡河的需要，每组 14 人，选出正副组长。同时，在清涧河口西辛关成立了黄河水手工会办事处。当时黄河水手工会的管辖范围从绥德枣林坪到宜川，约有五六百名水手工人迅速组织起来，组成了一个坚强的工人群众组织。

## 六、成立龙口码头工会

1938 年 4 月下旬，在八路军鲁东游击队七、八支队帮助下，龙口码头工会建立。由于工会组织混进了帮会成员和亲日伪分子，把持了工会领导权，工会未能发挥预期的作用。中共胶东特委及时察觉，采取果断措施。9 月，特委成员苏继光来到龙口港，深入码头工人，调查了解情况，开展工人运动，解散旧工会，重新组建码头工会。码头工人推选苏继光（兼职）、刘冷、逄箦一、逄学品、刘亮田、逄模元等人为工会负责人。

# 七、解放区建立海员工会

## （一）胶东解放区建立海员工会

1945 年 4 月 23 日，解放军解放了羊口，羊口成立了特别市。市政府在着重抓好水陆盐运的同时，帮助人民成立了自愿集股的合作社，组建成立了码头工会、船员工会等群众自己的组织，帮助人民渡过难关，恢复生产。

1945 年 8 月，日本投降，龙口解放。9 月 5 日，经过战斗洗礼的龙口码头工会，在中共龙口特区工委的领导下重新成立。

1947 年秋冬，国民党军组成胶东兵团，大举进攻胶东解放区。9 月下旬，国民党第八军占领了龙口市，龙口码头工会活动停止。1948 年 3 月 28 日，在解放军的围攻下，龙口守军乘军舰逃往烟台，龙口市再次获得解放。为恢复码头生产，龙口市工委、市政府号召已回家的码头工人返回港口工作，同时派出市职工工会负责人张雨田、逄模元、邢耀亭等重新组建龙口码头工会，推选王步林为码头工会主席，邹立功为副主席。

1945 年 11 月，在龙口船舶管理局的支持下，由 7 人组成的龙口海员工会成立，行政上直接受龙口船舶管理局的领导。当时，海员工会组织工人俱乐部给海员讲课、演剧、开展打乒乓球等活动，海员工人情绪极为高涨。

1946 年 1 月，龙口的船舶全部调往烟台，因此，在交通工会的直接领导下，又成立了有上下级领导关系的烟台海员工会（支会），选举张庆芝为支会会长，兼任专职海员合作社副理事长。海员支会成立后，有海员工人 800 余人，七八十只汽艇，至 8 月，发展到 1200 名海员工人（包括外港在内）。

当时，因大连、安东、龙口、威海、石岛、乳山口等都没有工会，工人都纷纷跑来参加烟台海员工会。每当有集体活动时，工人们就成群结队地扛着大旗前往，情绪极为高涨。随后，在开展申诉斗争运动中，烟台海员工会对依靠敌伪势力压迫工人的船主、大副等进行了清算，并从过去被剥削的账目中收回账款与海员的投资，共计 45 万元，烟台海员工会开设一家海员合作社代理店。但当时工会领导官僚主义作风严重，完全照搬了敌伪统治的一套，使海员工人情绪逐步低落，思想也逐步脱离海员工会，甚至仇视海员工会。

1946 年 8 月，烟台市委提出要加强海员工会工作。首先，调来一批新的干部到海员工会；其次，由市委出面把海员的党组织关系从各公司里接收过来，成立了海员党组织，配备书记、副书记、宣传干事和文书，并直属市委领导；再次，领导海员工人斗争，并与旧工会干部做斗争，重新清算了合作社的账目，改造了海员合作社；最后，召开了第一次烟台市海员工人代表大会，成立了直属市工会领导的烟台海员工会（对内属市委领导），选举了工会干部、书记兼会长、副书记兼副会长。大会于 9 月底闭幕。海员工人受到代表大会的极大鼓舞，情绪高涨，纷纷积极团结在工会周围开展各项工作。

### （二）东北解放区建立船工、码头工会

为了迅速恢复黑龙江水系的航运，畅通水路运输，支援全国人民解放战争和建立巩固的东北根据地，1946 年 7 月 27 日，松花江航务局举行松花江航务局工会成立大会。会议选举刘保田为会长，邢殿立为副会长，黄家荫、吴景春、刘惠田、陈乐三等为执行委员及各部部长。

1947 年 4 月 15 日，哈尔滨市郊松浦区千余船工组织起来，召开大会，正式成立哈尔滨市松浦区船工总会，一致选出刘成巨等九人为总工会委员。会议明确了此次大会的任务是领导好全松

浦区大小船舶开展运输工作。船工总会安排好渡口船舶摆渡的排班；调整大小船舶，确定大小船的摆渡重量的价格；鉴定发放小船牌照，防止坏人利用小船骚扰与破坏运输；组织各小组自己的力量，开展防止小偷和预防在渡口发生危险等工作；帮助船工分组，开展学习活动。船工总会成立后，积极开展水域运输军用物资，支援东北解放战争，取得明显成果。

1947 年，松花江上哈尔滨码头在共产党的组织领导下，开展了对码头工人的阶级教育，提高其阶级觉悟。为了保障码头生产，改善码头工人环境，开展了废除封建把头运动，在开展清算把头的运动过程中，于 7 月 3 日召开码头工人大会，正式成立码头工人工会。

## 八、建立上海市航业职工联合会

1948 年底，国民党政府为扩大内战而加强军运，进而加紧对航运业的控制。根据中共上海市委关于在各行业可建立工人协会的指示精神，时任中共中央上海局副书记刘长胜与航运支部在分析研究当时航运业形势基础上，决定不用“工人协会”名义，以防止整个组织遭到破坏，因此采用了更加稳妥地在航运企业建立具有航运业特点的党的外围组织“上海市航业职工联合会”（以下简称航联会）。航联会的主要工作是把航业界的港、航、厂的工人、职员、工程技术人员紧紧团结起来，积极有效地开展反撤退、反破坏斗争，迎接上海解放。航联会从 1948 年底开始筹备，1949 年 2 月正式成立。

航联会存在前后不过半年多时间，但它在迎接人民解放军解放上海、接管航运企业上做了大量的工作。1949 年 8 月底，在完成了筹建海员工会、码头工会和招商局分会的任务后，航联会宣告结束工作。

## 九、参加全国劳动大会

### （一）参加第四次全国劳动大会

1927年6月19日至28日，第四次全国劳动大会在汉口召开，会议由全国总工会发起并主持，共有代表420人。中华海员工会联合总会派代表出席了会议。

29日下午，由苏兆征主席在大会上作海员工会报告，他回顾海员工会过去的奋斗历程，分析第三次全国代表大会后一年来海员生活状况、海员组织状况、工会工作得失和发展形势，以及海员工会与国际组织的联合情况；总结了领导省港罢工、反对招商局傅筱庵、参加上海三次大暴动及反蒋斗争的得失，他提出了海员工会到香港恢复工会、开展各种活动和经济斗争的要求，明确了海员在革命中之责任等。

大会通过的决议案主要有：《政治报告决议案》《组织问题决议案》《经济斗争决议案》《反对法西斯主义及对法西斯工会斗争决议案》《女工童工问题决议案》《海员工会运动决议案》等。

大会对海员总会在这一年里的巨大进步，如领导省港罢工、扩大分会和在各船舶建立支部等表示赞赏，并对海员工会工作作出指示：要全力重视海外大轮船的工作，尽可能在海外各大港口设立机关，并在各大轮船上进行广泛的宣传和组织工作。只有在这些大轮船上建立基本的组织，海员工会的基础才能坚固深入；要重视沿海内河船舶的工作，扩大其支部；但木帆船要另外单独组织。过去广东及汉口的海员工会，曾发生了偏重木船组织的倾向，以后必须改进。海员中帮口观念很深，大会认为，一年来海员工会为打破帮口观念，颇为努力。应该使工人知道，工人都一样是被压迫、被剥削的阶级，不应有帮口观念，而应代之以阶级观念，因此海员工会必须继续努力进行打破帮口观念的宣传及工作。中国海员须与各国海员建立密切的联系，只有这样才能完成从根本上推翻帝国主义的任务。

大会选举了第四次全国劳动大会执行委员，选出执行委员 35 人，其中海员工会代表有苏兆征、朱宝庭、陈权等。

6 月 30 日，第四次全国劳动大会执行委员会召开第一次会议，选举委员长及常务委员等。会议由苏兆征主持，陈寿昌记录。会议采用记名投票方式选举委员长，结果苏兆征得票最多，再次当选为全国总工会委员长。

### （二）参加第五次全国劳动大会

1929 年 11 月 7 日至 11 日，第五次全国劳动大会在上海召开，29 名代表参加了会议，海员工会等 10 多个地方及产业工会参加了会议，代表了赤色工会会员 3.9 万余人。会议重要成果：大会通过了《中华全国工人斗争纲领》《工会组织问题决议案》《工农联合决议案》《中国海员工人运动决议案》等议案及《告红军将士书》《致赤色职工国际及世界各国工人书》。

大会帮助海员工会分析了第四次全国劳动大会以来，出现了帝国主义和中国资本家恢复了在大革命前的航运业务，并进行激烈竞争；由于航业竞争激烈与军阀混战的延长，对于海员的剥削和压迫越发严重，激起了海员经常性的反抗和斗争等情况。

大会总结全国海员在过去两年内，表面上没有很大的斗争，但是每个轮船的斗争却是此起彼伏，没有停止过。如北方政记公司海员几次为了争取权益采取直接斗争的方式、招商局海员要求发欠薪的运动、福建海员的反国民党斗争，以及“俄国皇后”轮的大罢工，海员运动已有了很大的发展。大洋船的海员已经发动了普遍各轮的反“洗马沙”运动，沿海岸及内河船海员的斗争处在酝酿待发之中。这些现象证明海员的争斗已到了新的严重形势！

为领导这个快要到来的伟大斗争，并且当帝国主义积极准备世界大战，武装进攻苏联的紧张时候，为执行大会反对帝国主义世界大战、拥护苏联的政治任务，都有使海员工作更加注重的必要。因此，大会提出，当前海员工会的发展成为全国工会的最中心工作，有着实际斗争的重大意义。

针对过去海员工作犯的错误，没认清海员的阶级力量，没了解海员工会的群众性，没努力去发展海员的赤色工会组织，没注意船委委员会与支部的建立并发挥其作用，缺乏注意全国性工作等，大会提出了下一步海员工会工作的要求。

一是全国海员工作要有计划。海总的整顿与健全组织之事刻不容缓。但是因客观环境的限制，海总现在还不能实际担负指导全国工作的责任，因此，长江、北洋、东北的海员工会，须由全国总工会海铁委员会直接指导来开展工作。海总应积极注意发展大洋轮船及南洋海岸、广东内河轮船的工会工作。在发展赤色工会会员的时候，应特别重视舱底生火与舱面水手工人的领导作用，应把生火与水手当作构成工会的主要分子（“俄国皇后”船罢工的教训完全证明了这一点）。

二是反“洗马沙”已成为一个伟大的运动。皇后、总统轮船公司的船舶上都有了许多自发的工会组织和斗争；长江、北洋船上的加薪斗争在公所领导之下已开始发动，海员工会要争取领导这场斗争，揭破工头与公所领导间争斗的危险性。海员工会要继续扩大这些斗争，提出全国海员的共同纲领，形成各船斗争互相声援和支持的良好局面。

三是海员中有各种不同性质的官僚政府工会。这些工会名义上是海员的，实际完全变为压迫海员的官僚机关和工头组织，因此，海员工会要揭破这些工会压迫工友、剥削工友的罪恶；宣传拒绝加入反动工会，拒绝交纳会费。同时应该独立发展赤色工会的组织，在日常斗争中争取斗争的领导权。

四是公所工作与宿舍工作。公所本是长江方面一班剥削海员的头目所组织的机关。对于公所的运动，海员工会要向海员工友指出他是与工人阶级利益相反的封建机关，是背叛工人利益压迫工人的工具。对待公所的斗争，应动用对黄色工会的策略开展斗争。关于香港宿舍方面的工作，首先应纠正过去站在宿舍外面工作或自己建立宿舍的狭隘办法。当前最主要的是有计划，到已有百余间宿舍的工友中去开展活动。从一般的宣传开始，引导他们参加争斗，参加赤色工会组织，参加失业工人的组织。要在每个宿舍中建立基本组织，帮助赤色工会工作的开展。

五是争取海员群众的工作。必须以建立船上委员会为工作中心任务。现在皇后、总统船上的海员，均有船上委员会性质的自发组织；海员工会必须确立这些船上组织的领导权，领导人设法由工头担任的转移到海员工人身上，这样才能实际保护工人的利益。在还没有赤色工会组织的轮船上，必须有计划地开展宣传，促成建立船上委员会组织。经过这个组织，积极建立强固的赤色海员工会。

六是积极建立船上支部的工作。以后船上组织必须完全贯彻大会组织问题决议，必须有计划地派人跟船，做支部教育训练工作，必须注意训练船上的积极分子，同时应注意采用建立组织的关系去代替个人的关系；只要有三个工会会员，就应该把他们组织起来，建立工会组织；这样才能普及下层的工会组织，工会会员才能参加工会活动，并充分发挥工会的革命作用。

七是海员运动与国际海员运动的互动是非常重要的。首先，设法开展对国际海员的宣传；其次，在各船中，中国海员积极分子应利用工作的关系，去与外国海员联络、互动，应重视与太平洋各国海员工人及国际运输宣传委员会的交流，并融入该组织中。

八是在海总宣传工作方面，除根据当前的政治任务，必须努力开展宣传反对国民党的统治，反对世界大战，武装拥护苏联，还要针对那些反动宣传，揭破他的反革命性，向海员灌输工人阶级的正确思想，这些宣传刻不容缓。为实现这个任务，海总与海铁委员会必须有健全的定期出版物，必须有完善的宣传工作计划，而这个计划必须符合各航线海员生活的实际情况。

九是为促进海员工会的实际发展，定于5个月内召集全国海员代表会议，讨论海员工会工作。在这5个月内，应充分准备这个会议的工作，必须保证代表会议有代表多数群众的代表参加。在这次会议上选举新的海总执行委员会。

### （三）参加第六次全国劳动大会

1948年8月1日至22日，第六次全国劳动大会在哈尔滨召开，这是在解放战争即将取得全国胜利的历史转折期召开的一次重要大会，大会恢复了抗日战争时期停止活动的全国总工会。大会通过了《中华全国总工会章程》。当时香港海员工会副主席兼组织部部长刘达潮化名刘大超，前往东北出席第六次全国劳动大会。海员工会老领导陈郁也出席了大会，他们都当选为执行委员。

## 第三节　反抗国民党黑暗统治

### 一、各地纷纷发起与改委的斗争

面对改委的夺权，海总心急如焚想夺回海员工会的领导权，因此将工作重心转到了反对改委身上。

1927年，自广州、汕头海员工会被改组，香港海员工会被封后，香港、汕头、澳门和江门的海员纷纷起来开展与改委的斗争。最初，省港“泰山”船海员就与改委展开斗争，当时该船海员龙士清因在船上发动海员反对改组，被广州改委知道后被拘捕。同时“恒昌”船烧火头、“海安”船李球、“粤安”船班地龙等工友，均因与改委冲突而被捕。之后，省港粤轮船公司无理开除“龙山”船海员，改委走狗以帮助海员复职为由乘机敲了3000元竹杠，但被开除之工友没有复职，海员对改委都非常愤恨。

当时，各轮船公司任意开除海员，雇用自己的走狗，引起广大船员的不满。10月，德意士利船公司用这种手段对付“海宁”轮船老船员。当时德意利士公司已经在港准备大批招收福州籍的新船员，在港实行替换准备上船的老船员。“海宁”轮船员得知此事后，召开全船支部大会，决定以严厉手段对付。船到香港后与新船员发生冲突，结果致新船员受伤数人，“海宁”轮船尾行海员全部被捕，后被扣留8人，经人担保后才出狱候审。德意士利船公司表示不接受海员抗议，并在得到港英当局支持后将船尾海员全部开除，于是海员罢工了。

罢工海员返回广州，要求改委向船东提出交涉，并组织“中华海员职业介绍权罢工代表团”。当时改委一再敷衍，并说海员罢工行为不合适。“海宁”轮罢工海员更加愤激，遂引发了后来的夺回工会运动。

与此同时，“新南海”轮的船东无理开除带水①周发，几经交涉，公司方面并无完满答复，于是该船海员也起来罢工，并拟派代表立即参加“海宁”轮海员组织的代表团上省城，后因罢工事务忙碌，此事未果。罢工之后，该船公司仍不屈服，等广州海员工会夺回之后，船东发生恐慌，派代表和海员磋商条件，结果罢工完全胜利。

江门改委是广州改委派来的，他们的工作作风自然与广州改委无异。因此，湛江六艘船舶的海员除了巩固船上支部，还选举组织了一个代表团，目的是团结六艘船舶上的海员，监视江门改

① 带水即现在所说的引航员。

委动向，与其斗争。代表团不抽特别捐①；保管六艘船舶海员的会费，也不交给改委；代表团还派代表到工会办公室轮流办公。等到广州改委被打倒后，江门改委也被关闭，湛江六艘船舶的海员代表团遂完全接收了江门海员工会分会。

自叶挺、贺龙等带领起义军退出汕头后，曾经参加革命工作的海员都已分散避难，其余海员因没人领导斗争而多屈服于改委。尚有一些革命性较强的海员，也被改委用离间的方法而形成了各自为政的地方主义帮派。

改委压迫工友的方法极为巧妙，每有事情发生，他们必定从中挑拨汕头、宁波、广州三帮海员，并站在汕头及宁波海员的立场，来抑制广州海员，因此广州海员对其恨之入骨。“海宁”轮罢工事件发生后，海总虽派人员到汕头，但其工作畏缩不前，没有成果。11 月 30 日，海总加派叶尚真、冯合、叶林、黄应 4 人往汕头负责与改委斗争。他们收集改委罪恶，公布于众；发展义勇队的组织，为斗争做准备；在海员中秘密设立指挥部；利用形成的地方主义势力打击改委。经过与改委的斗争，海总夺回了工会领导权。不久，国民党市党部以诱骗手段扣押了海总派往汕头的叶尚真等人，并将他们监禁于市党部，之后将其押送往广东总工会汕头分会，强迫其交代自己的抗议行为后才获释放。于是改委又夺回了工会的领导权。

上海海员工会自四一二反革命政变后，负责人陈春林、梁润安被捕，梁仰才和许泽强不敢贸然活动，工作处于停顿状态。后海总调派李杰到上海负责工作，但李杰没有作为，随即回了广州。海总继而又派莫旺担任负责人，但不幸的是他遭到逮捕并被枪杀。此事造成上海海员工会工作人员都很害怕，四处躲藏。海总了解情况后，再派方才到上海负责海员工会工作，又将在汉口的几个

① 抽特别捐除了工友会费，还从每位工友的工金中再抽费用。

工作人员调往上海工作，这样，上海海员工会才有了骨干人员，开始到船上与海员接触，并召集各公所领袖开会，海员工会工作得以恢复。此后，海总又派陈权、朱宝庭到上海海员工会担任负责人，他们制订了新的工作计划并付诸实施，上海海员工会的工作遂略有起色。

对于南洋方面，在四一二反革命政变以前，新加坡已有一个海员工会秘密组织，屡次要求派人加强组织力量，但是始终未能实现。四一二反革命政变后，海总全部注意力都在对付改委上，就没有精力关心那边的海员运动了。

对于长江各口岸，如九江、南昌、长沙，事变前分部成员都做过一些工作。九江分部已有会员 400 余人，成立支部的船舶有 30 多艘，并且做过一次与改委的斗争，取得了胜利；南昌海员和九江情形相似，坚持参加对改委的斗争。湖南海员工友也做过政治和经济方面的斗争，并建立了船上支部组织，但在四一二反革命政变后，因无人负责，组织全部都解体了。

## 二、召开同人大会与改委激烈冲突

1927 年 10 月，经营香港至江门航线的“新南海”轮的船东无理开除了一位带水工人。接着，“海宁”轮船无故开除工人，“海阳”“海澄”“海康”三艘轮船都随便撤换船尾舱的海员工人。

根据省港罢工结束后恢复航运交通时，海总和轮船资本家代表所签订的协约，海总有职业介绍权；公司不得无故换人；轮船公司与海员签订的工作期满后，换人也需要由海总介绍。面对轮船资本家与国民党右派、新军阀勾结在一起，无故开除工人的行为。改委没有作为。

行走在香港至江门航线的“新南海”“海宁”两轮海员遂返

抵广州举行罢工。广州海员工人以支援江门海员反对“新南海”轮船东开除工人和改委压迫工人为号召，发动海员罢工。10月14日，省港、省澳、湛江等航线全部停驶。

“海宁”轮罢工海员返回广州，海总即组织领导罢工运动，组织广州海员欢迎“海宁”轮海员回省城。在罢工海员当中，海总组织了慰问队和宣传队；会同“海宁”轮工友宣传队到罢工宿舍演讲，并指示海员去见改委，迫其解决这次事件。罢工海员接连去见改委，都没有得到完满答复。

面对改委对“海宁”轮事件的无作为，海总于10月18日召集省港汕澳江海员召开大会，自己解决罢工问题。会前，海总拟定好维持秩序办法，为应对反动派前来捣乱做好准备。

18日，各地海员在广州西瓜园（现人民中路）太平戏院举行“中华海员工业联合总会同人大会”。广州各革命工会和省港罢工各工会及其他各业工人代表出席了会议。到会的5000人中有海员4000多人。会议推举易冠廷等五人为主席团，通过了10多条决议。其主要内容是：拥护中华海员工业联合总会同人大会，拥护工会职业介绍权，打倒压迫工人的改组委员会，工会领导权归还正式工人，否认改组委员会经手的一切财政，要求释放4月15日后被捕的工人、学生和革命群众，援助“新南海”“海宁”两轮海员罢工。

这次大会以力争工会介绍权为名，实则是为了驱逐改委，恢复工人自己的工会，夺回会所。大会选出25人组成“海员工会维持委员会”。大会结束后，海员工人举行了声势浩大的示威游行，由太平戏院门前列队起程，经惠爱路、维新路（起义路）、大德路，西转入太平南路（人民南路）至海员工会，遇改委委员、办事员八人及一小帮流氓打手。他们挥舞刀枪、铁棍大声喊打喊杀，进行挑衅，激起了游行海员的极大愤恨。群众将这帮“小丑”围困起来，质问他们，接着双方发生了冲突。在互相殴打中，海员将改委委员蔡广、宋沛廷两人打死，把改委办事员周殷、高恩两人打伤，其余改委成员带伤逃脱。当时在场警察不敢妄动，路人驻足观看，店铺照常营业。情绪激昂的海员夺回工会会所，拆下了改委的招牌。大会选出的维持委员们立即开始办公。

海员工人的英勇行动，使反动当局大为恐慌。18 日晚，广州市公安局出动大批警察，逮捕了参加过示威游行的 27 名海员，被捕的海员都是四一五反革命政变前的海员工会职员或积极分子。19 日，国民党反动派又出动大批军警冲入工会，开枪射击，两名海员当场牺牲，数人受伤，20 多人被捕。海员工会维持会被迫停止办公。海员工会驱逐改委夺回工会会所的斗争，取得短暂胜利后又被残酷镇压下去了，对海员斗争产生了巨大的影响。

## 三、海员罢工维持队与改委的斗争

在广州四一五反革命大屠杀后，省港罢工委员会纠察队的枪械被反动军队收缴了。为了对付反动派的血腥镇压，转入地下的省港罢工委员会将留在广州的罢工工人组成罢工维持队，以反抗改组委员会及反动政府的压迫。该队共有队员 4500 人，其中有海员 400 多人，是一支勇敢的、战斗力较强的队伍。改委委员和他们的爪牙到海员宿舍挑衅，罢工维持队就动员海员起来斗争。例如：反动派发出通告，1927 年 11 月 26 日起，各罢工饭堂停止供膳；27 日收回各罢工工人宿舍，遣散罢工工人。改委和他们的爪牙四处活动，强迫罢工工人就范，引起罢工工人的强烈反抗。25 日晚，罢工工人放火烧毁了八处被收回的罢工工人宿舍，同时在西门口宿舍引爆两枚土制炸弹。27 日，河南红炮台南楼宿舍和状元坊油步巷宿舍亦起火焚烧。每逢改委召开群众大会，罢工维持队就到会场痛斥他们出卖工人利益，揭露他们的反动面目。改委在联义社的支持下活动十分猖狂，他们用金钱收买的一批流氓打手，经常携带手枪、匕首、铁尺等凶器，向进步的罢工工人寻衅。罢工维持队挑选一批勇敢的海员组成义勇队，共有百余人，由李源领导，展开惩戒改委夺回工会办公地点等斗争，使反动派惶惶不可终日，使改委委员们没有三四名打手保护，就不敢外出。后来，斗争的环境越来越恶劣，许多海员因生活无法维持，只好离开广州去外地谋生，罢工维持队中的海员只剩下 200 人，他们改编为海员赤卫队，继续坚持战斗。

## 四、英勇投入广州起义战斗

1927 年 10 月 15 日，中共南方局和中共广东省委召开联席会议，改选省委委员，产生正式委员 25 人。海员骨干陈郁、陈权、何潮（又名何振武）和李海筹当选为委员。会议表扬了海员工人召集示威大会，夺回工会，与国民党反动派做斗争的政治行动；并作出决议，“以海员为榜样，在各产业工人中要极力提高工人夺取政权的政治活动”。会议还作出“暴动不应停止而需努力扩大”的决议。

从 11 月起至 12 月初，中共中央和中共广东省委发出了《关于组织暴动，建立工农兵政权问题》《中国共产党广东省委员会号召暴动宣言》《立即准备暴动工作，实行夺取政权》等有关广州起义的几个重要文件，并由张太雷、苏兆征、叶挺、叶剑英、聂荣臻等在广州领导武装起义。广大海员聆悉文件精神后，特别是担任广东省委委员的陈郁、陈权、何潮和李海筹四位海员，分头深入海员工人当中，用通俗易懂的语言喊出“工人要饭食，农民要田耕，大家要太平，谁给予我们，唯有工农兵政府”“恢复香港罢工工人原有权利”“一切政权归工农兵政府”等口号，把广大海员发动起来，使他们纷纷要求参加广州起义。

在中共广东省委的领导下，起义的准备工作在紧张秘密地进行着。一个星期天的中午，策划起义的一个重要会议在广州白鹅潭一艘邮船上召开。这艘邮船是用来接送来往国外轮船的邮件的，船上有中共党员。出席会议的有20人左右，海员有陈郁、何潮和海总秘书梁祖谊等三人参加。张太雷主持会议，他宣布党决定在广州发动武装起义，对国民党反动派进行反击。会议讨论决定：一是大力开展宣传鼓动工作，做好舆论准备；二是开展对士兵的发动和组织工作；三是把工农革命群众组织起来，进行军事、政治训练，揭露反动派的阴谋，坚持罢工斗争。

根据起义总指挥部指示，组成3000多人的工人赤卫队，下分七个联队，其中第三联队的主要由海员工人组成。与此同时，广州起义行动委员会又精选了一批工人组成两个连的敢死队，一连是以省港罢工工人纠察队的精干队员组成，另一连是以海员、手车夫的优秀分子组成。中共广东省委委员、海员陈郁和陈权负责赤卫队；中共广东省委委员、海员何潮和海总秘书梁祖谊负责组织海员队伍，打击改组委员会和起义时封锁珠江河面；中共广东省委委员、海员李海筹负责组织共青团、童子团在起义时进行宣传鼓动和救护、慰问工作。

海员工会在准备起义期间，负责军火的运输工作。当时，香港到广州线上的太古公司的“金山”“佛山”“龙山”“泰山”和中国公司的“东安”“西安”“哈德安”“播宝”八艘船上的海员，把武器弹药从香港秘密运回广州。

12月6日，中共广东省委在六二三路调元街海员何潮家里召开紧急会议。何潮的住所是在四一五反革命事变后，由张太雷指定的省委紧急情况下聚会的秘密据点。上午10点钟左右，参加会议的人员陆续来到指定地点。恽代英第一个到，接着，张太雷、杨殷、吴毅（中共广州市委书记）、叶挺等也到场，共九人，会议初步确定了起义后成立的广州苏维埃政府负责人名单：广州苏维埃政府主席为苏兆征、军事委员叶挺、劳动委员周文雍、司法委员陈郁、经济委员何来、宣传委员恽代英等。接着，各人汇报情况，研究了力量部署、农军配合等问题。最后，会议决定在12月12日起义，由张太雷担任起义指挥部总指挥。

由于情况有变，中共广东省委决定提前于11日凌晨举行起义。11日凌晨三时半，教导团的枪声划破夜空，隐蔽在各个秘密据点的工人赤卫队向指定目标进攻。

起义开始后，由海员李源等指挥的工人赤卫队的一个联队，从长堤的埋伏据点迅速围攻长堤六区警察署。赤卫队很快就将它攻占，并收缴警察枪械武装自己，随即与何潮等会合，执行封锁长堤一带江岸的任务。海员林锵云被派去工人赤卫队负责思想政治工作，他与省委委员、海员陈郁一起率领工人赤卫队和敢死连共数百人，系上红领巾和红臂章，手持枪支、手榴弹、长矛等武器，配合教导团一营一连攻取广州市公安局及对面的保安队。他们勇猛冲杀，伪警察惊慌弃械逃跑或举手投降，起义军攻占了伪公安局。

海员共产党员何潮、容灶、华容根三人，接受了阻止“金山”轮凌晨开往香港的任务。他们躲藏在该轮厨房里，起义枪声一响，他们右臂缠上红色布条，手持手枪分头把守要道。同时，枪响人喧把该船的英国籍船长吵醒了，他感到情况不妙，鞋都来不及穿便跑到驾驶室，敲起报警钟，拉起汽笛；又向水手大喊大叫。何潮等用英语回答说：“先生，开船时间还未到。”船上200多名旅客不明情况，惊慌失措，非常混乱。何潮等海员分头对旅客做解释工作，使全船旅客安静下来。容灶、华容根两人留船看守，阻止轮船起航。何潮急奔长堤参加海员李源的联队，执行封锁长堤的任务。天亮前，起义军已占领了珠江北岸的大部分地区。

起义的枪声打响后，广州各航线的轮船停航，海员们纷纷离船，奔向广州苏维埃政府领取枪支参加战斗。

起义军民经过四个多小时的战斗，除第四军军部、军械库和第四军第十二师后方办事处外，珠江以北市区的国民党军、保安队和警察武装均被消灭，缴获各种炮20余门，各种枪1000余支。广州市公安局屋顶上竖起了绣着斧头镰刀的大红旗，大门口悬挂着“广州苏维埃政府”的牌子。天刚亮，苏维埃政府在这里举行了首次会议。会议通过了苏维埃政府政纲和苏维埃政府领导人名单，主席苏兆征（苏兆征未到广州前，由张太雷代理）、内务兼外交委员黄平、肃反委员杨殷、土地委员彭湃（彭湃未到任前，由赵自选代理）、劳动委员周文雍、司法委员陈郁、经济委员何来、海陆军委员张太雷、秘书长恽代英、工农军红军总司令叶挺。其中广州苏维埃政府领导人中，苏兆征、陈郁、何来都是海员工会成员。

广州起义爆发后，国民党广东省政府主席陈公博及张发奎、黄琪翔（第四军军长）等人仓皇逃到驻珠江南岸海钟寺第四军军部，并立即电令驻肇庆地区的国民党部队急速回防广州，在英、美、日、法等帝国主义的军舰和陆战队支援下，从东西南三面向起义军反扑。起义军和工农群众同优势明显的国民党军进行了英勇顽强的浴血奋战，但终因众寡悬殊，遭到严重损失，起义主要领导人张太雷牺牲。起义总指挥部于12日夜下达了撤出广州的命令。国民党军重占广州后，对未及撤离的起义军、工人赤卫队和拥护革命的群众，进行了血腥的镇压，惨遭杀害者达5000余人。

广州起义虽然失败了，但留下许多领导人和保留下来的武装力量，留下了起义军民无比英勇的战斗精神，成为中国革命事业的火种，广大海员也在革命斗争中日益成长。

## 第四节　开展抗日和争取权益斗争

九一八事变爆发后，中国人民开始了长达14年的艰苦抗战。在抗战中，中国海员与全国人民一道投入抗日救亡的爱国行动，为抗战的胜利做出了应有的贡献。

## 一、罢工、拒运、拒载日货

1931 年 9 月 18 日夜，日本侵略军炸坏沈阳北部柳条湖附近南满铁路的一段铁轨，反诬中国军队破坏铁路，并以此为借口，突然袭击中国军队驻地北大营，并占领了中国东北地区的沈阳市。中国人民群情激愤，群众性的抗日救亡运动很快兴起，海员也迅速行动起来。

9 月 24 日，上海 3.5 万名码头工人举行反日大罢工。上海海员在船上纷纷组织起反日会。航行太平洋航线的船舶还制定反日公约，规定船到日本时，中国海员不登陆，不在日本商店买东西，拒绝日本的伙食服务。

湖南码头搬运工人积极参加反日运动，大金码头划业工人拒绝搬运日货，且相约不许载渡日本人。航运、码头（搬运）工人重又提出收回内河航行权和收回码头的正义要求。由于反日运动深入人心，使得日清等外国轮船公司的营业陷于停顿。

南昌码头工会把在供应日货的广益昌商店、船上、库房等地方搜到的仁丹、香烟、洋火、绸缎、布匹等大批日货，集中在中正桥（现八一桥）的赣江中心沙洲上烧毁。

## 二、动员海员参加抗日工作

1931 年 3 月，中华全国总工会在《给辽宁总工会及哈尔滨总工会信：满洲的形势和工会运动的指示》中指出：“全总工会工作，必须抓住主要的中心”“南满以大连、旅顺造船厂及铁厂为中心”，并要求“海总、铁总各指派专人来满洲担任海员、铁路工作”。1931 年 3 月，海员总工会大连办事处成立，负责人为程心得。

海总根据中共中央1932年2月2日发出的《关于上海事变的斗争纲领》的精神，于2月14日，制定和发布《海员的斗争纲领》，明确提出总同盟罢工，反对日本帝国主义；动员民众武装起来驱逐日本及一切帝国主义海陆空军出境；自动取消一切帝国主义在华不平等条约，收回租界，无条件没收一切帝国主义的银行、工厂、矿山、交通工具与商业机关，否认一切外债与赔款。要求民众自动武装起来，打倒日本帝国主义与一切帝国主义，打倒投降帝国主义和出卖民族利益的国民党；建立工农兵以及劳苦群众的代表会议（苏维埃），在苏维埃政府领导之下进行民族的革命战争，反对日本帝国主义与一切帝国主义，争取中国民族的独立解放；创造条件加入红军，武装保卫中国，武装保卫上海劳苦群众及革命运动，拥护中华苏维埃共和国临时政府；拥护中国工农红军。要求停航及罢工期间工资照给，米贴、花红、双薪一律照发；拍卖日货，没收投机商人的财产救济罢工工人、难民以及失业海员、城市贫民；将一切公共房屋给工人难民居住，将所有武装工人一律增加工资，确立八小时工作制与社会保险，青工工作六小时；号召革命的士兵、巡捕、警察，掉转枪口来瞄准帝国主义与国民党；号召国民党士兵们，杀掉不抵抗的长官，同武装民众团结一致，进行民族的革命战争，加入红军；反对帝国主义与国民党压迫一切革命运动，反对工部局的戒严条例，反对按房搜查。罢工、武装、言论、集会、结社完全自由，启封工会及一切革命团体，释放一切政治犯。反对帝国主义世界大战，拥护苏联，拥护中国唯一的革命政党共产党。

在发布斗争纲领基础上，海总积极参加上海民众反日救国联合会活动。当时，海总在上海积极开展抗日活动。不断派人到码头、驳船和轮船上公开作反日演讲，计登上轮船91艘，海员听众3460人；登上码头五座，码头工人听众150人；登上驳船40条，工人听众160人。海总成立了海员与港口工人反日总会，并推动驳船工人反日会的成立，建立汇德丰驳船工人反日小组六个，“公平”轮公司的船员反日会一个，顺泰码头工人反日会1个；还动员驳船船员10人参加抗日义勇军。

此后，海员抗日救国委员会还在援绥刊物《赈声》发表《海员抗日救国纲领》10条，要求海员奋起投入抗日救国运动，捐献支援抗战前线，反对运输军用物资供日侵华；保障海员抗战救国自由和职业安全。

海总斗争纲领、抗日救国纲领影响了一大批海员，他们结合自身情况，采取措施开展斗争。在日商日清轮船公司长江班轮的引水、舵工、水手以及担任机舱工作的中国船员，宁可失业，不为敌用，相继自动离船。日舰向太古、怡和二轮船公司商借长江中段五名领江，尽管当时失业海员严重，但广大海员均深明大义，不为敌用，拒绝聘用。青岛市怡和洋行“译生”轮中国船员罢工，反对船舶开往大连为日人运货。该洋行轮船被迫中止大连航运，改航行天津。上海国际投资公司“锡克乌斯”货船抵澳门后被日本租用，准备为日本人装运大米等物资赴大连。中国海员得知后，立即拒绝为敌服务。英国船主杰美对华工进行威逼，中国海员即相率罢工登岸，以示抗议。南京装卸工人主动要求参加志愿运输队，到战地服务。

香港海员工人在中共地下党领导的余闲乐社等团体的号召下，进行了反日斗争。至1937年底，参加反日罢工的有5479人。所有日轮的中国海员3500人全体离船回国。其他国家的船舶，凡是运载军用品赴日的，都相继罢工。这种斗争遍及于中国、美国、德国、荷兰、挪威、瑞典以及日本所有使用中国海员的各个公司。

## 三、积极参加抗日救亡工作

### （一）上海码头工人开展抗日救亡运动

1937 年八一三事件爆发后，中国共产党号召全国人民奋起抗日。上海港码头工人也动员起来，组织了抗日救护队、运输队和募捐队，冒着枪林弹雨，勇敢地出入战场。工人们在前方帮助运弹药、筑工事、背军粮、搬被服、送伤员；在敌人占领的地区则拆桥梁、毁铁路，和抗日军民并肩战斗。据当时报刊记载，杨树浦、虹口一带数万名工人在敌人后方展开英勇的斗争，还曾协助抗日军队一度攻入敌人控制的汇山码头。

上海淞沪会战是中日双方在抗日战争中的第一场大型会战，也是整个中日战争中进行的规模最大、战斗最惨烈的一场战役。在这三个月中，码头工人贡献了自己的一份力量。很多人在生活极端困难的情况下，还踊跃捐款，慰劳抗战士兵。他们还多次划着舢板，冒着敌人的炮火，慰问坚持在阵地抗战的中国士兵。上海失陷后，一部分工人离开码头，前往苏北参加了新四军。

1937 年 11 月，上海被日本占领后，从此码头工人的抗日活动，由公开转入地下。他们巧妙地利用各种合法的和隐蔽的手段进行斗争，给敌人的军事运输以有力的打击。据不完全统计，自 1938 年至 1943 年的五年间，上海码头上发生针对日本帝国主义的罢工、怠工斗争就有 100 多起。

### （二）出色完成沉船阻塞航道工作

淞沪会战后，1937 年 8 月和 12 月，国民政府采取沉船阻塞航道来阻止日本侵略军的进攻，先后进行了八次大规模沉船行动，征用船舶主要是商船，以及部分老旧军舰和木船。招商局被征船舶最多，占招商局船舶总吨位的40%。三北轮埠公司、宁绍商轮公司、肇兴轮船公司、天兴轮船公司、通裕轮船公司、中兴煤矿公司营运处、大陆实业公司、惠海轮船公司、茂利商轮总局、中茂轮船公司、中国合众航业公司、华胜轮船公司、寿康轮船公司、华新轮船公司、大振航业公司和丁耀东等10余家民营航运企业也参与沉船。在实施江阴、马当、田家镇、闽江口、黄浦江、连云港、镇海、乌龙山、珠江口等沉船悲壮的行动中，中国海员积极投入沉船工作中，出色完成了封锁航道任务；同时亲手把自己工作岗位摧毁，以无私的奉献实现积极参加抗日救亡工作。

### （三）抢运军公物资内迁

在日军攻势面前，如何加快抢运军公物资入川的速度，成为至关重要的问题。当时，在汉口战区周围，集中了金陵、汉阳、巩县三家兵工厂和河阳、汉阳钢铁厂的内迁物资共10.8万吨。为尽快抢运这批物资，招商局联合其他华商航运公司，在汉口成立“长江航业联合办事处”。1938年5月2日，民生公司总经理卢作孚受命召集招商局、民生公司、三北航运公司等在宜昌召开紧急会议，具体研究了抢运这批物资的计划。各航运公司将仅存的16艘轮船全部投入运输。由于抢运及时，到10月25日武汉失守前夕，上述所有物资均已安全转运内地。

从八一三事件开始至武汉沦陷期间，仅招商局江海大轮抢运的军公物资及商货就达47万余吨，运送军民94万余人次。

武汉失守后，长江中下游航线全被切断，开通湘宜线（即长沙至宜昌、常德至宜昌航线）成了迫切的问题。1938年11月，招商局派轮从宜昌经松滋入湘江获得成功。数月后，招商局的“平江”“新利”“江利”“民泰”等13艘轮船行驶该线，使得四川、鄂西、湖南等地的运输畅通。同年11月下旬，日军侵入华南，积压在衡阳、桂林等地的大量器材均靠此航线运抵四川，连湖南人民食用的川盐也是通过该航线运达的。1939 年 11 月，招商局实行“关轮接驳办法”，即将该航线分作三段，长江段行驶轮船，松滋段 30 公里改民船平拖，湘江段再改换浅轮来回拖接。招商局等海员千方百计克服困难，使湘宜航线一直维持到宜昌失陷前夕。这条航线在抗战期间运输的各类物资共有 1. 8 万余吨。

宜昌告急时，堆积在宜昌码头栈房内的军用物资达 12 万吨，另有油料 1 万余吨，各种公物 6 万余吨。为抢运这批军公物资，招商局与民生公司、三北公司一起，采用多种形式，实行分段运输，或直航重庆，或将货物分别运至秭归、巴东、巫山、奉节、万县等地，然后再由木船转运，终使这批战备物资得以转移。

正是在招商局和其他民营航业公司的广大海员的努力下，许多工厂设备、军公物资以及一些学校和科研机构才得以安全西迁，免受战争的破坏。全国各地的海员在这场空前规模的物资人员大转运中付出了巨大的努力，表现了极大的自我牺牲精神。不少招商局的海员在敌机狂轰滥炸下壮烈牺牲。据统计，死于战争的招商局员工就有 69 人。

由于大批工厂紧急内迁，待运的物资、设备据当时不完全统计共达 20 余万吨。主要任务落在两支运输队伍上。一是民生实业公司，全公司职工与海员不辞劳苦、不怕牺牲，夜以继日地工作，并冒着敌机轰炸扫射的危险抢装抢运。共有 116 人献出了生命，61 人伤残。二是川江木船运输，共有 850 余艘木船参加抢运，同样付出了巨大代价。在川江一段，沿途被敌机炸沉及触礁沉没的即达 100 余艘，伤亡惨重。

### （四）海员始终坚守在抗日运输线上

抗日战争初期，中国船舶损失惨重。在上海、南京相继失陷后，国民党政府迁到重庆。武汉至重庆的运输负担极为繁重，运输任务主要由民生公司船队承担。广大海员工人以高度的爱国热情，冒着生命危险，为前线运送兵员、武器、弹药、粮食等，为撤离长江沿线的工厂、学校、机关运送人员、物资。当时“民元”“民俗”“民勤”“民俭”“民主”“民熙”“民来”等轮船，都被日寇飞机炸毁在运输途中，许多爱国海员牺牲在抗日运输线上。

华北、华东失陷之后，战争前线移至华中、华南一带。军事运输除少数铁路外，主要依靠长江航运。过去的江轮吨位小，船舶也少，不能完成繁重的军事运输，为此要让一些大轮船进入长江中上游。当时，一些外国船长没有一个人敢把海轮开进长江去的。中国海员工人出于爱国热情，勇敢地担负起这项工作。1938年6月，中国拆除了九江铁路，将所有的原材料运往长沙，修建一条铁路。铁轨又重又长，于是“海祥”海轮又被调进长江负责运送。中国海员出色地完成了海轮在长江航行的任务。后来，中国海员还把海轮开进了川江。

1938年9月，武汉沦陷之前，中国共产党决定把新华日报社从武汉撤到重庆。当时国内虽然已形成抗日统一战线，但蒋介石及其政府骨子里仍以反共反人民为宗旨。所以保护了新华日报社，就能更广泛地宣传抗日，揭露蒋介石的阴谋。在这种情况下，需要一批进行长江运输的海员。他们头上要面临日本侵略者的飞机轰炸，背后还会遭到汉奸的暗算和国民党特务的破坏，但海员工人毅然承担起这项工作。当时中共南方局派了闵一帆到海员中，通过老海员夏奥一和部分海员工人取得联系。经过海员工人一个多月的努力，新华日报社和300多名工作人员全部安全撤退到重庆，使党的《新华日报》又在重庆继续发挥巨大的作用。

在敌伪运输线上的中国海员，则想方设法破坏敌人的运输，帮助中国的部队。南京、上海、武汉等地的海员工人经常设法从日伪手中弄到枪支弹药支援八路军、新四军和游击队。南京港码头工人利用装卸之便，以零星方式一发接一发地把子弹带出港口，然后凑在一起送给新四军。工人冷焕新拿子弹时被敌人发现，遭受百般折磨后牺牲。还有些海员工人把敌伪装在船上用的燃油等物资送给了新四军机械所。有的配合新四军把整船物资运走。1943 年，镇江内河轮船公司的一个驳船队给日军运物资，其中的“六号驳”上装有 60 箱长短枪、100 箱子弹。日寇自以为行动机密，决不会被新四军发现，白天航行时押船的日寇都下舱去睡觉。“六号驳”船长查阿度和船员乘押船的日寇下舱睡觉时，将全部武器和药品转移到早已准备好的另一艘木船上，运给了新四军。然后他们凿穿驳船底，一面大声呼救，一面弃船跳到湖里逃走。

### （五）余闲乐社开展抗日宣传活动

余闲乐社大力开展抗日宣传活动，扩大了余闲乐社的影响。1936 年 11 月，傅作义在绥远对来犯的日军进行抵抗，并收复百灵庙。余闲乐社就此事成立海员赈灾会，通过刊物《赈声》向四大“皇后”号船、省港船、“芝”字号船、蓝烟通船及各个馆口的广大海员、洋务工人及各界人士发动募捐，支援战区。他们踊跃认捐，将热心捐献人士及所捐数目一一详细刊登在《赈声》，并把《赈声》月刊发到各船舶、各馆口去，同时也通过船上发动世界各地区。《赈声》月刊除了登载募捐情况外，还报道前线战况，及表明海员的抗日主张。傅作义收复百灵庙后，余闲乐社根据海委决定，组织海员、洋务工人为前方抗日阵亡烈士举行追悼会，开会地点租用新新酒店礼堂。追悼会主席团从各馆口出席代表中选出，其中有周石永、李发及叶盈枝等，叶汉生为大会司仪。大会前通知各馆口准备好悼念挽联，当宣布大会开始，各馆口代表立即将带来的挽联同时在会场四周张挂起来。霎时间，会场情绪空前愤慨。到会代表共四五百人，一致提出同仇敌忾的口号，要求国民党政府一致对外，抗击日本侵略者。

大会通过向国民党政府发出拥护抗日、要求政府领导抗日的通电。这次大会掀起了香港各界人士救国运动的热潮。

上海“七君子”及文化人士撤到香港，海委决定以余闲乐社名义召开欢迎大会。开会时，港英当局派警察来干涉，说：“你们工人不应该搞政治。”负责接待的周石永说：“我们工人抗日救国，理所当然。不但我们这样做，全国人民也是这样做的。”这种义正词严的答复使警察无言以对。周石永随即招呼他们坐下喝茶，并推托有急事要处理，回头再“奉陪”，把他们撇下不管。大会还是顺利开完。会后，余闲乐社在大观酒楼宴款待上海赴港的爱国人士。接着，香港文化界也在香港大酒店召开欢迎郭沫若及上海文化界与救国会领袖的大会，叶汉生代表余闲乐社到会参加。这两个欢迎大会促进了香港抗日救亡运动的进一步发展。

不久，由于国际形势的变化，日本已损害到香港的利益，港英当局对余闲乐社抗日救亡运动不再那么限制，各界人士也都纷纷行动起来，开展抗日救亡工作。

## 四、积极组织抗日斗争

继七七事变以后，日本帝国主义扩大了侵华战争，日本侵略者想采取速战速决灭亡中国的战略，激起中国人民的抗日斗争在全国范围内进一步开展起来。

### （一）东江纵队抗日

1938 年 10 月 24 日，一支敌后抗日游击队“惠宝人民抗日游击队”在坪山建立起来了。这支游击队是由曾生领导，以从香港回来的海员工人、洋务工人、华侨学生和一部分当地农民组成。游击队成立初期只有 70 多人和几支枪。中共中央和广东省委先后派了几位经过长征锻炼的红军老干部，加强对这支队伍的领导。

惠宝人民子弟兵成立后，仅一个多月就旗开得胜，在淡水镇打死敌伪头子，建立了淡水区人民政权。之后，在海内外同胞的支持下，队伍迅速发展，与王作尧领导的东莞壮丁模范队一起，歼灭敌人的有生力量，并粉碎了国民党军队的多次围攻。在严酷的斗争中，这支队伍发展成为华南地区抗击日伪的劲旅，被称为东江纵队。

### （二）余闲乐社等团体积极开展反日斗争

七七事变后，全国抗日战争爆发，香港海员工人在中共地下党领导的余闲乐社等团体的号召下，进行了反日斗争。中国海员参加反日罢工，日轮的中国籍海员全体离船回国。在美国、德国、荷兰、挪威、瑞典等其他国家的船上的中国海员，凡遇到运往日本的军用货物，一律罢运。

共产党通过“余闲乐社”以及其他进步组织，先后在香港组织了五批回乡服务工作团，回到广东一些市、县发动和组织群众，开展抗日救亡工作。

第一批 15 人，到惠阳、东莞、宝安等地进行宣传，组织抗日救亡活动。后来，这一批服务团团员都参加了曾生在惠宝组织的抗日游击队，成为抵抗日本侵略的光荣的游击队战士。第二批到潮汕地区开展抗日救亡宣传活动。第三批由禤荣率领到恩平县活动。1927 年，他曾领导该地区农民武装起义，在当地有群众基础，服务团回到恩平受到热烈欢迎。服务团大力开展抗日救亡工作，发动群众参加抗日救亡队伍，团员由原来的 22 人增加至 30 多人。1938 年底，日本侵略军攻打江门，恩平是后方，前线送来 100 多名伤兵要求服务团负责安置。当时服务条件很差，既没有医生又缺乏药品，困难重重。为了抗日救亡，禤荣四处奔走，想尽办法安置、服务伤员，有力地支援了惠宝人民抗日游击队。

东江游击队与广东海员有着不可分割的关系。游击队成立以后，余闲乐社就成为游击队的后勤部，“东江人民抗日总队香港办事处”就设在那里，余闲乐社负责人老海员周石永兼任办事处主任。余闲乐社负责给游击队输送力量，动员和组织海员以及其他行业工人参加游击队。有些青年学生也要求余闲乐社介绍他们到东江去打游击。余闲乐社还负责将一些人员组织起来，对他们进行短期训练后才准许他们出发到游击区去。余闲乐社的另一个任务是大力做好支援前线的工作，动员海员和各业工人，以至于各阶层人民有钱出钱、有力出力、捐款捐物，支援人民子弟兵。

1940 年 3 月，国民党反动派香翰屏部竟然包围东江游击队，制造了亲者痛、仇者快的“坪山事件”①。东江游击队仓促转移到海陆丰，有 100 多人因失去联系辗转回到香港。余闲乐社立即将九龙堂、夹石尾村、深水埗、筲箕湾、红磡等几个分社的地方腾出来，接待游击队员；同时又千方百计筹款，解决游击队队员的生活费用。凡有船到港，余闲乐社干部就到船上找海员捐献；没有船来，就打着抗日旗帜去找洋务工人捐款，尽力筹款。游击队队员留港期间进行了整训，到 8 月间，这些游击队队员根据党中央的指示，从海陆丰回到敌后根据地，重返坪山，投入新的战斗。

在余闲乐社等的宣传号召下，留在船上工作的海员十分关怀子弟兵，许多船都发动募捐。冬天快要来了，大家就认购棉衣。以三元一件为标准，将捐款集中到余闲乐社去，把家属组织起来缝制衣服送到前线。“日本皇后”轮的海员还发起组织慰劳团，扩大捐献活动，把捐款和物资带到前线去慰劳子弟兵。其他几艘“皇后”轮的海员，也相继派出慰劳团到游击区去。游击队领导人曾生等还向海员们介绍子弟兵英勇杀敌的感人事迹，广大海员受到了深刻教育。有些青年海员满怀热情地留下来参加队伍，不

---

① 1940 年 3 月 8 日，国民党军队突然对驻扎在坪山根据地的惠宝人民抗日游击总队及东宝惠边人民抗日游击大队发起围攻。面对兵力悬殊的局势，两支游击队被迫从坪山向海陆丰地区转移。途中，国民党军队继续围追堵截，导致游击队损失惨重。

再回船做工。慰劳团在游击区收集了许多动人的战斗故事，拍了不少照片，回去后便在海员及乘客中广为宣传；还利用前往各地港口的机会，向海外华侨和当地群众宣传游击队英勇杀敌的事迹。

### （三）龙口码头工会开展抗日斗争

1937 年 7 月，日本帝国主义发动大规模侵华战争，龙口码头工人在地下党组织的领导下，成立了“抗日救国会”。该会以码头工人为主体，并组建起工人武装“保龙大队”。

1938 初，码头工人在工人逄篑一、刘亮田、徐广兴、逄学品等人的带领下，自发组织起来，并加入了“保龙大队”，壮大和发展了武装力量。他们利用国民党军队留下的战壕和掩体，依靠收集来的一支步枪、两门土炮、几支土枪以及大刀、长矛等武器，阻击日军登陆，保卫龙口港。

1938 年 9 月，龙口码头工会重新组建后，根据形势需要，成立了码头工人基干营，组织了土炮队，刘亮田任营长。当时，龙口码头有工人 2000 多人，基干营有武装工人 40 多人。这支工人队伍，紧密配合地方武装，参加抗日斗争，先后被编入八路军的独立团、北海军分区，在掖县、招远、蓬莱一带开展游击活动。战事最紧张的时候，码头工人全部投入战斗，昼夜坚守阵地，工人家属也自觉行动起来，为战士烧水做饭、救护伤员。工人郭兆瑞的两个儿媳在做饭时，遭日军飞机轰炸遇难。

1939 年 2 月，60 多名码头工人参加了八路军。3 月 5 日，日军侵占龙口港后，又有近 300 名工人在工会带领下撤往黄县东南部山区，到蓬（莱）黄战区指挥部参加了中国共产党领导下的抗日武装队伍。

1943 年，码头工人马盛亭、王步林等人加入中国共产党后，在党组织的领导下，领导码头工人采用多种方式开展对敌斗争，打击了日本侵略者的嚣张气焰。

### （四）英德民船工会开展抗日运输

1938 年 10 月 21 日，日本侵略军占领了广州，国民党广东省政府迁往韶关，省内铁路和主要公路都被毁坏了，一切运输全靠人力肩挑和船艇运输。当时民船工会成了直接领导船民水上运输的重要部门。特别是英德民船工会水上运输队，北上沟通省会韶关直达湖南，西去连县，接通粤西和广西，南下广州沦陷区到达香港和澳门，处于水上运输枢纽的重要地位。

1941 年 3 月，中共北江特委为了争取这个重要阵地，派出中共党员前往领导英德民船工会工作。其主要任务是发展组织，开展工运，促进抗日水上运输。

英德民船工会（辖英城、含恍、连江三个分会）是船民自办的团体，有理事长、秘书、财务、勤杂等四人负责会务。中共北江特委派仇振勉为英德民船工会秘书，张颂标为英城分会书记，王式培为含恍分会书记，张真为连江分会书记，并由仇振勉、张颂标、王式培组成中共英德民船工会支部，领导船民开展工运和抗日工作。他们针对船民流动性大、以船为家、文盲多和思想单纯等特点积极进行启发教育工作，通过秘密联络，控诉日寇罪行，揭露国民党军警不执行运输条例，强行封船，拉船民当兵等暴行，大大地提高了船民的思想觉悟。在船民胡有、苏州、邓德全等积极分子的带动下，涌现出大批积极分子，如吴华伙、李细就、邹福、华清、丘生、黄坤、冯嫂和黄大姑等。他们敢于冲锋陷阵，带领 1000 多名船民向国民党县政府展开经济与政治的斗争。

1941 年 7 月中旬，英德民船工会在县商会的支持下，选派胡有、邓德全和苏州等 10 多名老船民为代表，以“为支援抗日，必须立即制止继续发生封船抓船民当兵的事件”为由，向国民党英德县政府抗议和请愿。谈判时，船民代表们揭露危害抗日军运的事实，呼吁维持正常水上运输，以利商品流通，支援抗日，并提出三个条件：一是立即禁止封船抓船民当兵，防止耽误军运和民运的事件再发生；二是凡征用民船军运的，必须按运输条例规定，并以正式手续通知工会派出船舶和船员；三是凡征用民船军运的，按第七战区总监部的条例规定，以水上里程计发运费。英德县长表示接受这些条件，并贴布告："查水上运输秩序混乱，有碍抗战，应予整饬，并禁止封船抓船民等，凡征用民船军运，按第七战区总监部颁发条例规定办理。为此，合行会仰知照。"

船民的斗争取得了胜利，也代表在英德民船工会在党的领导下，完成了抗日军运、维持正常水上运输和维持船员生计的重要任务。

### （五）完成护送白求恩医疗队任务

中共党员、海员裍荣曾在美国共产党中国局领导下，在美国进行华籍海员工人运动。1937 年冬，裍荣接到上级的指示，回国参加抗日救亡运动。裍荣回到香港后，担任"中共香港海委"组织部部长，继续和美共中国局保持密切的联系。

1938 年 1 月初，裍荣接到美共中国局电报，说加拿大医生白求恩将乘"亚洲皇后"轮来中国进行战地服务，到港后需保护他的安全。裍荣接电后，即与八路军香港办事处负责人廖承志联系。廖指示此事由裍荣负责，确保白求恩在港期间的安全；另外再过几天有外国捐赠的两辆救护车要送到汉口八路军办事处，届时白求恩可搭乘这两辆车前往；至于去延安的路程则由八路军驻港办事处安排。裍荣与香港海员工会副主席刘达潮商量研究，决定将白求恩安排在九龙一家酒店住宿和膳食。该酒店较小，不引人注目，且老板有爱国思想，拥护中共抗日救亡方针，经常和中共党员联系，因而较为安全。

七七事变后，世界各国进步人士均同声谴责日本法西斯侵略中国。美国著名新闻记者、进步作家史沫莱特在外国报刊发表文章，呼吁医生和护士来中国服务，帮助中国人民抗日。加拿大共产党和美国共产党组织了“援华委员会”，该会派著名的胸外科医生白求恩、护士尤恩组成医疗队来中国解放区战地服务。白求恩是加拿大共产党员，1936 年德、意法西斯武装干涉西班牙人民革命时，他曾率领医疗队赴前线为西班牙军民服务，有丰富的战地救伤经验。尤恩是美国人，曾长期在北京圣公会当护士，同情中国人，会讲普通话，是史沫莱特的好友。他们于 1938 年 1 月搭乘“亚洲皇后”轮到香港，船上的中国海员已接到上级指示，要“特别照顾”这两位外国人。船经过横滨、东京、中国上海等地，最后平安抵达中国香港。

“亚洲皇后”轮抵达香港时，禤荣等上船找到白求恩，说明来意后，白求恩紧紧地握着禤荣的手热情而激动地说：“我真正到达了中国目的地了！”离船后，禤荣等人把白求恩送到预定的酒店住宿。

白求恩在香港逗留了四天，都是由禤荣当翻译和向导。

第五天，香港八路军办事处通知禤荣，救护车要出发了。于是禤荣即帮助白求恩医疗队收拾行装，安全地将他们送到九龙旺角乘车出发。至此，禤荣出色地完成了美国共产党和中国共产党交代的护送白求恩医疗队的光荣任务。

### （六）“隆华三号”轮中国海员举义

1944 年末，“隆华三号”轮爱国船员在波涛汹涌的黄海发动了惊心动魄的起义壮举。

“隆华三号”轮是青岛新造的仿美式甲板的大型木帆船，有 3 桅 9 篷，长 12 丈、载重 500 吨，属于伪华北联营社所有。该联营社是日本侵略者为统治中国航运强行组成的，挂的是汪伪旗，实权操于日本人手中。“隆华三号”轮的船长、大副、二副和营业主任五名负责人全是日本人。下层的船员全是中国人，连同水手长共九名。“隆华三号”轮航行于青岛、长崎、塘沽之间，名义上是商业运输，实际却是运送战争急需的物资。在这次起义之前，“隆华三号”轮已开航了二次，第一次运往日本的是牛皮，第二次是烤胶，回来运的除日用小百货外，大部分是日军慰问品。

1944 年 12 月中旬，“隆华三号”轮从青岛启航开赴日本。这次满载着青岛生产的“双龙”“花鸟”等名牌白棉布和绒布 4 万多匹，以及白糖等。船上九名中国船员是：水手长滑宝发（滑凤鸣）、水手田均庆（田均）、金登俊（金少华）、张宝生、刘长安、郝廷钱、孙彦宏、刘本富和孙宝田。他们都是天津市大沽口人，从小相熟，后来都当船员，感情很深，全都痛恨日本侵略，原先并不在一条船上。“隆华三号”轮原有船员 12 名，在青岛装货待航期间，不少水手乘机“偷”拿船上的白布，有四名船员决心下船不干了，将启航时便没有归来。正在此时，“厚利号”轮开到青岛。“厚利号”轮是从中国塘沽开往日本，出渤海后为躲大风，暂时折来青岛的。田均庆、金登俊、刘长安三人在船上当司炉。在青岛码头上，田均庆等人与“隆华三号”轮的孙宝田等人相遇，便一起来到了“隆华三号”轮船上工作。由于大家都反对去日本，他们一致表示要寻找机会把船上的物资运到抗日根据地，支援祖国抗战。

临开船前，就有地下人员动员他们把船开到崂山脚下。“隆华三号”轮在黄昏时分扬帆启航，开出了青岛港，过了崂山嘴，悄然在崂山东麓海面停下。这时，天气昏黑一片，不见有红灯信号出现，直等了两个多钟头未见信号出现，“隆华三号”轮无奈起锚向大海里迎风前进。夜已深，这时，日本人在舱房里酣睡着，中国船员讨论后一致决定干掉日本人，举行起义，把船开到抗日根据地。

在田均庆、滑宝发的支持下，船员们做出了行动计划：对住在后甲板房间里的船长和大副，以及合住在前甲板房间里的三个日本人，分别确定了行动执行人，并明确一有号令就动手。起义武器是两把太平斧和七根圆铁棍。

这时由孙彦宏掌舵，他立即做180°大转向，改东为西。船头调好后，到天亮时日本人仍酣睡未醒，船员们决定弄醒他们，引蛇出洞。孙宝田敲起钟，滑宝发去砸门，前甲板的三个日本人中有两个刚出舱门即被铁棍击倒毙命，第三个人因害怕不肯出来，张宝生便拿条长竿往里捅，最后这个日本人双手抱着一把军刀跳出来拼命。这个日本人看上去受过训练，十分凶恶，张宝山学过武术，便与他对打起来。日本人经不起船员的攻击，跳海而亡。金登俊、刘长安把船长从后舱拖出来打死了，正要收拾大副时，被田均庆制止，田均庆说："留一个活的对我们有用!"他认为日本大副的航海知识丰富，可以帮助他们航行，并且抓一个俘虏到抗日根据地贡献会更大些。于是这个日本人被留下来，押进了工具舱。

经过紧张的搏斗，船员们虽然胜利了，但舱面掌舵的孙彦宏忘记了随时记录航行方位，以致"隆华三号"轮在海上盲目航行，船员们只能凭眼观星座前进。他们经历了充满惊涛骇浪的10个日夜，由深海而浅海，却不明船到了何处。其间，有三次飞来一架日本飞机，在船头上盘旋侦察。第三次，船员们把一面汪伪"国旗"扬了扬，日本飞机才飞走了没有再来。当时大家做好了思想准备，如果开来敌船盘查，便决心同它拼了。大家为了防止意外，所以到黄昏时便将日本大副丢进了大海。

两天后的一个黎明，海面上忽然看到了一个海岛。风狂浪高，"隆华三号"轮直冲海岛而来，收也收不住。眼看就要撞上去，滑宝发沉着指挥船员们同心合力，灵活地操纵九面大篷、小篷，幸而化险为夷，安然驶过。

中午时分，海岸线隐约在望。根据海图分析，大家认为早晨那个海岛就是连云港东南的东牛山，眼前就是连云港了，但敌伪港口如何能进？于是他们只能继续向北航行。远方出现了一个海湾，海图上并未标出名称，渐渐靠近，从望远镜里已看得见有不少船舶来往，船员们决定开进停靠，同时做好了思想准备：如果是日伪港口，就谎称是来找船行代理处求援，因为船上没有粮食和淡水了。如果是八路军，那就天遂人愿了。"隆华三号"轮一直开到浅水处，把高篷收起，大锚放下，留五人守船，滑宝发、田均庆、孙宝田、张宝生四人架舢板向湾内划进。一个钟头后，海滩上走来八九个人，随即打来一声枪响，张宝生说这是土枪，八成是"八路"，大家顿时萌生了莫大希望。听到来人喊话，叫只下去一个人，孙宝田抢先跳下船，涉水过去，一会儿回头大声喊道："是八路！是八路！"于是四人被领着进港与解放军接头。

这里是山东抗日根据地的柘汪镇，解放军当夜派船去找"隆华三号"轮，因夜黑没有发现，第二天才找到。九名爱国船员的义举终于有了归宿。

1945 年元旦刚过，"隆华三号"轮的到来更增添了胜利的气氛。抗日根据地迅速调动部队和群众，日夜起卸"隆华三号"轮满载的物资，水驳陆运；卸完物资，接着拆船，船尚未拆完，日军从连云港出动飞机、炮艇来抢船，但为时已晚，只把空船的残骸拖了回去。

抗日根据地领导十分重视"隆华三号"轮的起义归来，认为这是对敌人政治上、经济上的一次沉重打击，是抗日民族统一战线政策和青岛城市工作的重大成就，也是爱国船员拥护抗战靠拢共产党的光荣行动。四万多匹棉布和其他物资不是个小数目，对遭受敌人长期封锁环境艰苦的抗日根据地军民也有现实的意义。中共滨海区党委城工部长华诚一、青岛工委书记刘特夫、副书记于荣光、青岛办事处主任李立智等领导先后接见了全体船员，对他们勉励有加。根据党的政策，组织上决定给予物质奖励，拨出黄金数百两与北海币数 10 万元发给九名起义船员。对于他们的去留，则听其自愿。九人经过学习，进一步提高了觉悟，有的参了军，有的被派回青岛从事地下工作，有的成为光荣的共产党员。

## 五、远洋、海外船员参与抗日活动

日本帝国主义发动侵华战争，激起海外船员的愤怒，他们与国内人民一起投入反对日本侵略，开展罢工、罢职、罢运斗争。

1937 年 7 月 8 日，日本日清轮船公司的华侨海员 2000 人，鉴于日本发动大规模的侵略战争，祖国和人民受到严重蹂躏，决定不为敌人服务，宁可失业，一致罢工，离开了日清公司。

接着，日籍轮船“唐山丸”“圣和丸”“广东丸”等船上的华籍海员，也因坚决拒绝为日本运输物资而自动弃职。他们返回香港时，受到热烈欢迎。

与日轮华侨海员的罢工、罢职斗争相配合，在其他国家轮船上工作的华侨海员，也拒绝载运军用物资往日本而开展罢运斗争。英国太古轮船公司的“新疆”轮，由菲律宾怡朗运铜矿砂往日本神户。船上的 80 名中国海员，认为铜是重要的战略物资，即刻罢运，连工资也不要就辞职转回香港。香港海员工会支持罢运的爱国华工，派员前往太古轮船公司交涉，要求给罢运的海员清发欠薪，并发船票让他们返回原籍。此后，英轮“圣尼窝夫”“阜生”“哥令那”，美轮“巴拉马”“阿仑布”“位星”等，均因华籍海员拒绝为日本运输战略物资而停泊在中国香港。

据香港《工商日报》统计，从 1937 年 8 月 21 日起的 22 天中，就有 22 艘外籍海轮因船员罢运而停留香港。不愿运载军用物资赴日而罢运的华侨海员和香港海员达 593 人。

在希腊轮船公司工作的华籍海员也参加了罢运爱国行动。1938 年 12 月 21 日，希腊轮“司皮腊斯”到三藩市运废铁赴日。船上有中国海员三人，当获悉该轮运载军事原料赴日之后，他们立即宣布罢工上岸。1939 年 4 月 13 日，希腊轮“依利吐”上的华籍船员八人随轮到达美国港口，得知该轮装运废铁赴日，便全体离船。当地华侨为支持中国海员的斗争，负责他们的食宿和回原籍的路费。

华侨海员和香港海员的反日罢运斗争规模巨大，几乎所有行驶日本航线的中国籍海员都起来斗争。据不完全统计，从 1937 年 7 月 7 日卢沟桥事变后至当年底，参加反日罢运的国内外华籍海员就有 5479 人。所有日本轮船公司的华侨海员 3500 人全体离船回国。当时汇集在香港的就有 1.6 万名失业的中国籍海员，他们当中“没有一个回到日本船去乞求一碗饭吃”，表现了中国海员不屈的人格和骨气。

为了支持和配合华侨海员的罢工、罢运斗争，北美洲华侨开展了阻运军事物资赴日运动。在美洲尤其是美国，华侨装卸工人和海员自发地掀起了影响较大的“不供给运动”。从七七事变到太平洋战争爆发前，美国以中立国自居，虽然对中国抗战有所援助，但又纵容资本家把军火和大量废铁卖给日本，成为日本战略物资的主要供给者之一。据统计，1939 年美国输往日本的军需品占全部对日贸易的 71%，占日本军火进口贸易的第三位。“不供给运动”就是华侨工人和海员带头发起的阻止废铁和军火运往日本的活动。

1938 年 12 月中旬，希腊“市拜路士”货轮为了承运由美国加州罗省的废铁 5000 余吨去日本而开抵美国三藩市，停泊在 45 号码头装运废铁。此事为爱国华工侦悉，消息传开，三藩市唐人街群情激愤，大家奔走呼号。16 日上午 10 时，千余侨胞齐集救国总会门前，组成了一支示威游行大军。侨胞们手持着“停止装运废铁赴日”“反对侵略者”“供给日本废铁无异于帮助日本残杀中国人民”等标语，组成六列纵队，雄赳赳、气昂昂地开进三藩市码头。旅美华侨统一义捐救国总会主席邝炳舜、对外宣传科主任李沛霖、华工合作会主席彭飞等，亲自到现场指挥。三藩市警厅闻讯，也派大队警察到码头维持秩序。从上午10时至下午二时，千余侨胞一直在码头坚持纠察，“人人情绪高涨，毫无倦容，尤以女界最为热心”。11时，一列满载废铁的列车进入码头，华侨立即派出宣传员向广大码头工人进行宣传，希望他们支持中国抗战，禁运废铁赴日。在华侨宣传员声泪俱下的呼吁下，码头工人为华侨的爱国热情所感动，一致拒卸废铁。与此同时，华侨派出代表，上船向广大船员开展宣传攻势。“市拜路士”轮的中国船员许忠礼等3人，不但自己罢运离船，而且也动员希腊船员共同抵制，富有正义感的希腊船员纷纷离船上岸。

17日，参加阻运废铁赴日运动的规模进一步扩大。当日，三藩市附近中小城镇的华侨及侨校学生，闻讯纷纷驱车赶来助战，一时码头上云集的侨胞达5000人之多。自16日至21日，5000多华侨轮流值班，坚持不懈，不获全胜决不收兵。他们同时致电美国总统罗斯福、国务卿赫尔、劳工部长潘金斯，提出资方现以辞退工人工作为要挟，如此事未能解决，则全港航务势将一律停顿。他们还派人向中国驻旧金山领事馆请愿。在美国友人和劳工团体的支持下，这次斗争终于取得胜利，并轰动了美国西部地区，同时为日运货的英轮“勃根亭”轮也被华侨阻止，未能开出。

加州华侨发现有货轮航运日本时，55个华侨团体联合当地友人，组织数千人向当地政府请愿，并组织纠察队昼夜在码头上巡逻。华侨的爱国举动得到加州州长的同情与支持，下令将准备赴日、载有1.2万吨废铁的轮船停运。西雅图有载运废铁的日轮“海安丸”，也被华侨和当地友人700多人阻截，该轮只好空船返航。

1939年1月，洛杉矶拒日会发动华侨和朝鲜人及当地友人3000人，一连三天冒雨在长堤监视运废铁赴日的两艘挪威轮船。在华盛顿，“有地巴利”轮船载废铁500吨准备赴日，被中西人士阻拦，未能成行。波特兰华侨监视装有7500吨废铁赴日的希腊轮船长达13个昼夜。在美国轮船“黑生”轮上工作的33名华侨海员，得知该轮所载盐硝准备运往日本，“激于民族义愤，群行罢工”，一致离船上岸。在古巴的挪威货船“诺斯夫人”满载废铁赴日，将要起碇时，船上20名中国水手查明该船真实去向，拒不解缆。船主通知当地警局把水手扣留，船方启航。

在加拿大温哥华，华侨抗日救国会组织了“禁运军械赴日周”活动。在这一活动中，有8000名华侨和国际友人，在给加拿大政府的禁运军械赴日的请愿书上签名。1939年4月20日，数千侨胞到码头示威游行，反对军械赴日。25日，禁运军械赴日本的最后一天，侨胞召开禁运军械赴日大会。此后，阻运军事物资赴日的斗争接踵而至，美国东部地区、墨西哥、加拿大多伦多等地，都发生过类似斗争。[①]

## 六、“俄国皇后”轮上的斗争

在五卅罢工当中，梁元和为昌兴公司卖力，负责招雇新人上船，解决用工短缺问题，深得船东之欢，因此获得了特许管理权(剥削工友的权利)。于是他便无所畏忌地采取克扣船员两元钱，名曰“担保费”。海员很不满意，他怕工人起来反抗，便采取一种改良政策，以担保费、慈善费、义学费和俱乐部费等名称收费，收缴费用比以前更多。而且他又策划要求工友交相片两张，以加入“元和别墅”[②]。此外，他受港英当局的唆使，建立了船员工会，自己当了主席。他天天派人到船上、宿舍欺骗工友加入他的工会，并依仗反动势力的震慑来强迫海员加入。他请几个有名的

---

① 《血凝中华——纪念华侨在抗战中的巨大贡献》，抗日战争纪念网。

② “元和别墅”是俱乐部组织的名称，强逼海员加入该组织，主要目的是剥削海员。

港英当局之走狗做顾问，名义上是救济失业工人，实则准备破坏工人斗争。

1929 年 7—8 月，梁元和借口香港失业海员多，为广东海员谋职业，去上海“搞事”，让怡和公司雇用广东海员，其实是想借此撤换“俄国皇后”轮生火工头刘耀。按照船上雇工的惯例，工头撤换必然牵连到全部门的船员被解雇。此事被“法国皇后”轮工友发觉后，通知了“俄国皇后”轮工友，并让该船干事会得了这消息。干事会判断梁元和一定搭本轮回中国香港，故船抵纽约时，在船上即泄露此事。烧火行一闻此消息，愤激异常，干事会乃乘机召集群众大会，大会决议：不交相片及两元钱。

“俄国皇后”轮从加拿大返航，途经中国上海时，梁元和果然乘该船返回香港。船将抵港之前一夜（8 月 11 日夜），各工友要梁元和解释何故要征收两元，许多工友都齐聚在三楼餐台。梁元和到会场时，工人便纷纷提出质问梁元和，但其理屈不能作答。干事会同志马上煽动工人喊打，一声口号令下，拳脚都纷至沓来，打得梁元和奄奄一息。这时船主、大副等闻信手持武装，硬把梁元和救出。

与此同时，干事会召集全船工友大会，到会群众更加踊跃，情绪更为高涨，最后决议：一是不加入“元和别墅”；二是不交纳两元钱；三是要求公司开除梁元和；四是严惩奸细。

轮船抵达香港时，港英当局派出水警到鲤鱼门外接船，声称要调查打人事件，船长怕惹怒海员，把事情闹得更大，拒绝水警登船。船停泊码头后，梁元和在英警的保护下溜走了。

“俄国皇后”轮抵达香港后的第二天，海总与“俄国皇后”干事会和省委召开联席会议。会议决定海员工会派人到船上，以船员身份领导斗争；组织九人行动委员会（简称行委），其中包括省委、海总、“俄国皇后”工会支部的三人；扩大“俄国皇后”轮工会支部干事会；并要求在船上不断召开群众大会，利用党团和赤色工会的组织领导群众开展斗争；同时成立“俄国皇后”轮代表团，开展与公司进行交涉。

会后，中共广东省委派卢永炽和海总的刘达潮立即上船领导行委。

“俄国皇后”轮再次起航，在开往小吕宋的途中召开了支部大会。接着，抵达小吕宋后，又召开了船员大会，大会决议拍电报上诉怡和总行，控告上海分行司理包庇梁元和压迫剥削工友的事实，并提出：不加入“元和别墅”，不交两元担保费，要求公司永远撤销担保头目。当时行委认为第三条过奢，资方不会让步，不予通过。但是船上工头等船员坚持，最后行委只好通过。大会选出代表团，负责斗争中的具体工作。代表团共 11 人，两人负责交涉，其他人负责宣传组织工作。

船抵港前一夜又召开群众大会，确定了交涉方案，要求工友宁可牺牲也要拥护此次斗争，采用签名以明责任，签名者有 300 余人。

18 日，船回到香港，适逢星期日，公司没派人到船答复。船上两代表即往公司交涉，公司司理答复：第一条可以接受，第二条之两元减至一元，希望船员们回船商量，并提出切勿罢工等要求。

代表团感到没有满足要求，于是在船上召开行动委员会，邀请船上工会支部成员参加。会议决定坚决执行群众大会决议；要求海员工会应公开在群众中活动，散发宣言、传单以争取群众；明确反对头目作为代表，特别是刘耀作为代表和反对所谓“船员工会”，公开明确海员工会组织是海员自己的工会；并且准备如不得满意答复，则实行罢工（但切不可离船）；同时对罢工后，对每个罢工工友的工作进行了安排。会议要求船东限时答复条件，不可任其迁延。

按照会议决定，19 日七时半，全体工友到 A 甲板上聚齐，并派出两名代表到船东房间交涉，结果被驱逐。船主坚持只见船员头目，不见工人代表。各工友更加愤激，表示并不承认所谓头目代表，只有船员工友代表。船主不得已，乃允许接见工人代表一名，而另一名工人代表则被驱逐，谎称是发生了言语冲突；工友们再改派一名代表前往，又因同样的理由被驱逐。工友们坚持不再派代表协商，而船主和总管怕造成僵局，最后同意与前两名代表磋商。交涉的结果是：第一、二两条已被承认，唯第三条出现争议，船主提出不同意见，并用铅笔签字。工友要求用墨笔签字并加盖公司图章，船主于是用墨笔签字但没有加盖图章。代表等遂要求见公司司理，船主便立即电告公司。等司理到船后，竟将已签字之条件撕毁，并声称“你们不愿意做工可出粮①后离船”，随即进入船主房内讨论对付工人的办法。不一会儿，船主召集各行头目到房间，命船尾行头目另立一旁，并对各行头目说：“你们若果愿意继续在这里工作，那我可以担保你们永远职业。”后又转向船尾行头目说：“你全行一定要离船，尤其是你个人。”随后，船主跑到群众中，对烧火及水手行工友说：“你们可以在这船上工作，我可以和你们另外商量办法。”但工友仍坚持己见。

这时，船上工会支部已知道资本家采用分裂政策，专向船尾行进攻，同时派武装警察上船守卫，情形异常严峻。另外，工友已坚持到12点，饥寒交迫，干事会一边买点心慰问，一边告诉行委。行委即决定组织纠察队，但是船上工人害怕，无法执行纠察队的任务。这时，船主宣布船尾行提早至四点出粮，要求船尾行头目在出完粮之后半小时离船。各工友得此消息后，就各自到房中收拾行李离船，干事会各人见船上已戒严乃下令集中码头，但到码头时，忽降倾盆大雨，各工友为顾全行李全部走散。另外，行委仍继续发动在水手、船底两行的工友，此两行的大部分工友

① 出粮即领工资。

于是与船尾行采取同一行动，然而新招的工人已上船，准备接收岗位了。在罢工时，行委曾派了几个同志到码头去劝告破坏罢工者的新工人，结果被包工头打了一顿。

当时，船底、水手船员采取一致行动，亦拿起行李跟随船尾行船员离船，离船工人共有 300 多名。公司立即找水手头目做工作，说公司答应取消征收两元担保费的要求，劝水手回船工作。水手头目便向水手们做说服工作。结果除三名工人坚持罢工外，其余都回到了船上。船底工人在行船馆主的威迫压力下，也纷纷回船。这样，自始至终坚持罢工者只剩下 130 多人。

海总在总结这次罢工教训时认为，领导者未能切实明了三项要求的意义，更不知主观和客观力量如何，坚持完全胜利而酿成不可收拾的僵局。但是事实上工人所提出的三项要求已令资本家节节退让，且亚洲、法国“皇后”轮上也有继续此斗争的可能性。

事后，全国总工会对海员工会“俄国皇后”轮的斗争进行了总结，提出该船斗争失败的原因首先是策略运用上的错误，不知道根据斗争的形势来转变自己的策略，以致走上失败的道路。此次斗争的性质，当然是反对“洗马沙”的斗争，可是海员工会在斗争中并没有注意到这一点。工头乘机提出于他们有利的第三条，以致到了斗争发动以后，当轮船公司已答应前两个条件（取消两元担保费、不加入俱乐部）时，工人们不能即刻转变取得胜利的形式，继续扩大反“洗马沙”的制度，因不了解斗争形势而被公司强迫离船，发生罢工，这是策略失败的主要原因。其次是当全船群众离船罢工的时候，斗争并未完全失败，假如海员工会采取积极策略来领导罢工，在整个斗争形势上还是有可能取得胜利的。

全国总工会认为，这次斗争虽然暂时失败了，但是事情并未了结，仍然有继续斗争的形势存在，希望海员工会继续斗争，发动亚洲、法国两艘“皇后”轮上工友起来斗争，争取不加入“元和别墅”和不交纳两元担保费，利用这次斗争来建立“俄国皇后”轮的工会组织，扩大发展其他各船的群众组织，同时要做好离船工友的安置工作。

全国总工会鉴于海员工作的重要，并结合巡视员考察的结果，决定对海总进行临时改组，并派方才来港负责海总工作，指定刘达潮、叶全、方才组织常委会，整顿海员工作。

9月，海总根据全国总工会的指示，决定“继续发动其他三艘‘皇后’号轮上的海员起来斗争”。

“法国皇后”轮抵达日本横滨时，工会支部就派人到神户打听情况，听说“俄国皇后”轮取得斗争胜利，船员情绪高涨。船抵达上海，了解真相后，工会支部遂又召开船员大会，决定增加一个条件，要求恢复“俄国皇后”轮船员的工作，并发函电给英国总公司和中国香港分公司，准备留五名代表在香港办理此事。船上还进行了募捐，支援“俄国皇后”轮的斗争，捐款收到1000多元。船到达香港，船上代表和船员的思想起了变化，许多人犹豫起来，各行头目也有顾虑，工会支部准备再次召开船员大会进行讨论。但是，公司抢先把各行头目召去开会，说公司接受“不加入元和别墅”和“不交纳两元担保费”前两条要求，告诫船员不要罢工。这样船员的思想更为混乱，斗争也只能作罢。

“亚洲皇后”轮停泊香港期间，海员工会、“俄国皇后”轮罢工工人代表和香港工代会代表等30多人到“亚洲皇后”轮进行斗争的动员工作。“亚洲皇后”轮工会支部决定召开大会，进行发动，但因轮船公司早已收买了一些人进行破坏，致使船员大会无法召开。“亚洲皇后”轮的反梁元和斗争也就这样失败了。

“加拿大皇后”轮是继“俄国皇后”轮之后，开始斗争。不料“亚洲皇后”轮斗争失败了。受此影响，加上“加拿大皇后”轮本来就没有很好的群众基础，故不能抗交这两元费用了。但“加拿大皇后”轮的工友虽不能做抗交的斗争，但反对压迫加入船员工会是激烈的，梁元和发现工友这种态势，遂不敢强迫他们入会。

## 七、以实际行动拥护苏维埃

1930 年，军阀混战暂平息，但国民党政府在帝国主义指使下，调集军队向苏维埃区域进攻，残杀革命民众；与此同时，国民党政府对海员工人的压迫和欺骗日益加剧。对此，海员工会在党的领导和全国总工会的指导下，发布了“实现海员工会的任务以拥护苏维埃”通告，明确海员工会的主要任务：拥护苏维埃政府，反对帝国主义国民党进攻红军，反对资本家进攻和黄色工会改良主义的欺骗宣传；并要求全国各海员工会应该在积极领导斗争中发展组织，参加苏维埃代表大会和准备第二次代表会的一切工作等。

海总为实现这个任务，特别重视长江航线的海员工会建设。在长江航线中，为做好招商、三北及其为国民党运输军队的公司中的船舶工作，海员工会公开号召群众，拥护苏维埃政权，反对进攻红军：用怠工、罢工及其他群众行动，阻止运输国民党的兵士、军械和粮秣等去进攻红军，并在必要的时候，采取破坏敌人的交通，阻止敌人前进；同时加紧宣传鼓动，号召海员群众起来参加反国民党的战争，联络失业海员加入红军，组织武装纠察队，有计划地帮助红军进行物资运输，帮助红军作战；即使在运输过程中，也加紧对该船上兵士展开工作，组织兵士投身到红军中。

另外，海总积极发动海员工人开展斗争，利用工人群众普遍的要求（如索欠薪、加薪，反对取消津贴等），组织这条航线各船舶罢工，并引导这些斗争积极向国民党及其走狗黄色工会进攻。武汉海员工会办事处为执行当时的主要任务，深入湘江、赣江、荆沙及湘鄂航线的船上，派人到这些航线的中心点，如昌宜、沙市、九江、长沙、常德等处开展宣传动员，拥护苏维埃政府，反对帝国主义、国民党进攻红军等。

海总还加强外洋航线的海员工会工作。由于大洋船方面斗争形势日益成熟，加紧准备斗争成为中心任务。5 月 14 日，“加拿大皇后”轮工会支部积极响应海总要求，发表了《全国海员起来拥护苏维埃区域代表大会》的文章。

10 月 3 日，赣西南木船工会积极支援红军作战，动员民船和船工配合红军攻克吉安战斗。在泰和县境内的赣江河面上，用木船及船上用具搭好简易便桥，方便主力红军顺利横渡赣江，到达战地。4 日，军民协力占领吉安，使赣西南各小块根据地连成一片。

11 月，海员总工会发出《号召工友们参加伟大的俄国十月革命纪念，反对帝国主义国民党进攻红军，创造全国苏维埃政府，完成中国的十月革命宣言》。

12 月 25 日，大来公司门罗船上支部全体工友，给海总致信，并转苏维埃全国第一次代表大会中央筹备委员会。信中表示：门罗船全体工人大会一致通过以革命斗争的坚决精神，拥护全国苏维埃政权的胜利与成功。除选举代表出席大会外，还要积极扩大苏维埃运动，各轮船工友要一致起来，拥护并成立工农兵士自己的政权。同时，他们从新加坡募集了 108 元微薄资金，慰问在革命战争中英勇劳苦的工农红军将士，并请海总转呈。

## 八、全国驾驶员反考试斗争

1934 年 5 月，国民党为了控制全国交通运输企业，制造许多口实，颁布许多法令来向铁路、航务工人施压。特别是国民党交通部修改了《中国航务驾驶员章程》，命令驾驶员须一律考试后才发给工作证书，以此来向着整个中国航海驾驶工人施压。

当时在中国的船舶驾驶员，除外国籍驾驶员外，包括外洋、沿海与主要内河约1800人，他们职务是高级船员与技术工人（如船长、大副、二副、轮机工、练习生、习舵等），中国驾驶员除吴淞商船学校、集美学校毕业的一二百人外，绝大多数都是由下层工人提拔晋升起来的，他们大多数是不识字、不能动笔的俗称“白肚皮”（又名经验派）驾驶员。

而且驾驶员本身并无巩固、健全的组织，共产党与赤色工会在驾驶员中，也几乎没有开展工作；驾驶员存在的群众组织有中国驾驶员联合会，他们有200多名会员，除上层有几个办事人外，没有下层组织；中国轮机总会，包括400轮机工人，组织机构和驾驶员联合会相同；航海联谊会是几个驾驶员组织下的海员组织，名义上有12000名会员，但组织机构完全与驾驶员联合会相同。这三个组织，都由几个“资格老、声望高”的船长或轮机长所把持。

此外，在驾驶员中尚有驾驶员总工会的组织（黄色工会）。驾驶员工会是1933年组织起来，他以商船派（学识派）及崇明帮为基础，共有200余名会员。黄色工会为了要控制所有群众组织，西化整个驾驶员，主张以会考方法来排除控制异己分子，所以交通部的考试政策不但得到黄色工会的公开拥护，而且一切考试与鉴定委员都是由黄色委员担任的。

在国民党驾驶员总工会支持下，交通部于1933年修改了《航务驾驶章程》，颁发考试命令，宣布须考试合格后才发给工作证书，已实现其在考试的口号下来掩盖向“白肚皮”驾驶员们进攻，以使整个中国航务企业西化的目的。

面对驾驶员的斗争，当时党和赤色工会认为是黄色工会在疯狂进攻工人阶级。当时正是国民党利用水上交通工具运输大批军火粮秣，疯狂支持进行五次“围剿”的时候，在赤色工会领导下，爆发起来的驾驶员罢航斗争，不但给国民党控制交通运输一个有力打击，还可以阻击国民党五次“围剿”。

这场斗争在赤色工会领导下，不但掀起群众轰轰烈烈的反国民党、反西化的罢工浪潮，还可以形成停止运输，直接给予苏维埃红军粉碎五次“围剿”的一个助力。当时赤色工会认为驾驶员罢航斗争本身，就是在断绝敌人一切运输供给，就是直接拥护红军粉碎五次“围剿”，是一次伟大的实际战斗。因此，在反考试斗争中，赤色工会争取直接领导驾驶员联合会与轮机总会的斗争，彻底瓦解驾驶员黄色总工会，推动开展广大下层海员的斗争，来创造上海、武汉、香港、天津控制运输的革命堡垒。

为此，赤色工会立即抓住“反对任何方法的考试和检验”“立即依照旧章发文凭给每个驾驶员和练习生”两个中心要求开展工作；利用驾驶员联合会所发通知的内容，对每个驾驶员进行宣传鼓动工作，发动每个驾驶员签名拥护这个纲领；同时领导每条船上的驾驶员向外洋、内河驾驶员进行宣传活动；经过驾驶员自己的活动，把这个运动发展到外洋、内河和沿海各船驾驶员中，成为中国驾驶员的一致斗争行动。

在宣传纲领与进行签名运动的同时，赤色工会还组织召开了同一船上的驾驶员与司舵工人等群众大会，每次大会中尽量吸收生火、水手、茶房及所有基层海员参加，选举总代表参加中国驾驶员反对考试的斗争。

赤色工会还把这场斗争发展到基层海员中，积极开展各船水手、生火及一切基层海员斗争。特别是抓住水手、生火及所有基层海员的一致迫切要求，提出下级海员斗争纲领；同样发动他们行动起来，号召他们选举代表参加一致斗争委员会，签订一致罢航合同等。赤色工会动员所有驾驶员与赤色会员参加驾驶员联合会与轮机总会，加紧建立各船基层工作组织，并与各船基层群众建立紧密联系。而且把各船基层工作领导权控制在赤色工会手中，逐步争取整个驾驶员联合会与轮机总会的工作接受赤色工会领导。

其间，国民政府交通部先后颁发几次训令，宣布“考试期限至6月底截止，过期所有未经申请考试检定的驾驶员一律不准服务”。

这时，各船驾驶员都在加紧动员，酝酿反考试斗争与准备以总罢航运动来回复国民党的强迫性考试。同时，在反考试口号下，驾驶员联合会、航海联谊会、轮机总会建立起斗争的统一战线，尤其是驾驶员联合会与航海联谊会正在进行组织合并计划。驾驶员联合会还向各船驾驶员发出共同斗争纲领，号召各船驾驶员在共同斗争纲领下开展一致斗争。驾驶员反国民党考试的总罢航斗争形势日趋成熟。

在全国总工会领导饶漱石的领导下，海总领导夏爵一与马纯古一道起草了《中国航海驾驶员联合反考试宣言》，经饶漱石阅改后，发表在1933年6月13日的上海《新闻报》上，进一步鼓舞了驾驶员联合会的斗争。

国民党交通部的考试命令，先后被驾驶员斗争撕毁。而且，交通部几次的考试无人前往报名应考。经过反复较量，国民党面对驾驶员反考试的斗争形势，不得不做出让步，于是，交通部只好给自己找了一个台阶，宣布“体恤无学驾驶员，实行改笔试为口试”。

## 九、根据地海员坚持斗争

### （一）闽东各地船工支援和参加红军游击战争

自1934年成立的闽东民船工会大力支援并持续三年参加红军游击战争。不管环境如何险恶，船工们总是利用职业之便，控制水上运输，积极支持赛江两岸的游击斗争。从1934年3月至1935年5月，福鼎、霞浦、连江的很多船工参加了红军海上游击队。活跃在闽东千里海域。他们配合红军部队作战，开展海上对敌斗争，保护了海上交通线，为陆上红军游击队筹款和运输武器、弹药等物资作出卓越的贡献。福鼎海上游击队有三个连，人枪 180 左右，连江海上游击队有 100 多人枪，拥有七艘大船，其中最大的一艘能载重 50 多吨。霞浦海上游击队独立营有四个连，一个警卫排有 300 多人，有长短枪 100 多支，机枪两挺，民船 20 多条，小汽艇一艘。在主力红军长征后的 1935 年 2 月，陈宝鼎率领海上福鼎游击队配合闽东工农红军独立师特务排，巧袭沙埕关水警队，收缴了水警的武装，占领了海关，随即攻打水警指挥所，全歼其一个排，又缴获了一批枪支子弹和其他物资，解放沙埕港，威震闽东。

1936 年春，闽东工农红军第二纵队由福鼎转战福安，驻虎岩村休整后，准备赴宁德活动。就在这关键时刻，中共赛岐特别支部得悉：当地民团配合国民党军将前往虎岩“围剿”，即紧急动员码头工人连夜运送干粮到象环，并调度船工在渡口等候，又迅速通知当时驻在虎岩村的工农红军，迅速撤到象环。在工农群众及时掩护下，红军游击队安全渡过赛江。

### （二）强渡黄河天险

1936 年 2 月 17 日，中华苏维埃人民共和国政府、中国工农红军军事委员会联名发表了《东征宣言》，发出了“为实现抗日，渡河东征”的战斗号令。2 月 20 日晚，渡河东征的战斗打响了。

参加东征的红军主力部队红一军团下辖三个师，红十五军团下辖三个师，红二十八军下辖三个团；三路大军共计两万多人。其中红一军团由绥德沟口华石畔过河，突击队共 24 名指战员，一律为陕北农民装束，分乘两只小木船，由黄河水手掌舵，乘夜色划向河东，在山西中阳县三交镇附近的王家坪渡口登岸。突击队战士经过激战，打退了河防守敌，占领了河东岸山头阵地。隐藏在河西的主力部队纷纷登船，黄河水手奋勇争先把后续部队迅速渡过河去。红十五军团是东渡的右翼部队，在清涧河口附近的王家瓜上船，先由黄河水手驾驶着五条小船载突击队驶向东岸，在河东石楼县贺家凹转角渡嘴头登陆，与负隅顽抗的守敌展开激战。红十五军团主力在20多里长的黄河水面上开始强渡，黄河水手和红军战士一起，冒着枪林弹雨奋力猛撑。20日晨，红十五军团全部抢渡完毕。两大主力部队在一天内全部顺利渡过黄河。几天后，毛泽东率领总部工作人员由清涧河口的西辛关渡河。接着冯雪峰带领着大批地方工作同志和担架运输队等开始不断在黄河水面上往来。东征红军的另一部主力红二十八军，在刘志丹、宋任穷带领下，远征佳县、吴堡、神木、府谷一带，击溃了高双成、高桂滋、阎锡山许多部队，为东征红军清除后顾之忧。3月底，红二十八军完成任务后，在佳县以北罗裕口一带渡过黄河，参加东征。至此，东征红军主力两万多人、红军抗日先锋军总部机关、大批的地方工作干部和担架运输队等，全部在英勇的黄河水手的努力下，利用简陋的木船、羊皮筏子，安全运抵黄河东岸。

红军东渡时，周恩来副主席和博古亲自坐镇西辛关水手工人办事处，指挥运送人员和物资。由于事前周密的组织和部署，运送红军的工作进行得有条不紊。2月20日夜晚，黄河水手工人把原先分散隐蔽在各处的船舶，沿着通向黄河的小川道，悄悄地滑向黄河，随即按照编好的班组列队走到各自的码头等候红军战士的到来。东渡战斗打响后，黄河水手和红军战士一道，划破冰冻的黄河，向河东进攻。水手工人们发扬大无畏的革命精神，不顾疲劳，不畏艰险，打破黄河上一天只来回摆渡一次的惯例，昼夜不停地在天险黄河上奔波。红军主力大部过河后，黄河水手仍坚持在黄河岸边，遇有各种运输任务，什么时候需要就什么时候渡河。水手工人为红军东征作出了不可磨灭的贡献，东征的红军战士编了这样一首《水手歌》来歌颂黄河水手的光荣业绩：“东征热情高，不怕敌枪炮，摇撑如比武，拉船如赛跑。全身流大汗，双手起小泡；人不愿休息，船不把锚抛。”

抗日先锋军渡河东征，取得了辉煌的战果。蒋介石下令急调洛阳、徐州、蒲口等国防要地重兵10师以上，共30多万人，进入山西堵截红军，同时东、西北军及陕甘其他国民党部队进扰红军后方陕北根据地，在这种形势下，党中央顾全大局，为实现“团结一致，共同抗日”建立民族统一战线的重大决策，统率胜利的红军回师河西。4月底开始，红军主力和总部人员，先后在河东铁罗关和永和关一带登船西渡。百余名黄河水手驾驶着20多条渡船昼夜不停横渡了七天，把全部东征人员接回延川县清水关黄河以西，回到陕北根据地。

## 十、开办“海利办庄”开展斗争

1940年底，经周恩来同意，刘晓、闵一帆同时回到上海，由闵一帆任中共江苏省委工人运动委员会委员，分管海员、铁路、商务印刷厂和职工教育委员会等方面的工作。江苏省委工人运动委员会委员指派毛良把上海海员工会恢复起来，拨给他一笔款，成立了“海利办庄”。“海利”二字隐含着为海员谋利益的意思，“办庄”是广东话，意为洋行。“海利办庄”地址设在江西路141号，经理为闵一帆，副经理为毛良，有六七个人进行工作活动，对外经营杂粮生意，以作掩护，搞海员工人运动。他们采用帮助工人做小本生意的办法，和海员工人广交朋友，代他们销售由内地带来的粮食、肉蛋类等。帮助那些长期在船上的船员采购日本人规定范围内购买的家用物品，带到内地销售，这样既可以联络海员的感情，又可以掩护工作。抗日战争期间，中共江苏省委利用海利办庄商行名义，秘密联系广大海员，特别是同往来于上海、苏北解放区的海员进行联络，开展地下运输，支援解放区。同时还利用在船上工作的方便，与船员广交朋友，宣传抗日道理，号召船员不要为敌人服务，要为抗战出力。

1943年至1944年，海利办庄领导决定组织海员中的积极分子赴解放区，参观解放区的新面貌，最后选定船员中的先进分子张佐平。张佐平到解放区后，被那里欣欣向荣的景象鼓舞，回沪后在船员中积极宣传，起到良好的效果。不久，中华轮船公司的海员积极投入抗日救亡运动的洪流之中。他们利用各种手段，把日军军用物资从船上拿下来，转运到解放区，为解放区提供了许多武器弹药。

## 第五节　恢复生产支持解放战争

### 一、胶东解放区海员工会积极支前

#### （一）烟台海员工会积极开展支前等活动

1945年8月至1946年3月，烟台海员工会积极开展支前工作，组织落实海员运送部队任务，胜利完成了第一批支前任务，其间还组织海员英勇地参加了峒岛的战斗，打垮了反动派侵占烟台的企图。

1946年4月至8月，海员工会积极发动海员配合船公司工作，运送部队急需武器等物资，完成了第二批支前任务。9月至12月，山东军区组成航运科后，与海员工会合作，统一集中管理，又完成汽油、炸药等军需品的第三批支前任务。

烟台海员工会重视政治教育，鼓励发挥海员对敌斗争的顽强性，明确规定奖励办法。受此鼓励，有三艘船舶被国民党军队捕去后，海员想尽办法逃脱回来，又俘虏了国民党海军八名，缴获了一些武器。

同时，工会积极开展学习、立功运动，取得了显著成绩，特别是在节约燃料和增加航次数上都有明显进步。

### （二）烟台海员工会发动海员和民船运送解放军到东北

1945 年日本投降后，国民党政府军队到处派兵抢夺中国人民的抗战胜利果实。为了粉碎国民党抢占东北的阴谋，党中央决定中国人民解放军立即收复东北国土。于是，解放军部队一路由山东乘船，从水路前往东北。

1945 年 10 月初，为了完成海上运输的重要任务，胶东军区在蓬莱栾家口成立了“胶东军区船舶管理局”（以下简称船管局），烟台、威海设船管分局，担负征集海船，运送部队的任务。当时，除租用部分船舶外，主要是调用解放区烟台、威海一带的海上机动船和木帆船，其中打鱼的木帆船占大多数。当时，由于战争的缘故，资本家和船东都跑光了，烟台港外有 200 余条渔船无人管理。为了尽快将部队运往东北，烟台海员工会同烟台船管分局紧密配合，发动海员到港外去挑选好船，参加海上军运。工会规定每八个人驾驶一条船，挑好船稍作修理，配备船舶用具后，立即上油、上粮，开到龙口集结待命。广大海员积极响应，很快就准备好了 60 艘船，从龙口出发，将部队分别运送到东北的菊花岛、葫芦岛、庄河县等地。

从 1945 年 10 月到 12 月，广大海员克服困难，从海上运送部队共两万余人，为 1946 年解放军在东北取得胜利作出了贡献。

### （三）龙口码头工会恢复生产，参与支前

1945 年 8 月，日本投降，龙口解放。9 月 5 日，经过战斗洗礼的龙口码头工会在中共龙口特区工委的领导下重新成立。

1946 年 2 月，码头工会组织开展反奸诉苦运动。根据政府指示和工人要求，码头工会没收了原码头“八大行”的财产，成立了“裕兴隆”和“裕兴东”代理行及管理委员会，承接了原船行

经营的全部业务。为进一步扩大生产，工会用码头、货楼和舢板的折旧资金，创办了隆兴铁工厂、振龙铁工厂、兴隆庄果园、龙口粉丝厂、织布厂和胶轮运输队，既解决了工人家属的就业问题，也促进了地方工商业的发展。之后，码头工会购置房产，改建成工人俱乐部，改善医疗条件，救济困难职工。工人情绪稳定，劳动热情高涨。

正当港口贸易回暖之时，1946 年 6 月，内战骤起，国民党军队先后向华北、华东、东北等解放区发动全面进攻。1946 年 11 月，国民党军队的飞机和军舰轰炸、炮击龙口。年底，码头工会组建“工人纠察队”，主动承担起保卫港口的任务，工人杲文章任纠察队队长。1947 年 9 月，国民党军队占领龙口港后，工人纠察队转入地下活动，20 多名纠察队队员秘密为解放军当交通员送情报。由于叛徒告密，共产党员及工人积极分子刘兰庭、张洪钦、张德发、郝景海等九人被敌人杀害，码头工会受到严重破坏。然而，革命者并没有被白色恐怖吓倒，码头工会和工人纠察队带领工人在港口坚持对敌斗争，配合解放军、游击队到掖县粉子山一带打游击，多次立功受奖。

1948 年 3 月 28 日，龙口再次解放。1949 年 8 月 11 日，中国人民解放军发起了解放长山岛战役。为防止驻守的敌人逃窜，码头工会组织工人和船工积极参加海上运兵作战。战斗结束时，龙口港支前大队荣获集体功奖状。

1949 年 7 月 26 日，暴雨海潮持续三天两夜，飓风大作，洪涝成灾，码头被冲毁，港口损失惨重。码头工会根据胶东区党委和县政府的部署，除抽调部分工人参加当地生产救灾外，其余人员全力以赴修复码头设施。有的工人献出了自己盖房用的石头、木料、麻袋等物资。

解放战争时期，码头工会组织发动了三次参军高潮，有 150 余名码头工人参加中国人民解放军。

## 二、黄河水手支援解放军部队转移

### （一）黄河船工水手功劳高

1947年6月30日至7月8日，晋冀鲁豫野战军第一纵队一举强渡黄河，采取多路攻击、重点突破、多向突击、分割围歼、前攻后阻等战法一举攻克了郓城，实现了鲁西南战役首捷。这些战法得到黄河沿岸船工、水手、民兵的大力协助，为解放军取得首捷作出了贡献。

黄河船工、水手为人民解放军尽快渡河赶造渡船，并配合民兵监视南岸敌人，保护渡船。平阴县水手们，曾在国民党军队火力封锁下，夜间涉水将19艘大船拉至人民解放军准备过河的渡口。他们真诚地提出“船要开得快，开得稳”“咱们自己的队伍过河，有多大本领用多大本领”，水手们争着要部队先上自己的船。民兵水手刘会文抢渡头一船后，兴奋地说：“老蒋倒个孬孙，糟蹋河南老百姓日子不少了，俺先撑12趟，甚至18趟。”这些赤肩露胸满头大汗的水手们劲头十足地吆喝着，将船渡过来又渡过去。某部突击排坐在刘会文的船上飞驶对岸，攻到了李桥口地堡跟前时，国民党军队才惊慌地失声乱叫：“全坏了，跑吧！”没等国民党士兵撒开腿逃跑，就全部被活捉了。接着，黄河船工、水手一船又一船地送人民解放军越过汹涌澎湃的黄河波涛，平安到达南岸。

各渡口的大小船舶在这样“相互比赛，立功争先”的氛围下，都能在五分钟内渡过宽约500米的河面，无一出险。

### （二）黄河船工帮助解放军转移人员和物资

1947年，蒋介石、胡宗南向陕甘宁边区发起了疯狂进攻。党中央决定：一方面，由毛泽东率一部西北野战军和中央机关同志转战陕北以稳定军心、牵制和消灭敌人；另一方面，组织后方机关、学校、伤员、其他非战斗人员和物资转移到河东去，避免不必要的损失。

陕甘宁边区总工会遵照党中央的指示，立即派人到黄河沿岸组织水手、工人渡河，以完成这一任务。从佳县大会坪至延川县延水关350多公里内的700多名水手、工人立即行动起来，抢时间转移人员和物资。胡宗南匪军进犯陕北初期，来势汹汹，不可一世，转移任务十分紧迫。水手工人不分白天黑夜、刮风下雨，连吃住都在船上，一遇到任务就立即行动起来。8月19日，敌军刘勘所部整编九十师尾随党中央机关进佳县城。此时，城下桃花渡水手们已连续划船七个昼夜渡河运送人员和物资，转移任务基本完成。敌人占领佳县县城时，最后两船人员、物资也已装好待发。敌人看到下边河上有动静，就疯狂地开枪、开炮，企图阻止水手、工人摆渡。黄河水手船队队长张韩氏（女）亲自在渡口指挥开船，她高声对大家说："只要我们水手不死，船就不能停，一定要把干部和物资运到对岸去。"水手们冒着枪林弹雨又撑又划艰难前进，终于把人员和物资全部运到东岸克虎寨。水手张候本、王区回在此次任务中光荣牺牲在船上。

为此，毛泽东接见了桃花渡的水手，并与他们一起照了相，以表彰黄河水手的功绩。

## 三、苦力运输工人工会投入反封锁斗争

1933年9月1日，全国总工会执行局主持在瑞金召开了中国苦力运输工人代表大会，成立了中国苦力运输工人工会，工会委员长为王贤选。大会决定建立一支苏维埃船队，新造300条木船，修理100条木船；加强苏区进出口物资运输，为反经济封锁的斗

争作出决议。会后，这项工作分两步进行：第一是成立河流修理委员会，动员苏区工人、农民突击队疏通瑞金至江口的河道，搬掉坐落在瑞金县武阳区河里的大岩石，使来往船排能够畅通无阻。第二是把造船工人组织起来，分别成立六个造船厂修造木船，同时动员沿河各县都组织力量造船。11 月底，一支苏维埃船队正式诞生，新造的 300 条木船和修理好的 100 条木船全部下水。与此同时，苏区各县修造的木船 570 条也先后下水。这样，中央苏区拥有近千条木船、4000 名船工的运输能力，大大增强了反经济封锁的战斗力量。

为了充分发挥苏维埃船队在反封锁斗争中的作用，刘少奇和陈云指示“工会干部要学会做生意”。为此，苦力运输工会以江口办事处为据点，派出人员，率领船队，深入白区，开展贸易活动。在赣州，同许多私商签订了贸易合同，组织物资交流。又与国民党广东军李振球部队挂钩，签订协约，各派代表常驻江口办事处联系业务，苏区供给钨砂、木材和农产品；对方提供食盐、布匹、西药等用品，来往物资都是按照协约组织运输。还同陈济堂部队搭上贸易关系，他们用食盐来交换钨砂，双方用船排运至门岭交换货物。福建的国民党十九路军也与苏区工会船队挂上了钩，双方物资在龙岩交换。一方面，为了扩大反封锁的活动范围，中国苦力运输工会在赣江流域成立了类似客栈的南昌潮玉洲办事处，在赣县新庙前和宁都县黄石贯设立了办事处，扩大了船队活动的区域，生意越做越大，贸易越搞越活。另一方面，苏区工会领导的船排在反封锁斗争中，积极协助外贸运输进出口物资，每年大约运出谷子 300 万担，运进价值 1500 万元的盐和布。仅 1933 年下半年，运输工人就协助外贸完成了近 33 万元的商品流通额。

1934 年 3 月，中国苦力运输工人工会中央委员会发出紧急号令，决定从 3 月份起，动员 500 名船筏工人帮助国家运输粮食，做五个月的义务劳动，节省七万担谷子的运费支援战争。中央政府做出关于船筏工人在为国家义务运粮期间享受待遇的规定。1934 年 9 月底，周恩来、刘少奇在梅坑召见中国苦力运输工人工会委员长王贤选，通知他留守中央苏区，接受以项英、陈毅为核心的中央分局的领导。接受留守任务后，中国苦力运输工人工会坚持敌后斗争，保存好中央苏区留下的 400 条公船和船上的工人，并做好掩护毛泽覃、刘伯坚的亲属转移、隐蔽等工作。

## 四、东北船员职工为解放战争胜利作贡献

### （一）建立水上军事运输供应线

哈尔滨是全国解放最早的大城市，作为解放战争时期的战略大后方，担负起了战时物资供应和运输的光荣使命。国民党反动派军队在占领了吉林后，迅速切断长春至哈尔滨的铁路、公路和航运等直线运输航线，这给当时辽东和辽南战场的物资补给造成了一定的困难。面对困难，人民政府发出“自力更生，发展航运，支援解放战争”的号召，东北抗日联军后勤部与东北航务局经过研究，决定在松花江及其上游开辟以航运为主的军事运输供应线，支援解放战争。军运处在船员积极支持下，共开辟了两条航线，一条是松花江上游航线，另一条是哈尔滨至嫩江江桥航线，这两条航线的开通运行，使得集结在蛟河、桦甸等县的解放军得到了及时的军需补充。

1947 年 3 月 25 日，中共吉林省委、省政府和吉林军区为保证夏季攻势的胜利，建立了四条兵站线。其中第四条是松花江水路，从蛟河县唐家崴子经下崴子、桦树林子至独木桥。为了保证水路运输的安全和畅通，桦甸县组织 100 多名造船匠，在两个月内赶造了五对大对子船、10 艘单船，解决了松花湖水上运输问题。航务局还抽调船员 400 余名，汽船 20 艘，驳船 80 余艘，由

铁路载运，经敦化运往松花湖支援军运。

在支援解放吉林的军运中，支前船队航行总里程达 4900 余公里，运输军事物资共 9500 余吨，运送解放军指战员及民工达 26000 余人次。这些补给军事物资的船舶不仅有国营船舶，民营船舶也积极响应政府的号召，且船员在东北航务局的统一指挥下积极参加军运工作。

在解放战争中，哈尔滨国营及民营船舶的船员在中国共产党的领导下，积极响应党中央的号召，服从统一指挥，不畏艰险、不计报酬、众志成城，为解放战争的胜利作出了不可磨灭的贡献。

### （二）开展劳动竞赛促进生产

1947 年，东北航务局造船所 12 个部门职工，响应东北航务局提出的“自力更生，发展航运，支援解放战争”的号召，自 6 月 2 日开始，造船所职工开展以完成修理“呼兰”轮船为目标的劳动竞赛，竞赛内容有认真工作、完成工作任务和出满勤等内容。劳动竞赛开展后，职工踊跃参加，劳动热情高涨，至 6 月 30 日提前半个月就完成了修理任务，并于 7 月 1 日下水竣工。同时，“呼兰”船改名为“载祥”轮。

### （三）辽东航务局造船厂劳动模范带头推进生产

1949 年 4 月，辽东航务局造船厂全体工友，在劳动模范与功臣李春江的带头推动下，生产热情普遍提高。劳动模范李春江是领导 24 名翻砂工的生产组长。造船厂为了发展生产，满足完成生产任务需求的人员，招收了一批新职工，翻砂组也增加了一倍多的新工友。劳动模范李春江组长对小组人员进行适当的配备调整，配成五人一组，并发起了组与组、人与人的生产劳动竞赛。同时，他工作以身作则，带头推进生产，参与劳动竞赛。在他的带领下，造船厂既保证了工作顺利进行，又把工作效率提高了一倍。

## 五、民船运送解放军渡江作战

在中国人民解放军胜利进军中，广大的船工、船民和各地海员在党的教育下，怀着多年来对美蒋反动派的仇恨和盼望早日赢得解放的激情，投入战斗。

早在 1948 年 10 月淮海战役打响之前，淮河两岸的船工、海员冲破蒋军对淮河的封锁，把解放军部队运送过河来，解放了蚌埠。他们继续奋斗 14 个昼夜，搭好浮桥，接过了百万大军。在这项工作中，3172 名海员工人组织起来，正式建立了蚌埠海员工会。

1949 年 2 月，皖北和苏北 10 多万名船民和海员担负起“帮助解放军练兵，支援前线，运送大军渡过长江”的光荣任务。在大河、小河、洪泽湖、巢湖的水上湖面，活跃着成千上万的船工、船员和解放军战士手携手、肩并肩地投入水上大练兵的热潮。

为了有效地投入支前任务，参加这次渡江支前的船工发扬大无畏精神，所遇到的艰险困难，都被他们以坚强不屈的毅力逐一克服。

4 月 21 日，攻击令下达后，千条万条木船在通红的炮火照耀下奋勇前进。敌人岸边的炮火和水上的兵舰，阻挡不了英雄们的进军。他们与部队在一起，站在战争的前哨，在枪林弹雨中，情绪高涨，先后涌现出了大批英雄模范，创造了许多英雄事迹。据不完全统计，为完成任务而光荣负伤与牺牲的共 225 名，写下了人民支前最光荣的一页。

在这些模范人物与动人事迹中，最突出的是靖江特等功臣严声甫。在最初的抢渡任务中，他担任渡江支前队队长。在七里洞的江面上，他用自己的船一夜送大军过江八趟，创造了最高纪录；同时指挥 95 条船，在枪林弹雨中来回强渡，胜利完成了任务。扬州担运三团第一名特等功臣郭德胜，在1500米宽的江面上，一夜送了13趟，最后遇到敌舰轰击，船眼看要沉，他很沉着地稳定大家的情绪，并自己下水推船，终于脱离了危险。苏支直属二团特等女英雄韩奶奶，自己报名参加第一线突击强渡，在约8000米宽的江面上（涨潮），从当晚七点钟开船，一夜送了三趟，最后船到浅滩不能行动，她带头下水推船走了1500多米路，完成了任务。二团海安县17岁的女水手王凤英，为了要参加突击抢渡，和阻止她参加抢渡任务的哥哥吵了起来，船到江中，遇到四艘敌舰包围了小船，她很机智灵活地把住舵与敌舰周旋，终于趁机脱险。

靖江的船工英雄田文章，坟城区一团渡江英雄吴开宽、袁成龄，六团的特等功臣顾维才、董文亮，以及被誉为“扬子江上的英雄船”的特等英雄周盛友，与获得“渡江第一船”称号的女英雄叶大嫂等，他们均是在这次渡江支前任务中涌现出的英雄人物。

1949年4月，伟大的渡江支前任务，在船民和海员努力下顺利完成。支前工作成为渡江战役取得胜利的重要保证之一。

## 六、为解放长山列岛作贡献

在解放长山岛的战役中，受军事装备所限，解放军运送兵力的船舶能依靠船工驾驶的帆船开展运输。要赢得这场战争，就必须有一支作风过硬、技术熟练的船工队伍，这是这场战役取得胜利的先决条件。从这个意义上说，长山岛战役的支前船工队是打赢这次战役的关键所在，他们为长山岛的解放作出了突出贡献。

带领长山岛战役支前船工队是长岛特区工委书记郭玉华和长岛特区工委委员杨学敏。他俩非常重视船工队的建设，为做好支前工作奠定了基础。他们首先召集全体船工，召开了支前船工动员会，鼓励大家为长山岛的解放作贡献，然后把船工和船员编到解放军的队伍里一起参加战斗。他们和主力部队的战士们一起吃、一起住、一起练兵。他们相互学习，教会战士们渡海划船，向战士们学习如何打仗，和战士们同舟共济、同甘共苦，一起杀进岛子去，解救亲人，解放家乡。

长山岛战役支前船工队按船员的花名册把支前民工分到各团、营、连，保证每个班至少分到一名。这样一来，主力部队有了向导，渡海和登陆熟门熟路，这给部队全体指战员增添了巨大的信心和力量。

每个战斗班派来船员，立刻受到班里战士的热情接待。吃饭时，战士把大块的肉往支前队员碗里夹，把自己的毛巾、袜子、香烟和肥皂送给船员。夜里，战士和船员睡在一块儿，老百姓和战士亲密无间，水乳交融，就像一家人。

为了使部队指战员们全面熟悉长山岛的地理和地形，支前船工队制作了一个大沙盘，标出长山地形、地貌和海岸线的详细情况，然后再由船员们分批给指战员们上课，让主力部队全面熟悉长山岛情况。支前船工队还帮助指战员熟悉水性，教战士学游泳，向战士传授克服晕船的经验。同时，船工与指战员一起进行渡海演习，教战士扯篷、拉缘、摇橹、划棹和掌舵等；教战士们起航、靠岸和登陆等。船员还耐心地向战士们介绍登州水道的风向、水流变化规律，讲解预定登陆地点的地形、地貌、水深和地质等。反复的海上演练，使参战部队指战员逐步熟悉了大海的特点，初步适应了海上生活，大部分人学会了游泳，掌握了驶船的基本技术，晕船现象也越来越少了。

1949 年 8 月 11 日晚，长山岛战役打响。英勇的船员们不怕牺牲、一往无前、奋力划桨，突破敌人的炮火封锁，载着解放军指战员的帆船向长山岛进发。

战斗一直持续到 8 月 12 日上午九时许，解放军 72 师扫清了南长山岛南部全部国民党军队。10 时，南北长山、大小黑山、大小竹山和庙岛等七个岛屿全部解放。8 月 20 日，随着盘踞长山岛北部五岛的国民党军残部弃岛逃窜，长山列岛全部解放。

据战后统计，长山岛的127名向导和567名船员，没有一个临阵脱逃的，在海上没有一个领错了航线而使船舶触礁搁浅的。他们以自己的勇敢和智慧为中国人民的解放事业作出了贡献。

## 第六节　坚持斗争迎接解放

### 一、航联会开展护船、护产斗争

新中国成立前夕，上海航业界有海员两万多人、码头工人三万人。上海市航业界职工联合会①（以下简称航联会）成立后做的第一件事情是组织工人纠察队。至新中国成立前夕，航联会共发展纠察队员1300多名，其中以码头、仓库方面的工人人数最多，仅招商局第三码头就拥有骨干力量组成的队员170多人。各纠察队队长和指导员均由航联会成员担任，并发给委任书，对纠察队员都要进行纪律教育，然后发给袖章。他们设点联络，伺机而动，开展灵活机动的斗争。如在海轮方面，他们利用集美航海学校留沪同学会，组织起一支近50人的纠察队，其中有该校毕业的高级船员10余人，还有驾驶员总会和轮机员总会的其他高级船员。接着，他们又以中共航运地下支部支委朱谷人工作的“中国船舶工程事务所”为联络点，将招商局港作小船上工作的海员组织起来，建立了一支有30余人的纠察队。在内河方面，通过个别谈话、结拜兄弟等方式，将小船船员组织起来，成立了有100多人的纠察队。在船厂和各码头先后组织了几支工人纠察队。码头

① 1949年初，中共中央上海局航运支部组织海员和码头工人，成立了上海市航业界职工联合会，简称“航联会”。

纠察队，采取怠工、拖延和藏匿等办法，同国民党进行反搬迁、反破坏、反逃跑的斗争。这些纠察队在反劫运和护船护产护厂斗争中发挥了积极的作用。

上海临近解放时，航联会加强宣传攻势，将秘密印刷的宣传品利用各种渠道送上船舶。为了避开国民党的检查，航联会利用夜色，划着小舢板，靠近大船，采取内外接应，把宣传品送上船舶，供船员阅读，让船员了解当前情况和面临的处境。同时，航联会通过各种关系，对船员和家属宣传时局形势，动员船员不要为国民党开船；尤其是航运党总支派人到招商局等航运业的机关，开展说服劝导，重点做好招商局上层人士的工作，要求他们不要为国民党运输物资。经过坚持不懈的工作，招商局的胡时渊、黄慕宗、马家骏等高层人士和一批技术人员决心留在上海，保护船舶，保护资产，迎接解放。

航运党总支根据上级的要求紧锣密鼓地通过各种渠道收集招商局的船舶动态、人员动态和军运情况等，及时上报上海市委。这些信息、材料有的迅速转送到解放区，经汇总整理、编写，发送给为接管上海而做准备的在丹阳集结的接管专员和部队领导，对上海解放，军事接管和迅速复航起到了重要作用。

当解放军直逼上海市郊的时候，国民党军队妄图做最后抵抗，并对船舶、码头设施进行破坏。这时，航联会针锋相对地开展反撤退、反破坏斗争，有的把船开上浅滩，有的把机器拆掉。如六艘千吨级油轮停泊在上海太古码头，海员工人不顾反动军警的威胁，将海底阀门全部开放，江水涌进舱内，油轮很快沉没；有的推托生病，有的隐藏不见，不再上船。国民党军队发布军令："抗拒开船者，就地格杀！"同时派出大批军警到海员宿舍和家里寻找、强抓海员。但是，海员能躲则躲，能逃则逃，即使被抓他们在半路上也会设法逃离；即使军警鸣枪示警、镇压他们也不就范。如有一位船长被抓，国民党要他去开"民 305 号"轮。解押途中，解放军炮火声隆隆，国民党匪军十分恐慌惊吓，这位船长趁机溜走了。

航联会领导开展的护船、护产斗争取得了重大成果，总计保护下来的大小船舶有400多艘，成为新中国航运早期的重要运力。

## 二、全国港航工人组织开展护港、护厂和反劫运斗争

### （一）天津港工人护港保船斗争

1948年12月，天津塘沽的国民党反动军队在溃败前夕，对塘沽港进行了疯狂掠夺和破坏。因此，护港保船，迎接解放军，就成了天津新港海员工人艰巨的任务。具有丰富斗争经验的天津港工人，表现出了高度的智慧和勇敢，开展了轰轰烈烈的护港保船斗争。

首先，在开船之前，工人们设法把机器零件卸下，使船在国民党军队溃逃时无法开走。例如，1948年冬，从唐山败退下来的“交警旅”劫持了“国通”轮，强迫船上船员拖运乘载着残兵败将的“驳21号”船。由于塘沽战局紧迫，“国通”轮只能停靠在“三块板”地方。国民党军队副官害怕船员逃跑，在船上设立岗哨进行监视。船员们为了不让敌人把船弄走，就动手拆卸零件，把小件埋在煤舱里，把大件抬到陆地上藏起来，等到敌人想派他们去天津载运国民党军队时，船已经不能开动，弄得国民党军队毫无办法。“国沧”轮船也是通过这种方法保存下来的。

其次，工人们设法制造故障，拒绝开船。“国津”轮船在国民党撤退之前还可以正常行驶，可是等到国民党军队企图将其劫走时，该船轮机师却说：“锅炉出了事故，漏气了，要放水，不然就会爆炸，人命关天，不能开船。”在国民党军官来检查的时候，他们又故意放气，使得敌人不得不放弃这条船。

再次，工人们设法使船搁浅，不能起航。年底，原招商局的一艘驳船，装有300多吨出口碱面，停靠在小码头。许多国民党官兵想改乘驳船逃走。驳船上的李广亮、郑春平等船员在涨潮时向浅滩绞缆，等一落潮，船就搁浅不能拖走，他们一直在船上坚持到解放，将船和船上的碱面交给解放军。

最后，工人们还同敌人在海上争夺船舶。敌人虽然把一些船舶弄出了港口，但是，工人们不怕敌人威胁，冒着生命危险不让国民党军队把船抢走。1948年冬，一群国民党残兵败将仓皇逃命，如潮水般涌向码头，强行将“驳3号”轮等七八条船劫往大沽口，绑在军舰上准备强行拖往长山列岛。晚上趁天黑敌人不易发现，工人们顺着缆绳爬上敌舰，解开缆绳，使“驳3号”轮脱离军舰。当国民党军队发现时，海上风浪很大，已经无法把它们再重新拖住。经过两天两夜的斗争，敌人军舰毫无办法，又害怕解放军赶来，只好狼狈逃去。

### （二）秦皇岛码头工人护港斗争

1948年，国民党反动派统治走向全面崩溃，但是，盘踞在秦皇岛地区的国民党军队，在溃逃前奉国民党最高当局命令，坚决破坏秦皇岛港，同时为破坏做出两手准备：一是将大、小码头以及港区所有建筑物全部摧毁；二是带走所有高级职员及重要人员，并胁迫欺骗部分技术工人跟随国民党撤离。1948年9月，中共冀东党委向秦皇岛地区的地下党员门志成等同志布置了迎接秦皇岛解放的任务。特别指出：“一定要保证码头、仓库、厂房等设备的完整和物资的安全。”根据上级的指示，门志成等同志积极组织工人，秘密成立了工人护港组织，和敌人展开了一场护港斗争。11月25日，国民党八十六军征用港口储存的炸药72箱（每箱净重50磅），并派遣一个专门拆毁队乘运输舰来港。26日中午，驻军给开滦秦皇岛经理发来“请柬”，邀请开滦秦皇岛经理处高级员司去塘沽“旅行”。同日下午又发来电文，令开滦秦皇岛经理必须于八十六军最后一批上船以前，撤离秦皇岛，然后即实施破坏。当晚，当最后一批国民党军队登船逃窜并准备实行破坏码头及重要设施的阴谋时，广大港口工人立刻行动，划分战斗小组，分片负责，50 步设岗一人，分布在码头沿线；同时封闭各处仓库、厂房和电厂等重要设备，并控制了敌人存放炸药的仓库钥匙。通过一系列部署，敌人炸毁码头的阴谋未能得逞。

随后，国民党军队“长治”驱逐舰向码头发射了 30 多发炮弹，妄图再次炸毁码头。但因工人护港组织早有准备，对一些重要设备进行了伪装或设置掩护体，只有两发炮弹落在南山头，码头、电厂安然无恙，敌人蓄谋已久的破坏阴谋未能得逞。

### （三）上海港码头工人护港、护产迎解放

1949 年 4 月 21 日，人民解放军百万雄师迅速横渡长江天堑，突破了千里江防，解放了南京。国民党反动派在美国的支持下，企图在上海做最后的挣扎，并阴谋进行破坏。在这紧要关头，上海码头工人在中共地下党的领导下，组织了纠察队、保安队，成立了上海港护港护产指挥部，坚守码头岗位，防匪防特，保护码头财产和仓库物资，准备迎接上海解放。5 月 25 日，指挥部接到上级的指示说，在敌人已经逃跑、解放军尚未到达的时候，要组织好力量，做好护产和维护秩序的工作。根据这个指示，指挥部立即集中纠察队和保安队员，加强巡逻和维持秩序。上海解放时，除招商局四号码头遭受轻微破坏，一、二、六号码头部分物资被抢走外，其余仓库均完好无损。

### （四）青岛海员工人的护船斗争

青岛“建安”轮海员开展反劫船斗争。青岛胶县盐务局“建安”轮上的 40 多名海员，为了不给国民党军队提供从海上南逃的

运输工具，同国民党军队进行了长达一个月的反劫船斗争。

1949 年春开始，国民党军队多次派兵上船，强逼“建安”轮海员抢修机器，准备使用“建安”轮。但该轮海员为不使敌人劫船阴谋得逞，采取了假修理、真破坏的手法来欺骗敌人。国民党军队在时，他们假装认真修理的样子，实际上故意把机器部件拆下来，有的把零件故意搞坏，使机器无法运转；国民党军队一走他们就停工。他们用这种办法整整拖了一个多月，直至 6 月 3 日青岛解放，船仍未修好。由于海员的斗争，“建安”轮未被劫走。

1949 年 5 月下旬，在解放军逼近青岛之际，盘踞在青岛的国民党军队到处抓人抓船，妄图从海上南逃。其间，青岛的海员工人同敌人展开了机智的反抓人和护船的斗争。5 月底，青岛国民党警备司令部所属的“倚云”机动船（载重 100 吨）上装载了 80 吨炸药，企图偷运到上海，以作破坏之用。在地下工作人员杨克顺（胶东军区的科长）得知此消息后，便秘密通过王立平与“倚云”轮的大车叶建春联系，决定派人上船，设法将船开到已解放了的石岛港去。海员叶建春觉得国民党军队在码头岗卡搜查森严，如派人上船易被发觉，同时船向东北方向开，去石岛与国民党军队南逃的航向相反，也易被敌人识破。因此他认为不如向南开，给国民党军队以假象，然后寻机开往连云港（此时连云港已解放）。最终他们决定由船员自己来完成这项任务。5 月 31 日，在解放军即将解放青岛之际，急于逃窜的国民党军队慌忙派一名副官和四名士兵，携带一名随船南逃的副官，持枪上船，强迫海员将“倚云”轮开往台湾（此时上海已解放，原计划逃往上海的企图已不能得逞）。船驶离青岛港后，大车叶建春首先将劫船去连云港的计划告诉了船长王树华，并取得了船长的认同。尔后，叶建春又逐个同船员商量，得到了全体船员的拥护和支持。6 月 2 日凌晨，当船航行到连云港附近时，海员便改变航向，直驶连云港。船行不多时，被押船的哨兵发现，哨兵大喊道：“侯副官！

船的航向不对!”侯副官听到喊叫后，便登上舵楼去质问船的航向，此时，在舵楼里指挥航向的叶建春，冷不防地把侯副官推到屋内，并拔出手枪顶住其胸膛（此枪是地下工作者事先给叶建春的），警告说：“你只有老老实实地到解放区去，才是唯一的出路。”与此同时，海员王德坤也把哨兵的枪夺了下来，并缴了其他士兵的枪。就这样，在“倚云”轮全体海员的共同努力下，轮船胜利地驶进了连云港，不仅保住了船舶，保住了80吨炸药，而且还俘虏了六名国民党士兵。上岸后，该轮的全体海员受到了上级的嘉奖。

### （五）重庆海员粉碎敌人炸船阴谋

重庆解放前夕，航运工人英勇护船，迎接解放。民生实业公司、强华轮船公司所属“民模”“同涛”“华渝”等轮工人，用水浸棉衣棉被遮盖机器，冒险冲出敌人火力网，将船驶入安全地区，粉碎了敌人炸船的阴谋。九龙坡码头囤船工人同敌人展开了英勇搏斗，保护了囤船。

### （六）武汉轮渡管理处船工的保船斗争

1945年5月，武汉轮渡管理处的工人也提出“船是工人的命根子”的口号，将“竹山”“崇阳”“随县”“蒲圻”等船舶悄悄驶离武汉，到长江上游汉口隐藏起来；正在使用的“兴山”“长阳”“汉阳”三艘渡船在国民党军队前来破坏时，也冒着敌人流弹射击的危险，开到汉江上游去了。

### （七）福建开展护厂、护船斗争

1949年上半年，福建马尾造船厂工人又积极开展护厂斗争，反对国民党海军总司令桂永清企图将该厂机器等设备劫往台湾，工人们不顾武力威胁，拒绝了每日五元大洋的金钱利诱，拒不执行该厂主任张利钊下达的拆卸机器的命令，保护了该厂的重要财产。

6月，闽轮广大工人开展护船斗争，粉碎了闽轮公司经理、中统特务林君扬一伙企图放火烧毁在闽江上行驶的30多艘轮船的阴谋，将船舶驶往已经解放的南平，保证了人民解放军南下解放福州的用船。

### （八）广州黄埔港职工护产保船斗争

黄埔港是华南水陆交通枢纽，除了码头和仓库设施，还有一批起重机械和港口作业船舶。中共南方局城市工作部，早在1949年7月至8月，通过各种关系和渠道，做广州材料储运处广大职工的思想工作，并争取储运处上层员工，站在人民一边，保护港口财产。10月14日上午，即广州解放的当天，一名国民党军官宣布起重船拖轮准备随时撤离黄埔，并发给船员500元安家费。船员经过紧急研究对策后，以换成零钞方便发放为由，将起重船拖至鱼珠北岸附近，加快速度，使起重船撞上沙滩搁浅，解拖后，拖轮调头向珠江南岸驶去，船员将拖轮重要机部件卸下，离船而去，使30吨起重船失去了动力。当国民党炮舰发现时，已追赶不及。广州材料储运处广大职工紧密团结，掌握斗争有利时机，英勇机智地与国民党军队斗争，使广州材料储运处的全部起重机械，三座仓库和四艘港口作业船舶（其中有三艘拖轮、一艘登陆艇）完好地保留了下来。

### （九）广州港工程局职工反劫运斗争

广州港工程局的“金刚”挖泥船是在1949年6月青岛解放时撤退到黄埔的。8月25日，国民党交通部命令广州港工程局将“金刚”挖泥船和港口所有器材全部调往台湾高雄港。工程局有关员工故意再三拖延，对台湾高雄港派到黄埔港的接收顾问避而不见，并故意编制了需银圆2.9万运费的根本无法实施的庞大拖运计划预算，破坏了国民党交通部的搬迁部署。9月25日，国民党广州绥靖公署又以“借用”的名义，企图将“金刚”挖泥船调往海南岛海口港，并命令该船火速到海口港报到。广州港工程局员工仍采取拖延的斗争办法，针对当时国民党广州有关当局无能为力的情况，提出挖泥船本身无航行动力，要求派其他船舶来拖运。通过这些灵活的斗争办法，广州港工程局员工的护产斗争也取得成功，使“金刚”挖泥船和其他器材回到人民的手中。

## 三、在国统区①坚持开展斗争

1945年抗战胜利后，中共福建省委在福州成立了中共闽江工委，加强对福建各地工人运动的领导。闽江工委成立后，立即在交通运输等部门开展活动，在工人中建立组织。1946年1月，中共福州闽轮支部成立，该公司修造厂车工梁宝通任支部书记。这年春天，党支部领导成立闽轮工会筹委会，由工人伊立惠、姚连香、陈水弟、江依取等为委员，负责筹备成立工会。同时，海员在党的领导下，在闽江从福州到南平之间，建立了秘密可靠的“地下航线”。这条航线沟通了福州与闽北革命游击区密切联系的渠道。中共闽轮支部的多数党员是行驶于福州至南平的客轮和货轮上的驾驶员、副驾驶员、助理驾驶员和水手等职工。这些海员不顾个人安危，为党运送人员，传递情报，运输物资。1946年6月，中共闽江工委派游击队到福安地区开展活动，赛岐码头工人和船民工会圆满地完成了运送人员、枪支、日用品的任务。

闽江下游江南乡机帆船工会，要求平抑物价，增加工资，改

① 国统区一般是指中国抗日战争和解放战争中国民党统治的区域。中国共产党统治的地区称为解放区。

善待遇与反动军警特务开展斗争。在组织工人同把头及水警展开搏斗中，工人伤一人，被捕六人。在社会舆论的支持下，迫使国民党当局释放工人，承认该工会的合法地位。

1949 年 5 月 23 日，福州平水轮船公司职工联谊会成立；8 月 1 日，该公司工人在党和职工联谊会的领导下全线罢航，抗议国民党军队 7 月 31 日强登上“平宁”轮船，抢夺旅客财物，打死水手等罪行。

抗战胜利后，厦门等沿海广大工人群众在党的领导下，进行了清算日本大班、检举汉奸、要求复工、要求改善待遇和反对国民党“接收工会”等斗争。新中国成立前夕，根据中共厦门工委指示，《江声报》记者深入码头采访，于 1949 年 7 月 21 日至 24 日在报上发表了《妈祖宫工人住宅调查》《本市起卸工人调查》《封建剥削下的码头工人工资》等专访文章，揭露工头、黄色工会残酷对码头工人压迫与剥削的罪行。

## 四、组织筹建招商局新工会

1949 年 5 月 27 日上海解放后，航联会开始公开活动，在航运处党委的领导下，作为公营航业的群众组织开展工作，在配合军代表发动群众进行接管公司、清点财产、打捞抢修船舶、恢复航运、组织政治学习、办理海员登记等工作发挥了重要作用，同时马上着手筹建船舶工会组织。

航联会当时有 30 余名干部，其主要来源是地下党航运支部的大部分成员和骨干积极分子，还有航运处调来的南下干部和由学联介绍来的上海交通大学航管系毕业生。航联会设有海员组，由海员出身的干部和学习航海专业的大学生组成。他们熟悉船舶情况，工作热情很高，为了把船员尽快地组织起来，经常深入船舶，在船员中广泛开展串联活动，加强联系。

船舶工会组织的筹建时，航联会干部通过发动船员参加接管清点、抢修船舶、组织游行集会和举办文娱活动等工作，启发与提高群众的思想觉悟和组织性，并从中发现培养积极分子，为组建工会创造条件。航联会召开各船积极分子座谈会，交流、收集筹组工会工作的意见。航联会干部在各轮分别举行群众会议，作动员报告，详细讲述工人阶级在新中国的领导地位、工会的宗旨，宣传工人是一家、办工会靠大家等思想，并对过去国民党控制的工会的反动性和行会社团的落后性进行必要的批判，使群众对组织自己的工会的意义有一个初步的认识。另外，航联会干部同群众一起研究如何组织本船工会的具体步骤和方法，通过讨论，统一思想，使船员懂得了工会筹委会候选人是不限职级、不限文化水平，只要热心为大家服务的均可提名。当时形成统一意见，即30人以上的船舶成立海员工会支会筹委会，不足30人的成立小组筹委会，小船由几条船合建小组筹委会。

到1949年8月底，招商局所属船舶，除少数航行在外的船舶，都建立了基层工会筹备组织。在船舶基层工会筹备组织初步建立起来的基础上，招商局于8月27日召开了全体职工大会，宣布上海海员工会招商局分会筹委会成立。这是上海解放后最早成立的大型企业工会之一。会上，中共上海市委常委、上海总工会筹委会主任刘长胜讲话，同时宣布成立的还有上海码头仓库工会招商局分会筹委会。接着又成立了上海五金工会招商局船厂分会筹委会。这样，招商局所属的船舶（包括企业机关）、码头和船厂的职工分别组织到海员、码头、五金三个产业工会之中。

1949年9月8日，作为上海地区重要产业工会之一的上海海员工会正式成立。至此，上海解放前成立的航联会正式宣告结束工作。

1950年4月，招商局改组为国营轮船总公司时，为了加强企业的工会工作，根据前一年全国各地海员工会代表会议关于工会组织体制的决议，决定筹建包括海员、码头、船厂职工在内的，归属于一个产业工会的统一的工会组织。同年4月，召开了首届工会会员代表大会，出席代表317人，代表了三个产业系统的100个基层组织、9500余名会员。大会成立了中国海员工会国营轮船总公司上海委员会。从此，由于招商局改名重组，招商局工会不复存在。

## 五、废除码头脚行把持制度

新中国成立前，各地对民间搬运组织的叫法因地而异，西安叫“棚子”，徐州叫“大柜”，南昌叫“把”，武汉叫“码头”，天津叫“脚行”。因为天津把从事搬运的人叫脚夫，付给的报酬叫脚力钱或者脚钱，其营业组织就是脚行，而其老板就叫作脚行头。天津的脚行从无到有，始于清康熙年间，至天津解放后消亡，历时200余年。新中国成立前，天津港的装卸搬运业务一直为脚行把头所垄断。脚行头子与帝国主义、反动统治阶级勾结，残酷剥削压迫搬运工人，严重阻碍了生产力的发展。至新中国成立前夕，天津共有脚行227家，大小脚行头3032人。主要码头脚行有北班、三庙、义聚、兴隆街、南口、中口、北口、唐口子，以及双义局、同立、通合成等，把持着码头的装卸业务，控制的装卸工人达4229名。其中招商局、怡和、太古、三北、大华、政记和直东轮船码头，就有装卸工1000多名。脚行头子剥削工人劳动收入的比例高达70%—80%，有的超过95%以上。

1949年1月天津解放，人民政府接管港口以后，在肃清帝国主义控制的同时，积极组织码头工人开展反封反霸的民主改革运动。

1949年3月12日，人民政府组织成立了天津市第一个搬运工人服务站，6月成立了天津市搬运工人工作委员会。7月2日成立了天津市运输公司，由天津市公用局局长靖任秋兼任公司经理，统一领导、管理港口和全市的装卸搬运工作。这些国营搬运机构的设立，标志着在搬运业务中统治码头工人多年的脚行把持制度从管理体制上已彻底瓦解。1950 年 4 月，政务院颁布了《关于废除各地搬运事业中封建把持制度暂行处理办法》。天津市搬运工人，在共产党的领导下开展了声势浩大的反把头斗争，公安机关逮捕了一贯作恶的脚行头子 70 余名，其中一批罪大恶极分子被处以死刑。这场斗争从根本上摧毁了在天津延续 200 多年的封建脚行制度，码头工人从此再也不受封建把头的剥削，真正当家做了主人。与此同时，通过民主改革，充分发动群众，依靠群众开展反封建斗争，整顿了码头工人队伍，成立了装卸服务队。机关职员也实行定岗定编，有部分人员参加了学习班学习。这些整顿职工队伍的措施，既清理了少数坏人，又有利于港口业务的迅速开展。

在天津人民政府的领导下，运输公司设有专门管理码头的办事处，内有干部 16 人。搬运工人还组成了“搬运联合工作委员会”（简称搬运工会），下设四个分会。负责领导组织天津港区码头装卸的机构为码头装卸分会。码头装卸分会依据当时天津市的行政区划分为 10 个分会。天津市一、二、三、六、七区，各有一个分会；五区有两个分会；十区有三个分会（其中天津招商局码头有一个分会）。

海员自诞生开始就长期忍受帝国主义、官僚资本主义及封建主义的奴役与压迫。残酷的现实使中国海员开始进行长期反抗与斗争。中国海员的斗争大体可以分为三个阶段：第一阶段是辛亥革命以前的阶段。这一阶段，中国海员斗争的战线还是初级的，规模还是较小且分散，斗争的性质还是自发的。第二阶段是在辛亥革命以后，中国共产党成立之前。这一阶段，中国海员积极参加了孙中山先生所导的辛亥革命，并开始接受了十月革命的影响。

第三阶段是从中国共产党成立后到中华人民共和国成立之前。这一阶段，中国海员在中国共产党的坚强领导下，大规模地组织起来，斗争声势浩大，斗争目标明确，成为中国工人阶级中反帝、反封建、反官僚资本主义和反对国民党黑暗统治斗争中的一支冲击强劲的力量，为建立新中国作出了贡献。

第三章

# 团结和组织海员建设新中国（1949—1956）

中国共产党经过28年艰苦卓绝浴血奋战，于1949年10月1日中华人民共和国成立，建立了工人阶级领导的，以工农联盟为基础的人民民主专政。新中国成立之初，全国还有一部分地区未获得解放，国民党兵败大陆，盘踞沿海岛屿和台湾岛，不时对新生的人民政权进行干扰和破坏，侵害人民生命与财产安全。因此，解放全中国，恢复工农业生产和改善民生成为新政府面临的主要任务。

1949年5月，刘少奇出席华北职工代表会议和天津市职工代表会议并作报告，提出当前工人运动的主要任务是发展会员，建立工会，按产业与职业把工人组织起来。12月18日，在全国各地海员代表会议上，全国总工会副主席李立三提出了海员工会的任务，要求海员工友们必须团结起来，发挥过去的斗争经验，继承光荣的历史传统，不怕牺牲、不怕困难，共同努力帮助人民解放军去完成解放事业；要恢复航运事业，恢复海运、江运和河运，解决经济当中遇到的运输大问题；要保护海员职工的利益，工会应关心会员的利益，在尽可能条件下，用一切办法解决海员生活福利等问题。

1953年，国家恢复国民经济以及各项社会改革任务基本完成以后，开启了由新民主主义向社会主义转变的过渡时期，中国共产党提出的过渡时期总路线成为新中国奋斗的新纲领。5月，中国工会召开第七次全国代表大会，大会提出了建设时期工会组织最重要、最基本的任务：在中国共产党的领导下，联系并教育工人群众，不断地提高工人群众的觉悟程度和组织程度，巩固工农联盟，团结各阶层人民，积极地完成国家建设计划，并在发展生产的基础上，逐步地改善工人阶级和全体劳动人民的物质生活与文化生活，为逐步实现国家的工业化与过渡到社会主义社会而斗争。

中国海员工会在国民经济的恢复、建设过程中，积极贯彻党的方针政策和落实全国总工会的要求，积极进取，努力工作，全心服务海员职工，加强团结协作，努力完成党和国家交给的任务，实现了海员工会发展的新高度。

## 第一节　积极参与新中国建设，促进生产发展

新中国成立后，百废待兴，党和政府十分关心海员工作和生活，全国总工会就开始筹建中国海员工会。1949 年 12 月 18 日至 27 日，中国海员工会全国代表大会在北京召开，并宣布中国海员工会筹备委员会成立，选举刘达潮为主任。大会根据全国总工会对海员工会工作的要求，在会上提出了中国海员工会工作总任务。之后，中国海员工会筹备委员会积极动员广大海员职工，支援解放全中国，恢复生产，开展抗美援朝，努力完成第一个五年计划，取得丰硕成果。

### 一、担负起支援解放全中国的任务

新中国成立时，国民党残余军队还盘踞在东南沿海岛屿等地方。当时，战争已推进到南方、西南和沿海地区。特别是在准备渡海解放台湾岛、解放海南岛和舟山群岛等的战役中，水上运输是保障战役有序开展的关键工作，是海员发挥专业特长的时候，是直接支援解放战役主要工作。

为此，中国海员工会筹备委员会主任刘达潮号召海员全力担负起这个责任，动员和组织轮船和民船上的海员，发挥他们最大的积极性、顽强性、不怕牺牲和艰难困苦的精神，以多装、快装

和保证安全来完成这一光荣的任务。他要求海员坚持到底，直到舟山群岛、海南岛、台湾岛等全部解放，彻底消灭国民党反动派统治，消灭敌人在海上的封锁和飞机轰炸。

## 二、克服困难恢复航运

当时，离全国全面解放已为期不远，全国大规模的恢复生产和经济建设工作已经提上议事日程。国家的经济建设方针是“公私兼顾、劳资两利、城乡互助、内外交流”，以发展和繁荣新民主主义经济。要执行“城乡互助、内外交流”的政策，只有交通运输事业得到恢复与发展才能得以实现。因此，航运的正常开展就具有非常重要的意义，必须依靠广大海员职工，团结一致，克服困难，经过长期的艰苦奋斗，才能完成恢复生产和发展经济建设的工作。

当时，解放战争还没有结束，沿海航线有 12000 余公里，内河航行大轮船的航线有 3500 公里，民船的航线有 40000 余公里，加上其他航线总共有 78000 余公里；轮船在解放区的船舶载重有 30 余万吨，不在解放区的船舶载重有 50 余万吨，其中停滞在香港的船舶载重有 20 余万吨，新中国成立后船舶载重量有 80 余万吨。由于战争和敌人的封锁破坏，当时航运工作面临许多困难，运输速率慢，燃料特别是油料缺乏，航运安全不能保证，军事运输任务繁重，民用货物运输不多，运输不正常，经营困难，船舶不能充分发挥运力等。经济生产初步恢复后，城乡、内外物资交流正常时，运输十分繁忙，而当时大量留在大陆的船舶遭到国民党反动派的破坏和大量民船因战争而弃用，船舶运力出现严重不足。

为此，中国海员工会筹备委员会呼吁海员职工全力支持航政管理部门采取检修破旧的船舶，恢复和组织统一的有计划的运输，以修复的船舶来承担繁重的运输任务，支援解放战争和发展生产的方针，要求全体海员职工必须以主人翁的态度全力支持和协助。特别是组织好民船运输工作，打捞职工要积极地把沉没的船舶打捞起来；修理厂的职工们要加快地把船舶修理好；技师、专家、业务工作的职员们要认真调查研究各地方的生产情况、货运情况和运输情况，有计划、有步骤地逐步走到统一性的、计划性的运输，以达到船无空闲、货畅其流的任务要求。

中国海员工会筹备委员会要求海员工人工作的基本方针是：要做到航行安全、运输迅速、时间准确和运价低廉；海员要提高责任心，提高技术，爱护机器，勤检勤修，节省原料和燃料，提高装卸效率和修船率，缩短航行运转时间，精减不必要人员，整顿官僚作风，人尽其才，各司其职；要不断提高航行标准时间，燃料消耗标准率和航行的里程，并组织劳动竞赛和节约运动；要开展好教育动员和组织工作，规定累进奖励制，物质与名誉奖励并用，结合及时表扬与批评，传播先进经验，把提高航行效率和教育职工及提高职工生活相结合起来。

中国海员工会筹备委员会提出要依靠海员职工，团结技术人员和专家，培养干部，提高其阶级觉悟和技术水平，以发挥其积极性和创造性来恢复航运，支持中国国民经济的恢复。

## 三、加强海员工会组织建设

1950 年 1 月 5 日，全国总工会常务委员会扩大会议明确中国海员工会的职责是联合全国从事水上运输工作的体力和脑力雇佣劳动者，如大小轮船、民船、机器船、驳船公司职工，航政机关职工，修船厂、码头仓库的职工。它是在自愿的原则上组织起来的群众性的团体，又是按照行政系统和码头港口组织起来的机构；每一个轮船公司组织一个企业工会，每一个码头港口的企业工会联合组织地方海员工会。因此，它是联合全国的海员职工的组织，是全国统一的工会。

新中国成立时，全国海员大概有 15 万，民船工人约有 40 万，已经组织起来的海员只有 6 万左右，约占 10%。因此发展组织是个重要工作，但海员职业的流动性和分散性很大，组织工作特别困难。而且存在关门主义、缩手缩脚、不相信工人和不敢放手等情况。针对这一情况，中国海员工会筹备委员会确立了大胆放手、广泛推进，一面发展，一面教育巩固的组织工作方针，要求把发展工作和阶级教育、政策教育、工会教育结合起来，把组织群众讨论和签订集体合同或解决具体问题结合起来，把发展工作和动员组织生产结合起来，把发展工作和训练培养积极分子结合起来，使工会成为海员群众自己的工会。

在工作方式上，首先要从组织轮船工人着手，同时也不放松民船工作。工作一开始就要聚焦在岗工人，同时兼顾失业工人。

新中国成立时，海员团体是很多的，在上海就有 34 个之多，这些组织大多数都是包工头、流氓帮会头子等和国民党反动派相互勾结，掌握职业介绍权，利用海员工人存在封建落后思想和找职业的要求，以剥削、分裂海员工人为目的的组织。海员群众之所以加入这些组织，是为了找到工作和维持工作，是迫不得已的行为，属无奈之举。同时在个别地方还有群众自发性或者和群众有联系的组织。

在对待反动海员工会和行会帮派的团体问题上，中国海员工会筹备委员会提出的政策是：具体情况具体处理，处理的原则是发扬民主，召集群众和机关负责人集体讨论。如果群众反对、痛恨，就组织群众去接收或解散它；如果群众赞成和拥护，则联合起来直至统一。在联合的过程中进行教育和改造，然后在民主原则下进行统一。

## 四、发展生产，抗美援朝保家卫国

1950 年 10 月，中国人民志愿军赴朝作战，拉开了抗美援朝战争的序幕。其实，中国海员早就遭受美帝国主义的危害。6 月 25 日，朝鲜内战爆发，美帝国主义命令第七舰队入侵台湾海峡，阻止中国人民解放军渡海解放台湾，之后操控联合国安理会形成非法决议，直接和协助国民党残余匪帮封锁中国的沿海港口，截断南北航线，破坏新中国恢复航运事业，逼使中国海员大批失业，生活无着。他们还抢掠中国的轮船，逮捕杀害和残酷奴役海员。在北洋航线，美国军舰炮击船舶，搜查、扣留、侮辱海员；美国飞机不断扫射和威胁海员。在香港，美帝国主义勾结英帝国主义，并不惜花费数百万美元，指使国民党特务联合压迫、威胁中国留港轮船，杀害海员干部，破坏中国的轮船。在美帝国主义的野蛮侵略之下，中国海员的安全生活和自由已经遭受了严重的直接危害。中国海员要求生存，要求安全，团结一致和美帝国主义做坚决的斗争。

刚刚成立不久的中国海员工会筹备委员会与全国人民一起发表联合宣言，严正地表达了抗美援朝保家卫国的要求，中国海员誓以全力拥护并响应全国总工会“开展爱国竞赛运动，为提高生产加强国防力量”的号召。

中国海员工会筹备委员会号召国内的海员们展开爱国航运生产竞赛，保持航行安全，提高航行运转率，节省燃料，保养机器，增加载量，保护船舶，严防特务破坏。

中国海员工会筹备委员会号召码头仓库工人们，快装快卸，爱护物资，减少损耗；号召修船厂工人们，努力提前完成修船计划，既要修得好，又要修得快；号召留在香港的海员们，团结一致，坚决反对和拒绝港英当局强迫威胁参加美帝国主义侵朝战争的奴役工作，把轮船驶回祖国。

中国海员工会筹备委员会号召在国民党政府的压迫和奴役下的海员们一致奋起，反抗蒋介石匪帮的压迫，警惕特务的破坏，机智而勇敢地举行海上起义，把船开回祖国，以增强祖国抗美卫国的航运力量；号召海员家属们动员和鼓励自己的兄弟、丈夫、父亲、儿子，完成抗美援朝的运输任务，并积极参加自己可能做到的抗美援朝爱国工作；号召全国海员们积极团结国际海员展开反美帝国主义的侵略，拒绝为美帝国主义侵略战争的运输，以共同保卫世界和平；号召全国轮船和民船的海员们，要保护航运，恢复和发展航运，来保障和提高生活水平；号召中国海员一致奋起支援抗美援朝斗争，彻底打败美帝国主义的侵略。

## 五、放手发动群众进行民主改革

新中国成立后，海员的情况有很大的变化。过去国内海员采取的包工克扣制度取消了，旧海员行会组织瓦解了，走私、赌博现象基本消灭了，封建帮派会所、伪工会、反动党团与特务组织不能公开地系统地进行活动了。到 1951 年，随着公营航业的接收、航运管理机构的改组及国家物价的稳定，海员生活得到了初步安定。

在党的领导下，海员工会积极开展宣传、教育与组织等工作，海员生活和工作的稳定与保障等都有所提高。海员在支持解放海南等岛，支援抗美援朝，爱国捐款与生产节约等运动上都表现出极大热情。在镇压反革命运动中，一些主要的航运企业逮捕与法办了一批反革命特务与坏分子，给予潜伏的敌人以相当的打击。但工作中还存在着一些问题。特别是反革命特务分子与反动封建残余潜伏的情形很严重，他们在海员中挑拨离间，打击积极分子，破坏生产；挑拨群众提出过高要求与过左斗争；甚至破坏船舶，为敌人收集情报工作。由于旧思想、旧作风和旧制度没有进行彻底的改造与改革，加上工会基层组织不健全与不纯洁等问题，海员工会工作任重道远。

针对上述问题，根据党中央与交通部的要求，中国海员工会筹备委员会发动广大海员工人职员群众，开展民主改革，主要是解决各种问题，排除各公营私营航业建设的障碍。为此中国海员工会筹备委员会明确民主改革的工作方针是：要坚决发动工人群众，团结高级海员与职员，争取一切同情与赞助的力量，建立广泛的统一战线，消除反革命特务分子与反动封建残余（包括土匪），改造不纯思想与作风，改革不合理制度，整顿工会组织，加强海员群众的团结，打下航业实行企业化经济核算制度、建立民主化管理制度的坚实基础。

## 六、提高劳动竞赛水平，建设新中国

1952 年底，中国恢复国民经济的任务顺利实现，党中央决定从 1953 年开始实行发展国民经济的第一个五年计划，水运业也进入了有计划的发展阶段。为保证完成与超额完成国家运输任务和各项指标，中国海员工会筹备委员会坚决响应党中央的号召，兢兢业业，克服困难，努力完成党和国家交给的任务。

正是在这样的背景下，海员工会老领导丘金在中国海员工会第一届全国代表大会上提出了“进一步发展与提高劳动竞赛”要求，让劳动竞赛在水运业全面地、正常地开展起来。他要求全国海员工会必须发动全体职工讨论国家计划，明确竞赛的目的，并根据国家计划各项指标和生产关键制订竞赛条件；必须加强对劳动竞赛的组织领导；在竞赛过程中鼓励支持先进单位、先进人物，培养典型，树立榜样，以带动落后。在劳动竞赛过程中，要进一步巩固劳动纪律，要加强纪律教育，提高群众的组织性和纪律性；

要协助行政根据“国营企业内部劳动规则纲要”拟定企业内部规则，改进生产管理，贯彻责任制度、职务章则、操作规程等。在开展竞赛中，还必须认真贯彻安全生产的方针，协助行政进行安全生产教育及组织职工学习安全操作规程，使之为群众所精通与掌握，并把安全技术组织措施列入竞赛保证条件内加以贯彻；在基层中逐步建立劳动保护公共检查员的制度等。

中国海员工会筹备委员会积极倡导与推进劳动竞赛活动，并成为中国海员参加社会主义建设的有力推手，激励无数海员追求先进，进而为中国水运事业的发展做出了卓越的贡献。

## 七、把完成国家计划和关心职工利益联结起来

按照中国工会第七次全国代表大会提出的“工会组织必须时刻地关心与尽可能地改善工人群众的物质生活和文化生活”的要求，中国海员工会筹备委员会在搞好生产的同时，从物质上关心群众，把发展生产、完成国家计划和职工群众的切身利益联结起来。

中国海员工会筹备委员会要求各级海员工会研究党和政府的工资政策，协助行政逐渐合理地规定技术标准，修改定额，贯彻按劳付酬的工资原则，进一步改进工资制度，克服存在的不合理现象；积极协助行政制定和改进奖励办法；充分发挥工资奖励制度对生产的物质鼓励作用；协助与监督行政制订各个时期的安全技术劳动保护措施计划，逐步改善职工的劳动条件，并在竞赛过程中发动技术人员和工人研究改善劳动条件的措施，以降低工人的劳动强度和提高劳动生产率；配合行政，根据劳动保险工作为生产服务为群众服务的方针，调整与改善现有集体保险事业，并在必要与可能的条件下逐步加以充实；贯彻预防为主的方针，组织医疗人员到现场巡回治疗与检查，研究病况及其规律，找出切

实有效的预防办法并贯彻下去。对职工生活、健康有着直接影响的饭堂、休息室等，也应督促行政举办并协助办好。有计划地采取种种措施以保证职工健康和降低疾病率。

中国海员工会筹备委员会还加强对互助储金会工作的领导，充分发挥其互助作用。强调合理使用企业救济费和会员困难补助费，以解决职工的实际困难；经常注意与关心群众的日常生活，认真解决群众的必需而有可能解决的要求；同时加强家属工作，巩固家属组织。

## 八、积极开展文化和技术教育

新中国成立后，海员工人成为领导阶级的组成部分，但其成员是复杂的，资产阶级的思想又在不断地侵蚀海员队伍。随着中国工业的发展，大量小生产者及其他阶级的成员不断地涌入海员队伍。

为此，中国海员工会筹备委员会提出加强领导和改进文化教育工作，积极开展技术教育。要求各级海员工会在党组织的领导下，结合各项工作，继续深入宣传国家在过渡时期的总任务、第一个五年计划等，启发群众明确认识个人利益和国家利益的一致性和眼前利益必须服从社会主义建设的长远利益的道理。同时，协助行政积极地有计划地开展职工技术教育。根据生产上的需要和群众的要求，采取技术讲座、研究、展览会、业余训练班推广先进经验，发动技术人员带徒弟，协助行政举办各种专业训练班，尤应在职工群众中掀起学习苏联先进经验的热潮，从而进一步提高技术水平和管理水平，发挥运输潜力，提高劳动生产率。

在加强文化教育工作中，中国海员工会筹备委员会要求各级海员工会重视职工业余时间，创造、制定便利职工经常参加业余文化学习的条件和办法，大力扫除文盲；根据为生产服务、为群众服务的方针，切实整顿各种文化事业，充分地发挥俱乐部、图书馆等文化机构的作用，在“业余、自愿、群众性”的原则下开展适应航业特点而又能增进职工身心健康的体育文娱活动，把满足职工群众的休息和正常娱乐的要求和政治、文化、技术教育结合起来。

## 第二节　建立新中国海员工会组织

### 一、成立中国海员工会筹备委员会

1949 年 12 月 18 日至 27 日，中国海员工会全国代表大会在北京召开。12 月 25 日，为了把中国海员组织起来，统一和加强各地海员工会工作，恢复和发展中国水上运输事业，保障海员利益，全国各地海员工会代表会议上成立中国海员工会筹备委员会。推选刘达潮等 39 人为筹备委员。并由筹备委员会选举九人组成常务委员会，以刘达潮为主任。中国海员工会筹备委员会筹备委员名单见表 3-1 所示。

表 3-1　中国海员工会筹备委员会筹备委员名单

| 姓　名 | 职　务 |
|---|---|
| 刘达潮 * | 中华全国总工会执行委员兼海员工会工作委员会主任 |
| 王亦清 * | 中华全国总工会机关部副部长 |
| 彭自强 * | 中华全国总工会海员工会工作委员会委员 |
| 叶　高 * | 中华全国总工会海员工会工作委员会委员 |
| 杨　荣 * | 上海海员工会执行委员　中华全国总工会海员工会工作委员会委员 |
| 李大林 * | 中华全国总工会海员工会工作委员会秘书 |
| 曾寿隆 * | 天津海员工会主任 |

续表

| 姓　名 | 职　务 |
| --- | --- |
| 王阿林 * | 上海海员工会主任 |
| 周何亮 * | 武汉海员工会主任 |
| 陈　郁 | 中华全国总工会常务委员　中央人民政府燃料工业部部长 |
| 刘长胜 | 上海市总工会筹备委员会主任 |
| 林锵云 | 中华全国总工会执行委员 |
| 丘　金 | 中华全国总工会执行委员　天津市总工会筹备委员会副主任 |
| 刘玉亭 | 天津海员工会塘大区分会主任 |
| 王　偉 | 大连海港工会秘书长 |
| 杨　崑 | 安东码头运输工会主任 |
| 温长泉 | 哈尔滨航政局工会主任 |
| 吴一飞 | 营口海员工会 |
| 于友三 | 青岛海员工会主任 |
| 夏爵一 | 上海海员工会副主任兼招商总局分会主任 |
| 乐圣法 | 上海海员工会副主任 |
| 史祥林 | 上海海员工会常务委员兼内河分会主任 |
| 刘寒松 | 上海海员工会民生公司分会主任 |
| 徐宝华 | 上海海员工会执行委员兼文教部副主任 |
| 姚　刚 | 芜湖海员工会筹备会委员 |
| 王裕斌 | 南京市总工会海员工会工作组组长 |
| 黄鸣凤 | 蚌埠市海员工会主任 |
| 粘文华 | 厦门市总工会主任 |
| 刘　众 | 武汉海员工会副主席 |
| 袁永明 | 武汉海员工会秘书长兼文教部长 |
| 郝　奎 | 长沙市总工会海员工作组组长 |
| 刘国治 | 九江招商局工会筹备委员会委员 |
| 谭其科 | 广州市总工会副主任兼海员工作委员会主任 |

续表

| 姓　名 | 职　务 |
|---|---|
| 岑　维 | 广州市总工会海员工作委员会委员 |
| 许代全 | 海外海员代表 |
| 吴畏港 | 海外海员代表 |
| 杜汉涛 | 武汉海员工会复兴公司分会主任 |

中国海员工会筹备委员会筹备委员名单给西南区预留了空额两名；标记＊的人员是中国海员工会筹备委员会常务委员。

大会要求筹备委员会积极筹备，准备于1950年5月召开中国海员工会代表大会，并正式成立中国海员工会全国委员会。会议明确在中国海员工会全国委员会未正式成立之前，筹备委员会即为中国各地海员工会的最高领导机关，负责指导及协助各地海员工会执行代表会议的决议及其日常工作，而全国各地海员工会亦必须向其报告工作及供给各种材料。

## 二、成立全国各级海员工会组织

1950年1月5日，全国总工会常务委员会扩大会议批准了全国各地海员工会代表会议通过的《关于组织问题的决议》，明确了中国各地海员工会组织建设工作的任务与要求。

### （一）确定海员工会组织的范围

中国海员工会组织范围是：所有从事水上运输事业之雇佣劳动者，不论是属于公营还是私营企业，也不论是大轮船、小火轮、机帆船、拖驳与轮船公司还是其所附设的修船厂、码头仓库、医院、学校等机构，凡在上述机构中工作的工人职员及引水人员均包括在内。但凡属执行资方职权之资方代理人，则不能加入工会。

海关船舶之职工加入海关工会，轮渡则按其所属之企业部门归各该产业工会组织，如铁路附设的轮渡则归铁路工会，市政轮渡和摆渡则归市政工会。渔业工人应加入食品业工会，但在食品业工会尚未成立前，可暂由海员工会领导。

民船工人应成立单独的民船工会，但在全国民船工会尚未成立前，由海员工会成立民船工作委员会领导其工作。

建立中国海员工会地区委员会原则是按照产业与管理产业的行政系统组织。这样，在全国划分七个地区，建立中国海员工会地区委员会，直属全国委员会领导。七个地区分别是东北区委员会以大连为中心，包括东北沿海各口岸及其内河各航线；华北区委员会以天津为中心，包括河北省沿海各口岸和华北各省内河航线；山东区委员会以青岛为中心，包括山东省沿海各口岸及其内河航线；华东区委员会以上海为中心，包括江苏、浙江、安徽三省的沿海口岸及内河航线。在因台湾未解放而暂不成立台湾区委员会之前，福建沿海各口岸及内河航线暂归华东区委员会领导；华南区委员会以广州为中心，包括广东、广西及海南岛等沿海航线及内河航线；华中区委员会以武汉为中心，包括河南、湖北、湖南、江西四省的内河航线；西南区委员会以重庆为中心，包括四川、云南、贵州、西康内河各航线。

各地区委员会下组织地方委员会（如南京委员会或宁波委员会等）直属地区委员会领导，但地区委员会驻在地不另设地方委员会（如华东区委员会所在地的上海，则不再设上海委员会），由地区委员会直接负责其驻在地的地方委员会的工作。

各地方委员会之下，按照产业单位，组织轮船公司、小火轮公司、机帆船公司、短期引水、航政机关的委员会；民船则成立单一的民船工会委员会，由地方委员会统一领导。

轮船公司委员会下成立轮船、码头仓库、修船厂等单位的委员会，小火轮则成立联合委员会。在各委员会之下，按各单位的生产部门或工作部门之不同分为各小组；小火轮、拖驳则以船舶为单位成立小组。

凡25人以上之生产部门则成立委员会，25人以下者成立小组。

全国委员会、各地委员会之相互关系：凡涉及国际性与全国性的问题，统一由全国委员会解决（全国委员会未正式成立前由筹备委员会解决）；凡同级工会委员会相互之间所不能解决的问题，由各该直属之上一级的委员会解决。

各轮船总公司委员会与其分公司委员会的关系：凡属全公司统一性的问题由总公司委员会统一决定。凡属分公司的局部问题，由分公司委员会解决。总公司委员会对分公司委员会有牵涉到地方委员会的问题时，须与地方委员会协商，征得其同意后帮助解决。

所有轮船工会委员会到某地停泊时，应向当地地方委员会报告工作并接受其指导；同时地方委员会对所有各地停泊在本地的轮船工会委员会亦有责任帮助与指导其工作，并协助与指导其工作的情况转告其原属机关。但地方委员会不得变更各轮船工会委员会上级组织的决议与指示。

### （二）全国各地海员工会成立

#### 1. 中国海员工会华北区委员会

1950年4月，华北区海员工会召开临时代表会议。根据中国海员代表会议的决定，将天津市海员工会筹委会改为中国海员工会华北区筹备委员会，其任务是在中国海员工会筹备委员会的直接领导下，负责统一领导天津市以及河北、山西、平原、察哈尔、绥远五个省市的内河水上运输事业的海员工会工作。大会选举产生中国海员工会华北区筹备委员会，选举委员33人、常务委员14人，曾寿隆、宋科分别当选为中国海员工会华北区筹备委员会正、副主任。当时在天津、秦皇岛两地共有会员14641人，占职工总数的92%。

1951年5月，华北区海员工会召开首届会员代表大会，中国海员工会筹委会副主任丘金出席大会开幕式并讲话。天津市市长黄敬、天津市总工会主席黄火青出席闭幕式并讲话。大会选举产生执行委员28名，候补委员8名，常委15名，组成首届工会委员会，曾寿隆当选为主席，萧鲁、宋科、左中侠当选为副主席。选举产生由13名委员组成的首届工会经费审查委员会，井恩弟当选为主任委员，周日禄、郭振升当选为副主任委员。大会的成功举办，标志着中国海员工会华北区委员会正式成立。当时组织机构设置为办公室、生产工资部、组织部、劳保部、宣传部、国际部、财务处，有工会干部62人。截至1951年4月，中国海员工会华北区委员会建立基层委员会54个，组织员25名，代表会6个，地方委员会2个，地方办事处1个，民船办事处4个，有职工2.8万多人，会员14400多名。

2. 中国海员工会华东区委员会

新中国成立前，上海有国民党反动派成立的“中华海员总工会”，控制与利用均安公所、焱盈社、中舱公所、华北海员联谊会等形形色色的职业行帮“工会”和社团达32个，海员有2万多人。

新中国成立前新成立的“上海市航业界职工联合会”，为“反破坏、反劫运、迎解放”做了大量的工作。上海解放后，航联会在发动群众，协助军管会接管、支前、复航等方面做了大量工作。同时，在上海海员工会筹委会的领导下，上海海员工会筹备处于1949年6月中旬就成立了，筹备处主任为王阿林，地址在乍浦路471号。到8月份招商局的船舶、机关、修船厂、码头等基层工会筹备工作完成，8月27日，航联会完成历史使命宣告结束。上海海员工会招商局分会筹委会成立，夏爵一为主任。

另外，1949年6月开始，国民党反动派对上海的轰炸，“江新”“江泰”“伯先”“东山”“伟南”等轮相继在港内和长江被敌机炸沉，不少海员光荣牺牲和受伤，部分船员产生思想波动。在这紧要关头，中共上海市委发出了反封锁、反轰炸等六大任务的号召和坚决依靠工人阶级、战胜困难的要求。

上海海员迅速组织起来，正式建立海员工会，领导和组织群众反轰炸反封锁，坚持抢运，保证上海人民的生活急需物资的运输。1949 年 9 月 10 日，上海海员工会在逸园（后改为文化广场）举行成立大会，这是上海第一个成立的产业工会，有组织的会员人数 2117 人。来自轮船、码头、疏浚、渔船、民船、修船厂和机关的职工 1 万余人参加大会，大会通过了上海海员工会第一届执行委员 39 人（其中招商局 13 人）、候补执委 11 人（其中招商局 4 人），当众宣誓并合影，会后进行了文艺演出，育才学校师生表演了大型秧歌舞《慰劳人民解放军》《夫妻开荒》等新颖的革命文艺节目，受到了热烈欢迎。

1950 年 5 月，第二次会员代表大会后，上海海员工会改为中国海员工会华东区委员会，组织范围扩大到华东各省市 12 个地区的水上运输职工。1953 年，组织范围再次变动，改以上海地区的船员及码头、船厂和航道职工为主。至 1954 年，基层组织共 77 个，会员达 42313 人。

3. 中国海员工会长江区工作委员会

1950 年 1 月 29 日，由航务处、招商、民生、太古、三北等公司 26 个在武汉汉口的公私航业工人代表和已接收的原中华海员工会汉口分会等代表，在武汉召开首次海员代表大会，正式成立武汉海员工会，选举出 25 名执行委员和 3 名候补执行委员。

1952 年 10 月初，由重庆、万县、宜昌、汉口、湖北、湖南、九江、安庆、芜湖、南京、镇江和上海等地代表共 40 人，在汉口召开中国海员工会长江区工作会议，在会上成立了中国海员工会长江区工作委员会。

中国各地工会组织形式及发展数字的统计情况见表 3-2 所示。

**表 3-2　中国各地工会组织形式及发展数字的统计表**

| 地区委员会 | 分区委员会（个） | 地方委员会（个） | 办事处（个） | 基层委员会（个） | 基层小组（个） | 职工数（人） | 会员数（人） |
|---|---|---|---|---|---|---|---|
| 华东区委员会 | 12 | 69 | | 1282 | | 182259 | 87250 |
| 华南区委员会 | 14 | 10 | 8 | 253 | 606 | 81439 | 36826 |
| 华中区委员会 | 2 | 3 | | 895 | | 14523 | 13808 |
| 华北区委员会 | | 1 | 1 | 184 | | 18110 | 12878 |
| 东北区委员会 | | 5 | | 17 | | 20897 | 14717 |
| 山东区委员会 | | 6 | 1 | 44 | | 10343 | 9264 |
| 西南区委员会 | | 2 | | 86 | 58 | 7701 | 7053 |
| 总计 | 28 | 96 | 10 | 2761 | 664 | 335272 | 181796 |

根据中国海员工会确定的组织范围与架构，全国各地海员工会迅速建立起来，并形成了海员工会组织体系。

## 三、中国海员工会组织的调整

为了更好地适应交通部门的航运领导机构改变等情况，1951 年 11 月 23 日，中国海员工会筹备委员会第二次扩大会议决定对海员工会组织形式进行调整：将按照行政区域划分的领导机构的组织形式改变为按照航线与航区来进行划分，这样更适合于航运生产原则的组织形式；把航行内河的民船单独划分成立独立系统的工会组织；把现有华东区的苏北分区、苏南分区、杭州分区、蚌埠分区及华东区之南昌委员会全部海员工会组织（包括小火轮在内），及华东区之上海、镇江、南京、芜湖、各港口之属于华东内河轮船公司系统内的工会组织，划交地方总工会领导。

中国海员工会成立了下属四个航区委员会。东北区（包括东北区内河小火轮在内）、华北区、山东区的沿海各港口（连云港除外）统一成立北洋区委员会，办公地址设在大连。以上海为中心，北起连云港，南至厦门港沿海各港口，统一成立华东区委员会，办公地址设在上海。广东、广西沿海各港口及其内河小货轮，以广州为中心，统一成立华南区委员会，办公地址设在广州。整个长江航区（包括川江和湖南小货轮）统一成立长江区委员会，领导长江沿线各港口的工作，办公地址设在汉口。

各航区委员会或分区委员会所在地，可按个体情况，或设港口委员会，或不设港口委员会，而由航区或分区委员会直接兼管。

各航区委员会下可按具体情况成立分区委员会，领导其附近与之有密切联系的较小的港口委员会，或由航区委员会设立办事处。

各区海运局，长江河运局及其分局不另成立工会委员会，即由各航区委员会、分区或港口委员会代替其工作，在各该委员会内组织工作委员会或工作组，直接领导其基层。

轮船公司原则上不设公司一级的工会委员会，由港口委员会成立私营企业部或工作委员会，直接领导其基层。大轮船公司如民生公司、湖北省航等，则可视情况分别成立总公司或分公司委员会，但不成立全公司统一的委员会；小公司与轮船众多之大港口，则可根据情况，或成立若干联合委员会以领导其基层，或由航区或分区委员会成立工作委员会，直接领导其基层。

各港口的港务局，单独成立港务局委员会，在航区、分区或港口委员会直接领导下，领导其所属的基层组织（包括码头、仓库、工作船、机关等组织）。

轮船委员会下，可按生产部门各自成立小组，下按生产班成立互助组。

会议明确了各级组织之相互关系。特别提出所有轮船委员会到达某港口停泊时，应向当地港口委员会报告工作并接受其指导；而各港口委员会对所有其他港口停泊在本港口之轮船委员会，亦有责任帮助与指导其工作，并将协助与指导其工作的情况，转告其原属上级组织；但港口委员会不得变动各该轮船委员会之上级组织的决议与指示。凡轮船由原有航线转到另一航线航行超过两个月时，须将该轮船会籍转移另一航线的工会组织领导其工作。

1953 年 8 月 8 日，全国总工会第七届执行委员会主席团第二次全体会议通过《中华全国总工会关于加强产业工会的决定》，明确“铁路工会、海员工会、纺织工会、邮电工会等全国委员会均不变动，并逐步加强”。

## 四、成立中国海员工会全国委员会

到 1955 年时，中国海员工会筹备委员会已经成立五年多了。由于全国水运体制多次调整，海员工会组织系统尚未固定，会员划进划出频繁，各地海员工会领导成分复杂。同时各个单位又进行民主改革，到 1954 年才全部结束，因此召开海员工会全国代表大会的日期一再推迟。

1955 年 4 月 4 日至 15 日，中国海员工会第一届全国代表大会在北京召开。全国总工会主席赖若愚，交通部副部长李运昌、马辉之出席大会开幕式。会议选举产生了中国海员工会全国委员会委员、候补委员、常务委员、副主席、主席。

于眉、王志明、左中侠、谷源松、李夫、李景一、吴良先、莫家瑞、马辉之、郭铭、娄才宝、夏爵一、张孑夫、曾寿隆、靖任秋、赵西林、郑桥、刘众、韩国成、肖鲁、文兰芝、丘金、倪培成、宋科、李大林、林锵云、孙岩（女）、唐章、马长江、高波、黄树林、张学东、张阿交、陈元志、赵和壁、葛琛、刘达潮、禤荣、鲍玉堂、龚丕勋（台湾保留一名）等当选执行委员。

刘达潮、丘金、张孑夫、李大林、林锵云、李夫、娄才宝、唐章、肖鲁、刘众、左中侠、高波、王志明等当选常务委员；李荣欣、梁根、彭毅、钱春、李德心、黄国伟、贺启运等当选候补执行委员。

刘达潮当选中国海员工会全国委员会主席；丘金、张孑夫、李大林当选中国海员工会全国委员会副主席。

## 五、海员工会组织再次调整

1955 年，全国海员工会组织情况有所变化，民船工会已大部从海员工会系统划出去，而港口码头部分工会划进来。因此，组织范围、组织系统、基层组织等都发生了很大变化。为此，中国海员工会第一届全国代表大会专门作出了《关于组织问题的几项决定》（简称《决定》）。

《决定》明确：凡中央交通部所属的海运管理总局、河运管理总局、航务工程总局所辖系统的全体职工，地方国营、公私合营、私营等水上运输企业的机器动力船舶（及附于这些船舶的驳船）、船厂、码头等职工，以及航运部门所举办的事业单位，如海港医院、俱乐部等职工，均包括在中国海员工会组织范围之内。由中国海员工会全国委员会选举产生的常务委员会领导日常工作。

中国海员工会组织系统是根据水上运输系统而组织形成的，设立全国委员会、航区（港区）委员会、港口委员会、企业委员会和基层委员会。

中国海员工会基层组织一般按行政的生产单位设置，以适应生产需要。

机器动力的船舶，有职工 25 人以上者，设置基层委员会；不足 25 人者设基层小组。驳船如编为船队的，则以船队为基层组织；如不编队的，则以驳船为单位设立基层小组。

港口的基层组织是按该港的规模及范围来决定的。较大的港务局委员会，下有作业区划分的，以作业区设置基层委员会；没有其他复杂生产单位和作业区划分的小的港口和港务局委员会，只设置基层委员会。

船舶修造厂以厂为基层组织，下设车间委员会。

港航单位则按具体情况以工程局、工程处、工地或工程队为基层，疏浚以疏浚队或工区为基层，航道以工程段（航标段）为基层，打捞公司则以公司为基层。这些基层流动到各地工作时，其组织关系应转当地海员工会并受其领导。

为了密切港、航联系，轮船到达各港时，当地港口委员会或港务局委员会负有指导责任；而船上基层组织应主动报告工作，接受指导。

会议明确了因航运情况变化，或交通企业行政组织有所变动，需要相应地改变工会组织机构时，由全国委员会或常务委员会决定，请示全国总工会批准。

上述《决定》再次明确了中国海员工会组织的范围与关系，完善了管理措施等，形成了组织结构清晰、管理职责明确的工会组织体系，避免了因为会员单位变动而影响工会正常运作等问题。

## 六、成立内河运输工会

1951 年，全国已有民船 400 万至 500 万载重吨，船民 300 万至 400 万人，船工 70 万至 80 万人。它们联系着千万个乡村城镇，成为城乡物资交流的主要工具，但他们内部存在着极端复杂而严重的问题，其中相当一部分尚为反革命和封建势力所控制，存在严重的压迫与剥削行为。

为了加强与统一民船工作领导，集中力量清除反革命和封建把头势力，发挥民船的运输力量以利城乡物资交流，中国海员工会筹备委员会重新调整划分了航区委员会。

原有东北内河各委员会，单独统一成立东北区委员会，办公地址设在哈尔滨；由东北总工会、哈尔滨市总工会领导。以原有华北民船工作委员会为基础，成立华北区内河委员会，办公地址设在天津，由华北总工会、天津市总工会领导。属于华东行政区的各内河委员会，单独成立华东区内河委员会；办公地址设在上海，由全国总工会华东办事处领导；原属华中区各内河委员会（长江民船包括在内）单独组织统一的华中区内河委员会，办公地址设在汉口，由中南总工会领导。西南区各内河民船，统一成立西南区内河委员会，办公地址设在重庆，由全国总工会西南办事处领导。广东、广西两省各内河委员会，单独成立华南区内河委员会，办公地址设在广州，由中南总工会华南办事处（或广东省工会）领导。

各区内河委员会可按照本区具体情况，分水系与河道成立分区委员会、航线委员会，统一领导一个水系内及一条航线内的各港口的工作。各港口可按情况成立委员会，或由航线委员会设立办事处，领导其直属下级组织，以及联系指导和协助来往本港口的各地船上组织。各级内河组织分别由各省总工会地方办事处或地方总工会领导。

1952 年 12 月，交通部在北京召开全国第一次民船工作会议，成立了全国内河航运工会工作委员会，全国内河航运工会工作委员会主席由张孑夫担任。

1953 年 4 月，第二次全国民船工作会议召开。根据中国民船管理的实际情况，会议提出：在木、帆船中不组织独立系统的工会，只在基层的船民协会中成立工人小组即可。1953 年 11 月后，中国海员工会筹备委员会在全国总工会的批准下，撤销了全国内河航运工会，有计划、有组织地逐步将工会组织转到船民协会中去。

# 第三节 积极恢复航运，促进运输生产发展

## 一、脱离反动派统治，参加建设新中国

### （一）“海辽”轮成为新中国第一艘起义成功的商船

“海辽”轮隶属国民党管控的国营招商局有限公司。1949 年 4 月南京解放后，国民党随时准备逃离大陆、退守台湾，规定船员不得擅自离船，但“海辽”轮船员不愿离开上海，更不愿为国民党徒劳卖命。

当时，在中国共产党的批准和领导下，经过周密策划，“海辽”轮船长方枕流指挥船员，于 1949 年 9 月 19 日晚上巧妙将“海辽”轮驶出香港，宣布起义。起义船员团结奋战，通过发送虚实电报，两次通宵达旦紧急涂装，机智应对来迷惑敌人。起义船避开常规航线，转向马尼拉，穿过巴林塘海峡，绕道太平洋迂回航行，然后航经朝鲜西海岸，在 9 月 28 日早晨抵达大连港界。经过海上八天九夜、2000 多海里的航行，船员们冒着生命危险，突破了国民党海空的层层封锁，最终将船开到大连港，使得“海辽”轮成为新中国第一艘起义成功的商船。大连市党委召开欢迎会，市委领导代表中共中央热烈欢迎“海辽”轮的起义，船员代表把写有全体船员名字、亲自制成的救生圈及舵盘的模型献上，并请转送给毛泽东主席。同时，全体船员还向毛主席发出致敬电。10 月 21 日，“海辽”轮收到毛主席嘉勉电，电文如下：“海辽轮方枕流船长和全体船员同志们：庆贺你们在海上起义，并将‘海辽’轮驶达东北港口的成功，你们为着人民国家的利益，团结一致，战胜困难，脱离反动派而站在人民方面，这种举动是全国人

民所欢迎的，是还在国民党反动派和官僚资本控制下的一切船长和船员所应当效法的。”

“海辽”轮的起义，吹响了中国海员反对国民党黑暗统治、奔向光明的响亮号角。在其影响和鼓舞下，香港招商局及海轮宣布起义，并加速了“南船北归”，为新中国海运事业的发展奠定了基础。

### （二）做好起义海员的工作

1950 年 1 月 15 日，招商局滞留香港的 13 艘海轮和 500 多位爱国船员，在中国共产党的策划和领导下，揭竿起义，回归新中国怀抱。

由于当时香港环境十分复杂，香港招商局及 13 条船在 1 月起义后，海员工会即派干部赴港开展宣传、联络和慰问工作，巩固船员信心，并发动筹备工会。工会干部深入了解各种复杂情况，培养积极分子，争取动摇分子，与特务活动作斗争，为粉碎匪特的一个个谎言而辛勤工作。应起义海员的要求，工会组织两次起义海员赴沪观光。其间，除举行盛大的欢迎、欢送会外，起义海员还参加了职工代表大会，有计划地组织了几次报告会和参观部队等，使起义海员对解放区的情况有了积极的新认识。起义船员回到香港后，组织了各船的纠察队，有组织地进行护船工作。他们一改过去不良生活习惯，转变到参加工会组织的文艺活动和学习上。通过海员工会持续的宣传和影响，并在 7 月组织安排不愿留船上的家属 180 余名，自愿地离船回沪，使在港的起义船上的海员能安心地、有组织地开展护船工作。

1950 年 7 月 11 日下午，在中共中央华南分局的统一部署和领导下，由船长谷源松驾驶的“民 302”轮起锚离开香港，成为首个抵达广州的招商局起义船，被交通部授予“起义先锋船”称号。

1950年7月15日，香港海员工会招商支会经过几个月的筹备，在“中106”艇上举行招商支会成立大会，除到会的海员400多人外，还有香港海员工会副主席吴理广及各工会代表等。大会一开始，由筹委会主任委员陈天骏报告招商局支会筹备经过；经过一系列程序后，支会主任罗秉球作报告，支会全体委员举行宣誓就职仪式；然后是香港海员工会副主席吴理广监誓并致辞，他说：招商局的海员自起义以来一天天进步，现在成立了工会支会，必能一步步巩固起来，保证国家人民的财产；接着是工联会代表致辞、宣读工联会的祝贺电文、兄弟工会代表讲话等。

上述13艘起义海轮既要防范国民党当局特务的破坏，又要避免港英当局的阻挠，至10月20日，经过几个月惊心动魄的斗争，才相继抵达广州。

### （三）争取留港船舶“北归”

“海辽”轮起义后，中国共产党采取的对起义船员的去留自由选择，足额发放工资、路费等措施影响了一大批船员。同时，中国海员工会筹备委员会（简称“筹委会”）为了争取留港船舶“北归”，做了大量工作。

朝鲜战争爆发后，当时有些单位未能正确执行中央有关政策，对已北归的海员持怀疑态度，特别是个人用品、现金等入关受到严查，造成了船员的反感。同时，一部分私营轮船公司北归的信心产生了动摇，北归工作出现了反复。

1950年9月23日，交通部部长章伯钧主持召开了北归工作专题座谈会，出席的有全国总工会副主席李立三，中国海员工会筹委会主席刘达潮和副主席丘金，公安部、对外贸易部和海关总署等部门的领导。会议对新形势下北归工作进行了研究与部署。中国海员工会筹委会根据会议精神，积极开展宣传工作，欢迎海员北归；督促和参与当时各种办法、制度的审查修订工作；开办海员学校，教育海员遵纪守法；同时，加强海员工会的工作，调整劳资纠纷，积极解决海员存在的困难等并组织力量向破坏和阻碍船舶北归的敌特进行斗争。

根据当时航运业存在劳资矛盾突出，海员在思想上存在“北归”后降低待遇的顾虑，以及海关对“北归”船员检查过于苛刻等问题；同时在香港的国民党残余势力利用经济力量收买船员，供给在业与失业船员食宿；另有海员特务机关专事策动在港船员破坏轮船“北归”等情况，筹委会向中央建议希望以中央交通部为主会同贸易部、人民银行、海员工会在香港设立联合办事处，派遣强有力的干部长驻香港，及时解决私营船舶“北归”的船员安置问题及其他各种问题。

海员工会与其他相关部门积极协调劳资关系，说服劳资双方在工资问题上互相让步；对船员不合理的要求设法教育说服等；为鼓励滞留香港轮船的海员归国，采取暂时允许其携带小额汇税货物入关；为避免延迟船期，为应税货物的完税等提供服务。

与此同时，中国海员工会筹备委员会加强各地海员工会工作，加强并补充海员工会干部，派有能力并熟悉海员生活情况的干部充任；加强宣传教育工作，团结和教育全体海员，尽力消除船员思想问题，并大力宣传中央对私营航业的政策，以巩固北洋现有的船舶及争取南船北归；加强对外籍船员与留外中国海员的宣传联络工作，促进外籍海员对中国的友谊；加快海员俱乐部与服务部建设，加强海员文娱活动与解决海员登陆后的困难。

筹委会还与交通部、公安部、对外贸易部、海关总署等积极开展“南船北归”具体工作，动员解放前滞留在香港的私营航商船舶回归祖国参加经济建设。在人民政府各项政策的支持和海员工会等单位的努力下，从 1949 年底至 1951 年下半年，就有三一公司、中兴公司、海鹰公司、志新公司、华胜公司、安达公司、民新公司、新大陆公司、上海实业公司、通安公司、大中华实业公司、华利公司、大陆实业公司、大北公司、南惠公司等公司的船舶相继“北归”，“北归”的南船计21艘，130377载重吨，加上民生公司驶返上海、广州的23艘船舶，驶返祖国的私营公司船舶共达44艘，共约14万总吨。这些船舶回归新中国后，大都参加了华南和北洋航线的运输。少数船舶“北归”后参加了对外运输。由于这些船舶大多悬挂外国旗，可以一定程度地规避国民党当局的迫害。私营船舶“北归”后不但摆脱了自身的经济困难，而且为祖国航运事业的恢复，以及支援工农业生产，作出了积极的贡献。因此，这些运力成了新中国成立初期突破帝国主义封锁禁运、承运新中国外贸运输的重要力量。

“南船北归”的壮举，是华人航商、侨商愿以船舶为国效力的具体表现，也是船员高度爱国主义热情的生动体现。

## 二、开展支前工作，支持解放全中国

在解放战争中，海员工人在“解放军打到哪里，船就开到哪里”的口号下，勇敢地参加了支前工作。

中华人民共和国成立后，海员工会继续积极组织海员参加支前工作。海员工人协助解放军渡海作战，帮助战士们克服不熟悉操船技术与海上作战的困难，解放了“海南”“万山”“舟山”“嵊泗”等岛屿。

在海南岛解放战斗中，中南区各地海员纷纷自愿报名支前，从武汉、衡阳、广州、港澳等地赶去参战。仅武汉地区就有475名海员参战。山东沿海各港的海员，连人带船，乘着火车，到达“海南”前线参战，创造了战争史上的奇迹。华南五六千名民船工人在战役前帮助解放军大练兵，渡海作战时表现得非常顽强勇敢。以王长英为首的120名海员，曾冒着暴风雨和敌人的炮火袭击，把第一批渡海先锋部队胜利地渡到海南岛去。在两次强渡和一次大规模登陆作战中，海员工人不怕敌机的轮番轰炸扫射，不顾敌人炮火的顽抗，毫不畏缩地和解放军配合在一起，以帆船向敌舰猛烈攻击，冲破了敌人海陆空立体防御的层层火网，横跨百里海洋，胜利完成了琼北登陆。

在万山群岛登陆中，“桂山”轮被敌人击中起火之后，全船海员仍然沉着顽强地把船驶进滩岸，奋勇登陆。船员们登陆后向敌人展开了四次冲锋，杀伤了很多敌人。战斗中，11 位海员英雄为祖国的解放事业光荣地献出了生命。“解放”轮突围后，遭到敌岸密集炮火的轰击。海员汪鹏程从负伤的战士手中接过了机枪，施展着刚学会的射击本领，对准敌人工事猛烈射击，把敌火力完全压倒，使“解放”轮安然突围。武汉海员李德心带病驾驶着“突击 16 号”艇在敌舰骤雨般的枪弹中前进，敌人的枪弹射过他的驾驶台，离他的头只有三寸高，钢板都被炸穿了，但他仍顽强无畏地驾着船一直往前冲，终于胜利登陆。

华东海员为了支援解放舟山岛战斗，克服了种种困难。上海招商局数百名工人在沿海荒滩上建立起临时工厂，为渡海作战日夜赶工；在严寒的季节，他们跳进及腰深水中去安装水叶子，成功地送出数百艘机帆船；在送船中，他们还要不断与敌机做斗争，维修工人姚宝根就是为了抢修船舶被敌机炸伤而光荣牺牲的；在抢修过程中，他们加班加点努力工作，工作效率提高了三倍，124 名工人立了功。此外，580 名上海海员帮助解放军训练水兵、运粮食、运弹药和运战士上前线。华东沿海的千百名船工随同他们的船舶被火车载到前线，支援解放舟山群岛战斗。不少海员在支前中立了功，苏北的 3000 多名支前海员中就有 633 名受到表彰。

在解放嵊泗列岛的战役中，300 多名上海海员随船与解放军一起出征。在枪林弹雨中，海员们不顾一切站在船头摇动着红旗，指示方向。快靠岸时，海员帮助战士背着机枪跳下海。有的拉着不谙水性的战士涉水冲到岸边。海员梁石民驾驶着“渔新”轮冒着炮火冲进箱子岙港（嵊山镇北面）后，船搁浅了，无法登陆。梁石民奋不顾身地跳到海里去推木船，后来又在弹雨中冒险引导登陆艇把战士们安全地护送登陆。

此外，烟台、芜湖、温州、福州、厦门等各地的海员，在协助解放军解放“长山”“象山”“洞头”“平潭”“厦门”诸岛中，在迎接解放军渡江、运输军事物资、教会解放军驾船、修造支前船舶等工作中都有着很多英勇斗争的业绩。数以千计的海员成为英雄功臣和模范。如烟台海员在支援解放长山岛战役中就有 285 名海员立了功。福建海员曾亦成也以“厦门战役特等功臣”当选为全国工农兵模范代表会议代表。

中国海员工人在党与工会领导下，以忘我的精神投身于人民解放战争，胜利完成了支前任务。

## 三、响应政府号召，努力恢复航运

### （一）冲破封锁，积极恢复航运发展

新中国成立初期，经过国民党多年腐败统治和战火破坏，水运业萧条，航运缺船，港口码头由于年久失修和敌人的破坏，损坏程度严重，整个国民经济千疮百孔。与此同时，国民党反动派残留下来的土匪、特务和流氓等继续与人民为敌，破坏新中国航运事业的恢复。国民党反动派还在海上进行封锁，对沿海城乡进行轰炸。

在这样的形势下，能不能恢复航运，保障运输的顺利进行，是关系到人民生活所需的大事，也是关系到巩固新生的人民政权的大事。中国海员工会筹委会向海员工人提出“团结广大海员为恢复航运而奋斗”“要克服困难，恢复航运，为了经济建设，要把航运从摆脱帝国主义控制走上完全独立，变成新中国建设的强

大运输力量”。

上海解放后，恢复航运的工作是在国民党军队的封锁、轰炸中进行的。打捞工人在军管会领导下，一边防空一边工作，一个月内把“永汉”“永淮”“永洮”“永洛”“永溆”等五艘油船全部打捞出水，经过维修后，很快投入运输生产，恢复了大连至上海的运油航线；不到两个月时间，就营救了“大生”“江泰”等轮脱险；之后又陆续打捞起“昌江丸”“海澄”“保申”“芦安”“公平”“南光”“江亚”等轮。1949 年 5 月底上海刚刚解放，已被解放军接管的招商局所属的 117 名船员昼夜紧急地完成抢修“江陵”轮的工作。

上海解放初期，一些资本家曾断言，共产党在政治、军事上胜利了，在经济上是要失败的。在这场经济斗争中，海员工人在党的领导下，排除长江口的水雷，尽快恢复了南北航线运输，保证了上海粮食、燃料的供应。

在 6 月 3 日上海解放后的第八天，“江陵”轮就恢复了上海至汉口的运输。该轮冒着敌机轰炸的危险，运载旅客 1300 名，布匹及白糖等货物 4000 吨，从上海启航，于 6 月 12 日抵达汉口，开通了沪汉航线。被军管会授予“开路先锋”光荣称号。“永潇”油轮在解放后的第 12 天即开航驶往天津。海员工人冒着生命危险坚持运输，保证了上海的电厂发电和工厂生产。在北洋航线恢复后，人民政府立即着手组织海员准备大规模复航，并且清理和修整了航道和助航设施，以保证国民经济其他部门和人民生活的需要。

1949 年 6 月 23 日，美蒋匪帮在长江口布放了大量的水雷，实行封锁，每天出动大批飞机轮番轰炸，进行骚扰破坏。开辟不久的北洋航线又被切断，刚获苏醒的航运事业又面临新的困难。这一情况给上海供应造成了紧张，尤其煤炭极为紧缺，也使上海一些资本家更加猖狂。为了粉碎敌人的阴谋和保证上海 600 万人口的粮、煤供应，英勇的海员工人在党的领导下，开展了反封锁、反轰炸的对敌斗争，开始了抢运任务。海员工人把一批一批的粮食、煤炭源源不断地运进上海，人民政府又降低了粮价，一下子就稳定了市场。海员工人和上海的工人阶级一道，经过辛勤的努力，保证了军运、粮运、煤运和油运，使这场关系到新生的人民政权巩固的斗争取得了决定性的胜利。

在冲破封锁、恢复航运的斗争中，海员中涌现出很多保护物资、抢救船舶、机智勇敢的英雄事迹和英雄人物。“江新”轮在抢运煤炭中，连续三天遭受敌机六次袭击，敌机用炸弹炸、机枪扫，驾驶员仍沉着冷静地驾驶船舶以“S”形前进，安全地把物资运到目的地。

著名的“南海163”轮全体海员和船长谷源松就是典型代表。谷源松原来是国民党招商局“民三〇二”轮的起义船长。在恢复国民经济建设中，谷源松同全船海员工人一起冲破敌人轰炸和封锁，保证运输任务的完成。

1950年冬，“海厦”轮由广州出发，冲破敌人的封锁，绕道台湾海峡，胜利地到达青岛港。至此，中国沿海、内河（除台湾海峡）的原有航线基本恢复通航。

### （二）加强内河民船工作发挥运力能力

新中国成立时，河流可以行驶船舶的达2.3万多公里，95%的人民均生活在江河流域。航行于河流的绝大部分是民船（木船、帆船）达500余万吨（载量），是城乡交流的主要工具。民船运输效能很大，华东5吨以上的民船运输能力共为112万吨，当时一个月运输周转量达4.42亿余万吨公里，超过1950年12月华东区铁路、长江、沿海运输量的总和。然而，当时封建把头、反革命特务与恶霸仍然对船民船工进行残酷的中间剥削与压迫。“黄牛”船行、封建把头、会门道门、帮派、盗匪、反动党团和许多土匪、特务与反动地主逃到民船上。他们互相结合，采取各种办法操纵货运，盘剥10%至50%的运费，造成运费过高，物资停滞，船工船民贫困饥饿，形成80%至90%的负债。

当时反动派破坏程度很惊人。淮河流域曾破获了许多反动党团、别动队和中统、军统全部组织。其中有刘金兰竟自称皇帝，封了很多将军。新中国成立后这些反动组织发起过10次武装暴动，袭击了一个县政府、一个区政府，杀害了许多士兵与民众。他们建立许多帮派、会门等组织，仅南昌就发现73种。他们还打进民船运输机构与工会，如西南交通部1950年组织的九个运输社与联营社等。

面对民船分散流动、人数庞大、全国都有分布、阶级关系复杂等问题，中国海员工会筹备委员会一方面建议中央人民政府交通部建立新型的民船运输机构，将民船运输从分散到集中，从无组织无政府状态到有组织、有计划、有领导的集中的新的民船运输机构，实行统一运价、统一货源、统一民船的调配与管理；另一方面，召开民船工作会议，布置工作，积极筹备民船工会组织，组织长短途运输和驳运的木船船员进入工会。中国海员工会筹备委员会明确工会会员的加入条件主要是雇佣劳动的“职业”工人，以工为主、以农为辅的船工也可以参加。以农为主的临时船工则不能参加，独立生产的船户亦不能参加。这些措施将民船团结到了共产党周围，促进了民船的生产恢复与发展。

中国海员工会筹备委员会通过一系列工作和民船工友们的积极配合，使民船业主把分散的民船集中组织在民船运输公司的周围，发挥了内河民船运输的重大作用，做到用好船的空间、货畅其流，促进和恢复了工农业生产任务。

## 四、组织海员支援抗美援朝

1950年8月，美帝国主义把侵略朝鲜的战火燃烧到鸭绿江边，严重威胁着中国的安全。从8月28日起，美国飞机不断飞到中国东北边境领空，轰炸扫射中国居民。29日，四架美机在宽甸县长甸河口扫射中国民船，打死船民一人，伤两人，又在安东古楼子扫射中国民船，打死船民三人，伤五人。鸭绿江上一次又一次洒下了中国船工的鲜血。

对此，中国海员纷纷响应党和中国海员工会筹备委员会的号召，展开了轰轰烈烈的抗美援朝保家卫国运动。有的海员志愿参加抗美援朝运输工作，在美机的疯狂轰炸和不断扫射下，坚持抢修、抢救和抢运，表现了高度的爱国主义和国际主义精神。各地海员努力学习时事，掀起爱国主义劳动竞赛，订立爱国公约。青年海员踊跃投考军事院校，奉献祖国国防建设。自1950年11月展开抗美援朝爱国运动以来，海员工人的政治觉悟普遍提高，爱国热情大大高涨，劳动效率不断增进。

安东（现丹东市）海员站在抗美援朝最前线，为了保家卫国，志愿参加了光荣的抗美援朝运输工作，他们在美国飞机不断地疯狂轰炸和扫射下，展现了高度的爱国主义和国际主义精神，不分昼夜，不怕困难，不怕牺牲地进行抢修、抢救和抢运工作，给朝鲜人民和中国人民志愿军以有力的支援。

在抢运工作中，安东海员表现出了无比的勇敢与机智。1950年11月1日，“绿拖一号”轮在江岸装卸时，突遇美机接连来袭。当飞机凌空时，船员们机智地躲在船舱里；飞机一过去，他们就马上爬出来紧张地继续工作。一次，“绿拖一号”轮在抢运物资中碰到20多架美国飞机来轰炸，海员张福成等及时勇敢地操纵转舵，与敌机进行反方向的航行，经过与敌机20分钟的周旋，终于躲过了敌机的扫射，使船舶安全到达目的地。同时，在“绿拖一号”海员刘寿绿等帮助下，70名被美机炸伤的同胞被抢救出来。

安东民船工人坚持开展抗美援朝运输。有个工人的妻子要生孩子，屋子又被美机炸毁了，只好在铁路山洞里生产。这个工人只回去了三天，简单处理好家务，又返回前线继续坚持运输工作。民船工人在运输中是极其艰苦的，他们有的在冰天雪地里脱衣下水拉纤，腿肚子冻裂，滴下血来，还坚持运输。

在支援抗美援朝的斗争中，招商局的海员与地方船员一起参加了在鸭绿江运送志愿军渡江和运输物资的任务。在危险的运输工作中，船员们置生命于不顾，提出“鸭绿江水炸不干，运输线就炸不断”“有多少货运多少货”“叫什么干就什么干”的口号，在鸭绿江运输中不分昼夜、不分雨雾，特别是抓紧夜间运输，一夜往返横渡四次，最多时完成了100多吨物资的运输，保证前线有足够的粮食和弹药。在一次运输中，船员干粮吃完了，当时船上装的就是粮食，但是没有一个船员动用。还有一次，在抢救朝鲜人民的战斗中，刘希禄一个下午背救了78名朝鲜兄弟姐妹。抗美援朝战争胜利后，招商局刘希禄和杜乐山等人被光荣地评为抗美援朝积极分子，受到了中国抗美援朝总会、东北人民政府等领导机关的奖励和通报表扬。

各地海员把对美国的仇恨和爱国的热情化为抢运物资的力量，展开了抗美援朝竞赛运动，纷纷向马恒昌小组应战。上海海员“华204”艇的轮机部江根生小组等15个小组向马恒昌小组应战。华中区、大连港务局、华北区、山东区、华南区等海员工会下属小组应战后在技术上都有显著的改进，在生产上取得了突出的成绩。

招商局积极投入“抗美援朝，保家卫国”运动。1950年12月上旬，招商局成立抗美援朝运动委员会，由夏爵一任主任委员，黄慕忠、马益标任副主任委员。委员会制定了《招商局抗美援朝保家卫国运动行动纲要》，统一领导宣传动员、参加军事干校、慰问和支援志愿军等工作。招商局有17名青年工人参加军事干校。广大船岸员工纷纷订立爱国公约，开展以增产节约和提高效率为主要内容的爱国主义劳动竞赛。“海安”轮船员捐赠了80%煤炭超产奖，“永渭”轮和“永湘”轮都创造了装卸油效率最好成绩。船岸各单位积极响应上海市抗美援朝委员会“捐献飞机大炮”号召。据1952年5月统计，招商局员工共捐献飞机款8亿多元（旧币）、子弹款2亿多元（旧币）。

此外，各地海员还以参加军事干校的实际行动来抗美援朝。上海1951年1月9日至19日，10天内即有140多人报名投考了军事干校。他们在未获得批准入校前，组织了“布利治战斗队”和“朱宝庭战斗队”，用战斗纲领来鼓舞自己抗美援朝的决心。武汉海员在1950年12月12日至16日中有58名青年海员报名。

中国海员积极响应中国人民抗美援朝总会的号召，在中国海员工会筹备委员会的组织领导下，普遍订立了爱国公约，把爱国主义劳动竞赛运动具体规定在自己的爱国公约上，开展捐献飞机大炮、优待烈军属等活动。到1951年9月底，南京海员已缴捐献款25100多万元（旧币）。宜昌全市海员（包括家属）1056人，共认捐25000万元（旧币），9月上半月已解缴70%入库。皖南内河轮船公司“荣长”轮船员计划将各项奖金的80%捐献、20%作为小组奖金，鼓励大家积极生产。8月份公司民主管理委员会评奖，“荣长”轮得了红旗，船员们按计划捐献了80%的负责制奖金。中国海员也和其他产业工人一样，为抗美援朝保家卫国作出了应有的贡献。

## 五、动员海员完成第一个五年计划

1953年是新中国实施第一个五年计划的第一年，中国海员工会筹备委员会认真贯彻党和全国总工会指示，动员水运职工为完成第一个五年计划的任务而奋斗。

中国海员工会系统开展深入的动员工作，动员广大职工群众开展增产节约竞赛、争取超额完成年度国家计划；发动职工针对运输生产中的薄弱环节，提出合理化建议，并学习与推广先进经验，特别是苏联的先进经验；协助行政改善管理工作，推行计划管理，掌握物资流向，搞好作业计划，改善调度作业计划，固定码头工人管理，建立和健全必要的责任制度，搞好定员工作，建立和整顿原始记录，逐步弄清船舶性能，为之后进行查定和推行经济核算制度打下基础，从而提高计划管理水平；在必要的可能的情况下签订集体合同，并在有关单位首先在港航之间逐步推行联系合同，组织整体的合理运输。

中国海员工会筹备委员会在加强动员工作的同时，对各个主要部门提出了明确要求。在航运管理部门方面，推行计划管理，掌握货源货流，平衡货运，搞好修船计划，从而搞好调度计划和供应计划，建立责任制度，加强联系。在船舶方面，全面推广一列式拖驳运输法，推行分时运行计划图表和轮机保养检修制度，团结高级船员，建立行政管理制度，遵守操作规程，减少海损货损，总结和推广现有的先进生火法，节约燃料物料，做好船舶修理单。在码头方面，做好作业和调度计划，推广快装快卸的先进经验，改革接班制度，减少货损，减少工伤事故，与此同时，协同行政改革工资制度，整顿劳动组织，修订工班定额，建立责任制度，加强劳动纪律。在修船厂方面，充分发挥设备利用率，做好修船准备工作，做好作业计划，改进供应工作，提高技术水平，改善劳动组织的生产组织，科学地组织各工序使之相互配合，保证质量，保证安全，节约燃料物料。

中国海员工会筹备委员会对私营航业方面也提出要求：认真贯彻“发展生产、繁荣经济、公私兼顾、劳资两利”的政策，根据货源情况保证完成或超额完成运输任务，降低成本，减少海损、货损；筹备公私合营的单位，应协同有关方面做好合营准备，如清产核资，整顿机构，改善管理。

为了保证增产节约竞赛的顺利开展，中国海员工会筹备委员会所属各级组织主要开展了深入帮助基层，抓重点，抓关键，经常检查总结、交流经验等工作。建立群众生产会议制度，加强小组工作；掌握群众思想情况，加强政治思想教育，及时表扬和积极培养先进人物；在码头工作整顿的基础上，逐步根据需要把工人固定下来，逐步推广先进经验；加强对企业机关工会及高级船员的工作，同时协同行政做好奖励工作，制定奖励制度和严格执行报告制度等。

中国海员工会筹备委员会要求各级组织共同努力，调动广大职工群众的积极性与创造性，为完成与超额完成国家计划做出贡献。

经过广大海员工人的不懈努力，到 1957 年，全国船舶货运量比 1952 年增长了 2.7 倍，货物周转量增长了 2.24 倍，分别超过了新中国成立前最高水平的 3.25 倍和 1.68 倍。航道工人重点进行川江航道整治，新开辟航道 8634 公里，全国通航里程达到 103659 公里。打捞工人昼夜奋战，打捞沉船 250 多艘，40 余万吨，有 100 多艘船经过修复又重新投入航运。港口经过改造与扩建有了很大改观，海员工人的生活和劳动条件也有了较大的改善。

海员工人在多装快跑开展海上运输的同时，坚持对敌斗争，冲破美国和国民党台湾当局的海上封锁，到 1957 年海上货运量比 1952 年增长 2.04 倍，货物周转量增长 1.79 倍。通过沿海六大港口进出的国际贸易货物增长了 2.8 倍。

## 六、参与私营航运企业公私合营

中国海员工会筹备委员会各级组织在这些企业公私合营工作中，积极参与帮助私营航运企业酝酿合营，提出申请，到筹备委员会的组成，然后从筹备委员会成立到正式联合经营开始，再到正式公私合营。

1952 年 7 月 30 日，中兴轮船股份有限公司和海鹰轮船有限公司暨中兴煤矿股份有限公司之码头、仓库提出公私合营申请。之后，由中国海员工会华东区委员会主持，举行中兴、海鹰两公司的职工代表与资方代表劳资协商，达成合营协议。经中央财政经济委员会和中共上海市委员会批准同意，两公司于 1953 年 11 月 1 日正式实行公私合营，定名为公私合营中兴海运公司。

各级海员工会开展对职工教育与资本家及其代理人的教育改造工作，处理合营前劳资纠纷问题，处理职工持有股金的问题，工会的组织问题等大量工作，完成了公私合营，并实现了生产发展、收入增加，职工们的劳动条件和物质文化生活也得到了逐步改善。

截至 1954 年，长江上的私营航业单位基本上都已公私合营，而所有江、海轮船的运输都已纳入了国家计划。

公私合营的范例之一的民生轮船公司，在 1952 年 9 月完成公私合营。1953 年，从长江到海上，经过人民政府的努力，许多航业单位都组织起来，相继被批准为公私合营，包括重庆的川江轮船公司、汉口的荆江轮船公司、上海的长江航运公司和中兴海运公司等。1954 年 4 月，湖南长沙的公私合营湘江轮运公司也成立了。这些企业公私合营后，逐步废除了不合理的制度和旧规矩，整顿了组织机构，采用了新的经营管理办法，所以生产和工作效率都大大提高，达到了财政收支平衡。这些企业公私合营后，被纳入了国家计划的轨道，生产关系有了改变，主要是为人民和国家的利益服务。

1955 年 4 月 3 日，中国共产党中央委员会向中国海员工会第一届全国代表大会发出祝贺词，充分肯定了全国航运职工以创造性的劳动恢复和发展了中国的航运事业；大部分资本主义航运企业实行了公私合营，纳入了国家的航运计划。航运事业方面的成就，对中国的工、农业生产，商品流转和国防建设都起到了重要的作用。

## 七、支持航运业的社会主义改造

1956 年，交通部在航运工作部署报告中，明确提出加速对私营轮船运输业与木帆船的社会主义改造，并提出在年内完成社会主义改造工作的要求。

1956 年 2 月 11 日，中国海员工会召开了私营航业社会主义改造工会工作座谈会。出席座谈会的有华东、华南、长江三个航区有关干部和四川、湖南、江西、江苏、浙江、福建、上海等省市内河航运工会组织专职工会干部。各单位汇报了合营过程中工作情况，对资本家及其代理人团结斗争和资本家的状况，工人思想、生活情况和目前生产运输现状等进行了分析与梳理。会议针对当时存在的问题提出对航运业社会主义改造工作的要求。

在社会主义改造高潮中，私营轮船业、轮船修理、打捞业、码头和仓库等均完成合营，沿海及内河专营运输的木帆船完成合作化。同时，对资本主义轮船运输业，实行定值定息全行业合营。

当时，内河航运职工约有 8.5 万人。由于内河航运业成分复杂，而内河航运事业基本上带有地方国营的性质，必须加强社会主义改造后的管理工作。因此，各省（湖南、湖北、江西、江苏、安徽、浙江、福建、河北等）都建立了航运厅或航运管理局等系统领导的行政机构，在企业管理方面进行了若干改革，使内河航运事业基本上从分散管理走向了统一管理。

中国海员工会也加强对内河航运工会的领导，改变过去疏于对内河航运工会进行领导的情况。为了加强内河航运工会工作，内河航运工会名称统一改为“中国海员工会×××委员会”，其组织范围联合所在地区的地方国营、公私合营等内河水上运输企业的轮船、驳船、木帆船、修船厂、航道工程、航标及码头装卸等单位的职工，但民船运输合作社不参加这一组织。

内河航运工会地区组织，按产业原则建立了省级内河航运工会组织。内河航运工会在组织层次问题方面，原则上是建立三级组织，即中国海员工会全国委员会、省级委员会、基层委员会。在特殊情况下，经省工联同意后，可以增建省与基层之间的一层组织。

卫运河①系河北省航运管理局管辖的流域，包括河北、河南、山东三个省，则不另设省一级的组织，而按行政系统设立统一的工会组织。

中国海员工会通过采取强化组织建设等措施，来支持社会主义改造工作，促进航运生产的发展。

## 八、提高职工知识技能水平，促进生产

为提前全面完成和超额完成第一个五年计划，形成生产高潮，中国海员工会采取有效措施，带领广大职工开展生产不断攀登高峰。做到有组织、有计划、有领导，并从各个基层组织的群众中去发现和总结各种先进经验，采取边总结边推广来促进生产。

中国海员工会还认真组织航运系统职工群众开展业余技术教

---

① 卫运河，指与馆陶县徐万仓汇合后至四女寺枢纽河段。

育。许多港口、船舶和修船厂工会积极响应，都开展规模不同的职工群众业余技术教育。当时开展业余技术教育，目的在于提高职工的技术水平，为国家培养技术人才，促进工人与技术人员、老工人与新工人之间的团结，保证安全生产，完成和超额完成国家计划。

如1954年5月至7月，天津港务局三个作业区在全体工人中普遍进行了操作规程的教育以后，8—9月的生产效率提高了，工伤事故显著减少。新港船厂通过签订教学合同，236名普通工学会了两种技术。上海张华浜船厂职工通过在业余技术学校的学习，技术工人等级都提升了一两级。“民生一号”油轮劳动模范谭轩所领导的轮机小组，由于认真学习技术，在一年内全体同志都达到提升一级的技术水平。此外，有些海员被保送入大学学习，华东海运局的优秀海员邱耀光等6人还被保送到苏联进行学习深造。

全国各地港、航、厂工会开展形式多样的职工群众业余技术教育，有技术讲座、签订师徒合同与教学合同、业余技术训练班等，还有成立技术研究小组，参观技术展览，开展技术表演、先进生产者报告会和车间专题讲课等形式。

青岛、广州、秦皇岛以及长江较大的港口都已举办过业余技术讲座。汉口港以一列式拖带法、顶推法、三段烧火法等先进经验为内容，通过讲座推广了先进经验。秦皇岛港邀请到港船舶的船长或大副等给装卸工人讲解船舶装卸设备的性能及操作时应注意的事项，保证工友安全装卸，提高效率。天津港采用签订师徒合同与教学合同较为普遍，五个基层单位有147对师徒结对。大连港举办了绞车司机训练班，青岛港举办了轮机、机械、土木工程等六个业务学习班，303人参加。天津港五个单位的业务技术训练班共训练了750人。上海海员业余技术补习学校训练了1236人。各修船厂也都办有业余技术学校。

当时职工群众的业余技术教育宣传得轰轰烈烈，但也存在一些问题。从参加业余技术学校的职工的人数来看，各个地区业余技术教育发展的情况是不平衡的。天津港发展较快，据该港五个基层单位的统计：8000多名工人中，1954年参加技术学习的1490人，签订师徒合同或教学合同的1471人，参加冬训班的870人，学习操作规程的3000人，以上共计6831人，占工人总数的85%。而长江、华南、上海等地区则发展较慢。港、航、厂之间的发展也是不平衡的，如长江区行政上曾发文通知各港、航、厂，号召开展群众性的业余技术学习，但因缺乏具体计划、实施办法，教员、教材、组织领导等问题也都未得到很好解决，结果导致技术学习活动没有有效开展起来。

## 第四节　组织劳动竞赛，促进航运发展

### 一、开展抗美援朝爱国主义劳动竞赛

1951年1月17日，《工人日报》发表全国劳动模范马恒昌小组挑战书，号召全国工人积极响应马恒昌小组“爱国主义劳动竞赛”运动。各地海员工会纷纷向马恒昌小组应战，组织展开了抗美援朝竞赛运动。上海海员经过抗美援朝控诉大会后，有人民轮船公司上海公司的“华204”艇的轮机部江根生小组、“中104”艇戴福林小组、“中127”艇梁继藩小组、“华208”艇中心小组、“江华”轮黄景明小组、“民生一号”油轮谭轩小组、“利字20驳”船张佛祥小组、船厂杨成章小组、史春友小组等15个小组向马恒昌小组应战。华中区应战的有汉口人民轮船公司“国快”轮小组、“国越”轮小组、“国汉”轮小组。大连港务局也有“东方七号”轮、海港杨玉廷小组、船厂王兆金小组。华北区也有“新康”轮小组。山东区有青岛“瑞祥”轮小组、石岛“顺平”轮小

组。华南区有西江新德昌小组，广州“东泰”轮小组等。各小组应战后在技术上都有显著的改进，在生产上有着突出的成绩。

例如，江根生小组在已有三项改进措施的基础上，不断有合理化建议提出。机匠周龄寿在小组的帮助下，改装废弃的柴油滤油器，他已改装了 28 个，使用效果很好；电机匠周正浩把废弃的电路保险丝重新修好再应用；大管轮李迪生建议自制机油滤油器。戴福林小组减低了电灯车转数，每小时节省燃油 1 加仑。组长戴福林建议接通三部电车及两部主机的淡水冷却循环系统，这样每开动主机一次可省燃料油 20 多加仑。机匠黄光瀛建议把压载水舱改装为液体货舱，每次可以多装 700 吨液体货等。各应战小组想尽办法，努力超额完成任务。

在东北开展的劳动生产竞赛中，1950 年旅顺港口以 10 个月 21 天提前超额完成全年任务。1951 年全区全面开展劳动生产竞赛，参加竞赛的人数占全体职工人数的 82%。“东方一号”轮在 1950 年 12 月超额完成全月运输计划吨海里的 106.97%，人海里的 105.98%；“东方五号”轮超额完成计划吨海里的 123.35%，人海里的 165.04%；“海城号”轮超额完成计划人海里的 102.77%。“东方二号”轮更好地团结码头工友，提前完成卸货，缩短了非生产性停泊时间，比原计划提前 5 小时 55 分钟完成任务，创出该船历史上的新纪录。大连港员工在 1951 年 2 月间，用 24 小时 30 分完成该港西区两天半（60 小时）的装船任务，创出新纪录。

华北区所属天津区港务局引水科职工在爱国竞赛中，打破了保守观念，交流了技术，提高了引水量，打破了天津几十年的惯例。由过去大沽到塘沽吃水深度 16 尺，塘沽至天津吃水深度 14 尺 5 寸，分别提高到 16 尺 11 寸与 15 尺 8 寸。每只船由塘沽到天津可节省 300 吨驳运费，合人民币 1000 余万元（旧币），还不包括节省了装卸的时间。新港修造船厂自竞赛开展后，全厂 1251 人有1151人参加了竞赛运动，占全体职工的92%（计105小组，五个基层委员会）。机加工车间职工更学习高速度切削法，工作效率提高了四倍。

华东区在爱国竞赛中涌现了不少发明创造，改良工具与节约燃料事迹。“民生公司一号”油轮油令槽改修方法，从每小时最多耗油量5.6公斤减至3.9公斤，按当时润滑油价格计算每往返申宜航线一次，以245至300小时计可节省1000万元（旧币）以上。“江顺”轮仅在燃料节省上的改良、发明，就有10个以上改进办法。如对主机的转速与进汽的切断率上相互配合的改进，避免了蒸汽的浪费与节省燃料的消耗等。1950年9月至11月，在华中、西南的国营轮船总公司分公司五艘“华”字艇担任了成渝铁路的钢坯运输任务。在开展抗美援朝爱国主义运输竞赛中，涌现了无数工作积极者和劳动模范，胜利完成了川江钢坯运输任务，其中15名劳动模范得到军事总代表颁发的奖状。

## 二、通过竞赛促进生产小组进步

1951年1月，马恒昌先进生产小组向全国工人提出挑战后，广大海员积极应战，中国海员工会也积极引导海员参加“爱国主义劳动竞赛”，同时不断宣传先进事迹，促进生产小组不断进步。

第一个向马恒昌小组应战的是人民轮船公司“华204”艇的轮机部江根生小组，此后，应战小组层出不穷，仅上海一地已应战的小组有19个。这些应战小组绝大多数在应战前有思想基础的，江根生小组的思想基础是在1950年支前及钢坯运输时建立起来的，该小组在参加川江钢材运输任务中被评为模范小组。

各小组应战后，在生产中取得了显著成绩，合理化建议不断提出，节约了原料燃料，缩短了航时，提高了运转率，保证了航行安全，对发展运输事业做出了贡献。这些小组取得了成绩，并有共同的特点与经验，就是通过建立各种制度来加强小组管理。

各小组在学习马恒昌小组的基本精神后，根据各小组特点和迫切需要解决的问题，密切结合工作实际需要，订出了工具使用制，工作责任制，安全检查制度，学习制度，会议（检讨会）制度等。如施春友小组发现过去工具常常丢失，因找工具浪费工时或者工具少，大家抢某一种工具，以及工具分配不过来的现象，并就此制定了工具使用制度，运行后还不能克服工具不够分配的现象。于是该小组要求制订出工作计划，明确哪些人在某天做哪几项工作、使用了什么工具，这样个人工具使用计划也就出现了。小组把每人每天工作进度、领用物料时间、是否提前完成等都记下来，方便检查，并在此基础上制作了“生产日志牌”，管理制度更加完善。

随着竞赛运动的发展，群众的觉悟渐渐提高了，对制度带来次序和工作便捷感到欣喜，他们认识到遵循制度才能真正提高效率。

文化学习、识字教育普遍展开后，小组中的教学方法也很生动。首先，是从每个人所用的工具开始学起，将文化学习与技术学习结合起来。如在机件的零件工具上都用大字标上名字，让工人们认，每天认一两件；有的零件太小，他们便在黑板上画出零件的样子，在旁边写上名称，这样工人一看便知道。其次，将识字学习和政治学习结合。小组采取的学习方法很灵活，把认字与工作、生活、政治相结合，既满足实际需求，又使船员对认字的情绪高涨。

小组长经常关心组员生活，鼓励组员钻研改进技术。江根生小组大管轮李迪生的母亲要移葬，正当缺钱发愁时，小组长到公司反映情况，解决了李迪生的经济问题，李迪生激动地说：“我做了 30 多年工，从没见到这样好的领导人。”副机匠周龄寿拆洗作废的柴油细滤器时，小组长立刻拿碱水帮他研究试验等，支持他开展研究；试验成功后小组长又在小组内对他进行表扬。小组长积极推动大家开展合理化建议和技术改进工作，形成一个群众性的运动。小组长把握群众情绪，巩固制度，起到了模范带头作用；同时组织小组内的积极分子组成核心领导小组成员，是搞好小组的最好方法之一。

开展批评与自我批评，在组内团结上、工作上起了极大的作用。最初大家不习惯，开第一次检讨会时，小组长带头检讨，从而启发了大家，以后每逢检讨会时有些人还会提前写发言提纲。一开始大家只批评自己，不批评别人。在小组长的鼓励下，大家逐渐纠正了这个偏向，学会善意地向别人提意见，不仅增进了全组的团结，而且通过批评有助于对工作检查建立一些制度，逐步使制度健全与完善。

## 三、持续开展劳动竞赛，努力完成“一五”计划

1953 年，新中国经济建设的恢复阶段结束，开始大规模经济建设。中国海员工会筹备委员会带领海员职工持续开展劳动竞赛，努力完成“一五”计划。

1953 年 1 月 1 日，中国海员工会筹备委员会主席刘达潮发表《开展劳动竞赛，进行生产改革，迎接祖国大规模经济建设》的文章，要求全国海员工人开展全面的爱国增产节约竞赛运动，来超额完成 1953 年的生产任务、财政计划，以配合国家大建设的需要和加强抗美援朝的力量。5 月，中国海员工会筹备委员会发出《关于开展海运系统全面的劳动竞赛运动和查定试点工作的指示》，提出在海运系统全面开展劳动竞赛运动；以完成并争取超额完成国家海上运输计划为总目标，以直接为查定工作服务贯彻生产改革为目的。9 月又下发了《关于开展增产节约竞赛，争取超额完成 1953 年国家计划的通知》，指出：1953 年是中国第一个

五年计划的头一个年度，是实现国家工业化的一个重要开端，要求海员工会各级组织必须认真贯彻当地党委的指示和中华全国总工会《关于进一步开展增产节约劳动竞赛 保证全面地完成国家生产计划的紧急通知》，立即动员全体职工，为完成这一紧迫任务而奋斗。

1954年，中国海员工会筹备委员会提出“发挥航运事业的全部力量，为实现国家总路线而奋斗”，并继续在航运企业中开展劳动竞赛。

1955年，国家要求海上运输企业负担更大的运输任务，海运的货运量计划比1954年增加22%，货运周转量计划增加26%，中国海员工会与交通部海运管理局共同发布《关于在海运企业中深入地开展劳动竞赛的指示》。各个航运企业工会按照要求，进一步加强对竞赛的领导。在企业中，行政与工会组织共同负责整个竞赛工作。工会组织主要负责竞赛的思想发动和竞赛的具体组织工作，其主要工作包括发动群众讨论与修订国家计划，提出保证条件，组织推广先进经验与开展合理化建议工作，组织生产会议，进行竞赛的评比奖励工作，会同行政组织技术学习等。

1956年1月，中国海员工会副主席丘金在全国航运会议上发表了《总结与推广先进经验，深入地广泛地开展社会主义竞赛为提前完成五年计划而奋斗》的讲话，各航运企业工会为了适应社会主义建设迅速发展的新形势和群众劳动热情的高涨态势，加强竞赛组织领导，系统地总结和推广先进经验，与行政共同深入广泛地开展社会主义竞赛，保证了第一个五年计划全面超额地提前完成。3月，海员工会又与交通部发出了“关于保证提前完成与超额完成第一个五年计划，深入开展航运系统全国性社会主义竞赛的联合指示”，以确保提前完成与超额完成第一个五年计划，使整个航运事业达到又多、又快、又好、又省的要求。

## 四、开展先进生产者运动

海员工会广泛动员广大水运职工参加先进生产者运动，组织互学互助、大力推广先进经验、培养先进带动后进，以革命的热情开展各种协作的社会主义竞赛，取得了明显进步，以达到增产节约的目的。

1955 年 9 月至 12 月，上海港创造了先进单船作业 525 艘次，4 个月船舶提前率达到 21.59%，缩短装卸时间折合吨时 1114 万个，在克服堵塞方面起到了很大作用。川江船员创造了梭形顶推法，88%的船舶都采用了，提高航速 6%，增加载重 20%以上。长江总结推广了汉口十一仓库、“人民九号”轮、“民 1001 号”轮等理货经验，1956 年货运量虽比 1955 年增加了 21.92%，但货损货差减少了 51.74%，赔款减少了 36.32%。广州区海运管理局总结和推广了防台斗争经验，在台风季节避免了海损。上海海运管理局推广了安全航行经验，1956 年也避免了恶性海损事故。尽管 1955 年珠江支流发生过严重堵塞现象，但 1956 年珠江航运的运输任务仍比 1955 年增加了 43.39%。而且由于运力因停航报废等减少了 7 万多吨等，广大职工努力工作，总结和推广了一列式拖驳运输法，如梧州枯水安全夜航和苏联先进调度经验等。1956 年珠江航运并未发生堵塞现象，而且拖轮效率提高了 85%，圆满地完成生产任务。

因此，先进生产者运动在生产中发挥了作用。许多单位的职工 100%都参加了运动，职工间互学互教，交流经验，形成了人人赶先进、人人当先进的好风气。

## 第五节　改善生活，提高待遇

### 一、组织海员消费合作社

新中国成立后，由于受到战争的影响，大量船舶南迁，营运船舶减少，造成沿海各地均有一批船员失业，难以渡过生活之困难。各级海员工会为了有效解决他们的生计，帮助恢复就业、组织从事其他生产劳动等工作，改变他们的生活现状。

由于新中国刚刚成立，航运业成分复杂，资本家、封建把头还在搞剥削活动，而海员因失业、停航等造成生活拮据。刚刚成立的海员工会筹委会非常重视海员生活情况。为了避免封建把头等中间剥削，保障海员之工资收入，不受或少受物资波动之影响，使海员能生活安定而提高生产积极性，全国各地海员工会代表大会经过认真讨论后，认为在各地组织海员消费合作社十分有必要。

1949 年 12 月 25 日，中国海员工会全国代表大会作出《关于组织海员消费合作社的决议》，明确“海员消费合作社是在海员工会领导下的群众性的经济组织，以自愿入股为原则。社务委员会由社员大会或社员代表大会报告社务”。海员消费合作社是全心全意为社员服务，不以营利分红为目的的组织，其任务是吸收和集中海员股金，购买各地廉价的日常必需品（如米、布、柴、油、盐等），以低于市场之价格定量配售给社员。

1950 年 1 月 5 日，全国总工会常务委员会扩大会议批准了上述决议，各地纷纷组织海员消费合作社，服务海员工人，帮助困难海员度过艰难时期。

## 二、关心困难海员，组织生产自救

上海解放后，由于国民党反动派逼迫大量船舶离开上海，海员失业情况严重，再加上不愿意去台湾等地的海员返沪，造成海员就业形势严峻。

1950 年 5 月，上海海员工会开始统一办理上海失业海员登记和介绍职业工作。海员工会努力工作，当年 9 月介绍失业海员得到职业的有 128 人。所以一般的失业海员得到了职业之后，对新中国海员工会的认识和觉悟都有了极大提高。如招商局“中 123 号”轮正机匠戴金根来信说：“你们为我们失业海员兄弟这样诚恳服务，任劳任怨，我真不知道用什么话来说出我心里感激的真情。”

1950 年，由于皖北淮河大水泛滥，形成了严重的灾荒，灾荒影响了蚌埠驳运业数百艘船舶，1000 多名工人及家属遭受失业的痛苦，生活很困难。海员工会经过调查研究后，提出转向长途运输。先组织工人们聚集驳运船舶，组织一个自愿参加水上运输公司，然后帮助落实货源。第一批组织 68 艘船舶，于 9 月 29 日开往盱眙，承运苇柴 5000 个，收运费折 34250 斤大米，解决船工和他们的家属 416 人的生活。第二批组织 52 艘船舶，开往龙岗，共装公粮 50 万斤，收入解决 250 人半个月生活。第三批船舶也是装芦苇，第四批 40 艘船舶到怀远装公粮 60 万斤。就这样，一批又一批船舶加紧装运，解决了驳运失业工人的困难，鼓舞了驳运工人生产信心，过去动员也不肯走长途的船舶都自动参加运输了，这对加强水上运输起到了很大的作用。工人李文喜说：“运输生产前途是光明的，的确能改善我们的生活。过去我们小船装不到公粮，现在我们也装到了。虽是灾荒严重的时候，但我们只要在工会领导下加紧生产，工人是绝不会挨饿的。”

当时，为了加强治淮运输，江淮水路运输总公司从上海调运机帆船 36 艘来蚌埠，需要招考海员。海员工会得知信息后，马上介绍火轮工会及民船渡驳失业船员前往应考，结果录取了 60 人，解决了一批海员工人失业问题。

长期以来，民船工人的生活很艰苦，他们职业无保障，都是“趟工”①，送一趟回来之后无后续货源就失业了。此次遭遇了皖北严重的大水灾，船上生活更加艰苦了，很多船工断了炊饮。工会根据这种情况，一边予以救急帮助，一边积极领导他们开展生产自救。据当年 9 月份的不完全统计，有 58 户断炊户，278 个工人家属得到急救帮助，共计发放高粱 1390 斤。在淮河干流宋家滩，工会组织失业工人和家属开展副业生产打席子，增加收入。工人汪子和说：“要不是工会领导大家打席子来生产自救，恐怕早就挨饿了。”工人情绪高涨，而且在生产中积极搞竞赛，结果其他失业工友也都纷纷加入副业生产，解决吃饭问题。

## 三、订立集体合同

新中国成立后，人民政府根据“公私兼顾，劳资两利”的政策，恢复与发展水上运输事业，并明确由海员工会与公营航业机关、私营航业公司或同业公会，根据双方平等自愿的原则，订立集体合同，以保证海员的物质文化生活，激发海员的劳动热忱，消除私营航业主在劳资关系上不必要的顾虑，放手发展航运事业。

1949 年 12 月，全国各地海员工会代表会议作出《关于订立集体合同的决议》。中国海员工会筹备委员会迅速发出关于订立集体合同的原因、目的、内容、办法及好处之宣传大纲，及有关订立集体合同的参考资料，在广大海员群众中进行关于订立集体

① 趟工即以每来回航次聘用结算的用工方式。

合同的宣传教育等工作。会议明确了订立集体合同为海员工会工作的中心内容之一；明确规定，各地海员工会在向中国海员工会筹备委员会上报的工作报告中，必须将订立集体合同的情况、结果及经验作为报告主要内容之一。

中国海员工会各地区委员会积极贯彻大会决议，探索民船业工会与各地民船业同业公会分别订立集体合同，并不断总结交流经验。

1949 年 12 月，无锡市民船工会筹委会成立，全市民船职工总数共 7860 人，截至 1950 年底已发展会员 3276 人，占全部工人总数的 40%。民船运输的业务有季节性，因而营业状况不稳定。当时还没有成立民船运输公司，没有掌握货源，没有形成统一调配船舶的局面，加上客籍船舶来港众多，所以形成了船多货少的现象，劳资关系紧张。另外还存在资方账目不公开，在同一生产性质单位中的船舶拆账标准不一，高兴拆多少就拆多少（工资待遇是拆账制），把全部开支都列入成本，让劳方吃亏很大等问题。

针对上述各种问题，工会召开劳资协商会议，订立集体合同来解决工资，解决雇佣关系和劳保问题。

无锡有驳运船 721 艘，共计 18053 吨，有工人 2000 人，其中会员 1000 人，雇佣关系有长工和短工，工资都是拆账制。工会最初先展开宣传工作，并在到埠的船上每船民主选举代表一人，代表名单报到工会后，就加以编组，并选出组长；各小组承担不同工作，如通讯联络组负责在各码头与新来的船舶联系，通知并帮助各船产生代表参加会议。

为了订立集体合同，工会做了大量基础工作。在会前帮助代表们订出公约，上午和晚间开展培训学习，下午到各船上去了解调查各种材料（包括资方成本计算的材料），反复讨论工资标准，尽量做到意见一致，使工资标准合适。满足要求后，组织同业公会，召开预备会议。确定正式会议时间，双方代表名额，会议内容等。工会再从代表中选出正式代表，在开会前一天，明确各代表分工，同时也选择比较开明进步的资方分子，并对他们进行教育，做好他们的思想，使之在会议中起带动资方的作用。就这样，做好了会议前的准备工作，劳资双方在协商会议中充分交流、协商，成功订立了劳资集体合同。

无锡海员工会在订立了劳资集体合同中起了领导作用，并始终贯彻了群众路线的精神。工会保障了驳运船工人的生活，把70%的短工改为长工，固定每月基本工资折 7 斗米；在每月盈余中劳资双方各得 50%提成分红，规定了年奖和津贴；规定各种船舶人员定额和雇佣解雇办法，及按照服务时间发给解雇费，保障了工人的职业；规定了工人的福利待遇，如雨衣、常备药品，每月洗澡三次，工人有特殊困难时可向资方借一月工资，然后可分两个月扣还；资方交纳文化教育费和房屋代金，由工会租用房屋；规定了资方修船、添设船上各种用具，劳方遵守劳动纪律等条款。

中国海员工会华北区委员会积极贯彻大会决议，把签订集体合同作为北洋航运事业发展过程中工会的重要工作。1951 年 10 月 19 日，中国海员工会华北区委员会代表天津私营轮船业海员工人与天津市轮船商业同业公会在天津海员俱乐部签订了北洋区私营轮船业海运生产集体合同，合同有效期为 6 个月，得到了中央人民政府劳动部的批准。

合同中规定：海员应在工会的领导下，遵守劳动纪律和各种物料燃料耗费的定额标准，建立新的劳动态度，保养机器，克服浪费，降低成本，进一步开展爱国主义劳动竞赛，完成或超额完成航运任务。资方应及时供应物料燃料，重视及采纳船员的合理化建议与创造发明，改善船上安全卫生设备，做好船员的劳动保护工作；根据实际情况和鼓励船员积极生产的精神，规定了船员在缩短航时、超额载重、节省燃料、安全航行、自修船舶等方面的详细奖励办法。

华北区委员会为使合同彻底执行，组织推行海运集体合同小组到船上工作，帮助各船与资方订立个体合同。他们积极工作，为发展天津市轮船业，保障海员的劳动热情，促进恢复与发展海运事业做出了贡献。

## 四、建立国际海员俱乐部

海员生活环境特殊，离乡背井，长期在船上辛勤劳作，特别单调与寂寞，有许多问题无法在船上解决。因此，海员一到港口就要求生活有所调剂，渴求正常的陆地生活，也需要一些机构场所帮助海员解决生活等问题。

1949 年 12 月，全国各地海员工会代表会议期间，国家主席刘少奇指示：必须在各港口办好海员俱乐部，使海员工人在远程航行之后有娱乐休息之所，以调剂其孤寂的海上生活，工会干部可通过俱乐部活动来接近海员工人，进行宣传教育工作。对国际海员工人来说，海员俱乐部是唯一的交际场所，是人民外交的场所。[①] 全国总工会副主席李立三在中国海员代表会议开幕典礼上发表讲话，首次提出要兴办海员俱乐部，“现在组织成立海员俱乐部是必要的，这为各个海港口岸所都需要的”。

在全国各地海员工会代表会议上，刘达潮作《关于今后海员工会工作的任务与方针》的报告，指出要将办俱乐部作为一项中心工作，并提出：“中国海员工会要办，其他各地方也可按情况办，海员工人一天到晚在船上工作非常辛苦，同时船又是流动的，流来流去，到了码头没有歇脚休息的地方，就只好去搞不好的事情，各地方都有了海员所需要的俱乐部，则海员同胞们就可到处都有家，可以休息，可以娱乐，可以学习，又可以相互联系和团

① 《中国工会运动史料全书·海员卷》，104 页。

结。这个工作做得好，就为海员工人办了一件很大的好事，同时也就可以把海员工人团结在工会的周围，进行各种的活动。”

1950 年 1 月 5 日，全国总工会常务委员会扩大会议批准了中国海员代表会议上通过的《关于在各地设立俱乐部的决议》。1 月 13 日，中共中央下发《关于在海员众多影响较大的地方设立海员俱乐部问题给各中央局的信》，信中指出全国各地海员工会代表会议决定在海员众多、影响较大的地方（如上海、厦门）设立海员俱乐部，中央对此决定认为非常有必要，尤其是为了团结国际海员，故特责成各地具体领导（设立俱乐部的工作），召集一定会议，组织海员俱乐部筹备会，需要政府指拨一定的房屋与经费，并请将进行结果随报党中央。

因此，1950 年设立海员俱乐部成为各地海员工会重要的工作内容。各地海员工会纷纷成立海员俱乐部筹备委员会，负责进行筹备工作。

当时设立海员俱乐部是根据各地海员工会经费和干部的具体条件，采取由小至大，由主要地方开始建设，逐步发展到次要地方建设。而海员较多、影响较大的地方，如上海、天津、青岛、大连、厦门、广州、武汉等地，则首先集中力量建立。

不久，各地海员俱乐部建设普遍展开。为了做好俱乐部的管理工作，1950 年 11 月，中国海员工会筹备委员会常委扩大会议讨论了俱乐部建设与管理问题，并作出了《关于俱乐部问题的决定》，明确了海员俱乐部的性质与任务、俱乐部的业务和工作方向；确定了俱乐部的组织体系；厘清了俱乐部与工会其他各部门的关系和提出团结国际海员的要求。

随着航运系统俱乐部工作的开展，及至 1955 年，各地已建立了 78 个海员工会的俱乐部。

## 五、帮助职工维护权益

1952年，全国各地码头工人搬运危险品中毒事故屡次发生：5月黄埔港工伤150人，其中受漆毒的40余人。7月29日、30日及8月1日三天内又有8人搬漆中毒。8月23日，上海又发生27个工人（轮装工8人、码头工人17人、船员2人）搬运柏油时引起中毒的重大事故。

这些事故发生的原因，首先是货主对危险品包装不良，如上海27人中毒事故，东北贸易部货主装载的柏油桶，在大连装货检查时已证明存在破漏、残损，而且没有明显标记。其次是各港口港务机关没有执行监督检查的任务，也没有进行完善的防护措施，黄埔港港务行政方面甚至把没有重新消毒的防护用品，如手套、口罩等，发给工人，结果工人穿上后就中毒了。

对于这些事故的屡次发生，海员工会极其重视。工会强调要加强对工人的安全教育，要求对忽视工人安全的现象做严肃斗争。为了引起对码头工人生命安全重视，中国海员工会筹备委员会向全国各港务机关和有关企业提出如下意见：

一是贸易部门及其他方面货主必须严格执行中央劳动部《关于搬运危险性物品的几项办法》，对危险品妥善包装，并有明显标记；装卸时有关方面应事先进行包装检查，并对工人进行安全教育；对不执行法令而致发生中毒事件的责任人员应予处分。

二是各港务局根据当地具体情况，必须制定对危险性物品的搬运办法，经工人讨论、工会修正，送劳动局审核备案后予以施行。同时应和卫生局研究有效的防毒办法，配备各种防护用品，保证工人安全。

三是各有关部门（贸易部、交通部、工会等）必须重视工人生命安全，加强安全宣传，采取有效措施提高工人对含有毒性成分物品的危险性的认识，避免中毒事件的发生。

之后，中国海员工会筹备委员会会同有关单位，积极参加搬运危险性物品预防工作。中央人民政府劳动部为保障搬运工人的安全，不断完善搬运危险性物品的办法。中国海员工会筹备委员会除了督促有关单位整改，积极向搬运工人宣传安全知识，不断增强防护意识，从而减少了事故的发生。

## 六、改善劳动条件，保护健康

### （一）提出《海员劳动保护暂行办法草案》

新中国成立后，中国海员工会筹备委员会就非常重视海员劳动保护工作，把改善海员劳动条件、保护健康作为工会主要工作之一。尽管船上的安全卫生状况较新中国成立前已有了较大的改善，但海员健康情况依然很差，很多人有梅毒、牙病、眼病和胃病，北航船舶的船员因病请假的特别多。机舱及部分船员房舱通风不良，机舱温度在50℃或以上，生火工人满头大汗地工作，不时用冷水浇身，许多工人得了肋骨痛。部分船员住宿条件差，甚至有的船员根本没有铺位。

船上卫生条件不好，虫鼠很多，厨房不干净，医药设备基本没有，有的船连“十滴水”这种基本药品都没有。部分船员工作时间太长，普遍超过八小时。而工会劳动保护机构不健全，工会干部对劳动保护意义认识含混不清，对工人安全卫生的宣传教育工作开展不到位。

对此，中国海员工会筹备委员会提出改善劳动条件要求，向海员开展劳动保护的宣传教育工作；根据劳保法令，向行政或资方提出改善海员劳动条件和具体意见，通过集体合同或劳资协议付诸实施。对不重视劳保工作者，工会及时提出了批评意见。

与此同时，中国海员工会筹委会出台了《海员劳动保护暂行办法草案》，这是为了照顾水上工作人员的特殊情况，保证其健康，防止疾病及事故发生，根据当时国家财政经济情况及实际需要而拟定的。全文共24条，包括卫生设备的规定、安全设备的规定、工时假期的规定、伙食问题的规定、劳动保护的监督教育的规定等。草案形成后，发至各基层委员会、工会小组讨论，提出补充或修正意见。

1952年在北京召开的中国海员劳保工作会议上，通过了《海员劳动保护暂行办法草案》，并进行试行。这一草案的实施，形成了劳动保护的规范，大大促进了中国海员身心健康与家庭幸福。

### （二）积极推进海员劳保福利工作

新中国成立后，海员生活有了很大的变化，不仅政治地位已彻底改变，基本工资有了提高，文化生活有了改善，而且海员们最感到痛苦的老、病、伤、残问题也得到了初步解决。随着经济情况的好转和航业逐步恢复，劳动保险条例草案、福利基金和会员困难补助费等规定实施，工人的住所、子女就学、日常的特殊困难等问题也得到了基本解决。

上海是海员最为集中的地方，海员实行劳动保险的有35个单位，涉及工人9.875万名。自1951年5月至1952年9月生病和受伤而享受劳动保险待遇的3140人，享受养老待遇的200人，其中退职养老的35人。签订劳动保险集体合同以解决病伤死重大问题的11700人。在上海有医疗室9处，综合保健站3处，疗养所6处，病床159张，特约医院11家，另在杭州开办了一所海员休养所。

在上海，为了解决职工日常生活和家属困难而组织的互助储金会有20个单位，人数14051人，基金81000余万元（旧币）。此外，为了会员的保健，工会发出了鱼肝油847瓶，并介绍了

514人免费诊治及住院治疗。工会还为海员解决海员子弟就学问题，扩充海员子弟小学学位由110个到7632个，向上海市教育局申请补助的137人，贷款3800多万元（旧币）来解决三个较困难的公司职工子弟421人就学。

为了搞好海员劳保福利工作，各级海员工会组织都设有劳保部、劳动保险委员会或劳保委员，并进行干部训练，在华东、华北、山东、华南四区参加训练的计有462人。

由于开展这些工作和设施的改善，海员对党和政府的认识提高了，生产情绪高涨了。有些海员这样反映："劳动保险条例实行了，比生儿养女还可靠。"

通过劳动保险条例的实施，休养所经常聚集优秀的海员工人，进行政治教育和先进经验交流。杭州海员休养所就曾交流了深水测量法、炉灰压火法、车头加快法、一列式拖带法、滑车节约法等经验。

一系列工作的推进，解决了不少海员劳保福利的问题。但是，仍存在劳动保险方面实施条例的单位少，职工丧葬补助费，养老工龄计算等方面的问题。因此，各级海员工会不断努力争取扩大劳保条例实施范围，提高治疗期间待遇等；争取海员在任何港口都能接受治疗；健全各级海员工会劳动保险部门，培养、训练劳保干部等人的工作，不断提升海员劳动保险、集体福利待遇。

### （三）召开第一次劳动保护工作会议

1955年3月16日到28日，交通部和中国海员工会筹备委员会在北京联合召开第一次航运劳动保护工作会议。

会议总结几年来，在党和政府的关怀下，航运系统职工劳动条件得到改善，但还存在一些不足，劳动保护工作还远远跟不上生产发展的需要。当时职工伤亡事故与疾病情况相当严重，造成人身死亡的恶性事故不断发生。1954年的工伤事故情况比1953

年有上升趋势。

会议分析了造成伤亡事故的最根本原因是航运企业的各级领导没有切实贯彻党的劳动保护政策，没有清醒地认识到关心工人生产中的安全与健康是社会主义企业管理的重要原因之一，还一定程度地存在着资本主义的经营方法。行政和工会注意抓生产工作，组织劳动竞赛，但在计划、布置、检查、总结生产任务的同时，只泛泛地提安全生产的口号，没有采取安全技术劳动保护措施，建立安全健康的劳动条件，因而事故连续发生。

另外，对事故的处理不是采取认真严肃的态度，而是往往过多地责备不幸受伤的工人和职员，把事故主要责任推到工人身上。如上海船舶修造厂由于工作地点零乱、照明不足，工人的脚被钉子刺破，该厂却认为是“工人走路不小心”，对此采取的措施是提醒工人“在狭小地点工作应加小心，不得盲动急躁”，处理办法是受伤工人受到车间主任的口头批评。这种处理办法显然是不能避免事故重复发生的。长江航区1954年重复发生落水死亡事故，大多数是由于船舶没有栏杆、缺乏照明设备或劳动组织不合理。有的企业负责人以加班加点作为完成任务的主要方法，以致工人疲劳过度，发生工伤事故。有的企业负责人不支持劳动保护工作干部的正确意见，说“出了事由我负责”。

不少基层海员工会组织的劳动保护机构没有建立或不够健全，群众性的劳动保护工作没有得到很好的开展，而在分析和处理事故时往往不能坚持原则与官僚主义分子做斗争。所以，工会没有起到协助与监督行政做好劳动保护工作的作用。

会议批判了上述单位存在的缺点和错误，要求以后各单位要认真贯彻党的劳动保护政策，预防和消减生产过程中的伤亡和疾病。会议要求各个航运企业的行政和工会深入检查本单位劳动保护工作，进一步批判企业经营管理上忽视安全的资产阶级思想，大力贯彻交通部即将颁布的安全责任制，制订和补订安全技术劳动保护措施计划，并试行签订劳动保护协议书。基层海员工会组织必须建立和健全劳动保护机构，经常向职工进行遵守安全操作规则与劳动纪律的思想教育，总结和推广劳保工作经验，特别是学习苏联经验，努力改进这方面的工作。基层海员工会组织在加强劳动保护工作时，要养成密切联系群众的作风，依靠群众，发挥群众在劳动保护工作上的监督作用。

这次航运劳动保护工作会议是全国航运系统的第一次劳动保护工作会议，会议的召开对促进各级海员工会重视劳动保护、安全工作，探索制度化管理，起到了积极推动作用。

## 七、不断完善船员公休假办法

船员终年在水上与风浪拼斗，难以回家休息。自从增产节约运动开展以来，船员的生产积极性大大提高，缩短了停泊时间，为国家创造了很多财富；但提高运转效率，船员的休息时间也更加少了。为了保证船员得到定期的休息，便利船员照顾家庭，在中国海员工会筹备委员会积极参与下，中央人民政府交通部特根据劳动保护的文件精神，结合航运企业的现有条件，公布了《船员公休假试行办法》，并于 1953 年 7 月开始执行。

该办法明确了直属交通部的海运、河运企业中的直接从事运输的轮船及拖驳船员，都可享受此休假待遇。规定工作满一年的给予公休假 26 天。凡在烧煤船做生火工作的船员，除规定的休假外，另增加休假六天。船员在休假期间回家，往返路程在三天以上的，斟酌给予路程假。在船员休假期内如遇法定假日，给予补假。船员在休假期日，基本工资照发，如因工作需要不能休假时，除发给应得工资外并依休假日数加发基本工资。船员及其直系亲属在休假期内必须搭乘本企业船舶时，给予一次双程免费优待。膳费自理。

该办法还明确了船员休假制度中，船员休假时间系按年度计算，不得和第二年度累积在一起休假。船员休假时须取得领导人所发之休假证明书后离船，休假期满后应向主管单位报到销假。

中国海员工会筹备委员会不但推动船员公休假办法的实施，也关注船员公休假办法的实施。1954 年，在调查船员公休办法试行后的情况认为，无论从生产上或教育意义来看，在广大海员中都有良好的影响。但在试行中也存在若干问题，如据上海海运管理局不完全的统计，就有 24 名船员放弃公休，其所属南洋运输处竟有 47%的船员不愿公休。这些船员自动放弃公休或不愿休的主要原因是工资低，回家路程远，路程费用付不起或回家增加了家里经济负担，等等。究其原因，船员公休回家，船员家属不一定在其船籍港或其他船舶往返港，不搭乘交通工具就回不了家，见不到家属。这个过程既花钱又要占用休假日，如果不动，又无处“休”。由于经济等原因，某些船员在这种情况下就放弃了休假，而且这种情况占大多数。

船员公休假办法是根据船员生产特点，从劳动保护观点出发及便于其照顾家庭采用“大礼拜”制而来的，是将船员原应享受而由于航行中不能按期享受的每年 52 天的“礼拜日”打了对折来集中享用的。这说明在公休假中适当给予某些需要返家或某些到休养所休息的船员的路程假是有必要的。

因此，中国海员工会筹备委员会向有关部门提出：对某些需要回家的船员公休假期中，在路程假和乘船待遇上给予适当照顾。这不单纯是个财务开支上的计算问题，而是要进一步体现《船员公休假试行办法》的劳动保护和“便于船员照顾家庭”的原则精神。

为了更好地贯彻执行公休办法，中国海员工会筹备委员会根据各地区的反映，就公休中的路程假、乘船待遇及其他方面，向交通部劳动工资处提出具体建议：一是船员公休假期回家，其往返路程在五天以上者可酌给路程假，但最多不得超过十天或一星期；二是船员及其直系亲属公休假期间回家需搭乘本部船舶时，可给予双程免费优待。

另外，还对完善船员公休假办法提出了一些具体建议，这些建议得到交通部的重视，并在以后的实施过程中得到了完善。

## 八、创办海员职工疗养院

由于海员长期在海上劳动、生活，与风浪搏斗，终年得不到岸上休息，而船上劳动条件、生活条件很差，但又不能一时改善，因此海员患疾病率高。如上海海运管理局 1953 年 1 月至 5 月请病假人数就达 1507 人，合计病假 21979 天，生产上损失很大。海员们普遍要求休假休养。为此，中国海员工会筹备委员会于 1952 年 9 月在杭州西湖开办了一所海员休养所，当时有 500 余名海员休养过，工人反映良好，但规模小，每期只能容纳 40 人，限于劳动模范、先进生产者和老年工人，不能适应和满足海员工人群众的要求。当时海员每年 26 天公休假制度即将施行，广大船员在何处休假、如何休假，便成为中国海员工会考虑的重要问题。当时，国际海员来此日多，苏联等人民民主国家船舶都在上海修理，这些船员都要求到西湖休养、游览。中国海员工会只能邀请两批苏联、捷克船员到海员休养所，感到很大遗憾。

为解决国际海员工作及其休养问题，中国海员工会筹备委员会与浙江省人民政府、军区政治部及杭州市总工会等负责人均亲临西湖海员休养所检查指导工作，大家都认为设备太差、房间太挤，都建议中国海员工会筹备委员会在杭州西湖新建一所较大的全国性的休养所以适应需要。1953 年 4 月，在杭州市人民政府的帮助和指示下，中国海员工会筹备委员会征用了杭州西山休养区第五号等地块，委托浙江省建筑工程局设计处按当地政府的规划进行设计，并于1953年9月开始施工。1956年，新建杭州疗养院已经全部落成，于7月开始运作。

1956年6月19日，中国海员工会发布了《关于新建杭州疗养院收容疗休养员问题给各区海员工会的通知》，宣告：中国海员工会新建杭州疗养院已经全部落成，于1956年7月上旬开始收容疗、休养海员。由于疗养院刚刚筹办，人员配备还未充足，各种设备及管理制度还未完善，更缺乏经验，因此只能根据现有设备与医务力量配备等情况，决定先开放150张床位，此后逐步扩大为250张床位，并公布了《中国海员工会杭州疗养院收容疗、休养员的暂行办法》。

杭州疗养院营运后，成为保护海员身心健康之地，受到海员的追捧。

## 九、重视海员职工家属工作

中国海员工会筹备委员会十分重视海员职工家属工作。1949年底召开的全国各地海员工会代表会议就将其列为主要工作。1950年后，各地海员工会相继参与开展组织或接管妇联工作。1952年，民主改革及学习婚姻法运动开展后，全国各地海员工会组织配备了专职干部，进一步加强海员家属工作，深入重点港口进行工作，在全国推广高风琴家属小组先进经验。在华北、大连、上海和秦皇岛等地也推广、学习家属工作的先进经验，从而提高了工会家属工作人员的水平。

在家属的组织工作上，各地根据航运职工家属居住分散的特点，对相对集中或可以集中的分散家属，适当地进行组织或建立一些联系。上海海运管理局组织了以船为单位的家属工作小组，密切配合船舶工会工作。随着生产发展及职工人数增加，家属组织也逐渐扩大，自1951年建立家属组织后，至1956年家属参加组织的增加了5倍多。

随着职工家属阶级觉悟的提高，积极分子也不断增加，仅长江区，1956年全国家属积极分子有11649人。通过全国爱国卫生运动，家属中开展卫生工作有显著成绩，环境卫生及室内卫生有很大的改变，并保证了职工家属的健康，此后建立了经常卫生打扫制度，巩固了卫生工作。

自开展互助帮困工作以来，家属参加互助已很普遍，此举解决了职工家属各种生活困难问题，对提高职工出勤率鼓励职工生产热情起到一定的推动作用。据统计，全国有互助组共有1369个，有12699人参加，仅长江区就建立互助储金会46个，有7097人参加，占总户数的27.6%；秦皇岛港参加劳力互助组占家属总户数的44.33%。在职工家属觉悟不断提高的基础上，家属之间、家庭之间的关系也有缓和，纠纷的问题已减少，各地家属工作逐渐改变了忙于解决纠纷的现象。1955年，自提出开展“五好”家属工作以后，家属工作有较显著的进展，1956年山东区开展“五好”家属工作中，抽查216户家庭纠纷，其中解决问题有81户。广西梧州贯彻“五好”家属工作后，婆媳之间闹不团结的，有40户都恢复了和睦。通过深入宣传教育借高利贷的危害，在借高利贷严重的上海、汉口、秦皇岛等地区，取得了较好的效果，借高利贷情况基本上消灭了。

随着社会主义高潮到来，家属中掀起了学文化热潮。据港口抽样统计，家属参加文化学习的共有23225人，占文盲的70%至80%以上。重庆港家属文化学习最好，有45个学习班，共有2429人参加，老师完全是家属中的积极分子，义务教学并坚持了四年之久，家属通过学习有了显著进步。企业行政方面也给予一定的物质支持，因此鼓励了家属教学热情。为配合家属文化学习，各种形式的托儿组织也得到了相应发展。至1956年上半年，家属托儿站共有15个，有580名儿童；幼儿园16个，有儿童2030名。

几年来，随着家属阶级觉悟提高，在关心职工生产上也想出各种办法让职工吃好、睡好、休息好，因此许多地区家属制订计划、创造保证生产的条件。宜昌的家属为让工人休息好实行了挂红旗、轮流值班等方法，船员家属为让离家在外的船员安心生产，经常写信鼓励亲人，让亲人放心工作。

此外，家属还积极协助企业的行政工作，承担了各项义务劳动，如管理宿舍，开展增产节约时为工厂拾废铁，以及清洁环境卫生工作等。

中国海员工会开展的家属工作，是围绕各个时期生产任务，结合生产特点而进行，取得一定的成绩。但也存在一些问题，家属组织数量与职工总数之比是很小的，家属积极分子使用多、培养少，积极分子负担过重，许多家属积极分子身兼数职每日忙于开会，影响其搞好自身家务。

## 第六节　加强宣传教育，不断提高文化生活水平

### 一、开展抗美援朝宣传教育工作

1950 年 11 月 8 日，中国海员工会筹备委员会发布了抗美援朝宣言，号召："国内的海员们展开爱国航运生产竞赛，保持航行安全，提高航行运转率，节省燃料，保养机器，增加载量，保护船舶，严防特务破坏！码头仓库工人们，快装快卸，爱护物资，减少损耗！修船厂工人们，努力提前完成修船计划，既要修得好，又要修得快。留港的海员们，要团结一致，坚决反对和拒绝香港政府强迫威胁参加美帝国主义侵朝战争的奴役工作，把轮船驶回祖国！"各地海员工会组织纷纷响应，通过举办控诉会、群众大会、广播宣传、图片展览、代表会、座谈会、读报组、小型话剧、

回忆、对比、投票签名和俱乐部活动等，在海员中进行深入开展抗美援朝时事政治宣传教育工作。

重庆市召开了有轮船、囤驳、工厂、机关和海员家属参加的代表重庆、万县、宜宾、泸州、江津、北碚、涪陵和白沙等地8500名海员的抗美援朝代表大会。代表们听取了首长的报告及民生公司的抗美援朝典型经验介绍；同时参加了中美合作所脱险同志的控诉会等，与会代表们受到深刻的教育。重庆海员自动捐献慰劳金3000余万元（旧币），并发出了1000多封写给“最可爱的人”的慰问信。

武汉海员有7251名参加了和平签名运动，召开了各种时事政治会议220次，有39412名海员参加。

华南区海员工会组织了由数百名基层工会干部与积极分子参加的宣传队。通过宣传员演唱“龙舟”粤曲，排练演出“打倒美帝”“反对武装日本”等短剧，向海员与旅客进行抗美援朝时事宣传，取得了一定的效果。

上海有1.6万余名海员参加了支持抗美援朝游行，打破了海员过去最多5000人的纪录。他们组织战地服务团，开展宣传教育工作，“江明”轮经过宣传教育后，捐献了合人民币481.5万元（旧币）军用物资。

华北区新港造船厂将时事教育普及海员家属中去。在经过时事学习后，有200多人参加了节约增产捡废铁工作，捡出废铁4万多斤，折合人民币4000多万元（旧币）。

## 二、宣传先进模范人物

### （一）率先起义的英雄船长方枕流

方枕流船长于1916年出生，男，籍贯为江苏无锡。1938年，方枕流从上海海关总署税务专科学校毕业，之后投身水运事业，曾任重庆三北轮船公司大副、船长。1946 年初，他到上海招商局任船舶驾驶员，同年 11 月提任“海湘”轮船长，不久又改任“海辽”轮船长。1949 年 9 月 19 日，方枕流组织国民党招商局“海辽”轮起义。“海辽”轮起义是中国共产党地下组织直接领导的第一艘商船海轮起义，方枕流也因此成为海轮起义船长第一人，在中国海员史上留下了光辉的一笔。

“海辽”轮隶属国民党管控的上海招商局，是一艘航行于上海至厦门的客货班轮。1949 年 4 月南京解放后，国民党军队溃不成军，随时准备逃离大陆，他们强招各招商局和船公司的船舶抢运物资、军队，规定船员不得擅自离船，“海辽”轮也在应征之列。1949 年 9 月 19 日夜，在中国共产党的领导下，“海辽”轮船员在船长方枕流的带领下，举行起义。历经八天九夜的惊险航程，28 日清晨，“海辽”轮驶抵大连港，在港界上抛锚，并按起义前香港党组织通过中共中央与大连共产党组织约定悬挂“船要进港加水”的国际信号旗的联系暗语，顺利完成接头工作，“海辽”轮起义成功。

作为“海辽”轮起义船长第一人，方枕流在新中国成立后也为中国的航海事业做出了巨大贡献。1953 年版的第二套人民币五分纸币上印着的一艘巨轮，正是“海辽”轮。1950 年 7 月，方枕流加入中国共产党，同年被评为全国劳动模范并出席全国劳动模范代表大会。

### （二）与敌机英勇搏斗的英雄船长谷源松

1955 年 1 月 19 日，广州海运局“南海 163”轮在汕头港锚地卸货时遭到台湾当局飞机 4 批、30 架次轮番轰炸、扫射，共中弹 8 枚，其中一枚系燃烧弹。该轮船员牺牲 2 人、重伤 1 人、轻伤 7 人。

在这次战斗中，有 2/3 的海员在岸上防空，其余海员在中共候补党员谷源松船长的指挥下，以仅有的几件武器在船上配合岸炮与敌机搏斗。第一次轰炸，左舷舢板甲板被炸弹击中，左舷甲板起火，护航班长练双、战士曾宪煌光荣牺牲，机枪手许光法和李元受伤，左舷高射机枪被炸坏，子弹箱被击碎，子弹着火爆炸。第二次轰炸，中弹六枚，燃烧弹击中上层建筑起火，一号、二号、四号货舱进水，船体随即倾斜。船上人员在岸炮的配合下英勇地迎击敌机，迫使敌机不敢低飞轰炸，并击伤敌机一架，敌机冒着黑烟，仓皇逃窜。在轮番轰炸中，谷船长被震昏两次，耳膜震破，身上多处受伤，醒来后即到现场指挥灭火抢救工作，并用拖轮及时将已倾斜的船舶拖向浅水滩处搁浅。在汕头市委和汕头港务局的协助下，全体船员经过两天两夜的抢修，于 21 日基本将船修复。在没有航行灯和汽笛的条件下，谷船长又忍着伤痛，顶替二副值班，加强戒备瞭望，连夜驾船驶回广州。

“南海 163” 轮船员及护航战士英勇的对敌斗争和忘我的保护国家财产的精神，充分表现出新中国海员的优秀革命传统和工人阶级的高贵品质。1955 年 3 月 25 日，交通部、政治部、中国海员工会筹备委员会联合发出通报，表扬“南海 163” 轮全体船员的光荣事迹；交通部海运总局授予该船“英雄船”称号和奖金 1 万元，授予谷源松船长“对敌斗争护产模范船长”称号，授予 21 名船员以“对敌斗争护产模范”奖状。

### （三）发明先进潜水作业技术的沈阿四

沈阿四是航务工程总局上海打捞公司的潜水员。新中国成立前他从事个体打捞工作。新中国成立后，成立了国营打捞公司，他成为一名真正的潜水员。随着国民经济的恢复与发展，航运任务日益增加，打捞任务也日益繁重，他不断提高技术水平，从过去只能在浅水中打捞小船，到深水急流中打捞 5000 吨的大船，累计成功打捞起10多万吨的船舶，而且大部分船舶已参加了沿海和内河的运输，支援着祖国社会主义的建设。

过去打捞沉船一般是应用“抬压气抽水法”，潜水员需要在水下做除泥、清舱、封舱等工作，工作很吃力、很费时。于是沈阿四在技术人员的支持与指导下，带领潜水员学习和推广了苏联的“浮筒打捞法”，省去了复杂的封舱过程，这不但缩短了水下的工作时间，而且还节省了大批封舱应用的木料和绳索。1955年打捞“民主三号”轮，这是一艘大型的客货轮，当沈阿四在水下摸到船尾被急流冲去，船身半截脱空，甲板已有裂痕，有折断的危险。他便建议领导使用浮筒把船尾后部抬起，在领导支持下，再一次接受使用浮筒打捞的任务。他成功完成任务，为推广“浮筒打捞法”扫除了障碍。由于这种工作法的推广，1955年国营打捞公司共计多打捞了一万多吨的船舶。

在工作中学习借鉴苏联和人民民主国家的先进经验，对解决深水作业问题起了很大的作用。过去中国潜水员很少在深水急流中进行打捞，自从他们学习了波兰的深水减压法后，可以到40米至60米的深水中工作了。

在除泥、清舱的工作中，最要紧的是安全。为了避免受舱内淤泥和破梁碎木压伤，沈阿四在舱内清泥，将过去的直冲法改为阶梯式的分段除泥法和管吸泥法。同时他还在水下探索电割法。最初应用起来还不快，怕烫伤手。经过反复试验，他采用拉锯式的电割法，创造了割13厘米的钢板，每小时2.7米的纪录。他将这一技术推广到全组潜水员，使打捞效率普遍得到了提高。

沈阿四虚心学习，善于运用自己的智慧克服种种困难，取得了完成打捞任务比1954年增加70%的优异成绩。

### （四）“和平二号”轮优秀船长夏家箴

夏家箴是上海海运管理局6410吨海船“和平二号”轮的船

长，他从1950年10月初到1956年4月8日已在祖国沿海安全地航行了整整2000天，航程148534海里，相当于绕地球赤道七圈半，并年年超额完成国家计划。

他认为安全就是海上运输中最大的节约。船舶安全航行的关键在于掌握潮汐规律、气象变化与航道情况。他先从摸清各种自然因素的规律着手。在日常航行里，他及时收听各方面的气象预报，把各种不同风向、风力对潮汐和船舶的影响记录下来，随时校正罗经差等。慢慢地，积累的原始资料丰富了，他便从中找出规律来，碰到恶劣天气还能从各方面采取措施。如有一次从大连驶向上海，整个航程都在大雾中航行，他一方面加强瞭头，另一方面不断释放雾号，正确估计了当时的风向、风力、流速、航速，再查对计程仪和罗差的变动，根据原始记录确定航向，终于安全地找到并进入了长江口。在整个航程56小时中，他一直没有离开过驾驶台。在最困难的条件下，作为船长，他始终以身作则，坚持到底。

操纵船舶要具有一定的科学技术知识，船舶运输又是集体生产，只要一个人偶一疏忽，就可能发生沉船、死人的惨痛事故。为了发挥集体力量，提高技术，保证安全，夏家箴在船上采取了一些措施。比如，在进口港和离靠码头前，驾驶员们总要开一次会，大家来分析当时的风向、风力、潮流、航道等各方面的情况，共同制定方案，方案决定后再分工贯彻。这样，情况就更加全面，措施也更加完善了，贯彻起来也十分顺利。航行在狭水道、浅水道，尤其是在夜间，更要特别注意航标。有时候，他虽然看到航行情况很好，也要突然跑进驾驶台问值班驾驶员："前面是什么浮筒？几秒闪一次？"他始终重视提高船员业务，来确保安全航行。

提高船员的技术，船长有一定责任。他与二副徐文若还共同改进了"天体近子午表"。在茫茫大海中要测天定船位，过去的演算办法很烦琐，而且有时天气不好，不能在子午线上测天。经改进以后，只要在子午线附近就能测出船位的纬度，而且演算起来也方便多了。

夏家箴是毕业于新中国成立前招商局航海专科学校驾驶班的知识分子，在新中国成立前就是船长了。他在党的教育下，能与海员工人一起，团结互助，积极学习，勇于与自然做斗争，并且在工作中取得了成绩。

## 三、宣传先进典型，努力完成第一个五年计划

在新中国开始实施第一个五年计划中，海员工会对广大海员工人提出了发展航运事业的新要求；海员工人热烈拥护第一个五年计划，并发挥了极大的社会主义积极性。

1956 年 3 月 5 日，海员工会与交通部联合发出“关于保证提前完成与超额完成第一个五年计划，深入开展航运系统全国性社会主义竞赛”的指示，为促进完成第一个五年计划做出贡献。

广大海员积极响应海员工会的号召，努力工作，刻苦钻研技术，涌现出许多先进事例。如“和平 2 号”轮五年半的时间安全航行了 150000 海里，“南海 174”轮安全航行 36000 海里，总结了一整套安全航行经验。长江的海员创造了“挖泥船移锚不停车方法”“浮筒打捞法”和航道的“裸露法水下炸礁”，港口工人创造了“港口装卸技术操作程序”和“分区牵引”等几百项先进生产经验。海员工会注意认真收集整理，积极宣传先进典型，促进生产，争取提前完成第一个五年计划。

被誉为“劳动工程师”的上海船舶修造厂工程师杨君劲，长期和工人劳动在一起，共同研究解决一些难题，为建设社会主义充分发挥了他的知识才干。他在科技上有很多突出的创造。如检

查钢板夹灰，过去只限于检查平面，对于曲度较大的部件如炉胆凹凸处等都检查不到。如果用X光检查，不但没把握，而且要用很多软片，时间也拖得很长，影响修造船速度。杨君劲钻研改革了探头，利用超声波检查炉胆，曲度较大的部件都能很快完成检查。超声波检查钢板夹灰装置发明后，使很多船上炉胆的隐患被准确及时地发现和排除，保证了修船质量。他还研究成功了超声波测厚，改变了上百年都是钻孔量钢板厚度的状况，为中国的修造船工业技术水平的提高做出了贡献。

广东省航务工程局新广东挖泥船上的普通水手洪日在挖泥作业中排除险情，避免了船毁人亡的大事故。一次挖泥船在为一项工程吹填土方中泥泵里吸进一枚50磅的中型燃烧弹，船员生命和船舶受到严重威胁。船长立即指挥船员进行排除。炸弹刚拉出泥泵口，从弹壳的裂缝涌出了磷液，和空气一接触便冒起一股股绿色浓烟。因炸弹受到震动，拉到机舱过道时裂缝开得更大了，磷液不停地向外溢流，火苗四起。顿时，整个机舱被浓烟弥漫了，全船人员都紧张地进行灭火。燃烧弹的前面是副机，后面是主机，左右两侧是装着成百吨柴油的大油柜。火势越来越凶，炸弹、油柜随时都有爆炸的危险。这时洪日从驾驶室赶来冲入机舱，拉起燃烧弹就往机舱外拖。磷液溅到他脚上、腿上，并燃烧起来。他不顾这些，仍奋力往外拖着炸弹，终于把它拖出了机舱，拖到了舷边，在其他同志的帮助下，他把炸弹扔到了海里，排除了安全隐患。

在党和政府的正确领导下，海员工会积极宣传先进典型，带领海员工人发挥聪明才智，积极投入水运生产，提前超额完成了国家规定的第一个五年计划任务。

## 四、学习推广一列式拖带运输法

中国在长江等主要河流的运输中，曾长期采用“绑拖”[①] 的运输方式，效率低下。在苏联专家的建议下，1950 年中国内河开始引进“一列式拖带法”，即根据上水、下水和航道条件，将拖船和多艘驳船合理地编成一列式拖驳船队，以挂在拖船拖钩上的拖缆，拖带驳船队航行。这样可使后面的驳船利用前船的伴流（船舶航行时，其附近的水受船体影响而在船体周围伴随的流动），减少整个驳船队的前进阻力，多拖多载。“一列式拖带法”1951 年开始先后在东北松花江与长江试行，拖驳的生产效率迅速提高，不仅大大降低成本，而且相对增加了运能，为低利多运政策创造了新的有利条件。

1952 年，轮拖的“一列式拖带法”，在长江航务局、上海分局和荆江工程等运输中普遍试用，并创造了好成绩，不但打破了新中国成立前最高纪录（每匹马力拖 4 吨），而且“国泰”轮还创造了每匹马力拖 8.06 吨的新纪录，在航速方面也大大提高。

中国海员工会筹备委员会发布《关于推广“一列式拖带法”的通知》，要求海员工会各级组织根据当地具体情况在内河试行推广“一列式拖带法”，并对已推行的作进一步研究，协助解决在推行中存在的问题，总结经验，不断提高，形成一套适应中国条件的先进拖带法。同年 12 月，交通部河运总局在武汉汉口召开了全国推广“一列式拖带法”的会议，确定推广内河“一列式拖带法”为 1953 年的中心任务之一。从此以后，全国拖驳运输普遍采用“一列式拖带法”。

“一列式拖带法”是当时历史条件下学习苏联的先进经验的

---

① 即将一艘或多艘驳船绑结在机动船的舷侧，以实行拖带运输。

成果，大大发挥了船舶的潜在能力，实现多拖、多载、快航以及安全的目标，对畅通城乡交流、超额完成运输任务具有重大意义。

## 五、召开全国交通先进生产者代表大会

交通运输事业加快发展速度，以适应整个国民经济发展的需要。交通运输工程战线上群众性的生产高潮业已形成，热烈地开展以提前完成五年计划为中心的社会主义竞赛，中国海员工会为了进一步调动广大职工的生产积极性，提高交通运输事业的管理水平，积极筹备全国交通先进生产者代表大会，为大会胜利召开付出了辛劳。

1956 年 4 月 20 日至 28 日，全国交通先进生产者代表会议在北京召开，交通部、全国总工会和中国海员工会等领导参加会议，交通部部长章伯均致辞，副部长李运昌作了总报告，交通部政治部主任王赤军作了关于《广泛地开展先进生产者运动，为提前全面完成和超额完成第一个五年计划而奋斗》的报告，中国海员工会副主席丘金也作了报告，号召全国交通系统全体职工在实际生产、工作中，兢兢业业，为实现报告中的各项任务而努力。

这次会议是迎接全国先进生产者大会的实际准备，是总结与推广先进经验，把社会主义竞赛推向新的高潮，争取四年半超额完成第一个五年计划。会议着重总结与推广工程与运输中的提高质量，安全生产、降低成本、改进技术、改善经营管理、提高劳动效率、超额完成任务为中心的先进经验，做到有组织、有计划、有领导地从各行、各业基层组织的群众中去发现和总结各种先进经验，采取一面总结一面推广，并大力支持先进工作者，认真组织先进工人去帮助一般工人，组织倡导工程技术人员与工人亲密合作。

出席会议的先进工作者代表 1000 余名，其中包括直辖单位与

各省（市）地方交通单位的代表。会议邀请了苏联海员代表团、波兰海员代表团和苏联公路代表团的15位先进工作者参加，还为中国航运、公路职工介绍先进经验。

全国交通先进生产者代表会议决定授予夏家箴等48人一等先进生产者称号，授予龚丕勋等163人二等先进生产者称号，授予于新芳等289人三等先进生产者称号。交通系统广大职工在社会主义革命高潮的新形势鼓舞下，响应党中央和毛主席指示"又快、又多、又好、又省"地提前完成五年计划的号召，掀起了规模宏大的群众性的生产高潮。为使群众性的生产运动更加全面深入地开展，引向新的高潮，保证提前全面完成与超额完成五年计划和1956年的生产任务，会议做出《关于开展先进生产者运动的决议》，号召广大交通系统职工虚心学习和认真推广223项先进经验。会议上还提出，要继续开动脑筋，创造更多的先进经验和积极提出合理化建议；要努力学习政治、技术和文化，不断提高觉悟，提高技术、文化水平，并加强组织性，纪律性，严格遵守操作规程，积极改进服务态度；要加强紧密团结，发扬互助合作精神，互相尊重，互相学习；要求全体先进生产者、先进工作者充分发挥带头作用，带动所在单位的职工共同先进；同时要重视改善职工物质文化生活和集体福利，改善劳动条件，防止工伤事故。

## 六、提高海员的文化生活水平

在中国共产党和人民政府以及工会的直接关怀下，中国海员在文化生活方面已发生了巨大的变化。海员的文化、技术水平和政治理论水平不断提高，文化娱乐活动蓬勃开展了起来。

据不完全统计，1951年，在海员系统中，共举办了157个速成识字法实验班，参加实验班学习的有16023人。其中华北区海员中文盲和半文盲人数，已由原有的5363人降低至3042人。这些海员在参加短期的学习后，已能写普通的信件和阅读通俗的报刊。

各级海员工会组织为海员们在各港口或船上成立了 218 个图书室（码头未列入）。各航区工会还配备了不少流动图书箱，供应船员随船阅读。华东海员工会主办的流动图书箱，1952 年底已增加到 90 个，开放的单位已发展到 85 个，图书已扩充到 10000 余册。

电化教育正在各地大力推行。华东海员工会利用移动放映电影的设备，组成电化教育队，从 1951 年 4 月至 1952 年 7 月的 15 个月中，走遍了华东各个地区，共放映了 368 场，使 30 余万名海员、民船工人受到教育。

到 1952 年底，全国已有大型、中型、小型（包括海员俱乐部）俱乐部 178 个。一些大港口的俱乐部，设备都很完善，一般都有大礼堂、舞厅、图书馆、游艺室、交谊室、弹子房，有些还有宿舍、食堂、体育场、浴室等，这些俱乐部经常举办各种晚会、展览会，有计划地组织海员参加各项活动。在汉口的海员俱乐部大厦里，还设有一个技术研究室，专门收集海员的各种技术创作，把它制成活动模型，以使广大海员研究和交流技术经验。上海海员俱乐部每天都有固定的活动节目，他们每星期举办一次讲座，聘请专家专门给海员讲述生产技术及时事政治等。海员俱乐部已逐步成为非单纯的娱乐场所，而是团结教育海员、为生产服务的学校。

1952 年，海员工会的文艺小组举行了海上千里巡回大演出，活跃和丰富了海员们的海上生活，并为开展海上的文娱活动打下了良好的基础。海员们组织了各种业余的文艺团体，数以万计的海员参加了创作、音乐、舞蹈、美术、曲艺、戏剧以及体育等多方面的活动。海员们在获得了参加各项文娱活动的充分机会后，表现了无比的智慧。他们结合生产劳动和政治运动，创造出了不少优秀的作品。大连港黑嘴子码头装卸工人刘开增等 10 多人，自编自演的歌剧“装卸”，在旅大市第二届文艺活动周中，获得了特等奖。他们被邀出席全国文艺工作者代表大会表演，获得“劳动人民歌手”锦旗奖。青岛港码头工人宋守华、臧学维等集体创作的“装卸舞”，获得了青岛市工人文艺竞赛演出中的甲等创作奖和甲等演出奖，还代表青岛市出席了山东省文艺会演。重庆海员合唱团，在全市工人文艺体育观摩大会上演唱的“新中国的海员”获得了第一名。还有，如粤中海员工人歌剧队集体创作的新粤剧“红花开”“新夫妻”，“江泰”轮船员集体创作的“海员舞”，塘沽新港抛石工人集体创作的“抛石舞”，都获得广大海员的极高评价。上海海员俱乐部在春节举行的一个规模宏大的海员文艺观摩竞赛大会，即有 662 名来自海员中的演员，他们表演各种戏种和其他节目 71 个，里面有很多是海员自编自演的优秀作品。

在各种体育活动中，海员运动员也创造了许多光辉的成绩。大连港海员参加旅大市运动大会，曾获得足球亚军。上海海员参加上海工人篮球联赛，也获得了亚军的锦旗。各航区还经常举行海员运动会及各项球类的联赛，有些船上则坚持早晨的广播体操。海员们坚持响应毛主席的“发展体育运动，增强人民体质”的号召，更好地担负起建设伟大祖国的事业。

## 七、组织职工参观海运技术展览会

1955 年 4 月 17 日，由交通部海运总局和中国海员工会联合举办的“海运技术展览会”在天津开幕。这次展览会以港口、船舶、船厂三个馆为主体，内容丰富、新颖，表现形式也很鲜明，显示了海上广大群众的创造智慧，也体现了海上运输事业的进步。在天津展览结束后，5 月下旬又前往上海展出，之后转到广州及汉口等地巡展。为此，中国海员工会全国委员会发出通知，要求各地区加强组织领导群众参观海运技术展览。

1955 年的海运技术展览会受到业界的重视，中国海员工会组织参加中国海员工会全国代表大会的代表 179 人到天津参观展览会，组织了与会 79 位劳动模范举行了座谈会进行经验交流，组织展览会期间现场的技术研究。大会代表参观后认为，学到了很多的经验，促进了技术水平的提高，并对提高本单位的生产有所帮助和启发。如大连港劳动模范王玉吉参观后感到大连港机械设备比较全面，但尚有许多设备没有很好发挥其作用。“和平 2 号”轮船长针对雨天装卸问题，提出如何加速盖舱的建议。各地劳动模范对研究技术、改进操作、学习与掌握技术很感兴趣，都细心地研究、学习了各种较成熟的经验，有的地区代表购买了许多展览会书刊，带回去推广。

这次海运技术展览会是新中国成立后水运业第一次技术展览会，有着鲜明的特点。工会广泛发动和组织群众，特别是组织先进工作者，积极分子技术人员和技术工人参观，重点学习和研究推广技术展览会的各种先进经验。在展览的同时工会还组织业内先进职工、积极分子、技术人员和技术工人等人员开展技术研究与技术交流，达到能确切掌握新的经验和技术目的。通过参观学习，广大职工形成深入钻研和解决生产中的实际问题的意识，促进了生产的发展。

## 八、《中国海员报》的创办

1951 年 9 月 1 日，中国海员工会全国委员会机关报《中国海员报》出版创刊号。全国总工会刘宁一副主席为创刊号题词“发扬爱国主义与国际主义的精神”。中国海员工会筹备委员会负责人刘达潮为创刊号题词：“《中国海员报》今天出版了，我希望报上实实在在发扬海员工人的劳动精神，能够指导海员工人完成新中国的航运任务，尤其是能够真真正正成为海员工人们的喉舌。”

《中国海员报》创刊时，每星期出报一次，自1953年起改为五天一次；1954年起改为每周出报两次。到1954年7月，报纸有通讯员599人。报纸创刊后，主要在船员和航运管理人员中发行，1953年下半年，码头工人划归海员工会领导，报纸才大量地在码头工人中发行，发行数字是逐年上升的：1951年，每期发行约2000份；1952年底每期发行约4000份；1953年，全年平均每期发行5165份；1954年上半年，平均每期发行5700份。

根据中共中央关于改进报纸工作的指示，1956年6月底，《中国海员报》停刊，自7月1日起改由交通部出版《人民航运报》代替。停刊前，《中国海员报》共出版396期。

## 第七节　完善工会组织，支持新中国发展

### 一、积极开展“民改运动”

#### （一）海轮民主改革

1952年8月10日，交通部、中国海员工会筹备委员会发布了《关于海上运输系统认真做好民主改革准备工作的指示》。中国海员工会筹备委员会明确了民主改革（简称“民改运动”）工作方针是：要坚决发动工人群众，团结高级海员与职员，争取一切同情与赞助的力量，建立广泛的统一战线，消除反革命特务分子与反动封建残余（包括土匪），改造不纯思想与作风，改革不合理制度，整顿工会组织，加强海员群众的团结，打下航业实行企业化与经济核算制度、建立民主化管理制度的坚实基础；要放

手发动群众，分清敌我界线，牢牢掌握政策，进行民主改革。

由于各地区的各单位政治工作基础不同，在确保海船安全和不过分影响生产运输任务的原则下，海员工会对海轮民主改革（简称“民改”）工作以分散准备、分批高速调岸集中进行为原则（调岸期间只重点解决政治问题），集中发动，这样既便于控制又能照顾到生产，并根据各船的具体状况有计划、有步骤地完成。

在民主改革工作中，对待技术人员的态度特别慎重。属于一般性的参加过国民党的，应作为一般性历史上的党派问题来处理；属于作风关系上有问题的，应采取批评与自我批评的方法予以教育；其中个别有证据证明确实是反革命和封建把头分子的，则不应姑息，要按反革命分子处理，但对于是逮捕还是管制，一定要经相关领导机关批准才能执行。

对于一般封建帮会的会员，应该将其视为工人阶级内部教育问题，不笼统地在运动中提出反对封建道会门的口号，以解除群众的顾虑，把少数的坏分子分化、孤立起来；至于少数的反革命分子，也应该加以区别，研究其罪恶程度、工人痛恨的程度，分为主要的与次要的，分别根据其在新中国成立后的具体表现，按惩治反革命的条例给予不同的对待和处理。所有这些人员的处理，必须结合群众运动来进行，不得采用简单的开除的办法。

为了做好民主改革工作，交通部与中国海员工会筹备委员会联合成立增产节约委员会办公室，其任务是了解情况，统一步调，统一政策，交流经验和直接掌握船舶的民主改革工作。北洋、华东、华南三个海运局，大连、天津、青岛、上海、广州五个港务局及上海船舶修造厂均在当地党委领导下，配合公安部门、海员工会、搬运工会（包括上海港），成立领导运动的增产节约委员会，各单位的行政首长亲自负责参加领导，委员会下设办公室进行日常工作，视工作需要设宣教组、组织组、资料组等。由于考虑到海上情况及运输生产之统一调度等因素，海上海船民主改革工作除在当地党委领导协助下进行各项工作外，其发动时间及分批调岸之排列由交通部统一决定。

10 月 30 日，交通部、中国海员工会筹备委员会发出《关于海上运输系统深入动员群众发动民主改革工作指示》，对已完成准备阶段各种准备工作及斗争条件已成熟的船舶、港口，开始放手发动工人群众向反革命分子、特务、罪大恶极的封建把头和封建的会道门主要的反动首领等进行斗争。

民主改革的步骤一般分为：民主斗争、民主团结和民主建设三个阶段。1952 年 10 月底以前为准备阶段。首先是大力调集党、政、工和团干部，组织工作组，进行短期训练后派到船上去开展民主改革，挑选有单独掌握政策能力干部担任船舶工作组组长。其次是调整、完善各船上的军事代表，并增派报务员与护航武装。再次是各增产节约委员会和各工作组都调集专职干部，进行资料收集工作；研究所属系统，对于反革命封建势力的组织系统，根据历史情况，有重点地进行整理，以便在斗争前能有一个轮廓认识，做到心中有数，不至于匆促上阵。最后是组织训练后备船员力量，以便在集中船员发动民改斗争时保持船舶正常航行。在准备阶段内，还要做好调岸后进行民主改革的“船员训练班”的一切筹备工作。

工作组上船后，首先，教育和组织群众开展增产节约运动，在发动期间为防止敌人造谣破坏，不公开提出“民主改革”的口号。在增产节约的口号下进行思想发动，如组织典型工人的回忆诉苦，进行对比和作启发报告等。其次，工作组要深入群众，和群众打成一片，力求做到“三同”，同食、同住和同心，时刻关心群众生活与工作上的困难，并给予可能的帮助和解决，通过访苦、串联和交朋友等了解情况，发现培养积极分子，并形成骨干。最后，工作组要做好登记、审查积极分子，收集研究坏分子资料。

对积极分子的选择条件，以历史清白、长年劳动、斗争性强和能联系群众为条件。此外，在准备阶段内争取做到团结积极分子占总人数15%左右，并通过积极分子团结广大群众，使坏分子陷于孤立。

工作组在准备阶段中弄清船上的政治情况，如反动党、团、特务、帮派和道会门等组织在船上活动情况与影响，初步划清积极、中间、落后和反动“嫌疑”四种类型分子的轮廓，做出力量对比估计，了解船员内部关系，包括各部间及高低级船员间矛盾关系，以及过去现在的生产情况和存在着哪些不合理的制度等。准备阶段是进行民主改革工作的基础，直接影响民主改革工作成效。

11月份开始进入运动发动阶段。在调往岸上正式发动初期，公开、普遍地宣传民主改革的政策，尽一切可能让群众掌握政策。在经过发动阶段后，除须留岸处理的反革命分子、封建把头外，绝大部分船员均回原船工作，以继续开展批评与自我批评运动。

在此基础上，进行思想建设，加强团结，肃清资产阶级思想和封建地域思想，整顿组织，以完成民主改革工作最后一个阶段的民主建设工作，然后再结合生产发动进一步的生产竞赛运动。

### （二）民船民主改革

中国内河遍布全国，流经不少重要城市及城镇，通民船者9万余公里，通轮船者2万余公里，大小港口3200余处，共有民船58万余只，载重340余万吨，连海上民船60万吨及其从业人口在内，共计载重约400万吨，船民近300万人。为了发挥这支运输大军的作用，1952年12月召开的全国第一次民船工作会议提出民船民主改革工作，会议确定民改的方针是，依靠船工和贫苦的劳动船民，团结一般船民船主组成水上反封建统一战线，打击反革命、封建把头及走私贩毒主犯，达到摧垮反革命、封建把头制度，发挥民船运输效力为国家建设服务的目的。同时，根据民改方针，会议还规定了一些具体政策，其中特别强调防止宗派斗争，规定一般不提反帮会口号，防止劳资斗争影响民改斗争等。工作步骤分准备、斗争和建设三个阶段。各地在党委的统一领导下，根据中央方针都做出了具体计划，从全国系统内共抽调各级干部2万余人，组成各级民改领导机构，并训练船工船民中的积极分子，结成民改队伍，投入民改运动。

1953年1月前后，全国各地开始进行试点，从中摸清了水上情况和特点，锻炼了一批干部，积累了一些经验。到三四月，各地试点基本结束，为全面开展运动奠定了基础。

4月15日，第二次全国民船工作会议召开，总结了各地试点经验，布置全面铺开计划，一般都是从支流到干流，从中小港到大港，随着由打垮外部敌人逐渐过渡到取消内部人为障碍，有计划有步骤地进行下去。

民船民主改革经过三个阶段，1953年时全国大部分地区的民改斗争均告结束，总体来说运动发展是正常的、健康的。

民船民主改革运动取得了丰硕成果：摸清了水上敌情，明确了民船中绝大部分是属于独立劳动的个体经济，基本上肃清了反革命分子，彻底地摧垮了封建把持制度；同时系统地发动了群众，教育了群众，改变过去思想落后、阶级觉悟差的状况，加速了船舶周转，活跃了运输，初步改善了管理制度。

不过，运动过程中还存在着一些问题，主要是：一些地区对水上改革的艰苦性，特别是建设阶段工作的复杂性认识不足；运动后期，呈现“重斗争，轻建设”的前紧后松现象，影响了由改革转向正常生产的密切衔接，进而影响了民改成果的巩固。

民主改革运动到1954年全部结束。

1955年4月，全国总工会主席赖若愚在中国海员工会第一届全国代表大会上的讲话中指出：在过去几年当中，海员工会以很大的精力进行了民主改革的斗争。民主改革在过去一个时期内是极其重要的工作。过去在海运职工群众当中是存在很多问题的。新中国成立以前，国民党政府对海路运输也是很重视的，并且在海员中间进行了许多工作，这就给我们造成了困难。新中国成立后，有许多历史上遗留下来的问题需要我们解决。所以，在新中国成立后一个时期内，需要集中力量进行民主改革。在那个时期正式成立中国海员工会全国委员会是有困难的。

海运系统的民主改革结束，这标志着海员工会工作开始进入一个新的阶段。

## 二、不断完善中国海员工会组织体系

新中国成立后，中国海员工会为了使全国委员会更接近基层，不断探索工会组织建设的模式。

中国海员工会全国委员会的日常领导工作，采取常务委员会制度，常委一般驻会办公，以便更充分地发挥集体领导作用。

中国海员工会各地组织情况非常复杂，为了有利于生产、有利于工作，更好地开展工会工作，需主动调整中国海员工会管理范围来适应企业运输生产。如港口码头划归工会管理是因为水上运输，港、航是一个不可分割的整体，只有相互密切配合才能加速船舶的运转，完成国家运输任务，而且在企业行政领导上早已统一于一个专业局，因此，必须把港口码头划进海员工会组织系统之内。

至于长江、黑龙江、珠江以外的内河各港口、运输企业及机动船舶和附属于这些船舶的驳船，其组织范围也是属于海员工会的，但由于它们过度分散，垂直领导有许多困难，由地方工会直接领导更加适宜。1951 年，中国海员工会筹备委员会向全国总工会报送《关于内河运输工会的组织形式、组织关系与领导关系的建议》。1952 年 12 月 11 日，全国总工会组织部下发《同意成立全国内河航运工会工作委员会的批示》，张孑夫担任工作委员会负责人。

几年来，经过调整的内河工会，如无锡、蚌埠、南昌等工会，在当地工会联合会领导下取得了很大的成绩；而中国海员工会全国委员会及航区（港区）委员会则能集中较大精力领导党中央交通部直属单位。

海员工会基本上是根据行政系统架构来构建自身组织的，组织范围包括海运管理总局、河运管理总局、航务工程总局三大系统，以及一些公私合营、私营等企业，而在同一地区、同一港口，同时存在不同系统的企业，这样就要求工会在一个地区或港口成立航区、港区或港口委员会来统一领导。为减少组织层次，某些航区改为工作委员会，成为全国委员会的代表机关，不作为一级组织。

企业委员会、基层委员会，并不是机械地划分为两级组织。当时许多修船厂、港务局企业委员会本身就是基层委员会；但有些较大的港务局，如上海港务局，基层组织设在码头作业区；而对于航运企业，其基层设在船上，这样就有了两级组织。

## 三、重视管理制度建设

1951 年，中国海员工会筹备委员会经过总结两年来的劳动竞赛等活动发现：在生产实践中，当生产计划或生产任务交给群众时，伴随着深入的政治教育和宣传鼓励工作，同时应提出适当可行的奖励制度和具体的奖励办法，这样才能彻底与保持经常持久的劳动热情，为祖国创造更多的财富。

实施适当的奖励制度是推动生产前进的主要动力之一。两年来，有不少事实证明，没有奖励制度和办法，奖金过低或过高，就很难保证广大海员群众经常葆有饱满的劳动热情，无形中也就失去了很多本来可以创造出来的国家财富。

因此，中国海员工会筹备委员会制定奖励办法时，应针对当时的生产情况和企业管理情况来进行。其原则必须是能够鼓励海员群众的积极性、创造性和提高科研技术熟练程度，必须在提高生产和降低成本上起作用；同时也要能够鼓励海员各部门团结，实现共同提高、共同前进，而不是因一部门得奖受到影响或破坏团结。如1951年春制定的秦沪煤运奖励办法，其中的超时奖励办法，在提高船舶运转率上起到了一定作用，但是它在码头装卸、停泊方面没有起到积极作用。船舶提前两小时到达目的港而得到奖金，却无故在码头上多停靠了一天，不仅增加了开支，而且增加了成本。

各地海员工会都有各种不同的奖励制度，为迅速开展创造新纪录运动和合理化建议，中国海员工会筹备委员会动员各地区委员会主动协同企业行政负责奖励工作部门，将过去的奖励制度加以研究总结，修订或新订必要的适当可行的奖励制度，并在一定时期试行，再进行修订后才颁布执行。

中国海员工会筹备委员会汇集整理了各种奖励制度，建议航运方面试行的奖励项目包括以下几种：

第一，完成任务与超额完成任务奖。该奖项可以在已经制订生产计划或运输计划，且有初步基本定额的独立生产单位采用。当时北洋区和长江区海员工会一部分的轮船在试用，完成任务奖的奖率，可以工资总额的百分比来提奖。超额完成任务奖率则以超额纯利润的百分比累进办法计算之。

第二，创造新纪录奖。根据所创造的新纪录价值来计算奖率。如果所创造的价值很大，能保持这个纪录或其他部门（个人）赶上这个新纪录者，可酌予奖励。

第三，合理化建议奖。当时华东区海员工会在试行，是比较重要而内容比较复杂的一种奖励。其得奖率，按照建议内容，通过评价船员技术价值及采用后节约量的经济价值与效果而定。

第四，航行安全奖。在船体老、机器旧、航道标志不正常的情况下，航行安全奖有头等重要意义，它可减少或免除海损事故，延长持续航行时间，奖率可以全船工资总额的百分比来计算。安全航行 1 万海里的奖率可设置较低一些，1 万至 2 万海里的奖率可稍大于前者，到 3 万海里以上应加大累进率，以期创 5 万、10 万海里的安全航行纪录。

第五，其他奖项，包括机器保养奖、节约奖、提高装载量奖、货物安全奖、旅客服务奖、装载甲板货及危险品奖等意外抢救奖等。

上述物质奖励办法，并不是要求每个单位同时采用，而是根据本单位生产情况和管理情况来决定，而且鼓励各级海员工会勤于检查，修订和总结经验。

中国海员工会筹备委员会采用奖励制度是随企业生产情况和企业管理的发展规律而逐步向前发展的，从无到有，从简单到全面，从零碎到完整。他们采取的原则是，各类奖项的推进要与企业生产实际相匹配，既不跑在企业管理发展进度的前头，也不落于企业管理发展速度的后边。

## 四、加强工会干部的培养

中国海员工会筹委会成立以后，中国各地海员工会迅速发展起来，但工会干部短缺情况普遍，从海员工会到航区委员会配备的干部有限，科长以上干部共有 69 人，其中有工会主席 18 人，部长级别 19 人，科长级 32 人。从领导干部任职情况来看，老干部多，新中国成立以后新提拔的新生力量少。各级海员工会普遍缺乏有知识、有实践能力、与群众有密切联系并具有生产知识的领导骨干力量。新配备的干部对工会工作的业务很生疏，跟不上新形势发展的需要。特别是基层工会干部，尽管有热情，但缺乏工作方法与领导经验，影响着工会工作的深入与发展。

中国海员工会筹备委员会为了解决干部短缺的矛盾，提升工会管理工作水平，提出了加强培养干部的方案，要求全国各地海员工会在当地党委的领导下，加强在职干部的理论与工会业务学习，熟悉工会业务，不断提高在职干部的政治水平。

中国海员工会筹备委员会除通过全国总工会干校训练一部分科级、部级领导干部外，还加强中国海员干校和各航区举办的干部训练班，大量培养与训练基层工会干部和积极分子，培养出大批政治可靠、与群众有密切联系、具有生产知识的工人干部，充实到各级海员工会领导机构和企业管理部门中。

为了加强海员工会干部的培养力量，交通部和中国海员工会筹备委员会在南京举办了四期海员训练班。1952 年就举办了两期，第一期 761 人、第二期 908 人，主要是工会基层干部、积极分子和船员。海员训练班聘请了中国海员工会筹备委员会副主任丘金，中国海员工会华东区委员会副主席夏爵一、生产部长韩泽民、组织部长罗其森，南京市总工会主席关慎言、副主席彭原三，中国海员工会“江华”轮委员会主任委员陈同生等人为校外教员和报告员。中国海员工会筹备委员会多名领导参与教学，其中中国海员工会筹备委员会主任刘达潮多次来海员训练班给学员作讲座，副主任丘金讲授“工会的性质与任务”、生产部长李大林讲授“生产竞赛”、组织部长陈耕国讲授“工会基层组织工作”等课程。

业务教育的内容主要是结合中外工人运动经验和时事政治教育而来的，教材选用《苏联工会实际工作教程》《苏联职工运动史教程》《国际工会运动史教程》以及各时期报纸上关于工会工作的材料。

中国海员工会筹备委员会通过有计划的训练，培养训练出了许多积极分子、骨干分子，提高了在职工会干部的理论与业务水平。在此基础上，提拔了一批政治可靠、有能力、懂生产、对工人有感情的干部，充实到各级海员工会领导岗位上任职，解决人才短缺的困境。

## 第八节　参与工会国际组织活动

### 一、参加海员与码头工人工会国际代表大会

1953 年 3 月，海员与码头工人工会国际在捷克斯洛伐克社会主义共和国首都布拉格举行代表大会，中国海员工会派代表团参加大会，代表团由六人组成，团长为中国海员工会筹备委员会副主任丘金，副团长为山东区委员会主席赵西林，团员为刘众、夏爵一、岑维、赵文。

海员与码头工人工会国际代表大会于 3 月 12 日开幕，会上海员码头工人工会国际总书记弗雷西奈就工会国际从 1949 年成立以来的活动作了报告。

弗雷西奈说："发展各国间的和平贸易是摆脱这种局势的唯一方法，同样，对消除资本主义国家劳动大众的失业和贫穷，一定会有帮助，对和平事业也是一个重要的贡献。""工会国际积极支持资本主义国家的海员和码头工人为保卫和平、为争取改善他们的社会地位和经济地位而斗争。"他强调，一切运输工人、码头工人和渔民，因为他们的切身利益和民主权利受到日益增强的威胁而必须团结起来。

芬兰、比利时、瑞典等资本主义国家的海员代表都表达了本国工人困苦的命运。阿尔及利亚工人代表在热烈的掌声中宣布，

阿尔及利亚的码头工人们拒绝搬运战争物资已有三年多了。中国海员代表也在大会上讲了话。

大会通过了一项决议，同意工会国际的活动，并且支持与陆空运输工人工会国际合并为运输工人与码头工人工会国际的建议。

## 二、响应工会国际号召声援布利治

1950年，世界工会联合会、海员码头工人工会国际发出告全世界海员码头工人书，号召全世界海员码头工人于1950年10月5日至6日在所在港口同时举行示威游行活动，以抗议美国联邦法院对海员码头工人工会国际名誉主席布利治的无理判决，反对美国破坏自由工会的阴谋。

为此中国海员工会筹备委员会发出指示：中国各地海员工会（包括各轮船基层组织）在10月5日至6日利用一切可能条件在船上、码头和工会内，开展各种集会、晚会及座谈会等形式，响应工会国际的号召，结合美国进攻朝鲜，侵略台湾事实，发动集会的海员联名发出反美抗议函电，发扬海员码头工人团结互助的伟大国际主义精神。各地海员工会把工会国际告全世界海员码头工人书及中国海员工会关于布利治斗争历史在海员报纸上公开发表，并在海员中展开讨论，把印成各种文字的宣传品向海外及国际海员散发，努力援助布利治的反美运动。

1950年10月5日，中国海员工会筹备委员会代表全中国海员工人，向美国高等检察官发出抗议电，抗议电文指出："在今天，当全世界各港口包括全中国各口岸的海员码头工人，正在响应世界工联海员码头工会国际的号召，同时组织反美示威运动，以援助工会国际名誉主席布利治时，我们代表中国50万海员工人，一再对美国反动政府无理迫害布利治及其两位辩护律师的法西斯暴行表示严重抗议，要求你立即宣判他们无罪，并释放他们。"

同时，中国各地海员工会把抗议电文印发至各轮船，并在反美座谈会或晚会上向全体到会海员兄弟宣读，同时也向停泊在中国港口的外轮上的国际海员散发英文抗议电稿进行宣传。

## 三、声援世界海员、码头工人的斗争

1951 年 11 月，中国海员工会筹备委员会和中国搬运工会全国委员会联名打电报给纽约码头工人和西德汉堡不来梅港口码头工人，支援他们的罢工斗争。

发给美国《工人日报》转纽约罢工码头工人的电报中说："你们为抗议你们的工会领导机构最近和轮船公司签订的不公平的新合同，进行了英勇的罢工。你们这个争取切身利益的斗争完全是合理的、正义的。我们代表全中国海员码头工人特向你们表示高度的同情，祝你们加强团结，并获得最后胜利。"

发给德意志民主共和国总工会转西德汉堡不来梅港口罢工码头工人的电报中说："你们为争取切身利益而进行的斗争完全是合理的、正义的。中国海员码头工人热烈声援你们的斗争，祝你们加强团结，争取最后胜利。"

1952 年 8 月，中国海员工会筹备委员会致电日本产业别工会会议转日本全国海员工会说："你们为了要求增加退职金而举行罢工，这完全是合理的行动，中国海员全力支持你们的正义斗争，并祝你们在扩大团结和坚持保卫切身利益的斗争中获得胜利。"

同月，中国海员工会筹备委员会抗议希腊政府迫害希腊海员领袖而致电雅典希腊政府："你们于 1948 年非法逮捕了希腊海员联合会总书记安勃底洛斯等九位工会领袖，并交雅典特别军事法庭判处死刑，已引起了全世界人民和希腊人民的抗议。希腊政府早应将他们释放。但你们至今仍不愿放弃对这些为自由、民主、和平而奋斗的战士的迫害政策，并准备于 1952 年 8 月 21 日再把他们移交临时军事法庭，企图将他们蛮横判罚。为此，中国海员工会筹备委员会代表中国海员向你们提出严重抗议，并要求立即将他们释放。”

## 四、开展对国际海员的宣传服务工作

1950 年至 1952 年，到过中国沿海港口的外籍船舶共 1000 多艘次，外籍海员三万多人次，船舶国籍 42 个国家，海员国籍 30 个国家。其中，苏联、波兰船舶占总数的 25%，有捷克船一艘，海员 40 余人，苏联、波兰和捷克海员人数占 1/3，其余均是资本主义国家的船舶与海员。

中国海员工会筹备委员会所属沿海各港口工会对做好国际海员工作非常重视，经常为来港国际海员举行联欢、电影招待、参观游览等活动；对首次来华的船舶，更加热情接待，一般都会宴请全体船员。各港口工会重视开展宣传工作，用演讲、座谈、个别谈话等方式，让国际海员了解新中国的建设成就和人民幸福生活情况，宣传中国爱好和平、抗美援朝与保卫和平的斗争的意义。此外，工会还进行了一些服务工作，并帮助国际海员解决一些日常困难。

在接待的三万多人次的国际船员中，各港口工会对一万人次进行过上述工作，获得了相当的成绩。对于受到招待的，特别是参加过参观游览活动的国际船员，这些工作影响良好。对于不少资本主义国家的海员，特别是对殖民地与附属国家的海员，影响更大。他们亲自看到新中国的情况，看到中国人民过着幸福愉快的生活，看到中国人民为保卫和平、反对帝国主义侵略斗争而做的奋斗，看到中国人民对国际海员的热情与友谊，他们本国反动统治阶级的欺骗政策、对新中国的各种造谣诬蔑，从事实上就被戳穿了，他们对新中国的看法起了变化。有些殖民地国家的海员在工会组织的招待会上感动得流泪，表示要向中国人民学习。

1952年，日本派来接侨的日本海员之前受到敌人的恐吓欺骗，在船上又受到许多特务分子的监视，因此都带着忐忑的心情前来工作。船到上海，中国海员工会第一次组织他们去郊外参观海员新村时，大家坐在车上脸都变了色，都以为要遭到“报复”，非常害怕；经过参观招待后，才知道出发时所听到的传闻完全是谎言。据了解，来过中国之后，日本的电视台记者或日本海员组织召集起来开座谈会，个别受采访的日本海员还在报刊上公开承认中国人民热情招待日本海员的事实。这些新闻拆穿了反华分子的谎言，让日本人民对新中国有了新认识。

海员工会团结国际海员，扩大世界人民和平民主力量，对配合完成对外贸易的国际运输任务都起了相当大的作用；同时，在配合和协助保卫部门与海关进行反对特务、间谍破坏，反对走私工作，执行缉私政策上也做了一些工作，有了一定的成绩。

第四章

# 推进海员工会社会主义建设之路

（1956—1978）

1956年以后，全国基本上完成了对生产资料私有制的社会主义改造，一个崭新的社会主义制度从此在中国建立起来了。与此同时，第一个五年计划的许多重要指标已有确实把握提前完成。在这种形势下，在中国共产党的领导下，开始探索中国社会主义建设的道路。

海员系统工会和职工热烈响应党的号召，在各自的岗位上奋发努力，为全面超额完成中国第一个五年计划的各项建设任务做出了积极贡献。从1958年起，海员职工更以空前高涨的社会主义积极性和劳动热情，投入建设社会主义航运事业中去，并做出了重要贡献。在这期间，海员系统工会在大搞群众生产运动、大力发展职工教育和改善职工生活福利等各方面开展工作。但由于中共中央在指导思想上出现了一些“左”的偏差，导致出现了“大跃进”等严重的失误，使国民经济陷入了困境，海员工会的工作也受到削弱。

1961年，中国共产党在初步总结了“大跃进”以来社会主义建设的基本经验教训后，提出了“调整、巩固、充实、提高”的八字方针。海员系统各级工会组织和广大交通水运职工坚决贯彻八字方针，动员和组织广大职工度过暂时经济困难方面做了大量工作。为了协助政府和企业行政完成精减职工的任务，海员工会组织配合相关部门做了大量的思想动员工作和组织工作，付出了艰辛。同时，中国海员系统工会自己也实行了“精兵简政”。

1963年以后，随着国民经济调整任务完成，海员系统工会工作在调整中不断前进。“文化大革命”爆发后，全国总工会在1967年2月停止工作。海员系统工会组织也陷入瘫痪，之后被各地、各单位的“工代会”取代。

这个时期，由于中国共产党在探索中国社会主义建设的过程中，异常艰辛与困难。中国海员工会在全国总工会的领导下，紧紧地跟着共产党，探索海员工会社会主义建设，开展各种实践工作，经受了严峻考验，取得了进步。

## 第一节　探索社会主义建设之路

### 一、加强政治思想工作

中国海员工会是党引导广大海员工人为建设共产主义社会而奋斗的纽带，因此非常重视政治思想教育工作。中国海员工会要求各级海员工会在党的领导下对海员群众开展政治思想教育工作，不断地提高群众的觉悟水平，使他们对水运生产发展与变化有正确的认识，对自己所处的地位和所处的责任有正确的了解，只有这样才能使海员群众对生产劳动经常保持高度的积极性、自觉性和创造性。

1957 年，当时广大海员职工群众受到党的多年教育，觉悟程度大大提高了，但社会主义改造工作基本完成后，工人阶级队伍的扩大，知识分子、部队转业人员等新工人的增加，也带来了各种思想层面的问题。另外，社会主义改造完成以后，工人的文化生活非常活跃，工会又集中解决了工资改革等问题，工人的腐化享乐等思想也有所增长，官僚主义、主观主义的坏作风等也不同程度地存在。

为此，中国海员工会于 3 月 5 日召开一届三次全委会议，提出加强政治思想工作的重点任务，要求有的放矢地开展工作，必须做到调查研究，分析情况，然后分类开展工作。对于新来的一部分职工群众要重点做好思想工作；针对复员军人存在待遇不能完全如愿的思想问题，以及知识分子、小生产者、小雇主等的复杂思想，必须按类分析思想情况，然后再进行思想教育工作。要把重视改进思想教育工作与克服官僚主义、发扬民主结合起来。要充分发挥宣传教育的力量，充分组织发挥先进生产者、老工人的作用，通过他们来了解发现职工中所存在的思想问题，不断改进工作。必须围绕增产节约来进行政治思想教育，增产节约本身就是最好、最深刻的共产主义教育与阶级教育。

## 二、深入开展先进生产者运动

1957 年开展的先进生产者运动已经成为广泛性的群众运动，通过总结与推广先进经验，形成了职工群众互教互学、学习技术蔚然成风的良好氛围。不过，还存在一些问题亟待解决，如工会组织指导落后于群众，有些地方群众做得很好，领导却在争论怀疑，推广运动不够充分等。

为此，中国海员工会全国委员会提出深入开展先进生产者运动，厘清增产节约与先进生产者运动的关系，明确增产节约运动比先进生产者运动内容更丰富、范围也更广；开展增产节约运动是目的，先进生产者运动是方法、手段，二者是统一的；掌握先进生产者运动的规律，突破了旧的定额，再订新的定额，不断地发展向前进；把握航运系统增产节约的方向，了解航运系统的生产特点、工作性质，了解航运系统的基本情况，制定增产节约运动的方针；做到“多快好省”，要在好省的基础上快，在保证安全的基础上快。

中国海员工会全国委员会要求全国各级海员工会组织在广大海员职工中开展增产节约教育，发挥海员职工主人翁的作用；要针对航运部门的关键问题，着手解决如怎样减少船舶的停泊时间（指非生产的停泊时间）等关键问题；要及时总结推广先进经验，组织合理化建议等。

中国海员工会全国委员会还提出各级海员工会着重做好先进带动落后，组织互教互学，加强协助工作，并将其作为开展先进生产者运动的主要办法之一。同时应加强劳动保护工作，鼓励开展厂际竞赛、船际竞赛，船上小组间竞赛、同工种竞赛，采取自下而上开展的方法。中国海员工会全国委员会明确对搞得好的船舶给予奖励。

## 三、扩大企业民主管理

1957 年，中国海员工会全国委员会积极贯彻中共中央精神，扩大水运企业民主管理，其目的就是增产节约，就要增强职工的主人翁责任感，扩大群众的民主权利，由工人直接参加企业管理。这也是依靠工人办好企业的基本道路。

不过，海员工会中有一些干部对水运企业实施民主管理的态度十分矛盾，一方面怕搞不了，另一方面又感到这样一来可以消除工会工作上的苦恼。所以在这部分人中存着观望等待的思想。

为此，中国海员工会全国委员会对此项工作开展的方针是采取积极的态度和稳妥的步骤。要求各级海员工会组织积极参加企业民主管理，开展试点工作，确定形式与职权范围，在党委领导下实施企业民主管理。按水运企业情况，在原有的职工代表大会基础上，进一步发挥职工代表大会的作用，适当扩大民主，改变过去单纯由党委指示，行政提出号召、工会讨论的一套形式的做法；改变过去由水运企业决定的福利奖励金的使用，交职工代表大会讨论等以扩大代表大会的权利。对未建立职工代表大会的企业单位，采取其他形式的办法以扩大民主，如召开生产、劳护和福利方面座谈会，提出建议与行政协商解决。

对于扩大企业民主管理，海员工会需要从思想和组织上做许多工作，这样既可以增强职工群众主人翁意识和提高思想觉悟，又可学习和锻炼工会的领导方法。

## 四、迎接水上运输的跃进

根据1958年3月交通部海河总局召开的全国港航局长会议的精神，为了迎接水上运输的“大跃进”，把已经发动起来的广大职工群众的革命干劲，组织到以反浪费、反保守为中心的深入持久的比先进、学先进、赶先进的竞赛中来。同时，根据已有一些港口发起倡议或向兄弟港挑战的情况看来，劲头是很大的。为了能够广泛地全面围绕着水上运输工作的几个环节，组织更有效的互相能比、能学、能赶的竞赛指标和竞赛形式，中国海员工会全国委员会和交通部海河总局提出组织水运系统联合竞赛草案，征求各局负责人意见后开始在水运系统开展全国性的竞赛。

水运联合大竞赛总的意义和目的是促使水上运输工作的跃进。其竞赛以反浪费、反保守为中心环节，开展比先进、学先进和赶先进竞赛，要求提高效率，减少船舶非生产性停泊，提高运输安全与质量，降低成本，完成跃进计划。竞赛活动提出了港口、海（航）运局、船厂、长江航道局具体竞赛指标和每个专业具体竞赛内容。为了确保竞赛的组织领导，中国海员工会要求在各级党委的统一领导下，以各企业局、厂（港）长为主，行政与工会共同负责；同时宣布凡获得交通部（或海河总局）、中国海员工会全国委员会全年先进单位称号的单位将在颁发奖旗的同时授予一定的奖金。

1959年，中国海员工会全国委员会提出总的方针任务是：继续鼓足干劲，力争上游，进一步贯彻全党全民办交通和“地群普”① 的交通建设方针。依靠各级党委的领导，大搞群众运动，大闹技术革命，大搞交通建设，在保证安全和质量的前提下，千方百计地挖掘运输潜力，扩大运输能力，以便在以钢为纲、全面跃进的建设方针下，保证重点照顾一般，力争全面完成运输任务。

## 五、学习贯彻“七十条”，实施“定保”工作

进入20世纪60年代，中国国民经济面临严峻形势。1961年1月，中国共产党八届九中全会提出了对国民经济实行“调整、巩固、充实、提高”的八字方针，水运业等方面开始了全面整顿。9月，中共中央在庐山工作会议上作出《中共中央关于当前工业问题的指示》，讨论通过了《国营工业企业工作条例（草案）》（简称“七十条”）。

为此，中国海员工会要求各企业海员工会采取组织学习、召开座谈会等形式，学习贯彻“七十条”。在学习文件中，要领会精神实质，在端正思想、提高认识的基础上，联系实际，用检查总结工作的方法，在检查整风中建立和健全各种制度，特别是以责任制度为主，对照条例更进一步找出企业管理上的问题和生产上的薄弱环节。在学习逐步深入的情况下，开展进行“几查”，酝酿定保，并在这个基础上提出初步定保方案。

为了全面贯彻“七十条”，实行定保工作，中国海员工会要求各级海员工会在认真抓好职工学习讨论“七十条”的同时，紧密结合形势教育，做好思想工作。在进行“几查”时，以查生产能力为主，在实行“几保”时必须以“几查”为基础。在实行定保时，既要坚持该定的必须定，又要从实际情况出发，使定保逐步完善和落实。在工作中加强领导，以点带面，点面结合，提高

① “地群普”即依靠地方党委，依靠群众，普及与提高相结合、以普及为主的方针。

劳动生产效率，降低生产成本，增加经济效益，使水运企业步入良性发展轨道。

## 六、深入开展“六好”竞赛运动

20世纪60年代初，中国海员工会全国委员会组织各级海员工会在全国水运系统开展以安全优质为中心的“六好”竞赛运动。即：一是政治思想好，能团结一致、互助协作，发愤图强，鼓足干劲，战胜困难；二是安全质量好，不发生客、货商务事故及工伤、海损、机务等责任事故；三是增产节约好，完成和超额完成任务，在节约上有显著成绩；四是维修保养好，经常保持机械设备的良好技术状况，保证完好合用；五是遵守制度好，遵守国家政策法令、企业规章制度和劳动纪律；六是服务态度好，明确树立运输事业为旅客、货主服务的思想，处处为旅客、货主着想，改进服务工作有显著成效。活动开展以来取得了显著成绩。

为了进一步动员群众，继续鼓足干劲，努力克服困难，确保安全生产，提高运输质量，增加生产，厉行节约，降低成本，扭转亏本现象，力争全面、均衡地完成和超额完成国家运输计划，1962年7月，中国海员工会全国委员会和交通部政治部联合发出《关于把以安全优质为中心的“六好”竞赛运动深入到船舶和班组去的联合指示》，其目标就是克服在竞赛运动中存在的问题，有针对性地把“六好”竞赛深入船舶和班组中去，创造“六好”船舶、“六好”班组，评选出“六好”职工。

中国海员工会提出各级海员工会竞赛的形式可以多种多样，但要讲究实效，注意可比性。基本形式是同类型、同工种、同业务的个人和个人、班组和班组、船和船的竞赛。为了充分调动科室人员和技术人员的积极性和创造性，使科室工作与生产工作更好地结合起来，还应根据科室特点，组织好科室竞赛。

## 七、广泛地开展“比学赶帮”活动

1961 年 7 月，全国总工会在省、市、自治区工会主席会议上要求各级工会组织“比学赶帮”的竞赛活动。1963 年 12 月 11 日《人民日报》发表《比学赶帮齐争上游——论各地工业企业之间比先进、学先进、赶先进、帮后进运动》的社论，在中国各地工业企业之间，掀起了一个“比先进、学先进、赶先进、帮后进”的热潮。各地许多工业企业在当地党委统一领导和部署下，有计划地派出工人、技术人员和管理人员到先进企业，蹲点学习先进经验。“比学赶帮”运动的兴起，使中国的工业战线呈现欣欣向荣的景象。

1963 年 12 月 15 日，中国海员工会全国委员会在船舶劳动竞赛经验交流会上，提出要广泛地开展“比学赶帮”活动。“比学赶帮”是贯彻执行党的社会主义建设总路线的重要方法，也是广大船员实现“五好”和增产节约要求的实际行动。船舶之间在各项生产指标、船舶管理和政治思想工作等各方面，都存在不小差距，缩短这些差距的最好方法就是开展“比学赶帮”活动。

在组织“比学赶帮”活动中，中国海员工会全国委员会要求全国各级海员工会抓好思想政治工作。“比学赶帮”活动的过程中最重要的是“学”，要真正把经验学到手，必须有求知的渴望和甘当小学生的精神。提倡用笨办法学、巧办法赶。在“帮”当中要有“帮”的风格，同时“帮”中也要有学，学他人一技之长。这样才能互相取长补短，共同提高，齐争上游。在组织“比学赶帮”活动中，从找差距入手，既要找出产生差距的原因，又要找出解决办法。要制订“比学赶帮”计划。针对找出的差距，明确学赶对象，制订学赶计划、方法、时间和帮的措施。要采取三结合的方法，有计划、有组织地学，学深学透。定期检查学用效果，采取自我总结、互相鉴定、领导验收的办法。如学习得不深、不透的，要进行补课。

## 八、整顿和健全工会组织

党中央始终认为工会是工人阶级的群众组织，是无产阶级专政的坚强柱石，是“广大工人群众学习共产主义的学校”。工会工作的任务是：在党的领导下，组织工人群众学习马克思主义、列宁主义、毛泽东思想，进行思想和政治路线方面的教育；狠抓阶级斗争和路线斗争，批判资产阶级，批判修正主义，巩固无产阶级专政；贯彻执行“抓革命，促生产，促工作，促战备”的方针，多快好省地建设社会主义；积极地为党和国家培养和输送工人干部；协助和监督各级干部执行党的路线、方针和政策，坚持社会主义方向；关心工人生活，搞好安全生产和劳动保护，注意工人的文化技术教育；坚持用无产阶级国际主义教育广大工人群众，树立“只有解放全人类才能最后解放无产阶级自己”的远大理想，为世界革命贡献自己的力量。

1973 年 4 月，中共中央发出转发北京市委、上海市委关于召开工会代表大会的请示报告的批示，要求各地开展整顿和健全工会工作，整顿工会要以基层为重点，同时积极进行筹备，在工人运动基本上实现革命大联合等条件具备的时候，首先召开省、市、自治区和工业集中的大、中城市的工会代表大会，将省、市、自治区和大、中城市的工会组织建立起来，要坚持工会的阶级性，同时坚持它的群众性。

中共中央希望各地召开的工会代表大会，要高举“九大”团结胜利的旗帜，开成一个团结的会、胜利的会，动员广大工人群众，为更好地实现党的九大和九届二中全会规定的各项战斗任务而奋斗。中央要求各级党委要切实加强对工会工作的领导，首先是加强对产业工人组织的领导，使工人阶级在各项工作中发挥更大的作用。

## 第二节　不断调整海员工会组织

### 一、贯彻中共中央精神调整组织机构

1959年，全国总工会第八届执行委员会主席团第四次扩大会议为贯彻执行党中央成都会议关于工会组织问题的指示，在全国总工会八届二次执行委员会通过的关于工会体制的决议的基础上，形成了对全国总工会及各产业工会全国委员会的组织机构和组织制度的调整意见，得到了中央同意。

其中意见对产业工会全国委员会的调整，保留了中国海员工会等全国委员会。各产业工会全国委员会根据当时的任务和人数，确定组织机构和分工。各产业工会全国委员会实际上成为全国总工会的工作部，其日常工作在分党组领导下进行，产业工会全国委员会的分党组受全国总工会党组领导。各产业工会全国委员会的具体任务是：根据党所提出的政治任务、中心工作和全国总工会的要求，结合各产业的具体情况，着重面向基层抓典型进行调查研究，反映情况，组织交流经验和进行国际联络工作。各产业工会全国委员会一般不作决议、不发指示。必要时，可经全国总工会批准发号召、发通报和召开现场会议、工作会议或代表会议。

中国海员工会全国委员会根据全国总工会对工会组织的调整意见精神，实施在各地党的组织领导下动员广大海员群众完成国家水路运输任务。为了使全国委员会对本产业的重大问题能起到更大的领导作用，按照日常事务管理权力下放的原则，进一步重新调整海员工会的组织体制。

首先是明确了调整中国海员工会领导重心。各地海员工会组织在接受全国委员会领导的同时，接受当地党委和当地工联或总工会的领导，以当地领导为主。全国委员会的主要工作任务是，在一定时期对本产业群众生产和工会工作发展的情况加以总结，提出新的工作方向，作出决定。各地海员工会组织根据具体情况，拟出执行计划，经当地党委或工联批准执行；总结与交流本产业群众生产劳动与工会工作中的特殊经验；会同交通部组织产业性的社会主义竞赛；对于本产业劳动条件、工资、奖励、保险、生活福利及对职工群众劳动与生活中有直接关系的，须按产业统一解决的重大问题进行调查研究，需要政府有关部门解决的，由全国委员会提出意见，帮助并督促政府有关部门作出决定解决；全国委员会可以解决的，由全国委员会作出决定。海员工会各地组织根据当地情况拟出执行办法，经当地党委或地方工联批准执行；对本产业职工群众思想情况进行系统的调查，通过报刊等方式加强宣传教育；全国总工会各种决议指示的传达，除特别指明按产业系统传达的外，一般由地方工联会传达到本会各地组织。

其次是明确了业务管理权力的下放。一是海员工会各地组织的财务（会费、经费、文教费、保险基金）由当地工联统一管理，全国委员会的财务开支由全国总工会供给；二是海员工会各地俱乐部由所属单位直接管理，由当地工联统一领导；三是海员工会各地的疗（休）养所由当地工联统一管理；四是各地海员工会组织的人员由当地党的组织或工联管理；各级海员工会组织的主席、副主席任免调动时应先征求海员工会上级组织的意见；五是海员工会各地国际船舶船员工作及为这些船员服务的俱乐部工作，除有关政策方针须由全国委员会解决的外，一般工作由其所属组织直接管理，由当地党的组织或工联直接领导；六是海员体育协会各地组织，以当地体协组织领导为主。除游泳比赛必要时按产业举行全国比赛外，一般比赛统一在地方举行。

最后是明确了地方体制调整及业务部门的整合。全委的组织机构设置是：主席室、生产劳动保护组、工资生活劳动保障组和宣传教育组。主要地方体制调整是长江航运局上海分局委员会归上海区委员会领导为主，财务（会费、经费、文教费、保险基金）由上海区委员会统一管理，人员由所属党委管理。但凡有长江区委员会的统一决定，上海分局委员会应执行，其执行计划由上海区委员会批准。凡须请长航局解决的问题，上海分局委员会报请长江区委员会时，长江区委员会应负责请长航局解决。连云港委员会属当地市工联领导为主，产业系统上级为江苏省内河委员会。凡须请上海港务局解决的问题，连云港委员会报请上海港务局委员会时，上海港务局委员会应负责请港务局解决。营口、安东两港委员会工作主要由当地市工联领导，产业系统上级为大连区委员会。各地船厂，原为交通部直属的，交通部将下放归当地航区管理局管理。其工会组织除属当地工联领导为主外，产业系统仍属原各航区委员会，不必变动。工程局所属各企业单位的工会组织，其所在地有海员工会组织的，仍归原有组织领导；其所在地无海员工会组织的，归当地工联领导为主，但产业上级仍属原海员工会组织。长江区委员会可改称企业委员会，但交通部所属在长江其他企业的工会组织，仍属长江区委员会各级组织领导。

## 二、为帮助国家克服困难实施精简政策

20 世纪 60 年代初，为帮助国家克服困难，一大批事业单位被精简，没有被精简的单位也开始压缩工作人员编制。

为了适应形势发展的要求，中国海员工会全国委员会在全国总工会党组领导下，开始实施架构调整。中国海员工会全国委员会调整了职责：工作的主要任务是抓国际工作和生产工作，以国

际工作为主；同时关心职工生活和教育；简化机构。根据任务的需要，只设两部一科，即国际部、生产部、秘书科。加强集体领导，贯彻集中领导和分工负责相结合的原则，实行分党组正副书记挂帅，分党组成员分工负责制。

根据党中央规定的行政单位的人员精减20%的要求，全国总工会各部门、各产业工会有892人，需要精减179人。全国总工会机构调整主要依据的是当时的工作要求和过去的工作经验。由于国际工作任务繁重，除加强原国际部外，还把各产业工会中适合做国际工作的干部集中起来，让其专门从事国际工作，并成立国际工作委员会。当时有16个产业工会在精减人员之后，组织机构一般不予变动，但性质相近的产业工会可以考虑合并，并明确各产业工会下一步的工作重点是做好群众生产工作。

1962年6月，中共中央批复同意全国总工会党组上报的关于全国总工会的组织机构调整方案，7月23日又批复同意组织机构的调整意见。

其中关于产业工会的组织机构调整意见，明确了海员工会与公路工会实行合署办公、统一领导；海员工会与公路工会全国委员会的名称仍保留；合并后，海员工会与公路工会是全国总工会的工作部门，日常工作由全国总工会党组成员分工领导；全国委员会同下级产业工会是指导关系。

根据全国总工会机关调整组织方案，中国海员工会全国委员会与中国公路运输工会全国委员会合并起来，建立了统一的领导机构，工作计划统一安排，干部力量集中使用。设有主席、秘书长岗位，下设办公室定员4人、生产部定员5人、生活部定员4人。办公室主要负责收发保管文件，综合研究全面情况，并执掌有关工会组织、国际活动、机关日常行政工作；生产部主要负责群众生产工作、劳动保护工作、工资工作，并和全国总工会生产办公室的业务基本上相适应；生活部主要负责群众生活福利工作、劳动保险工作，并和全国总工会生活办公室的业务基本上相适应。

1962 年 12 月 28 日，海员工会与公路工会合并后，分党组召开了第一次会议，确定组织机构人员分工以及单位名称等问题。在全国总工会机关内部，海员工会与公路工会合并后简称“中国公路海员工会全国委员会”，对外仍保留两个工会名称。在未决定前暂由两单位原分党组合并，书记和副书记仍由刘达潮、张孑夫分别担任，原有两个工会分党组成员为张昌黎、封夫保、左中侠仍为分党组成员。1963 年 2 月 25 日，经全国总工会党组第 57 次会议讨论通过，中国公路海员工会全国委员会分党组由刘达潮、张孑夫、左中侠、封夫保组成，刘达潮任分党组书记，张孑夫任副书记。

## 三、调整任务基本完成

1964 年，调整国民经济的任务已经基本完成，工农业生产已经全面高涨，整个国民经济已经全面好转，并且将要进入一个新的发展时期。为了迎接生产建设的新高潮，全国总工会党组向中共中央组织部上报的关于全国总工会机关组织机构和人员调整的报告，1964 年 2 月，中共中央组织部作出批示，表示基本同意。

全国总工会给产业工会增加 44 人，而对公路与海员两个工会合署办公状态没有调整，组织机构保持原样，岗位人数 16 人也维持不变。

## 四、“文化大革命”中海员工会停止活动

正当广大水运职工响应交通部部长孙大光提出的“正视现实，真正下定决心，艰苦奋斗几年，落后是可以转化为先进的”的号召，生产建设出现了稳步发展的好形势时，1966 年 5 月 16

日，中共中央政治局扩大会议通过《中国共产党中央委员会通知》（简称“五一六通知”），指出“混进党里、政府里、军队里和各种文化界的资产阶级代表人物，是一批反革命的修正主义分子，一旦时机成熟，他们就要夺取政权，由无产阶级专政变为资产阶级专政”，标志着“文化大革命”的全面爆发，并席卷全国。

在“造反有理”“横扫一切牛鬼蛇神”的口号声中，交通部和各地交通主管部门无法正常履行职责，各级负责人或是被揪斗或是“靠边站”，各种规章制度都被废除。海员工会组织也被“砸烂”，中国海员工会及基层海员工会组织被迫停止工作。

## 五、“工代会”取代工会组织

1967年，自上海工人“一月革命”后，3月22日北京市革命职工代表会议（简称“工代会”）在人民大会堂胜利召开了。党中央、国务院、中央军委、中央“文革”小组到会祝贺。之后，党中央认为这次代表会议对于推动北京市无产阶级革命派的大联合，准备成立革命的“三结合”的临时权力机构，对于抓革命、促生产，有着重要的意义。

于是水运系统企业纷纷学习，筹备召开革命职工代表会议。1969年，交通部广州海运局等华南水运系统几个厅、局合并，成立了华南水运公司（实行军管），各船舶工会成立“工代会”，代表原工会组织。在这期间，“工代会”的主要任务是组织工人毛泽东思想宣传队，在工人中开展学习毛主席语录等活动；1971年，长航上海分公司“工代会”筹备小组结合“工代会”的召开，分期举办了“工运路线”学习班。

1972年12月，在上海市“工代会”的布置下，“上海海运局工代会筹备小组”成立，并于1973年6月按照市总工会的要求，正式启用“上海海运局工会”印章。1973 年 8 月下旬召开第七次工人代表大会，选举了 28 名委员，并由 9 人组成常委会，正式成立了“上海海运局工会”。

1973 年，上海立新船舶修造厂党委开始筹备“工代会”工作，在筹备过程中，着重抓大学习、大批判，并在此基础上先后召开了 12 个车间“工代会”，推荐产生了正式代表 271 名和 49 名列席代表。为结合其厂实际情况和条件，经过三次协商酝酿与全厂职工的反复讨论研究，根据上级领导关于要增加不脱产委员和青年、妇女委员比例的指示精神，经厂党委研究确定了该厂工人委员候选人名单。在上级党委批准下，第七届工人代表大会顺利召开。

由于水运系统工会组织被冲垮，工人代表大会实际上取代了工会组织。

## 六、整顿和健全工会组织

实行“工代会”制度后，工会工作的方针任务不甚明确，工作十分混乱。1973 年 4 月 11 日，中共中央转发北京市委、上海市委关于召开工会代表大会的请示报告的批示，明确提出整顿和健全工会的工作，各级党委要切实加强对工会工作的领导，首先是加强对产业工人组织的领导。于是，水运系统党组织按照党中央精神，开始整顿和健全工会工作。

1973 年 6 月，河北省航运管理局党委根据中央指示精神，作出了整顿健全工会组织的决定，提出了《关于整顿健全工会的工作安排意见》（简称《意见》）。提出“以批林整风为纲，突出路线教育，重点进行思想整顿，坚持工会的阶级性和群众性”为整顿的指导思想。《意见》规定成立工会整健领导小组，并明确整健工作分准备阶段、思想整顿、组织整顿三个步骤进行。在组织整顿过程中，先进行老会员核实登记，进而发展新会员，建立工会小组，选举产生车间委员会及基层委员会，选举工会代表参加工会会员代表大会，产生航运管理局工会委员会。

按照河北省航运管理局党委有关整健工会的要求，工会整健领导小组印发了《整顿和健全工会工作动员提纲》。河北省航运管理局所属河运处、海运处、船厂、航道工程处也先后建立了工会整健领导小组，按照统一部署，积极开展了基层工会整健工作。

经过近两个月的整健工作，到 1973 年 8 月 23 日工会第四次代表大会召开前，恢复会籍的老会员有 2105 人，新发展会员 327 人，会员总数达到 2532 人，占职工总数 3696 人的 65.8%，建立了河运处、海运处、航道工程处、船厂、航运局机关等五个基层委员会、22 个车间委员会、185 个工会小组；设专职干部 12 人、兼职工会干部（包括车间委员会）154 人。

这次整顿健全工会组织的工作是在“文化大革命”动乱中进行的，虽然带有较多的“左”的思想影响，但从恢复、健全水运系统工会工作这一点来讲，仍具有积极意义。

## 七、长江航运公司（托拉斯）工会成立

1964 年 8 月 17 日，中共中央、国务院批转国家经委《关于试办工业、交通托拉斯的意见的报告》，批准在全国试办第一批“托拉斯”，共计 12 个，长江航运管理局是其中之一。8 月 27 日，交通部上报《试办长江航运公司（托拉斯）的实施方案》，9 月，国务院批准并颁发《关于长江干线运输实行统一管理的决定》。长江航运公司（托拉斯）成立后，原长江航运管理局将于同日被撤销。长江航运公司下设长江轮船公司，13 个港务局，227 个营业站、点，五个修造船厂，一个港口机械制造厂以及航道局、物资供应公司、设计院、科研所、学校等 32 个企事业单位。有职工

65000人，各类船舶2905艘，其中运输船舶1472艘、49094客位、载重685443吨位。

中国海员工会全国委员会根据交通部的工作安排，也同时启动了建立“托拉斯”企业工会问题的研究，明确了“工会跟党委走，党委统到哪一级，工会就统到哪一级”的原则。

长江航运公司（托拉斯）工会组织领导体制，中国海员工会经请示全国总工会后，确定实行以中国海员工会全国委员会领导为主，同时接受地方工会领导的原则。新体制下劳保经费不足，由海员工会全国委员会给予调拨。

1964年12月初，成立长江航运公司（托拉斯）工会、分公司工会组织等。明确了航运公司工会对所属单位工会组织的领导，并实行地方工会和产业工会双重领导，以长江航运公司（托拉斯）工会领导为主的原则。同时实施工会的组织机构设置同行政的组织机构相适应的原则，有利于配合行政生产任务的完成；工会的领导关系同党委的领导关系相一致原则，有利于发挥党的助手作用，有利于按照党的中心工作开展活动。

1965年1月1日，长江航运公司（托拉斯）在武汉正式成立，长江航运公司工会、分公司工会组织也陆续成立。

## 第三节　积极贯彻执行国家建设方针

### 一、促进航运，全面完成“一五”计划

第一个五年计划开始实施后，党和国家对广大海员工人提出了发展航运事业的新要求，海员工人在各级海员工会带领下，热烈拥护第一个五年计划，发挥了极大的社会主义积极性，努力钻研技术，开展了社会主义劳动竞赛，使劳动生产率大为提高。

在党的正确领导下，海员工人发挥了聪明才智，创造了沿海船舶安全航行新纪录，总结了一整套安全航行经验；长江的海员创造了“挖泥船移锚不停车方法”“浮筒打捞法”和航道的“裸露法水下炸礁”等新技术；港口工人创造了“港口装卸技术操作程序”和“分区牵引”等几百项先进生产经验，使中国水运事业在第一个五年计划期间有了迅速的发展，提前超额完成了国家规定的第一个五年计划任务。海员工人们在配合国家经济建设、发展生产、开展国内外贸易以及巩固国防等方面也起了有力的作用。到 1957 年，全国船舶货运量比 1952 年增长了 2. 7 倍，货物周转量增长了 2. 24 倍，分别超过了新中国成立前最高水平的 3. 25 倍和 1. 68 倍。航道工人重点进行川江航道整治，新开辟航道 8634 公里，全国通航里程达到 103659 公里。打捞工人昼夜奋战，打捞沉船 250 多艘、40 余万吨，有 100 多艘船经过修复又重新投入航运。港口经过改造与扩建有了很大改观，海员工人的生活和劳动条件也有了较大的改善。

海员工人在建设祖国的同时，坚持对敌斗争，冲破美帝国主义和国民党台湾当局的海上封锁，到 1957 年海上货运量比 1952 年增长了 2. 04 倍，货物周转量增长了 1. 79 倍，通过沿海六大港口进出的国际贸易货物增长了 2. 8 倍。到 1957 年，已有 25 个国家的 3517 艘次外国海轮来中国运输，粉碎了美帝国主义的封锁禁运政策。

## 二、“大跃进”运动

1958 年，党中央提出用 15 年或更短的时间，在钢铁与其他工业产品的产量方面赶上或超过英国。在这一号召鼓舞下，海员工会与行政系统带领广大水运职工群众不断开展劳动竞赛，在各个生产战线上以排山倒海之势，投入了生产“大跃进”的浪潮，各企业的先进事迹层出不穷，群众的干劲十足，跃进计划一变再变，定额不断被突破，比先进、学先进、赶先进已形成了全面性的群众运动。

1958 年第一季度海河运输都超额完成了计划，并且正以前所未有的速度在跃进。沿海货运完成季度计划货运量 109. 97% 吨，货物周转量 113. 26% 吨公里，长江航运局完成货运量 111% 吨，完成货物周转量 111. 3% 吨公里。

随着深入开展生产跃进，社会主义大协作的力量也得到充分发挥。沿海船舶航行时间大为缩短，长江沿线拖运量增加。上海—大连直达航线、航次的时间由原来的 52 小时缩短到 44 小时，加速了船舶的周转。宜昌下水“拖 13 驳”船载重 8569 吨成功，首创中游拖驳量最高纪录，“生辉”轮将原拖带量 5440 吨提高到近万吨，并加大了车速，增加了使用马力 120 匹，不但拖带量增加了近一倍，而且还缩短了航行时间，年增产 268 万元。由于港航密切地互相协作，使工作率大大提高。上海港第二装卸区在港驳装船方面配合得好，使工班效率从 25 吨提高到 44. 37 吨，同时使船舶在港停泊时间按标准缩短了 42%。

上海港务局也由于各方面的协作配合好，仅 40 天的时间，组织完成了“船过船”“水水中转”的货物达 11. 7 万多吨，为国家节约 12 万元之多。这是解决港口堵塞、加快船舶周转最有效的方法之一。汉口港承接了 1 万多吨支援上海基本建设的红砖，原计划在襄河受载，到长江过驳，但经过调度室采取措施，在船岸密切配合下，使“生产 111 号”轮安全完成了直达襄河琴断口受载任务，不但为国家增加了四万多元的收入，更重要的是缩短在港停泊时间。

上海船厂在维修“和平一号”轮时，承修该轮的全体职工发挥了积极性与创造性，经过深入研究，采取科学方法，使这条巨轮提前 43 天出厂，等于增加 41 万多个营运吨天的运力。

由于非常规的群众干劲与钻劲相结合，跃进计划震动人心，新的定额不断被突破。上海港各装卸区群众的积极性异常高昂，合理化建议如雪片样飞来。五区仅两天就贴出合理化大字报1100多张。很多建议在解决生产关键问题上起了极大的作用。六区在铁矿石装长江铁驳时，采纳了群众的建议改用漏斗，及带运输机联合操作，经过三次试验，第一次工班效率139吨，第二次达到200吨，最后一次用两台铲车同时操作，工班效率达到了212吨。

川江船队轮机长预备党员江根生，和工人、技术人员一道经动脑筋钻研，在“长江2012”轮试用电动绞通机，代替人工作业成功，提高效率近11倍，需要55天完成的任务，五天就完成了，大大地缩短了拉通时间，同时提高了拉通质量，有效地保证了该轮修船任务的提前完成。“长红”拖轮在重庆船舶修理厂全体职工艰苦奋斗下，在保证质量的前提下，比原定计划提前了29天，缩短了修船期56.7%，出色地突破了该局拖轮修船期减半的新纪录。

港、船、厂职工群众干劲十足，跃进计划一变再变，互相挑战、应战形成风气。上海港各装卸区在制订跃进计划时，互相追赶，谁也不愿落后，人人抢先。三区18组提出工班效率要达到18吨的倡议后，五区全体职工首先应战。通过动脑筋、挖潜力，三区内大部分基本工组提出保证工班效率要达到18—24吨（五区1957年实绩11.23吨），18组在1958年“五一”国际劳动节前已由18吨跃进到了23.13吨。另外，“红安”轮经过全体船员一个航次的周密算账，反复研究，全船订出了跃进计划，他们保证五年内安全航行65万多公里，机器安全运转3.1万多小时，日产量可达69万多吨公里。同时他们以革命的精神重新修订了1958年领料计划，全年物料可节约71.5%，其中主要材料的领取数竟比原计划降低了94.21%，总共全年可为国家节约6万元。“江明”轮已有30年船龄了，轮机部提出10年不返修。长江上海分局

“航 2017 驳”轮提出六年进坞不进厂，向兄弟船挑战，做到长年无锈驳。“航 2004 驳”轮急起追赶，则提出 15 年进坞不进厂，做到长年无锈驳的指标而超过“航 2017 驳”轮。湖南船舶厂木工易家华，经过自己的钻研，在改进了“公母缝”工具以后，又改进了“犁头线”“边塔缝”的刀具，提高工作效率 36—64 倍。江苏“拖 018”轮是内河航运上的先进小组，1957 年马力年产量已达到 15 吨公里（全省平均八万多吨公里），并且全年安全无事故，在生产“大跃进”的浪潮中又提出马力年产量要达到 17 万吨公里，向兄弟船挑战，于是许多兄弟船舶急起追赶，提出了更跃进的指标。“拖 224”轮提出马力年产量要达 32 万吨公里，赶过了“拖 018”轮。

## 三、积极学习贯彻“工业七十条”

1961 年 9 月，党中央基于广泛调查研究形成的，旨在总结新中国成立以来特别是“大跃进”以来的工业管理经验教训，并针对当时存在的问题制定了《国营工业企业工作条例（草案）》（简称“工业七十条”）。中国海员工会积极学习贯彻“工业七十条”，参与交通部工作组去上海地区的港、航、厂考察调研，并开展规范企业管理制度试点工作。

1961 年 10 月中旬，根据试行“工业七十条”的指示精神，确定了上海的试点单位，其中上海海运管理局“中九”“和五”“建十”三条船、上海港第三作业区、上海船厂备件车间为先行试点单位。试点单位首先组织群众学习讨论“关于讨论和试行国营工业企业工作条例（草案）的指示”，领会指示精神，对条例提出补充修改意见。到 11 月底，各试点单位学习结束，提出初步定保方案；各非试点单位则继续学习贯彻“工业七十条”，酝酿定保方案，在试点单位取得经验后，于 12 月和 1962 年 1 月初全面展开。

学习贯彻“工业七十条”的途径是先干部后工人，先党内后党外，先点后面。组织学习的方法是一字不落地向工人宣读原文，然后分小组逐章逐条地讨论，组织各类人员座谈会和分专业座谈会，敞开思想，畅所欲言。在学习文件时，联系实际，检查总结工作的方法，检查各种制度，特别是责任制度为主，对照条例更进一步找出企业管理上的问题和生产上的薄弱环节。在学习贯彻“工业七十条”中，工会与群众和干部学习情绪高涨，踊跃发言，态度认真，讨论热烈，称赞“工业七十条”是“社会主义企业管理学”“工业根本法”，条例中有关工资奖励、生活福利和占用职工业余时间的规定，深受工人们的欢迎。通过对“工业七十条”的学习讨论，对六大原则基本精神有所领会，提出了许多具体修改意见和建议，如上海港三作业区就提了300余条意见和建议。

在学习逐步深入的情况下，进行“几查”，酝酿定保。进行“几查”的方法是发动群众，查生产实际、查组织专业人员与查历史统计资料相结合，以查综合生产能力为主，同时查设备、查安全质量、查各项定额、查成本、查固定资产等，在这个基础上提出初步定保方案。由于贯彻了群众路线，运用上下结合、领导与群众结合、专业人员与工人群众相结合的方法，使检查工作进行得比较深入，提出的定保方案也较切实可行。

为了领导好试点学习贯彻“工业七十条”，各单位都抽调了较强的党员骨干组成综合组，掌握和研究试点工作，并派出工作组参加试点工作，以加强试点工作的领导。各单位的主要负责干部，着重抓试点工作。学习贯彻“工业七十条”，紧密结合形势教育，做好思想工作。“工业七十条”向职工宣读以后，对职工鼓舞很大，但也存在对当前形势和试行“工业七十条”重要意义认识不足问题。经过反复学习讨论和形势教育，这些模糊认识已逐步得到了解决。

为做好定保工作，首先进行“几查”（以查生产能力为主），之后实行定保。查的目的是查清综合生产能力，查清家底，找出企业管理上的主要问题和生产上的薄弱环节，为定保提供依据。上海各试点单位在查生产能力方面，一般是查设备、查定员、查生产定额、查安全质量、查消耗定额。在查清家底方面，一般是查成本、查固定资产、查材料（船厂查半成品库存量）。通过这两方面工作，基本上可以查清综合生产能力与家底，做到心中有数。上海港三作业区经过“几查”后，查清了码头、库场的通过能力和机械人力的装卸能力，为实行定保提供了依据。在企业管理上，查存在问题和薄弱环节，主要是查规章制度、查责任制度、查协作关系和查影响生产的各种因素。通过检查，找出企业存在的问题主要是在生产管理上主要责任制松弛、职责不明、不负责，反映在生产上是事故多、质量差（包括货运质量、修船质量）、运输周期长；反映在技术管理上是各种机械设备维修不够、技术状况不好；反映在财务成本上，主要是片面强调完成生产任务，不顾成本，不严格执行经济核算制度，生产上浪费大、成本高，当家不理财的现象比较普遍。这些问题是企业管理上的薄弱环节，这就为试行“工业七十条”，整顿企业工作找到了入手之处。

在对上海各试点单位的经验进行研究和总结的基础上，工会协同行政部门起草了一个关于“水运工作的若干问题规定”的草案初稿，提出了初步定保方案。

定保是国家对企业所规定的生产要求和提供的生产条件，因此应该定的必须定下来，同时又要从实际情况出发由粗到细、逐步完善。根据“工业七十条”的要求和水运企业的特点，定保方案对港口、船舶提出了“五定五保”。港口“五定”是指：定分专业的年度生产规模，定生产定额舱时量，定人员机构，定固定资产，定燃、润料消耗；港口“五保”是指：保生产任务计划（月度计划、昼夜计划），保全质量，保船舶提前率，保成本，保设备使用年限。船舶“五定”是指：定运输能力（包括技术定额、载容货定额、航线货种、营运天数、航行停泊时间、运输量），定员（定人数、固定主要船员），定燃料（主要物料消耗定额和供应），定保养维修标准，定协作关系；船舶“五保”是指：保生产任务（数量和质量），保定员，保成本，保设备良好、技术状态，保安全。同时，方案对船厂（厂对车间）提出了“六定六保”。“六定”是指：定产品方案和质量（产品、产量、总产量），定人员机构，定主要材料燃料和工具，定固定资产，定技术资料，定协作；“六保”是指：保产量，保质量，保安全，保成本，保工资总额，以及保机具的完好程度。

上述方案基本上能够全面考核一个单位的工作，符合加强计划管理、全面完成国家计划的要求，可以实现国家对企业的生产要求和企业对国家必须承担的责任。之后，该方案经过交通部审议后在水运企业中予以推广。

## 四、推广“精减人员”的做法

20 世纪 60 年代初，中国经济出现了暂时的困难，按照党中央的有关指示，水运企业单位开始实施精减人员的工作。各级水运企业单位的工会在党的领导下，承担着重要角色。工会依靠群众做了大量工作，有的单位对职工思想动态和工作情况向中国海员工会做了反映，希望有精减企业人员的具体工作经验，特别是精减以后，及时稳定、巩固现有职工的思想工作，以及动员职工积极完成生产任务工作方面的经验，进行推荐学习。

筑港工程局委员会以及所属工会在党的领导下，协同行政部门积极主动做好精减企业人员的工作，收到了较好的成效，并在实际工作中摸索出一些经验。中国海员工会将他们的做法和经验推荐给各级水运企业单位工会供参考。

交通部航务工程局修造厂精减职工的工作是从1961年7月下旬开始的。全厂1958年以后来自农村的职工共计111人，原计划下放66人，实际下放75人（后因有9人坚决要求回去）。整个工作经过充分准备后，在8月9日正式动员，17日基本结束。在下放人员全部走后，全厂又深入细致地开展安定在职人员情绪的工作。在这个时期，党组织十分重视发挥工会的组织作用，工会主动协同行政部门抓好这一中心工作，顺利地完成了这一中心任务。

工会主要开展抓活的思想工作。他们通过调查研究、思想排队、个别谈心等方法，摸清了存在的思想情况：一是一些人道听途说、胡乱猜测，说厂要解散了，要集中下放徐州专区等。二是有些人思想上各种顾虑多，不少女徒工顾虑下放回到家后一定被人家看不起，甚至有的背后痛哭；还有一种是顾虑农村生活艰苦，主要是家在灾区的职工在这方面的思想顾虑比较突出。三是思想不通，有一定的抵触情绪。钳工学徒听到下放消息以后，就不好好工作了，有的负气地说“叫我走可以，那咱得好好算一算账才行”。

工会根据掌握的这些情况，抓住活的思想的特点，在党组织的领导下，举办短期训练班。工会同共青团举办脱产学习班，用两天半的时间讲读中共中央关于《农村人民公社工作条例》等文件和小组讨论的学习，虽然时间短，但收效不错，有几十个新工人都在讨论会上纷纷表决心，要求领导批准下放。

工会充分发挥了各级宣传委员和全体宣传积极分子的作用，搞好宣传，大造声势，出了黑板报21板，张贴标语60张，编辑了一本欢送专刊，同时利用广播进行宣传，每天播出三次，特别是将下放人员全部登上光荣榜。由于宣传鼓动声势浩大，全厂营造出一个热火朝天光荣回乡支援农业生产的氛围，从而大大鼓舞了全厂职工生产上的积极性。

工会在开展思想教育的同时，注重与解决实际困难结合起来，热情地给以帮助，这是保证精减工作顺利进行的基础。事实证明，只要这两方面做得好，就可以大大启发教育职工的觉悟，许多问题都可以得到解决。

工会在实施精减工作的过程中，全面参与做好安抚、稳定工作，尽量帮助他们解决一些实际问题，公布名单后，主要的是深入车间、宿舍找下放人员谈心，了解他们的情况，如原计划不予下放的徒工，因家在农村，无劳动力而生活较困难，很想趁这个机会回去。公布名单后，他看到没有自己的名字情绪很消沉。当了解到这些情况后，党组织和有关部门研究，同意了他的要求。为此他非常高兴，临走的时候一次又一次地感谢领导的关怀。而铆工学徒在公布下放人员名单内，情绪很不好。经过了解，他因父母去世，农村一无所有，无家可归。工会发现了这个问题，就及时向党组织作了汇报，最后决定让他留下来。他很受感动，此后工作中表现特别积极。另外，上级领导考虑到下放人员均要住在农村，交通不便，行李多不好携带，这是个具体问题，因此就主动帮助职工们准备了扁担和绳子，使不少人深受感动，表示感谢领导对他们无微不至的关怀。女徒工孙桂珍表示："回到农村后一定好好生产，报答领导。"

工会还发动女工积极分子，组织了拆洗队，帮助下放人员拆洗衣被，这项活动得到了群众的积极支持和欢迎。

工会还注重抓好搞好食堂工作，除抽两名积极青年下伙房外，工会和团的干部经常深入伙房帮助改善食品花样等。在这期间，食堂工作得到了改进，品种繁多，大家十分满意。另外，工会还组织了拍照、开欢送会、戴光荣花等。下放人员临走时，工会安排了 20 多位职工帮助他们运送行李到车站；还组织了干部和老工人共 40 多人送他们上了车，并且派六个干部和老工人一直负责把他们送到家，安排好了工作和生活才算完成任务。

组织上无微不至的照顾和关怀，大大提高了群众的觉悟。如下放人员徒工李秀珍在座谈会上表示说："领导对我们太照顾了，我不知用什么来报答领导。"有几个职工原本想闹一闹的，后来不但没有闹，反而表现很好；原打算要与领导算账的，结果不但没有这样做，临走时还主动与车间主任亲切告别。

工会根据党的指示，经过一系列的教育活动，使新工人大大提高了觉悟，保证了精减工作顺利进行。下放人员走得愉快，做到了"四无"，即无一个提出过高要求，无一个提出坚决不走，无一个和领导吵闹，无一个损坏工具和机器；以及"两满意"，即领导满意、走者满意。下放人员都高高兴兴地奔赴了农业战线。

下放人员走后，工会对留下来的职工的思想工作也十分重视。一些人担心第一批走后还有第二批、第三批；有的说，第一批走的人是农村的，第二批、第三批就该是城市的了。听到种种传言，职工情绪很不稳定。对此，工会展开深入细致的思想工作，特别是帮助城市来的学徒工端正思想，解释学徒转正问题；加强思想交流，教育他们正确认识形势，安心积极工作。通过一个时期的教育工作以后，留下的职工也基本上稳定了情绪，积极投入生产工作。

## 五、组织开展"学大庆"运动

1963 年底，经过三年多的奋战，位于东北松辽盆地的大庆油田完成探明和建设，结束了中国人靠"洋油"过日子的时代。以王进喜为代表的大庆人，吃苦耐劳，公而忘私，使大庆成为中国工业战线的一面旗帜，得到全国工业交通战线的崇敬和学习。

1963 年 12 月，中国海员工会全国委员会根据全国总工会八届五次执委会议精神，在上海召开了船舶劳动竞赛经验交流会，首次提出各级海员工会要学习大庆经验；要求以大庆油田的经验作为一面镜子来对照，要学习大庆油田的经验，注意从生产实际出发，从群众的思想实际出发，从大多数职工的觉悟水平出发，要求在之后的工作中学习解放军、大庆油田的经验，来解决实际问题。

1964年2月5日，中共中央发出通知，号召全国其他部门学习大庆油田的经验。此后全国工业交通战线兴起了学习大庆经验的运动，大庆也成了中国工业战线的一面旗帜。2月13日，毛泽东在人民大会堂的春节座谈会上发出号召："要鼓起劲来，所以，要学解放军、学大庆。"此后，"工业学大庆"的口号在全国传播。

4月10日，中国海员工会召集九个省、市和八个直属企业工会主席，参加交通部召开的全国交通会议，学习了党中央和毛主席的指示，对照解放军、石油部和大庆经验，传达了大庆经验和参观大庆的体会，并交流了经验。

1966年2月8日，《工人日报》报道"民主五号"轮学毛主席著作、学大庆成为水上运输的一面先进红旗。3月6日，《工人日报》刊登全国工业交通工作会议、工业交通政治工作会议推荐的70个大庆式先进单位名单，并发表社论《让大庆精神遍地开花》。一批交通水运企业被评为大庆式先进单位。

之后，"工业学大庆"的群众运动轰轰烈烈地在水运系统开展起来，"文化大革命"期间，尽管中国海员工会瘫痪，但宣传大庆油田的经验，树立大庆式的典型，学大庆精神，做大庆式的人，办大庆式的企业等活动始终没有停歇。

## 六、下基层开展蹲点工作

1964年7月底，中国海员工会张孑夫、卢杰、李仁厚参加交通部工作队，在长江航运管理局（部的直属企业）搞"五反"运动和"划阶级"① 等。交通部工作队一行40人，由于眉副部长带

① 划阶级通常指的是根据一定的标准和原则将社会成员划分为不同的社会群体或阶级。

队，另有国家经委史堪局长等八人参加，并从长航局各单位抽调约400名干部组成。工作队在重庆分局一两条船上和一个作业区搞“五反”复查和在芜湖港及局直属船舶开展“五反”运动，还在武汉港汉口作业区和“江德”轮开展划阶级试点工作，并由中国海员工会张子夫负责。张子夫与李仁厚分别在该区第二、三工段蹲点，卢杰负责“江德”轮上蹲点工作。

在开展“五反”运动中，根据武汉市委搞得好的单位不搞“五反”复查的规定，由于长航局被认为搞得比较彻底，因此没有开展复查工作。中国海员工会工作队队员按要求准备“划阶级”工作，开始在汉口作业区和“江德”轮蹲点。然而，工作队员经过十几天参加劳动、摸底、扎根串连等深入调查研究，发现汉口作业区有些单位“五反”运动搞得并不彻底。存在的问题主要有：经济上四不清，1961年到1962年搞副业生产，作业区搞，工段也搞，把公家的油布、木板、马达拿到农场，卖的卖，送人的送人；领导存在私分多占，还利用搞副业之机进行投机倒把，账目一直未弄清，群众意见很大；在干部任用上，群众反映存在错误提拔等问题。在“江德”轮上也发现了不少问题，群众对过去的支部书记（因“五反”运动“未下楼”即调下船）意见很大，要求回船处理。

工作队发现上述问题后，请示了市委，决定进行“五反”复查，因此任务改为“五反”复查和“划阶级”。之后，中国海员工会工作队队员参加了“五反”复查、“划阶级”和整顿党、团、工会组织的工作。

中国海员工会蹲点工作队员认真贯彻党的指导方针，在处理人民内部中的问题，始终坚持批评和自我批评，重点是使干部、群众认识到问题的严重性。在克服经济困难的过程中，积极发展生产，并形成良好的社会风气；同时按照交通部工作队的指示，认真完成工作任务。

## 七、“文化大革命”初期水运生产受到冲击

1966 年，“文化大革命”开始，在“造反有理”“横扫一切牛鬼蛇神”的口号声中，交通部和各地交通主管部门无法正常履行职责，各级负责人或是被揪斗，或是“靠边站”，海员工会组织停摆，各种规章制度多被废除。

港口的一些群众挑起武斗，港区大批人员离开工作岗位，港口船货积压情况十分严重，在港外轮不断增加。据 1967 年 8 月 29 日的统计情况，在港外轮已达 185 艘，其中停工的有 129 艘。天津、黄埔、大连等港相继发生武斗，天津自 8 月 14 日后每天作业效率约降低了一半；黄埔港自 8 月 9 日停工，30 日又再度全部停工；大连港自 8 月 26 日也停止夜间作业，工人出勤人数下降到 40%，装卸效率仅达正常情况的 1/3。部分船舶不敢靠港，因为当时船舶配备少量武器，黄埔、大连、营口等港船靠港后，陆上人员不断强行登船，索夺武器，共有 17 条船的武器被抢夺走，外轮遭到射击。8 月 29 日，黄埔港在隔江射击的武斗中，有国外油轮驾驶台受损，货轮船头中弹。此外，港口供应困难，因压船多、港内供应船少，对外轮油、水、副食供应不及时，船员经常发出求救信号等。

上海港自 1966 年底起，也陷入动乱之中。1967 年 1 月 5 日，造反队利用《文汇报》发表的《告全市人民书》，控制了港口生产指挥系统，宣布接管港口全部党政财文大权。一月的夺权活动使上海港的生产一落千丈。1967 年第一季度完成吞吐量比 1966 年同期减少 53. 4 万吨，比 1966 年同期下降 8. 17%。货物吞吐量的减少，造成中转联运物资的积压。据统计，1967 年 3 月底全港积压待运货物达 40 万吨，严重影响正常生产运作。

1967 年 8 月 8 日，在重庆港内发生武装船队相互炮击的大规

模武斗，被称为“八八海战”。武斗中，“人民 28 号”登陆艇、“长江 207 号”轮被击沉，数十名群众在武斗中伤亡。重庆分公司职工被迫出走，机关指挥瘫痪，造成渝汉班轮停航三天，渝长客班轮停航 68 天，渝涪客班轮停航达 71 天。1967 年，镇江港因武斗封锁了航道，对客轮经过进行强制检查。因此，凡从上游到镇江的旅客，被迫在南京下船，然后乘火车到镇江。1967 年 7 月 13 日，芜湖港发生大规模武斗，动用了机枪封锁江面，射击申汉班轮，使客运一度中断。由于武斗升级，船舶航行受阻，大量船舶停泊港区。特别是四川的武斗，使长江全线水运生产遭到严重的破坏。1967 年下半年由武汉到宜昌准备进川的铁驳多达 100 艘，布满三江，港口几乎没有泊位。

“文化大革命”开始，造成是非混淆，黑白颠倒。在极“左”路线的影响下，港口及水运企业动乱直接干扰破坏了水运生产经营管理和企业的正常工作秩序、学习秩序、生活秩序，严重阻碍了水运生产建设的正常发展。

为了恢复正常生产秩序，党中央决定交通部和水运主要企业实行“军管”，由此逐渐改变极度混乱状态。

## 第四节　开展劳动竞赛，促进水运生产安全发展

### 一、组织开展水运区域与全国性劳动竞赛

1958 年 3 月，为了迎接水上运输的“大跃进”，中国海员工会全国委员会和交通部海河总局联合发出《关于组织开展水运区域与全国性竞赛的通知》，组织水运广大职工群众开展“比先进、学先进、赶先进”竞赛。中国海员工会全国委员会和交通部海河总局针对当时各方面的情况，提出了消除船舶非生产性停泊及其

他待时损失，提高水上运输的安全、质量，提高运输装卸效率，降低运输装卸成本，完成跃进的增产节约计划的要求。

港口竞赛指标是不发生重大工伤、货损货差事故，一般事故频繁率逐期减少；遵守通讯规程制度，按计划完成或提前完成船舶装卸任务，保证船舶合理配载及目的港卸货的便利；不发生港口责任船舶非生产性停泊。

海（航）运局竞赛指标是不发生海损、机损、重大工伤、货损货差，一般事故逐期减少；月、旬度平衡船舶到港密度（包括外轮、江轮、季节气象等因素）不超过港口同时作业能力；遵守与港口通讯规程制度，不发生本局责任船舶非生产性停泊。按计划规定向船厂提交修理单及移交船舶。

船厂竞赛指标是按计划做好准备，接受修船任务并提前完成交船，保证修理质量。不发生修船返工浪费，并降低修理费用；不发生机具设备、人身事故。

长江航道局竞赛指标是保证航道标准水深；保证夜航地区灯标及一般航标的完整、准确。按计划完成航道维护工程并降低维护费用。

同时对全国港口竞赛、全国船舶竞赛、全国修船厂竞赛等也提出了更加具体的要求。

竞赛活动在各地党委的统一领导下，以各企业局、厂（港）长为主，行政与工会共同负责，由生产竞赛办公室具体组织实施。评比方法是由各参加竞赛单位，按照上述竞赛指标，具体布置，逐月汇集评比资料。在每个月末最后七天内上报区管理局及相应的工会，同时抄送总局及海员工会全国委员会，其中区域内联合竞赛由区管理局负责。全国性竞赛由总局一级进行季末评比，每季末海河运输总局会同海员工会全国委员会对报送资料进行评比。通报评比结果，对先进单位予以表扬并给予一定的奖励。区域联合竞赛的季度先进单位，获得区管理局及工会的流动红旗一面；

区域联合竞赛及全国性的竞赛中全年的先进单位，获得交通部（或海河总局）与海员工会全国委员会的流动红旗和奖励。凡获得交通部（或海河总局）、海员工会全国委员会全年先进单位称号的单位，将在颁发奖旗同时授予一定的奖金。

劳动竞赛开展后，全国水运各个生产战线都进入生产“大跃进”行列，先进事迹不断出现，职工的干劲冲天，计划不断被突破，交通部直属内河和沿海客货运量不断增长。1958 年交通部直属内河和沿海客货运量增长率详见表 4-1 所示。

**表 4-1　1958 年交通部直属内河和沿海客货运量增长率**

| 内容 | 完成情况 | 增长率（较 1957 年） |
|---|---|---|
| 客运量 | 1110. 5 万人 | 1. 82% |
| 客运周转量 | 2071 百万人公里 | 3. 24% |
| 货运量 | 3000 万吨 | 13. 5% |
| 货运周转量 | 23941 百万吨公里 | 11. 96% |
| 沿海六大港吞吐量 | 40800 千吨 | 12. 96% |

## 二、开展红旗竞赛活动

1958 年，全国水运事业的“大跃进”使水运各方面工作都获得了一定成绩；但在“大跃进”形势下，也暴露出若干重要问题，其中比较突出的问题是：船舶运输能力和港口通过能力不能满足运输量迅速增长的需要，以致水上运输经常处于紧张状态。为了适应新的跃进形势，1959 年初，中国海员工会全国委员会和交通部海河总局联合发出通知，开展以技术革命为中心的红旗竞赛，以迎接水上运输更大的跃进。红旗竞赛运动总的方针任务是继续鼓足干劲，力争上游，进一步贯彻全党全民办交通和依靠地方、依靠群众、以普及为主的“地群普”交通建设方针。

全国各级海员工会要在党委的领导下，根据大搞群众运动，大搞技术革命，大搞交通建设，在保证安全和质量的前提下，千方百计地挖掘运输潜力，扩大运输能力，以便在以钢为纲、全面跃进的建设方针下，保证重点，照顾一般，力争全面完成运输任务。

全国各水运单位按照不同的生产任务、生产关键，积极发动广大职工，为“港口通过能力加番，船舶运力增半，航道里程延长五万公里”而努力。在港口方面，加强港口建设和充分发挥设备潜力，努力实现港口装卸机械化、半机械化、工具化和机械操作系统化、联合化，以提高港口装卸效率和扩大通过能力。在船舶方面，努力实现木帆船的机动化、拖带化，机动船“六合一”、轮驾合一、机械化和自动化。航道方面，保证航道畅通，逐步实现河网化，以充分发挥支流运输，江海主要干线上航标电气化。工程建设在保证质量前提下推行快速施工。船厂不断提高修造船舶能力和港口设备的能力和技术水平，缩短修船时间。进一步改善企业的经营管理，并确保安全与质量的落实。

为此，全国各级海员工会坚决依靠党的领导，破除迷信，把冲天的干劲和科学的分析结合起来，树立全国“一盘棋”的思想和运输生产必须协作配合的全面观点，广泛而深入地开展共产主义教育，提高广大职工共产主义觉悟，充分发挥广大群众的积极性，组织开展以技术革命为中心的红旗竞赛运动。

通知发出后，广东航运厅海河运输局职工代表大会向各兄弟航区提出友谊竞赛倡议，并将友谊竞赛纳入红旗竞赛运动，相关各航运单位积极响应和参加到红旗竞赛中。全国水运企业工会广泛开展红旗竞赛运动，树立先进旗帜，形成“比先进、学先进、赶先进”局面，并通过竞赛和各种现场会议，及时总结推广各种先进经验；组织“五一”“十一”“提前完成年度任务”的三大献礼运动，使红旗竞赛运动一浪推一浪，步步深入，不断前进。

红旗竞赛活动的开展，鼓励大搞技术革命，推动了港口设备机械化、木帆船的机动化等工作，但由于好大喜功，不尊重科学，产生了许多伪发明，进而形成不必要的损失和浪费。

## 三、开展“六好”竞赛活动

1962 年 4 月，中国海员工会、交通部、政治部联合发出关于把以安全优质为中心的“六好”竞赛运动深入船舶和班组去的指示，并制定了开展“六好”船舶、班组和“六好”先进生产者运动的评选、奖励办法。根据联合指示精神，全国水运系统各级海员工会通过深入开展“六好”船舶、班组和“六好”先进生产者运动，不仅提供个人搞好生产的经验和组织生产的集体经验，而且更好地活跃群众的民主生活。通过开展多种多样的思想互助、生产互助、生活互助活动，促进互相学习、互相帮助、取长补短、共同提高，形成“比学赶帮”的热潮。通过竞赛活动使船舶、班组真正成为团结一致搞好生产的战斗单位，使普通的甚至较落后的船舶、班组和个人逐步提高，成为先进。

上海港务局积极响应开展“六好”竞赛活动，局党委加强竞赛的组织领导，局工会也集中力量全面调查研究竞赛中的问题，提出进一步开展“六好”竞赛的方案。通过深入贯彻、广泛发动群众，竞赛在新的基础上蓬勃开展起来。

上海港务局工会在竞赛工作中，召开全港增产节约运动经验交流会，会上各装卸区汇报了竞赛开展情况，并重点介绍第三、第四装卸区的竞赛经验，对促进竞赛的深入起了良好作用；将全港 28 个先进装卸小组组成挂钩赛，兵对兵、将对将互相介绍先进经验，互相比较，树立了学习榜样，促进了“比学赶帮”活动。组织检查组深入检查竞赛指标措施执行情况，缺什么就补什么。

各装卸区都组织了职工代表进行检查。通过群众性的检查活动，装卸小组的生产指标措施能做到更加具体落实，竞赛就能更加扎实开展。抓技术革新的开展，在第二装卸区举办了小型工具革新展览会，启发了群众闹工具革新的积极性。组织多种竞赛活动，如装卸小组挂钩赛，客运站的先进班次赛，修理厂的分人、分段、分档的一条龙流水线竞赛和同产品、同工程竞赛等。在这过程中，了解群众在竞赛中的思想情况，及时帮助解决，都有效地促进了生产。

青岛港召开了职工代表大会，着重研究了竞赛工作，代表们检查工作时认为过去存在重大船、轻小船，重大宗货、忽视百什货，只顾效率、忽视质量等思想。通过职工代表大会，职工群众提高了认识，解决了思想问题，进一步树立了信心，干劲十足，竞赛中出现了新气象，11 月份全港完成吞吐任务为计划的 116. 5%，工班效率比计划提高了 12. 6%。

航务工程系统由于深入开展以安全、优质为中心的“六好”竞赛，生产任务完成得一季比一季好，劳动生产率和工程质量不断提高，基本上保证了安全生产，亏损现象得到了扭转。在施工计划方面，超额 6%以上完成年度计划，劳动生产率可达到年计划的 106. 1%，工程质量全部达到合格标准。

1963 年 3 月，交通部发出《1962 年度直属企、事业“六好”劳动竞赛部级评选结果及发奖中的补充通知》，经部长批准，决定对六条船舶、35 个班组、57 名个人进行奖励。

“六好”竞赛活动在各级海员工会广泛开展，他们采用各种不同的形式和方法，发动了群众，形成了人人动手、个个献计、轰轰烈烈战高温、夺高产的新局面。

## 四、开展“比学赶帮”活动

1963 年，中国海员工会全委为了落实全国总工会提出的组织开展“比学赶帮”活动的要求，积极组织海员各级工会开展“比学赶帮”活动。全委派工作组在上海港蹲点学习，总结先进经验，促进推广“比学赶帮”活动，使水运事业更加欣欣向荣。

工作组在上海蹲点学习过程中，发现上海港运用“找差距”的办法，挖掘出不少潜力，于是中国海员工会全委转发上海港开展“找差距”活动，来推动“比学赶帮”活动的全面开展。

上海港的“找差距”活动是由各装卸区、装卸队、装卸工组，以自己的各种经济技术指标同本港、外港先进单位相比，找出落后于先进的差距，而后分析产生差距的原因，学习先进经验，追赶先进，进而共同达到先进水平。

上海港开展“找差距”活动，使广大职工群众真正地认识了增产节约运动的重要意义，克服了自满情绪和畏难情绪。上海港开展增产节约运动时，广泛地发动群众讨论国家计划，并针对本单位的生产关键，号召职工群众找差距，反浪费，挖潜力，算细账，明确主攻方向。在这个过程中，部分职工认为增产节约是“老一套”“无产可增、无约可节”“油水不大”“力已挖尽”等错误思想逐步扭转。经过群众找差距、算细账，先进单位的一些职工也消除了自满情绪，意识到了还有比自己更先进的，自己还要向前追赶。后进单位的一些职工克服了畏难情绪，学到了办法，赶先进的信心也大了。上港三区黄队装卸组在开展“找差距”过程中，1 组是安全标兵，59 组装卸效率最高，8 组相对较差。全队在进行深入的思想发动后，展开了群众性的“找差距”活动。1 组最初有人不服气，认为 59 组效率高是因为他们工作条件好，但是经过反复算账、查原因后发现：仅效率低这个原因，1 组与

59组相比较，一年要少增产6288吨。组员们说："这笔账一算，就让大家大吃一惊，明白了一年的差距那么大，不可能是工作条件好坏造成的。"从此职工们开展班组之间互相"找差距"，明确了各自的主攻方向，如1组的主攻方向是提高效率，59组是加强安全质量。8组通过"找差距"，学习了1组和59组的经验后，在生产上也逐渐达到了全队的先进水平。

通过"找差距"，班组间树立了特色各异的先进旗帜，总结和交流了各自的先进经验；通过"找差距"，班组间积极寻找对手并组织起挂钩竞赛，真正做到"比有对手、学有榜样、赶有目标、帮有措施"，掀起了"比学赶帮"的竞赛热潮。

## 五、开展"确保劳动安全，迎接生产高潮"活动

1958年3月，中国海员工会根据交通部"确保劳动安全，迎接生产高潮"的通知精神，要求各级海员工会组织深入开展"确保劳动安全，迎接生产高潮"活动，加强企业生产中的安全工作，特别是从思想认识上和生产管理上能较好地适应和跟上生产高潮的形势发展要求，及时总结过去安全生产工作上的成绩并发扬光大，对存在的问题进行整改，研究和提出具体、可行的改进方案。

中国海员工会要求总结过去发生的一些工伤事故的原因，提出树立明确的安全生产思想。要重视生产中的安全工作，特别注意现场大队长和其他各生产领导人员思想观念问题，他们是否重视和关心生产中的安全问题是工伤事故能否减少的关键因素；认真落实安全工作的责任，做到经常有总结、布置和讨论，有计划地监督和检查安全工作；加强宣传，认真地考虑生产中存在的安全问题，从而改进自己的工作，使之与生产安全的要求相适应；深入地向职工群众进行安全生产的思想教育，对职工中涌现出的

安全生产先进人物和事迹，及时总结和推广；认真地宣传和发动群众学习安全生产经验，表彰安全生产方面的好人好事，贯彻以先进带动落后的方法来达到共同提高，确保安全；组织职工群众学习劳动保护政策、法令和企业颁布的各种安全生产规章制度，提高群众遵守政策、法令和安全生产规章制度的自觉程度。这样，安全工作才有广泛的群众基础。

各地海员工会组织按照中国海员工会的要求，认真开展“确保劳动安全，迎接生产高潮”活动，特别是在开展群众性的安全生产工作基础上，创造了一些比较好的活动形式。例如安全活动日制度，能解决不少实际问题，反映很好。为此，中国海员工会积极推广这个制度，并在推广中特别注意汲取各方面经验，充实活动日内容，提高活动日质量。

由于重视制度建设与实施工作能起到推动改进与提高安全生产的作用，各地工会都根据自己单位的具体情况，进行制度制定与实施，纠正了企业领导和职工对安全生产重要性认识模糊的被动局面，促进了安全生产。

## 第五节　改善职工群众生活

### 一、加强劳动保护的群众监督

到了 1957 年，航运系统劳动保护工作虽然有了较大改善，职工群众主人翁的责任感不断增强，生产积极性持续提高，但离真正全面落实好劳动保护工作还有很大距离。鉴于《工会法》规定工会有监督劳动保护、工厂卫生与技术安全规则等方面责任，中国海员工会积极开展劳动保护，重点加强群众监督工作，以保障职工安全健康。

针对劳动保护工作中的薄弱环节，中国海员工会加强与交通部合作，推行行政领导向群众作关于劳动保护工作报告的制度，同时实行劳动保护检查员建议簿制度。

劳动保护检查员的建议簿记录、收集了职工群众对影响安全健康有关的安全技术劳动保护方面的意见、建议或具体改进办法。劳动保护检查员有权随时把意见、建议等写在建议簿上，群众亦可以直接填写，交给行政领导研究解决。劳动保护检查员有责任经常组织、发动和收集整理群众的意见，以便提出建议，并有权检查建议的执行情况。

劳动保护检查员建议簿制度是依靠职工中积极分子监督行政做好劳动保护工作的有效工具。建议簿由各单位行政制定建立，并在群众会议上宣布实施。行政领导经常定期审阅，并根据建议予以批示，派专人负责执行，或列入计划逐步解决。暂时不能解决的问题或不能实现的建议，需向群众做解释。对此，工会加强对群众的宣传教育工作，组织发动群众积极提出建议。

建议簿制度实施后，取得了较好效果，但也存在有些单位行政徒有形式的问题，因此，工会组织对建议簿保持经常检查监督，将监督检查执行的情况反馈给行政部门进行整改，并组织发动群众协助行政研究解决困难的办法，使各项合理化建议得以有效落实。

## 二、改进装卸工人工资形式与定额

工资是关系广大职工切身生活的重大问题，中国海员工会组织各级海员工会组织在党的统一领导下，会同企业行政认真听取职工的意见，不断完善制度，从而更好地从物质上鼓励职工发挥劳动热情，提高业务技术水平，关心劳动生产率的提高，努力争取提前和超额完成运输计划。

1957 年，中国海员工会赴上海等地调研了解装卸工人情况，收集资料，提出改进装卸工人工资形式与定额意见。

上海港装卸工人自 1954 年实行累进计件工资制以来，对港口生产效率的提高起了积极的物质鼓励作用。但经过调研发现，工人体力迅速衰退的严重情况与这一具有强烈刺激性的工资制度有关。它促使工人为获得超额奖金而不顾一切地拼命干，加上生产任务不均衡、定额松紧不一、计划指标（舱时量、先进作业计划）要求过高等因素的影响，更促使劳动强度不断提高，严重影响装卸工人健康。原因是超额 131%以上的部分计件单价加一倍，当时在工人中有这样的口号：为争取 131%而奋斗。累进计件工资制的刺激之大由此可见。但是，工人拼一工班下来，就感到浑身瘫痪，体力稍差的连路也走不动，有的工人第二天就起不了床，勉强能上码头的也要靠调度找些较轻的活来干。出勤率逐渐下降，上海全港 1955 年为 91. 97%，1956 年为 90. 14%，1957 年第三季度为 84. 35%；病员率逐年增长，如上海港工区病员率每年不断提高。中国海员工会认为在以重体力劳动为主的码头装卸工人中，不适宜采用具有强烈物质刺激作用的累进计件工资制度。这种工资制度如不加以改变，其结果只能是弊多利少，严重影响工人的体力与健康。

针对上述情况，上海港口工会多次召集工人、行政干部、工会干部举行座谈会，认为采用直接计件工资制较为合适。

从当时上海港执行装卸定额的实际情况来看，成绩是应该肯定的，但主要的缺点是定额水平偏紧，质量不高。中国海员工会认为是思想认识、技术和管理上的问题。定额水平掌握偏紧，表现在历年来全港没有完成过工时定额，而定额还是在不断修改提高，1954 年为 93. 56%，1955 年为 94%，1956 年为 97. 3%，1957 年上半年为 96. 86%。1954 年 9 月第一次修改是在工人恰恰达到定额的情况下进行的，但一次就提高了 17%，1956 年 6 月又提高了4%。

因此，中国海员工会对改进定额工作提出意见：要正确地确定定额水平，定额水平直接影响着企业的劳动生产率水平与工人的工资水平，因此，在确定定额水平时，必须与企业劳动工资计划所规定的劳动生产率和工资增长水平相适应。这个水平既要有先进性，又要能保证绝大多数（80%以上）的工人在正常条件下经过一定的努力能达到，而不是简单通过增加劳动强度来完成。要提高定额质量，在编制装卸过程和技术操作规程上，要加强现场观察测定工作。要定期审查修改定额，修改定额必须注意到装卸工人重体力劳动的特点，同时必须制定切实可行的组织技术措施以保证定额的正确执行。要研究定额管理方向，随着装卸任务的发展和企业有计划的分工，各装卸区、站的业务已逐渐形成了各自的特点，由于各区装卸的主要货种不同，工人的操作技艺亦各有专长。

上海港装卸工人的体力，出于几年来紧张劳动和自然衰退以及病伤等原因，实际上已呈现出较显著的差别。体力强的和健康状况较好的称为大基本工，编在一起，大多干一级作业；体力弱的或健康状况较差的称为小基本工，编在一起，一般只分配二、三级作业和其他零星作业。他们之间的工资收入相差较大，小基本工对此是有意见的。这种情况是需要设法改善的，因为大小基本工的差别仅仅是体力强弱造成的，但从装卸技艺和生产经验来说，小基本工是不低于大基本工的，而且小基本工绝大多数是由大基本工中退下来的工龄较长的老工人。

因此，中国海员工会认为作业等级有必要进行重新调整，要明确划分作业等级的依据。主要应以按劳付酬的原则为基础，即要考虑到工作的复杂（多样性）程度和工作的繁重（紧张性）程度。尤其是在重体力劳动的码头装卸工作中，不能忽视工作的繁重程度这个因素。同时，要适当考虑到装卸任务的重要性。要结合改进工资制度，适当地调整作业工资标准和适当地提高计时工资标准。另外，在调配作业工作时，也应注意到大小基本工的工资收入的分配与平衡问题。

解决大小基本工的工资关系问题，不仅是贯彻按劳付酬的工资政策的必然要求，而且也是贯彻国家对老工人的政策的必然要求。

上海港根据中国海员工会关于改进上海港装卸工人工资形式与定额工作的意见认真落实改进。同时，中国海员工会要求各级港口工会领导重视上述问题，积极开展调研工作，提出改进意见，教育群众自觉遵守各项规章制度，积极促进和协助行政及时开展整改工作。

## 三、推广“自建公助”职工住宅建设经验

1957 年，由于当时国家经济力量有限，存在职工住宅不足的矛盾，而且需要长期地逐步地解决。因此各级领导对职工住宅工作已引起了注意。但在做法上，还仅仅是依靠国家投资建筑住宅，而忽视其他有效的解决办法。为此，交通部对解决职工住宅问题作出指示，建筑职工住宅时，应根据各单位情况，尽可能多建集体宿舍，少建家属住宅。在经济适用的原则下，尽量降低标准和造价，多建筑简易平房，积极帮助职工修理自有房屋等，通过实施多种办法，最大限度地解决好职工居住问题。

中国海员工会积极贯彻交通部指示精神，要求各级海员工会组织按照积极贯彻执行。为此，中国海员工会上海区委员会上海海运工作委员会积极探索“自建公助”解决职工住宅的办法，制定试行“自建公助”方案，规定每户提高贷款金额为 400 元，自建住宅的职工必须自备款项 30%，其余 70%用公家无息贷款。建成之后，职工按还款计划每月扣还，一般以不影响本人生活为原

则。行政和工会把历年积余基金调拨 30 多万元作为“自建公助”基金。

探索“自建公助”建设开始时没有经验，是“集中”还是“分散”建设不能确定，因此海员工会决定两者都进行尝试。搞集中建设就是由领导找好地皮和材料，接洽好施工单位，建成之后按造价分摊到每个“自建”住户。“分散自建”则比较简单，由职工本人自愿建筑住宅，按“自建公助”办法草案的条件填表申请，经过审查批准的，给予一定数额的贷款，对于地皮、材料、施工等问题，由职工本人自己解决。

实践结果表明，“集中代建”出现了一些问题，主要是造价过高，又不能充分发挥职工本人及家属的积极性。而“分散自建”方式省工省料，量力而为，最受群众欢迎。

在“自建公助”中又出现了一种“联合建造”的方式。就是职工邀集自己的朋友，同乡中愿意自建住宅的，集体协商好了，找到地皮，在一起建造。他们的方法是，地皮的价值及墙基的建筑经费由大家分摊，其余一切都由各人负责，如施工多少、材料的质量、房内的设施，各人按自己的经济能力及需要来安排。

中国海员工会在推广“自建公助”的基础上，还对各级海员工会组织提出要注意解决好基金来源、建筑材料、城市规划、施工力量等问题，全力帮助解决职工住宅与生活福利等问题。

## 四、推广生产自救经验

1959 年到 1961 年三年困难时期，由于“大跃进”和人民公社化运动中的严重“左”倾错误，加上连续遭受大面积自然灾害，粮食和副食品短缺，造成严重的经济困难。中国海员工会对各地业内职工生活进行了调查，职工生活水平有不同程度的下降，困难面有所扩大。为此，各地海员工会在党委的领导下，认真开展对职工的生活情况做认真细致调查研究工作，千方百计帮助解决职工的生活困难。中国海员工会积极推广大连海港工会组织困难职工家属进行生产自救，成立海港工人服务社的经验。

当时大连全港有职工10881人，其中有家属的7550人。据在7510户家属职工中的调查，家庭平均收入不足8元的有471户，占6.27%；8—10元的有841户，占11.2%；11—12元的有1182户，占15.74%；13—15元的有1567户，占20.78%；15元以上的有3449户，占45.92%。其中12元以下的共有2495户，占33.21%，这一部分职工的家庭生活都是比较困难的。还有因伤病拿劳保工资的工人和退休老工人1079人，其中多数人在生活上有不同程度的困难。面对困难，工会在大连港党委的领导下，经过反复研究，认为不能光靠困难补助来应对，要尽量组织生产自救。根据大连市的“联合指示”精神，在市总工会的直接指导下，海员工会确定成立“海港工人服务社”，吸收有困难的职工家属参加工作。当时精兵简政、压缩城镇人口动员还乡生产，首先必须大力动员有条件回乡生产的要还乡生产；对实在无条件还乡生产而生活上又极为困难的职工家属，再吸收他们参加工作等，进行生产自救。

海港工人服务社主要是为职工和旅客服务，实行单独核算，自负盈亏。对劳动者实行按劳付酬、多劳多得的原则。服务社的管理，由社员选举成立管理委员会，负责日常管理工作。

服务内容是为海港独身职工服务，包括：衣服、被褥、鞋袜等的拆洗缝补和宿舍卫生工作；为港内上下船旅客搬运行李；在港内组织流动性理发队、修鞋组；制修海港的渔网和鱼箱，拆洗和修补海港工人和船员的工作服、机关的沙发套；恢复海港家属住宅的澡堂子和洗布所营业；利用港口条件组织些力所能及的副业生产，如组织赶海队、大粪队，在港内拾拣废旧物资、卖冰棍；做临时工，如包做驻港货主倒装货物工作等。

大连港工人服务社开办后，很受职工及家属的欢迎，有劳动力的困难家属积极登记报名，要求参加工作，担任为工人拆洗缝补衣服、被褥，为上下船旅客搬运行李，为蔬菜公司等部门做些零散物资搬运等工作。他们的劳动报酬采取日工资制，有活就干，无活休息，能够适当增加职工家庭收入，解决职工一时的生活困难。

中国海员工会推广大连港根据实际条件，实事求是地开展生产自救，创造条件使群众自己动手来克服生活上的困难，减少困难补助面的成功案例，就是希望各地海员工会组织稳定职工情绪，提高生产积极性，进而保证运输任务的完成。

## 五、积极呼吁重视装卸工人安全健康

1958 年，针对全国码头装卸工人的工作时间较长，超负荷的繁重人力作业较多，已严重影响了工人的安全健康的情况，中国海员工会积极呼吁，必须在工时、负重及其他有关方面进行适当的限制和改善，以保障工人的安全健康和进一步促进生产效率的提高。

当时，在实际作业中，由于工时的含义不明确或未认真贯彻工时规定，延长作业时间的情况很多。中国海员工会经过调研后提出：一是除了规定每个工作日的工作时间不应该超过八小时，夜班不应该超过七小时外，还应该规定在炎热季节、某些劳动条件较差的作业（如粉尘较多的作业、某些危险品作业），要适当缩短工作时间为七小时或六小时。二是连续工作两个小时后，应有 10—15 分钟的间歇休息时间，并按工作时间计算是合理而必要的，并建议在此规定后面补加针对炎热期间及劳动条件较差的作业（如粉尘很多或某些危险品作业）再适当增加休息次数（如一小时或半小时一次）或增加每次的间歇休息时间的内容。三是长江各港用餐时间均为一小时，上海、大连等海港则为40分钟。由于装卸工人露天作业，食堂一般离现场较远，饭后立即进行重体力操作也不适宜，因此40分钟吃饭时间是不够的。由于吃饭后又要进行装卸操作，装卸工人患胃病率很严重，一般达到30%—50%，有的小组工人甚至全部都患有胃病。为此，工会建议将用餐时间改为不少于一小时。四是当时码头装卸工人最怕夜班作业，工伤事故也在夜班发生最多。轮班作业的班次规定为每星期轮换一次，虽可减少换班次数，使工人的生活较为规律，但工人连续夜班作业六天则是吃不消的。工会建议改为“2·4”换班制，即第一个星期中做两个夜班四个白班，第二个星期中做两个夜班四个中班。这样每次只连续做两个夜班，又比当时的“2·2·2”换班制减少了一次换班时间，也有助于保证工人生活规律及公休日的安排。

为了更好地安排班次时间，在白天时间内能进行更多的工作，有利于生产效率的提高，而工人做夜班也能获得较适当的休息，中国海员工会建议：进一步缩短夜班的工作时间，明确“在港”最长停留时间。装卸工人在八小时负重操作后，原则上不应当再做加班工作；同时还需考虑货物对包装材料、规格要求等因素对工人劳动强度的影响。

中国海员工会通过细致研究，认为两人抬运和一人肩运是人力装卸搬运操作中最主要、最常用的方式，运量最大控制是保障工人的安全健康的前提。为此，海员工会提出建议，对于两人抬运的货物，每件毛重由不得超过140公斤改为不得超过130公斤。其原因是当时上海、大连、汉口各港工人抬煤及矿石均系规定八箩折一吨（即纯重125公斤连皮约重130公斤），如抬七箩折一吨时（即约140公斤），工人就会感到吃不消；两人抬运时，当上下楼、跳板等负重发生不平衡情况时，部分重力就要多加在其中一个人的身上，这样有时个人的负重往往不止65公斤；两人抬运协作比较简单，动作迅速，可以快跑，间歇很少，因此劳动较为紧张，体力消耗也较大。

中国海员工会呼吁重视装卸工人安全健康的意见，引起了各单位的重视，各单位积极加以改进。各单位结合党中央关于《切实注意劳逸结合，保证持续“大跃进”》的指示，认真研究和贯彻执行，进一步加强和改进劳动保护和劳逸结合方面的工作，采取一系列控制加班加点的措施；并在港口作业中，大搞装卸滑溜化，大抓机械维修保养，提高机械出勤率，减少装卸强度，同时提倡科学管理，提高机械化水平等。

## 六、帮助困难职工，改善职工生活

办好食堂是当时职工关心的重点。烟台港工会组织工会干部和广大的积极分子学习八届十中全会精神，牢固地树立绝对接受党领导的思想，树立坚定干好本职工作的信心，有力地促进了工会工作的开展。他们贯彻执行“一手抓生产，一手抓生活”的方针，在 1962 年生活水平较往年有所提高的情况下，重点抓食堂工作，同时对生活困难的职工进行了适当的补助与救济。

烟台港工会为了调动炊管人员的积极性，为职工办好生活，在三个食堂中开展了“五好”食堂竞赛，即生活调剂好、服务态度好、降低费用好、卫生好、财务管理好。通过竞赛，食堂工作有了很大的改进，炊管人员的服务态度有了很大的转变，能够主动地为职工调剂好生活，如二食堂的饭菜花样很多，每顿饭都有几种菜。豆面多的时候给工人做豆汁喝，做老豆腐吃。三食堂的炊事员积极为工人改善生活，在不增加炊事员的情况下，给工人包馄饨吃，包饺子吃，工人反映说：“过去只有过年才吃饺子，并且还要自己包，现在不过年也吃上饺子了，还不用我们动手！”

烟台港各级工会组织将定期走访困难户形成制度，通过走访，对困难户有了较全面的了解，对于哪些职工家里人口多、收入少或入不敷出都很了解，并给予了适当的补助。困难补助中，工会紧紧掌握了以职工自力更生为主、国家救济为辅的原则。1962 年全年，受到经济补助的职工达 264 户，合计金额 9820.23 元，合计棉布 1453 尺，棉花 159 斤，棉衣九套，被褥六床。

在农副业生产方面，烟台港各级工会配合行政部门大力发动群众，搞好农副业生产，并成立了专业农场一处、海带养殖组一个。全年收入地瓜 11.29 万余斤、花生 3.28 万余斤、杂粮 1.12 万余斤。粮食作物及花生基本上是平均分配给了职工，海带支援了内陆，收入 6.37 万余元。

烟台港各级工会关心老工人的晚年生活，做好退休养老工作；认真贯彻执行劳动保险条例，特别是对老工人妥善地安排了晚年生活。全年退休老工人共 58 人，基本上保证了他们晚年生活的健康幸福。

在生活条件改变的情况下，工会还积极地开展文体活动。在业余文化学习方面，全局有 54 人入学，其中高中班一个，初中班三个。在文娱活动方面，全年共排演戏剧两个节目，演出 16 场次，其中工农联欢 11 场次，组织电影晚会 45 场次。另外，工会还组织成立职工篮球队，全年对外比赛 12 场次。这些有益的活动大大地活跃了职工的生活。

## 七、积极调研促进川江航运安全

川江从重庆到宜昌全长 660 公里，是大西南的主要交通命脉，因为航行条件特殊，素有“川江天险”之称。长江航运局在重庆设有分局，共有机动船 58 艘。

自 1958 年“大跃进”以来，大搞群众运动，在运输生产、交通建设、技术革命、企业管理等方面都取得了成绩。三年来，船舶货运量和货运周转量分别比 1957 年增长了 49.7%和 10%；从运输效率上，客货轮和货轮的运输效率，每吨船年产量分别提高了 93.57%和 26.38%；航行人员劳动生产率提高了 1.2 倍；单位运输成本降低了 47.4%。三年来，航道整治工程比第一个五年计划期间还多了 13.4%，并实行了航标电气化，这为安全运输提供了有力的保证。

由于分局领导对安全工作长期重视不够，致使川江的一般海损事故不断，恶性的沉船死人事故一直未得到遏制。

1960 年发生海损事故共 96 件，虽比 1959 年有所减少，但沉船死人事故就比 1959 年同期沉船增加 25%，伤亡事故增加 26.8%，在这个时期内沉船轮船两艘、驳船两艘、航标艇两艘和木船六艘，共 12 艘，死亡 44 人（包括工伤死亡的 13 人在内）。随船沉没和损失的粮食达 3000 多吨、桐油 500 吨、优质钢材 800 吨。1960 年，沉船损失马力 5600 匹，占长江全线同时期沉船损失马力 6100 匹的 91.8%（全线 1959 年至 1960 年新造船共 6800 匹马力）。1960 年，川江有 91.3%的船舶发生了大小程度不同的海损事故，其中以船舶触礁最多，占全年海损事故的 79.2%。事故最多的单船“华中”轮一年多来触礁沉过两次，“民泽”轮沉过三次，还有船舶沉于深川中而捞不上来的，如“人民 15 号”轮。由于沉船死人不仅使人民生命得不到保证，国家财产遭受严重损失，而且也大大挫伤了船员生产积极性，真是“人人坐卧不安，个个提心吊胆”，海员工人思想压力很大，心理相当紧张。

川江的安全未过关，对全国水运影响也很大。正如交通部部长王首道所说：“现在全国航运安全未过关的关键在长江，而长江过安全关的关键又在川江。”由此可见，川江的安全问题的解决已到了刻不容缓的时候了。为此，由中国海员工会副主席张子夫带领的海员工作组，从 1961 年 3 月 4 日到 6 月 15 日，共用了三个月的时间到重庆调查了川江航运安全工作情况，帮助解决川江航运安全问题。

中国海员工会经过调查研究后认为，川江事故多发，分析起来确实有不少客观原因，如川江滩多，礁石多，水流急乱，水位升降变化大，航道狭窄弯曲，不时还有浓雾、瘴气的袭击，几年来船队扩大、任务繁重、运量增加，又开展了夜航，技术人员培训赶不上需要等。

但也存在主观原因，而且主观原因还是主要的。首先，最突出的问题是不从实际出发，不按客观规律办事，盲目蛮干，瞎指挥生产。突出表现在：有些领导不愿承认“川江天险”这个客观存在的特殊航行条件，反而认为承认“川江天险”者就是右倾机会主义分子，是“消极安全论”的化身，就是反对“大跃进”，就是不要总路线，至少也是“抱残守旧，不要革新”。这样一来，一些能够反映川江实际情况的人说了实话往往就受到了批评。正如调研三级干部会议上大家所说：“明明是老虎，非叫说是猫。”承认“川江天险”是为了正确认识和掌握其客观规律，不犯或少犯主观错误，搞好安全生产。其次，有些分局领导不把安全放在首要地位，相反，却片面强调“多拖快跑”“超载超拖”，全然不顾船舶寿命，不顾航行安全。根据 1960 年 7—8 月 12 艘客货轮 173 个航次的调查，有 101 次超载，占全部航次的 58. 3%，其中超定额一倍至两倍以上的有 35 个航次，占超载航次的 28. 8%等。“华光”“民政”两轮乘客定额 70 人，常常载到三四百人，致使船的稳性出问题，头重脚轻，极其危险。“华中”轮定额 287 人，有一次搭载乘客 408 人，而且大多是妇女和小孩，在打险滩时连续发生舵机、水泵失灵（这与事先对机械检修不够也有关系），船舶倾斜 18 度，后舱进水打湿旅客衣物，全船报警，几乎翻船。该轮还有一次因超拖一重驳，影响调头，造成驳船触礁进水，湿损粮 700 包。“16 号”货轮超载 400 吨，致船舶干舷不够而船边进水，后舱梁柱压弯。船员对这种不按规定配载的现象十分不满，说道："现在调度员的嘴就是定额了。"盲目超载，不但对航行安全影响很大，而且运力的损失也很大。全分局56条轮船中，带病航行的占41.6%，必须停航进厂修理的占20%。最后，还存在技术管理上的混乱，把一些不能办、不会办、不应办的事情却要硬办。如"拖2007"轮学习先进经验，技术还未过关，就在滩上表演，造成翻船以致六人死亡的事故；"拖2006"轮本来没有拖过特种工作船的经验，而决定拖"抓三号"挖泥船，结果打滩断缆、翻船后致使九人死亡。此外，还存在不听信号台指挥、冒雾航行、无灯夜航、乱发航行命令等问题。

相反，四川轮船运输公司在1960年8月以前事故之多和分局情况也很类似，但他们善于吸取教训，能够深入实际调查，认真分析事故多的基本原因，从而认识到了过去不顾川江的航行条件、不顾船舶拖载定额、盲目超拖超载是造成事故多的基本原因，从而马上采取了"三不走七不拖"规定，坚持实行定额拖载的紧急措施，效果立竿见影，从1960年10月到1961年7月，完全消灭了沉船伤亡的重大海损事故，被重庆市评为川江安全高产红旗单位。

川江的高级船员（轮机、驾驶人员）有32名。他们怕出事故坐牢，怕领导说不听党的话，怕被说是右倾而被群众给贴大字报，怕超拖超载不安全。有些分局领导未能从实际出发，简单地把这80%以上都是工人出身的高级船员统统当作高级知识分子来看待，把他们看成团结改造的对象，在屡次政治运动中往往把他们当作运动的重点对象。因此，1959年以来，在分局级的大会上被重点批判的船长和轮机长有39人，约占船长、轮机长总数的50%左右，船级群众大会上受批判的则更多了。

盲目蛮干、瞎指挥生产是事故多的主要原因，然而，过去一出事故，却不能从领导身上检讨，而往往单纯地把责任扣在高级船员头上，轻则认为他们不负责任、思想落后，重则认为他们思想反动、有意破坏，从而造成76%以上的船长受过警告以上的各种处分，使高级船员较普遍地产生了一种恐惧心理。

在一般船员中，领导脱离群众的现象也相当严重。由于从上而下不善于做深入细致的思想工作，习惯于用简单粗暴的批评、训斥的方法，群众称为“上下一条龙刮胡子”。虽然群众意见很大，工会却根本不能反映群众意见。

生活上，还存在宿舍“挤、脏、漏、臭”，劳保用品供应严重不足，取消家属医疗费与长江中下游的单位不统一等问题。另外，还存在影响安全因素的问题，如船员特别是驾驶人员的粮食定量有些偏低、睡眠时间太少、工资奖励不足等，这些都造成船员普遍不愿升级，特别是不愿意升船长，普遍不愿学技术。

中国海员工会根据“调查就是为了解决问题”的精神，会同交通部、长航局工作组，通过分局召开的三级干部会议，就上述问题协助分局进行了整改。

这次整改集中检查和批判了不从实际出发、盲目蛮干、只重视生产不重视安全的思想，提出了川江“安全生产第一”的方针，制定了防止盲目蛮干和一切违反安全规章制度的“五不拖，十不走”的办法。“五不拖”是指：一是超过拖载量规定不拖；二是驳船舱面货物超过规定高度，影响驾驶视线不拖，驳船潮涨被货压住不拖；三是违反危险品装载规定或安全设备不齐全的驳船不拖；四是驳船技术状况不良（如舵不能使用、属具不全或损坏、无锚、绞锚机损坏等），编组时不解决的不拖；五是驳船受载后，前后水尺不均衡，超过10厘米的不拖，驳船平均吃水超过机动船的不拖。“十不走”是指：一是视线恶劣（雾、瘴、雨、雪），下水看不清三个灯浮，上水看不见两个灯浮以及两边岸线不清的不走；二是夜间不能安全通过的滩漕不走；三是按分批发船时间超过下列时间的不走（重庆下水13点；万县下水按月度运行时刻规定，中、洪水不准提前，最迟不超过五点，枯水最迟不超过四点；宜昌上水最迟不超过八点）；四是漕口淤沙情况不明的不走；五是信号台未悬挂本船通行信号的不走；六是超过乘客和载量定额及不足规定压舱载时不走；七是前船打滩未鸣笛，表示已上滩时，后船不走；八是单车不走（指川江）；九是遇整批流木灯标不能维护时不走，宜昌-万县段日间不走，万县-重庆段夜间不走；十是本船装载水尺不均衡，影响航行安全的不走。整改过程中还修订了枯、中、洪水位轮船拖载定额，明确要调整生产关系和上层建筑，密切领导和群众关系，解决船员粮食问题，保证船员劳逸结合，保证驾驶人员有八小时睡眠；同时，奖励推选了“定、包、奖”，开展了一个以安全质量为中心的群众立功竞赛运动，并注意及时总结交流安全航行经验和加强船员遵守规章制度教育。

为了加强川江安全工作领导，长航党委还决定派长航局一位经验较多的副局长任分局第一书记，船上支部书记每年亦抽出一定时间离船上岸集中培训，以提高政策思想水平和交流工作经验。经过一系列整改工作，川江船员遵守规章制度得到了加强，安全工作大有改观。

## 第六节　宣传推广先进经验和保护文化遗产

### 一、宣传木帆船运输取得高产经验

1959 年，湖南常德地委对常德专区所属各县的千吨公里运动的开展做出了规划，并决定县委亲自抓运动的开展。木帆船合作社在总结研究后，决定开展“船组作业”管理试点工作，通过试点明确：调整、培养、配备强有力的领导骨干力量是实行“船组作业”的主要保证。生产小组严格实行“三统”，统一任务，即生产任务只下达到小组，小组为一级生产单位，一起行动、作业，使运输中各产生环节变成一个整体，船员在统一领导下实行分工负责，各个包干；统一食堂，即取消过去一船一灶、一人一个粮油关系，由小组统一建立粮油关系，开办小组集体食堂，选择专人管理生活；统一分配，即社员的劳动报酬，社队只分配到组，小组按劳力等级分给社员。组内实行民主管理，建立“两长”（正、副组长）、“七员”（业务员、财务员、安全员、保管员、生活文卫员、技术员、领航员）责任制。严格执行计划管理，小组执行航次计划和日作业计划。建立健全各项制度等。

木帆船合作社经过半年的酝酿筹备，开展训练骨干、调整力量、编组编队等一系列政治思想、组织工作，在取得成功经验后，在全区全面推广。全区成立1743个生产小组，采取“船组作业”管理占全部小组的87%。木帆船合作社推行“船组作业”管理，实现全区完成运输生产较1958年同期增长了14倍。

1960年，中国海员工会秘书长唐章在全国水运第二季度运输生产会议上提出为了将红旗竞赛运动推向新的高潮，要积极宣传推广常德专署木帆船运输取得高产的先进经验。要求各级海员工会在党委领导下对群众进行深入的思想发动，提高群众觉悟，保持斗志昂扬、干劲十足、勇往直前、永不满足的劲头。各级海员工会组织干部要下船、下现场，做到与群众“四同”“五包”①等。这些深入群众的领导方法鼓舞了群众的干劲，推动了运动不断发展。

## 二、推广青岛港大搞运输协作经验

青岛港职工群众在党委领导下，树立“先为人，后为己”的

① “四同”：即同吃、同住、同劳动、同商量；“五包”：即包思想、包生产、包安全、包生活、包总结推广先进经验。

协作思想，并随之建立了协作制度，从而促进了新的协作关系，紧密地将港、航、车真正结成一个运输整体，共同保证了运输任务的超额完成。1958 年青岛港完成吞吐量 421 万吨，比 1957 年增长 71.2%。

青岛港运输内外协作是党委领导，书记、局长、站长亲自挂帅，在作业上做到集中指挥，保证加快车船周转。1958 年党中央提出“以钢为纲，全面跃进”的方针后，全国运输任务呈现了史无前例的紧张情况，当时省委决定由青岛港运输煤炭 37 万吨，而当时国外进口钢材的外轮也大量抵达青岛港。港、站面临的困难是线路不足和场地不够，严重威胁着运输任务的完成。为了提高装卸效率，搞好协作关系是关键。青岛港发动广大职工制定协作保证条件，相互促进，共同提高。

1958 年，在召开港、站的三大班的协作跃进大会上，车站检查“三不装”，提出了“三快”“三准”①；港方检查“三不卸”，也提出了“三快”“三不”② 的协作跃进打算。在识大局、保重点，“先为人、后为己”的指导思想下，在互相协作、相互支援的实际行动中，港务局各方面的关系逐步走向融洽，从而做到港、航、车整体运输过程中亲密如一家。为了防止港口堵塞，上海海运管理局拍电报发动船员参加义务装卸，1958 年“和七号”轮主动派了两名水手去帮助“和 46”轮装卸，下雨天船长又亲自去送饭，不但对船员是莫大的鼓舞，装卸工人也非常感激船舶的无私援助。另外，当车站发生事故，港上立即让起重机停止作业，开到站上帮助起复出轨的车辆。按照月度计划，对于上海海运管理局的重点船舶，青岛港总是全力以赴，确保按时完成装卸任务；

---

① 车站检查“三快”：即配车快、取送快、通知快；车站检查“三准”：即计划做得准、送车拉得准、作业通知准。

② 港方检查“三快”：即装卸快、办理手续快、联系快；“三不”：即百忙不乱、百问不厌、百找不烦。

有时船舶由北向南运空载时途经青岛港，只要船方提出要求，港方总是大力满足船舶运输能力，使船舶满载而归，防止空放，浪费运力。由于港、航并肩战斗，充分发挥阶级友爱的精神，广大职工从实践中体会到协作带来的好处，为进一步完成共同的生产目标打下坚实的群众基础。

青岛港经常组织业务人员互相走访，交流经验，为发动群众大放装卸“卫星”奠定了基础。1958 年国庆节前夕到年底，港、站联合发射“高产卫星”，开展连续奋战 10 个昼夜以上的大战役三次，突击一昼夜的多次，共发射日装卸量三万吨以上的“卫星”24 颗，其中港内达到三万吨以上的“卫星”10 颗，最高达 4.4 万吨，发射“卫星”取得了巨大的胜利，创造了有史以来的新纪录，大大超额完成了月度计划。

当时青岛港一天装卸 44231 吨，青岛站一天装车 199.5 车，由于装卸效率的大大提高，港口 10 月份完成吞吐量较 9 月份增加 101307 吨，提高 28.9%；车站超额 212.7%，完成发送吨数月度计划。过去卸车一般 30 吨都需要一个小时左右，放卫星期间港、站二组曾创下 13 分钟的最高纪录。装钢材过去要两小时以上，由于港方将钢铁先集中到铁路停靠车辆的两侧，装钢材时间缩短到只需要 35 分钟，最高还创下七分钟装一车的新纪录。

因此，中国海员工会宣传青岛港大搞运输协作经验，各相关单位积极响应，通过联合使协作关系更进一步巩固提高，从而港、站装卸能力大大提高。

## 三、宣传上海港抓技术革命

上海港全体职工在党委领导下，随着“大跃进”形势的推进，群众性的技术革命运动蓬勃发展。1958 年提出革新建议 17354 件，采纳的有 6796 件。1959 年又乘胜前进，抓住了生产关键，充分发动群众，出现了轰轰烈烈地大闹技术革命声势，其特点是发动面广、集体性多、数量多、质量高，围绕生产猛攻关键。

这些革新建议的实现，对提高装卸效率、扩大港口通过能力，保证超额完成装卸任务起了极大作用。在1958年“大跃进”中，港口装卸任务紧张，制造了5337辆各种运输小车，充分发挥社会劳动力参加装卸的作用；创造的“船舷漏斗”基本上解决了煤炭落江的损失，装卸效率提高了49%；平舱刮拔减轻劳动强度，提高效率40%。1959年又采用抓斗起舱，舱时量达120吨，每个舱口由25人减少到三个人，工班效率提高了10倍。大搞土码头，内港搞128个，一般均可提高效率10%至20%。一区七个土码头计算，一年可节省3800个工作日，等于12个人一年的工作量。另外，解决了雨天装卸的关键技术问题，并制造了装卸机械，如电吊、皮带机、少先吊、牵引车和抓斗等。

大闹技术革命，基本上消灭了几百年来装卸工人肩、扛、挑的沉重负担，实现了水平运输车子化，部分起舱作业机械化，逐步以机械代替笨重的体力劳动，工人劳动强度大为减轻。

中国海员工会在总结宣传上海港技术革命成功的经验时指出，党领导和各级海员工会的推动是开展技术革命的保证；围绕生产提课题、发动群众攻关是关键；大搞群众技术革命运动，领导、工人和技术员三结合是技术革命深入发展的重要环节；大胆创造的革新精神与尊重科学的实事求是精神相结合是成功的保证。

## 四、宣传和推广杨怀远活学活用毛主席著作经验

上海轮船公司“民主五号”轮服务员、中共党员、五好职工杨怀远，是一个活学活用毛主席著作、把毛泽东思想用到工作上的先进典型。他听党的话，按毛主席的指示办事，全心全意为旅客服务，在平凡的工作岗位上做出了不平凡的成绩。

杨怀远出身于贫苦的农民家庭，1957年摘掉文盲帽子，开始了毛主席著作的学习。他学习毛主席著作是带着浓厚的阶级感情学，为改造思想、改进工作而学。他学一点用一点，边学边用，学用结合。他能克服文化低、时间紧、身体不好等困难，做到坚持不懈，具有坚强的学习毅力。几年来，他通读了《毛泽东选集》，坚持用毛泽东思想武装头脑，结合自己的思想和工作学习毛主席著作，进行自我改造，因此，他树立了全心全意为人民服务的思想，在服务工作上做出了出色的成绩。他刻苦摸索服务工作规律，总结出一套服务经验。处处为旅客着想，忠心耿耿为旅客服务。旅客称赞他是“学雷锋、像雷锋”。

为了表彰杨怀远的模范事迹，1965年4月20日，交通部决定授予杨怀远“学习毛主席著作标兵”称号。中共交通部委员会认为，杨怀远的经验是近几年来交通系统加强政治工作和活学活用毛主席著作的群众运动中比较突出的先进经验，普遍推广他的经验将大大推动交通系统广大职工的思想革命化，从而推动经济管理工作的革命化。中共交通部委员会号召交通系统所有职工都要学习杨怀远活学活用毛主席著作的经验。学习他联系思想、联系工作活学活用毛主席著作，不断自我改造，不断改进工作的革命精神；学习他不嫌脏、不怕累，全心全意为旅客服务的工作态度。于是，在整个交通系统，广大职工群众以杨怀远为榜样，掀起了一个学习毛主席著作的高潮，大力促进交通运输工作的革命化。

1963年3月17日，《工人日报》报道了上海海运管理局“民主五号”轮服务员杨怀远坚持不懈学习毛主席著作，热情为旅客服务的先进事迹。1965年4月28日，《工人日报》发表上海海运管理局“民主五号”轮服务员杨怀远的长篇文章《活学活用毛主席著作，全心全意为人民服务》，并发表社论《为做好工作而学》。1966年4月1日，《中国青年报》头版头条刊登通讯《人民的好勤务员杨怀远》，介绍上海轮船公司“民主五号”服务员杨怀远的先进事迹。

中国海员工会也要求全国各级海员工会，认真宣传和推广杨怀远的经验，发动群众，制定规划，把“比学赶帮”落到实处；领导要亲自动手，培养典型，总结经验，做出样板，让杨怀远的经验在水运系统开花结果，涌现出更多的杨怀远式的职工。

## 五、推广“流动分散也能办学”经验

1959 年，广州港务局船舶总队直属船队除有 70 多艘机动船外，还有 13 个木帆船运输合作社，共有木帆船 3700 多艘。全队有职工、社员共 15000 多人，这些船舶和职工担负着港口的驳运任务。由于港口驳运的生产特点，船舶流动性大，没有固定的开航和停泊时间，各船的作业地点、时间都不同，调度随时派出任务，船舶就随时开航，对学习文化在时间上遇到很大困难。过去党委和工会都很重视提高职工群众的文化水平，也尽很大努力开展文化教育工作。木帆船在 1956 年组织合作社后，社内就设有专职教师，开展扫盲工作。但由于未很好解放思想，多从班级教学着想，没有采取多种形式以适应船舶生产的特点，结果因船舶作业时间不固定、流动分散、学员不能保证按时出勤而导致收效不大。教师们也认为这是很难克服的困难。

为此，船舶总队分析问题，解放思想，突破班级教学形式的限制，结合本身生产和各项中心任务，大搞群众运动，人人动手，互教互学，根据船舶生产的特点和不同的对象，采取多种形式进行学习，对机动船职工和木帆船社职工分别按照生产情况采取不同的形式和要求：对于机动船的职工，以按船小组学习为主要形式，结合进行班级教学。师资不足就发动群众能者为师，边教边学，互教互学。党总支和工会经常督促检查文化教育工作，在上船检查布置生产和中心任务时，结合检查文化学习情况，使教学工作能全面地经常地进行，按照生产特点进行教学改革，贯彻两条腿走路的工作方法。一种是按程度编班、编组教学。在按班、组教学上，不一定像课堂教学那样由老师教、大家听，而是根据师资不足和按船学习的实际情况，采取阅读、小组讨论、写作、集体修改、自我修改等方式进行。另一种是结合各项政治运动和生产工作，大搞业余写作。在春节大放运输卫星运动中，各船以民歌、通讯等形式写墙报专刊，在技术革命、安全生产、“五一”国际劳动节献礼等活动中，大搞写作和出墙报，做到人人参加写作，船船出墙报，以提高船员写作水平。由于写作题材结合生产，职工对写作的兴趣很高。在布置写春节专刊时，不到10天就自编墙报40—50幅，图文并茂，丰富多彩。以这样活题材做作业，职工写作能力提高很快。

对于木帆船运输合作社的社员，在分党委领导下，采用合作社办学的方法，由合作社包干负责，把文化革命列入合作社的议事日程，全社动手，全员参与，积极开展文化革命。党支部挂帅，合作社干部上船领导生产，实行“三包”即包生产、包政治宣传、包文化革命。在组织领导生产和宣传政治任务的同时，还组织发动社员学文化。学习的教材是结合政治学习和生产内容，自编课本和辅助教材。教学也贯彻两条腿走路的方法，适应生产特点，灵活多样。师资主要是自力更生，发动群众解决。学员作业则根据实际需要，结合生产，围绕中心任务学习写作。在社员扫除文盲逐步转入高小学习的基础上，逐步引导他们向红专道路前进。

船舶总队还开办短期脱产学习的专业训练班，培养了拖轮驾驶、轮机员270多人，基本上解决了合作社新增加60多艘拖轮后导致的技术工人短缺问题。

由于贯彻了党的教育方针，教育密切结合生产，统一安排，党委挂帅，人人动手，学习形式和内容灵活多样，因此克服了船舶流动分散的困难，过去长期认为难以实施的文化学习得到了全面展开。

从 1958 年扫盲高潮以来，共扫除了青壮年文盲 6292 人，非盲和脱盲占青壮年总人数 8678 人的 80.7%。同时还有 6200 多人参加高小预备班和高小班课程学习。

中国海员工会在推广“流动分散也能办学”经验的同时，还提出需要注意学习的持续性，不能时紧时松，并特别指出处理好生产的中心任务和文化学习的关系等问题。此外，还提出要进一步研究解决对群众教师的培养和检查督促等问题。

## 六、推广秦皇岛港开始“一条龙”大协作

1959 年，秦皇岛港站在中共秦皇岛市委的直接领导下，在工会组织的大力推动下，学习阜新、本溪的工作经验，创造性地树起了“一条龙”大协作的红旗。通过“十二统一”路港一家，向两侧延伸发展，在锦州铁路局、北京铁路局、上海海运管理局等兄弟单位紧密配合下，组织了阜新、开滦煤矿至秦皇岛直达红旗车和秦皇岛至上海的七艘定班定线船舶，并取得了货主、海关、商检等有关部门的支持配合，全面组织了矿山、铁路、港口、船舶和货主等部门的“一条龙”大协作，形成了一线相连、环环相扣的水陆全程连续不断运行组织的“一条龙”大协作。

秦皇岛港站的“十二统一”，最重要的是统一思想，树立起“路港一家”，车船并重，局部服从整体和全国一盘棋的思想。这是实现“十二统一”的基础，是协作的灵魂。计划统一，保证目标一致；调度组织机构统一，是统一指挥作业的中心，也是路港协作的组织基础；班次统一，保证了步调一致；指挥统一，以车、船停靠时间，车、船装载量，车、船直接换装比重，先进列车，

先进船次，安全质量等为共同的指标；措施统一，布置任务统一，保证行动一致；作业过程统一，打破港站界限，为缩短船期、车点创造了有利条件；设备和劳动力使用统一，提高使用率；竞赛统一，共同指标，联合竞赛；统一评比；统一奖励；汇报统一，发生困难统一汇报，争取有关方面支持；总结统一，对经验教训取得统一认识，共同提高。通过“十二统一”，路、港工人从思想上、组织上、计划上，以至行动上都统一起来，使路港成为一家，充分发挥运输枢纽的核心作用。

1959 年上半年，在路、港设备基本上没有增加的情况下，“一条龙”运输大协作的出现，使得实际完成的港口吞吐量较 1958 年同期增长了 1.8 倍，车站的装卸车数亦增长将近一倍；车船直接换装比重达 35%，较去年同期增长 1.2 倍；车辆一次作业时间较去年同期缩短了 44.7%；船舶总定额较去年同期提高了 14%。第二季度开始，“一条龙”大协作基本定型，运输效率提高得更为显著；第二季度车辆一次作业时间比第一季度又缩短 22%。船舶总定额比第一季度又提高了 106%，船舶纯定额又提高了 50%；每吨船的停泊时间较第一季度缩短了 48%。仅仅计算第二季度车点、船期缩短所挖出的运力，就相当于阜新煤矿至秦皇岛之间增加 2000 余个车皮，可多运煤炭八万余吨，等于秦皇岛至上海之间全季度增加一艘 7200 吨船舶，可多运煤炭 10.8 万吨。车船直接装换所节省的劳动力和运输成本也是相当巨大的，上半年直接换装 93 万吨，节省装卸费 60 万元，平均每天节省 420 个装卸劳动力。当时，秦皇岛的“一条龙”大协作虽然形成的时间不长，但对扩大港口、车站的通过能力，加速货物的周转都显示出巨大的作用。

大协作在政治上、思想上更有深远的意义。秦皇岛路、港在党的领导下，经过“三破三立”，即破本位主义，立全局观点；破路港互不信任，互存戒心、互不交底的思想，立团结协作、

“路港一家”的思想；破残余的资本主义经营观点，立社会主义经营思想，全体员工的精神面貌改变了，树立了舍己为人、从整体出发、“困难归自己，方便给别人”的崇高共产主义思想风格。由于路港职工在“一条龙”大协作中紧密团结，干劲冲天，也博得了煤矿满意、发送路局满意、海运局满意、到达港满意、收货人满意等五满意好评。

秦皇岛港开始“一条龙”大协作的成功，使得中国海员工会与交通部一起不断宣传推广“一条龙”经验，全国港航企业纷纷响应，掀起了“一条龙”大协作的高潮。

## 七、推广工会家属工作经验

1962 年，中国海员工会积极贯彻党中央提出的“八字”方针，努力调动各种积极因素来保障运输生产。由于船舶生产流动分散，船员常年随船在外，不能与亲人经常共同生活和相聚，更不能及时对家庭给予照顾，当时，海员家属受海员的进步思想影响的机会较少、家务负担重，相对地参加社会活动和学习时间有所减少，存在家庭纠纷、不团结等问题较多。因此，针对海员家属的特点，要加强家属的政治思想教育，宣传党的方针政策，开展勤俭持家的教育，依靠家属群众力量解决海员家庭的实际生活困难，让船员安心生产，使家属工作真正做到为生产服务，为群众服务。

经过调查研究，中国海员工会发现上海海运管理局工会家属工作摸索到一些比较成熟的工作经验，可向全国各级海员工会进行推广。

上海海运管理局工会在局党委重视下，密切配合生产；通过依靠海员家属积极分子开展工作的方法，不断组织教育家属群众提高思想觉悟，勤俭持家搞好家庭生活，开展团结互助等各项活动，以解决家庭实际困难，减少船员生产后顾之忧，鼓舞了船员生产积极性。几年来家属组织逐渐发展，全市已组织船员家属近千户，家属工作取得了一定的成效。

1961 年，全国总工会加强家属工作的领导，上海海运管理局工会在中国海员工会的领导下及时建立了家属组织。根据家属集中分散居住的实际情况，从生产工作与群众需要出发，建立了三种形式组织：一是集中居住的家属，按宿舍建立家属大组；二是分散居住的海员家属，工会组织分散家属以市的行政区成立家属大组，根据居住远近情况，按片组成小组；三是以船舶为单位，一条船的家属成立船舶家属小组。

船舶家属小组长受船舶工会和局工会的双重领导。船舶到港，由家属组长按时向船工会联系或汇报工作；船开航后，由局工会具体领导；船到港后，船工会经常与局工会取得联系，了解家属工作情况。船舶家属小组的主要工作是配合船舶生产，减少船员后顾之忧。小组长既要完成船工会交给的任务，同时又要开展家属团结互助等活动，形成良好的氛围。船舶工会则发动全船船员做家属工作，如“和平九号”轮工会常发动船员，利用公休时间修船或利用船员到岸的机会进行家庭访问，加强和家属积极分子的联系，使家属工作密切配合运输生产，支持海员工作。

在海员家属中发扬团结互助精神，开展互助活动是帮助海员家属克服家庭困难、安排好生活、解除船员后顾之忧的最有效的方法。主要有生活互助、经济互助、思想互助三种。开展互助活动必须坚持群众自愿原则。

生活互助主要是指组织群众集体力量解决海员中生病、生育、照顾子女及急需解决的临时性的困难，使海员更加安心生产，调动船员的生产积极性，同时也发扬了家属的阶级友爱精神。如东体育会路家属大组长龚炳英积极主动热心帮助其他船员家属，赢得大家的好评，被群众称为“好大妈”。有的船员失去了爱人，留下小孩无人照顾，家属积极分子就承担下来，像抚养自己的子女一样长期照顾他们。为了抢救病危的孩子，她们还主动献血。特别是对产妇的互助，使船员更加安心在船上生产。这种无私的真诚互助，许多船员家属深受感动。

经济互助是指成立家属互助储金会组织。家属们多是从每月生活开支中节约一两元作为活动基金。储金由大组集中掌管，每年一清，余款分归各户。结清时仍留两个月储金作来年周转金。家属申请借款手续简便，只经家属小组长了解情况确实，由大组长批准，一般借款以不超过 20 元为限，还不清借款一般不许续借。由于解决问题及时，这一措施很受群众欢迎。

思想互助是指通过思想先进的船员和家属对后进者进行启发帮助的群众自我教育。上海海运管理局工会向船员进行生产教育的同时，也对家属进行教育。这样船员家属同时受到教育，达到相互启发、相互促进、共同提高的目的。每年上海海运管理局召开职工代表大会都注意吸收家属代表列席参加，召开先进生产者大会、先进船、红旗船、总结评比会、庆丰收会等也都有家属代表参加，提高家属对安排好家庭生活的认识，增强她们的光荣责任感。家属受到教育，进而可以促进船员思想的提高。

家属工作是一项具体繁杂的工作。上海海员家属存在居住分散、局工会女工家属干部少等情况，这就更需要依靠大批家属积极分子开展工作。1961 年在开展家属工作中，局工会通过船舶工会拟出家属积极分子名单，组织她们座谈，摸清情况后从中挑选骨干，最后在 154 名家属积极分子中挑选了 59 名骨干力量。随后，这批海员家属积极分子骨干就积极把工作贯彻到家属中去。

在使用家属工作积极分子的同时，工会注意培养和不断提高积极分子的工作水平和保持饱满的工作热情，不断加强积极分子的思想教育，让他们参加有关生产会议，组织参观，学习先进工作经验；在工作中介绍党和国家有关政策，推荐家属的工作好的方法，教育他们以身作则，待人和气，有事和群众商量；关心他们的生活疾苦，体贴他们生活工作中的困难，适当地给予照顾，如分配家属积极分子到杭州疗养名额，为他们顺利工作创造较好的条件，设法解决工作困难；掌握家属积极分子的性格、特点，多表扬，适当批评，耐心帮助，注意不挫伤其积极性。

## 八、挖掘港口工人号子

为挖掘港口工人的劳动歌声、文化遗产，上海港工会和中国音乐家协会等单位，组成港口号子工作组（简称“工作组”），自1961年11月1日开始号子收集工作。工作组首先在上海港二区进行了试点工作，摸索了一些收集号子的初步经验，接着在一区和四区展开。上海港采用了边访问、边录音、边拍照、边记录的工作方法，先后访问了72位老工人和号子能手，如赵金林（扛棒先生）、顾金林（退休工人）、张绍海（先进生产者）、张广英（退休老工人）、孙来扣（先进生产者、木排工人）、张占鳌（扎排工人“扎排化子”）、张小娣（女工）、诸两寿（码头第一批女工之一）。通过访问，初步摸出了收集号子的线索，举办了两次号子表演会，当时共收集了属于10多个类别、九个工种类型的108种号子，从拍摄的照片中挑出有历史意义的珍贵图片共26幅，同时收集了有关码头工人生活、阶级斗争的掌故、故事和传统歌谣等30余篇。

港口号子的征集工作主动争取了基层党委的大力支持，保证了收集号子工作的顺利开展。如二区党委书记亲自为这一工作进行具体安排，作业区主任、工会主席等人还担任总指挥，直接主持工作。一区党委副书记挂帅，由党政工团装卸队负责人将熟悉号子的工人群众组织起来分为组织发动组、宣传资料组、工具筹备组进行工作，领导分工包干负责到底，并发动群众开展献号子、故事、工具、文物的“四献”活动，广泛宣传了挖掘号子的重大意义。原来排有19种号子，经过了群众讨论充实后共有45种号子，并找到不易收集到的“一丈二高凳”“大龙”“跳板”等号子。二区通过摸底排队安排日程等确定举办号子表演会，为了演出找不到“四尺”“八尺”杠棒，工人就连夜赶制，四区在仅有几个大号子的基础上，经过发动群众又补充了“分唛、点数、扁担”等稀有小品种号子。

同时，这一工作得到上海市文艺、新闻界的帮助和支持，另有音协、作协、剧协和新闻出版等19个文化艺术团体以及贺绿汀、钟望阳、丁善德、夏白、罗宗贤、芦芒和沙金等著名艺术家及文艺工作者应邀观看号子表演，上海新闻电影制片厂及上海人民广播电视台还到现场拍摄了有关港口号子的纪录片。

征集港口号子的工作过程是对群众的教育过程。港口号子是码头工人在劳动中、斗争中的集体创造，因此收集港口号子受到了群众的热烈支持。老工人唱起了号子，就回忆起压在身上的重担，包工头的鞭打、剥削、难以忍受的饥寒交迫。诗人芦芒说：“这不仅是美好的音乐和诗，更重要的是活生生的阶级教材。”退休老工人顾金林听到码头召开号子表演会、派来专家和干部收集号子，很早即跑来码头，扛起了保留20多年的“花鼓扛棒”，参加座谈会和表演会。他说：“这根花鼓扛棒是我们工人的血汗染红的，我和它在一起20多年了，我原打算留着教育子子孙孙，告诉他们老一辈是怎么样生活的。现在我把它献给党，用它来教育更多的年轻人吧！”他为了演唱录音还刮掉了留下多年的胡子。“扛棒先生”赵金林说：“旧社会不会打号子就吃不了码头饭，我最初不会打，吃苦不少。后来看到新手上码头，就专心教他们喊号子，因此他们给我起了‘扛棒先生’的绰名。”

港口号子座谈会和表演会，控诉了旧社会里码头工人沉重和惨痛的生活，这与如今工人阶级当家作主、码头生产机械化、大大减轻了重体力劳动的情况形成了鲜明的对比。收集港口号子、挖掘民间音乐遗产，不仅体现了重要的文化意义，还通过新旧社会对比，对广大干部群众更具政治教育意义，为广大干部群众上了一堂生动有力的政治课。

## 第七节　探索海员工会管理模式

### 一、推行职工代表大会制度

1957 年，根据党的第八次代表大会上提出的扩大企业民主管理精神，中国海员工会在长江、上海、广州、珠江、天津、青岛、大连七个航区，以及湖南、安徽、河北、江苏地方内河系统等地的相关航运企业工会开展了职工代表大会的试点工作。

从已召开职工代表大会的 45 个试点单位的情况来看，绝大多数是建立职工代表大会常任制度的组织形式，职工代表大会闭会期间，工会组织作为代表大会的常设机构。也有个别单位建立职工代表大会以后又建立了管理委员会的制度。

召开职工代表大会分为三个阶段：第一阶段，准备工作。主要工作是在党的统一领导下，学习中央的指示和介绍的经验，统一党、政、工、团干部的思想认识，统一步调，在职工中进行广泛深入的宣传教育工作，明确对职工代表大会制度重大意义的认识。起草职工代表大会组织条例，选好代表，确定大会议程，起草报告以及提案分类排队和研究处理意见，准备交由代表大会讨论解决。第二阶段，召开大会。主要工作是组织代表大会发言，发挥大会主席团的领导作用和做好大会决议。第三阶段，贯彻决议。主要工作是传达、贯彻决议，组织检查，监督决议的执行。

上海船厂根据党委指示，认真总结以往召开职工代表会议的经验，提出了关于1957年召开职工代表大会的方案，经过党委反复讨论，确定了职工代表大会的权力、中心议题、企业工作的安排、力量的配备，统一了党、政、工、团领导干部的思想认识。工会进行了筹备工作，在党委领导下统一行动，统一步调，发动群众，保证了开好大会各项工作的实现；充分做好职工代表大会的准备工作，特别是在提高职工群众觉悟基础上，充分发扬民主，认真讨论选好职工代表。在代表任职期间，组织他们检查工作，深入调查研究分析，查找企业管理上的问题，积极帮助行政解决生产、生活上有条件解决的问题，教育群众正确地进行监督。另外，对于职工代表大会中提案的处理，做到件件有着落，件件有答复。同时，发扬民主精神，开展批评和自我批评。大会结束后，及时做好精神传达，注意发挥职工代表的作用，有计划、有领导地组织代表检查和发动群众监督对决议的落实。

1957年12月，中国海员工会在总结试点单位开好职工代表大会经验基础上，发布了《关于1958年推行和建立职工代表大会制度的几点意见》（简称《意见》）。《意见》明确在党委领导下，企业要建立职工代表大会制度，该制度是发扬社会主义民主，发动职工参加企业管理和对企业行政工作进行监督，克服官僚主义的有效形式，也是正确处理企业内部矛盾的良好方法之一。《意见》要求各航区把推行职工代表大会制度作为一个重要任务去抓。各航区企业单位的工会组织必须在党委统一领导下，大力推行职工代表大会制度，为迎接国家社会主义经济建设第二个五年计划而奋斗。各航区企业单位积极落实中国海员工会意见，在党委领导下，先后建立了职工代表大会制度。

中国海员工会全委会在1958年年中召开全国基层工会工作会议上，进一步总结推行和健全职工代表大会的经验，并在大会上组织交流与开展经验推广工作。

## 二、调整海员工会组织管理模式

中国海员工会召开第一次代表大会确定组织体制按产业统一集中领导；凡属交通部直属系统中工会组织各个时期的计划由全委会批准；其中财务（会费、经费、文教费及保险基金上缴部分）也是集中统一管理。

1957 年，国务院调整了管理模式，把中央所属企业大部分下放地方管理，扩大地方管理权限。中国海员工会根据全国总工会的调整意见精神，下放管理权限。

1958 年 7 月 1 日，为了使各地海员工会的财务工作便于各地党的组织和工会联合会的领导，中国海员工会研究决定并报请全国总工会同意，撤销海员系统的经费垂直管理办法。各地区海员工会的财务（会费、经费、劳动保险金）由当地省、市工联统一领导管理，全国委员会本级的经费开支由全国总工会供给。

中国海员工会明确，各地海员工会组织 1958 年上半年的工作经费及劳动保险金的收支计算，由全国委员会负责清理结算并汇报给全国总工会。自 7 月份起，所有会费、经费、劳动保险金的收支、留解比例、解拨办法等一律按各地省、市工会经费管理办法办理；凡由全国委员会批准正在施工的疗养事业基建工程，仍由全国委员会负责结算，事后办理专案清算，上报全国总工会；对于各港海员俱乐部，尤其是负担外轮海员工作的国际海员俱乐部的开支较多，因而按当地工会联合会统一规定的经费留用比例执行是有困难的，中国海员工会建议请各省、市工会给予照顾。

自此，经过组织架构、管理模式和财务管理的调整，中国海员工会与各地区海员工会关系虽然还是业务领导，但紧密程度变得松散，而与各省、市工会的联系则得到了加强。

## 三、干部下放参加劳动锻炼

1958 年，根据党中央紧缩机构、精简编制的指示和全国总工会领导关于紧缩机构、干部下放参加劳动锻炼的精神，中国海员工会领导向全国委员会机关全体干部作了动员报告。当时大家热情很高，绝大部分正视动员报告或贴出大字报响应党的号召。

领导小组研究讨论，对全国委员会机关干部进行了排队，批准第一批下放参加劳动锻炼干部的名单。机关当时实有干部人数 90 人，批准参加农业劳动锻炼的 25 人，占机关的 27. 78%。对参加农业劳动锻炼的干部，报备的人虽然踊跃，但他们对于参加劳动锻炼的思想准备还是很不够的。当领导公布下放名单时，他们思想上起了不小的波动，个别人还存在抵触情绪。

由于当时中国海员工会领导缺乏经验，对党号召参加劳动锻炼的政策的重要意义的认识也不够明确，存在单纯是为了精简编制或想乘机调整干部的思想。经全国总工会领导指出后，海员工会领导逐渐提高了认识，对不适宜参加劳动锻炼的干部及时研究做了调整，并配备一定的骨干力量干部，加强了政治思想教育，同时也加强了下放干部的管理。

参加农村劳动的下放干部，统一受当地党组织的领导；党团员的组织生活和政治学习，由当地党组织负责管理；群众交由参加所参加会议的单位管理，和党员一样参加社会的政治活动和学习。依靠下放参加劳动锻炼的党员带队负责干部和参加劳动锻炼的党员骨干，共同协助和支持当地党组织领导管理。中国海员工会组织代表团去看望他们，并指定专人和他们经常取得密切联系，了解他们的情况，关心他们的进步，和全国总工会共同研究解决他们的困难问题。

经过一系列的政治思想教育和管理，中国海员工会全国委员会机关干部下放参加劳动锻炼的工作得到贯彻。他们通过参加劳动锻炼体会到，虽然农村生活艰苦，但劳动人民的艰苦朴素和劳动热情对他们触动很深。他们说："劳动人民对我们太好了，生活、劳动上对我们都极为关心，我们在劳动实践中向劳动人民学到了不少农业生产知识。这使我们既感激又惭愧，决心要在劳动中更好地锻炼和改造自己。"

## 四、标兵代表大会夭折

1960 年春，为了表扬先进，进一步掀起"比学赶帮"的运动，使分散的经验成龙配套，并在全国范围内开花结果，从而把水运系统以技术革新、技术革命"一条龙"大协作为中心的高产运动推向一个新的发展阶段，努力实现机械化、半机械化、自动化、半自动化和系列化、龙网化，以达到发展水运事业的目的，中国海员工会拟定在全国水运系统中开展一个全体职工参加的五万标兵选拔赛，从政治上、组织上、技术上为下半年"大跃进"做好准备，促进 1960 年全面继续的"大跃进"，保证全面完成和超额完成运输生产任务。

中国海员工会全国委员会与交通部海河总局反复研究后，议定在开展全国标兵赛的基础上，召开水运系统技术革新、技术革命、一条龙运输大协作和高产标兵代表大会。4 月，中国海员工会分党组拟定了关于在全国水运系统开展五万标兵选拔赛及召开标兵代表大会的方案。会议名称为"全国水运系统技术革新和技术革命一条龙大协作和高产标兵代表大会"。

此次会议的性质完全是群众性的。凡在水运生产建设战线上，如船、港、航（航道、航标、筑港、疏浚、打捞）、厂、木帆船运输公司（社）等运输及基建设计施工单位，在技术革新和技术革命"一条龙"大协作高产运动等方面的先进集体和先进生产者

（工程技术人员、领导干部以及对这些方面有贡献或有创造的优秀后勤人员和优秀科学文教工作者）均可选拔参加，并可适当邀请有关人民公社、民工及家属积极分子参加。

大会代表总人数控制在500人左右。其中，中央直属船、港、航、厂、运输等方面共140人；各省、市、区地方国营船、港、航、厂、运输方面共240人；地方木帆船公司、人民公社水运专业队100人；直属与地方有关学校、科研单位、民工家属等代表，各地可根据具体情况进行适当选拔，名额为20人。

各省、市、区可根据中央和地方党委这个时期的指示与工作中心，大战第二季度，向“五一”国际劳动节献礼，开展“红五月”运动，等等，广泛发动群众，把技术革新、技术革命、“一条龙”运输大协作、各行各业的高产运动，不断推向新的高潮，在此基础上通过技术表演赛、生产运动会、标兵赛、红旗赛、评比和选拔大会等活动形式掀起一个声势浩大的层层选拔标兵运动，做到组组有标兵、行行有标兵、层层有标兵。大会初步安排于7月份在北京举行，会期7—10天。

但这时中国经济开始遭遇严冬，“大跃进”运动严重违背了经济增长自身规律，农业全国性的灾害也加剧了经济下滑的严峻性。国内生产总值下滑，创新中国成立以来的最低水平。为了适应形势发展的要求，原计划召开的标兵代表大会，海员体育运动大会被取消，海员文艺会演大会也不开了①。全国标兵代表大会取消后，上级仍要求协助行政分片组织取经献宝队等形式进行交流经验和评比。然而，中国经济形势的恶化严重影响了中国海员工会工作的开展，从此，机构萎缩，中国海员工会运作模式也发生了变化。

---

① 《全国海员工会的整改方案》，《全国海员工会档案（1963年散卷）》，1960年8月6日。

## 五、加强对先进表彰的管理

1962 年 10 月，中国海员工会贯彻党的八届十中全会决议精神，掀起了“比学赶帮”的热潮，以鼓舞职工学习先进模范的劳动积极性和创造性，增强建设社会主义的责任心和光荣感，确保运输、生产安全、提高质量，全面完成和超额完成运输、生产计划。

中国海员工会为了更好地树立先进榜样，加强对先进表彰的管理，制定了《开展以安全优质为中心的“六好”劳动竞赛》的评比办法，提出了“六好”船舶、“六好”班组的评选条件，明确了政治思想好、安全质量好、增产节约好、维修保养好、遵守制度好、服务态度好的具体要求。

同时，中国海员工会要求各管理局工会在评选时，必须掌握以安全优质为前提，按照评选条件，认真进行评比，并强调评选是为了表彰社会主义建设中的先进集体和先进生产者。因此，各级评选必须严肃认真，既要认真贯彻群众路线，充分发扬民主，又要加强领导，加强各项组织工作。对于评选出来的“六好”船舶、“六好”班组和先进生产者，必须有具体的并经核实的事迹和经验材料，不允许有浮夸和虚报等不良现象。为使评选工作更有基础，还需加强月度、季度的评比、检查和总结经验的工作。各级评选应与各单位所在地的党和工会组织充分交换意见，以取得他们的支持和帮助。

根据上述评选条件的基本精神，各级海员工会结合本单位生产特点和各个不同的工种，制定具体评选条件。形成了三级评选，即管理局所属企业一级、管理局一级、交通部一级。

中国海员工会明确了三级评选，分三级进行奖励。各级评选出来的船舶、班组和个人，由各级主管机关授予“六好”船舶、

“六好”班组和先进生产者的荣誉称号，并分别发给适当的物质奖。评为管理局所属企业一级的“六好”船舶、“六好”班组和先进生产者，在本单位光荣榜上予以表扬。评为管理局一级的，除在光荣榜上、小报或出专刊表扬外，由局授予“六好”船舶、“六好”班组集体奖状，授予先进生产者（工作者）光荣证。评为部一级的，除载入部光荣册和在“水运”“汽车”“交通工作”上出专刊表扬外，由部授予“六好”船舶、“六好”班组集体奖状和发给每个成员光荣证，授予先进生产者奖章。各级奖状、光荣证式样由部统一规定，交各级印制。

中国海员工会确定的奖励标准是：先进生产者奖高于“六好”班组个人实得奖；“六好”班组个人实得奖高于“六好”船舶个人实得奖。部一级的“六好”船舶，发给每人奖金 20—25 元，“六好”班组每人 25—30 元，先进生产者 45—50 元。

各单位人事部门加强了班组和先进生产者的管理，设立专门档案，定期或不定期召开座谈会，帮助先进们解决实际问题。各业务部门也十分重视注意总结和推广先进员工的工作经验，充分发挥先进工作者们在生产中的骨干、带头作用。

## 六、加强与交通部的联系

“大跃进”后，中国海员工会经过一系列组织架构、管理模式和财务管理的调整以后，人员大幅度减少，与各方面业务联系工作明显削弱。如中国远洋公司成立、“光华”轮接侨事件等，海员工会均事先不知情。

1963 年 5 月 1 日，中国国产的第一艘万吨级远洋货轮“跃进”轮在赴日本途中沉没。5 月 2 日，“跃进”轮 59 名船员分乘三艘救生艇在海上漂流时，被日本渔船“壹歧丸”救起，中国派军舰把遇难船员接回来。周恩来总理接到报告后，亲自处理“跃进”轮沉没事件，总理指出：“跃进”轮沉没已成了国际事件了。他还提出：对于重大问题，我们主要领导干部，一定要亲自出马，这要成为一条规矩。

中国海员工会面对航运业的重大事件，是在收听广播之后才知道的，工作非常被动。中国海员工会分党组为了做好工会工作，加强与交通部的沟通与联系，1963 年 6 月 6 日，给交通部党组写信要求与交通部加强联系，并开会指出，近几年来工会与行政部门在工作联系与配合方面不够密切，并主动承认是因为本身主动不够，应该自我检查。希望以后与交通部能够密切配合，加强联系，以利于工作。

接信后，交通部积极响应，明确加强了沟通联系。凡交通部党组、政治部研究有关水运、公路方面的工作部署、计划、总结群众运动以及竞赛与推广先进经验等问题的会议，根据需要都通知中国海员工会参加。交通部或直属局召开的一些重要的专业性会议，也根据需要通知中国海员工会参加。

另外，随着公路与海员两个工会的国际活动大大增多，为了更好地对外进行宣传和统一宣传口径，交通部同意供给这方面宣传材料。

## 七、整顿建设基层海员工会组织

“文化大革命”给中国各项事业造成难以弥补的巨大损失，也给工会工作造成巨大损失。在粉碎林彪反革命集团取得重大胜利后，当时中国海员工会依然处于停止工作状态，而各地海员工会则开始逐步恢复。

1973 年 5 月，天津航道局根据上级指示精神，作出了整顿健全工会组织的决定，开始筹备天津航道局工会第九次代表大会。为了搞好整顿和健全工会工作，建立整顿健全工会领导小组，天津航道局工代会作为领导小组的办事机构。领导小组在局核心组的直接领导下，负责做好召开局第九次代表大会的各项准备工作。

局属各船、队、厂总支、支部也建立整顿健全工会领导小组，成员由三至五人组成。各单位负责人任组长，下设办公室，主持日常工作，保证整顿健全工会的工作顺利进行。

整顿健全工会领导小组首先摸清了工人队伍思想动态，为进行思想整顿做好准备；同时摸清工人队伍基本情况，掌握会员和非会员底数，为进行组织整顿做好准备工作。当时特别重视深入进行思想和政治路线方面的教育，通过学习和批判，使广大工人群众从思想上弄清工会的性质、任务和作用。

其次，开展组织整顿，坚持工会组织鲜明的阶级性，严防阶级敌人混入工会，坚持工会组织广泛的群众性，团结大多数人一道建设社会主义。

再次，开展对原有会员进行登记核实。为纯洁工会组织，对原有会员进行一次会员登记核实。对本局原工会会员，经过登记核实无问题的，仍为工会会员。外单位调入本局工作未接洽组织关系的原会员，需持会员证（或介绍信），经核实后仍为工会会员。小业主原来是工会会员的，经核实后仍保留工会会籍。凡原会员被定为敌我矛盾按人民内部矛盾处理的以及会籍一时弄不清的均暂时搁置。凡会员受开除厂籍、留厂察看处分的，一律开除会籍。凡地主、富农、反革命分子、破坏分子、右派分子、资本家和被逮捕判刑的，过去混入工会组织的，一律清除出去。

最后，天津航道局同时还开始发展新会员。新会员入会条件是遵照“工会是工人阶级的群众组织，我们要吸收一切雇佣劳动者包括进步的、中间的、落后的都加入工会，只有极少数的反动分子才除外”的指示，结合航道局具体情况和规定吸收为新会员。在吸收新会员的工作中，经过本人申请，群众讨论，基层整顿健全工会小组批准，局整顿健全工会领导小组备案，即可成为工会会员。

在登记核实会员，发展新会员以后，工会小组建立在生产班组（或部门）中，经过班组（或部门）会员民主选举，产生工会小组长；基层工会委员会和局工会委员会，经过会员大会和会员代表大会选举产生。委员候选人由组织根据条件和老中青三结合的原则，提出候选人名单，经过代表认真酝酿讨论和协商产生候选人，再分别经基层会员大会、局会员代表大会选举产生。

天津航道局通过整顿健全工会组织，进一步发挥了工会组织的作用，也进一步提高了广大职工群众的工作积极性。

## 第八节　做好对外交流

### 一、参加运输工会国际第八次行政委员会议

1959 年 12 月 2 日至 5 日，运输工会国际在保加利亚索菲亚召开了第八次行政委员会议。中国海员工会派代表团出席了会议。会议议程主要是讨论关于运输工会国际一年多来的工作报告，作出关于工作报告的决议和关于裁军的决议。此外，还决定于 1961 年召开第三次代表会议，并计划于 1960 年分别召开波罗的海和北海海员会议、欧洲铁路公路会议、拉丁美洲运输会议；确定在总书记古巴人阿维拉离职返国后新的候选人等。

在第八次行政委员会议上，针对《运输工会国际书记处工作报告》中关于国际政治形势分析部分，中国海员工会代表唐章作了一次发言，一方面肯定这一时期来社会主义力量、和平力量的成就和胜利，另一方面指出美帝国主义在玩弄缓兵之计，强调提高警惕，进行斗争；同时强调非洲、拉丁美洲民族独立运动的重大意义，引起大会的注意。会后，荷兰代表说中国讲得好，印度

代表认为别人只讲一方面，而中国两方面都讲到了。

当时，中国海员工会代表团考虑到与其把意见提到大会上，不如在会前的决议起草委员会解决好。因此，在召开决议起草委员会工作会议前，中国对草案提出了四点意见，包括加上反对日本军国主义化，并以书面形式提交执笔修改草稿的委员会。

尽管当时中苏关系已发生变化，但大家在会上的态度还是友好的，对中国海员工会代表团的意见很少从正面争论，而更多的是解释。在讨论中国意见的会上，只有主席发言，其他成员不发表意见。但对时局的原有看法，他们仍坚持自己的观点不变。中国海员工会代表团在出现有争有让的情况下，取得了一定话语权。

## 二、召开了第二次全国国际海员工作会议

自召开第一次全国国际海员工作会议后，尽管存在中国海轮减少和美蒋海上干扰的问题，但外轮依然是中国对外贸易运输的重要工具，依然负担着绝大部分中国进出口物资海上运输的任务。

随着中国对外贸易的逐步发展，前来中国的外国商船逐年增加，1954 年为 1481 艘（次），1955 年为 1720 艘（次），1956 年增至 2362 艘（次），三年共计有 25 个国家的船舶 5563 艘（次），其中，社会主义国家的约占 1/5，资本主义国家的约占 4/5，船员共计 26. 5 万多人（次），分属 35 个国家，大部分属资本主义和民族独立国家，还有相当一部分是海外的中国海员。1957 年，国际海员到中国港口的人数又有增加。

据全国沿海六大港口的统计，1956 年进出口的物资就有 760 万吨，占该年六港吞吐量 24. 2%；而进口物资中很大部分是机器、设备等，出口物资中相当一部分是对民族独立国家的经济支援。因此，做好外轮工作和国际海员工作，对推进中国社会主义的经济建设、发展中国同其他社会主义国家的经济合作、增进中国同

民族独立国家和资本主义国家的贸易关系有至关重要的意义。为了配合做好外贸运输工作，中国海员工会积极开展以港口海员俱乐部为中心的各项活动。当时，设有适应国际海员活动的俱乐部的有大连、秦皇岛、天津新港、青岛、烟台、上海、广州黄埔等港，福州、榆林、汕头则设有服务站或招待所，湛江的俱乐部尚在建筑中。为了争取团结影响国际海员，更好地服务对外运输，各港俱乐部根据国际海员的爱好和要求，增置了各种文娱体育活动的设备，增置了一些外国图书报刊，增设了酒吧间、餐厅和小卖部等。有些港口还设置了货物供应部，经常演出游艺节目和放映电影，开展各种友好活动。俱乐部还关心国际海员的身体健康状况，并组织他们参观游览，组织外轮中国海员同国内家属会面，等等，港口海员俱乐部逐渐转为主要针对国际海员开展工作。

在具体工作中，中国海员工会全国委员会在强调搞好外轮生产工作之后，又曾一度对国际海员工作出现管理问题。如在批判了过去太政治化的做法和一套生硬的政治宣传之后，又不适当地强调酒吧间的活动以吸引外国海员，其中有些措施虽未实行，在部分负责国际海员工作的干部中造成了一些思想混乱等问题。

1957 年 8 月，中国海员工会召开了第二次全国国际海员工作会议，检查了第一次会议以来的工作情况，并提出了以后工作的基本任务，即“保证外轮安全靠岸，迅速卸货，使其感到舒服，愿意前来，不要引起其不快，以免其不愿再来”。

根据这一基本任务，为做到“团结影响国际海员，从各方面给以良好的印象”，工会要配合行政把外轮的生产工作纳入港口社会主义竞赛中去，提高装卸、理货质量，减少货损货差，保证安全生产。加强和有关联检部门的联系，及时向联检党组反映问题。对国际海员方面工作，因国际海员中有社会主义国家船员，也有资本主义国家船员，有民族独立或正在争取民族独立国家船员，还有居留海外的中国海员，所以采取“一视同仁，有所不同”的原则开展工作。对国际海员的工作应从大多数人所能接受的水平出发，既不能要求过高，也不要迁就；既不能太政治化，更不要庸俗化；对进步海员要保护，对混进群众中的破坏分子则要警惕。

为此，中国海员工会提出开展多样化的活动要求：一是海员俱乐部是开展国际海员工作的中心阵地，内容活动应该多式多样，丰富多彩，洋溢着和平友好的气氛。二是组织参观游览是团结影响国际海员的一种有效方法。三是倡导和平友好，成为国际工人阶级的共同要求。四是团结影响国际海员的工作主要是通过各种活动来进行的。五是关切国际海员的生活并给予可能的帮助。六是资本主义国家和民族独立国家的海员所开展的各式各样的政治经济斗争，不希望在中国港口发生，原则上既不要鼓动，又不要干预，但可表示同情，并注意事态的发展。七是国际海员成分复杂，注意违法行为发生。八是国际海员中也混进一些破坏分子，要随时提高警惕，“外宽内紧”。九是为了把工作提高一步，还要加强调查研究。在开展各项活动中注意收集海员的反映，吸收有益的意见，以改进工作。十是沿海各港用在国际海员工作的经费是很大的。要多办事、少花钱，防止浪费。俱乐部各种事业力求自给自足。十一是不断提高干部和一般业务人员的水平。十二是在海员俱乐部内，各保卫部门要按其系统设置干部并进行其业务活动。十三是国际海员工作是复杂的工作，必须坚决依靠党委和地方工联的领导，解决日常工作问题。

第二次全国国际海员工作会议后不久，中国海员工会按照全国总工会要求，业务管理权力开始移交和下放。国际海员工作移交给全国总工会国际部；为这些船员服务的俱乐部工作，移交给当地党的组织或工联直接领导。

## 三、和平使者幸运方舟

1962 年 11 月 7 日，“和平”轮悬挂五星红旗，搭载着 15 名专家，以及援助几内亚的 2900 吨建设物资，从广州黄埔港起航，前往西非东海岸的几内亚科纳克里港，开启了中国船舶首次远航西非闪光的一页。

这一时期，国际上敌对势力对中国进行经济封锁，反华气焰十分嚣张。曾在南海被敌对国飞机疯狂扫射的“和平”轮，再一次驶入南海，经印度洋、过苏伊士运河、赴地中海、进入大西洋，开始了历史性的西非之行。

开航第三天途中突遇大风，船体单边摇晃达 30 度。12 月 13 日，10 级大风横扫地中海，“和平”轮在剧烈的抖动之后，“轰隆”一声巨响，这是主机空车声。“危险！”船长鲍浩贤立即下令减速，但那撼人魂魄的“轰隆”声还是时常出现。海员们一边呕吐，一边与风浪搏斗，同时还细心照料 15 名专家。

在多重考验面前，全体船员把生死置之度外，他们心中只有一个信念：完成国家任务，保证专家安全，人在船在，不辱使命。他们凭着这样的信念，排除了一个又一个故障，战胜了一个又一个险情。

1963 年 1 月 1 日，“和平”轮徐徐驶进了西非的几内亚科纳克里港。这历时 54 天、航程 11700 多海里的一次惊心动魄的远航终于胜利结束了。15 名专家和船员们拥抱在一起，他们说：“和平轮是幸运方舟，中远船员是英雄的船员，我们为祖国有你们这样的英雄感到幸运和自豪。”

1 月 11 日，“和平”轮举行了新闻招待会。船上彩旗飘扬，彩灯辉煌，几内亚的国务秘书、港口局长、外交部司长、新任驻华大使等高级官员来到船上，畅所欲言，交流感情，感谢中国海员送来援助物资和专家。

## 四、用生命完成援越运输任务

1964 年 8 月，美帝国主义制造了所谓“北部湾事件”，把侵略战争扩大到越南北方。顿时，美丽宁静的北部湾海面战火纷飞，硝烟弥漫。广大中国海员发扬国际主义精神，冲破敌人对海上的封锁，机智地与美军飞机、军舰、水雷进行周旋，勇敢地完成了援越抗美的各项运输任务。

1966 年 8 月 28 日，广州海运局“1018 号”“1019 号”两艘载重量为 50 吨的小型货轮，满载援越货物，从北海港出发。途中突遇敌机堵截，俯冲扫射，机关炮弹、炸弹不断在舷外爆炸，激起高高的水柱。在“1018 号”轮船长陈大瑛、政委陈永尚的指挥下，船员穿过密集的弹雨，迂回前进，经过与敌机一个多小时的周旋，成功脱险。

29 日凌晨，敌机又发起了第二次袭击。这一次比前次更加疯狂，由两架飞机增至五六架，攻击的炮火更加密集，“1018 号”轮货舱右侧不幸中弹，主甲板破洞直径约半米，货舱顿时烈火熊熊，硝烟滚滚，指导员黄大瑶不顾一切地冲下去，与黎达才、黄灼恩等一起迅速地把火扑灭了。大副谢瑞余不顾受伤，仍然指挥灭火。

敌机一下子发射了六枚照明弹，散布在“1018 号”轮的周围。

1966 年 8 月 29 日 2 时 30 分，在美机的轮番袭击轰炸下，“1018 号”轮不幸沉没在下梅岛东方约 10 公里处。

落海的 11 位船员经过艰苦搏斗，于 8 月 29 日 10 时许登上下梅岛南端。那是越南民主共和国东边的一个小海岛，岛上渺无人烟，没有食物。党小组分析险峻的形势，工作重心放到带领大家为战胜困难而斗争。船员们分头去找水、找吃的。没有饮用水，就喝石头坑里的积水；没有粮食，就摘野果、拣海蛎子充饥。白天，他们还要避开敌机的盘旋搜索，夜间则要轮流站岗放哨。

在 9 月 5 日，在他们离船后的第八天，当准备第四次渡海时，被前去寻觅的越南人找到了。这时，他们已经七天七夜没有吃到一粒米饭了。

在越南锦普港，中国驻越南大使馆代表接待了他们，船员们得到了精心的治疗。9 月 12 日，船员们先后回到了祖国。

“1019 号”轮也遭到美机袭击，船体被打穿 200 多个洞，船员机智搏斗，贴山避炸，堵漏护船，终于摆脱敌机，将船安全行驶到目的港，完成了援越物资运输。

1967 年 5 月，越南民主共和国政府授予“1018 号”轮烈士、船员们“抗战勋章”“团结战胜美帝证章”。交通部与广东省人委于 12 月 22 日授予“1018 号”轮集体“南海英雄船”光荣称号，并保留了这条船的建制，将另一艘 800 吨级的新船“红旗 096”轮命名为“1018 号”轮，继续活跃在战火纷飞的中越航线上。1976 年，另一艘 3000 吨级新船袭用“1018 号”轮名字，让烈士们用鲜血染红的旗帜继续在大海上飘扬。

第五章

# 改革开放谋海员工会发展

（1978—1992）

1978 年 12 月，中国共产党的十一届三中全会召开，全会结束了 1976 年 10 月以来党的工作在徘徊中前进的局面，开始全面地认真地纠正“文化大革命”中及其以前的“左”的错误。全会冲破“左”的束缚，确定了解放思想、开动脑筋、实事求是、团结一致向前看的指导方针，果断结束“以阶级斗争为纲”，作出了把党和国家工作重心转移到经济建设上来的战略决策，开启了改革开放和社会主义现代化建设的伟大征程。

水运系统积极贯彻党和国家关于改革开放、加快经济建设的一系列部署，花大力气抓好拨乱反正和治理整治工作，以改革统揽全局，调动各方面积极性，保持水运事业稳步发展。

1978 年 10 月，中国工会第九次全国代表大会在北京召开，中国海员工会恢复了工作。中国海员工会在全国总工会的领导下，开始拨乱反正，领导全国各级海员工会组织开展恢复与整顿、重新制定制度等工作；按照全国总工会要求，带领广大职工以“四化”[①] 建设为中心，开展各种形式的社会主义劳动竞赛活动，积极宣传表彰劳动模范等各项活动；坚持代表和维护职工的民主权利和切身利益，不断加强职工队伍建设和工会建设，开创了海员工会工作新局面。

---

① “四化”是指四个现代化，即工业现代化、农业现代化、国防现代化和科学技术现代化。

## 第一节　积极落实工会职能

### 一、在拨乱反正中重获生机

1978 年 10 月，中国工会第九次全国代表大会在北京召开，会议制定了全国总工会机关各部委、各产业工会机构设置及定员的初步方案，恢复了海员（含公路运输）等 17 家全国产业工会的工作。

1978 年 12 月，党的十一届三中全会召开后，各行各业将重心转入经济建设。这一阶段的中国工会工作在党的领导下，开始了恢复发展的历史新阶段。

中国海员工会在全国总工会的领导下，确立了一条正确的思想路线，开展拨乱反正，动员广大水运职工，全面贯彻党的十一届三中、四中、五中全会精神，和党中央提出的紧紧抓住“四化”建设不放的指示，加强自身建设，发挥工会的组织作用，开展立功竞赛活动等。然而，当时从整个交通系统来说，工会工作发展很不平衡，组织还不够健全。这些问题与新形势的要求很不适应，因此工会组织建设矛盾突出。

1980 年 4 月 11 日至 18 日，中国海员工会恢复工作后的第一次全国工作会议在北京召开。会议提出：积极响应党中央的号召，动员广大水运职工，继续贯彻党中央“调整、改革、整顿、提高”的八字方针。要进一步肃清林彪、“四人帮”的流毒和影响，分清是非，提高觉悟，消除余悸，振奋精神。与此同时，解放思想，进一步破除种种畏难、消极、等待情绪，抓好组织建设等各项工作。

加强工会的组织建设成为当时的主要工作，这是工会组织遭到破坏后所采取的非常措施。中国海员工会强调在工会组织建设中，要始终树立牢固的党的观念，维护和坚持党的领导，团结广大群众在党的周围，为完成党在各个时期的任务而努力。同时要求各级海员工会重视建立一支强大的积极分子队伍，以扩大工会的群众基础。要在群众活动中发现积极分子，在工作中，加强对他们的训练、教育、培养，不断提高他们的觉悟程度和思想水平。

中国海员工会通过包括思想路线、政治路线、组织路线三个方面的拨乱反正和带领水运广大职工以“四化”建设为中心的工作，开启了海员工会工作的新征程。

## 二、在改革中开拓工会工作

中国工会十大以后，全国总工会的主要工作就是贯彻党的十二届三中全会决定，积极探索工会改革，包括更好地发挥工会在改革中的作用和做好工会自身改革这两个方面工作。

中国海员工会全国委员会按照全国总工会工作要求，提出要加强学习，根据改革和精简的原则，加强自身改革和建设。同时要求各级海员工会：第一，要会加强学习，在马克思主义基础理论的指导下，加强工会理论和政策研究，消除“左”的错误影响，提高工作指导水平，并使整个社会了解工会的性质、任务及其在社会主义政治体制中的地位和作用，为开拓工会工作创造必要的条件。第二，加强各级海员工会领导班子和干部队伍的建设。继续贯彻上级指示，按干部“四化”的要求，进一步配好各级海员工会领导班子，并改变工会干部的专业结构，使之适应经济改革和新时期工会建设的需要。第三，加强教育培训，提高工会干部的素质。第四，改革和发展工会为职工服务的各种业务。第五，改进机关作风，克服官僚主义，树立“领导就是服务”的思想。第六，减少会议和文件，多深入基层调查研究，总结典型，反映情况，向有关方面在大政方针上提出建议和意见，为基层、为群众办一些实事、好事。

此外，建设“职工之家”工作是工会的基础工作，在已有成绩的基础上认真总结经验，如期完成“建家”的规划。“建家”活动要重视质量和实效，防止图形式，不要走过场。加强基层工作关键在于提高干部的素质。

## 三、努力维护职工的合法权益

1979 年，中国海员工会刚刚恢复工作，就提出要做好职工的生活福利工作。当时职工生活上存在较多问题困难，除和其他产业工人一样存在住房紧张、子女就业困难、女职工照顾不够等问题外，远洋海员有其本身的特殊问题，如船上伙食供应、职业病、慢性病，岸上缺少学习、休息、娱乐以及和家人团聚的场所，工资制度混乱等。因此要求各级工会组织要深入了解和反映职工群众的实际困难和要求，协助行政逐步加以解决。适应海员特点和要求的文化宫、俱乐部、船员基地、疗养院应尽快恢复和整顿，以活跃职工文体生活，增进职工身心健康。

1980 年中国海员工会工作会议上提出要加强劳动保护工作，要做到生产大上，事故大降；还要在可能的条件下，积极做好群众生活工作，协助行政解决职工住宅，办好食堂、托儿所，做好家属工作，做好女工工作，解除职工后顾之忧。办好俱乐部、疗养院、船员基地，搞好文娱体育活动，增强职工体质，使职工一心一意搞生产，聚精会神搞四化。

1984 年 5 月 10 日，国务院发布《关于进一步扩大国营企业自主权的暂行规定》，对扩大企业在生产经营计划、产品销售、产品价格、物资选购、资金使用、资产处置、机构设置、人事劳动管理、工资奖金、联合经营 10 个方面的自主权做出规定。6 月

15日，交通部转发国务院的规定，结合交通企业的情况，按照企业的不同层次，交通部扩大企业自留资金（包括生产发展基金、职工福利基金和职工奖励基金等），并对使用权限作出具体规定。之后，水运企业职工工资分配“大锅饭”被打破。中国海员工会提出各级海员工会要积极参与工资改革，特别是对船员和装卸工人的工资分配问题，要始终抓紧抓好，在做好调查研究的基础上提出意见和建议。对船员在生活方面的突出问题，要选择好专题，上下结合，调查研究写出报告和建议，推动有关方面解决。

中国海员工会努力维护职工的合法权益，要求各级工会认真传达贯彻全国优秀船员家属代表表彰大会精神，进一步做好船员家属工作和关心退休工人工作。同时，要主动关心职工生活，组织先进人物在广州海员疗养院进行短期休养活动。要开展春节慰问职工和职工家属活动，将党的关怀和社会主义的温暖送给他们。

## 四、开展增产节约活动，为“四化”立功

1979年2月，全国总工会围绕服务“四化”建设这一中心工作，作出《加强安定团结，广泛深入开展增产节约运动的决议》。中国海员工会在当年工作部署中，明确提出各级海员工会要“以运输生产为中心，广泛深入开展增产节约运动”。

1979年12月，全国总工会党组在发出的《关于进一步恢复产业工会工作的意见》中，强调产业工会工作的重点要放在“四化”建设上。1980年4月1日召开的全国总工会常委扩大会议决定，为四个现代化的伟大事业艰苦奋斗，动员广大职工深入开展增产节约运动，人人为“四化”立功，加快“四化”建设的步伐。

根据全国总工会的部署，中国海员工会积极开展“四化”立功活动。1980年，中国海员工会在工作会议上就提出了“人人为

‘四化’立功”的口号，要求各级海员工会在党的政治路线指导下，围绕各单位的增产节约的主攻方向，广泛开展人人为“四化”做贡献、立功劳，争当劳动模范、争创先进单位的群众活动。各单位围绕增产节约的主攻方向，发动群众开展活动，从而掀起了声势浩大群众性的为“四化”立功活动。

交通运输是国民经济中的先行战线，但当时经济建设薄弱，企业管理水平还不高，港口能力远不能适应国民经济发展的需要。交通运输事故多、质量差，长期没有得到很好的解决，已造成严重的损失和很坏的影响，另外还存在货源不足、增加全面完成计划的困难等问题。各级海员工会要面对困难，以开展“四化”立功活动为切入点，发动群众，群策群力，在交通战线广开门路，挖掘潜力，克服薄弱环节，增加生产，增加收入，节约能源，节约开支，保证安全，保证质量，努力完成和超额完成全年运输生产计划，为国家创造财富。

中国海员工会要求各级海员工会在广大职工中开展强有力的宣传活动：宣传党的总路线，宣传“四化”的历史意义，以及大好形势和工人阶级的历史使命；宣传全面完成全年运输生产计划的紧迫性。通过宣传活动，提高群众的认识，坚定信心，鼓舞斗志，激发群众主人翁的责任感和为“四化”献身的革命精神，发扬艰苦创业的光荣传统，树立克服困难的决心。在提高思想的基础上，通过职工代表大会，发动群众根据增产节约运动的主要要求，明确奋斗目标，制订立功计划，掀起立功热潮，开展各种竞赛，推动增产节约竞赛更广泛深入地开展。

## 五、抓好思想政治宣传教育工作

1985 年，全国总工会十届三次执委会召开，要求各级海员工会组织认真学习党的全国代表会议的精神，坚定不移地加强思想政治工作，向广大职工群众进行形势、政策的教育，带头抵制妨碍改革的各种不正之风，维护安定团结的大好局势，动员和组织广大职工为“四化”建设、振兴中华做出新贡献。

中国海员工会根据全国总工会的要求，提出思想政治工作要以“四化”建设为中心，要结合改革的业务和生产实际情况去解决问题。衡量思想政治工作好坏的标准：看是否促进了生产力的提高，调动了企业和个人的两个积极性，即增强了企业的活力；看是否建立了有理想、有道德、有文化、有纪律（简称“四有”）职工队伍。同时，中国海员工会确定了抓好思想政治工作七个方面重点工作，要求全国各级海员工会贯彻执行：一是抓端正党风、社会风气，全委机关要起到表率作用。二是继续搞好形势教育，尤其要正确认识改革形势。这是一项上下统一思想、统一步调、统一认识的教育。三是广泛开展理想教育，以多种形式启发职工的共产主义觉悟，培养“四有”的交通运输职工队伍。四是加强法制教育，增强法制观念，在全产业广泛普及法律知识。五是加强改进理论工作，对职工思想政治工作开展研究，巩固工作成果。六是按照交通部党组《关于加强交通战线思想政治工作的决定》，加强工会思想政治工作，促进全产业精神文明建设。七是抓好工会宣传工作。宣传工作仍然要以宣传大好形势、宣传先进英雄人物为主题，要继续办好《中国海员》杂志。

## 六、加强精神文明建设

1986年，交通部思想政治工作会议上提出：要在全行业中，大力开展争创文明单位、争当文明职工的活动；各单位要制订不同层次的文明标准、条例、公约；做到活动有规划，创造有层次，评定有标准，好坏有奖惩。要认真抓好文明单位的检查和评比、交流经验，争取创造更多的文明单位，涌现更多的文明职工。

中国海员工会积极贯彻党中央“两个文明一起抓”的要求，响应交通部号召，开展社会主义精神文明建设，加强“四有”教育，增强企业的活力。在开展水运系统劳动竞赛中，提出了开展做“四有”职工、当改革主力、为“四化”立功活动等要求。

在开展树先进活动中，中国海员工会明确提出持续宣传杨怀远、贝汉廷的先进事迹；根据全国总工会的部署，会同交通部，继续组织好劳动模范宣讲团，举办他们的展览会，并在“五一”国际劳动节开展宣传本系统的五一劳动奖章获得者的先进事迹；宣传全国优秀船员家属代表表彰大会精神和优秀船员家属的先进事迹，并在《中国海员》杂志上较集中地进行宣传。

同时，中国海员工会发挥国际海员俱乐部作用，对全国的22个国际海员俱乐部，进一步端正业务指导思想，真正办成受海员爱戴的“海员之家”；对到港海员进行爱国主义教育，开展丰富多彩的文化活动和节假日中外海员的联欢活动，配合搞好精神文明建设。

加强上海培训中心的工作，有计划、有标准地对全产业各级海员工会干部进行轮训，提高干部素质，为精神文明建设做出贡献。

## 七、加强工会自身建设

党的十一届三中全会召开后，海员工会在改革中千方百计动员广大职工积极投身改革，发挥海员职工主人翁精神，为“四化”争做贡献。

1986年，为了不断推进改革，全国总工会书记处书记，中国海员工会、公路运输工会主席方嘉德在中国海员工会、中国公路运输工会工作会议上提出，要保证海员职工在企业中的主人翁地位，就要认真搞好民主管理工作。要求各级海员工会要把加强民主管理作为工会工作的重点，运用好工会和职代会的三项权力，使民主管理在现有的基础上提高一步，真正成为提高企业活力的一个重要源泉。

海员工会提出衡量企业民主管理水平的标准：一是看职代会是否全面发挥了职工代表的权力和作用，看职工代表和工会干部参政议政的能力，是否能关心全局、关心经济、关心企业经营成果和经济效益，在全局决策上发挥作用。二是看在日常民主管理工作中，工会是否发挥了群众监督作用，看劳动者的主人翁地位是否在企业各项制度中得到切实保障。

会议决定中国海员工会将协助改革试点单位总结经验，并把成熟的经验上升为理论，搞出适合海员等产业特点的职代会条例实施细则。努力全面落实职代会职权，特别是审议企业重大决策方面，在民主管理的网络化、制度化、经常化上下功夫。

改革中的企业民主管理，解决突出问题，存利去弊，使它们发挥出更好的效益。

## 第二节　恢复海员工会组织

### 一、恢复和调整中国海员工会全国委员会

水运企业线长点多，跨省跨区，船舶运输流动分散，港、航、厂又联系密切，组成一个统一的整体，并且全国水运系统的骨干力量又直属交通部统一领导，因此水运企业在经济活动、生产技术、劳动工资、劳动保护和职工生活福利、文化体育活动等方面，有其特点和许多共同性的问题，需要产业工会统一组织，或协同行政研究解决。

1978 年 10 月，经全国总工会党组研究，针对恢复海员和公

路工会问题，建议先成立海员工会工作委员会，由交通部和全国总工会共同抽调干部组成，由交通部一位领导担任主任，全国总工会张孑夫兼任副主任，唐章、左中侠具体负责筹备工作。关于领导问题，由交通部党组和全国总工会党组实行双重领导，以交通部领导为主。1979 年 5 月，交通部党组复函全国总工会党组表示同意。

1978 年 11 月，全国总工会党组制定了“关于全国总工会各部门、各产业工会机构设置及定员编制”的请示，经党中央批准后，开始实施。其中产业工会将逐步建立产业工会工作小组开展恢复工作，同时着手将海员、公路运输工会等工作委员会建立起来，并确定海员、公路运输工会工作委员会编制 20 人。

1979 年 1 月 5 日，全国总工会书记处有关领导找中国海员工会负责人张孑夫谈话，明确了“先抓工作，后解决组织问题，在抓工作中解决组织问题”的工作思路。张孑夫提出了召开执委扩大会议，再开代表大会。由于旧执委剩下的委员不到 40 人，首先要开展增补执委工作。2 月 12 日，中国海员工会递交关于召开中国海员工会全国委员会一届四次执委扩大会议分别给全国总工会党组和交通部的请示报告，当时交通部党组和全国总工会党组都表示同意。同时，调丘金回中国海员工会全国委员会任负责人①。

由于筹备工作涉及面广，需要时间解决。鉴于中国海员工会和各省、市、自治区及部直属水运单位工会都已开始恢复活动，1979 年，中国海员工会全国委员会的印章经全国总工会批准启用。于是，中国海员工会也发布了关于启用和刻制各直属水运单位工会印章的通知，该通知正式宣告中国海员工会开始恢复活动。

1979 年下半年，中国海员工会进一步向全国总工会提出恢复

---

① 由于当时现实条件，1979 年 12 月，全国总工会党组在关于进一步恢复产业工会工作的意见中明确，恢复各产业工会全国委员会和工作委员会负责人为主席、副主席和主任、副主任职称。

中国海员工会全国委员会组织体制的意见，明确坚持产业与地方相结合的领导原则，各级海员工会组织以同级党委领导为主，同时接受上级工会的领导。

中国海员工会全国委员会恢复后，全国各级海员工会组织以同级党委领导为主，同时接受上级工会的领导；坚持产业与地方相结合的原则，实行产业工会和地方工会双重领导。

对交通部直属水运单位的海员工会组织，实行中国海员工会与地方工会双重领导。有关产业性的问题，中国海员工会可多管一些，有关地方性的问题，地方工会可多管一些。海员工会不直接管理下级工会的干部和财务。

对交通部下属地方水运企业的海员工会组织，实行以地方总工会领导为主，同时与海员工会全委保持一定领导关系。工会的计划、总结、报告和各方面经验等，在报送党委、地方总工会的同时，抄报给海员工会全委。海员工会全委对一些有产业特点的情况和经验，组织交流。

交通部直属水运单位，除长江沿线城市外，大部分集中在广州、上海、青岛、天津、大连等几个城市。如上海就有海运局、远洋公司、港务局、航工局、救捞局、外轮代理公司、上海船厂、东海船厂、港机厂、航标厂、船舶设计院、船研所、海运学院等17个单位，都直接由交通部领导，但交通部在这里没有设立统一管理机构。因此，工会也没有地区性的组织。为了便利海员工会全国委员会和当地市总工会对海员工会这些组织的领导，加强了海员工会地方的中间环节的管理，即建立海员工会地区性组织，主要任务是统一组织和研究水运单位职工的地区性活动，如俱乐部、船员基地、疗（休）养等问题；同时对港、航、厂等企业之间协作配合中的问题进行调查研究；按全委和地方总工会的要求督促、检查这些工会组织的工作；组织地区性经验交流。

1980年4月11日至18日，中国海员工会工作会议在北京举行，这是“文化大革命”后中国海员工会第一次工作会议。参加会议的有各地方和交通部直属主要水运单位工会负责人80名，劳动模范和先进单位代表7名。全国总工会党组书记、主席倪志福和党组成员、副主席金直夫，交通部党组书记、部长曾生和部党组成员、副部长汪少川出席了会议，倪志福主席、曾生部长发表讲话，汪少川副部长作了关于水运工作情况和任务的报告，中国海员工会主席丘金主持会议并发言和作会议总结。这次会议的召开开启了中国海员工会新的征程。

1982年5月，全国总工会对中国海员工会主要领导人进行调整，卢杰担任中国海员工会主席，并完善了机关部门设置，分办公室、生产生活部和组织宣传部。1984年7月，方嘉德任中国海员工会全国委员会主席、分党组书记。

按照党治理整顿、深化改革的方针，巩固和发展改革成果，逐步完善运行机制，推动行政管理向科学化、现代化方向发展，全国总工会明确提出先定职能、再定机构和编制的要求，即开展“定职能、定机构、定编制”的“三定”工作。1991年，中国海员工会确定机关“三定”方案，对海员工会的职责、机构、编制进行规定，编制总数为26人，设主席、副主席；机关部门设置包括办公室、生产生活部、组织宣传部、国际海员俱乐部工作部和公路办公室。5月，全国委员会下发《关于贯彻全国总工会〈关于健全中国海员工会全国委员会实施方案的批复〉的意见》，中国海员工会全国委员会按批复方案实施改革。

## 二、中国海员工会与公路运输工会等合署办公

交通部统管水运和公路，而工会则从历史上就是海员、公路两个产业工会。1960年后，海员和公路两个产业工会合署办公，一个分党组，一个党支部，但实际工作还是各搞各的。因为历史

上它们就不是一个产业工会，产业特点也不相同，所以在国际工会交往上也是分别以海员工会和公路运输工会的名义出现。

全国总工会考虑到当时情况，在交通部一个产业下设立海员、公路两个工会的条件还不成熟，所以中国海员工会全国委员会决定先在组织内设立一个公路工作小组，暂配备干部 7 人，由海员工会全国委员会分党组负责领导，统一研究决定方针大计，然后分头工作。待条件成熟时，再考虑建立公路运输工会工作委员会。

1983 年 4 月，中国民航工会组建后，全国总工会决定将民航工会并到海员工会，实行联合办公。这样就形成了中国海员工会全国委员会包括公路运输工会、民航工会的体制。11 月，全国海员工会向全国总工会提出关于体制问题的请示后不久，民航工会从海员工会中分离出去。

## 三、恢复《中国海员》杂志

1926 年，根据中华海员工业联合总会第一次代表大会通过的教育宣传决议案，《中国海员》创办周刊，负责登载本会重要文件及会议记录，登载中国工人运动和世界上工人运动情况，特别是运输工人运动消息与批评，并介绍船员生活状况，提供学习知识等，受到了海员的欢迎。但《中国海员》办刊道路曲折，因各种原因长时间停办。由于海员的工作方式特殊，常年漂泊在海上，对新闻、信息情况的了解以及其他方面，都不像其他行业职工那样来得迅速，文化生活也比较枯燥，这就要求工会不仅要在物质生活上，而且要在精神生活上创造各种各样的条件来改善海员生活。

1983 年，中央书记处对解决海员“三难”问题进行批示后，船上船员观看录像问题解决了，但是没有专门提供给海员阅读的刊物，让海员更有针对性地了解国家、行业、生活等方面的情况；

能够集中反映海员生活等信息，反映广大海员的要求，满足他们需要欣赏的文化方面、知识方面的刊物也还没有。

1984 年 11 月 30 日，中国海员工会全委根据党的十二届三中全会提出的改革精神，发出了关于恢复并办好《中国海员》杂志以及成立编委会的通知。通知决定恢复以政治思想修养和文学创作为主要内容的综合性刊物——《中国海员》。该杂志是面向全国 160 多万名海员职工的第一本杂志，指导海员职工学习，丰富海员的文化生活，并从不同侧面来反映广大海员在“四化”建设和两个文明建设中的思想、情操、学习和工作，培养海员工人的业余写作队伍。《中国海员》充分反映了全国水运职工振兴中华航运事业的光辉业绩，《中国海员》是广大海员职工与工会共同的精神食粮和喉舌。

为了办好这本杂志，由中国海员工会担任编委主任委员，中国海员工会交通部、上海海运管理局委员会等为编委副主任委员，吸收全国主要水运企业工会参加。编委会是《中国海员》的领导机构，每年召开一次编委会，讨论刊物的发展及重大问题。

1985 年 6 月，《中国海员》杂志在上海正式复刊，并出版了第一期杂志。

## 四、成立中国海员职工技术协会

20 世纪 80 年代后，全国水运系统的一些单位相继成立了技协组织，在开展群众性技术革新、合理化建议、技术培训、有偿技术服务等方面进行了卓有成效的工作。他们从思想建设、组织建设、制度建设入手，坚持立足本企业，向内使劲，不断提高职工技术素质，在开展技术攻关、技术培训、技术咨询、技术服务等方面取得了可喜的成果。有些项目获得了国际奖、国家奖和省市奖。在开展有偿服务方面也取得了实效，增强了工会为职工办事的实力。

中国海员工会为了推动广泛开展技协活动，成立中国海员职工技术协会，其宗旨是以交通水运现代化建设为中心，促进交通水运科技的开发和应用，广泛开展多种形式的群众技术活动，学习、应用新技术，提高职工技术素质，推动中国水运技术进步，促进交通运输事业的发展。

中国海员职工技术协会在组织上实行联合制、代表制，上一级职工技协是下一级职工技协的代表者和联合体。团体会员派出代表作为中国海员技协全国委员会委员，每届任期四年。

中国海员职工技术协会成立大会于 1989 年 4 月 19—20 日在上海召开。交通部、中国职工技协、上海市总工会、中国海员工会所属基层组织的代表，沪水运企、事业单位的党、政、工领导等 110 人出席了成立大会。交通部向大会发了贺电，交通部科技司、上海市总工会、上海海运管理局负责同志和中国海员工会副主席张士辉在成立大会上发表讲话。

根据中国海员职工技术协会的现状，大会提出了各级海员职工技协的主要任务是认真抓好组织建设和技协队伍的发展；推动海员职工技协活动的开展。大会要求各级海员工会组织，把技协工作摆到工会工作的重要位置上，加强对技协工作的领导，为中国海员技协事业的发展、振兴航运事业、实现交通水运现代化做出更大的贡献。

通过民主协商并经大会通过，此次会议选出了中国海员职工技术协会领导机构：方嘉德为顾问，张士辉为主任，时信函、刘德生、关吉春、陈昌本为副主任，刘德生为秘书长（兼）。

## 五、全国基层海员工会组织恢复概况

党的十一届三中全会后，龙口港的工会工作开始走向正轨。

1981 年，山东省交通厅海运局任命刘守臣为龙口港工会主席，提供专用章和独立经费。龙口港工会下设 8 个基层工会，有兼职工会干部 40 人，逐步完善了基层工会的选举与编制，班组、科室建立了工会小组，工会工作开始步入正轨。

1979 年，经广东省总工会批准，广东省海员工会恢复建制，开始逐步恢复工会工作。

1979 年 6 月 4 日，江西省总工会同意恢复中国海员工会江西省委员会。

1980 年 6 月，山东省总工会恢复建立“中国海员工会山东省委员会”，工会工作开始逐步恢复。

1978 年 3 月，上海海运局党委派夏爵一、张作云两人回上海海运管理局工会主持工作，着手整顿工会组织，并对工作人员进行了相应调整。1979 年 6 月，交通部决定上海海运局改称“交通部上海海运管理局”，工会名称相应地改为“中国海员工会交通部上海海运管理局委员会”。经过组织整顿和组织建设，局属各级工会组织逐渐健全，会员队伍扩大，工作走上正轨。

1982 年 4 月，中国海员工会交通部上海海运管理局委会员第八次工会会员代表大会召开。出席代表有 369 人，代表了 191 个基层组织、25400 余名会员。大会选举产生中国海员工会交通部上海海运管理局第八届委员会。委员会选举产生了主席和 2 名副主席及其他 7 名常委。

1984 年 1 月 1 日，国务院撤销了长江航运管理总局，成立了交通部长江航务管理局和交通部长江轮船航运总公司。交通部长江轮船航运总公司是国家长江区域性公司，以航运业务和邮轮旅游业务为核心，是中国最大的内河航运企业。1 月 28 日，交通部长江轮船航运总公司工会成立。3 月 26 日，上海长江轮船公司（1984 年 2 月 1 日由长江航运管理局上海分局改组而来）第五次工会代表大会召开，出席会议的代表有 243 人。大会审议通过第四届委员会的工作报告和财务工作报告。大会选举产生了 19 人组成的上海长江轮船公司第五届委员会和主席、副主席。

1979 年 5 月 16 日，厦门港召开第一次职工代表会议，选举产生厦门港务管理局第一届工会委员会。陈小旋任主席，许碧梧任副主席。

1982 年 10 月 26 日，交通部宁波港务局工会成立，1987 年 10 月更名为宁波港务局工会。

交通部第二航务工程局（以下简称“二航局”）系交通部直属的航务工程综合性企业。1978 年 12 月，经交通部决定，二航局划归长江航运管理局领导。二航局划归长航局后，由于物资、财务、生产计划、技术管理等工作仍由交通部直接管理，隶属关系领导不顺，矛盾不少。为了方便工作，长航局党委于 1981 年 5 月向交通部党组递交了《关于改变第二航务工程局领导关系，仍由交通部直接领导管理的请示报告》。交通部党组根据长航局党委的建议，于同年 9 日决定：将原划归长航局领导的第二航务工程局，改为仍由交通部领导。1981 年 9 月 15 日起，二航局党的领导关系改由武汉市委领导。二航局工会领导关系，也从同年 10 月 1 日改由武汉市总工会领导。

1981 年起，二航局工会在党委领导下，普遍恢复和健全了职工代表大会制度，讨论企业中重大问题，实行职工民主管理，并建立了常设主席团和专门监督工作机构，试行了民主评议领导干部的工作；同时，逐步调整和加强了工会领导班子，重视发挥职代会工作机构的作用。

1978 年以后，上海远洋运输公司工会组织建设走上正轨。1979 年 3 月，中国海员工会上海远洋运输公司委员会第三次会员代表大会选举产生第三届工会委员会。新的工会委员会对各基层工会进行组织整顿，在整顿中恢复发展，至 1986 年 12 月底，全公司有基层工会 152 个（含船舶工会 143 个）、会员 12073 人。

1988 年，经上海市总工会批准，上海远洋运输公司工会调整组织机构，工会委员会下设办公室、组织宣传部、民主管理部、生产部、保险生活部。至 1992 年底，上海远洋运输公司工会下辖 168 个（含船舶 146 个）基层工会，专职工会干部 36 人，会员 13800 人（其中女会员 2200 人）。

全国总工会批准建立远洋运输总公司系统工会。明确接受总公司党委领导的同时接受中国海员工会领导的要求。在中远总公司党委和中国海员工会全国委员会的领导下，1984 年 5 月 16 日至 20 日，在北京召开了中远总公司第一次工会会员代表会议，选举成立了中国海员工会中国远洋运输总公司委员会。刘世文当选中远总公司工会第一任主席。

其他单位变化详见表 5-1 至表 5-9。

**表 5-1　上海港务局工会变化表**

| 起止年月 | 组织名称 | 上级机构 |
|---|---|---|
| 1973 年 1 月至<br>1979 年 1 月 | 上海港务局工会 | 上海海员工会 |
| 1979 年 1 月至<br>1979 年 9 月 | 交通部上海港务局工会 | 上海海员工会 |
| 1979 年 9 月至<br>1986 年 5 月 | 中国海员工会上海交通部上海港务局委员会 | 中国海员工会、上海海员工会 |
| 1986 年 9 月至<br>1992 年 12 月 | 中国海员工会上海港务局委员会 | 中国海员工会、上海海员工会 |

资料来源：《上海港志 · 第六篇机构企业党群》

**表 5-2　交通部第三航务工程局工会变化表**

| 起止年月 | 组织名称 | 上级机构 |
| --- | --- | --- |
| 1974 年 12 月至 1978 年 8 月 | 中国海员工会交通部第三航务工程局委员会 | 上海港务局工会（代管） |
| 1978 年 8 月至 1992 年 12 月 | 中国海员工会交通部第三航务工程局委员会 | 中国海员工会、上海海员工会 |

资料来源：《上海港志·第六篇机构企业党群》

**表 5-3　上海海监局工会变化表**

| 起止年月 | 组织名称 | 上级机构 |
| --- | --- | --- |
| 1986 年 5 月至 1988 年 6 月 | 中国海员工会交通部上海海上安全监督局委员会 | |
| 1988 年 6 月至 1992 年 12 月 | 中国海员工会交通部上海海上安全监督局委员会 | 上海市交通邮电系统工会 |

资料来源：《上海港志·第六篇机构企业党群》

**表 5-4　上海港机厂工会变化表**

| 起止年月 | 组织名称 | 上级机构 |
| --- | --- | --- |
| 1977 年 11 月至 1982 年 3 月 | 上海港机厂工会 | 上海市造船工业局工会 |
| 1982 年 3 月至 1986 年 1 月 | 中国海员工会上海港机厂委员会 | 中国海员工会上海港务局委员会（代管） |
| 1986 年 1 月至 1992 年 12 月 | 中国海员工会上海港机厂委员会 | 中国海员工会交通部三航局委员会（代管） |

资料来源：《上海港志·第六篇机构企业党群》

表 5-5 上海外轮代理公司工会变化表

| 起止年月 | 组织名称 | 上级机构 |
| --- | --- | --- |
| 1984 年 7 月至<br>1992 年 12 月 | 中国海员工会上海<br>外轮代理公司委员会 | 上海市交通邮电系统工会 |

资料来源：《上海港志・第六篇机构企业党群》

表 5-6 交通部第三航务工程勘察设计院工会变化表

| 起止年月 | 组织名称 | 上级机构 |
| --- | --- | --- |
| 1984 年 1 月至<br>1992 年 2 月 | 中国海员工会交通部第三<br>航务工程勘察设计院委员会 | 上海市交通邮电系统工会 |

资料来源：《上海港志・第六篇机构企业党群》

表 5-7 上海海员工会船舶检验局工会变化表

| 起止年月 | 组织名称 | 上级机构 |
| --- | --- | --- |
| 1986 年 5 月至<br>1988 年 6 月 | 中国海员工会船舶检验局<br>上海办事处委员会 | 中国海员工会上海港务局<br>委员会（代管） |
| 1985 年 9 月至<br>1987 年 9 月 | 中国海员工会船舶检验局<br>上海分局委员会 | 中国海员工会上海港务局<br>委员会（代管） |
| 1987 年 9 月至<br>1992 年 9 月 | 中国海员工会船舶检验局<br>上海分局委员会 | 上海市交通邮电系统工会 |
| 1992 年 9 月至<br>1992 年 12 月 | 中国海员工会船舶<br>检验局委员会 | 上海市交通邮电系统工会 |

资料来源：《上海港志・第六篇机构企业党群》

**表 5-8　天津港务局工会变化表**

| 起止年月 | 组织名称 | 上级机构 |
|---|---|---|
| 1973 年 6 月至 1978 年 8 月 | 天津港务局工会 | 天津总工会 |
| 1978 年 8 月至 1980 年 1 月 | 交通部天津港务局工会 | 天津总工会 |
| 1980 年 1 月至 1984 年 9 月 | 中国海员工会交通部天津港务局委员会 | 中国海员工会、天津总工会 |
| 1984 年 9 月至 1991 年 11 月 | 天津港务局工会 | 中国海员工会、天津总工会 |
| 1991 年 11 月至 1992 年 12 月 | 中国海员工会天津港务局委员会 | 中国海员工会、天津总工会 |

资料来源：《天津港志》

**表 5-9　1978 年至 1992 年上海港各单位工会组织基本情况表**

单位：人

| 年份 | | 港机厂 | 航道局 | 港务局 | 三航局 | 外代 | 船检局 | 三航设计院 | 海监局 |
|---|---|---|---|---|---|---|---|---|---|
| 1978 | 基层数 | | | | | | | | |
| | 会员数 | 2420 | | | | 212 | | | |
| 1982 | 基层数 | | | 35 | 12 | | | | |
| | 会员数 | 3822 | | 52291 | 14280 | 253 | | | |
| 1987 | 基层数 | | 11 | 35 | 14 | | 5 | 6 | |
| | 会员数 | 3850 | 10294 | 50523 | 14673 | 291 | 281 | 696 | |
| 1990 | 基层数 | | 11 | 39 | 15 | | 5 | 7 | 14 |
| | 会员数 | 4207 | 7994 | 51681 | 18595 | 329 | 318 | 694 | 2663 |
| 1992 | 基层数 | | 11 | | 15 | | 7 | 7 | |
| | 会员数 | 3960 | 7609 | | 19273 | 363 | 345 | 705 | |

资料来源：《上海港志·第六篇机构企业党群》

## 第三节　促进经济的发展，提高生产力

### 一、推动船舶经济责任制改革

1979年10月开始，为使船舶保持良好技术状态，保证安全，节约开支，充分提供运力，广州远洋公司先后在“玉林”“陆丰”两轮上试行“定船承包，节约提成有奖”的办法。具体做法是：在抓好船舶定船、定员的同时，抓好船舶领导班子的配备，再参照船舶的实际情况，制定出既接近国内外实际水平又是经船员努力可以达到的指标。“玉林”轮提出了“五定一奖”的办法，其指标定额主要有修理费、备件费、修船期等，并明确责任、有奖有罚。有关规定经公司与船舶协商后签订三年合同。

“玉林”“陆丰”两轮试行经济责任制后，充分调动了船员积极性。“玉林”轮包干第一年完成利润为年计划的178.16%；“陆丰”轮从1973年至1979年亏损约96万元，1980年试行包干后，不仅弥补了亏损，还盈余67万多元，初步实现责、权、利三者结合，达到修船期缩短、营运率提高、技术管理改善、增收节支和安全运输生产率提高的良好效果。这一办法得到交通部、国家计委、国家经委的肯定，并在全国交通运输系统推广。

1981年，全国开始逐步推广建立以承包为主的经济责任制，通过推行经济责任制，做到“任务层层包干，经济分级核算，指标逐项分解，责任落实到人，联产联利计奖，奖励超额劳动，多超多奖，少超少奖，不超不奖，完不成任务受罚”，切实解决奖金发放中吃“大锅饭”的平均主义问题。

当时，实行经济责任制时，中国海员工会要求民主建立经济责任制。在制定定额、确定单位留成和个人分配等问题时，都发

动职工充分讨论。经济责任制的方案由职工代表大会讨论通过，监督其正确实行，并通过职代会发动广大职工群众来保证实现。

上海海运管理局是扩大企业自主权的试点单位，1981 年初召开的二十一届二次职代会上，经代表讨论决定，货运量增产 100 万吨、利润增加 1000 万元。根据前 10 个月的实绩，在 11 月初召开的二十一届三次职代会上，经代表讨论决定：当年货运量增产 250 万吨、利润增加 2500 万元，鼓励增产增收。各单位实行经济责任制，向增产节约要利润、向挖潜要利润、向经营管理要利润，并针对修船费超支的情况，实行修船包干制，克服吃“大锅饭”的现象，实现了国家、个人双赢。

1981 年 8 月，烟台港务局在五届二次职工代表大会上，讨论并决定全面实行经济责任制。年度全港吞吐量计划 450 万吨，利润计划 750 万元，经代表讨论确定吞吐量要完成 510 万吨，利润达到 800 万元，超额完成任务全年发两个月奖金。会后各单位都算细账，把指标落实到车间、班组和每个职工。10 月份推行了包船经济责任制，提高了职工的主人翁责任心和生产积极性，在保证安全质量的基础上提高了装卸效率。一作业区 10 月份共包大小船 76 艘次，占 90. 2%。全局 9 月份船舶在港停时为 1. 5 天，车停时 5. 5 小时，10 月份分别为一天和 4. 8 小时，缩短了 33. 3% 和 12. 7%，取得了明显的效果。

上海远洋运输公司“白河口”轮推行船舶经济责任制，落实船舶经济合同，主要抓住四个环节的工作，取得了明显成效。第一，吃透合同精神，党支部成员发挥核心作用。该轮部门长以上干部都是支委成员，年轻有朝气。在公司领导小组与船舶商洽合同条款时，支部成员全体参加讨论。他们逐条逐款地研究，并根据船舶目前状况，合理地提出了一些修改合同条款的意见。由于他们对推行船舶经济责任制试行方案认识深、劲头足，为带领全船实施船舶经济责任制起到了表率作用。第二，全船动员，统一思想认识。在实施前，在船员中有意识地宣传推行经济责任制试点意义，让大家在精神上都有准备。实施时，全船进行正式动员，大部分船员明确了意义，劲头比较足，以实际行动尽力搞好试点工作。第三，认真做好贯彻合同细则。根据合同内容，船上制定了个人、部门、全船的履行合同实施细则，把合同的每一项内容具体落实到每一个人、每一个工种和每一个环节，形成了个人保部门、部门保全船，层层把关的体系，使合同的履行有充分的群众基础和可靠的保证。这是落实合同的重要一环，也是完成船舶经济责任制的关键步骤。第四，重点狠抓落实工作。有了详细的实施细则，之后需要做大量细致的工作，重点抓好落实，使纸上的内容变为船员的实际行动。

"白河口"轮推行船舶经济责任制，取得明显成果。1981 年 12 月，中国海员工会工作组总结推广上海远洋运输公司"白河口"轮推行船舶经济责任制试行方案的经验，推动了船舶经济责任制的落实。

## 二、支持船员职务津贴改革

由于"文化大革命"停止执行船员职务工资制，交通部直属远洋、沿海运输船员的平均标准工资有所下降，平均主义严重，甚至出现倒置现象；而且这种情况日益严重，特别是随着海上运输船队的快速发展，船员提职越来越多，但职务提升了，责任也加重了，工资却未变动，甚至出现了船长和水手同等工资的不合理现象。根据工会的调查，在远洋技术干部船员 6593 人中，标准工资在 60 元以下的占 72.4%，广州海运局船长、轮机长中与水手同等工资的占 62.38%。这种不合理状况严重影响了船员的积极性，对加快航运事业的发展是不利的，因此工会积极呼吁改革。

1981 年 4 月，广东省决定对省航运厅船员实行船员职务津贴，这对广州海运局和广州远洋公司船员影响很大，两个单位也提出试行船员职务津贴方案，交通部征得广东省同意并报告国家劳动总局后，决定在不增加国家工资基金开支、不减少企业计划上缴利润的前提下，采取增加外派船员和精简船舶定员的办法，从增收节支中解决船员实行职务津贴的款源，于1981年8月1日和10月1日分别在广州海运局、广州远洋公司试行。

船员实行职务津贴的范围条件是：凡现在工资没有达到所任职务工资最低等级线者；技术干部船员经过考试合格能胜任本职工作；工作认真负责，遵纪守法，坚决执行各种规章制度；当月未发生重大责任事故者方可享受。对违反国家法律，不遵守劳动纪律和规章制度，发生重大责任事故者，酌情减发或停发。广州海运局月职务津贴标准是：船长最高50元，普通船员最低6元；广州远洋公司船长最高65元，普通船员最低15元。

经过半年实践，两个单位的实施效果和船员的总体反响都是好的。特别是广州远洋公司试行后，船员精神面貌和工作态度发生了变化。他们激动地说："当国民经济调整、国家还有很多困难的时候，实行了船员职务津贴，确实体现了党和政府对船员的关怀，我们不把远洋运输安全生产进一步搞好，实在问心有愧。"

船员实行职务津贴改革后，改善了船员职务之间不合理的工资关系，体现了按劳分配原则，培养了船员认真负责的精神；促进了船员学习业务钻研技术的自觉性；加强了船员的组织性纪律性，推动了安全生产和船舶管理工作；加强了船舶领导的责任心。

## 三、推广烟台港包船经济责任制经验

随着经济体制改革的不断深入，全国各港口责、权、利相结合的经济责任制更加明确了。在新的形势下，职工不但关心港口的经济效益，而且关心自身的物质利益。因此，通过认真落实以承包为主的多种形式的经济责任制，贯彻按劳分配的原则，使职工的物质利益得到切实保障，是工会工作在新时期的重要任务。

1983 年 7 月 26 日至 28 日，中国海员工会和交通部海洋局在烟台联合召开了沿海港口包船经济责任制现场会议。工会方面有沿海港口工会主席和长航局工会相关人员等参加。会议期间，海洋局组织了烟台港关于实行包船经济责任制的经验介绍，与会者参观了作业现场，烟台海员工会介绍了烟台港工会工作经验，主要是加强群众思想政治工作、发动群众开展单船竞赛、掀起学赶先进热潮、推动包船经济责任制的落实和竞赛的深入开展等。

烟台港务管理局工会在两个作业区组织广大职工开展了以单船会战为主要内容的劳动竞赛，调动了职工的社会主义积极性，为确保港口生产任务的提前超额完成任务，起到了一定的促进作用。

开展单船会战，即组织包船作业的各环节、各工种有关人员全员参加劳动竞赛。在组织上，围绕包船经济责任制，把现场管理人员和后方辅助人员有机地结合起来，组织开展劳动竞赛，这样进一步促进单船竞赛的全面开展。实践证明，通过经济责任制，经济效果和经济利益互相挂钩，充分调动了职工的社会主义积极性，推动了经济责任制的进一步落实。

海员工会组织在包船经济责任制中发挥了积极作用，把港口装卸现场组织成为你追我赶的热气腾腾的生产局面，做到了物质文明和精神文明一起抓，把生产工作和思想工作结合起来，在提高经济效益、保证完成运输生产任务方面起了重要作用。

## 四、支持水运企业管理体制改革

1986 年 9 月和 11 月，中共中央、国务院颁发《全民所有制工业企业厂长工作条例》《中国共产党全民所有制工业企业基层组织工作条例》《全民所有制工业企业职工代表大会条例》和《认真贯彻执行全民所有制工业企业三个条例的补充通知》后，交通部党组发出关于《认真贯彻全民所有制工业企业三个条例的通知》，积极推行厂长负责制。1987 年，交通部向直属企业发出《全面推行和完善厂长（经理）负责制工作的通知》，为深化改革、加快推行厂长负责制的步伐，交通部党组决定对船舶领导体制的改革进行调查。

中国海员工会参加了交通部组织的调查组，于 4 月 3 日至 5 月 8 日对广州、上海等地的 10 个水运企业就船舶领导体制改革问题进行了调查。30 多年来，船舶一直实行党支部领导下的船长政委分工负责制，这一体制给人们留下了深刻的痕迹，不少航运企业的主要党政领导不赞成在船上推行船长负责制。在调查中回顾了船舶领导体制的沿革，总结分析了现行领导体制的现状和改革的必要性，海员工会明确提出了推行船长负责制的意见。

调查组由中国海员工会执笔撰写了《关于运输船舶领导体制改革的调查报告》，阐述了船舶领导体制改革的几项原则，提出了改革的具体方案和意见。

实行船长负责制就是船长对船舶实行统一领导，全面负责。船长是一船之长，在船舶处于中心地位，起中心作用。船长对企业经理负责，政委也是船舶领导人，主管全船思想政治工作，协助船长做好全船的管理，船舶党支部发挥保证监督作用。

实行船长负责制有利于船舶工作的统一领导、统一指挥、统一组织、统一协调、强化领导责任制，与企业经理负责制上下对应。政委也是船舶领导人，由企业经理任命，主管全船思想政治工作，同时协助船长做好行政管理。这样做，有利于加强思想政治工作，为船长排忧解难，更好地发挥政治工作“服务、结合、保证”的作用；有利于实现内行管理，调动船长和各部门长的积极性，根据海上生产特点，加强应变能力，提高决策效率。

另外，现职船长基本上都是新中国成立后培养出来的，中共党员比例约占船员总数的 2/3，大专、中专文化程度的也占 2/3 以上，从船长素质来看，基本上有条件逐步实行船长负责制，而且符合国际惯例。

这一报告受到了交通部党组的重视和肯定，交通部党组采纳调查组的许多建议，最终作出在航运企业实行经理负责制、在船舶实行船长负责制的意见。接着，中国海员工会与交通部政治部共同研究部署了航运企业和船舶领导体制改革的具体实施办法，有力促进了航运企业的领导体制改革，加快了贯彻“三个条例”、推行厂长负责制的步伐。

## 五、开展质量管理的群众运动

党的十一届三中全会以来，随着党的工作重点的转移，中国迎来了改革开放和社会主义现代化建设的新时期。这一时期，工会的群众性生产活动是以实现四个现代化为总目标，以“双增双节”为主要形式，广泛地开展了“为‘四化’立功”活动。全国总工会九届六次执委扩大会议以后，工会恢复了以生产为中心的优良传统，以“高产、优质、多品种、低消耗和安全生产”为主题、以增产节约为主要活动内容的多种形式的劳动竞赛在全国各条战线普遍展开。

1979 年，在加快“四化”建设的过程中，工业战线上相当普遍地存在着追求产值而忽视提高质量、增加品种的错误倾向，虽然国家曾多次强调“质量第一”，但基层部分企业对提高质量、增加品种，抓得很不认真、很不得力。

水上运输同样存在着不少质量问题，如管理落后、规章制度不健全、技术力量不强、技术管理较差、安全质量不够稳定、海损工伤事故严重损失重大等。这些问题不解决，就不能提高劳动生产率，就不能提高运输效率，就不能高质量完成运输任务，既不可能有交通运输的高速度，也势必影响四个现代化的进程。

针对上述问题，国家开展了“质量月”活动。通过质量管理小组和质量“信得过”班组的活动，涌现了一批先进单位、模范人物，这些先进单位和模范人物对抓质量做出了很大的贡献，起到了很好的带头作用。为了充分调动企业提高质量的积极性，全国质量管理小组代表会议于 1979 年 8 月召开，推动质量管理不断进步。会议上形成的共同经验：班组是企业的基层组织，是进行生产活动的第一线。企业管理的许多基础工作，也都要从班组搞起。要搞好质量管理工作，把产品质量搞上去，就必须首先抓好班组的质量管理工作。

为认真贯彻全国质量管理小组代表会议精神，交通部广泛宣传上海港务局五区的成功经验和做法，他们建立了岗位责任制，坚持严字当头，对装卸质量层层负责，岗岗把关，组织起专管与群管相结合的安全质量监督网，使装卸质量大大提高，做到了货主、船方、卸货港三满意。此外，交通部还提出了开展质量管理的群众运动、普遍建立质量管理小组的要求，希望把质量管理的群众运动进一步广泛开展起来，把以班组为基础的质量管理小组普遍扎实地建立起来，把当前产品、运输质量提高到一个新的水平。

中国海员工会根据全国总工会要求，号召水运职工积极响应党中央关于开展增产节约运动，并在增产节约运动中，积极开展提高产品质量活动，做好群众工作；并按交通部要求配合做好普遍建立质量管理小组工作，积极参与质量管理小组活动。

上海远洋运输公司“丰城”轮，常年航行于中日航线。这条航线航程短、船舶周转快、进出的港口多，货种杂、票证多。全体船员树立了对货主负责和预防为主、全面管理的思想，认真推行了“船舶货运全面质量管理”，使船舶的生产、货运质量、技术和生活管理逐步走向制度化、条例化，有力地促进了运输生产。

在1980年9月至1981年6月的10个月中，往返20个航次，共运货103029吨，实现1035901件无差错，迅速及时、安全优质地完成了任务，受到国内外货主的好评，被交通部等上级部门评为全面安全质量管理和安全优质标兵船。

## 六、开展“安全月”活动

1980年，国务院在全国建立“安全月”制度，规定每年5月为“安全月”，根据全国开展“安全生产月”的要求，全国交通系统在开展第一个“安全月”活动中，各单位领导高度重视，各级海员工会积极投入“安全月”活动。

“安全月”活动领导重视，组织落实，行动快，抓得紧。从交通部到各省、市、自治区交通局，直到交通系统基层各单位，都按照党中央精神积极行动，召开了有关会议，发了文件、电报等。主要领导挂帅，组成了“安全月”领导小组，建立了办公室，工会也参加其工作，抓“安全月”活动。许多干部深入第一线，督促检查工作，总结经验教训，有力地推动了交通安全工作。

工会与行政一起广泛深入地发动群众，进行安全宣传教育。交通系统广大干部和职工群众，都认真收听收看了全国“安全月”广播电视大会实况，组织了讨论，学习了有关文件。“安全月”一开始，全国交通系统就采取了多种形式进行宣传教育活动，不少地区和单位利用电影、幻灯、广播、报纸、图片、黑板报等进行宣传。有的出动了宣传车、宣传船、文艺小分队等巡回宣传。有的举办了安全生产的展览、讲座、学习班。广西梧州港监所深入140个有船单位和30个船舶密集点进行宣传，听到宣传的船舶达1058艘次。

“安全月”活动的主要内容是进行大检查、大整改，中国海员工会积极参与其中。交通部除下设的10个工作组结合进行检查有关单位的“安全月”活动情况外，还派出西北、东南两个检查组，专门检查“安全月”活动情况。全国 29 个省、市、自治区交通（航运）部门和交通部直属各港口、航运、工厂、航务工程、公路工程、基建工程兵部队、航道、救助打捞等单位，都积极开展了安全大检查、大整改活动。各单位都有领导带队组成检查组，深入公路、街道、航道、港口、码头、车站、船舶工厂、车间、工地等进行大检查，边查边改。天津港务局在“安全月”中先后进行了 24 次安全检查，其中有 8 次是在夜间进行的，每次检查都由局、作业区、公司的领导带队。对发现的各类事故隐患 1414 件，已解决和着手解决的有 1083 件。秦皇岛港务局由局长、副局长带领 20 多人，先后对油区、燃料公司、货区、煤区、运输队进行了检查，发现货区甲码头前沿地面下沉，威胁门机安全，决定由工程、计划两处负责限期解决；对 8 号、9 号码头煤炭除尘问题，水泥厂粉末除尘问题，决定投资 92 万元限期解决；他们对查出的 390 个不安全问题，积极整改了 201 个。上海海运管理局和上海远洋运输公司各轮从思想、领导、管理、组织、制度、纪律、设备、操作、措施、事故等 10 个方面，进行了防海损、防火、防爆、防机损、防工伤、防污染的安全大检查。各省、市、自治区交通（航运）部门的大检查活动也是认真负责。

加强法制教育，严肃处理事故，对促进各种安全生产规章制度的贯彻执行、防止事故的发生起了积极作用。开展第一个“安全月”活动后，事故大为减少，劳动保护和环境卫生较前有了改善，使安全生产和文明生产向前推进了一步。

据统计，交通部直属水运企业中的船舶运输单位，当年 5 月份海损事故明显下降，与去年同期比较，事故件数减少 25.8%，沉船减少 80%，直接经济损失减少 66%，没有发生死亡事故。其中，广州海运局、广州远洋运输公司安全生产成绩显著，做到了无海损、无工伤、无火灾、无污染，提前超额完成了月度生产计划；交通部直属11个港口中，9个港口都无死亡、火灾事故，提前超额完成了全月吞吐量计划；各航务工程局、救助打捞局，上海、广州航道局，第一、二公路工程局，基建工程兵十二支队111团、112团和青藏公路指挥所299团均没有发生死亡事故；部属31个工厂中，29个工厂没有发生死亡事故。这些单位中，一般事故也有较大幅度的下降，受伤事故显著减少。

## 第四节　组织劳动竞赛和技术比赛

### 一、大力开展劳动竞赛

1979年12月，全国总工会要求各产业工会要根据各产业特点和实际情况，把工会工作的重点放在“四化”建设上，深入发动职工群众开展增产节约运动，组织劳动竞赛和开展群众性的技术革新、技术革命、技术协作和合理化建议等活动。刚刚恢复工作的中国海员工会积极贯彻落实，要求各级海员工会以运输生产为中心，在企业党委的统一领导下，配合行政，在水运系统中广泛、深入、扎实地开展增产节约运动，在保证安全、质量的基础上节约燃料、提高效率，争时间、抢速度，尽快跟上国民经济发展的需要。

各级海员工会积极响应中国海员工会的号召，动员组织广大职工投入以安全、优质、低耗、高产为主要内容的劳动竞赛，努力提高劳动生产率，提高运输效率，确保全面完成八项经济指标①，超额完成全年的计划任务。开展的劳动竞赛内容丰富多彩，

---

① 八项经济指标包括吞吐量、集港量、单日装船数量、单月船舶进出港数量、单位吞吐量的过港费、单吨净收入、单吨净利润、人均吞吐量等。

有先进航次赛、先进班组赛、单船赛、舱口赛、“质量信得过”赛、“百日无事故”赛和“六无”竞赛等。

当时，劳动竞赛与大搞技术革新和技术革命结合起来，与改革企业管理结合起来。积极引导广大职工学习、掌握现代科学技术和进行技术革新，走“挖潜、革新、改造”的道路。与此同时，对在竞赛中暴露出来的企业管理上的问题，工会协助行政推动问题的解决。逐步改进生产技术工艺，提高企业管理水平，建立和健全以岗位责任制为中心的规章制度，通过技术革新和管理改革，努力提高运输装卸效率，缩短船舶停泊时间，加速船舶周转，特别注意抓好大宗粮运的工作等。

各级海员工会做好评、比、选、树工作，充分发挥劳动模范的带头、骨干、桥梁作用，及时总结推广先进经验，把精神鼓励和物质鼓励结合起来，重视鼓励先进，鼓励劳动好、贡献大的职工。

## 二、开展“小指标百分赛”

1980 年，中国海员工会工作会议上提出广泛深入地开展社会主义劳动竞赛，把主要精力放在普遍开展“小指标百分赛”上。为了推动劳动竞赛，中国海员工会下发了《关于进一步开展小指标百分赛的几点意见》，着重要求抓好两方面工作：一是凡尚未开展或刚刚开展“小指标百分赛”的单位，要积极开展试点工作，取得经验逐步推广；二是已开展的单位要积极全面推开，总结经验，逐步提高。

“小指标百分赛”就是利用生产指标和工作定额的高低，用分数来统计。各项指标都完成了，就可以打一百分，哪一项达不到就扣哪一项的分。这样，分数的高低一定程度上能体现出工作的好坏，衡量先进与落后也就有了基本标准。

“小指标百分赛”解决了用什么办法去全面地考核各项生产指标、用什么标准去衡量先进和落后、怎样正确地使用经济手段、发挥奖金的作用、如何克服平均主义等问题。因为它有明确的目标和具体生产指标，体现当时运输生产的关键环节和主攻方向；它把经济责任、经济效果、经济利益统一起来，把国家利益、企业利益、个人利益结合起来，从而调动广大职工的积极性，使竞赛能够持久地开展下去；它把前方和后方、生产和管理结合为一个整体，既发展生产，又提高企业管理水平；它与其他竞赛结合一起，使竞赛丰富多彩、生动活泼，推动增产节约运动不断前进。

“小指标百分赛”计分与计奖相结合，体现了经济责任、经济效果、经济利益的统一，使国家、集体、个人利益三结合，推动劳动竞赛水平上了新台阶。

烟台港未开展“小指标百分赛”之前，每次评比先进单位和先进生产者、发放奖金都挠头不已，往往是互不服气，影响团结。因此把每月评先进评奖金当成负担，大家都感到不好办。1978 年 10 月，烟台港从装卸队开始实行“小指标百分赛”。在刚开展时有些人感到新奇，有的队长、班长把“小指标百分赛”当成了负担；也有的生产管理人员负责打分，感到是个麻烦，还怕得罪人，存在畏难情绪。当时局党委和局工会很重视这项工作，下基层和职工一起研究搞好“小指标百分赛”的办法，并介绍了上海港的经验。在这个基础上，烟台港坚定了信心，制定了措施，并且广泛做了宣传工作，克服了职工中存在的一些错误认识，使“小指标百分赛”从装卸队开始，逐步推广开来。

烟台港作业区有 7 个装卸队，每个队又有 5 个班，共 35 个班组。作业区开展“小指标百分赛”直接通到了班组。装卸队的“百分赛”包括五个小指标：一是安全生产遵章守纪无事故 20 分；二是三标（标准点、标准仓、标准梁都达到标准）20 分；三是六清（舱底清、甲板清、勾底清、机具清、库场清、道路清都达到标准）20 分；四是完成计划（按装卸定额或调度要求完成计划）20 分；五是卫生区（码头卫生分片包队，每天清扫干净）20 分。小项目多的指标，如大清包括六个小项目，按具体规定评分，如有一项不清则扣 10 分，有两项以上的不清，则 20 分全扣。

烟台港把“百分赛”中五项指标都铅印在装卸工班作业卡票上，正面是几队几班干什么活、干了多少吨，反面是这个班组工作完成情况，用“百分赛”来表示。

评分的办法是每个作业班组由当班次的调度、理货人员通过检查作业情况按标准打分，干得特别好的，要在后面备注上表扬，发生事故和问题要在备注上写明原因。最后由调度员、理货员分别签字。这张“百分赛”检验单就成为表扬和批评、月底评先进和得奖的原始记录和最有说服力的依据，使大家心服口服。

为了能使广大职工看到每天各班组“百分赛”的成果，烟台港还把 35 个班组的全月的项目都用宣传栏按时公布出去。一天一统计，两天一公布，月底累计总分，平均 90 分以上的为先进，得一等奖；平均 80 分到 90 分的为中游，得二等奖；80 分以下的为后进，不得奖。每月公布一次。职工们关心“百分赛”，每天都要看一看本班打了多少分，兄弟班组打了多少分。出了问题扣了分，自己感到难看，不仅挨批评，还少得了钱，队长和书记下班还来召集班后会，查原因找责任，不吸取教训不放过，使出现的问题及时解决。

烟台港搞的“百分赛”不是一蹴而就的，旧的矛盾解决了，新的矛盾又出现了。这样不断完善“百分赛”竞赛规则，实施当年生产发生了较大的变化，全面完成八项经济指标，且有显著进步。企业管理大大加强，生产效率高，安全质量好，坚持文明生产，按标准作业，天天讲六清，班班扫卫生，使整个码头始终保持清洁整齐。前来参观的日本客人，停靠港口装卸货的外轮，都赞扬码头清洁整齐、装卸快、装舱好。上海果品站也来信表扬说，水果运到上海装卸质量有了大转变。

随着“百分赛”的推广，有些航区还在内部“小指标百分赛”的基础上开展船队之间、港口之间、工厂之间的“小指标百分赛”。这样，“小指标百分赛”得以在更广泛更大的规模上展开，彼此更有效地交流经验，互相帮助，互相促进，取长补短，共同提高，更有助于生产力的发展和效率的提高。

在普遍推广“小指标百分赛”的基础上，又开展了船际、厂际、港际竞赛，进一步推动了运输生产力的发展，更好地完成了运输生产计划。

## 三、组织开展港际劳动竞赛

改革开放后，海港仍是水运系统的薄弱环节，船舶运输“窝在两头”的局面并未根本改变。

1979 年 8 月 30 日，中共中央和国务院在关于召开全国职工劳动模范代表大会的通知中，号召各条战线的全体职工更加紧张地动员起来，把正在进行的增加生产、厉行节约的社会主义劳动竞赛推向高潮。中国海员工会第一时间响应这一号召，为把以增产节约为中心的社会主义劳动竞赛更广泛地开展起来，从而充分调动广大海港职工的聪明才智，千方百计地挖掘、扩大港口通过能力，发展港口事业，以适应国民经济发展的需要。

11 月，交通部和中国海员工会全国委员会联合发出《关于开展七大海港港际赛的联合通知》，号召在已经广泛开展起来的学上海港、赶上海港、超上海港的基础上，开展大连、秦皇岛、天津、青岛、上海、黄埔和湛江港七大海港的劳动竞赛。

在海港开展增产节约运动的基础上，七大港组织在一起，开展以八项经济技术指标加上消灭重大（人身、货运）事故、节约燃物料和文明生产（三标六清）为内容的“海港港际超百分流动红旗赛”。这种港际赛形式，可以把七大港口近 12 万名职工组织起来，为一个共同的目标而奋斗，并在港际这个广阔规模上，开展“比学赶帮超”活动，形成你追我赶的热潮，以带动港口企业内部竞赛的发展，从而促进沿海和长江港口以至整个水运系统劳动竞赛的开展。

为使港际赛有个共同的奋斗目标，在广泛征求各港意见的基础上，各海港签订《七大海港港际赛协议书》，进一步促进了港际赛广泛地、深入地、持久地坚持下去，并在交通部和中国海员工会的领导下，切实保证完成国家计划规定的各项任务，实现各项技术经济指标的突破。

## 四、组织开展班组“双文明”竞赛

1991 年，中国海员工会发出《关于开展内河船舶、港口装卸班组“双文明”竞赛活动》的通知后，各港、航单位认真贯彻落实通知精神，成立了相应的组织领导机构，制定了竞赛实施细则，并将竞赛纳入本单位的竞赛活动系列，使竞赛与企业升级和承包经营紧密结合，充分调动了广大职工的积极性，促进了企业的生产经营。很多单位在年中进行了检查、交流、总结，对竞赛活动做到思想重视、组织保证、措施得力，更好地推动了港航企业“双文明”建设的发展。

全国内河船舶、港口装卸班组“双文明”建设竞赛活动开展以来，共有 455 个航运企业、272 个港口企业的 48924 条船舶、12633 个装卸班组参加了这一活动。通过竞赛，职工的主人翁责任感不断增强，行业风气不断好转，有力地推动了“质量、品种、效益年”活动的深入开展，促进了内河系统两个文明建设的发展，完成了各项运输生产任务，涌现出一大批先进集体。

中国海员工会全国委员会对中国长江轮船总公司“长江

02028”轮等50艘船舶和哈尔滨港务局151装卸班组等34个班组分别授予内河双文明建设竞赛活动组织奖，分别颁发奖状、奖旗，并予以通报表彰。

## 五、创优服务竞赛中创建文明客运站

上海港客运总站是一个以客为主、客货兼营的水运码头，共有1600名职工，下设十六铺站、公平路站、国际客运站及售票处等4个客运部门，担负着国内及香港地区共24条航线的旅客接送任务。全年旅客流量约1000万人次。

1984年，该站参加上海市政府交通办、上海市总工会组织的铁路、民航、港口三大客运窗口“创优服务竞赛”，在经营思想、经营方式上大胆进行转变，立足于提高客货运服务质量和社会、企业的经济效益，坚持以改革促进创优，用创优检验改革，坚持物质、精神两个文明建设一起抓，取得了较为显著的成效。

1984年，该站完成吞吐量40.6万吨，比去年增长39%，提前4个月完成年度计划；旅客发送量完成516.8万人次，比1983年增长1.2%，提前一个多月完成年度计划；实现利润210万元，比1983年增长75%，提前5个月完成年度计划。小件寄存、行包托运、小件搬运完成量也分别比去年增加了39%、16%和47%，货损、货差、工伤频率和机械完好率等其他指标也达到了部颁标准。在为客服务方面，先后新增30多项便民利客措施，基本上做到了客运服务规范化、待客用语文明化、站容站貌优美化，服务质量有了显著提高。1984年内收到旅客表扬信件4000多封，报刊、电台、电视台也经常报道该站的文明新风，计70多次。全站已消灭了粗暴待客现象，为旅客争做好人好事蔚然成风。全站基本恢复了水运系统为客服务的优良传统。

创优服务竞赛开始时，上海港客运总站提出“奋斗一年，努力建成局级文明站、部级文明站、市级文明站，并力争在上海市三大客运窗口创优服务竞赛中夺冠”的目标；围绕奋斗目标，明确“全心全意为旅客和货主服务”的宗旨和“安全质量第一，严格各项管理，讲究经济效益，关心职工生活”的办站方针；行动口号是“迎送天下客，温暖万人心，为交通系统增誉，为上海人民争光”。他们把开展三大窗口竞赛的决定印发到全站130个班组，组织职工认真学习，结合本岗本职制定具体措施。6月至11月，全站三次召开文明部门、班组、岗位和先进个人的命名大会，并给在创建文明单位中做出突出贡献的96名干部和职工晋级，号召全站职工向先进学习，人人动手促改革、争创优，自觉地把班岗的创优标准落实到行动上。

创优服务竞赛过程中，该站按照创建文明单位的具体标准，制定了九项规章制度和不同层次的规章条文，具体、实在、易行，把创优工作中的思想教育、组织保证、班组管理、责任分工融为一体，为创优服务标准化打下了基础。为了方便这些标准、条文真正成为职工的自觉行动，全站积极健全检查制度和建立信息反馈制度，通过信息反馈和自查信息反馈简报，对上海市交通办检查小组及自查出来的问题逐一进行反馈：属个人问题的，逐个谈话，进行教育；属部门问题的，限时补课，严防重犯。通过信息反馈处理，凡被查问题都一一得到整改，整改率达100%。在此基础上，全站加强全面安全质量管理，健全了客运分析调查表、创新“三优”成果统计表等资料统计工作，把整个客运服务纳入了科学管理轨道。

为了提高客运服务质量，上海港客运总站以解决旅客“老三难”（即购票难、上船难、托运难）为突破口，发动全站职工提出合理化建议，先后收到各种建议几十条，并从中筛选采纳了十几条。比如，旅客托运行李过去有“三不托”[1]，通过改革实现来者不拒、昼夜服务；在售票问题上，发掘潜力，扩大船票登记范围，降低团体票起订限额，使售票拥挤和昼夜排队现象有所缓和。初步解决了“老三难”后，客运站工作人员又找出“新三难”，即住宿难、吃饭难、返程难。比如，上海十六铺、金陵东路一带经常有不少旅客因找不到住宿地点而露宿街头，他们就发动职工把一座旧仓库改建成招待所接待旅客，同时昼夜开放候船室，并先后在十六铺站、公平路站开办向中转旅客出租卧具、提供盥洗设备的服务项目，受到广大旅客尤其是中转旅客的好评。近一年来，他们新辟了 30 多项为客服务项目，受到广大旅客的欢迎。

上海港客运总站为了建立一支能打硬仗的客运职工队伍，制定了职工重奖重罚条例，比如，明确规定了凡殴打旅客者开除公职；谩骂旅客者降工资一级；待客态度不好者处以一次罚金等条例。在具体实施过程中，做到经济惩罚与说服教育相结合，树立先进典型与抓后进转化相结合，提高为客服务的质量。

另外，该站针对干部队伍与改革和创优工作不相适应的状况，先后做了三次调整，从基层和机关挑选了一批符合“四化”建设要求的同志到各级领导岗位上，初步扭转了服务质量不高、社会和企业经济效益上不去的被动局面。而后，又积极推行站长负责制，试行行政干部招聘制，宣布全体中层行政干部一律就地免职，另行聘用。

通过竞赛活动，促进创优质服务工作，上海港客运总站取得了创优服务竞赛的好成绩，被上海港务局正式命名为文明客运站。

---

① “三不托”即无船票不托，超重超体积不托，超过时间不托。

## 六、开展竞赛活动，促进安全生产

20 世纪 90 年代初，国务院决定开展“质量、品种、效益年”活动，这是提高经济效益、增强企业活力的重大措施。交通部根据产业特点，提出以“安全、质量、服务、效益”为主题，扎扎实实地搞好“质量、品种、效益年”活动。安全生产是搞好交通运输的首要条件，对社会安定具有重要意义。为此，中国海员工会全国委员会和交通部交通安全委员会决定于 1991 年在远洋、沿海运输船舶中开展安全生产竞赛活动。

各港航单位认真贯彻国务院关于开展活动的决定，紧紧围绕交通部提出的主题，强化安全管理，健全安全制度，落实安全措施，加强安全管理，为保证船舶安全运输生产、提高企业经济效益做出了显著成绩，涌现出一批先进船舶。为了推广先进船舶的管理经验，推动安全生产活动的深入开展，中国海员工会对在竞赛活动中取得优异成绩的“柳州”轮等 19 条先进船舶授予“1991 年度安全生产竞赛先进船”称号，发给奖状；对在组织竞赛中成绩突出的青岛远洋运输公司授予“安全生产竞赛组织优胜单位”称号，发给奖旗，并予通报表彰。

1992 年，各单位认真贯彻交通工作会议精神，继续深入开展船舶安全生产竞赛活动，圆满地完成了运输生产任务，取得了良好的经济效益和社会效益。竞赛中涌现出了一大批安全生产先进船舶（队）。为了进一步推动安全船舶建设，保证运输生产顺利进行，中国海员工会决定授予“龙光”轮等 69 艘船舶（队）“1992 年度安全生产竞赛先进船舶”称号，并颁发奖状。

通过竞赛，广大船员对生产重要性的认识进一步提高，调动了工作的积极性，增强了安全工作的责任心，积极落实各级安全岗位责任制，建立和健全管理与监督机制，真正做到全员关心安全、自觉执行各项规章制度，形成人人保安全、个人保部门、部门保船舶、船舶保企业的安全生产新格局，使船舶安全生产跨上一个新台阶。

## 七、组织首次全国水路客运技术比赛

1991 年初，交通部召开了全国水路客运会议。会上提出要结合交通行业的特点，开展“质量、品种、效益年”活动。中国海员工会贯彻会议精神，发动广大水路客运职工深入开展学雷锋学严力宾、奉献在岗位活动，紧紧围绕交通部提出的要求，力争在平凡的服务工作岗位上做出出色成绩。航运企业工会积极响应，开展技术练兵活动，提高客运服务人员的技术业务素质，改善客运服务质量，进一步推进水路客运的两个文明建设。

为了检验技术练兵活动情况和客运服务人员的技术业务素质，1991 年 11 月 2 日，交通部联合中国海员工会在武汉、上海举行首次全国水路客运技术比赛。

交通部运输管理司副司长郭生海与中国海员工会全国委员会主席张士辉，分别在开幕式与闭幕式上发表了讲话。这次比赛在客船的服务员和广播员中进行，有长江轮船总公司，上海、广州海运局，大连轮船公司，黑龙江航运管理局，湖南、浙江、江苏和广东省航运等 9 个单位，共 14 个代表队、66 名选手参赛。

这次比赛内容全面、丰富、实用，比赛方式灵活多样，尽可能地适应了水路客运的特点。比赛的内容包括服务工作全面质量管理知识，以及服务员、广播员主要职责、业务知识和日常简单英语会话等应知应会的内容。比赛的方法，既有理论知识方面的笔试、口试，又有实际操作技能的测定。为了使这次比赛具有行业的特点，具体的比赛活动还特地分别安排在“江申 4 号”轮和“海兴”轮上进行。经过几天紧张、激烈的角逐，大连轮船公司代表队夺得“广播员”单项赛第一名，有6个代表队分别获得团体第一、二、三名，荣获“客运技术培训优胜”奖；有6名服务员和广播员分别获得个人第一、二、三名，荣获“全国水路客运技术能手”称号。

这次比赛提供了互相学习的大好机会，参加比赛的选手都是来自各个单位的技术能手，大家通过比赛，相互观摩、相互学习，取长补短，共同提高，为进一步开展“比学赶帮超”社会主义劳动竞赛创造条件。首次比赛，在全国交通系统引起了很大反响，是一次范围广、影响大、效果好的技术比赛。这次比赛不仅检阅了水路客运服务的技术水平，而且起到了组织、动员、促进开展群众性技术练兵活动的积极作用，对全面推进客运服务质量的提高产生了深远影响。

## 第五节　积极为职工排忧解难

### 一、重视改善船员伙食供应和工作环境

#### （一）重视改善海员伙食供应

改革开放后，船上伙食标准根据航线不同而有所区别。远洋运输公司船舶跑长线的（西欧、非洲、中东等地）伙食标准每天每人3.1元，跑短线的（日本）每天每人2.5元，伙食都由外轮供应公司供应，伙食费30%可用外汇在外国港口购买。然而，随着当时国外食品普遍不断地涨价，而外轮供应公司的肉类蔬菜及食品也相应提价。尽管船上采取肉类蔬菜都尽量在国内准备，但蔬菜不能贮备多，且冰箱只保证15天，因此，只能在国外购买，黄瓜2元一根、生菜1.5元一颗，更好的蔬菜就买不起，只能买

像土豆、洋葱这类较低价格的蔬菜。由于缺少新鲜绿叶蔬菜，远洋船员中经常出现溃疡、牙床出血、胃口差等现象，而且非常普遍。

沿海船员，伙食供应也不一样。广州海运局跑南北线（上海以北各港）的船员伙食标准每天每人 2.1 元。按交通部、商业部等四部联合通知供应，伙食尚过得去。按航次计算，广州市供应每条船（四五十人）一个月猪肉 360 斤、鸡蛋 50 斤、鱼 400 斤（从 1979 年 4 月 1 日起取消）。还有粉丝、腐竹等，但蔬菜不固定，有了就供应，没有就不供应。船到大连、上海、青岛还有些补充，到黄岛则没有。

船舶航行广东沿海的船员伙食供应最差。他们的伙食标准每天每人 1.4 元，但不能按牌价得到供应。船靠广州港口期间，每天每人只供应 5 分钱的牌价肉，开航后停止。这样，船员只能到国营市场买“议价”肉或到农贸市场买高价肉。船舶所到港口，除海口尚有点猪肉供应外，湛江、八所、三亚和汕头等港口没有国家牌价补给，全靠买“议价”的食品补充。以广州来说，国营市场出售的“议价”猪肉 2 元 1 斤，鸡蛋 1.87 元 1 斤。至于农贸市场，价格更高了。海南各港，连普通的通心菜也要 0.3 元 1 斤。

从湛江去香港的油船又不发外汇，更吃不上什么东西了。他们不敢在外边吃饭，怕人家看见说笑话。

这些船舶航行广东沿海的海员晚上值班也得不到什么好的食品供应，每晚每人只发二两大米。船长和船员都备有电炉子，值夜班时，自己生炉子煮稀饭吃。船长房里能用电炉子还是因为环境条件好、相对比较安全，但在船员房间要用炉子就不安全了。

由于副食供应有问题，有些船上自行养猪。“红旗 88 号”轮就养了三头猪，其中一头是部队送的。

由于副食供应不足，主食吃得就多，加上船员粮食定量低（30 斤至 38 斤），大部分船上粮食超支严重，有的连船上贮备应急的太平粮也吃掉了，有的船上大米不足，就买地瓜干补充。

广东沿海港口装卸工人粮食定量也低。海南的海口、三亚和八所港的装卸工人粮食定量每月每人只有 38 斤，湛江港装卸工人每月每人 41 斤，基层干部也干装卸活，粮食定量就更低了。而上海港装卸工人每月每人粮食定量 50 斤，加上补助粮 5 斤，一共 55 斤。对比之下，南方港口装卸工人粮食定量显得低了，而且他们从事重体力劳动较多，体力消耗更大。

对这些问题，海员反映强烈，迫切要求解决。他们普遍要求改善伙食供应，把现行制度改为实物供应，以保证健康。港口装卸工人则迫切要求合理的粮食定量。这些问题引起国家领导人的重视，1979 年 2 月，中共中央副主席李先念就有关海员生活、伙食供应的批示，要求重视职工提出的生活问题和要求。各航运企业行政领导和工会甚为关切，为了改善船员伙食供应，积极采取措施，采取实行实物供应等办法解决改善伙食供应。

中国海员工会把做好职工的生活福利工作作为主要工作去落实。各级海员工会组织深入了解和反映职工群众的实际困难和要求，协助行政逐步加以解决。适应海员特点和要求的文化宫、俱乐部、船员基地、疗养院等进行了恢复和整顿，以活跃职工文体生活，增进职工身心健康。

由于当时中国经济还很落后，职工生活中的问题涉及面广，不可能一下子全部解决。因此，工会在积极抓好职工的生活福利工作的同时，还引导职工顾大局、识大体，发扬勤俭建国、艰苦奋斗的精神。改善伙食问题，通过此后各方面的努力，采取提高船员伙食费补贴标准等措施，得到了解决。

### （二）推动改善油轮工作环境，保护船员健康

船员长年漂泊在水上，当时中国运输船舶主要是一些老旧船或从国外购进的二手船。船舶设备设施较落后，对船员的保护能

力有限，再加上工作环境特殊，因此船员工作条件艰苦。特别是油轮船员，由于长时间吸入大量有毒有害的油气体，普遍出现白细胞下降、高血压、贫血、心动过速、神经衰弱和脱发等一系列症状。

中国海员工会在交通部的支持下，对此进行了多次调查研究，并与各油运公司一起做了大量工作，改善了工作环境，对部分老船进行改造，并推广安装净化装置等；交通部从劳动组织方面进行合理安排，延长了油轮船员的休假期，实施船员疗养制度；在效益工资的分配上有了倾斜。

为了进一步推动改善油轮工作环境，保护船员健康，1991 年 1 月 23 日，交通部和中国海员工会等在北京召开了第二次联席会议。交通部部长钱永昌，副部长王展意、郑光迪、林祖乙，全国总工会书记处书记方嘉德，中国海员工会主席张士辉以及交通部办公厅、政法司、计划司、财会司、人劳司、体改司、运管司、科技司、教育司等有关司局负责人和 13 个省海员（公路运输）工会、部属及双重领导企事业单位的工会主席参加了会议。联席会上，体改司副司长李宗琦、人劳司副司长马国栋介绍了解决油轮船员生活劳保等方面的情况。中国海员工会提出希望在交通部的支持下，将争取把油轮船员列入有毒有害工种。同时，会议根据中国海员工会的建议，交通部同意着手研究油轮船员提前退休的问题。

## 二、推动解决船员的“户口”问题

### （一）解决女船员子女落户问题

1958 年颁布的《中华人民共和国户口登记条例》规定了限制农村人口流入城市的具体措施。因户籍制度还要加上定量商品粮油供给制度、劳动就业制度、医疗保健制度等辅助性措施，以及在接受教育、转业安置、通婚子女落户等方面又衍生出的许多具体规定，它们构成了一个利益上向城市人口倾斜、包含社会生活多个领域、措施配套、组织严密的体系。因此女船员子女的户口问题一直难以解决。

由于航运企业中女船员工作特殊，工作基本属流动性，无法随身抚养子女，因此女船员抚养子女存在诸多困难，且解决户口问题难度更大，为此中国海员工会一直积极呼吁解决。

改革开放后，中国经济有了发展，交通部、全国总工会和全国妇联联合向国务院反映情况，要求解决女船员子女落户问题。经国务院研究，认为交通部系统海运、长江航运国营企、事业单位的女船员工作基本属流动性，无法随身抚养子女的，根据国务院关于从事地质勘探等野外工作的女职工子女户口问题的规定精神，解决女船员子女落户问题。

中国海员工会根据上级文件精神，于 1981 年 1 月下发通知，明确交通部系统海运、长江航运国营企、事业单位的女船员属船舶集体户口，工作流动，无法随身抚养子女的，其未成年子女可随父在市、镇落户。如夫妇双方都是船员，为船舶集体户口，工作流动，无法随身抚养子女的，可准许其未成年子女在市、镇祖父母、外祖父母家中落户。但寄养到北京、上海、天津三市的受到从严控制。

船员来自五湖四海，长期困扰船员户口问题得到了解决，解除了船员的后顾之忧，使广大船员心情舒畅、干劲十足，积极为航运事业的稳定发展做贡献。

### （二）解决家住农村船员家属农转非问题

党的十一届三中全会以来，农村全面推行了联产计酬承包责任制的经济体制改革，使中国的农业生产和农民生活发生了巨大的变化。可是，给家住农村的从事海洋运输生产的船员带来了许多难以克服的实际困难，引起广大家住农村的船员及其家属的强烈反映；同时，给企业的运输生产职工管理造成一些困难。

为此，中国海员工会积极呼吁，中国远洋运输总公司工会组织力量分赴七省市、26个县的农村，走访和调查了388户农村船员的家庭后认为，农村实行承包责任田的基本形式是按人口平分土地，实施家庭承包，一般为3—5年，多则15年不变。对于长期航行在国内外的船员来讲，困难很大，矛盾十分突出。首先，缺乏劳力，种田困难，是当时船员家庭承包责任田的最突出的问题；其次，无力赡老扶幼，影响了子女的健康成长；最后，农村土地承包后，农村船员只能靠请人来耕种责任田，开销较大，而且各种社会费用摊派到户，但由于船员不在家中，求人请人办事的情况就多了，相应地支出也更多了，尤其是对于工资收入提高有限的一般船员而言这一问题更加严峻。当时，中国远洋运输总公司整个工人船员基本工资平均只有75元，在船时加40%的水陆差，平均也不过105元。从上海崇明、嘉定、宝山三个县调查的198户船员家庭看，有170户在当地属于不同程度的困难户（占85%），其中有20户生活尤为困难，尚有欠债。据在其他地区的调查，船员在当地农户中多属于中下生活水平。因而，越来越多的船员感到长年漂泊海上，远离亲人，工作艰苦，生活枯燥，爱人在家受累，孩子误了学业，到头来还不如在家当农民生活实惠。于是，大家都不愿继续在船上工作，纷纷要求调动或辞职，直接影响到船员队伍的稳定。

鉴于上述情况，尽快解决家住农村的船员家属农转非问题已迫在眉睫。

1987年，中国海洋运输船员有6.5万余人，其中家住农村的船员有21899人，占船员总数的33.69%。他们大多数是1976年前来自部队的退役军人，也有少数大中专毕业生，他们都经过一定专业训练和多年的培养锻炼，已具有比较熟练的管理操作技能，成为中国船员队伍的骨干力量，他们为中国海运事业的发展做出了宝贵的贡献。当时，在中国远洋船队大发展、船员紧缺、干部船员严重不足的情况下，服从需要，勇挑重担，克服困难，推迟休假，甚至亲人病重、病故都不能回家照料、处理。正因为有这样一支比较好的队伍，才能在当前国际航运持续不景气的形势下，超额完成中国国际贸易的海上运输任务。

为了促进中国航运事业的发展，为解除船员的后顾之忧，交通部、国家计委、公安部、商业部于1992年9月底联合向国务院提出了《关于解决家住农村远洋船员家属“农转非”问题的意见》。解决农村船员家属“农转非”的范围和条件是：在经交通部批准，从事国际远洋运输的公司所属船舶上工作的干部船员及固定工船员和在上海运管理局、广州海运（集团）公司、大连轮船公司及上海、广州、烟台海上救助打捞局船舶上从事国际远洋航运工作的干部船员，凡1978年底以前到上述各单位且现在仍在船上工作的，其配偶和符合计划生育政策的15周岁及以下的子女(包括超过15周岁的在校中学生或因病残生活不能自理的子女)。

国务院很快批准上述方案，并付诸实施。

## 三、关注职工劳动福利

### （一）重视海员疗养院建设

海员长年奋战在海上，体力消耗大；油轮船员长期在油气污染中工作和生活，容易诱发各种慢性病；潜水人员易患减压病，属于在一定时间内强制休养的工种；而肠胃病、风湿性关节炎、心脏病，又是海员的常见病。若要恢复船员的身体健康，需要解决他们的疗休养问题。

1980年4月，中国海员工会根据工作会议提出要加强海员劳动保护工作，要办好俱乐部、疗养院、船员基地，搞好文娱体育活动，增强职工体质，使他们一心一意搞生产，聚精会神搞“四化”的要求。结合广大海员和海运职工健康的切身需要，以及他们要求恢复疗养、休养的迫切心情，花了很大的精力争取把杭州海员疗养院归还海员工会和积极争取收回广州海员疗养院的工作。

通过不断努力，广州海员疗养院船员疗养工作取得了成果。之后，又与交通部协商，争取经济和建设上的支持，并探讨管理体制问题。1982年6月，交通部复函中国海员工会全国委员会《关于请示拨款修复广州海员疗养院的报告》提出：广州海员疗养院的体制归属交通部，并和中国海员工会全国委员会共同管理，委托广东省海员工会代管（管理党、政工作）；疗养院职工编制、配备、调动都由交通部管理。疗养计划由交通部会同中国海员工会全国委员会决定。其经费，每年定额补助12万元，由交通部负责；修复经费另列计划审批。原“广州海员疗养院”改名为“中国海员广州疗养院”，接收疗养对象，面向全国海员，以接纳广东海员为主，并接纳少量的干部疗养。疗养院在院内扩建，其扩建部分的产权归属交通部。

### （二）探索轮班劳动制度

近几十年来，中国港口装卸作业的机械化程度虽然不断提高，但“三内”[①]作业主要还是依靠繁重的体力劳动，已经成为提高港口运输生产中的薄弱环节。其他方面作业的机械化程度越高，“三内”作业用体力拼机械化的程度就越大。当时全国各港口普遍反映，装卸工人劳动强度过大，安全生产差。他们把装卸工人的劳动概括为累、脏、苦、险，装卸工人工作中普遍不安心。再

① “三内”指舱内、库内和车内。

加上其他因素，装卸队伍长期不稳定，这已经成为各港口普遍存在的最突出的问题。

党中央和国务院领导对中国港口装卸工人工资收入少、劳动强度大、安全条件差、社会地位低等情况非常关怀，并明确指示，要求加以改进或解决。当然，彻底解决装卸工人中存在的问题，要在多方面通过调查研究后逐步加以解决。

1983 年 4 月 27 日，中国海员工会发出了关于大连港装卸工人实行四班三运转工时制度给交通部党组的调查报告。调查报告中指出，大连港装卸联合公司原来实行的是七班六运转工时制度，工人普遍反映间休时间短，体力得不到恢复；轮休时间分散，难以安排家务等。从 1980 年 9 月起，在部分装卸工人中实行了四班三运转工时制度，两年多来取得很好的效果，减轻装卸工人的劳动强度，有利于保护劳动力，解除职工后顾之忧，有利于文化科学和技术学习等。从改革的实践来看，方向是正确的，改革的效果是好的。

交通部有关部门对实行四班三运转的改革措施充分加以肯定，也尽力尽快在全国各港口从事体力劳动的装卸工人中加以推行。此后，全国许多港口企业采用了四班三运转模式，使国家、企业、个人三者都能受益。

## 四、重视劳动保护工作

### （一）推动群众劳动保护工作

党的十一届三中全会后，工会劳动保护工作进入稳定发展时期，并取得突破性进展。国家建立了“国家监察、行政管理、企业负责、工会监督”的安全生产管理体制，明确了工会监督职权；颁布了《中华人民共和国劳动法》，对劳动保护工作定有法律条文，将劳动保护纳入依法监督管理阶段。全国总工会书记处第 63 次会议通过了《工会劳动保护监督检查员暂行条例》《基层（车间）工会劳动保护监督检查委员会工作条例》《工会小组劳动保护检查员工作条例》，在这些条例的指导下，劳动保护监督检查队伍不断壮大。

刚刚恢复的中国海员工会，十分重视劳动保护工作。为了切实加强工会群众劳动保护工作，总结交流经验，解决当时工作中存在的问题，中国海员工会开始梳理各级海员工会劳动保护组织机构情况。具体内容包括：专职机构名称、人数、兼职人数，基层劳动保护工作委员会，班组检查员或安全员的建立情况，存在问题和准备加强的措施，基层行政方面劳动保护、安全卫生机构、设施等基本情况；汇总工伤事故情况、主要原因分析及措施；了解尘毒危害情况，职业病普查情况和改进措施，以及油轮及港口油运装卸作业情况；明确女工劳动保护问题。同时，收集关于搞好安全工作、职业病普查及防治、改善劳动条件、加强劳动保护工作的经验等。

1980 年，全国总工会召开工会劳动保护工作会议，中国海员工会汇报了全国水运系统劳动保护的基本情况、存在的问题和有关措施，力争得到领导的支持和解决。

会后，中国海员工会下发了中央书记处书记、国务院副总理万里在全国第三次工会群众劳动保护工作会议上的讲话和全国总工会康永和等领导的讲话，以及《加强工会群众劳动保护工作，促进社会主义四个现代化建设》的报告。要求各单位组织工会干部认真学习，努力完成工作任务。各级海员工会积极贯彻海员工会的要求，全面总结了新中国成立以来劳动保护工作的经验和教训，加强工会群众劳动保护工作，抓好思想建设、组织建设和积极分子队伍建设，加强群众监督，研究存在的问题，协同行政采取措施认真解决。

### （二）举办劳动保护干部培训班

为了贯彻全国总工会1985年2月底召开的工会劳动保护部长会议精神和提高劳动保护干部的业务技术水平，以适应“四化”建设的需要。7月17日至8月17日，交通部劳动工资局和中国海员工会在北京联合举办了一期交通系统“劳动保护干部培训班”，讲授了《劳动保护管理概论》《工业除尘技术》《工业防毒技术》《工业噪声控制》《电气安全技术》《焊接安全技术》《起重搬运安全技术》等七门劳动保护专业课程，并请全国总工会生产保护部的干部为全体学员作了关于“工会群众劳动保护工作”的报告。参加这次培训班的学员均为交通部所属企业单位负责安技或劳动保护工作的处长、科长和工会主管生产保护的专职干部。

为了把这次培训班办好，交通部和中国海员工会派6位人员组成了培训班办事组，负责组织学习和安排、处理日常生活等事宜。办班期间，办事组的成员齐心协力、相互配合，顺利地完成了任务。

经过一个月的学习，学员们普遍反映，举办这期“劳动保护干部培训班”是必要的，也是及时的，解决了他们在劳动保护、安全管理的薄弱环节。通过培训，学员进一步了解了劳动保护工作的意义和任务，弄清了政策、法规，学会了如何搞好劳动保护工作。同时，参加培训的工会干部提高了对工会群众劳动保护工作的认识，认为应当改变过去工会只做工伤事故善后处理的被动局面，把工作重点放在于职工群众中进行安全生产的宣传教育、组织发动，努力防止和减少工伤事故的发生等上面来，落实好“安全第一”思想，真正发挥工会对企业行政的监督检查作用。

### （三）召开安全生产劳动保护研讨会

1986年2月，中国海员工会工作会议的工作报告中提出，对于交通系统“七五”计划，特别是其中涉及职工切身利益的重大决策，要积极反映情况，提出建议和意见，以维护职工的权益。

11 月 4 日至 7 日，中国海员工会在安全及劳动保护等方面，调查职工反映强烈的问题，推动有关方面解决问题。同时，中国海员工会组织交通航运系统工会在武汉召开安全生产、劳动保护工作研讨会，来自中国远洋运输总公司，青岛、上海、天津、大连远洋公司，中波公司，广州、上海海运管理局，广东省航运总公司，黑龙江航运管理局，长江轮船总公司及武汉长江轮船公司工会的 20 名代表参加了会议。

在这次会议上，与会代表汇报了各单位贯彻落实全国总工会颁发的《工会劳动保护检查员条例》《基层（车间）工会劳动保护监督检查委员会工作条例》《工会小组劳动保护监督检查员条例》（以下简称“三个条例”）的情况；交流了群众安全生产、劳动保护工作的经验；认真研究讨论了航运系统存在的共性问题，针对航运系统点多、线长、面广、流动分散、人员调动频繁的特点，就以后如何加强群众安全生产、劳动保护工作提出了一些意见。

交通航运系统工会贯彻落实全国总工会的“三个条例”的情况是好的，各单位结合本企业的实际也做了大量的工作，取得了一定的成绩；各级海员工会都把贯彻落实“三个条例”、加强群众劳动保护工作作为工会的一项重要工作来抓，并列入工会工作的议事日程。有的把这项工作作为考核“职工之家”的条件，作为评先的内容。有的把搞好安全生产、劳动保护工作作为经济承包责任制的一个主要考核指标，使劳动保护工作落到实处。有的工会重点做好骨干的培训工作，并利用工会各种宣传阵地和工具，对职工进行劳动保护科学知识的宣传教育工作。有的单位通过开展“百日安全航行无事故”“安全知识竞赛”等活动，表彰了一批先进集体和个人，促进了企业的安全生产。有的还采取填写劳动保护建议单的办法，使各种信息很快反馈到行政，促使行政有关方面对一些影响安全生产的因素及时进行整改，防止了事故的发生，扩大了船舶的安全面。

会议最后形成共识，要求各航运企业工会继续认真贯彻“安全第一、预防为主”的方针，全面落实全国总工会颁发的“三个条例”，切实发挥群众监督检查作用。

## 五、关心职工生活

### （一）关心退休职工生活

20 世纪 80 年代，全国航运企业退休职工日益增多，有些港口退休职工占在职职工人数的 1/3 左右。这些老职工在航运企业辛勤工作了一辈子，为航运事业的发展做出了一定贡献。关心他们的晚年生活是航运工会的一项重要任务。

南京港务局工会建立了退休职工管委会，把退休职工的积极分子组织起来，在退休职工中开展互济活动，受到退休职工的欢迎。中国海员工会推广了南京港务局工会关于发挥退管会作用、做好退休职工工作的经验。

南京港务局退休职工 2240 人，占在职职工总数的 30%。关心退休职工的生活，解决他们的困难，使他们时刻感受到党和政府的关怀，安度晚年，这是南京港务局工会不可或缺的一项任务。

南京港务局工会建立、健全组织，支持退休工人参加社会活动。在原有三个退休工人管理大队的基础上，各基层工会建立了退休工人管委会，主要开展协助街道组织退休工人参加政治活动、时事学习和文体活动，协助工会做好退休职工的劳动保险工作和生活困难补助工作。退管会成员及队长、组长大都是原装卸队长、班组长和工会积极分子，除管理委员会的队长由工会支付补差外，其余都是义务活动。退管会依靠地方党委的领导与支持。退休职工积极参加街道居民时事政治学习，还积极参加社会活动，参加街道工作。

他们关心退休职工生活，积极发扬工人阶级互助互济的优良传统。第一、第二作业区退休大队建立退休职工生活档案卡，掌握退休职工生活情况。对于居住在外地的36户退休职工，逐户走访；对于生活困难户，及时向工会反映，并给予适当补助。他们还帮忙代领退休职工工资，到家看望退休职工，到医院慰问退休职工，照顾身边无亲人而生活上存在一些困难的退休职工，帮助退休职工处理病故丧葬事宜、遗属生活安排和开展互助互济等，受到退休职工与家属的一致好评。

工会和退管会发挥退休工人关心企业生产的积极性，经常听取退休人员对企业的合理化建议，征求改进工作的意见，注意发挥他们的积极性，企业召开职工代表大会也邀请退休职工推派代表参加，和在职职工共同讨论企业重大问题，助推企业发展。

### （二）慰问江苏、安徽灾区交通职工

1991年，苏皖地区遭受了百年来未遇的暴雨袭击。江苏兴化从5月下旬到7月15日，55天连降暴雨达1310毫米。据安徽寿县统计，5月18日至7月10日，52天累计降雨958.9毫米，是历史同期的5倍。由于雨期长、雨量大、势头猛，使内外河水猛涨，河流泄洪、湖泊暴满，仅巢湖周围就有2000多个圩子溃堤。外洪内涝给国家造成严重经济损失，交通企业也是重灾户，损失很大。

首先，航道严重损坏。由于洪水浸溢和冲刷，航道护坡、圩堤坍塌。据统计已有1370万立方米土方坍入航道，洪水损失航标285座，中断通航里程2033公里，造成直接经济损失2.4亿多元。

其次，交通企业“雪上加霜”。交通企业特别是内河航运企

业本来就很不景气，地方水运企业亏损面达89%。这次航道和船闸中断交通，加上一些港、站、货场被淹，致使水、路客货运输停开、停航，减少了10万多个班次，企业经济损失达2.7亿多元。

此外，交通工业由于厂房、机械设备被淹，房屋倒塌，有3/4的企业处在停产、半停产状况。交通重点工程建设也遭受严重损失，工程受阻，整个交通系统就是个“重灾户”。

江苏、安徽两省的60万名交通职工，不但要抗洪自救，更要承担抗洪物资的义务运送。

在突如其来的灾情面前，他们没有被巨大的损失和严重的困难所吓倒，豪迈地提出“三不等”，即不等水退、不等雨停、不等救济，以大无畏的抗洪精神重建家园。

9月，中国海员工会、中国公路运输工会组成以张士辉主席为首的慰问组到江苏和安徽的11个地（市）、20个基层单位，察看码头、车站、车队、道班、职工宿舍的水毁情况，看望受灾职工和家属，听取了省海员（交通）工会、地市交通局及航运公司、汽运公司、公路站的抗灾抢险工作情况介绍，详细了解了他们恢复生产重建家园的情况，并提出了具体意见。

中国海员工会赴江苏、安徽慰问组从9月4日到江苏开始工作至13日，走访了11个地（市）、20个交通系统的基层单位，影响较大。饱经洪水围困的交通职工见了从首都来的同胞，无不激动万分，感谢党和全国交通职工心系灾区，感谢慰问组给他们送去了温暖，为他们重建家园鼓了劲。中国海员工会向巢湖市航运公司赠送1000元慰问金时，公司副经理紧紧握着张士辉主席的手，泪流满面地说：一定要把中国海员工会和全国交通职工的关怀传达给每一个职工，振奋精神，搞好自救。

## 六、为远洋船员排忧解难

中国远洋运输总公司是一个新兴的海运企业，从20世纪60年代开始建立，到1981年底已建立起5个远洋运输公司（“广远”“上远”“青远”“天远”“大远”），远洋轮船发展到500余艘，900余万吨载重，海员有约4.5万人，航行于100多个国家和地区、500多个港口，承担了中国外贸运输中方派船任务的70%左右，为沟通内外物资交流和“四化”建设做出了贡献，增进了我国与世界各国人民的友谊。

1982年12月26日，新华社内部消息刊登了该社记者撰写的《我国远洋船员期望得到祖国的关怀和照顾》一文。中国远洋船员纷纷反映，他们长年远航国外，回到祖国港口却得不到应有的关怀，感到“冷冰冰的”。他们希望海员工会和港口有关方面关心他们的学习、娱乐和生活。当天，党中央领导在这份“清样”上批示：“这类事应当由总工会全权负责抓起来。总工会要为工人阶级办几件事。”

为了贯彻党中央领导对远洋船员工作的批示精神，中国海员工会从1983年1月31日到2月3日，召开了由6个远洋运输公司和3个省、地区海员工会主席的座谈会。交通部政治部、计划局和中国远洋运输总公司有关负责人参加了会议，全国总工会领导王崇伦和王申祥也参加了会议的座谈。交通部副部长钱永昌到会讲话，王崇伦作了会议总结。

这次座谈会成果丰硕，首先是解决了船员的政治时事学习问题，比如：为远洋船舶购置高档收录两用播音设备，及时收录播放祖国的新闻；改善报刊邮寄办法，提前将报刊邮寄到船舶所到港口，由驻外机构或船舶代理人员及时送到船上；坚持船舶政治学习制度，每周最少一次，采用多种形式改进学习。其次是改善船上文化活动。在远洋船上配备闭路电视录像设备，取代电影放映，不仅可以录放电影、电视剧、戏剧等，丰富船员的文化生活，而且可以录放各种形象、生动的政治、技术、文化教育内容，有利于加强对远洋船员的思想教育和技术业务培训。建立北京、天津、上海三个录制、复制中心，建设青岛远洋培训基地教学用录像设备。最后是改进船员上下船和家属来港探亲接待工作。交通部同意加快各主要港口船员基地的建设，为了打破公司界限，统筹安排好基地接待工作，严格按照接待船员的方针，不搞高级房间，不能借故移作他用，尽可能扩大文化娱乐活动场所。在中远总公司的基地未建成前，各公司在船舶所到的港口包租招待所或旅馆安置来港家属免费住宿，并提供接送船员在锚地上下船的交通工具。

中国海员工会将以海员俱乐部作为阵地，开展丰富多彩的文化宣传活动，吸引并做好船员工作。在大港口建立海员俱乐部，把海员俱乐部办好；同时改革国际海员俱乐部的领导体制和经营管理思想。

## 七、落实原招商局起义船员待遇

1949 年 4 月和 9 月，“中 102”轮和“海辽”轮光荣起义，分别回到连云港和大连。香港招商局职工和在港停泊的 13 条船的船员，在地下党组织的领导下，经过长期筹划，于 1950 年 1 月 15 日宣布起义。此后，“海玄”和“永灏”也相继起义。起义归来的 15 条船，总载重量 40858 吨，在新中国成立初期，这是一支重要的运输力量；在国民经济恢复时期，发挥了很大作用。起义船员共有 700 多人，他们努力学习，积极工作，不少起义船员光荣地加入了中国共产党，成为新中国航运事业的骨干力量。

1979 年 2 月，参与起义组织工作的陈邦达船长写信向全国总工会反映“海员起义”问题，中国海员工会筹备委员会刚刚恢复工作就开始对起义海员问题进行调查，并根据全国总工会的意见向交通部党组提出了建议：开展一次全面调查，了解起义船员的现状；并由交通部主持，中国海员工会配合，在北京举行一次“海辽”轮等十多艘轮船起义30周年纪念会等。

其间，中国海员工会筹备委员会贯彻党中央文件精神，落实对起义船员问题的政策。中国海员工会筹备委员会在全国总工会领导下，配合交通部做了大量工作，对受“四人帮”迫害造成的假案、错案、冤案，促使有关方面一律给予平反昭雪、恢复名誉；凡生活上有困难的，尽可能地帮助解决；凡起义有功，而在参加祖国航运事业中又做出了贡献的，让其参加当年本企业各级的劳动模范评选，对他们给予应有的表扬和奖励等。

9月下旬，交通部和中国海员工会联合在北京召开原香港招商局和起义船员座谈会，上海、广州海运管理局，上海、广州远洋公司，长江航运局，广东省航运局，黄埔港务局等的起义船员代表们参加了座谈会，交通部副部长彭德清、中国海员工会筹备委员会主任丘金出席会议并讲话，并颁发起义船员纪念证。会议期间，全国人大常委会副委员长廖承志会见了起义船员代表。

1985年4月27日至5月3日，为了充分体现党和国家对驾船起义人员的关怀，交通部、中国海员工会、中国航海学会在北京召开了原招商局船员起义35周年纪念会。出席这次会议的代表48人，特邀代表3人（起义时地下党领导人）。交通部长钱永昌、中共中央统战部副部长李贵、全国总工会副主席蒋毅、中国海员工会主席方嘉德、中国航海学会副理事长周启新等发表讲话。会上传达了中共中央总书记胡耀邦对原招商局部分起义船员来信的批示精神，党和国家领导人习仲勋、宋任穷、朱学范等在中南海怀仁堂接见了全体代表。会议期间，代表们还参加了首都庆祝1985年“五一”国际劳动节的各项活动。

会议传达了中共中央办公厅、国务院办公厅专门发文给中央组织部、中央统战部、劳动人事部的《关于原国民党招商局驾船起义人员有关待遇问题的处理意见》，明确了原国民党招商局驾船起义人员，系指“中 102”“海辽”“海厦”“海康”“海汉”“蔡锷”“鸿章”“教仁”“林森”“成功”“邓铿”“登禹”“民 302”“民 312”“中 106”“海玄”“永灏”等 17 艘海轮上任职，新中国成立前后随船起义（包括香港招商局起义职工）回国的人员；增加的工资额和退休金，明确自 1985 年 3 月起执行等。代表们纷纷感谢党中央和国务院对起义船员的关怀，一致表示要发挥余热，为交通航运事业和社会主义“四化”建设、为祖国统一大业做出应有贡献。

此后，中国海员工会遵照党中央文件规定的原则，本着实事求是的精神，继续具体落实关于恢复起义船员的工资和离、退休人员待遇问题的政策，并要求各单位指定专人负责，一抓到底，落实到每个人，并对已故起义船员的家属进行慰问。

中国海员工会贯彻落实党对起义船员的政策，更加密切了党和起义船员的联系，调动了起义船员的积极性，教育了青年海员，并使起义船员心情舒畅地安度晚年，也鼓舞了船员的子孙后代。

## 八、服务国内外海员

1985 年全国国际海员俱乐部工作会议后，根据国际海员俱乐部的业务指导思想，通过做好国际海员的友好、服务、宣传工作和组织中外海员开展各种活动，以增进友谊和扩大政治影响。同时，按照全国总工会要求，各地方工会帮助国际海员俱乐部落实接待国内海员的工作，中外海员在俱乐部里共同活动，促进同行间交流技术，增进友谊。各俱乐部积极扩建、改造以适应中外海员对文化、娱乐、体育、教育、技术交流和生活服务的要求等。

全国各海员俱乐部为充分发挥“阵地、窗口”作用，做好对海员的“友好、服务、宣传”工作，付出了辛勤劳动，做了大量的工作，取得了明显的效果。据不完全统计，1987 年、1988 年两年中，全国海员俱乐部共接待海员 134893 人次，其中组织参观游览 32098 人次，联欢 45359 人次，文艺演出 10321 人次，电影、录像 42263 人次，座谈 2952 人次，体育比赛 2205 人次，其他活动 8954 人次。另外，还组织中国海员 72921 人次参加了各种活动。

中国海员俱乐部所做的工作，引起国际上越来越多的关注。许多国家为海员服务的机构提出了与中国海员俱乐部建立联系、进行互访和各种交流的建议。世界上影响较大的英国海员救济会、美国马里兰州国际海员中心、苏联海员俱乐部等表达了以上意愿，有的还派员来中国考察、访问。波兰“德鲁高士”轮船长安提·德拉皮作为波兰电视台业余记者，受电视台委托，专门来我国拍摄了反映中国海员俱乐部如何为海员服务的电视片。

## 第六节　重视宣传教育和文化建设

### 一、加强“两个文明”建设

1980 年 12 月 25 日，邓小平在党中央工作会议上所作的题为《贯彻调整方针，改善党的工作，保证安定团结》的讲话中指出：“我们要建设的社会主义国家，不但要有高度的物质文明，而且要有高度的精神文明。”1982 年，交通部部长李清在交通部直属单位经济效益座谈会结束时的讲话中提出，要加强对职工的思想教育和文化科学技术教育，做到物质文明、精神文明两个建设一起抓。交通运输既是生产部门，又是联系千家万户的服务部门，在搞好物质文明建设的同时，要特别重视精神文明的建设，做到文明礼貌，提高服务质量。要在职工中加强马列主义、毛泽东思想的教育，加强祖国历史特别是近代史的教育，加强党的纲领、党的历史和革命传统的教育，加强职工职业责任、职业道德、职业纪律的教育，通过这些教育，把职工队伍建设成为一支“四有”的队伍。

海员工会为了开展“两个文明”建设，首先从加强船舶和班组的建设着手，增强企业活力，搞好安全、优质、文明服务，推动交通企事业“两个文明”建设。

1984 年 4 月 17 日至 22 日，为了推动船舶、班组的“两个文明”建设，中国海员工会与交通部海洋局、内河局在重庆联合召开了水上客运工作经验交流会。参加会议的有交通部直属港航企业、部分省市交通航运部门的行政领导、工会负责人及优秀服务先进集体代表共 196 人。会上着重介绍和推广了武汉长江轮船公司“东方红 34 号”轮创文明船、长江轮船总公司工会关于组织领导创文明船活动的经验，并交流 9 个船、站的客运工作经验，包括大连港客运站工会《坚持职工道德教育，深入开展创文明站活动》的经验。会议讨论了文明客运站、文明客船、文明航线的标准和评选办法，对今后工作进行了部署，并就开创水运客运工作新局面进行研究，提出了若干改革的建议。

这次会议决定，水上客运工作创建文明单位活动每年评选一次。在各单位进行全年总结的基础上，由主管部门会同工会对所属船、站进行文明单位的评选工作；各省、市、自治区航运部门和交通部直属港航单位，推荐出部级文明客运站和文明客船。中国海员工会参与交通部的评比小组，进行重点检查活动和审查评选工作，对荣获交通部文明客船、文明客运站的，最后由交通部颁发奖励。

1985 年 1 月 17 日，交通部和中国海员工会共同召开了全国水上文明船、站命名表彰大会，会议表彰了两个文明建设中成绩显著的29条文明客船、22个文明客运站和一条文明客运航线。

文明客运站、文明客船、文明航线的评选，体现了把党的温暖送给旅客；促进船、站面貌整体改观，从治理脏、乱、差开始，达到了综合治理和加强管理的目标和要求；创文明船、站，促进了职工政治素质、文化、技术素质的不断提高，同时体现了水运单位职工“全心全意为人民服务”这个根本宗旨。

创文明船、站活动有广泛的可比性，是一种很好的竞赛活动，它使船与船、站与站之间互相学习，互相帮助，取长补短，共同提高。

1986年8月17日至21日，为了深入贯彻党中央关于“两个文明”一起抓的战略方针，落实全国总工会加强班组工作、开展创先进班组活动的精神，更好地适应“四化”建设的需要，促进航运事业的发展。中国海员工会全国委员会在青岛召开“全国水运系统文明船、文明班组建设经验交流会”，进一步推进交通行业精神文明建设。

## 二、推动“四有”职工队伍建设

中国海员工会按照1986年工作会议上提出的加强班组建设、推动“四有”职工队伍建设的要求，认真总结并在全系统范围内大力推广青岛港务局第二作业区工会抓班组建设的成功经验。

青岛港务局第二作业区（以下简称“港区”）共有3700多名职工，232个班组。自开展“四有”职工队伍建设以来，港区在作业区党委的领导和上级工会的具体指导下，坚持把班组建设作为工会的重要工作来抓，紧密联系装卸生产实际情况，加强了班组整顿和建设，职工素质有了明显提高，生产管理水平和经济效益取得了明显的提高，有力地促进了港区“两个文明”的建设和“四有”职工队伍建设。港区先后被青岛港务局党委和青岛市委、市政府命名为“文明单位”和“文明单位标兵”。

港区工会过去抓班组建设，虽然做了不少的工作，花了很大的气力，但没有抓到点子上，班组工作一度成为港区薄弱环节。有的班组纪律松弛、生产懈怠，个别班组管理混乱，重大事故接连发生，这种状况严重影响了港口的信誉。经验教训使港区工会认识到班组建设对一个企业来说是一项重要的基础工作。

在提高思想认识的基础上，港区工会投入主要精力，深入基层调查研究，找出了班组工作存在的三个主要问题：班组管理制度不健全、班组骨干作用发挥不够好和职工素质不高。在广泛征求班组长、工会小组长、基层领导意见的基础上，港区工会提出了《加强班组工作的意见》，制定了有关条例并组织班组学习、实施。为了深入持久地抓好班组建设，港区工会设立了工会干部联系点，深入基层，了解情况，抓典型，推广经验，发现问题，及时协助整改，还把班组建设工作作为区队两级工会建设“职工之家”的重要内容。

港区工会先后制定了《班组管理条例》《工会小组工作条例》《文明班组条例》《职工守则》。港区职代会还规定了在班组设置民主管理员。在班组管理工作上，港区建立健全了班组的五项制度：班组学习制度、考核制度、“三个会制度”、民主生活会制度和卫生制度，做到责任落实到人，工作有标准，检查有依据。此外，还整顿班组，民主选举班组长；培训班组长，提高班组管理水平；组织以班组为单位的劳动竞赛，最终做到有方案、有评比、有奖励，有力地提高了班组的安全生产文明生产水平。

港区工会抓住班组特点，采取多种形式，进行思想政治教育。首先，针对港区80%以上是中青年职工这一特点，利用“声像”进行形象化直观教育。港区工会先后自编、自演、自拍了反映港口生活、进行职业道德教育的电视小品《并非巧合》《文明礼貌

A、B、C》《规矩与方圆》等，通过形象化的教育，既丰富了职工学习的内容，在形式上又把学习搞活了。其次，在开展“小政委”活动中，突出做好班组的思想政治工作。最后，从抓整顿入手，如整顿候工室，治理脏乱差，创建文明候工室；抓纪律整顿，做到排队出场，文明着装，使职工有一个饱满的精神状态，形成一个过硬的战斗集体。

随着经济体制改革和现代化大生产的发展，港区工会深入班组抓“班组小目标管理”的试点和总结推广了装卸一队四班、装卸二队五班、装卸三队七班在民主管理、安全质量、优质高效方面的先进经验，并通过宣传栏、广播站宣传了40多个先进班组的事迹，使全区不同类型的班组都学有目标，赶有方向，互相学习交流，共同提高，对班组建设起了促进和推动作用。

港区工会还运用科学治理方法，港区232个班组建立了“QC”活动小组140个，发表成果212个。其中装卸一队八班荣获部优、国优成果奖，有8个班组荣获市、局成果奖，162个班组创“五年无事故”记录，为港口建设做出了贡献。

## 三、广泛开展学先进树典型活动

### （一）持续开展“工业学大庆”活动

20世纪60年代，在毛泽东“工业学大庆”的倡导下，争做“铁人”式的工人、普及大庆式企业运动，成为新中国成立后工业生产领域推广先进经验持续时间最长、影响最大的学习先进活动和群众生产运动。在粉碎“四人帮”之后的经济调整时期，交通部组织交通企业开展了一系列学大庆活动，并将“工业学大庆”活动与交通系统的思想政治工作紧密结合。在1977年3月召开的全国交通工作会议上，交通部对部直属企业学大庆工作进行了部署，并提出要加快“工业学大庆”的步伐。1977年4月全国“工业学大庆”会议后，交通部又根据会议精神，制定了《关于交通战线普及大庆式企业的初步规划》。1977年11月，交通部工业学大庆办公室在山东省烟台市召开部直属33个港、航、厂基本建设和打捞企业“工业学大庆”座谈会，介绍和交流了烟台港务局工业学大庆经验，同时对1977年建成大庆式企业的15个单位进行了初步检查。1978年4月30日，交通部“工业学大庆”办公室印发了《关于普及大庆式企业的规划范围和验收、命名若干具体问题的暂行规定》和《1978年全国交通战线建设大庆式企业规划》。1978年5月，交通部在黑龙江大庆召开了全国交通战线学大庆会议，表彰了一大批学大庆的先进单位和劳动模范，总结和交流“工业学大庆”、普及大庆式企业经验，制定了措施，组织开展了社会主义劳动竞赛活动，同时围绕生产建设表彰了一批大庆式企业、先进客运航线和一批劳动模范。

在学大庆运动中，广大水运企业积极宣传大庆精神，向职工宣传王铁人的先进事迹，讲大庆人“三老、四严、四个一样”（说老实话，做老实人，办老实事；严格的要求、严密的组织、严肃的态度、严格的纪律；黑夜和白天一个样，坏天气和好天气一个样，领导不在场和领导在场一个样，没人检查和有人检查一个样）等各种基本经验。自力更生、艰苦奋斗的大庆精神和大无畏的铁人精神一直激励着交通水运的广大职工，为改变水运企业面貌，为发展水运生产，把所在企业办成大庆式企业而奋斗。

在全国交通水运系统形成了学习大庆精神、争做铁人式海港工人的热潮中，涌现出一大批学大庆先进集体、学大庆先进生产（工作）者。1979年2月18日，交通部和湖北省在武汉隆重举行命名大会，授予长江航运管理局“大庆式企业”光荣称号。25日，交通部和天津市在天津召开大会，命名交通部天津港务局为“大庆式”局，授予“大庆式局”锦旗。上海港、大连港、青岛港、烟台港等先后也被正式命名为“大庆式”企业。

1979 年 9 月，刚刚恢复运行的中国海员工会与交通部共同开展表彰全国交通战线先进企业（单位）和劳动模范工作，继续推动开展学大庆工作、普及大庆式企业，为加快实现交通运输现代化而努力。

## （二）学习宣传贝汉廷先进事迹

优秀共产党员、第六届全国人大代表、全国劳动模范、上海远洋运输公司船长贝汉廷于 1985 年 3 月赴联邦德国接收新船，在返航途中，由于心脏病复发，在西班牙的科罗尼亚港经医生抢救无效，于 1985 年 4 月 23 日不幸逝世，终年 59 岁。

1985 年 8 月 29 日，中国海员工会发出了《关于学习、宣传贝汉廷同志先进事迹的通知》（以下简称《通知》）。《通知》指出，贝汉廷是新中国成长起来的一位杰出的航海家，他热爱党、热爱社会主义、热爱航海事业，在自己的岗位上为发展中国远洋运输事业做出了出色的贡献。中国海员工会要求各级海员工会组织要广泛宣传和号召海员学习贝汉廷的优秀品德和先进事迹。要学习他热爱航海事业，以船为家，为新中国的航海事业贡献自己毕生精力的献身精神；要学习他勤奋好学，刻苦钻研，技术上一丝不苟、精益求精，创造性地完成各种艰巨、繁重运输任务的勇于探索、顽强攀登的进取精神；要学习他奋勇抢救海上遇难船员的高尚的职业道德和崇高的国际主义精神和热爱祖国、时刻维护祖国荣誉的爱国主义精神；要学习他热心培育航海人才，把自己多年的航海经验传授给上船实习的人员，无私地为中国航海人才养成“传帮带”的精神。

各级海员工会积极响应，学习贝汉廷船长强烈的事业心和主人翁精神、高度的爱国主义和国际主义精神，精益求精、顽强进取的精神，为理想而献身的革命精神，并在学先进活动中涌现了一批富有时代精神的先进人物和集体。

### （三）学习宣传杨怀远先进事迹

上海海运管理局“长柳”轮服务员杨怀远，是全国交通战线和上海市著名的劳动模范、优秀共产党员。他的身上闪烁着共产主义思想之花的全心全意为人民服务的“小扁担”精神和先进事迹，被广为传颂，在社会上产生了很大影响。他在平凡的岗位上做出了不平凡的成绩，为交通战线做出了重要贡献并赢得了荣誉。

1965 年 4 月 20 日，中共交通部委员会发出关于宣传和推广杨怀远活学活用毛主席著作经验的决定。杨怀远的经验是当时交通系统加强政治工作和活学活用毛主席著作的群众运动中比较突出的先进经验。普遍推广他的经验，将大大推动交通系统广大职工的思想革命化，从而推动经济管理工作的革命化。

中国海员工会号召交通系统广大职工要学习杨怀远活学活用毛主席著作的经验。学习他联系思想、联系工作活学活用毛主席著作，不断自我改造，不断改进工作的革命精神；学习他不嫌脏、不怕累，全心全意为旅客服务的工作态度。于是，各级海员工会以杨怀远为榜样，掀起一个学习毛主席著作的高潮，大力促进交通运输工作的革命化。

1985 年 9 月 30 日，中国海员工会再次发出了关于宣传、学习杨怀远先进事迹的通知。海员工会认真深入组织宣传学习杨怀远的先进事迹，学习他 23 年来始终发扬当年的“小扁担”精神、坚持崇高的共产主义理想和坚定的为人民服务的信念；学习他把远大的共产主义理想同个人的志向、同自己的本职工作结合起来，从我做起，从本职做起，从现在做起的这种扎扎实实的实干精神；学习他不断刻苦学习，对待工作精益求精，不断探索服务规律，不断开拓服务工作新内容、新领域的这种永不停止的改革精神。同时将其作为建设一支有理想、有道德、有文化、有纪律的交通运输职工队伍的重要措施之一。

各级海员工会组织在党委的领导下，协同党、政、团各级组织把精神文明建设作为当前主要工作来抓，深入工人群众，以各种形式广泛宣传杨怀远的模范事迹，鼓舞和激励广大职工，掀起学习高潮。

学习宣传杨怀远先进事迹，在水运系统产生了深远的影响，激励了一批批海员全心全意为人民服务，成为时代的楷模。

### （四）学习严力宾先进事迹

严力宾是青岛远洋运输公司的船员。1989 年 11 月 18 日下午，严力宾所在船舶“武胜”轮停靠香港修船，因厂方工人不慎引起机舱物料间大火。为了保护国家财产，共产党员严力宾在紧急关头不顾个人安危，挺身而出，独自下机舱启动应急消防泵，不幸光荣牺牲，年仅 32 岁。

1990 年 3 月 5 日，中国海员工会发出《关于开展向严力宾同志学习的通知》（以下简称《通知》），《通知》指出严力宾是社会主义改革新时期涌现出来的一个英勇无畏、无私奉献的先进典型，是为保护国家财产和船员生命安全而光荣献身的模范人物。他的英雄行为是雷锋精神的再现，他向人们展示了当前社会主义一代新人的崭新风貌，表现了当代中国海员的高尚情操，他是全国水运职工的骄傲，是人民学习的榜样。为此，中国海员工会决定在全国水运系统广泛深入地开展向严力宾学习的活动。《通知》号召向严力宾学习，要学习他热爱党，热爱社会主义祖国，忠于人民，献身共产主义事业的崇高品质；学习他“一不怕苦、二不怕死”的革命精神；学习他把全心全意为人民服务的宗旨与本职工作紧密结合起来，热爱远洋运输事业的主人翁精神；学习他助人为乐、无私奉献的共产主义风格。

各级海员工会组织高度重视，把学习严力宾与当前的学雷锋活动紧密地联系起来，采取多种形式大力宣传严力宾的先进思想和模范事迹，让他的事迹传遍水运系统；同时通过开展向严力宾学习的活动，形成了让旅客满意、让货主放心等文明服务良好环境。

## 四、表彰工会优秀劳动保护检查员

为更好地贯彻落实党和国家的安全生产方针和劳动保护法规，切实加强劳动保护工作，不断改善职工的劳动条件，维护职工身体健康，做到安全生产，保证“四化”建设顺利进行，根据中国在劳动保护方面的国家监察、行政管理和群众（工会组织）监督相结合的原则以及全国总工会 1985 年 4 月颁布的《工会劳动保护监督检查员暂行条例》的规定，中国海员工会全国委员会决定，任命长江轮船总公司工会张立超、肖运慧、陈汉生，中国远洋运输总公司工会李效国、孙进会，长江航务管理局工会罗庚柏、沈仰石、杨玉富等 8 位人员为工会劳动保护监督检查员。

为发扬职工的主人翁精神，发挥监督作用，保证党和国家的劳动保护政策法令的正确执行，保障职工的安全与健康，工会劳动保护监督检查员为推动交通水运事业的发展做出突出贡献。在他们的影响下，也涌现出了一批优秀工会劳动保护监督检查员和工会小组劳动保护检查员。这些检查员总结、宣传和推广工会劳动保护工作的先进经验和优秀事迹，全面贯彻落实“安全第一，预防为主”的方针，提高职工遵章守纪的自我保护意识，推动安全生产、劳动保护工作深入开展，为社会安定和职工队伍稳定做了出更大的贡献。

1990 年，中国海员工会决定在全国交通水运系统评选优秀工会劳动保护监督检查员和优秀工会小组劳动保护检查员。经过评选，工会授予吴鸿凯等 37 人为“全国交通水运系统优秀工会劳动保护监督检查员”，授予梁英年等 59 人为“全国交通水运系统优秀工会小组劳动保护检查员”，颁发给他们荣誉证书并通报表彰。

这次评选表彰活动，进一步促进了各级海员工会组织全面贯彻、落实全国总工会颁发的关于劳动保护的“三个条例”，加强工会劳动保护监督检查工作，使安全生产为稳定职工队伍、提高企业经济效益服务。

## 五、宣传表彰优秀船员家属

党的十一届三中全会以来，中国航运事业出现了蓬勃发展的大好形势，取得了很大成绩。这是在交通部的正确领导下，广大航运职工奋力拼搏的结果，也是与广大船员家属对自己亲人工作的积极支持分不开的。广大船员家属不仅要在各自的工作岗位上做好本职工作，还要克服种种困难，承担养育子女、赡养老人等繁重的家务劳动，为解除船员的后顾之忧，含辛茹苦，任劳任怨。这种崇高的献身精神是十分可贵的。她们当中有许多感人的事迹，涌现了很多先进模范人物。

为宣传表彰优秀船员家属代表，总结推广她们的先进经验，推动船员家属工作，同时号召广大海员职工及家属向优秀船员家属代表学习她们为振兴中华航运事业做出新的贡献，1986 年春节前夕，交通部政治部和中国海员工会全国委员会在北京召开优秀船员家属代表表彰大会，表彰了优秀船员家属代表及家属工作者代表。

会议期间，全国政协副主席康克清、中共中央书记处书记郝建秀亲切地接见了全体代表。交通部、全国总工会、全国妇联和共青团中央等领导出席了会议，作了重要讲话，并认真听取了中国海员工会的汇报。全国总工会书记处书记、中国海员工会主席方嘉德在全国优秀船员家属代表表彰大会上发表了讲话。交通部钱永昌部长在大会上讲话，高度赞扬了家属代表们无私无畏、生动感人的事迹，赞扬了她们高尚的情操、美好的心灵、宽广的胸怀和崇高的自我牺牲精神。

召开全国船员家属表彰大会是新中国成立以来的第一次，是加强精神文明建设、加强政治思想工作的一项重要内容。为了开好这次会议，各省市和交通部直属水运企业单位都很重视，许多单位派出工作组深入农村、城镇和船员家属居住集中的地区，进行调查评选工作。他们的工作得到了广大船员家属的热情支持，各单位都召开了优秀船员家属表彰大会，并推选出参加全国家属代表会议的代表，有力地推动了各单位家属工作的开展。如中远公司作出决定，在各地船员家属集中的地方成立家属工作委员会。这次进京的68位代表来自全国18个省、自治区、直辖市和香港地区的29个单位，来自农村、城镇和各行各业，大家普遍反映会议开得很成功，代表们表示高兴、激动、鼓舞和感谢。会议交流了先进思想，推动了社会主义精神文明建设；交流了工作经验，提高了对船员家属工作的认识；全体优秀船员家属代表，代表全国船员家属向她们的亲人——全体船员写了致敬信，以表示亲切的问候，勉励他们树立远大理想，热爱航海事业，发扬中国海员的光荣革命传统和豪情壮志，为国争光，为“四化”做出新贡献。

与会全体代表还向全体船员家属发出了热情洋溢的倡议书。倡议全体船员家属争当“四有”职工，做优秀家属，创“五好”家庭，让亲人离家时放心，在外工作安心，回家欢心。

## 六、设立“金锚奖”

全国水运战线的广大职工在交通部的正确领导下，认真贯彻党的十一届三中全会以来的路线、方针、政策，坚持改革开放、自力更生、艰苦奋斗，为实现中国交通运输现代化做出了突出贡献。为了表彰水运战线各行各业的最佳人物，扩大海员和水运职工的社会影响，提高他们的社会地位和政治地位，充分调动广大职工的积极性，建设具有中国特色的社会主义，中国海员工会全国委员会在 1987 年设立了“金锚奖”。每年都在全国水运战线的各主要工种中评选出一名全国最佳人物，授予“金锚奖”。

首届“金锚奖”“金锚荣誉奖”颁奖仪式于 1988 年 2 月 6 日在广州体育馆举行。交通部部长钱永昌，全国总工会书记处书记、中国海员工会主席方嘉德出席，为杨怀远、鲍浩贤等 42 人颁发了首届“金锚奖”，对中国海员工会原主席丘金颁发首届“金锚荣誉奖”等。

“金锚奖”在全国范围内评选水运战线各行各业（包括远洋、沿海、内河港口、筑港、航道、救捞、交通部属船厂、院校、科研、海员俱乐部、疗养院等单位）主要工种的全国最佳人物。这种评选方式是第一次，是新时期做好思想政治工作的有益探索，也是动员、组织广大职工积极投身改革、促进社会生产力发展的初步尝试。

“金锚奖”由中国海员工会组织发起，持续多年，是面向全国水运职工开展的行业评选表彰活动，是水运行业一项具有广泛影响力的评选工作。获奖人物都是先进典型，引领水运改革开放，发挥了催人奋进的积极作用。

## 七、加强文化建设

### （一）召开《中国海员》第一次编委会

1985 年 9 月 18 日至 23 日，《中国海员》杂志第一次编委会在北京举行。全国总工会书记处书记、中国海员工会主席方嘉德主持会议，出席会议的各水运企业宣传干部、编委和代表65名。会议期间，交通部部长钱永昌来看望大家并讲了话，交通部副部长林祖乙，全国总工会副主席蒋毅、书记处书记陈秉权，中国海员工会原主席丘金、交通部政治部宣传部副部长郭献文等出席了会议并讲话。

钱永昌部长在看望会议代表时指出，《中国海员》反映水运职工在"四化"建设和精神文明建设中的思想、情操，赞颂他们振兴中华航运事业的业绩，丰富他们的精神文化生活，真正成为海员职工精神食粮和喉舌的宗旨是很正确的，坚持了立足于海员职工，突出海的特色，建立了海上与社会的精神桥梁。希望通过这次会议，总结经验，巩固成绩，把杂志办得更好。钱永昌部长还赋诗："翻卷似闻海涛声，纸上跃然浪花影。篇篇击叩海员心，读后倍增自豪情。"表示对《中国海员》的祝贺。

交通部副部长林祖乙、全国总工会书记处书记陈秉权也对《中国海员》杂志的出版表示祝贺和支持，并提出了要求。

方嘉德在会上对当前经济改革的形势、"两个文明"一起抓的深远意义、在新形势下加强"四有"教育的重要性等，进行了详细阐述。他强调，这次《中国海员》编委会，实际上也是海员工会系统的宣传工作会议，宣传工作干部、编委要经常对国际、国内形势进行分析，并且将全局结合本系统、本单位的实际联系来观察，这是执行党中央的正确路线、方针和政策，做好宣传工作的基础和不可缺少的条件。

会议讨论通过了《中国海员》杂志1986年的发行计划，决定全国部直属水运企事业单位工会都要订阅，要扩大发行，要在船上、班组都能见到《中国海员》；参加编委会的地方水运单位、省海员工会要和直属单位一样，将《中国海员》订到每一个班组。

## （二）开展中国海员工会成立70周年纪念活动

1991 年 4 月 6 日是中国海员工会成立 70 周年纪念日，中国海员工会全国委员会和广东省珠海市人民政府在广州召开中国海员成立 70 周年庆祝大会，并颁发中国海员工会第二届“金锚奖”“海燕奖”。4 月 7 日在珠海市三灶镇举行林伟民塑像揭幕仪式等纪念活动。

历经 70 年风雨，中国海员工会以其强烈的民族自豪感和极大的革命热忱，在中国革命和社会主义建设中大显身手，功绩卓著。他们中还涌现出一批优秀的海员工人运动领袖。林伟民就是其中代表人物之一，他曾参加并领导了香港海员大罢工、省港大罢工等重要海员工人运动，1922 年 5 月代表海总参加第一次全国劳动大会，1925 年负责筹备第二次全国劳动大会，并被选为全国总工会第一任委员长。林伟民塑像是由中国海员工会全国委员会和珠海市人民政府共同在林伟民家乡珠海市三灶镇建造的。

中国海员工会 70 年历史，是一部可歌可泣的创业史，是中国海员在中国共产党领导下，把自己的命运和前途与中国人民革命事业和社会主义事业紧紧连在一起并为之奋斗的历史。纪念中国海员工会成立 70 周年是为了弘扬中国海员的光荣传统，继往开来，完成历史赋予海员的使命。

## （三）组织首届国际海上艺术作品展览

1987 年 10 月 30 日，由中国海员工会举办的首届国际海上艺术作品展览在中国人民革命军事博物馆东四楼展厅开幕。这次展览将全面展现全国水运企业职工、广大海员和港口职工在“两个文明”建设中的成就，对于活跃职工文化生活、培养职工的艺术情趣，更进一步地发展中国海员与世界各国海员的友谊都有促进作用。

中国海员工会举办的首届国际海上艺术作品展览，得到各级海员工会组织和广大水运职工群众积极响应和关注，积极创作选送了大量具有海员、港口特色，具有浓郁生活和时代气息的优秀作品。大部分单位首先在本单位、本企业进行预展、预选，将那些能反映本单位特色的优秀作品送交参加全国展出。中国海员工会共收到 34 个单位的 686 件作品。

这次送展作品均出自水运战线广大职工之手，从不同侧面反映了职工们的工作、劳动、生活，以及各国人民的友好交往；作品具有浓厚的“海味”生活气息和较高的艺术性。

送展作品不仅内容丰富，而且题材广泛，包括油画、国画、摄影、书法、版画、剪纸、速写、丝绒画、装饰画、丝绵画、绣画、雕塑、雕漆画、根雕等。

参加这次展览的还有日本海员工会和全日本港湾工会送来的作品，共 98 件，全日本海员工会届时将派代表团专程参加这次国际性展览。香港、澳门海员工会也选送作品参加这次展览。

### （四）全国总工会派文工团到天津慰问远洋海员

1983 年，为了改善海员的学习、娱乐和生活，各级海员工会组织纷纷行动，尤其在全民欢庆春节的喜庆日子里，切实为广大海员服务，受到了海员的欢迎。

2 月 10 日至 12 日，全国总工会工人文工团在全国总工会书记处候补书记王申详、中国海员工会副主席侯星枢的率领下，赴天津塘沽新港，对天津港务局、天津远洋公司、天津航道局、第一航务工程局等单位的职工及部分在新港的外国海员进行慰问，演出了 3 场精彩文艺节目，观众达 5000 余人。为了给长年与大海为伴的海员们献歌献舞，与海员们共庆新春佳节，文工团在农历年三十登上停泊在新港的远洋船舶“庄云”轮、“风光”轮，与远洋海员欢聚一堂，互相问候，共叙家常，并演出节目，受到海员的热烈欢迎。有的海员激动地说，报刊反映了海员的呼声，党中央领导作了批示，各级组织这么关怀，他们再也不是被遗忘的角落了。

天津远洋运输公司工会在春节前夕邀请其他兄弟远洋公司和海运局停靠在天津新港的船舶海员代表，参加公司组织的游艺活动。

天津港务局工会为了使到港的各远洋公司、海运局和地方航运单位船舶海员欢度新春佳节，邀请广大海员参加港区组织的游艺、电影等“海员职工迎春联欢”活动。

## 八、设立“海燕奖”

全国水运战线的广大职工认真贯彻党的十一届三中全会以来的路线、方针、政策，为实现中国交通运输现代化做出了贡献。同时，他们以自己的生产实践、充实的生活为源泉，创作了大量具有时代气息、催人奋进的海洋文学作品。他们是物质文明建设的主力军，也是精神文明建设的开拓者。

为了表彰水运战线各行各业的最佳人物和优秀海洋文学作者，为了扩大海员和水运职工的社会影响，提高他们的社会地位和政治地位，充分调动广大职工的积极性，建设具有中国特色的社会主义，1987 年 12 月 11 日，中国海员工会全国委员会决定设立“海燕奖”。此后每年都要为全国水运战线上的优秀海洋文学作品的作者授予“海燕奖”。首届颁奖仪式于 1988 年 2 月在广州举行。

## 第七节　重新发挥工会应有作用

### 一、整顿、建设好工会组织

1978年，中国工会九大以来，中国海员工会的基层组织，在党委和上级工会的领导下，按照要把工会组织整顿好、建设好、充分发挥工会组织应有作用的指示精神，深入揭批“四人帮”，有计划地进行了工会的组织整顿、建设工作，取得了很大成绩。通过揭批查，清除了“四人帮”在各级海员工会组织中的帮派势力和骨干分子，调整、充实了一批工会干部，对已经停止工作的工会组织，重新进行了组建、恢复，并开展民主选举工作。

随着工会组织的整建、恢复，工会的各项工作也逐步地开展起来。工会组织在发动和组织职工群众开展劳动竞赛、保证完成国家运输生产任务、关心群众生活、解决群众困难和加强群众思想政治工作等方面做了许多工作，取得了不小的成绩。工会组织在群众中的声誉逐步恢复和提高。但是，从整体工作情况来说，工会组织仍处于恢复阶段。

加强工会组织建设，各地重视程度不一样。例如，1979年上半年，长航党委发出文件，要求各级党委加强对工会的领导，选配相当于同级党政副职的干部担任工会主席，并参加相关同级党委会议，接着又调局党委常委成员、政治部副主任担任局工会专职主席。长航系统各单位遵照局党委的要求，逐步调整充实工会的主要领导干部。又如，秦皇岛港务局党委思想明确，态度明朗，重视工会组织整建、恢复工作。在党委的领导和支持下，工会建设取得了很好的效果，工会充分发挥了作为党委有力助手的作用，通过工会积极分子队伍团结广大群众，同心同德建“四化”。

然而，从工会工作整体情况来看，当时工会的组织状况还不能适应形势的要求和工作的需要，确实存在一些单位的工会不被重视，被放在无足轻重、可有可无的地位的情况。

为了使海员工会各级组织适应当时的形势和党的要求，真正成为工人信得过、能替工人说话、替工人办事、“有职有责有权”的工人群众组织，并在各级党委和上级工会领导下发挥作用，中国海员工会建议在交通部直属水运企业中，将工会直接置于党委领导下，将工会工作纳入党委议事日程，由一位副书记分管工会工作，明确工会的职责范围，支持工会独立自主地开展各项活动。为了更好地发挥工会的作用，调整充实海员工会各级领导班子，中国海员工会建议配备相当于同级党委副书记或副厂长的干部担任工会主席。为了密切中国海员工会全委会和各省市总工会同交通部直属水运企业工会组织的关系，加强领导，中国海员工会提出在上海、青岛、天津、大连等地区建立海员工会组织的工作委员会等建议。

交通部支持海员工会工作，下发了《关于交通部直属企业工会干部配备和管理办法的通知》，完善了工会干部的配备与管理。之后，中国海员工会的基层组织逐步进入正轨，但地区建立海员工会组织遇到问题。

## 二、积极推行职工代表大会制度

1980 年，中国海员工会年度工作要点中提出在水运企业中实行民主集中制，建立和健全党委领导下的职工代表大会制度，保障职工群众行使政治民主、生产技术民主、生活民主的权利。因此，中国海员工会积极推行在党委领导下的职工代表大会制度，组织交流了上海港六区、新河船厂、哈尔滨船厂职工代表大会的经验，促进了职代会的推行。

实践证明，推进职工代表大会制度的作用是明显的。许多水运企业通过职工代表大会讨论有关生产上的重大问题，有关增产节约计划、立功计划，激发了群众的主人翁责任感，调动了群众的生产积极性，发挥了群众的智慧和才能。不少问题，干部认为解决不了的，经过群众讨论就解决了，从而推动了增产节约运动的开展。

通过职工代表大会，行政领导的计划、工作任务等要求交代给群众，为群众所掌握；而群众的意见、愿望也反映给行政领导，从而沟通了上下关系，形成了安定团结、生动活泼的政治局面。通过职工代表大会，群众所关心的切身生活问题集中反映出来，分别依轻重缓急合理解决。这个时期，有关升级调资问题、分配住房问题、安排子女就业问题等，都是通过职工代表大会提高了思想，统一了认识，并得到合理解决。

职工代表大会制度是社会主义企业的一个根本制度，是有生命力的。到 1980 年底，水运企业多数单位都召开了职代会，充实和发展企业民主管理制度。有的企业还推行民主选举厂长，对干部实施监督，体现职工企业主人翁的作用。但在水运系统中，各地在推进职工代表大会制度的过程中发展很不平衡。

1981 年，中国海员工会为了积极推行职工代表大会制度，充分发挥职工代表大会的作用。2 月初，由中国海员工会主席丘金带领工作组赴上海，对交通部直属企事业单位的职工代表大会进行了调查研究，总结经验。3 月，在沪的直属单位，先后有 8 个单位召开了职工代表大会，召开职代会的水平都有不同程度的提高。

为了进一步做好职工代表大会工作。1981 年 6 月 22 日至 27 日，交通部政治部、海员工会在北京联合召开了海员职代会工作座谈会，全国总工会副主席顾大椿、韩荣华，交通部副部长贺崇升、汪少川出席了会议。顾大椿传达了全国企业民主管理座谈会精神和中共中央书记处的指示，贺崇升代表部党组提出了要加强党的领导、充分依靠群众、做好职工代表大会工作，并提出了要求。会议期间，中国海员工会主席丘金作了《认真贯彻职工代表大会制度，加强企业民主管理》的发言，对目前水运系统职工代表大会工作的状况做了分析，并提出了以后工作任务和要求。汪少川作了总结讲话，对如何贯彻会议精神、进一步搞好职工代表大会作了指示。会上有6个航运单位介绍了它们建立和健全职工代表大会制度，发挥职工当家作主、民主管理企业的经验，印发了第一航务工程局一处、上港十区、大连海运学院的书面经验材料。

海员职代会工作座谈会后，各单位都对会议精神作了传达，并认真组织了学习和贯彻。一些召开过职代会的单位，都找差距、提措施，进一步完善职工代表大会制度，未召开的单位，大部分都在制订方案、积极筹备落实。

## 三、首创“联委会”模式

1985年，中国海员工会以“四化”建设为中心，配合交通部的中心工作，锐意改革，开拓前进，动员和组织广大职工参加改革，开展两个文明建设。根据产业的特点，维护职工合法权益，探索和开拓工会工作的新领域，取得了一定的成绩，开始出现新的局面。

但由于海员产业工会的领导体制问题，许多企业工会反映地方总工会对海员产业工会指导较弱，而中国海员工会全委也能力有限，长期下去，必然贻误工作，而无法更好地发挥工会的作用。对于这个问题，中国海员工会进行了一些调查研究工作，如上海是中国水运业最发达地区，中央直属的水运企业就有十几家，还有地方水运单位，它们工作流动分散，跨省区、跨国家，有许多工会工作问题无法解决，需要中国海员工会全委协调解决。而全委本身人员比较少、任务较重，因此许多工作无法及时有效协调、沟通等矛盾普遍存在，从而影响工作。

面对困难，中国海员工会全国委员会利用点对点上下交流顺畅的特点，采取集合地区横向面为一个点的联系等方法，在不改变组织体制的情况下，尝试加强工会管理的改革。在上海地区水运企业工会中，尝试集合在上海地区的中央直属的水运企业和地方水运单位等，建立中国海员工会上海联络委员会。联络委员会负责上情下达、下情及时反馈等职责。上海联络委员会的建立，得到了上海地区水运企业工会的积极响应。中国海员工会很好地利用这个平台，加强了沟通，提高了工作效率，取得了很好的工作效果。这项改革措施取得了成功，因此得到全国总工会的表扬。

1986 年 2 月，中国海员工会、全国公路运输工会工作会议提出：在上海帮助水运系统工会建立起联络委员会，这种形式是工会体制上的一个突破，得到全国总工会和党中央的赞同。同年，在条件具备的地方（如天津），在征得地方的同意和支持下，逐步加以推广。

1987 年 3 月 17 日，中国海员工会天津地区联络委员会成立暨第一次会议在天津航道局召开，会议通过了《中国海员工会天津地区联络委员会章程》，天津港务局工会主席杨洪珠、天津航道局工会主席贾兆亭、第一航务工程局工会副主席陈学森、天津远洋公司工会副主席葛明光、第一航务勘察设计院工会副主席薛宝忠分别在章程上签字。按照该章程规定，天津港务局工会主席杨洪珠任中国海员工会天津地区联络委员会主任。中国海员工会生产组织部部长王贻谋到会祝贺并讲话。

随着中国海员工会在组织体制方面改革的深化，在建立上海、天津联络委员会之后，跨地区、跨企业成立了港口、航运、航务、航道、救捞、港机等联络委员会。在开展经验交流、协调工作等方面发挥了积极作用。在此基础上，为了使产业工会在指导工作、解决产业特点突出的特殊问题上发挥更大的作用，全委会领导、直属单位工会主席、跨地区的联络委员会主任经常共同研究一些大家都关心的问题，使全委会的工作进一步面向基层、面向群众，使工会工作向群众化、民主化的方向迈进。

## 四、建立部际联席会议制度

为了认真贯彻《中共中央关于加强和改善党对工会、共青团、妇联工作领导的通知》文件精神，密切政府交通部门与海员工会组织的联系。1989 年 12 月 21 日至 26 日，中国海员工会召开工作会议，交通部部长钱永昌在会上宣布，交通部决定与中国海员工会、公路运输工会建立联席会议制度，每年举行 1—2 次会议，听取职工群众的呼声、意见和要求。

1990 年 2 月 24 日，交通部、中国海员工会、公路运输工会在北京召开了第一次联席会议。交通部部长钱永昌，副部长郑光迪、林祖乙，中国海员工会、公路运输工会副主席张士辉，以及交通部有关厅司局负责人和部分省海员（交通）工会、企事业单位工会主席参加了会议。张士辉副主席通报了中国海员工会、公路运输工会 1990 年工作要点，部分工会主席反映了一些有关企业发展和职工群众关心的问题。与会人员就以后如何进一步树立全心全意依靠工人阶级的思想、认真贯彻党中央文件精神、密切政府交通部门与工会组织的联系等问题，进行了深入的沟通。

交通部党组对工会工作非常重视，在研究交通系统重大问题和重要工作时都考虑怎样更好地发挥工会的作用。交通部党组表示要进一步贯彻党中央精神，加强和改善对工会工作的领导，更好地发挥各级海员工会组织的作用。会议明确建立联席会议制度是了解交通部的一些政策、法规及重要工作部署的途径，要研究解决海员工会、公路运输工会反映职工群众的一些问题。再次明确以后将坚持每年召开1—2次联席会议的制度。

会议要求各级政府交通部门和企事业单位的领导都要进一步树立全心全意依靠工人阶级的思想，从政策、制度以至工作作风上得到体现和保证，采取必要的措施和方法，进一步保障职工主人翁的地位和合法权益。加强企业的民主管理，支持工会组织的工作。把全心全意依靠工人阶级的思想贯彻落实到各项实际工作中去。各级交通政府部门和企事业单位的领导要高度重视工会工作，建立起各级联席会议制度。通报政策、法规及重要工作部署，研究解决工会反映职工群众的实际问题。各级政府交通部门和企事业单位的领导要积极支持工会组织履行“维护、建设、参与和教育”的社会职能。各级政府交通部门和企事业单位领导要认真领会中共中央对工会工作的方针，全面理解工会的四项社会职能，积极支持工会充分地行使职能，进一步发挥工会组织的作用。

会议对中国海员工会和公路运输工会各级组织在治理整顿中如何发挥好作用提出了具体工作要求。一是要深入广大职工群众，大力宣传党的方针政策，积极做好工作。既要支持职工的合理要求，尽最大可能帮助职工解决可能解决的实际困难；又要善于说服职工放弃过高、过急的要求，体谅国家和企业的困难，与党和政府一起，同心协力，和衷共济，把运输生产搞上去。二是要在职工中广泛深入地开展坚持四项基本原则、坚持改革开放、反对资产阶级自由化的教育；加强艰苦奋斗、过紧日子的教育；加强反腐败的教育以及职业责任、职业道德、职业纪律、职业技能的“四职教育”。三是要深入开展“学雷锋、树新风，让旅客满意、让货主放心”的文明服务活动。要广泛发动职工群众，深入开展“双增双节”运动，为安全优质地完成各项运输任务做出贡献。

第一次联席会议贯彻了党中央精神，密切了交通部和中国海员工会、公路运输工会以及与职工群众之间的关系，倾听了广大交通水运职工群众的呼声，在全国交通系统开了一个好头。

## 五、加强信息管理工作

为了正确客观地反映水运企业职工的意见，了解关注水运企业职工思想动态，开展专题调研工作，进而使各级海员工会组织能够采取正确措施服务职工，中国海员工会先后开展了大范围的职工问卷调查和职工舆情的收集等工作，然后整理上报，得到全国总工会和党中央有关部门的肯定。

1987 年 10 月，中国海员工会信息网络平台建立。为使网络工作积极稳妥地发展，信息网点的设立是逐步铺开的。1989 年，信息网点在原有 6 个单位的基础上扩展到 17 个单位，共有 42 名信息员。这些单位分布在黑龙江、大连、山东、天津、上海、武汉、宁波、广东等地，包括地方海员工会以及港、航、航务、航道、救捞等企事业单位工会。在选择设立网点的时候，考虑了地区、行业、工作基础等因素，具有一定的代表性。

由于信息网络平台建设刚刚起步，部分信息员未履行职责；有些单位因层层审阅，影响了信息的时效；有些信息未署名，难以确定是哪个信息员的工作。为了提高信息管理水平，促进信息工作的开展，保证及时、准确、迅速地报送信息，不断提高信息质量，1988 年 4 月，中国海员工会高度重视，并专门研究制定了《海员工会信息网络工作制度》来加强信息网络平台建设，要求各信息网点所在工会应将信息工作纳入其工作范围，并落实到部门和人，及时、准确地做好信息的收集、报送工作。中国海员工会全委会对信息员的工作进行必要的指导，随时下发有关文件和材料，并组织培训，提高信息员工作水平等组织管理要求。同时，建立了信息员工作制度和考评奖励制度；对信息员上报的信息的数量、采用情况进行统计，每季公布一次；每年年终对信息员的工作进行总评，对成绩突出的信息员给予表彰，优秀信息员将作为“金锚奖”候选人参加评选。

经过一个阶段运行后，信息网络平台取得了阶段性成果。此后，为了进一步建立与健全工会信息网络，认真做好工会信息的收集、处理、传递和反馈等工作，实现海员工会工作科学化、系统化，中国海员工会重点加强系统信息工作队伍建设，不断扩展、完善海员工会的信息网点建设，积极发挥各级海员工会信息网络的作用。1988 年 11 月，中国海员工会发出了《关于进一步加强海员工会信息网络工作的意见》，提出了海员工会系统建立多层次的信息网络体系，从中国海员工会一直伸展到各基层工会，有条件的基层单位可以在工会小组内设立信息员。各级海员工会的综合办公部门（办公室）应明确为不同层次上的信息中心，承担向同级领导层提供综合信息、向上级工会和同级党政提供信息的职责。海员工会信息网络的建立和信息员的任免由中国海员工会与有关单位协商，有关单位将设立信息联络点的名称和信息员名单报中国海员工会办公室，经研究批准后即发给信息员聘请证。

信息员的职责进一步明确，就是强调要及时准确地反映职工群众的呼声、意见和要求，为党和政府制定正确的政策提供信息，当好参谋助手；及时揭露侵犯职工权益的各种官僚主义和不正之风，更好地代表和维护职工利益，使工会在国家社会生活中发挥重要作用；结合本单位工会实际情况，对关系到职工权益问题进行专题调查研究，提出解决问题的方案和建议；努力学习，不断提高理论、政策和文化水平，勤于钻研业务，勇于创新，努力提高信息的质量等。

中国海员工会加强了信息工作，各级海员工会组织积极响应，并把它列入领导议事日程，使工会信息工作上了一个台阶。

## 六、加强国际海员俱乐部管理

1985 年 1 月 30 日，全国总工会书记处召开第 66 次会议，讨论了关于国际海员俱乐部工作的问题。会议决定，国际海员俱乐部工作指导由海员工会全国委员会负责。

1985 年，全国已有国际海员俱乐部 22 个，工作人员近 2000 名。每年接待国际海员 20 多万人（次），当时国际海员俱乐部在国内外海员群众中有很大影响。6 月，中国海员工会全国委员会召开全国国际海员俱乐部工作会议。会议提出：围绕“四化”建设这个总目标，国际海员俱乐部要更好地为国际海员、国内海员服务，建设成为中外海员爱戴的“海员之家”。

1987 年，中国海员工会全委会深入各俱乐部，检查各地贯彻执行《国际海员俱乐部工作条例》的情况，并开展调查研究，指导各俱乐部的工作。

中国海员工会全国委员会加强对海员俱乐部的管理，确定了海员俱乐部主任负责制的试点方案，在天津、青岛海员俱乐部进行试点；为了建立和健全海员俱乐部的财务管理制度，举办财会人员培训班，提高财会人员业务素质；全国委员会持续开展表彰全国国际海员俱乐部先进集体、先进工作者工作，同时总结和推广天津、汕头先进国际海员俱乐部的典型经验，采用树典型学先进、分类指导的工作方法，开拓国际海员俱乐部工作的新领域，不断丰富海员的文化生活，引领俱乐部不断向前发展。全国委员会还在天津俱乐部的支持下，开展中国海员津—京参观学习活动，尝试开辟新的活动场所，为丰富中外海员的精神文化生活创造良好的条件。

加强对外宣传工作，为了更好地发挥国际海员俱乐部对外宣传的作用，各地海员俱乐部认真总结对外宣传接待工作的经验，做好对外宣传和统战工作，努力开创对外宣传工作的新局面。

根据中国海员工会的工作要求，各地海员俱乐部积极开展创建“海员之家”、争当“海员之友”的活动，并进一步端正俱乐部业务指导思想，认真贯彻执行《国际海员俱乐部工作条例》，加强思想、组织和制度建设。落实海员俱乐部“热爱本职，忠于职守，为海员服务，对祖国负责”的职业道德规范，努力把国际海员俱乐部办成社会主义精神文明建设的阵地。

## 七、促进两岸“三通”富有成效

随着海峡两岸关系的变化，来大陆港口的中国台湾海员逐年增多。充分发挥海员俱乐部的特点，做好对中国台湾海员的接待工作，对促进两岸的“三通”和早日实现祖国的统一大业有着重要的意义。

海员俱乐部从 1981 年开始接待中国台湾海员，接待人数已从开始时的每年 30 人次增加到 1991 年的 3265 人次。海员俱乐部在接待工作中，认真贯彻党中央对台方针、政策，针对中国台湾海员害怕与中国官方机构接触而遭到迫害的特殊情况，注意工作方法，逐步积累经验，积极发挥民间交往的优势，不失时机地宣传党的方针政策，在争取人心、沟通感情、促进两岸“三通”方面做了大量工作，取得了明显的成绩。

初来大陆的中国台湾海员普遍带有疑虑和戒备心理，俱乐部接待人员不急于求成，总是避开对方较敏感的问题，以双方感兴趣的乡土、同胞、民族、历史和文化等话题寻找共同语言。俱乐部接待人员通过与他们聊家常、组织参观游览和解决困难等，使工作充满了人情味和亲切感。福建各海员俱乐部注意使用闽南话与其进行交谈，使海员感到亲切，话也投机。一位不会讲普通话的中国台湾老海员说，在大陆能用闽南话交谈，就像在家里一样，感到格外亲切。

中国台湾海员来大陆后，寻找亲人的愿望十分迫切。由于离别时间很长，许多海员提供的地址不详，甚至名字也不清，为寻找工作带来极大的不便，但海员俱乐部克服种种困难，使许多海员多年盼望与家人团聚的愿望变成了现实。某轮上的中国台湾海员提供了一个非常零碎的地址，要求俱乐部帮助他寻找分离 42 年的嫂子。地址上既无门牌，也无城区，俱乐部接待人员查询了几次都没有着落。最后，接待人员干脆专门陪同这位大哥走街串巷，多方打听，查询了几十位当地老人，几经周折，终于帮助他找到了亲人。这位中国台湾海员流下了激动的眼泪。

中国台湾“东山”轮抵连云港时天气特别冷，船上没有暖气和棉被，船员们急切要求有关部门供应棉被，但由于一时无货得不到解决。连云港俱乐部接待人员得知这一情况后，连夜组织人筹办了棉被送到船上，使中国台湾海员深为感动。

福州海员俱乐部总结出了“六多六少”的工作经验，即：多办实事，少说空话；多讲人情味，少带政治色彩；多用事实引证，少作当面争论；多找共同话题，少谈不同观点；多做个别交谈，少在公开场合议论；多注意保密，少作硬性渲染和互相传话。

国民党当局宣布开放探亲以后，两岸关系发生了微妙的变化，海员俱乐部的对台工作也进入了新阶段，进一步提供多种服务，而帮助中国台湾海员寻亲访友、排忧解难已成为俱乐部的重要工作内容。由于过去的交往，中国台湾海员普遍对我海员俱乐部产生了亲切感，有了困难，越来越多的中国台湾海员都愿意到俱乐部寻求帮助。

上海海员俱乐部为帮助“昌瑞”轮一名中国台湾海员寻找亲人，曾七次登轮传递消息，三次与外地单位函件来往，终于使海员如愿以偿找到了亲人。

海员俱乐部通过大量艰苦、细致的工作，赢得了人心。“彼德森鲁”轮一名中国台湾老海员受伤后被送进医院的第一天就请医生帮助与海员俱乐部取得联系。他激动地对俱乐部工作人员说：“我这次一个人住院，举目无亲，俱乐部的人就是我最相信的人。”“东方夫人”轮的中国台湾船长经常到大陆港口，他十分感慨地说：“大陆海员俱乐部为我们做了大量的工作。他们热情、周到的服务在中国台湾海员中影响很大，大家有事都愿找俱乐部解决，因为俱乐部是可以信赖的地方，是真正的‘海员之家’。你们用一颗颗温暖的心感化了我们，这是在为两岸的统一做实实在在的工作。”

海员俱乐部的对台宣传工作由于踏实有成效，受到了党中央、国务院有关部门的重视。他们在给全国总工会党组有关信函中称赞：“海员工会及有关国际海员俱乐部充分发挥自己的优势，积极主动地做好中国台湾海员的接待联谊工作，成绩是显著的。”他们对海员俱乐部的对台工作给予了充分的肯定，指出：“国际海员俱乐部做了大量友好接待和宣传工作，特别是为2500多位中国台湾海员安排了寻亲访友、参观旅游等活动，对推动海峡两岸之间的‘三通’产生了积极的作用。”

## 第八节　参与对外交往

### 一、参加第74届国际劳工（海事）大会

第74届国际劳工（海事）大会于1987年9月24日至10月9日在日内瓦召开，80个国家和国际组织派代表参加了会议；黄镇东副部长率领由交通部人事劳动司司长孙哲、全国总工会书记处书记兼中国海员工会主席方嘉德、中国海员工会副主席张士辉和中国远洋运输总公司副总经理戴淇泉等代表组成的中国政府、海

员和船东三方代表团出席了本届大会。

本届大会距上届海事大会已有11年之久，各国对本届大会都很关注，有83个国家和地区派出了代表团参加大会，与会代表748名，其中政府代表404名，雇主代表116名，工人代表173名。

自从1983年中国海员工会恢复在劳工局的活动以来，这是第一次参加国际海事大会。国际劳工大会是一个重要的国际活动场所，它涉及政治、经济、社会等多方面的复杂问题。全国总工会书记处书记、中国海员工会主席方嘉德船长率工会代表与交通部、中远总公司组成中国代表团参加了大会。大会选举西德曾任运输部长的DOLLINGER为大会主席，南斯拉夫政府代表、印度船东代表、巴西海员代表为副主席。大会设立7个委员会，中国海员工会参加了大会总务委员会、提案委员会、福利委员会和社会保障委员会。大会对局长的报告进行了一般性辩论，方嘉德船长代表中国海员工会在大会上发了言，宣传了中国改革、开放的成就，以及航运事业的发展，介绍了中国海员职工的生产、生活和福利等情况，阐明了中国海员工会独立自主、广泛联系的和平外交路线。大会和工人组织对他的发言很感兴趣，许多国家和工会组织对中国海员的情况和海员工会有了进一步了解，扩大了影响。各委员会对1986年预备会议上通过的海员的福利、社会保障、遣返、医疗卫生的公约草案和建议书草案进行了补充、修改。提案委员会对收到的27个提案进行了选择。联合海事委员会进行了改选。

这次会议，劳资矛盾、南北矛盾贯穿始终，由于各方都调整了策略，会议中对话、和解精神多于对抗和争吵，因而大会取得了积极的成果，对航运事业的复苏和发展是有益的，起到了积极的作用。

会议期间，中国海员工会与美国海员工会进行了友好接触，与澳大利亚海员工会恢复了联系，与劳工局海事处的技术协作有了实质性进展，与发展中国家的工会进行了广泛的接触，进一步增进了与第三世界国家的相互了解与友谊。大会期间，中国海员工会还与各大洲的25个国家和地区的代表进行接触，巩固了与老朋友的友谊，建立了新的对话关系，扩大了合作领域，双边和多边活动取得了丰硕的成果。

由于这次大会中国海员工会会前的双边、多边活动主动、积极，扩大了中国海员工会的影响，产生了积极的效果。大会工人组选举方嘉德船长为工人组副主席，这是中国海员工会恢复参与国际劳工组织的活动以来，第一次被选进领导机构。他在就职演说中又特别介绍了中国海员工会的情况，扩大了影响。

中国海员工会副主席张士辉当选为新一届联合海事委员会委员，苏联、保加利亚、阿根廷、丹麦、芬兰、法国、英国、马里、扎伊尔、科特迪瓦、肯尼亚、美国、澳大利亚等许多国家的工人代表及劳工局官员纷纷向中国代表表示祝贺。

中国海员工会利用这一国际讲坛宣传中国改革开放的形势和中国海员工会的工作及独立自主的和平外交路线，介绍中国海员的工作、生活、福利、医疗、社会保障等情况，扩大中国的影响，建立广泛的联系与合作。

## 二、出席国际劳工组织联合海事委员会第26次会议

1991年10月17日至25日，国际劳工组织联合海事委员会第26次会议在日内瓦举行。出席这次会议的有该委员会船主委员和海员委员各20人，船主委员的顾问13人，海员委员的顾问32人。国际自由工联、世界工联、世界劳联所属的国际运输工会的负责人也出席了会议。由于中国海员工会是该委员会海员委员，张士辉主席和全国总工会国际部负责人出席了会议。

本次联合海事委员会共审议了船上环境和海员就业特点的变化、商船（最低标准）公约、安置海员公约、社会保障（海员）公约、工资工时及人员（海上）建议书、劳动监察（海员）建议书等执行情况，以及海员福利三方小组委员会报告等七项议程。中方积极参加了审议，并就议题发表了意见。会议经过激烈争论和反复协商，通过对这些议程的审议，船主组和海员组各提出 12 项决议案，委员会最后通过了《关于最低工资的决议》《关于结社自由、集体谈判和三方协商的决议》《关于国际劳工组织和其他联合国组织合作的决议》《关于海事产业中吸毒和酗酒的决议》《关于海员福利活动和海员家属福利服务进行国际协调的决议》等共 18 个决议和会议报告。

中国海员工会在会议期间，为了广交朋友，打破自由工联一统天下的局面，扩大中国工会的国际影响，分别与三大国际运输工会组织负责人进行了沟通，向他们介绍了中国海员工会情况，阐明了对一些重大问题的立场，在一定程度上增加了他们对中国的了解。中国海员工会对其下属会员组织都进行了友好接触，还与日本、韩国海员工会主席分别就中国外派海员问题交换了意见，苏联独立水上运输工人联合会主席要求同中国海员工会加强双边联系，希望明年实现互访，并加强海员俱乐部之间的来往。

中国海员工会与各国海员工会和有关国际组织负责人进行了广泛接触，就共同关心的问题交换了意见，宣传了中国海员工会，了解了行业情况，结识了朋友，圆满地实现会前的目标。

## 三、加强对外宣传工作

对外宣传（以下简称“外宣”）工作是一项具有战略意义的重要工作，是海员俱乐部的主要任务之一。俱乐部外宣工作通过卓有成效的工作，宣传中国改革开放和经济建设的成就，使各国海员理解和支持中国的发展，为中国的繁荣与发展创造一个良好的外部环境。

1989 年 10 月 23 日至 26 日，中国海员工会与中国国际图书贸易总公司在福州联合召开了全国国际海员俱乐部对外宣传工作会议，总结、交流外宣工作经验；表彰外宣工作的先进集体和先进个人，研究如何进一步加强对外书刊的供应、管理工作和做好对外宣传工作等。

全国 26 个国际海员俱乐部的代表以及中宣部外宣局、国务院口岸办、文化部外文局、福建省委宣传部、有关省总工会的有关领导出席了会议。中宣部外宣局副局长王微作了对外宣传面临的形势和任务的重要报告，与会人员反映很好。会议期间，秦皇岛、上海、福州等 7 个海员俱乐部先进集体的代表介绍了对外宣传工作经验；全国俱乐部共有 24 人被授予对外书刊宣传和对外宣传先进工作者称号。

多年来，海员俱乐部积极做好对抵港各国海员的“友好、服务、宣传”工作，取得了很好的工作效果。党的十一届三中全会以后，海员俱乐部认真贯彻党中央对外宣传方针，努力发挥社会主义精神文明建设阵地和对外宣传窗口作用，每年接待来自世界 100 多个国家和地区的海员共 20 多万人次。通过为海员服务，组织其参观游览和各种文娱体育活动，丰富海员的精神文化生活，加强与各国海员的联系，在开展各种活动的同时主动宣传中国的对外方针政策，介绍中国实行改革开放以来发生的巨大变化和取得的成就，扩大了中国的影响，做到了为改革开放服务。

据不完全统计，近二三年来全国海员俱乐部共向海员出售各种对外书刊 40 余万册，赠送书报百万余份，征订刊物 1.7 万多份。1987 年、1988 年两年中为 13 万多人次的各国海员组织了参观游览、文艺演出、体育比赛、联欢晚会、座谈等活动，与此同时，还为近 6000 人次的抵港中国台湾海员安排了寻亲访友、参观购物等活动，解决了很多实际困难，对推动海峡两岸之间的“三通”产生了积极的作用。

但是，中国海员俱乐部在对外宣传活动中，出现了经济转型过程中的困难，经费问题给俱乐部造成了沉重的压力，挫伤了广大工作人员的积极性，使宣传队伍不稳定。

为此，1991 年 11 月，中国海员工会发出了《关于进一步加强对外宣传工作的通知》（简称《通知》），要求各俱乐部加强对外宣传工作的领导，要把做好对国际海员的宣传工作作为一项根本性任务，认真抓紧抓好；加强对外宣传工作的研究，注意发现、研究外宣工作中出现的新情况、新问题，有针对性地做好工作；搞好外宣队伍建设，提高外宣人员素质。同时，中国海员工会对秦皇岛俱乐部的工作做了较高的评价，宣传了秦皇岛市外宣工作经验，希望各俱乐部认真学习。

全国海员俱乐部积极贯彻《通知》精神，认真总结，找出不足与差距，制定改进措施，有效利用白皮书积极进行宣传，认真搞好陈列、赠送，做好登轮宣传工作；开展对外宣人员的培训，为他们的学习、工作提供必要的条件等。

## 四、中国海员工会访问日本

1992 年 9 月 24 日至 30 日，为进一步推动中日劳动界友好事业的发展，应日本全港湾工会邀请，由中国海员工会主席张士辉任团长的中国海员工会一行 5 人对日本进行了友好访问。日本全港湾工会对中国海员工会代表团访日十分重视，为访问活动做了较为周密的安排，并委派全港湾中央本部副委员长坂野哲也和总务部长伊藤彰信作为代表，全程陪同访问。

在日访问期间，代表团和日本全港湾工会中央本部及关西、关东地方本部及所属支部的负责人进行了会谈和交流；拜会了神户、横滨港湾局负责人，听取了港湾局对港湾生产经营与规划发展的介绍，参观了东京、大阪、神户、横滨港区，现场观摩了港口装卸作业和川崎汽船株式会社的调度、经营中心及管理工作；拜会了日本海员工会；看望了中国远洋公司两艘停泊在神户港的船舶上的船员，了解了他们的营运和生活情况，受到了海员们的欢迎。

此次访问，与日本全港湾工会总部主要负责人龟崎俊雄等进行了充分的会谈，增进了双方的了解和友谊。代表团团长张士辉向他们介绍了中国改革开放的有关情况，介绍了中国人大通过的新《工会法》的重要意义和主要特点，介绍了中国海员工会支持改革、参与改革的有关情况。

根据出访前的活动方针，正式邀请日本全港湾工会 1993 年来中国访问，全港湾工会欣然接受访华邀请。

第六章

# 海员工会支持改革维护权益（1992—2002）

20 世纪 80 年代末 20 世纪 90 年代初，国内外形势发生巨大变化。中国尽管打破了西方国家的“制裁”，但也面临着严峻的挑战。这种复杂的形势使相当一部分人在思想上出现困惑。1992 年春，中国改革开放的总设计师邓小平，再次视察中国南方一些地区并发表了重要谈话，从理论上回答了一系列关于中国改革发展的重大认识问题，把改革开放和现代化建设推向了新的发展阶段。

党的十四大召开后，全国总工会要求各级工会组织认真学习会议精神，明确社会主义市场经济体制的重大原则、方针、内容和基本框架，明确工会组织在建立社会主义市场经济体制中的重要责任，围绕党的中心任务创造性地开展工作，充分发挥工会组织的作用。

1994 年 12 月，全国总工会第十二届二次执委会提出了工会工作要以贯彻实施《劳动法》为契机和突破口，带动工会各项工作，推动自身改革和建设，在改革、发展和稳定中更好地发挥作用。要求各级海员工会正确处理三者的关系，努力做好各方面工作，使改革和建设继续保持良好的发展势头。

交通部为了适应市场经济发展需要，加快了交通运输事业的发展。在搞好交通行业两个文明建设中，要求水运企业职工解放思想、更新观念，以高度的主人翁责任感和使命感，支持改革、投身改革，充分发扬工人阶级优良传统，不断提高自身素质。同时，加强交通行业风气建设，树立行业新风，建设一支有理想、有道德、有文化、有纪律的“四有”职工队伍。

中国海员工会认真学习贯彻邓小平的重要谈话精神，坚定不移地贯彻执行党的基本路线，坚持全心全意依靠工人阶级的指导方针，以交通运输生产建设为中心，积极探索工会在社会主义市场经济体制中的职能，动员广大水运职工积极参与深化改革，不断提高企业的经济效益，为交通运输事业的发展建功立业。

## 第一节　切实维护好职工权益

### 一、为提高经济效益多作贡献

20 世纪末的 10 年是中国交通事业发展的重要时期，“八五”计划对水运建设提出了新的要求。在新的历史时期，海员工会担负着光荣而艰巨的任务，必须紧紧围绕党和国家的中心任务，团结动员广大水运职工，积极投身到建设与改革的伟大实践中去，充分发挥工人阶级的主力军作用，推进水运事业的发展。

1992 年，中国海员工会第三届全国委员会第一次全体会议明确提出，“要以交通运输生产建设为中心，全面履行‘维护、建设、参与、教育’四项职能，动员广大水运职工积极参与深化改革，不断提高企业的经济效益，为实现‘八五’计划建功立业”。各级海员工会组织要坚持以经济建设为中心，结合交通运输生产实际，发动职工以主人翁精神，为企业生产发展、技术进步和效益提高做出贡献；要认真贯彻“一业为主，拓宽主业，内引外联，多种经营”的方针，充分挖掘和综合利用企业现有的人力、财力、物力，不断提高经济效益。

中国海员工会根据党中央工作会议精神，把工作重点放在深化企业内部改革和全心全意依靠职工群众搞好国营大中型交通企业上，为优化企业外部环境和深化企业内部改革献计出力；坚持完善承包经营责任制，继续探索和推广“全员承包”“集体合同”等形式和经验，促进承包经营责任制的进一步完善。

各级海员工会围绕调整结构、提高效益，结合水运生产特点和“八五”交通重点工程建设，继续广泛深入地开展社会主义劳动竞赛、合理化建议和发明创造活动；重点搞好船舶、班组“双文明”建设竞赛，船舶安全生产竞赛和施工企业的重点工程劳动竞赛；进一步加强对劳动竞赛和合理化建议活动的引领，拓宽活动范围，在群众广泛参与的基础上，不断提高活动的质量；健全有关制度，兑现奖励政策，推动劳动竞赛向纵深发展。

## 二、参与改革，维护职工切身利益

中国实施改革开放后，交通部打破了水运企业单一所有制的限制，突破了地区限制，提倡多家经营，鼓励竞争，实施“有河大家走船”政策。之后，进一步放宽了政策，提出“各部门、各行业、各地区一起干，国营、集体、个人以及各种运输工具一起上”发展水运经济，改革力度前所未有，极大地促进了水运企业的发展。

1992 年，随着水运企业改革的深入，转换企业经营机制被摆上突出位置，这一系列变革涉及劳动人事制度、工资制度、社会保障等，与职工切身利益息息相关。对此，中国海员工会要求各级海员工会积极主动地参与到改革进程中去，做好前期研究，跟踪调查，掌握和分析职工的综合承受能力，正确把握职工群众的情绪、意见和要求，维护职工的合法权益。重点搞好工资分配、用工制度、社会保障等问题的调查研究，对有关政策、制度的实施提出完善建议。在参与改革的过程中，要注意把握保障职工主人翁地位的原则，统筹兼顾的原则，促进生产、维护稳定的原则，大胆试点、稳步推开的原则和工会工作只能加强、不能削弱的原则。中国海员工会强调，要努力做好对职工群众的宣传教育工作，引导职工正确处理好国家、集体、个人三者利益的关系，化解各种矛盾，消除不安定因素，推动各项改革的顺利实施。

中国海员工会要求各级海员工会组织要密切联系职工群众，注意了解和掌握职工思想动态，关心群众疾苦，尽心竭力为职工群众办实事。参与企业劳动争议的处理，贯彻“预防为主、防调结合”的方针，维护企业经营者和职工的合法权益，达到化解矛盾、增进团结、促进生产、稳定大局的目的。认真做好家属工作，重视发挥家属在搞好生产、促进职工队伍稳定方面的作用，及时总结交流家属工作经验。进一步发展职工疗（休）养事业，组织好先进模范人物的荣誉疗养和特殊工种康复疗养。

## 三、加强工会建设，适应改革开放

1992 年 10 月，党的十四大在北京举行，会议明确中国经济体制改革的目标是建立社会主义市场经济体制。这对工会工作适应改革开放和发展社会主义市场经济的新形势提出了新的更高的要求。

为此，中国海员工会在加强自身建设的同时，在全国总工会的统一领导和安排下，根据全国总工会《关于加强全国产业工会建设若干问题的意见》和《健全中国海员工会全国委员会实施方案》，逐步理顺组织体制，更好地发挥产业工会的作用。

一是要求各级海员工会组织加强工会干部队伍建设。要积极协助党委选配工会干部，把那些政治素质好，热爱工会工作，受职工群众拥护，懂业务、会管理的干部选配到工会领导岗位上来。工会干部，特别是领导干部，要充分认识肩负的责任，自觉用邓小平建设中国特色社会主义理论武装头脑，多学习，讲政治，顾大局，用自己的实际行动在职工中树立起工会的良好形象。关心工会干部的思想、工作、学习和生活，开展工会干部的培训，为他们排忧解难，使他们保持旺盛的工作精力，顺利完成各项工作任务。二是要求各级海员工会面向基层、面向职工，把工作重点放在基层。工会领导机关工作人员要扎实工作，深入基层，调查研究，多接触群众，了解群众的意愿，尽可能地帮助他们解决实际问题。三是要求各级海员工会加强对信息工作的领导，重视发挥信息的作用。要从完善信息网点、疏通信息渠道、加强信息员培训等基础工作抓起，增加信息传递的频率，丰富信息内容，提高信息质量，充分发挥信息工作的效能，更好地为领导决策服务，为交流推广经验和促进工会各项工作服务。

## 四、贯彻《劳动法》，推行集体协商和集体合同制度

1994 年 7 月 5 日，第八届全国人大常委会第八次会议审议通过了《中华人民共和国劳动法》（以下简称《劳动法》），这是新中国成立以来第一部规范劳动关系、保护劳动者合法权益的基本法律；是保护劳动者合法权益、调整劳动关系、建立和维护适应社会主义市场经济的劳动制度。

1994 年 12 月，中国海员工会认真贯彻全国总工会十二届二次执委会议做出《全国总工会关于贯彻实施〈劳动法〉的决定》，将其列入这个时期的重点工作；并以贯彻实施《劳动法》为契机和突破口，带动工会各项工作，推动自身改革和建设，把工会工作提高到一个新水平。

中国海员工会以推行集体协商和集体合同制度为重点，要求各级海员工会认真贯彻劳动部、全国总工会、国家经贸委、企业家协会联合下发的有关实行集体协商和集体合同制度的通知精神，在深入学习、统一思想、广泛宣传的基础上，积极推行集体协商和集体合同制度。

中国海员工会在与交通部的联席会议上，对贯彻《劳动法》进行了认真探讨，提出了交通企业要创造条件，尽早签订集体合同的要求；并与交通部联合下发了《关于在全国交通企业加快推行集体协商和集体合同制度的意见》（以下简称《意见》），为深

入贯彻《劳动法》，全面推行集体合同制度创造了良好的条件。

中国海员工会要求各级海员工会组织要按照《意见》，首先建立起工作机制，以机制和制度作为保障，使集体协商和集体合同制度在交通企业全面建立起来；现代企业制度试点企业要率先实行和完善这一制度；已经建立制度的，要保证集体合同的质量，认真抓好合同的履行，防止图形式、走过场；没有建立这一制度的，要尽快制订计划，积极创造条件，加快建立这一制度；各级海员工会要重视教育培训工作，通过有计划、分层次的培训，不断丰富工会干部和职工代表业务知识，提高他们的政策理论水平和协商、议事能力，更好地表达职工群众的意见、愿望，更有效地维护职工群众的权益。

## 五、推动职工代表入选董事会、监事会

为了适应发展社会主义市场经济的新形势、新任务，在改革发展稳定的大局中充分发挥工会的作用，中国海员工会提出要认清形势和任务，积极推进工会改革和建设，要求各级海员工会加强工会基层组织建设，增强基层工会活力。随着社会主义市场经济体制的逐步建立，基层工会的任务更加繁重，必须下大力气搞好基层工会组织建设，不断增强基层工会活力，特别是组织职工参加民主管理、实施民主监督，履行主人翁权利和义务等。

中国海员工会明确提出，在建立现代企业制度、实行规范的公司制改革的国有企业工会组织，应依据《公司法》和全国总工会、国家经贸委、国家体改委《关于国务院确定的百家现代企业制度试点中工会工作和职工民主管理的实施意见》（以下简称《实施意见》），坚持和完善职工民主管理制度，建立健全职工董事、监事制度，建立平等协商、签订集体合同制度，代表和维护职工合法权益，做好工会工作。

中国海员工会十分重视交通系统的现代企业制度试点工作，认真贯彻《实施意见》。1995 年，按中国海员工会的要求，全国百家试点企业之一的广州海运（集团）有限公司工会重点探索制订试点方案和公司章程，理顺工会参与试点工作的格局，建立职工董事、监事制度，解决工会主席进董事会、副主席进监事会的问题，建立了集体协商和集体合同制度，坚持和完善了职工代表大会和职工民主管理制度等。

1997 年，中国海员工会要求，部属 9 家现代企业制度试点企业工会的工作要与改革同步进行、融为一体；要代表职工参与试点方案的制订；坚持和完善职工代表大会制度和职工民主管理制度；依法建立集体协商和集体合同制度；建立职工董事和职工监事制度，做好职工董事监事的选举工作，使工会主席、副主席作为职工代表通过民主程序分别进入董事会、监事会。中国海员工会、中国公路运输工会在做好对试点企业工会工作协调指导的同时，向全行业推广试点企业的做法和经验。

## 六、真心实意帮助困难职工摆脱困境

1997 年，随着改革的深化和市场经济体制的逐步建立，企业的富余人员和下岗人员不断增加，人们普遍感到再就业越来越困难。中国海员工会为了全面掌握水运企业下岗、富余人员情况，认真总结各地、各企业分流安置下岗职工的成功经验，积极促进再就业工作，对全国水运企业下岗职工情况和再就业状况进行了广泛调研。发现职工下岗后经济收入明显降低，医疗等保障水平下降，许多下岗职工的生活陷入困境。造成大量水运职工下岗的原因可以归纳为以下几方面：产业结构和企业经营结构的调整，导致职工结构性下岗；企业组织形式和用工制度的改革，导致职工在优化中下岗；企业受市场冲击和影响，导致职工阶段性下岗；

企业经营困难、亏损倒闭，导致职工被迫性下岗。水运企业面对就业困难局面，就业形势依然严峻。

为此，中国海员工会主席张士辉在全国政协八届五次会议上呼吁《重视“再就业工程”，为改革、发展、稳定的大局服务》。同时，中国海员工会要求水运企业工会思想重视，组织落实，积极采取措施，提高下岗职工的就业能力。

中国海员工会要求水运企业工会切实关心下岗职工的生活。由于下岗职工思想压力大、经济困难多，工会要在精神上和经济上都给予他们关心和帮助，在社会保障体系尚未健全的情况下，更须尽快建立和不断充实企业“帮困基金”等专项基金，充分发挥这些基金的帮困解困作用。要把“送温暖”工程与再就业工程有机结合起来，制定目标责任制，采取有效措施，真心实意帮助困难职工摆脱困境。

加强技能培训，提高职工就业竞争能力。引导职工树立和增强市场意识和竞争意识，并以市场为导向，开展多层次、多形式的职业技能培训和转业、转岗培训，以提高下岗职工和富余人员的整体素质和重新就业的能力。

充分发挥工会在职工再就业工作中的作用。努力维护改革、发展、稳定的大局，正确处理好支持企业改革与维护职工利益的关系。加大对再就业工作参与的力度，切实介入涉及职工下岗和分流安置的操作与管理。充分发掘、发挥自身优势，巩固和发展工会经济实体，办好工会职业培训和职业介绍，配合行政有效地推进再就业工程。

## 七、提高职工素质，奉献社会

随着改革开放和现代化建设进入新阶段，水运业的开放进一步扩大，国家调整海运政策，使国际海运业务全面开放。国内运输市场适度逐步对外开放，港口经营建设扩大对外开放，港口收费制度进行大幅度调整等，对水运企业提出更高的要求。而职工素质的高低直接关系到企业的兴衰，因此必须不断提高职工素质才能肩负起改革开放和现代化建设的使命。

中国海员工会要求各级海员工会组织不断提高交通职工素质，以提高思想道德和科学文化技术素质为核心，建设一支有理想、有道德、有文化、有纪律的“四有”交通职工队伍。各级海员工会要创造条件，积极教育和引导职工掌握解放思想、实事求是这一建设有中国特色社会主义理论的精髓，坚定建设有中国特色社会主义的信念；组织职工学习市场经济的基本知识，树立新思想、新观念，掌握新技术；加强民主法制教育，使职工知法、懂法、守法、用法；建立健全职工岗位培训制度，积极组织职工开展技术比武和技术练兵，不断提高他们的技术技能；重视企业文化建设，组织职工广泛开展丰富多彩、健康文明的文化体育活动，陶冶职工情操。

1996 年以后，中国海员工会又提出：交通运输作为“窗口”行业，直接面向社会，面向群众，要为经济建设和人民生活服务，其文明程度如何，不仅会影响本行业形象，也势必影响到社会风气；各级海员工会要明确工会在精神文明建设中肩负的责任，按照交通部关于创建文明行业的部署，积极开展以“服务人民、奉献社会”为宗旨的创建文明行业活动；根据“窗口”行业的自身特点，对职工广泛开展职业技能、职业责任、职业道德、职业纪律教育，加强岗位培训，规范行业行为，树立行业新风；要进一步推动“三学”① 活动的开展，树立和宣传劳动模范和先进人物，用他们的先进思想和先进事迹教育和激励广大职工爱岗敬业、无私奉献；把创建文明行业活动落实到船舶、班组，通过文明个人、

① “三学”，即个人学习包起帆、船舶学习“华铜海”轮、单位学习青岛港。

文明船舶（班组）、文明单位的创建活动，加快交通系统创建文明行业的步伐。

## 八、全心全意依靠职工搞好企业改革

1998年6月，随着水运生产的“三统”① 宣告终结，航运企业改革开放不断深入，如何在新形势下继续依靠广大职工办好企业，成为新的课题。对此，中国海员工会作为海员职工利益的代表者和维护者，坚持执行全心全意依靠工人阶级的指导方针。

中国海员工会根据党中央“没有广大职工群众的支持，企业改革是不可能成功的”的指示精神，提出在政治上维护职工的民主权利，坚持以职代会为基本形式，开展民主管理、民主参与和民主监督。各级海员工会组织要深刻领会党中央的精神和新形势下上述工作的重要性和紧迫性，同时按照中组部、国家经贸委、人事部、全国总工会联合下发的《关于做好国有企业领导班子考核建设工作的通知》要求和全国总工会《关于职工代表大会民主评议企业领导干部的实施意见》，在党委的领导下，做好职代会民主评议，并把结果提供给行政部门，作为评价、奖惩、任免和使用企业领导干部的重要依据。各级海员工会要做好上述工作，充分发挥职代会的作用，落实职工的民主权利。

中国海员工会注重在经济上维护职工的合法利益，要求各级海员工会要深入贯彻《劳动法》，通过建立集体协商和集体合同制度，从整体上维护职工的利益；注重为职工多办他们希望办的事，使广大职工切身感受到工会是他们可以依靠的对象、职工是企业的主人。

企业在改革过程中，要充分发挥广大职工群众的重要作用，

---

① “三统”，即统一货源、统一运价、统一调度。

调动广大职工的积极性，保持经济的发展和社会的稳定。

## 第二节　调整海员工会组织

### 一、中国海员工会第三届全国委员会

1992 年 2 月 26 日至 29 日，中国海员工会第三届全国委员会①第一次全体会议在北京召开。交通部部长黄镇东、全国总工会书记处书记方嘉德在会上发表讲话。中国海员工会张士辉作了题为《进一步动员全国水运职工为实现交通“八五”计划努力奋斗》的工作报告。

会议审议通过了工作报告，选举产生了中国海员工会第三届全国委员会常务委员会委员（按姓氏笔画为序）：王镭、王富田、李树华、李绪元、陈昌本、宋连波、张士辉、张启忠、贾兆亭、徐金保。

张士辉被选举为中国海员工会第三届全国委员会主席，王镭为副主席（兼职）。

由于当时正在进行改革，部分地区准备筹建地方海员工会，有的行业正在筹建企业集团等原因，所以需要保留部分委员名额。这次会议实际选出委员 85 名。已选出的委员具有广泛的代表性，

① 中国海员工会成立于 1921 年 4 月 6 日，原名为“中华海员工业联合总会”，1926 年 1 月 5 日，中国海员工会在广州召开了第一次全国代表大会。随后，在长期的革命斗争中，中国海员工会一直处于地下活动。新中国成立后，恢复了公开活动，重定名为“中国海员工会”，并于 1955 年 4 月在北京召开了“中国海员工会第一届全国代表大会”。这样海员工会历史上出现了两次“第一届全国代表大会”。考虑到历史的连续性，1955 年的代表大会应为“中国海员工会第二届全国代表大会”。因此，本届全国委员会定为“中国海员工会第三届全国委员会”。

其中工会领导干部占91%，基本覆盖了水运的各行业和各个地区。其他有关方面代表占9%，其中党政领导干部4人，劳动模范代表2人，科技人员2人。中国海员工会组织系统较大，单位数量多，而全国委员会委员名额有限，所以仍有部分部直属水运企事业、沿海一些港口企业没有当选委员。

## 二、中国海员工会第四届全国委员会

1997年3月26日至28日，中国海员工会第四届全国委员会第一次全体会议在北京召开，交通部部长黄镇东，全国总工会副主席、书记处第一书记张丁华和李奇生、方嘉德、肖振邦等全国总工会领导出席了会议，交通部部长黄镇东、全国总工会副主席方嘉德分别代表交通部和全国总工会讲话。香港海员工会主席丁锦源应邀参加了会议。大会审议通过了张士辉代表第三届全国委员会所作的《认真贯彻工会工作总体思路，团结动员全国交通职工为实现跨世纪宏伟目标建功立业》的工作报告。

会议审议通过了工作报告，选举产生了中国海员工会第四届全国委员会常务委员会委员：张士辉、王贻谋、贺理富、傅伟（女）、向恢平、蒋国寿、朱四平、陈德诚、王志君、陈文杰、韩广昌、汤新建、吴徽章。

张士辉当选为中国海员工会第四届全国委员会主席，王贻谋当选副主席。

## 三、全国主要基层海员工会组织的调整

### （一）中国海员工会中国远洋运输集团委员会成立

1993年中国远洋运输集团成立后，中远工会也随之更名为中

国海员工会中国远洋运输集团委员会（以下简称“中远集团工会”）。中远集团工会编制6人（不含工会主席），副主席1人，主持工会日常工作；工会下设办公室、组织民管部、文教宣传部、生产劳保部。集团工会仍采用会员代表大会制度和1989年建立的职工代表大会制度。与中远集团经济组织体制相适应，中远集团的工会组织实行四级管理体制。在集团的体制改革过程中，为了加强管理，中远集团各类经济组织的延展，到第四代子公司为止。与此相适应，集团工会组织内部也实行分级管理体制，设立四个层级，分别为集团工会委员会，各远洋运输公司、外代总公司、中货公司、青岛远洋船员学院等集团紧密层企业的工会组织，二级企业所属经济组织的工会组织和其余工会组织。

### （二）中国海运（集团）总公司工会成立

中国海运（集团）总公司工会成立前，上海海运管理局工会、广州海运管理局工会、大连轮船公司工会都是中国海员工会会员单位。

由于企业转换经营机制的需要，1993年1月1日起广州海运管理局更名为“广州海运（集团）公司”，广州海运管理局工会向中国海员工会申请更名。1993年2月1日，中国海员工会同意广州海运管理局工会更名，名称为“中国海员工会广州海运（集团）公司委员会”。

1993年7月1日，上海海运管理局更名为“上海海运（集团）公司”，中国海员工会同意上海海运管理局工会更名为“中国海员工会上海海运（集团）公司委员会”。

1994年7月17日，大连轮船公司更名为“大连海运（集团）公司”，中国海员工会同意大连轮船公司工会更名为“中国海员工会大连海运（集团）公司委员会”。

改革开放以来，中国航运事业发展迅速。截至1995年，从事内河运输、沿海运输和国际运输的航运公司已经分别达到5000多家、1300多家和近300家，外国航运企业也纷纷抢滩中国航运市场，航运市场竞争激烈。交通部所属3个海运公司的市场份额逐年下降。为此交通部决定组建集团，通过企业组建结构的调整，实现专业化、集约化经营，形成群体合力，提高部属企业的整体竞争实力。

1997年7月1日，广州、上海、大连海运（集团）公司、中国海员对外技术服务公司和中交船业公司等重组，在上海成立中国海运（集团）总公司。同年，中国海员工会中国海运（集团）总公司委员会也在上海成立。

### （三）中国海员工会、中国公路运输工会女职工委员会成立

中国海员工会、中国公路运输工会女职工委员会于1994年10月27日在湖北宜昌成立，张士辉主席在会上讲话。会议讨论通过了女职工委员会工作制度，经民主协商产生了常务委员、副主任委员。全体女工委员向全国交通系统广大女职工发出倡议书，号召交通系统女职工奋发努力，开拓进取，为中国社会主义现代化建设和精神文明建设再立新功。

### （四）中国职工技术协会海员分会成立

中国海员职工技术协会经中国职工技术协会批准，于1989年成立，十几年来做了大量工作，但由于种种原因没能办理社团法人登记，以致当时如果继续开展海员技协活动，就会有违《社会团体登记管理条例》的有关规定。为解决这个问题，经过征询民政部意见，并请示了中国职工技术协会，拟将中国海员职工技术协会改为中国职工技术协会海员分会，从而以全国性社团分支机构的形式实现登记，便于以后继续开展水运系统群众性技协活动。

根据国务院1998年10月25日颁布的《社会团体登记管理条

例》第十九条规定，2000 年 10 月 11 日召开的中国职工技术协会四届二次会长办公会议研究决定，同意中国海员职工技术协会等申请作为中国职工技术协会分会的请示，更名为“中国职工技术协会海员分会”。

中国职工技术协会海员分会设会长 1 人、副会长 3 人、秘书长 1 人、副秘书长 1 人，分会常设办事机构为技协办公室。

### （五）中国海员工会秦皇岛港务局委员会更名

2002 年，根据《关于中国海员工会秦皇岛港务局委员会名称变更的请示》，鉴于秦皇岛港务局已根据《国务院办公厅转发交通部等部门〈关于深化中央直属和双重领导港口管理体制改革意见〉的通知》精神改建为秦皇岛港务集团和秦皇岛港务集团有限公司，中国海员工会同意将“中国海员工会秦皇岛港务局委员会”的名称相应更名为“中国海员工会秦皇岛港务集团委员会”和“中国海员工会秦皇岛港务集团有限公司委员会”。更名后，实行两块牌子一套班子，设委员 45 人、常委 9 人。

### （六）中国海员工会黑龙江委员会更名

由于管理体制的变化，交通部黑龙江航运管理局已由交通部下放到黑龙江省，实行政企分开，重新组建了黑龙江省航务管理局、黑龙江海事局、黑龙江航运集团公司。其中，黑龙江省航务管理局、黑龙江海事局隶属黑龙江省交通厅管理；黑龙江航运集团公司隶属黑龙江省企业工委管理。经省委机构编制委员会批准，黑龙江省海员工会为省级产业工会，编制 4 人。

根据省委机构编制委员会赋予产业工会的职能和黑龙江航运管理局实际的变化，中国海员工会黑龙江委员会拟更名为中国海员工会黑龙江省委员会。2002 年，根据《工会法》的有关规定，中国海员工会同意成立中国海员工会黑龙江航运集团有限公司委员会。

## 四、健全海事局系统工会组织

海事系统是交通系统的一个重要行业，海事职工担负的工作任务繁重、工作条件艰苦，许多行业特殊利益需要维护。职工普遍要求健全海事系统工会组织。建立健全全国海事系统工会组织，加强全系统工会工作，便于工会组织广泛发动职工积极支持和参与改革，推进各项工作的开展，促进海事系统两个文明建设。中国海员工会非常重视健全海事局系统工会组织工作。

2000 年，中国海员工会为了能更好地发挥工会组织的“建设、维护、参与、教育”职能和联系群众的纽带作用，建议交通部海事局依据《工会法》建立健全交通部海事局工会，之后经过与交通部海事局反复协商，确定了建立完善海事局工会的方案，确定了工会名称为“中国海员工会交通部海事局委员会”。组织体制按照联合制、代表制的原则组成中国海员工会交通部海事局委员会，该局工会工作机构为正处级以上建制，并具有独立的办公机构，由交通部海事局行政为工会提供办公场所。工会设主席 1 人，副主席 1—2 人，办公室主任 1 人，干事若干人；为更好地协调各直属局工会工作，又建议选配副局级干部任工会主席。

2002 年初，在交通部海事局的支持下，经全国总工会组织部批准，中国海员工会海事局委员会正式成立。

# 第三节　完善民主管理，确保职工权益

## 一、探索现代企业制度中的民主管理

广州是中国改革开放最早的沿海大城市之一，利用党和国家给予的特殊政策和毗邻港澳的区位优势，先走一步，超前试验。1994年，广州海运（集团）公司（以下简称“广州海运”）被列为国家百家现代企业制度试点企业之一。当时，交通部系统的企业被列为试点的只有广州海运一家。为了做好试点工作，广州海运一方面组织干部职工认真学习，提高对改革试点工作的认识，做好因改革带来岗位变化的心理准备，把思想统一到十四届三中全会的决定上来，并抓紧时间制订试点方案；另一方面为适应建立现代企业制度，按照广州海运发展战略，本着“精简、效能”的原则，对部分机构进行了合理的调整，同时试行了管船舶与管船员分开的新模式等。

中国海员工会作为参与现代企业制度试点的联系单位，积极支持广州海运现代企业制度试点工作，主要参与起草、修改有关文件，包括《加强工会工作的实施办法》《加强职工民主管理的实施办法》《公司章程》中的有关章节，《全员劳动合同制实施细则》《集体合同草案》等；同时还参加了由交通部主持的、有关八个部委出席的“试点实施方案论证会”，对有关内容提出了修改意见；协调解决工作中遇到的实际问题。结合交通企业进行现代企业制度试点的实际，中国海员工会向交通部提出了《关于交通系统现代企业制度试点企业工会工作和职工民主管理的意见》等。

中国海员工会十分重视交通系统的现代企业制度试点工作，并给予了具体指导，重点协调了试点方案和公司章程的制定，理顺了工会参与试点工作的定位，协助建立了职工董事、监事制度，解决了工会主席进董事会、副主席进监事会的问题，建立了集体协商和集体合同制度，坚持和完善了职工代表大会和职工民主管理制度等，为实现现代企业制度中的民主管理做出有益探索。

## 二、推行平等协商，实施集体合同制度

全国总工会十二届二次执委会做出了贯彻实施《中华人民共和国劳动法》（简称《劳动法》）的决定，并确定把推行平等协商和集体合同制度（以下简称“建制工作”）作为贯彻实施《劳动法》的工作重点。为了推动这一重点工作，1996 年中国海员工会在三届五次全委会和与交通部召开的第七次联席会议上都提出了要求，并进行了部署。

根据联席会议精神，水运部分企业开始积极稳妥地开展了建制工作试点工作。试点成果对于促进社会主义市场经济条件下劳动关系协调机制的建立和完善，维护职工与企业双方的合法权益，发展和谐稳定的劳动关系，发挥了积极的作用。

为进一步统一认识，加强对建制工作的指导，交通水运系统各级海员工会开展了对交通水运企业推行平等协商和集体合同制度的情况的抽样调查，不断推动建制工作的全面展开。1996 年 11 月，交通部、中国海员工会等制定的《关于在全国交通企业加快推行集体协商和集体合同制度的意见》，对交通企业建制工作起到了很大的推动作用。

交通水运系统各级海员工会组织在推行平等协商和集体合同制度的工作中做了大量的工作，付出了艰苦的努力，取得了一定的成效。

交通部部属（包括双重领导）企业职工人数 64.8 万，占全国水运职工总数的 40.5%。有 23 个单位签订集体合同，占企业总数的 33%；9 个全国和部级现代企业制度试点企业中，有 3 家建立了平等协商和签订集体合同制度，做到了与试点同步；根据对四川、江苏、福建、山东、广东、广西、上海等全国几个水运企业比较集中地区（职工人数 53.7 万，占全国水运职工的 33.6%）

的不完全统计，已有295个企业建立平等协商和签订集体合同制度，占应签订集体合同企业的35.9%。应该讲，当时交通水运企业推行建立平等协商和签订集体合同制度的工作起步良好，步骤积极稳妥，发展趋势健康。

中国海员工会在推行建制工作中，注意到很多企业有不少好的做法，并加以推广。如福建省的一些水运企业在制定合同条款中做到了"六个坚持"：一是坚持依照《劳动法》等有关法律法规办事；二是坚持"两个维护"的统一，正确处理国家、集体和职工的三者利益；三是坚持在提高企业经济效益的基础上，逐步增加职工收入；四是坚持从实际出发，量力而行，改善工作和生活条件；五是坚持平等协商解决合同条款中有争议的问题；六是坚持合同双方责权利的均衡，使合同的签订和履行发挥了很好的作用。

中国海员工会还积极支持企业集团从实际出发，积极探索建立建制工作的途径和形式。交通水运系统的中远（集团）总公司和中国长江航运（集团）总公司是中国57个国家级大型企业集团的组成部分，这些企业集团都是按照现代企业制度要求组建的，深入研究集团母公司和下属企业建立平等协商和集体合同制度的形式，以加快全系统推行平等协商和集体合同制度工作的开展。

平等协商和集体合同制度的建立，突出了工会的维护职能，带动和促进了工会各项工作，增强了工会组织的吸引力和凝聚力，把广大职工团结在党的周围，在改革、发展、稳定的大局中发挥了很好的作用，有力地推动了交通运输事业的发展。

虽然交通水运企业推行建制工作是积极而稳妥的，但也暴露出行业、地区之间发展不平衡的问题。不同省、市和产业有很大差距，影响推行建制工作发展的主要问题表现在：对建立平等协商和集体合同制度必要性的认识不足；工会干部的素质不能适应需要；探索签订单项、多项集体合同的阻力大。

另外，由于按照《劳动法》的规定签订的集体合同是覆盖企业所有职工的，但是企业内部的实际情况各不相同、差别很大，故有的企业在建立平等协商和集体合同制度的起步阶段，集体合同内容要求全面覆盖，确有相当大的难度。还有些单位工资分配权由总公司实行工资总额宏观控制，在研究签订集体合同时遇到了问题。

针对上述情况，中国海员工会为了进一步加快交通水运企业推行平等协商和集体合同制度的步伐，更好地克服和解决存在的困难与问题，采取了加大宣传力度，进一步深化推广行之有效的建制工作方式，认真总结、推广亏损企业建立建制的经验。具体做法上，要求做到“五个到位”：培养典型，示范到位；区分类别，指导到位；重点突破，协调到位；面向基层，服务到位；严格程序，规范到位。加强对工会干部培训，不断提高工会干部素质，以尽快适应工作的需要。

1997 年，中国海员工会开展了检查落实情况的调研，注意先进经验的宣传推广。为进一步提高交通企业推行建制工作的质量，举办了集体合同师资培训班，进一步强化服务，突出政策支持，把工作重点放在基层，加快了建制工作的实施。

## 三、开展民主评议企业领导干部

职代会评议企业领导干部是一项政策性强、影响面大的重要工作。全国总工会十二届四次执委会要求各级工会要加强对下级工会的指导与协调，帮助他们解决遇到的困难和问题，加强督促和检查，真正把这项工作抓实抓好。

中国海员工会积极贯彻全国总工会要求，对交通企业民主评议领导干部工作进行具体协调和指导。经过各级海员工会多年的民主管理工作实践，大多数交通企业已逐步形成了较规范的职代会实施细则，使职代会民主评议权的落实有章可循。但仍有部分单位存在着职代会民主评议领导干部的工作机构不健全，职责、程序不完善等方面的问题。因此，中国海员工会要求水运各企业工会在党委的领导下，从修改、完善职代会实施细则入手，建立健全职代会民主评议干部的专门委员会，规范职代会民主评议企业领导干部的范围、内容、步骤和方法等，使评议工作发挥应有的作用。

南京长江油运公司工会与行政在贯彻落实《企业法》和职工代表大会条例过程中，努力探索职代会民主评议领导干部的实现方式，在公司逐步建立了党政考核与职代会民主评议相结合的工作机制，推动了企业职代会民主评议领导干部工作朝制度化、规范化方向发展，被江苏省总工会授予“民主管理先进单位”称号。

南京长江油运公司工会总结经验，抓住机遇，在职代会民主评议领导干部工作中，着力实施“三个推进”，即由评议领导干部向既评议领导干部又评议领导班子推进；由评议领导干部素质向既评议领导干部素质又评议领导班子结构素质推进；由组织部分职工代表实施评议向组织职代会全体职工代表实施评议推进。“三个推进”为促进领导班子建设发挥了积极作用。

南京长江油运公司工会与行政着眼于“四个结合”，即思路上的结合，奠定机制建设的思想基础；制度上的结合，支撑、保证机制的运行；组织上的结合，建立推动机制运作的日常工作机构；措施上的结合，充分体现工作力度。“四个结合”相互渗透、补充，加大了实施工作力度。完善实现民主评议的企业环境、运行机制、工作活力的良性循环，规范职代会民主评议的内容，规范领导述职，规范民主程序。研究制订民主评议实施方案，充分体现方案内容的规范性、方案形成过程的民主性，增强实施工作的针对性。在此基础上，党政工联合制定印发了《进一步贯彻落实全心全意依靠职工办好企业的意见》《关于建立职工代表巡察制度的实施办法》，不断完善党政考核与职代会民主评议相结合的工作机制。

中国海员工会通过对典型经验的宣传借鉴，不断推动水运企业职代会民主评议领导干部工作的落实。

## 四、全心全意依靠职工把企业办好

在深化改革、扩大开放、建立社会主义市场经济体制的新形势下，能否贯彻落实好党全心全意依靠工人阶级的指导方针（以下简称“依靠方针”），充分发挥工人阶级的主力军作用，关系到党和国家的跨世纪宏伟目标能否实现，关系到建设有中国特色社会主义事业的兴衰成败。

当时，就交通企业来说，贯彻依靠方针总的情况是好的，多数企业重视依靠职工办企业，并采取了一些具体措施。但是在部分企业，忽视职工地位、贬低职工作用的现象依然存在。有的把贯彻依靠方针与发展社会主义市场经济对立起来；有的嘴上讲依靠，实际落实少；有的只希望职工多干活、多奉献，不愿让职工参与企业民主管理，更不愿接受职工民主监督；有的重大决策和改革方案不经职代会审议通过，就付诸实施；有的不关心职工利益，在分配上过分拉大与职工的差距等。这些情况严重地影响了依靠方针的贯彻落实。

1997 年 7 月，中国海员工会四届二次常委会提出，要“坚定不移地贯彻党的全心全意依靠工人阶级的指导方针，把交通企业办好”，并根据全国总工会的统一部署，在全国树立百家依靠职工办好企业的先进典型。1997 年，经中国海员工会推荐的秦皇岛港务局、南京长江油运公司被全国总工会列入百家行列。他们在贯彻依靠方针过程中做了大量卓有成效的工作，取得了明显的效果。中国海员工会对这些先进典型进行广泛的宣传，涌现出更多的依靠职工办好企业的先进企业。

广州远洋运输公司是国有大型航运企业。公司按照“以人为本，依法治理，构筑利益、荣誉、命运共同体”的工作思路，坚持全心全意依靠职工办企业。公司工会配合行政部门，从转变机关作风入手，制定了一系列措施，通过实施“安居工程”计划、举办船员家属中秋赏月活动等，为船员办实事，增强了企业的向心力。公司工会牵头定期组织大规模慰问，给船员家庭送温暖。1995 年底以来，公司工会进行了三次大规模的慰问，由全体公司领导带领慰问组，分赴全国 24 个省（直辖市、自治区）、931 个县（市），慰问船员家庭 9771 户，占船员总数的 81.4%。工会组织机关职工捐款成立了职工解困基金，对特困职工进行援助。公司工会加强民主管理，让职工有知情权、监督权；定期召开民主管理理论研讨会，完善了以职代会为基本形式的民主管理制度，全年职代会共收集整理 42 份职工提案，提案审理率 100%；建立了职代会职工代表巡视制度，健全了船舶民主管理大会制度；制定了职代会实施细则等五项民主管理规章制度，使职代会和工会工作更加制度化、规范化；及时向职工通报公司情况，积极组织职工参政、议政；实施了全员劳动合同制，职工签约率达 99%；建立了平等协商与集体合同制度；对富余人员组织转岗培训，进行分流安置。通过尊重职工、关心职工、依靠职工，群策群力办企业，公司凝聚力极大增强，“两个文明”建设取得可喜成绩，连年超额完成上级下达的利润指标。

广州远洋运输公司发展进步的实践证明，全心全意依靠职工群众办企业是增强企业活力的源泉，是促进企业经济发展的重要途径。

## 五、抓好层层建家工作、争创高层次职工之家

开展建设职工之家活动，是各级海员工会组织和广大工会干部在贯彻落实党中央对工会工作重要指示的实践中的一个创造，是推动各级海员工会把工作重点放在基层、增强基层工会活力、提高工会工作总体水平的有效形式和成功经验。自1984年以来，建家活动广泛开展，经久不衰，得到了工会基层组织和广大职工群众的拥护和欢迎。

秦皇岛港务局工会认真贯彻中国海员工会关于深入开展建设职工之家活动的指示精神，积极探讨新时期深入建家的新思路、新方法，坚持以港口生产建设为中心，以调动职工主人翁积极性、增强企业活力为起点，以建设高层次职工之家为目标，充分发挥港口各级海员工会组织的优势和特色，深入持久地开展建家活动，使全局各层次的建家工作不断迈出新步伐，取得新进展。

截至1993年4月，在秦皇岛港务局30个直属单位中，涌现出模范职工之家17个，先进职工之家6个，合格职工之家7个。建家合格率为100%，优秀率为76.7%；在全局176个车间（厂队）中，建成模范中家36个、先进中家60个、合格中家76个，合格率达到92%，先进和模范达到54.4%；在全局892个班组中，建成模范小家130个、先进小家387个，合格率为95.7%，先进和模范达到81.2%。蓬勃开展的建家活动给局工会工作创造了良好的内部环境，带来了勃勃生机，促进了工会整体工作水平的提高，1993年10月秦皇岛港务局荣获“全国模范职工之家”称号。

秦皇岛港务局深入建设职工之家活动的基本做法是：党政工同建一个“家”，建立了有党政工领导参加的三级建家活动领导体系，把建家工作列为局内企业升级、争先创优、评比表彰的重要依据，并坚持做到“三同步”“四纳入”。“三同步”即建家活

动与企业基本建设同步，与企业管理同步，与班组建设同步；“四纳入”即把建家要求纳入单位的方针目标，进行动态管理；把建家工作纳入各级责任制，定期考核；把建家工作纳入企业内部升级，凡建家不合格的基层单位、厂队车间或班组，均不能评为先进；把建家工作纳入评先奖励范围，定期评比表彰。

秦皇岛港务局从本企业实际出发，确立了抓好四个层次的建家途径和方法。局、直属单位、车间（厂队）、班组四个层次开展层层建家，逐级负责，一级保一级，从而使全局上下出现了“层层抓、层层建”的生动局面。摆正三个关系，摆正建大家与建小家的关系，摆正建家形式与内容的关系，摆正指导与服务的关系。坚持共建思想不动摇，坚持“两因”建家原则不动摇，坚持长期建家的思想不动摇，坚持六项标准不动摇。在建家活动中，始终注重工作质量。建立制约机制，保证建家质量。

1997 年，中国海员工会根据全国总工会十二届四次执委会议精神，就继续深入开展建设职工之家活动提出：开展建设职工之家活动是各级海员工会组织和广大工会干部在贯彻落实党中央对工会工作重要指示的实践中的一个创造，是推动各级海员工会把工作重点放在基层、增强基层工会活力、借鉴提高工会工作总体水平的有效形式和成功经验。

中国海员工会要求各级海员工会组织制订工作计划，调整工作部署，形成新的工作格局和运行机制；制定具体办法，组织所属基层工会开展建设职工之家活动；加强对建设职工之家活动的领导，坚持实事求是，从实际出发，对不同情况的企业实行分类指导；既要坚持建家的基本要求，又要区别不同类型的基层工会，提出切合实际的建家办法，注重实效，防止形式主义。

按照中国海员工会要求，各级海员工会认真总结和学习建家活动的成功经验，树立为基层服务、为职工服务的思想。由此，新的一轮职工之家建设活动蓬勃开展起来了，并取得了丰硕成果。

## 六、切实加强交通系统的工会工作

1989 年 12 月，党中央发出了《中共中央关于加强和改善党对工会、共青团、妇联工作领导的通知》后，交通部不断加强工会工作，与中国海员工会、公路运输工会联合下发了《关于交通部与中国海员工会、中国公路运输工会加强工作联系的通知》（以下简称《通知》）。《通知》明确了加强联席会议制度，中国海员工会、公路运输工会负责人应邀参加全国交通工作会议，交通部与中国海员工会、公路运输工会共同组织开展了全国水运系统合理化建议和发明创造活动成果表彰，远洋、沿海运输船舶安全生产竞赛，全国交通系统劳动模范的评选和水路客运技术比赛等活动等，对推进基层单位的民主建设产生了积极的影响。全国各省交通部门与同级海员、公路运输工会的联席会议制度逐步建立起来，工会的民主渠道进一步畅通，工会的作用得到了较好的发挥。

《工会法》颁布后，为切实加强交通系统的工会工作，进一步贯彻《工会法》，交通部要求按照交通部与中国海员工会、中国公路运输工会联合发出的《通知》精神，检查哪些已经落实、哪些尚未落实，没有落实的要找出原因，制定解决问题的办法和措施，并总结情况向交通部写出书面报告，建立健全党对工会组织领导的工作制度。

按照《通知》精神，各级组织加强了工会干部队伍建设。进一步完善工会干部的民主选举办法，配齐工会领导班子，并落实相应的政治、经济待遇；建立与完善工会对政府工作的民主参与制度。省级政府交通部门与同级海员、公路运输工会逐步建立了联席会议制度，定期研究解决职工反映的重大问题。各级海员工会对涉及职工切身利益的重大问题，开展调查研究，收集职工群众的正确意见，拟定出切实可行的方案，在联席会上讨论。联席会议决定的事项，形成会议纪要，由行政和工会共同监督落实。各级行政部门在研究交通发展计划、重大方针、政策、法规和有关职工切身利益等重大问题时，请工会负责人参加；支持工会独立自主、创造性地开展工作；加强工会的建设与改革。

## 七、加强民主管理，推进厂务公开

为贯彻落实中纪委、国家经贸委、全国总工会《关于推行厂务公开制度的通知》和全国推行厂务公开经验交流会议精神，交通部、中国海员工会等共同拟定了《关于在交通企业推行厂务公开制度的意见》（以下简称《意见》），提出让广大职工更多地了解厂情厂务，实行民主管理。

《意见》明确职工代表大会是法定的职工民主参与、民主管理、民主监督的基本形式，是实行厂务公开的基本载体；职工代表与企业行政进行集体协商，是调节企业劳动关系的重要法律制度，也是实行厂务公开的重要途径；职工董事、监事制度，是企业职工依法了解厂情、参与企业决策、进行民主监督的重要途径，也是厂务公开的有效形式，要进一步坚持和完善；职工民主议事会是实行厂务公开的一种新形式，职工民主议事会成员由职工代表大会全体代表轮流担任；通过召开厂情发布会、党政工联席会、厂务扩大会、职工代表会等形式适时公开有关内容，征求职工意见等，向群众公开有关事项。同时，采用群众意见箱、接待日等方式，了解群众的反映，及时改进工作。

《意见》发布后，各企业在结合自身实际、确定相应的厂务公开形式后，在党委统一领导下进行，各级海员工会组织积极主动地承担起推行厂务公开的日常工作，并与有关方面形成齐抓共管、职工群众全员参与的工作体制和运行机制。

中国海员工会积极宣贯《意见》的同时，推广长江航运集团总公司工会（以下简称“长航集团”）通过“五个结合”促进厂务公开活动的经验。

第一，与企业重大的改革调整、重组改制紧密结合。每年集团公司在职代会召开前，行政都积极主动地把企业重大改革调整及重组方案，提前交给全线职工代表讨论，广泛征集要求企业公开的有关意向事项。集团工会都将这些要求公开的意向整理后，提交职代会的民主议事会或听证会，由集团领导向职工代表公开，每年在职代会上公开的议题达 10 余个。

第二，与职工队伍的稳定紧密结合。当时近三年的时间里，长航集团由一个 10 万人的企业精简到 7 万人。在减员分流的过程中，企业劳动关系呈现复杂化的趋势，如果强行推进必然会造成职工队伍的不稳定。集团公司领导班子认为，企业越是困难越要公开，越是敏感问题越要公开，要把厂务公开作为企业思想政治工作的一种创新，作为沟通干群关系、传递改革信息的重要渠道，要在厂务公开中形成和谐的管理氛围。2002 年 7 月，集团公司干散货重组改制后，上市条件成熟。由于重组上市涉及沿江四大存续企业 2 万名职工的稳定问题。集团公司决定，原定 8 月推出的上市方案延期到职代会期间，交职代会公开讨论，确保了企业的稳定。

第三，与职工民主参与紧密结合。由于水运企业高度流动分散，必须寻求一个适应行业特点的活动方式。在实践中，集团公司以及所属单位主要采取有针对性的民主巡察行动，吸引广大职工参与厂务公开活动。由集团公司工会主席带队，全线的职工代表共 2700 人参加，就职工关心的养老金、集体合同等问题进行了三次巡察，巡察的内容形成了专题报告，提交集团公司党政联席会讨论并形成整改意见，给职工以满意的回复。

第四，与党风廉政建设紧密结合。公开的主要渠道在职代会，公开的形式是述职，将职工评议的结果作为考核干部的重要依据。此外，2001 年以来，集团公司从上到下全部推行了干部任前公示制、基层船舶提干事前公开制等，有效地防止了用人上的不正之风。

第五，与船舶的工作实际紧密结合。长航集团公司有 2200 余艘营运船舶，有拖轮、驳船、油轮、客轮、旅游船及海轮等多种船型。过去船员之间、船员与船员干部之间经常为奖金、伙食费、船员干部提拔等问题闹矛盾，有的影响了船舶的安全生产。集团公司工会坚持把厂务公开工作的重点放在基层船舶，并发文规定了船务公开细则。船舶普遍对船员工资发放、奖金分配、伙食费账目、杂支费进行公开。有的船舶还召开了船务民主议事会、船员进言会，对船员提干、船舶实现利润以及成本控制指标进行公开。

经过几年的实践，船舶加强了工作的透明度，船员之间也增强了信任感，工作的主动性与积极性不断提高，有力地促进了企业进步。

## 八、积极做好群众性安全生产和劳动保护工作

中国海员工会和各级海员工会都十分重视安全运输生产和劳动保护工作，坚持“安全第一，预防为主”的方针，认真贯彻“企业负责，行业管理，国家监察，群众监督，劳动者遵章守纪”的安全生产管理体制。

1992 年后，中国海员工会为了加强劳动保护工作，通过培训任命 106 名全国工会劳动保护监督检查员；在职工中广泛开展安全生产宣传活动和群众性安全监督检查活动，协助行政治理隐患，促进了安全生产；在安监系统开展的“全国水上交通安全监督管理知识竞赛”，主题突出，联系实际，目的在于大规模开展群众

性技术练兵活动，促进安监职工技术业务素质的提高；开展“运输船舶安全生产劳动竞赛”，有1.84万余艘船舶参加，增强了广大船员自我保护能力和安全生产意识，促进了船舶安全责任制的落实；与交通部安委会联合开展的“争创百名安全优秀班组（船舶）竞赛”，共有34996个班组、41571艘船舶参与了争创活动，有50个班组和50艘船舶被授予“全国水上交通安全优秀班组”和“全国水上交通安全优秀船舶”称号。

中国海员工会还积极参与国务院、交通部等组织的对“大舜”轮沉没、“通惠”轮爆炸沉没等事故的调查。在事故调查中，中国海员工会提出了许多建设性意见，在查明事故原因、分清责任、保护职工人身安全方面做到了专业性。

此后，中国海员工会不间断地组织开展“百日安全无事故竞赛”“安全班组建设达标”等多种形式的保安全、促建设活动，增强了交通职工的安全意识，提高了企业安全生产管理水平，保证了交通运输和生产建设的顺利进行。

## 第四节　开展劳动竞赛，促进生产发展

### 一、首次全国交通施工企业重点工程建设劳动竞赛

1992年3月，中国海员工会组织开展第一次全国交通施工企业重点工程建设劳动竞赛。

航务工程、航道疏浚工程职工是中国水运工程建设的先行官，承担着国家重点工程建设的重任。中国海员工会为深入贯彻党中央、国务院进一步搞好国营大中型企业的意见和全国交通工作会议精神，加快国家重点工程建设，于1992年3月10日发出通知，在全国航务工程、航道疏浚重点工程中，开展保工期、保质量、

保安全（以下简称“三保”）和工程信誉好、成本控制好、遵章守纪好、现场容貌好（以下简称“四好”）的社会主义劳动竞赛。

劳动竞赛通知发出后，全国航务工程、航道疏浚企业积极响应，确定了参赛的36项重点工程，他们围绕“三保”“四好”目标，把竞赛与承包制、目标管理和合理化建议结合起来，将目标下沉到科室、班组，落实到人上。劳动竞赛开展后，由于目标清晰、责任明确、激励措施到位，工程质量合格率达到100%，大大加快了工程进度，有效地控制了工程成本，降低了消耗，提高了效益。

1993年，经过评选和审定，中国海员工会对交通部第二航务工程局承建的黄石长江公路大桥工程、交通部第一航务工程局承建的青岛港前湾一期工程、天津航道局承建的秦皇岛港煤四期疏浚工程、交通部第四航务工程局承建的湛江港一区南二期工程、交通部第三航务工程局承建的常熟电厂煤码头工程授予1992年全国重点工程劳动竞赛优胜奖，颁发奖杯，予以表彰。

1993年，中国海员工会、中国公路运输工会联合组织了第二次全国交通施工企业重点工程建设劳动竞赛。全国交通系统26个地区和单位，62个重点工程参加了竞赛，参赛人员达1.1万余人。与上次的重点工程竞赛相比，这次竞赛参赛面广，从沿海发展到全国，由4个单位发展到26个地区和单位，而且注入了新的内容。

在竞赛期间，中国海员工会加强现场宣传，对上海、广州、蛇口、茂名、湛江等地的交通系统企业30多个单位进行了为期12天的安全生产大检查。在安全检查的同时也开展劳动竞赛检查，对不符合要求的项目或问题提出整改要求；同时加强劳动竞赛宣传，使劳动竞赛健康有序进行。

中国海员工会开展重点工程建设劳动竞赛以来，取得了很好的经济效益，而且锻炼出一支过硬的交通职工队伍。坚持精神文明、物质文明一起抓，社会效益、经济效益一起要，生产、管理一起上的方针，充分调动职工的生产积极性，增强职工主人翁责任感，为保证完成国家重点工程建设做出贡献。

## 二、开展“长江双增双节优胜杯”劳动竞赛

长江航运（集团）总公司经营范围横跨六省一市，是拥有10万名职工的国家特大型骨干企业，受诸多因素的影响，交通企业在发展社会主义市场经济过程中遇到很多困难和问题，集中反映在企业经济效益出现严重下滑上。在这种形势下，中国海员工会及时关注困难较多的长江沿线，提出了在长江全线开展“长江双增双节优胜杯”劳动竞赛活动，激发广大职工的劳动积极性和创造性，以高涨的劳动热情创收创效。

“长江双增双节优胜杯”劳动竞赛从1996年3月份开展后，在长航集团、长航局、二航局等党委的正确领导下，各级海员竞赛领导小组进行了组织、动员、实施、考核等各项工作，使竞赛活动开展得既轰轰烈烈，又扎扎实实。

这次“双增双节”劳动竞赛是在实行社会主义市场经济条件下，工会工作服从、服务于企业生产经营的具体实践，是对新形势下劳动竞赛的积极探索和有益尝试。以往的劳动竞赛一般都是由工会来组织的，职工自愿参加，成果多少不限。这次竞赛改变了以往的模式，各参赛单位从上到下都形成了党、政、工三位一体的组织领导形式。多数单位都是由主管生产的行政副职担任竞赛领导小组组长，党委副书记和工会主席任副组长，有关业务处室负责人和工会副主席组成领导小组成员。这充分说明党政领导对这次竞赛活动的重视，也说明双增双节在企业的生产经营中，对效益的影响是直接的、巨大的。

南京长江油运公司为了把“双增双节”活动抓好，抓实和抓出成效来，总经理和党委书记亲自任组长，形成了政令畅通、一抓到底的局面。他们把竞赛活动与加强企业管理、进行爱国主义教育、“三学”活动、定额考核、评先表彰结合起来，制定了增效节支和提高职工素质两个目标；通过宣传发动、指标分解、机关示范、动态管理等环节，围绕安全、效益，把“双增双节”的重点落实在揽货、催收运费、降低消耗、减少支出、加强管理、提高效率上。5月份南京长江油运公司就取得了增收节支397.67万元的好成绩。

竞赛中，各单位结合自己的实际，把生产经营中遇到的难点、热点作为双增双节的重点。重庆长江轮船公司在磷矿发运计划大部分不能完成的情况下，及时调整货种结构，取得了增效节支1611.97万元的好成绩。武汉长江轮船公司把节约燃油作为重点，船舶在保证安全和船期的前提下，使用经济航速，5月份共节约燃油价值577.88万元。上海长江轮船公司面对1—4月效益滑坡的严峻局面，以发动船员扩大自修项目为重点，5月份节约修理费126.12万元。南京港以查漏洞、降消耗为重点，5月份挖潜降耗201万元。武汉港以扩大新的经济增长点为重点，5月份增收节支157万元。二航局在把生产领域从筑港向路桥转移过程中，重视推进技术进步。二航一公司在施工中，优化混凝土混合比，仅此一项就节约了9万多元，优化模板设计方案又节约了2万元。

很多企业从加强管理入手，强化现场管理、经营管理、财务管理，严格控制成本，从根本上扭转了过去那种“家大业大浪费点没啥”的陈腐观念。“长江26001”轮经过周密的测算和可行性分析，从武汉到镇江顶推由3万吨增加到4万吨试推成功，一个航次就增收节支30万元。重庆九龙坡港埠公司对30吨浮吊进行技术改造，不但满足了生产需要，还节约了费用15万元。

“长江双增双节优胜杯”劳动竞赛开展以来，“双增双节”取得了明显的实效，在5月份的挖潜降耗月中，共获得增效节支6172.64万元。其中长航集团4731.24万元，长航局1202.48万元，二航局238.92万元。

## 三、举办首届全国交通行业职工技能竞赛

为适应建立社会主义市场经济体制和实现“两个根本性转变”的要求，进一步推动交通系统岗位练兵、技术比武活动的广泛开展，激励职工刻苦钻研技术、立志岗位成才的积极性，加速交通行业职工队伍技术素质的提高和人才的培养，交通部、劳动部、中国海员工会、中国公路运输工会决定联合举办首届全国交通行业职工技能竞赛。竞赛工种为全国交通行业汽车驾驶员、船舶水手和船舶机工。

1997年10月10日，首届全国交通行业职工技能竞赛开幕式在西安公路交通大学体育馆隆重举行，交通部副部长胡希捷、陕西省副省长巩德顺等出席了大会。

这次船舶水手和船舶机工的技能竞赛，各单位都非常重视，认真组织广大职工广泛开展职业技能培训和岗位练兵活动，并将技能竞赛与技能培训、岗位练兵和个人学习包起帆、集体学习“华铜海”轮、单位学习青岛港的“三学”活动结合起来。在此基础上，各单位举行了初赛，选拔出了优秀选手，参加全国交通行业职工技能竞赛决赛。

水运部分的决赛具体组织工作由中国远洋运输（集团）总公司承办，于10月17日至22日在大连举行。船员队每队8人，其中领队1人、教练1人、船舶水手3人、船舶机工3人。获得船舶水手和船舶机工比赛第一名的选手，被劳动部授予“全国技术能手”称号；获决赛各工种前10名的选手，被交通部授予“全国交通行业技术能手”称号并颁予证书和奖牌。

另外，中国海员工会以此次技能竞赛活动为契机，推动交通行业职业技能鉴定工作的开展，为培养和造就一支奋发向上、训练有素、业务精、技术硬的交通职工队伍而做出贡献。

## 四、争创“安全航线”竞赛活动

为推进21世纪全国水上交通安全管理工作和交通部2001年开展的以水上交通安全整顿为核心的“水上运输安全管理年”活动，交通部交通安全委员会与中国海员工会2001年在重点水域客运航线上联合开展争创“安全航线”竞赛活动。

航行在渤海湾、舟山水域、琼州海峡、川江水域的烟台—大连、大连—威海、大连—龙口、旅顺—蓬莱、天津—大连、舟山—上海、舟山—宁波、海安—海口、海口—蛇口、重庆—宜昌、万州—宜昌等往返航线上的客滚船和高速客船及其停靠的客运码头均属此次的竞赛范围。

开展争创“安全航线”竞赛活动后，各参赛单位非常重视，组织了130艘客滚船、高速客船和40个港口客运站积极投入竞赛活动，参赛面覆盖了四个水域的客运航线。竞赛中，各港航单位加强了对船、站安全管理和监督检查的力度，严格把控各个环节的安全，通过竞赛活动增强了广大职工的安全意识和安全技能，使四个水域的客运安全保持平稳状态。

2002年4月，交通部交通安全委员会与中国海员工会对25艘船舶、11个港口客运站、108个施工企业和四川、河北等6个基层工会进行了表彰和宣传。2003年又有56889艘船舶、43499个班组参加了竞赛。其中93艘船舶获评全国水上交通安全优秀船舶；96个班组获评全国水上交通安全优秀班组；13个单位获评优秀组织奖。

竞赛活动发动职工积极参与安全管理，提高了“我要安全”

的意识和“我会安全”的技能，增强了把好客船安全运输的每个环节的管理力度，提升了杜绝群死群伤的重特大事故安全的意识，有力构建了船站联手共建人民群众放心的“安全航线”。

## 五、首届厨师、服务员业务技术比赛

1992 年 7 月，为了适应改革开放形势的发展，及时总结、交流海员俱乐部经营管理经验，深化改革，增进俱乐部之间的业务技术交流，中国海员工会在南京国际海员俱乐部举行首届厨师、服务员业务技术比赛。比赛项目包含厨师、客房服务、餐厅服务员的业务基本功。

大连海员俱乐部、天津海员俱乐部、秦皇岛海员俱乐部、烟台海员俱乐部、青岛海员俱乐部、龙口海员俱乐部、南京海员俱乐部、连云港海员俱乐部、南通海员俱乐部、上海海员俱乐部、宁波海员俱乐部、温州海员俱乐部、福州海员俱乐部、厦门海员俱乐部、广州海员俱乐部、黄埔海员俱乐部、汕头海员俱乐部、湛江海员俱乐部、防城海员俱乐部、北海海员俱乐部、海口海员俱乐部和张家港海员俱乐部共 22 家国际海运俱乐部参加比赛。根据各海员俱乐部情况，分配名额参赛。海员俱乐部非常重视，为了取得比赛好成绩，均于内部选拔后派代表参赛。分配 3 个名额的俱乐部参赛选手为：厨师 1 名、餐厅服务员 1 名、客房服务员 1 名；分配 3 个以下名额的俱乐部选择本单位的强项参赛；每名选手只能参加一项比赛。

厨师比赛有两项，热炒和冷盘造型花色拼盘，其中热炒做两个菜，松子鳜鱼或芙蓉鸡片，再加自选菜。自选菜要求做出地方特色或创作新品菜。餐厅服务员比赛有两项，餐巾折花 10 个，要求样式不重，根据花样难度、外观、质量及完成时间评分；铺台比赛，比铺台布、摆餐具、摆座椅、水酒杯插花、斟酒（主副宾分开）等，根据操作程序、动作熟练程度，并结合观感与完成时间来评分。西式铺床（四张）比赛，比赛内容是更换整套卧具，根据熟练程度、环节按顺序进行，外观整洁，线、角达到要求，操作位置、姿势正确，并结合观感与完成时间来评分。

由于这是首届，厨师、服务员业务技术比赛只设个人奖。每个单项比赛获得前六名的选手，主办方发给他们荣誉证书与奖品。

首届厨师、服务员业务技术比赛，引起了各个海员俱乐部的重视，使各个海员俱乐部进一步重视技术水平和服务质量的提高，增强吸引力与竞争力，充分发挥“阵地”“窗口”作用，更好地为广大中外海员服务。

## 第五节　重视维护职工权益

### 一、维护外派海员合法权益

改革开放以来，中国海员外派工作得到了迅速发展，对于扩大中国海员的国际影响、积累资金、学习国际航运的先进技术与管理、提高海员的素质和加快航运业发展等都发挥了积极作用。但也应看到还存在一些不容忽视的问题，侵害外派海员的合法权益现象时有发生，造成了不良国际影响；不具备外派条件的单位也搞外派，严重损坏了中国海员的声誉和在国际海员劳务市场中的竞争力。

天津某公司所属的开发区分公司派出的 11 名中国海员，于 1991 年 3 月到希腊籍船舶“阿卡迪亚”号工作。中国海员在船上工作期间，多次受到了希腊船长的凌辱与打骂，11 名中国海员向公司反映后，仍得不到有效的调解，更谈不上制止希腊船长的无理行径。中方公司函告中国海员要忍，要打不还手、骂不还口。

在走投无路的情况下，11 名中国海员于 1992 年 4 月 2 日来到停泊的意大利腊万纳港海员工会，向国际运输联合会（以下简称 ITF）分部进行投诉，并在调查过程中如实回答了检查员对每个船员个人工资的询问。ITF 分部当即与船东代表和船长进行了交涉，船方被迫同意了 ITF 分部的要求，向 11 名中国海员补发了已拖欠两个月的工资，同时按国际劳工组织规定的工资标准，补足低于标准的那部分工资并写下保证书，以上两项共补 9.5 万美元。

1992 年 4 月 19 日，11 名中国海员回到北京，在机场被天津市某区检察院以传讯的名义拘留，用警车押送回天津。随后，检察院以“泄露国家机密罪”正式逮捕其中的 3 名海员并进行起诉。3 名海员在看守所被关押一年多，到 1993 年 8 月 9 日才由天津市某区法院开庭审理。律师走访了劳动部、国家保密局，得到的书面回答是：“对外劳务合作的劳务报价，系指国内公司法人代表或法人代表授权人与国外雇主谈判的报价，劳务报价与中国公司支付给外派劳务人员的工资是两个概念。劳务人员所陈述的个人工资不能视为劳务报价”。据此，三名海员的“泄露国家机密罪”的罪名不能成立。

1993 年 8 月 18 日，天津市某区法院准许三名海员取保候审，但久拖未判。1994 年 12 月 27 日，天津市某区法院签署的判决书宣告，3 名海员被告人无罪。对此判决，海员提起上诉，认为一审判决认定事实不清，在审理此案过程中违反规定程序，3 名海员被扣押的钱、物被随意处理未还。

1993 年 10 月，中国海员工会从报纸上得知此案信息后，当即派人前往天津进行了全面调查，走访了受雇公司、船员以及检察院、法院、律师等有关人员。通过调查，中国海员工会认为目前外派海员工作中存在着一些不容忽视的问题，这些问题如果得不到妥善的解决，以后类似的情况还会发生。

“阿卡迪亚”号上的 11 名中国海员是在受到诸多欺辱和不公

正待遇，而又得不到受雇公司任何帮助的情况下，为维护中国海员的尊严、争取必要的劳动保护条件，不得已而投诉的。如果外派单位及时与船东交涉，采取有效措施，就不会使事态进一步扩大。任何组织和个人都应明确，中国输出劳务，对外搞经济合作，不是出卖中国工人的利益和人格，任何人在任何地方侮辱欺压中国工人都是不能容忍的，维护国家尊严是宪法赋予每个公民的法律责任。

为促使此案尽早得到公正的判决，中国海员工会通过各种渠道向有关方面反映情况。在 1994 年全国政协会议上，中国海员工会主席张士辉就此案发言，并提出了“必须加强海员外派劳务市场的管理”的提案。新华社国内动态清样刊登了中国海员工会反映的情况。

1994 年第 5 期《民主与法制》杂志刊登了该刊记者采访中国海员工会主席张士辉的长篇报道。在 1995 年全国政协会议上，张士辉在书面发言中以此案为典型事例，呼吁海员工会应依据《劳动法》参与海员外派工作。1995 年 3 月 24 日《工人日报》在头版头条刊登了发言内容。

在全国总工会的支持下，中国海员工会不断努力，按照国际惯例，中国海员工会逐步参与了海员外派工作。另外，中国海员工会帮助做好“阿卡迪亚”号船员善后处理外，积极呼吁调整外派海员工资标准，使船员收入部分的“暗补”改为以“明补”的形式进入工资部分，并逐步向国际劳工标准接近；并积极参与理顺外派管理体制。此后，中国海员工会全国委员会在外派船上逐步组建起中国海员工会基层组织，反映海员的意见和要求，一旦发生劳资纠纷，由中国海员工会协助外派单位与有关国家的工会、船东协调，切实维护中国海员的合法权益。

## 二、关爱劳动模范、先进工作者

中国刚刚开始实施社会主义市场经济时，社会上曾经出现对劳动模范、先进工作者的作用、地位产生怀疑的情况。中国海员工会为了支持、关心劳动模范、先进工作者，为他们撑腰，于1993年3月派出调查组就社会主义市场经济新形势下，劳动模范、先进工作者的现状及怎样发挥作用等问题，赴武汉、南京、上海等地，对交通系统部分劳动模范、先进工作者的情况进行了调查。

调查过程中，中国海员工会听取了各级海员工会组织和党委宣传部门有关劳动模范情况的汇报；与劳动模范、先进人物座谈；对部分劳动模范进行了家访。调查的对象来自各种不同岗位，有企业领导和中层管理干部，有工作在一线的服务员、装卸工，有船长、轮机长和驳船驾长，有工程技术人员和科技专家，有交通窗口行业的客运站长及工会干部等。调查证实，劳动模范、先进人物在以经济建设为中心的社会主义市场经济下，不仅做出了卓越的新成就，还积累了丰富的新经验，他们不愧是先进生产力和时代精神的代表，是建设中国特色社会主义的“带头羊”。

被誉为“抓斗大王”的全国劳动模范、上海港木材装卸公司工艺科长包起帆参加党的十四大后，以实际行动为国家富强、振兴经济、真抓实干做贡献，继续搞发明创造，为装卸生产服务；同时在社会主义市场经济的良好条件下，大力抓好科技成果推广，加速转化为生产力。在他的努力下，木材装卸公司与港商合资开办了“华港机械股份公司”，已有6批24台抓斗出口日本，创汇70多万美元，不仅锻炼了队伍，取得了很好的经济效益，而且在他的倡导下，工会技协出资30万元创建了“新技术开发公司”，促进新的抓斗产品在国内的推广，成功签订了10多个订货合同，为港口的综合发展和发挥综合功能做出了努力。

全国劳动模范、上海远洋运输公司经理李克麟抓住这一机遇，带领公司全体职工为企业发展不懈努力，以“一业为主，多种经营，陆航互补，全面发展”为经营方针。陆地公司发展很快，组建合资企业18家。1992年，陆地公司有33家，其中独资企业创利3000多万元，效益不断增长。

全国劳动模范任金良所在的南京港二公司22班组是全国先进班组，面对公司长期亏损的局面，于1992年成立了大件起重搬运营业站。任金良带头“下海”，在激烈的竞争中自己找货源，完善管理，改革分配制度。由于大家利益一致，班组整体素质提高了，内部团结，安全意识、对货主服务等都上了一个新的台阶，使营业站这个小小的经济实体赢得了货主的信任，经济效益大幅度提高，为二公司走向市场起了示范作用。当时整个公司的主业、多种经营、商业一起改革，他们划小核算单位，分灶吃饭，企业的担子大家挑，形势十分乐观。1992年亏损130万元，到1993年就已扭亏持平。大家一致认为，全国劳动模范任金良为22班组在企业走向市场中带了个好头，做出了好样子，取得了新成绩，为振兴企业做出了新贡献。

调查发现，水运系统各部门、各单位，在培养帮助劳动模范中做了大量细致的工作。领导重视、职工理解，是劳动模范成长的良好氛围。当时各级海员领导继承了这一传统，对劳动模范的工作十分重视。

当然，在新的形势下，劳动模范也遇到了一些新问题。第一，思想认识上存在模糊不清的情况。如对为人民服务、无私奉献与市场经济、按经济规律办事之间的关系认识模糊。第二，在处理实际工作中相互碰撞的问题较多。这不仅是劳动模范的苦恼，同样是领导遇到的问题。第三，对市场认识不清。市场经济时代是竞争的时代，亦是信息的时代。很多生产一线的劳动模范多是革新能手，但由于封闭在一个单位里或一个班组里，只能“坐井观天”，了解不到新技术、新工艺，内河中小企业尤其如此，这制约了劳动模范和职工技术革新、发明创造的积极性和创造力。第四，医疗保险制度改革不尽合理，实行的是一刀切。劳动模范普遍长期小病不看，大病仍坚持工作，不少劳动模范积劳成疾，经济上承受不了。第五，退休优厚待遇、农转非政策不一。早期退休劳动模范退休标准不高，随着物价上涨，补贴不能同步跟上，而要抚养的人口又多，因此生活水平不断下降。

交通部、中国海员工会非常重视这些问题，尽力做好关爱劳动模范、先进工作者的工作。很多单位里，有关劳动模范的事，领导都是亲自过问，过年过节召开座谈会或家访慰问，有的在劳动模范管理上形成了制度。

1995 年 4 月 30 日，中国海员工会、公路运输工会与交通部联合召开了全国劳动模范和先进工作者座谈会。交通部部长黄镇东、中国海员工会主席张士辉到会讲话，赞扬劳动模范在社会主义建设中开拓进取、无私奉献的精神，鼓励他们戒骄戒躁，保持荣誉，在发展社会主义市场经济的形势下，不断提高自身素质，在“两个文明”建设中继续发挥排头兵作用。要求各级海员党委、行政、工会做好劳动模范工作，关心劳动模范的成长，关心他们在工作、学习、生活中遇到的实际困难和问题，千方百计解除他们的后顾之忧。

会后，各级党委、行政、工会落实座谈会精神，做好劳动模范工作，关心劳动模范的成长，关心他们在工作、学习、生活中遇到的实际困难和问题，千方百计解除他们的后顾之忧，使他们在政治上得到荣誉，经济上得到实惠，生活上得到保障，减轻劳动模范的负担，减少他们的社会活动，保证他们有充沛的精力解决新问题、攀登新台阶；同时，对任何歧视、孤立、讽刺劳动模范的现象，要坚持予以制止。

## 三、维护女工权益

自 1988 年 7 月国务院颁布《女职工劳动保护规定》（以下简称《规定》）以来，各级港口工会组织在党委的领导下，行政与工会共同努力，为贯彻落实《规定》做了大量工作，使港口女职工的劳动条件和保健设施得到改善，进一步提高了女职工的社会地位。

为进一步贯彻落实国务院《规定》，1992 年，中国海员工会和交通部人事劳动司共同召开了全国港口女职工劳动保护工作经验交流会，这是交通系统第一次专门研究女职工劳动保护工作的会议。参加这次会议的是来自各港口专门从事女职工劳动保护工作的行政和工会干部。港口中女职工的比例比较高，占 24%左右，内河港口的比例更高些，港口生产的苦、脏、累、险等特点给女职工劳动保护工作带来很大的难度，多年来各港口在单位领导的高度重视下，行政、工会紧密配合，认真贯彻落实《规定》，切实维护了女职工劳动和健康的权益，有力地推动了女职工保健和劳动保护工作的开展，取得了较好的成效。

这次会议在各港总结贯彻落实《规定》情况的基础上，进行一次经验交流，请一些港口介绍他们的工作经验，组织与会代表现场参观大连港务局女职工劳动保护工作成果及女职工劳动保护的基础工作。通过交流经验，现场参观进一步提高女职工劳动保护的工作水平，保护和调动女职工的生产积极性，充分发挥她们在港口“两个文明”建设中的“半边天”作用。

1993 年，为了纪念中国第一部保护女职工劳动安全与健康的专项法规《女职工劳动保护规定》颁布实施五周年，中国海员工会专门编辑下发了“女职工劳动保护专辑”材料。

1994 年 8 月，为做好交通系统女职工劳动保护工作，中国海员工会、中国公路运输工会与交通部在开展联合调查的基础上，制定了《交通女职工劳动保护实施办法》，并成立了中国海员工会女职工委员会、中国公路运输工会女职工委员会，建立了女职工委员会工作制度，讨论研究了新时期女职工工作，提出了以后女职工工作的方针、任务，为做好交通系统女职工工作奠定了基础。

1996 年，中国海员工会为了推动依法履行维护职能，切实维护女工权益，宣传了交通部秦皇岛港务局工会女职工委员会富有成效的工作。

秦皇岛港务局当时有女职工 4500 余名，占职工总数的 25%。女职工委员会在建立现代企业制度中努力探索适合港口特点的维护女职工合法权益和特殊利益的新机制，充分调动女职工的积极性、主动性、创造性，在推动港口改革、稳定、发展中发挥了积极作用。

首先，制订培训计划，加大培训力度。局女职工委员会举办了 3 期以“两法”为主要内容的学习班，局女职工委员会主任亲自讲课，答疑释难，培训了大批女职工工作骨干。

其次，加大了调研力度。在平等协商、签订集体合同前，局女职工委员会就女职工在就业、劳动保护方面出现的新情况、新问题，分别会同行政有关部门，先后组织了女职工劳动保护执行情况调查、女职工二次上岗情况解析、女职工热点和难点问题摸底等，经过筛选归类，为领导决策提供了依据，在一定程度上维护了女职工权益，加大了参与力度。她们做到“三个到位”和坚持“四个原则”①，在合同中既要体现交通女职工的特殊性，保护女职工权益，又要与促进企业发展相结合。

---

① “三个到位”即：主任席位到位、参与内容到位、监督检查权利到位；“四个原则”即：合法原则、平等原则、特殊保护原则、双向维护原则。

此外，为了充分履行维护职能，局女职工委员会在工作中坚持一手抓维护，一手抓提高女职工综合素质，找准双向维护的最佳结合点开展工作。1993年，以“提高素质、主动适应、练好内功、迎接挑战”十六字为指导，局女职工委员会开展了“面对市场经济，我们怎么办”大讨论，教育女职工解放思想，更新观念，练好内功，从思想到行动尽快适应市场经济的客观要求。1994年进行的“我与改革”演讲使众多女职工走上讲台，用自己身边的人和事阐述自己对改革开放成就的认识，进一步树立了自信心。1995年，围绕世界妇女大会开展的10项系列活动在秦皇岛港务局产生了深远影响，使女职工组织的地位明显增高。1996年，围绕贯彻“两法”签订集体合同开展了“维护女职工权益，做企业主人”的教育活动，使女职工进一步明确了自己的历史责任，她们学法、用法、守法，依法规范自己的行为，依法维护自身利益。同时，根据全国总工会关于在职工中开展为实现跨世纪宏伟目标建功立业的“巾帼双文明立功竞赛”活动，紧紧围绕企业中心开展工作，通过广泛宣传发动，在广大女职工中形成了人人参加竞赛、人人争创先进的良好氛围，参赛面达95%以上。如建港13名女科技人员提合理化建议六项，创经济效益74.4万元。在技术比赛中，她们号召姐妹们勇夺本战线、本岗位金牌，使参赛人数达80%以上，并取得较好的成绩，近百名女职工被评为“技术能手”“技术标兵”。秦皇岛港务局生产一线女职工以特有的耐心、细心和柔情，几年来避免各类事故和隐患350余起，为国家节省资金上百万元，实现了11年女职工安全生产无事故。

几年来，秦皇岛港务局工会女职工委员会先后被全国总工会授予“全国工会女职工先进集体”称号、省总授予“女职工工作先进集体”称号，连续16年被市总授予先进集体称号。

## 四、改善沿海孤岛和边远地区航标职工生活

1994 年，为逐步解决航标职工在工作、生活方面存在的困难，探索航标系统在用工制度、分配制度的改变途径，根据交通部、中国海员工会、中国公路运输工会第五次联席会议精神，中国海员工会牵头，与交通部人劳司、安监局联合组成调研组，对沿海孤岛及边远地区（1—4 类岛）塔台站的航标职工工作情况、生活状况进行了调查和研究。

调研组于 8 月至 9 月分别赴北方、东海、南海 3 个海区及天津等 6 个航标区、上古林等 14 个塔台站进行调查研究，广泛听取局、区领导，各职能处室和航标职工的意见。调研组召开了各种类型座谈会 22 次，参加人员 153 人次，其中有航标职工家属 6 人。调查组去之前就已经下发了调研提纲和各类调查表，以使各单位认真地做好了各项准备工作。

航标职工常年在“处境岑寂、与世隔绝、一灯孤悬、四周幽暗”的环境下工作和生活，其艰苦性、枯燥性、单调性和危险性是生活在大陆的人们所难以想象的。随着社会主义市场经济体制的建立，航标职工生活的寂寞清苦与社会物质文化生活的日益繁荣，航标职工的低工资与社会部分人员的高收入，形成了强烈的反差。航标职工的苦与难，既表现在工作环境、生活环境、家属子女等客观困难上，也表现在社会地位、思想压力等精神因素上。

航标职工工作和生活上存在的这些苦与难，是多种综合因素积累的结果。要解决这些问题，调研组提出必须进行综合改革。并在改革中，必须与建立社会主义市场经济体制的需要相适应；立足现实，着眼长远，把建立改革的长期目标和制定过渡政策结合起来；充分考虑中国航标管理的现状，适当借鉴国外航标管理的经验，逐步建立一套具有中国特色的航标管理机制；充分考虑

航标工作的特殊性，比照有关行业制定出符合航标实际情况的政策和规定。

调研组提出综合改革的具体内容，包括建立航标基地，改进管理模式，改革用工制度，实行工资总额包干制度，提高伙食津贴标准；采取积极措施，尽快解决职工住房困难等。

这次交通部有关司局和中国海员工会共同调查研究航标职工的情况尚属首次，交通部领导十分重视调研工作的成果。1996 年 1 月 9 日，交通部副部长刘松金主持召开了“解决航标工工作、生活问题”办公会议，中国海员工会副主席王贻谋出席会议，会上，安监局局长林玉乃汇报了沿海航标职工，特别是孤岛塔台站航标工的工作、生活调研情况和需要解决的有关问题及意见，有关司局就刘松金副部长提出的问题作了说明，刘松金副部长在听取了各司局情况汇报后，做了总结讲话，会议决定：航标工的工作、生活条件极为艰苦，福利待遇要解决，沿海与长江、黑龙江一并考虑。会后需要进一步进行详细调查、研究，由交通部人劳司牵头，安监局、基建司参加，撰写调查提纲，情况要搞清、搞细，于 3 月底以前完成汇总情况。在全面调查研究的基础上，再由计划司、财务司、基建司、安监局，提出解决航标工的工作、生活问题的具体方案报部。另外，需要解决航标工的工作、生活上的几个问题：关于航标工津贴问题，要争取适当调整提高伙食补助问题，请人劳司按已上报的总体方案督促有关部门早日批复，要求尽早解决；关于解决航标工的工作环境艰苦、住房困难问题，请计划司考虑适当增加安监系统建房指标和资金，向一线倾斜，并要对航标工的住房建设、分配情况进行抽查，同时，要研究政策，对不能集中的住户给予适当的住房补贴，以解决孤岛塔台站航标工住房困难问题。对一些条件极差的孤岛塔台站，各海监局要设法解决航标职工的具体困难。

这次会议后，改善航标职工生活的进程明显加快，沿海孤岛和边远地区航标职工生活得到了改善和提高。

## 五、重视“再就业工程”

在水运企业从计划经济向市场经济转变的过程中，国有企业亏损面扩大，而企业的减员增效则使下岗职工越来越多，再加上每年城镇新增劳动力和农村剩余劳动力向城镇转移，使就业、再就业的矛盾日趋突出。这一矛盾关系到广大职工的切身利益，关系到经济的发展和社会的稳定，中国海员工会关心下岗职工的生活，真心实意帮助困难职工摆脱困境。

1997 年，中国海员工会主席张士辉在政协八届五次会议上发表了题为《重视“再就业工程”，为改革、发展、稳定的大局服务》的发言，提出加强领导，制定措施；大力开发人力资源；尽快健全社会保障体系；制定有利于落实再就业工程的政策；积极开展劳务输出等建议。对此，要求各单位党政工领导高度重视，把减员增效实施再就业作为头等大事来抓；各单位都按要求成立了工作机构，或对原有的工作机构进行调整和充实，党政工一把手挂帅，加强对减员增效和实施再就业工程的领导，有力推动了再就业工程的开展。

同时，中国海员工会及时总结各地、各单位分流安置下岗职工的做法和经验，更好地推进交通系统再就业工作。1998 年中国海员工会召开了四届四次常委会议，专题研究交通企业下岗职工的基本生活保障和再就业问题，并对做好这项工作提出了明确要求。各级海员工会从改革、发展、稳定的大局出发，做了大量实实在在的工作，努力为政府分忧，为企业排难，为职工解困。

中国海员工会宣传推广上海港务局工会主动参与、积极维护、努力推进再就业工程建设的工作经验。

上海港是一个百年老港，在计划经济条件下，由于受用工制度的制约，全港后方二、三线职工队伍逐年膨胀，人员富余、企业负担沉重。随着社会主义市场经济逐步建立，尤其是劳动用工制度改革的深化，以及企业生产结构的调整，陆续出现了下岗待工人员，据初步统计，至1997年11月止，全港下岗待工人员已达6000余人。能否积极、稳妥地做好下岗待工人员的分流安置工作，不仅影响到职工的基本生活，而且关系到全局的稳定和港口改革的深化。

为此，上海港务局于1994年底成立了党政工领导参加的再就业工程领导小组，在全港全面实施了再就业工程。上海港务局再就业工程建设始终得到了上级工会的关心和支持，1997年初，中国海员工会有关领导对上海港务局再就业工作进行了认真调查研究，并撰稿在11月27日《工人日报》上对上海港务局再就业工作做了专题介绍。

当时，在全港各级党政工领导的高度重视和直接关心下，经过全港上下的共同努力，上海港务局再就业工程取得了初步的成效；截至1995年底，全港累计分流安置了1902人次；1996年全年分流安置了1802人次。

上海港各级工会把协助企业实施再就业工程、分流安置好下岗待工人员当作一项重要任务。以贯彻《劳动法》为契机，积极发挥工会的优势，加大参与的力度，努力推进再就业工程建设。

他们的主要做法是：加强调研，掌握现状，提出工会的意见和建议；运用《海港报》《工会之声》等舆论阵地，广泛宣传当前的就业形势和政策；运用宣讲、交流等方式，开展港口经济和任务的教育；运用树典型、家访谈心等活动，引导下岗待工人员确立正确的择业观和就业观；运用合同，规范下岗，依法维护下岗待工人员的劳动权益。

在此基础上强化培训。据统计，全港各级工会开办择业培训班70余期，有1100多名下岗待工人员接受了培训；从1996年1

月 8 日，女职工周末学校挂牌开学开始，已有 20 个基层工会相继建立了女职工周末学校，先后开办了插花、整烫、裁剪、烹饪、点心制作和电脑操作等职业技能培训班 41 期，接受培训 1435 人次。之后，女职工周末学校逐步向职工周末学校拓展，不少男职工通过培训也都获得了上海市劳动局颁发的技能证书，为再就业创造了良好的条件。

另外，积极利用工会的优势，大力发展工会的三产实体，不仅能提高工会的经济实力，而且能帮助企业安置部分下岗待工人员，参与职业介绍，牵线搭桥，拓展下岗待工人员的安置渠道。1995 年初，在局党政的重视关心下，上海港务局筹备并报请中共上海市委批准成立了上海港务局职业介绍所。两年中，已有 237 名下岗待工人员通过工会的牵线搭桥重新获得了就业岗位。

1998 年，各级海员工会组织认真贯彻落实中国海员工会的要求，努力学习先进经验，为企业排忧，为职工解困。经多方共同努力，有近 4000 家交通企业建立了再就业服务中心，有 12.1 万名下岗职工实现了再就业。一年中，各级海员工会组织共培训下岗职工 4.84 万人，帮助安置下岗职工 4.5 万人；通过兴办工会，企事业解决了 8500 名职工就业；有 90%以上的基层工会组织建立了下岗及特困职工档案，建立了特困职工联系制度，联系特困职工 3.1 万人。

为不让一位特困职工生活过不去，各级海员工会积极推进送温暖工程，逐级建立送温暖基金、帮困解困基金、互助互济基金等专项基金，形成了有效的帮困解困机制，提高了职工的抗风险能力。

1998 年，全国交通系统有 60%的省级交通系统工会建立了专项基金，基金总额达 2279 万元，共发放各项补助款 456.5 万元，受益职工 25694 人。部属及双重领导企业中建立专项基金的占 84%，基金总额达 1.2 亿元，共发放各项补助款 1556 万元，受益职工 55945 人。地方交通企业建立各种专项基金总额达 1.07 亿元，共发放各项补助款 5696 万元，受益职工 234820 人。在创建基金、增强职工保障方面，中远集装箱有限公司工会的工作尤为突出，专项基金总额突破 1300 万元，受益职工达 4000 人。

## 第六节　加强宣传工作和丰富职工文化生活

### 一、积极宣传贯彻《工会法》

1992 年 4 月 3 日，第七届全国人民代表大会第五次会议通过中华人民共和国主席令第 57 号公布《中华人民共和国工会法》（以下简称《工会法》）。中国海员工会根据全国总工会的统一安排和部署，在全国交通水运系统中大张旗鼓地开展宣传、学习和贯彻《工会法》工作。同时，要求各级海员工会学习、宣传、贯彻《工会法》，与贯彻《企业法》和党中央有关文件精神相结合，保障职工主人翁地位，调动职工积极性。

中国海员工会主席张士辉发表《学习贯彻〈工会法〉积极推动改革开放》的文章，提出学习、宣传、贯彻《工会法》，要与工会工作和自身建设相结合，提高工会工作的整体水平。各级海员工会组织要依照《工会法》规范自己的行为，认真履行四项基本职能，动员和组织职工在“四化”建设中发挥主力军作用。工会工作要发挥代表职工参政议政的民主渠道作用；体现党和政府联系职工群众的桥梁纽带作用；发挥教育职工、提高职工素质的共产主义大学校的作用。

全国各级海员工会都非常重视《工会法》的宣传工作。秦皇岛港务局工会积极落实中国海员工会部署，召开学习、宣传《工会法》的会议，将 1992 年 4 月 11 日至 5 月 11 日定为《工会法》

宣传月，在宣传月期间认真抓好学习《工会法》座谈会，通过港内各种宣传阵地广泛宣传，举办黑板报展览，开展知识竞赛，搞好《工会法》宣传一条街等活动。同时，中国海员工会还要求各级海员工会认真组织工会干部、积极分子和广大职工在原原本本通读《工会法》的基础上，采取座谈讨论、黑板报问答、小征文、小测验、答卷、知识竞赛等多种生动活泼的形式，深入开展学习活动，掀起宣传《工会法》的热潮。

各级海员工会等通过对《工会法》的学习贯彻，进一步推动工会的自身建设，把工作重点放在基层，面向职工群众，使工会成为中国共产党领导的独立自主、充分民主、职工信赖的工人阶级群众组织。

## 二、学习包起帆先进事迹

1993 年 10 月 26 日，交通部、中国海员工会、中国公路运输工会发出了《关于在全国交通系统开展向全国劳动模范包起帆学习的决定》。

全国劳动模范、上海港务局南浦港务公司副经理包起帆是交通系统在改革开放中涌现出来的具有时代精神的模范人物。他在 1968 年参加工作后，历任装卸工、班组长、车间主任、科长、副经理，现为高级工程师。多年来，他以“在岗位尽责，为事业奉献”的精神，同其他职工一道，发明创造了多种高效安全的装卸工具和改进了装卸工艺，被誉为“抓斗大王”，先后获得国际发明金奖 9 枚、银奖 2 枚、铜奖 2 枚、特别荣誉奖 1 枚，“比利时军官勋章”1 枚，为祖国赢得了荣誉。在国内，他获得国家级发明奖 7 项次，部、市级发明奖 7 项次，先后荣获全国五一劳动奖章和“全国劳动模范”“全国优秀科技工作者”“国家级有突出贡献的中青年专家”等称号。

包起帆积极投身社会主义现代化建设事业，不仅严格按照经济规律办事，以科学、严谨的态度从事经济活动，为国家、企业创造了大量财富，而且坚持共产党员的党性原则，树立正确的理想、信念和价值观，发扬全心全意为人民服务和无私奉献的精神，为广大交通职工在社会主义建设事业中建功立业树立了一面旗帜。为此，交通部、中国海员工会、中国公路运输工会决定，在全国交通系统开展向包起帆学习的活动。

在学习活动中，强调学习包起帆要学精神、学根本。学习包起帆在本职岗位上奋发成才，在发展生产中创新创造，在改革大潮里无私奉献的精神。

学习包起帆的活动是加强交通系统“两个文明”建设的一项举措，是“学雷锋、学严力宾，树行业新风”活动的继续和深化。交通系统各单位十分重视这一活动，各级海员领导带头学习，制订学习规划，加强领导，狠抓落实；大力宣传包起帆的事迹，使包起帆的精神深入每个班组、每个职工。

为了进一步学习宣传包起帆先进事迹，1994 年，中国海员工会、中国公路运输工会与交通部联合在北京军事博物馆举办了“全国劳动模范包起帆先进事迹展览”，与交通部精神文明建设办公室共同组织了包起帆在全国各地巡回报告活动。据不完全统计，举办包起帆先进事迹展览 3 次，参观学习人数达 12 万人次。组织报告会 100 余场，听报告人数达 17 万多人次。

1995 年，海员工会、公路运输工会与交通部联合发文，在交通系统开展向包起帆学习活动。组织巡回报告 180 余场，走遍全国 30 个省、市、自治区，直接听众 20 多万人。

## 三、学习“华铜海”轮

中国远洋运输（集团）总公司广州远洋运输公司所属“华铜

海”轮是在改革开放的新形势下，坚持爱国主义、集体主义、社会主义，积极参与国际航运市场的竞争，勇创“两个文明”建设一流水平，具有鲜明时代精神的先进船舶。

“华铜海”轮自1984年至1993年，先后出租给美国、日本、英国等国家和地区。该轮认真贯彻党的基本路线，紧紧围绕安全运输生产和提高经济效益这个中心，以强烈的改革进取意识，做好船舶各项工作，年年超额完成出租任务，安全航行61万海里无事故，人均创利28万美元，节约修理费1668万港元，节约修船期243天，营运率达99%。这期间，“华铜海”轮没有出过一次事故，没有耽误过一天船期，没有违法乱纪，先后55次由装矿、煤等改为装粮，货舱检验均一次通过，为公司创造了良好的效益，被国际航运界誉为“中国出租船的一面旗帜”，成为“海上中华名牌”。

“华铜海”轮的出租始于中国计划经济体制逐步向社会主义市场经济体制转型的过渡时期，当时，与众多国企一样，置身改革大潮中的船舶也面临着一系列挑战，一些船员“拜金主义”思想严重，走私倒卖现象时有发生；一些船员职业优越感消失了，总想“跳槽”；也有为数不少的船员工作散漫，船舶疏于保养等，船舶管理和建设出现了滑坡。但“华铜海”轮在船舶建设上有了新的突破。在抓物质文明建设的同时，“华铜海”轮自觉抓好社会主义精神文明建设。在船员中深入进行了为祖国争光、为民族争气的爱国主义教育，热爱船舶、热爱集体、热爱远洋运输事业的主人翁思想教育，艰苦奋斗、顽强拼搏的优良传统教育，遵章守纪、安全优质的职业道德教育，从而形成了以“拼搏、奉献”为主要内容的“华铜海”轮精神，培养了勇于改革、严格管理、吃苦耐劳、奋发实干、团结协作、争先创优的良好船风，没有发生过违法违纪事件。

“华铜海”轮是在改革开放新形势下，全面抓好基层单位

“两个文明”建设的先进典型。1993年，交通部、中国海员工会、中国公路运输工会决定，授予“华铜海”轮“‘两个文明’建设标兵船”荣誉称号，并在全国交通系统开展学习“华铜海”轮的活动。

此后，中国海员工会不断推动学习“华铜海”轮的活动。1994年，中国海员工会三届四次全委会议再次提出了要大力宣扬和学习“华铜海”轮精神，强调奉献精神、主人翁精神，并通过各级海员工会的工作，树立更多的先进人物和先进集体，扩大先进队伍。1995年，中国海员工会主席张士辉在长航集团学习“华铜海”轮经验工作会上提出，要落实在一个“干”字上，振奋精神，团结一致，共同奋斗。

随着全国航运系统掀起学习“华铜海”轮的热潮，各大航运企业所有船舶迅速行动起来，积极投身学创活动，争创一流船舶活动方兴未艾，船舶管理水平不断迈上新台阶，涌现出一大批优秀船员和先进船舶。

## 四、推广秦皇岛港落实“依靠”方针典型经验

秦皇岛港务局是全国交通系统先进企业。在落实全心全意依靠职工办好企业（以下简称“依靠”方针）的实践中，秦皇岛港务局明确了“依靠职工，首先要依靠工会”的指导思想，并在工作内容和工作方法上给予切实保证，做到了“三个到位”①。秦皇岛港务局建立了保证工会工作顺利开展的《职代会工作制度》《职工代表上岗制度》《合理化建议和技术改造活动的规定》《职工之家的评选制度》《职代会民主评议监督企业领导干部试行办法》等十几项制度，使工会工作走上了规范化、制度化的轨道。

① 三个到位是指领导到位、支持到位和保障到位。

同时，通过建立和完善《集体合同制度》《民主评议领导干部制度》《全心全意依靠职工办企业若干意见》三项制度，充分发挥职代会、职工代表的作用，使落实“依靠”方针走上规范化、法制化轨道，形成良性运行机制。

1997 年 7 月，中国海员工会在秦皇岛港召开依靠职工办好企业的现场会，他们的经验获得了与会人员的一致好评，而且得到了交通部党组的肯定。

1997 年，中国海员工会转发交通部党组《关于转发秦皇岛港务局党委〈关于全心全意依靠职工办好企业的若干意见〉的通知》（以下简称《通知》），要求部属及双重领导企业工会积极主动地配合企业党组织，按照交通部党组《通知》的要求，抓紧制定和完善本单位贯彻“依靠”方针的办法或措施，切实把“依靠”方针落到实处，更好地保护好、调动好、发挥好广大职工的积极性和创造力，不断推动交通企业的改革和发展。

秦皇岛港务局充分发挥职工在“两个文明”建设中的主力军作用，促进港口生产和建设工作的全面发展，在 20 世纪末实现建成文明港口、建立现代企业制度、跨入世界亿吨大港行列的三大目标，对全心全意依靠职工群众办企业提出了好的意见。

秦皇岛港务局依靠职工群众办企业，广大职工群众积极参与、拥护和支持改革。企业在改革、发展的进程中，保证职工群众的主人翁地位。秦皇岛港务局注意宣传在改革开放的新形势下工人阶级的先进思想和模范人物，定期表彰和宣传依靠职工群众办企业的先进典型。

秦皇岛港务局建立和完善领导体制和运作机制，充分调动广大职工群众的积极性，搞好企业的“两个文明”建设。各级党组织保证职工行使民主权利，协调好企业与职工、企业与工会的关系；各级行政领导依靠职工群众搞好企业的生产经营管理。支持职代会和工会工作，在对企业改革和生产经营重大问题以及涉及职工切身利益问题作决策前，广泛听取职工群众的意见；作决策时严格履行民主程序；作决策后依靠职工群众加以实施。坚持组织考察、民主评议和群众监督相结合，建立和完善权责分明、团结合作、相互制约的企业领导保证机制、职工参与机制、激励机制和监督机制，形成党委领导和支持职工当家作主、行政尊重和保证职工当家作主、工会维护和组织职工当家作主的工作格局。

秦皇岛港务局落实职代会职权，使其发挥应有的作用。依照《企业法》的规定落实职代会职权，健全职代会组织制度。港务每年召开一次、基层每年召开两次职代会（职工大会）。同时，发挥职代会专门委员会和职工代表的作用。凡属职代会职权范围内的问题，应提交职代会审议通过或决定。建立平等协商和集体合同制度，车间（厂、队、站、段）建立以职工（代表）大会为基本形式的民主管理制度，依法行使职权。

秦皇岛港务局积极保障职工享有《劳动法》规定的权利，维护职工的合法权益，包括平等就业和选择职业的权利、取得劳动报酬的权利、休息休假的权利、获得劳动安全卫生保护的权利、接受职业技能培训的权利、享受社会保险和福利的权利、依法参加和组织工会的权利、通过职工代表大会或其他形式参与民主管理的权利、就劳动者合法权益与企业进行平等协商的权利、提请劳动争议处理的权利等。对此，港务局加强工会的群众性劳动法律监督工作和依法建立劳动争议调解委员会，建立科学合理的企业内部分配制度，做到公开、公正。坚持按劳分配、效率优先、兼顾公平的分配原则。关心职工的物质生活，办好家财保险、养老保险和职工互助基金会。根据职工要求结合港口实际，每年要为职工办几件好事、实事，并在职代会上予以公布。建立特困职工联系户制度，制订帮困计划，做到制度化、经常化。贯彻执行国家有关劳动保护法律法规、不断改善职工劳动条件，改善职工工作和生产环境，保障职工的健康与安全，保障职工休息的权利，做好职工的休养、疗养工作。经常开展健康文明、丰富多彩、形式多样、职工喜闻乐见的文化体育活动。完善生活后勤保障体系，提高后勤服务质量，为职工安心生产和工作创造良好条件。

秦皇岛港务局注重支持和鼓励广大职工进行科学技术研究、发明创造，开展合理化建议、技术革新、技术协作和社会主义劳动竞赛，尊重职工的创造性劳动成果。大力表彰和奖励先进生产（工作）者、劳动模范。充分发挥局和基层对职工进行培训教育的机构和场所的作用，健全有关制度，保证对职工进行经常性的教育和定期培训。

秦皇岛港务局根据港口的中心工作和职工思想实际，分别确定不同时期的教育重点，开展主题教育。深入开展“学包起帆、学‘华铜海’轮、学青岛港、创文明港口”的“三学一创”活动，及时推广基层单位争创“文明窗口”的经验，把学先、评先活动经常化、制度化；支持工会开展建设职工之家活动，在财力、人力、物力上尽可能地给予支持，巩固和发展“全国模范职工之家”的建家成果。

充分发挥工会组织的作用，支持工会依法独立自主地开展工作。局和基层党委（总支、直属支部）每半年听取一次工会工作汇报，及时研究工会提请党委（总支）讨论的问题，切实把工会工作摆上议事日程。各级党组织和行政领导为工会开展工作提供必要的条件。依照《工会法》足额拨交工会经费。工会的经费、财产和工会使用的不动产，任何单位和个人不得侵占、挪用和任意调拨。工会组织合并，其经费、财产归合并后的工会所有；工会组织撤销，其经费和财产由上级工会处置。工会所属的为职工服务的企业、事业单位，其合法权益受法律保护，任何单位和个人不得随意改变其隶属关系。

## 五、表彰优秀海员家属与文明家庭

为了进一步推动交通系统两个文明建设，继续弘扬海员家属无私奉献的精神，激励广大海员职工热爱本职工作，积极投身改革开放和交通现代化建设，为振兴中国航运事业做出新的贡献，1995 年，交通部与中国海员工会在迎接 1995 年世界妇女大会召开之际，评选表彰了 100 名全国优秀海员家属和优秀家属工作者：命名张敏英等 90 名海员家属为“全国优秀海员家属”；韩玉珍等 10 名海员家属工作者为“全国优秀海员家属工作者”，并颁发荣誉证书。

在这次表彰的全国优秀海员家属和优秀海员家属工作者中，有全国著名劳动模范包起帆、司胜战的妻子；有全国“明星”船长、交通部劳动模范的妻子；有热心为海员家属服务长达 40 年的海员妈妈。很多人本身就是单位的先进生产者、三八红旗手和“金锚奖”获得者。她们虽然没有惊天动地的壮举，但她们都拥有一颗爱亲人、爱家庭的赤诚的心。她们在做好本职工作的基础上，为了支持亲人的事业，奉献了自己的青春年华，体现出了中国女性崇高的道德情操。

表彰活动广泛宣传她们的事迹，大力弘扬她们无私奉献的精神，激励广大水运职工及家属为社会的安定团结、企业的深化改革做出新的贡献。各航运单位关心海员家属，做好海员家属工作，使他们成为稳定职工队伍、搞好企业安全生产的坚强后盾。

## 六、开展中国海员工会成立80周年纪念活动

1991 年 4 月 6 日是中国海员工会成立 80 周年纪念日，中国海员工会在人民大会堂隆重召开纪念大会。中共中央政治局常委、

中共中央书记处书记、中华全国总工会主席尉健行接见了与会全体人员并与大家合影留念。全国总工会副主席、书记处第一书记张俊九，交通部副部长翁孟勇，全国总工会副主席、书记处书记李奇生，全国总工会书记处书记苏立清，以及来自香港、澳门海员工会的代表，各省市海员（交通）工会主席，交通企事业单位工会主席，交通部有关司局领导、企业代表、海员代表、劳动模范代表和船员家属代表等200人参加了纪念大会。尉健行给大会发来贺信。张俊九、翁孟勇和张士辉在纪念大会上分别讲话。香港海员工会主席丁锦源在纪念大会上致辞。海员代表王新全作了发言。

中国海员工会为了纪念中国海员工会成立80周年，在纪念日前夕，组织专门力量，编写了中国海员工会成立80周年的简史，收集了近200幅照片，编辑出版了纪念中国海员工会成立80周年画册。画册从不同角度反映了中国海员工会和广大水运职工在不同历史时期的自强不息和执着追求，展示了中国海员不畏艰险、团结奋斗、拼搏进取、无私奉献的光荣传统。此外，画册还配套制作了中国海员工运史光盘，用现代化手段全面、详尽地记录了中国海员工人运动的兴起和发展，是一部有价值的历史资料。

## 七、参加第三届全国工人运动会

1996年4月30日，第三届工人运动会在天安门广场举行开幕式。为了展现改革开放以来交通职工的精神风貌，进一步激发交通职工的主人翁精神，促进交通系统体育活动的广泛开展，交通部组建交通系统体育代表团，代表全国500多万名交通职工参加了第三届全国工人运动会。

交通系统体育代表团由交通部副部长刘松金任团长，副团长由中国海员工会主席张士辉、交通部体改法规司司长张富生、中国海员工会副主席王贻谋、交通部机关工会主席徐世强担任。代表团由足球、中国象棋、桥牌、游泳、门球和太极柔力球队等6个体育单项代表队组成。代表团日常工作由中国海员工会负责。办公室设在中国海员工会组织宣传部。

交通体育代表团各单项代表队由单项成绩较突出的交通企事业单位负责组建，代表全国交通系统参赛。足球由南京港务局组队，象棋由中国长江航运（集团）公司组队，桥牌由上海交通运输局组队，游泳由中国远洋运输（集团）总公司组队，门球由秦皇岛港务局组队，太极柔力球由烟台救捞局组队。各单项体育代表队领队由交通部、中国海员工会派人担任，副领队由组队单位工会负责人担任。

5月6日至5月18日，足球队参加柳州赛区比赛；6月1日至6月11日，门球队参加长春赛区比赛；6月15日至6月26日，中国象棋队参加太原赛区比赛；6月28日至7月7日，游泳队参加钦州赛区比赛；7月1日至7月12日，桥牌队参加沈阳赛区比赛；9月6日至9月18日，太极柔力球队参加孝感赛区比赛。

10月4日，第三届工人运动会历时5个多月后，在北京工人体育场举行闭幕式，

交通体育代表团通过比赛充分体现出交通职工良好的道德素质和朝气蓬勃的精神风貌。同时各代表队对参赛队伍严格管理，严格训练，赛出风格，赛出好成绩，取得了精神文明和比赛成绩的双丰收。

## 八、举办中国海员摄影作品展览

为了贯彻党的十四届六中全会精神，推动交通系统创建文明行业活动，宣传祖国和交通系统的生产建设、改革开放成就，展示交通职工的时代精神风貌，由中国海员工会主办，南京港务局

承办“中国海员摄影作品展”，摄影作品展于1997年4月25日在南京市“江苏省美术馆”开始展出，展期7天。

参展作品反映了改革开放以来祖国和交通各行业的伟大成就，反映了社会主义现代化建设欣欣向荣的发展景象，弘扬交通职工为祖国无私奉献的精神风貌，表现职工健康的生活情趣，展示交通职工多姿多彩的社会生活画面。

## 第七节　依法管理，不断提升工会干部能力

### 一、制定中国海员工会全国委员会组织办法

1992年，中国海员工会拥有会员165万名，主要包括远洋、沿海、内河运输、港口、航道、救捞、航务工程、院校、科研单位和部分工业企业等各行业的职工。

长期以来，由于种种原因，海员工会组织不健全，已有37年没有召开全国代表大会，各省海员工会的体制也由于各地对产业工会的认识不同，职责各不相同。在一些水运职工较集中的省市，没有建立地方海员工会。即使同一地区的水运企业、事业工会，由于行政隶属关系不同，工会组织体制有的属省总，有的属市总，有的属市交通办，有的属系统工会等，形成多头领导；交通部直属的一些跨省市的大型水运企业工会有的属中国海员工会直接领导，有的属地方工会领导；甚至行政上同属一个企业，由于跨地区，工会组织也被人为地分割成从属不同的地方工会领导。海员工会体制的混乱，给工会工作带来了极大的困难。

为了更有效地维护广大水运职工的合法权益，发挥产业与地方两个积极性，使产业工会与地方工会的工作达到有机的结合，中国海员工会将组织体制存在的问题，以及对工作带来的不利因

素向全国总工会作了报告。经过研究，全国总工会决定："从海员工会的实际出发，海员工会的领导体制应与经济部门的管理体制相适应，凡是以交通部管理为主的企、事业，均实行产业工会与地方工会双重领导，以海员工会领导为主的体制。"

在这个时期，全国已有8个省、市建立了海员工会，即广东、山东、福建、江西、江苏、贵州、广西和大连市。有些水运职工相当集中的地方，还没有建立地方海员工会。随着中国海员工会体制的改革和完善，各地总工会也对省、市海员工会的建设给予高度重视，地方海员工会的建设得到进一步加强。

中国海员工会在第三届全国委员会会议期间，根据全国总工会的指示，制定了《中国海员工会全国委员会组织办法》，明确了中国海员工会组织体制，包括中国海员工会全国委员会，中国海员工会省、市委员会，中国海员工会企业、事业单位委员会，中国海员工会基层委员会。

中国海员工会全国委员会按照联合制、代表制的原则组成。即由中国海员工会全国委员会下属的省、市海员工会，企业、事业单位工会组织的主要负责人和适当比例的有关方面代表组成。按联合制、代表制组成的全国委员会，形成中国海员工会的全国领导机构，并受中华全国总工会的领导。

中国海员工会全国委员会实行民主集中制，每届任期五年。特殊情况下，经全国总工会批准，可以提前或延期换届。中国海员工会全国委员会设常务委员会，其中主席1人，副主席2人，常务委员若干人，常务委员候选人由中共中国海员工会分党组提名，报经全国总工会书记处同意后，由全国委员会全体会议民主选举产生。全国委员会主席、副主席（包括兼职副主席）由中共全国总工会党组提名，经全国委员会全体会议民主选举产生。常务委员会委员和主席、副主席均实行等额选举，选举结果报全国总工会审批。

全国委员会主要职权是：审议和批准常务委员会的工作报告，研究决定中国海员工会的工作任务及其他重大问题，制定或修改《中国海员工会全国委员会组织办法》及其他重要制度，选举全国委员会的常委和主席、副主席。确认替补、增补委员，在全国委员会全体会议闭会期间，由常务委员会行使全委会的职权。常务委员会全体会议闭会期间，由主席、副主席、兼职副主席（或驻会常委）主持日常工作。

全国委员会常务委员会实行集体领导下的分工负责制。常务委员会全体会议每年召开两次，由主席召集和主持，遇有重大问题可临时召开。常委会的主要任务是：贯彻执行全委会的决议、决定，研究决定召开全国委员会全体会议有关事宜，负责向全国委员会全体会议提出《工作报告》以及其他需通过全国委员会全体会议审议的重要文件，研究决定中国海员工会工作的重大问题等。

## 二、加强专职工会干部培训

根据全国总工会的要求，所有在职的专职工会干部都要接受规范化岗位培训。中国海员工会对全国水运系统专职工会干部培训工作做了全面布置，并且在《中国海员工会“八五”工作规划》中做出了规划。

1993 年 5 月，中国海员工会发出了《关于专职工会干部必须进行规范化岗位培训的通知》，要求各省、自治区、市海员工会和水运单位工会加强对培训工作的领导，订好培训规划，认真实施，于 1994 年全面完成培训任务。

1994 年，中国海员工会在全年工作要点中明确提出：继续抓好工会干部的岗位培训，努力完成当年计划，使工会干部认真学理论、学政策、学法律，懂业务、懂管理，掌握本地区、本单位运输生产建设的全局；创造性地开展工作，不断提高工会工作的水平。

中国海员工会结合水运企业工会工作任务重、专职干部少、很难长期脱产培训的实际情况，决定因地制宜地采用分散自学、短期集中辅导、统一参加考试的方法。各省、自治区、市海员工会和水运企业工会根据中国海员工会的整体规划分级负责的要求，以省海员工会为主，分片负责实施，大型水运企业采取自主组织培训。各省、自治区、市海员工会的地区，由省、自治区、市海员工会确定本地区水运企业专职工会干部的自学时间、集中辅导时间和考试时间。

中国海员工会、公路运输工会十分重视工会干部岗位培训工作，制订周密的培训计划，认真组织实施，充分利用各类教育力量和形式，加快工会干部岗位培训和进程，不断提高培训的质量和效果。各省、自治区、市海员工会在教育培训工作中，协同发力，分级分类培训，最大限度实现对工会干部的培训全覆盖，取得很好的效果。经过努力，至 1994 年 10 月已提前完成中国海员工会、公路运输工会在“八五”工作规划中制订的工会干部岗位培训计划。通过培训提升干部的素质，获得更全面的知识和技能，了解工会的业务范围、职责和工作方法，从而更好地履行职责，为工会服务。

## 三、健全机制，发挥信息工作的重要作用

中国海员工会十分重视信息工作，自 1987 年 9 月建立中国海员工会信息网络以来，取得了很好的成绩，改变了基层职工的思想情况很难及时反映上来的尴尬局面。建立信息网络之后，一支信息员队伍的形成，使得上面的要求可以随时传达下去，下面的情况可以随时反映上来，增加了一条畅通的信息渠道，而且在许

多重要、敏感时期，许多信息员也表现出较强的责任心和信息敏感性，起到了各级海员工会领导的参谋助手作用，受到全国总工会的表扬。

为了进一步加强信息工作，使工会信息工作制度化、规范化、科学化，更好地为领导科学决策和指导工作服务，1997 年 6 月，中国海员工会信息工作会议在厦门召开。全国交通水运系统工会主管信息工作的相关人员参加了会议。主席张士辉作了《增强信息意识完善工作制度努力提高工会信息工作水平》的讲话。会议总结交流了海员工会信息工作的情况和经验，讨论制定了《中国海员工会信息工作制度》，对信息工作的指导思想、组织管理制度、工作制度、内容规范、工作规程、考评奖励制度作了明确规定，使海员工会信息工作逐步走向规范化、制度化。

会后，中国海员工会落实会议精神，加强了信息的基础工作，建立了信息统计、通报制度，定期向基层通报信息的报送和采用情况，提高了信息质量，健全了信息网络，并表彰了一批信息工作突出的单位和个人。

1998 年，中国海员工会把信息工作放到了更加突出的位置，健全了信息工作制度、信息通报制度、表彰奖励制度和工会信息网络，扩大了信息的功能。在各级海员工会的配合下，完成了 1998 年度工会工作统计任务，对全系统工会工作有了更加全面、准确的了解和掌握。

由于上报信息的质量不断提高、数量显著增加，基层更多的工作经验和热点问题通过信息渠道得以反映，在一定程度上弥补了产业工会体制不健全带来的影响。

## 四、宣传推广船员家属工作的经验

1999 年，中国海员工会宣传推广上海海运（集团）公司工会做好船员家属工作、确保海上安全生产的经验。

上海海运（集团）公司工会根据行业特点，把关心船员工作延伸到广大船员家属中去，建立网络，加强引导，组织家属互帮互助，对加强工会和船员家属的联系、解决船员的后顾之忧、稳定船员思想、确保船舶安全生产起到了积极的作用。

该公司有1万多名船员，他们的家庭分布在上海市各区县以及外省市，光靠工会干部串门走户，怎么也跑不过来，也来不及解决那么多问题。他们团结、依靠广大船员家属和热心家属工作的积极分子，建立工作网络，更好地关心船员家属，做好船员家属工作。为此，工会专门选择了一批热心家属工作的人员组成船员家属管理委员会，由工会专职干部牵头负责。又在船员居住比较集中的地区建立大组，在各居住地块建立小组，形成由工会专职干部管理的家属委员会（以下简称“家委会”）、家委会管理大组长、大组长管理小组长这样一个三级管理格局，层层辐射，把工作触角伸入广大船员家庭。

在上海、大连、青岛、秦皇岛等船员居住较集中的地区拥有大组33个，小组72个。这样，船员家庭发生什么困难和问题，就能及时反馈到工会或通过大小组长予以关心和解决。工会有什么要求和部署，也能及时传递到广大船员家属中。几年来，公司工会和船员家属工作委员会共为船员家庭排忧解难2500多件（次），调解处理各类纠纷矛盾500余起，访问了1万多户（次）的船员家庭。

公司工会在建立船员家属工作网络的基础上，逐步建立完善的工作制度，规范家属工作。建立季度例会，“报表”汇报制度，学习、交流制度，建立联谊、团拜制度，定期总结、表彰，不断扩大船员家属工作影响。

公司工会坚持两年一次的船员家属工作总结、表彰活动，既宣传、表彰优秀“海夫人”无私奉献，理解、支持亲人热爱海运企业的动人事迹，也交流表彰家属工作中的典型事例。近年来在广大船员家属中，共评出“全国优秀船员家属”10名，局级“优秀船员家属”461名。在广大船员家属干部中，有2位获“全国优秀船员家属干部”称号，3位获“金锚奖”荣誉，47位获局级“优秀家属干部”称号。还先后评出了9个“先进家属工作大组”。每一次的评选表彰，都是对广大船员和船员家属的鼓舞和鞭策。工会还通过《海运报》《劳动报》《中国海员》《碧海红花》等报纸杂志宣传她们的事迹，在船员中引起很大反响，取得了较好的社会效果。越来越多的家属理解船员、支持船员的工作，越来越多的船员家属得到社会上的关心和照顾。

公司工会努力适应形势发展，不断拓展船员家属工作路子。随着企业生产形势发展，工会及时总结经验，努力使船员家属工作和安全生产更密切地联系起来，引导船员家属协助开展思想工作，进而拓宽了家属工作新路子。上海桃园五村地区住着不少船员，家属工作开展得很活跃。根据船停港时间短、船舶领导上岸办事忙得团团转的情况，组织这个地区的家属干部帮助政委做船员家庭工作，做船员的思想工作。经过试点，得到船舶领导大力支持和充分肯定。于是，工会提出加大家属工作力度，把地区家属工作和船舶工作联系起来直接挂钩，开创“大组包船”的工作设想。所谓“大组包船”，即船员家属干部在做好辖区内家属工作的基础上，力所能及地为直接对口挂钩的船舶船员分忧解难，帮助船舶领导处理船员家庭的急、难事务，比如，代船舶领导关心、帮助有困难的船员家庭，调解纠纷，帮助船舶筹备家属联谊会，向船员和家属发慰问信等服务工作。

“大组包船”拓宽了家属工作的路子，更加密切了船舶和工会的关系，也密切了船员家属和企业的联系，有力地促进了企业生产安全。经过试点和推广，“大组包船”从几个组、几条船发展至20个大组、包了35条船。

## 五、努力做好海员俱乐部管理工作

1992 年，全国各开放港口国际海员俱乐部接待了 100 多个国家和地区的海员 38 万人次。各海员俱乐部按照党中央和国务院的指示，努力做好“友好、服务、宣传”工作，把俱乐部办成海员喜爱的“海员之家”，通过组织各种活动，积极宣传中国对外方针政策，介绍新中国成立 40 多年来，特别是党的十一届三中全会以来发生的巨大变化和取得的成就。秦皇岛、大连等俱乐部获得文化部颁发的对外书刊宣传工作的金鸽奖、银鸽奖和特等奖。全国俱乐部的外宣工作多次受到党中央和国务院有关领导机关的好评，有些工作经验被刊登在党中央《对外宣传通讯》上。

1994 年 5 月 17 日，中国海员工会与国际图书贸易总公司在宁波联合召开对外宣传工作会议。33 个俱乐部的负责人和主管俱乐部的省、市总工会负责人参加了会议。中国海员工会主席张士辉作了工作报告，回顾了五年来俱乐部对外宣传工作，提出了以后工作任务。国图公司领导作了关于书刊宣传的工作报告。全国总工会副主席方嘉德在会上发表了讲话。会议还听取了党中央对外宣传小组三局负责人的国际形势报告。会议对先进单位和先进个人进行了表彰，2 个俱乐部和 4 个俱乐部的宣传接待科被授予先进集体称号，30 名宣传接待人员被授予先进个人称号。

之后，随着经济改革的深入，全国海员俱乐部虽然遇到了一些困难，但国际海员俱乐部对外宣传工作紧抓不放。1995 年，中国海员工会认真贯彻《国际海员俱乐部工作条例》，指导各海员俱乐部做好对外宣传工作，与党中央对外宣传小组、外文局、国际图书贸易总公司协调，为海员俱乐部争取到 5 万册非贸易书刊。1996 年 9 月 4 日中国海员工会在广州黄埔国际海员俱乐部召开会议。会上，9 个单位的代表介绍了先进经验。会议表彰了 3 个先进单位、12 个先进集体、33 名先进工作者。1997 年，中国海员工会免费为各俱乐部提供外宣书刊 10 万余册；1998 年争取非贸易书刊 2.7 万册，完成俱乐部宣传品制作 2 万余册；1999 年经与党中央有关方面协调，为俱乐部解决免费对外宣传书刊 3 万余册；2000 年与党中央对外宣传小组多次协调，在原对外宣传书刊立项全部取消的情况下，向海员俱乐部提供价值 20 万元的免费书刊；2002 年通过各种渠道为各国际海员俱乐部提供了 1 万余册、价值 30 多万元的对外宣传书刊，并提出了对外宣传品供应上支持海员俱乐部对外宣传工作的意见，得到党中央对外宣传小组的认可，并将国际海员俱乐部列入国家“灯下亮工程”范围。

海员俱乐部还积极发挥自己的特长，做好服务工作。为了推动海峡两岸之间的“三通”，投入较大的人力和财力开展对台湾海员的工作。俱乐部每年接待台湾海员近 500 人，为台湾海员寻找亲属，安排相会团聚。实践证明，做好海员俱乐部的工作，对扩大中国的影响、争取世界各国海员的认可与支持，为改革开放服务，发挥了积极的作用。

然而，由于全国大多数俱乐部建筑建于 20 世纪的六七十年代，设计标准较低，设施简陋，服务和活动项目单调，缺乏吸引力，无法满足国际海员的物质文化需求。中国海员工会对全国海员俱乐部的现状进行了调查，情况令人担忧，主要表现在：建筑年久失修，维修、改造、更新、增添设备的资金大，工会系统自身实难解决。中国海员工会积极向国家计委和国务院口岸办等呼吁解决。

随着国家对外开放口岸的增多，到 1997 年，全国国际海员俱乐部已发展到 36 个。每年接待来自世界各地的海员 30 多万人次。国际海员俱乐部坚持为海员服务的宗旨，做好接待服务，组织海员活动 1600 余次，为海员提供各种生活服务 7000 多人次，充分发挥了民间外交的作用，成为对外宣传的窗口和精神文明建设的阵地。

中国海员工会为进一步加强对俱乐部工作的管理，促进俱乐部建设，对到港国际海员的活动趋向和国际海员俱乐部状况进行了调查。对海员上岸活动的新特点、海员对俱乐部的运作、影响俱乐部发展的原因等突出问题进行了分析，提出了切实保证新开放港口的俱乐部建设、对老俱乐部更新改造在政策上给予扶持、为俱乐部开展海员工作提供保障、加强对俱乐部的管理和自身建设等建议。

中国海员工会举办了全国国际海员俱乐部领导干部培训班，就俱乐部的宗旨、经营管理、综合服务、深化改革等内容进行了针对性的培训，50 名俱乐部主任参加了培训。

为扶持国际海员俱乐部的发展，中国海员工会与国家计委、党中央外宣小组等有关部门协调，为俱乐部协调解决拨款、借款、贴息贷款 600 多万元。

1998 年，中国海员工会共落实俱乐部建设资金 80 万元；安排低息借款 45 万元；促成了锦州、洋浦、太仓、海门等 4 家国际海员俱乐部的建成开业。1999 年，为支持俱乐部的改造，中国海员工会落实俱乐部借款、贷款、救灾款、开办费等 720 万元；通过与地方政府有关部门协调，促成威海、丹东等国际海员俱乐部的必建工程开工。

尽管海员俱乐部发展过程中遇到的一些问题，中国海员工会靠自身能力一时难以解决，但其仍然坚持做好海员俱乐部管理工作，服务广大海员。

## 六、开展与中国香港、台湾海员工会的交流

1998 年，中国海员工会与中国香港海员工会互访，并协调了中远海港集团与中国香港海员工会的关系，同时加强了与中国台湾海员工会的交流与合作，在共同维护两岸海员的具体利益、相

互借鉴为海员服务的成功经验方面取得了广泛的共识。

2001 年 10 月 16 日至 23 日，应台湾中华海员总工会邀请，以中国海员工会主席张士辉为团长的中国海员工会代表团一行 12 人对台湾进行了友好访问，受到台湾中华海员总工会的热情接待，访问取得圆满成功。

代表团按预定的行程经中国香港于 10 月 16 日抵达中国台北。17 日，由中国台湾海员工会安排在中国台北召开了海事技术交流研讨会。中国台湾海员工会、轮船商业同业公会、台湾船长公会、台湾搜救协会、航运公司、有关航海院校和培训中心等单位近 40 人参加了座谈会。座谈会上，大连海事大学吴兆麟校长发表了《我国航海教育现状、航海类专门人才预测与航海教育发展战略》演讲；广东海事局汪湘涛局长介绍了中国船员培训、考试和发证制度；中国台湾海洋大学航海技术研究所林彬、陈元平简要介绍了《能见度对航海员避让行为之影响》，周和平、陈彦宏、林彬等介绍了《配合 STCW95 公约我国航海教育之定位与课程衔接研究》，中国台湾海洋大学田文国介绍了《从理论上增大柴油机出力在实务上配置之探讨》等专题研究成果。

在研讨会上，双方就共同关心的问题进行了讨论和交流。大家共同认为，举办小型具有针对性专题的学术研讨会效果较好，并建议两岸海员工会能够在此方面进行合作，轮流举办技术研讨交流会。

访问期间，代表团先后参观了中国台湾海洋大学、中国海事商业专科学校、澎湖海事学校、高雄海洋技术学院和长荣船员训练中心等航海院校和培训机构。总体上看，中国台湾的海事教育和培训体系比较完备，师资力量比较强，教学设备也比较先进。

通过访问，中国海员工会进一步密切了海峡两岸海员工会之间的联系，同时，增进了相互了解，开拓了交流与合作的空间。

海峡两岸海员工会组织交往已有多年，并计划建立了隔年互访的制度。此次访问超越了一般意义上的友好交流，就中国台湾海员培训、资质等重大问题进行实质研讨和互动，因此，意义深远。通过访问，中国海员工会对中国台湾海事主管部门和船员管理的有关情况也有了较深入的了解。

另外，中国海员工会通过访问，较全面地了解了台湾海事教育的培训情况。当时，中国台湾船员就业人数从高峰时的 8 万余人减少到不足 1 万人。台湾航海教育也存在一些问题和不足，资源供大于求，生源不足，经过航海教育的学生从事船员职业的比例逐年减少。另外，1995 年修正的《1978 年海员培训发证和值班标准国际公约》（以下简称“STCW78/95 公约”）将于 2002 年 2 月 1 日全面实施。由于台湾无法加入国际海事组织（IMO），因而不能进入 IMO 履行 STCW78/95 公约的“白名单”。为此，中国台湾海员工会表示很多海员在培训和获得证书方面，希望取得大陆的支持和接纳。

## 第八节　加强对外交往

### 一、参加国际组织会议

#### （一）参加国际劳工组织海事劳工标准三方会议

1994 年 11 月 28 日至 12 月 9 日，应国际劳工组织的邀请，中国海员工会主席张士辉及其顾问章国贤作为海员代表，随中国三方代表团参加了国际劳工组织在日内瓦召开的海事劳工标准三方会议。此次三方会议的主要议题是讨论关于海上船员的工资、工时与定员公约及建议书 109 号（1958 年），海员安置公约 9 号

(1920年)以及部分修订商船(最低标准)公约147号(1976年),以便为下一届海事大会正式修订上述公约提出建议书做准备。来自30个国家和一些国际组织的约300名三方代表和顾问出席了会议。会议上工资、安置、劳工监察三个委员会同时进行了讨论,通过了三个文件,确定于1996年1月中旬召开下一届海事劳工大会,提请劳工局理事会予以确认。

中国海员工会报名参加了工资与安置委员会,由于时间安排的问题,主要参加了工资委员会的讨论。工资委员会讨论修订的109号公约和建议书是1958年通过的,由于只有少数几国批准,一直未能生效。此次修订的主要目标是简化原公约和建议书的条款,以使更多的国家予以审批。中国海员工会向海员组提交了关于缩短海员船上工时及规定不得招募18岁以下者为海员的修正案,会议经过讨论,将原来的"禁止16岁以下海员值夜班"改为"禁止18岁以下海员值夜班,不得招募16岁以下者为海员"等。会议还重申,赞成根据联合海事委员会向劳动局理事会提出的建议:定期调整海员的最低工资标准。

另外,由于一些发展中国家的代表坚持要求考虑发展中国家的实际经济发展水平,委员会对关于建议书中是否要规定国际上实施统一的海员最低工资标准未能达成共识,最后三方同意将这一议题提交给海事劳工大会作进一步审议。

安置委员会的议题是修订9号公约并辅之以建议书,海员组重申了反对"收费就业机构"的立场,希望废除中介机构,由船东直接招募和安置海员。会议的最后文件鼓励成员国建立免费公共就业机构,在加强监督和管理的前提下,允许私营就业机构的运作,同时规定不得以间接或直接手段向海员个人收取任何就业介绍费用。

在海事劳工标准三方会议结束后,劳工局召开了第27届联合海事委员会会议。会议的主要议题为,调整1991年第26届联合海事委员会会议确定的海事大国名单。据 1993 年 12 月的统计数字，原名单中的阿根廷、比利时、直布罗陀、以色列、葡萄牙、沙特、西班牙、前南斯拉夫等八国及地区已少于 200 万船舶载重吨，而圣文森特、瑞典、科威特、马尔绍群岛等四国超过了 200 万船舶载重吨等。于是，由上述四国代替阿根廷等八国列入名单。另外，原名单中苏联已解体，由超过 200 万船舶载重吨的俄罗斯与乌克兰代替。这样海运大国的名单由原 44 个国家调整为 41 个。

会议的另一个议题是调整海员最低工资标准。经过双方谈判后，会议达成协议：从 1995 年 1 月 1 日起海员最低工资标准提高为每月 385 美元，有效期为两年。1997 年 1 月 1 日后的新标准由第 28 届联合海事委员会会议确定。会议最后通过了包括上述内容的劳工局关于熟练水手最低工资的决议，并决定在 1996 年 1 月的海事大会期间召开第 28 届联合海事委员会会议。

会议期间，国际运输工会联合会接替索伦森的新任总书记（海员）林特斯德姆与助理总书记西兰德，主动约请了中国海员工会代表进行会谈。会谈中他们主动提出要“忘记过去，开辟未来”，恢复和发展与中国海员工会的关系。联合会正式邀请中国海员工会主席张士辉作为观察员参加由国际运输工联、国际船东联合会、国际基督教海事协会及国际劳工组织等发起的国际海员福利委员会于 1995 年在丹麦召开的会议，并对丹麦、瑞典等国海员工会进行顺访。西兰德表示海员福利委员会是个非政治性的机构，其秘书由国际劳工局的海事处长尼尔逊兼任，欢迎为海员谋求福利的中国海员工会加入这一委员会，具体事宜可与尼尔逊联系。同时国际运输工联以及福利委员会也愿应邀在方便的时候派团访华，另外中国海员工会代表与国际基督教海事协会的总书记陈舜传先生进行了接触，他表示要进一步发展与中国工会的友好联系。

与会的中国海员代表与澳大利亚、日本、新西兰等国海员代表进行了广泛深入的接触，向他们介绍了当前中国的政治、经济形势和工会工作，扩大了中国工会尤其是海员工会的影响。

### （二）参加第84届国际劳工（海事）大会

国际劳工（海事）大会制定或修改有关海事公约，各国都很重视，都派政府、船东和工会三方代表参加大会。

1996年10月8日至22日，在日内瓦举行第84届国际劳工（海事）大会。国际劳工组织71个会员国的政府、船东、海员代表、顾问以及有关组织的代表近800人出席了会议。中国参加本届海事大会的中国代表团由交通部部长黄镇东任团长，劳动部、交通部外事司、水运司、人劳司，中远集团、全国总工会国际部、中国海员工会等代表组成代表团。由于本届海事大会要讨论或修改的海事公约内容多、范围广，为做好参会准备，黄镇东部长委托中国海员工会主席张士辉负责筹备工作。其间，中国海员工会集中了部分代表在秦皇岛海员疗养院对海事大会各项预案进行逐条讨论、研判，或提出修改意见，或对投票做出相应的选择。黄镇东部长对中国海员工会筹备工作很满意，批准了参加（海事）大会预案。中国代表团在大会期间认真工作，开展交流活动，积极宣传中国改革开放成果，取得了预期效果。

中国海员工会主席张士辉参加了大会，并根据全国总工会确定的参会方针，在全国总工会国际部的统筹安排下开展工作。会议期间，中国海员工会开展了广泛的多边、双边活动，与十几个国家和地区的海员工会及国际组织进行了会谈和交流，扩大了中国海员工会的影响，并连任新的一届联合海事委员会正式委员。

## 二、参加亚洲海员高峰会议

中国海员工会作为亚洲海员工会中的一员，和各国、各地区海员工会及海员之间有着共同的利益，中国海员工会在独立自主、广泛联系、相互尊重、互不干涉内部事务的原则基础上，广泛发展与亚洲各国、各地区海员工会之间的友好合作关系，为维护本国、本地区海员的利益，为维护亚洲和世界海员的利益做出自己的努力。

1997 年 9 月，中国海员工会首次代表中国参加在日本大阪举行的亚洲海员高峰会议，中国海员工会主席张士辉在会上发言，向亚洲海员工会介绍了中国航运业的发展、中国外派海员及中国海员工会的有关情况。

1998 年 4 月，中国海员工会代表团出席了在印度尼西亚雅加达举行的第 16 次亚洲海员高峰会暨挪威亚洲海员委员会会议。包括中国海员工会在内的来自 12 个亚洲国家和地区，代表 16 家海员工会的 40 多名代表出席了会议。印尼政府海洋运输局局长主持峰会会议。与会代表围绕 13 项主要议程，就“亚洲海员高峰会议”章程、在悬挂亚洲国旗的船只上工作的非本地亚洲海员的工资、亚洲金融危机、非本地亚洲海员退休金、从亚太地区推选国际运联官员等问题展开了讨论，对大多数议程达成了一致意见。在讨论“成立亚洲海员联合会”（亚海联）问题时，争论十分激烈，全场气氛严肃，亚洲海员工会间的矛盾分歧表面化。最后，此议题在妥协中推至在以后的峰会上继续讨论。中国海员工会代表本着积极参与、推动团结、促进合作的精神，认真参加了讨论。中国海员工会主席张士辉相机表示了对一些议题的看法和意见，得到大多数与会代表的赞赏，被称是推动亚洲海员工会团结、维护亚洲海员利益的“合理而实际的意见”。5 月 1 日至 2 日，峰会结束后紧接着召开了挪威亚洲海员委员会会议。

2000 年 5 月 8 日至 10 日，中国海员建设工会在中国大连进行首次亚洲海员高峰会暨挪威亚洲海员委员会会议。

第 17 次亚洲海员高峰会议是在人类进入新千年后亚洲海员的

第一次聚会，当时世界海运业正在发生着变化。亚洲作为世界经济最活跃的地区，特别是在 1997 年金融风波之后，本地区的海运业和海员市场正面临着新的机遇和挑战。信息技术的迅速发展，缩小了地域间的距离，世界在变小，正在成为一个全球村落。会议期间，代表就共同关心和感兴趣的问题交换意见和看法，在世纪之交和急剧变化的国际形势下，研究采取新的姿态，加强友谊，消除分歧，增进团结，扩大合作。这次峰会一定会达到预期目的，取得圆满成功。

自 1997 年中国海员工会首次应邀参加亚洲海员高峰会议以来，与亚洲国家海员工会的接触、交往不断增多，相互了解与互利合作逐步加深。主办这次峰会，为亚洲海运业的发展、促进亚洲海员的团结和维护海员利益做出了新的贡献。

2001 年 6 月，中国海员工会在参加在韩国举行的第 18 次亚洲海员高峰会暨挪威亚洲海员委员会会议时遇到了一些意外。在开会当日，中国海员工会代表团一走进会场，就发现了中国台湾海员工会座签旁摆放着国民党的“青天白日”旗，高度的政治敏感性让中国海员工会代表团感到气氛一下子变得紧张起来。“两个中国，一中一台”局面绝不能容忍，于是中国海员工会代表团团长张士辉主席立即找韩国海员工会交涉，向他们说清问题的严重性。他们感到很意外，并解释说，他们绝没有政治意图，纯属无意偶然。接着他们向中国台湾海员工会代表说明情况后，撤下了不该放的旗。

## 三、参加国际劳工亚太局海事会议和海事监察研讨会

2002 年 7 月 21 日至 27 日，应国际劳工局（以下简称“劳工局”）亚太局的邀请，以中国海员建设工会副主席朱建光为团长的中国工会代表团一行两人参加了由劳工局亚太局在新加坡举办

的亚太地区海事会议和随后举行的海事监察研讨会。

此次海事会议由克里奥帕特拉·杜比亚女士主持。会议的主要内容是由劳工局向亚太地区各国三方代表介绍有关将所有国际劳工组织海事公约综合在一个统一的海事公约之下的计划及准备情况。会上，劳工局专家们还重点介绍了国际劳工组织 108 号海员身份证公约的修订方案，以及 147 号商船最低标准公约的批准和实施情况等。

海事监察研讨会由劳工局专家拉古阿主持，会议就实施 147 号公约当中的一项重要工作进行技术探讨，即如何具体落实海事监察工作，特别是港口国如何对停靠船舶进行监察。

通过此次会议，中国海员工会认识到国际劳工组织在海事领域有一套比其他产业更完备的机制和劳工标准；同时，中国海运实力不断提高，对世界经济贸易发展有着重要的作用，中国在海事问题上的意见在国际劳工组织中占有重要的位置。因此，中国海员工会积极参加国际劳工组织有关海事方面的活动，有利于促进中国海运业的发展，更好地维护中国海员的切身利益。

## 四、与相关国家海员工会签署双边协议

随着中国改革开放的不断深化，对外交往日益增多，大量中国海员受外派公司派遣，到外籍商船上工作。为了更好地维护中国外派海员的合法权益，全国总工会国际部与中国海员工会进行了一些有益的尝试和探索。当时，中国海员工会先后与挪威、新加坡、日本等国的海员工会合作，就维护中国外派海员权益事宜进行了交流和磋商，并达成了协议。

1997 年 8 月，中国海员工会与新加坡高级海员联合会和新加坡海员联合会经过多次协商，签署了双边协议。该协议涉及所有在悬挂新加坡旗帜的船舶上工作的中国高级海员和普通海员。这

些船舶与新加坡高级海员联合会和新加坡海员联合会签订了代表中国海员的集体协议，以改善和保护他们的工作条件。

协议同意，三方将按照该协议规定的条款、附件及以后的修改意见，相互提供必要的帮助，以便组织并代表在悬挂新加坡旗帜的船舶上工作的中国海员。协议各方同意根据需要定期交换信息，以进一步加强相互间的关系等。协议有效期为两年，1999 年 6 月 1 日又重新进行了签订。

1999 年 9 月，中国海员工会与挪威海员工会、挪威高级船员协会、挪威轮机长工会共同签署了双边协议。该协议覆盖所有在悬挂挪威旗帜的船舶上工作的中华人民共和国高级船员和普通船员。而雇用中国船员的挪威籍船舶应是与挪威海员工会、挪威高级船员协会、挪威轮机长工会签订集体谈判协议的，本协议的目的是维护中国船员的合法权益。

协议商定，各方应互相提供力所能及的必要帮助并协调行动，以组织和代表在悬挂挪威旗帜船舶上工作的中国船员。协议各方同意根据需要定期交换信息，以进一步改善相互间的关系等。协议各方可提前六个月书面通知其他方，以终止本双边协议。

2000 年 5 月，中国海员工会在大连同全日本海员工会进行了会谈。中国海员工会和全日本海员工会在为维护世界海运秩序做贡献的同时，为发展中日两国海员工会的友好合作关系，维护在日本商船（日本法人管理，从事国际航海的日本籍船舶以及外国籍船舶）上工作的中国海员的正当权利而缔结协定。协定明确中国海员工会和全日本海员工会双方反对以船员的低工资劳动和降低安全标准并以低运费搅乱世界海运秩序的任何企图，为谋求改善在日本商船上工作的中日两国海员的劳动条件、稳定雇用、维护权利、提高安全、福利以及技能而携手合作。中国海员工会和全日本海员工会双方为维护在日本商船上工作的中国海员的利益，代表这些中国海员同中国的海员派遣公司或中国船东以及日本船东进行协商，缔结四方协定等。

同年10月，中国海员工会派团赴日与全日本海员工会举行了中国外派海员实务者会议。中国海员工会与全日本海员工会就如何维护在日本商船上工作的中国海员的合法权益问题进行了深入的探讨和交流，双方达成意向，由两国的工会和中国的外派企业及日本船东共同签订四方协议，以规范中国海员的外派工作和日本船东接收中国海员的工作，更好地维护中国外派海员的合法权益。

## 五、与亚洲海员工会开展交流活动

2001年5月，中国海员工会接待了来访的日本全港湾工会代表团。双方交流了工会工作情况，介绍了两国港口发展情况，并在相互支持、发展双边关系等方面取得了完全一致的意见。

2001年6月，中国海员工会代表团访问了菲律宾，与菲律宾海员工会就两国海员工会的交流与合作问题进行了会谈，取得了基本一致的意见。访问期间，代表团参观了菲律宾海员工会创办的海员培训学校和海员医院，参加了菲律宾海员工会主办的座谈交流会，介绍了中国海员的就业情况、中国海员工会的维护工作及海运业的发展等情况，并回答了有关问题，受到与会者的欢迎和好评。菲律宾政府劳动部部长及有关机构、外国驻菲律宾航运公司的代表等100余人参加了交流会。

2001年9月，中国海员工会代表团访问了新加坡，参加了新加坡海员工会建会50周年庆典活动；与新加坡海员工会就双方合作问题进行了讨论，续签了合作协议；会见了国际运联领导人，并就双方关心的问题进行了讨论，坦率地交换了意见，加深了双方的相互了解。

# 中国工运通史

## 海员工会卷（下册）

中国海员建设工会　编

中国工人出版社

**图书在版编目（CIP）数据**

中国工运通史 . 2, 海员工会卷 . 下 / 中国海员建设工会编 . -- 北京 : 中国工人出版社 , 2025. 4. -- ISBN 978-7-5008-8712-6

Ⅰ . K261.3

中国国家版本馆 CIP 数据核字第 2025ZF1927 号

中国工运通史 海员工会卷（下）

| | |
|---|---|
| **出 版 人** | 董 宽 |
| **项目统筹** | 蒋佩轩 |
| **责任编辑** | 葛忠雨 丁洋洋 |
| **流程编辑** | 李若昕 |
| **责任校对** | 张 彦 |
| **责任印制** | 栾征宇 |
| **封面设计** | 久品轩 |
| **出版发行** | 中国工人出版社 |
| **地 址** | 北京市东城区鼓楼外大街45号 邮编：100120 |
| **网 址** | http://www.wp-china.com |
| **电 话** | （010）62005043（总编室）<br>（010）62005039（印制管理中心） |
| **发行热线** | （010）82029051 62383056 |
| **经 销** | 各地书店 |
| **印 刷** | 北京盛通印刷股份有限公司 |
| **开 本** | 710毫米×1000毫米 1/16 |
| **印 张** | 66.75 |
| **字 数** | 837千字 |
| **版 次** | 2025年4月第1版 2025年4月第1次印刷 |
| **定 价** | 357.00元 |

# 目录 / CONTENTS

第七章

## 海员工会加快改革开放步伐实现和谐发展（2002—2012）

第八章

## 海员工会踏上新时代新征程（2012—2023）

第七章

# 海员工会加快改革开放步伐实现和谐发展（2002—2012）

2003年10月，党的十六届三中全会通过了《中共中央关于完善社会主义市场经济体制若干问题的决定》，提出“坚持以人为本，树立全面、协调、可持续的发展观”和“统筹城乡发展、统筹区域发展、统筹经济社会发展、统筹人与自然和谐发展、统筹国内发展和对外开放的要求”，明确了完善社会主义市场经济体制的目标和主要任务，深刻阐述了科学发展观。党在十六届六中全会上提出了促进经济“又好又快”发展的新要求，突出体现了发展理念的战略性转变。党的十七大提出高举中国特色社会主义伟大旗帜，以邓小平理论和“三个代表”重要思想为指导，深入贯彻落实科学发展观，继续解放思想，坚持改革开放，推动科学发展，促进社会和谐，为夺取全面建设小康社会新胜利而奋斗。

全国总工会要求各级工会全面贯彻党的十六大、十七大精神，认真落实党中央关于工人阶级和工会工作的重要指示精神，牢牢把握全面建设小康社会这个当代中国工运的主题，坚定不移地走中国特色社会主义工会发展道路，树立和落实“以职工为本，主动依法科学维权”的工会维权观，以理论创新带动体制创新和工作创新，着力解决面临的重点难点问题，促进工会事业全面发展。

中国海员建设工会全面贯彻落实党代会精神，在全国总工会的正确领导下，认真贯彻“组织起来、切实维权”的工作方针，紧紧把握“稳定、发展、特色”的工作思路，与时代同步，与职工同心，各项工作呈现出稳步推进、蓬勃发展的新局面。

## 第一节　助力交通事业又好又快发展

中国海员建设工会组建后，在全国总工会的领导下，全委会坚持以邓小平理论、“三个代表”重要思想、科学发展观科学理论体系统领工会工作，根据工会发展的任务与要求，带领广大职工积极投入全面建设小康社会和构建社会主义和谐社会的伟大实践；同时，充分发挥了工人阶级的主力军作用，促进航运事业不断发展。

## 一、推进全心全意依靠工人阶级的指导方针

2001 年 1 月，根据全国总工会机构改革的部署，中国海员工会、中国公路运输工会、中国建设建材工会中的建筑、城建部分组建为中国海员建设工会，负责全国水运、公路运输、建筑、城建系统的工会工作。2003 年 3 月 27 日，中国海员建设工会第一届全国委员会（以下简称“中国海员建设工会”或“全委”）第一次全体会议召开，吴子恒在工作报告中将“积极推进党的全心全意依靠工人阶级指导方针在交通、建设系统的贯彻落实，健全民主管理民主监督制度，建立稳定和谐的劳动关系，充分发挥广大职工在社会主义现代化建设中的主力军作用”作为当时的重点工作。

中国海员建设工会要求各级海员建设工会继续深入宣传贯彻《中华人民共和国工会法》（以下简称《工会法》），加强参与产业法规的立法。按照党的十六大关于发展社会主义民主政治、建设社会主义政治文明的要求，以贯彻《工会法》为契机，推进工会工作法制化进程，依据《工会法》履行维护职责，一手抓调整劳动关系，一手抓为职工办实事。针对工会工作中遇到的新情况新问题，加强依法治会、依法维权工作。

加强源头参与，进一步规范职工民主管理和民主监督机制。中国海员建设工会最大限度地维护职工的民主权利。进一步探索、建立和完善工会与政府主管部委的协商机制。全委重点在涉及交

通、建设职工权益的法律法规、产业政策、劳动政策等方面建立与交通部、建设部的协商制度，切实加强源头参与和实现宏观政策维护。省、市产业工会要主动加强与对口主管厅局的联系与合作，建立长期、巩固、规范的联系制度，切实发挥作用。

继续推动建立职工代表进入董事会、监事会制度。全委加大工作协调力度，督促改制企业在拟定改制方案时认真听取工会的意见，为基层工会建制创造条件。为了更好地发挥职工董事的作用，工会主席应作为职工董事的首选人选，经过职代会选举进入董事会。交通、建设系统的各级工会组织要积极推进建立职工董事、监事制度，推动全心全意依靠工人阶级指导方针在本企业的贯彻落实。

积极推进劳动竞赛和群众性经济技术创新工程。交通、建设行业群众生产工作的重点是，继续在国有大中型企业中，深入开展以提高经济效益为主要目的的社会主义劳动竞赛。

着力抓好群众性安全生产工作。认真贯彻《中华人民共和国安全生产法》，做好对职工的安全教育工作，增强职工的安全意识，提高职工遵章守纪的自觉性和防范事故的技能。组织好群众性的安全生产活动，加强群众参与的安全监督。发挥工会劳动保护监督检查员的作用，及时消除事故隐患。

做好职工教育和培训工作，全面提升职工队伍的整体素质。中国海员建设工会职工教育和培训工作的重点是抓好形势教育，根据《公民道德建设实施纲要》和产业特点开展职业道德教育；协助行业主管部门和企业行政做好岗位技术培训。

弘扬正气，表彰先进。“金锚奖”“金桥奖”是经全国总工会批准同意设立的产业工会表彰项目，要坚持高标准的要求，充分发挥其产业榜样的作用。做好评选产业先进工作者和每年“五一劳动奖章”“五一劳动奖状”获得者的审核、推荐工作，加强日常性劳动模范管理工作，着力弘扬劳模精神。

## 二、坚持改革创新工会建设

2003 年 12 月，中国海员建设工会召开了一届二次全委会，会议贯彻落实中国工会十四届三次主席团（扩大）会议精神，积极探索新形势下做好工会工作的新途径新办法，广泛地把职工群众组织到工会中来，充分地把中国海员建设工会的活力激发出来，有效地维护职工合法权益。

会议强调，各级海员建设工会要按照“三个代表”重要思想的要求，深入研究工会面对的重大理论和实践问题，坚持一切从实际出发，善于把握客观情况的变化，善于总结基层工会和职工群众在实践中创造的新鲜经验，善于对新的实践、新的实际情况作出新的理论概括，使之更好地指导工会的各项工作。

会议提出，中国海员建设工会面对的是极为复杂的劳动关系，从企业的所有制经济成分看，有国有独资、国有控股、国有参股、集体企业、中外合资、外资独资、民营、私营企业；从职工就业地域特征看，不仅在国内就业，还以对外承包技术合作、劳务输出等形式大量在国外工作。因此，要正视形势发展的要求，加快研究、探索组织体制的改革；要加强对大企业（集团）工会工作的领导，发挥产业工会在调查研究、源头参与方面的作用；重视做好公有制企事业单位工会组织建设的同时，加大力度进一步做好非公有制企事业单位的工会组织建设，要特别重视最大限度地把进城务工人员组织到工会中来。

会议认为，推进工会工作的机制创新，就是通过多方面的机制建设，努力推进工会工作的制度化、法制化和规范化建设，使工会的工作充满生机和活力。创新工会领导机关的评价机制，以能否真正为基层服务作为其评价标准；创新企业工会的工作评价机制，以职工群众满意不满意作为检验工作好坏的根本标准；创新工会的维护机制，使之真正建立在依法维护的法制基础上；创新工会的参与机制，使工会在涉及职工切身利益的立法和政策参与中，真正深入基层和职工群众之中；创新工会的民主管理工作机制，以真正实现职工民主管理权利适应不同所有制企业的需要，作为检验厂务公开、平等协商、职代会作用的标准；创新工会安全生产的工作机制，以规范运作，有效促进企业安全生产工作的效果作为检验的标准；创新科学决策机制，使工会各级领导机关的各项决策建立在广泛听取基层和会员意见的基础之上。

## 三、为职工多办实事好事

2003 年，中国工会十四大提出以“三个代表”重要思想统领工会工作全局，充分认识新世纪新阶段工人阶级和工会组织的重要地位与作用，进一步增强做好工会工作的使命感和责任感。新成立的中国海员建设工会认真贯彻中国工会十四大精神，把认真履行维护职责，关心交通、建设系统职工生活，作为中国海员建设工会的重要工作任务之一。

中国海员建设工会强调，各级海员建设工会组织要不断加强职工劳动保护工作。海员和建筑工人的劳动环境和劳动场所，具有与一般工厂劳动不同的特殊性，海员等工人在劳动标准、安全卫生方面都有特殊要求和标准。加强对产业工人劳动保护方面存在突出问题的调查研究，调整和建立交通、建设行业生产中涉及职工安全生产、劳动保护等方面的劳动标准，是增强产业工会工作科技含量，提高劳动保护工作水平的重要内容。

中国海员建设工会同时强调，要坚持维护困难职工群体的合法权益。要着重做好参与和监督有关失业和困难职工安置与补偿政策的制定和落实，积极协助党政做好困难职工基本生活保障和再就业工作。要把改善和解决航务工程、建筑、市政施工企业现场的职工生活困难作为突出的大事来抓，并与“创建文明工地”有机结合起来，使施工现场生产安全、创建文明工地和职工生活保障三项工作紧紧地联结在一起，促使这项工作有实质性改进。同时，要积极促进建筑业意外伤害保险工作的开展等。

中国海员建设工会要求各级海员建设工会组织关心职工，把维护职工的权益职责贯穿到发展、改革、参与和帮扶的全过程，将维护职工的权益与维护国家和产业的根本利益统一起来，为职工多办实事好事。

## 四、组织动员职工实现“又好又快”发展

中国海员建设工会成立以来，在全国总工会的领导下，团结动员交通、建设系统广大职工抓住机遇，发挥优势，乘势而上，在实现全面建设小康社会和构建社会主义和谐社会的伟大实践中，充分发挥了工人阶级的主力军作用。

2008 年 3 月，中国海员建设工会第二届全国委员会第一次会议召开，李铁桥在工作报告中提出围绕实现交通、建设产业“又好又快”发展的中心任务，团结动员广大职工在推动实现“十一五”规划目标中建功立业。大力表彰在劳动竞赛中涌现出的先进模范人物，宣传先进事迹。进一步提高各级海员建设工会围绕中心、服务大局的工作水平，鼓励各级海员建设工会继续开展具有产业和企业特点的降耗增效等劳动竞赛。积极支持产业结构的优化升级，促进产业经济增长，从主要依靠增加物质资源消耗，向主要依靠科技进步、劳动者素质提高和管理创新转变。扎扎实实地推动基层班组建设。坚持以人为本的科学理念，通过强化群众性安全生产的方式监督工作。鼓励各级海员建设工会与企业工会自觉地把维护职工合法权益工作融入行政的中心任务之中。

为更好适应新形势下实现国民经济发展目标，中国海员建设

工会又在全国交通、建设系统一线班组中，全面开展了创建“工人先锋号”竞赛活动，在推动创造一流工作、加强班组建设方面发挥作用，促进交通、建设事业“又好又快”发展。

## 五、在维权、维稳工作中发挥重要作用

2008 年，中国海员建设工会提出围绕构建和谐劳动关系这条主线，着力推动各级海员建设工会维护职工合法权益长效机制建设的健全和完善。各级海员建设工会要加强对产业层面的政策、法规的研究与宏观参与，着力抓好对影响行业稳定的突出性问题的调查研究，提出建议，促进相关问题的解决，努力实现对产业职工合法权益的源头、整体性维护。要继续加大对境外就业海员权益维护工作的研究力度，督促政府主管部门进一步规范船员劳务市场，做好对《中华人民共和国船员条例》贯彻落实情况的跟踪调查，促进《海员法》等相关法律的出台。

与此同时，各级海员建设工会继续大力推动开展工资集体协商工作，推动制定并逐步提高行业最低工资标准，努力推动建立企业职工工资正常增长机制和支付保障机制。要继续深入实施“送温暖”工程，健全扶贫帮困、金秋助学等长效帮扶机制，促进企事业单位基本养老保险制度改革，积极发展职工互助补充保险。

2011 年，为了在维权、维稳工作中不断发挥重要作用，中国海员建设工会全国委员会三届一次会议提出履行工会职能，强化维护职责，突出产业工会在维权、维稳工作中的重要作用。要拓宽源头参与渠道，加大宏观维护力度。进一步加强产业政策的调查研究，坚持开好全委与交通部和建设部的联席会，准确反映职工群众关注的热点问题和一线职工的实际困难，为促进交通、建设产业的科学发展建言献策。各级海员建设工会要向全国和地方

两会提交与产业职工权益保护相关的提案，积极参与涉及本产业的法律法规和行业政策、劳动标准的制定与执法监督等工作。充分发挥海员建设工会在全国海上劳动关系三方协调机制和全国建设系统劳动关系三方协调机制中的作用，推动、指导建立省级海上劳动关系三方协调机制。继续与交通运输部共同推动《2006 年海事劳工公约》批约工作，并指导各级海员工会组织做好履约准备。

各级海员建设工会注重推动健全和完善企业劳动争议调处机制，要及时反映职工的利益诉求。针对交通、建设产业维稳压力较大的现状，要及时排查影响劳动关系和职工队伍稳定的倾向性、苗头性问题，引导职工理性合法表达利益诉求，最大限度地把劳动关系矛盾化解在基层、解决在萌芽状态，以职工队伍稳定促进社会稳定。面对职工与企业发生劳动纠纷，工会要站在维护职工权益第一线，反映职工诉求，提供法律援助，通过维护职工合法权益，实现维护社会和谐和促进企业发展的目的。

中国海员建设工会还积极参与国际劳工组织海事三方委员会会议、亚洲海员高峰会议，在国际航运政策制定中争取对中国工会有利的条件。与国际劳工组织及国外相关产业工会加强沟通联系，充分发挥中国海员建设工会在国际劳工问题上的话语权，提升中国产业工会的国际地位。针对海员、建筑职工境外就业特点，建立健全维护境外就业职工合法权益的机制。

## 六、推进“两个普遍”，把工作落到实处

2010 年 7 月，中华全国总工会十五届四次执委会议上提出，依法推动企业普遍建立工会组织和依法推动企业普遍开展工资集体协商的要求（以下简称“两个普遍”）。

为了进一步推动“两个普遍”在中国海员建设工会系统的贯

彻落实，建立健全交通、建设系统产业工会组织，增强工会的履职能力。中国海员建设工会要求各级海员建设工会推进工作落到实处，不断扩大工会工作覆盖面，增强工会的凝聚力和履职能力。最广泛地把广大交通、建设从业人员组织到工会中来，扩大党的群众基础，巩固党的阶级基础。

依法普遍推动产业工会建会工作。各级海员建设工会要依据本地区和本行业的特点，积极稳妥推进产业工会组织建设。根据《中华全国总工会关于加强和改进新形势下产业工会工作的意见》要求，推动交通、建设系统三级产业工会组织体制和工作机制建设，重点加强城市产业工会组织建设，探索县级（以下）行业工会联合会建会模式；顺应产业工会工作的发展规律，加强对产业内非公企业工会的工作联系，努力推动运输行业建会和各行业农民工、劳务派遣工入会工作。最大限度地把包括农民工、劳务派遣工在内的广大职工组织到工会中来，不断扩大产业工会组织的覆盖面，不断增强产业工会工作的内在凝聚力。继续加强行业联合会平台建设，发挥好行业联合会的“抓手”作用，推动全委重点工作直接在企业落实。

依法普遍推动集体协商和集体谈判。通过集体协商提高一线行业内工人的工资收入和劳动保护标准，促进实现本产业职工“体面劳动”。支持地方产业工会积极参与有关部门涉及本行业的劳动标准制定工作。继续落实《中国船员集体协议》的三年规划，做好对该协议的评估和续签谈判。通过国际通行的集体协议谈判，就提高中国外派船员工资及福利待遇等与外国船东签订集体协议，切实维护中国外派船员的合法权益。各海事、船检、航运、港口企事业单位工会要积极做好履行《2006 年海事劳工公约》的准备工作，充分运用海上劳动关系三方协调机制和《中国船员集体协议》，实现船员主动依法、科学维权。

## 七、坚持求真务实，提升工会工作水平

2011年，中国海员建设工会努力提高新时期产业工会工作的科学化水平，加强产业工会自身建设，夯实工会工作的基础。同时充分认识新时期工会自身建设的重要性和紧迫性，从自身的性质、特点和优势出发，积极应对改革发展过程中的各种挑战和考验，突出做好巩固工作阵地、密切联系群众和维护行业稳定工作，把产业工会工作提升到一个新水平。

一是注重研究把握产业经济的运行和改革对职工队伍的影响，“面对面、心贴心、实打实”地帮助职工群众解决实际问题。全委和各级海员建设工会领导要“身入基层，心到基层”，特别是深入困难企业和矛盾多发行业，摸清企业的生产经营状况和职工生产生活情况。健全联系职工群众制度，完善信访接待制度，倾听职工群众的呼声。

二是注重畅通诉求表达渠道，积极推动构建及时、真实、灵活的信息报送主渠道。高度重视培养一支素质过硬、职工信赖的信息员队伍，随时掌握一线职工的思想动态和利益需求。推动交通、建设系统建立网络舆情监管责任制度和信息化手段舆情处理机制，对网络舆情做到及时监测、有效分析、妥善处置。

三是注重及时了解职工队伍和企业发展情况并做好分析、总结，为各级产业工会参政议政，源头维权提供翔实的依据。推广基层的新鲜经验，推进产业工会工作的新思路、新办法；对涉及全行业职工整体利益的问题或可能影响职工队伍稳定的隐患问题，积极与政府部门、行业协会及有关部门合作，利用全社会力量共同推动这些问题的解决。

# 第二节　建立与调整工会组织

## 一、中国海员建设工会第一届全国委员会

2001 年，根据党中央批准的《全国总工会机关主要职责、内设机构和人员编制方案》和全国总工会《关于进一步建立健全产业工会全国委员会若干问题的暂行规定》，全国总工会批准中国海员工会与中国公路运输工会、中国建设建材工会（建设部分）合并成为中国海员建设工会全国委员会。

2003 年 3 月 27 日至 28 日，中国海员建设工会全国委员会一届一次会议在北京召开。各地海员、公路运输、建筑、城建系统工会及有关方面代表 300 多人参加了会议。全国总工会领导张俊九、孙宝树、周玉清、苏立清等出席了开幕式。交通部副部长翁孟勇、建设部副部长傅雯娟分别代表交通部、建设部到会祝贺。吴子恒作了题为《深入贯彻党的十六大精神，明确方向，扎实工作，开创中国海员建设工会工作新局面》的工作报告。

会议审议通过了工作报告，选举产生了中国海员建设工会第一届全国委员会（以下简称“中国海员建设工会”或“全委”）主席、副主席、委员和常务委员会委员。

中国海员建设工会第一届全国委员会常务委员会委员共 21 人（按姓氏笔画排序）：马贵川、王志君、许长发、朱建光、朱碧新、向恢平、刘朝贵、汤新建、孙继、李全良、肖汉良、杨力强、吴子恒、吴孟群、吴徽章、张迎建、张怀义、张勇平、张焱平、陈德诚、周炜（女）。

会议选举吴子恒为中国海员建设工会第一届全国委员会主席，李全良、朱建光为副主席。

新组建的中国海员建设工会全委机关内设四部一室：海员工作部、公路工作部、建筑工作部、城建工作部、办公室。

## 二、中国海员建设工会第二届全国委员会

2008 年 3 月 27 日至 28 日，中国海员建设工会第二届全国委员会第一次全体会议在北京召开。全国总工会党组书记、副主席、书记处第一书记孙春兰代表全总党组和书记处出席开幕式并讲话。交通运输部副部长徐祖远，住房和城乡建设部总工程师王铁宏等到会表示祝贺并先后讲话。全国总工会副主席、书记处书记乔传秀、徐振寰出席开幕式。

这次会议系统总结了五年来中国海员建设工会取得的工作成效，确定了下一个五年的工作任务，提出了“把握产业规律，实现科学发展，在推动构建和谐稳定的劳动关系中实现共建共享的奋斗目标”的产业工会工作思路。

会议审议通过了第一届中国海员建设工会全国委员会所作工作报告，选举产生了中国海员建设工会第二届全国委员会常务委员会委员 27 名（按姓氏笔画排序）：王志军、王国占、王国华、卢晓露、朱宝学、朱临庆、刘丽臣、刘宝玲（女）、刘朝贵、刘锦章、江立群、许长发、许立荣、李建设、李铁桥、杨力强、肖汉良、张怀义、张迎建、张海平、张燕峰、陈永平、陈德诚、周炜（女）、姜志理、黄伟建、崔家义。

选举李铁桥为中国海员建设工会第二届全国委员会主席，李建设、朱临庆为副主席。

会议还表彰了全国交通、建设系统 114 个“工人先锋号”优秀班组、218 个工会工作先进集体、290 名优秀工会工作者和 153 名优秀工会之友。

## 三、中国海员建设工会第三届全国委员会

2011年12月9日至10日，中国海员建设工会第三届全国委员会第一次全体会议在北京召开。中华全国总工会党组书记、副主席、书记处第一书记王玉普代表全总党组和书记处出席开幕式并讲话。全总党组成员段敦厚出席开幕式，并代表全总党组和书记处在闭幕式上讲话。住房和城乡建设部副部长郭允冲，交通运输部党组成员、政法司司长何建中等到会祝贺。各全国产业工会和全国总工会机关各部门、各直属单位负责人，以及部分交通、建设系统工会的离退休人员参加了开幕式。

会议全面总结了过去四年中国海员建设工会的工作，确定了今后一个时期的工作目标和任务。会议审议通过了第二届全国委员会所作工作报告，选举产生了中国海员建设工会第三届全国委员会常务委员会委员44名（按姓氏笔画排序）：马骥、王伟节（女）、牛建国、石怀强、付彬、付以华、刘杰、刘虹（女）、刘丽臣、刘润芳（女）、齐桂秋（女）、江立群、许振超、阮水根、李杰（回族）、李宏印、李铁桥、李蕴才、杨力强、余世成、冷相明、宋丽静（女）、迟京生、张立新、张迎建、陈付、陈朝、陈文山、陈永平、陈兴和、陈武汉、陈海昌、周炜（女）、徐楠、徐文荣、徐荣明、徐津津、黄伟建、营新录、常福元、康盛忠、傅向阳、游兴住、魏思都。

选举丁小岗为中国海员建设工会第三届全国委员会主席，姚久强为副主席。

会上表彰了全国交通、建设系统先进工会300个、优秀工会工作者450名、优秀工会之友150名。

## 四、推动大企业（集团）工会组织建设

2003年，中国工会十四大明确工会工作要适应新时代发展和新的实践要求。中国海员建设工会积极贯彻落实大会要求务求重点突破，以形成较大的影响等精神，形成在中国海员建设工会工作中，具有产业特色的工作方面寻求有所突破的思路。经过讨论一致认为大企业（集团）是国民经济的骨干，以突出大企业（集团）工会工作作为全面加大产业工会工作力度的重点，推动未建立工会组织的大企业（集团）组建工会，发挥承上启下的重要作用，较之全委，更贴近企业的生产、更贴近职工群众，对基层工会的领导更具有针对性。

为此，中国海员建设工会积极推进体制创新，加快研究、探索组织体制的改革，重点加强对大企业（集团）工会工作的领导，努力适应发展社会主义市场经济过程中，社会结构和经济结构的变化，探索建立与现代企业制度要求相适应的组织结构。

为了积极适应结构调整和企业改制的变化，中国海员建设工会开始做好大企业（集团）工会的组织建设和工会工作的调查研究。在2004年4月下发了《关于在交通、建设系统进行工会组织状况调查的通知》，共收到交通、建设系统产业工会、大企业（集团）工会和省市所辖的企业工会组织情况汇报及调查表近900份。

在长江航务工会港口政企分开改制中，中国海员建设工会对沿江各港务集团工会组建、换届工作给予了帮助指导，对长江航务系统工会保持组织的完整起到了重要作用。2006年，中国海员建设工会对中国船级社系统等交通系统工会组建工作进行指导。

### (一) 成立中国海员工会黑龙江航运集团有限公司委员会

黑龙江航运集团有限公司是2000年12月底由政、事、企合一的原黑龙江航运管理局实施体制改革后，以生产经营性资产组建而成的，现隶属黑龙江省委企业工作委员会。黑龙江航运集团现有资产9.6亿元，员工近万人，权属企业23户，主要分布于哈尔滨、佳木斯、黑河、大连等地，是黑龙江省最大的航运企业集团。黑龙江航运集团成立初期便组建了工会。2002年10月9日，黑龙江航运集团有限公司工会向中国海员工会提出“关于成立中国海员工会黑龙江航运集团有限公司委员会的请示”。

2002年10月31日，中国海员工会鉴于原黑龙江航运管理局实行体制改革后已组建成黑龙江航运集团有限公司，其原所属企业已划归黑龙江航运集团管理，根据《工会法》的有关规定，同意成立中国海员工会黑龙江航运集团有限公司委员会。

### (二) 成立中国海员建设工会港口集团有限公司委员会

2002年实行政企分开前，全国沿海主要港口采取交通部和各省双重领导体制，是政企合一的单位，都成立中国海员工会某地港务局委员会。

2002年实行了政企分开后，各省市原港口生产的主体部分逐步改为港口企业集团公司，原中国海员工会某地港务局委员会相应更名为中国海员工会某地港口集团有限公司委员会。如南通港务局原属交通部、江苏省双重领导的政企合一的单位，原港口生产的主体部分改为港口企业集团。随着体制的变化，原中国海员工会南通港务局委员会相应更名为中国海员工会南通港口集团有限公司委员会。

随之，大连、天津、烟台、青岛、连云港、上海、宁波、厦门、广州等地港口都先后成立了中国海员工会某地港口集团有限公司委员会。

### （三）成立中国海员建设工会中国船级社委员会

中国船级社是交通部直属事业单位，实行企业化管理，是国家的船舶技术检验机构，是国际船级社协会10家正式会员之一。该社属于跨地区行业，在国内外设有58个分社和检验处，当时有职工2300人。

随着船检改革发展不断深入，为加强党的群众工作，进一步密切党和职工群众的血肉联系，充分发挥工会组织的桥梁和纽带作用，经中国船级社党委研究，决定组建中国船级社系统工会。这是中国船级社发展进程中组织架构调整的重要举措，从党、政、工三方面都明确了全系统的管理体制，是贯彻党中央“以人为本”“构建和谐社会”精神在中国船级社的具体落实，是依法发挥工会组织作用、维护劳动者权益、动员职工共同关心参与船检事业发展的有效措施，对支持中国船级社依法行使管理权力，充分调动职工积极性，促进中国船级社的和谐、维护中国船级社的稳定和推动中国船级社的发展具有重要的意义。

2006年6月，在中国海员建设工会支持和批准下，中国船级社工会委员会第一次全体会议在北京召开，全委主席吴子恒到会祝贺并讲话。会议审议和批准工会工作报告，审议通过《中国海员工会中国船级社委员会组织办法》等制度，选举中国海员建设工会中国船级社委员会的常务委员会委员和主席、副主席。

### （四）成立中国海员建设工会中国外运长航集团有限公司委员会

2009年3月，国务院国有资产监督管理委员会将原中国对外贸易运输（集团）总公司与中国长江航运（集团）总公司进行整合重组，成立了中国外运长航集团有限公司，总部设在北京。中国外运长航集团有限公司是国务院国有资产监督管理委员会直属管理的重要国有骨干企业之一，是以综合物流和航运为主营业务的大型国际化现代企业集团。新集团成立后拥有职工 9 万余人、离退休人员 6 万余人。

2010 年，新成立的中国外运长航集团有限公司根据全国总工会关于国有企业改制重组，必须同步健全工会组织的要求，在企业实施重组的基础上，将原中国对外贸易运输（集团）总公司工会与中国长江航运（集团）总公司工会同步整合为中国海员建设工会中国外运长航集团有限公司委员会。整合后的集团工会委员会实行联合制、代表制。集团召开了工会会员代表大会，选举产生集团工会委员会委员 29 名，常务委员会委员 7 名，肖汉良当选中国外运长航集团有限公司工会委员会主席。

## 五、成立中国海员建设工会交通部救助打捞局委员会

救助打捞是交通行业的一个重要系统，在中国海员建设工会及地方各级委员会的领导下，救助打捞系统各级工会组织做了很多卓有成效的工作。为了进一步加强对全系统工会工作的领导，2007 年 11 月 17 日，中国海员建设工会交通部救助打捞局委员会成立大会暨第一届委员会第一次全体会议在上海召开。中国海员建设工会全国委员会主席吴子恒到会指导并作了讲话。

按照会议的议程和规定，会议一致通过了《中国海员建设工会交通部救助打捞局委员会组织办法》《中国海员建设工会交通部救助打捞局第一届委员会常务委员会委员和主席、副主席选举办法》《中国海员建设工会交通部救助打捞局第一届委员会第一次全体会议总监票人、监票人名单》《中国海员建设工会交通部救助打捞局第一届委员会第一次全体会议工作报告》等文件。

会议经过与会代表充分酝酿，并经全体代表按规定要求和程

序，民主选举产生了中国海员建设工会交通部救助打捞局第一届委员会常务委员会委员和主席、副主席。

## 六、成立交通运输部直属单位联络委员会

2010 年 12 月 14 日，中国海员建设工会交通运输部直属单位联络委员会第一次会议在四川省宜宾市隆重召开。此次会议由长江航务管理局党委副书记、纪委书记、工会主席陈朝主持，参加会议的主要领导有：中国海员建设工会主席李铁桥，副主席朱临庆，海员工作部部长魏薇；交通运输部海事局党委副书记、纪检组组长、工会主席徐津津，工会副主席、工会办公室主任解启杰；交通运输部救助打捞局党委副书记、纪委书记、工会主席余世成，工会副主席刘海英；中国船级社党委副书记、纪委书记、工会主席江立群；长江航务工会副主席森晓林等。会上，李铁桥、朱临庆均作了讲话。

会议着重讨论通过了中国海员建设工会交通运输部直属单位联络委员会章程，进一步明确在中国海员建设工会的领导下，成立由交通运输部海事局工会、交通运输部救助打捞局工会、中国船级社工会、长江航务工会所组成的中国海员建设工会交通运输部直属单位联络委员会（以下简称联委会）。

会议通过了联委会章程，明确联委会每年组织召开一次年会，年会由各会员单位轮流承办。根据需要可吸收部分二级单位列席会议。联委会设秘书长一人，秘书长由承办当年会议的会员单位工会主席担任，负责联委会的组织召开。每次年会所需会议经费由承办单位承担。

## 第三节　促进社会和谐稳定

### 一、推动《2006年海事劳工公约》批准和实施

中国海员建设工会参与了国际劳工组织制定《2006年海事劳工公约》（以下简称《公约》）的全过程，2006年2月派团参加了第94届国际（海事）劳工大会。在会上与中国政府、中国船东代表团相互呼应，积极施加中国因素的影响，使《公约》融入了中国立场。劳工大会结束后，又积极呼吁，促成全国政协外事委员会与中国海员建设工会一道，就推动中国远洋船员权益维护开展了联合调研。

2006年8月3日，中国海员建设工会就联合调研工作发出了《关于配合全国政协开展对〈2006年海事劳工公约〉及中国远洋船员权益维护情况调研的通知》，要求各有关单位工会配合调查，做到反映问题要客观、有数据、有事例，所提建议应具有可行性和可操作性。

联合调研组就中国海员的基本状况，海员劳动关系的情况，《公约》实施后对中国航运业和船员的影响等方面进行调研。其目的是通过调查了解中国航运业现状和企业发展面临的突出问题，了解中国船员队伍结构及劳动关系的特点，全面评价《公约》对中国航运企业及船员权益的影响，提出中国为适应《公约》的要求应采取的相关措施的建议。为改善中国航运业发展环境，加快航运业立法步伐，更好地推动中国的经济建设服务。

联合调研组在北京走访了交通部、中国海员建设工会全国委员会、中国船东协会、中国远洋运输（集团）总公司等单位，又到上海、大连、武汉等地的航运公司、海事方面的大学与工会、

公司领导及专业人员等进行座谈、现场调研等，较全面地了解履约情况，积累了大量素材。调研非常成功，为完成《关于批准实施〈2006年海事劳工公约〉的建议》调查报告奠定了基础。调研结束后，在北京召开有关专家参加的高层座谈会，听取意见，在此基础上由调研组形成调研报告。

之后，全国政协全国委员会外事委员会形成了《关于批准实施〈2006年海事劳工公约〉的建议》（以下简称《建议》），《建议》就批准实施《公约》的必要性、紧迫性和批准实施《公约》需要做的几项工作提出了具体建议，报送中共中央办公厅和国务院办公厅。

中国海员建设工会高度重视实施《公约》的建议工作，积极组织落实调研工作，有效地增强了产业工会源头参与、整体维权的同时，也为在中国实施《公约》作出了贡献。

## 二、开展创建劳动关系和谐企业活动

中国海员建设工会积极贯彻全国总工会要求，深入开展创建劳动关系和谐企业活动，积极发展和谐劳动关系。推动企业做到各项制度规范合理、职工权益充分保障、双方协商平等合作、工会作用有效发挥，建立规范有序、公正合理、互利双赢、和谐稳定的劳动关系。

2006年，上海国际港务集团包起帆、山东青岛前湾集装箱码头有限公司许振超、湖北省交通规划设计院陈刚毅、天津港（集团）公司煤码头有限责任公司孔祥瑞等全国劳动模范联合发出倡议，希望全国交通战线广大干部职工和全国各级劳动模范认真贯彻落实党的十六届六中全会精神和《中共中央关于构建社会主义和谐社会若干重大问题的决定》，做树立和落实科学发展观、构建社会主义和谐社会的模范。

2007 年，中国海员建设工会为了建立规范有序的劳动关系，加强源头参与产业政策及法规的制定。6 月 19 日，在北京召开了贯彻实施《中华人民共和国船员条例》会议。会议围绕着维护船员合法权益，实现船员体面劳动；规范船员服务市场，促进船员有序流动；加强船员培训，提高船员素质；强化船员责任意识，保障水运安全等核心问题，进一步明确了政府、工会组织、雇主组织和企业各方面贯彻与实施《中华人民共和国船员条例》的责任和义务等。国务院法制办副主任张穹、交通部副部长徐祖远、交通部海事局常务副局长刘功臣、中国海员建设工会主席吴子恒及劳动和社会保障部、商务部、农业部有关司局领导出席了会议。会后，中国海员建设工会下发了关于宣传贯彻《中华人民共和国船员条例》的通知；并积极参与了对《中华人民共和国船员条例》的配套法规《中华人民共和国船员服务机构管理规定》的研究和制定，对管理规定中的有关章节内容提出了修改意见和建议；并向全国政协报送了设立《海员法》议案的建议。

2008 年，中国海员建设工会主动与交通运输部、住房和城乡建设部相关领导及对口协会沟通，对工作联系制度、信息交流制度、三方协商机制建设等需双方合作的事宜进行了会谈，就每年至少安排一次工作联系会议；对涉及职工利益的重要问题加强三方协商、支持配合；全委组织开展劳动竞赛活动以及信息交流等工作达成意向，并取得很好成效。

2008 年 9 月，中国海员建设工会参加了国际劳工组织（ILO）制定实施《公约》的《船旗国检查导则》《港口国监督官员检查导则》三方专家会议的工作。经过与参会各国的协商，在两导则条款的制定上基本达到了预期目的，为保护和提高中国船员生产生活条件创造了良好政策环境，扩大了中国工会在国际航运界的影响，也有力促进了中国交通运输事业特别是航运业的健康发展。

## 三、支持中国海军为远洋商船护航

进入2008年以来，亚丁湾索马里海域的海盗袭击中国远洋船舶事件呈明显上升趋势。鉴于亚丁湾索马里海域日趋恶化的安全形势，以及索马里过渡联邦政府没有海军的尴尬局面，2008年6月2日，联合国安理会通过《联合国安理会第1816号决议》，授权各会员国在“过渡联邦政府事先知会秘书长情况下，同过渡联邦政府合作，打击索马里沿海海盗和武装抢劫行为”。

2008年12月20日，中国国防部发言人胡昌明正式宣布，中国海军南海舰队将派出包括两艘驱逐舰、一艘补给舰在内的联合舰队，于12月26日从三亚启航，前往索马里海域护航。同日，外交部发言人刘建超也正式向外界发布中国海军决定向索马里海域派出舰艇护航的信息。

由于索马里海域的海盗袭击，对中国海员的生命造成威胁。中国海员建设工会支持和感谢中国海军决定向索马里海域派出舰艇护航。同时提示中国商船如要驶经索马里海域，请申请中国海军军舰护航，以保障船员安全。

2009年，为更有效保护航行在亚丁湾索马里海域的中国商船航行安全，交通运输部、中国海员建设工会、中国船东协会与海军召开座谈会，共同讨论在索马里海域开展护航、防范海盗袭击中国商船的具体事宜。会上，中国海员建设工会与各方重点对中国海军舰队赴亚丁湾索马里海域执行护航任务的护航方式、商船配合、定期编队、护航时间、后勤保障等有关问题进行了深入研究。中国海员建设工会主席李铁桥代表广大远洋船员及船员家属，对海军护航舰队和全体海军官兵表示感谢。

## 四、全力支援四川抗震救灾

2008 年 5 · 12 汶川地震发生后，中国海员建设工会迅速作出反应，动员各级海员建设工会全力投入支援抗震救灾工作，在服务党和国家工作大局中充分发挥产业工会的支柱作用。全委先后向全国交通建设系统发出《关于全力做好抗震救灾工作，积极为灾区受灾职工捐款的紧急通知》《关于深入动员全国交通、建设系统工会组织积极配合交通运输部、住房和城乡建设部完成灾区重建工作任务的通知》等文件，把全力支援灾区恢复生产、重建家园工作作为各级海员工会服务党和国家工作大局的重中之重。各级海员工会组织纷纷行动起来，积极协助党政动员广大职工向灾区群众捐款捐物或直接派员投入一线的抗震救灾工作。

截至 5 月 30 日，水运系统的中国交通建设集团第三航务工程局承担了 7500 套灾区临建安置住房生产任务。中国长江航运集团总公司“新平江 17”轮、“新平江 18”轮、“新平江 31”轮承担九江至四川涪陵、汉口至重庆万州、岳阳至重庆的灾区油料运输任务。交通部救助打捞局南海第一救助飞行队出动四架专业救助直升机，18 名飞行员在灾区飞行 35 架次，承担人员救助和重要物资的运送任务，成功救助 134 人，运送救灾物资 16 吨。

同时，全国交通建设系统向地震灾区捐款捐物折合人民币约 6. 2 亿元，向全国总工会指定赈灾捐款账户捐献 170 万元；各地各单位直接派赴灾区参加抢险救灾人员超过 3. 6 万人，各种运输车辆和救灾设备近千部，成功救助遇险人员 170 余人；参加支援灾区恢复生产、重建家园对口支援的职工 7 万余人；各级海员建设工会组织职工开展自救工作，参与人数 8700 余人。一大批直接参与抢险救灾的基层单位被全国总工会授予“抗震救灾重建家园‘工人先锋号’”荣誉称号。

## 五、维护大局安定，促进企业发展

2008 年，中国港口经济形势受国内外经济环境变化影响较大，前 7 个月，吞吐量增长明显。此后，受世界金融危机影响，国内外经济萎缩，中国港口货物吞吐量增幅回落。11 月中旬，反映国际干散货海运价格的波罗的海综合运价指数（BDI）已于 2007 年的 12000 点跌至 856 点。以巴西至中国的铁矿石运费为例，6 月份最高达到 108 美元/吨，而进入 9 月份以来，海运费用已下降到 39.5 美元/吨。秦皇岛到广州的煤炭运费，6 月份最高运费达 150 元/吨，而进入 9 月份已经降到 78 元/吨。同时大宗货种增幅减缓，铁矿石进口减少，钢材出口下降。

全球性经济衰退尽管是“美国次贷危机”① 的诱因，但对中国港口生产及职工都产生了影响。港口生产变化造成用工需求的减少、困难企业采取裁减人员的措施。另外，企业经营成本上升，企业计件职工的工资收入有所减少，造成部分职工生活水平下降；企业为降低成本，而采取限额、紧缩职工福利等方面的开支，从而影响职工福利水平。

为应对危机，各港口企业党政根据企业自身的情况研究制定了相应的对策和措施，以保证生产稳步发展。

中国海员建设工会在对中国港口经济形势及职工影响的调查基础上，提出了提高思想站位，主动作为的新要求，组织动员水运系统各级工会要立足大局，努力抓好水运行业职工队伍稳定工作，最大限度保证港航企业的生产经营不断不乱。各级海员建设工会学习贯彻科学发展观，以科学的态度看待、分析产业面临的

---

① 美国次贷危机是指一场发生在美国，因次级抵押贷款机构破产、投资基金被迫关闭、股市剧烈震荡引起的金融风暴。

经济形势和产业职工队伍出现的新问题、新情况、新需求，加大研究工会应对当前局势的策略和措施，密切关注形势发展，及时掌握职工思想动态，做好职工队伍的稳定工作；团结组织职工，推进港口发展；注意加大维权力度，保障职工权益；做好宣传引导，保持队伍稳定。

2009 年 2 月，因船公司长期拖欠船员工资，引发巴拿马籍“五星环球”轮上的中国船员集体阻止港口正常装卸作业。中国海员建设工会参与此次群体事件的解决，发出《关于进一步加强维护船员合法权益、保障港口稳定工作的通知》，要求水运系统各级工会组织立足大局，努力抓好水运行业职工队伍稳定工作，对保证港航企业的维稳工作固而有序，起到了重要的促进作用。同时，中国海员建设工会积极完善信息系统，建立有关的应急预案，大力抓好水运企业工会组建工作，特别注意推动民营、私营水运企业依法组建工会的工作，加强对在境内船公司悬挂方便旗船舶上工作的中国船员维权工作研究。

海运是国际化产业，与世界经济的关联度较强。国际金融危机爆发后，中国海员建设工会始终贯彻党中央和全国总工会有关要求，不断增强维护大局安定、保障行业稳定的双维稳意识，及时了解经济形势变化对各港口生产、劳动用工和职工权益的影响情况，探讨相关对策，有效保证了中国港口生产作业的正常稳定开展。

## 六、推动水运系统建立协调劳动关系三方机制

### （一）启动全国海上劳动关系三方协调机制

全球金融危机对实体经济的影响给整个航运经济造成重大冲击，引发了许多劳动争议，建立稳定的海上劳动关系是政府、船

东、船员三方共同的目标。自《公约》通过以来，已有占世界船舶总吨位40%以上的巴哈马、利比里亚、挪威、马绍尔群岛、巴拿马五国批准《公约》，达到了《公约》生效条件之一。中国政府也积极进行批约的准备，国际劳工组织预计公约于2012年生效。《公约》对建立三方机制有明确要求，而且一旦生效，即使是非缔约国的船舶，在缔约国港口也要受到约束。

因此，在这样的背景下，无论是从中国保持经济稳定发展角度还是从履行公约的角度出发，都应建立全国海上劳动关系三方协调机制（以下简称三方协调机制）。

2009年7月24日，由交通运输部海事局牵头召集的交通运输部、中国海员建设工会、中国船东协会建立全国海上劳动关系三方协调机制三方会议在广州召开。

在这次会议上，三方共同讨论了建立全国海上劳动关系三方协调机制的必要性、可行性。交通运输部海事局在此基础上对三方协调机制的宗旨、目标、定位、召集机制、运作机制、会谈形式、内容以及组织形式提出了初步构想。从保护船员权益、建立有序海上劳务市场的角度出发，中国海员建设工会作为船员的代表，在会上提出自己的意见。

在会上，三方一致认为，《中华人民共和国劳动合同法》和中国已经批准的《三方协商促进履行国际劳工标准公约》（ILO144号）均对建立三方协商机制提出要求，因此在全国建立海上劳动关系三方协调机制不存在法律障碍；鉴于建立中国海上劳动领域三方协商机制的客观条件已经具备，应由交通运输部牵头协调部内各司局和有关部门，及时开展建立三方协调机制的工作；同时，继续深入研究《公约》，推进中国批准入公约的进程。会议确定全国海上劳动关系三方协调机制参考国家三方机制的模式，来确定协调机制的框架、内容、工作制度等问题。

通过此次会议，交通运输部、中国海员建设工会、中国船东协会三方达成共识，对全国海上劳动关系三方协调机制的成功构建起到了重要推动作用。

经过一个阶段的筹备，2009 年 12 月 23 日，由交通运输部、中国海员建设工会、中国船东协会三方组成的“全国海上劳动关系三方协调机制”在北京成立，中华全国总工会副主席、书记处书记徐振寰出席并致辞。李铁桥担任全国海上劳动关系三方协调机制副主席。三方协调机制以服务中国航运发展、保障中国船员权益、服务中国航运企业发展为宗旨，是贯彻、实施《中华人民共和国劳动法》《中华人民共和国劳动合同法》《中华人民共和国船员条例》等法律法规的重要机制。

“全国海上劳动关系三方协调机制”的建立，构建起加强政府海上交通主管部门、海员建设工会组织和航运企业组织三方就保护海上劳动关系各方面合法权益等有关重大问题的经常性沟通与协调的协商平台，有利于三方就涉及船员劳动关系、船员管理等有关重大问题的经常性沟通与协调，协商解决海上劳动关系方面的有关问题，构建和谐的海上劳动关系，保护海上劳动关系各方面合法权益，促进航运经济健康发展。

2010 年 11 月，在广州召开了全国海上劳动关系三方协调机制第一次工作会议，确定将“创建和谐海上劳动关系”作为三方协调机制工作的首要任务，提出了推进《中国船员集体协议》三年行动计划，制定并下发了《关于推进省级海上劳动关系三方协调机制建设的指导意见》，全面部署了全国海上劳动关系三方协调机制的工作任务。四年来，三方通力合作，紧紧围绕建设海员强国的目标，加快发展海员队伍，着力改善海员结构，海员队伍基本适应了航运发展的需要；努力提高海员素质，扩大船员市场开放，中国海员的国际竞争力进一步增强；构造和谐劳动关系，促进船员体面就业，海员发展环境进一步改善。

全国海上劳动关系三方协调机制成立后，为规范三方协调机制运作，充分发挥三方协调机制作用，经三方协商，制定了工作章程，确立了宗旨、目标，组建了组织机构，确定了职责任务，建立了会议制度，明确了工作原则。2010 年 1 月 6 日，印发了《全国海上劳动关系三方协调机制工作章程》（以下简称《工作章程》）和《全国海上劳动关系三方协调机制办公室工作规则》（以下简称《工作规则》）。

《工作章程》内容包括总则、六个章节 24 项条款。明确了三方协调机制的组织机构是由交通运输部、中国海员建设工会、中国船东协会三方组成。三方协调机制以服务中国航运发展、保障中国船员权益、服务中国航运企业发展为宗旨，是贯彻、实施《中华人民共和国劳动法》《中华人民共和国劳动合同法》《中华人民共和国船员条例》等法律法规，履行国际劳工组织有关海事公约和《三方协商促进履行国际劳工标准公约》（ILO144 号）等国际公约的重要机制。三方协调机制的工作目标是加强政府海上交通主管部门、海员的工会组织和航运企业组织三方就涉及船员劳动关系、船员管理等有关重大问题进行经常性沟通与协调，共同协商解决海上劳动关系方面的有关问题、构建和谐的海上劳动关系、保护海上劳动关系各方面合法权益、促进航运经济健康发展、保障社会稳定。《工作章程》明确了各自的职责、会议制度和工作原则等。

为了认真履行三方协调机制的职责任务，还制定了《工作规则》，《工作规则》内容包括三个方面 14 项条款，从办公室职责、领导责任和会议制度等方面来规范三方协调机制的运作，提高工作效率。

### （二）启动全国港口三方协调机制

2012 年 7 月 6 日，为建立和谐港口劳动关系，维护港口经济发展和职工队伍稳定，保障港口职工合法权益，贯彻落实中国协调劳动关系三方机制“彩虹计划”的具体要求，交通运输部、中国海员建设工会、中国港口协会三方经过平等协商，决定共同建立全国港口劳动关系三方协调机制（以下简称三方协调机制）。

2012年7月27日，全国港口劳动关系三方协调机制启动仪式在北京举行，中华全国总工会副主席、书记处书记江广平出席并致辞，丁小岗担任全国港口劳动关系三方协调机制副主席。

三方协调机制的启动，推动了港口劳动关系的和谐稳定工作，充分调动起政府、企业和职工的积极性，通过建立协调港口劳动关系的科学机制，为港口科学发展提供“稳压器”。三方协调机制科学规范运行，妥善处理好中国港口行业劳动关系发展中遇到的问题，逐步建立健全机制，形成工作合力，为中国港口事业平稳、持续、健康发展贡献力量。

全国港口劳动关系三方协调机制的建立，是中国港口行业为适应交通运输“十二五”发展形势需要，并将对推动港口经济发展，构建和谐稳定的港口劳动关系具有重要意义。

全国港口劳动关系三方协调机制启动后，为规范和保证三方协调机制的正常运行，发挥三方协调机制的积极作用，制定《全国港口劳动关系三方协调机制工作章程》（以下简称《工作章程》），《工作章程》由交通运输部、中国海员建设工会、中国港口协会三方议定，由交通运输部印发后实施。

《工作章程》内容包括总则、七个章节和27项条款。《工作章程》明确了三方协调机制的组织机构由交通运输部、中国海员建设工会、中国港口协会三方组成。明确了三方协调机制是国家协调劳动关系三方机制框架的重要组成部分，也是维护职工和企业合法权益，构建和谐稳定港口劳动关系，促进港口行业科学发展的合作平台；是以服务中国港口行业发展、维护港口企业职工和港口企业合法权益为宗旨；是通过进一步发挥港口政府主管部门、港口职工工会组织和港口企业组织三方的作用，加强机制三方的经常性沟通与协调，协商解决与港口劳动关系相关的重大问题，在港口行业系统内建立起相互沟通、平等协商、共谋对策、合作共事的协商机制，维护港口职工和企业的合法权益，促进企业发展和维护职工利益相统一，建立起规范有序、公正合理、互利共赢、和谐稳定的港口劳动关系，促进中国港口事业健康科学发展，保证中国经济社会的稳定。

《工作章程》还明确了三方协调机制的具体工作内容、工作原则和修改程序等。

## 七、首签《中国船员集体协议（A类）》

2009 年 12 月 23 日，《中国船员集体协议（A 类[①]）》（以下简称“集体协议”）首签仪式在北京举行。这是中国第一个全国性行业集体协议，是在中国海员建设工会与中国船东协会经过多年的研究、协商、广泛征求意见的基础上，形成共识而产生的。

“集体协议”的制定，依据了《中华人民共和国劳动法》《中华人民共和国劳动合同法》《中华人民共和国工会法》《中华人民共和国船员条例》等法律法规，并充分考虑了中国航运业的实际情况和船员的职业特点。它的内容涵盖了船员的劳动合同、劳动报酬、社会保险、工作时间和休息休假、船舶配员、职业安全与医疗、食宿条件、特殊区域、伤亡保赔、遣返、投诉及劳动争议、教育培训等内容。

“集体协议”的签署具有重要的历史意义和现实意义。它是在中国海运业落实“以人为本”的方针和实现海员“体面劳动”的重要举措，是依法保障劳动关系双方合法权益，是促进行业劳动关系协调稳定的重要保障，是中国适应全球海运发展需要，是

---

① A 类是指远洋船员。

维护中国船员在国际上正当权益的重要武器，是加强政府、工会、船东三方合作，是共同推动海运科学发展的重要依据，是促进中国船员队伍建设发展，更是促进海洋强国战略举措落实的重要通道。

中国海员建设工会始终以保障海员权益、促进高素质海员队伍建设为己任。全国海上劳动关系三方协调机制的建立和“集体协议”的签订，为海员建设工会组织搭建起维权工作新平台，为建立海运系统稳定协调的劳动关系、促进工会工作的开展创造了良好的条件。

## 第四节　深入开展劳动和技能竞赛活动

### 一、开展港珠澳大桥建设重点工程劳动竞赛

2011 年，中国海员建设工会按照产业“十二五”规划目标任务，组织职工开展“当好主力军、建功‘十二五’”主题竞赛活动，制定了《中国海员建设工会 2011—2015 年劳动竞赛及职业技能竞赛规划》。启动“港珠澳大桥建设劳动竞赛”，并将港珠澳大桥工程纳入全国总工会全国重大工程示范性劳动竞赛范围，不断加强对劳动竞赛项目的工作指导，有效推动了港珠澳大桥建设工程的顺利完工。

2011 年 5 月 30 日，广东省“当好主力军、建功十二五”主题竞赛暨港珠澳大桥建设劳动竞赛启动仪式在珠海港珠澳大桥施工总营地举行。全国总工会、广东省委、总工会，以及广东省各地方政府、港珠澳大桥参建各方共约 500 人参加启动仪式。全国总工会将港珠澳大桥劳动竞赛列为全国重大工程示范性劳动竞赛，王瑞生代表全国总工会向港珠澳大桥管理局授“重大工程示范性

劳动竞赛”旗，号召全体建设单位和广大建设者为圆满完成港珠澳大桥各项建设任务努力奋斗。港珠澳大桥建设期间，竞赛工作融入大桥建设的各个环节和工作流程之中。建设者围绕“六比六赛”全力以赴，展开工程质量、成本控制、科技创新、工程进度、安全环保、廉政建设等方面的比拼，不仅使工程进度快速推进，更实现了一系列关键技术创新：采用22米大直径深插式钢圆筒作为止水围护结构进行外海筑岛；长180米、重8万吨的沉管管节工厂化制造；建成国内首条钢箱梁板单元制造自动化生产线。

竞赛过程中，涌现出很多可歌可泣的先进模范人物和集体。

中交第四航务工程勘察设计院有限公司（以下简称四航院）为中国交通建设股份有限公司的全资子公司。四航院从一个单一的水运工程勘察设计企业，迈向“海、陆、空、地铁、管道”大土木、大交通的国际化工程公司。

2010年11月，中国交通建设股份有限公司牵头的联合体成功中标港珠澳大桥岛隧工程设计施工总承包，作为中交股份港珠澳大桥岛隧工程总承包项目总经理部的重要组成部分，四航院承担起岛隧工程中东、西人工岛，沉管预制场，施工营地工程设计以及岛隧主体工程地质勘查工作。

“岛隧工程”是港珠澳大桥主体工程技术最复杂、建设难度最大的部分，要在软弱地基建设至今世界上最长、埋深达45米以上的海底沉管隧道，在水深10米且软土厚达60米的海中建造人工岛，以及上述条件下实现海中岛隧连接，难度可想而知。该工程建设中涉及的岛隧工程结合、长距离通风及安全设计、超大管节的预制、复杂海洋条件下管节的浮运和沉放等技术均是迄今世界要求最高的，以保障大桥设计使用寿命达120年。

四航院的设计团队经过严密的科学论证，先后克服了各种难关考验，解决了多个技术难点。2011年12月7日，港珠澳大桥岛隧工程人工岛最后一个钢圆筒全部震沉完毕，意味着港珠澳大桥岛隧工程人工岛施工建设首战告捷。两个人工岛的建设进度比最初的原定计划提前了整整180多天，比初设工期提前将近两年。

献艺港珠澳大桥舞台，不仅带动了四航院技术水平的提升，更带动了科技人才队伍、创新氛围和科技管理水平等“软实力”的飞跃。港珠澳大桥岛隧工程人工岛设计项目组荣获“全国交通建设系统工人先锋号”；岛隧工程桂山沉管预制厂总平面设计优化QC小组获得2011年度“全国交通系统优秀QC小组”；总工程师卢永昌被评为“广东省劳动模范”和首届“全国水运设计大师”；设计项目负责人梁桁被评为第三届“中国交通建设十大杰出青年”；湛锦明、孙英广被授予“广东省五一劳动奖章”。

## 二、开展“农民工平安返乡”安全优质服务竞赛活动

2006年底，根据全国总工会、铁道部、交通部《关于联合开展农民工平安返乡行动的通知》的精神，中国海员建设工会决定于2007年春运期间，在全国公路运输、水运客运系统职工中，开展以“快捷安全、优质服务”为主题，以“农民工平安返乡”为主要内容的劳动竞赛活动，确保广大农民工在春运期间能够及时、有序、安全、满意地返乡过年。各级交通（公路运输、水运企业）工会要以科学发展观为指导，组织广大职工积极参加到“农民工平安返乡”安全优质服务劳动竞赛中来，积极配合公路运输、水运客运行政部门，科学调配运输资源，开展安全优质服务，提高了公路、水运客运服务质量，做好了春运期间为农民工平安返乡服务工作。

2006年12月25日，全委下发了在全国公路运输、水运系统组织开展《关于开展“农民工平安返乡”安全优质服务竞赛活动的通知》（以下简称《通知》），并成立了竞赛领导小组。全国交通系统有214018个公路、水运客运企业，1640多万名交通从业

人员参加了活动。《通知》下发后，全国各级海员建设工会十分重视，纷纷成立领导小组，研究制订竞赛方案，统一部署，精心安排和开展宣传动员工作。2007 年 1 月 23 日，江苏省交通海员工会召开动员大会，中国海员建设工会副主席、竞赛领导小组组长朱临庆出席并讲话，竞赛活动全面启动。

竞赛活动期间，全国共完成了道路客运量 20.5 亿人次，水运客运量 2850 万人次，公路、水运客运量占 2007 年春运总量的 90%以上。其中，公路、水运企业运送农民工达 4.47 亿人次，增开农民工售票窗口和流动售票窗点 8290 个，为农民工上门送票 725.27 万张。各级海员建设工会为确保交通运输安全，为农民工"平安返乡""平安返岗"作出了突出贡献。

这项竞赛活动是中国海员建设工会紧贴党和政府的工作大局，突出了交通运输产业特色，加强了产业工会与地方工会的工作协作，是全国性产业工会历史上规模最大、范围最广、参赛职工最多、农民工及各类旅客受益面最广的一次劳动竞赛活动，并取得了很好的社会效应。自 2007 年 2 月 3 日至 3 月 4 日，历时 40 天的竞赛活动圆满结束后，全委下发了《关于表彰农民工平安返乡安全优质服务竞赛先进集体、先进个人的决定》，对在这项活动中作出突出贡献的 63 个集体、81 名个人分别授予先进集体和先进个人光荣称号。

自 2007 年春运中国海员建设工会"开展'农民工平安返乡'安全优质服务竞赛活动"后，每年都开展此项竞赛活动，并每年都进行总结表彰。在 2012 年"春运农民工平安返乡（岗）安全优质服务竞赛"总结表彰会，全总党组纪检组组长、书记处书记王瑞生出席并讲话，他对竞赛活动给予了高度评价，同时指出对进一步贯彻落实科学发展观，转方式、调结构，推动春运竞赛长效机制的建立，提升交通运输行业服务水平，推动交通运输事业又好又快发展具有重要作用。

## 三、开展中国海员技能大比武

2011年6月25日，由中国海员建设工会与交通运输部海事局主办的“2011年中国海员技能大比武活动”在浙江舟山举行。这是第一届全国性的海员技能比武活动，也是首个“世界海员日”和第七届“中国航海日”活动的重要组成部分。

“2011年中国海员技能大比武活动”的主题为“弘扬海员文化，建设海员强国”，比赛项目包括航线设计、六分仪测距、视觉信号通信、主动力设备故障排除、动力管系故障修理、海上操艇、知识竞赛等，大赛为期4天。共有17支航运企业队和23支航海院校队参加了比赛。

“2011年中国海员技能大比武活动”，既是航海知识与航海技能的集中比拼，也是航海文化与海员文化的集中展示。交通运输部副部长徐祖远多次就赛事的准备和组织提出要求；中国海员建设工会主席李铁桥、中华人民共和国海事局常务副局长陈爱平担任活动组委会主任，领导赛事的组织与准备；中华人民共和国海事局郑和平副局长、中国海员建设工会副主席朱临庆担任活动组委会仲裁委主任，为赛事的公正、公开和透明提供了保障。交通运输部安全总监刘功臣参加活动开幕式并检查了各个项目的落实情况。

参加此次赛事的航运企业队组团体前两名的20位选手，由中国海员建设工会全国委员会授予海员行业最高奖“金锚奖”；对获得赛事比武项目航运企业队组单项第一名的六位选手，由组委会向全国总工会申请“五一劳动奖章”；对荣获航海院校队组团体前三名的30位选手，由中华人民共和国海事局免除其三副或三管轮职务所有项目的评估。

第一届中国海员技能大比武活动的成功举办，不仅激发了更多海员提高专业知识、开展业务比拼的热情，同时对宣传海员文化，营造全社会关爱海员、尊重海员的氛围，增强中国海员在国际海员劳务市场的竞争力，打造中国海员品牌，推动海洋经济发展起到了重要作用。

第一届中国海员技能大比武赛事氛围浓厚，媒体反响热烈。包括新华社、中新社、《人民日报》、《中国交通报》、《中国水运报》等30余家传媒记者共50余人赴赛场对比武活动进行了全面、详尽的采访报道。

## 四、开展船舶、班组安全竞赛活动

为持续推进全国水上交通安全管理工作，2003年，中国海员建设工会联合交通部，先后在全国重点水域开展了争创安全航线竞赛活动。有56889艘船舶、43499个班组参加了竞赛。其中，93艘船舶获得全国水上交通安全优秀船舶；96个班组获得全国水上交通安全优秀班组；13家单位获得优秀组织奖。

这项活动从1983年起，已与交通部共同开展了多年，并在此后持续发展，参赛船舶班组数量、竞赛水平稳步提升，并不断创新活动形式和内容，对促进交通企业安全管理机制的完善，增强交通职工安全生产意识，确保工程质量等方面都起到了重要的促进作用，也是在交通系统企事业单位和广大交通职工中有一定影响力的活动。

为贯彻落实全国安全生产工作会议精神，进一步提高水运系统船舶、班组安全生产管理水平，发挥基层船舶、班组和职工在安全生产中的关键作用，营造无事故职工，无事故船舶、无事故班组的安全生产氛围，中国海员建设工会全国委员会和交通部交通安全委员会联合组成全国水运系统船舶、班组安全竞赛活动领导小组（以下简称“全国竞赛领导小组”），开展船舶班组安全竞赛活动。竞赛活动的主要目标是在全国水运企事业单位中，落实安全责任，查处安全隐患，消除“三违”行为，杜绝责任事故，确保安全生产。参赛范围是以水运系统（航运、港口、施工、航道、救捞、工厂、海事等）企事业单位，以生产一线的船舶、班组为参赛单元。船舶指运输客货船、拖（推）船队、工程船、港作船、拖救船、海事巡逻艇、航标艇等。班组指港口装卸班组、工程施工班组、工厂生产班组、乡镇船舶管理站等。竞赛重点是要把船舶、班组职工掌握水运安全规定，提高安全生产技能，落实安全生产责任作为重点内容加以组织实施。

竞赛时间一般是当年1月至10月，要求参与竞赛单位要成立由安委会主任或主管领导任组长、党政工有关领导任副组长、主管业务部门负责人为成员的竞赛领导小组，做好竞赛活动的宣传发动工作，根据自身工作特点，针对安全生产工作中存在的主要矛盾和突出问题，抓住安全工作重点，制定竞赛方案和措施，并认真组织实施，充分发挥安全竞赛促进水运安全生产的作用。为规范考评，竞赛组委会还制定了考核标准，组委会对参赛的班组、船舶开展调研指导。

船舶班组安全生产竞赛，受到各级企事业单位的高度重视，每年全国水运系统有超过2万艘/个船舶和班组参加竞赛活动，黑龙江航运集团黑河港务局“龙飞2号”轮、大连港集团客运总公司客运服务一班等船舶班组先后在活动中被评为安全优秀船舶和安全优秀班组。

## 五、水运行业开展职工岗位技能大赛

### （一）直属海事系统职工岗位技能大赛

2009年10月，中国海员建设工会与中华人民共和国海事局在全国直属海事系统联合举办职工岗位技能大赛。全国总工会经济技术部部长常毅民、中国海员建设工会主席李铁桥、中华人民共和国海事局党组书记许如清、中国海员建设工会副主席朱临庆、广东省海员建设工会主席卢晓露等出席了开幕式。

大赛设“港口国监督检查”和“航标业务”两个技能竞赛项目。来自全国13个直属海事局、31支参赛队伍的120名选手参与了两个技能竞赛项目的角逐。浙江海事局丁敏强等10人获港口国监督检查技能竞赛项目个人奖、广东海事局湛江航标处隋永举等10人获得航标技能竞赛项目个人奖。广东海事局、浙江海事局、江苏海事局分获港口国监督检查技能竞赛项目团体前三名，湛江航标处、广州航标处、汕头航标处分获航标技能竞赛项目团体前三名。闭幕式上，获得港口国监督检查技能竞赛项目个人第一名的丁敏强代表全体参赛选手发出倡议，号召大家努力适应海事事业发展的新形势和新要求，牢固树立勤于学习、善于学习、终身学习的意识，努力争当政治素质过硬、业务技术精湛、服务水平一流的海事职工。

2009年举办的全国直属海事系统职工岗位技能大赛是自1998年中国海事局成立以来，首次在全国直属海事系统范围内举办的职工岗位技能比赛，旨在“学业务、练技能、强素质、促发展”，对促进社会经济发展提供坚实的人才支持和素质保证起到了良好的示范引领效果。

### （二）救捞系统岗位职工技能比赛

2010年8月24日和2011年1月23日，中国海员建设工会、交通运输部救捞局分别在烟台和广州举办了“救捞系统岗位练兵职工技能比赛”。此次比赛是在救捞系统和飞行队内部职工技能预赛的基础上举行的决赛。

决赛共有10个来自救捞系统的北海、东海及南海海区救助、打捞和飞行单位参加，各单位选拔出的一线岗位能手以及领队、裁判员、工作人员等400余人参加了比赛和比赛服务工作。

交通运输部救捞局党委书记王永明、副书记余世成、副局长丁平生和张金山等全程参加了比赛活动，部分领导分别担任了各项目的总监。中国海员建设工会全国委员会、山东省海员工会以及烟台市工会的相关领导出席并指导了烟台赛场的活动。

比赛按照救助、打捞和飞行单位的工作特点，分别设置了19个比赛项目，同时紧扣救捞主题，重点设置了救助项目：华英艇水面救生，打捞项目：水下电焊，飞行项目：高位引导绳整理和担架捆扎项目。

经过激烈角逐，在救捞三个重点项目中，南海救助局荣获救助单位华英艇水面救生比赛集体项目第一名，上海打捞局潜水队潜水员邓龙骥获得水下焊接第一名，东海第一救助飞行队救生员肖勇获得高位引导绳整理和担架捆扎第一名。

此次比赛由北海救助局和南海救助局分别承办。为了高质量地保证比赛的正常秩序和成绩的公平合理。各项目裁判长均由交通运输部救捞局有关业务专家担任，专门邀请的原机械工业部哈尔滨焊接研究所宋宝天（湿式焊接法发明人），香港特别行政区政府飞行队服务部原高级空勤主任、交通运输部飞行队顾问蔡照明，南海救助局潜水专家邓朝晖分别担任。

通过开展技能比赛，大大激发了救捞系统职工学习技术、创新技术的积极性，培养出一支学习型、技能型、创新型的高技能人才队伍，一批年轻职工在大赛中找到了自身价值，学知识、学技术、搞革新已经成为职工的自觉性。经验丰富的老职工也将在工作实践中总结出的好经验、好做法传授给年轻职工，形成互帮互学、取长补短、共同提高的良好学习氛围，为促进救捞专业化建设发挥了积极作用。

### （三）广东省“金锚杯”海员职工职业技能大赛

2011年，中国海员建设工会继续以深入培养高技能人才与核心骨干为目的，全面提升职工队伍素质，努力在职工中营造“学先进、赶先进、当先进”的浓厚氛围，培养行业发展所需人才资源，鼓励交通建设系统大力开展行业重要岗位技能竞赛。

10月11日，由广东省总工会、广东省人力资源社会保障厅、广东省经信厅、广东省科学技术厅共同主办，广东省海员工会、广东海事局共同承办的“广东省‘金锚杯’海员职工职业技能大赛”决赛在广东海事局仑头航测基地隆重举行。

大赛共设船舶水手技能、沿海航标工技能两大类项目，每大类项目下设三个单项进行比赛。参加决赛的共有28支代表队，125名选手，他们都是来自广东省海员系统各个单位一线的水手和航标工，经过各单位激烈初赛、严格挑选、艰苦训练后派出的优秀选手。

经过紧张而激烈的比赛，大赛产生了个人及团体的各个奖项。其中，广州远洋运输有限公司的水手唐伟清、广州航标处的左敏分别获得船舶水手项目和沿海航标项目决赛个人总分第一名的好成绩，同时被授予“广东省五一劳动奖章”，个人总分排在前五名的两大类项目的10位选手分别被授予“广东省职工经济技术创新能手和广东省技术能手”荣誉称号；两大类项目的六个单项比赛分别表彰了前三名选手；另外，广州远洋运输有限公司和广州航标处分别获得了船舶水手项目和沿海航标项目决赛团体总分第一名的好成绩。

广东省“金锚杯”海员职工职业技能大赛有4.8万多艘船舶、近3.4万个班组报名参加了竞赛，一些企业的参赛率达到了100%。大赛的成功举办，对全面促进海员队伍建设，培养海员技术人才，提升海员技能发挥了积极作用；大赛还促使一大批年轻职工在大赛中找到了自身价值，提高了广大职工学知识、学技术、搞革新的自觉性。

## 第五节 坚持维护职工合法权益

### 一、关注船员工伤保险问题

2004 年 1 月 1 日，中国开始实施了《工伤保险条例》，其中条例第十五条规定：职工在工作时间和工作岗位，突发疾病死亡或者在 48 小时之内经抢救无效死亡的，视同工伤。

根据航运企业船员在实施《工伤保险条例》中反映：船员是特殊职业，船员工作和休息都不能离船，在大风浪或码头装卸中，常常会发生非本人原因的意外负伤或落水死亡事件；同时由于船员常年受风浪颠簸，对身体和精神都有一定的不利影响，易患慢性病，船舶四处流动不能保证正常治疗使小病成大病；而突发疾病时又因船舶远离陆地或风浪大医生无法登船抢救，只能调用飞机接救或“电话指导抢救”，病伤船员往往因未得到及时有效的抢救以致失去宝贵的生命，这与陆地情况有着根本的不同。

由于船舶在海上、内河航行的特殊性，船员受伤或突发疾病时往往受船上医疗条件限制错过抢救时机，不能及时得到必要的抢救。但因死亡时间超过 48 小时，而不能按照工伤待遇处理，因而船员反映强烈。

在了解情况后，2005 年 8 月，中国海员建设工会向全国总工会领导和有关职能部门反映“关于船员工伤保险问题”时指出：鉴于船员职业的特殊性，1951 年《中华人民共和国劳动保险条例实施细则》曾做出“船员在航行中患病和负伤，在六个月内医治无效均按因工待遇处理”的规定。1963 年，交通部也做出相关的补充规定，但随着2004年新的条例的出台，原有规定均已失效，而新条例又未考虑到船员的特殊性，以致在船员死亡待遇的处理方面发生矛盾。

中国海员建设工会认为，随着社会的进步，全社会的保障水平都在提高，船员的合法权益也应得到更好的保障。同时建议由全国总工会向中华人民共和国劳动和社会保障部反映这一情况，要求对现行《工伤保险条例》作出补充规定：船员在船工作期间因负伤、突发疾病6个月内医治无效导致死亡的，视同因工死亡处理。

之后，中国海员建设工会一直关心海员的人身保障问题，并呼吁各方通过修订《海商法》《中华人民共和国船员条例》《社会保险法》《劳动合同法》等法律法规，逐步完善中国海员的人身保障机制，但是进程缓慢。

鉴于上述情况，在中国实施《公约》时，中国海员建设工会和有关部门采取《工伤保险条例》作为《2006年海事劳工公约》下中国船员工伤赔偿机制，基本能够保证在不同情形下船员的工伤保险得到缴纳，而且通过人身意外伤害保险也能对工伤进行赔偿，尽可能对海员的人身保障不足的问题进行了弥补。

## 二、远洋船员权益维护

### （一）全力支持中国远洋船员维权

2009年7月30日，一艘由中国公司管理和派员的巴拿马籍散货船轮从英国驶往挪威的赫罗亚港装化肥，当地时间13：54抵达挪威的赫罗亚港外锚地抛锚。31日0：10，风力突然加大到东南风8—9级，值班人员发现船舶走锚后紧急备车，0：35船舶触礁，主机曲拐箱进水停车，并发生了部分燃油外泄。事故发生后，船舶立即通知港口当局，直升机很快到达船上，两艘拖轮也到达船舶附近，但由于风大无法靠近。2：30（北京时间 8：30），在直升机的催促下，船长安排 16 名船员乘机离船，船上留船长、大副、二副、三副、值班舵工、水手长和轮机长共七人。

由于船舶触礁导致油舱破损，部分燃油外泄，对当地海岸造成一定程度的污染。船东及时安排救助公司进行救助，并派事故处理工作组紧急赶往现场，控制事态发展。事发后，挪威海岸警备队对船舶事故进行调查，将船长和三副扣留在赫罗亚港的酒店，配合当地海务警察对搁浅事故进行调查。之后，当地海务警察又提出刑事诉讼，认为两人涉嫌违反船舶安全法规，造成环境污染和威胁海员安全。

中国海员建设工会了解此事后认为，该轮事故主要是因不可抗力——突发恶劣天气造成的，不应构成刑事责任，挪威法院对中国船员刑事起诉极不公平；国际劳工组织和国际海事界一直在提倡有关国家对采取措施预防或减小燃料油污染后果的船员加以保护，免除其责任，除非责任是由于其个人行为或不作为、故意造成损坏。该轮船长在整个事故处理过程中积极配合各方，有效控制了事态发展应得到保护，不应追究其刑事责任；对两名中国船员在挪威受到不公正对待，中国海员建设工会应就此事明确表态，要求尽快释放被扣留的两名中国船员。

2009 年 10 月，挪威海员工会和船东代表来华会谈，在会谈中，中国海员建设工会表明对该轮于 2009 年 7 月 31 日发生的油污污染事故主要是因为突发恶劣天气造成的，两名中国籍船员是无罪的，不应承担刑事责任。从船舶搁浅至会谈时，该轮船长和三副已经被扣押两个多月。中方认为这种扣押不合理，而且长期的扣押给两名船员造成了巨大的精神压力。同时，中国海员建设工会请挪威海员工会代为向挪威司法和外交部门转交一封信函，正式向挪威政府表达中国工会对此事的关切。

2009 年 11 月 4 日，挪威司法和警察部部长纳特斯德伯格回信说，2009 年 10 月 22 日的中方来信收悉。来信中对当事船长和三副所受到的待遇表示关注，认为船员不应对因突发恶劣天气造成的污染事件负刑事责任，要求根据相关国际法给予中国海员公正处理和保护，终止对该船船长和三副的扣押，同时请挪威相关主管部门协助安排该二人回国事宜。他表示对信中所陈述的事实给予高度关注，能够理解船长和三副目前的困难处境。然而，根据挪威制定法，司法部门的工作是独立自主的。由于目前该案尚在调查阶段，他表示虽无法对此案的具体细节作评述，但告知有权上诉至挪威高等法院，并愿提供关于案件的信息等。

然而，事态的发展并未如预期般顺利。2010 年 1 月，挪威地方检察院对船长和值班三副提起了刑事责任检控。2010 年 4 月，当地法院对此案进行了开庭审理。在庭审过程中，法庭以船长和三副在管理船舶和事故处理中存在疏忽，违反了当地的油污法和船舶安全法规定为由，作出了对船长判处六个月有期徒刑（其中四个月缓期两年执行）、对三副判处 60 天有期徒刑（其中 21 天缓期两年执行）的判决。

面对该判决，船员所在公司认为其中存在诸多不公之处。挪威法庭在审理过程中，对事实的认定存在偏差，概念表述模糊，分析缺乏充分的依据，且未能合理援引相关法律和判例。此外，对船员的要求过于严苛，最终的量刑也显得过于严厉。因此，在一审判决后，在公司的支持下，船长和三副决定就此判决提起上诉。挪威高等法院受理了他们的上诉，并定于 2011 年 5 月进行开庭聆讯。

中国海员建设工会认为，这样的污染事故给沿岸的生态环境和居民的生活、工作造成巨大损害，需要经济赔偿和帮助。同时，也注意到在“联合国海洋法公约”“73/78 年防污染公约”“ILO 第 166 号公约”中都表示应公正对待船员和保护船员的权利。因此，按照国际航运惯例和法律的规定，两名中国船员不应该对因为航行疏忽而造成的事故承担刑事责任，中国海员建设工会认为中国船员在这一事件中已经遭到了不公正的待遇。

中国海员建设工会联络各方，积极呼吁，引起国际海事界的关注。国际船舶管理人协会主席认为，挪威当局的决定会严重影响挪威作为海事大国的声誉。香港海员工会和一些国家海员工会组织亦认为挪威当局应遵循国际海事法律保护船员的原则，并致信挪威法院，敦促尽快释放两名海员。

同时，公司、保赔协会、专业律师以及中国海员建设工会等展开了紧密的合作，积极收集并呈交了新的证据，聘请有关专家证人等为船长和三副的审讯做好充分准备。

2011 年 5 月 24 日，上诉法院正式开庭审理此案。在庭审过程中，船长和三副在律师和专家的协助下，进行了充分的阐述和积极的抗辩。经过长达四周的审理，法庭重新审查并认定了所有证据，并听取了控辩双方专家和目击证人的证词。

终于，在 6 月 23 日，法院进行了宣判，推翻了一审中的判决。三副被判定不承担任何刑事责任，而船长还是被判处了六个月监禁，缓期两年执行。但船长在缓刑期间如无任何犯罪记录，则无须入监狱执行。

### （二）保证船员利益不受影响

2009 年 2 月 22 日上午 9 时许，停靠张家港港挂巴拿马国旗的某轮上的中国船员禁止联检单位上轮检查，致使港口装卸作业无法正常进行，引发一系列问题。中国海员建设工会知道信息后，立即展开多方调查。

该轮所属公司为福建某船舶管理公司，自 2008 年 8 月以来，共拖欠该轮 25 名中国籍船员工资累计 150 余万元，船员曾多次讨要工资，船东至事发时仍未支付和兑现其“每月 15 号或到卸货港用现金支付工资”的资方承诺。

由于该轮此次靠张家港港卸货后将停航，船员担心船东长期拖欠工资，遂采取了限止船舶作业的过激行为。公司法人代表当日赶到张家港港后，对船员态度强硬，要求先卸货再发工资，致使双方严重对立。

2 月 24 日上午，交通部长江航运公安局苏州分局会同张家港边检站、港口管理局有关人员和船东法人代表协商，船东提出：先调换带头闹事的船员，在交接完毕后支付其拖欠工资；其余船员如服从公司决定，仍在原岗位工作，如继续闹事，视情况调换；卸货后支付拖欠工资，且不能全部发放等。船员态度十分鲜明，不拿到工资坚持不开舱作业，双方僵持不下。

事件发生后，政府主管部门的意见十分明确：在当前水运经济形势不好的状况下，保证船员利益不受影响是政府必须做好的工作。为此阻止了船东派新船员接替闹事船员的行为，敦促船东解决拖欠工资问题。

此间，中国海员建设工会与张家港港工会和福建省海员工会取得联系，进一步了解核实情况并开展工作。中国海员建设工会曾经接到该轮在船船员的匿名求助电话。船员在反映船公司拖欠工资问题时，称该船舶管理公司没有工会组织，管理者极其霸道，经再三询问，船员仍不敢给工会其联系方式，并再三嘱咐千万不要让船公司了解此事。

经过多方协调工作，到 2 月 27 日中午，该轮船公司已经补发了船员的全部工资，除部分高级船员外，全部普通船员已进行更换，并且已经开工卸货。

虽然七名涉事船员已经得到部分欠薪，但公司仍欠他们每人一半的工资，由于他们与轮船公司没有签订劳动合同，工会向他们建议，首先向公司所在地总工会或劳动监察部门寻求帮助或投诉，若难以解决则可以向公司所在地劳动仲裁委员会申请劳动仲裁或者直接向有管辖权的海事法院提起诉讼。

## （三）为滞留境外船员提供帮助

2010年1月4日，中国海员建设工会接到某轮船长从韩国蔚山打来的电话，反映该轮于2009年11月9日从张家港港起航，运钢板到韩国，11月24日到韩国蔚山港。因货损问题，船被韩国法院扣留，要求赔偿。当时15名船员已在韩国滞留一个多月，韩国船舶代理公司以船公司没有给钱为由，不再向船上提供伙食，也不给船舶加油。船上人员无法与租赁公司取得联系，打电话和发邮件均没有得到回复，船员猜测该船货品已经被租赁公司放弃了。事发到现在，已经过去一个月了，船员将面临没有任何食物，天气非常寒冷，同时健康每况愈下的局面；发动机柴油仅能维持三四天，而且，船员从9月以来一直没有拿到工资，所以才会请求中国海员建设工会给予援助。

中国海员建设工会知道情况后，即刻开展调查工作。该轮为杂货船，载重量1593吨，挂塞拉利昂方便旗，由安徽安庆某国际船务公司光船租赁给延吉某公司运营。

1月4日接到投诉当天，中国海员建设工会立即与安徽、延吉两家公司进行了联系，了解有关情况。据延吉某公司董事长讲，船上15名中国船员是由延吉某公司聘用，并与船员签订劳务合同后，于2009年9月13日派上船工作的。该轮本航次因船员过失造成货损，200吨钢板被海水锈蚀，韩方要求赔偿15万美元。此外，港口国检查还提出要求对船舶进行修理，需支付1.5万美元。因公司不大，一下拿不出这么多钱。目前正在积极想办法筹款，准备先向法院交纳15万美元的押金，先让韩法院将船放回来，然后再打官司，预计海损不应赔偿这么多，估计近期可解决问题。对于船员的伙食费，公司两天前已提供了2万元人民币，代理应知道此事。公司辩称此次海损是船员过失造成的，船员为了减少自己的责任，就以没有伙食指责公司。关于船员没有拿到工资的问题，是因公司尚没有收回运输费，又有这么大的支出，所以暂时没有支付工资给船员。安徽安庆某国际船务公司总经理介绍：船舶滞留后，公司一直在与租船公司频繁电话联系，关注事态发展。前几天，公司已垫付了 2 万元人民币供给船员伙食，元旦前租船公司也在筹款，估计近日就能解决。

了解情况后，中国海员建设工会要求延吉某公司：一要保证船员的伙食和燃油等基本需要；二要抓紧处理此事，尽快让船员回来；三要支付船员工资。同时也向安徽公司提出，要与租船公司配合，尽快落实船员的生活保障，并遣返船员。

此后，中国海员建设工会一直与船员联系，确认伙食供应到位；船员身处气温-20℃的环境，而船舶燃油仅够使用两天，一旦断燃油，船上将停止供暖、供热水等，船员生活将受到影响，中国海员建设工会再次联系租船公司，督促其供油。据租船公司讲，其资金只够供 5 吨油，但韩国方面要求一次供油最少 10 吨。中国海员建设工会要求船东尽快与当地代理协商，促请韩方破例供油，或找船舶所有人协商垫付款项。经过多次协调交涉，船东落实了具体措施，向船员提供了伙食，为船舶加了 5 吨油，支付了船员至 2009 年 12 月的工资并与韩国港口当局协商，同意船舶离港回国。

2010 年 1 月 21 日，该轮船员从韩国发来邮件，称该轮已在丽水港装货，近日返回国内，全体船员对中国海员建设工会为他们所做的协调交涉工作表示感谢。

### （四）维护外派劳务人员权益

2003 年，中国海员建设工会根据全国总工会提出的在新世纪新阶段，工会组织要适应现阶段中国劳动关系的变化，围绕中心、服务大局，全面履行各项社会职能，突出维护职工合法权益的职能的要求。特别关注海员劳务外派，因其是一种特殊的跨国劳动关系，所涉及的劳动者权益的问题形式更复杂，涉及面更广，专业性、政策性也更强。国际上通行的做法是由各国海员工会代表本国海员进行有关的协商谈判。中国海员工会自 20 世纪 90 年代开始，通过多种方式参与外派海员的工作，维护外派海员的正当权益。

随着中国经济的发展，中国海员工会非常重视海员外派工作，积极投入其中，作为海员外派工作中的劳工的代表，并成为劳动关系的有机组成部分。

中国海员工会为海员外派创造更好的条件，力求从不同角度了解外派工作情况，掌握动态信息，更好地与政府、船东、各国海员工会等协同，共同推进中国海员外派工作的开展。

2004 年前后，中国海员建设工会不断拓宽对外交流工作领域，加强与各国及周边地区海员工会的交流合作，与挪威、新加坡、日本、菲律宾等国家和地区建立了友好合作关系，进一步拓宽了海员劳务输出工作渠道。同时与挪威、新加坡、日本等海员工会组织、船东签署协议，维护中国海员外派及海员权益。还针对中国外派海员存在英语薄弱环节，与日本海员工会合作，实施中国船员英语教育计划，逐渐提高中国海员的英语水平。2004 年 8 月 6 日，在大连召开了外派海员工作研讨会，重点对中国海员外派中的劳动关系问题进行研讨，并对《综合海事劳工公约（草案）》有关条款进行讨论及提出修改意见。

为加强对海员外派劳务市场的调查研究，规范外派市场管理。2009 年，商务部、外交部、公安部、监察部、交通运输部、国资委、工商总局等七部门联合下发了《关于开展清理整顿外派劳务市场秩序专项行动的通知》，中国海员建设工会作为成员单位参加了由交通运输部牵头开展的“清理整顿外派海员市场秩序专项行动”。按照专项行动方案的要求，7 月 20 日中国海员建设工会副主席、交通运输部清理整顿外派海员市场秩序专项行动领导小组成员朱临庆带队到福建，对当地外派海员市场秩序清理整顿专项行动进行检查督导。在检查督导过程中，检查督导小组就福建地区近期发生的两起因侵害外派海员合法权益而引起的群体性事件进行深入了解和调查，并结合检查督导成果就中国外派海员市场管理体制和外派海员权益维护机制的完善提出了具体建议。中国海员建设工会还派员参加了青岛等地的专项行动。

中国海员建设工会通过对海员外派利益的保护，促使劳动关系更加和谐稳定，对企业发展、对国家的经济持续稳定发展都十分有益。

## 三、重视法律法规建设维护船员权益

### （一）从源头上维护船员权益

中国加入世界贸易组织后，为做好应对经济全球化对中国海员市场的冲击和挑战，中国海员建设工会坚决贯彻落实党中央各项决策部署，不断加大源头参与力度，高度重视维护中国远洋船员的合法权益，积极拓展各种工作方法，有效促进了中国航运业的可持续发展。

中国海员建设工会组织力量认真研究国际劳工组织推动制定的《综合海事劳工公约草案》的相关条款，以扎实的专业知识，从源头上参与公约的制订，结合中国情况，提出维护海员权益的修改意见，并根据《综合海事劳工公约》的有关内容，研究起草中国船员集体协议，就远洋船员的招募、遣返、劳动休息时间、劳动报酬、福利待遇等拟定合同条款，努力形成保障中国远洋船员合法权益的长效机制。2005 年，中国海员建设工会就全国人大代表关于提高海员地位的提案向全国人大专门提出议案处理意见，从源头上、整体上维护海员的合法权益，抵御国外敌对势力和西方工会组织对中国船员的渗透和负面影响，有力地维护了职工队伍和工会组织的团结统一。

2003 年以来，中国海员建设工会参与了国际劳工组织制定《2006 年海事劳工公约》的全过程。每年派员前往日内瓦参与公约条款的审定，尤其是 2006 年 2 月派团参加了第 94 届国际（海事）劳工大会，在会上与中国政府、中国船东代表团相互呼应，积极施加中国因素的影响，使《2006 年海事劳工公约》融入了中国立场。劳工大会结束后，又积极呼吁，促成全国政协外事委员会就推动中国远洋船员权益维护开展了联合调研，完成了《关于批准实施〈2006 年海事劳工公约〉的建议》调查报告，并上报全国人大、中央办公厅、国务院办公厅等有关方面，有效地增强了产业工会宏观参与、整体维权的工作力度。同时，积极参与了《中华人民共和国船员条例》的制定，向全国政协报送了《建议设立〈中华人民共和国海员法〉》和《建议国家调整税收政策、鼓励中资船舶挂五星红旗》两份议案，在全国政协会议上作为重要发言，引起各方重视。

2009 年，中国海员建设工会代表全国船员与中国船东协会正式签订了集体协议。这是第一份全国性的行业集体协议，对远洋船员的权益维护实现了全覆盖，在中国工会特别是产业工会维权史上具有里程碑意义。

### （二）推动中国籍船员家属登外轮团聚

中国远洋运输（集团）总公司反映，海员在为国家撤侨工作中作出了贡献，希望政府有关部门同意解决船员家属登外轮团聚问题。为此中国海员建设工会等积极行动，与政府有关部门沟通，阐述中国海员贡献与船员家属登外轮团聚问题面临的困难，希望能出台政策，解决困局。

随着中国对外开放的不断扩大，在外轮上服务的中国籍船员越来越多。为体现边检工作“以人为本”的服务理念，便利在外轮上服务的中国籍船员与家人团聚。2007 年，中华人民共和国公安部出入境管理局下发了《关于中国籍船员家属登外轮团聚有关问题的通知》，规定明确载有中国籍船员的外轮（含港、澳、台）在中国境内港口间移泊时，中国籍船员直系亲属可随轮在中国境内港口间航行，船舶出境时下船；船员直系亲属登外轮，须由船方提出书面申请，并附船员直系亲属的有效身份证件，报边检站检查队（科）值班领导审批，经审批同意后签发《登轮许可证》；边检站在其《登轮许可证》上注明“可随船至下一港口，船舶出境时离船”，并将此类人员名单通过“边封”告诉下一港口边检站；加注的《登轮许可证》本航次在中国境内各港口通用，由出境港或离轮港边检站收回。

为此，中国海员建设工会专门印发了《关于做好中国籍船员家属登外轮团聚有关工作的通知》。政府为在外轮上服务的中国籍船员与家人团聚提供的便利，是落实“以人为本”理念的一项新措施。由于中国外派海员数量多、分布广，且流动分散，在实施这项工作时涉及面广、政策性强，中国海员建设工会要求各地海员工会组织要关注有关情况，配合有关管理部门做好相关工作，严格执行文件规定。

2011 年 12 月，随着中国对外交往的日益密切，进一步放宽船员家属登外国籍或港澳籍船舶限制，为其签发年度多航次有效登轮证件，方便船员家属会亲。中国籍船员家属在向外国籍或港澳籍船舶停靠的港口边检机关申领登轮证件后，在证件有效期内，船员家属可持该证在全国任何一个对外开放港口（港区）登该船员服务船舶会亲，并随该船舶在国内港口间移泊。避免了每次都要重新申请登轮证件，手续烦琐。为船员家属会亲提供了便利。

2012 年 1 月 16 日，上海外高桥边检站为巴拿马籍“海一”轮船员家属杜女士签发了长期有效登轮证，在证件有效期内，她可在全国任何一个对外开放港口（港区）登轮会亲，并随丈夫工作的船舶在国内港口间移泊。

## 四、始终坚持关心职工生活

### （一）坚持开展帮困、“送温暖”工作

中国海员建设工会非常重视慰问劳动模范和帮困、“送温暖”工作，把这项工作看成应尽的责任，用实际行动来表达对他们的尊重和感激，让他们知道辛勤工作和坚持是有价值的。

2007 年 1 月 5 日，是重庆入冬以来最冷的一天。中国海员建设工会主席吴子恒专门慰问看望了重庆长江轮船公司的劳动模范和特困职工。在中国长航集团工会领导的陪同下，与重庆长江轮船公司工会干部一道在寒风中提着大米、菜油和慰问金来到省部级劳动模范龙大椿家中，把工会的温暖送到了劳动模范的心间，感谢他过去为长江航运事业作出了很大的贡献，并祝愿其新年快乐。接着，吴子恒一行又来到特困职工家中，分别送上慰问金、大米、菜油等。

中国各级海员建设工会都非常重视帮困、“送温暖”工作，并作为日常必须完成的工作之一。2007 年“两节”期间，全国交通建设系统各级工会开展了以“扶贫济困解难事、温暖和谐进万家”为主题的“送温暖”活动。据不完全统计，共筹集“送温暖”资金 28.9 亿元，走访慰问了 10.8 万家困难企业和 506.8 万户困难劳动模范与困难职工家庭，占困难职工总数的 80.7%。共向困难职工开展政策咨询 526.3 万人次，送岗位 48.8 万人次，送

医疗 37.6 万人次，送助学 23.7 万人次。共安排专项技能培训资金 3549.6 万元，向下岗失业职工和农民工送培训（含送技能培训预约单）58.5 万人次，其中，向“零就业家庭”送培训 58389 人次、送岗位 36218 个。扎实推进“金秋助学”活动。各级海员建设工会统一时间、统一名称、统一行动，集中宣传报道，广泛动员社会各界参与到活动中来。各地工会集中向受助学生发放助学款，共筹集助学款 7.3 亿元，资助困难职工子女 82.3 万人。2008 年，元旦、春节期间，全国各级海员建设工会共走访慰问困难职工 12.5 万人，其中，慰问农民工近 10 万人；发放慰问金 1.07 亿元。2009 年全国交通建设系统各级工会接待职工信访、参与调处各类矛盾纠纷 700 余起；筹集“金秋助学”金 500 余万元，资助困难职工子女 6400 余人。2009 年，元旦、春节期间各级海员建设工会共走访慰问困难职工和农民工 24 万余人，发放慰问金约 1.43 亿元。2012 年，在元旦、春节期间共慰问职工 9.6 万名，发放慰问金 8350 万元，帮扶困难职工 15 万余人次，发放困难补助 1273 万元，在“金秋助学”活动中，资助大学生 2815 名，发放助学金 5500 万元。

### （二）为困难职工解决实际困难

中国海员建设工会下属工会都十分重视帮助困难职工解决实际困难的工作，并取得较好的效果。青岛远洋运输公司工会自觉担负起“第一责任人”的重任，千方百计帮助困难职工这个“弱势群体”解决实际困难，尽力为其做好事、办实事，把建立保障机制和实施“送温暖”工程作为维护职工生活权益、构建“和谐青远”的着力点，努力做好工作。

工会从通过分类排队、发函调查、走访慰问等多种形式，全面掌握职工的生活状况入手，把长期待派船员、下岗职工、劳保病号、遗属等这一困难职工群体纳入工会的视线中，并参照国家和各级地方政府制定的最低生活保障线标准，建立了困难职工档案，实行了动态管理，保障了困难职工的基本生活。然后，按照公司应急互助基金章程和献爱帮困基金会章程的有关规定，把每一分帮困资金送到最需要帮助的职工手中，帮助他们度过一时的困难；同时，把基金使用情况及时向职工公开，取得职工的理解、信任和支持。工会坚持做到职工家庭受灾、受难突击走访慰问；过年过节定期走访慰问；职工生病住院及时走访慰问，把公司对职工的关心送到职工家中和职工心中。截至2005年，给困难职工共发放各种补助62万元，救济职工480余人次；办理职工供养直系亲属丧葬补助46人次；处理了九名死亡职工善后抚恤工作，救助了45个职工家庭的子女上学。由于工会的不断努力，公司连续多年被青岛市评为“送温暖”工作先进单位。

中国海运（集团）总公司工会不断完善员工关爱机制，通过走进基层，深入一线，在充分了解员工需求的基础上，及时提供针对性的帮助，解决员工的各种实际困难，加大服务员工力度。集团所属各基层单位广泛开展“进职工门、知职工情、解职工难、暖职工心”活动，在高温、节日期间，各船公司工会深入船舶和船员家庭开展慰问。2012年共慰问一线职工5.6万人次，发放防暑降温用品累计费用357万元、高温津贴1233万元、慰问金938万元。

由于船员工作的特殊性，集团所属工会对于船员的家庭和谐倍加关注，工会以海嫂联络工作站为抓手，搭建起船员与家属沟通的桥梁。建立海嫂与海嫂、海嫂与船员、海嫂与中国海运的精神纽带，推进海嫂对船员工作的理解支持，促进船员的家庭和谐。

自2008年开始成立海嫂联络站以来，工会不断完善“沟通、活动、展示”三个平台，提升海嫂幸福感，让活动形式进一步扩展。上海场中路海嫂联络站被评为“上海市巾帼文明岗”；中海散运海嫂陈华兰荣获广州首届“十佳海嫂”称号。

## （三）关心慰问全国劳动模范莫家瑞

中国长航退休船长、曾任两届全国政协委员、两届全国劳动模范的莫家瑞，在重庆江北黄金堡坡月山庄的家中幸福地度过了自己百岁寿庆。莫家瑞船长出生于船员世家，25岁就成为驾驶员。之后他担任“华源”轮、“人民1号”轮、“江峡”轮等船长，在近50年的长江航运生涯中，拼搏一生、奋斗一生，在长江航运环境十分恶劣的条件下，冲破川江天险，开辟了拖驳运输的新纪元，打破了“川江自古不夜航”的神话。1952年4月，为抢运修建成渝铁路所需的钢坯，他首开川江夜航的先河。同年12月，他打破了宜昌水位8英尺大船不能航行的历史，创造了宜昌水位5英尺安全航行川江的新纪录。1955年，他带领全船员工，连续创造了川江运输的新纪录，将川江单船运量提高到1250吨，同时加拖700吨驳船，刷新了大型木排拖运记录，突破了一个又一个禁区，创造了一个又一个奇迹，为长江航运事业作出了突出贡献。

2005年11月18日，寿庆会场上，当年毛泽东主席和莫家瑞的巨幅彩色合影作为背景布满了一面墙，在会场左侧醒目的展板上，张贴着全国政协、全国总工会、国务院国资委、交通部、中国海员建设工会、长江航运管理局发来的贺电。

上午，政府、企业和工会代表向莫老表示生日祝福，并向莫老赠送了新型旅游船模型和慰问金等。新一代船长代表、全国劳动模范王嘉玲代表长江船员向莫老表达了深深的敬仰之情，并表示：保持您那“勇于创新、知难而进、无私奉献”的海员风貌，发扬您那“爱国、创业、求实、奉献”的劳模精神，为加快长江航运建设，促进流域经济发展作出新贡献，再创新业绩。

## 五、关心和照顾起义船员

新中国成立初期的香港招商局船员起义是影响中国航运事业发展的一件大事。起义归来的“海辽”轮等 17 艘船舶，成为新中国成立初期一支相当重要的水上运输力量。起义归来的 700 多名招商局船员，大多成为新中国航运事业的技术骨干，他们为开创和发展新中国的航运事业作出了突出贡献。

新中国成立以后，党和政府一直没有忘记起义船员为中国航运事业发展所作出的贡献，船员所在企业和工会每逢节假日都举办联欢会、座谈会等不同形式的慰问活动。

2010 年 4 月 28 日，交通运输部和中国海员建设工会在上海联合召开了“纪念香港招商局海员起义 60 周年座谈会”，交通部副部长徐祖远和中国海员建设工会主席李铁桥到会并讲话，对发生在新中国成立初期的这一重要历史事件和起义船员的革命行动给予高度评价，并要求做好关怀工作。与会的起义老海员深感荣耀。

一直关注着起义船员的全国总工会原副主席方嘉德、香港招商局董事长傅育宁等在会上要求各主管部门要切实关爱起义船员，关注起义船员的生活状态，让他们享受到为新中国海运事业作出贡献的功臣待遇，得到实实在在的利益。

座谈会后，中国海员建设工会对起义船员的生活情况作了调查了解，相关单位都以实际行动关爱起义船员。香港招商局为此设立百万元专项经费，作为对所有起义船员的一次性补贴；每年拿出固定经费，用于补贴家庭生活困难及生病的起义船员；结合招商局每年的“送温暖”工作，将慰问起义船员作为“送温暖”工作的一部分，并形成机制，让起义船员切实感受到组织上的关心和照顾。

## 第六节　加强劳模先进宣传和文化建设

中国海员建设工会不断加大职工评比表彰力度，大力宣传先进典型，弘扬劳模精神，引导广大职工创先争优、奋发进取，树立强烈的开拓意识和敢为人先的首创精神，在全面建设小康社会的历史进程中充分体现主人翁精神。

### 一、学习宣传许振超先进事迹

许振超于1974年7月调入青岛港工作，曾担任青岛港集装箱公司桥吊司机、青岛港（集团）有限公司明港公司桥吊队队长、党支部书记。2005年4月，许振超被全国总工会评为全国劳动模范；历任中华全国总工会副主席（兼职），第十一届、第十二届全国人大常委会委员；2018年12月18日，党中央、国务院授予许振超“改革先锋”称号，颁授改革先锋奖章。

许振超在平凡的工作岗位上创造了不平凡的业绩，他是新时期中国产业工人的楷模，2004年3月，中国海员建设工会决定，在全国交通职工中开展向许振超学习的活动。

中国海员建设工会要求各级海员建设工会组织要运用各种形式，广泛宣传许振超的先进事迹，在广大职工中掀起向许振超学习的热潮。

许振超作为一名普通的基层产业工人，追求卓越、敬业报国的主人翁意识和开拓进取、求真务实的创业精神，带领自己的团队，创造出了世界一流的集装箱装卸效率。他不论干什么，干就干一流，争就争第一，为企业增效，为国家争光。

2002年下半年，许振超带领自己的团队实现了核心班轮保班100%的目标，获得了“全国用户满意服务”名牌的称号，在中国大陆沿海港口居于领先水平。

2003 年 4 月 27 日夜，许振超带领工友们在“地中海法米亚”轮上打响了创造新纪录的攻坚战。到 28 日凌晨 2 时 40 分，完成了该轮 3400 个标准集装箱的装卸，一举创出了每小时单机效率 70. 3 自然箱和单船效率 339 自然箱的世界纪录。青岛港决定以许振超的名字命名了集装箱保班服务名牌“振超效率”。时隔 5 个月后的 9 月 30 日，许振超率领整个团队，又把每小时单船 339 自然箱的纪录提高到了每小时 381 自然箱。

“振超效率”产生了显著的名牌效应和良好的经济效益。

世界许多知名航运公司主动与青岛港合作，纷纷上航线、增航班、加箱量，仅八个月时间，青岛港就净增了 13 条国际航线。2003 年，青岛港集装箱吞吐量完成 423. 8 万标准箱，实现了 24. 3%的高速增长。

2001 年，青岛市委、市政府做出决策，启动前湾集装箱码头，实施外贸集装箱西移，这项桥吊安装现场总指挥的重任落在了许振超的肩上。许振超就是凭着艰苦奋斗、顽强拼搏的精神，带领工友胜利完成了任务，为青岛港的集装箱发展赢得了宝贵的时间和机遇。

许振超始终追求“作为一名当代产业工人，要有更高的追求，更多的建树，当不了科学家，也要练就一身‘绝活儿’，争当一名优秀的工人，这样才无愧于时代，无愧于港口的培养”。

桥吊是大型机械，极易造成安全隐患。为此，许振超率先提出了“无声响操作”的标准，并研究练习，第一个掌握了这一操作技术，而且带出了一支能熟练掌握这一“绝活儿”的队伍。

许振超当上桥吊队长后，不仅创新技术，还创新管理。他说：安全为了生产，生产必须安全。他经过统计发现，桥吊作业中最容易出安全问题的环节就是箱子一起一落的时候。为避免发生类似问题，他要求桥吊队每名司机在吊箱时都要做一次“二次停钩”，就是箱子刚离地和快落地的一刹那，放慢速度，先观察后起落，这样做虽然使每次操作时间多了几秒钟，但杜绝了事故隐患，最终提高了生产效率。

许振超发现国内多数港口在基层桥吊作业上没有完善的管理制度。他就把“全国质量管理奖”标准引入日常管理，参照制定了队里的条例，细化到连夜间维修取个扳手都有规矩。他发现在设备维修上多数港口实行机电分离，不利于设备养护。就改变了这一惯例，建立了机电一体的维修体系，这种做法创新了国内沿海港口传统的桥吊设备管理模式。国内最大的桥吊生产厂——上海振华港机厂厂长特地带着外国客户来青岛港参观桥吊队的设备管理，盛赞青岛港的桥吊管理是国内做得最好的。

许振超所带出的技术精湛、作风过硬的桥吊队，为青岛港的建设和发展作出了贡献。他以率先垂范等优秀品格，赢得了全队职工的广泛拥护，职工们朴实地说：“跟着许振超干，就得益。”

## 二、学习宣传孔祥瑞先进事迹

孔祥瑞，天津港中煤华能煤码头有限公司一队（孔祥瑞操作队）队长，在工作中，他坚持边干边学，学以致用，练就了“听音断病”的绝活，成为“排障能手”。他先后组织实施 180 余项技术创新，获得 16 项国家专利，为企业创造经济效益超亿元，获全国优秀共产党员、全国劳动模范等荣誉称号。作为“蓝领专家”、知识型产业工人的代表，孔祥瑞一直用自己的专注、专业践行着“工匠精神”。

2006 年 11 月 6 日，中国海员建设工会发出《关于开展向孔祥瑞学习活动的通知》。11 月，《人民日报》、新华社、中央电视台等全国各大新闻媒体纷纷报道了天津港煤码头公司操作一队队长孔祥瑞爱岗敬业、岗位成才的先进事迹，“蓝领专家”的名字正走进全国亿万产业工人心中。

1972年初中毕业后，17岁的孔祥瑞被分配到天津港工作。不久，孔祥瑞成为天津港第一代大型门吊司机，他如饥似渴地钻研操作技术。20世纪80年代，天津港发展驶入了快车道，各种新型设备层出不穷。“那段时间，我自学了力学、机械原理、液压、电工学、材料等学科的知识，为我后面的工作打下了坚实基础。”“可以没有文凭，不可以没有知识”——这是孔祥瑞特别喜欢的一句话。他把码头当课堂，靠着勤奋学习摸透了不同机械设备的性能。2001年，天津港第六港埠公司承担的作业量在2500万吨以上，意味着18台门机任务总量要增长30%。担任队长的孔祥瑞也犯了难，当时18台门机每年最多能完成2300万吨，怎么办呢？孔祥瑞经过仔细研究发现门机抓斗放料时，起升动作间有短暂的停滞，用秒表一掐，约有16秒。他和队里的技术骨干一起攻关，对指挥门机抓斗的主令控制器进行改造，将手柄移动轨迹由十字形调整成五角星形，使抓斗起升、打开控制点合二为一等，攻关大幅缩短了起升之间的停滞时间，取得成功。一周之内，他们改造了所有门机，每台平均每天多干480吨，把公司全年装卸任务量提高到2717万吨，相当于完成了全港27%的吞吐量。这个操作法被天津市总工会命名为“孔祥瑞门机主令器星型操作法”。

入行多年，孔祥瑞坚持每天随身携带一个小本子，设备出现哪些故障、什么原因、修理过程、注意事项等内容都一一记录在案。日积月累，他对各种操作技术参数烂熟于心，成为一名优秀的“排障能手”，练就了一项“听音断病”的绝活儿。2009年，针对航运业新情况新任务，孔祥瑞经过调研，建议公司开展“煤炭破碎筛分”业务，并参与了设备选型、招投标、安装调试全过程。公司当年实现收入6500万元，利润4000万元。

多年钻研技术创新，孔祥瑞成长为生产一线的“蓝领专家”。他先后组织实施180余项技术创新项目，获得16项国家专利，为企业创造经济效益超亿元，推动了中国港口系统设备接卸煤炭技术等领域的技术进步。孔祥瑞先后获评全国劳动模范、全国优秀共产党员、100位新中国成立以来感动中国人物等荣誉。

## 三、学习宣传北海第一飞行队潘伟先进事迹

潘伟，中共党员，交通运输部北海第一救助飞行队队长、救助机长。1979年至2003年在原沈阳军区空军服役，2003年转业至交通部救助打捞局，后调至交通部北海第一救助飞行队工作。2005年至2011年，他在极其危急困难的条件下，先后驾机415架次，成功救助遇险群众390人，安全救助飞行1300小时。他在中国北部海域，先后建立起3个飞行救助基地和24个临时起降点，初步形成了渤海湾地区陆岛空中救援网络。曾获国际海事组织“海上特别勇敢奖”“全国交通运输系统先进工作者”等称号和“全国五一劳动奖章”。

在中国海员建设工会不断加大职工评比表彰力度，大力宣传先进典型，弘扬劳模精神，树立强烈的开拓意识和敢为人先的首创精神的背景下，确定北海第一飞行队队长潘伟为2012年“五一”节全国三名重点宣传人物之一，16家中央新闻媒体集中采访，中央电视台、新华社、《人民日报》、《工人日报》等主要媒体进行了报道。

潘伟在部队驾驶军用直升机，而飞行队从事海上人命救助的直升机是从国外进口的专用救助直升机，技术要求更高，操作系统更复杂，并且操作手册全部是英文。为了尽快熟悉掌握救助直升机的驾驶技术，潘伟认真学习、全心投入、刻苦钻研；2005年4月，他以优异的成绩通过了救助机型的全部科目考试，先后获

得了救助飞行驾驶证书和教员（教练）机长资格证书。

潘伟为了实现快速反应，提高救助效率，他主动加强与济南、青岛、烟台、沈阳、大连等空管部门之间的沟通，争取空域管制部门对救助和训练飞行的支持；他先后努力争取建立了大连、蓬莱、青岛三个飞行救助基地，并在山东长岛、辽宁长海设立了24个救助直升机临时起降点，初步建立了覆盖渤海湾海域的陆岛空中救援网络；他积极为海事部门海上执法活动提供了有力的空中支持；他狠抓飞行队建设，建立各类管理制度，完善各种技术规范，加强队伍管理，短短几年，打造了一支技术精湛、作风顽强、团结拼搏、敢打硬仗的英雄群体。

潘伟415次驾机救助遇险群众的经历，也是他415次将自己的生死置之度外，从死神手里夺回遇险群众生命的艰险历程。2006年10月17日凌晨6点，潘伟接到紧急救助请求，一艘名为“新宝1号”的货轮在东营附近海域发生故障，船舶进水，船身开始倾斜下沉。此时海上风急浪大，14名船员危在旦夕。潘伟顶着狂风驾驶救助直升机火速赶到现场。潘伟尽可能地调整飞行高度，在船舶30米上空稳稳地控制住直升机，果断决定采用高空引导绳实施救助，绞车手与救生员默契配合，快速、成功地抢救出了第一批7名遇险船员。当第二次将剩余7名遇险船员全部救起时，“新宝1号”轮在十几秒钟内完全沉没。遇险的14名船员全部获救。此时，潘伟和他的团队忍受着饥饿、寒冷和劳累，已连续工作9个小时，空中飞行达7小时零5分，此次救助任务飞行时间之长、救助人数之多，在当时创造了中国海上飞行救助的纪录。

## 四、开展向引航员姚泽炎学习活动

姚泽炎是长江引航中心南通引航站的一级引航员，连续荣获两届“十佳长江引航员”称号；2001 年获“全国交通系统劳动模范”称号；2005 年获“江苏省十佳文明职工”称号；2006 年获“全国五一劳动奖章”和“长江黄金水道服务标兵”称号；2007 年获“长航十大杰出人物”、长江引航中心“功勋引航员”称号；2009 年获“长航服务型职工标兵”等称号。他创造了“姚泽炎安全引航操作法”等 10 余项技术成果，创造出在狭窄、弯曲、复杂的内河航道上把当时吃水最深、船体最宽、船身最长、吨位最大、上部建筑最高的船舶安全引领进出长江的多项纪录，实现了连续 33 年安全零事故、行风零投诉。

2010 年 12 月 10 日，交通运输部发布《关于在全国交通运输行业开展向姚泽炎同志学习的决定》，指出：全国十佳引航员、感动中国交通人物、全国五一劳动奖章获得者、全国先进工作者——长江引航中心高级引航员姚泽炎，是继孔祥瑞、杨庆文、高发明等先进典型之后，全国交通运输行业近年来涌现出来的又一个重大先进典型。2011 年 5 月 19 日，交通运输部召开“培养姚泽炎式优秀引航员，加强引航队伍建设”座谈会；2011 年 10 月 18 日，中国引航协会与交通运输部人事劳动司联合召开全国引航系统省部级以上劳动模范座谈会，交通运输部副部长徐祖远出席会议并讲话，要求全国引航系统以劳动模范为榜样，抓紧培养姚泽炎式优秀引航员，努力培养一支与世界海运强国相适应的优秀引航员队伍。

## 五、推荐评选“工人先锋号”称号

2007 年，根据全国总工会十四届执委会提出的工作要求，中国海员建设工会在基层班组统一部署，开展创建“工人先锋号”竞赛活动。各级交通、建设系统及中央直属企事业工会积极响应，在创造一流工作、一流服务、一流业绩，做实基层班组工作，做强自主创新技能，擦亮劳动竞赛品牌，在促进交通、建设产业和企业工作又好又快发展等方面作出了卓越贡献，涌现了一大批深得党政赞誉、深为工会关注、深受群众拥护的先进典型。为表彰先进，中国海员建设工会全国委员会决定：授予114个优秀班组荣获首届“全国交通建设系统工人先锋号”称号，有20个优秀班组被推荐授予首届“全国工人先锋号”荣誉称号。

2008年，中国海员建设工会积极响应全国总工会提出的在全国各行各业广泛开展节能减排活动，实现中国经济社会可持续发展的战略举措；减少排放，实现人类社会可持续生存的根本保障的要求。发出了《关于在全国交通建设系统广泛开展“我为节能减排作贡献”、继续深入实施创建“工人先锋号”活动的通知》，要求在全国交通、建设系统广泛开展“我为节能减排作贡献”，继续深入实施创建“工人先锋号”活动。明确竞赛活动突出“节能减排”这一主题，把基层班组争创“工人先锋号”活动与开展“我为节能减排作贡献”活动有机结合起来，从企业可持续发展和职工素质提升的实际要求出发，推动节能减排工作落实到班组，落实到职工。

活动开展后，共收到节能减排等合理化建议2.2万条，创效益约3.5亿元。一些单位还建立了职工节能减排义务监督员制度，在岗位、班组实施全员、全过程要素的成本费用控制活动，大大推动了资源的节约与综合利用。有116个一线优秀团队被授予2008年度“全国交通系统工人先锋号”称号；有20个班组被全国总工会授予“全国工人先锋号”荣誉称号。

中国海员建设工会通过开展创建“工人先锋号”活动，牢固树立了全国交通建设系统践行科学发展、实现共建共享和谐社会的理念。激发职工工作热情和创造活力、激励广大职工不断提高学习能力、创新能力、竞争能力、创业能力。

## 六、评选“全国十佳海员”

2010年国际海事组织缔约国外交大会确定，从2011年起，每年的6月25日为“世界海员日”。为办好首届“世界海员日”活动，宣传海员对国际海运贸易和经济发展的贡献，增强海员的职业自豪感和使命感，关注海员的社会保障，扩大海员职业的社会影响，中华人民共和国海事局和中国海员建设工会决定，开展评选“全国十佳海员”活动，并在交通运输部举办的“世界海员日”庆祝活动中进行表彰。

海事局与中国海员建设工会共同组成“全国十佳海员”评选工作领导小组，负责“全国十佳海员”评选的领导工作，组长：陈爱平，副组长：李铁桥；领导小组下设办公室在中国海员建设工会海员工作部负责评选的具体组织工作，并于2011年5月3日联合下发通知，开展评选“全国十佳海员”活动。

2011年6月24日至25日，交通运输部在上海举行“2011年中国海员大会”，航运界各方代表齐聚一堂，充分肯定了中国海员对国民经济发展和社会进步所起到的重要作用，高度赞扬了中国海员无私奉献、英勇无畏的牺牲精神。会上，由交通运输部和中国海员建设工会共同评选出“全国十佳海员”，包括：广州远洋运输有限公司船长张家农，青岛远洋运输有限公司船长冷聚吉，黑龙江省佳木斯航道局“龙浚17”船船长王彦林，交通运输部海事局青岛航标处“海标052”船船长陈华飞，交通运输部北海救助局“112”船船长邹本波，中远散货运输有限公司船员管理中心船长潘少强，中海发展股份有限公司货轮公司“嘉宁山”轮船船长周泽彬，南京油运股份有限公司VLCC油轮船船长张福寿，中交广州航道局有限公司“万顷沙”船船长谢冬阳和河北远洋运输集团股份有限公司船长杨贺祥等。上述10名为中国航运经济发展作出突出贡献的“全国十佳海员”，在会上受到表彰。“全国十佳海员”代表、青岛远洋运输有限公司船长冷聚吉代表全体海员宣读《切实履行岗位职责倡议书》。

2011年中国海员大会首次表彰“全国十佳海员”以后，广大海员以先进人物为榜样，爱岗敬业、无私奉献、锐意进取，为中国航运事业平稳较快发展作出了贡献。

## 七、表彰全国优秀海员家属

做好海员家属工作，发挥她们的作用，历来是中国海员建设工会和各级海员建设工会一项具有较大影响的重点工作，并得到交通部及中央有关领导的重视和关心。中国海员建设工会曾与交通部多次联合评选表彰全国优秀海员家属，召开表彰大会，受到水运单位、海员和家属的关注，党中央、交通部的领导还亲自接见了优秀海员家属代表，产生了良好的社会影响。

在全面建设小康社会的进程中，航运事业蓬勃发展，取得了显著的成就，为促进国民经济发展、保障经济安全发挥了重要的作用。这些成绩的取得，离不开广大海员职工的辛勤劳动和拼搏进取，也离不开海员家属的无私奉献和全力支持。为了支持亲人的航运工作，广大海员家属承担起工作、家庭两副重担，抚育子女，赡养老人，含辛茹苦，任劳任怨，正是由于她们几十年如一日地默默奉献，减轻了海员的后顾之忧，激励着海员安心船上工作，促进了航运生产安全和海员队伍的稳定。广大海员家属已经成为中国交通水运发展中一支重要的方面军，被誉为“船舶的第二政委”。

为了充分肯定海员家属在新时期为航运发展和和谐社会建设所作出的贡献，宣传她们的先进事迹，进一步加强海员家属工作，促进海员队伍的稳定，激励广大海员立足本职、为中国航运业的

“又好又快”发展建功立业，交通部精神文明建设办公室与中国海员建设工会决定于2007年，在航运、港口、航道、航务工程、救助打捞、海事系统的海员家属中开展评选全国优秀海员家属活动，并下发了“关于评选表彰全国优秀海员家属的通知”。

为了做好评选表彰工作，交通部精神文明办公室与中国海员建设工会组成全国优秀海员家属评选表彰活动领导小组，负责活动的组织、表彰等工作。具体工作由中国海员建设工会海员工作部承担。

经过各基层水运单位工会的评选，并征得本单位党政、家属站及家属所在单位的同意后，进行公示，评选表彰活动领导小组评出了徐文凤等92名家属被授予“全国优秀海员家属”称号，颁发了证书，并在《中国交通报》《中国水运报》《中国海员》等报刊上进行了宣传。

## 八、百名船长建议设立“中国航海节”

20世纪80年代，在纪念郑和下西洋580周年时，交通部、外交部、文化部、农牧渔业部、国家海洋局、中国科协、海军司令部、中国社会科学院、中国海员工会、中国航海学会等十家单位，联名向国务院和全国人大提出将郑和首次下西洋的日子7月11日定为“航海节”的建议，得到国家有关部门的关注。

2004年，北京两会期间，全国人大代表、航运界30名代表提出设立“航海节”的建议和提案，呼唤中国航海界盛大节日的早日到来。

全国政协委员、全国总工会副主席方嘉德多次在全国政协会议提出设立“中国航海节”的建议。2004年6月，他在全国政协会议上再次建议设立“中国航海节”的2897号提案得到交通部的答复：“准备成立临时工作机构，并开展申报工作。”

2005 年 1 月，中国航运界百名船长借纪念伟大的航海家郑和下西洋 600 周年之际，联名向国务院建议将郑和下西洋首航日 7 月 11 日设立为“中国航海节”。

百名船长提出 600 年前，郑和以七下西洋的壮举成就了中国航海史上的伟大业绩，被誉为“世界跨洋航行第一人”，向全世界展示了中国的文明，传播了和平友谊的声音，证明了中华民族的勇敢和智慧。这不仅是中国航海人的骄傲，更是中华民族的骄傲。中国是航运大国，有 1.8 万公里的海岸线，有悠久的航运史，有居世界第二位的远洋船队，有吞吐量居世界第二位的港口，是国际海事组织 A 类理事国。要通过航海节进一步彰显中国的先进文化，使国内外更多的人了解中华民族在人类航海史上的重要贡献和现代航海科技的伟大成就，扩大中国航运界的国际影响，树立和平发展的大国形象。

百名船长建议设立“中国航海节”目的是有利于激发当代海员职业自豪感和使命感，弘扬艰苦奋斗、勇于进取、崇尚科学的精神；有利于让全社会了解海员、理解海员、尊重海员，激励更多的有志青年献身航运事业，使海员队伍不断发展、壮大，素质不断提升。利用“航海节”，可在全社会开展科普活动，增进与各国的学术交流，加强对青少年的教育，使海洋科学知识的普及成为长期的国民教育，使保护和科学利用海洋资源成为人们的共识和自觉行动，推动中国可持续发展战略的实施。

在社会各界的共同努力下，2005 年 4 月 25 日，国务院批准每年 7 月 11 日为中国的“航海日”，同时也作为“世界海事日”在中国的实施日期。

中国海员建设工会也建议设立“中国航海节”，并积极投入、积极配合交通部参与“航海日”的论证和申报工作，主席吴子恒担任“航海日”活动组委会成员，海员工作部部长魏薇任联络员。

2005 年 5 月 24 日交通部、中宣部、农业部、国防科工委、海洋局、团中央等部委和中国海员建设工会在北京人民大会堂召开了庆祝设立“航海日”座谈会。航运业、造船业、海洋科考、渔业、海军、海运院校等方面的代表和主流媒体参加了会议。香港、台湾海员工会的代表应邀出席座谈会。

此后每年的活动中，中国海员建设工会都参与活动策划，并配合组委会的工作安排，先后组织了“航海终身成就奖”“航海教育贡献奖”“杰出海员奖”“安全贡献奖”“航海文化贡献奖”“航海青年奋进奖”等先进人物的评选工作。

## 九、庆祝首个“世界海员日”活动

2010 年 6 月 21 日至 25 日，国际海事组织（IMO）在菲律宾马尼拉召开了 STCW 公约缔约国外交大会。大会期间，包括中国在内的 41 个国家代表团，以及国际航运公会（ICS）、国际航运联合会（ISF）、国际联合船东协会（IFSMA）和国际运输工人联合会（ITF）等四个国际组织联合提出设立“世界海员日”的建议。最终大会通过了并以“世界海员日”的形式决定命名每年 6 月 25 日为“世界海员日”。

2011 年 6 月 25 日，中国海员迎来了第一个属于自己的节日——“世界海员日”。中国交通运输部在上海举办 2011 年中国海员大会，庆祝这一海员的节日。

其间，由中国交通运输协会、中国海员建设工会全国委员会、中国船东协会在上海共同主办的“2011 年中国国际航运文化节”暨纪念首个“世界海员日”。主要包括“中国国际航运高峰论坛”“中国航运企业‘总裁课堂’”“2011 世界海员日嘉年华”“中国海员终身奉献荣誉奖颁奖”及“2011 中国货运业大奖颁奖盛典”，同时通过举行法律宣贯，开展“海员日”庆典活动、“海员发展”

主题演讲，开通“中国船员招募网站”，举办《中国海员图片展》等一系列活动向中国海员致以节日的问候和崇高的敬意。

2011 年，结合“世界海员日”纪念和“中国航海日”纪念活动，以“弘扬海员文化，建设海员强国”为主题，由中国海事局与中国海员建设工会联合举办“中国海员技能大比武”竞赛，全国共组织 40 个企业、院校代表队参赛，比赛取得了圆满成功，并成为中国海员品牌技能大比武。

## 十、缅怀历史、弘扬传统

2011 年，中国海员建设工会全国委员会三届一次会议上提出要求，交通建设系统各级工会要大力发展先进企业文化。以坚持社会主义核心价值体系为导向，以满足职工精神文化需求为出发点和落脚点，积极推动企业文化、职工文化建设，形成企业和职工认可的核心价值观。因此，缅怀中国海员工会的发展历史，激励中国海员为促进企业和谐、社会和谐作出更多的贡献。

### （一）举办纪念中国海员工会成立 85 周年系列活动

2006 年 4 月 6 日，纪念中国海员工会成立 85 周年座谈会在广东省珠海市隆重举行。这次活动的主题是“缅怀海员工运历史、弘扬光荣革命传统”。交通部、广东省人民政府、中国海员建设工会、各省市海员或交通工会、水运系统部分企事业工会主席、港澳海员工会代表、广东省总工会、珠海市总工会及有关单位的党政领导 70 余人出席了座谈会。座谈会由广东省总工会常务副主席陈文杰主持，中国海员建设工会主席吴子恒作了题为《继往开来，扬帆奋进——纪念中国海员工会成立八十五周年》主题发言。交通部副部长徐祖远代表政府对口部委出席座谈会并讲话。

全国总工会副主席、书记处书记苏立清出席座谈会并发表讲话。在讲话中，苏立清赞扬了中国海员工会团结广大职工积极投身反帝反封建的新民主主义革命和建设新中国、推进改革开放和现代化事业伟大实践中的辉煌业绩，高度评价了以苏兆征、林伟民等一大批早期工人领袖为代表的中国革命事业的先驱和以严力宾、包起帆、许振超等为代表的一大批先进模范人物，为实现中华民族的独立、自由和祖国航运事业的发展、壮大作出了卓越贡献。对坚持走中国特色社会主义工会发展道路，做好新形势下的工会工作提出了具体要求。

广东省副省长佟星、珠海市委副书记钟世坚、海员代表吴有胜、港澳海员工会代表郭锦华等先后在纪念座谈会上讲话。座谈会后，全体与会者前往珠海市三灶镇林伟民的故乡，祭奠中国海员工人运动的先驱、中华全国总工会第一任执行委员长林伟民。吴子恒在祭奠仪式上发表了讲话，与会代表向林伟民的塑像敬献了花篮。

为纪念中国海员工会成立 85 周年，讴歌中国海员工人运动的非凡历史，弘扬中国海员的光荣传统，展示当代中国海员的精神风貌，中国海员建设工会于 2006 年 4 月在武汉举办“纪念中国海员工会成立 85 周年全国水运职工书画作品展”。这次展览征集全国水运职工中的优秀中国画、油画、版画和书法作品，内容健康、富有新意，充分反映出海员革命斗争的光辉历史，航运和港口生产建设的火热场面，工会活动的丰富多彩，水运职工和谐向上的精神风貌。

2006 年 4 月 8 日，以弘扬中国海员光荣传统为主题的“纪念中国海员工会成立 85 周年的集邮展览”在上海市工人文化宫隆重开幕。

此次集邮展览共展出 89 部邮集，269 个标准展框，4304 页标准贴片；参展的有专题类、传统类、邮政历史类、邮政用品类、极限类、航天类、青少年类、试验类（包括开放式、现代式、一框式）八个类别。

参加此次集邮展览的作者分别来自秦皇岛港务集团公司工会、大连港务集团公司工会、芜湖长江轮船公司工会、宁波港务集团公司工会、集美航海学院工会、中远广州远洋公司工会、广州港务集团公司工会、上海长江轮船公司工会、中港三航局工会、中港上海航道局工会、上海交运集团公司工会、东海救助局工会、中海上海海运公司工会、中海集运公司工会、中海货运公司工会、中海国际公司工会、中海工业公司工会、中海燃供公司工会等18个基层水运企业工会。

集邮展览内容上最大亮点是用各种邮票、邮资片、邮资封、签名封、小版张和中国海员工会历届每次全委会的封片等邮品，画面反映了中国工会、中国海员工会等成长历史。展览首次亮相，就深受参观者好评。展览最大的特点是整个展览海味浓郁、海洋特色明显、航海邮集独领风骚。

集邮展览由中国海员建设工会主办，中海集团工会承办。邮展为竞赛性集邮展览，产生热烈反响，在各地参展水运单位作者中引起共鸣，对普及集邮知识、增进全国各地水运交通系统集邮爱好者之间的交流和友谊、丰富海员职工的业余文化生活，都具有积极意义。

### （二）召开纪念中国海员工会成立90周年座谈会

2011年4月6日，中国海员建设工会在北京人民大会堂举行“纪念中国海员工会成立90周年座谈会”。

座谈会由中华全国总工会党组纪检组组长、书记处书记王瑞生主持，中华全国总工会副主席、书记处书记陈豪参加座谈会并发表讲话，交通运输部副部长高宏峰、中国海员建设工会主席李铁桥，香港海员工会主席李志伟、中国船东协会常务副会长张守国、中远散运船员代表靳永祥分别在会上讲话。

会上，王瑞生宣读了中共中央政治局委员、全国人大常委会副委员长、中华全国总工会主席王兆国的贺信，他指出，中国海员工会是中国成立最早的全国性产业工会，已经走过了90年的光辉历程。希望各级海员建设工会和工会干部以此为契机，牢记历史使命，弘扬光荣传统，继往开来，扬帆奋进，不断开创工作新局面，以优异成绩迎接中国共产党成立90周年。

全体与会代表观看了《直挂云帆济沧海——纪念中国海员工会成立90周年》纪录片，共同回顾了中国海员工会所走过的90年风云岁月。中华全国总工会副主席、书记处书记陈豪在讲话中对海员工会未来的工作提出新要求。

座谈会后，交通建设系统各级工会和工会干部纷纷表示，将以此为契机，牢记历史使命，弘扬光荣传统，继往开来，扬帆奋进，不断开创工作新局面，以优异成绩迎接中国共产党成立90周年。

## 十一、大力推动水运系统安全文化建设

### （一）组织“全国水运系统工会群众性安全生产论坛”

2008年7月24日，中国海员建设工会在陕西西安举办了“全国水运系统工会群众性安全生产论坛”，全国总工会劳动保护部部长汪忠汉、交通运输部海事局副书记王国华、中国海员建设工会副主席朱临庆出席论坛并讲话。朱临庆在讲话中总结了船舶（班组）安全竞赛活动取得的成效，并对进一步提升船舶、班组安全竞赛水平提出要求。各省海员交通工会、水运企事业工会代表70多人参加了论坛。

此次论坛于2008年3月确定了论坛主题为“船舶（班组）与安全生产”。各航运单位根据论坛主题上报经验材料和论文，

中国海员建设工会从中选出优秀材料汇编成《论文集》，下发给各单位和会议代表。同时，选出10个安全生产工作突出的单位在论坛上进行专题演讲。演讲过程中，与会代表根据演讲内容进行现场提问，台上台下形成互动，会场气氛浓烈，每位代表都能融入其中，改变了以往会议汇报式、填鸭式的灌输，增强了交流效果，获得与会代表好评。论坛交流总结了水运系统工会群众性安全生产六个特点，即思想重视，措施得力；组织精心，管理到位；责任落实，分包到人；重点突出，消除隐患；完善机制，科学管理；以人为本，共保平安。与会代表高度评价此次论坛，称这是一次生动活泼、别开生面、富有成效的论坛。

论坛通过相互交流厘清了存在的问题，大家深刻分析了当前安全生产形势，探讨了工会开展群众性安全生产工作存在的问题，如竞赛活动在各地开展不平衡、部分航运企业对群众性安全生产工作重视不够、活动形式创新不够、职工群众参与广泛性不够等，并提出积极建议。

论坛为海员建设工会开展群众性安全生产工作搭建了一个相互学习、加强交流、促进研讨的平台，提高了思想认识。通过交流研讨，大家越来越深地体会到工会工作的基础在班组，夯实班组建设，可以带动工会各方面工作踊跃开展。

论坛进一步推动“船舶班组安全竞赛”活动的开展，促进了安全工作落实到基层，夯实了安全工作基础，扩大了安全工作覆盖面，有效地支持和保障了水上安全监管职责的全面履行，为水运系统安全工作发挥了重要作用。

### （二）组织水运系统职工积极参与“安全生产月”活动

经国务院批准，由全国总工会等十个部门共同作出决定，于1980年5月在全国开展安全生产月（1991年至2001年改为“安全生产周”），并确定以后每年6月都开展安全生产月。中国海员建设工会积极推动每年一度的全国安全生产月活动，对于进一步推动水运行业强化职工安全意识，充分调动职工群众参与安全生产的积极性、主动性、自觉性，保证各项任务的顺利实施，具有十分重要的意义。全国各级海员建设工会根据国家安全生产月主题开展形式多样的活动。

中远集装箱运输公司工会结合开展以“树立以人为本的理念，提高安全质量管理体系运营水平，增强安全质量意识和能力”为主要内容的安全生产月活动，运用公司报刊、网站网络、电子媒体等进行安全文化的宣传，营造安全生产氛围；组织召开职工安全工作座谈会，从安全意识理念的确立、安全管理机制的运营、规章制度的执行等方面找问题、查原因，就如何运用教育培训、技能比武、知识竞赛、隐患排摸、检查审核、流程再造、合理化建议等各种有效形式和载体加以强化安全文化建设提出意见和建议；举办劳动保护监督检查员培训，加强劳动保护监督检查员队伍建设；强化对新进员工和外来务工人员的安全教育培训，提高员工的安全防范能力和自我保护意识；与安全技术管理部、人力资源部联合组成检查组前往部分到港船舶和基层单位进行安全、劳动保护专项检查，做到及时治理生产隐患，确保了公司安全生产的平稳态势。

## 第七节　深化服务意识，　不断开拓创新

### 一、不断强化对行业联委会的指导和创新

2003 年以来，中国海员建设工会积极整合组织资源，不断强化对行业联委会建设的组织领导和工作分类指导，将原来分散的、自行运作的各个联委会逐步统一到总体工作部署之中，使各行业

联委会的工作目标更加清晰，力量运用更加集中。同时积极探索和拓展联委会的平台功能，成功地实现了中国海员建设工会指导工作的手段扩展和部署延伸，创造性地开辟了全国性产业工会指导基层工会工作的新途径。之后，中国海员建设工会把建立健全行业联委会工作机制作为加强工作分类指导的重要途径。先后建立健全并规范了航运、港口、航道、建筑企业、公路运输、城市公交、燃气、市政管修系统等数家联委会，使之成为全委工作平台。在紧紧围绕改革发展大局，研究新情况、解决新问题过程中，发挥了重要作用。

为了发挥各行业联委会联系广泛，研讨问题针对性强，交流经验更有借鉴性的优势，中国海员建设工会积极推动在打开创新工作思路、提高经验交流质量、开展专项业务培训等方面工作，并取得了积极成效。为适应新形势发展的要求，中国海员建设工会还积极指导行业联委会的改组，扩大了覆盖面，吸收了包括大型民营企业工会在内的一批新会员。

2006 年，在中国海员建设工会的具体指导下，行业联委会工作再上新高度。各行业联委会在加强信息交流、健全组织、规范运作的基础上，在工作内涵和平台功能方面取得新的拓展。基本实现了以联委会组织建设为契机，提高“办会”效率与规范运作；以班组安全竞赛为切入点，建立群众性安全生产长效机制；以联委会网站建设为载体，加快行业工会信息化建设；以加强行业重点工作调研为手段，切实履行好工会组织的基本职责。总之，各行业联委会的重点工作稳步推进，成效显著。

为进一步提升行业联委会的整体工作水平，2008 年，中国海员建设工会召开了“全国交通建设系统所属行业联委会理事长、主任单位经验交流会”。共有七个行业联委会做了经验交流。通过总结交流行业联委会工作经验，进一步加深了各级产业和企业工会对联委会工作规律的认识，为更好地贯彻落实全国产业工会工作会议精神，进一步推动产业工会工作的创新起到了很好的示范作用。

为了进一步推动“两个普遍”，中国海员建设工会继续加强行业联委会建设。各行业联委会要充分利用平台的作用，在整合行业资源、交流工作经验、落实全委重点工作、增进同行业基层工会干部的团结友谊等方面，取得了日益显著的成效。如航运联委会就集体协议展开研讨；港口联委会有针对性地组织开展以“增产增效、开源节流”为主题的劳动竞赛；对推动落实产业工会重点工作，增强行业内工会组织的凝聚力，特别是扩大对产业内非公企业工会工作的覆盖面，提升基层工会的工作水平等，都起到了非常积极的促进作用。

通过强化对行业联委会的指导和创新建设，发挥联委会在扩大产业工会工作覆盖面、整合行业资源、交流工作经验和推动落实产业工会重点工作等方面的积极作用，有效提高了产业工会自身建设水平，增强了产业工会干部维护产业职工利益、促进产业发展的能力。

## 二、积极参与国际海事规则制定

2004 年，中国海员建设工会抽调专人对涉及交通建设行业职工利益的 70 个国际劳工公约和议定书做出研究规划。根据国际劳工组织将通过《综合海事劳工公约》的情况，及时组织力量进行研究。2004 年 9 月，中国海员建设工会组团代表中国海员赴日内瓦参加了国际劳工组织的预备会议，就《综合海事劳工公约》的制定和修改，发表了中国工会的意见。

2005 年，为应对经济全球化的挑战，中国海员建设工会组织力量认真研究国际劳工组织推动制定的《综合海事劳工公约》的相关条款，从源头上参与公约的制订，结合中国实际情况，提出维护海员权益的修改意见，并根据《综合海事劳工公约》的有关内容，研究起草中国船员集体协议，就远洋船员的招募、遣返、劳动休息时间、劳动报酬、福利待遇等拟定合同条款，努力形成保障中国远洋船员合法权益的长效机制。

2006年，中国海员建设工会全力推进宏观参与和工会维权机制建设，参与了国际劳工组织制定《2006年海事劳工公约》的全过程。特别是2月派团参加了第94届国际（海事）劳工大会，大会高票通过了《2006年海事劳工公约》（以下简称《公约》）。中国海员建设工会的参与，让《公约》更好地反映了中国海员的呼声。2008年9月，中国海员建设工会参加了国际劳工组织（ILO）“三方专家会议”的工作。经过与参会各国专家的激烈争论、协商，在两导则条款的制定上基本上达到了预期目的，为保护和提高船员生产生活条件创造了良好的政策环境，扩大了中国工会在国际航运界的影响，有力地促进了中国交通运输事业特别是航运业的健康发展。

2009年，中国海员建设工会参与《公约》专家组完成了公约与海事劳工法律体系对比研究课题的研究工作，积极推动中国政府批准国际劳工组织通过的《公约》工作。

2010年，中国海员建设工会先后派员出席了国际劳工组织海事三方专家委员会会议，作为全球十名国际海事工会专家之一，全程参与了《公约》三方专家委员会关于海员劳动监察规则的研究与制定。

中国海员建设工会积极参与国际海事规则制定，有利于维护中国的海员权益，提高海员生活质量，改善工作环境，增强海员的维权意识；同时，对规范海员管理，协调海员的劳动关系，促进就业和维护社会稳定发挥积极作用。

## 三、充分发挥产业工会服务作用

2008年，亚洲金融危机后，对水运企业的影响非常大，而且这种影响是长期的，如果不能有效控制，会对整体就业形势产生消极影响。

中国海员建设工会积极应对金融危机，充分发挥产业工会服务经济建设、服务职工群众的重要作用。提出要以贯彻党的十七届四中全会精神为指导，引导广大职工进一步认清经济社会发展形势和工人阶级肩负的历史使命。团结动员广大职工积极开展具有产业和企业特色的重点工程、灾后重建、节能减排等建功立业劳动竞赛以及“迎世博、展风采”服务竞赛和经济技术创新工程等活动，努力把全国总工会倡导的“同舟共济保增长、建功立业促发展”活动要求落到实处，为建设更高水平的小康社会贡献力量。

各级海员建设工会要高度重视产业工会组织建设，打牢强身固本的组织根基。积极探索新形势下改制企业、民营企业、非公企业、劳务企业和农民工的工会改建、重建和入会、转会的工作思路，注意增强改建工会的可操作性、重建工会的独立性和入会、转会的针对性与实效性，确保工会组织不被“边缘化”，工会工作不被“弱化”。工会组织在企业改革中要坚持四条底线，“没有发展思路不着手改制，职代会没通过不能匆忙改制，职工没有安置好不能开始改制，出现不稳定不能强行改制”。越是有困难，越是要做工作，越是职工遇到困难，越要展现出“工会是职工可依靠的组织”的作用。

加强与政府和企业行政的合作，深入推动“共同约定行动”，切实稳定职工的就业权和收益权。企业工会一方面加强对“共同约定行动”实施情况的监督，确保约定承诺的兑现，确保人心不散，共克时艰。另一方面，高度重视对本行业经济形势的分析研究，在形势好转的条件下应及时跟进工资集体谈判，确保广大职工能够分享企业发展的成果。

## 四、努力提高信息工作水平

2004 年 7 月，中国海员建设工会在连云港市召开全国海员建设系统企业办公室主任座谈会，会议通报了中国海员建设工会全国委员会网站建设情况，中国长江航运（集团）总公司工会、连云港港口集团工会等五家单位在座谈会上交流了本产业工会信息化建设情况，讨论中国海员建设工会信息工作制度。这次座谈会，实际上是一次加强中国海员建设工会系统工作信息化建设，进而推进信息工作建设的重要会议。

中国海员建设工会对信息工作建设一直非常重视，如中国海员建设工会中文网站已于 2004 年 3 月开通，成为中国海员建设工会的门户网站；全委会和所属的各级工会组织建立了信息交流，在快捷查找工运法律法规、工会工作资料文件等方面，取得了一些成绩。随着中国经济的发展，中国海员建设工会为适应信息时代发展的要求，进一步推进信息工作，提高了为广大职工群众服务的水平；同时，为了转变工会工作方式方法、提高工作质量和效率，对存在还没有达到充分利用计算机网络，开展网上办公，实现电子文档传输，互通资讯，资源共享等要求的单位，明确提出信息工作的总体要求和工作任务，努力推进信息工作建设。

信息工作的总体要求和主要任务是紧紧围绕中国海员建设工会全国委员会的中心工作，建立信息工作制度，建立健全工会系统网站体系、网上工作平台。指导原则是统一制度，分级负责；讲求实效，注重应用；规范标准，保障畅通；面向产业，服务职工。信息工作的重点是从大局着眼，从自身着手，从实际出发，以需求为导向，以应用促发展，逐步满足各项工会业务工作发展的需要。同时，要加快对信息工作的人才培养。

座谈会后，为进一步加强中国海员建设工会的信息工作，推进全国交通、建设系统工会信息工作制度化、规范化和科学化，更好地科学决策和指导工作服务，结合全国交通、建设系统的工会工作实际，制定并印发《中国海员建设工会信息工作实施细则（试行）》，为中国海员建设工会加强信息工作建设奠定了基础。

这次座谈会明确了任务与目标，对各级中国海员建设工会的信息工作建设起了很大推动作用。

## 五、开展“面对面、心贴心、实打实服务职工在基层”活动

2012 年，中国海员建设工会为更好地贯彻落实党中央关于工人阶级和工会工作一系列重要指示精神，切实做好新形势下职工群众工作，根据《中华全国总工会关于开展“面对面、心贴心、实打实服务职工在基层”活动的意见》的统一部署，就全国交通建设系统开展“面对面、心贴心、实打实服务职工在基层”活动（以下简称“面、心、实活动”）发布了指导意见，要求中国海员建设工会全国委员会各委员单位，各省、自治区、直辖市交通、建设系统有关企事业单位工会通过组织动员各级工会领导干部带头深入基层、深入职工，特别是要深入生产经营困难的企业、困难职工多的企业和劳动关系矛盾突出的企业，了解企业现状，倾听职工诉求，宣传政策法规，做好思想工作，积极为基层职工多办实事，努力为企业健康发展排忧解难，为推动行业科学发展、促进社会和谐稳定作出积极贡献。

活动期间，各级海员建设工会加强调查研究，了解掌握企业生产经营状况、劳动关系变化及职工思想动态、精神文化要求、生产生活和权益实现等方面的情况，分析研究职工群众和企业反

映的突出问题；广泛宣传《中华人民共和国工会法》《中华人民共和国劳动法》《中华人民共和国劳动合同法》《中华人民共和国社会保险法》等一系列保障职工权益的法律法规，为基层职工做好解惑释疑工作；推动解决困难，对带有行业性、普遍性的问题，要在深入调查分析的基础上，及时向各级交通、建设行业主管部门及上级工会提出有针对性的意见和政策建议；推进重点工作，支持企业和行业可持续发展的政策措施，重点做好出租车、建筑、公路运输行业建会及各行业农民工、劳务派遣工的入会工作。继续抓好环保行业职工劳动定额标准的落实和出租车、建筑、公路运输业工资集体协商成功经验的总结推广工作。

按照全国总工会的统一部署，“面、心、实活动”要贯穿2012年全年。具体分为动员部署、推进实施、阶段总结、成果转化四个阶段。

按照全国总工会的分工，天津、山东两省（直辖市）的“面、心、实活动”由中国海员建设工会全国委员会具体负责。为此，全委成立了中国海员建设工会“面、心、实活动”工作指导组。组长由中国海员建设工会主席、分党组书记丁小岗担任，副组长由中国海员建设工会副主席姚久强担任。指导组下设两个工作小组和一个综合协调办公室。每个工作小组由五名全委工作人员组成。

全委领导分别参加天津、山东两个工作小组的具体工作。通过加强对综合协调办公室的领导，掌握“面、心、实活动”的全面情况，并做好全国交通、建设系统各级工会组织开展“面、心、实活动”的巡视、指导工作。

中国海员建设工会在开展“面、心、实活动”时，把重点放在“实打实”上，为一线职工解决实际困难。活动中，很多船员反映，在船上与家里联系很难，如果能够为船员提供通信便利，不仅能够一解思乡之苦，更能让他们安心工作，有利于船舶安全。

广大船员为了远洋运输事业，牺牲了很多，希望与家人通信、联系更是人之常情。中国海员建设工会了解到这一情况后，与中国船东协会开展集体协商时，在新集体协议文本中增加了“船东应为船员在船通讯提供方便条件”的条款。与此同时，也与中远集团工会沟通协调，决定从此次活动开始，逐步推动向靠港船舶赠送无线上网卡活动，使船员能够通过网络视频见到家人。

2012 年 3 月 27 日，刚刚停靠天津港集装箱码头，“中远欧洲”轮就迎来了全国总工会“面、心、实活动”工作组。

中华全国总工会党组纪检组组长、书记处书记王瑞生，中国海员建设工会主席丁小岗、副主席姚久强，天津市总工会副主席黄淑玲一行，在中国远洋运输（集团）总公司工会主席傅向阳的陪同下登上船舶。

在船长鞠和林的引领下，全国总工会领导和“面、心、实活动”工作组来到船舶会议室内与船上船员见面。由于刚刚结束 70 天的远洋航行，船员们略显疲惫与羞涩，但是在王瑞生向船上赠送了无线上网卡之后，会议室内的气氛立刻活跃起来。二管轮吕明现场通过无线网络与家人进行视频联系。当远在浙江的吕明妻子说到家里一切都好，让丈夫放心工作的时候，现场的每一个人都跟吕明一样露出会心的笑容，大家不由自主地鼓起掌来。吕明的妻子说：“以前分别很久，盼了好久，等船舶回国靠港后也只能听到你的声音，现在能看到你的人了，我感到非常高兴。感谢工会为我们提供这样的便利，感谢工会组织对我们海员和家属的关心。”丁小岗也现场与这位海嫂通过视频通话，称她是船舶的第二政委，为海员完成海上运输任务作出了重要贡献，感谢她一如既往的支持，祝愿她健康幸福。

连线结束之后，中远散运公司的船长刘风望和海嫂代表刘畅现场演唱了歌颂海员和海嫂的歌曲《大海作证》《海嫂之歌》。特别是海嫂演唱的那句“虽说不愿分离，却又甘愿分离”时，在场的人无不动容。王瑞生也饱含激情对所有船员说："远洋运输是一项非常艰苦的工作。改革开放30年以来，奋战在远洋运输一线的船员为祖国的经济建设作出了巨大的贡献，党和国家，全国人民都铭记在心。今天看到这么先进的船舶，看到了祖国的进步，看到船员这么积极向上的精神面貌，我感到十分欣慰。开展'面对面、心贴心、实打实，服务职工在基层'活动，就是要进一步拉近全国总工会与广大职工的距离，了解职工的真实想法。也希望你们能够把工会当成你们的家，有了问题和困难积极向工会反映，工会一定会依法维护好广大职工的权益。"

中国海员建设工会以开展"面、心、实活动"为载体，自身建设得到了全面加强。以"普遍建立工会组织"工作为契机，加强组织建设取得进展。2012年，在舟山市航运企业中普遍开展了工会组建工作，并成立了舟山市海员工会，使舟山市5万余名海员进入了工会组织。此外，海员建设系统工会还在海外项目中开展了组建工会试点工作。

行业内各级工会以"面、心、实活动"为契机，牢牢把握职工所想、所思、所盼，广泛开展了走访慰问活动，切实解决职工实际困难。全委也在"面、心、实活动"中，代表全国总工会分别向天津、山东各赠送了100万元困难企业帮扶资金，慰问了10名困难劳动模范、50名困难职工，获得一线职工好评，拉近了工会与职工群众的距离。

中国海员建设工会全国委员会积极组织开展"面、心、实活动"，带领全国交通建设系统各级工会积极行动起来，创造性地完成了各项工作任务，促进了各级产业工会干部作风的转变。活动中，全国交通建设系统各级工会深入基层、深入一线，坚持一切从实际出发，实事求是地反映职工呼声，用心解决问题，共走访基层单位434家，访谈职工2.2万人，解决基层困难和问题数百件。全委工作组也深入建筑工地、港口船舶、车队班组和工会帮扶中心，走访调研了 12 家企业，召开了 44 场座谈会，个案访谈 100 人，集体座谈近 600 人，掌握了第一手资料，并客观翔实地向有关部门进行了反映。

## 六、海员俱乐部在改革中谋发展

新中国成立以来，党中央、国务院积极推动在我国对外开放港口开展社会福利事业，服务到港船舶、船员。这项工作一直由工会具体承担，全总先后制定下发了《国际海员俱乐部工作条例》《国际海员俱乐部主任负责制工作细则》《全国总工会关于进一步加强国际海员俱乐部建设的意见》等文件，对海员俱乐部给予了资金和政策上的支持，海员俱乐部开始对中国海员开放。

2003 年，全国总工会机关机构调整，中国海员工会、中国公路运输工会与中国建设建材工会（建设部分）合并成立了中国海员建设工会，原负责海员俱乐部工作的国际海员俱乐部工作部被撤销。形成了海员俱乐部资产和体制由全国总工会管理，对海员接待、宣传工作业务指导由中国海员建设工会管理，人员由地方总工会管理。

此时，海员俱乐部已由国家重点保证的港口专门接待外国海员的设施，转换为既要承担着为国内外海员服务的社会责任，又要作为在市场竞争中求生存的实体。特别是随着经济的发展，海员俱乐部面临着许多严峻挑战：社会上酒店、娱乐场所不断增多；个体服务业的“多元化”服务；海员俱乐部的设施老化，管理方式不适应市场；海员到港可以自由活动，俱乐部不再是指定的接待场所；港口装卸速度加快，海员上岸活动时间和机会减少；等等。这使海员俱乐部的经营管理和海员接待工作遇到了困难，许多俱乐部不得不在追求经济效益上投入更多精力，以解决自身生存和为海员服务的资金来源。一些俱乐部在竞争中因经营困难停业，甚至关闭。

据2009年统计，中国海员俱乐部共有40多家（有一部分属开港时计划建俱乐部，但由于投资不到位没有进行设施建设），其中有服务设施的30家，总资产约2.5亿元，建筑面积20多万平方米，客房2000间、餐厅68个、文体活动场所70多个，海员俱乐部员工约3000人，其中翻译接待人员约80人。

面对困难，海员俱乐部努力做好对中外海员“友好、服务、宣传”工作，把俱乐部办成海员喜爱的“海员之家”。他们克服困难，坚持开展海员接待、服务和外宣工作。对到港的船舶进行登轮访问，赠送宣传书报，引导海员参观游览、购物；为信仰伊斯兰教的海员提供清真食品和做礼拜的便利条件；为到港船员提供24小时的电话咨询服务；陪同病伤海员就医，慰问住院海员；在重大节日组织海员联欢，上船送慰问品；安排来港探亲的船员家属住宿；为到海员俱乐部的海员提供与家人通信、住宿、餐饮、健身娱乐、阅览等服务。有的海员俱乐部还为航行中发生事故受伤的船员联系直升机、急救中心，在大风浪里参与抢救工作，挽救船员的生命；为死亡的外国海员安排后事、并送遗体回国。这些工作受到海员的欢迎，新闻媒体也给予了报道。

海员俱乐部热情为海员服务，得到来华的各国海员的肯定，许多海员与海员俱乐部建立了深厚的感情，一些海员经常与海员俱乐部工作人员保持联系，一位退休的外国海员每年专程到海员俱乐部来，临终前还给海员俱乐部写来充满感激的信函。

海员俱乐部的对外宣传工作，在推进中国的民间外交上发挥了重要的作用，也受到党中央有关部门的好评。海员俱乐部在促进祖国统一的方面也做出积极的努力，如积极推动海峡两岸“三通”，为台湾海员寻找亲属，安排相会团聚等，成为两岸交流的民间渠道。海员俱乐部通过长期的努力让各国海员客观地了解了中国，感受到中国政府对海员的尊重和保障，树立了中国良好的国际形象。

然而受资金短缺的制约，多数海员俱乐部设备老化，人员老化和需要多语种的翻译人员，但因资金不足无力改善，客源逐年减少，经济效益不断下滑，形成恶性循环。随着国务院口岸办的撤销和地方机构的调整，海员俱乐部与口岸单位的协调出现了一些困难，如一些船舶代理和对外物资供应成了私人经营，一些地方上的边防、港口公安一线工作人员不了解海员俱乐部工作性质，不相信海员俱乐部免费到码头接送海员，造成海员俱乐部了解船舶动态难，登轮难等问题。由于海员俱乐部的社会责任没有得到相应的制度保障，而且，国务院原口岸办关于海员俱乐部的文件已过时，海员俱乐部运作十分困难。当时，在事业单位改革中，一些地方将海员俱乐部划为企业，甚至撤销了海员俱乐部，使这些港口的海员接待工作无法保证。

面对这些问题，中国海员建设工会加强海员俱乐部的工作，并积极向全国总工会建议：进一步明确海员俱乐部事业单位的定位。加强与地方协调，沟通情况，在各地事业单位改革中，明确海员俱乐部事业单位的定位，从体制上保证海员俱乐部的性质不变。同时修订《国际海员俱乐部工作条例》，进一步强调海员俱乐部的工作宗旨和任务。加强对海员俱乐部的管理和指导，在资金上对海员俱乐部进行扶持，争取国家对海员俱乐部免费提供对外宣传书刊。加强对海员俱乐部工作的调查研究，探索市场经济条件下海员俱乐部生存发展的有效途径，推广先进的管理经验，提高海员俱乐部的管理水平，增强其在市场上的适应性和竞争力。

另外，中国海员建设工会不断呼吁海员俱乐部工作作为履行《2006 年海事劳工公约》的整体规划的一部分，作为航运强国建设的一部分。各级政府应从贯彻“以人为本”的科学发展观的角度重视海员俱乐部工作，将对各国海员接待、服务、宣传工作作为口岸城市建设和对外开放工作的重要组成部分，作为展示中国推进“体面劳动”“以人为本”发展航运的平台，对海员俱乐部的建设和发展给予政策、资金上的扶持，为做好海员工作创造良好的条件。

## 七、开展与港澳台海员工会交流工作

### （一）对港、澳海员工会交往活动

2006年4月，纪念中国海员工会成立85周年活动在珠海隆重举行，活动邀请了香港、澳门特别行政区海员工会的代表参加，共同缅怀海员工运历史、弘扬光荣革命传统，增进了与港、澳海员工会的交流与合作，增强了港、澳海员工会和水运职工对祖国的向心力，为促进包括港、澳地区在内的职工维权工作和中国航运事业的健康和谐与可持续发展添砖加瓦。

2007年10月17日至19日，交通部与中国海员建设工会、中国船东协会在北京召开《公约》出台后的首次国家级三方研讨会，国际劳工组织（ILO）标准司司长、活动司司长、北京局局长到会讲话，国际航运联合会（ISA）、国际运输工人联合会（ITF）的代表列席会议。会议邀请香港、澳门特别行政区海员工会等代表参加了会议。会议期间，与会代表共同探讨继续推进《公约》在中国的批准实施工作达成了一致意见，就促进三方机制制度化达成了一致意见，并就推动集体协议尽快出台达成了共识等。

2010年10月，中国海员建设工会应香港海员工会邀请，中国海员建设工会组织专家赴香港参加2006年海事公约、防治船舶污染海上环境、海上安保研讨会，并与香港特别行政区海事部门、船东协会、海员工会共同进行了三个专题的研讨。

另外，中国海员建设工会与香港海员工会密切沟通、探讨中国大陆在香港经营的航运公司履约问题。通过开展双方的交流、交往活动，提高了中国海员建设工会与香港海员工会交往的务实合作水平。

### （二）对台湾海员工会交往活动

2004 年 8 月 22 日至 31 日，应台湾中华海员总工会邀请，以中国海员建设工会主席吴子恒任团长的中国海员工会赴台交流团前往台湾进行交流访问。

在台期间，举行了“两岸海员工会会务交流研讨会”，还分别对台湾海洋大学、中华航业人员训练中心、台湾中国验船中心、长荣公司、长荣培训中心、高雄海洋科技大学、台中港务局、高雄海员分会、台中海员俱乐部进行了工作访问和会谈。

赴台交流团受到台湾中华海员工会、各航运企业、行业组织、海运院校以及铁路、航空、观光、地铁、营造（建筑）等工会各方人士的盛情欢迎。台湾中华海员工会、台湾船联会（船东协会）分别为中国海员建设工会举行了欢迎、欢送会。赴台交流团还与台湾有关部门，高雄、台中港务局有关官员，台湾主要航运企业的领导人，台湾交通、建设行业的各工会有关人士均进行了较深入的接触。

此次赴台交流目的明确、主题突出、准备充分，且非常务实，取得了一定的成果。在台湾引起很大的反响。《中华日报》《工商时报》《新生报》等有影响的台湾媒体均从正面报道或发表了中国海员建设工会对台访问的新闻或专稿，部分香港报刊、中新社、新华社也转发了中国海员建设工会赴台交流情况的报道。

赴台交流团利用“两岸海员工会会务交流研讨会”宣传了中国工会作用，较完整地宣传了中国海事局、中国船级社在保证海上安全、保护海洋环境中所做的努力。特别是探讨了两岸海员工会进一步加强合作的方向。进一步开展对台湾高级船员的培训工作，积极推进落实大陆船员在船舶挂靠台湾港口期间能自由登岸，加强两岸海员工会维权的信息沟通，协助台湾航运院校与大陆海运院校建立联系，开展业务交流和推动中国船级社在台直接设立船舶检验机构等。

赴台交流团在访台交流中，感受到中国海员建设工会与台湾中华海员工会和航运界已经建立起一定的联系。因此要充分发挥中国海员建设工会在台湾已经产生的影响力，努力团结更多的台湾中华海员工会与航运界朋友，为促进国家统一作出贡献。

2005 年 8 月 20 日至 29 日，台湾中华海员总工会一行 10 人到大陆进行参观访问。这次访问是两会隔年互访规定的一次例行访问。来访的人员是台湾中华海员总工会的理事长方福梁、台湾中华海员总工会高雄分会理事长张百镒、台湾中华海员总工会基隆分会理事长王临发、台湾中华海员总工会驻会常务监事方文德、台湾中华海员总工会驻会常务理事高国峰、理事王传义、林玉振与监事陈松源、陈自伟及台湾中华海员总工会秘书长吴学基等。

台湾中华海员总工会历史上曾与中国海员工会是一家。他们在大陆期间，中国海员建设工会在北京接待台湾中华海员总工会访问，并与其会谈；台湾中华海员总工会在黑龙江参观访问期间，拜访黑龙江航运管理局、黑龙江航运集团，并与中国海员建设工会黑龙江省委员会、中国海员建设工会黑龙江航运集团委员会，黑河港务集团、黑河航道局、同江港务公司、同江航道局、佳木斯航道局行政及工会组织进行了工作会谈，参观黑龙江航运企业。

此次来访，台湾中华海员总工会接触了一些省级海员工会、企业集团工会、集团所属企业工会，还在船上接触了工会小组。对大陆各地海员工会地方组织的覆盖程度和组织体系的完整性有了进一步的了解。

# 第八节 加大工会“走出去”步伐

## 一、积极参加国际组织活动

### （一）参加国际劳工组织海事技术筹备大会

2004年9月13日至24日，国际劳工组织海事技术筹备大会在日内瓦召开。这次大会的主要任务是审议和完善《综合海事劳工公约（草案）》，以提交给下一届国际劳工海事大会审议通过。来自88个国家的551名政府、船东和海员代表出席大会，对《综合海事劳工公约（草案）》的各项条款、规则和技术细则等进行讨论。中国政府、工会、船东三方代表参加了会议。中国海员建设工会主席吴子恒作为工会代表参加了大会。

《综合海事劳工公约（草案）》一旦被通过，将成为全球125万名海员的“权利法”，并被视为国际劳工组织标准制订进程中的一个重要的“里程碑”。中国海员建设工会非常重视这次会议，会前与30多家航运企业和外派劳务企业的有关人员对草案进行了深入研究和讨论，书面征求了多方面的意见，参加了交通部多次组织召开的研讨会。由于准备充分，会上较好地按照预案积极参与了对《综合海事劳工公约（草案）》的审议和修改。

会议结束时，中国驻日内瓦大使听取了与会政府、工会、船东三方的汇报，对会议所取得的结果表示满意。中国海员建设工会根据这次会议并结合中国海员劳务输出具体情况给相关单位提出了三点建议：一是要加强研究，密切跟踪，积极参与《综合海事劳工公约》的制定工作。加强对中国船队发展趋势、船员配备情况的研究，设计出相应的预案，尽最大努力争取一部既有利于中国航运业在国际航运市场上的竞争，又有利于中国海员输出，又能保护海员切身利益的公约出台。二是采取有效措施应对《综合海事劳工公约》对中国航运企业带来的挑战。三是抓住时机，完善国内立法，切实维护中国海员的合法权益，为中国航运业实施“走出去”战略保驾护航。

### （二）出席第94届国际劳工（海事）大会

2006年2月5日至23日，国际劳工组织第94届国际劳工（海事）大会在日内瓦召开。中国派出了由政府、船东和海员三方共28人参加的代表团，中国海员建设工会主席吴子恒，海员工作部部长魏薇，全国总工会国际部张涛等作为海员代表出席了会议。这次会议的主要任务是审议并最终通过《综合海事劳工公约》，为日益全球化的海运业制定统一的海员劳动保护国际标准。会上，交通部副部长徐祖远作为大会特邀嘉宾在会上作了题为“以人为本，发展可持续海运”的演讲。吴子恒就中国航运业的发展、海员培训、维权等方面作了大会发言，并担任了大会总务委员会委员。会议期间，中国海员建设工会开展广泛的交往活动，争取国际海员组织对中国提案的理解和支持。大会结束前夕，中国海员建设工会主席吴子恒当选为新一届的联合海事委员会委员。

国际劳工（海事）大会每10年举行一次，此次是第10次会议。会上拟议的《综合海事劳工公约》起草修订历时五年，整合了国际劳工组织85年来制定的60多个现行海事劳工公约和建议书而形成的一部框架明晰、内容全新的海事劳工公约，包括了海员上船工作条件、就业条件、船上设施、船员社会保障和符合与执行五个方面的内容。《综合海事劳工公约》的出台将对国际海运业的发展产生重要影响。

### （三）出席亚洲海员高峰会暨挪威/亚洲海员委员会会议

2003年3月，中国海员建设工会副主席朱建光带团参加在越南河内举办的第20届亚洲海员高峰会暨第13次挪威/亚洲海员委员会会议。会议主要讨论了国际运输工人联合会内部整个船的船员工资标准、促进亚洲海员工会团结等议题。

2004年，中国海员建设工会主席吴子恒带队赴菲律宾宿务参加了第21届亚洲海员高峰会暨第14次挪威/亚洲海员委员会会议。会议讨论了成立国际协商论坛、海上安保问题以及推动综合海事公约等议题。

2005年，中国海员建设工会主席吴子恒带队赴日本东京参加了第22届亚洲海员高峰会暨第15次挪威/亚洲海员委员会会议。会议围绕国际劳工组织综合性海事公约、船员最低劳动标准等议题展开讨论。

2006年3月5日，中国海员建设工会主席吴子恒率领代表团参加在中国香港举办的第23届亚洲海员高峰会暨第16次挪威/亚洲海员委员会会议。会议的主要议题有：促进ILO海事统合条约批准；促进亚洲地区船员教育训练和组织化的课题；促进ILO185号条约批准，加强对海盗、强盗行为及反恐对策的APEC及加强动员本国政府；支持设立ITF亚太水产地区委员会等问题进行探讨。会议期间，代表团积极开展工作，了解情况，介绍了中国海运政策、中国海员外派及管理和中国海员工会的主要工作；同挪威船东协会就中国外派海员协议进行了谈判；同菲律宾的两个海员工会组织就中国使用菲律宾船员的有关情况进行了交流。会议还就海员工资标准等共同关心的问题进行了讨论。

2007年2月25日至3月1日，中国海员建设工会主席吴子恒带团出席了在印度尼西亚雅加达举办的第24届亚洲海员高峰会暨第17次挪威/亚洲海员委员会会议。此次会议得到印尼交通部高度重视，其常务副部长出席开幕式并围绕会议主题，就亚洲国家加大海员社会保障力度，提高海员竞争力，扩大海员就业，加强集体谈判等问题发表了演讲。会议就海员培训、避免海员短缺危机、加大亚洲国家海员社会保障力度、提高海员竞争力、扩大海员就业、加强集体谈判等问题进行了研讨。来自中国、日本、印度尼西亚、印度、新加坡、菲律宾、越南、韩国、巴基斯坦、俄罗斯、中国台湾、中国香港和挪威等13个国家和地区的海员工会代表共50余人出席了会议。

会议期间，中国海员工会积极开展工作，了解情况，吴子恒在会上主动介绍中国航运发展状况、工会重点维权工作和未来发展方向；同挪威船东协会及三家海员工会组织共同商讨新一轮的中国海员集体协议（CBA）谈判计划；同韩国代表积极开展双边活动，推动双方互访交流往来；与新上任的日本海员工会主席交换意见，介绍了中国海员工会的维权工作，日方明确表示两国要继续友好合作；与其他各国同行交流了意见，商讨如何积极应对《2006年海事劳工公约》实施等。

2008年，中国海员建设工会副主席朱临庆带团出席了在菲律宾马尼拉举办的第25届亚洲海员高峰会暨第18次挪威/亚洲海员委员会会议。会议围绕国际运输工人联合会方便旗船政策、亚洲海员技能培训等议题讨论。中国代表团在会议期间分享了国家报告，介绍了中国工会开展工作的情况。

2010年，中国海员建设工会副主席朱临庆带团出席在菲律宾马尼拉举办的第27届亚洲海员高峰会暨第20次挪威/亚洲海员委员会会议。会议主要讨论了亚洲船员的教育、训练方案，应对海盗问题等议题，中国代表团介绍了中国船员教育培训情况，并在会上分享了中国的相关政策和工会开展的工作。

2011年，中国海员建设工会副主席朱临庆带团出席在中国香港举办的第28届亚洲海员高峰会暨第21次挪威/亚洲海员委员会会议。会议讨论了全球高素质海员减少以及应对海盗问题等议题。中国代表团在会上分享了中国航运港口发展的情况，中国工会在提升海员权益保障水平，提高海员劳动标准方面所做的工作，介绍了中国在防范海盗方面采取的措施。

2012年，中国海员建设工会主席丁小岗带团出席在印度尼西亚泗水举办的第29届亚洲海员高峰会暨第22次挪威/亚洲海员委员会会议。会议的主要议题是预防海盗和设置亚洲海员高峰会工作组会议。中国代表团在会上介绍了中国港航业发展的情况，介绍了中国海上劳动关系三方协调机制工作的情况，以及三方机制在推动国家批准《2006年海事劳工公约》等方面开展的工作。

### （四）参加《海员培训、发证和值班标准国际公约》缔约国外交大会

2010年6月21日至25日，国际海事组织（IMO）在菲律宾马尼拉召开了《海员培训、发证和值班标准国际公约》（STCW公约）缔约国外交大会，来自全球89个国家和地区以及20个政府间和非政府间国际组织派代表出席了会议。中国海员建设工会副主席朱临庆与中远、中海集团、大连海事大学、上海海事大学代表组成的中国代表团出席了会议。

会议审议并通过了STCW公约2010年修正案及19项大会决议，并决定每年6月25日为世界海员日。2010年修正案是对《海员培训、发证和值班标准国际公约》的第二次全面修订。会上，中国代表团提交的《非强制性要求向其他缔约方提供独立评价报告》和《非强制性实施船员体能健康标准》两个提案得到大多数国家的支持并被会议接受。

### （五）参加国际劳工局《2006年海事劳工公约》三方筹备会议

2010年9月20日至25日，国际劳工局在日内瓦召开

“《2006年海事劳工公约》三方筹备委员会会议”（以下简称“三方筹备会议”）。会议分为两个阶段，9月20日至22日为“三方筹备会议”；23日至24日为《海员身份证件公约》磋商会议。

中国海员建设工会副主席朱临庆参加了会议。《2006年海事劳工公约》已经获得10个国家批准，预计2012年《2006年海事劳工公约》将可达到生效条件。为此，国际劳工组织召开本次会议，为《2006年海事劳工公约》生效开展准备工作。会议共有三项任务：一是要求“三方筹备委员会”审议国际劳工组织成员国批准和实施《2006年海事劳工公约》的准备情况；二是对各国在准备批准和执行《2006年海事劳工公约》中所遇到的问题交换看法并提供可能解决问题的建议，以促进《2006年海事劳工公约》在2011年或2012年生效；三是对将成立的“三方特别委员会”议事规则进行研究，鉴于“三方特别委员会”在《2006年海事劳工公约》框架下发挥的各种作用的权限，要明确“三方特别委员会”成立后需要对哪些问题采取紧急行动予以解决。为此，要对包括“三方特别委员会”的选举权、发言权、主席作用、委员作用和观察员权利、未批约国家权利等内容进行研究。

会议期间，中国海员建设工会在分组会上对中国海员建设工会与中国政府、船东合作推动《2006年海事劳工公约》批准所做的工作进行了介绍。中国政府代表在全体大会上对中国政府的批约准备情况进行了介绍。中国的介绍概括了：中国吸收《2006年海事劳工公约》精神，完善国内立法；推动建立新的海员管理机制和体制；组织国际研讨，开展履约研究；建立中国海上劳动关系三方协调机制；推动签署集体协议；筹建公益性全国海员招募和安置机构六个方面的情况。

会议决定：由国际劳工组织理事会设立“三方特别委员会”，工作宗旨是审议成员国为批准和实施《2006年海事劳工公约》的工作，为《2006年海事劳工公约》生效后亟须处理的问题做好工作准备；“三方特别委员会”具有对成员国履约情况监督的职权；对于《2006年海事劳工公约》履约中出现的其他问题，可以在“三方特别委员会”建立后组织三方协商解决。

《海员身份证件公约》的建立背景是在2001年“9·11”事件之后，美国、英国为加强反恐，防止恐怖分子通过船员的身份进入美国，与国际海事组织就海运业加强安保措施进行初步讨论后，经国际劳工组织第283次理事会讨论通过，决定将“加强海员身份认证安全性”的议题列入第91届国际劳工大会议程，并于2003年经国际劳工大会通过。由于中国没有批准该公约，近期也没有批准的设想。因此，参加会议的目的在于了解情况。

会议期间，中国海员工会努力争取中国有关代表尽早加入国际劳工组织的“三方特别委员会”，围绕着中国工会2011年竞选国际劳工组织正理事开展了一些双边活动，与国际运联和有关国家海员工会进行了交流。

### （六）参加2011年世界海上人命救助大会

2011年8月24日，2011年世界海上人命救助大会在上海开幕，这是亚洲国家首次承办此大会，恰逢中国唯一的国家专业救助打捞力量——交通运输部救助打捞系统（中国救捞）创建60周年。来自世界各国救助系统的代表参加了大会，国务院副总理张德江到会。全国总工会党组纪检组组长、书记处书记王瑞生出席开幕式，中国海员建设工会主席李铁桥出席会议。

会上，大家集体观看了以“以人为本，关爱生命，保障水上平安”为主题的大型海空立体救助演练，整个演练共持续了半个多小时，规模大、动用力量多，参演力量操练娴熟、配合精确，在国际舞台上充分展示出了中国国家海上专业救助队伍的实战能力和雄伟英姿。

## 二、开展国际交流

### （一）与日本航运界工会开展交流

2007年5月27日至6月3日，应中国海员建设工会邀请，以书记长伊藤彰信为团长的全日本港湾工会代表团一行五人对中国进行了友好访问。在京期间，中国海员建设工会主席吴子恒、副主席朱临庆等同代表团进行了会谈。此外，代表团还访问了桂林、广州和上海，参观了广州港南沙港区、上海港洋山港区和外高桥港区；同桂林航运工会进行了交流。

2007年6月14日，应中方邀请，日本海员工会主席藤泽洋二一行抵京访问。中国海员建设工会主席吴子恒与藤泽洋二举行了会谈。吴子恒首先对藤泽洋二一行的来访表示欢迎，对中日两国海员工会多年来开展中国船员英语培训班的合作给予高度评价。吴子恒向客人介绍了近年来中国航运经济的发展情况，特别是港口建设和对外贸易的进出口情况，重点介绍了中国海员建设工会认真履行维权职责，积极呼吁全国人大设立《中华人民共和国海员法》，参与《中华人民共和国船员条例》的制定并推动《中华人民共和国船员条例》的出台，从法律上维护中国船员的合法权益等情况。

双方还就加强中日两国海员工会之间的信息交流、提高船员培训的合作水平等事项达成了一致意见。中国海员建设工会副主席朱临庆代表中国海员建设工会与日本海员工会中国船员英语培训管理委员会就有关船员培训事宜进行了会谈。

### （二）接待澳大利亚海员工会联合代表团

2007年5月21日至26日，应中国海员建设工会邀请，以总书记约翰·苏顿为团长的澳大利亚建筑、森林、煤矿和能源工会（以下简称 CFMEU）及澳大利亚海员工会联合代表团一行四人对中国进行了友好访问。访问期间，全国总工会副主席、书记处书记徐振寰会见了代表团。

中国海员建设工会、中国能源化学工会负责人与代表团就各产业工会当前主要工作情况和以后的交往交换了意见和看法。全国总工会法律部负责人就代表团关心的《中华人民共和国劳动合同法（草案）》与代表团进行了座谈。除在北京活动外，代表团还访问了银川、上海。

访问期间，约翰·苏顿团长多次强调澳大利亚 CFMEU 及海员工会十分重视发展和中国工会的友好关系，希望今后双方能够继续加强联系，建立互访对话机制，共同推进彼此的工会工作。

### （三）访问挪威海员工会

应挪威海员工会的邀请，2010 年 9 月 22 日至 25 日以中国海员建设工会主席李铁桥为团长的中国海员建设工会代表团一行四人，赴挪威奥斯陆访问。

代表团参加了挪威海员工会第 26 届代表大会和挪威海员工会成立 100 周年的活动。出席会议的有，挪威海员工会基层组织的 40 多名代表，应邀到会的嘉宾有国际运输工人联合会（ITF）的代表，来自中国、新加坡、印度、越南、俄罗斯、英国、希腊、芬兰、澳大利亚、加拿大等国家的海员工会的代表。

会庆活动中，回顾了挪威海员工会一百年的历史，历数了海员工会的业绩，追忆了为工会事业作出突出贡献的工会工作者，来宾代表祝词，海员工人演出了反映海员生活的文艺节目。中国海员建设工会向挪威海员工会赠送了礼品。

在挪威期间，代表团与挪威海员工会就续签中国船员集体协议事宜进行了协商；接触了前来挪威参加会议的国际运输工人联合会（ITF）新任主席、澳大利亚海员工会主席沛蒂；与新加坡高级海员工会和普通海员工会的领导进行了工作沟通。

### （四）英国海员工会访问中国海员建设工会

2011 年 5 月 25 日，英国海员工会（NAUTILUS）书记马克一行到访北京。这是他们领导人第一次到访中国。中国海员建设工会副主席朱临庆、海员工作部部长魏薇与马克一行进行了会谈。

朱临庆在会谈中向英国海员工会介绍了中国海员建设工会工作情况，中国水运行业发展的状况以及中国船员队伍的现状，并就英国海员工会感兴趣的《2006 年海事劳工公约》、中国船员队伍情况等问题与英方交换了意见。朱临庆表示，随着中国经济的迅速发展，水陆工资差异不断减少，中国船员队伍发展也面临着高素质船员短缺等一系列突出问题，因此在船员培养上，中国已经将重心转移到中西部地区，将来会有一批来自西部内陆地区但怀着航海梦想的年轻船员走进海员队伍。他同时希望欧洲发达国家的船东能够更多地使用中国船员，这对中欧双方互惠互利。在谈到《2006 年海事劳工公约》的时候，朱临庆表示，为了推动《2006 年海事劳工公约》的批准，中国海员建设工会做了大量工作，这项工作也得到了中国政府主管部门的重视，希望中国政府能在公约生效之前批准公约。

马克感谢朱临庆的介绍，表示中国作为国际航运大国和船员大国对国际航运业发展有重要的影响。欧洲目前面临着船员市场向亚洲发展而本土船员流失严重的现实问题，因此这次到北京来访问，就是希望能开启双方的合作关系，并希望这种合作关系在未来能有更好的发展。会上，双方就在其签约船东船舶上服务的中国船员的劳动标准和工资标准以及签订双边集体协议等事项进行了研讨。

## (五) 接待国际运联代表团

2003年，以吴子恒为团长的中国工会代表团受邀赴吉隆坡出席国际运联年会。会议期间，国际运联实施政治操弄，中方坚决反制。

2005年5月12日，中国海员建设工会主席吴子恒在北京接待了以总书记大卫·克罗夫特为团长的国际运输工人联合会（ITF）代表团一行八人，双方进行了会谈。来访团对2003年在吉隆坡举行的国际运联年会上不妥行为遭我反制一事作出解释，并承诺今后不会再发生类似事件。中国海员建设工会介绍了中国航运业发展状况、工会维权工作、参与海事劳工公约研究的情况，双方就关心的问题进行了交流。吴子恒表示，中国海员建设工会将一如既往地奉行独立自主、广泛联系的方针，在独立、平等、互相尊重、互不干涉内部事务原则的基础上，加强同包括国际运输工人联合会（ITF）在内的各国海员工会组织的友好往来，加强沟通，互相学习，互相支持，努力为维护海员群体的合法权益、促进人类社会发展进步作出应有的贡献。

2010年7月，中国海员建设工会与国际运输工人联合会（ITF）在北京举办《2006年海事劳工公约》履约研讨会。国际运输工人联合会海员部秘书长乔恩·威特鲁，日本横滨港ITF检察员和全日本海员工会成员大堀二三男，国际运输工人联合会海员部佩尼·霍华德、罗森·卡拉瓦切夫参加研讨会并分别发言，介绍了国际运输工人联合会对《2006年海事劳工公约》的理解。中国海员建设工会副主席朱临庆以《推动实施〈MLC2006〉，促进中国船员体面劳动》为题发表主旨演讲，交通运输部海事局船员管理处处长李恩洪、中国船东协会海员委员会主任李善敏、上海海事大学教授阮巍等业内各方专家分享了中国国内对《2006年海事劳工公约》的研究成果。

中国海员建设工会主席李铁桥在研讨会闭幕式上致辞，他表示，全国总工会、中国海员建设工会与国际运联在北京联合举办的海事劳工公约研讨会，这是中国工会与国际运联第一次就海事劳工标准和海员权益保护相关问题进行探讨与合作。希望今后中国海员建设工会与国际运联在宣传海员的贡献，推动《2006 年海事劳工公约》的生效，确保《2006 年海事劳工公约》的履行以及保护全球海员的权益等问题上能够继续进行交流、探讨与合作。

## 三、与有关国家与地区签署船员工资、福利的双边协议

### （一）签订中国外派挪威船员集体谈判议定书

为维护中国外派海员的权益，中国海员建设工会与挪威海员工会、挪威高级海员工会、挪威轮机员工会保持友好交往，在他们的协助下，不断了解、掌握挪威产业政策变化情况，与挪威船东协会就中国海员在挪威船东商船上的工作生活条件、工作期限、最低工资标准、病休、伤残补偿、死亡赔偿等问题经反复磋商后签订了集体协议，并每年进行修订。

这份集体协议为维护中国海员的工资收入、社会福利等具体利益、促进中国外派海员事业走上法制化、国际化轨道发挥了积极作用，得到中外航运企业和外派海员的充分肯定和合作。中国船员（最高职务已担任船长）就职于挪威籍船舶，不仅增加了国家外汇收入，还使中国船员学习、掌握了挪威在海事管理上的许多成功经验，提高了技能；中国船员勤劳敬业的良好形象同样得到了挪威航运界的交口称赞。中国有关船员管理/外派公司严格按集体协议内容与相关挪威航运公司签订外派合同，未发生一起劳务纠纷，不能不说是签订的集体协议起到了积极的保护作用。

2007 年，中国海员建设工会与挪威海员工会、挪威高级海员

工会和挪威轮机员工会一道与挪威船东协会就中国外派海员的权益保障问题进行了新一轮谈判，重点是增加工资。经过艰苦谈判，最终签订了协议。提高中国船员工资待遇的具体内容包括：增加中国船员两天休假日，并按工资标准相应提高船员休假津贴；提高伤亡最高赔偿额；将享有伤病假工资期限由劳动合同结束后的120天增至130天。

2009年10月23日至24日，中国海员建设工会、挪威海员工会、挪威高级海员工会、挪威轮机员工会与挪威船东协会在北京就中挪海员集体协议开展新一轮谈判。中国海员建设工会副主席朱临庆作为中国海员建设工会首席代表与挪威船东方代表挪威船东协会副总书记约根·万特、挪威船东协会首席谈判员派尔·唐戈进行了谈判，挪威海员工会副主席强尼·汉森、挪威轮机员工会副总书记比约·理查德·古特鲁德、挪威高级海员工会主管汉斯·森德参加了谈判。

由于国际金融危机对挪威航运经济造成巨大影响，此次谈判的过程漫长而艰苦。双方围绕提高外派到挪威的中国海员的福利待遇问题从各自的立场阐述了不同的观点和理由。中国海员建设工会依据相关法规和航运劳务市场的现实情况据理力争。经过两天三轮的谈判，双方最终达成共识：中国船员工资每月提高30美元；同时挪威船东方承诺在经济好转时进一步提高中国船员工资标准；中国船员法定休假日增加至12天；提高最高死亡赔偿金；提高最高伤残补偿金；船舶驶经海盗活动区域（亚丁湾地区）时，船东应向船员支付双倍基薪的补偿。

2010年12月7日，中国海员建设工会、挪威海员工会、挪威高级海员工会、挪威轮机员工会与挪威船东协会在北京签署了2011年至2012年中国外派挪威船员集体谈判议定书。

经过四轮谈判拉锯战，双方就2011年至2012年中国外派挪威船员集体协议标准达成共识。挪威船东协会最终同意中国船员工资上涨6%；普通船员和见习生死亡赔偿金标准提高，每名子女赔偿金也提高，赔偿子女的人数由最多两人增加至四人。

同时，依据双方签署的议定书，挪威船东协会将对中国船员社会保险、船员服务期限以及船员财产保护等相关问题进行调研，并于2011年就这些问题给予答复。

2011年11月28日，中国海员建设工会、挪威海员工会、挪威高级海员工会、挪威轮机员工会与挪威船东协会就《中国海员中挪双边集体协议》《非挪威旗船舶上中国海员的工资和劳动条件标准协议》在深圳进行新一轮谈判。

双方在对2011年集体协议执行情况进行评估的基础上，中国海员建设工会提出的要约是中国AB（一等水手）基薪提高2.5%（AB基薪是国际海员集体谈判中工资标准的基础，AB基薪涨幅确定后，其岗位工资、级别工资等均相应提高，其他职务的海员工资也根据此标准按照一定等级比例提高）。经过几轮谈判后，船东代表让步到增幅2%，并表示，在此前与各国的谈判中，只有菲律宾因是主谈判年，且承诺明年不再提高工资，故其工资提升2%；其他各国均只增长1%。因此中国海员工资今年最高增幅不能超过2%。面对这种情况，中方代表提议休会，利用短暂的时间与挪威工会代表商讨，对比了中国与菲律宾海员的工资水平，从中找到突破口。重回谈判桌后，中方代表提出新的理由：中国海员进入国际劳务市场的时间短，原工资基数低于菲律宾。如果二者工资均提高2%，看似一样，但换算成绝对数，结果是不同的。2%对于菲律宾海员实际增长了14美元，而对于中国海员只增长了12美元，这等于加大了中国与菲律宾海员的工资差距，而多年来中国海员工会一直强调要缩小这个差距。因此，中方代表坚持中国AB基薪要增长14美元以上，即增长2.5%；同时提出明年是中国海员建设工会的主谈判年，将继续就提高工资进行谈判。挪威船东代表经测算考虑后，最终同意了中国海员建设工会的要求，并就本协议的中期修改达成共识，签署了谈判议定书。双方同意，所有为挪威船东服务的中国船员工资上涨 2.5%，高级船员的最高伤残赔偿金提高至 12 万美元，普通船员的最高伤残赔偿金提高至 10 万美元；在挪威船东所有的非挪威旗船上工作的所有中国船员的最长服务期限缩短为九个月。

2012 年 11 月 16 日，中国海员建设工会、挪威海员工会、挪威高级海员工会、挪威轮机员工会与挪威船东协会，在桂林开展新一轮中挪海员双边集体协议谈判。中国海员建设工会海员工作部部长魏薇作为中国海员建设工会方首席谈判员，挪威船东协会法律顾问派尔·唐戈作为船东方首席谈判员分别代表船员和船东在谈判中就中国船员的工资标准、赔偿标准等问题展开三轮交锋。最终双方就中国船员工资和死亡赔偿金达成新的协议：在挪威船东的船舶上工作的中国船员工资增长 2.5%；在挪威船东的船舶上工作的中国船员死亡赔偿标准提高；其未成年子女每人可额外获得的赔偿金增长。

## （二）与新加坡海员工会签订集体协议

2004 年 8 月 10 日，中国海员建设工会与新加坡高级海员联合会和新加坡海员组织签订集体协议。协议覆盖在新加坡旗船舶上受雇的中华人民共和国高级海员和普通海员。这些船舶已同新加坡高级海员联合会和新加坡海员组织签署了旨在代表中国海员，改善和保护其工作条件的集体协议。

中国海员建设工会与新加坡高级海员联合会和新加坡海员组织达成协议，协议双方应互相帮助，协调行动，为各自集体协议所覆盖的海员行使相应的权利和义务；集体协议规定受雇的中国海员必须成为中国海员建设工会的会员并保留会籍；双方同意设立使海员受益的培训基金；协议双方同意应对方要求定期交流信息，以深化双方关系。

## （三）与全日本海员工会、国际船员劳务协会签署的备忘录

中国海员建设工会全国委员会、中国船东协会海员委员会、全日本海员组合以及日本的国际船员劳务协会（以下简称“四方”），于2004年5月31日在北京召开会议，就进一步履行2001年11月18日签署的“四方”协议事宜签订备忘录。

会议商议决定：“四方”原则上每年召开一次会议，为使“四方”之间进行有效沟通，特重申每年于6月和12月互相通报中国船员在日本商船队工作的人数，船舶名称及有关船舶情况，中方派遣公司名称及日方接纳公司名称，“四方”会员单位名单及变更情况，“四方”公司支付的租金情况；“四方”之间达成的船员工资薪金明细事宜，“四方”应互通情报，努力实现“四方”间的信息公开和透明化；为促进国际航运和规范船员劳务市场秩序，“四方”应认真履行。

按照“四方”协议的精神，2001年11月21日，中国海员工会和日本海员工会就中国船员英语教育计划一事签署协议书后，启动中国船员英语教育工作。

2002年4月，首先设立中国船员英语教育计划管理委员会，确定了中国船员英语教育计划管理委员会名单：中方管理委员会会长朱建光（CSU副主席），管理委员张涛（全国总工会国际部处长），管理委员邱丽珍（会计监察　全国总工会国际部干部）；日方管理委员松桥崇（管理委员计划事务所所长　JSU中国代表部首席代表），管理委员大木明（JSU船员雇佣事业中心事务局局长），管理委员香远史子（会计监察　JSU国际汽船局国际部专任职员）。然后，制定了《中国船员英语教育计划管理委员会规则》。接着，中国船员英语教育计划管理委员会（以下简称管理委员会）为了实施中国船员教育计划（以下简称计划），确定了学生招收要领：计划2002年6月3日至2005年5月31日，招收

人数120人；确定第一期于2002年6月3日至11月3日开班，招生20人，以及以后开班时间与招生人数；教学计划目的是在中国海员建设工会全国委员会和全日本海员工会的共同协力之下，通过培训提高中国船员英语能力和素质，为世界海运的发展作出贡献，给日本商船队输送更多的中国船员；确定了以英语会话和专门的海事英语基础为中心的教学大纲和培训课时等。

2002年4月25日，发出了第一期招收通知，共招收学员20人（航海专业），培训六个月。通知明确了申请者资格：毕业于有关航海院校且从事船上工作（本期限航海专业），具有一定的英语水平、综合素质较高，年龄在20岁至40岁，且得到有关航运公司或相关海事团体的推荐等要求，并提出了申请者的英语水平需经两次测试，经笔试与面试合格，才可录取。学员录用后，由管理委员会负担的费用，包括学员住宿费、餐费、教材，以及其他计划经营必需的费用。对录取者提出了学员守则，要求参加本计划的学员必须遵守，若违反守则者，管理委员会有权责令其退学。

6月3日上午，中国船员英语教育培训开学典礼在天津远洋宾馆举行，70多名来宾参加了开学典礼。中国海员建设工会主席张士辉与日本海员工会井出本荣会长共同主持，中华全国总工会副主席、书记处书记苏立清，日本驻中国大使馆一等书记官柏木隆久以及双方工会、船公司领导讲话或祝词，学员代表也发了言。

首次培训开展以来，取得了预想结果。2002年10月，中国船员英语教育计划管理委员会决定启动第二期中国船员英语培训班招生工作，第二期招收学员人数为20人（轮机专业），学习时间为2002年12月1日至2003年5月31日，为期六个月。这样中国海员建设工会和全日本海员工会合作的中国船员英语教育培训工作延续至今，为提高中国船员走向世界作出了贡献；日本航运业也因享受到优质经济的中国船员服务，提高了竞争力。

中日“四方”协议因各种原因，在协议到期后未能继续签署。但中国海员建设工会与全日本海员工会的合作在两国工会的努力下得到了延续。

2004年，中国海员建设工会全国委员会（以下简称CSU）和全日本海员工会（以下简称JSU）就在中国继续实施中国船员英语教育计划，达成如下共识，签订协议书。中国船员英语计划继续按期举办。

2008年中国海员建设工会与全日本海员组合关于共同筹建大连海员综合研修中心签订会谈备忘录。

备忘录指出，全日本海员组合和中国海员建设工会全国委员会关于2008年6月11日，在天津市JSU/CSU的高层会议上所达成的由JSU和CSU共同在中国大连举办海员综合研修中心。2008年12月12日两会就筹建事项进行了再次会谈，达成意向：为确保中国船员上日本船东所拥有的船舶，在中国大连成立海员综合研修中心，不仅为中国船员进行英语培训，还在上船前进行必要的教育、训练。本备忘录签订后，中日双方立即组织成立筹备委员会，对海员综合研修中心的开设事项进行前期筹备工作。为签订正式协议做好准备。

2010年之后，受一系列法律法规影响，大连培训中心开展的驾驶台资源管理和轮机台资源管理培训，因师资和培训规模的问题，达不到中国正式发证的要求。2012年，两会正式就大连培训中心是否继续的议题进行了讨论。后经双方协商一致，计划于2013年妥善关停大连培训中心，天津船员英语教育计划继续开展。

第八章

# 海员工会踏上新时代新征程
（2012—2023）

2012 年 11 月，中国共产党第十八次全国代表大会在北京召开，这是在全面建设小康社会的关键时期和深化改革开放、加快转变经济发展方式的攻坚时期召开的一次十分重要的会议。党的十八大以后，中国共产党团结带领全国各族人民加快推进社会主义现代化，实现了全面建成小康社会的第一个百年奋斗目标，开创了中国特色社会主义事业新局面。从此，中国特色社会主义进入新时代，踏上了新征程，迎来了实现中华民族伟大复兴的光明前景。

中国海员建设工会坚决贯彻党的十八大、十九大、二十大及中央党的群团工作会议精神，深入学习贯彻习近平总书记重要讲话精神，按照全国总工会的统一部署，持续推进美丽中国、交通强国建设，围绕担负起团结职工跟党走的政治责任，探索形成了为职工“代表政治利益、维护合法权益、争取经济收益”的理念，推动业内各级工会更好地发挥作用，为新时代产业工会工作的创新发展奠定了坚实基础。

## 第一节　新时代产业工会工作的创新发展

2013 年后，中国海员建设工会在全国总工会的领导下，带领广大职工学习习近平新时代中国特色社会主义思想，自觉践行以人民为中心的发展思想，以“维护核心、服务中心、凝聚人心”为原则，切实增强政治性、先进性、群众性，不断提高政治判断力、政治领悟力和政治执行力，为推动交通、建设产业高质量发展提供坚实支撑。

## 一、促进和谐，提升服务职工水平

党的十八大明确提出构建和谐劳动关系。在新的历史条件下，努力构建中国特色和谐劳动关系，是加强和创新社会管理、保障和改善民生的重要内容，是建设社会主义和谐社会的重要基础，是经济持续健康发展的重要保证。

2013 年 12 月，中国海员建设工会全国委员会三届三次会议提出：坚持促进和谐，竭力把服务职工群众工作推上一个新水平。全国交通、建设系统各级工会组织，要以促进和谐为本，把工作着力点切实转变到为职工办实事、做好事、解难事上来，真正做到“使广大工人都感到工会确实是工人自己的组织，是工人信得过的、能替工人说话和办事的组织”。

加强关爱职工工作，拓宽服务渠道。各级海员建设工会全面提升职工素质，深入开展职工技能培训，抓好示范性职工技能大赛活动。广泛开展群众性文化体育活动，组织好职工读书活动，把“职工书屋”延伸到车间、班组一线。大力开展各类主题教育，深化社会公德、职业道德、家庭美德、个人品德教育，着力提升职工群众的道德素质。加快完善困难职工帮扶体系建设，进一步做实困难职工帮扶工作。大力推动劳动保护和保障工作。着眼于让劳动者实现体面劳动、全面发展。

加强职工维权工作，完善服务机制。各级海员建设工会继续推进工资集体协商工作，总结经验、加强调研，不断提高企业工资集体协商的水平。积极推动三方协调机制建设，重点推动水运等行业三方协调机制建设，切实维护职工群众的合法权益。建立健全民主管理制度。健全以职工代表大会为基本形式的企事业单位民主管理制度，保障职工参与管理和监督的民主权利。

加强职工队伍稳定工作，凝聚职工力量。各级海员建设工会加强劳动争议调处化解，制定完善应急处置预案，提升参与处置群体性事件的能力。加强信息工作维护稳定，积极开展深度调研，特别是对影响职工队伍稳定的突出问题开展专项调研，为保持稳定、促进和谐发挥参谋助力作用。

## 二、维护核心、服务中心、凝聚人心

2017 年 2 月，中国海员建设工会第四届全国委员会第一次全体会议提出了交通、建设产业工会“维护核心、服务中心、凝聚人心”（以下简称“三心”）的原则，这既是过去艰苦卓绝的 95 年海员工会走向成功的科学经验总结，也是工会未来创新发展不可偏离的历史逻辑和正确方向，必须毫不动摇地继续传承和遵循。

“维护核心”的原则，做到坚定忠诚于党的事业，必须从政治上、思想上、组织上全面自觉接受党的领导，坚定维护党的领导核心地位；必须忠诚于党的事业，团结带领交通、建设产业职工群众，伴随着党的事业发展而发展。“服务中心”的原则，必须着眼交通、建设等国民经济先导性、基础性产业的发展大局，围绕产业发展中心任务，找准服务的切入点、结合点和着力点；必须大力弘扬劳模精神、劳动精神、工匠精神，组织主力军、建设主力军、发展主力军，打造建功立业新格局；必须锁定全面建成小康社会这一百年目标，助推交通、建设等产业“十三五”规划顺利实施。“凝聚人心”的原则，做到竭诚服务职工群众，必须把服务产业职工群众作为工会工作的生命线，始终站在职工群众立场上说话办事；必须高举维护职工合法权益的旗帜，把职工群众是否满意作为工会工作成效的重要衡量标尺，真心实意为职工办实事、做好事、解难事；必须着眼增强基层工会活力，改进创新产业工会工作方式，最广泛地把职工群众团结凝聚到产业工会中来。

工会工作是党的工作的重要组成部分，工会组织是党联系职工群众的桥梁和纽带。各级海员建设工会组织要突出发挥“三心”作用，切实增强政治性、先进性、群众性。中国海员建设工会按照全国总工会的统一部署，围绕“四个交通”① 等产业发展战略，推动业内各级工会更好地发挥“桥梁纽带、主力军组织者、职工之家”作用，有力支撑了国家交通、建设等大产业的稳健发展。

为实现全面建成小康社会的第一个百年奋斗目标，实现人民富裕、国家强盛、中国美丽的光荣任务，中国海员建设工会全面贯彻党中央系列重要会议精神和部署，按照全国总工会要求，围绕交通、建设产业发展目标，继续坚持“三心”原则，更好地发挥作用，立足实际，面向基层，务实创新，切实在“代表、维护和发展产业职工利益”上下功夫、求突破，以百年跨越的历史使命感，团结带领全国交通、建设产业职工，为全面建成小康社会贡献力量。

## 三、加强高素质职工队伍建设

2013 年后，随着改革的推进，产业体制的新变革、利益格局的新调整，职工队伍也有了新变化，中国海员建设工会提出加强职工队伍思想工作，引导教育职工服从服务于改革大局，凝聚和谐力量，着力保持职工队伍稳定。

2017 年，中国海员建设工会全国委员会四届一次会议工作报告中提出了要全面提升产业职工队伍素质。要深入实施职工素质建设工程，推进班组建设，加强岗位技能培训和下岗失业人员技能再培训。要重视农民工这支工人阶级新生力量，不断提高产业

① “四个交通”是指综合交通、智慧交通、绿色交通、平安交通。

工人的发展能力、职业水平和再就业率。要争取物质和精神激励资源，积极开展技能竞赛、岗位练兵，激发广大产业工人学技术、练本领的积极性，着力造就知识型、技能型、创新型产业工人。要推动建立党委领导、政府负责、工会推动、企业和学校共同参与的产业职工素质提升工作格局，推动企业普遍建立技术工人培养、考核、使用、激励机制，建设高素质产业工人队伍。

2022年，中国海员建设工会第五届全国委员会第一次会议工作报告中提出了深入学习贯彻习近平总书记致首届大国工匠创新交流大会贺信精神，深刻认识国际国内形势带来的新挑战，进一步增强责任感使命感紧迫感，推进产业工人队伍建设改革不断深化。要积极参与十大产业百家企业深化产业工人队伍建设改革专项行动，紧扣交通、建设产业特点，总结经验，查找问题，着力抓重点、补短板、强弱项，推动改革向纵深发展。要大力弘扬劳模精神、劳动精神、工匠精神，加大“大国工匠”“交通建设工匠”等先进人物、优秀集体的培养选树宣传力度，充分发挥劳模工匠的示范引领作用。聚焦“十四五”时期国家重大战略、重大工程、重大项目、重点产业，组织动员广大职工广泛深入持久开展劳动和技能竞赛，开展“五小”等群众性创新活动，为高质量发展献计献策、贡献力量。

中国海员建设工会着力造就知识型产业工人，深入实施职工素质建设工程。结合产业实际制定《关于推动新时代高技能人才队伍培养的意见》，推动各级海员建设工会与企业和学校参与，形成共同提升产业职工素质的工作格局，健全终身技能培训制度，实施知识更新工程、技能提升行动，持续大规模开展职业技能培训，全面提升劳动者就业创业能力。

着力造就技能型产业工人，全面提升劳动和技能竞赛质量。围绕国家重大战略、重大工程、重大项目，组织开展具有产业特色的引领性竞赛活动，开展劳动竞赛。广泛开展全国性劳动和技能竞赛，以及区域、企业劳动和技能竞赛，开展各类主题竞赛活动，发挥竞赛在促进区域联动、助推产业发展、拓展新兴业态等方面的作用，争取物质和精神激励资源，进一步增强劳动和技能竞赛的引领性、广泛性、实效性，激发广大产业工人学技术、练本领的积极性。

着力造就创新型产业工人，持续优化创新创效环境。推动全国总工会产改试点项目“港口工匠创新联盟”做优做强，不断深化全国性劳动模范和工匠人才创新工作室建设，深化“小发明、小创造、小革新、小设计、小建议”等群众性创新活动，大力开展工匠学院建设，在港口航运等12个行业开展产业职工岗位创新成果征集和展示活动，为产业工人在更高层级参与企业发展提供广阔平台，激发广大职工劳动热情、释放创造潜能，在打好关键核心技术攻坚战、提高创新链整体效能中充分发挥工人阶级和广大劳动群众的作用。

## 四、狠抓工作落实，不断开创产业工会工作新局面

2019年9月18日，全国人大常委会副委员长、中华全国总工会主席王东明和全国总工会有关领导及部门负责人，到中国海员建设工会进行调研。

在调研过程中，王东明指出，中国海员建设工会有着光荣的革命传统和辉煌的发展历史。在波澜壮阔的革命、建设、改革进程中，在中国共产党的坚强领导下，海员建设工会围绕党的纲领和不同时期的中心任务，贯彻落实全国总工会工作部署，团结动员交通、建设行业广大职工群众，顽强斗争、奋勇拼搏，为党和国家事业作出了重要贡献，党的十八大以来又取得了新的成绩。同时，他对中国海员建设工会提出五点要求，一要加强理论武装，二要加强对职工的思想政治引领，三要履行好维权服务的基本职

责，四要大力推进产业工人队伍建设改革，五要推进产业工会工作创新发展。他希望海员建设工会以及交通、建设系统各级工会组织坚持以习近平新时代中国特色社会主义思想为指导，深入学习贯彻习近平总书记关于工人阶级和工会工作的重要论述，进一步统一思想、凝聚力量，锐意进取、开拓创新，发挥自身优势，狠抓工作落实，不断开创产业工会工作新局面，在党和国家工作大局和工会中心工作中发挥更大作用。

调研结束后，中国海员建设工会组织了学习，并在以后工作中进行贯彻，同时要求全国交通、建设系统各级工会要认真贯彻落实王东明在调研中的讲话精神，狠抓落实，开拓创新，发挥工会工作更大作用。

## 五、开展产业工人队伍建设改革

2017 年 4 月 14 日，中共中央、国务院印发了《新时期产业工人队伍建设改革方案》（以下简称《产改方案》），《产改方案》明确提出，要把产业工人队伍建设作为实施科教兴国战略、人才强国战略、创新驱动发展战略的重要支撑和基础保障，纳入国家和地方经济社会发展规划，造就一支有理想守信念、懂技术会创新、敢担当讲奉献的宏大的产业工人队伍。按照《产改方案》的要求，全国总工会要求各级工会按照“政治上保证、制度上落实、素质上提高、权益上维护”总体思路贯彻落实，中国海员建设工会要求业内各级工会积极落实《产改方案》。

2020 年 4 月，中国海员建设工会发布了《关于深入推进产业工人队伍建设改革的指导意见》，要求全国交通、建设系统各级工会要以习近平新时代中国特色社会主义思想为指导，深入学习贯彻党中央精神，学习贯彻习近平总书记关于工人阶级和工会工作的重要论述，进一步落实全国推进产业工人队伍建设改革工作会议精神，以团结动员交通、建设系统产业工人队伍听党话、跟党走，充分激发职工劳动热情和创造活力，以全面增强交通、建设系统工会组织和工会工作的政治性、先进性、群众性为目标，坚持政治引领聚人心、技能提升促创新、权益维护暖人心、制度保障增信心。加强工会引导，调动社会力量，营造交通、建设系统产业工人队伍建设改革工作的良好氛围，造就一支有理想守信念、懂技术会创新、敢担当讲奉献的宏大的交通、建设系统产业工人队伍。

中国海员建设工会提出了持续强化职工思想政治引领，深化理想信念教育，充分发挥劳动模范和工匠人才示范带动作用，注重适应职工实际需求；不断提升产业工人技能素质，深入开展劳动和技能竞赛，积极做好群众性技术创新活动，着力推动构建产业工人技能形成体系，加大产业工人职业技能培训力度，充分发挥工会职工教育阵地作用；切实保障产业工人合法权益，不断加大源头参与力度，坚持维权与维稳相统一，持续推进建会入会工作，强化职工关爱帮扶工作；深化提高产业工人主人翁地位，积极参与协商民主建设，持续关注技术工人待遇问题，认真做好企事业单位民主管理；切实改进工作作风，加强调查研究，加强典型引路，加强舆论引导等要求。

为了落实《产改方案》，中国海员建设工会还要求保障措施到位，加强组织领导，强化政策集成，健全机制，形成合力；认真分析总结，不断增强创新意识；注重效果跟踪，落实监督检查。

中国海员建设工会每年在推进《产改方案》工作方面都会提出新的要求，以此巩固工人阶级主人翁地位，提升产业职工素质，为职工谋求更加公平的经济收益。先后提出了深化“中国梦·劳动美”主题教育，大力弘扬劳模精神、劳动精神、工匠精神，不断增强产业工人的主人翁意识；全面提升产业职工队伍素质；深入实施职工素质建设工程，推进班组建设，加强岗位技能培训和下岗失业人员技能再培训；拓展职工经济收益增长空间，为职工谋求更加体面的劳动环境和更加公平的经济收益。提出了加强宣传引导，凝聚共识，扎实推进《产改方案》落地；重点调研扎实开展，着眼推动产业工人队伍建设改革；深入推进产业工人队伍建设改革，紧扣全面建成小康社会、决战决胜脱贫攻坚目标任务发挥工人阶级主力军作用；充分发挥劳动模范示范引领作用，积极推动改革举措落到实处，广泛开展竞赛活动。中国海员建设工会紧扣交通、建设产业高质量发展的要求，推动产改工作不断向纵深推进。提出了全面推广产业工人队伍建设改革试点经验，推动产业工人队伍建设改革出成果、见实效；以顶层设计增强产改动能，以竞赛活动推动建功立业，以先进典型引领创新增效，不断深化产业工人队伍建设改革。

中国海员建设工会持续不断全面推进产业工人队伍建设改革，以壮大海员等产业工人队伍，提高产业工人的政治地位和社会经济地位，促进产业工人的全面发展，为国家的经济社会发展提供坚实的人才支撑。

## 六、努力夺取疫情防控和经济发展双胜利

2020 年，一场飞来时疫，让全人类措手不及，疫情吞噬着人们正常的生产生活。中国海员建设工会及业内各级工会聚焦和服从新冠疫情防控大局，及时拨付专项经费，积极筹措抗疫物资，组织开展志愿服务，充分发挥产业工会参与社会治理的积极作用，助推常态化疫情防控形势下交通、建设产业稳步发展。

中国海员建设工会要求各级工会做好“六稳”① 特别是“稳

① “六稳”指稳就业、稳金融、稳外贸、稳外资、稳投资、稳预期。

就业”工作；落实“六保”① 特别是“保民生”任务；加强与本区域、本行业党政、协会组织合作，开展对交通、建设系统职工群体的就业指导，保障职工就业权益。密切关注疫情防控期间薪酬调整、轮岗轮休、缩短工时等情况，督促、协助企业依法做好职工工资支付、休息休假、社会保障工作。加强常态化疫情防控下的就业培训，帮助和推动企业用好稳岗、培训补贴，利用线上平台开展技能培训，以训稳岗，让广大职工长技能、好就业。

发挥产业工会组织优势，团结动员产业职工与企业同舟共济、共克时艰。高度关注返工复工职工状态，开展水运、道路运输、道路建设行业职工权益调研，了解企业和职工在复工复产中的需求和建议，督促企业为职工提供必要的劳动保护条件。发挥龙头企业和产业链核心企业的带动作用，围绕保生产、保质量、保安全、保稳定等主题开展宣传动员，积极推动受疫情和洪涝灾害影响的各类生产企业复工复产，带动全产业链复产达产。

密切关注运输重点职工群体在常态化疫情防控形势下的新动向、新特征和新问题，配合主管部门做好风险防范和职工队伍稳定风险专项排查化解工作。推动企业履行社会责任，完善劳动争议多元预防调处化解机制，畅通职工利益诉求反映渠道，坚持中国海员建设工会全国委员会委员信息报送制度，对特殊时期交通、建设领域劳动关系现状和发展趋势及时研判和准确掌握。注意防范境外势力对航运、港口等领域职工队伍和工会工作的渗透，坚决维护职工队伍团结统一和社会大局和谐稳定。

## 七、牢牢守住安全发展底线

党的十九届五中全会强调牢牢守住安全发展底线，把统筹发

① “六保”指保居民就业、保基本民生、保市场主体、保粮食能源安全、保产业链供应链稳定、保基层运转。

展和安全纳入“十四五”时期中国经济社会发展的指导思想；2020 年 12 月，习近平总书记对总体国家安全观作出全面、系统、完整的论述，提出“十个坚持”的工作要求；2022 年 10 月，党的二十大就推进国家安全体系和能力现代化进行专门部署，进一步丰富和发展了总体国家安全观。

为深入贯彻总体国家安全观，着力维护职工队伍和谐稳定和工会组织团结统一，中国海员建设工会坚持以人民为中心的发展思想，贯彻全心全意依靠工人阶级方针，用心用情做好联系服务工作，扎实做好工会维权服务工作，不断增强职工群众的获得感、幸福感、安全感，在统筹疫情防控和经济社会发展、维护社会大局和谐稳定中更好地发挥了工会组织的力量和作用。

2022 年，中国海员建设工会提出了切实维护劳动领域政治安全，确保职工队伍团结统一和社会大局和谐稳定。要求各级海员建设工会深入贯彻总体国家安全观，树牢底线思维、强化风险意识，以大战来临的紧迫感、时时放心不下的责任感、主动担当作为的使命感，全面贯彻全国工会维护劳动领域政治安全工作座谈会精神，为保持人心稳定、保持社会大局稳定作出积极贡献。要牢牢守住“五个不发生”[①] 目标底线，健全劳动关系风险监测、分析、预防、处置长效机制，协助党委、政府和企业把矛盾纠纷化解在基层、消除在萌芽状态。要充分发挥源头参与作用，及时研判疫情和经济形势对行业劳动关系的冲击、对职工权益的影响，加强调查研究，着力推动破解，把产业职工权益维护贯穿到行业行政法规、政策、规划文件的制定、落实等各个环节。要扎实开展和谐劳动关系创建活动，教育引导广大职工识大体、顾大局，

① “五个不发生”：主要指不发生影响职工队伍和谐稳定的重大事件、影响社会稳定的群体性事件和影响社会稳定的突发事件等。

依法理性有序表达诉求，把“五个坚决”① 要求落到实处。

中国海员建设工会要求围绕船员等重点行业职工群体和工会组织持续开展调研。认真履行交通运输新业态协同监管部际联席会议、交通运输部安委会等部际工作机制成员、联络员单位职责，充分发挥全国海上劳动关系三方协调机制作用，不断加大源头参与力度。不断完善构建产业和谐劳动关系，确保职工权益实现与产业发展步调更加一致。

## 八、提高政治判断力、政治领悟力和政治执行力

2022 年，在中国海员建设工会第五届全国委员会第一次全体会议上，主席李庆忠提出认真学习贯彻党的二十大精神，不断强化理论武装，全面加强思想政治引领，把思想和行动统一到习近平总书记相关重要指示精神和党中央决策部署上来，全面贯彻习近平新时代中国特色社会主义思想，不断深化对“两个确立”决定性意义的认识，增强“四个意识”、坚定“四个自信”、做到“两个维护”，自觉在思想上、政治上、行动上同以习近平同志为核心的党中央保持高度一致，不断提高政治判断力、政治领悟力、政治执行力，把党的二十大精神贯彻落实到交通、建设产业工会工作的全过程各方面。

各级海员建设工会要全面贯彻落实全国产业工会工作座谈会精神，不断深化工会改革创新，增强工会组织的政治性先进性群

---

① “五个坚决”：坚决防止敌对势力借所谓“维权”插手煽动、渗透破坏，这是维护劳动领域政治安全的前提；坚决防止所谓“独立工会”“民间工会”的出现，这是维护劳动领域政治安全的关键；坚决维护职工队伍和工会组织的团结统一，这是维护劳动领域政治安全的基础；坚决维护企业和社会大局和谐稳定，这是维护劳动领域政治安全的重点；坚决捍卫中国共产党领导和我国社会主义制度，这是维护劳动领域政治安全的根本。

众性。以落实“大学习、大调研、大走访、大交流、大实践、大支持”工作机制为抓手，不断加强产业工会创新实践，更好发挥产业工会在工会工作全局中的重要作用。持续完善交通、建设产业工会工作体系，推动健全省、市两级产业工会和县级行业工会建制，探索推进产业工会行业联委会工作模式，完善全委兼职副主席、常委、委员作用发挥机制，强化产业工会工作的制度保障。全面加强产业工会干部队伍建设，加大教育培训和基层工会干部轮岗、挂职工作力度，提升工会主席培训班效能，筑牢产业工会工作的人才基础。持续深化对外交流合作，以海员集体协商、台湾船员培训考证等工作为抓手，深化国际交流合作和对港澳台交流合作，持续讲好中国故事、中国工会故事。

## 第二节　完善中国海员建设工会组织

### 一、中国海员建设工会第四届全国委员会

2017年2月23日至24日，中国海员建设工会第四届全国委员会第一次全体会议在北京召开。会议一致审议通过丁小岗代表中国海员建设工会第三届全国委员会所作的题为《坚持政治引领　锁定百年目标　为更好地代表维护和发展交通建设产业职工利益而不懈努力》的工作报告。中华全国总工会党组书记、副主席、书记处第一书记李玉赋代表全总党组和书记处亲切看望了参会代表，对会议的召开表示祝贺，向长期以来关心支持中国海员建设工会工作的相关部委表示感谢，并对做好新形势下海员建设工会工作提出要求。中华全国总工会党组成员、经费审查委员会主任李守镇，交通运输部副部长刘小明，中华全国总工会兼职副主席许振超出席了会议。

会议全面总结了中国海员建设工会第三届全国委员会五年来的工作，部署了第四届全国委员会以后的工作任务。会议审议通过了第三届全国委员会所作工作报告，选举产生了中国海员建设工会第四届全国委员会常务委员会委员 44 人：马骥、王伟华、王顺才、王洪志、牛建国、石怀强、冯志、毕世勇、庄美昭、刘小强、刘京华（女）、刘选游、刘美莲（女）、刘润芳（女）、刘湘东、刘锦章、许振超、孙高山、阴钰光、李国强、肖龙根、宋丽静（女）、宋敬中、张正、张凤滨、张双喜、张立新、张善民、陈付、陈波、陈文山、易继勇、季求知、庞维新、袁毅、贾鹏、徐荣明、郭娜（女）、营新录、曹江洪、韩益华、焦玉锁、温中兵、颜德义。

选举丁小岗为主席，张景义、曹宏伟、庞海臣（兼职）、翟筛红（兼职）为副主席。

2020 年 8 月，中国海员建设工会在北京召开第四届全国委员会第四次全体会议，选举李庆忠为中国海员建设工会第四届全国委员会主席，吴疆为中国海员建设工会第四届全国委员会副主席。

## 二、中国海员建设工会第五届全国委员会

2022 年 9 月 20 日至 22 日，中国海员建设工会第五届全国委员会第一次全体会议在福建厦门召开。中华全国总工会党组书记、副主席、书记处第一书记陈刚发表视频讲话，中华全国总工会副主席、书记处书记魏地春以视频连线方式出席会议并讲话。交通运输部党组成员、副部长戴东昌，住房和城乡建设部党组成员、副部长姜万荣作视频致辞。中国海员建设工会主席、分党组书记李庆忠在会上作了题为《铭记历史　奋勇前行　在新起点上推动交通建设产业工会工作高质量发展》的工作报告。

会议一致审议通过李庆忠代表中国海员建设工会第四届全国

委员会所作的工作报告；选举产生了中国海员建设工会第五届全国委员会领导机构，选举产生了马林军、王天柱、王秀英（女）、王英姿（女）、王顺才、王洪志、吕伟、吕闫军、朱嫣红（女）、乔建锋、齐朝辉、米山坡、许国胜、牟艳红（女）、苏莹荣、杜秀君（女）、杜晓南（女）、杜燕凤（女）、李国强、肖龙根、吴松、张正、张玉梅（女）、张苏仲、张金海、张建萍（女）、张善民、阿力亚·要力瓦斯（女，维吾尔族）、陈凯、陈波、陈文山、陈国潘、易继勇、赵峰、胡锡润、姚彦敏、袁毅、耿国生、倪道余、徐荣明、殷杰、殷红霞（女）、唐韧（女）、黄新胜、崔景山、韩军锋、程德旺、温东伟、薛希法、魏武等50名委员为常委会委员。

选举李庆忠为主席，吴疆、马正秋、徐一飞（兼职）、陶建伟（兼职）为副主席。

## 三、建立地方海员工会

### （一）成立阳江海员工会

阳江市海岸线总长450公里，渔业人员16万多人，渔业从业人员近10万人，海洋捕捞量在广东省位居前列。阳江海员工会于2013年11月8日成立。这是继浙江省舟山市之后，全国第二家地级市海员工会，也是广东省第一家地级市海员工会。

2013年11月8日，阳江市海员工会成立暨一届一次会员（职工）代表大会在阳江市总工会八楼大会议室召开。阳江市人大常委会副主任、市总工会主席叶光沛，省海员工会主席康盛忠出席了大会并作讲话。大会选举产生了中国海员工会阳江市第一届委员会和经费审查委员会。阳江市总工会党组书记、副主席张洪发当选为阳江市海员工会主席。

## （二）成立济宁市海员工会

2023 年 2 月，经济宁市总工会批准，济宁市海员工会成立。2 月 21 日，济宁市海员工会举办工会第一次代表大会。中国海员建设工会二级巡视员朱嫣红，山东省海员工会主席倪道余、副主席刘尚涛，济宁市人大常委会党组成员、副主任，市总工会主席刘辉出席大会。

杜存业代表工会筹备委员会作题为《贴近港航实际，服务事业发展，为新时代中国特色社会主义现代化强市建设建功立业》的报告。会议选举了杜存业为主席，闫荣强、李静波、王兆好、皮爱国为副主席，庞丽萍、田文月等 37 人为工会委员。来自济宁市港航、海事、港口码头、水运企业的 15 家单位的 65 名代表参加会议。

## （三）成立烟台市海员工会

2023 年 4 月，经烟台市总工会批准，烟台市海员工会成立。4 月 13 日，烟台市海员工会召开工会第一次代表大会。山东省海员工会党支部副书记张艳丽，烟台市总工会党组成员、副主席周永伟出席大会并讲话。会议指出：烟台市海员工会的成立是烟台市海员工作的崭新起点，这是烟台市总工会认真落实全国总工会和山东省总工会工作要求的具体体现，是落实省委、市委确定的“重点工作攻坚年”、“冲刺万亿城市目标”、加快建设海洋强国、海洋强市的实际行动。会议强调：烟台市水运系统各级工会组织要坚持用习近平新时代中国特色社会主义思想引领广大海员，深刻把握“两个确立”，坚决做到“两个维护”，引领广大海员拥护核心听党话，高举旗帜跟党走，奋力推动党的创新理论成果在工会组织落地生根；要形成真诚关爱海员，海员关心港口企业发展的和谐氛围，使其满怀信心投身于为实现中国梦而奋斗的火热实践，形成万众一心、众志成城的磅礴力量；要加大产业工人队伍建设改革力度，推进完善和落实产业工人培养、使用、评价、考核机制，提高技能人才待遇水平，畅通技能人才职业发展通道，完善技能人才激励政策，更好地凝聚起海员职工的智慧和力量，提升海员职工的技能素质，为培养产业“工匠”奠定坚实的基础。

史秀波代表工会筹备委员会作题为《深化职能转变，顺应服务需求，团结引领广大海员职工在海洋强市建设中努力奋斗》的报告。会议选举了史秀波为主席，张健、周志高为副主席和工会委员。来自烟台市航运、港口、海工制造、现代渔业、产业医院及船舶管理等19个领域（单位）的23名代表参加会议。

### （四）成立威海市交通海员工会

2023年9月，经威海市总工会批准，威海市交通海员工会成立。9月12日，威海市交通海员工会举办工会第一次代表大会。市总工会副主席、党组成员王庆文出席大会并讲话，从增强职工思想政治引领上有新实效、深化产业工人队伍建设改革上有新突破、做优维权服务主责主业上有新亮点、构建和谐稳定劳动关系上有新进展四方面提出具体要求，群策群力、协同协作，共同推动新时代交通海员工会工作走在前、开新局。

会议审议通过《威海市交通海员工会第一届委员会第一次全体会议选举办法（草案）》、威海市交通海员工会第一届委员会主席、副主席候选人建议名单（草案），会议选举了丁贞举为主席，盖志超、董文宇为副主席和经审委员、女工委员等。来自各区市工会、交通部门、市直单位的33名代表参加会议。

## 四、建立企业海员工会

### （一）组建中国远洋海运集团工会

2016年2月，经国务院批准，中国远洋运输（集团）总公司与中国海运（集团）总公司重组成立中国远洋海运集团有限公司（以下简称“中远海运”）。中远海运的重组整合，既促进了国有企业产业结构调整，也促进了国际行业产业结构调整，大幅提升了企业在国际上的影响力和话语权，产生了极大的集聚效应，大大激发了广大职工的自豪感、自信心和工作热情。

3月30日，中远海运在上海召开工会第一次代表大会。集团党组成员、副总经理王宇航主持会议，上海市总工会党组副书记、副主席肖堃涛，组织部副部长庄勤和中国海员建设工会海员工作部副部长王建兰出席大会。

集团董事长、党组书记许立荣出席会议并讲话，许立荣向与会代表介绍了集团改革重组的总体情况和各项工作进展，同时要求工会工作面向基层、面向群众，把人的积极性调动好，12万名员工在各自岗位上各司其职、各尽所能，就能汇聚成企业发展源源不断的动力，集团各级工会要通过扎实有效的工作，巩固党执政的群众基础，为企业改革发展和经营管理增添正能量。

张善民代表集团工会筹备委员会作了题为《凝聚团队力量融合企业文化坚定目标信念构筑梦想高地》的工会工作报告。

会议选举张善民为集团工会主席，是铮为集团工会副主席兼工会经费审查委员会主任，17名委员当选集团工会常委。来自集团37家直属单位的87名代表参加了会议。

### （二）成立青岛远航源丰润国际劳务有限公司工会

青岛远航源丰润国际劳务（船务）有限公司成立于2005年6月，是一家民营企业，主营船舶管理和船员管理。该公司的服务范围涵盖3万至25万载重吨的远洋散货船，业务规模位居山东省同行业前列。

2013年12月19日，青岛远航源丰润国际劳务有限公司召开第一次会员代表大会，成立了青岛远航源丰润国际劳务有限公司工会，选举产生第一届工会委员会。山东省海员工会主席马骥出席大会并致辞祝贺。

## 第三节　引领工会工作高质量发展

### 一、开展“建好职工家，当好娘家人”活动

中国海员建设工会深入开展党的群众路线教育实践活动，坚持群众路线，密切与产业职工的血肉联系。2013年12月，中国海员建设工会三届三次全国委员会讨论通过了《关于在全国交通建设系统工会组织开展建好职工家当好娘家人活动的决定》（以下简称《决定》），《决定》要求从本单位实际出发，认真组织实施，进一步扩大工会组织的覆盖面，进一步密切与产业职工的联系，进一步提高服务职工的能力，增强产业工会的吸引力、凝聚力和影响力。

2014年初，业内各级工会积极响应、及时启动，开展了形式多样的建家活动，工会组织的吸引力、凝聚力和影响力得到进一步增强。3月11日，中国船级社工会审议通过了中国船级社《关于建好职工家当好娘家人活动方案》，要求船级社系统工会要努

力建设学习型、服务型、创新型工会组织，系统工会干部要成为职工政治上的明白人、权益上的代言人、情感上的贴心人和职业发展的引路人。3 月 21 日，广东省海员工会下发《关于在全省海员系统工会组织和工会干部中开展“建好职工家，当好娘家人”活动的决定》，要求全省海员系统要实现工会组织覆盖面进一步扩大、会员队伍进一步壮大，工会组织新活力进一步迸发，工作机制不断建立健全，工作方式方法不断创新，吸引力、凝聚力、影响力明显增强。

上海海事局工会在建家活动中，积极行动，初步形成劳模创新工作室素质建家、准军事化管理建家等特色建家模式。活动使中国海员建设工会组织的吸引力、凝聚力和影响力有了明显增强，《工人日报》《中国工运》《工会工作通讯》等分别对活动予以专题报道。

随着“建好职工家，当好娘家人”活动扎实推进，业内各级工会创新服务形式，在前两年工作成果的基础上，把中国海员建设工会活动引向深入。中国海员建设工会先后在中工网、《中国工运》上推出 30 多篇典型经验，在中国海员建设工会网站开设活动专栏，宣传了温州海事局工会等 60 多家工会的经验，推荐产生了 18 家全国模范职工之家和 18 家全国模范职工小家。通过典型引路，持续创建，既使业内基层工会服务职工呈现新气象，也为顺利融入全国总工会 2016 年 6 月启动的“争创模范职工之家，争做职工信赖娘家人”活动赢得了先机。

## 二、持续推动劳模创新工作室建设发展

为了充分发挥劳动模范的示范引领作用，中国海员建设工会大力开展“劳模创新工作室”“劳模示范岗”创建活动，发挥劳动模范的示范引领作用，激励广大产业职工学习劳动模范、争当

劳动模范，引领职工积极投身交通、建设转型升级的主战场。

2010 年，上海浦东海事局成立海事系统第一个国家级劳模创新工作室——“陈维工作室”[①]，2011 年，青岛港成立了全国第一家“技能大师工作室”——“许振超大师工作室”[②]，2012 年 5 月，天津港成立了“孔祥瑞劳模创新工作室”，2013 年 6 月，中海电信有限公司支家茂船舶通导劳模创新工作室成立，2014 年 4 月，中国海运集装箱公司成立了“庞海臣安全管理劳模创新工作室”，等等。这些各行各业劳模工匠的工作得到工人群体的认可，并引领广大工人走技能成才、技能报国之路，为行业发展作出了贡献。

在劳动模范的示范引领下，广大职工积极开展技术创新，解决一线生产经营难题；开展技能提升活动，在推动企业技术进步和产业转型升级中发挥了积极作用。在活动中，上海浦东海事局“陈维劳模创新工作室”独创的确定目标箱、现场查验、行政调查的“三步开箱查验法”在全国海事系统推广开来，对谎报瞒报的违法行为给予有力的打击震慑，有效保障了船舶航行安全。2014 年 11 月，荣获中华全国总工会命名的全国示范性劳模创新工作室。

2017 年 7 月，全国总工会提出了《关于进一步深化劳模和工匠人才创新工作室创建工作的意见》后，中国海员建设工会积极落实，扎实推进创新工作室创建工作。加强对创建工作的指导，鼓励企业积极开展创建工作，增强创新工作室的创新能力，充分发挥网络平台的媒介作用和服务功能，及时发布创新成果，加强技术交流，推动创新成果在本产业、本地区乃至更大范围应用。

2017 年，河北港口集团杂货港务分公司“张海波创新工作

① 陈维：《练就“火眼金睛”，守卫“海上国门”》，《文汇报》，2021 年 8 月 9 日。
② 《“人民工匠”许振超：干就干一流，争就争第一》，《青岛日报》，2024 年 9 月 26 日。

室”，南京港机重工制造有限公司“沙夕兰创新工作室”，宁波港集团北仑第三集装箱有限公司“竺士杰创新工作室”和厦门港集装箱码头集团有限公司“冯鸿昌创新工作室”等，成为全国100个示范性劳模和工匠人才创新工作室。

2020年，中国海员建设工会深入贯彻落实习近平总书记在全国劳动模范和先进工作者表彰大会上的重要讲话精神，不断深化劳模和工匠人才创新工作室创建工作，进一步发挥工作室示范引领、集智创新、协同攻关、传承技能、培育精神等功能，激励广大职工勤于创造、勇于奋斗，努力在新时代新征程上创造新业绩、展现新作为。其间，曹妃甸港矿石码头股份有限公司“宋涛创新工作室”崭露头角，成为第三批全国示范性劳模和工匠人才创新工作室。宋涛是该公司首席技术工匠，全国交通工匠工作室带头人，高级工程师，高级技师。他曾荣获河北省“十大最美港航人”称号、中国职工技术协会职工创新成果特等奖、河北省技术发明三等奖、河北省职工技术创新成果展演金奖等，拥有专利22项，其中国际发明专利1项、国家发明专利10项、实用新型专利11项。

2022年，中国海员建设工会为了深化交通建设系统产业工人队伍建设改革，鼓励劳模和工匠人才发挥示范带头作用，发布了《关于进一步加强劳模和工匠人才创新工作室建设的通知》《关于命名交通建设产业劳模和工匠人才创新工作室的通知》，加大推进创新工作室建设力度，建立了一批运作管理规范的劳模和工匠人才创新工作室。

同时，结合全国总工会要求，创新工作思路和方法举措，探索职业教育和产业工人技能培训有效模式。经中国海员建设工会全国委员会研究决定，命名中国远洋海运工匠学院等22家单位为首批“交通建设产业工匠学院”。目的是结合产业发展需要，依托具有专业优势、人才优势、技能培训资源优势的技工院校、培训中心、实训基地等开展工匠学院建设。通过大力弘扬劳模精神、劳动精神、工匠精神，带动形成具有交通建设产业特色的高技能人才培养体系，在推动产业高质量发展等方面发挥了重要作用。中国远洋海运工匠学院以中国远洋海运人才发展院为平台，按照“六个有”的建设条件，统筹优质资源，整合各方力量，着力打造弘扬工匠精神、传承工匠技艺、提高技能人才水平的创新平台，在中国海员建设工会的支持下，将中远海运工匠学院作为海员建设工会重点支持的工匠学院，向全国总工会平台推荐。之后被全国总工会确定为重点支持工匠学院，为进一步聚焦企业人才需求，进一步培养满足企业发展需要的复合型技能人才贡献力量。

中国海员建设工会扎实推进劳模创新工作室的发展，形成全国水运业劳模创新工作室迅速发展的态势，引领职工岗位创新成绩显著，有力地服务和支撑了产业转型升级与发展。详见表 8-1 2022 年全国水运系统职工岗位创新成果征集活动结果。

**表 8-1　2022 年全国水运系统职工岗位创新成果征集活动结果**

| 推荐单位 | 成果名称 |
|---|---|
| 一等成果项目 | |
| 中国远洋海运集团有限公司工会 | 《基于 5G 的自动化码头关键技术研发与应用》 |
| 交通运输部广州打捞局工会 | 《半潜船大型结构物滚装载运关键技术研究与集成应用》 |
| 二等成果项目 | |
| 中国交通建设集团有限公司工会 | 《毗邻大西洋的潟湖港区改扩建设计与施工关键技术研究》 |
| 中国远洋海运集团有限公司工会 | 《全球首套液体化工码头智慧装卸系统》 |
| 上海振华重工（集团）股份有限公司工会 | 《“天鲲号”大型自航绞吸挖泥船建造关键技术》 |
| 交通运输部海事局工会 | 《基于 E 航海的水上交通信息服务系统的研发与应用》 |

续表

| 推荐单位 | 成果名称 |
|---|---|
| 三等成果项目 | |
| 山东省港口集团有限公司工会 | 《港口多油品一体化储运智脑系统开发与应用》 |
| 山东省海员工会委员会 | 《大型港口设备防风锚定系统和方法》 |
| 山东省海员工会委员会 | 《干散货专业化码头全自动控制技术研发与应用》 |
| 中国船级社武汉所工会 | 《LNG 燃料动力船舶关键技术及政策标准研究》 |
| 中国远洋海运集团有限公司工会 | 《船视宝系列产品——基于 AIS 的航运数据平台》 |
| 交通运输部南海航海保障中心工会 | 《国产一体化 GMDSS 岸台通信业务控制系统研究和应用》 |

## 三、持续全面推进产业工人队伍建设改革

2017 年，中国海员建设工会按照《产改方案》的要求和总体思路，不断全面推进产业工人队伍建设改革。中国海员建设工会全国委员会在丁小岗带领下，开展学习活动，深刻领会中央新时期产业工人队伍建设改革的指导思想、基本原则、目标任务以及改革举措，厘清了为什么改、怎么改、通过什么途径、达到什么目标等一系列重大问题。同时要求全国交通、建设系统各级工会组织开展学习活动，要深刻领会党中央关于新时期新阶段工会工作的新要求，通过改革，使海员建设工人队伍不断壮大、综合素质明显提高，保障海员建设工人地位的制度更加健全，海员建设工人合法权益进一步实现，劳动光荣、技能宝贵、岗位创新的时代风尚更加浓厚，造就一支有理想守信念、懂技术会创新、敢担当讲奉献的宏大的海员建设工人队伍。

2018 年，中国海员建设工会全国委员会确定以深入调研为主，及时掌握新形势下产业工人队伍新情况，多措并举，促进职工队伍整体素质不断提高和职工权益保障工作水平不断提高的工作思路。

为贯彻落实《产改方案》，助力内河运输产业发展，做好内河船员职工队伍建设和权益保障，5 月 9 日至 5 月 10 日，主席丁小岗一行赴重庆，调研内河船员职工队伍情况和权益保障工作。其间，调研组组织召开了《内河船员职工队伍情况和权益保障问题研究方案》意见征集座谈会。来自青岛远洋船员职业学院、长江海事管理局、长江航运发展研究中心、重庆长江轮船有限公司等单位工会负责人、船员管理部门负责人，一线船员职工代表共计 20 余人参加座谈交流。之后，丁小岗赴山东航运企业调研，对加快建设知识型、技能型、创新型劳动者大军；坚持“凝聚人心”原则，向内尽心，以职工群众对美好生活的向往为使命，努力为产业工人代言维权谋发展等与航运企业职工进行了探讨。他要求山东省海员工会充分发挥中国海员建设工会常委单位的示范带头作用，落实《产改方案》。

同时，中国海员建设工会一级巡视员张景义赴穗、邕两地开展内河船员职工队伍情况和权益保障问题调研工作。之后，又赴广州、南宁调研。其间，调研组分别在广州、南宁组织召开了《内河船员职工队伍情况和权益保障问题》座谈会。来自广东海事局、广西海事局，广东船员服务协会、广州港集团、广西交通职业技术学院、南宁永浩航运公司等单位、企业负责人，船员管理部门负责人、一线内河船员共计 60 余人参加座谈交流活动。

2019 年，在稳步推进工会组织党的建设的基础上，根据调研成果，中国海员建设工会进一步完善产业工人队伍建设改革工作机制，制定《中国海员建设工会关于深入推进产业工人队伍建设改革的指导意见》，指导业内各级工会因地制宜改进工作方法，分层分级优化改革措施，为交通建设系统产业工人队伍建设改革打下坚实基础。在工作实践中，中国海员建设工会重点锚定了港口行业，认为港口行业从职工队伍状况、工会组织状况以及行业发展目标等方面都具备《产改方案》试行的先决条件，并以劳模创新工作室联盟为切入点，打造港口行业实施《产改方案》的样板。

2020 年，为了进一步推进交通建设系统产业工人队伍建设改革工作，成立了中国海员建设工会推进产业工人队伍建设改革领导小组。组长：张景义，副组长：曹宏伟、吴疆、庞海臣、翟筛红，成员：中国海员建设工会各部室主要负责人。同时，结合“产业工人队伍建设改革深化年”，重点是把落实《产改方案》相关举措落到实处。2020 年，由中国海员建设工会牵头推动的“港口工匠创新联盟”被确定为全国总工会首批产改试点项目。全国总工会副主席魏地春结合全国总工会“产业工人队伍建设改革深化年”将交通建设产业的产改工作作为全国总工会重点调研课题，亲自带队到宁波舟山港调研，围绕深入推进港口行业产业工人队伍建设改革，了解情况、商讨对策，推动重点工作落实。特别是对宁波舟山港集团一直坚持深入推进产改工作，有创新、有实绩、有长效等情况，感受到了产改工作的力量和成效。他强调：要继续在产改工作中攻坚克难，积极推进全国总工会产改试点项目“港口工匠创新联盟”，不断提高工作质量，带动全国港口行业共同把试点项目做好，努力把港口行业的产改工作做到全国一流。

2021 年，中国海员建设工会认真落实全国总工会“产业工人队伍建设改革提升年”工作要求，同时总结几年来探索实践《产改方案》的经验，选树全国产业工人队伍建设改革试点项目 1 个，中国海员建设工会全国委员会产业工人队伍建设改革试点项目 12 个，推荐“港口工匠创新联盟”等 8 个交通建设系统产业工人队伍建设改革工作案例入选全国总工会《产业工人队伍建设改革试点案例汇编》。形成产改方面的一些成果与经验，来加强统筹指导。先后印发“推进产业工人队伍建设改革的指导意见”“补充意见”和“试点工作通知”等，进一步推动“港口工匠创新联盟”发展，并引领、带动劳模创新工作室建设，创新成果交流活动，以及拓展“五小”等群众性创新活动内涵，激发广大职工创新创造活力。

2022 年以后，中国海员建设工会继续以顶层设计增强产改动能。制定全委《关于推动新时代高技能人才队伍培养的意见》，部署加强业内工匠学院、劳模和工匠人才创新工作室建设，指导各项工作标准化、规范化推进，命名了交通建设产业首批 22 家工匠学院和 50 个劳模工匠人才创新工作室。与交通职业资格中心共同召开交通运输职业发展研讨会、港口职业技能竞赛标准化建设现场会，强化产改政策参与。以竞赛活动推动建功立业，以先进典型引领创新创效，取得了新成绩。中国海员建设工会 16 家企业入围了全国总工会十大产业百家企业深化推进产改名单，其中水运系统六家。2022 年 4 月，中国海员建设工会参加了首届大国工匠创新交流大会，展示了港口行业推进产改的初步成果。为全面系统指导和推进全系统的产改工作，全委成立了产业工人队伍建设改革工作专班，并开展了第九次职工队伍调查，产改工作对海员建设工人队伍的建设的促进作用初步显现。

2023 年，中国海员建设工会参加了第二届大国工匠创新交流大会，在大会中专题设立了两个展区，分别是中国海员建设工会展区和港口工匠创新联盟展区，全国总工会副主席、书记处书记、党组成员马璐到港口工匠创新联盟展区参观时，充分肯定了联盟的工作成绩，并在与现场的港口行业劳模工匠的交流中，鼓励大家发挥好劳动模范作用，带领广大产业工人创新创效。6 月，港口工匠创新联盟年度推进活动在浙江省宁波市举办，活动由李庆忠主持。港口工匠创新联盟的实践是学习贯彻习近平总书记关于产业工人队伍建设改革重要指示精神的具体行动，这次会议是共享联盟创建成果，总结并规划联盟的工作，持续发挥港口创新联合效能，进一步推动港口工匠创新联盟全国产改试点项目走深走实。全国总工会副主席、书记处书记、党组成员魏地春出席活动，并为联盟创新成果展示交易基地揭牌，他指出，港口工匠创新联盟作为全国总工会首批产改试点项目，在中国海员建设工会牵头推动和有力指导下，已成为全国推进产改的先行者，试点成效显著、改革成果丰硕。

伴随港口工匠创新联盟的实践成果日益丰硕，各港口在推进产改过程中形成了很多可复制可推广的改革经验，宁波舟山港、山东港口等产改推进经验，入选全国总工会产改专报，为探索实践《产改方案》提供可借鉴的成果与经验。

中国海员建设工会深入探索《产改方案》，推动指导委员单位构建多方协同联动的工作机制。尝试推动政府、行业、工匠学院和工会一起，从共享培训教材起步，强化合作，探索培养高素质海员；开展“海员之家”“水陆服务区”“爱心超市”“水韵至家”“红色驿站”等服务体系共享联动，推动船员服务深化改革。

## 四、建立“港口工匠创新联盟”

为深入学习贯彻习近平总书记关于产业工人队伍建设改革的重要指示精神，贯彻落实中共中央、国务院《新时期产业工人队伍建设改革方案》要求，中国海员建设工会围绕港口行业发展需求，聚焦港口职工队伍建设目标，以“探索建立跨区域、跨领域、跨企业的劳模和工匠人才创新工作室联盟”为着力点，指导推动港口行业工会建立了“港口工匠创新联盟”（以下简称“联盟”）。

联盟自 2019 年 11 月成立以来，深入贯彻“共建、共创、共享”理念，扎实推进联盟各项创建工作。联盟立足“港口圈互利共赢的标杆典范”总体定位，通过搭建港口企业间跨区域、跨行业、跨企业的港口创新、人才培育共建平台，充分扮演好港口工匠创新的“协调者、组织者和服务者”角色，促进港口行业技术进步，港口产业工人素质提升，达到港口企业之间资源共享、优势互补、协同进步，力争在行业内形成一批以劳模工匠为带头人的科技创新项目，培养一批科技创新人才，转化一批科技创新成果，创建一批特色工作品牌，助推群众性技术创新活动高质量融入国家创新体系。

联盟以“建成具有国内影响力的、行业领先的港口创新一流智库联盟”为总体发展目标，聚焦新时期产业工人队伍建设改革要求，开展港口领域关键核心技术攻关、产业共性技术研发与工匠人才培养，力争取得一大批原创性、典型性、代表性和具有重大影响力的港口关键技术成果，培育一支知识型、技能型、创新型高素质港口产业工人大军，打造新时期产业工人队伍建设改革的“创新样板”，助推港口领域群众新技术创新活动高质量融入国家创新体系。

联盟在中国海员建设工会的倡导下，由宁波舟山港集团与曹妃甸港集团股份有限公司共同牵头发起，2021 年成员单位已由成立之初的 2 家拓展到 17 家，2023 年又拓展到 23 家，涵盖了港口行业产业相关的企事业单位、高等院校、科研机构等。2021 年 6 月 7 日，港口工匠创新联盟第一届理事会第一次全体理事会议暨第一届技术专家委员会第一次全体成员会议在河北省唐山市召开。中国海员建设工会主席李庆忠出席会议并讲话，中国海员建设工会海员工作部部长朱嫣红主持会议。会议通过《港口工匠创新联盟章程》、联盟成员调整、技术专家委员会成立和成员名单。会议选举产生常务理事会。经全体理事不记名投票，选举宁波舟山港集团有限公司工会为港口工匠创新联盟理事长单位，陈国潘担任理事长；曹妃甸港集团股份有限公司工会、山东省港口集团有限公司工会、天津港（集团）有限公司工会为副理事长单位，张建萍、高亚、黄琦担任副理事长，并选举张连钢为港口工匠创新联盟技术专家委员会主任，冯小香、竺士杰为副主任。

自联盟成立至2022年6月，联盟制定了发展规划及多项运行规则和工作制度，发布了宁波舟山港集团有限公司的港口职业技能操作竞赛自动考评系统等34个科技创新成果，成果涵盖港口机械研制及操作精准化、码头作业自动化和智慧化、港口布局及流程管理数字化、港口运营绿色化等四个领域。

在2023年举办的第二届大国工匠创新交流大会上，联盟以“共建、共创、共享”为核心理念设计搭建专题展位，宁波舟山港、曹妃甸港、天津港、山东港口等八家联盟成员单位参展，展位通过图文、视频、实物模型、互动屏幕等方式，系统展示了联盟成立以来的建设发展历程和共享创新成果。曹妃甸港的基于扫描成像技术的桥式抓斗卸船机自动控制系统模型、天津港的输煤皮带长廊巡线机器人模型、天津水运科学研究院针对港口大气及水环境自主研发的港口大气及水环境智能监测和污染精准控制一体化管理平台模型、上海振华重工集团制造的享誉世界的振华港机模型、山东港口研发的翻车机自动摘钩机器人模型等港口工匠创新成果在现场展出。以港口工匠为带头人开展的“允涛高精度电子皮带秤”“装载机计量系统模型”等创新成果以视频方式演示。这些创新成果展现了广大港口工匠顺应未来港口智能化、自动化发展趋势，在推动攻克港口领域“卡脖子”关键技术，促进港口行业新技术、新设备、新工艺推广中能够发挥重要作用。

至2023年，联盟持续推进产业工人队伍建设改革，出台了《港口工匠创新联盟创新成果转化管理办法》，界定了联盟创新成果范畴，明确了创新成果转化和共享的概念，构建了成果转化收益机制。联盟创新成果展示交易基地正式成立，通过线上创新成果展示交易平台和线下创新成果展示交易服务相结合的方式，展示了联盟产业工人创新成果和劳模工匠代表人物事迹等。

联盟加强原创性引领性科技攻关，初步形成了以港航业战略性需求为导向的协同创新的新格局。在事关港航业发展全局的基础核心领域，制定实施战略性科学计划和科学工程，持续推进联盟创新工作建设。提出了基于多智能异构体的专业化流程线智能运维平台、港口先进的巡检方式、集装箱港口智能化巡检、桥吊电气房热成像、基于图像识别的桥吊钢丝绳自动检测系统、无人机在码头港区的应用等攻关课题。

联盟以港口行业发展需求为牵引，紧跟国家战略，围绕港口建设、运营、管理、安全、节能、环保等领域的关键技术和共性技术，不断开展联合攻关和技术创新，提升港口核心竞争力。联盟内部联合攻关的课题涉及港口管理、理货、安全等多方面，反映了联盟在科技创新方面的投入和成果，是创新驱动发展战略的重要体现和支撑，提升了联盟的创新攻关能力，形成了协同创新格局。

产业工人队伍建设改革以来，联盟围绕产业工人思想引领、建功立业、素质提升、地位提高等重点任务扎实开展工作，推动改革取得积极进展。在思想引领方面，联盟多次举办劳模工匠交流活动，加强对产业工人的思想引领。在建功立业方面，联盟举办多项交流赛与技能竞赛，涵盖了港口行业的主要企业和地区，采用线上线下相结合的方式，实现跨地域、跨设备、跨平台的竞赛模式，充分体现了港口行业的创新能力和前沿水平。在素质提升方面，联盟加强职业技能培训，并推行学徒制培训，做好职工终身学习试点。在地位提高方面，健全保证产业工人主人翁地位的制度安排，加大技术工人表彰力度，拓展职业发展通道。

中国海员建设工会倡导的港口工匠创新联盟在推动港口行业

技术进步和创新发展方面发挥了重要作用，同时也为港口工匠的素质提升和双技能培养提供了有效的平台和机制。这些成就不仅体现了联盟在技术攻关和人才培养方面的卓越贡献，还为港口行业的可持续发展和人才队伍建设提供了宝贵的经验和模式。

## 五、切实维护劳动领域政治安全

2014 年 4 月，习近平总书记主持召开中央国家安全委员会第一次会议，首次提出总体国家安全观，阐述了总体国家安全观的基本内涵、指导思想和贯彻原则。之后党中央强调，要加强党对国家安全工作的集中统一领导，正确把握当前国家安全形势，全面贯彻落实总体国家安全观，为实现中华民族伟大复兴的中国梦提供牢靠安全保障。

中国海员建设工会始终按照党中央要求贯彻落实，并针对近年来水运系统职工群体特点和用工呈现出的多样化、复杂化趋势，采取积极应对措施，维护劳动领域政治安全。

2021 年，中国海员建设工会根据党中央精神，深入贯彻总体国家安全观，树牢底线思维、强化风险意识，以大战来临的紧迫感、时时放心不下的责任感、主动担当作为的使命感，全面贯彻全国工会维护劳动领域政治安全工作座谈会精神，牢牢守住“五个不发生”目标底线，健全劳动关系风险监测、分析、预防、处置长效机制，协助党委、政府和企业把矛盾纠纷化解在基层、消除在萌芽状态，为保持人心稳定、保持社会大局稳定作出积极贡献。

中国海员建设工会密切关注国际国内形势，持续在中国海员建设工会全国委员会上提出维护劳动领域政治安全等要求，指导交通建设系统各级工会充分发挥源头参与作用，及时研判疫情和经济形势对行业劳动关系的冲击、对职工权益的影响，加强调查研究，着力推动破解问题，把产业职工权益维护贯穿到行业行政法规、政策、规划文件的制定、落实等各个环节。认真倾听产业职工意见呼声，及时反映产业职工愿望诉求，切实解决产业职工实际困难，同步推进维权服务和纠纷防范化解工作。

在此基础上，中国海员建设工会通过专题会议、集体学习、主题党课、党日活动等多种形式，确保机关工会干部加强理论武装、强化思想引领，努力做到学深悟透、融会贯通，深刻领会“两个确立”的决定性意义，不断增强“四个意识”，坚定“四个自信”，做到“两个维护”，始终在思想上政治上行动上同以习近平同志为核心的党中央保持高度一致。连续举办工会主席培训班，学习贯彻习近平总书记关于工人阶级和工会工作的重要论述，牢固树立总体国家安全观，维护劳动领域政治安全。通过向一线船舶、班组赠送书籍、杂志和网络学习资料等方式，建设学习型职工小家，鼓励广大职工学习、理解党的大政方针，坚定不移听党话，矢志不渝跟党走。

重点做好加强理论武装，强化思想政治引领。加强调查研究，持续深化源头参与。深入基层一线开展调研，了解职工生产生活状况和劳动权益保障情况。积极参与海上劳动关系三方协调机制相关工作，充分发挥机制作用，更好地维护船员整体权益。加强与挪威船东协会、国际海事雇主委员会等国际雇主组织沟通，积极推进外派船员集体协商工作，努力在更大范围维护中国外派船员权益。全面开展船员服务阵地建设，全面夯实劳动领域政治安全基础。

## 六、打赢疫情阻击战

新冠疫情发生以后，中国海员建设工会认真学习贯彻落实习近平总书记关于统筹推进新冠疫情防控和经济社会发展系列重要指示精神，按照全总党组和全国总工会应对疫情领导小组工作要求，团结动员业内广大职工众志成城、共克时艰，积极有序参与疫情防控各项工作。号召交通建设产业工会干部、劳动模范和全体职工坚守岗位、迎难而上，高质高效完成疫情防控一线各项任务。积极推动交通建设企业复工复产，开展疫情期间全国交通建设产业职工队伍情况调研，鼓励、指导行（企）业根据自身情况制定分级复工复产标准和生产防疫标准。做好职工关心关爱工作，开展一线职工依法维权指导、防疫科普宣传等服务关爱活动，团结动员广大交通建设系统职工为夺取疫情防控和实现经济社会发展目标双胜利贡献力量。

在疫情形势严峻时期，全球海运供应链持续吃紧，中国国际航线愈加繁忙，加之防疫措施相对降低工作效率，船员群体承受较大压力。新冠疫情发生以来，船员换班难、就医难、补给难，时常面临集中隔离、境外滞留、连续在船时间过长以及因疫情防控措施导致的劳资矛盾等多重难题。全国各级海员建设工会按照党中央要求，积极工作，想尽办法化解矛盾，解决困难。在调研的基础上，中国海员建设工会及时向党中央、全国总工会反映了船员工作、生活面临困难的信息，并积极配合交通运输部多方呼吁，推动出台了《国务院应对新型冠状病毒肺炎疫情联防联控机制综合组关于进一步做好国际航行船舶船员疫情防控工作的通知》以及《交通运输部关于成立国际航行船舶船员换班工作专班的通知》等政策文件。为做好疫情防控期间船舶经营管理和船员权益保障，减少海上劳动争议，维护船员队伍稳定，中国海员建设工会在广泛征求意见的基础上，与中国船东协会平等协商，正式出台了《新型冠状病毒肺炎疫情防控期间船员劳动待遇标准》（以下简称《标准》）。这是中国首个通过集体协商制定的疫情下行业性劳动待遇标准。《标准》作为《中国船员集体协议（A类）》附件，是签约船东必须履行的义务。《标准》对船员在疫情期间在船工作涉及的各方面特殊情况进行了详细约定，主要包括船员因疫情导致的隔离、医疗、遣返等各种情况下的工资、隔离费、交通费等标准和支付方式，为确保船员工资收入、休假休息和在船生活质量等合法权益提供了依据。《标准》从 2022 年 1 月 1 日起实施后，减少了许多矛盾，切实保障了船员权益。

其间，中国海员建设工会领导多次到港航单位抗疫一线慰问职工。2021 年 7 月 29 日，中国海员建设工会主席、分党组书记李庆忠一行赴长江三峡通航管理局调研慰问。2022 年 1 月 14 日，李庆忠慰问了南京港和长江引航站。李庆忠对广大水运职工疫情期间坚守岗位、无私奉献的精神表示高度赞赏，对大家为保障水上运输生命通道安全稳定运行的辛勤付出表示诚挚感谢，并叮嘱大家在工作中一定要注意疫情防控和安全生产，不断为水运事业作出新的贡献。为解决疫情期间船员生活工作困难情况，全国总工会专门调拨“送温暖”资金，连续两年开展船员专项“送温暖”工作，共计发放送温暖经费 200 万元。

受新冠疫情影响，2021 年船员劳务纠纷多发，11 月，中国海员建设工会指导大连国际海员俱乐部，调解大连某船务有限公司与江苏籍船员欠薪纠纷，在工会组织帮助下，船员顺利追讨被拖欠的近 6 万元工资。12 月，经中国海员建设工会连续数月沟通山东、天津、上海等多地多部门，因丢失国外诊疗记录而无法办理伤残证书、获得保险理赔的山东籍船员，终于成功办理伤残证书、获得保险理赔金。在中国海员建设工会、山东省海员工会的协调指导下，青岛市职工国际交流服务中心（青岛海员服务中心）组织召开集体协商现场会，调解福建莆田船员与青岛某国际船舶管理公司的境外工伤死亡纠纷，船员家属与公司就船员身后事处理及相关赔偿事宜达成一致意见。

在中国海员建设工会的积极协调指导下，多起船员维权诉求得到圆满解决。同时，直接协调解决数十起船员紧急要求换班的情况；协调解决船舶补给，动员港口工会对船舶开展互助服务等工作；利用与世界各地海员工会有广泛交流的优势，协调俄罗斯海员工会、中国台湾地区海员工会等，帮助解决滞留问题，并给予船员生活上的关爱和救助。

2023年初上海疫情严重，中国海员建设工会立即启动紧急预案，向上海港专款拨付5万元“送温暖”经费，用于慰问受疫情影响困难职工，为上海港配发10个劳模书架，丰富职工业余文化生活。同时，再拨付5万元经费，帮助上海港工会解决滞留上海港的农民工、货车司机等非港口务工人员的生活困难。

在中国海员建设工会的倡议和指导下，各委员单位积极在保障经济生产，维护职工权益方面发挥工会作用。2020年8月，面对疫情，山东港口烟台港集团工会按照集团公司党委的要求，让海外职工安心、职工家属放心，联合海外事业部、烟台航务公司和港通咨询公司等组成走访慰问爱心团队，对128户海外职工家庭开展走访慰问。中国远洋海运集团工会组织200余个船员家属联络站开展互帮互助活动，解决在船船员的后顾之忧。

2020年6月至12月，中国海员建设工会联合“航话”栏目组、中国船东协会、《中国船检》杂志社和更鑫海事等单位、平台，共同发起“倾听蔚蓝，最深情告白”全国海员大型公益活动，关注广大海员的精神生活和情感交流，为海员和家属搭建互动沟通的桥梁，用最质朴的话语传递了真情实感，表达了海员对父母、对爱人、对孩子、对家庭、对祖国最真挚的情感，让更多的人关注到海员，让小我、大爱及家国情怀紧密相依，在特殊的时间节点引起了很多共鸣。

2020年9月8日，全国抗击新冠疫情表彰大会在北京人民大会堂隆重举行。中交二航局六分公司副经理刘宜全荣获“全国抗击新冠肺炎疫情先进个人”“全国优秀共产党员”称号，并作为全国优秀共产党员代表上台领奖。

刘宜全作为二航局武汉疫情防控应急项目建设的现场负责人，

在武汉新冠疫情最胶着、最艰难的时刻，率领团队在短短的29天里，转战13地，仅用四天四夜就建起了一座2000平方米，核酸检测日检测通量为2万人的“火眼”实验室；让5所医院病房及办公楼改头换面，隔离病毒能力升级；完成了6所方舱医院医废处理工程，让5000余张床位具备收治条件，实现了“床等人”，其中75个小时完成了沌口方舱医院设施改善，38个小时将武汉体育中心改建成了可容纳超过400张床位的方舱医院，为新冠疫情防控人民战争、总体战、阻击战取得重大战略成果作出了重要贡献。

## 七、深入推进和谐水上劳动关系

中国海员建设工会坚持以实际行动贯彻落实全国总工会重要指示精神，牢牢把握组织职工、引导职工、服务职工、维护职工合法权益的主动权。

全国海上劳动关系三方协调机制在构建和谐劳动关系方面持续发挥重要作用。

2015年，全国海上劳动关系三方协调机制工作会议在北京召开，交通运输部副部长何建中、中国海员建设工会主席丁小岗、中国船东协会会长马泽华等出席会议。会议回顾了2010年11月三方协调机制第一次工作会议确定的工作任务。四年来，三方通力合作，取得了初步形成海上三方组织体系，法制建设成效显著，海事劳工批约履约持续推进，海上三方协调作用日益突出和海员文化影响传递更加深远等成绩。会议提出重点做好六个方面的工作：一是进一步加强三方协调机制建设，二是加快推进和谐海上劳动关系建设，三是建立海上劳动关系分析研判机制，四是全面推进劳工公约批约履约工作，五是持续改善海员职业发展环境，六是不断深化海员文化建设成果。

2017 年 11 月 24 日，全国海上劳动关系三方协调机制第三次工作会议在北京召开，交通运输部副部长何建中、中国海员建设工会主席丁小岗、中国船东协会会长代表王宇航等出席会议。中国海员建设工会始终秉持“政治上代表利益，法律上维护权益，经济上争取收益”的工作理念，紧紧围绕为海员“代言、维权、谋发展”的工作目标，积极推动构建和谐海上劳动关系。积极参与国内外相关政策的研究和制定，逐步建立健全集体协商机制，不断加强工会自身建设，突出保障海员经济收益，聚焦提升服务质量，拓展工作方式方法，针对海员队伍建设存在的问题开展调研，并努力打造适应时代发展的海员文化。会上审议并通过了题为《坚持以海员为中心，构建新时代和谐海上劳动关系》的全国海上劳动关系三方协调机制工作会议报告，通报了《全国海上劳动关系三方协调机制最新成员》《涉及〈2006 年海事劳工公约〉船员舱室标准的免除和公约第一修正案的实施情况》《〈中国船员集体协议（A 类）〉修订情况》。中国海员建设工会和中国船东协会分别代表中国船员和中国船东现场签订新修订的《中国船员集体协议（A 类）》。

会上，丁小岗通过前期大量调研，结合其多年公职律师经验，向各方反映了当前构建和谐海上劳动关系所面临的问题：一是维护海员权益的法治基础还不牢固，维护海员权益的法律法规不健全；签订和履行的劳动合同不规范，特别是劳动合同内容不完善，海员与船东的权益不对等，海员没有足够的时间进行协商；《中国船员集体协议（A 类）》执行不到位。二是维护海员权益的工作机制有待健全，部分海员工资薪酬得不到保障；海上劳动关系纠纷处理难度大，海员劳动纠纷复杂，海员投诉难，在海员出现劳动纠纷时，纠纷发生地、合同签订地、船东或外派公司所在地与海员户籍地常常不一致，导致海员维权成本比普通陆地职工维权成本高很多；海员维权法律适用复杂。三是海员劳动权益保护易被各方忽视等问题。

面对当前海上劳动关系存在的问题，丁小岗提出中国海员建设工会将充分发挥自身作用，与交通运输部、中国船东协会共同努力，推动解决相关问题，致力于构建和谐海上劳动关系。不断维护海员队伍稳定，不断推动海员队伍建设和不断激发海员队伍劳动热情。

2019 年 12 月 10 日，全国海上劳动关系三方协调机制第四次工作会议在京召开。交通运输部副部长刘小明、中国海员建设工会一级巡视员张景义、中国船东协会常务副会长张守国等出席会议。

会上，张景义当选全国海上劳动关系三方协调机制副主席。他指出，两年来，中国海员建设工会加强思想政治引领，带领广大职工建功新时代；维护职工权益，保障航运发展大局，逐步完善《中国船员集体协议》，使海员最低基薪标准得到稳步增长，2018 年至 2019 年，共有 739 艘船舶签订《中国船员集体协议（A类）》；指导各级工会通过协调、调解、诉讼等途径，帮助权益被侵害的海员维权，共挽回经济损失 400 余万元，并在《中国海员》杂志设立专栏，为船员维权提供指导；开展调查研究，增强海员队伍凝聚力，先后完成了《关于中国海员税收状况及影响的调研报告》《优化内河航运发展、完善内河船员权益保障》等调研报告。针对专业人才队伍青黄不接，市场运行机制尚不健全，劳务关系纠纷解决困难，岸上福利设施建设落后等问题提出下一步的工作思路。

2022 年 6 月 23 日下午，全总党组书记、副主席、书记处第一书记陈刚带队赴交通运输部走访座谈，交流全国总工会学习贯彻李克强总理视察交通运输部重要讲话精神、做好新就业形态劳动者工会工作以及加强与交通运输部工作合作的意见建议。交通运输部部长、党组副书记李小鹏主持座谈会。全国总工会副主席、书记处书记、党组成员魏地春，交通运输部党组成员、副部长兼中国海上搜救中心主任赵冲久出席会议。会上，交通运输部提出，希望和全总联合推动人力资源和社会保障部加入全国海上劳动关系三方协调机制。8 月 17 日，中国海员建设工会和中国船东协会联合致函国家协调劳动关系三方机制办公室，提请人力资源和社会保障部、交通运输部研商，请人社部作为劳动关系政策制定和劳动人事争议调解仲裁，交通运输部作为水上交通安全监管和船员适任管理的主管部门，共同承担海上三方政府方职责。10 月 14 日，国家协调劳动关系三方机制办公室正式复函，同意加入全国海上劳动关系三方协调机制。

2023 年 6 月 26 日，全国海上劳动关系三方协调机制第五次工作会议在浙江舟山召开，交通运输部副部长、全国海上劳动关系三方协调机制主席付绪银，人力资源和社会保障部劳动关系司副司长李新旺、中国海员建设工会主席李庆忠、中国船东协会会长代表翁羿等出席会议。会议审议通过了新修订的《全国海上劳动关系三方协调机制工作章程》及工作报告，通报了船员专项“送温暖”、《中国船员集体协议（A 类）》签约、“全国和谐劳动关系创建示范企业”情况，表彰了 2022 年全国水运系统服务船员十佳案例。

李庆忠在发言中指出，2019 年，全国海上劳动关系三方协调机制工作会议结束以来，海上三方携手走过了不平凡的四年。面对世纪疫情叠加的挑战，三方密切合作，共同应对考验；在人力资源和社会保障部加入三方机制后，构建和谐海上劳动关系的力量进一步加强，基础更加扎实。中国海员建设工会在凝心铸魂方面，在素质提升方面，特别是在维权服务方面，通过全国总工会信息、政协提案等渠道反映船员的困难、诉求；与中国船东协会、挪威船东协会开展集体协商，为船员争取劳动条件改善、劳动待遇提升；除向全国总工会申请支持 200 万元专项“送温暖”资金外，连续2年每年划拨60余万元工作经费用于支持船员服务阵地建设、开展船舶船员慰问；依托各级工会法律援助机制和亚洲海员工会紧急救助机制，协调国内国际工会力量为船员维权救援提供帮助和保障。

由于造船和航海技术、船员用工方式和船员的思想发生深刻变革，李庆忠对海上劳动关系三方协调机制的健全完善提出了要求：要加强思想政治引领，筑牢广大船员团结奋斗的共同思想基础，要牢牢把握我国工人运动时代主题，团结动员广大船员为推进中国式现代化建功立业，要把维权服务落到实处，推动提高船员生活品质。

中国海员建设工会始终站在保障和维护船员权益的立场上，积极主动参与海上劳动关系三方协调机制，不断扩大协调机制的影响力。在三方的共同推动下，《中国船员集体协议（A类）》被越来越多的船员与船公司接受，其标准成为指导省级船员集体协议的范本。2017年提出的九大问题，涉及面广，中国海员建设工会积极呼吁，尽自己所能，逐步推进问题解决。如为了船员方便维护权益，先后建立了服务平台；建立了地方劳动人事部门、海事部门等多方劳动争议调解处；为了重视和保障船员维护权益顺利开展，中国海员建设工会设立了专项经费预算。2023年，全国总工会加强了12351职工维权服务热线建设，船员依法维权增加了新的通道。另外，中国海员建设工会积极推动服务阵地建设，推动多方共同参与建设岸上船员服务设施，深入推进和谐水上劳动关系。

## 八、开展“纪念中国海员工会成立100周年”活动

1921年，中国海员工会成立，它是中国最早的工人阶级——海员在帝国主义及其买办的压迫、剥削中觉醒，成立的第一个全

国性的产业工会。为了海员的利益，工会发起了香港海员大罢工，并在苏兆征等的组织领导下，开展了轰轰烈烈的大罢工，他们不畏权势，拒绝诱惑，坚定信心，并广泛联络争取孙中山及社会大众的支持，克服困难，取得最后胜利。香港海员大罢工有力地打击了不可一世的英帝国主义，让其屈服；并显示了工人阶级团结的力量，增强了工人组织起来斗争的信心。香港海员大罢工是中国共产党成立后第一次中国工人运动高潮的起点，在工运发展历史上留下不可磨灭的贡献，由此中国海员工会成为工人运动的一支重要力量。

中国海员工会领先于中国共产党成立，在以后的发展道路上，逐渐成为共产党忠实拥趸，并自觉接受共产党领导，为共产党夺取胜利，建设新中国作出了贡献。

2021 年 1 月 15 日，“纪念中国海员工会成立 100 周年”主题宣传活动启动并在中国海员建设工会全国委员会网站和微信公众号上公布。《中国海员》杂志开辟宣传专栏，纪念中国共产党领导工人运动的光辉历程，缅怀中国工人运动前辈的光辉业绩，宣传中国工人运动在中国革命历程中的地位和作用，营造浓厚的节日氛围。为了庆祝百年生日，拍摄了纪念短片《脊梁》，展现了中国海员工会在中国共产党领导下，团结带领广大海员在中国革命、建设、改革开放等发展历程中发挥的重要作用和突出贡献。短片感人至深、催人奋进。

2021 年 3 月 3 日，纪念中国海员工会成立 100 周年专题网页正式开通。专题网页以“奋斗百年路，启航新征程”为主题，包括纪念动态、光辉历程、发展成就、人物长廊、祝福寄语、图片展播、视频之窗等七大板块，通过文字、图片、音视频、社交媒体等多种方式，全方位回顾工会百年历史成就，多角度展现工会新时代建设成果。

水运系统各级工会也结合本单位工作具体情况，组织开展了工运史宣讲、知识竞答、专题座谈会、专题展览、主题参观以及纪念文章、书画摄影作品征集等形式多样、各具特色的纪念活动。近70家水运系统单位的劳动模范、一线职工，拍摄了祝福视频，同庆中国海员工会百年华诞，充分表达了水运职工对工会组织的认同感和归属感，强化了水运系统工会的团结统一。2021年3月5日，交通运输部海事局“中国船员”微信公众号，开通“口述百年海员历史”专栏，分八期讲述了海员工会百年历史，形成了“讲好海员故事”的热烈舆论氛围。2021年3月6日，“纪念中国海员工会成立100周年”专题在中华全国总工会官方网站上线。

2021年3月9日，全国人大常委会副委员长、中华全国总工会主席王东明就纪念中国海员工会成立100周年专门作出重要批示，对中国海员工会在党的领导下，为中国革命、建设、改革开放事业作出的重要贡献给予充分肯定，希望中国海员建设工会不忘初心、牢记使命，发扬传统、继往开来，锐意进取、扎实工作，组织动员全系统广大职工更加紧密地团结在以习近平同志为核心的党中央周围，充分发挥工人阶级主力军作用，为实现第二个百年奋斗目标、实现中华民族伟大复兴的中国梦贡献智慧和力量。

2021年3月31日，全国总工会新闻中心召开中国海员工会成立100周年新闻发布会，这是全国总工会范围内第一个产业工会就成立周年纪念活动召开的新闻发布会。发布会上，中国海员建设工会主席、分党组书记李庆忠介绍了中国海员工会的历史沿革、中国海员的历史贡献，以及中国海员建设工会关心关爱水运职工，开展把职工小家建在船员的家属中间，帮助船员家庭解决急事、难事，通过集体协商制定中国船员最低工资、最低伙食费、病亡处理等行业标准和为维护海员群体的劳动经济权益代言等主要工作。上海市劳动模范、中国远洋海运集团中远海运“玫瑰轮”船长吴文峰，全国劳动模范、大国工匠、宁波北仑第三集装箱码头有限公司营运操作部桥吊班大班长竺士杰，上海市五一劳动奖章获得者、东海救助局东海救131轮船长盛王森参加发布会并回答记者提问。发布会正值疫情期间，船员换班困难很多。李庆忠为此通过媒体向社会呼吁：换班回家的船员在海上已连续工作了八个月甚至更久，收到船员换班申请的时候，或在隔离酒店接待下船隔离船员的时候，请对他们多一些理解和尊重，多一些善意和便利，让他们回家的路更顺利。

2021年4月6日，中国海员工会成立100周年纪念大会在广州市第一次全国劳动大会旧址召开。会议宣读了王东明就纪念中国海员工会成立100周年专门作出的重要批示。中华全国总工会副主席、书记处书记、党组成员魏地春，交通运输部党组成员、副部长王志清出席大会并讲话。中国海员建设工会、广东省总工会主要负责人，全国工会系统、交通运输部、中共中央台湾工作办公室、国务院港澳事务办公室等单位，以及中国船东协会、中国港口协会、中国航海学会、国际海事雇主委员会等行业协会和国际组织共80多名正式代表参加大会。广州地区40名劳动模范和一线职工代表列席会议。

活动期间，特别安排与会代表赴广州第一次全国劳动大会旧址，参观了越秀公园纪念香港海员大罢工的海员亭和海员路，参观广州港等，现场学习中国海员百年工运发展的历史，传承海员革命精神。这样的安排一方面体现了重温历史与结合当下，不忘先辈的功绩，不忘自身的使命，同时寓意百年再次扬帆起航。

大会期间，各国际组织、友好工会组织、业内各单位和全委委员单位对中国海员工会成立100周年非常重视，国际劳工组织工人活动局、挪威工会等发来贺信及祝福视频共100多篇，共同庆贺中国海员工会成立100周年。

整个活动期间，虽受到疫情的干扰，但中国海员建设工会按要求做好防控工作，确保纪念活动成功开展，取得很好的教育和激励作用。

## 第四节　广泛深入持久开展劳动和技能竞赛

### 一、港珠澳大桥重点工程劳动竞赛

中国海员建设工会按照《中国海员建设工会 2011—2015 年劳动竞赛及职业技能竞赛规划》，启动了“港珠澳大桥工程劳动竞赛”重大工程示范性劳动竞赛，这项竞赛被全国总工会列为全国重大工程示范项目。港珠澳大桥项目把竞赛工作融入大桥建设的各个环节和工作流程之中，而非单独搞竞赛，并以工程本身的技术标准作为竞赛标准，每个季度都对每个承包人进行信誉评价，对于每一个项目都有扣分和奖惩细则，而这些标准的履行都是以最初签订的合同为保障的。并且在合同清单中设立优质优价专项基金用以奖励信誉评价好的承包人，其支付与信誉评价的结果挂钩，并借助劳动竞赛这个平台对表现突出的个人和集体给予表彰。

港珠澳大桥建设创新劳动竞赛方式的做法，为增强劳动竞赛活动的广泛性和实效性起到示范作用，成为深化改革的实例。

2014 年 12 月，广东省十项工程劳动竞赛暨港珠澳大桥建设总结推进会在珠海召开。会议听取了港珠澳大桥建设工程工会联合会等有关单位的劳动竞赛经验等介绍。中国海员建设工会主席丁小岗出席会议，并在大会上宣读了《中华全国总工会关于授予港珠澳大桥劳动竞赛先进集体和先进个人全国五一劳动奖状、奖章和全国工人先锋号的批复》。

2015 年，中国海员建设工会举行港珠澳大桥建设劳动竞赛表彰大会，中国海员建设工会全国委员会主席丁小岗，广东省总工会党组成员、纪检组长廖汝捷，港珠澳大桥管理局党委书记、局长朱永灵出席大会并慰问大桥建设者。劳动竞赛获奖单位代表和先进个人 120 人参加会议，17 家优胜单位、28 个先进班组、20 名先进工作者及 27 名模范员工受到了表彰。

2019 年初，交通运输部、国务院国资委、中华全国总工会联合印发《关于开展向港珠澳大桥建设者学习的决定》，号召广大劳动者、建设者学习港珠澳大桥建设者逢山开路、遇水架桥的奋斗精神。中国海员建设工会组织了系列宣讲活动，邀请港珠澳大桥建设者讲述建设期间的经历、感受，号召水运系统学习。6 月，中国交通建设集团工会联合会港珠澳大桥建设者先进事迹报告会在北京举行。中国海员建设工会一级巡视员张景义出席报告会，中交集团北京片区 26 家单位的工会主席、工会办主任、职工代表，中央广播电视总台、《工人日报》、中工网等媒体的记者共计 350 多人参加会议。报告会邀请来自建设一线的岛隧工程副总经理罗冬、岛隧工程一工区常务副经理孟凡利、全国五一巾帼劳动奖章获得者冯颖慧、大国工匠管延安以及新闻记者李伟代等六名报告团成员，从不同侧面回顾了大桥建设过程中生动感人的场景和瞬间。报告会期间，部分职工以别开生面的快闪形式表达了对先进模范人物的崇敬和对伟大祖国的热爱。

此后，又在北京、上海、广州、天津等地组织了五场港珠澳大桥建设者先进事迹报告会。

## 二、"建设世界一流港口"全国引领性劳动和技能竞赛

为贯彻落实中华全国总工会《关于深入开展"十四五"全国引领性劳动和技能竞赛的通知》文件精神，中国海员建设工会全国委员会于 2021 年 10 月正式启动了"'建设世界一流港口'全国引领性劳动和技能竞赛"（以下简称"竞赛"），旨在充分调动

和激发广大水运系统职工投身“世界一流港口”建设的积极性、主动性和创造性，为实现“十四五”规划和建设社会主义现代化国家提供有力支撑。

竞赛活动由中国海员建设工会全国委员会主办，交通运输部人事教育司、水运局为指导单位，中国港口协会协同组织，港口工匠创新联盟和全国港口工会联委会共同承办。

竞赛活动以“创新”为出发点和着力点，目标是为整体提升全国港口高质量发展水平，建设“智慧绿色、经济高效、安全便捷、支撑有力、世界一流”的中国港口建功立业。2021 年 11 月，在海南省琼海市举办了“建设世界一流港口”全国引领性劳动和技能竞赛启动仪式。各港口紧扣“数字赋能、环保增效、安全稳定、治理提升、协同服务”竞赛主题，以各港口码头建设工程和生产一线为主战场，以深化产业工人队伍建设改革为主抓手，开展群众性立功竞赛活动。

各参赛单位分别成立本级、子级竞赛活动领导小组，制定各级竞赛计划、方案和实施办法，全面拓展竞赛范围，形成了全国港口行业、广大港口职工广泛参与的竞赛规模。广州港竞赛参与对象涵盖 80 个项目的 40 余家业主单位、50 余家参建单位的广大员工共 10 多万人，宁波舟山港聚焦海洋经济发展中心任务，在中国海员建设工会及各上级工会单位指导与大力支持下，邀请到当地海关、海事、边检、交通、港航公安等各口岸单位参赛，形成了以厂队（部室）、班组为基本竞赛单元，50 余家单位，近 800 个班组（窗口），3 万余名涉海涉港职工参与其中的竞赛规模。

竞赛期间虽受疫情防控影响，但各港口均以疫情防控为主战场，依托劳动和技能竞赛平台，积极动员广大职工投身疫情防控。上海港疫情期间全力以赴保障全国和区域物流链供应链畅通，以竞赛激发“战疫”热情，港区作业闭环管理前，21000 余名职工闻令即归，疫情最严重的 4 月期间一线翻班作业人员在岗率保持在90%以上，集装箱日吞吐量维持10万标准箱以上，接近正常生产水平的80%，汕头港劳模创新工作室改造测温枪，改造后的测温距离能够延长至1.5米，研制船舶通道红外线警报器，辅助提醒现场管理人员，不与船上工作人员交叉接触，连云港港工会组织了专业技能线上课堂，举办线上岗位练兵活动，为疫情下港口复工复产创造了有利条件。

为全面推广先进经验做法，竞赛组委会按竞赛片区组织了自评和互评工作，在评估中，推选确定大连港集团有限公司工会等10家单位为“建设世界一流港口”全国引领性劳动和技能竞赛中期评估优秀组织单位，大连港散杂货码头公司生产部（杂货）调度一班等100个班组为“建设世界一流港口”全国引领性劳动和技能竞赛中期评估优秀班组，王鑫等100人为“建设世界一流港口”全国引领性劳动和技能竞赛中期评估优秀个人，并进行通报表扬，进一步推动竞赛活动深入开展。

竞赛活动已形成了层层推进，学经验、促交流；搭平台、促创新；多载体、促实效的行业竞赛新局面。

## 三、全国交通运输行业职业技能竞赛

2014年，交通运输部办公厅、人力资源和社会保障部办公厅和中国海员建设工会全国委员会联合主办了第六届全国交通运输行业职业技能竞赛。本次竞赛首次组织开展了港口行业职业技能竞赛。这是港口行业工种首次进入国家级一类赛。

8月1日，第六届全国交通运输行业职业技能竞赛组委会秘书处（交通运输部职业资格中心）在深圳组织召开了第六届交通运输行业港口领域技能竞赛技术方案审定会，技术方案顺利通过审定。

11月16日，全国交通运输行业港口领域职业技能竞赛在深圳落下帷幕，中国海员建设工会副主席姚久强出席闭幕式并讲话。本次港口职业技能竞赛是融学、练、赛于一体的综合活动，是全行业“能工巧匠”展示技能、交流技术、切磋技艺的重要平台；也是推进港口转型升级，实施海运和内河水运发展国家战略的重要方面。

本次竞赛有近3000人参加预赛。来自全国27个港口的187名从业人员在盐田国际集装箱码头参加了决赛，竞赛设电动装卸机械司机、叉车司机等2个工种。电动装卸机械司机比赛项目被命名为“狭路‘箱’逢”，通过取箱，吊箱经过限高杆、限宽通道和放置指定平台的测试，检验操作人员在日常作业中对吊具控制的稳定性和精准度，展现选手“狭路‘箱’逢”勇者胜的拼搏精神。叉车司机比赛项目被命名为“勇闯三关”，通过精细对货盘，准确挂彩笼，技巧挪金蛋和轻熟绕障碍的测试，要求选手做到稳、准、快、巧，检验叉车司机的综合能力，展现选手不畏困难勇闯难关的挑战精神。中华全国总工会副主席（兼职）许振超、天津市总工会副主席（兼职）孔祥瑞分别担任总裁判长和仲裁长。

大赛经过两天激烈角逐，深圳港代表队等10家港口企业获团体前十名，深圳港代表队陈活常等20人分别获得电动装卸机械司机和叉车司机一、二、三等奖。获得竞赛综合成绩第一名的选手将被授予“全国五一劳动奖章”。

2016年，第八届全国交通运输行业职业技能竞赛改由交通运输部、人力资源和社会保障部、中华全国总工会共同主办，竞赛规格提升，组织更加健全，覆盖更加广泛。

2017年，组织第九届全国交通运输行业职业技能竞赛时，为鼓励青年职工提升技术技能，增加了共青团中央为主办单位之一，同时港口行业工种再次被列入国家级技能竞赛赛项。之后，历届大赛均有港口行业工种列入赛项。除2021年和2022年因疫情原因，大赛分两年举办外，全国交通运输行业职业技能竞赛每年举办一届，截至2023年举办了第十四届全国交通运输行业职业技能竞赛，详见表8-2。10名港口行业一线工人通过在竞赛中取得优异成绩而获得“全国五一劳动奖章”。竞赛活动在港口行业深入持续成功举办，进一步推动全行业形成崇尚高技能人才、学习高技能人才、争当高技能人才的浓厚氛围，为中国港口和航运事业科学发展培养了人才、积蓄了力量。

**表8-2　历年全国交通运输行业职业技能竞赛港口行业竞赛工种**

| 时间 | 届次 | 工种 | 举办地 |
|---|---|---|---|
| 2014年 | 第六届全国交通运输行业职业技能竞赛 | 电动装卸机械司机、叉车司机 | 深圳盐田港 |
| 2017年 | 第九届全国交通运输行业职业技能竞赛 | 电动港机装卸机械司机 | 上海港 |
| 2018年 | 第十届全国交通运输行业职业技能竞赛 | 水路危险货物运输员 | 南京港 |
| 2019年 | 第十一届全国交通运输行业职业技能竞赛 | 流体装卸操作工 | 天津港 |
| 2020年 | 第十二届全国交通运输行业职业技能竞赛 | 起重装卸机械操作工<br>港口客运员 | 宁波舟山港、<br>山东港口烟台港 |
| 2021年 | 第十三届全国交通运输行业职业技能竞赛 | 流体装卸工 | 山东港口青岛港 |
| 2023年 | 第十四届全国交通运输行业职业技能竞赛 | 电动港口装卸机械司机 | 宁波舟山港 |

## 四、中国海员技能大比武

2013年6月24日至28日，中国海员建设工会和交通运输部海事局共同在浙江舟山举行第二届中国海员技能大比武，来自全国各航运企业和航海院校的50支代表队的500名选手参赛。本届比赛项目包括驾驶台资源管理、航线设计、瘫船启动、动力管系故障排除、海员铁人三项、海上操艇、撇缆操作和金工工艺及知识竞赛等。比赛旨在考查海员的实际操作、应急处置、团队合作等航海能力及综合理论素养。

自2011年第一届海员技能大比武后，引起全国各航运企业和航海院校高度重视，纷纷提前准备，积极报名参加比赛，因此第二届比赛参赛队伍和选手大幅增加，比赛内容也不断丰富。比赛过程中，各位选手全身心投入，比赛有序而激烈，促进海员技能不断提高。比赛结果：中远散货运输（集团）有限公司等10家单位、郑家朋等307名个人获奖，并受到表彰。

2015年6月25日，由中国海员建设工会和交通运输部海事局主办的第三届中国海员技能大比武在浙江舟山举行。来自全国航运公司和航海院校的37支队伍的444名海员进行九个项目的角逐。中国海员建设工会主席丁小岗、副主席魏薇，全国总工会港澳台工作领导小组办公室副主任刘洪，交通运输部海事局副局长郑和平，舟山市市长，浙江海事局局长高军，国际海事组织（IMO）助理秘书长、海安司司长安德鲁·维克多·温博出席开幕式。港澳台海员工会代表受邀观摩本次比武并赴宁波港等地参观交流。经过五天的激烈角逐，江苏远洋运输有限公司、中国海运（集团）总公司一队、中波轮船股份公司、中国海运（集团）总公司二队获得航运企业组团体前四名，大连海事大学、江苏海事职业技术学院、青岛远洋船员职业学院、南通航运职业技术学院获得院校组团体前四名。

2017 年 6 月 25 日，第四届中国海员技能大比武在浙江省舟山市开幕。此次海员技能大比武活动由中国海员建设工会和交通运输部海事局主办，由舟山市人民政府和浙江海事局承办，活动主题为“培育航海工匠、助力一带一路”。来自航海院校和航运企业的 46 支代表队参加比赛。比赛设有铁人三项接力、海上操艇、瘫船启动、驾驶台资源管理、航线设计、动力管系故障排除和撇缆操作知识竞赛、金工工艺等九个比赛项目。港澳台海员工会首次派出 5 支航海院校代表队共 34 人分别参加了海员铁人三项接力、海上操艇、撇缆操作知识竞赛三个项目的比赛。交通运输部东海救助局的船员队伍也首次出现在大比武的赛场上。

2019 年 6 月 25 日至 28 日，第五届中国海员技能大比武活动在舟山举行，由中国海员建设工会和交通运输部海事局主办，舟山市人民政府、浙江海事局承办。来自全国航运企业及航海院校的 43 支代表队共 486 名选手参赛，其中港澳台海员工会再次组织航海院校代表队参赛，共建“一带一路”国家新加坡两个海员工会组织和国际劳工组织首次派员观摩。本次活动的主题是“培育航海工匠，助力交通强国”，作为庆祝第九个“世界海员日”的重要活动内容之一，本届大比武设置了船舶应急避碰、海员铁人三项、航线设计等九个比赛项目，与往届相比，更加注重理论与实践相结合，更加强调团队合作精神。

2023 年 6 月 26 日至 29 日，第六届中国海员技能大比武在浙江舟山举行。本届大比武主题是“匠心筑梦新时代，奋楫扬帆新征程”，由交通运输部海事局、中国海员建设工会全国委员会联合主办，浙江海事局、舟山市人民政府和中国海事服务中心承办，浙江海洋大学和浙江国际海运职业技术学院协办。大会在开幕式上宣读了交通运输部部长李小鹏《致全国船员的一封信》，向全国船员致以诚挚问候，并向船员家属以及关心关爱船员发展的社会各界表示衷心感谢。交通运输部副部长付绪银、全国总工会副主席魏地春、中国海员建设工会主席李庆忠以及交通运输部海事局、浙江省人民政府、舟山市人民政府市长等领导出席开幕式并致辞。

来自全国航运企业和航海院校的 48 支队伍、504 名选手来到舟山参加 9 个项目为期 4 天的竞赛。本届大比武延续了第四届、第五届的传统，香港、澳门、台湾继续组队参赛。同时，首次将内河船舶船员纳入竞赛，新增内河船员竞赛项目。在比赛项目设计上，本届大比武更加突出技术实践、贴近航海实际，将重点考查参赛队伍及队员面对突发海上状况时的判断、应对与解决问题的能力。全日本海员工会派代表现场观摩了大比武的比赛盛况。

大比武期间还组织举办了全国海上劳动关系三方协调机制工作会、海峡两岸暨港澳台海员交流活动、中国航海日引航学术交流会、港贸人才政校企融合发展圆桌会、海员文化沙龙等系列配套活动。

2011 年以来，中国海员技能大比武活动每两年举办一次，至 2023 年已在舟山举办六届。大比武活动受到广泛重视，企业十分关注竞赛的内容与成绩，并形成加强平时训练，不断提高业务水平的局面；大比武活动弘扬了“爱国、进取、敬业、奉献”的海员精神，加强了海员的对外交流，营造了有利于海员队伍健康发展的环境；大比武活动吸引越来越多的海员参加，已成为中国海员品牌比赛。

2022 年全国总工会将中国海员技能大比武确定为十项重点支持的技能竞赛品牌之一，并在经费保障、赛事组织等方面给予了大力支持。

在中国海员建设工会的积极推动下，第六届中国海员技能大比武首次邀请了船员代表出席新闻发布会，并在开幕式主席台就座。中国海员建设工会副主席徐一飞介绍了近年来中国海员建设工会按照全国总工会要求，积极打造海员技能竞赛品牌，让海员技能大比武成为高素质海员的成长平台，推动完善技能导向激励机制，加强对海员技能提升的基础保障和培育选树航海工匠人才等情况。十四届全国人大代表倪迪船长出席新闻发布会，回答了提问，并在开幕式上与到会领导共同启动大赛，彰显了海员在大赛中的主导地位。此外，本届大赛首次研发并应用了电子打分系统和回放系统，保障了竞赛公平公正。中华全国总工会党组书记、副主席、书记处第一书记徐留平对比武活动作出批示，要求各全国产业工会学习比武活动的经验做法。

## 五、水运系统行业性技能竞赛

水运系统有个特点，就是行业门类多，一个单位一种行业，而且做工人数少。为了能够实现对不同行业、不同工种职工更加广泛的覆盖，中国海员建设工会联合有关政府部门开展多项行业性技能竞赛，为更多的水运职工搭建了提升技能的平台和展现风采的舞台，推动高技能人才队伍培养。

### （一）联合交通运输部海事局在直属海事系统开展岗位技能竞赛

2013 年 11 月 13 日，中国海员建设工会和交通运输部海事局联合举办的直属海事系统航标职工岗位技能竞赛决赛在广州落幕，中国海员建设工会分党组成员魏薇、交通运输部海事局副局长郑和平、交通运输部海事局工会副主席谢笑红出席决赛现场。这次技能竞赛是交通运输部组建北海、东海、南海三个航海保障中心以来，举行的首次以航标职工岗位技能为主要内容的全国性竞赛。来自北海、东海、南海海区的 17 支参赛队伍，共计 85 名选手分别参与了灯浮标配套安装、灯器调试及安装、航标设置与配布桌面推演等实操技能项目的角逐。组委会为 4 家单项的前 5 名选手和团体总分前5名单位颁发了荣誉奖章、奖状，个人总分前15名选手被授予“直属海事系统岗位技术能手”称号。

2015年9月21日至23日，由交通运输部海事局和中国海员建设工会共同主办的“2015年直属海事系统船舶安全检查技能大比武”在山东青岛举行，中国海员建设工会副主席魏薇观摩指导比武活动，并为获奖单位和选手颁奖。来自全国范围内的13个直属海事局的65名选手参加此次大比武决赛。

本次大比武分初赛和决赛两个阶段，决赛比武项目以港口监督检查的业务形式开展，分个人实操检查比赛和团体理论知识竞赛两个部分。对参赛选手船舶安全检查各方面的能力进行了一次全方位的展示。本次赛事首次使用视频直播的形式，在海事系统所有船舶安全检查员中视频观摩。

经过两天的比赛，来自山东海事局的张修东获得个人实操比赛第一名，浙江海事局曹有华、上海海事局孙玉杰分获个人实操比赛二、三名。上海海事局获得团体一等奖；浙江海事局、山东海事局获得团体二等奖；天津海事局、河北海事局、深圳海事局获得团体三等奖。

2016年11月，由中国海员建设工会与交通运输部海事局联合举办的直属海事系统航标职工岗位技能竞赛在温州航标实训基地成功举行，中国海员建设工会副主席魏薇、交通运输部海事局工会主席张双喜出席了开幕仪式。

本次竞赛设置了灯浮标配套安装、航标设置与配布桌面推演、岸基船舶通用自动识别系统（AIS）操作等三个项目，分别模拟了“发现严重威胁船舶航行安全的危险物，需要马上配置安装安全警示灯”“在密布桥梁、沉船、礁石的水域，于规定时间内综合水文气象、船舶流量等复杂要素，完成航标配布”“AIS船舶大数据分析及应用，根据用户需求向社会公众提供基于‘互联网+’的航海保障综合信息服务”三种情景，既紧贴实际工作，又充分考虑航标助导航技术的发展方向。

本次竞赛于2016年4月份启动，经过层层培训和选拔，来自全国的18支参赛队伍、54名选手代表参与了最终的角逐，连云港航标处获团体一等奖，连云港航标处张志民等10名选手获得个人三项全能奖。选手们的优秀表现展示了航标职工立足岗位、勤练技能、开拓创新、勇于争先的精神风貌。

为鼓励船检人员钻研技术、提升技能，促进船检行业高质量发展，中国交通运输部海事局和中国海员建设工会联合举办两届中国船舶检验技能大赛。

2019年，大赛在广州举办，以“塑匠心，强海事，建功新时代”为主题，来自中国各地船舶检验机构的六支中国代表队和来自美国船级社、意大利船级社的六支国际代表队，共计48名验船师同台竞技，共同角逐团体奖和最佳人气奖。

这是中国船检机构和外国驻华验船机构首次同台竞技。大赛活动分为初赛和决赛两个阶段，得到多个国家船舶检验机构积极响应，共68支代表队300多人参加了比赛。决赛设国际航行船舶、国内运输海船两个组开展，分两个环节进行。经过11月19日在武汉市举行的书面答题竞赛后，国际航行船舶组比赛的前六名和国内运输海船比赛的前六名继续参加在广州举行的现场竞答决赛。现场竞答决赛题目形式分为选择题、问答题和视频题3种类型。经过激烈的角逐，韩国船级社代表队获得国际航行船舶组团体一等奖，中国船级社代表队获得国内运输海船组团体一等奖。

原定2022年举行第二届大赛决赛，因为疫情的原因，延至2023年在武汉举办，全国各地的船舶检验机构和中国船级社等31支代表队、122名注册验船师同台竞技。浙江省船舶检验中心、中国船级社分获国内海洋渔船组和国内运输河船组团体一等奖。

## （二）在港口行业开展技能竞赛交流赛

2019 年 12 月 12 日，由中国海员建设工会主办，浙江省海港集团、宁波舟山港集团工会与曹妃甸港集团工会承办的 2019 年“宁波舟山港杯”首届中国港口职工操作技能交流赛在宁波舟山港举行。此次比赛吸引了“一带一路”沿线的大连港、天津港、广州港、张家港港、曹妃甸港、宁波舟山港六家港口集团的近 40 名职工参加，项目包括门座式起重机司机操作比赛、卸船机司机操作比赛。最终，浙江省海港集团、宁波舟山港集团获团体比赛第一名，浙江省海港集团、宁波舟山港集团职工褚锋、郑国分别获得门座式起重机、卸船机比赛个人第一名。

2020 年 10 月 10 日至 12 日，“辽宁港口杯”滚装汽车驾驶员职业技能交流赛在大连举行，来自全国 12 家港口的 48 名滚装汽车驾驶员参加决赛。大连汽车码头有限公司张宏伟获得个人一等奖，辽宁港口集团有限公司获得团体第一名，上海国际港务（集团）股份有限公司和上港集团九江港务有限公司获得优秀组织奖，大连汽车码头有限公司获得特殊贡献奖。

2023 年 4 月 18 日至 21 日，由中国海员建设工会全国委员会和交通运输部职业资格中心联合主办的“港口工匠杯”起重装卸机械（集装箱场吊）智能控制员操作职业技能交流赛在宁波举行，港口工匠创新联盟内 9 家成员单位派队参赛，浙江省海港集团陆明杰获得个人一等奖。值得一提的是，济宁港航龙拱港作为内河港口，首次派队参加全国行业性技能大赛，该港选手张涛在与众多大型海港选手的竞争中获得个人二等奖，同样获得个人二等奖的浙江省海港选手李丽（女）是首位在港口行业全国行业性技能大赛获得前三名的女性选手。

2023 年 10 月，中国海员建设工会全国委员会和交通运输部职业资格中心还在山东省日照市联合举办了“山东港口杯”交通运输行业港口装卸机械电器修理工职业技能交流赛，并在竞赛期间启动了港口行业职业技能竞赛标准化建设工作。最终，山东港口日照港裕廊公司职工潘子龙获得了个人第一名。

行业性职业技能竞赛，为更广泛的职工群体创造了提升技能、展示风采的舞台，让很多规模较小工种的职工群体有机会在全国层面的大赛中交流经验、开阔眼界，是对国家级职业技能竞赛的有益补充。

## 六、班组、船舶安全生产竞赛活动

中国海员建设工会全国委员会与交通运输部在全国水运、公路运输系统共同开展船舶、班组安全生产竞赛和优质工程劳动竞赛，这两项活动已与交通运输部共同开展了多年，对促进交通企业安全管理机制的完善，增强交通职工安全生产意识，确保工程质量等方面都起到了重要的促进作用，也是在交通系统企事业单位和广大交通职工中有一定影响力的活动。

2014 年，中国海员建设工会与交通运输部安全委员会在全国水运系统开展了以“打非治违”和“安全生产标准化建设”为主题的船舶、班组安全竞赛活动，共有 57215 艘船舶、47216 个班组参赛。其中，169 艘船舶被评为“安全优秀船舶”，184 个班组被评为“安全优秀班组”，12 家竞赛单位获“优秀组织奖”。

2015 年，中国海员建设工会与交通运输部安全委员会在全国水运系统企事业单位开展了以“平安水运”和“安全生产标准化建设”为主要内容的船舶、班组安全竞赛活动。中海客轮有限公司“海洋岛”轮等 125 艘船舶被授予“安全优秀船舶”称号，中海客轮有限公司“龙兴岛”轮轮机部等 122 个班组被授予“安全优秀班组”称号，倪长发等 90 名职工被授予“安全先进个人”称号，黑龙江省海员工会等 15 家竞赛组织单位获“优秀组织奖”。

2018 年 6 月至 12 月，中国海员建设工会全国委员会和交通运输部安全委员会办公室，在全国道路运输、公路养护与管理、水路运输、港口营运、公路水运工程建设、海事、救捞等企事业单位，开展了以“强化安全教育，提升人员素质；深化改革创新，做到精准施策；强化双重预防，严防事故发生；加强宣传引导，培树安全文化”为主要内容的行业班组、船舶安全生产竞赛。竞赛中，参赛单位涌现出一批安全先进集体和个人，经中国海员建设工会全国委员会、交通运输部安全委员会办公室审核评选，通报表扬 43 艘船舶为 2018 年度全国水运系统“安全优秀船舶”，152 个班组为 2018 年度全国交通系统“安全优秀班组”，103 名职工为 2018 年度全国交通系统“安全先进个人”。

2019 年，为深刻领会习近平总书记关于安全生产重要指示，坚决落实党中央、国务院有关安全生产工作部署，深入推进交通运输安全生产领域改革发展，深化平安交通建设，维护交通运输安全生产形势持续稳定，结合 2019 年度全国“安康杯”竞赛活动部署和《2019 年交通运输安全生产工作要点》要求，中国海员建设工会全国委员会、交通运输部安全委员会办公室联合开展 2019 年全国公路水路行业班组、船舶安全生产竞赛活动。

竞赛中，各参赛单位积极适应交通运输业发展和企事业发展的实际情况，主动参与，创新思路，促进生产安全，保障职工群众生命财产安全，取得了丰硕成果。原计划年底对各参赛组织单位根据竞赛开展情况进行总结，并对活动中涌现的先进集体和个人进行通报表扬，对表现特别突出的集体和个人优先推荐参评全国“安康杯”竞赛奖项，但因疫情没有进行。

## 七、“情满旅途”活动

2013 年 1 月 25 日，春运农民工平安返乡（岗）安全优质服务竞赛活动在北京正式启动，交通运输部与中国海员建设工会联合召开电视电话会议，正式启动“2013 年春运农民工平安返乡（岗）安全优质服务竞赛”活动。交通运输部副部长冯正霖出席会议并讲话。中国海员建设工会主席丁小岗对竞赛活动作动员部署。整个活动以安全春运为核心，以保障广大农民工平安返乡、顺利返岗为己任，以“保安全、树形象、练队伍”为重点，创新服务方式，提升服务质量，推动“春运农民工平安返乡（岗）安全优质服务竞赛”活动再上新台阶。

2014 年，活动升级为由交通运输部、公安部、国家安全生产监督管理总局、中华全国总工会联合组织开展的 2014 年全国春运“情满旅途”活动。1 月 16 日，全国春运“情满旅途”在青岛交运集团青岛长途汽车站启动。春运期间，各级交通运输、公安、安全监管、工会部门和有关交通运输企业将针对群众反映的突出问题，拓展服务内容，落实服务举措，提升服务品质，保障旅客安全出行、改善交通运输售票服务、改善客运站候车（船）服务，让旅客出行更便捷、更安全、更顺畅、更温馨。

2015 年，交通运输部、公安部、国家安全生产监督管理总局、共青团中央、全国总工会等五部委联合组织开展 2015 年春运“情满旅途”活动。2 月 2 日，活动在深圳市福田交通枢纽启动，中国海员建设工会出席了活动。

2016 年 1 月 24 日，春运“情满旅途”活动启动仪式在武汉杨春湖客运换乘中心举行，此次活动的主题是“亲情服务，温暖春运旅途”。交通运输部党组成员兼运输服务司司长刘小明、中国海员建设工会分党组书记、主席丁小岗出席启动仪式。

2017 年 1 月 13 日，由交通运输部、公安部、国家安全生产监督管理总局、中华全国总工会、共青团中央和福建省人民政府联合举办的 2017 年春运“情满旅途”活动在福州启动。交通运输部党组成员、副部长刘小明出席启动仪式并讲话。中国海员建设工会副主席魏薇出席启动仪式。

2018 年 2 月 1 日，由交通运输部、公安部、国家安全生产监督管理总局、中华全国总工会、共青团中央和江苏省人民政府联合举办的 2018 年全国春运“情满旅途”活动在南京启动。交通运输部党组成员、副部长刘小明出席启动仪式并讲话，中国海员建设工会主席丁小岗出席启动仪式。

2019 年 1 月 21 日，由交通运输部、公安部、应急管理部、全国总工会、共青团中央和广东省政府联合举办的 2019 年全国春运“情满旅途”活动在广州启动。交通运输部副部长刘小明出席活动并讲话。中国海员建设工会巡视员张景义出席启动仪式。

2020 年 1 月 10 日，由交通运输部、公安部、应急管理部、全国总工会、共青团中央联合举办的 2020 年春运“情满旅途”活动启动仪式在广西南宁举行。交通运输部副部长刘小明讲话，中国海员建设工会一级巡视员张景义与有关领导一起启动“情满旅途”活动。

“情满旅途”活动连续举办（因疫情停止），这项活动贯穿春运各环节、全过程，旨在提升旅客满意度、获得感。中国海员建设工会持续承办这项活动，同时，持续开展春运平安返乡（岗）安全优质服务竞赛活动。虽然活动评选表彰先进方式有所改变，但弘扬先进、表彰先进没有改变，已成为各级海员建设工会常规工作。

## 第五节　做好维权服务工作

### 一、持续推动船员收入增长

中国海员建设工会认真贯彻落实党中央、国务院关于构建和谐劳动关系的决策部署，努力构建中国特色和谐劳动关系，积极推动集体协商工作，确保船员能够获得公平、合理的工资待遇，实现体面劳动。

2009年以来，中国海员建设工会与中国船东协会连续开展集体协商、签订集体协议，得到国内、国际航运界广泛认可。

2014年12月14日，双方进行新一轮集体协商，达成了普通船员最低基薪提高5%等新成果。首次提出中国船员工资结构建议标准以及具体计算方式，引导船东通过完善工资结构创造公平竞争的环境，为解决因部分小船东违法逃避缴纳社保、部分船员片面追求眼前利益而造成的船员无序流动等问题奠定了基础。

2015年，双方形成了签约机制，共签发83份集体协议，覆盖600余艘远洋船舶，超过在运中国籍远洋船舶50%。签约船舶自《2006年海事劳工公约》生效后从未发生因劳动关系纠纷而导致的船舶滞留情况。由于中国没有专门调整海上劳动关系相关法律法规，集体协议使《2006年海事劳工公约》与国内法律法规相衔接，为船员和船东双方提供了解决劳动关系问题的标准和依据，从源头维护了远洋船员的权益。

2016年，通过集体协商，将《船员在船伤病亡处理行业标准》正式写入文本，进一步明确了船员因工受伤、患病、死亡等情形的处理程序、赔偿标准的法定渠道，理顺了以往标准不明、信息不对称带来的劳动关系问题。通过集体协商，进一步完善了工作机制，明确细化集体协议签约、评估、协商程序等事项。

2019年12月2日，中国海员建设工会与中国船东协会在上海开展中国海员工资福利集体协商，签订了新一轮周期的船员集体协议。协商中，双方秉持“和平友好、以诚相待，遵纪守法、有理有据，共建共享、互利共赢，立足中国、放眼世界”的原则，对2019年集体协议执行情况和中国船员的各项劳动标准进行了充分的评估和有效的探讨，最终对以下标准的增长达成一致意见：2020 年至 2021 年，中国船员最低基薪标准，在 2019 年基础上增长 4%；2021 年，中国船员最低伙食费标准在 2019 年基础上每人每天增加 1 美元；在遣返的规定条款中增加“船员配偶的父母死亡或病危”情形；40 岁及以上工亡船员最低死亡赔偿标准根据年龄不同，分别增加了 2 个月至 22 个月在船工资收入。

2021 年 11 月 22 日，中国海员建设工会与中国船东协会将协商的重点放在如何在疫情条件下更好地保障船员的合法权益，经平等协商，确定 2022 年至 2023 年，中国船员最低基薪将在 2021 年基础上增长 7%，同时出台了首个通过行业协商确立的新冠疫情期间的劳动待遇标准。因为疫情对航运业的重要影响，2021 年集体协商并非一帆风顺。首次协商是在 10 月 12 日进行的，船东和工会双方未能就工资增长等关键性问题达成一致意见。首次协商结束后，双方又进行了一个月的工作磋商，最终才于 11 月 22 日达成一致意见。

为了保障以后的协商工作高效务实推进，经双方同意，成立了《中国船员集体协议（A 类）》工作委员会，制定了工作委员会工作章程。2023 年 3 月 31 日，双方联合发布《关于“成立〈中国船员集体协议（A 类）〉工作委员会”的决定》。工作委员会由工会方代表、船东方代表和法律顾问组成，其中工会方主任委员由中国海员建设工会副主席（兼）徐一飞担任，船东方主任委员由中国船东协会副秘书长秦焕复担任，法律顾问由山东文康律师事务所高级合伙人、海事律师栾珂担任。工会方的工作委员会成员还有中国海员建设工会海员工作部部长王建兰、山东省海员工会主席倪道余、中远海运船员管理有限公司党委副书记、工会主席葛军等六名各级工会干部及中国远洋海运集团船长顾兆阳和江苏远洋运输集团有限公司水手长孙统国两名一线船员代表。

2023 年 11 月 10 日至 16 日，中国海员建设工会全国委员会与中国船东协会在上海经过为期一周的研讨、磋商、沟通，对集体协议的修订达成一致意见，签署了新一轮集体协议。船员集体协商的重点是改善船员在船通信条件、优化船员工资计算方式、规范提前解除劳动合同和上船协议程序，更好提升船员在船生活品质、工作待遇，促进海上劳动关系和谐稳定。根据新修订的集体协议，船员在船期间，船东向船员提供免费网络流量，使船员能够在船上通信等，但必须遵守使用规范。为规范船上合同履行，双方协商制订了《提前解除劳动合同或上船协议规范程序》。双方同意，优化完善加班工资计薪标准，按新计薪标准，船员固定加班费将有较大幅度提高。自 2024 年起，中国船员集体协议将依据中国人民银行公布的平均汇率，制定和公布人民币最低基薪表。本轮签订的集体协议有效期为 2024 年 1 月 1 日至 2026 年 4 月 30 日。

中国船员集体协商工作机制建立于 2009 年，已坚持开展 14 年，先后出台了中国船员最低工资标准、最低伙食费标准、船员伤病亡处理行业标准、新冠疫情防控期间船员劳动待遇标准等海上劳动标准，得到了行业认可和广泛应用。2022 年、2023 年共有 886 艘船舶申请执行集体协议，在中国履行《2006 年海事劳工公约》、维护船员合法权益、推动航运业健康稳定发展等方面发挥了重要作用。同时，持续推动船员收入增长，实现船员体面劳动，为构建中国特色和谐劳动关系作出了贡献。

## 二、关爱劳动模范和困难职工

### （一）“送温暖”活动

“送温暖”活动是中国海员建设工会的重点工作。每年按照全国总工会的统一部署，在两节期间和重要的时间节点，中国海员建设工会领导均会深入车间班组和船舶码头慰问在重点岗位、重大工程项目上工作的一线职工，走访生活困难职工家庭，探望在工作岗位上作出过突出贡献的劳动模范。通过持续开展“送温暖”工作，海员建设工会积极推动解决职工实际困难，把党中央的温暖、各级党委政府的关心以及各级组织和社会各界的帮扶传递给广大水运职工。

2013 年，中国海员建设工会制定了《中国海员建设工会“送温暖”资金使用办法》，重点面向特困职工、生活困难劳动模范、因患大病或遭受自然灾害致贫的职工、因工致残的困难职工、突发事件造成生活困难的遗属、患重病的工会干部等六类困难职工开展“送温暖”。

2015 年两节期间，全国总工会兼职副主席许振超、中国海员建设工会副主席魏薇到山东港航企业“送温暖”，副主席姚久强带队伍赴天津水运企业“送温暖”。

2017 年 1 月 13 日，中国海员建设工会副主席魏薇一行，来到福建交通集团福港拖轮公司及马尾公司，走访慰问了劳动模范徐文岳、困难职工等，送去了工会组织的关怀和新春的祝福。魏薇代表中国海员建设工会，为他们送上了慰问金，感谢他们在各自岗位上为交通运输事业和企业发展作出的贡献，鼓励大家克服困难、笑对挑战、安心工作，有困难找工会，工会永远是他们值得信赖的“职工之家”，工会干部永远是他们值得信赖的“娘家人”。她还就各单位党政部门对工会工作的支持，表示了感谢。

2019 年 11 月，中国海员建设工会一级巡视员张景义一行到广州珠江电厂卸货作业的中远海运散运“远智海”轮调研慰问。张景义深入船舶主甲板、驾驶台、船员生活区、活动室和船员房间等场所了解船舶安全生产、劳动竞赛、民主管理等方面工作，详细询问船员工作生活情况，对奋战在生产一线的广大船员表示亲切慰问。

2019 年 12 月，中国海员建设工会主席丁小岗，海员工作部部长朱嫣红、中远海运集团工会主席张善民等一行，来到靠泊在上海洋山港的中远海运“牡丹”轮调研并慰问全体船员。丁小岗与船舶“三长”① 座谈交流。他十分关心基层一线船员的工作和生活，详细了解了船舶文化娱乐活动、船员与家属日常通信等具体问题，希望各级海员工会能够多关注新技术的运用和船员用工制度的调整等情况对船员劳动条件和劳动强度带来的变化，并通过及时反馈船员们的意见，维护职工的劳动权益。船舶领导感谢中国海员工会历届领导多年来为船员个税减免奔走呼吁。

2021 年，为贯彻落实党中央以人民为中心的思想，推动解决广大船员在新冠疫情期间面临的困难，体现工会组织对一线船员的关心关爱，维护船员队伍和谐稳定，中国海员建设工会向全国总工会申请了 100 万元，用于开展船员专项“送温暖”工作。为做好这项工作，确保“送温暖”资金发放到位，中国海员建设工会联合交通运输部海事局和中国船东协会共同核实确认船员身份以及困难情况。“送温暖”除覆盖沿海地区航运企业外，还有效覆盖了河南、甘肃、青海、新疆等贫困地区劳务外派企业。

2022 年，中国海员建设工会继续向全国总工会申请了 100 万元船员专项“送温暖”资金，并申请了 30 万元“送温暖”资金，针对港口行业闭环管理困难职工开展专项“送温暖”工作。2022 年 1 月 14 日，参加完全国首个“船员服务驿站”在江苏南京兴隆洲水上绿色综合服务区正式挂牌仪式后，李庆忠带队到南京龙潭海事处、南京港集团龙潭集装箱公司和长江引航中心慰问了坚守一线的基层职工，向广大一线职工表示了问候和敬意。春节前，中国海员建设工会副主席武建光、中国海员建设工会二级巡视员张苏仲等一行，来到华洋海事中心有限公司，现场视频连线了“育鹏”轮船长于长智，了解船员在船工作生活情况，船舶春节

① “三长”即船舶的船长、政委和轮机长。

期间航行计划，向全体坚守在工作岗位的船员表示致敬。武建光代表中国海员建设工会向生活困难的一线船员赠送了慰问金。

2023年五一国际劳动节前夕，中国海员建设工会二级巡视员张苏仲、朱嫣红一行慰问了在广东江门市新会港施工的江苏筑港“云浚1号”轮船员，他们与船员亲切交谈，了解他们的工作、生活和思想情况，并为全体船员送上慰问品，向他们致以劳动节的问候。7月，台湾海峡大型巡航救助船“海巡06”轮开展送清凉活动，朱嫣红二级巡视员将防暑物资送到船员手上，对船员在持续高温酷暑下坚守岗位的敬业精神表示感谢和赞扬。

### （二）组织劳模疗休养

中国水运事业高速发展，劳动模范在其中起到了举足轻重的作用。为了更好地关心和照顾这些为水运事业发展作出突出贡献的劳动者，中国海员建设工会关心劳动模范、爱护劳动模范，每年都组织劳模休养活动。2014年8月18日至24日，中国海员建设工会组织近百名交通、建设系统的劳动模范和先进工作者，在全国总工会北戴河疗养院开展劳模休养活动。休养期间分别召开交通和建设系统两场劳动模范座谈会，劳动模范和先进工作者分别结合各自工作和经历畅谈体会、交流经验，并对工会工作和行业发展提出了建议。交通运输部总工程师徐光、住房和城乡建设部人事司劳动与职业教育处处长孟学军分别代表两部委出席会议并致辞。中国海员建设工会丁小岗作总结讲话。全委还组织了联欢晚会、健康讲座、参观考察等活动。

2015年8月3日至9日，全国交通、建设系统劳模休养活动在北戴河举行，来自全国交通、建设系统的约100名劳动模范和先进工作者参加了此次休养。中国海员建设工会副主席姚久强、副巡视员曹宏伟看望慰问了休养劳动模范。休养活动着眼于适合劳动模范需求、符合休养实际、突出产业特色，安排了游览名胜古迹、开展文体活动、召开健康讲座、举办联欢晚会等内容，让劳动模范们亲身感受到了工会组织“职工之家”的温暖。

2016 年 8 月 30 日至 9 月 5 日，全国交通、建设系统劳模休养活动在北京全国总工会国际交流中心举行。来自全国水运、公路、建筑、城建行业的近 80 名劳动模范和先进工作者参加了此次休养。中国海员建设工会张景义参加活动，看望慰问了休养劳动模范。休养期间安排了参观北京现代汽车生产车间、走进军营观看仪仗队表演、游览名胜古迹、健康检查、国际形势分析讲座、文体活动和联欢晚会等内容。

2017 年 9 月 1 日至 7 日，按照全国总工会的统一部署，全国交通建设系统劳模休养活动在吉林吉化松花湖疗养院举行，来自全国水运、公路、建筑、城建系统的 80 余名全国劳模和先进工作者、全国五一劳动奖章获得者和省部级劳动模范参加此次活动。中国海员建设工会副主席曹宏伟，原副主席魏薇看望慰问了休养劳动模范，并参加了休养活动。休养期间，组织劳动模范参观了吉林市历史博物馆、长春客车厂生产车间、吉林石化公司劳模创新工作室等，为劳动模范安排了心理辅导、中医体质辨识、健康理疗等有益身心健康的项目，疗养院职工还为劳动模范献上了精彩的文艺节目。此外，还组织召开劳动模范座谈会，倾听他们的心声。劳动模范们纷纷表示，此次休养活动内容丰富、安排周到、服务热情，既放松了身心，又开阔了视野，加强了同行业劳动模范之间的交流，真正感受到了工会组织的关怀和温暖，休养结束后以更好的状态回到工作岗位，再创佳绩。

2018 年 8 月 13 日至 19 日，全国交通建设系统劳模疗休养活动在全国总工会青岛疗养院举行，来自全国水运、公路、建筑、城建等行业的近百名全国劳动模范和先进工作者、全国五一劳动奖章获得者和省部级劳动模范参加了此次疗休养活动。中国海员建设工会主席丁小岗等领导看望慰问了疗休养劳动模范，并与劳动模范座谈交流。疗休养期间，组织劳动模范参观了八大关遗址、青岛峰会会址、奥帆中心、青岛规划馆、青岛港、团岛灯塔、许振超劳模创新工作室和王炳交劳模工作室，为劳动模范安排了中医养生讲座、瑜伽练习等有益身心健康的项目，举办了劳动模范联欢晚会。

2021 年 10 月，疫情防控形势依然严峻复杂，根据全国总工会劳模疗休养工作安排，中国海员建设工会组织了 2021 年全国交通建设系统劳模疗休养活动。

10 月 22 日至 28 日，全国交通建设系统劳模疗休养活动在广西总工会桂林工人疗养院举行，来自全国水运等行业的 80 余名全国劳动模范和先进工作者、全国五一劳动奖章获得者、省部级劳动模范参加了此次疗休养活动。中国海员建设工会副主席吴疆出席欢迎会，并看望疗休养劳动模范。疗休养期间，在做好疫情防控工作的基础上，组织劳动模范考察了世界灌溉遗产古运河灵渠，体会古代工匠精神；游览世界自然遗产百里画廊漓江，领略美好的自然风光；开展了中医养生讲座、书画名家交流笔会、庆祝建党 100 周年“趣味打卡”积分赛等有益身心健康的项目，并举办了联欢晚会。同时，为积极贯彻落实全国总工会第三轮工会对口援藏工作要求，结合此次疗休养活动，组织开展了中国海员建设工会“送技术”——内地工匠专家与西藏产业工人技能结对交流活动，构建起双方互学互鉴、协同发展的平台。

在疗休养期间，为切实做好劳动模范服务工作，还组织召开了劳动模范分组座谈会，交流体会，畅谈心得，听取劳动模范对于工会工作的意见建议，不断提高服务劳动模范工作的质量。

### （三）慰问“深潜英雄”

2014 年 1 月 12 日，工作人员在“深潜号”甲板上准备向海里下放潜水钟。1 月 12 日 0 时，在距离深圳近 200 海里的中国南海，搭载着三名潜水员的潜水钟被放入海里，中国首次深海300米人工饱和潜水作业正式开始。饱和潜水是人体直接暴露于较深的海洋环境中，技术难点在于潜水员下潜时不断增大和上浮过程中不断降低的海水压力，对人体血管造成巨大冲击。也就是说，潜水时的内外压力差一定要在人体血管的可承受范围内，一旦超过就是致命的。因此，这需要科学家在实验室内不断摸索海水压力的变化和人体之间的平衡规律，最终由潜水员融会贯通付诸海下。

5时9分，搭载着交通运输部上海打捞局胡建、管猛、董猛三名潜水员的潜水钟，从300米水深的海底回到工作母船的甲板上，完成与生活舱的对接，3名潜水员返回生活舱里，标志着中国首次300米饱和潜水作业取得成功，下潜实际深度达到313.5米。

1月25日，成功完成中国首次300米饱和潜水作业任务的六名潜水员，在减压舱内经过11天的减压之后，手持国旗安全出舱，六人身体和精神状态良好，此次作业任务圆满完成。

中国海员建设工会副主席魏薇代表全国委员会在减压舱门口迎接六名深潜英雄，第一时间将来自工会的问候传达给一线潜水员。随后，在“深潜号”船舶上召开了“热烈祝贺中国首次300米饱和潜水作业圆满成功座谈会”。魏薇在座谈会发言中祝贺中国首次300米饱和潜水作业成功，向参与作业的潜水员、一线船员、科研技术人员、医疗保障团队及所有幕前幕后工作人员表达了慰问。

这次300米深潜作业成功，圆了中国救捞从业人的梦，也圆了所有中国人的梦，体现了中国的自主创新能力，打破了国外的技术封锁，更反映了救捞人英勇无畏的精神。

### （四）积极做好“8·12”受灾职工帮扶救助工作

2015 年 8 月 12 日 23 时 34 分左右，位于天津市滨海新区天津港的瑞海国际物流有限公司（以下简称“瑞海公司”）危险品仓库发生火灾爆炸事故，造成 165 人遇难、8 人失踪、798 人受伤，遇难人员中参与救援处置的公安现役消防人员 24 人、天津港消防人员 75 人、公安民警 11 人，事故企业、周边企业员工和居民 55 人；事故同时造成 304 幢建筑物、12428 辆商品汽车、7533 个集装箱受损。经国务院调查组认定，天津港“8·12”瑞海公司危险品仓库特别重大火灾爆炸事故是一起特别重大生产安全责任事故。

事故对天津港及周边水运单位职工造成了重大影响，特别是天津港职工损失惨重。事故发生后，中国海员建设工会立即联系天津港集团工会了解受灾情况和职工队伍状况。天津港集团工会积极行动，全力以赴投入维稳、援助及善后工作。工会干部分别深入一线、职工当中，了解港口生产和职工队伍稳定情况，有针对性地联系和指导基层工会做好维稳工作，确保港口生产秩序稳定。

在善后工作中，天津港工会快速摸清困难职工底数，协助滨海新区政府做好了集团公司职工受灾房屋的统计工作，经统计，职工受灾房屋达 1020 户，其中受灾严重的 7 个小区有 461 户。针对伤亡、失联的职工家属，集团各级工会上下齐动，抽调基层工会骨干 120 余人成立心理咨询队伍和志愿者队伍，竭尽全力做好职工家属心理安抚、情绪疏导和生活服务工作。

针对受灾职工情绪不稳定的情况，集团工会两次召开维稳工作会议，认真部署，一对一做好职工思想工作，确保了受灾职工思想稳定。针对受爆炸影响的职工，集团工会积极部署、指导基层工会开展情况摸查工作，对职工开展了援助行动。

集团工会积极发挥职能作用，针对受灾职工的困难处境，及时启动了帮扶救助机制，调动集团公司解困基金，为房屋受灾职工发放救助金164.6万元，对稳定职工情绪起到了积极作用。

中国海员建设工会副主席魏薇到医院看望了受伤的天津港消防员和职工，并送去了慰问金。同时，中国海员建设工会还拨付“送温暖”经费对受事故影响的天津地区其他单位困难职工开展慰问和救助。

全日本海员工会天津代表处距离事故现场较近，受灾较为严重，中国海员建设工会派员专门赴天津对日方代表及代表处受灾情况进行了解，并对代表处进行了慰问。

### （五）开展关爱船员专项活动

为了贯彻落实党中央以人民为中心的思想，体现工会组织对一线船员的关心关爱，维护船员队伍和谐稳定，2021年11月22日，中国海员建设工会在京举办“关爱船员专项活动”启动仪式。中华全国总工会副主席、书记处书记、党组成员魏地春出席并启动该项活动。中国海员建设工会主席、分党组书记李庆忠，中国工人出版社社长、党委书记王娇萍，中国职工之家党委书记王东昱和船员代表参加启动仪式。交通运输部海事局、交通运输部救助打捞局、中国交通建设集团工会联合会等有关单位负责人参加启动仪式。从启动之日起到2022年春节前，中国海员建设工会向100艘船舶赠送职工书箱，向100艘船舶赠送慰问礼包，推动改善船员在船的精神和物质生活。此外，还联合中国工人出版社向长江船员之家等港口海员之家捐赠图书，为到港船员提供便利阅读服务。2022年，为切实体现海员工会组织对一线船员的关心关爱，团结引领广大船员众志成城、共克时艰，中国海员建设工会继续开展了关爱船员专项活动，于6—9月间，向100艘船舶赠送慰问品。本次活动得到中国海员建设工会港口委员单位的大力支持，全部慰问品将提前寄送至船舶计划靠泊港口工会和工会系统国际海员俱乐部、海员之家、船员服务驿站，待船舶靠泊后，由当地工会组织代表中国海员建设工会向船舶赠送。7月，中国海员建设工会二级巡视员张苏仲赴辽宁港口集团，慰问了“连港8”轮全体船员。同时，各级工会组织也积极开展船员关心关爱活动，如广州黄埔、汕头、烟台等多个国际海员俱乐部在活动期间积极开展登轮慰问活动，向疫情中坚守航海一线的海员送去工会“娘家人”的问候和祝福。

2023年，按照全国总工会“工会送清凉、防暑保安康”活动的统一部署，中国海员建设工会全国委员会定于2023年7—8月继续开展“关爱船员专项活动”，向全国船员发放2000份清凉礼包。8月22日，中国海员建设工会主席李庆忠、兼职副主席徐一飞、中远海运集团工会主席张善民一行到“新丹洋”轮开展“关爱船员专项活动”。在慰问过程中，李庆忠十分关心基层一线船员的工作和生活，他关切地询问了船员的伙食情况，详细地了解船员生活情况、工作情况、船员个税退税政策落实等，视察了“新丹洋”轮的甲板、驾驶台、船员休息室，并与船员亲切座谈，听取了船舶工作情况汇报和船员意见建议。他对“新丹洋”轮保障能源运输安全、服务国家航运强国建设、履行工会职能方面的担当作为给予了充分肯定，并对进一步做好船舶工作提出了希望和要求。随后，李庆忠向船舶赠送了慰问品和慰问金。8月31日，中国海员建设工会海员工作部部长王建兰、上港集团九江港务有限公司工会主席叶建勇到九江港船务分公司开展“关爱船员专项活动”，表达了各级工会组织对广大船员的认可和关心。

中国海员建设工会连续开展“关爱船员专项活动”极大地调动了各级工会开展船员工作的主动性和积极性。山东省海员工会、长江航务工会、黑龙江省海员工会、烟台市海员工会、汕头国际海员俱乐部、广州黄埔国际海员俱乐部、湛江国际海员俱乐部、福州国际海员俱乐部、防城国际海员俱乐部等单位纷纷对一线船员开展慰问活动，经过几年的实践，工会组织在服务船员方面形式更加灵活，经费使用更加规范，覆盖船员群体日益广泛。

## 三、重视海员权益的维护

中国海员建设工会经常协调处理海员维权问题，特别是涉外维权个案，积极与境外工会合作，维护了中国海员的合法权益。

2013 年，中海集团工会张洁主任向海员建设工会反映，一艘在美国港口停靠的船上，有一名中国海员耳朵流脓已三日，头部肿胀，但是美国边防部门不让其下船看病，理由是船员没有美国签证，并让他到下一个港口巴拿马去看病。这名海员是个体船员，没有加入工会，在万般无奈的情况下，通过中海集团工会寻求帮助。当时海员工作部魏薇部长等了解情况后，连夜开始工作，先找到船员的派员公司，了解船员具体情况，然后进行沟通、交涉，最终推动美国边防部门同意船东请一名医生上船开展治疗。船员的困难得到了解决，经过治疗船员恢复了健康，还可以继续在船工作。

2013 年，全国总工会国际部转来国际劳工组织曼谷局代表的来信，反映在曼谷港停泊的巴拿马籍某货轮上的中国海员遭遇欠薪。接信后，中国海员建设工会立即进行调查，查询到船舶的实际控制人为大连某民营企业。中国海员建设工会先后与船东、辽宁海事局、大连市海员工会等有关方面进行联系协调，最终帮助中国海员讨回工资。

2014 年，因中国台湾某船东公司宣布破产，其所属一艘船舶滞留在马耳他。船上有 15 名中国海员，另有 19 名中国海员已经下船回国，都有不同程度被拖欠工资的情况。3 月，滞留在马耳他的 15 名中国海员在当地起诉了船东，要求拍卖船舶，偿付工资，而已经回国的19名海员也想维权，可遭遇了难题。因为要在马耳他当地起诉船东，这19名海员需要委托当地的律师，委托函公证后要经过中国外交部领事司和马耳他共和国驻华使馆的双重认证才能在马耳他法庭生效。该轮欠薪案开庭日定于2014年5月20日，留给19名中国海员办理委托、公证、认证一系列手续的时间只有两个月。

中国海员建设工会了解情况后，在全国总工会国际部的支持下，协调外交部领事司认证处，特事特办，直接在北京代表19名中国海员加急办理了对委托函公证书的认证手续，并在取回认证的当天寄往马耳他，保证了所有诉讼文件在开庭日前一天签收并呈送法庭，为中国海员在境外的维权提供了有力的保障。最终，中国海员的诉求得到了法庭的认可，经过调解，所有海员在2014年11月拿到了被拖欠的工资。

2019年3月，一名在香港籍船舶任轮机工的船员，突感右下腹部疼痛。他强忍病痛，终于抵达青岛港。但在青岛三甲医院就医，临时挂号十分困难。抱着试试看的态度，他联系了山东省海员工会海员维权接待处。在收到船员的求援后，工会组织立即启动海员紧急救援预案——利用多年来在海员救援中形成的绿色通道，迅速在青岛市市立医院东院区办理好床位，落实好手术医生和诸多住院环节。当天住院，三个小时后手术，阻止了他的病情恶化，挽救了他的生命。

手术后，船员感慨万千。他对山东省海员工会说："我与你们非亲非故，你们却把我当作亲人，无私救援我这个处在危难中的异乡海员，使我重获健康。我要把我的亲身感受向我的工友宣传，让更多的海员兄弟知道、受益。"

2021年，一名刚入职的山东籍海员，因在国外就医的诊疗记录丢失，无法在回国后办理保险理赔，而向中国海员建设工会求助。经过了解，该名船员的船东在上海、派员公司在天津、其本人生活在山东，因诊疗记录丢失办理相关证明本就程序复杂，疫情期间跨区域协调处理更是难上加难。了解相关情况后，船员向工会表示将放弃维权。但工会并没有放弃，海员建设工会出面持续协调各个相关单位，山东省海员工会积极联系安慰船员，青岛国际海员俱乐部退休干部张森主动担当联系协调志愿者，一边对船员进行心理上的安慰指导，一边具体指导落实收集各类证明材料事项，最终维护了海员的合法权益，同时海员所在企业工会还多次对海员进行慰问，让海员感受到了工会的温暖。事情解决后，海员本人亲笔写下感谢信，向中国海员建设工会表达了衷心谢意。

2021 年 10 月 16 日，一名海员在辽宁省鲅鱼圈港口下船，在被隔离 14 天后，计划到大连讨薪。因这名船员在船期间，已经向中国海员建设工会寻求过维权指导，在了解到他已经下船，并计划到大连维权时，中国海员建设工会海员工作部积极协调大连市总工会、大连市国际海员俱乐部，为船员维权提供帮助。当时，大连刚发生新冠疫情，加上合同上的公司是香港注册公司，即使起诉公司，也因公司情况不详无法马上起诉，时间成本和经济成本给船员维权带来了很多不利因素。在海员工作部的指导下，在大连市海员工会和大连国际海员俱乐部的协助下，11 月 2 日，船员到大连海事法院开展诉前调解，依法成功讨回被拖欠的工资。事后，海员专门致信海员工作部表示感谢，他说，中国海员建设工会的帮忙是决定性的，中国海员建设工会就是我们海员的娘家。你们是中国海员维护权益的坚强后盾。

2023 年春节前，中国海员建设工会海员工作部接到一名海员家属的电话，说由于船体故障，加上疫情原因，他的孩子在台湾港口已经滞留超过一年，目前身患疾病，家里人心急如焚，希望工会能够帮助他尽快回家。

由于这个案件法律关系复杂，且船舶在台湾，通过大陆信访途径和海上劳动关系三方协调机制都不能有效快速解决这一问题。年关将至，海员工作部对海员家属的急切心情感同身受。他们第一时间主动联系船员，了解船上的情况，并通过台湾海员工会，沟通协调港口部门，帮助船员提交就医申请，协助船员下船就医，并为船员送上慰问品和慰问金，缓解他的焦虑心情，帮助船员安心度过春节假期。春节后，中国海员建设工会即与全国总工会交流中心沟通，联系了海峡两岸关系协会寻求帮助，历经近三个月的艰苦努力，最终成功帮助船员踏上回家之旅。船员的母亲十分感激，对中国海员建设工会说，如果没有海员工会帮助，（孩子）不知道何时能够回来，孩子的身体可能会落下终身疾病。

## 四、支持海员家属工作

随着中国经济结构的变化，船员家属联络站的情况也发生了很大变化，但中国海员建设工会一直支持引导有条件单位船员家属联络站建设。

### （一）召开船员家属工作交流会

2014 年 3 月 14 日，广东省海员系统“十佳海嫂”和“优秀海嫂”交流座谈会在广州召开。此次座谈会旨在向社会表彰和宣传一批具有时代精神和支持海员工作的优秀海嫂代表。中国海员建设工会副主席魏薇、广东省总工会党组成员廖汝捷参加座谈会并讲话。广东省总工会女工部部长郭开农、广东省海员工会主席康盛忠出席了座谈会。参加座谈会的还有获得“十佳海嫂”和“优秀海嫂”称号的海嫂、海员代表以及广东省海员系统工会干部代表等 50 余人。会上，“十佳海嫂”崔钦枰代表海嫂们讲出“家里有我你放心”的肺腑之言；海员代表彭金带代表海员向在他们背后默默付出的海嫂表达了谢意、爱意和敬意；中远海运和中交四航局分别介绍了各自开展船员家属站工作的经验和情况。为了进一步做好船员家属站工作，会上还下发了《中国海员建设工会广东省委员会关于加强海（船）员家属站建设的指导意见》。

2017 年 9 月，中远海运集团在重庆召开船员家属工作交流会。中国海员建设工会主席丁小岗、中远海运集团工会主席张善民参加了会议。集团工会及相关直属单位工会负责人、船员家属站长代表近 70 人参加会议。中国远洋集团散运公司工会主席鲍旭作了《倾心共建家属站　打造和谐大后方》的交流发言。中远散运潍坊家属站站长王雪梅代表公司船员家属站作了专题发言。丁小岗高度肯定了集团船员家属工作取得的成绩，并指出，实现海运强国梦、落实习近平总书记“一带一路”重大倡议离不开航运企业和广大船员的支持和奉献。各级海员工会、家属工作站、船员家属要心往一处想、劲往一处使，进一步建好家属工作站，使布局更加科学、网络更加健全，更好地服务船员实际需求，确保船员安心工作。

会上，中远海运集运、中远海运能源、中远海运散运、中远海运特运、中波公司、中海国际等单位工会交流了船员家属工作的情况，上远南通家属站、能源大连瓦房店家属站、散运潍坊家属站、特运重庆家属站、中波绵阳家属站、国际塘桥家属站等六家船员家属站的站长分享了各自的工作和活动情况。

中国海员建设工会及中远海运集团各地船员家属站优秀站长代表、各船公司、船员公司工会以及船员家属工作负责人共计 60 余人参加会议。

### （二）推荐职工思想政治引领创新案例

2018 年 8 月，中远海运船员管理有限公司首次提出“红蓝共建”设想，“红”指红色航程，即公休船员党支部；“蓝”指蓝色港湾，即海嫂联络站。“红蓝共建”是坚持党建带群建，筑牢基层基础根基，坚持以人民为中心思想，构建“我为船员办实事”长效机制，用心用情用力服务船员群体，在充分发挥公休船员党支部这个基层党支部的政治功能和组织功能的同时，发挥海嫂联络站这一基层群众组织的桥梁纽带和服务职能作用，弘扬光荣传统，坚持守正创新，推进公休船员党支部和海嫂联络站一体化建设，打造“红蓝共建”组织体系平台。

为使海嫂站建设能够精准对接公休船员党支部建设，公司工会制定了《海嫂联络站整合建设工作方案》和《海嫂联络站整合管理规定》，从结对模式、共建方式、共建内容、活动形式和经费保障等各方面对与公休船员党支部的共建做出明确规定。按要求，各直属单位工会调整了海嫂站组织建设方案，整合了原相对零散、重叠建设的海嫂站资源，拓展海嫂站建设网点，海嫂站由之前的 229 个、服务船员近万户，增加到 273 个、服务船员 2 万余户，共增加了 44 个海嫂站、服务船员万余户，为“红蓝共建”组织建设的共同谋划以及船舶和岸基互通奠定了坚实的组织基础。

“红蓝共建”活动中，公司工会积极推动海嫂站与公休党支部开展结对共建，海嫂站聘请公休党支部书记为指导员、公休党支部聘请海嫂站长作为家属代表参加活动，实现双向进入。273 个海嫂站中有 152 个与公休船员党支部开展结对共建，共建面不断扩大。

当时受新冠疫情影响，各地海嫂站在组织活动时充分考虑疫情的直接影响和船员家属居住分散的实际情况，坚持做到线上线下的有机结合，主动对接属地公休船员党支部，努力实现相互进入和积极融入，做到互为依托、资源共享、共同策划、同步推进，形成了扩大船员党员与海嫂参与的规模和效应，调动了广大船员党员和海嫂的积极性、主动性和创造性，建立了互通互融的沟通平台。

除日常的活动外，公司工会还每年选择船员居住相对集中的区域举办“红蓝共建”座谈会和集体慰问活动，充分发挥了“红蓝共建”的示范作用，切实彰显了“红蓝共建”的引领效应。两年内共组织“红蓝共建”活动150场次，慰问船员4226户次。

海嫂站知船员情、解船员难、暖船员心，用真心关心船员和家属，用真情服务船员和家属，逐步成为公休船员和家属的精神依靠，能够在教育、管理和服务船员方面共同发挥直接、重要的作用。新冠疫情期间，中远海运依托“蓝色温馨港湾”和“红色战斗堡垒”共建平台，围绕“协助公司促发展、建好海嫂站促和谐、疫情期间保稳定”主线，积极组织海嫂开展活动，促融合、聚力量、战疫情，形成了海嫂站“大家”与船员“小家”相互依偎、携手同行的生动局面。公司“丰惠海”轮在岗水手长因母亲重病住院而情绪低落，船舶政委及时告知公休船员党支部，党支部和海嫂站第一时间安排人员到医院看望照顾，解除了他的后顾之忧。远在大洋航行的水手长激动地说：“家里有公休船员党支部和海嫂站的帮助，我们就能安心地在船上工作!”

通过“红蓝共建”，让船员和家属始终与公司在思想上同频共振，船员家属全力支持船员在船履职，公休船员自觉服务船员家庭、提升自身素质，进一步稳定了集团近5万名船员的“大后方”，有力推动了高素质船员队伍建设。

中国海员建设工会充分肯定“红蓝共建”的创新举措，认为是各级工会建设船员思想政治引领和维权服务阵地的良好示范，并将案例上报至全国总工会，该案例后被评选为“2023年度全国职工思想政治引领优秀案例”。

## 五、用心用情服务船员

中国海员建设工会创新服务海员的工作思路，根据整合资源、搭建平台、强化服务，沿海以国际海员俱乐部和港口企业为主体，打造符合国际公约标准的岸上服务设施，开展登轮宣传、工伤救援、依法维权等服务；沿内河，在长江、珠江、运河沿线建设船员服务驿站，填补工会服务内河船员群体的空白，一站式满足内河船员休息娱乐、政务服务、紧急医疗救援、快递收发、垃圾回收等基本需求。经过持续推动，这项工作取得了非常大的进展，截至2023年，已经建成72家船员服务阵地。国际海员俱乐部均能开展登轮慰问和接待服务，且是无差别地对世界各国船员开展服务。海员到俱乐部上网、读书、休息、健身或者参加俱乐部组织的文体活动都是免费的，一些条件较好的俱乐部经常会组织文艺活动或小型体育比赛，例如俱乐部对海员的篮球赛、足球赛等，有需要的海员还可以通过俱乐部安排平价的市内观光或短途观光。海员俱乐部也会不定期组织船员免费参观港口所在城市的市容、体验民俗文化。据不完全统计，全国海员俱乐部平均每年能登轮500余艘，开展各类活动200多次，接待海员2万余人。与一般的市场化接待场所相比，工会运营的海员俱乐部更加考虑海员的特殊需求，例如，防城国际海员俱乐部，在接待海员时，不论海员几点到达，只要有需要，厨师就会值班到最后一名海员到达，并准备优质晚餐；青岛国际海员俱乐部为海员搭建了绿色就医通道；广州黄埔国际海员俱乐部坚持为海员提供免费早餐服务，海员凭海员证就可以到俱乐部合作的五家酒店享受免费早餐的服务。

此外，中国海员建设工会支持和鼓励社会力量参与服务船员工作。内河船员服务驿站主要由工会与政府、企业合作，建设在港区内或者水上，是为船员提供服务的场所，例如平价超市、快递代收点、垃圾回收点等。长江上船舶流量较大的南京港的船员服务驿站，开发了无人机智慧物流应用平台，通过无人机为船舶和船员免费运送物资，让船员在江上就能享受到与陆地上一样的便利生活；三峡大坝的船员服务驿站，为船员准备了活动室，提供免费理发服务，船员在等待过闸的时候可以下船活动、理发等。

同时，中国海员建设工会将上海市交通委、上海船东协会、上港集团、中远海运集团支持建立的嵊泗洋山海员俱乐部纳入工会系统服务船员支持范围。指导俱乐部为在港船员提供接驳、船员家属访船接送、快递驿站、咖啡茶饮、休闲健身、物品代购、书报阅览、上网冲浪、文旅咨询等公益性基础船员服务项目。该俱乐部充分发挥了自身优势，联合中远海运船员上海分公司将海员"一站式服务"窗口延伸至洋山，解决服务海员"最后一公里"的难题，并开设了海员家属服务站、航海邮局驿站、物品代购等特色服务，开展"国际海员日"及我国传统的节假日主题活动。同时不断深化与海事、航运及相关企业的合作，协同上海海上搜救志愿者服务平台，为海员提供心理咨询及相关知识培训，得到了船员、船员家属、政府、港航企业的好评和认可。

为了推动全国水运系统服务船员工作，2022 年 4 月，中国海员建设工会全国委员会联合交通运输部海事局和交通运输部长江航务管理局开展"全国水运系统服务船员典型案例征集活动"。

活动启动之后，各级工会、直属海事系统、长航系统、有关企事业单位、行业协会结合本单位服务船员的实际情况撰写服务船员案例，精心组织申报。6 月，中国海员建设工会全国委员会、交通运输部海事局、交通运输部长江航务管理局联合组织船员评审团和专家评审团进行认真审核评估，最终确定广东省海员工会报送的《"幸福船员小屋"——船员上岸时的温馨港湾》等 11 个案例（含并列）为十佳案例，详见表 8-3 全国水运系统服务船员典型案例十佳案例表。长江海事局报送的《长江船员流动课堂》等 20 个案例为全国水运系统服务船员典型案例征集活动优秀示范案例，东莞海事局船员管理处报送的《船员"莞"家——做船员的贴心人》等 65 个案例为优秀案例。这些案例涵盖各单位建设服务船员阵地、保障船员合法权益、便利船员工作、提升船员素质等各方面，对推动服务船员社会资源和工作重心下移、调动发挥全系统各单位服务船员积极性创造性、提高服务船员工作水平和促进构建和谐海上劳动关系有重要意义。

**表 8–3　全国水运系统服务船员典型案例十佳案例表**

| 案例 | 报送单位 |
| --- | --- |
| “幸福船员小屋”——船员上岸时的温馨港湾 | 广东省海员工会 |
| “船员服务驿站”解锁船员幸福密码 | 南京海事局 |
| 建设“海员之家”打造海员服务新阵地 | 山东省海员工会 |
| “智惠江海”打造服务船员数字化新阵地——南通海事局全国率先创新建设海事政务自助服务站（区） | 南通海事局 |
| 积极应对疫情挑战，天津海事局用心服务保障船员权益 | 天津海事局 |
| “逆行”驻点突击，实行船员办证和换班“应办尽办、急事急办、特事特办”工作机制 | 上海海事局 |
| “北海之声”——全国首家海上广播电台 | 交通运输部北海航海保障中心天津通信中心 |
| “i 船员”综合服务平台和公益法律咨询 | 交通运输部水运科学研究院 |
| 建设海嫂联络站　构筑和谐稳定大后方 | 中远海运集团船员公司广州分公司工会 |
| 开辟生命安全“绿色通道”，撑起船员归国“保护伞” | 上海振华重工集团股份有限公司工会 |
| 船岸同心，守护国家能源运输安全大动脉 | 中远海运能源运输股份有限公司工会 |

为了进一步推动全国水运系统服务船员工作，2022 年 8 月 19 日，在山东烟台召开了全国水运系统服务船员阵地建设经验交流会。来自全国水运系统的各级工会组织、国际海员俱乐部、海员之家、船员服务驿站负责同志参加会议。会议总结了全国水运系统开展服务船员阵地建设以来所取得的主要成绩，对下一步做好服务船员阵地建设提出了工作方向。中国海员建设工会全国委员会主席李庆忠，全国总工会财务部副部长李颖敏，全国总工会资

产监督管理部二级巡视员李江红参加了会议并讲话。会上，山东省海员工会、广东省海员工会、长江航务工会、烟台国际海员俱乐部、汕头国际海员俱乐部、中国海事服务中心六家单位分别介绍了推进服务船员阵地建设的经验做法和研究课题。会议期间，现场观摩了烟台国际海员俱乐部、烟台航标处、北海救助局、烟台打捞局四家单位海员之家建设情况。

2023 年 9 月 9 日，中国海员建设工会为了继续推进“海员之家”建设工作，在山东济宁召开了内河干线流域船员服务阵地建设经验交流会暨山东省“海员之家”建设现场推进会。中国海员建设工会主席、分党组书记李庆忠出席会议并讲话。会议期间，与会代表现场调研了济宁太平港、荣信港船员之家。山东省海员工会、黑龙江省海员工会、长江船员服务驿站南京龙潭站、珠江船员服务驿站、济宁市海员工会、青岛国际海员俱乐部、山东港口集团工会等七家单位作了经验交流。

中华全国总工会党组书记、副主席、书记处第一书记徐留平对海员群体十分关心，在他的领导下，全国工会 12351 职工维权服务热线有效提高了船员权益保障水平，泉州等地的船员服务阵地建设案例得到他的肯定。在中国海员建设工会积极倡导下，全国水运系统各级工会认真贯彻落实党中央的决策部署和全国总工会的工作要求，始终把广大船员的安居乐业、安危冷暖放在心上，结合地区特点和服务船员群体实际，用心用情用力解决他们在工作生活中遇到的困难，努力让广大船员看到变化、得到实惠，共享改革发展成果。各级海员建设工会深入推进船员服务阵地建设，提高站位，把聚民心的事办好；科学布局，把顺民意的事办实；加强协同，把惠民生的事办成，在船员服务阵地建设方面取得了显著成绩。

## 第六节　大力弘扬劳模精神和活跃文化活动

中国海员建设工会不断推出水运职工中的杰出代表——劳动模范，他们是劳动者的楷模，宣传学习他们的事迹，就是弘扬劳动精神、工匠精神；也是树立标杆，进一步激励广大职工向劳动模范学习，拼搏奋进，超越前辈，成为新时代优秀劳动者，进而为水运行业高质量发展作出新的贡献。

### 一、宣传劳模事迹，引领高质量发展

#### （一）操纵航船驶向深蓝的新时代船长

倪迪是中远海运船员管理有限公司的船长，1998 年于上海海事职业技术学院毕业，2011 年任职船长，从 2015 年起任职超大型油轮 30 万吨级（VLCC①）船长。

倪迪在担任船长期间，创下了安全航行近 30 万海里的佳绩；带领船员兄弟们完成“万米管线自行换”限时抢修的壮举；取得美国专项检查一次性全部无缺陷通过的骄人战绩；完成 VLCC “新龙洋”轮的接船任务，并以其专业、优质的服务开拓了超大型油轮长期租新市场入 POOL 经营②的案例；也曾面对外方恶意敲诈，进行据理力争，避免了损失。

倪迪作为一名新时代中国船长。2018 年初，得知兄弟单位在船舶装卸货方面出现问题，造成巨额损失。倪迪船长接到中远海

① VLCC 是超大型油轮（Very Large Crude Carrier）的英文缩写，其载重量一般在 20 万吨到 30 万吨之间，相当于 200 万桶原油的装运量。

② 入 POOL 经营是指将船舶加入一个共享资源池（POOL）中，通过规模化经营和专业化运作，实现船舶运营的规模效益和商业价值最大化。

运能源公司指令后，积极准备相关教案、收集资料，并制作 PPT 教材等，对兄弟单位的众多管理人员，从船舶结构、装卸环节、运输监控、商务风险等方面全面进行了针对性的多次教学工作，取得很好的效果，收获了同行的表彰和赞誉。

倪迪被借调到中远海运能源公司安监部、船管部，负责船舶日常管理、体系维护、检查分析等工作，参与了中远海运能源公司油轮检查的标准和新版体系的编写及审核，同时又针对公司当年所有自营及托管共 151 艘船舶，分门别类地进行了缺陷的甄别和后续整改及跟踪工作，撰写了近三万字图文并茂的相关报告，为中远海运能源公司提供了具有参考价值的一线资料，为中国能源运输安全、规范地运行和发展作出了贡献。

倪迪是从中国 198 万名船员队伍中选出来的第十四届全国人大代表。“船员有所呼，船长有所应”是他的履职誓言。这句话，不仅是对船员兄弟的承诺，更是他自己沉甸甸的职责担当。任职全国人大代表的两年间，倪迪递交了三份与船员兄弟相关的建议。

他全力支持我国航运企业打造船用绿色燃料产业链，两年里他向全国人大递交三份涉及航运业供应链安全、绿色低碳发展的建议，建议国家抓紧出台相关政策，提升产业链、供应链的安全性。他的努力和付出得到了业界同人的高度认可和广泛赞誉。

倪迪船长曾荣获中远海运船员“十大杰出船长”“名家”；中远海运集团优秀共产党员、先进个人；郑和航海风云榜杰出海员、领航人物；中华人民共和国海事局安全诚信船长；中国航海科普大使；上海市劳动模范；全国五一劳动奖章等称号。

### （二）中国远洋公务船首位女船长

詹春珮是“海巡 01”轮女船长，2013 年 8 月从上海海事大学毕业后入职上海海事局，一直扎根“海巡 01”轮，从事海区水域巡航执法、搜寻救助工作，巡东海、穿南海、越赤道，与新时代同频共振，坚决捍卫国家领土主权和海洋权益，以巾帼不让须眉的专业、刚毅和果敢，拔节成长、破茧而生，成长为中国远洋公务船首位女船长。

2014 年 3 月 8 日，马航 MH370 客机失联，“海巡 01”轮作为中方舰队的指挥船奔赴南印度洋。初出茅庐的詹春珮主动请缨，作为船上唯一的女见习三副，她谢绝了特殊照顾，完成了这场历时 216 天、航程 2 万余海里的大国搜救任务。

从 2015 年起，“海巡 01”轮开始赴南海执行航海保障任务，詹春珮面对南海高温高盐高湿、潮流复杂及礁区水深变化剧烈等风险因素，和同事们摸清水域通航环境，精心设计航路，配合岛礁灯塔建设并进行 AIS、北斗导航等信号测试，为中外船舶提供优质的导航服务。

2018 年 1 月 6 日，满载 11 万吨凝析油的“桑吉”轮在东海发生碰撞后燃爆。休假中的詹春珮接到指令，火速起航赶赴事发水域。凝析油在海上运输中泄漏燃爆属于世界首次，应急救助无经验可循。现场火光冲天，遇难船随时燃爆，空气中毒烟弥漫，在生死关头，她毫不退缩、挺在前线，协助船长合理制订救助方案，为登上遇险船舶搜寻失联船员和船舶“黑匣子”创造了条件，展现出卓越的业务素质。

“海巡 01”轮既是一个执法大队，也是一个班组，创建了以詹春珮名字命名的劳模创新工作室。针对中远海水域海事监管难题，她和团队坚持以问题为导向，集智创新、协同攻关。组织开展领海基点连线周边海域巡航监管研究，研究在《联合国海洋法公约》和中国法律法规框架下领海巡航的重点内容和典型执法场景，制定领海及附近水域海事执法要点，为长三角海事部门在领海及其附近水域巡航监管提供统一标准。

2023 年，她的工作室被命名为“上海市劳模创新工作室”。设立海事、海洋和航海文化传播平台，不断擦亮中国海事旗舰名片。

詹春珮从第一次操纵船舶的“小心翼翼”“提心吊胆”“日夜颠倒”，从三副、二副、大副，一步一个台阶成长为船长。十年来，詹春珮与“海巡01”轮团队航迹遍布东海海域、南海诸礁，甚至遥远的南印度洋，年均航程可绕地球一圈。她共参与南海专项巡航9次、东海海域日常巡航122次、执行“护航长江口”等各类专项执法100余次。开展东海海上风电场建设、海工平台出口、C919大飞机试飞等国家重大战略项目专项巡航护航，守护我国海运大通道安畅清洁，为上海国际航运中心、交通强国建设贡献着海事巾帼力量。

### （三）开创了自动化码头建设新模式

张连钢是山东省港口集团首席科学家，毕业于武汉理工大学，他长期专注于港口集装箱码头的自动化和智能化研究。2017年5月，他带领团队建成了全球领先的青岛港全自动化集装箱码头，取得了自动化码头智能管控系统等十余项首创技术，使作业效率超国外同类码头50%，连续十次打破自己保持的自动化码头作业效率世界纪录，实现了中国自动化集装箱码头关键技术的突破，开创了自动化码头建设低成本、短周期、全智能、高效率、最安全、可复制的新模式。

2013年，居于中国港口集装箱行业前列的青岛港集团提出建设全自动化码头。面对无经验、无资料、无外援的“三无”境地，张连钢带领团队成员开始了艰难探索。他把“不能熬夜、不能劳累”的医嘱统统抛在了脑后，星期天、节假日大都变成了工作日，办公室的灯光经常亮到下半夜。在他的带领下，所有人把使命放在心上、把责任扛在肩上，在1000多个日日夜夜里“5+2”“白加黑”地拼命干。2017年5月11日，由中国人自主设计、自主建造、自主运营的青岛港全自动化码头一期正式投产运营，用3年半的时间走完了国外常规8—10年的路，把梦想变成了现实。

二期工程以更先进的技术，打造升级版的自动化码头。张连钢实地观察设备运行的每一个动作、调度衔接的每一个细节，不断提出改进优化建议和策略，累计升级核心系统197次，优化功能2200多项。自动化码头三期，张连钢带领团队不断攀登，最终确定了12个自主攻关的国产化课题，立志从软件到硬件，从芯片到螺丝实现港口装备和系统的全部国产化，经过600多个日夜，创新攻关全国首套港口自动化专用电控系统等多项技术，建成了全国首个全国产、全自主自动化码头，拥有六大自主突破、12项创新攻坚成果，全面突破了国外对中国自动化码头关键核心技术的垄断，打造了港口领域的新质生产力，标志着中国在自动化码头领域实现了全自主集成创新应用场景“零”的突破，引领了港口向智慧管理和数字经济转型，为数字时代港口行业高水平发展注入了全新动能。

张连钢出色的表现先后获得省部级科技奖励20余项；参与编制国家、行业和团体标准10余项；取得授权专利50余项，发表论文20余篇。获全国道德模范、全国五一劳动奖章、全国交通运输系统劳动模范、山东省优秀发明家等20余个荣誉称号，并获评“感动中国2023年度人物”。

### （四）大国工匠助力世界一流港口建设

成卫东是天津港第一港埠有限公司拖头队副队长，高级技师，高级工程师。1998年从天津港水运技校毕业后，成卫东如愿进入了天津港，成为一名光荣的港口拖车司机。他坚守匠心，追求精湛匠技，用从学徒工到“大国工匠”的成长蜕变，生动诠释劳模精神、劳动精神、工匠精神的深刻内涵，成为新时代知识型、技能型、创新型产业工人的杰出代表。

成卫东是天津港的子弟，他细心观察每一名司机的操作特点，把拖车操作的一个循环分解成四十多个动作要素逐个研究，总结出拖车“快”“准”“稳”工作法，运用此方法作业工作效率提高了16.7%。

港口拖车是个庞然大物，非常不容易操纵。如倒车环节，如果用左脚开车，身体就可以转过来，转头的角度就可以由原来的最大180度增加到270度左右，视野更加宽阔了，也就更加有利于提高效率，确保安全。但用左脚开车，在人们看来简直是“天方夜谭”，然而成卫东经过艰苦的磨炼，终于练就了左右脚都能熟练驾驶机车的技术，使倒车作业生产效率大幅提高。

功夫不负有心人，成卫东能够熟练驾驭各种先进设备，并连续三届夺得天津市港口行业职工职业技能大赛拖车组冠军，成为天津港最年轻的高级技师，被大家誉为天津港“拖车王”。

成卫东以“成卫东劳模创新工作室”为平台，带领身边的同志不断学习，不断创新。每年他都要为全体员工开展技能培训60余次，开展座谈研讨、技术比武竞赛活动近40次，培训出了200多名技术人才。他带领团队成员开展“牵引车防脱钩报警装置”“牵引车驾驶室防尘装置”等200余项技术创新，为企业创造经济效益6000余万元。

成卫东设计出“拖车倒车打靶”特色技术比武活动，培养出一批天津港公认的“王牌”技术骨干。在天津市第一届“海河工匠杯”职业技能大赛港口拖车组竞赛项目中，他的徒弟包揽前六名。

全球首个“智慧零碳”码头在天津港投产运营，领导交给了他一项特殊的任务，就是给机器人当“师傅”，当好人工智能的“训练师”。尽管这个“徒弟”的天赋很高，但是还缺少点“灵气”。为了推动人工智能能够像“人”一样思考，成卫东带领研究团队一起进行算法研发，把多年来总结的四十多个动作要素

“翻译”成一道道指令编入程序，解决智能水平运输机器人在作业中自动充电、自动避让、自动停靠等棘手问题。同时，成卫东亲自上车实际驾驶，提出通过系统指令辨别机器人状态的建议，使空载状态下机器人的加、减速度进一步分别提升 33%和 60%。

成卫东争做建设中国式现代化港口排头兵，为港口高质量发展作出了贡献。2015 年，荣获“全国劳动模范”称号；2023 年，荣获“2022 年大国工匠年度人物”称号；2023 年，荣获“2022 年感动交通十大年度人物”称号等。

### （五）践行科技强港的誓言

宋涛是河北港口集团曹妃甸港矿石码头股份有限公司调度指挥部部长，公司首席技术工匠，高级工程师，高级技师，注册安全工程师。多年来，宋涛立足岗位，迎难而上，不断创新创效。发挥好表率带动作用，带领更多人投身创新、谋划创新、主动创新，以“硬核”力量诠释工匠精神、践行初心使命。

2012 年，公司开港试运行，宋涛任卸船队队长，负责所有港机设备的操作和维护保养。他就带领着部门 100 多名员工从零起步、不断摸索，总结出了一套符合实际的安全生产管理体系，一次次出色地完成了生产作业任务，实现公司吞吐量两年即达产、三年三跨越的目标。

2014 年，公司成立了以宋涛为带头人的创新工作室，完成了多个“五小”创新成果。2015 年 11 月 15 日，40 万吨级矿石船舶“宏远”轮首航曹妃甸港，宋涛带领团队迎难而上、攻坚克难，为荣誉而战，为信念而战，通过应用自主提出的专有技术《一种新型桥式卸船机作业方法》，一举创造了 1. 31 万吨/小时的铁矿石接卸世界纪录并保持至今。2023 年 7 月，该项技术获得国际发明专利授权。

2019 年，宋涛团队自主研发矿石堆场堆取料机自动化系统，实现了2人在集控室远程监控6台设备自动作业的功能，一次性节省成本1200万元，并且可节约300万元/年的人工成本，成为他自主研发之路的开端。

2023年，为贯彻落实河北港口集团“三年上、五年强”专项行动，公司将卸船机自动化技术这一港口行业艰巨而又前沿的课题交到了宋涛团队手中，这最后一道“壁垒”包括激光扫描成像技术、抓斗轨迹控制技术和抓斗防摇算法，一直是行业公认的三大“卡脖子”技术。

由于时间紧、任务重，团队便与时间赛跑，6个月干出了别人18个月的工作量，攻克了三大“卡脖子”技术，如期完成了卸船机自动化系统的自主研发，实现了从激光扫描、数据处理、生成策略到自动作业的全过程自动控制，成为国内首个由企业职工完全自主研发的卸船机自动化系统，直接节约成本2100余万元。相比同行，建设成本低至二成。

10多年的自主创新，使他的创新工作室涌现出许多创新达人，并培养省级以上先模人物20余人次。获得国际专利1项，发明专利13项，实用新型专利36项，软件著作权12项，创造效益1.5亿元。

宋涛曾荣获“大国工匠年度人物”提名人选、河北省劳动模范、五一劳动奖章、“十大最美港航人”和河港标兵等称号。获得河北省技术发明三等奖、河北省职工技术创新成果展演金奖、中国职工技术协会创新成果特等奖等技术奖励。拥有专利17项，其中国际发明专利1项，国家发明专利10项，实用新型专利6项。

## 二、开展“世界海员日”活动

6月25日是国际海事组织设立的“世界海员日”。每年海员日，中国海员各级工会与世界各地海员一起开展各种庆祝活动，旨在更好地宣传海员为经济发展乃至世界发展作出的贡献。

2013 年，交通运输部海事局与中国海员建设工会共同组成“全国优秀船员”评选工作领导小组，负责“全国优秀船员”评选的领导工作，领导小组下设办公室在中国海员建设工会海员工作部，负责评选具体工作。在世界海员日期间，授予杜凤辉等 50 名海员“2013 年全国优秀海员”奖。

同年，中国海员建设工会首次组织“媒体访问团走进海员”活动。新华社的《“65 万海员承担 93%外贸运输”——航海日前探访海员生活》、人民网的《中国海员和“海夫人”述说远航的欢笑与辛劳》、《工人日报》的《走近海洋上的“世界搬运工”》、《中国日报》的 *China’s veteran of the sea* 等一大批正面宣传海员群体的新闻报道让社会大众更加全面地了解了海员的工作与生活。

2014 年，世界海员日前夕，交通运输部海事局与中国海员建设工会联合开展优秀海员和优秀海员家属的推选宣传工作，授予李耀鹏等 100 名船员“全国优秀船员”称号，授予吴海燕等 100 名家属“全国优秀船员家属”称号。6 月 25 日，中国海员建设工会受邀参加中国海员发展与保障座谈会，副主席魏薇代表工会围绕实现“海员强国战略目标”作了主旨发言，呼吁从政策、教育、职业规划等方面健全海员教育培训体系，尊重海员价值、重塑海员自豪感，在法律、机制和服务方面为海员提供全面保障。同年，中国海员建设工会组织媒体记者到“中海之夏”轮和上海场中路的原中国海运集团海嫂联络站采访。

2015 年，中华人民共和国海事局和中国海员建设工会全国委员会经过评选，授予魏淑义等 100 名船员“全国优秀船员”称号，授予马汝芬等 100 名家属“全国优秀船员家属”称号。同年，双方还联合开展了海员故事征集活动，鼓励大家“讲海员、说海员”，讲述海员的过去和未来，在全社会营造了认识海员、理解海员的浓厚氛围。

2016年6月25日，广东省海员工会与广东海事局联合广东省船东协会、船员服务协会在广州交通职业技术学校举办了“世界海员日”庆祝活动，中国海员建设工会副主席魏薇，来自粤港澳三地的政府部门、海员工会、航运企业、航海院校以及海员代表近400人参加了庆祝活动。大会宣读了交通运输部杨传堂部长致全国海员的一封信，举行了《一带一路》系列纪录片宣传启动仪式暨《中国海员史图说》首发式。中国海员建设工会向参加活动的代表赠送了“中国海员工会成立95周年”纪念封，交通运输部海事局代表海事局向广州交通职业技术学校赠送了“船员宝典”系列丛书。活动期间，举行了青少年航海科普教育基地揭牌仪式。活动前夕，交通运输部海事局、中国海员建设工会在全国各地开展“寻找最美海员”活动，让全社会关注海员，为海员职业发展营造良好的社会氛围。

2018年，在世界海员日期间，全国总工会宣教部、中国海员建设工会、交通运输部海事局共同组织媒体“走进海员”跟拍活动，10余家中央主要媒体记者登上远洋货船出海，全程跟拍海员群体工作生活情况，共发出文字报道50余篇，图片100余幅，视频报道15个。新华社组图《乘风破浪，我们的征途是大海》，《工人日报》摄影专版《海上的日子》，人民网组图《走进海员的工作和生活》，央广网系列报道《揭秘10万吨级货轮海员的真实生活》，国际在线系列报道《和中国海员零距离接触》，中工网专题《海上面孔》，《中国工人》专题《向海而行》，澎湃新闻视频报道等以全景角度，全方位展现航运业的艰辛与海员的敬业奉献精神，报道有温度、有深度、有情怀，充满正能量。央广网特别将船长专访纳入“改革开放40周年·40位奋斗的中国人”专栏重点推荐。中央电视台、《中国日报》从海员群体权益维护的角度，介绍中国工会在提高海员收入方面的作为，呼吁改善海员福利。《中国交通报》《中国水运报》等以“大国船员真情奉献海洋”为题，将海员梦与强国梦联系起来进行深度报道。国际在线、北京时间还从环保等角度对船舶知识进行了普及，中工网对海上劳动关系三方协调机制、海员行业工资集体协商、海员俱乐部建设等作了详细全面的报道。相关报道被广大网友点赞转发，有网友评价：“海员是一个浪漫、充满挑战、只有真男人才能从事的职业，向海员致敬！”“愿更多的人了解海员”“航海是一项伟大的事业”“中国海员了不起”等。

2019 年 6 月 25 日，“世界海员日”来临之际，全国总工会与交通运输部、人力资源和社会保障部、全国妇联联合向社会公众推送相关短信，做好“世界海员日”宣传工作。公益短信内容为：“今天是第九个‘世界海员日’，主题是‘船上工作性别平等’。关注船员，发展航运，建设交通强国！交通运输部、人力资源和社会保障部、全国总工会、全国妇联。”向全社会发布公益短信，对提高船员职业社会认可度、肯定船员为促进社会发展和人类文明进步所作贡献、激发船员职业荣誉感，具有积极良好的作用。

2020 年 6 月 25 日，第十个“世界海员日”期间，虽然受到新型冠状病毒传播的威胁，但中国海员建设工会还是开展了主题宣传活动。中国海员建设工会副主席（兼）庞海臣与中国船东协会常务副会长张守国在上海录制了庆祝“世界海员日”致辞。庞海臣在致辞中肯定了海员在新冠肺炎疫情防控和经济发展中的关键作用，向全国海员表达诚挚的敬意和衷心的问候，“‘伟大出自平凡，英雄来自人民’，航运和世界需要海员，我们愿与社会各界共同为促进海员发展、保障海员权益、提升海员福祉而不懈努力”。山东省海员工会、广东省海员工会、中远海运散运工会、烟台国际海员俱乐部等各级工会组织纷纷开展多种形式的庆祝活动和慰问活动，向一线海员表达工会组织的关心关爱，提升工会组织对海员的凝聚力。

2022 年 6 月 25 日，中国海员建设工会公布关爱船员专项活动、全国水运系统工会服务船员工作阵地清单、船员专项“送温暖”工作、《中国船员集体协议（A 类）》签约船舶名单、全国水运系统服务船员十佳案例等五大服务船员项目。五大项目一经公布，受到了各方媒体的高度关注，中央电视台《新闻直播间》栏目作了专题报道。

同年，中华全国总工会新闻中心、中国海员建设工会联合新华社再次策划开展媒体走近海员活动。受疫情的影响，最终新华社记者于 8 月登上了民生实业（集团）有限公司旗下的大型商品车运输船滚装货船“民快”轮进行采访。以“民快”轮上船员工作、生活情况，展现了长江船员通过踏实劳动繁荣了长江“黄金水道”，成就自己人生目标的动人故事。

跟船期间，新华社记者探访了长江三峡通航综合服务区，拍摄了长江三峡通航管理局工作人员为船员讲解岸电充电桩的使用方法，三峡海事局执法人员指导船员使用多功能单北斗船载智能终端进行船舶过闸远程申报，船员在服务区使用免费健身设备锻炼身体，船员在服务区的三峡水上温情驿站的理发室内享受免费理发服务，在生活超市内选购蔬菜、休息等场景，全方位地展现了工会船员服务驿站服务船员的全貌。

采访结束后，新华社客户端新华视界就连续刊发了《劳动创造幸福丨水上移动的“家”——滚装船上的工作与生活》《探访长江三峡通航综合服务区》两篇报道，吸引了大批读者，浏览量突破百万次，取得了很好的激励效果。

2023 年 6 月 25 日，中国海员建设工会继续向社会公布了全国水运系统工会服务船员阵地清单和《中国船员集体协议（A 类）》签约船舶名录。中央电视台跟踪报道了相关情况。

在历年世界海员日期间，在中国海员建设工会的动员和指导下，各省、市、企业工会也纷纷开展不同形式的庆祝活动，大力宣传海员的贡献，提升海员的社会影响力。2014 年 6 月 25 日世界海员日期间，浙江省舟山市海员工会通过走访基层海运企业工会，慰问部分困难海员职工，评选表彰市级“优秀海员”和“优秀海员家属”，召开以推动舟山市海员发展为主题的工会工作座谈会等实际举措，向舟山市 5.6 万名海员职工致以节日的问候。2022 年 6 月 25 日，广东省海员工会、山东省海员工会、深圳市总工会，防城港、汕头、广州黄埔、福州、烟台、青岛等各地国际海员俱乐部，纷纷举办多种形式的庆祝活动，共同表达对船员们的敬意和问候。

## 三、参与组织“中国航海日”纪念活动

作为“中国航海日”发起单位之一，中国海员建设工会一直参与“中国航海日”组织工作委员会工作，每年都将“中国航海日”活动列入工会全年工作计划，并积极支持在“中国航海日”期间开展的各类群众性活动。

2014 年，“中国航海日”活动在日照市举办，“中国航海日”组织工作委员会筹备组织了首届“中国航海日论坛”，中国海员建设工会海员工作部全程参与了论坛的筹备、推进和组织工作，为论坛的成功举办提供了有力的保障。中国海员建设工会副主席魏薇受邀以《实现海员体面劳动　促进海员全面发展》为题在论坛发表主旨演讲。同年，中国海员建设工会还参与了中国航运文化节的组织工作，魏薇副主席受邀出席了在连云港举办的航运文化节系列活动。其间，中国海员建设工会向全国水运系统工会征集了大量职工摄影作品布展，展示了广大水运职工积极向上的精神面貌，展现了水运行业的发展变迁。

2015 年，“中国航海日”活动在宁波市举办，活动形式再度

创新，采用“一主多专”的模式，即一个主论坛和7个专题论坛，配合多领域的群众性文化活动，这一论坛组织模式在后续的“中国航海日”活动中一直沿用。中国海员建设工会领导出席主论坛和“中国国际海员论坛”，还组织了由优秀海员、海嫂及基层工会干部组成的50人观众团，共同参加航海日活动。中国海员工会原主席张士辉受邀在论坛作主旨发言，他以《继往开来、不辱使命》为题，讲述了中国海员的历史贡献，呼吁政府大力推进立法工作，尽早批准《2006年海事劳工公约》，尽快制定出台《海员法》，用法律法规促进社会公平，保障海员体面劳动，吸引更多有志者、勇敢者加入海员队伍。

2016年，“中国航海日”活动继续在宁波举办，中国海员建设工会副主席庞海臣受邀主持“中国国际海员论坛”。同年，中国海员建设工会再次组织了由一线海员、海嫂及基层工会干部组成的观众团参加航海日活动，鼓励广大职工了解和理解国家大政方针，把自身事业发展与国家战略发展结合起来。

2017年，在“中国航海日”活动期间增设了郑和航海风云榜评选活动。该活动是由海事服务网发起的行业性推选宣传活动，得到了“中国航海日”组委会的大力支持。在郑和航海风云榜的颁奖典礼上，中国海员建设工会副主席庞海臣宣布了第四届中国海员技能大比武结果，优秀船员代表吕宏志、李文龙现场接受颁奖。

2018年，“中国航海日”活动在上海举办，中国海员建设工会领导出席活动。

2019年，“中国航海日”活动在宁波举行，中国海员建设工会副主席曹宏伟参加活动，并以《关注海员职业发展，保障海员合法权益》为题在中国国际海员论坛上作主旨发言，表示中国海员建设工会将积极代表广大海员发声，反映海员意见和要求，维护海员利益，提高海员队伍素质，保障海员职业发展权利。同时，中国海员建设工会继续组织了观众团参与“中国航海日”系列活动。

2021 年，中国海员建设工会主席李庆忠受邀在“中国航海日论坛”主论坛作主旨发言，他以《扎实推进产业工人队伍建设改革，为航运高质量发展提供强大人力支撑》为题，努力让一线海员真正感受到当海员的幸福感、获得感、安全感。

2022 年，受疫情影响，“中国航海日”活动主论坛和分论坛分别进行。中国海员建设工会二级巡视员张苏仲受邀出席了在大连举办的主论坛。海员工作部部长王建兰受邀在中国国际海员论坛作主旨发言，她以《乘风破浪，让中国海员精神赓续传承》为题，呼吁业内各方应共同努力，鼓励和支持广大海员再创辉煌业绩。

2023 年，“中国航海日论坛”在沧州举办。在中国海员建设工会倡议下，“中国航海日论坛”主论坛设立发布环节，中国海员建设工会正式发布当年全国五一劳动奖涉海单位获奖名单，有力地在全行业弘扬了劳模精神。广东省海员主席许国胜，受邀在中国国际海员论坛上作主旨发言，以《乡关虽远家犹在　笑脸相逢胜故园》为题介绍了广东省海员工会推动建设幸福船员小屋的历程。在“中国航海日”活动期间，中国海员建设工会联合中国航海学会，共同主办了“2023 年全国航海科普知识竞赛和弘扬新时代航海精神演讲比赛”活动。

7 月 14 日上午，2023 年全国航海科普知识竞赛在沧州国际会议中心举办。本次竞赛采取线下加直播的形式，多方位宣传航海文化。经过前期的初赛遴选，来现场的有天津海运职业学院、新港海事局、浙江省海港投资运营集团有限公司、河北交通职业技术学院、福建海事局等 16 支队伍参加决赛。决赛的主要形式是现场问答，包括必答题和抢答题两个环节。经过层层角逐，江苏海事职业技术学院代表队获得一等奖，河北省航海学会、江苏航运职业技术学院获得二等奖，中远海运特种运输股份有限公司、天津理工大学海运学院和宁波大学获得三等奖。7 月 14 日下午，弘扬新时代航海精神演讲比赛决赛在沧州国际会议中心举行。比赛采取线下比赛加线上直播的方式进行，经过前期的初赛遴选，来自各领域的 30 名选手参加本次决赛。每位决赛选手进行了四分钟的自主命题演讲，评委们从内容陈述、语言表达、整体形象等方面为选手评分。比赛过程中，选手们结合个人经历，用真挚的情感、生动的语言讲述了自己的航海梦想。选手们精彩的演讲赢得场下评委和观众的阵阵掌声。最终评选出一等奖 3 名、二等奖 7 名、三等奖 20 名。中交四航局刘羿紧紧围绕活动主题抒发爱国情感、畅谈航海精神，用真挚的情感、生动的语言讲述了中交人践行新时代航海精神的动人故事，以总分第一名的成绩荣获一等奖。

2023 年“中国航海日”期间，为推动提升船员在船上的生活品质，不断满足广大船员对美好生活的向往，中国海员建设工会与中国移动北京公司、中国移动国际有限公司合作，发起“出海无忧”船员专属服务计划，聚焦海员在工作生活中的实际需求，针对国际航运网络信号和服务匮乏、话音流量费用高等问题，中国海员建设工会在“中国航海日”期间投放了海员专属福利包，支持远洋船员在境外免费向家里拨打一个语音电话报平安和免费领取境外上网流量，让海员在任何国家和地区都能便捷、高效、优惠地使用话音和流量服务，高高兴兴起航、平平安安回家。

## 四、开展百名劳模工匠进一线主题宣讲活动

2023 年 3 月，中国海员建设工会全国委员会联合中华全国总工会文工团，在湖北省荆门市启动全国交通建设产业百名劳模工匠进一线宣讲活动，并组织首场宣讲。中国海员建设工会主席、分党组书记李庆忠，全总文工团党委书记钱磊，湖北省总工会副

主席刘建宇等出席启动仪式并讲话。

宣讲活动聚焦“中国梦·劳动美——凝心铸魂跟党走　团结奋斗新征程”主题，遴选百余名来自全国交通建设行业的劳模工匠走进一线，通过“理论宣讲+文艺表演”这种职工喜闻乐见、寓教于乐的形式，把“大学习”课堂搬到了建设一线，以“小故事”阐释“大道理”，引导职工群众深刻理解蕴含其中的精神实质和实践要求，不断增强政治认同、思想认同、理论认同和情感认同。

活动启动后，中国海员建设工会统一组织协调，选派“新时代劳模工匠宣讲员”分行业、分批次、分地域走进一线宣传宣讲，结合行业企业实际广泛开展宣讲活动，推动贯彻落实党的二十大精神在交通建设产业职工中落地生根、走深走实，团结动员广大职工在平凡岗位建功立业，为强国建设、民族复兴贡献智慧和力量。

自全国交通建设产业百名劳模工匠进一线主题宣讲活动启动以来，中远海运集团工会根据中国海员建设工会的部署，把群众性文体宣教工作同学习宣传贯彻党的二十大精神的重要部署紧密结合起来，组织开展“中国梦·劳动美——凝心铸魂跟党走　团结奋斗新征程”中远海运劳模工匠进一线宣讲活动。充分发挥国家级、省部级劳模示范引领作用，选派航运、港口、物流、数字化创新、装备制造等领域的产业工人和管理人员代表组成劳模宣讲团，7月至8月前往广州、青岛、大连、天津、海南、上海六地开展巡回宣讲，以“宣讲+文艺”的形式将党的创新理论带到基层一线，以劳模岗位建功和成长成才的生动实践展现航运国家队的劳模风采、劳动风采、工匠风采，奏响劳动崇高、创新光荣、创造伟大的主旋律。朴实无华的宣讲催人奋进，慷慨激昂的演出打动人心，本次活动，共计2000余名职工在现场聆听宣讲，通过网络直播、图片直播等线上传播形式实现网上网下同频共振，吸引约4万人次参与。

8月22日，由中国海员建设工会全国委员会和中华全国总工会文工团主办、中国远洋海运集团有限公司工会承办、中远海运集装箱运输有限公司协办的“中国梦·劳动美——凝心铸魂跟党走　团结奋斗新征程”宣讲活动在上海举行。活动中，将劳模宣讲、现场访谈、文艺演出、知识竞答等多种形式有机结合，将党的二十大精神学习课堂带到职工身边，通过职工喜闻乐见、寓教于乐的形式推动党的二十大精神走深走实、落地生根。吴文峰等六名劳模宣讲员和海嫂代表用朴实的语言、生动的事例，分享自己以奉献托举梦想、以实干创造未来的平凡壮举、奋进故事感动了广大职工。全总文工团表演的《中国飞翔》《劳动模范》，中远海运集团职工表演的《我们远航》等文艺节目，深情致敬劳模工匠，奏响了建功新时代的壮志豪情。中国海员建设工会主席、分党组书记李庆忠，全总文工团党委书记、团长钱磊，中远海运集团董事、党组副书记靳宏荣，上海市总工会副主席丁巍，中远海运集团工会主席张善民等出席活动。

同年，水运系统工会还组织了宁波舟山港专场、长江航务专场等专场宣讲活动。

## 五、职工推选宣传活动

“寻找最美海员”活动由交通运输部海事局与中国海员建设工会联合主办，旨在提升船员职业的社会认知度、弘扬尊重船员的社会风气。2015年，活动以“启航有梦，大美无疆”为主题，通过寻找、发掘、宣传海员中的典型代表，展现了海员心怀祖国、爱岗敬业、积极进取、刻苦钻研、诚实守信、团结互助的精神风貌。90多家航运单位的150余位优秀船员参加了评选。结合网络评选结果和行业内外专家评议，由活动组委会进行把关审核，最终确定了福建省海运集团有限责任公司退休轮机长王亚夫，华洋海事中心大副刘超，上海远洋运输有限公司轮机长阮仁文，福建省湄洲湾港口管理局引航站一级引航员陈汉杰，大连中远海运油品运输有限公司大副赵维浩，中海散货运输有限公司二级机务主管钟潮海，中远散货运输有限公司水手长姜文龙，南京远洋运输股份有限公司徐文翔，珠海高速客轮有限公司乘务长黄雅琴，交通运输部北海救助局船长曹德广等10名“最美海员”代表。

2019年，交通运输部海事局、中国海员建设工会决定再次以“启航有梦，大美无疆”为主题联合组织开展“寻找最美海员”主题宣传活动。活动期间，以报刊、网络和自媒体为传播平台，以各个岗位上的海员为对象，通过寻找、发掘、宣传他们中间的典型代表，生动展现老一辈及新一代海员心怀祖国、爱岗敬业、积极进取、刻苦钻研、诚实守信、团结互助的精神风貌，勾勒出他们在“流动的国土”上辛勤耕耘、默默奉献的大美形象。经过遴选推荐，专家初选、终评、公示等程序，从全国60家单位推荐的162名优秀船员中，评选出10名“最美海员”：于树杰、王成宝、邓向阳、牟勤、李作刚、杨金国、张玉田、张志平、钟文新、徐卫国。

2019年，交通运输部海事局联合中国海员建设工会组织开展了首届“最美验船师”推选宣传活动，让验船师这个小众行业从幕后走到了台前。活动经过海选、初评、网上投票、终评等环节，最终从中国船级社、地方船检机构和渔船检验机构报名的基层一线验船师中，产生了10位“最美验船师”：黄金山、林铂、王伟、陈建华、李晓东、刘建华、张晓东、王晓东、王晓燕和张晓燕。

2020年，长江航务管理局来函提出希望与中国海员建设工会联合开展“长航十大杰出人物”和“长航十大杰出青年”推选宣传活动。这一活动已经在长航系统开展六届，前六届由长江航务管理局单独举办。为了扩大活动的覆盖面，让更多长航系统先进职工的事迹广为人知，长江航务管理局希望能够与中国海员建设工会合作开展此活动。经过谨慎研究，考虑到长江经济带战略是国家重大战略，在长江航务领域推选宣传典型人物、发挥榜样力量、弘扬工匠精神对推进完成国家战略具有重要意义，且长航系统是跨区域的交通运输部直属系统，中国海员建设工会确定与之联合开展这一活动。2020 年和 2022 年，中国海员建设工会与长江航务管理局连续联合举办了第七届和第八届“长航十大杰出人物”和“长航十大杰出青年”推选宣传活动。方保利、尹显东、冉晓俊、许绿叶、罗肖锋、杨保岑、姜新、侯昌洪、殷金宝、程峥等 10 人被评为第七届长航十大杰出人物，万远扬、毛灵、王俊松、许乔嘉、刘克锋、张峻宁、沈云、李璐、宋宁宁、黄亮等 10 人被评为第七届长航十大杰出青年。车彪、孙先杰、李文正、汪爱华、宋宁宁、张馗、陈晶、苗浩野、钱正锋、彭建虎等 10 人被评为第八届长航十大杰出人物，王娇、甘俊波、朱江彦、朱超、范军、袁怀焱、晏思路、黄唐虎、褚锋、薛允涛等 10 人被评为第八届长航十大杰出青年。

2021 年，为激发船舶检验人员立足岗位、勇于担当的干事创业热情，打造高素质的船舶检验人才队伍，交通运输部海事局、中国海员建设工会全国委员会联合组织开展了第二届寻找“最美验船师”主题宣传活动。经初选、网络推荐、专家评审，15 名验船师获此殊荣：马波、王晓宇、刘义长、刘克锋、李军、张勤磊、陈元涛、陈丹、陈家星、陈煜、赵庆亮、胡凯中、姚湍、袁士春、黄燕玲。值得一提的是寻找“最美验船师”活动范围涵盖国内外船级社以及地方船舶检验机构，实现了推选范围全覆盖。

## 六、组织开展各类职工文化活动

### （一）全国水运系统职工摄影作品征集和展示活动

2014 年 6 月，中国海员建设工会启动了“我的海洋强国梦——全国水运系统职工摄影作品征集和展示活动”，活动分为“工会建家篇、历史发展篇、人物风采篇、工作纪实篇、艺术摄影篇、手机摄影篇”等六个主题。此次活动内容丰富，形式多样，吸引成千上万的水运职工参加摄影作品征集活动。

2014 年 12 月，中国海员建设工会与广东省海员工会共同举办“我的海洋强国梦——全国水运系统职工摄影作品征集和展示活动”工会建家篇决赛，中国海员建设工会副主席魏薇出席活动并致辞。16 幅（组）作品进入决赛，通过现场讲述作品背后故事的方式，展示水运系统基层工会心系职工群众、服务职工群众、维护职工群众的画面，讲述工会建好职工家、当好娘家人的点点滴滴。五位专家评审和 100 位大众评审现场打分决出一、二、三等奖。

2015 年 5 月 22 日，“我的海洋强国梦——全国水运系统职工摄影作品征集和展示活动”人物风采篇决赛在天津国际邮轮母港举办。中国海员建设工会副主席魏薇、天津市总工会副主席葛英秋、天津港集团党委副书记王存杰等出席活动并致辞，天津市总工会兼职副主席孔祥瑞、长江航务管理局党委书记黄强、长江航务工会主席曹江洪、中国远洋运输（集团）总公司工会主席傅向阳，以及张瑞元、成卫东、罗静等先进模范代表出席活动。经过专家评委打分和大众评审投票，《破难》《交警的一天》《我渴望的七彩人生》等三幅（组）作品获得一等奖，《造血干细胞捐献者——王旭东》《一位平凡而伟大的海嫂》等作品分获二、三等奖。

2015 年 7 月 8 日，“我的海洋强国梦——全国水运系统职工摄影作品征集和展示活动”工作纪实篇决赛在上海举行。中国航海学会理事长、交通运输部原副部长徐祖远，中国海员建设工会副主席魏薇，上海市总工会副主席姜海涛，中华全国总工会机关工会副主席崔勇，以及部分全国交通、建设系统工会和水运企业的负责人应邀出席活动。经过激烈角逐，《征服》《铁翼横空》《船体化妆师》等三幅（组）作品获得一等奖，《超级邮轮圆舞曲》等五幅（组）作品获得二等奖，《让船员吃得满意》等八幅（组）作品获得三等奖。广东省海员工会、长江航务工会、天津港（集团）有限公司工会、中国海运（集团）总公司工会、中国远洋运输（集团）总公司工会获得最佳组织单位奖。

2015 年 11 月 7 日征集和展示活动总决赛在北京举行，中国海员建设工会主席丁小岗出席。活动还邀请了全国总工会、交通运输部有关部门、中国船东协会领导。经过评委评选和现场观众的投票，由中国海运（集团）总公司工会推荐的作品《齐心协力》和交通运输部救助打捞局工会推荐的《征服》分获最佳摄影作品奖和最佳人气奖。此次活动旨在深入宣传和弘扬工人阶级的伟大品格和劳模精神，致力于通过气势磅礴的图片影像直观展现“中国梦·劳动美”的真谛，充分调动水运系统职工群众建设海洋强国的积极性和创造力。

### （二）全国交通运输职工书画摄影展

2019 年 10 月 15 日，由中国交通书画协会、中国海员建设工会全国委员会、中国交通运输协会，联合招商局集团有限公司、中国远洋海运集团有限公司、中国交通建设股份有限公司共同主办的“交通记忆·强国梦想——庆祝新中国成立 70 周年全国交通运输职工书画摄影展”在北京开幕。中央纪委驻交通运输部纪检组原组长杨利民，交通运输部原副部长高宏峰、何建中，四川省政协原副主席高烽，中国海员建设工会副主席曹宏伟等出席开幕式并为获奖者颁奖。组委会共收到来自全国交通运输系统职工各类摄影作品1.2万余幅。展出作品生动反映了新中国成立70周年全国交通运输事业蓬勃发展的良好局面，全景展示了交通运输行业对改善人民群众出行、服务经济社会发展的卓越成果，彰显出交通运输行业职工爱岗敬业的职业操守和对生活的美好向往。

2023年12月19日，由中国交通书画摄影协会和中国海员建设工会共同主办，中交集团等五家单位联合主办的“奋进新征程·建功新伟业”——全国交通运输职工书画摄影展首展在中交集团开幕。中国海员建设工会一级巡视员吕伟，中交集团党委副书记、工会主席刘翔，交通部海事局副局长、一级巡视员徐春，救捞局纪委书记马平原，中国交通通信信息中心纪委书记徐文杰，交通书画摄影协会第五届理事会会长候选人杨赞等领导出席活动，中国交通书画摄影协会会长刘功臣主持活动。活动共征集了8000余幅书画摄影作品，真实记录各级工会忠诚党的事业、竭诚服务职工的使命担当，真情讲述劳模工匠、职工群众的动人故事，表达了职工群众对美好生活的向往与追求。

## 第七节　以改革创新推进工会工作

### 一、加强产业工会自身建设

党的十八大以来，中国海员建设工会深入学习贯彻习近平总书记关于群团工作和改革的重要论述，围绕保持和增强政治性、先进性、群众性主线，不断优化职能，形成联系广泛、服务有效的产业工会工作体系。

## （一）完善组织体系

根据党中央提出要自觉运用改革精神谋划推进工会工作，创新组织体制、运行机制、活动方式、工作方法，推动工会工作再上新台阶精神与全国总工会增强工会组织广泛性和代表性，提高领导机构中职工代表比例等要求，2016 年，中国海员建设工会开始在海员工会设兼职副主席，发挥兼职副主席在专业领域特长，并更加贴近海员，了解海员，更能促进航运先进分子承担起工会职责、为海员职工服务的主动性，同时更能通过他们发挥自身专长，通过实施项目，提升工会专业业务处理能力。

2016 年 1 月，在中国海员建设工会第三届全国委员会第五次全体会议上，来自基层一线的劳模庞海臣被增补为全委会兼职副主席。庞海臣来自中国远洋海运集团，在集装箱运输行业里，以其娴熟的英语和丰富的船舶管理经验，被国际同行称为与国际接轨的著名船长。庞海臣兼职副主席任职期间在联系海员、实施《2006 年海事劳工公约》和与相关国际组织交流、谈判等工作中，为中国海员建设工会出谋划策，积极发挥其专业特长，使得工会有关决策更加科学，并赢得应有的权益，提升了中国海员建设工会在行业中的地位。

2022 年 9 月，在中国海员建设工会第五届全国委员会第一次全体会议上，来自中远海运能源运输股份有限公司的徐一飞被选举为全委会兼职副主席。徐一飞是油运行业著名船长，具有丰富的航运公司管理层任职资历，又长期担任航运公司工会主席。任职后，他积极参加海员相关活动，发挥兼职副主席与海员职工贴近的优势，起到上传下达的桥梁与纽带作用，发挥为海员职工代言职能，促进海员工会决策更科学、民主，让广大海员职工团结在中国海员建设工会周围。

### （二）优化工作机制

中国海员建设工会先后制定下发了《中国海员建设工会关于贯彻中央改进工作作风、密切联系群众八项规定的实施细则》、《全委机关信息工作简要办法》（试行）等工作制度，不断加强制度建设，规范管理。不少地方与企业海员工会组织从不同方面积极跟进，逐步完善制度，大大推进了全委系统工作规范、高效运行。

为充分发挥工会桥梁纽带作用，密切与基层的联系，按全国总工会的总体要求，中国海员建设工会积极推动全委机关与委员单位互派挂职锻炼干部机制。2012 年 10 月，中国海员建设工会派海员工作部工作人员先后到天津港集团工会、“新鉴真”轮以及天津海事局船员管理处挂职锻炼，了解行业情况、体验水运系统一线职工生活。2016 年，中国海员建设工会与中国远洋海运集团开展互派挂职锻炼干部工作，双方各派一名副处级干部挂职，推动全委更加深入系统了解基层一线的情况。交通运输部北海救助局工会、中国交通建设集团有限公司工会联合会、宁波舟山港集团工会、河北港口集团工会等委员单位也选派了优秀基层干部到全委机关挂职。

为扩大工作覆盖面，加强全委对行业工会组织的凝聚力，中国海员建设工会继续深化推进行业工会联络委员会工作机制。港口联络委员会在这一阶段继续发挥了重要作用。2018 年，中国海员建设工会牵头修改完善了《中国海员建设工会港口联络委员会章程》，确定了港口联络委员会的届期制度，明确以三年为一个届期。2018 年，大连港集团有限公司工会当选主任港，天津港集团有限公司工会、曹妃甸港集团有限公司工会、宁波舟山港集团有限公司工会、上海国际港务（集团）有限公司工会、长江航务工会、广州港集团有限公司工会等六家单位为副主任港。2021

年，港口联络委员会在海南省琼海市完成换届，广州港集团有限公司工会当选主任港，大连港集团有限公司工会、天津港集团有限公司工会、曹妃甸港集团有限公司工会、宁波舟山港集团有限公司工会、上海国际港务（集团）有限公司工会、长江航务工会六家单位为副主任港。2021年，经主任港单位提名，张家港港务集团有限公司工会被确定为常务副秘书长单位。在中国海员建设工会的指导下，港口联络委员会不断扩大规模，招商港口集团有限公司工会、济宁市海员工会等新建港口行业工会组织积极加入，以港口联委会为平台开展了一系列行业活动，推动了港口行业工会工作整体提升。

中国海员建设工会与交通运输部及行业协会、学会的联系不断密切。中国海员建设工会保持了每年与交通运输部的例行工作交流机制，双方相互沟通工作，确定合作事项，研讨行业问题。中国海员建设工会第五届全国委员会将中国航海学会确定为委员单位，航海学会秘书长担任海员建设工会委员，双方合作更加深入密切。中国船东协会和中国港口协会继续保持了与工会的联系合作机制，共同为服务水运职工、推动行业发展建言献策。在各方的支持下，水运系统基层组织覆盖面不断扩大。例如，在广东海事局的大力支持下，广东省成立了船员工会联合会、阳江市海员工会，将分布在县（区）工会和社区工会的个体船员纳入产业工会之中。

### （三）推动“互联网+工会”模式创新

针对交通建设产业工人组织与工作的知名度弱化问题，中国海员建设工会开始重视工会的宣传工作。随着互联网技术的飞速发展，各级工会都在探索“互联网+工会”发展模式，新的模式层出不穷，给企业工会管理带来了新机遇。中国海员建设工会积极推动鼓励各级工会开展“互联网+工会”创新，并注意吸收学习基层工会的先进经验，完善自身的宣传工作。

2017 年 5 月 11 日，中国海员建设工会副主席张景义一行到天津港专题调研“互联网+工会”工作。座谈会上，天津港工会就开展“互联网+工会”工作的背景和动机，研发使用天津港工会手机 App 的过程和使用情况进行了详细汇报。基层工会干部就职工使用手机 App 的反映、评价和意见建议等情况进行了交流和讨论。张景义充分肯定了天津港工会的经验和做法，并就开展“互联网+工会”工作提出具体要求，他指出“网络”是工会开展新时期群众工作的重要阵地，要使互联网应用于职工，受益于职工。系统的设计开发要以职工为中心，注重服务平台的交互性、体验性和实效性，让职工群众“想着看、用得上、离不开”，实现线上线下同步推进、有机融合，将“App”建设成为职工的网上之家，让全体会员感受到工会的温暖，使“互联网+工会”在推动工会工作、创新发展中发挥重要作用。

2018 年 5 月 14 日，中国海员建设工会巡视员张景义一行赴中远海运对外劳务合作有限公司工会开展调研。调研组听取了公司工会基本情况及公司“互联网+工会”服务平台建设应用情况的介绍，观摩了数字工会模块功能、内容和使用方法，并就各个模块的详细功能及目前职工点击使用情况进行了深入交流。中国海员建设工会对中远海运对外劳务合作有限公司工会在“互联网+工会”工作方面作出的积极探索表示充分肯定，尤其对工会实施的“在线问诊”“海保计划”“在线慰问”等创新服务内容表示赞赏。中国海员建设工会要求各级工会组织积极探索“互联网+工会”工作模式，进一步增强基层工会活力，不断扩大工会组织的覆盖面，让更多的职工通过互联网受益并获得工会大家庭的温暖关怀。

2018 年，中国海员建设工会创建实名认证的全委微信公众号，通过该平台及全国总工会官方微信公众号，刊发宣传交通建设系统产业工人队伍建设的文章，扩大了产业工会的影响力和知名度。

## 二、持续开展调查研究

随着中国的经济发展，产业职工关心关注的焦点问题不断发生变化，中国海员建设工会全委为了及时掌握新形势下海员产业工人队伍新情况，着力维护职工利益，一直十分重视重点问题专题调研工作。全委领导班子成员带队赴港口船舶、进入班组开展调研，同时，邀请行业专家，出谋划策，与其共同商讨问题症结，寻找良策。通过专题调研，对于海员工会如何适应新业态、应对新挑战、探索新办法，进行了分析研究，并提出了对策建议，形成了调研成果。这样调研工作既把握了问题的实质，又对上级提出了合理的建议，促进了全委对行业发展和保障职工权益等方面采取精准对策与措施，取得了很好的效果。

中国海员建设工会（海员工作部分）部分调研成果详见表8-4中国海员建设工会（海员工作）调研成果表，通过《全总信息》向中办、国办报送调研信息，为相关部门出台政策提供了参考。

表 8-4　中国海员建设工会（海员工作）调研成果表

| 序号 | 年份 | 研究内容 |
|---|---|---|
| 1 | 2012 | 船员劳动状况与劳动关系特征研究 |
| 2 | 2014 | 关于产业工会工作创新的思考与探索 |
| 3 | 2015 | 远洋船员工资结构问题研究 |
| 4 | 2018 | 海员税收状况的调研报告 |
| 5 | 2018 | 内河船员队伍课题报告 |
| 6 | 2019 | 中国船员队伍建设现状问题及对策 |

续表

| 序号 | 年份 | 研究内容 |
|---|---|---|
| 7 | 2020 | 港口行业产业工人队伍建设改革经验分析 |
| 8 | 2020 | 中国船员劳动关系状况及加入工会组织情况研究 |
| 9 | 2021 | “港口工匠创新联盟”发展规划 |
| 10 | 2021 | 惩罚与保障：海上交通事故的刑事归责研究 |
| 11 | 2022 | 服务海员阵地建设 |
| 12 | 2022 | 港口工匠创新联盟发展方向研究 |
| 13 | 2022 | 港口职工队伍状况调查 |
| 14 | 2023 | 关于我国船员税收优惠政策执行情况和完善方向的调研报告 |
| 15 | 2023 | 山东省海员职工群体心理健康及职业倦怠状况的调研报告 |

## 三、面向基层工会干部开展教育培训

中国海员建设工会一直高度重视对交通建设系统工会主席的教育培训，定期举办全国交通建设系统工会主席培训班。从 2012 年开始，全委先后组织全国交通建设系统工会主席培训班 10 期，培训学员 1380 名（详见表 8-5 全国交通建设系统工会主席培训班统计表）。此外，中国海员建设工会还组织《2006 年海事劳工公约》履约专题培训，邀请国际、国内公约研究专家为基层工会干部和一线船员授课，并选派优秀工会干部参与交通运输部海事局组织的履约研讨培训。

表 8-5　全国交通建设系统工会主席培训班统计表

| 届数 | 时间 | 培训地点 | 参加培训人数 |
|---|---|---|---|
| 1 | 2012 年 9 月 23—29 日 | 中国劳动关系学院 | 150 |
| 2 | 2013 年 11 月 3—9 日 | 中国劳动关系学院 | 150 |
| 3 | 2014 年 6 月 8—14 日 | 中国劳动关系学院 | 120 |
| 4 | 2015 年 5 月 17—23 日 | 中国劳动关系学院 | 120 |
| 5 | 2016 年 7 月 3—9 日 | 中国劳动关系学院 | 120 |
| 6 | 2017 年 6 月 11—17 日、11 月 12—18 日 | 黑龙江工会干部学院、广西壮族自治区工会干部学校 | 200 |
| 7 | 2018 年 7 月 8—14 日、9 月 9—15 日 | 浙江省总工会干部学校、安徽省总工会干部学校 | 200 |
| 8 | 2019 年 4 月 14—20 日 | 陕西工运学院 | 110 |
| 9 | 2020 年 10 月 26—30 日 | 陕西工运学院 | 110 |
| 10 | 2023 年 8 月 21—25 日 | 大庆油田铁人学院 | 100 |

为了加快对基层工会干部的培养，让更多优质教育资源惠及基层工会组织，在全国总工会的统一领导下，中国海员建设工会在水运系统根据基层工会需求开展送教下基层活动。

2016 年，中国海员建设工会送教到救捞系统工会，先后在烟台、广州开办了两期“送教下基层”培训班。这是中国海员建设工会首次组织全国工会系统优秀教师赴基层工会开展送教培训。培训开设了财务、安全生产、民主管理、权益保障等涉及工会主责主业方面的课程，让基层工会干部更加深入地理解全国总工会的相关规范政策，对基层工会干部开展工作有很强的指导性。

2017 年 7 月，中国海员建设工会在长航系统开展“送教到基层”活动，长航系统工会主席及工会工作者近 80 人参加培训。活动把课堂教学与现场教学、理论学习与工作实践有机结合，先后开展了学习贯彻习近平总书记重要讲话精神、努力做好新形势下工会工作、新时期工会改革与产业工人队伍建设改革、传统文化与智慧人生等七个专题活动，受到基层工会干部的欢迎和好评。

2019 年 5 月，中国海员建设工会 2019 年“送教到基层”暨重庆市交通建设工会系统工会干部培训班在重庆交通开发投资集团举办，来自重庆市交通开发投资集团及所属企业 100 余名工会干部参加培训。培训班由中国海员建设工会主席丁小岗和全国总工会有关部门负责人、省级交通运输工会负责人、大型企业集团工会主席及院校专家教授就工会原理与实务、安全生产、工会法律法规、组织开展劳动和技能竞赛、基层工会工作及传承弘扬“两路”精神等内容为学员授课。通过培训，进一步增强了工会干部的政治素养，拓宽视野和眼界，提高了大家做好工会工作、更好为职工群众维权服务的理论素养和业务能力。

2022 年 8 月，中国海员建设工会在广州市广州港集团有限公司举办“‘港口工匠’创新能力培训班”。广州港集团有限公司各级工会干部、各级劳模创新工作室负责人、各公司技术创新负责人、工匠代表参加了培训。培训班聚焦创新能力提升，开设了习近平总书记关于科技创新重要论述、一流港口精神、现代创新理论及创新工具概述、技术类创新项目培育、创新难点问题解决、创新工作室日常管理、实训基地设立经验以及创新材料归纳整理等对鼓励基层职工创新具有现实指导性的课程，取得了良好的效果。

2023 年 9 月，中国海员建设工会在宁波舟山港集团开展“送教下基层”工作，宁波舟山港集团新任专兼职工会干部参加了培训。培训围绕产业工人队伍建设改革、工会财务制度、组织制度、工会推动职工技术创新思路与举措等方面设置课程，对新任工会干部快速融入工会工作、进入工会干部角色有很大促进作用。中国海员建设工会“送教到基层”活动是落实全国工会干部教育培训工作会议精神和《2016—2020 年全国工会干部教育培训规划》的一项实际举措，有利于培训资源向基层倾斜、力量向基层集中，提高基层工会培训质量，增强基层工会干部实际工作能力，把基层工会组织建设得更加充满活力、更加坚强有力。

通过持续不断的培育锻造，中国海员建设工会在全国水运系统培养了一大批听党话、跟党走、职工群众信赖的“娘家人”，打造了一批能够为职工提供培训、休息和保障职工合法权益的职工之家、职工小家。在各级工会的努力下，从水运系统各级单位机关部门到船舶码头工地一线，都形成了党建工建融合、解决职工困难问题、提升职工生活品质的良好氛围。2020 年，中国海员建设工会在全国交通建设系统开展“最美职工之家”和“最美娘家人”的推树工作，经各基层委员单位推荐，中国海员建设工会研究确定辽宁港口集团有限公司工会委员会等 20 家工会为“最美职工之家”，温东伟等 20 名工会干部为“最美娘家人”。详见表 8-6水运系统全国交通建设系统“最美职工之家”名单和表 8-7 水运系统全国交通建设系统“最美娘家人”名单。

**表 8-6　水运系统全国交通建设系统“最美职工之家”名单**

| 序号 | 单　位 |
|---|---|
| 1 | 辽宁港口集团有限公司工会委员会 |
| 2 | 曹妃甸港集团股份有限公司工会委员会 |
| 3 | 中国船级社江苏分社委员会 |
| 4 | 中国海员工会崇明海事局委员会 |
| 5 | 长江航务管理局机关事务中心职工之家 |

**表 8-7 水运系统全国交通建设系统“最美娘家人”名单**

| 序号 | 姓名 | 单位 |
| --- | --- | --- |
| 1 | 温东伟 | 广州港集团有限公司工会主席 |
| 2 | 孙中平（女） | 广州打捞局拖轮船队工会副主席 |
| 3 | 张森 | 青岛市职工国际交流服务中心（青岛市国际海员服务中心）副主任 |
| 4 | 姚本思 | 中交二航局一公司党委副书记、纪委书记、工会主席 |
| 5 | 徐启明 | 中远海运重工有限公司副总经理、党委委员、工会主席 |

## 四、开展“县级工会加强年”专项工作

2021 年，按照全国总工会《“县级工会加强年”专项工作方案》的统一部署，中国海员建设工会将济宁市任城区总工会和龙口市总工会确定为中国海员建设工会全国委员会机关联系点。

在中国海员建设工会的指导下，济宁市任城区和龙口市总工会研究制定了《“县级工会加强年”专项工作推进方案》，列出具体整改问题、重点推进工作等清单，建立专项工作台账，明确时间节点和责任单位，夯实责任，狠抓落实。按照工作推进计划，任城区总工会和龙口市总工会围绕交通建设系统产业工人队伍建设改革、新就业形态劳动者建会入会、工会组织体系健全完善等重点工作要求，扎实推进交通运输、物流货运、内河航运领域建会入会，提高维权服务能力水平，不断扩大工会组织的组织覆盖和服务覆盖，提升基层工会规范化建设水平和服务能力，切实增强基层工会活力。专项工作期间，济宁市任城区港航工会联合会和济宁市海员工会先后成立，全国内河流域第一家市级航运产业工会建立起来，覆盖内河航运企业约 36 家，填补了全国内河流域

的航运建会入会空白，共计吸纳港口职工和船员入会6000余人，创造了多个全国全省第一，打造了内河航运工会建设“任城样板”。后期，龙口市港航工会联合会也实现从无到有，进一步赋能了龙口市港航产业向好发展。任城区和龙口市总工会系统广泛开展各类“红色文化”宣讲活动，先后开展线上线下宣讲800多场次，向职工群众开展有特色、接地气、入人心的理论宣传宣讲；依托工人文化宫、职工服务中心、齐鲁工惠App、“理响工会”直播间等线上线下服务阵地，先后开展了以“中国梦·劳动美”为主题的干部职工大合唱、演讲比赛、书画摄影展、读书会、职工运动会、有奖知识竞赛等65项活动。

在这个专项活动期间，中国海员建设工会紧紧围绕对口联系、调查研究、解决问题、巩固深化四项重点任务，充分调动县级工会积极性、主动性、创造性，圆满完成“县级工会加强年”各项目标任务。

## 五、指导国际海员俱乐部开展工作

2013年以来，中国海员建设工会提出充分发挥服务职工平台作用，推动各地国际海员俱乐部加大为海员服务力度，为到港船员提供优质服务。同时，随着时间的变迁，国际海员俱乐部面对的形势和环境发生巨大变化，部分国际海员俱乐部因港口迁移、工会体制改革或经营不善等原因被撤并，到2023年，全国共有13个工会系统管理运营的国际海员俱乐部。这些俱乐部以全国总工会对全国工会开展服务职工工作和工会资产运营总要求为指引，因地制宜开展不同形式的服务船员工作，得到了到港船员的好评。

汕头国际海员俱乐部组织中外海员上岸参观游览、购物，帮助船员代收快递；青岛国际海员俱乐部与港口有关单位在港口内新建的“移动海员之家”，建设海员就医绿色通道；广州黄埔国际海员俱乐部开展船员免费早餐服务；防城港国际海员俱乐部常态化组织中外海员的文体活动。湛江、福州、厦门、大连、丹东、南通等国际海员俱乐部，在重要节假日组织登轮慰问活动，举办船员文艺联欢，宣传中国民俗文化，宣传中国文化，展现了中国工会的开放包容。

新冠疫情发生后，广州国际海员俱乐部、广州黄埔国际海员俱乐部作为广州市集中隔离医学观察场所，坚持“五心”服务，扎实做好入境人员抵穗后进行医学隔离观察的工作，共接待来自45个国家和地区的境外抵穗外籍人员442人次，为坚决打赢常态化疫情防控阻击战贡献了力量。汕头国际海员俱乐部开通心理咨询热线、组织船员接种疫苗，传递工会“娘家人”的温暖。在航运企业遭受疫情重大冲击的背景下，烟台国际海员俱乐部联合有关部门深入企业宣传两会精神，尤其是两会关于“六稳”“六保”的决策部署，鼓励企业和职工凝心聚力、坚定信心，同舟共济、共克时艰，并对企业复工复产面临的问题给予积极帮助。

另外，国际海员俱乐部在海员权益维护方面也发挥了不可替代的重要作用。2021年11月29日，烟台国际海员俱乐部收到烟台籍船员林某的求助信息，反映船东拖欠工资的问题，希望烟台国际海员俱乐部帮助处理。经过烟台国际海员俱乐部多方协商，在烟台市总工会的重视和支持下，烟台国际海员俱乐部为船员讨回了被拖欠的19758元工资。2021年8月，福建船员陈某下船遣返途中，在境外病亡，当时其家属因疫情被隔离无法办理遗体运回手续，也无法直接与船东沟通工亡赔偿情况。在青岛国际海员俱乐部的帮助下，陈某的家属通过线上的方式办理了相关公证，让船员能够返家安葬。船员家属在隔离结束后，青岛国际海员俱乐部组织船员家属与船东进行工亡赔偿的调解，最终避免了纠纷，保障了船员和家属的权益。

为贯彻落实《中华全国总工会关于推动工会资产实现高质量

发展的指导意见》《关于坚持公益性服务性方向　推进职工服务阵地社会化市场化运作的意见》要求，规范国际海员俱乐部（以下简称俱乐部）运行、管理，发挥国际海员俱乐部在服务中外海员中的优势作用，2023 年 1 月，中国海员建设工会全国委员会启动《国际海员俱乐部工作条例》修订工作，成立了以中国海员建设工会二级巡视员朱嫣红为组长，海员工作部部长王建兰和山东省海员工会主席倪道余为副组长，包含 7 名成员的条例修订工作组，山东省海员工会、青岛市职工国际交流服务中心（青岛国际海员服务中心）、烟台国际海员俱乐部、汕头国际海员俱乐部、中国海事服务中心共同参与修订工作。工作组成立后即召开工作会，制定了工作计划，确定了调研方向。2023 年工作组先后到烟台、青岛、汕头、洋山等海员俱乐部调研，了解国际海员俱乐部当前管理体制和工作机制，收集相关单位对条例修改的一些建议，推动条例修改工作有序进行。

## 六、促进与港澳台海员工会交流

### （一）与香港海员工会开展交流活动

2015 年 9 月 21 日，中国海员建设工会主席丁小岗、副主席魏薇在北京会见了香港海员工会交流访问团一行，访问团由香港海员工会主席李志伟带队，丁小岗对访问团的到来表示热烈欢迎。内地和香港海员工会同根同源，关系密切，双方在海员权益维护等事务上有着紧密的合作，魏薇向访问团介绍了大陆航运发展情况、全委这两年的主要工作以及海事劳工公约批约进展，并与访问团就海员维权工作进行了交流。

2016 年 6 月 16 日至 18 日，应香港海员工会邀请，中国海员建设工会张景义率代表团一行四人，赴香港参加香港海员工会复会 70 周年庆祝活动，开展工作交流。张景义代表中国海员建设工会，向香港海员工会赠送礼物，并与香港海员工会主席李志伟进行会谈，就两地的海员工会工作分享了经验、交换了意见。在香港期间，中国海员建设工会代表团还走访了香港海运学校。

2017 年 11 月 29 日，中国海员建设工会与来访的香港海员工会代表团在北京会谈。双方围绕加强海员工会工作，保障海员权益，推进海员素质提升，履行《2006 年海事劳工公约》等议题开展交流，并表示未来要进一步加强务实合作。中国海员建设工会主席丁小岗、副主席张景义，香港海员工会主席李志伟及代表团成员、中央人民政府驻香港联络办公室社工部、全国总工会职工对外交流中心港澳台联络处、中国海员建设工会海员工作部部分干部参加了会谈。

2019 年 1 月 15 日，中国海员建设工会与来访的香港海员工会代表团在北京会谈。中国海员建设工会主席丁小岗、巡视员张景义，香港海员工会主席张世添及代表团成员、中央人民政府驻香港联络办公室社工部、中国职工对外交流中心港澳台联络处、中国海员建设工会海员工作部部分干部参加了会谈。双方围绕加强海员工会工作、保障海员权益、促进海员素质提升、组织中华海员工业联合总会成立 100 周年庆典活动等议题充分交换了意见。

2022 年 9 月，香港海员工会在香港举办“香港海员大罢工胜利 100 周年纪念大会”，中国海员建设工会李庆忠受邀出席会议并讲话。因疫情原因，李庆忠以视频方式参会，与香港海员工会同人及社会各界人士，共同纪念香港海员大罢工这段历史，缅怀海员工运先驱的历史功绩，传承中国海员的爱国精神。

2023 年 7 月 13 日，中国海员建设工会主席、分党组书记李庆忠在北京与香港海员工会、香港海事处一行举办会谈交流会，全国总工会交流中心、交通运输部相关司局负责同志参加了此次会议。会上，香港海员工会、香港海事处就巴西全面执行《海员身份证明公约》产生的不利影响等问题进行了沟通，各方围绕如何解决问题进行了卓有成效的研究探讨。

2023 年 9 月 11 日，中国海员建设工会主席、分党组书记李庆忠在北京与香港海员工会代表团正式会谈。香港海员工会主席张世添介绍了香港海员工会基本情况和近年来的重点工作。李庆忠对香港海员工会代表团的来访表示热烈欢迎，表示中国海员建设工会和香港海员工会同根同源、同心同德，在维护海员权益方面保持长期密切合作，取得了良好成效，希望双方未来加强务实合作，共同维护海员合法权益，促进祖国航运事业发展。中国海员建设工会、中国职工交流中心、全国总工会国际部相关负责人参加了会谈。来访期间，香港海员工会还正式拜访了交通运输部海事局和北京市部分航运单位。

2017 年、2019 年和 2023 年，香港海员工会、澳门海员工会均组队参加中国海员技能大比武活动。每次比武活动期间，中国海员建设工会都会联同中国职工交流中心共同组织交流座谈会，邀请劳动模范或优秀船长、船员为大家授课，分享航海经历，解答港澳地区船员的各类问题。

### （二）与台湾中华海员总工会交流

2014 年，中国海员建设工会主席丁小岗带队出访台湾，与台湾海员工会就海员培训等工作进行了交流研讨，共同考察了台湾海洋大学航海人员训练中心、长荣海运船员训练中心以及高雄海洋科技大学商船船员训练中心等三家海员培训机构。

2015 年，中国海员建设工会副主席曹宏伟带队出访台湾，与台湾海员建设系统工会开展友好交流。

2016 年，中国海员建设工会副主席魏薇率大陆海事专家团出访台湾，与台湾海员工会就履行 STCW 公约有关工作开展业务交流。

2018 年，中国海员建设工会主席丁小岗一行赴台湾考察海员培训工作。与台湾海员工会进行会务交流，双方就海员培训考证审核工作交换意见。

2023 年，台湾海员工会代表团赴北京访问，中国海员建设工会李庆忠在北京接待了代表团，并与代表团开展会务交流。访问期间，代表团赴交通运输部海事局以及在京航运企业交流座谈。

### （三）关心帮助台湾船员就业

20 世纪 90 年代末，为了解决台湾船员获取国际认可的适任证书难的问题，中国海员建设工会和台湾海员工会积极进行了沟通协调。在全国总工会台办的指导下，在交通运输部海事局的支持下，在广东海事局的具体实施下，2001 年，台湾船员大陆培训合作项目顺利在广东珠海举办。后培训合作项目由广东珠海转移至厦门集美大学。

台湾船员培训项目作为大陆惠台项目，得到了各方的高度重视。项目启动以来，两岸海员工会、中国职工交流中心、交通运输部海事局定期举办座谈会，沟通培训工作开展的情况，推动解决台湾航运企业和台湾船员关心关注的难点问题。

2017 年，伴随一系列新法律法规生效，为更好开展台湾船员培训工作，中国海员建设工会、中国职工交流中心、台湾中华海员总工会、交通运输部海事局等在福建厦门举办工作研讨会。中国海员建设工会主席丁小岗出席会议并讲话，副主席张景义主持会议。会上，台湾中华海员总工会理事长陈政龙感谢中国海员建设工会和交通运输部海事局对台湾船员培训、换证工作的大力支持，并就以后台湾船员培训和换证工作谈了想法。

2022 年，在中央台办的牵头下，推进海峡两岸船员交流工作跨部门联合工作组成立，中央台办、全国总工会台办、交通运输部台办、中国海员建设工会、交通运输部海事局建立了沟通协同机制，为涉及两岸船员合作交流各项工作搭建了工作联系平台。

2023 年 4 月，台湾中华海员工会理事长章烈忠致函中国海员建设工会主席李庆忠，表示“疫情已完全控制，两岸航班已朝全面复航迈进之时，建请能加深贵我两会及海事局、船东对台湾船员培训事宜相互了解，并能继续在集美大学进行台湾船员的培训事宜，目前若能在适切时间进行座谈将大有助益”。5 月初，中国海员建设工会即组织各方在福建厦门召开座谈会，研究推进相关工作。7 月，疫情后首期培训在集美大学正式开班。

## 第八节　不断拓展对外交往

### 一、积极参加相关国际组织活动

#### （一）出席亚洲海员高峰会

2013 年 8 月，以魏薇为团长的中国海员建设工会代表团赴俄罗斯符拉迪沃斯托克出席了第 30 届亚洲海员高峰会暨第 23 次挪威/亚洲海员委员会会议。会议的主要议题是：履行《2006 年海事劳工公约》（以下简称《公约》）、海员税收问题、海员教育培训问题等。与会的各海员工会代表围绕主题进行了交流和讨论。魏薇在发言中介绍了中国履约情况和海员的培训工作，以及为减免海员所得税所做的工作。并应主办方邀请在会上介绍了上年度与挪威船东谈判情况及下一年度集体谈判的目标。

2015 年 9 月，中国海员建设工会主席丁小岗率中国工会代表团赴日本出席第 32 届亚洲海员高峰会和第 24 届挪威/亚洲海员委员会会议。第 32 届亚洲海员高峰会主要围绕海事事故与海员遗弃事件紧急沟通渠道与支持系统评估、亚洲海员高峰会议成员资格确认、国际运输工人联合会亚洲区域会议等议题展开讨论。丁小岗在本次会议中与亚洲区域海员工会和挪威海员工会进行了交流，积极阐述了中国工会对于本次大会议题的立场，通报了2014年与挪威船东协会谈判的情况以及商讨了未来的谈判方向。他希望亚洲区域海员工会积极发挥好亚洲海员高峰会和挪威/亚洲海员委员会这两个平台的作用，促进亚洲区域海员工会的交往和合作，共同维护好亚洲海员的权益。

2017年10月，魏薇作为中国海员建设工会代表团团长，赴新加坡出席第34届亚洲海员高峰会暨26次挪威/亚洲海员委员会会议。会议主要围绕如何利用亚洲地区海上紧急联系机制，为遭遇海难事故被遗弃的海员提供帮助、“促进年轻人走到海上”运动、加强海洋文化建设等内容进行交流和研讨。魏薇在会上介绍了中国海员建设工会与政府主管部门等合作，在推动年轻人走向海洋、维护海员合法权益、加强海洋文化建设等方面的做法，得到与会代表的好评。

2018年4月，丁小岗作为中国海员建设工会代表团团长，赴韩国釜山出席第35届亚洲海员高峰会暨第27次挪威/亚洲海员委员会会议。丁小岗在会上介绍了中国海员建设工会与政府主管部门的合作，以及在推动年轻人走向海洋、维护海员合法权益、加强海洋文化建设等方面的做法。会议期间，中国海员建设工会与韩国海上产业劳动组合联盟签订了隔年互访备忘录。

2019年10月，丁小岗作为中国海员建设工会代表团团长，出席在越南河内举行的第36届亚洲海员高峰会暨第28次挪威/亚洲海员委员会会议。丁小岗介绍了中国当前的政治经济形势和中国工会的主要工作，分享了中国工会代表海员开展集体协商的工作成果、中国女性船员的工作状况、中方对船舶自动化问题的看法以及中国在保障海员权益方面开展的具体工作。

2023年4月，以李庆忠为团长的中国工会代表团，赴日本东京参加了第37次亚洲海员高峰会暨第29次挪威/亚洲海员委员会会议。李庆忠介绍了中国工会在参与国家航运政策制定、推动促进海员技能提升素质提高、维护海员合法权益等方面的工作成果，中国在疫情期间为船员换班所做的工作，交流了中国在智能船舶和清洁能源船舶发展上的相关举措和中国航运界对相关问题的看法，表达了对智能航运和清洁能源船舶技术发展的积极观点。会议期间，李庆忠代表中国海员建设工会向各友好组织对2021年“中国海员工会成立100周年”的祝贺表达了感谢，并对他们在疫情期间，协助中国工会，对滞留境外的中国船员给予的热情帮助表达了敬意。

### （二）参加国际劳工组织三方专门委员会第一次会议

2014年4月7日至11日，应国际劳工组织邀请，中国海员建设工会副主席魏薇出席在瑞士日内瓦召开的《2006年海事劳工公约》国际劳工组织三方专门委员会第一次会议。来自69个成员国的181名政府代表，21个国家（地区）的41名船东代表，49个国家（地区）的57个工会组织的76名海员代表，以及非政府国际组织代表、观察员等，共333人出席了本次会议。会议主要议程包括：通过《2006年海事劳工公约》第一修正案；交换关于履约出现的难点及持续推进履约的信息；就被遗弃海员遣返财务担保体系和船东责任中因就业而产生的疾病、受伤或死亡的财务担保体系进行三方协商。

由于中国尚未批准公约，政府没有投票权，中国海员建设工会在此次会议中的话语权对表达中国声音更加重要。会议期间，中国海员建设工会在充分准备的前提下，积极参与会议讨论，并被确定为21个工会代表之一参与第一修正案的投票。最终，中国海员建设工会为修正案投下赞成票。

### （三）参加国际劳工组织三方专门委员第二次会议

2016 年 2 月 8 日至 12 日，国际劳工组织在日内瓦召开关于《2006 年海事劳工公约》特别三方委员会第二次会议和《2003 海员身份证明公约》（以下简称《185 公约》）临时海事三方委员会第二次会议。全国总工会国际联络部涉外职工权益处处长王雪梅和中国海员建设工会海员工作部副部长王建兰应国际劳工组织和国际运输工人联合会的邀请参加上述会议。

此次会议是第二次《2006 年海事劳工公约》特别三方委员会，来自 55 个国家（或地区）的 129 名政府组代表、33 名船东组代表、54 名海员组代表，以及非政府组织、其他国际组织代表等共 240 名代表参加会议。此次会议也是中国首次以《2006 年海事劳工公约》缔约国身份参加的特别三方委员会，中国政府派出了由交通运输部、人力资源和社会保障部有关人员组成的 8 人代表团参会。会议的主要议题是：审议并通过《2006 年海事劳工公约》第二修正案；通报 2014 年以来的批约、履约情况并交换各国履约信息；选举下一任特别三方委员会主席。

会议通过了海员组提出的“骚扰和欺凌提案”，通过了由船东组提出的“证书延期提案”，通过了海员组提出的针对“海盗挟持提案”的新建议书，选举了英国担任下一届特别三方委员会主席。

## 二、开展双边、多边友好交流

### （一）中新海员工会友好交流

2013 年 11 月，新加坡高级海员工会及新加坡海员工会代表团访问中国。双方就在新加坡旗船上工作的中国船员的劳动标准进行协商。中国海员建设工会副主席魏薇代表中方出席会议并在协议书上签字。

2014 年 5 月 13 日，由中华全国总工会、中国海员建设工会与新加坡高级海员联合会、新加坡海员工会共同举办的“《2006 年海事劳工公约》的实施与挑战”研讨会在北京举行。中华全国总工会党组纪检组组长、书记处书记王瑞生出席开幕式并致辞，中国海员建设工会主席丁小岗主持开幕式，新加坡高级海员工会荣誉秘书长郑维华、秘书长雷家英、新加坡海员工会秘书长甘顺发出席开幕式。来自中新两国海事局、海员工会、船东、船级社和海员外派公司等方面的约 120 名代表参加了此次研讨会。

来自中新两国海上劳动关系三方的 10 名嘉宾围绕《2006 年海事劳工公约》的实施与挑战作了演讲。与会人员与 10 名嘉宾进行了现场互动交流，并通过投票器对有关《2006 年海事劳工公约》的 10 个问题进行了投票。中国海员建设工会副主席魏薇对本次研讨会作了总结讲话。

此次研讨会是中新两国海员工会第一次合作举办研讨会，也是两国海上劳动关系三方第一次就《2006 年海事劳工公约》进行交流。与会代表普遍反映，研讨会务实高效，探讨了履约工作的相关议题，交流了中新两国海员工会的工作经验，宣传了中国海员建设工会推进海员维权工作的做法，提高了中国海员建设工会的影响力，加深了两国海员工会乃至两国海上劳动关系三方成员的合作和友谊。

2017 年 11 月，中国海员建设工会主席丁小岗率团出访新加坡，与新加坡高级海员工会、新加坡海员工会开展会务交流。代表团向新加坡工会介绍了中国国内航运业和工会工作的主要情况，包括中国航运形势、中国海员队伍状况、中国工会改革情况、中国海上劳动关系三方协调机制有关工作、中国政府履行《2006 年海事劳工公约》政策以及中国海员建设工会近期主要工作。代表团访问期间，正逢新加坡高级海员工会成立65周年、新加坡海员工会成立45周年纪念。两家工会组织相继组织盛大庆祝活动，均邀请了新加坡职工总会总书记陈振声、新加坡人力资源部部长林瑞生等新加坡政府官员以及来自船东、船舶管理公司、船员输出国外派公司和约20家海外工会组织出席活动。按照工作计划，代表团参加了新加坡高级海员工会成立65周年庆祝活动，向新加坡海员工会成立45周年致贺信。

2018年5月，中国海员建设工会巡视员张景义、海员工作部部长朱嫣红接待以执行书记陈庆辉为团长的新加坡海员工会代表团一行。张景义与代表团进行了工作会谈，双方就维护海员权益进行深入交流。会后，代表团一行赴天津参观海事设施。

### （二）中日工会友好交流

2015年4月，全日本港湾工会伊藤彰信委员长率团访问中国海员建设工会，中国海员建设工会副主席魏薇接待了代表团一行。魏薇介绍了中国港口行业发展的情况和中国海员建设工会的会务工作，表达了中国工会珍视与全日本港湾工会的友谊，愿与之加强合作的美好愿景。代表团访华期间，还与天津港集团有限公司工会和上海国际港务集团有限公司开展了对话交流。

2015年5月，中日工会专题座谈会在北京召开，中国职工对外交流中心秘书长彭勇出席会议并致辞，中国海员建设工会副主席魏薇、全国总工会研究室副主任常品超出席会议并发言，中国海员建设工会、民主管理部、经济技术部等相关人员参加了座谈会。

魏薇对以山浦正生为团长的日本运输劳联第40次访华团表示欢迎，认为此举对于增进中日两国职工友谊、加深两国工会合作具有积极意义。魏薇围绕“工会在环境保护及促进和谐劳动关系中的作用”这一主题，结合中国道路运输业的基本情况，介绍了中国海员建设工会在环境保护、促进和谐劳动关系等方面所做的工作，并就日方所关注的中国卡车司机的生产生活状况进行了互动交流。

2018 年 4 月，全日本港湾工会副中央执行委员长松永英树带团访问中国，中国海员建设工会副主席张景义接待了代表团一行。张景义介绍了中国港口、航运发展的情况，两会围绕港口职工权益保障、无人港口发展对港口工人的影响等议题进行了深入研讨。代表团访华期间，参访了天津港和上海港。

全日本港湾工会在政治上不支持特定政党，也未加入任何全国性工会组织，是一个跨企业、跨地域的独立工会组织。早在 1972 年中日邦交正常化前，就积极推动与中国工会开展友好交流，是最早与中国工会建立友好关系的日本工会组织之一，长期与中国海员建设工会保持友好往来关系。中国海员建设工会每年会向全日本港湾工会全国代表大会致贺信。

2013—2023 年，中国海员建设工会与全日本海员工会联合开展的中国船员英语教育计划一直持续开展，除疫情期间培训停办之外，培训班每年举办三期，每期培训 20 人。中国海员建设工会与全日本海员工会每年会就培训工作进行沟通。2017 年，中国海员建设工会副主席张景义、原副主席魏薇一行到日本海员工会驻天津代表处进行慰问，并与日本海员工会驻天津代表处首席代表谷村进行了会谈，就共同组织好海员英语培训进行了研讨。2018 年，中国海员建设工会副主席曹宏伟带队到天津代表处，看望慰问代表处工作人员，协调培训班住宿条件改善问题。

### （三）与国际海事雇主委员会交流联络

2014 年 11 月，国际海事雇主委员会（以下简称 IMEC）首席执行官吉勒斯·海曼等一行四人来华访问，与中国海员建设工会在北京进行了会谈。

吉勒斯·海曼阐述了来意，并系统地介绍了IMEC的情况。目前，IMEC会员船东雇佣数量最多的是菲律宾和印度海员，雇佣中国海员9000余人，其中高级海员约1600名，占其雇佣高级海员总量的1.97%；普通海员约8000名，占6.29%。中国的发展变化，令船东看好中国海员。他说：过去船东大量雇佣菲律宾海员，但近年来，中国海员的素质在提升，他表示，以后IMEC会员船东将更愿意雇佣中国海员。他希望双方共同推动针对在其会员方便旗船上工作的中国外派海员的集体协商，并表达了通过中国海员建设工会增进其与中国船东交往的愿望。

中国海员建设工会副主席魏薇介绍了中国海员建设工会的情况，以及中国海员队伍、船员教育培训和航运发展状况。由于这是第一次接触，双方就IMEC组织运作模式和双方合作的可能性等问题进行了沟通和探讨，还就国际海员劳务市场的现状交换了看法，会谈增进了双方的了解。

2017年，国际海事雇主委员会代首席执行官弗朗西斯科·加吉洛带队访问北京，与中国海员建设工会就中国社会保险政策、中国船员就业以及中国海员集体协商有关工作开展会谈。

2019年10月，中国海员建设工会一级巡视员张景义，中国海员建设工会副主席曹宏伟与国际海事雇主委员会董事会成员、北京鑫裕盛船舶管理有限公司总经理刘世俊，北京鑫裕盛船舶管理有限公司总船长叶镇藩在北京举行会谈。会上，刘世俊就国际海事雇主委员会的最新发展情况进行了详细介绍，表达了国际海事雇主委员会希望和中国海员建设工会加强联系、开展合作的意愿。

2022年1月，中国海员建设工会、全国总工会国际联络部与国际海事雇主委员会召开视频对话会议，中国海员建设工会主席李庆忠和国际海事雇主委员会主席贝拉尔·艾哈迈德出席会议。双方相互介绍了组织的概况、近年来会务工作情况，并就合作开展中国船员集体协商进行了初步对话协商。

2023 年 11 月，国际海事雇主委员会主席贝拉尔·艾哈迈德一行到访北京，与中国海员建设工会召开磋商会，研究启动双方海员集体协商有关事宜。经过一天艰难的谈判，双方对开展集体协商达成了初步共识，确定了谈判的目标及谈判原则，有力地推进了双方的合作。

（四）与国际运联进行交流

2014 年 8 月 5 日至 14 日，以中国海员建设工会主席丁小岗为团长的中国工会代表团一行六人，访问国际运输工人联合会（ITF）伦敦总部，之后赴保加利亚首都索非亚参加国际运联第四十三次代表大会。

2018 年 1 月 29 日至 2 月 1 日，应中华全国总工会邀请，国际运联海员信托基金会项目经理卢卡·托马斯率代表团来华，考察中国国际海员俱乐部情况。中国海员建设工会巡视员张景义接待了代表团，介绍了国际海员俱乐部历史沿革、现状、存在问题及未来工作方向。随后，代表团走访了烟台、青岛、太仓国际海员俱乐部。

代表团到山东实地考察期间，与山东海员工会、烟台市总工会以及国际海员俱乐部负责人就履行国际劳工组织《2006 年海事劳工公约》等方面进行了业务交流。

在中国海员建设工会海员工作部部长朱嫣红和山东省总工会对外交流中心主任白明等陪同下，代表团到烟台和青岛进行了专题参观考察。在烟台国际海员俱乐部，车忠超用直观的图文和翔实的数据，讲解了为中外海员服务情况。在“烟台海员医疗定点医院”——烟台海港医院、“国际海员金融服务站”——中国银行烟台保税港区支行，代表团详细了解了海员医疗绿色通道流程及设施，为到港国际海员提供安全便捷的金融服务项目。在青岛国际海员服务中心，尹常忠通过视频影像，介绍了寻求海员所盼、自身所能的结合点，开展医疗救援、移动服务、维权服务和“互联网+”服务等创新举措，代表团连连称赞。在青岛前湾港“移动海员之家”，代表团对其服务项目进行逐项观摩，认为这种上门服务、前置服务的模式值得其他港口应用。

卢卡·托马斯表示，他从未见过像这样的海员服务设施，中国所做出的这些成果让他感到很惊喜，希望将来能有更多合作的机会。代表团成员、英国南安普敦大学教授说：通过沟通和交流，中国有很多很好的故事，要让海员来讲，让世界了解中国。

2019 年 11 月 26 日，以总书记斯蒂芬·马克·科顿为团长的国际运输工人联合会代表团一行六人来华访问。中国海员建设工会与国际运联代表团在北京举行座谈会，中国海员建设工会一级巡视员张景义，中国海员建设工会副主席曹宏伟参加了座谈会。张景义代表中国海员建设工会向国际运联代表团详细介绍了现阶段中国公路、水路运输行业的发展和工会工作的开展情况，并针对下一步希望与国际运联开展的合作进行了交流。张景义强调，多年来，中国海员建设工会与国际运联在国际航运和公路运输方面始终保持着良好的对话交流，希望这次对话能够进一步稳固双方的合作基础，共同做好海员和公路运输职工的权益维护，促进行业健康稳定发展。

## 三、持续开展《中挪海员集体协议》工作

在全国总工会国际联络部的支持下，从 1999 年起，中国海员建设工会与挪威船东协会建立了集体协商工作机制，该机制由中国海员建设工会、挪威海员工会、挪威高级海员工会、挪威轮机员工会联合代表中国外派海员与挪威船东协会定期开展集体谈判，谈判内容主要为外派挪威船员的船上工作生活条件、工作时间、

最低工资标准、伤亡赔偿标准等进行协商。

2013—2016年，中国海员建设工会副主席魏薇和挪威船东协会首席谈判员派尔·唐戈作为双方首席谈判代表开展海员集体协商。

2013年12月2日，中挪海员集体谈判在北京举行。谈判中双方就中国船员的工资标准、赔偿标准等问题展开交锋。

经过艰苦谈判，双方就中国船员工资、死亡赔偿金等内容达成新的协议：在挪威船东的船舶上工作的中国船员工资增长3.5%；在工资表中增加高级船员和普通船员的实习生职位，高级船员实习生服务期限最多不高于12个月；明确船东承担海员不少于20公斤的个人行李运至遣返目的地的运输费；在挪威船东的船舶上工作的中国高级船员死亡赔偿金增长至10万美元，普通船员死亡赔偿金增长至9万美元，其未成年子女每人可额外获得的赔偿金增长至1.8万美元，最高赔偿额增长至7.2万美元；在挪威船东的船舶上工作的中国船员的试用期由六个月减为三个月；将协议中一些不符合《2006年海事劳工公约》要求的条款修订至与公约保持一致。新的协议于2014年1月1日起生效。

2014年12月10日，中挪海员集体谈判在北京举行。经过谈判，双方就中国船员工资、伤病赔偿金等内容达成新的协议：在挪威船东的船舶上工作的中国船员工资收入将在2015年和2016年分别增长3%和2%；在挪威船东的船舶上工作的中国高级船员伤残赔偿金增长至13万美元，普通船员伤残赔偿金增长至10.5万美元；双方同意在今后的集体谈判中对集体协议进行评估，以保证中国船员的工资收入水平与其他国家保持均衡性。

2015年12月7日，中挪海员集体谈判在北京举行。通过集体协商达成：确认了工资增长，从2016年1月1日起，中国船员的基薪上涨2%；提高了社会保险费，双方同意从2016年1月1日起，挪威船东为每条船舶上的中国船员支付的社保费总额上涨 20%。

2016 年 11 月 29 日，中挪海员集体谈判在北京举行。通过集体协商达成：确认了工资增长，从 2017 年 1 月 1 日起，中国船员的基薪上涨 1.5%；死亡赔偿标准增长，从 2017 年 1 月 1 日起，中国普通船员和高级船员的死亡赔偿标准均提高 2500 美元，海员子女的死亡赔偿金提高 500 美元；增加船舶上的两个初级岗位，即初级三副和初级三管轮。

2018 年，中方谈判首席代表由中国海员建设工会主席丁小岗担任，挪威船东协会首席谈判员仍为派尔·唐戈。1 月 10 日，谈判仍在北京举行，以挪威海员工会主席强尼·汉森为团长的挪威工会代表团，在集体协商中给予中国工会大力支持。中国海员建设工会、全国总工会国际部有关工作人员参加协商。双方主要围绕工资增长、提高休假金和伤残赔偿标准等议题进行讨论。经过两轮协商，双方最终就中国船员劳动标准的增长达成一致：2018 年中国船员基薪增长 0.5%；2019 年中国船员基薪增长 1.5%；普通船员休假金计算标准增加 1 天，月薪约提高 25 美元；最高等级伤残赔偿标准提高 5000 美元，其他等级伤残按比例计算。

2019 年 1 月 17 日，中国海员建设工会一级巡视员张景义和挪威船东协会首席谈判员派尔·唐戈分别担任双方首席谈判代表，在北京进行新一轮谈判。双方在对 2018 年集体协议执行情况进行评估的基础上，就本协议的中期调整达成共识，签署了谈判协议书。在海员最低基薪增长 1.5%的基础上，新增加以下条款：一是海员死亡赔偿标准增加 1 万美元，未成年子女额外赔偿金额增加 2000 美元。即普通船员死亡赔偿标准由原来的 9.25 万美元增加至 10.25 万美元，高级船员死亡赔偿标准由原来的 10.25 万美元增加至 11.25 万美元，未成年子女额外赔偿金由原来的 1.85 万美元增加至 2.05 万美元（最多 4 人）。二是伤残赔偿标准增加 5000 美元。即普通船员伤残赔偿标准由原来的 11 万美元增加至

11.5 万美元，高级船员伤残赔偿标准由原来的 13.5 万美元增加至 14 万美元。

2022 年 1 月 11 日，中国海员建设工会、挪威海员工会、挪威高级海员工会、挪威轮机员工会与挪威船东协会正式签订关于延长《中挪海员集体协议》有效期的备忘录。各方一致同意，受新冠疫情影响，集体谈判窗口暂时关闭，2019 年至 2021 年《中挪海员集体协议》延长至 4 月 30 日，新协议的谈判工作将于 4 月 30 日前完成，有效期仍从 2022 年 1 月 1 日起算。

2022 年 4 月 7 日，中国海员建设工会与挪威船东协会召开 2022 年中挪海员集体协商线上会议，对 2022 年至 2023 年中国外派挪威船员集体协议进行谈判。中国海员建设工会主席李庆忠担任中方首席谈判代表，挪威船东协会首席谈判员派尔·唐戈担任挪方首席谈判代表。这是新冠疫情发生以来双方的首次谈判。经双方平等协商，2022 年，中国船员最低基薪增长 2%，2023 年在 2022 年基础上再增长 2%。以一等水手为例，2022 年月最低基薪由 732 美元增长至 747 美元，2023 年月最低基薪在 2022 年基础上增长至 762 美元。与此同时，双方还就最低死亡赔偿金、最高等级伤残最低赔偿金等标准达成一致意见：从 2022 年起，中国高级船员、普通船员最低死亡赔偿金分别增至 11.91 万美元和 10.87 万美元；船员未成年子女赔偿金增至 2.15 万美元，最高赔偿 8.6 万美元；中国高级船员和普通船员最高等级伤残最低赔偿金分别增至 15 万美元和 12.5 万美元。

此次协商解决了因受疫情影响延期谈判导致船员工资增长空窗期问题，双方同意原协议有效期延长至 2022 年 3 月 31 日，新协议有效期为 2022 年 4 月 1 日至 2023 年 12 月 31 日。

2023 年 12 月 12 日，中国海员建设工会代表团赴挪威奥斯陆，与挪威船东协会围绕中国外派挪威海员劳动权益开展了集体协商。双方首席谈判代表仍为李庆忠和派尔·唐戈，经平等协商，就

2024—2025 年《中挪海员集体协议》达成以下共识并完成签约：工资方面，海员月最低基薪于 2024 年 1 月 1 日起上涨 4%，并于 2025 年 1 月 1 日起再次上涨 2%，两轮上涨后，一等水手月最低基薪为 808 美元。伤亡赔偿方面，从 2024 年起，高级海员最低死亡赔偿金增长至 12. 4 万美元，普通海员增长至 11. 3 万美元，海员的每名未成年子女将额外获得 2. 15 万美元赔偿金（最多 4 人）；高级海员最高等级伤残最低赔偿金增长至 15. 6 万美元，普通海员增长至 13 万美元。从 2025 年起，各项赔偿金在 2024 年基础上再增长 2%。其他方面，经过多轮协商，双方同意，整船海员社会保险费平均提高至 270 美元/月/人；海员在船上死亡后，船东除需妥善保护和运送遗体、足额支付赔偿金外，还应额外向家属支付最高标准为 5000 美元的丧葬费补贴；海员“因配偶父母病危或死亡”提出下船的，船东应承担遣返费用；女海员因怀孕下船的，船东不能提前解除合同，在合同期内仍应支付合同工资，合同到期后，还应按最低基薪标准再支付 100 天工资。

2007 年以来，中挪海员集体协商在促进中国船员劳动标准提升，维护外派船员权益方面发挥了积极作用，为中挪两国航运领域合作搭建了桥梁。在与挪威船东协商的过程中，中国海员建设工会与挪威海员工会、挪威高级海员工会和挪威轮机员工会建立了深厚的友谊，中国海员建设工会在履行《2006 年海事劳工公约》方面的经验做法，通过集体协商落实到中挪海员外派事务工作中，中国海员建设工会在国际海上劳工治理新格局中展现了作为、作出了贡献。

# 中国海员建设工会大事记

## 1921 年

3 月 6 日，经过三个月的积极筹备，中华海员工业联合总会选出总会陈炳生为会长，蔡文修为副会长，得到港英政府的核准立案，成立了中华海员工业联合总会（以下简称“海总”），设会址于香港中环德辅道中 137 号 3 楼。

3 月 20 日，青岛港一、二、三、四埠岸口及大港小港等处 1000 余名装卸工人举行罢工，水上交通因而停止。日本占领当局逮捕罢工领袖等十几人，经威胁利诱一小部分装卸工人复工。

6 月 1 日，上海宁绍籍水、木和锯工 8500 人要求增加工资而罢工，后经谈判问题基本解决，20 日复工。

6 月 3 日，共产国际代表马林乘坐“阿奎利亚”号轮船抵达上海，并化名安德莱森，公开身份是记者，出席了中国共产党第一次全国代表大会。

6 月，为了争取海员的利益，中华海员工业联合总会组织成立了加工维持团。

11 月，重庆川江船民共进会成立，后改为川江船工工会。

是年，“那洛威”“西安”轮海员为维护自身权益而开展斗争，在“海总”全力支持下，获得了胜利，显示出工会组织的力量。

## 1922 年

1 月 12 日，香港海员大罢工爆发。起因是 1921 年 9 月，工会向资方提出加资要求，资方不答；11 月又提出，仍不答；1922 年

1月12日第三次提出限时答复，再次没有回复。“海总”发出了罢工命令。香港开往广东内地的广州、江门、澳门、梧州的轮船，以及到港的英、荷、法、日、美和各国的海轮普通船员约1500人参加罢工。

1月29日，在上海的劳动组合书记部联合均安水手公所、焱盈社和印刷、烟草等工会组成香港海员罢工后援会，开展后援活动，直至香港海员罢工胜利结束。

2月9日，共产党广东支部散发了《敬告罢工海员》传单，表示全力支持罢工，勉励海员们团结一致坚持斗争。

2月，“海总”会长陈炳生当时犯了杀妻罪被广东警局拘捕，海员工会主席进行改选，苏兆征被选为临时会长。

3月8日，在中华海员工业联合总会的领导和社会各界人士支持下，香港海员大罢工经过56天的斗争，取得了罢工运动的胜利，掀起了中国第一次工人运动的高潮。

5月1日，中华海员工业联合总会参加了第一次全国劳动大会。大会通过了一项决议：“规定海员罢工沙田烈士死难日为纪念节日（3月4日）。”

8月5日，上海海员提出增加工资和承认工会等要求而举行罢工。资方接受承认工会及增加二至三成工资等五项条件。

8月27日，中华海员工会上海支部在百老汇路（今大名路）208号正式成立。选举会长为林伟民，副会长为钟筱明，成立时会员有2700余人。

10月16日，秦皇岛码头工人与开滦五矿工人举行联合罢工，要求增资。

11月28日，省港劳动同德工会与集贤工会（同为搬运工会）在广州成立分会。

12月，武昌挑水工会成立。

年底，“海总”召开海员大会，改选“海总”第一届委员会，选出谭华泽为会长，苏兆征为司理等。

## 1923 年

1 月，浦口码头工人要求增资举行罢工。

11 月，中共三届一中会议形成了关于“劳动运动”开展的方针决议案，对海员工会工作提出了要求。

是年，中国人民掀起了一场声势浩大的废除二十一条不平等条约，收回旅大运动。上海、天津、武昌、汉口、长沙和哈尔滨等地都举行了大规模的群众集会和示威游行。在长沙工人举行的收回旅大示威游行中，一名码头工人被枪杀。

是年，海员工会派代表参加赤色职工国际第二次代表大会。

## 1924 年

2 月，中华海员工业联合总会进行改组，选出第三届新成员，并确定了关于海员工会以后工作的五条意见。

3 月，“海总”应邀派林伟民赴莫斯科参加国际运输工人代表大会。抵达莫斯科时，会议已结束。林伟民便与当时在莫斯科东方大学工作和学习的中共莫斯科支部成员罗觉（罗亦农）、黄平取得联系，经两人介绍加入中国共产党。

5 月 10 日，九江日清公司码头劳工五六百人，因该公司大班唆使袁阿发推工人刘财明下江淹毙而全体罢工，并发表罢工宣言。工人代表要求惩办凶手，抚恤死者，增加工资，优待工人。

5 月，中共扩大执委会制定了“工会运动”决议。决议要求继续不断在产业工人里有规划地创设工会组织。其中，海员便是应当注意的群体之一。

6 月，苏兆征为宣传赤色万国工会，发表了《致外国海员的信》。

6 月，苏兆征代表中国海员工会参加太平洋运输工人会议。

下半年，中共上海地下党组织挑选码头工人积极分子到小沙渡（今西康路安远路口）和杨树浦工人夜校（今榆林路新德里内）学习，并在码头工人居住较集中的其昌栈、虹镇、烂泥渡等处，开办码头工人夜校。

12月3日，广州盐船工人在“海总”领导下举行罢工，要求盐商增加工资，取得了罢工的胜利。盐船工人斗争的胜利，大大提高了“海总”的威信。广州盐船工人召开大会，决定加入“海总”，定名为“中华海员工业联合总会广州第一分部”。北江柴船、货船、盐船1000多名船工也坚决要求加入“海总”，并在连江口成立了“中华海员工业联合总会广州第二分部”。

是年，上海驳船工人施章发动英商会德丰驳船公司166艘驳船的1800余名船工罢运，要求改善生活待遇。经过半个月的斗争，英国老板被迫给工人加了工资。但施章以“煽动罢工”为由被投入监狱。

## 1925年

3月10日，国民促成会全国代表大会正式会议在北京教育会会场召开。到会代表200多人，李大钊担任大会的领导工作。海员工会认为国民促成会是有实力的产业工人组织，所以致电孙中山，拥护召开国民会议，苏兆征等6人代表省港工人参加国民会议促成会。孙中山去世后，海员工会倡议召开追悼孙中山大会。

5月1日至7日，第二次全国劳动大会在广州召开，到会277人。这次大会是由中华海员工业联合总会、全国铁路总工会、汉冶萍总工会和广东代表共同发起的。全国劳动大会决定成立中华全国总工会，它代表166个工会，共拥有有组织的工人54万人。会议选举林伟民为委员长，刘少奇、邓培、郑泽生为副委员长，林伟民兼总干事，邓中夏为秘书长兼宣传部部长，李森为组织部部长，孙云鹏为经济部长。

5月25日，上海黄浦江沿岸各小轮驳船工人分别成立“上海海员工会小轮部”和“上海海员工会驳船水手部”，分设办事处于浦东烂泥渡东长里口与陆家嘴新香烟厂附近。报名入会者有小轮、驳船工人近千名。

5月30日，在上海中共地下党组织引领下，华通栈、太古、公司栈、隆茂栈和三井码头的工人，由夜校教师李子厚带队，参加了震惊中外的“五卅”大游行，游行队伍在老闸捕房前，惨遭万国商团枪击，数十名同胞倒在血泊之中。码头工人夏银居、谢复生、郑长山等在惨案中负伤。

6月3日，震动全国的“五卅”惨案发生后，激起上海工人更大的反帝怒潮。共产党组织了上海市的反帝同盟大罢工，号召一发出，黄浦江两岸3万多名码头工人立即响应，码头上的罢工斗争迅速开展起来。最早罢工的是黄浦码头工人。

6月4日，上海南市各码头工人响应号召投入罢工。之后，全港码头实现了全面大罢工。

6月10日，据国民通讯社调查，浦东罢工人数总计5.5万余人，其中烟草工人1.5万余人，纱厂工人1万余人，码头工人3万余人。

6月16日，成立了上海码头栈房职工联合会（7月1日改名为上海码头工人委员会）。

6月19日，响应全国总工会的罢工令，海员工会率先发起省港大罢工。来往香港至广州、汕头、江门和澳门等地各轮船的海员，接到全国总工会罢工通知后，在广东和香港带头举行罢工。

6月24日，成立上海轮船运输工人联合会（7月2日改名为上海码头工人联合会）。

6月，各地海员、码头工人声援“五卅”罢工和武汉海员的反英水陆大游行，天津各船户开会决定不为英日商人运货，杭州日商戴生昌轮船局中国工人主动离职以示抗议，九江码头工人举行罢工，秦皇岛港口工人参加“秦皇岛各界赤心护国团”并捐资支援上海工人，青岛码头工人拒为英日轮船装卸货物等。

6月，为声援“五卅”运动，共产党赵世炎、李季达、安幸生领导的天津海员罢工委员会成立。

6月，中华海员工业联合总会厦门分会成立。

7月初，省港大罢工期间，共产党十分重视对海员工人的教育和培养工作，在海员中吸收了一批积极分子入党，建立了中国海员工会共产党支部，有党员10余名，张瑞成任支部书记。

7月7日，上海码头工人委员会和上海码头工人联合会合并，在福佑门内煤炭公所成立全港统一的上海运输工会。推江政卿为主席，俞仙亭为书记，在浦西和浦东分设办事处，总办事处设在煤炭公所。

7月18日，中华海员工业联合会天津支部在长春大旅馆召开成立大会。

7月21日至23日，为了声讨英日帝国主义屠杀中国爱国同胞的血腥罪行，天津海员罢工委员会组织海员罢工。参加罢工的船员共2600人，除招商局轮船船员外，还有开滦矿务局、直隶全省内河行轮董事局的部分船员。

8月10日，日商大连、大阪和英商怡和、太古四个公司2000多名海员和码头工人宣布罢工，高呼“打倒帝国主义！民族解放万岁！”

10月15日，长沙码头搬运工人为收回租给日商的大金码头主权，举行游行示威和罢工。至18日，经过斗争，将暗中与日商勾结的江西箩业头人罗清文等人侵占码头搬运工人所管产业全部收回。

12月4日，为促进香港工会统一，中华海员工业联合总会发起建立香港运输工会联合会，林伟民发表题为“实际的经验与教训”文章，号召各工会要统一。香港运输业工会联合会成立。

12月，海员工会组建了共产主义青年团海员支部，有团员44人，梁祖谊任团支部书记。

是年，省港大罢工期间，中华海员工业联合总会号召海员罢工活动归广州组织，为了便于工作于是将总会改设广州。

是年，在中国共产党领导下，上海码头工会和上海轮驳工会先后成立。

## 1926 年

1 月 5 日，中国海员第一次代表大会在广州召开。大会发表了宣言、致全国海员书及致世界海员书。通过了关于组织问题、打破帮口、经济斗争、政治斗争、教育宣传、运输工人联合等七个决议案，通过了新的章程。大会选举了苏兆征、林伟民、陈权、何来、朱宝庭、陈剑夫等十五名同志为海员工会执行委员，苏兆征为委员长。

5 月 1 日至 12 日，第三次全国劳动大会在广州召开，海员工会苏兆征当选为中华全国总工会委员长。

5 月 26 日，广东铁路、汽车、搬运和海员等运输业联合成立广东运输工会联合会。

6 月 29 日，大连码头、油业工人发表《致福纺罢工工友书》，坚决支持福纺工人大罢工。4 月 27 日，福岛纺绩株式会社工人为反抗日本厂主克扣和虐待工人举行了大罢工，史称“福纺大罢工”或“4·27 大罢工”。7 月，苏兆征、邓中夏、刘少奇等领导人以全国总工会名义向日本交涉，要求释放被捕人员。各地工会通电声援，国民政府拨款予以支持。8 月 7 日，坚持 101 天的大罢工取得胜利。

6 月，省港海员组织运输队支援北伐，各地海员工人也积极支援北伐。

7-8 月，上海总工会决定建立上海码头总工会，机关设在浦东杨家渡。

9 月 8 日，中共上海区委举行特别会议，决定码头总工会沈良惠任委员长、陶静轩任副委员长，组织主任为马玉夫。并决定由他们组成码头运动委员会，沈良惠任委员会主席。码头总工会为组织动员领导码头工人参加上海工人三次武装起义发挥了重要作用。

10月9日，上海海员工会被淞沪警察厅查封。上海总工会通告各工会支援海员工会的启封斗争。

10月10日，省港罢工结束后，海员工会在香港恢复正常运行。

10月16日，在上海招商局的海员反对派船帮孙传芳运兵的斗争得到各地海员的支援。

10月，中共上海区委决定组织工人武装起义。上海总工会执委、码头总工会副委员长陶静轩负责浦东工人纠察队领导工作，上海区委计划于10月24日黎明举行武装起义。后因形势变化，决定暂停起义，但已来不及通知在浦东吴家厅，准备起义的工人纠察队。24日晨，陶静轩与部分纠察队队员不幸被捕，于11月16日惨遭杀害。

10月，省港罢工结束，中华海员工业联合总会在香港设海员分会。

11月12日，上海海员工会为遇难的“江永”轮88名船员向招商局提出抚恤死难家属等6项要求，因局方拖延，局属全体海员罢工。至翌年3月6日解决后复工。

是年，中华海员工业联合总会正式加入赤色职工国际之国际运输工人宣传委员会，以促进与世界运输工人大联合。

是年，中华海员工业联合总会广州第二分部改为“中华海员工业联合总会北江分会”，会址设在韶关，先后由何潮、周材担任主任。

## 1927年

1月3日，汉口、九江海员工人参加收回英租界的斗争。

2月至3月，上海海员工人参加上海工人三次武装起义。

3月26日，上海码头总工会在浦东烂泥渡口召开码头工人代表大会，各码头代表百余人参加会议。根据上海总工会意见，会议决定将上海码头总工会改为上海地方运输总工会。

4月12日，蒋介石发动反革命政变，残酷镇压工人运动，搜捕共产党和工会积极分子，上海地方运输总工会（上海码头总工会）遭到严重破坏。

4月16日，由政府派员占领广州中华海员工业联合总会，成立改组委员会（以下简称“改委会”），强行领导海员工会。

5月21日，长沙发生“马日事变”，所有革命机关团体和工会组织被摧毁、封闭。至6月10日，大批共产党员和革命群众被杀害，其中有人力车工会委员长谭汉镇，码头工人郑茂谦，常德箩业工会委员长文恒益等。

5月28日，香港英当局封闭了中华海员工业联合总会香港海员分会。

6月29日，海员工会代表参加在汉口召开的第四次全国劳动大会，海员领袖苏兆征再次当选为中华全国总工会委员长。

8月中旬，上海码头总工会重新建立，马玉夫任码头总工会党团书记。

10月14日，广州海员工人为支援江门海员反对“新南海”轮船东开除工人和“改委”压迫工人，发动海员罢工。随即，省港、省澳、湛江等航线全部停驶。当天各地海员在广州西瓜园太平戏院，举行“中华海员工业联合总会同人大会”，广州各革命工会和省港罢工各工会及其他各业工人代表出席会议。

10月至12月，海员工人为广州起义的筹备作出了贡献。根据中共广东省委决定，苏兆征被推选为广州苏维埃政府主席。

是年，“4·12政变”后，蒋介石领导下的国民党控制了中华海员工业联合总会。

## 1928年

1月，由国民党改组委员会领导的中华海员工业联合总会总部从广州迁到上海。

2月，共产党领导的海员工会在上海召开联席会议。会议作出《中华海员工业联合总会各地分会代表紧急会议决议案》，决定重建工作机构，改变工作方法。

5月1日，海总组织香港海员举行“五一”示威游行。

5月13日，香港海员分会召开代表大会，到会代表共有49人。会议通过六项重要议案：一是组织问题案，二是建筑海员总宿舍案，三是斗争问题案，四是教育问题案，五是选举分会委员案，六是援助济南惨案和反日运动案。

5月21日，长沙码头搬运工人积极参加反日群众运动，与各团体组织了“收回大金码头委员会”，再次掀起废除租约、收回码头主权的热潮。但因当时政府对日商袒护，对日交涉没有结果。

8月，海总南洋办事处在槟城举行“济南惨案三周月纪念会”。

9月23日，中华全国总工会发出《致中华全国海员总工会的信：关于整理和发展组织要和斗争结合的指示》。

11月29日，海员总工会向全国总工会提交报告《关于海员工人生活情形及过去工作的批评及今后的计划》。

12月6日，中共广东省委扩大会议选出海员工会特别支部和海员工会党团领导人员。海员特支书记为吴锦德，海总党团书记为谭宝。

是年，上海海员代表大会发表宣言《反对上海工统会，拥护上海总工会》。

## 1929年

2月1日，海员工会召开海员支部扩大会议，通过海员工会工作决议案。

2月，时值年关，海员强烈要求清发欠薪。海总上海分会抓住有利时机，发动海员与招商局开展斗争，首先在“广利”轮上发动工会会员出来斗争，结果海员一致要求船长向局方交涉。接着，又发动“泰顺”轮会员，工会组织海员直接向局方交涉。再动员“江安”轮开展讨薪斗争。由于招商局急于运兵，怕惹起风波，立即发还了三艘轮船的欠薪。对其他各轮，则采取借薪一个月的方式以缓和矛盾。

3 月 4 日，中华全国总工会发布第 9 号通告《关于苏兆征同志病死告各级工会》。为了永远纪念领导革命而逝世的领袖，宣布苏兆征逝世的 2 月 20 日，为工人阶级永远的纪念日。

5 月 16 日，广东潮安县庵埠 5000 多名船工举行罢工。

5 月，香港海员参加“五卅”纪念日示威活动。

5 月，上海工人联合会成立，码头总工会成为其下辖的七个产业总工会之一。

6 月，中国共产党六届二次全会《职工运动决议案》对海总工作进行了总结，并提出了下一步工作要求。

7 月 25 日，中国海员反帝大同盟发出为“八一”国际赤色日告工友书。

8 月 11 日，“海总”给全国总工会报告《关于俄国皇后船反对梁元和之经过》。

8 月，香港海员参加“八一”国际赤色日示威活动。

9 月 10 日，厦门海员反帝同盟会发出《厦门海员工人为反对国民党出卖中东路宣言》。

9 月 26 日，“海总”确定《反军阀战争工作大纲》。

9 月，“海总”发出《为反对军阀战争告海员工友书》。

10 月 11 日，海员党组织确定近期工作大纲：明确中心工作，斗争策略，组织任务，宣传工作及“海总”委员会本身工作。

11 月 15 日，天津英商太古轮船公司对工人的残暴统治和增加工时，激起全体工人举行同盟罢工。罢工以工人胜利而结束。

11 月 20 日，第五次劳动大会召开，海员工会向大会提交上海海员工作报告。全国劳动大会作出《海员工作决议案》。

11 月，大连码头工人工会成立。

12 月 26 日，天津英商太古轮船公司所属厂、船两部工人举行同盟大罢工，反抗洋经理的压迫。罢工坚持 20 多天，最终取得胜利。

是年，闽西木船工会船工积极参加红军。

## 1930 年

1 月 17 日，长期在英帝国主义压迫下的大沽驳船公司海员工人，发起同盟罢工，组织维持队严防工贼的破坏行动，向资本家提出改善工作等七项要求。

2 月 12 日，大来公司压榨各船工会，“海总”下发了关于领导船上工友斗争问题给“亚担士”轮支部的指示信。

2 月 24 日，中共闽西特委召开第二次扩大会议，提出：船夫工人是反军阀、反商业资本的主要力量，目前应巩固船主船夫之间的团结，加强反军阀的战线。在斗争中，要特别注意船夫的利益，工会里应尽量提拔船夫当执委，使船夫群众能坚强起来，以巩固反军阀的基本力量，而防止船主的妥协行为破坏革命。

3 月 25 日，闽西根据地召开第一次工农兵代表大会，通过工会法案。工会法规定：船夫工会以河道为单位，在船夫所在地组建支部。

5 月 14 日，加拿大“皇后”轮工会发表文章《全国海员起来拥护苏维埃区域代表大会》。

5 月 17 日，“海总”致信厦门分会等，通知准备举行全国海员第二次代表大会。

6 月 11 日，“海总”组织“四二七”群众大会。援助海员工友，反对香港特别行政区政府压迫工人，反对黄色工会。群众大会冲破了英帝国主义“港例”的束缚，开辟了全港广大工人群众政治斗争的基础。

7 月 15 日，中华全国总工会发出批评“海总”忽视群众工作的信。

7 月 20 日，中华全国总工会致信“海总”，指示“海总”工作的总任务。

7 月，中华海员工业联合总会由香港迁到上海，并与上海分会合并，成立党团，陈郁任书记，成员有朱宝庭、王任叔和从苏联回来的吴福海，还有戴卓民、李海筹、李鹏等。“海总”迁沪后，立即行动起来，派刚调来“海总”的李大林去香港布置成立行动委员会发动总罢工，准备暴动。

9 月 3 日，上海召开码头工人第一次代表大会，通过《码头工人第一次代表大会宣言》《上海码头工会章程》《斗争纲领》。由马异担任上海港码头工会负责人。

10 月 3 日，红一军团发布《总攻吉安的命令》。为配合红军攻克吉安，赣西南木船工会动员民船和船工，在泰和县境内的赣江河面上，用木船及船上用具搭好简易便桥，方便红军主力顺利横渡赣江，支援红军作战。

10 月，“海总”委派李大林、戴卓民等人去大连，在海员中开展活动，筹建海员分会。

11 月 9 日，海员工会就准备召集第二次全国海员代表大会发出《告工友书》和《号召工友们拥护工农兵政府苏维埃宣言》。

11 月 24 日，中共中央发出第 95 号通告，发动外洋内河海员斗争及同盟罢工。

11 月，“海总”发出《号召工友们参加伟大的俄国十月革命纪念，反对帝国主义国民党进攻红军，创造全国苏维埃政府，完成中国的十月革命宣言》。

12 月 11 日，“海总”在香港召开纪念广州起义三周年大会，大会主席登台讲话，立即被埋伏在附近的港英密探冲进会场抓走，同时被逮捕的海员共有 20 人。

12月16日，海员要求增薪，惟英商怡和洋行对海员要求置之不理，引起江海各轮全体海员的公愤，为此上海海员分会发表罢工宣言。

## 1931年

1月1日，海员党组织向中央提交《关于白色恐怖，海员的要求与意见及宣传斗争工作报告》。

1月7日，中共中央在上海召开六届四中全会。海总党团书记陈郁参会，并被选为中央政治局委员。

1月8日，海员工会发出《为招商局工人罢工告全国海员工友书》。

3月19日，海员工会致函海员码头工人国际大会，报告关于统治阶级进攻海员的形势与海员斗争的情形。

3月20日，"海总"给大连办事处下达关于海员工作的指示。

3月26日，海员工会为了牢记"四一二""四一五"反革命政变，发出《告海员工友书》。

3月29日，海员工会发出《给太平洋航线各船支部转全体会员的信》。

3月，海员工会大连分会成立。

3月，"海总"常委会通过日本分会发出工作计划。

3月，根据赤色职工国际1月3日的来信与全国总工会的指示，海员工会制订了3个月工作计划，主要是到海员实际工作当中去，加紧领导广大群众的日常经济、政治斗争与建立赤色小组、支部、分会以及群众的附属组织等工作。

4月，天津海河工程局职工提出改良生活7项条件，经过近两个月的交涉，得不到解决。6月7日职工开始实行怠工、发表宣言等方式进行斗争。各工会成立后援会，给予声援。经过斗争，得到部分胜利，于6月29日复工。

6月10日，中共广东省委书记蔡和森为了解决海员党组织领导之间的团结问题，准备召开海员党组织机关会议。因叛徒告密，会议未开始，港英警方密探破门而入，蔡和森、李大林、方世林、施动生、李炳等五人被捕。这次事件给革命事业和广东海员工人运动带来重大的损失。

6月，中共中央派陈郁去苏联国际列宁学院学习后，贾大容接任海员工会党团负责人、书记，林蒋云任海员工会驻香港特派员。

8月6日，海河工程局工人举行游行示威，抗议当局只发给当月的22天工资。

9月22日，上海各日商码头工人举行反日罢工，抗议日军九一八事变在东北的暴行。上海海员在船上纷纷组织起反日会。走太平洋航线的船还制定反日公约，规定船到日本时，中国海员不登陆，不向日本商店买东西，拒绝日本的伙食服务。

9月24日，为抗议日本帝国主义发动九一八事变，侵占中国东北三省，上海港码头工人35000余人举行反日大罢工。

9月，九一八事变后，长沙码头搬运工人拒绝搬运日货，重新提出收回内河航行权和大金码头的要求。

10月1日至3日，上海招商局五座码头成立抗日救国会，推俞仙亭为负责人。日商同春福、日清、大阪、菱华、新三井、老三井、新汇山、太仓、浦西等码头代表，成立上海市日商码头工人抗日救国会，推沈福书等九人为委员。

10月8日，九一八事变后，上海码头工人在中国共产党的组织领导下，开展抵制日货的斗争。三井、国际、东棉等日商所有货驳船40余艘全部罢工，驳船工人决定不再为日商驳载货物。

10月11日，上海日商码头工人抗日救国会召开第二次委员会，根据中共地下党指示，决定组织抵制日货活动，并在各码头建立宣传队和巡查队，以检查抵制日货和宣传抗日工作情况。

是年，长江上游领江要求增资而举行罢工。

## 1932 年

1月8日，上海招商局16条船的海员要求清欠和发双薪，宣布停航。

1月28日，上级安排林仲丹（张浩）到海员工会工作，担任负责人和党团书记。

1月，中共大连码头地下党员时守英联络码头工人张百源（又名张方河）组织“码头工人读书会”。张百源任会长，会址设在码头工人王毓江家中。之后，中共码头支部成立，并请中共大连特支书记刘景新在“码头工人读书会”任教。

1月，在日清、大阪等轮船公司工作的中国海员与上海日办工厂的中国工人共六七万人举行总罢工，声援抗日斗争。

2月2日，海员工会参加上海民众反日救国联合会活动。

2月下旬，福建省木船工会在上杭县城正式成立，王德铭为委员长，由五人组成常务委员会。

3月29日，海员工会发出《告大来公司中国海员工友书》，反对美国大来公司资本家开除中国海员。

5月10日，海员工会为纪念“五卅”运动发布宣言。

5月23日，海员工会发布《为反对运兵、运械告海员工友书》。

5月，上海汇德丰公司和太古公司驳船工人要求加薪而举行罢工。

6月30日，中华全国总工会为反对国民党征用船舶运兵进攻中国红军发布《告长江沿海轮船工友书》。

7月，海员工会发布告海员、码头、驳船工友书：《举行八月一日示威罢工，拥护中国红军，反对国民党第四次围剿，反对第二次世界帝国主义大战及反对帝国主义进攻苏联》。

7月，张浩奉派担任全国总工会驻赤色职工国际代表，海员工会党团由廖承志接任书记。

8 月 11 日，国民党第四届中央执行委员会第 33 次常务会议修正海员工会组织规则，国民党领导的中华海员工业联合总会名称改为中华海员工会。

12 月 2 日，海员工会发布告工友书：《起来！援助俄国皇后船工友反抗船主勾结日本帝国主义殴打，拘捕工人》。

## 1933 年

3 月，廖承志被国民党逮捕，中止在海员工会的党团工作。

4 月，李同庆（外号“大刘”）接任书记，年底李同庆又遭国民党逮捕。

6 月 8 日，中华全国总工会、海员工会、全国铁路总工会、上海工会联合会（老工会）、上海纱厂总工会对一切国民党工会、工人俱乐部、友谊的团体和中国一切有组织及无组织的工人发表抗日宣言。

是年，中国海员发表请求收回引水权宣言。

是年，国民党当局修订《中华海员工会组织规则》，成立中华海员工会筹备委员会，会址设在上海市老西门翁家支弄 33 号。

## 1934 年

1 月 23 日，英商会德丰洋行全体驳船工人罢工，反对开除工人，获部分成功。

5 月，江苏省委将中共上海海上区委撤销与“海总”党团合并组成新党团。党团成员为丘金、夏爵一、陶林福，丘金任书记。

6 月 13 日，中国航海驾驶员联合会发动了反考试斗争，并要和上海的广大驾驶员采取一致行动，拒绝参加考试。交通部最后被迫改变考试方式。

6 月 15 日，中共中央局、全国总工会执行局作出《关于 6 月 15 日至 9 月 15 日三个月白区革命工作的决定》，要求“海总须抓住招商、怡和为中心，组织驾驶员反考试与长江沿海海员反黄色工会强迫工人入会与征缴会费斗争，并坚持扩大成为反国民党法西的总航斗争。上海、天津、厦门须抓住几个重要码头为中心，组织要求增加工资，自做自拆的罢工斗争，并领导发展成为拒运日货、没收日货的斗争”。

11 月 9 日，江西省木船工人经五个月的筹备工作，在宁都召集第一次江西省木船工人代表大会。

12 月 29 日，在广州停靠的西洋船上的中国船员工会宣布罢工，要求船舶公司履行双方 1925 年签订的合同，恢复船员原有薪额。内河多艘轮船也开始停航，广州至香港、香港至澳门、香港至梧州各航线均受影响。

## 1935 年

2 月 13 日，天津港英商太古码头 224 名工人罢工，抗议英国商人强迫工人在春节（除夕）干活，英商被迫让步，此后春节均放假两天。

2 月，福鼎海上游击队配合闽东工农红军独立师特务排，巧袭沙埕关水警队，收缴了水警的武装，并占领了海关。随即攻打水警指挥所，全歼其一个排，又缴获了一批枪支子弹和其他物资，解放沙埕港，威震闽东。

4 月，招商局废除所属各轮“买办制”，改设事务长，废除码头货运扛力“包办制”，改为公开招标承办。

5 月，福建福鼎、霞浦和连江的很多船工参加了红军海上游击队，并活跃在闽东千里海域。

7 月，大连益昌码头 2000 多工人罢工。

8 月，国民党中央将中华海员工会筹备委员会撤销，改为特派员制。

11 月，陕北苏区黄河水手工会成立。

12 月，国民政府又征集商轮、趸船等 21 艘，载重 30207 吨的大批木船，载石沉江，构筑马当封锁线。长江下行轮船止于九江。

## 1936 年

1 月 2 日，举行“中国海员团体救国联合会”成立大会，并发出《中国海员团体救国联合会宣言》。

6 月，“余闲乐社”在香港召开了成立大会。之后，大力开展抗日活动。

6 月、7 月间，根据上级指示海员工会停止活动。

## 1937 年

7 月，上海海员工会等 30 余个海员工人团体决定成立抗敌后援会。

7 月，上海码头总工会在麦伦中学（今继光中学）召开码头工人大会，成立上海码头抗日救国会，中共党员宋川当选救国会执行委员，推动码头工人抗日救国斗争。

8 月 12 日，八一三抗战爆发前夕，国民党政府军政部、海军司令部暨招商局就沪宁线布防问题作了紧急磋商。为了阻挡和延缓日军进攻，决定征用一部分船龄较老、不宜在内河行驶的海船，凿沉于长江港口要塞。苏、浙、皖三省航行内河的海员，在苏州河、运河、长江和淮河一带，驾驶着汽船、木驳，从事重要物资运输，配合“江阴封锁”。

8 月 15 日，香港海员工会在抗日浪潮中正式成立，随即开展抗日救亡活动，发表宣言，提出海员抗日救国的十大纲领等，得到了海员的广泛响应。

8 月，上海的招商局和三北、民生等航运公司承担军运任务。

8 月，上海码头工人组织抗日救护队、运输队和募捐队。

9 月 1 日，香港海员工会发出《致美国海员工友书》，支持美国海员工会召开代表大会主张对日经济封锁。

9 月 8 日，英轮中国籍海员罢工，支持中国抗日斗争。

10 月，淞沪战争失利，浦口码头工人奉命日夜抢运，在不到一个月的时间里将存煤全部运往武汉。

12月1日，抗日战争全面爆发后，国民党领导的中华海员工会从上海撤至汉口；至1938年12月5日，因武汉会战失利，汉口沦陷，工会迁回香港；到1942年4月，香港为日军所占，工会又迁往重庆。

年底至次年初，南昌码头工会将在广益昌商店、船上、火车上搜到的仁丹、香烟、洋火、绸缎、布匹等大批日货，分二次集中在赣江中正桥（现八一桥）附近的沙州中心焚烧。

是年，在日商日清轮船公司长江班轮充任引水、舵工、水手等职，以及担任机舱工作的中国船员，都坚守“宁可失业，不为敌用”的理念，相继自动离船。

是年，福州海员成立后援会，捐募寒衣慰劳抗日将士。

## 1938年

1月8日，白求恩大夫和加美医疗队购买了充足的药品和器材，乘“日本皇后”号海轮从温哥华港来中国，20日到达香港，香港海员工会承担迎送工作，3月31日加美医疗队到达革命圣地延安。

2月，中共地下党领导香港码头工人举行四次反日罢工。

3月9日，中华海员工会成立“流亡失业海员救济委员会”。

4月，香港海员工会和码头工会代表参加陕甘宁边区第一次工人代表大会。

5月，招商局、民生、三北等公司海员和川江木船船工担负三个兵工厂、两个钢铁厂及众多军民用物资的内迁运输任务。

9月15日，天津英商太古轮船公司工人要求增加工资，举行罢工。

9月，山东龙口码头工人组建新工会。

10月6日，国际运输工人联合会向中国海员赠旗致敬。

10月，以海员为骨干的惠、东、宝三地人民抗日游击队成立。

10月，天津塘沽码头装卸工人借上船装货之机，把炸药塞进日轮“营口丸”舱内的棉花垛里。船驶离港口不久便爆炸起火，轮船和棉花全部被烧毁。

是年，民生轮船公司和川江木船工人在抢运内迁物资中伤亡惨重。

## 1939年

1月1日，上海码头总工会发表《告全市码头工友书》，揭露日本侵略者的所谓大陆政策，号召全体码头工人起来斗争，不怕任何牺牲，争取最后胜利。

3月26日，上海码头工人在日本领事馆对面的日商邮船会社三菱码头纵火，大火引起栈房内日军军用品猛烈爆炸，栈房烧得只剩四壁残迹。

9月5日，重庆川江舵工、水手1000多人联名发出“致第四届国民参政会议书”，呼吁反对妥协投降。

## 1940年

4月春，塘沽新港建港工人举行罢工，抗议日本工头野蛮欺压中国工人。日本工头“三齐”被迫调走，罢工取得胜利。

6月17日，太古轮船公司“岳州”号船上工人在天津举行罢工，罢工斗争坚持三天多，英法领事馆出面调解，20日相继复工。

10月，川江海员因工资太低，无法维持生活以及民生公司无理开除职工等，向资方提出加薪和保障职业等要求。正在这时，宜昌形势突然吃紧，抢救宜昌的人员、物资转移成了当时首要任务。因此海员党组织提出，除继续主张加薪外，必须做好紧急抢运工作，反对罢工。在海员党组织号召下，广大海员不顾敌机轰炸扫射，忘我地进行抢运。民生公司也同意了加薪的要求。

12月7日，挪威商船“海特格”号在从曼谷航行新加坡途中，被日本军舰击沉，船上44名中国海员，全部遇难。

12 月 12 日，“Hydra II”号在马尼拉附近被日本鱼雷击中，船上 44 名中国海员，仅六人被瑞典商船“哥伦比亚”号救起，38 人遇难。

是年，日照码头工会成立。

## 1941 年

2 月 23 日，荷兰商船“格洛可可”号在从新西兰到美国途中被德国潜艇 U-123 号击沉，船上 34 名中国船员全部遇难。

12 月，太平洋战争爆发后，因战事而滞留在澳大利亚的中国海员有 2000 人之多。当时，中国与澳大利亚是盟国，这些有技术又会英语的中国海员，经中国驻澳大利亚公使馆与澳大利亚战时政府协商同意，编入澳军劳工营，直接参与反法西斯战争。

其中主要的一批中国海员，来自英商太古轮船有限公司“安顺”号、“重庆”号、“汉阳”号、“鄱阳”号、“岳州”号、“云南”号六艘轮船，人数 500 名左右。英美对日宣战后，为了躲避战火，太古轮船有限公司将船开到澳大利亚。这些中国海员滞留在西澳大利亚州首府珀斯。

是年，中共北江特委领导英德民船工会开展抗日斗争。

是年，中共地下党领导青岛码头工人反迫害斗争。

## 1942 年

3 月，英国利物浦成立中国海员工会组织。

3 月，遵照中共中央的指示精神，在“港九大队”的组织领导下，留在香港沦陷区工作的海员中的共产党员，积极协同营救从日军集中营逃出的英军战俘。

4 月 20 日，在荷兰发生“乔利疏惨杀中国海员”事件，造成打死中国海员 13 人、重伤 37 人等惨剧。

11 月 23 日，英国边航轮船有限公司的“贝洛蒙”号从帕拉马里博驶往纽约的途中，被德国潜艇 U-172 击沉，船上共有 54 人，潘濂担任二等膳务员。当船被击沉时，潘濂登上一只救生筏，另外还有四五名船员登上另一只救生筏。历经 133 天的千辛万险，最终于 1943 年 4 月 6 日在巴西海岸被渔民救下。

是年，在英轮服务的中国海员开展反种族歧视的斗争。

是年，在大西洋航行中，陈崇猷船舶遭受敌舰攻击起火，他勇敢地扑灭甲板上的火，保护了船舶和船上所有乘员的安全，获英王授予奖章、勋章。

是年，中国海员西欧分会在汉堡出版《中国海员》。中国海员在美国出版《海员之声》和《探海灯》。

## 1943 年

3 月，香港被日军侵占后，香港海员党组织仍坚持在香港沦陷区进行秘密工作。

5 月，天津塘沽码头 20 多名工人同日本侵略者展开了一场流血斗争，造成工人一死一伤，一名曾欺侮工人的日本人被打死在偏僻的荒地里。

10 月，英王乔治六世在白金汉宫召见潘濂，亲自为其佩戴“勇敢坚忍”勋章。潘濂，浙江宁波人，年 24 岁，1942 年 11 月 23 日英国边航公司的轮船“贝洛蒙”号从帕拉马里博驶往纽约的途中，被德国潜艇 U－172 击沉，船上共有 54 人，只有他一人生还。

## 1944 年

8 月 12 日，英国伦敦哈德利轮船公司所属的“雷贝利”号满载一船煤炭从莫桑比克的洛伦索马克斯港驶往肯尼亚的蒙巴萨港。船上共 55 人，其中中国海员 46 名，沈祖挺担任轮机长职务。8 月 13 日，在马达加斯加附近海域“雷贝利”号被德国潜艇 U－862 号击沉，船长和 18 名船员以及一名炮手遇难。沈祖挺指挥幸存的 35 名船员乘一艘救生艇漂流到一座荒岛——欧罗巴岛。在这荒无人烟、缺粮断水的小岛上，沈祖挺不畏艰险，组织船员生产自救，过着现代“鲁滨孙”式的生活。在坚持了 76 天之后，10

月 27 日，他们被英国皇家海军护卫舰“Linaria”号救起。

8 月，为了改善生活，天津塘沽新港装卸工人在沈振东的带领下，公开举行两次怠工。迫使日本资本家答应增加工资的条件。

12 月，青岛“隆华三号”轮船上的中国海员杀死日本船长等人，把船开到抗日根据地。

## 1945 年

6 月 22 日，长江引水人员推派代表 30 余人，到国民党政府社会部请愿，要求：一是工资发实物或按市价发食物代金，二是特别津贴按市价发代金，三是改善引水福利设施。未得到满意答复，各航线引水人员全部罢工。

9 月中旬，胶东总工会烟台办事处以码头工人武装纠察队为基础，成立烟台市码头工会。

10 月 18 日，秦皇岛港口工人工资被拖欠，市场上无粮可买，借贷无门，走投无路。部分码头工人率先砸开包工头的仓库，分掉仓库里的面粉。19 日，全体码头工人罢工。

10 月，烟台海员工会的海员参与了从 10 月至年底地往东北运兵工作。

是年，美国海员工会 3000 华侨海员致电宋庆龄、蒋介石、毛泽东、张澜，呼吁停止内战。

是年，重庆叙段引水工人因要求提高待遇未获解决，全段工人罢工。

## 1946 年

1 月 3 日，召开香港海员同人大会，宣布香港海员工会正式恢复。会上选出李发、张东荃、吴渭池、吴理广、汤潮、莫元、温应光、廖寿、梁福兴、吴坤、廖茂、方世林、叶石、游文光和黄苏 15 人为第一届执行委员会委员，推选李发为主席，张东荃为副主席。

1 月 22 日，由大连市装卸工人组成的港铁职工会成立。

1月底，招商局天津分局除留下少数人看船外，欲强行遣散700名船员。中共天津市委和第一区委及水运地下党支部（左中侠、金保珍、赵福双等人）组织船员及家属近1000人在招商局天津分局进行以反对遣散工人为主要内容的请愿示威，迫使国民党当局给被遣散的船员发放两个月工资。

2月，上海虹口至杨树浦一带的码头工人500余人，因米价飞涨，收入不足以维持生活，要求增加工资至每日折合白米一斗的数字。码头资本家不允许，工人被迫相继罢工，致使停泊于虹口、杨树浦一带码头和浮筒上的轮船10余艘，不能开工装卸货物。

3月，民生公司职工发起要求加薪的运动，公司以关门威胁职工，激起航行在长江上的轮船罢航，在上海、汉口、重庆等港口的船也同时停航。

4月18日，由大连市码头仓库、机械区、船舶区等职工组成的港湾职工会成立。

5月30日，海河工程局职业工会派代表向该局请愿，提出增资等七项要求，遭局方拒绝。6月21日，海河工程局工人为了增资，到社会局请愿，又无果。22日，工人公推宋文清、宁忠强、要鸿起、李鹤庆四人为代表，带领工人300余人，到海河工程局公事房请愿。23日，四名工人代表被送往警察总局。24日，由警察总局送往地方法院检查处。为此海河工程局职业工会发表宣言，呼请社会同情并给予援助。26日，天津市各工会在总工会大礼堂召开海河工程局工会后援会筹备会，决定29日召开后援会成立大会。27日，天津海河工程局职业工会要求严惩该局局长徐世大，释放被捕工人。29日，海河工程局职业工会后援会在天津市多伦道总工会举行成立大会。

5月，江苏省清江市码头工会成立。

6月至7月，大连港和大连船渠连续举办三期“工人训练班”，对职工进行政治启蒙教育。

7月1日，合江省成立松江轮船公司，同时成立工会。

7月13日，松花江码头工会成立。

7月，天津港10余艘船船员罢工，抗议美帝国主义给国民党军队运输军火，并要求释放被捕海员，迫使美方释放三名被捕海员。

9月13日，原住在贫民窟的大连港820户职工在民主政府的帮助下，开始搬进原为日本职员居住的七星街楼房。

9月29日，大连市职工会决定统一工会组织，将港湾、港铁两会合并，组成大连码头职工会，任命王学福为码头职工筹委会主任。全港成立19个支会。

9月，隶属冀中区总工会、冀中区党委大清河工作委员会的冀中区船业码头工会成立，驻地安新县端村，工会主任肖勤。下辖白洋淀、子牙河、新安镇、石沟等五个分会。

11月4日，国民党政府签署了《中美友好通商航海条约》，条约一公布，就立即遭到中国人民和航运界的断然反对，声势浩大。南京政府因而没有完成立法院批准手续，条约没有生效。

12月5日至10日，抗战胜利后，国民党领导下的第一届中国海员工会代表大会在上海举行，宣布成立中华海员总工会，并选举杨虎为理事长。中华海员总工会总会设在武进路247号，上海分会设在民国路（今人民路195号），下属上海区内河办事处设在武昌路339弄12号。

中华海员总工会派人到上海、广州、天津等地筹备，建立分会，并在国民党海员工会和各个分会都建立了党部和区分部。

## 1947年

2月，烟台码头工会召开工人代表会议，讨论解决装卸价格和工资问题。

3月27日，归国失业海员一负责人到国民党领导的中华海员工会，要求合理分配复职名额，以解决复员归来后的失业问题。该会秘书长王雅伦出来接见，不解决任何问题。失业海员工人怒不可遏，当场把王雅伦打伤，并把会址捣毁。

3 月，山东海员参加山东至东北地区的军运任务。

4 月 27 日，香港海员工会举行第二次同人大会，除通过工作报告及修正会章外，即席选举李发、张东荃等 15 人为第二届执行委员，梁福兴、梁荣光等七人为候补执行委员。

4 月 27 日，烟台市码头工会召开支前立功动员大会，有 1200 余名码头工人参加。

7 月 1 日，胶东行政公署主任曹漫之、胶东军区司令员许世友、政治委员林浩签发荣誉奖状，烟台海港工会（码头工会）荣获二等功。

8 月 19 日，黄河水手负责运送中共中央后方机关人员及物资的撤退转移。

12 月 28 日，天津港的领航、水手罢工，抗议国民党军队枪击进港商船、逮捕船员。

## 1948 年

3 月 10 日，由于塘沽新港工程局（第一航务工程局前身）连续几个月拖欠工人的工资，工人们没法生活下去，在忍无可忍的情况下，进行了罢工。经过斗争，当局答应补发拖欠的工资，13 日罢工停止。但是，当局所答复的条件，迟迟不能兑现。于是，工人们于 4 月 2 日再次举行全局性罢工。这次罢工，来势猛、范围广、声势大，使整个新港地区陷于全面瘫痪状态，因而当局不得不再次答应罢工提出的条件。

3 月 23 日，河西的川口、蝗蜊峪口和河东的高家塔水手工会，精心挑选了十几只木船，选派出几十名水手准备东渡。毛主席、周副主席和中央机关的同志在吴堡县川口村南的圆则塔渡口登上渡船，水手工人们熟练地划桨撑篙，平平稳稳地送到黄河东岸。

5月13日，塘沽新港工程局工人为改善待遇，抗议当局扣发工资举行怠工斗争。国民党当局派兵镇压工人运动，逮捕工人。14日，塘沽新港工程局修船厂工人，为反对厂方裁减工人进行罢工。国民党当局以通匪煽动工潮为名进行镇压，非法逮捕地下共产党员和进步工人29名。

6月，上海拖船、驳船水手1.2万人要求增加工资而发动罢工，码头工人对罢工进行了声援，斗争获得胜利。

7月15日，冀中总工会召开有船工、码头工会参加的“脚行工会工作会议”，检查总结了工作，明确了工作方针和任务。

8月，原归属大连港铁职工会管理的码头装卸工人转为大连港行政管理，卯子工（临时工）转为固定工。

9月11日，天津太古、怡和两轮船公司工人要求增加工资举行罢工。

9月，冀中区船业码头工会改称“冀中区水上职工会”，辖船业（船工）、码头工会。工会主任栗占华。

9月，为支援解放天津而开挖的冀中运河竣工。平津战役打响后，有52艘大小船及船工组成的支前运输队，从白洋淀启航，沿途破冰航行直抵杨柳青。河北省其他河系也组织了大规模的支前运输。

10月17日，塘沽新港工程局裁员1700人，该局工会组织职工请愿，反对裁员。

10月，淮河两岸的船工、海员冲破国民党军队对淮河的封锁，把解放军部队带过河来，解放蚌埠。之后，组织了3172名海员工人，正式建立起蚌埠海员工会。

11月28日，大连港380余名装卸工由“红房子”乔迁到新改建红星楼宿舍。这是大连解放后，大连港第一处职工集体宿舍，可容400人，内部设施齐全。

11月，盘踞在秦皇岛地区的国民党军队，在溃逃前准备实行破坏码头及重要设施，广大港口工人立刻行动，划分战斗小组，分片负责，50步设一人分布于码头沿线，同时封闭各处仓库、厂房和电厂等重要设备。通过一系列工作，使敌人炸毁码头的阴谋未能得逞。

12月，塘沽的国民党反动军队在溃败前夕，疯狂地进行了掠夺和破坏，天津港工人阶级，开展了轰轰烈烈的护港保船斗争。

是年，中共上海航运支部和外围群众组织——上海航运界职工联合会（以下简称“航联会”）相继成立。他们在上海航业界上层人士中积极开展统战工作。

是年，上海码头工人在中共上海地下交通委员会（当时负责领导交通、港口、海运、运输等战线职工反劫运、反破坏运动的组织）领导下，进行了一场反劫运、反破坏的斗争，迎接上海的解放。

## 1949年

1月23日至26日，大连码头职工会第一次代表大会举行。正式代表115人，列席代表20余人，代表会员4920人。大会听取了工作报告，通过了《劳动保护条例》和《立功条例》，宣告大连港工会正式成立。

2月14日，蚌埠市码头工会成立。有运输工人9275名，小板车3840辆。

2月，在九江到江阴500公里的水域线上，成千上万的海员和船民集结，参加4月21日开始的解放军“百万雄师”横渡长江，对国民党军实施战略追击的第一个战役。

3月17日，华北交通会议在北平召开。会议号召把交通运输工作重点由支援解放战争逐步转到支援恢复和建设经济上来。

3月，在连云港军事管制委员会的领导下，连云港码头召开职工代表大会，选举产生连云港码头工会筹备委员会。5月29日，连云港港务处职工会成立。8月码头工会正式成立。

4月6日，天津新港职工代表会正式成立，有工人代表46名，职员代表七名。

4月下旬，航联会组织纠察队，承担护船、护厂和护港等任务。

4月，新港工程局组建工会筹备委员会，按行政单位分布，下设7个工会筹委会分会。各单位民主选举出一名工人代表担任筹委会委员。筹委会的主要任务是宣传工会宗旨，办理吸收工会会员手续。新港工程局第一届工会委员会于7月选举产生，当时全局工会会员1700余人。

4月，冀中区水上职工会由河北省安新端村迁入天津，会址为天津市迪化道17号。

5月26日上午，中共上海航运支部书记颜泽龙和乐圣法、朱谷人、张烈等人前往金门饭店，向中国人民解放军上海市军事管制委员会财经委员会航运处处长于眉汇报招商局及上海其他航运单位情况。于眉详细了解情况后，立即决定：当务之急是做好接管工作，迅速恢复航运。

5月27日，上海解放，国民党领导的中华海员总工会宣布解散。

5月31日，逃窜的国民党军官和四名士兵，持枪上船，强迫海员将“倚云”号开往台湾。6月2日凌晨，“倚云”号航行到连云港附近时，海员改变航向，直驶连云港解放区。

6月1日，天津市职工总会筹委会海员工作委员会成立，曾寿隆为主任，会址暂设天津市滨江道39号。其会员主要为来往沿海海船的海员，海河驳船、内河小火轮上的职工。

6月初，天津市码头运输工人工作委员会成立，安力夫、张羽时分别任正、副主任。

6月3日，“江陵”轮由上海开航，驶往汉口。这是长江干线第一艘复航的客货班轮。上海市军管会授予其“江陵解放号”的称号。于6月9日安全驶抵汉口。

6月25日至28日，天津码头运输工人工作委员会所属码头、运输、三轮车、铁路装卸、挑担五个行业的工人在六区南昌路胜利戏院召开代表大会，出席大会代表372人。大会选举产生了五个行业的工会筹委会委员78人，分别成立了五个行业的工会筹委会。

6月，国民党军队逃窜前，青岛港务局职工积极参与护港行动，取得了胜利，港务设备均完好无损，新中国成立后迅即复工。

7月2日，天津市人民政府废除码头脚行对工人的封建剥削，统一天津市运输业务，成立天津市运输公司。

8月上旬，中共烟台市委、市政府组织烟台海员工会、烟台码头工会561名会员和20名渔工，驾驶41艘汽船和40余艘帆船在16名干部的带领下开赴蓬莱，支援解放长山岛战役。参战的码头工人和海员中，有一人荣立特等功，七人荣立一等功，25人荣立二等功，荣立三等功和四等功的有252人。在战斗中有46名海员和20名码头工人壮烈牺牲。

9月初，天津市海员工会筹备委员会成立，曾寿隆为筹委会主任。

9月10日，上海海员工会正式成立。为上海市第一个正式成立的产业工会。下设32个分会，有12000多名会员。

9月16日，华北内河航运管理局发出指示，要求各船运公司、航运办事处迅速成立有工会代表参加的企业民主管理委员会。

9月19日，招商局“海辽”轮由香港开往汕头途中，根据共产党的指示，在船长方枕流的领导下，毅然宣布起义北上，经过八天九夜航行，于9月28日成功抵达大连港。

9月28日，华北内河航运管理局召开各航运办事处主任、航运公司经理及工会主席参加的联席会议，决定在各航运公司建立企业民主管理委员会。

9 月，为废除搬运事业中的封建把持制度，天津市搬运工人开始进行民主编队。

9 月，冀中区水上职工会改称为“河北省水上职工会”，主任左中侠。

10 月 1 日，中华人民共和国在北京成立。

10 月 18 日，招商局决定在各大轮成立工作管理委员会，实行船舶民主管理。

10 月 24 日，毛泽东主席致电嘉勉“海辽”轮方枕流船长和全体船员。

11 月，海河工程处工厂管理委员会总委员会成立。

12 月 5 日，国民党领导的中华海员总工会在台北宣布复会，设台北总会，另设高雄、基隆分会组织。

12 月 11 日，大连港湾俱乐部建成开幕。面积 4141 平方米，座席 1152 个，是大连市第一座企业俱乐部。

12 月 18 日至 27 日，中国海员工会全国代表大会在北京召开。会议推举刘达潮为中国海员工会筹备委员会主任，会议决定按照产业与管理产业的行政系统成立东北、华北、山东、华东、华南、华中、西南七个地区委员会。

12 月 19 日，上海市码头工会成立，统一领导黄浦江、苏州河等 43 个码头工会分会和 32000 余码头工人。

12 月，河北省水上职工会改称“河北省内河航运工会”，主任左中侠。

是年，在中办长沙市工委交通总支的推动下，“湖南省会交通事业工会联谊会”成立，并积极组织工人开展护厂、护产和迎接解放的斗争。

是年，重庆航运工人英勇护船，迎接解放。民生实业公司、强华轮船公司所属“民模”“同涛”“华渝”等轮上的工人，用水浸棉衣棉被遮盖机器，冒险冲出敌人火力网，将船驶入安全地区，粉碎了敌人炸船的阴谋。九龙坡码头囤船工人，同敌人展开了英勇搏斗，保护了囤船。

## 1950 年

1 月 6 日，中国海员工会筹委会成立，《工人日报》发表社论《全国海员团结起来，为贯彻全国各地海员工会代表会议的决议而奋斗》。

1 月 15 日，招商局轮船股份有限公司香港分公司及停泊香港的“海厦号”“蔡锷号”“教仁号”等 13 艘轮船共 600 余人，由经理汤传篪、副经理陈天骏率领起义。

1 月 19 日，山东区各地海员工会代表会议在青岛召开。

1 月 24 日，“海玄”轮抵达新加坡，船员升起了五星红旗，向世界宣告“海玄”轮起义。

1 月 28 日，中国搬运工会第一次全国代表大会召开，至 2 月 6 日闭幕。大会选举产生了中国搬运工会全国领导机构，安力夫为主席。会议通过了《中国搬运工会章程》《关于中国搬运工人劳动法规向中央人民政府的建议》《关于解决中国搬运工人疾、伤、残、亡等待遇问题的暂行办法》等五个重要文件。朱德总司令和全国总工会李立三副主席到会作重要指示。

1 月，根据刘少奇的指示，中国海员工会作出《关于在各地设立海员俱乐部的决定》，并向上海、天津、广州、汉口、旅大、青岛等地党委发了文件，要求当地政府指拨房屋和经费设立海员俱乐部。在各地党委和政府的大力支持下，上海、大连、天津、青岛、广州、秦皇岛、烟台等港口逐步建起了海员俱乐部，接待本国海员和国际海员。

1 月，招商局“海辰”轮在离台赴日途中发动起义，归航大陆，但在回归新中国途中被国民党军舰拦截，起义失败，船长张丕烈和报务主任严敦华于 1951 年 7 月 11 日在台湾高雄马场町刑场慷慨就义。

2月6日，中国搬运工会第一次全国代表大会通过《关于设立搬运公司废除各地搬运事业中封建把持制度向中央人民政府的建议》。

2月，中共胶东区委、行署和军区征集帆船300只，组织700多名渔民（含船工）组成3个大队，支援解放舟山群岛战役。其中烟台港支前船队120人参加了解放舟山群岛的战役。

3月7日，天津市轮驳货物码头装卸集体合同经天津市劳动局批准并举行签字仪式，码头工会与轮船商业同业公会代表分别在合同上签字。

4月1日，在香港黄埔船厂修船的“永灏”轮发表起义通电。

4月3日，政务院公布施行《关于废除各地搬运事业中封建把持制度暂行处理办法》。明确规定由政府设立搬运公司，统一承揽搬运公、私货物，实行统一运价、统一调配搬运力。

4月9日至10日，天津市海员工会筹备委员会召开临时代表会议，会议遵照中国海员工会全国海员代表会议决定，将天津市海员工会筹委会改为中国海员工会华北区委员会筹备委员会，负责统一领导天津市及河北、山西、平原、察哈尔、绥远五省市的内河水上运输的海员工会工作。

4月16日，由武汉海员工会主席周何亮带领，472名武汉海员组成的参加解放海南的参战大队，南下配合中国人民解放军参加解放海南的战役，在战斗中不怕牺牲，英勇杀敌，谱写了海员工人光辉的历史篇章。

4月，国营轮船总公司工会举行首次会员代表大会。

5月29日，连云港港务处职工会召开成立大会。

5月，中国海员工会华北区委员会机关刊物《华北海员》创刊，后于1951年停刊。

5月，河北省内河航运工会改称“中国海员工会华北区内河民船工作委员会”（以下简称华北内河民船工会或民船工会），主席左中侠。还建立了大清河、子牙河工会办事处，南运河工会办事处、卫津河工会办事处。

6月30日，上海海员工会举行支前船工庆功大会。自1949年10月起，先后动员了船工580人到浙东三野某部担任支前工作。支前船工承担帮助解放军练水兵、运弹药、运粮草，以及运送战士到前线等工作，光荣完成解放舟山任务。

7月11日，招商局起义船“民302”轮率先从香港开回广州，该轮及其船长谷源松被交通部分别授予“开路先锋船”和“英雄船长”称号。

8月13日，中国海员工会山东区首届会员代表大会在青岛召开，正式成立中国海员工会山东区委员会。

8月24日，上海市搬运公司成立，下设各办事处和服务组，组织管理上海搬运、码头装卸工人和货物装卸业务。

8月27日，中国搬运工会上海市委员会成立，统一领导上海码头、轮船装卸、拖榻车、三轮车等6个工会。码头工会改称上海市搬运工会码头仓库委员会。

8月30日，参加解放万山群岛的武汉、广东海员抵达广州港。

9月18日，中央交通部正式任命于眉为首席代表，张平之、郝炬为副代表，欧阳平、张祥麟、王寄一以及中国海员工会部分代表共七人组成的代表队，公股代表协同公司负责推行《民生实业公司公私合营过渡办法》所规定的一切工作。

9月25日至10月2日，由政务院组织召开的全国战斗英雄代表会议和全国工农兵劳动模范代表会议在北京召开，全国交通水运系统先进职工方枕流（大连航务局航运处副处长）、夏阿毛（镇江市建华运输公司“十一号”轮驾驶员）、曾亦成（福建泉州专区支前船队船工）、李锦春（上海浚浦局“海鲸”轮船长）、王长英（广东湛江支前船队船工）、李连生（湖南私营长津轮船公司“永绥”轮司机）、李德心（中国海员工会武汉市委员会文教部干部）被评为全国劳动模范并受到表彰。大会秘书处编辑《红榜上的海员》等资料。

9月26日，毛泽东在北京饭店宴请全国战斗英雄代表会议、全国工农兵劳动模范代表会议代表，全国交通水运系统战斗英雄、劳动模范方枕流、夏阿毛、曾亦成、李锦春、王长英、李连生、李德心应邀出席。

9月，中国海员工会营口港湾管理局委员会成立。

10月14日，中国搬运工会一届二次全国委员会召开，至21日结束。会议根据第一次全国代表大会及政务院废除封建把持制度建立搬运公司的决定，总结、检查八个月的工作，并交流各地经验。

11月1日，安东“绿拖一号”“绿拖二号”内河海员不怕美机疯狂扫射，加紧运输，支持抗美援朝运动。

11月5日，国营轮船总公司广州分公司工会委员会联合华南区海员工会直接领导下的引水、轮渡、小火轮等三个委员会举行工会成立典礼。

11月5日，政务院总理周恩来致电慰问嘉勉香港招商局全体起义员工。

11月8日，中国海员工会筹备委员会常委扩大会议决定，动员广大海员抗美援朝保家卫国，为恢复与发展航运事业而奋斗。

11月12日，中国海员工会连云港港务局委员会职工业余学校举行开学典礼。

11月25日，中共上海市搬运公司委员会开始组织码头工人开展反把头斗争。

11月，中国海员工会东北区委员会机关刊物《东北海员》创刊，于1952年停刊。

11月，华北内河民船工会召开第一次会员代表大会。

## 1951 年

1 月 22 日，由交通部和中国海员工会在南京联合举办的海员训练班第一期举行开学典礼，董华民任班主任。交通部部长章伯钧，副部长李运昌、季方联合发来亲笔贺信。中国海员工会主席刘达潮出席开学典礼。

1 月 27 日，中国海员工会筹委会颁发《海员劳动保护暂行办法草案》，办法共 24 条，包括对卫生设备、安全设备、工时假期、伙食问题、劳动保护的监督教育等作出了明确的规定。

2 月 1 日，交通部正式发文将招商局总公司更名为中国人民轮船总公司。把总部从上海迁到北京，将招商局轮船公司总部军管工作人员全部调北京，与交通部航务总局合署办公。下设上海、天津、青岛、广州、汉口 5 区人民轮船公司，各地也相继成立地方国营轮船公司。

2 月 6 日，中国海员工会华东区委员会主办的海员俱乐部在上海汉口路 50 号开幕。

2 月 22 日，根据《中华人民共和国劳动保险条例（草案）》有关规定，大连港工会劳动保险委员会成立。

2 月 24 日，天津海员俱乐部投入使用，中国海员工会筹委会副主任丘金出席开幕典礼。

3 月 12 日，天津搬运工人文工团赴北京公演大型话剧《六号门》，4 月 17 日结束返回天津，先后公演 27 场，观众 3.7 万余人。连同天津、大沽、塘沽先后公演 111 场，观众 19.4 万余人。

4 月 18 日，面对“永灏”油轮被港英当局无理劫夺，中华人民共和国外交部副部长章汉夫发表严正声明，揭露英国政府抢劫“永灏”油轮，交给英国海军的强盗行为。

5 月 1 日，经上海市人民政府劳动局批准，中国人民轮船公司上海区公司开始实施《职工劳动保险条例》。

5 月 5 日至 10 日，中国海员工会华北区委员会筹委会在天津海员俱乐部召开第一届代表大会，正式成立了中国海员工会华北区委员会，中国海员工会筹委会副主任丘金出席大会开幕式并讲话。天津市市长黄敬、天津市总工会主席黄火青出席闭幕式并讲话。大会选举产生执行委员33名，候补委员八名，常委15名。选举曾寿隆为主席，萧鲁、宋科、左中侠为副主席。

5月24日，《工人日报》报道上海搬运工人开展反特务反把头斗争，500多名特务把头被捕。并发表社论《在搬运事业中开展反特务反把头》。

6月15日，中波轮船公司在天津成立，这是新中国第一家中外合资远洋运输企业，开启了新中国与东欧社会主义国家的海运合作，对打破西方国家对新中国海运封锁、禁运，支援新中国的经济建设，起到积极的推动作用。

7月，交通部根据第二次全国航务总会议决定，撤销航务总局、人民轮船总公司，重新成立海运管理总局、河运管理总局、航道工程总局、船舶登记局四个专管航运业务的机构。人民轮船总公司的海运业务并入海运管理总局，河运业务并入河运管理总局。新成立的海运管理总局的主要职责：统一领导并管理全国海洋运输工作，包括船舶运输、港口装卸生产、船务代理、货运组织以及合营航运业管理等。

8月27日，上海区港务局连云港分局民主改革工代会（第一次工会代表大会）召开。1953年初港航合并后，于2月24日召开会员大会，选举产生第一届工会委员会。

8月30日，中国海员工会北洋区海运管理局第一届职工代表大会在新成立的大连海员俱乐部隆重举行。115名代表出席了会议，会议成立了北洋区局工会筹备委员会。

9月1日，中国海员工会全国委员会机关报《中国海员报》出版创刊号。

9月3日，北洋区海员俱乐部（隶属中国海员工会北洋区委员会）举行落成及开业典礼，位于原大连市斯大林路112号。

9月，烟台市码头工会、劳运工会、搬运工会撤销，组建烟台市搬运公司。同时，成立了烟台搬运公司工会委员会。

10月19日，中国海员工会华北区委员会与天津市轮船商业同业工会签订海运生产集体合同，经中央人民政府劳动部批准，在天津海员俱乐部举行签字仪式。中国海员工会华北区委员会主席曾寿隆、天津区港务局副局长王大勇、北洋区海运局天津分局局长蒲济生、天津市劳动局代表魏允等出席并讲话。

10月22日，中国海员工会筹备委员会制定《关于放手发动群众彻底进行民主改革的草案》。确定民主改革是航业建设的当前中心任务。

11月15日，武汉海员俱乐部开幕，国家副主席董必武为武汉海员俱乐部题词："我国工人阶级是领导人民民主专政的阶级。各行业工人都应当参加工会，过有组织的生活，自觉地遵守劳动纪律，不断地提高自身的政治水平和文化水平。工人要学会技术，学会管理企业，要学会管理国家，特别是要学马恩列斯革命理论和毛泽东思想，只有这样我国工人阶级才能是党的先锋队，在中国共产党领导下团结全国人民经过新民主主义道路走向社会主义。"

11月23日，中国海员工会筹备委员会第二次扩大会议发出《关于几个组织问题的决定案》，对组织形式与组织系统问题作出规定。

12月15日，中央人民政府政务院财政经济委员会批复，交通部关于呈请将上海、天津、广州三港码头搬运工人由港务局接管事宜。

是年，中央人民政府交通部、中国海员工会筹备委员会作出关于海上运输系统认真做好民主改革准备工作的指示。

是年，工会开展群众生产工作劳动竞赛，海员工人为完成重点运输任务作出了贡献。

## 1952 年

1月5日，天津市公用局搬运公司码头办事处移交天津区港务局领导，2100多名码头工人成为天津区港务局职工。

2月1日，上海市搬运公司将所辖黄浦江两岸码头仓库搬运装卸人员1054人移交上海区港务管理局，码头装卸业务全部划归港务局经营。

2月24日，因华东区海运管理局海州办事处与上海区港务管理局连云港分局合并，两个单位的工会也合二为一，召开会员大会，选举产生新的工会委员会。

5月1日，天津市第一批工人新村宿舍落成。天津港码头工人同其他行业工人搬进新居。

5月1日，中国海员工会北洋区委员会机关刊物《北洋海员》创刊，于1953年停刊。

5月，福州国际海员俱乐部成立，地址在福州市长乐营前，由福州市总工会主管。

6月，中国海员工会筹备委员会推广“一列式拖带法”取得突出成就。轮拖的“一列式拖带法”已在长江航务局、上海分局和荆江工程运输中普遍试用，并创造了好成绩。

7月27日，长江航务管理局重庆分局、中国海员工会重庆区委员会联合奖励运输成渝铁路钢坯的模范船。

7月，刘伯承发布命令，嘉奖华中西南海员在运输成渝铁路器材的工作中，提前并超额完成了任务。西南军政委员会特发布命令嘉奖西南海员，中国海员工会筹备委员会也打电报表扬参加运输工作的全体海员。

7月，实行国营船员公费医疗制度：医疗费全部由企业负担，船员家属医疗费由企业负担50%。

8月1日，上海区港务管理局4681名职工经自愿申请，填表登记，工会审批，有 4663 人（占职工总数 99.72%）被批准享受劳动保险，成为上海第一批享受劳保的单位职工。

9 月 1 日，公私合营民生轮船公司成立（以下简称“民生公司”）。

9 月，中国海员工会长江区工作委员会成立。

10 月 25 日，毛泽东由杨尚昆、黄火青、罗瑞卿、滕代远等陪同视察塘沽新港。

11 月，上海市搬运工会码头仓库委员会从上海市搬运工会划出，归中国海员工会华东区委员会，改称码头工作组。

11 月底，上海通安公司“乐斯陶”轮（后改名为“南海 160”轮）船员在香港党组织和香港海员工会的领导下，经过斗争毅然将船开回广州，投入祖国怀抱。

12 月 11 日，全国内河航运工会工作委员会成立。经全国总工会同意召开了民船工作会议，成立全国内河航运工会工作委员会。工作委员会负责人由张孑夫担任。

12 月 17 日，中央人民政府政务院颁布《关于防止沥青中毒事故的指示》。据此，中国搬运工会全国委员会下发《关于贯彻执行中央人民政府政务院〈关于防止沥青中毒事故的指示〉》，要求各地搬运公司、各级搬运工会采取积极措施，防止沥青中毒事故发生，保障工人劳动安全。

12 月，中国海员工会对三年来海员劳动保险和集体福利工作进行总结。

## 1953 年

1 月初，中国海员工会华北区内河民船工作委员会（华北内河民船工会）改称“中国海员工会华北区内河航运工会筹备委员会”，主席马千里。工会设南运河、大清河、子牙河、德州、卫津河、新乡、临清、保定、衡水、邯郸、芦台等 11 个工会办事处。

1 月 23 日，中央人民政府交通部发函，征得中国海员工会筹备委员会同意，确定海员训练班改为中国海员干部学校。南京海员干部学校是新中国最早的海员政治学校。1953 年 1 月至 1954 年 11 月，学校共办两期，培训学员 1222 人。

3 月 21 日，中国海员工会派代表团参加在布拉格举行的海员与码头工人工会国际代表大会。团长为中国海员工会筹备委员会副主任丘金，副团长为山东区委员会主席赵西林，团员为刘众、夏爵一、岑维和赵文。

3 月，中财委指示各大行政区和地方财委，主持各港码头工人的移交工作，将搬运公司的码头装卸工人移交港务局领导。

4 月 13 日，中国海员工会华北区委员会在天津召开工会代表会议，会议总结了一年来的工会工作，确定了今后的方针任务，交流了爱国主义增产节约劳动竞赛和基层工会工作经验，会议还选举了中国海员工会华北区委员会代表出席中国工会第七次全国代表大会。

4 月，中国海员工会征用杭州西山休养区第五号地，计 40 亩，建立海员疗养院，杭州市政府同意同时将 11 号地块拨给中国海员工会作为新建休养所用。

6 月 2 日，中国海员工会筹委会制定《海员劳动保险基金、调剂金掌管调用暂行办法》。确定劳动保险调剂金由工会自行掌管，授权由各航区委员会掌管调用。

6 月，黄埔港海员俱乐部由广东省人民政府及华南海员工会拨款成立，并对外服务。

7 月 18 日，中国海员工会决定撤销中国海员工会北洋区委员会，成立中国海员工会大连区委员会，原所属华北区委员会、山东区委员会、哈尔滨委员会直属中国海员工会领导。

7 月底，上海搬运工人自建公助的第一个住宅小区“搬运一村”在日晖港康衢桥旁落成，共有两层楼公房 62 幢。

8 月 17 日至 19 日，天津区港务管理局第一次职工代表会议召开，并举办了港湾作业展览会。

8 月，上海海运管理局船舶开展以全面推广苏联先进经验“分时运行计划”为中心的劳动竞赛。

9 月 12 日，交通部部长章伯钧参观天津港举办的港湾作业展览会，并为天津港题词：“天津港务局召开第一次职工代表会议，讨论改进港湾作业管理工作，为运输服务，发挥工人积极性，并举行港湾作业展览会是有教育意义的而且是成功的。”

10 月 25 日至 27 日，中国海员工会华北区委员会召开增产节约竞赛先进经验交流会，会上介绍了 12 个先进经验。

11 月 16 日，中波海运公司第一届工会代表大会召开，选举成立中波海运公司工会委员会。

11 月 30 日，由中央人民政府交通部海运管理总局和中国海员工会联合举办的全国海港装卸作业展览会在上海港汇山码头开幕。后分别在天津、大连、青岛、汉口、广州进行巡回展出，于 1954 年 7 月 15 日在广州闭幕。

11 月，中国海员工会广州海运管理局筹委会正式成立。

是年，由中央人民政府交通部海运管理总局和中国海员工会联合成立的全国海港装卸作业展览会工作委员会编辑完成《海港装卸作业展览会特辑》。

是年，中国海员工会筹委会制定五年训练、提拔、输送干部计划方案。

## 1954 年

2 月 17 日，新出版的《工人》杂志第四期封面刊登长江航务学校学员罗烈芳驾驶船舶的照片。她是新中国第一个拿到轮船驾驶员执照的女性。

2 月 21 日，中国海员工会筹备委员会第二次常委扩大会议召开。参加会议的有筹委会正副主任、常委、七个航区委员会、七个重要港口委员会和六个重要企业委员会的负责干部，以及本会部长和海员干部学校副校长等。会议上由丘金根据总路线和五年计划的总方针，及全国总工会七次二届执委会议的精神作了“中国海员工会1953年工作总结和1954年工作要点”的报告。

2月23日，航务工程总局打捞公司召开第一届第一次职工代表大会，中央人民政府交通部航务工程总局打捞公司工会成立，隶属中国海员工会华东区委员会。

2月，天津区港务管理局开展生产改革，所属装卸工由码头工会会员制改为局属固定工人，实行装卸工人计件工资制，制定并实施《劳动保护规程》。

3月25日至26日，长江区第一届航运劳动模范大会在武汉召开。

3月31日，中国海员工会筹委会组织部制定《关于组织工作中若干问题的规定》。

4月6日，交通部部长章伯钧为长江区第一届航运劳动模范大会纪念册题词“劳动模范同志们：要不骄不傲再接再厉，更好地推动交通运输事业的发展，为争取总路线任务的早日实现而奋斗！”

5月3日，中国海员工会召开国际海员工作会议，主要落实中央关于国际海员工作指示，进一步阐述方针政策，交流经验，并对以后工作提出了要求。

5月，“华北区内河航运工会筹备委员会”改组成“船民协会”，成立了“卫运河系河北省内河船民协会”，受卫运河系河北省内河航运管理局政治处群众工作组领导，接受中国海员工会委员会及天津市工会联合会的指导。

6月，上海海运管理局结合渤海湾客运工作特点，开展“周到服务，热情待客”的服务竞赛活动。

7月，中国海员工会上海区港务局工作委员会成立。

9月15日，大连港装卸工人王玉吉当选全国人大代表并出席第一届全国人大会议。

## 1955 年

2 月 25 日，天津港成立第一个运输合作社——“前进民船运输合作社”。

3 月 12 日，交通部所属政治部与海运管理总局、中国海员工会筹备委员会联合发布《关于 1954 年劳动竞赛奖励的决定》，决定对全国开展港际劳动竞赛的六大港口中取得突出成绩的两个港口、四艘船舶和九个装卸组给予奖励。

3 月 16 日，中华人民共和国交通部和中国海员工会筹备委员会在北京联合召开第一次航运劳动保护工作会议。

3 月 16 日，广州海运管理局工会举行第一届会员代表大会，成立广州海运管理局工会委员会。

3 月 17 日至 19 日，中国海员工会天津区港务管理局第一届代表大会召开。

3 月 25 日，中华人民共和国交通部、中国海员工会筹备委员会发出表扬英勇的“南海 163 号”轮的通报。

3 月，改称中国海员工会上海港委员会。

4 月 4 日至 15 日，中国海员工会筹备委员会召开中国海员工会第一届全国代表大会。代表大会听取和批准中国海员工会筹备委员会的工作报告和财务工作报告；确定中国海员工会以后工作的方针任务；讨论并通过有关组织问题的决议；选举中国海员工会全国委员会与经费审查委员会。中国共产党中央委员会向大会发了祝贺词。会议选举出中国海员工会第一届全国委员会执行委员，选举刘达潮为主席，丘金、张孑夫、李大林为副主席。

4 月 16 日，长江区第一次先进生产者代表会议闭幕。会议介绍了莫家瑞安全航行 20 万公里、石楼春六年无机务事故、“民主”轮循环加煤烧火法、冯天德不出货差货损等 42 条先进经验。会议选出 90 人为出席全国交通先进生产者代表会议的代表。

4月17日，中国海员工会全国委员会举办的海运技术展览会在天津正式开幕，津沪两地共展出68天，观众共41833人，其中海运系统职工共30472人。展览会针对海运工作中的薄弱环节，通过展览会来学习推广苏联先进经验，交流各单位在技术管理和技术改进方面行之有效、有普遍推广意义的先进经验。

6月15日，根据私营木船实现公私合营的新形势，经中国海员工会全国委员会及华北区海员工会批准，船民协会撤销，成立省一级产业工会，定名为“中国海员工会卫运河系河北省内河筹备委员会”（以下简称“内河工会筹委会”）。“内河工会筹委会”在天津、德州、临清、新乡、保定、衡水、芦台设立办事处。

7月17日，中国海员第一届球类比赛选拔大会在上海虹口体育场举行开幕式。这是中国海员在新中国成立以来第一次举行的体育运动比赛。参加这次大会选拔的海员球队，共有九个单位的男篮、女篮、排足、足球代表队22个。

7月，中国海员工会、交通部河运管理总局合办工资工作研究班，参加这次研究班的学员共62人，其中工会干部24人，是由23个航区中的大企业、港口及工作委员会选送来的。

10月，海员工人组成海员体育代表队出席中国第一届工人体育运动大会。出席中国第一届工人体育运动大会的海员运动员共92人，来自全国各大航、港区的海员体育代表队。

是年，中国海员工会确定1955年海运系统劳动竞赛工作计划。采用港、航、厂综合形式，开展六大海港港际竞赛。为此港务局内部竞赛以小组竞赛为基础，作业区间竞赛为中心环节，大力开展科室中的系统竞赛。在流动机械中开展同工种的个人竞赛，同时广泛开展各方面同工种、同业务竞赛。

## 1956年

1月13日，经国务院批准，交通部决定将广州海运管理局与广州区港务管理局合并为华南区海运管理局，两局工会同时合并改名为中国海员工会华南区海运委员会。

1 月 14 日，中国海员工会召开私营航业社会主义改造座谈会，会议讨论了五个专题：对资本家及其代理人的教育改造工作问题；关于资本家及其代理人放弃剥削后要求参加工会的工作问题；合营前劳资纠纷的处理问题（资本家欠工人的工资，欠缴工会经费、劳保基金及应罚的滞纳金等）；职工有股金的处理问题；工会的组织问题。

1 月 18 日，长江航运管理局上海分局召开大会，宣布公私合营，上海轮船公司和民生轮船公司上海办事处业务、船舶和人员等并入长航上海分局。定息标准民生公司年息八厘，上海公司年息六厘。

1 月 31 日，中华全国总工会作出关于加强产业工会的系统领导的决议，中国海员工会遵照全国总工会的决定做出关于加强海员工会的产业系统领导问题的决议，要求加强全国范围的系统领导工作。在进一步加强系统领导以后，凡是生产、组织、工资、财务、劳动保护等工作均为本会直接领导，地方负责进行指导、检查、监督与帮助，属地方性的工作仍由地方工会领导。

2 月 6 日，中国海员工会一届二次全委会作出《关于消灭海损事故的决议》。

2 月，上海港务管理局 52 名劳动模范和先进生产者向全局职工提出开展社会主义劳动竞赛，保证五年计划四年完成的倡议。

3 月 5 日，中华人民共和国交通部和中国海员工会发出联合指示，号召航运职工开展全国性社会主义竞赛，保证提前和超额完成第一个五年计划。

3 月 20 日，中国海员体育协会在北京正式成立。

3 月 22 日，中国海员工会烟台港务分局委员会第一届会员代表大会召开。

3月，中国海员工会华南区委员会正式撤销，分别建立两个航区委员会，即中国海员工会华南海运委员会和中国海员工会珠江航运委员会，直接归中国海员工会领导。华南海运委员会负责垂直领导交通部华南区海运管理局直属船舶、港口及公私合营民生公司广州分公司、广州轮船公司等工会组织。

4月初，中国海员工会在北京召开女工和家属座谈会。

4月20日至28日，全国交通系统先进生产者代表会议在北京召开，会议表彰了全国交通系统63个先进集体、94名一等先进生产者、301名二等先进生产者、556名一等先进生产者。会议选出349名出席全国先进生产者代表会议的代表。

4月27日，由中华人民共和国交通部举办的全国交通先进经验展览会在北京劳动人民文化宫开幕，展览分为综合、航运、公路三个展馆。章伯钧、李运昌以及中国海员工会、公路运输工会负责人出席开幕式，在京出席全国交通系统先进生产者代表会议的代表参观了展览。

4月30日至5月10日，全国先进生产者代表大会在北京召开，方枕流、夏家箴、孙心斋、潘远清、朱桂桂、续忠银、胡孝仁等161名交通水运先进生产者和先进集体代表出席了全国先进生产者代表会议。

5月9日，中华人民共和国交通部海运管理总局通知海员干部学校正式更名为“南京初级航海学校”，海员干部学校转变为海员专业技术学校。

6月，上海海运管理局和上海区港务管理局分别召开扫盲积极分子大会，评选表彰一批扫盲积极分子和优秀教师。

7月1日，《中国海员报》更名为《人民航运报》，成为中华人民共和国交通部政治部的机关报。

9月，中国海员工会制定《工人职员伤亡事故报告规程》的实施细则。

10月，中国海员工会购入汕头市至平路24号、26号，一座旧式三层楼民房，并于10月27日挂牌成立“汕头港海员俱乐部”。

10月，烟台港装卸工人由每日工作九小时改为八小时。

11月12日，中国海员工会全国委员会同意将原中国海员工会华北区委员会更名为中国海员工会天津区委员会。

11月27日至12月1日，中国海员工会天津区委员会在津召开第二届代表大会。大会选举产生执行委员27人，候补委员五人，常委13人组成第二届工会委员会。

11月，中国海员工会长江区委员会第一届积极分子代表会议在武汉召开。

12月24日，应中国海员工会邀请，以波兰海员工会全国委员会副主席柯瓦里斯基·斯坦尼斯拉夫为团长的波兰海员工会代表团一行四人来中国进行友好访问，与中国海员工会进行会谈，参观了塘沽新港，并与天津区港务管理局调度室人员座谈。

是年，中国海员工会上海港委员会改称为中国海员工会上海区委员会港口工作组和港口工作委员会。

## 1957年

1月25日，中国海员工会提出关于内河航运工会组织的意见。明确内河航运工会建立三级组织，即中国海员工会全国委员会、省委员会、基层委员会。各省内河航运工会由地方工会与中国海员工会实行双重领导，并以地方工会为主。

1月，中国海员第一届业余文艺会演在武汉举行。

2月12日，天津新港国际海员俱乐部建成。

2月，中国海员工会湛江港务局委员会召开第一次会员代表大会。

3月5日至16日，中国海员工会长江航运管理局上海分局委员会第一次会员代表大会召开，选举产生了中国海员工会长航上海分局首届委员会。

3 月 27 日，天津区港务管理局印发《天津港开展船舶“先进作业”竞赛试行办法》并于 4 月 1 日起执行。

6 月 14 日，中国海员工会上海区第三次会员代表大会在海员俱乐部举行，出席代表 400 人。大会选举 17 人组成常务委员会。

7 月 30 日，中国海员工会转发广州港务局船舶总队《流动分散也能办学》的经验，推动职工教育。

8 月 15 日，应中国海员工会邀请，澳大利亚码头工会总书记、澳共中央政治局委员希礼和夫人来中国进行友好访问，双方进行了交流并组织参观塘沽新港和国际海员俱乐部。

8 月 21 日至 9 月 3 日，全国工会积极分子代表会议在北京召开，中国海员工会一批优秀工会积极分子出席了大会并受到表彰。

8 月 23 日，国务院批转了劳动部和中国海员工会“关于长江航运管理局系统及重庆市交通局劳动保护工作情况调查报告”，并批示：反映了航运部门在劳动保护工作中，存在着不少需要解决的问题，建议有关部门尽可能加以研究解决。

8 月 24 日，疏浚公司（天津航道局前身）首届职工代表大会召开。

8 月，中国海员工会召开了第二次全国国际海员工作会议，检查了第一次会议以来的工作情况，并提出了以后工作的意见。

8 月，南京港务局第一届职工代表会议召开。

9 月 10 日，丘金代表中国海员工会分党组在全总党组扩大会议上的发言，提出在处理内部矛盾中，未能充分发挥作用是工会当前的主要问题。

10 月 4 日，鉴于航运管理范围及机构的变更，经中国海员工会全国委员会批准“中国海员工会卫运河系河北省内河筹备委员会”更名为“中国海员工会河北省内河筹备委员会”，为省一级产业工会。在天津、保定、衡水、芦台建立工会办事处。

10月7日至9日，大连海运分局召开了第一届职工代表大会第一次会议。

10月25日，天津区港务管理局第一届职工代表大会第一次会议审议通过《天津区港务管理局职工代表大会暂行办法》。

11月，中国海员工会对航运系统召开职工代表大会试点情况进行总结。长江、上海、广州、珠江、天津、青岛、大连七个航区，以及湖南、安徽、河北、江苏地方内河系统等，已召开或即将召开职工大会的有45家单位，大多数是建立职工代表大会常任制度的组织形式。职工代表大会闭幕期间，工会组织作为代表大会的常设机构，也有个别单位建立职工代表大会以后又建立了管理委员会制度。

12月12日，中国海员工会发出《推行和建立职工代表大会制度的几点意见》。

## 1958年

3月1日，湛江港务局召开第一次职工代表大会。

3月29日，天津疏浚公司划归天津港务局并更名天津航道局，其所属工会会员关系随之转入天津港务局。

3月，中国海员工会转发海员工会河北省内河筹委会组宣传部向全国内河工会宣传干部发出倡议书，倡议宣传促进航运系统“大跃进”。

4月12日，中国海员工会分党组确定海员工会体制调整方案，中国海员工会各地组织的工作，以当地党委和当地工联（总工会，下同）领导为主，同时接受全国委员会领导。业务管理权力下放，海员工会各地组织的财务（会费、经费、文教费、保险基金）由当地工联统一管理，全国委员会的财务开支由全国总工会供给。

4月14日，交通部海河总局和中国海员工会联合创办“水运跃进简讯”，该简讯是不定期的内部刊物，约一周出一期；内容主要是报道先进单位和个人的先进事迹、宣传与推广先进经验、报道完成计划的成绩和具体措施，以及工会在跃进中如何发挥组织作用、工会整改和工会工作跃进的经验。

4 月 17 日，《重庆日报》一版刊登通讯《毛主席和海员——记江峡轮从重庆到武汉一次不平凡的旅行》。

6 月 23 日，中国海员工会发出《关于废止工会金库合同给各航区海员工会的通知》。

6 月 28 日，中国海员工会发出《关于撤销海员工会财务垂直管理的通知》。

6 月，由中国海员工会、河北省交通厅航运局工会、河北省交通厅航运局共同投资 15 万元修建的航运工人俱乐部投入使用。

9 月 21 日，应中国海员工会邀请，以五十岚武雄为团长的日本港湾工人访华代表团一行七人来中国访问，双方进行了交流，并由中国海员工会全国委员会秘书长唐章等陪同参观塘沽新港码头。

9 月，根据中华全国总工会八届二次会议关于精简机构的精神，经天津市总工会决定，中国海员工会天津区委员会与天津市总工会塘沽区办事处合并。从 10 月 1 日起，中国海员工会天津区委员会结束津塘两地工作。

是年，中国海员工会发动交通职工开展“大跃进”群众运动，要求用共产主义大协作精神破本位主义，立集体主义，先整体后局部，树立全国一盘棋的共产主义思想，开展群众性的竞赛，大放卫星。

## 1959 年

5 月 27 日，应中国海员工会邀请，澳大利亚码头、海员工会代表团一行来中国访问，双方进行了交流，并由中国海员工会秘书长唐章等陪同参观塘沽新港、海河建闸工程及新港船舶修造厂。

6 月，在长沙市召开的全国木帆船运输技术革命经验交流会议。

7月，中国海员工会对“六比”红旗竞赛运动进行总结。各港通过“六比”红旗竞赛，改进了企业管理，大闹技术革新和技术革命，掀起了比、学、赶的热潮。

9月5日，中国海员工会召开全国路港协作秦皇岛现场会议，推广学习秦皇岛“一条龙”运输协作经验。秦皇岛“一条龙”大协作是水陆联运组织的良好形式，它为组织加速运输提供了方向。秦皇岛港由“四统一”发展到“十统一”，再发展到“十二统一”和矿、路、港、船、货“一条龙”大协作。

9月，中共中央、国务院发布关于开展群众短途运输运动的指示。

10月26日，全国工业、交通运输、基本建设、财贸方面社会主义建设先进生产者代表大会（群英会）在北京召开，交通水运系统莫家瑞等61名先进生产者和46名先进集体代表出席了大会。

12月，中共中央批转铁道、交通两部党组《关于“一条龙”运输大协作秦皇岛现场经验交流会的报告》，要求各省、市、自治区党委并中央财经各部委组织“一条龙”运输大协作。

是年，中国海员工会在全国开展比高产、比优质、比安全、比低耗、比协作、比技术“六比”红旗竞赛运动。

是年，中国海员工会在运输工会国际会议上宣传中国水运事业生产“大跃进”的基本情况。

## 1960年

1月18日，交通部海河总局和中国海员工会召开全国水运系统职工教育规划座谈会。会议制定了1960年到1967年全国水运职工培训规划。确定当年建立广州海运学院外，还新建全日制中等专业学校六所，并实行企业办学，要求企业办大学10所、中专25所、技工学校100所。在上半年完成扫盲任务，普及初等教育，同时大办业余专业教育，迅速发展业余高等学校。

2月，为加强船舶民主管理，在上海海运管理局所属船舶上建立生产管理委员会和船员大会制度。

3月23日，中国海员工会在全国水运第二季度运输生产会议上提出：高举总路线红旗，深入地发动群众，把红旗竞赛运动推向新的高潮。

3月，《海员工人话十年》由人民交通出版社出版发行。

4月5日，中华人民共和国交通部、公安部、卫生部、对外贸易部和中国海员工会在北京联合召开全国沿海外轮管理工作会议，进一步提高外轮管理水平。

6月1日至12日，全国文教方面先进工作者代表大会（又称全国文教群英会）在北京举行。任华义、朱国伟、程子美、孟怀璧等交通系统（水运）荣获全国教育和文化卫生体育新闻方面社会主义建设先进工作者称号。

7月25日，中国海员工会向全总党组和中共中央交通工作部汇报港口装卸技术革新技术革命情况，全国港口掀起了一个声势浩大的以“四化”为中心的技术革新和技术革命运动。

9月21日，日本港湾工会代表团一行参观塘沽新港码头和海河建闸工程。

是年，中国公路运输工会全国委员会与中国海员工会全国委员会合署办公，对外两块牌子，对内一个班子，由秘书长封夫保负责公路运输工会的工作。公路运输工会全国委员会机关工作人员由80多人减少到五人。

是年，恢复中国海员工会上海港委员会名称。

## 1961年

4月27日，中国远洋运输总公司及其广州分公司同时成立。

4月28日，中国第一艘悬挂五星红旗“光华”客货轮首航印度尼西亚雅加达。陈宏泽担任第一任“光华”轮船长。

7月6日，针对因隶属关系全国港口名称不一问题，交通部决定以所在地命名统一全国港口名称。港口名称全称中不加“交通部”或“某某市”字样。

11 月 29 日，上海《解放日报》对上海海运管理局工会经常组织职工代表进行视察活动的做法，发表了题为《一项有意义的工会工作》的短评。

12 月 28 日，中国海员工会发出《加强工会小组建设问题的通知》。

## 1962 年

3 月 15 日，天津港 1000 多名海员和码头工人在新港俱乐部集会，支持日本港湾工人开展反对“日韩会谈”和反对美国原子舰艇进驻日本港口的正义斗争。中国海员工会全国委员会秘书长唐章在大会上发表讲话。大会通过了中国天津海员、码头工人支援日本港湾工人斗争的电文。

3 月 30 日，交通部发出《1962 年度直属企、事业“六好”劳动竞赛部级评选结果及发奖中的补充通知》，决定对六条船舶、35 个班组、57 名个人进行奖励。

3 月，哈尔滨港务局首次职工代表大会召开。

5 月 7 日，劳动部批准执行了中国海员工会给劳动部和全国总工会《关于码头装卸工人连续工龄计算问题的请示》，凡是新中国成立前固定在一个码头上从事装卸搬运工作，新中国成立后又未间断，集体转入企业的搬运工人，其新中国成立前后连续工作时间，可以计算为本企业工龄。

6 月 26 日，以全港湾中央执行委员、关东地方本部书记长岩波幸雄为团长的日本港湾劳协第二次访华代表团一行六人和以全日交通中央本部法律对策部部长山口泰男为团长的日本汽车交通工会第一次访华代表团一行六人，由中国海员工会秘书长唐章，中国交通工会秘书长封夫保等陪同参观塘沽新港。

7 月 27 日，中国海员工会、交通部所属政治部联合发出把以安全优质为中心的“六好”竞赛运动深入船舶和班组去的指示。

并制定了开展“六好”船、“六好”班组和先进生产者运动的评选、奖励办法。

9月15日，中国海员工会调查水运职工生活困难情况。1961年每月平均补助人次占职工总数的3.39%，1962年上半年每月平均补助人次占职工总数的4.52%，困难补助增加了1.13%。

10月6日，中国海员工会根据全国总工会机关调整组织方案，确定中国海员工会全国委员会与公路运输工会合并，建立统一的领导机构，并对内部机构重新调整。对外仍保留两个名称和印章。内部机构设置办公室、生产部、生活部。

10月23日，交通部、中国海员、公路工会发出集体所有制企业是否保留工会问题的通知。

12月28日，中国海员工会发出加强工会小组建设问题给直属水运基层工会的通知。

## 1963年

1月7日，中国海员工会召开交通部直属水运企业工会主席座谈会，讨论了直属水运企业1962年工作总结和1963年方针任务，交流了一些组织劳动竞赛的经验，了解一些职工思想、生活情况和工会组织建设情况。

6月6日，中国海员工会分党组提出与交通部加强联系的意见。凡交通部党组、政治部研究有关水运、公路方面的工作部署、计划、总结群众运动以及竞赛与推广先进经验等问题的会议，尽可能通知工会参加。

8月12日，中国海员工会发出协同行政做好当年调整工资工作的意见，要求加强群众工资工作。

8月21日，长江航运管理局上海分局调整职工工资。职工月均工资增加了2.96元，基本上解决了提职不提薪、代职不代薪等问题。

8月26日，中国海员工会全国委员会在上海召开了北方沿海港口装卸班组经验交流会。交流装卸班组工作经验，组织装卸现场竞赛工作经验和研究港口开展增产节约劳动竞赛的工作经验。同时会议中还着重研究了以后如何组织实现港口“五好”竞赛标准等问题。

9月，中国海员工会在海员中开展社会主义教育运动。

10月24日，交通部发出关于“五反”运动的意见。并在长江航运管理局“民主轮”上进行了试点工作。

11月7日，交通部党组对长江航运局“民主”轮“洗手、洗澡”的做法向中央“五反”领导小组报告“民主”轮的试点工作。

## 1964年

1月25日，《人民日报》一版头条通栏刊出毛泽东号召“工业学大庆”。

3月17日，《工人日报》报道上海海运“民主五号”轮服务员杨怀远坚持不懈学习毛主席著作，热情为旅客服务。

4月22日，中国海员工会向全国总工会组织部提出加强工会组织建设和对不符合条件的工会会员的处理意见。

9月7日，国务院批转了交通部《关于试办长江航运公司（托拉斯）的实施方案》，要求交通部和有关各省市具体协商，办理交接手续。

12月4日，中国海员工会确定长江航运公司（托拉斯）工会组织领导体制，实行以中国海员工会全国委员会领导为主，同时接受地方工会领导的原则。劳保经费不足，由中国海员工会全国委员会给予调拨。

## 1965年

3月7日，以日本总评副议长、港湾工会委员长兼田富太郎为团长的日本港湾工会代表团一行五人，由中国海员工会生产部部长张长雷等陪同参观塘沽新港，并与天津港码头工人进行座谈。该代表团是应中华全国总工会邀请来中国进行友好访问的。

4月20日，中共交通部委员会发出《宣传和推广杨怀远同志活学活用毛主席著作经验的决定》，确定上海轮船公司“民主五号”轮服务员、中共党员、五好职工杨怀远为活学活用毛主席著作、把毛泽东思想用到工作上的先进典型。授予杨怀远“学习毛主席著作标兵”称号。

4月28日，《工人日报》发表上海海运管理局“民主五号”轮服务员杨怀远的长篇文章《活学活用毛主席著作，全心全意为人民服务》，并发表社论《为做好工作而学》。

6月19日，《工人日报》发表中国海员工会主席刘达潮纪念省港大罢工40周年文章《敢于斗争，敢于革命，就是胜利》，同时刊登省港大罢工的资料。

10月1日，中国海员工会邀请在天津港停泊的捷克斯洛伐克、日本、挪威、英国、希腊等五国的八艘外轮船员同中国远洋轮“红旗号”“建设号”的海员进行联欢。

11月18日，中国海员工会、交通部所属政治部发出1965年年终“五好”评比的通知和“五好”检查评比办法。

11月26日，中国海员工会制定职工代表大会条例。

## 1966年

1月9日，交通部给“南海155”轮记集体一等功。“南海155”轮近年来，在中越、中柬航线上多次粉碎了美机美舰的武装挑衅和威胁，同美帝国主义展开针锋相对的斗争，表现了中国人民的英雄气概，出色地完成了海上运输任务。

2月8日，《工人日报》报道“民主”轮学毛泽东著作、学大庆成为长江上一面先进红旗。

4月1日，《中国青年报》头版头条刊登通讯《人民的好勤务员杨怀远》，介绍上海轮船公司“民主五号”轮服务员杨怀远的先进事迹。

6月18日，交通部给“南海143”轮记集体一等功。4月19

日，美帝国主义派遣飞机三批 20 多架次疯狂轰炸越南民主共和国锦普港，并向停泊该港装卸生产的广州海运管理局“南海 143”轮进行轰炸、扫射。“南海 143”轮立即进行了自卫反击，和越南人民并肩作战达 9 个小时，保卫了轮船的安全，维护了祖国的尊严，在支援越南人民反帝爱国斗争中作出了贡献。

8 月 28 日，广州海运管理局“1018”和“1019”两船编队进行援越运输，由北海港启航，途经姑苏岛和下梅岛外海时，遭遇美机袭击，“1018”货船中火箭 3 枚，不幸沉没，政委陈永尚，轮机长李嗣廉，大管轮伍钦，三管轮黎达才，船员曹志荣、蔡锦堂、熊耀章和越南引水员等八人牺牲，其余 11 名船员负伤漂游到荒岛坚持战斗三天三夜，最后脱险回国。“1019”货船也遭到美机袭击，船体被打穿 200 多个洞口，经贴山避炸，堵漏护船，终于将船队护送到目的港。

10 月，全国总工会邀请杨怀远、周信礼等劳动模范座谈学习毛主席著作的发言，《工人日报》发表社论《把毛泽东思想真正学到手》。

12 月 22 日，交通部和广东省人民政府追授“1018”货船以“南海英雄船”的光荣称号，并保留建制，由另一艘新船接替，继续活跃在战火纷飞的中越航线上。

12 月，上海港不少单位职工擅离工作岗位，使港口生产遭到严重破坏。港口平均日装卸作业量从平时的 9 万吨降为 5 万吨，最低时只有 3.5 万吨。

是年，重庆分局组织科技人员在“人民 29 号”轮和船员共同研究试烧重柴油，该轮轮机长王明积极热情支持试烧，在不断试烧过程中，积累了经验、制定了操作管理规定，此后各轮纷纷推广。

是年，“文化大革命”开始。全国各地交通部门受到严重冲击，领导干部被揪斗，行之有效的管理制度被批判，各项工作受干扰和破坏，完全处于停顿状态。海员工会停止活动。

## 1967 年

1 月，在上海“一月夺权风暴”的冲击下，全国各水运企业、港口工会组织随着夺权而遭受破坏，被迫停止了活动。

4 月，上海港造反队利用《文汇报》发表的《告全市人民书》，控制了港口生产指挥系统，宣布接管全部党政财文大权。全港积压待运货物达 40 万吨。

5 月，越南政府为了表彰广州海运管理局“1018”货船全体船员的国际主义精神，授予该船烈士和船员勋章与奖章。

5 月，“红旗 143”轮在湛江港采用“鱼鳞络法——连环起吊法”运矿卸矿新工艺，取得以 16 小时 55 分钟卸完粉矿 10450 吨的优异成绩，效率提高了四倍。

6 月 2 日，交通部实行了军事管制。

6 月 24 日，交通部成立了生产指挥部，下设水运、陆运、综合和行政四个业务口。中远公司、外代公司与水运局等单位归水运口负责。

6 月，据统计，大连、秦皇岛、天津、青岛、上海、黄埔、湛江等七港，每天平均在港外轮 138 艘，其中 75 艘在港等待装卸，有些船只已经等了一个多月。长江航运公司有的港口生产已经停顿。

8 月 8 日，重庆港内武装船队相互炮击的大规模武斗，被称为“八八海战”。对战中“人民 28”号登陆艇、“长江 207”号轮被击沉，数十名群众在武斗中伤亡。重庆分公司职工被迫出走，机关指挥瘫痪，造成渝汉班轮停航三天、渝长客班轮停航 68 天，渝涪客班轮停航达 71 天。

8 月，交通部军管会派部队维持港口秩序支援港口装卸工作。由于港口发生武斗，大批人员离开工作岗位，港口积压情况十分严重，在港外轮不断增加。8 月 29 日统计在港外轮已达 185 艘，其中停工的129艘，比8月1日在港数增加了53艘，停工的增加了56艘。

## 1968年

4月25日，远洋货船“黎明”号由湛江港启航北上安全抵达青岛港，胜利地完成了经台湾岛以东海域的“南北航线”试航任务。

5月20日，上海海运局革命委员会撤销工会等机构。

9月2日，国务院发出《关于当前加强沿海主要港口工作的通知》。

9月30日，大连海运分局召开的工人代表大会上，成立了“大连海运分局工人代表大会”，代替了正常的工会组织。

## 1969年

1月，广州远洋运输公司、广州海运局等华南水运系统几个厅局合并成立华南水运公司（实行军管），各船舶工会成立工代会，代表原工会组织，水运公司本身不设工代会。其间，工代会的主要任务是组织工人成立毛泽东思想宣传队，在工人中开展学毛主席语录活动，开展一片红活动。当年水运系统评选学毛著积极分子，召开华南水运系统学毛著积极分子代表大会。

4月12日，中国第一台自己设计、自己制造的百吨浮吊在天津港试制成功。

10月16日，《人民日报》报道了秦皇岛港自力更生试制成功“我国第一套大块煤装卸机械”，为港口全面实现机械化装卸迈出了重要一步。

是年，受武斗影响，毁损船舶而导致不少航线中断停航，重庆分公司的运输生产力更是急剧下降。1969年该公司出口货运量仅为38万吨，只有1965年出口运量的42%。

## 1970年

2月，周恩来在听取全国计划会议的情况汇报后，决定在

“四五”期间将中国的远洋运输船队由110万载重吨，扩大到400万载重吨，力争在1975年基本改变长期依靠租用大量外国船舶的被动局面。

4月，上海海运系统召开第二届活学活用毛泽东思想积极分子代表大会。

## 1971年

4月，上海海运局“大庆16号”轮一边开船，一边修船，做到“小修不进厂，检修不停航”，安全航行357万多海里，运油457万吨，连续超额完成年度运油任务。

是年，铁道部、交通部和邮电部合并组成新交通部，设立水运组，撤销了中国远洋运输公司。

## 1972年

9月7日，远洋船员队伍随着远洋运输的迅速发展不断扩大。交通部向国务院、中央军委请示，远洋船舶发展至400万吨，需增加船员1.8万人，其中干部船员8400人，比年初增加近四倍。为解决船员不足问题，扩大院校远洋专业的招生数。

10月1日，经国务院批准，重新组建的中国远洋运输总公司（中国外轮代理总公司）正式运营。

11月7日，广州海运局“五指山”轮冲破了美蒋对中国沿海南北航区军事封锁，打通了中国沿海南北运输航线，从华南胜利抵达大连港。从而使北方的煤炭和石油，南方的磷矿和糖等重要物资运输得到保证，断航20年的“南北航线”重新开通。

## 1973年

2月27日，召开的一次工作会议上，周总理指出：“过去没有把港口建设提到议事日程上来，现在到了非解决不可的时候了。要在三年以内改变港口面貌。”

5月，以内山光正为团长的日本海运工会代表团访问大连，参观了“工农兵2”轮并与船员进行了座谈，船长刘功显向代表团介绍了船舶的运输生产情况。

6月，全国交通水运企业开始恢复工会组织，并召开代表大会，但部分企业仍以“工代会”代替工会组织。

7月4日，大连海运分局召开第五次工会代表大会，近100名代表出席了大会。大会通过决议，一致同意恢复大连海运分局工会委员会。大会通过投票选举产生了新一届工会委员会。

8月23日，河北省航运系统召开工会第四次代表大会，恢复老会员会籍，发展新会员，建立了河运处、海运处、航道工程处、船厂、航运局机关等5个基层委员会，22个车间委员会，185个工会小组。

8月28日，上海海运局“工代会”召开第七次工人代表大会，为期四天。大会选举产生28名委员，组成上海海运工会委员会。

是年，广州黄埔国际海员俱乐部接待了15900人次海员及海员家属食宿，组织191批，4034人次（其中外籍2411人次，中籍1623人次）参观访问，在阅览室摆示各种宣传材料1.06万多册，较好地完成了宣传接待任务，营业收入30.1万元。

是年，周恩来指示要在大连建造一座国际海员俱乐部。

## 1974年

2月20日，厦门国际海员俱乐部成立。

10月12日，中国自行设计、制造，全部采用国产设备的万吨级远洋货轮“风庆”号远洋归来，《人民日报》发表文章《独立自主，自力更生的一曲凯歌：记“风庆”轮首航远洋胜利归来》。

10月17日，江青等人在中共中央政治局会议上，借“风庆”轮问题指责买船就是“崇洋媚外”，制造“风庆”轮事件。

12月27日，秦皇岛港建成中国第一座采用管道运输方式的原油一期码头；这一年秦皇岛港货物吞吐量一举跃居为全国沿海第三位大港。

## 1975 年

5 月 27 日，交通部部长叶飞在“风光”“丰城”两轮船员搞自修的经验介绍材料上批示：“既要学会开船，又要学会修船，精益求精，做到小修不进厂。”

6 月，交通部再次对港口企业进行整顿，主要是对基层单位“软、懒、散”的领导班子进行了调整；组织职工批判歪风邪气和无政府主义，加强他们的组织纪律性；健全生产指挥班子；再度恢复部分岗位责任制；组织职工对“合理的规章制度要不要”“多装快卸与吨位挂帅的关系”等问题进行讨论，澄清反革命大字报在干部群众中造成的模糊认识。港口整顿推动了港口生产。

9 月 1 日，交通系统开始整顿水路客运秩序，交通部指示加强整顿票务，严格收票制度；加强对旅客随身携带品的限量管理，坚决刹住捎、买、带风；搞好治安管理工作，大力抓好港、船的治安管理工作；改善态度，提高服务质量；整顿运输组织，保证客船安全正点运行；旅客运输必须做到“五定”（定船、定线、定班期、定时间、定码头），首先必须定班期。

是年，在所谓的反击右倾翻案风中，由上海港“造反派”首先提出了“要做码头主人，不做吨位奴隶”的口号。

## 1976 年

8 月 31 日，中国远洋运输公司上海分公司孔庆芬担任船长、尹玲珍任政委率领 9 位女海员和 30 多位男海员，装载棉花和叶粉等杂货，由上海启航至日本横滨港。

9 月 1 日，大连国际海员俱乐部正式对外营业，地址是大连市长江路一号（现人民路 92 号），建筑面积 1. 19 万平方米。

11 月 16 日至 23 日，中央广播文工团合唱团到天津港进行慰问演出，17 日在新港工人俱乐部举行首场演出，交通部副部长贺崇升及职工群众 1200 多人观看了演出。在天津港期间该团共举办了十场演出，观看职工达 9000 多人。

## 1977 年

1 月，《人民日报》刊登交通部大批判组文章《一出反革命闹剧："四人帮"炮制"风庆轮问题"的真相》。

1 月，中共中央召开工业学大庆会议，交通系统（水运）刘源富、戴光前、李灶、李学勇、张益亨、骆偏全、阎长林和魏国忠等获全国工业学大庆先进工作者称号。

8 月 4 日，天津港务局和天津远洋运输分公司签订"六赛六比"为主要内容的社会主义劳动竞赛协议书。

10 月，中共中国远洋运输总公司委员会为随"风庆"轮远航工作，并遭"四人帮"陷害的同志恢复名誉。

是年，秦皇岛港港口俱乐部落成开放。

## 1978 年

3 月，交通部在天津召开全国交通战线科技大会，表扬了 13 项重大科技成果，授予 209 个先进集体和 265 名先进个人的奖状，颁发了《光荣册》。交通系统（水运）陈炳麟、苏炳坤、杨君劲、陈川爵、姚根福、麦远俭获全国先进科技工作者称号。

4 月 17 日，中共山东省委命名烟台港为大庆式企业。

5 月 2 日至 11 日，全国交通战线工业学大庆会议在大庆油田闭幕，在闭幕式上中央领导向全国交通系统 215 个大庆式企业的代表授旗，向出席大会的 1059 名学大庆先进单位和先进个人的代表颁发了奖状和《光荣册》。

10 月 30 日，全总党组就恢复海员和公路工会问题给交通部党组去函，建议先成立海员工会工作委员会，由交通部和全国总工会共同抽调干部组成。之后，海员工会成立海员工会工作委员会负责筹备工作，任命了中国海员工会筹备工作委员会主任丘金，副主任张孑夫，筹备工作委员会委员唐章、左中侠等。

10 月 30 日，《工人日报》报道交通系统劳动英雄长江航运局汉口作业区仓库工张怀湖的事迹，并发短评《一心为公，爱厂如家》。

11月28日，全总党组请示中央确定全国总工会各部门、各产业工会机构设置及定员编制，其中确定海员工会为20人。

是年，经过企业整顿，上海港秩序井然，生产振兴，获得上海市人民政府和交通部联合授予的“大庆式局”称号。

## 1979年

年初，中国海员工会筹备工作委员会确定1979年工作要点，提出以运输生产为中心，广泛深入地开展增产节约运动；发扬企业民主，建立和健全职工代表大会制度；办好职工业余教育，提高职工文化技术水平；做好职工的生活福利工作和在工作过程中搞好工会的思想及组织建设。

1月25日，中共天津市委、市革委会、交通部举行命名天津港务局为“大庆式局”大会。

2月，参与起义组织工作的陈邦达船长向全国总工会反映“海员起义”问题，引起全国总工会、交通部和中国海员工会的重视。

3月12日，中国海员工会筹备工作委员会就做好起义海员工作向交通部党组提交建议。

3月，经全国总工会批准，中国海员工会全国委员会向各省、市、自治区海员工会，交通部直属单位海员工会发出通知，明确中国海员工会全国委员会的原有印章，已经全国总工会批准启用。

5月7日至10日，连云港港务局第一次职工代表大会召开。

5月21日，中国海员工会工作委员会发出《启用和刻制各直属水运单位工会印章》的通知。

5月25日，海员工会筹备工作委员会向全国总工会提出《关于产业工会体制问题的意见》的报告。

6月8日，中国海员工会筹备工作委员会在交通部属单位增产节约会议上提出实现工会工作重点转移，动员群众，大力开展增产节约运动。

6月15日，中国海员工会筹备工作委员会贯彻全国第三次工会群众劳动保护工作会议，就海员健康和伙食供应的一些情况向交通部党组和全总党组提交报告，专题反映船员特别是干部船员健康状况；油船船员中毒情况；船上伙食供应差等突出问题。

6月22日，交通部召开恢复台湾海峡正常通航会议，并颁布《交通部关于我国商船通行台湾海峡的暂行规定》，途经台湾海峡的南北航线正式开通。

8月28日，交通部、中国海员工会筹备工作委员会发出举行香港船员起义30周年纪念活动的通知。

9月下旬，交通部和中国海员工会在北京联合召开原香港招商局起义船员座谈会，交通部副部长彭德清、中国海员工会筹备工作委员会主任丘金出席会议并讲话。会议期间全国人大常委会副委员长廖承志会见了起义船员代表。

10月19日，辽宁省命名大连港为“大庆式企业”。

10月29日，交通部命名湛江港务局为“大庆式企业”。

11月24日，中国海员工会筹备工作委员会筹备开展七大海港港际竞赛，制定出“关于开展沿海七大港口港际劳动竞赛方案”。

11月，上海远洋运输公司船长贝汉廷被授予“全国劳动模范”称号。

12月14日，全总党组发出《进一步恢复产业工会工作的意见》，提出根据当前工作需要和可能，以及有关方面的意见，已对全总党组1978年11月关于产业工会设置的意见做适当调整，恢复了铁路、海员（代管公路运输）等全国产业工会的工作。但各产业工会仍是工作委员会性质，暂不召开代表大会（铁路工会除外）。各产业工会（除铁路外）实质上是全国总工会的一个工作部门，有的按产业部门对口建立的产业工会，原则上以接受全总党组领导为主，同时接受有关产业部门党组的领导。

## 1980 年

1 月 4 日，根据中国海员工会全国委员会《关于启用和刻制各省、市、自治区和部直属水运单位工会印章的通知》。

1 月 15 日，《纪念香港招商局起义 30 周年纪念册》结辑完成。

3 月 1 日，中国海员工会发出《关于做好 40%职工增加工资工作的通知》。

4 月 11 日，中国海员工会召开“文化大革命”后的第一次工作会议，会议提出“动员广大水运职工为全面贯彻中央会议精神加快四化建设而奋斗”的工作报告。

4 月，交通部颁发《关于表彰全国交通战线先进企业（单位）和劳动模范的决定》，对全国 122 家交通战线的先进企业（单位）和 232 名劳动模范进行表彰。

5 月 9 日，中国海员工会转发天津远洋运输公司工会制定的《船舶工会工作细则（草案）》，推动全国船舶运输企业规范船舶工会工作。

5 月 20 日，全国总工会转发中国海员工会工作会议纪要，要求各地督促所属海员工会结合当地情况因地制宜地组织贯彻执行，并将贯彻情况报告中国海员工会全国委员会。

6 月 20 日，长江航运管理局工会就长航女船员子女申报户口给予特别照顾问题向中国海员工会报告，海员工会报请全国总工会、交通部、全国妇联共同协调解决。

7 月 11 日，中国海员工会转发黑龙江航运管理局工会《关于以增产节约为中心，动员航运职工开展为“四化”立功活动的方案》，在全国交通职工中发动为“四化”立功活动。

8 月 26 日，中国海员工会就船员工资奖励、生活等问题向全国总工会、交通部汇报，落实李先念关于海员生活问题的批示。并就船员工资、奖励的问题，关于职工生活福利方面的问题提出政策意见。向交通部提交了“关于船员探亲假、法定节日和公休假”的意见。

9月，大连港装卸工人和机械司机由“七班六运转”劳动班制改革为“四班三运转”班制。即开设四个班进行生产，每班工作八小时，每天三班生产，一班休息，进行轮换。

10月16日，中国海员工会等单位向有关部门反映，强烈要求归还杭州海员疗养院。

11月10日，交通部、海员工会确定香港起义船员参加革命工作时间并发出通知。

11月19日，中国海员工会发出收集和整理海员工人运动历史资料的通知，组织人员着手编写海员工运史。

## 1981年

1月15日，中国海员工会致函国家劳动总局、交通部和全国总工会，申请共同研究从事体力装卸女工和油轮女水手、加油工调动工作问题。

1月26日，中国海员工会转发公安部《关于女船员子女落户问题的通知》，对现有女船员小孩尚未落下户口的或仍在船舶集体户口的，据此通知精神妥善安置，以后女船员新生婴儿，不再填入船舶集体户口。

3月24日，交通部政治部、中国海员工会和中国公路运输工会联合发出响应全国总工会、共青团中央、全国妇联等九家单位联合倡议开展以“五讲四美”（讲文明、讲礼貌、讲卫生、讲秩序、讲道德；心灵美、语言美、行为美、环境美）为主要内容的文明礼貌活动的通知。

6月22日，中国海员工会召开全国水运系统海员职代会工作座谈会，推动航运系统企事业单位的职工代表大会广泛建立，并逐步完善和提高，同时建立健全企事业的民主管理制度。

8 月，烟台国际海员俱乐部建成并投入使用。

9 月，中国海员工会开展全国交通职工队伍状况调查，先后在大连港、天津港、广东地区、远洋公司等地对工人队伍情况进行调查。调查后确定了加强职业道德建设和加强青年工人反腐蚀教育的工作思路。

12 月 17 日，中国海员工会印发《长江航运管理局党委关于加强工会组织建设的情况》，推动全国水运企业加强班组工作。

12 月，中国海员工会工作组总结上海远洋运输公司“白河口”轮推行船舶经济责任制试行方案的情况，推行船舶经济责任制。

是年，上海远洋运输公司“丰城”轮被交通部等评为全面安全质量管理和安全优质标兵船。

## 1982 年

1 月，广东、上海隆重纪念香港海员工会大罢工 60 周年。

2 月 11 日，厦门港务管理局工会更名为中国海员工会厦门港务管理局工作委员会，成为中国海员工会的一个地方港口工会组织。

3 月，第三期《瞭望》杂志封面刊登上海海运管理局女船长孔庆芬工作照片。

4 月 22 日，中国海员工会印发《船舶、个人先进经验选编》。

4 月，全国总工会根据中共中央关于精简机构的要求，对中国公路运输工会全国委员会保持单独建立，但与中国海员工会合署办公。

5 月，全国总工会对中国海员工会主要领导人进行调整，卢杰担任中国海员工会主席。

8 月，中国海员工会主席卢杰带队到烟台港调研。为减轻工人劳动强度，推动“四班三运转”的劳动班制的实施。

12月26日，山东省海员工会刊发“远洋海员对工会的呼声”文章，反映远洋海员要求。同时，新华社国内动态清样以《我国远洋船员期望得到祖国的关怀和照顾》为题向中央反映对山东省海员工会的调查和远洋海员的意见。当天，胡耀邦等作了批示。

12月30日，中国海员工会发出《关于贯彻交通部政治部〈关于交通部直属企业工会干部配备和管理办法〉的通知》，通知提出《关于交通部直属企业工会干部配备和管理办法》是交通部政治部和海员工会共同研究制定的，请各级海员工会在党委统一领导下，认真贯彻执行。

## 1983年

1月12日，为了认真贯彻胡耀邦对《我国远洋船员期望得到祖国的关怀和照顾》的批示，在工会组织里进行探讨，拟改变远洋运输公司工会的领导体制，建立中国远洋运输总公司工会，统一领导各远洋运输公司工会。

1月31日，中国海员工会召开远洋运输公司工会主席座谈会，座谈会传达了胡耀邦和万里的批示内容，讨论的主要问题是如何解决远洋船员反映的政治文化生活等“三难”问题，中国远洋运输总公司政治部在会议提出了解决“三难”的具体措施。

2月6日，据海员工会调查反映，没有落实《国营工业企业职工代表大会暂行条例》文件要求选配工会干部，问题非常严重。

3月14日，中华全国总工会副主席王崇伦、生产部部长王延岚到上海远洋运输公司“风茂”轮视察，向船员转达中共中央总书记胡耀邦对《远洋船员给中央领导一封信》的批示。

3月，各地海员工会以实际行动落实胡耀邦的批示，为了贯彻落实批示精神，各级工会组织纷纷行动，切实为广大海员做了几件事，全国总工会派文工团到天津慰问远洋海员；山东、广东海员工会在国际海员俱乐部举行“远洋海员春节联欢会”让海员一起欢度新春佳节；广州远洋运输公司工会组织六个慰问组，携带慰问品，向到港海员进行慰问等。

3月，“清河城”轮全体船员在法国马赛港参加国际海员体育运动会。获金杯一个、金牌一枚、铜牌一枚。这是中国首次参加国际海员运动会。

4月2日，全总党组确定了解决中国远洋海员若干问题意见，明确建立远洋运输总公司系统工会。

4月27日，中国海员工会推动交通水运企业的劳动制度和分配制度改革，对上海港务局试行“六二轮班”劳动制度和大连港装卸工人实行“四班三运转”工时制度进行调查，向交通部党组提出在港口推行“四班三运转”工时制度政策建议。

5月1日，中共中央主席胡耀邦到天津港视察，在天津港集装箱码头看望坚持节日生产的职工。

5月13日至7月13日，应日本大阪港湾劳动组合协议会邀请，以天津港务管理局工会主席杨洪珠为团长，上海港务局工会主席李玉成为副团长，中国海员工会生产生活部部长谢竹清为秘书长的中国港口工人友好技术交流团一行20人赴日本大阪港进行港口装卸技术交流。

7月26日，中国海员工会在烟台港召开“包船”经济责任制现场交流会，推广烟台港务管理局工会围绕“包船”经济责任制开展劳动竞赛的经验。

8月22日，中国海员工会拨款补助远洋船舶购置图书箱。

9月21日，中国海员工会发出《关于加强工会劳动保护监督检查工作的通知》。

11月5日，上海市召开表彰大会，宣布上海海运管理局“长柳”轮客运部服务员全国劳模杨怀远荣获上海市优秀党员称号，同时发出通知要求上海市各级党组织认真抓好学习活动。

11月8日，中国海员工会邀请以山本敬一议长为团长的日本大阪港湾工会协议会一行15人来中国进行友好访问。

是年，广州黄埔国际海员俱乐部实行工作、经营承包责任制。

是年，经国务院口岸委、全国总工会和南通市政府审批，建立南通市海员俱乐部。筹建初期，全国总工会先期投资110万元，在南通汽运电影院北侧租赁小三层楼（约300平方米）作为筹建处并开始接待海员。

## 1984年

1月1日，交通部长江轮船总公司成立，同时筹建了中国海员工会交通部长江轮船总公司委员会。

4月17日，交通部、海员工会联合召开全国水上客运工作经验交流会，推广长江"东方红34号客"班轮创文明船活动的经验。会议确定开展创建文明单位活动，开展"五讲四美三热爱"活动。

5月16日至20日，中国海员工会远洋运输总公司第一次会员代表大会在北京举行。会议选举产生由21名同志组成的总公司第一届委员会和由7名同志组成的经费审查委员会，选举刘世文为主席、李效国为副主席。

7月，方嘉德任中国海员工会全国委员会主席，分党组书记。

8月13日，中国海员工会在大连港召开全国港口班组建设经验交流会。

10月，由中国海员工会全国委员会组织编写的《中国海员工人运动大事年谱》（内部资料）编写完成。

11月30日，中国海员工会决定《中国海员》复刊并成立编委会。

12月17日，中国海员工会建立"中国海员工会上海培训活动中心"。

## 1985年

1月12日，申连客运航线被交通部、中国海员工会命名为

"文明客运航线"，"长征""长锦""荣新"等三艘客船同时被命名为"文明船"。

1月30日，全国总工会书记处由罗干主持召开第66次会议，讨论了关于国际海员俱乐部工作的问题。会议决定，根据工作需要，国际海员俱乐部工作指导由中国海员工会全国委员会负责。

1月，由交通部和中国海员工会联合编辑的《原招商局船员起义35周年纪念册》完成。

2月9日，召开了中国海员工会工作会议，会议主要议题是学习贯彻党的十二届三中全会精神，贯彻全国总工会十届二次执委会精神，讨论研究海员工会如何积极参加改革的问题和当年的工作安排。

3月1日，中共中央办公厅、国务院办公厅批发了中央组织部、中央统战部、劳动人事部《关于原国民党招商局驾船起义人员有关待遇问题的处理意见》（以下简称《处理意见》）。28日，交通部政治部、中国海员工会召开座谈会，贯彻落实《处理意见》。

4月23日，优秀共产党员、六届全国人大代表、全国劳动模范、上海远洋运输公司船长贝汉廷于3月赴联邦德国接收新船，在返航途中，由于心脏病复发，在西班牙的科罗尼亚港，经医生抢救无效逝世，终年59岁。

4月27日，交通部、中国海员工会召开原招商局船员起义35周年纪念会。

5月10日，中国海员工会经过调查向有关方面提出港口装卸工人收入过低，计件工资标准急需改进的意见。

6月，中国海员工会召开全国国际海员俱乐部工作会议。

7月7日至9日，应中国职工对外技术交流中心和中国海员工会邀请，日本大阪港湾劳动组合协议会第三次技术交流团一行八人访华，并由中国海员工会、天津市总工会负责同志陪同在天津港进行技术交流活动。

7月17日，交通部劳资局、中国海员工会联合举办劳动保护干部培训班，培训时间一个月。

8月29日，中国海员工会发出《学习、宣传贝汉廷同志先进事迹的通知》。

9月25日，中国海员工会分别召开部分港口、航务工程航道系统企业民主管理工作座谈会，进一步推动交通水运系统职工民主管理工作。

9月30日，中国海员工会发出宣传、学习杨怀远同志先进事迹的通知。

9月，宋超、邵名喜、田向东编写的《中国海员运动史话》由人民交通出版社出版发行。

10月4日，《文汇报》头版头条刊登全国劳动模范、上海海运管理局“长柳”轮客运部服务员杨怀远的文章《只求为人民服务到白头》。

10月28日，交通部政治部、中国海员工会为了贯彻全国党代会精神，加强交通系统精神文明建设，推动理想和纪律教育的深入开展，组织交通部贝汉廷、杨怀远先进事迹报告团，到港航企业比较集中的广州、武汉、大连、青岛和天津等城市作巡回报告。

11月2日，交通系统（水运）杨怀远受国务院表彰，被授予全国劳动模范称号。

12月，中国海员工会上海培训活动中心举办了船员考证培训班、船员四项专业训练班（消防、求生、艇筏操纵、急救护理）、英语班、工会干部及工会工资干部培训班共25期，受训学员1070人，已结业1020人。由于海员工会培训中心做出了一些成绩，交通部领导批准拨款130万元，建造海员工会培训中心活动基地。

## 1986年

1月18日，交通部和中国海员工会全国委员会联合召开首次全国优秀船员家属代表表彰大会。中共中央书记处书记郝建秀向优秀船员家属代表颁发奖品和奖状。

2月1日，交通部与中国海员工会就船员工资问题在广东省进行船员工资情况的调查。调查反映存在船员平均工资水平逐年下降；由于停止执行船员职务工资制，致使职薪不符，吃“大锅饭”的严重平均主义十分突出；船岸差别小，起不到鼓励船员上船的作用；外汇航行津贴标准低，以及人民币贬值，相对外汇津贴更少；船员的伙食费不合理等问题。

2月4日，全国优秀船员家属代表给全国船员发出一封信和倡议书。

2月28日至3月5日，中国海员工会工作会议暨成立65周年纪念大会在北京召开。会上，交通部部长钱永昌作了题为《充分发挥工会组织作用，为实现交通运输“七五”计划而努力》的讲话。

5月1日，交通系统（水运）鲍浩贤、粟道康、刘必喜、赵传旭、杨怀远、包起帆、朱尔敏、徐德来、刘爱茹（女）、郑克强、杨宝成、蔡尚芳、叶杨发、邱少林获“全国五一劳动奖章”。

5月5日，中国海员工会代表团参加国际海事技术预备会议。这次会议的任务主要是就国际劳工局1985年准备的海上和港口海员的福利、海员（包括在悬挂非本国国旗船上工作的海员）的社会保障、海员的医疗和保健、海员的遣返及1976年商船运输（最低标准）公约等方面的文件进行讨论，提出建议，为次年正式会议将要通过这些文件做准备。

6月19日，交通部授予王建佳、王兆友、田德祥、刘必喜、陈巧姑（女）、杨怀远、杨君劲、杨烈宇、杨秀华、郑克强、张嘉成、张铁军、胡福兴、鲍浩贤1985年全国交通系统两个文明建设先进个人称号。

7 月 16 日，交通部党组发出《贯彻中央书记处对交通系统职工队伍建设指示要点的通知》。

7 月，首届中国海员杯足球邀请赛在青岛港举行。

10 月 28 日至 11 月 1 日，中国海员工会在北京举办首届国际海上艺术作品展览。共展出油画、国画、摄影、书法、版画、剪纸、速写、丝绒画、装饰画、丝绵画、绣画、雕塑、雕漆画和根雕等作品 686 件。参加这次展览的还有日本海员工会和全日本港湾工会送来的作品，共 98 件，全日本海员工会派代表团专程参加这次国际性展览。中国香港、澳门海员工会也选送作品参加了展览。

11 月 4 日，中国海员工会召开交通航运系统企业工会安全生产劳动保护研讨会，检查各单位贯彻全国总工会制定的劳动保护《三个条例》的情况。

11 月 11 日，中国海员工会召开交通航务工程、航道、救捞系统企业工会安全生产劳动保护研讨会，检查各单位贯彻全国总工会制定的劳动保护《三个条例》的情况。

11 月 24 日，中国海员工会、交通部政治部发出加强水运企事业单位船舶、班组建设意见。

## 1987 年

3 月 17 日，中国海员工会天津地区联络委员会成立暨第一次会议在天津航道局召开，会议通过了《中国海员工会天津地区联络委员会章程》。

4 月 28 日，交通部宁波港务管理局宁波作业区一队装卸工任艺华荣获“五一劳动奖章”。

5 月，交通部和海员工会组成联合调查组，调查研究运输船舶领导体制改革的改革方向，提出了船长负责制的意见和实行船长负责制的改革方案。

7 月 4 日，中远总公司和中国海员工会远洋运输总公司委员会联合做出决定：在全体船员中开展岗位技术学习和岗位技术练兵活动。

7月10日，交通部颁发《关于表彰1986年度全国交通系统两个文明建设先进单位、先进集体和先进个人的通报》。

7月15日，中国海员工会提出解决家住农村船员家属“农转非”问题的报告。

8月15日，中国海员工会印发《上海港务局工会关于上海港合同制装卸工近况的调查》，调查反映城市合同制装卸工队伍很不稳定，变动大，出勤低。外省轮换工是目前合同制工人最稳定的一支队伍。

10月12日，中国海员工会港口联络委员会制定《港口职工代表大会工作规范》，中国海员工会印发全国港口企业执行。

10月15日，中国海员工会代表团参加第74届国际劳工（海事）大会，本次联合海事委员会审议了商船（最低标准）公约、安置海员公约、社会保障（海员）公约、工资工时及人员（海上）建议书、劳动监察（海员）建议书等。全国总工会书记处书记、中国海员工会主席方嘉德当选为工人组副主席。中国海员工会副主席张士辉当选为新一届联合海事委员会正式委员。

12月11日，中国海员工会决定设立“金锚奖”和“海燕奖”，设奖的目的是表彰水运战线各行各业的最佳人物和优秀海洋文学作者，扩大海员和水运职工的社会影响，提高他们的社会地位和政治地位。

## 1988年

2月6日，中国海员工会全国委员会发出《关于颁发首届金锚奖和海燕奖的决定》，决定对42名全国水运系统最佳人物颁发首届金锚奖和海燕奖。中国海员工会首届“金锚奖”和“海燕奖”授奖大会在广州举行。

2月，全国交通系统在烟台召开端正行业风气、加强道德建设经验交流会，全国总工会书记处书记、中国海员工会主席方嘉德在会上作“加强劳动纪律，培养职业道德”的讲话。

3月3日，中国海员工会就海员工会的产业特点和工作任务向全国总工会提出报告。

4月4日，中国海员工会制定海员工会信息工作制度。

7月2日，上海海运管理局工会、劳动模范杨怀远和其妻佘秀英在上海海员俱乐部联合召开新闻发布会，向到会的51家新闻单位、出版单位的记者、编辑揭露作家张士敏利用小说《荣誉上的十字架》诽谤杨怀远、佘秀英的事实真相。

15日，交通部政治部致信杨怀远、佘秀英，赞扬杨怀远几十年如一日，全心全意为人民服务，在客轮服务工作的岗位上做出了不平凡的成绩；杨怀远不仅是改革的积极拥护者，而且是改革的实践者。来信还赞扬佘秀英是当之无愧的贤内助，对她表示感谢和亲切慰问。中国海员工会也向杨怀远、佘秀英致慰问信。

9月，中国海员工会拟定海员工会自身改革的建议并报送全国总工会。

9月，第二届中国海员杯足球邀请赛在上海港举行。

10月，为了更好地配合贯彻国务院对安全工作的指示精神，整顿和改善交通运输安全工作，海员工会发出了《关于开展群众安全生产、工会劳动保护工作检查的通知》并组织抽查。部属企事业和沿海、长江沿线港口已建立的三级劳动保护监督检查委员会占应建组织的75%，配备四级劳动保护监督检查员占应配的80%。

11月15日，经国家经委、中国质办、全国总工会组织的专家评审，大连轮船公司大连至新港线QC小组被评为全国优质管理小组。

11月，中国海员工会发出进一步加强海员工会信息网络工作的意见。

12月8日，交通部、中国海员工会发出“北归船员”有关问题处理意见。

12月，广州黄埔国际海员俱乐部联合广州港务局、广州海运管理局等多个单位在广州东方乐园举办了庆祝1989年元旦游园大联欢活动。活动吸引了来自新加坡、马来西亚、印尼、菲律宾、印度、缅甸、保加利亚、民主德国、法国、丹麦和中国香港等国家和地区海员以及中国海员400多人参加。

是年，秦皇岛港举办首届艺术节。

## 1989年

4月19日，中国海员职工技协成立，张士辉副主席在成立大会上作“加强技协工作，推动技术进步，努力发展交通运输事业”的讲话。

8月5日，交通部颁发《关于表彰1987、1988年度全国交通系统两个文明建设先进单位、先进集体和劳动模范的通报》，决定对52家先进单位、71个先进集体、225名劳动模范予以通报表彰。

8月，中共交通部党组发出《关于进一步在全国交通系统学习严力宾同志先进事迹的决定》。

9月26日，中国海员工会向国务院上报《关于调整产业政策，扶持内河航运建设问题的报告》。

9月27日至10月17日，天津港首届职工文化艺术节举行。

10月1日，交通部、中国海员工会全国委员会联合发出《关于表彰全国优秀海员家属的通报》。

10月2日，全国劳动模范和先进工作者表彰大会在北京举行，全国交通水运先进职工受到表彰。

10月23日，中国海员工会召开国际海员俱乐部对外宣传工作会议，制定《关于加强对外宣传工作的意见》，并形成《中国海员工会关于全国国际海员俱乐部对外宣传工作会议情况给中央宣传部的报告》。

11月24日，全国总工会办公厅颁发由中国海员工会制定的《国际海员俱乐部登轮人员工作职责》。

12月21日，中国海员工会根据海员工会体制上下脱节的现状，为适应工作需要，在基层工会的赞同和支持下组织了海员工会责任委员会。这是海员工会自身改革向群众化、民主化方向迈进的一步。责任委员会委员有方嘉德、张士辉、孙文权、王镭、关吉春、陈昌本、徐金保、贾兆亭、宋连波、李树华、李宝文。

12月21日至26日，中国海员工会在北京召开了责任委员会工作会议。

12月26日，中国海员工会发出《交通运输船舶工会工作条例（试行）》。

12月，中共中央发出《关于加强和改善党对工会、共青团、妇联工作领导的通知》。

## 1990年

1月20日，交通部党组发出《关于完善船舶领导体制的通知》。通知根据党的十一届四中、五中全会精神和交通部直属单位政治工作会议的精神，部党组决定，航运企业船舶继续实行船长负责制。为更好地发挥船舶党支部的政治核心作用和加强船舶的思想政治工作，船舶专业政工干部的职务名称，由副船长改为政委。

2月6日至9日，中远系统工会第二届三次全委（扩大）会议在天津远洋宾馆召开。会议讨论修改了《远洋船舶工会工作条例》，并增补了委员、常委名额。

2月24日，交通部、中国海员工会、中国公路运输工会在北京召开第一次联席会议。交通部部长钱永昌、副部长林祖乙，中国海员工会、公路运输工会领导，以及交通部有关厅司局负责同志和部分省海员（交通）工会、企事业单位工会主席参加了会议。会议就进一步树立全心全意依靠工人阶级的思想，认真贯彻中共中央精神，密切政府交通部门与工会组织的联系等问题进行了深入的座谈。钱永昌在联席会议上作讲话。

3 月 5 日，中国海员工会发出《开展向严力宾同志学习的通知》。

3 月，交通部和中国海员工会、公路运输工会联合下发《关于交通部与中国海员工会、公路运输工会加强工作联系的通知》，就如何发挥工会民主渠道作用作出具体规定，同时要求各省、市、自治区交通厅（局）、部属及双重领导交通企（事）业单位参照交通部的做法，吸收同级工会参加有关工作和活动。

4 月初，交通部授予严力宾“雷锋式优秀船员”的光荣称号。

4 月 5 日，中国海员工会加强工会干部培训工作，发出《全国水运系统一、二级企业工会正、副主席进行岗位培训的通知》。制定了全国水运系统一、二级企业工会正、副主席岗位培训计划。

4 月 7 日，交通部、中国海员工会联合组织交通系统“学雷锋树新风报告团”在人民大会堂做首场报告后，用两个月的时间先后到北京、秦皇岛、沈阳、大连、烟台、南京、上海、杭州、广州、蛇口、海口、昆明、贵阳、重庆、武汉、郑州、西安、太原、呼和浩特、长春、哈尔滨和天津等 22 个城市为交通职工巡回报告 26 场，直接听众 4 万多人。

4 月，全国总工会授予交通系统 62 名先进个人“五一劳动奖章”，23 个先进班组和 1 个先进集体“五一劳动奖状”。

5 月 9 日至 12 日，“纪念招商局船员起义四十周年座谈会”在北京召开。

11 月 18 日，交通部召开全国交通系统学雷锋、树新风经验交流会，方嘉德主席代表中国海员工会在会上作“发动群众，深入开展学雷锋、树新风活动”的讲话。

11 月 13 日，全国总工会作出在职工中开展学习、宣传严力宾模范事迹的决定。

12月12日，经全国总工会书记处批准，中国海员工会成立的日期是1921年4月6日。

12月17日，中国海员工会、交通部体制改革司召开全国水运系统合理化建议、发明创造优秀成果表彰会。

12月24日，中国海员工会召开全国国际海员俱乐部主任会议，全国总工会书记处书记、中国海员工会主席方嘉德作“努力提高两个效益，为改革开放服务”的讲话。

## 1991年

1月23日，交通部和中国海员工会、全国公路运输工会在北京召开第二次联席会议。交通部部长钱永昌，副部长王展意、林祖乙，全国总工会书记处书记、中国海员工会主席方嘉德，副主席张士辉等参加了会议。

2月7日，交通部、中国海员工会全国委员会等联合下发通知，印发了《关于深入持久地开展合理化建议活动的意见》。

2月20日，中国海员工会制定有关工作制度的规定。对中国海员工会的会议制度、工作制度、学习制度、关于公文处理的规定、印章使用管理制度、财务制度、考勤制度等作出明确规定。

2月21日，中国海员工会向全国总工会书记处报送了《关于健全中国海员工会全国委员会的实施方案》。全国总工会书记处批复原则同意，要求中国海员工会根据全国总工会《关于进一步建立健全产业工会全国委员会若干问题的暂行规定》，结合本产业的实际贯彻执行。

3月5日，中国海员工会确定机关三定方案，对海员工会的职责、机构、编制进行规定。

3月23日，中国海员工会全国委员会发出《关于颁发第二届金锚奖、海燕奖的决定》，决定对95名全国水运系统最佳人物颁发第二届金锚奖。

3月23日，中国海员工会全国委员会授予广州黄埔国际海员俱乐部周子华“最佳海员俱乐部党务工作者”。

4月3日，中国海员工会在广州召开工作会议。

4月5日，中国海员工会成立70周年庆祝大会在广州举行，林伟民塑像在珠海市三灶镇揭幕。全国总工会书记处书记、中国海员工会主席方嘉德代表中华全国总工会表示热烈祝贺并讲话。张士辉作了“缅怀革命业绩弘扬光荣传统”的讲话。

4月6日，中国海员工会第二届“金锚奖”颁奖大会在广州举行。

5月20日，全国委员会下发《关于贯彻全国总工会〈关于健全中国海员工会全国委员会实施方案的批复〉的意见》。

6月，由中共上海海运管理局委员会党史资料征集委员会、中国海员工会上海海运管理局委员会编写的《上海海员工人运动史》由中共党史出版社出版发行。

7月20日，中国海员工会决定建立上海海员职工综合服务部，由全国海员职工技协秘书长孙锡才主持日常工作，组织上海地区水运职工（包括离退休职工）开展技术协作、技术咨询、船舶维修、技术培训、船员职工劳务及其他业务等工作。

7月，交通部、中国海员工会全国委员会等颁发《关于表彰一九八九、一九九〇年度全国交通系统两家文明建设先进单位、集体和劳动模范的通报》，交通部、中国海员工会全国委员会、中国公路运输工会全国委员会决定授予全国275名同志“全国交通系统劳动模范”称号，授予134家单位、集体“全国交通系统两个文明建设先进单位、集体”称号。

9月，中国海员工会发出做好抗洪救灾工作的通知，中国海员工会慰问组到苏皖11个地（市）20家基层单位，查看了码头、车站、车队、道班、职工宿舍的水毁情况，看望了受灾职工和家属。

10月7日至11日，全国交通系统两个文明建设先进单位、先进集体、劳动模范和抗洪救灾先进集体、先进个人表彰大会在北京召开。会上，表彰了两家文明建设先进单位、先进集体134个，劳动模范275名；表彰了抗洪救灾先进单位60家，先进个人68名。

11月8日，交通部、中国海员工会举办首次全国水路客运技术比赛。参加这次比赛的有浙江、江苏、广东、湖南等省代表队；有武汉、重庆、芜湖、上海长江轮船公司、上海海运管理局、广州海运管理局、黑龙江航运管理局、大连轮船公司等共14个代表队，56名选手。

11月28日，中国海员工会全国委员会等发布《关于进一步贯彻中共中央“关于加强和改善党对工会、共青团、妇联工作领导的通知”（简称〈通知〉）的意见》。

## 1992年

1月25日，中国海员工会发出《表彰全国内河“先进船”“先进班组”的决定》。中国海员工会组织全国内河船舶、港口装卸班组开展了“双文明”建设竞赛活动，共有455家航运企业，272个港口企业的48924条船舶，12633个装卸班组参加了这一活动，促进了内河系统两个文明建设的发展，涌现出一大批先进集体。中国海员工会全国委员会决定对中国长江轮船总公司“长江02028”轮等50艘船舶和哈尔滨港务局151装卸班组等34个班组分别授予内河“双文明”建设竞赛活动组织奖，分别颁发奖状、奖旗，并予以通报表彰。

1月28日，中国海员工会全国委员会等发布《关于表彰交通系统抗洪救灾先进集体、先进个人的决定》，授予安徽省合肥市航运公司第54个集体“交通系统抗洪救灾先进集体”荣誉称号，王兴安等116名同志“交通系统抗洪救灾先进个人”荣誉称号，并颁发奖状、荣誉证书。

2月12日，全国总工会根据中国海员工会《关于扶持全国国际海员俱乐部进一步发展给全总书记处的意见》，就解决国际海员俱乐部建设资金和维修改造经费的意见给国家计委、国务院口岸领导小组去函，要求协助解决。

2月25日，中国海员工会召开中国海员工会第三届全国委员会第一次全体会议，张士辉作“召开中国海员工会第三届全国委员会第一次全体会议筹备情况”的报告和“进一步动员全国水运职工为实现交通‘八五’计划努力奋斗”的工作报告。交通部部长黄镇东代表交通部、全国总工会书记处书记方嘉德代表全国总工会、香港海员工会丁锦源代表香港海员工会在中国海员工会第三届全国委员会第一次全体会议上讲话。会议选举张士辉为中国海员工会主席等。

2月25日，交通部、中国海员工会、全国公路运输工会在北京召开第三次联席会议。交通部部长黄镇东、副部长林祖乙，全国总工会书记处书记方嘉德参加了会议。会上，中国海员工会、全国公路运输工会主席张士辉通报了工会一年来的工作情况和1992年工作要点；六位省海员（公路运输）工会和部属、双重领导企事业单位工会主席就贯彻中共中央《通知》的情况及有关企业发展和职工群众关心的问题发表了意见，提出了建议；黄镇东部长就加强和改善党对工会工作的领导，全心全意依靠工人阶级，发动群众积极参与改革，加强工会干部的选拔和配备等问题作出重要讲话。

2月29日，中国海员工会、交通部交通安全委员会表彰1991年度安全生产竞赛先进船舶。在1991年沿海、远洋运输船舶安全生产竞赛活动中，各单位认真贯彻国务院关于开展“质量、品种、效益年”活动的决定，紧紧围绕“安全、质量、服务、效益”的主题，强化安全管理，健全安全制度，落实安全措施，加强安全管理。“柳州轮”等19条先进船舶取得优异成绩，授予

“一九九一年度安全生产竞赛先进船”称号，发给奖状；对在组织竞赛中成绩突出的青岛远洋运输公司授予“安全生产竞赛组织优胜单位”称号，发给奖旗，并予通报表彰。

4月1日，中国海员工会组织新华社《人民日报》、《经济日报》、《工人日报》、《中国海员》杂志等新闻单位的记者对长江航运建设进行考察，在《全总信息》和新华社《国内动态清样》中对长江中游水域血吸虫病蔓延严重威胁水运职工健康问题进行了反映。交通部拨出专款予以解决。

5月13日，中远总公司党政工联合发出《关于认真学习、宣传、贯彻新〈工会法〉的通知》。

5月20日，中国海员工会就进一步贯彻《通知》向交通部党组报告，提出贯彻意见。

5月21日至6月3日，应中国职工对外交流中心和中国海员工会全国委员会的邀请，以议长河本末吉为团长的日本大阪港湾劳协代表团一行五人访问中国。该团此行系商谈中日港湾工人第四次技术交流、两国港湾工人劳动工资、福利、安全生产等，以及了解在中国外资企业合作方式及经营等方面的问题。

5月，中国海员工会提出港口企业工会参与综合改革的做法，提出工会组织要全方位参与改革的全过程；制定综合改革的民主程序；开好职代会，真正体现职工当家作主。

6月15日，新《工会法》经七届全国人大五次会议审议通过后已经颁布实施。中国海员工会、公路运输工会在《海员工会通讯》持续发表题为“学习贯彻《工会法》，积极推动改革开放”“结合实际学习、宣传好新《工会法》”等文章。

6月22日，中国海员工会制定《国际海员俱乐部工作条例》。

9月2日，交通部部长黄镇东在全国产业工会工作座谈会上的发言中，明确提出加快交通运输发展的七个方面改革开放措施。同时强调：贯彻实施这些改革开放措施，必须认真贯彻全心全意依靠工人阶级的指导方针，进一步发挥各级工会的桥梁纽带作用，充分调动广大职工群众的积极性，发挥工人阶级的主力军作用。

9 月 24 日，为进一步推动日本劳动界在中日友好事业上继续前进，由张士辉任团长的中国海员工会代表团应全日本港湾工会邀请对日本进行访问。

10 月 8 日，中国海员工会召开全国港口女职工劳动保护工作经验交流会，中国海员工会主席张士辉作“认真贯彻《女职工劳动保护规定》，充分发挥女职工在港口两个文明建设中的半边天作用”的讲话。

12 月 18 日，中国海员工会全国委员会发出《关于颁发第三届金锚奖、海燕奖的决定》，决定对 122 名全国水运系统最佳人物颁发第三届金锚奖。

是年，广州黄埔国际海员俱乐部组织职工参加广东省总工会获得了中餐宴会摆台、西式铺床、业务管理知识问询第一名，团体总分第一。全国海员俱乐部业务技术竞赛获得中餐宴会摆台、西式铺床三等奖。

## 1993 年

1 月 15 日，交通部、中国海员工会、全国公路运输工会在北京召开了第四次联席会议。黄镇东部长，张士辉主席在会上作了重要讲话。

2 月 5 日，中国海员工会作出表彰水运系统重点工程劳动竞赛优胜工程的决定。

2 月 7 日至 10 日，中国长江轮船总公司第二届第二次职工代表大会召开。会议首先宣读国务院“三委办”关于组建长航集团的批复。

2 月至 3 月，中国海员工会、公路运输工会对四川、湖北省交通系统 15 家单位和企业贯彻《全民所有制工业企业转换经营机制条例》《全民所有制工业企业转换经营机制实施办法》的情况进行了调查研究，并在调查报告中分析了贯彻情况，针对部分得到落实的四项经营权、很难落实的两项经营权的主要问题作了具体分析，提出了进一步贯彻落实的意见和建议。

4 月 28 日，交通部、中国海员工会、全国公路运输工会在北京召开全国交通系统劳动模范座谈会。交通部部长黄镇东，副部长刘松金、李居昌等，全国海员、公路运输工会主席出席了会议。交通部领导和张士辉主席在会上作了讲话。出席会议的劳动模范、先进人物代表向全国交通系统广大职工发出题为《解放思想，开拓进取，为交通发展和改革开放而努力奋斗》的倡议书。

4 月，中国海员工会广东省委员会编写的《广东海员工人运动史》由广东人民出版社出版发行。

8 月 13 日，中国海员工会、全国公路运输工会在《工运动态》（35）发表对云南、贵州、四川三省交通系统部分困难企业进行调查的调查报告：《国有交通企业陷入困境亟待支持》。

8 月 18 日，中国海员工会三届四次常委会议召开，中国海员工会主席张士辉作“研究新情况，解决新问题，努力做好海员工会工作”的报告。

9 月 21 日，台湾中华海员总工会代表团一行参观天津港，并参观了天津港集装箱码头。

9 月 22 日至 25 日，《中国海员》杂志 1993 年度联络站、记者站工作会议在天津港召开，来自全国各地港航系统水运单位的 60 多位代表出席会议。

9 月 25 日，广州远洋“银河”轮胜利返航抵达天津新港。当日，中远集团在天津新港举行欢迎“银河”轮胜利返航仪式，国务院副总理邹家华及国务院有关部委、天津市、中国海员工会领导参加了欢迎仪式。

9 月，中国海员工会主席张士辉在天津港慰问“银河”号船员。

10月26日，交通部、中国海员工会全国委员会授予广州远洋运输公司“华铜海”轮“两个文明建设标兵船”的荣誉称号。并发出《关于在全国交通系统开展向“两个文明建设标兵船”“华铜海”轮学习的决定》《关于在全国交通系统开展向全国劳动模范包起帆学习的决定》。

10月27日，交通部、中国海员工会等在北京召开工会十二大交通系统代表座谈会。交通部党组书记、部长黄镇东，交通部党组成员刘锷、李居昌参加了会议。与会代表就建立社会主义市场经济体制的新形势为交通运输企业带来的生存、发展方面的新问题和怎样搞好企业的问题，关于职工切身利益方面的问题，反映了意见，提出了建议。黄镇东部长在会上作了重要讲话。

是年，中国海员工会、全国公路运输工会会同劳动部、交通部，对上海、广州、蛇口、茂名、湛江等地交通系统30多家企业进行了为期12天的安全生产大检查，对不符合安全生产要求的项目和问题，提出了整改要求。

是年，中国海员工会、全国公路运输工会组织开展全国交通施工企业重点工程建设劳动竞赛。全国交通系统26个地区和单位，62个重点工程参加了竞赛，参赛人数达1.1万余人。

是年，中国海员工会对全国161个水运企业民主管理工作现状进行调查。被调查的交通运输企事业单位已建立民主管理基本制度的有148家，占91.9%。交通系统中的海上安全监督局、科研院所等事业单位仍然是民主管理工作的薄弱环节。

是年，随着交通系统企业集团的出现，工会工作面临许多新课题。中国海员工会对有关问题进行了调查研究，向全国总工会报送了《关于企业集团工会组织设置、领导体制及其性质、任务的意见》。

## 1994年

3月3日，《人民日报》头版头条刊登通讯《专家原是码头工——记上海港务局科技专家、全国劳动模范包起帆》；同时刊登报道了弘扬新时期创业精神：包起帆报告会在北京举行。

3月20日，交通部副部长刘松金、中国海员工会主席张士辉等专程到天津新港登上“华铜海”轮视察和慰问船员，号召全国交通系统深入开展向“华铜海”轮学习活动。

4月12日，《人民日报》头版刊登报道《1994年十大杰出职工》，43岁的“抓斗大王”、上海港南浦务公司高级工程师包起帆榜上有名。

4月30日，中国海员工会全国委员会发出《关于颁发第四届金锚奖的决定》，决定对124名全国水运系统最佳职工颁发第四届金锚奖。

5月5日，中国海员工会、交通部在北京召开了第五次联席会议。

5月10日至12日，中国海员工会港口联络委员会1994年会议在上海港召开。

5月17日，中国海员工会与国际图书贸易总公司在宁波联合召开全国国际海员俱乐部对外宣传工作会议。全国总工会副主席、书记处书记方嘉德在会上发表了讲话。

5月，《平凡岗位 辉煌业绩——记“抓斗大王”包起帆》由人民交通出版社出版。

9月16日，中国海员工会、中国公路运输工会决定将全国交通水运系统基层单位49个职代会提案评为优秀提案。

10月9日至11日，汕头市总工会国际联络部接待应中华全国总工会的邀请，由主席斯托扬率领的乌克兰工会联合会代表团一行四人。

10月19日，交通部、人事部颁发《关于表彰全国交通系统先进单位、先进集体、劳动模范和先进工作者的决定》，交通部、人事部决定授予全国271名同志“全国交通系统劳动模范”称号，授予123名同志“全国交通系统先进工作者”称号，授予83家单位“全国交通系统先进单位”称号，授予73家单位“全国交通系统先进集体”称号。

10月27日至31日，中国海员工会等女职工委员会女职工工作研讨会在宜昌召开，中国海员工会女职工委员会同时成立，并建立了女职工委员会工作制度。

12月18日至21日，中国海员工会三届四次全国委员会议在苏州召开。大会期间还颁发了第四届金锚奖。

是年，中国海员工会与交通部等联合在北京军事博物馆举办了“全国劳动模范包起帆先进事迹展览”，与交通部精神文明建设办公室共同组织了包起帆在全国各地巡回报告活动。据不完全统计，举办包起帆先进事迹展览三次，参观学习人数达12万人次；组织报告会100余场，听报告人数达17万多人次。

是年，中国海员工会与交通部安全委员会联合开展“争创百名安全优秀班组（船舶）竞赛”活动，全国各水运单位广泛响应，有14个省、自治区、直辖市交通厅（局）和40个交通部直属企事业单位的34996个班组、41571艘船舶参加竞赛。

## 1995年

1月11日，交通部、中国海员工会等在北京召开第六次联席会议。交通部部长黄镇东，中国海员工会、全国公路运输工会主席张士辉，交通部有关司局的领导及部分基层工会主席出席了会议。

3月30日，宁波港务局北仑集装箱公司“北极星”俱乐部被评为全国先进俱乐部，受到全国总工会表彰。

4月20日，交通部、中国海员工会于4月20日在北京人民大会堂隆重举行原招商局船员起义45周年纪念会暨《招商局海员起义》发行仪式。全国政协副主席杨汝岱、交通部部长黄镇东、交通部副部长刘松金、全国总工会副主席方嘉德、中国海员工会主席张士辉以及中组部、统战部、香港海员工会、香港招商局集团、中远集团的领导参加了纪念会。来自全国的当时参加起义的60位海员代表和与会者欢聚一堂，共同缅怀海员起义的历史伟绩。黄镇东、方嘉德、刘松金、张士辉在纪念会上发表了讲话，起义海员代表也发了言。

4月26日，宁波港务局引航站张锁珍赴京参加全国劳动模范表彰大会，这是宁波港务局历史上首位全国劳动模范。

4月30日，庆祝“五一”国际劳动节暨中华全国总工会成立70周年庆祝大会在北京举行。会议表彰了全国优秀工会干部和优秀工会积极分子，一批全国交通水运系统优秀工会干部和优秀工会积极分子受到表彰。

5月，由肖明学主编的《河北省海员工会志》编写完成。

5月，广州海运（集团）公司入选为全国百家现代企业制度试点单位之一，也是中国海员工会参与现代企业制度试点的联系单位。

7月1日，中国海员工会协同交通部制定并贯彻实施《交通女职工劳动保护实施办法》。

7月25日，中国海员工会在桂林召开会议，传达了全国总工会十二届六次主席团会议精神，研究现代企业制度试点中工会工作和职工民主管理工作，总结交流贯彻实施《劳动法》的经验。

9月6日，交通部在北京主持召开“广州海运（集团）公司现代企业制度试点实施方案论证”会议，中国海员工会的代表结合企业实际，提出了工会意见。

10月，中国远洋运输（集团）总公司工会编辑《中远劳模》，汇集了新中国成立以来中远系统获得全国劳动模范（先进生产者）、省部级劳动模范和中远系统劳动模范先进职工的事迹。

11月30日，中国海员工会开展信息工作先进单位和优秀个人评选。

12月6日，一艘长372.56米、宽62.01米、装载26万余吨铁矿的巴拿马籍“大凤凰”轮靠上宁波港20万吨卸船码头。宁波港务局工会组织开展专项劳动竞赛，仅用时不到四天完成原计划七天的卸船任务。

12月23日，中国海员工会三届五次全国委员会议在青岛召开。会上全国总工会副主席、书记处书记方嘉德传达全国总工会十二届三次执委会议精神，海员工会副主席王贻谋向大会做工作报告，听取了青岛港介绍全心全意依靠职工办好企业的先进经验，并参观作业现场。会议调整、补选常委会委员，对全国水运系统优秀信息员、先进工作者、先进集体进行表彰。会议还确定了大力推行平等协商和签订集体合同制度，加强现代企业制度试点中的工会工作等八项工作任务。

是年，中国海员工会、交通部联合发文，在交通系统开展向包起帆学习活动。组织巡回报告180余场，走遍全国30个省、自治区、市，直接听众20多万人。

是年，中国海员工会女职工委员会发动全国交通系统女职工为西藏日喀则养路职工献爱心，捐款24万元，使濒临倒塌的大竹水磨坊改建一新。

## 1996年

2月2日，中远集团工会下发《关于加强中远集团企业民主管理工作的意见》。

2月7日，中国外派海员三届三次理事会在上海召开。

2月15日，中国海员工会主席张士辉随中国职工交流中心代表团赴台，进行了为期八天的访问。

4月9日，《人民日报》头版头条刊登通讯《成功之本——青岛港务局全心全意依靠工人阶级纪事》。

4月，南通电视台拍摄介绍南通国际海员俱乐部接待、服务海员工作的专题片《外国人在南通》，“五一”期间，在美国芝加哥电视台《中国南通》栏目播放。

5月28日，中国海员职工技协二届一次会议在秦皇岛召开。会议选举产生了以张士辉为会长、王贻谋等为副会长的新一届领导机构。会议确定了围绕国有企业的“三改一加强”，搞好群众性“四技”活动，积极实施“技协工程”；推进企业技术进步，增强市场竞争能力；发展技协实体，增强职工技协活力；加强自身建设，完善技协管理制度，培养高素质技协队伍等重点工作。

6月，烟台港工人运动志编辑委员会编写的《烟台港工人运动志》由大连海事大学出版社出版发行。

8月29日，中国海员工会全国委员会发出《关于颁发第五届金锚奖的决定》，决定授予141名同志第五届金锚奖。

9月4日，中国海员工会在广州黄埔召开全国国际海员俱乐部工作经验交流会议。会上，九家单位的代表介绍了为海员服务、转机建制、加强管理及职工队伍建设等方面的先进经验。表彰了广州黄埔国际海员俱乐部等3家先进单位、厦门国际海员俱乐部接待科等12个先进集体、广州黄埔国际海员俱乐部黄亦文等33名先进工作者，并评选表彰了全国优秀国际海员俱乐部、全国国际海员俱乐部先进集体奖项。

10月8日至22日，中国海员工会主席张士辉参加在日内瓦举行的第84届国际劳工（海事）大会。

是年，中国海员工会进一步加强了对广州海运（集团）有限公司现代企业制度试点工作的指导：一是通过与行政协调，解决了工会主席进董事会、副主席进监事会的问题；二是对平等协商、签订集体合同过程中遇到的难点问题进行具体指导和协调，指导企业工会与行政平等协商，签订集体合同。

是年，中国海员工会与交通部联合下发了《关于在全国交通企业加快推行平等协商和集体合同制度的意见》。

## 1997 年

3 月 4 日，广州黄埔国际海员俱乐部、广州黄埔新港国际海员俱乐部接待国际海员福利会执行秘书安克·舍兰达及其夫人等。

3 月 26 日，中国海员工会四届一次全国委员会议在北京召开。大会审议通过了工作报告，选举产生了以张士辉为主席，王贻谋为副主席，并由 13 人组成的中国海员工会第四届全国委员会领导机构。会议讨论修改了中国海员工会组织办法，通过了相应决议，表彰了“金锚奖”“金桥奖”获得者和在“八五”期间做出突出贡献的 92 个先进基层工会、190 名优秀工会干部和 160 名优秀工会积极分子。

4 月，“罗浮山”轮荣获中华全国总工会颁发的 1997 年度“全国五一劳动奖状”先进集体。

6 月 4 日，中国海员工会信息工作会议在厦门召开。全国交通水运系统工会主管信息工作的同志参加了会议。会议讨论制定了《中国海员工会信息工作制度》，使海员工会信息工作逐步走向规范化、制度化。

8 月 21 日，长江通信导航局重庆分局涪陵处签订集体劳动合同，这是长航局工会确定实行企业化管理、建立平等协商和签订集体合同制度的首家试点单位。

8 月，中国海员工会与新加坡高级海员联合会和新加坡海员联合会经过多次协商，签署了双边协议。

9 月 26 日，中国海员工会首次参加在日本大阪举行的亚洲海员高峰会暨挪威/亚洲海员委员会会议。

10 月，交通部、劳动部、中国海员工会、全国公路运输工会共同举办了全国首届交通职工船舶水手、机工和汽车驾驶员三个工种的技能竞赛。竞赛分水运和公路两大部分，分别在大连、西安举行。3 名选手被劳动部授予“全国技术能手”称号，30 名选手被交通部授予“全国交通行业技术能手”称号。

是年，按照中央经济工作会议精神，海员工会与交通部联合下发了《关于交通企业职工代表大会民主评议企业领导干部的意见》。

是年，中国海员工会中国海运（集团）总公司委员会在上海成立。

## 1998 年

3 月 6 日，中海集团工会在全系统组织开展以“人节 2000 元、船节 20 万元”为主要内容的“中海杯”劳动竞赛，船舶节支有目标，为“突破口”作贡献，劳动竞赛成效显著。

3 月 23 日，中国长江航运（集团）总公司第三届第二次职工代表大会、工作会（两会）合并召开。这次会议是在实现了扭亏持平、略有盈余的形势下召开的一次重要会议。时任湖北省副省长周坚卫、湖北省总工会主席冯家云、交通部副部长刘松金、中国海员工会主席张士辉等领导莅临大会。

4 月，中国海员工会出席了在印度尼西亚雅加达举行的第 16 次亚洲海员高峰会暨挪威/亚洲海员委员会会议。

6 月 11 日至 15 日，中国海员工会港口联络委员会 1998 年工作会议在天津港召开，来自全国 30 个港口的代表参加了会议。中国海员工会主席张士辉参加会议开幕式并讲话。

6 月 18 日，厦门港务局正式实行政企分设，组建厦门港务集团。这是中国沿海港口中对原有政企合一的港务局体制进行改革的尝试。

夏季，长江、松花江、嫩江流域遭受了历史罕见的洪涝灾害，灾区的各级工会组织全力以赴投入抗洪斗争，广大交通职工舍小家保大家，积极投入抗洪抢险斗争，参加抢险的交通职工人数达 89. 3 万人。据不完全统计，水运系统投入救灾运输船舶 3. 2 万艘次，运送救灾人员 366. 5 万人，运送救灾物资 241. 3 万吨。

9 月 3 日，中远集团工会向各二级工会下发《关于工会切实做好下岗职工基本生活保障和再就业工作的意见》。

9月21日，国家人事部、交通部颁发《关于表彰全国交通系统先进集体、劳动模范和先进工作者的决定》，决定授予213人"全国交通系统劳动模范"称号，授予137人"全国交通系统先进工作者"称号，授予180家单位为"全国交通系统先进集体"称号。

9月24日，中国海员工会全国委员会发出《关于颁发第六届"金锚奖"的决定》，授予145名优秀职工"金锚奖"。

12月16日，中国海员工会四届三次全委会议在南京召开。江苏省委副书记顾浩、全国总工会副主席方嘉德出席会议并讲话。大会审议通过了工作报告，会议交流了各地、各单位工作经验。

是年，中国海员工会与交通部安全委员会联合组织了第四次全国水运系统安全船舶、班组竞赛活动。

是年，在各级工会的努力下，全国交通企业职代会的建制工作取得了新进展。有96%的地方交通企业和97%的部属及双重领导企业建立了职代会制度。

## 1999年

3月8日，全国总工会表彰了包括交通水运系统的全国先进女职工工作者和先进女职工。

7月16日，中国海员工会四届六次常委会议在宁夏召开。

9月13日至12月21日，按照国家经贸委和全国总工会部署，长江港航监督局在全线开展"百日安全无事故"活动。

9月28日，交通部、中国海员工会等联合颁发《关于表彰全国交通系统优秀海员家属、公路职工"贤内助"、优秀家属工作者、文明家庭的决定》。

9月，中国海员工会与挪威海员工会、挪威高级船员协会、挪威轮机长工会共同签署了双边协议。

10月13日至17日，中国海员工会等在江西九江召开信息工作会议。会议表彰了31家信息工作先进单位和56名优秀信息员。

10月28日，长江引航中心第一次工会会员代表大会暨工会成立大会在江阴召开。

11月，烟台发生11·24特大海难事故，国务院组织调查，中国海员工会主席张士辉作为国家安全专家组成员被任命为海事调查工作组组长，开展了相应工作。

是年，中国海员工会努力为职工、为企业办实事，指导各级海员工会筹集帮困基金，慰问交通系统特困职工等，受到广泛的赞誉。

## 2000年

3月25日，中国海员工会与交通部、招商局集团在上海共同举办了纪念招商局海员起义50周年座谈会。

3月31日，中国海员工会四届四次全国委员会议在武汉召开。会议总结了上一年的工作情况，交流了29家基层单位工会工作经验，发布了海员职工技协90项技术成果，研究部署了2000年的工作。中国海员工会主席张士辉作了会议总结讲话，提出2000年的五项重点工作。

4月29日，全国劳动模范和先进生产工作者表彰大会在北京举行，全国交通水运系统一批先进职工受到表彰。

5月8日至10日，亚洲海员高峰会暨挪威/亚洲海员委员会会议在中国大连进行，中国海员建设工会主席张士辉致欢迎词。

5月，中国海员工会和全日本海员工会，为发展中日两国海员工会的友好合作关系，维护在日本商船（日本法人管理，从事国际航海的日本籍船舶以及外国籍船舶）上工作的中国海员的正当权利而签订协议。

8月29日，全国总工会批准中国海员工会第四届全国委员会八次常委（扩大）会议选举朱建光为中国海员工会全国委员会副主席。

是年，中国海员工会对交通企业“完善法人治理结构中的民主管理”和“交通企业劳动争议”情况进行了调查，形成了调查报告，并分别获全国总工会机关调研成果二等奖和三等奖。

## 2001 年

1 月，中国海员工会主席张士辉参加国际劳工局联合海事委员会会议，就世界海运业结构改革对海员生活和工作的影响、修改有关海事公约、提高海员工资标准等问题作了发言。

3 月 12 日，中国海员工会全国委员会、中国公路运输工会全国委员会联合发出《关于颁发第七届“金锚奖”和第四届“金桥奖”的决定》，决定授予 131 名优秀水运职工第七届“金锚奖”。

4 月 5 日至 7 日，中国海员工会四届五次全国委员会在北京召开。

4 月 6 日，中国海员工会成立 80 周年纪念日，中国海员工会在人民大会堂隆重召开纪念大会。中共中央政治局常委、中央书记处书记、全国总工会主席尉健行接见了与会全体人员并与大家合影留念。

4 月，中国海员工会编辑完成《中国海员工会八十年（1921—2001）》画册。

6 月，中国海员工会参加在韩国召开的亚洲海员高峰会暨挪威/亚洲海员委员会会议，与亚洲国家和地区海员工会就本地区海员输出管理、权益维护、工资标准等问题协调立场，取得了基本一致的意见。

10 月 8 日，国家人事部、交通部颁发《人事部、交通部关于表彰全国交通系统先进集体和劳动模范、先进工作者的决定》，决定授予全国 180 家单位、集体“交通系统先进集体”称号，授予 198 人“全国交通系统劳动模范”称号，授予 151 人“全国交通系统先进工作者”称号。

12 月 25 日至 26 日，中国海员工会交通部海事局第一届委员会第一次全体会议在青岛召开，选举产生中国海员工会交通部海事局第一届常务委员会。

是年，根据全国总工会的要求，中国海员工会发挥水运领域国家级安全专家作用，参加了渤海湾“通惠”轮爆炸沉没事故的调查，在查明事故原因、吸取教训、避免类似事件发生、保护职工人身安全上，发挥了积极的作用。

## 2002 年

3 月，中国海员工会与全国总工会台湾事务办公室共同努力，在交通部海事局支持下，出台了台湾船员来国内培训考试、取证办法，并约定由广东海事局在接受中国海员工会的委托后，具体负责承担台湾海员工会推荐的台湾海员履约培训。

4 月 25 日，中海集团召开第一届职工运动会，各基层单位共派出选手 2000 多人次参加了大小 57 个项目的竞赛。

4 月 30 日，中央电视台在当晚黄金时间播放“劳动欢歌”——“心连心”艺术团慰问天津港演出实况。

4 月，中国海员工会与交通部对在全国重点水域开展争创安全航线竞赛活动的先进工人与集体进行了表彰。

6 月，中国海员工会与日本海员工会共同推出的中国船员英语教育计划在天津正式实施。该计划由日本海员工会出资，招收中国船员进行培训，每期六个月。

8 月 8 日，中国海员工会全国委员会、中国公路运输工会全国委员会联合下发《关于颁发第八届“金锚奖”和第五届“金桥奖”的决定》，决定授予 169 名优秀水运职工第八届“金锚奖”。

9 月 3 日，应中国海员工会和中国职工交流中心的邀请，以台湾中华海员总工会理事长方福梁为团长的台湾海员工会代表团一行十人，在北京与中国海员工会进行了交流，并由中国海员工会副主席朱建光等陪同参观了天津港。

11 月 25 日，中远集团工会下发《中远集团工会工作条例》。

是年，南通市政府将海员俱乐部列为首批改制转企的事业单位，南通市总工会随即向全国总工会汇报此事，中国海员工会为此专门复函南通市机构编制委员会，强调海员俱乐部的体制变更应由全国总工会统一研究确定。

## 2003 年

3 月 3 日至 9 日，中国海员建设工会副主席朱建光率团参加在越南河内举行的第 20 次亚洲海员高峰会议暨挪威/亚洲海员委员会会议。

3 月 27 日，中国海员建设工会全国委员会一届一次会议在北京召开。各地海员、公路运输、建筑、城建系统工会及有关方面代表 300 多人参加了会议。全国总工会领导人张俊九、孙宝树等出席了开幕式。交通部副部长翁孟勇、建设部副部长傅雯娟分别代表交通部、建设部到会祝贺。大会审议通过了工作报告，选举产生了中国海员建设工会第一届全国委员会（以下简称“中国海员建设工会”或“全委”）领导机构，137 名委员，21 名常委，选举吴子恒为主席，李全良、朱建光为副主席。

5 月至 6 月，中国海员建设工会派员参加第 91 届国际劳工大会，就国际海员持证问题在海事委员会上发言，表明中国工会的立场。

9 月，中远集运工会被全国总工会授予 2003 年“全国模范职工之家”称号，并在中国工会十四大上受到表彰。

11 月 3 日，中国海员建设工会、中国公路运输工会全国委员会下发《关于评选第九届“金锚奖”和第六届“金桥奖”的决定》，决定授予 169 名优秀水运职工第九届“金锚奖”。

12 月 29 日至 30 日，中国海员建设工会全国委员会一届二次会议在云南省昆明市召开。参加会议人员 150 人。全国总工会副主席苏立清等领导出席了开幕式并讲话。中国海员建设工会主席吴子恒作了题为“突出重点，扭住重点，全面推进工作创新”的工作报告。会议认真学习贯彻全国总工会十四届三次主席团扩大会议精神，总结了2003年全委会的工作，下发了全委会2004年工作要点，部署了2004年的重点工作。

12月，中国海员建设工会开展“创建学习型组织、争做知识型职工”活动。

是年，中国海员建设工会联合交通部，先后在全国重点水域开展了争创安全航线竞赛活动。有56889艘船舶、43499个班组参加了竞赛。其中93艘船舶获得全国水上交通安全优秀船舶，96个班组获得全国水上交通安全优秀班组，13个单位获得优秀组织奖。

## 2004年

1月17日，中国海员建设工会主席吴子恒率领慰问团来天津港慰问职工，在天津港四公司举行慰问演出并向职工赠送慰问品。同时，慰问了天津市特等劳动模范、时任天津港口医院总护士长的钱冬香。

3月1日，中国海员建设工会参加在菲律宾宿务举行的第21次亚洲海员高峰会议暨挪威/亚洲海员委员会会议。

3月17日，中远集团和中远集团工会就《集体合同》达成一致意见，并经中远集团五届二次职代会审议通过，公司方与职工方首席代表签署，签署后按规定报劳动和社会保障部备案审核并生效。

4月12日，《人民日报》头版头条刊登通讯《新时代的中国工人许振超》，同时刊登评论《当代产业工人的代表》。

4月20日，许振超先进事迹报告会在北京人民大会堂举行。人事部、交通部决定授予许振超《全国交通系统劳动模范》荣誉称号；全国总工会决定授予许振超“全国五一劳动奖章”，并向许振超颁发奖章和荣誉证书。会前，中共中央政治局常委、国务院副总理黄菊亲切接见报告团一行，高度赞扬许振超的事迹。

5月，中国海员建设工会全国委员会和中国船东协会与全日本海员组合及日本国际船员劳务协会在北京召开会议，就进一步履行2001年11月18日签署的四方协议。

7月，中国海员建设工会办公室主任座谈会在连云港召开。会议讨论下发了《中国海员建设工会信息工作实施细则》，并对信息员进行了网络传输培训。

8月6日，外派海员工作研讨会在大连召开。

8月，中国远洋运输（集团）总公司工会编辑《中远劳模》，介绍了20位中远成立以来全国劳动模范（先进生产者）以及18位“全国五一劳动奖章”获得者的先进事迹。

8月，中国海员工会与新加坡高级海员联合会和新加坡海员组织签订2004年协议。

9月13日，国际劳工组织海事技术筹备大会在日内瓦召开。中国政府、工会、船东三方代表参加了会议。中国海员建设工会主席吴子恒作为工会代表参加了大会。这次大会的主要任务是审议和完善《综合海事劳工公约（草案）》，以提交给下一届国际劳工海事大会审议。来自88个国家的551名政府、船东和海员出席大会，对公约的各项条款、规则和技术细则等进行讨论。

11月11日至14日，中国海员工会港口联络委员会2004年会议在广西防城港召开。

12月20日，中国海员建设工会、交通部安全委员会下发《关于全国水运系统船舶、班组安全竞赛活动的表彰决定》。

是年，中国海员建设工会与交通部安全生产委员会联合开展了船舶、班组安全竞赛活动。这次活动受到各级领导的高度重视和基层单位积极广泛的响应，有62627艘船舶、35216个班组报名参赛。

## 2005年

1月11日，中国海员建设工会一届三次全委会议在大连召开。全体委员、有关单位的行政领导人参加了会议。全国总工会副主席苏立清到会并讲话。大会审议通过了工作报告。

2 月，吴子恒主席参加了在日本东京召开的亚洲海员工会高峰会，在会上作了报告，提出“按 ILO 最低标准确定亚洲船员工资”的提案。

3 月 9 日，国家人事部、交通部颁发《关于表彰全国交通系统先进集体、劳动模范和先进工作者的决定》，决定授予 202 人“全国交通系统劳动模范”称号，授予 237 人“全国交通系统先进工作者”称号，授予 190 家单位“全国交通系统先进集体”称号。

4 月 25 日，庆祝全国总工会成立 80 周年大会在北京召开，全国总工会决定，授予 1015 家单位“全国模范职工之家”称号，授予 1013 家单位“全国模范职工小家”称号。全国交通水运系统一批先进集体和个人受到表彰。

4 月 25 日，经过全国总工会、中国海员建设工会组织、航运界和相关单位领导、海员等长久呼吁，建议将郑和下西洋首航日 7 月 11 日设为“中国航海节”。国务院经研究同意自 2005 年起，每年 7 月 11 日为“航海日”。

4 月 29 日，交通部和中国海员建设工会在交通部多功能厅联合举办“交通行业全国劳动模范和先进工作者座谈会”，在北京出席全国劳动模范和先进工作表彰大会的全国交通行业的 118 名全国劳动模范和先进工作者与交通部领导和中国海员建设工会领导座谈。

5 月 24 日，交通部主办以“热爱祖国、睦邻友好、科学航海”为主题，纪念“郑和下西洋 600 周年”和庆祝设立“航海日”座谈会，中国海员建设工会和中宣部、国防科工委、农业部、国家海洋局、海军政治部等有关单位及领导参加了座谈会，台湾、香港海员工会的代表应邀出席会议。

6月25日，在天津考察工作的国务院总理温家宝来到天津港五洲国际集装箱码头，亲切接见并慰问了天津港劳动模范代表。

7月8日至14日，在上海举办“郑和航海暨国际海洋博览会”，中国海员工会老领导出席了开幕式。博览会以“热爱祖国、睦邻友好、科学航海”为主题，规划布置2.5万平方米展区，由郑和七下西洋史和中国航海史、航海、海洋、港口、船舶等五个分展览会组成。

7月11日，中国海员建设工会全国委员会下发《表彰第十届“金锚奖”的决定》，决定授予142名优秀水运职工第十届“金锚奖”。

8月31日，中国海员建设工会主席吴子恒发表文章《中国海员，抗战史上的一个英雄群体》，纪念中国人民抗日战争暨世界反法西斯战争胜利60周年。

9月23日，天津港集团公司和塘沽区联合举办“海门情”慰问农民工文艺晚会。

10月25日至28日，中国海员建设工会港口联委会2005年工作会议在黑龙江哈尔滨召开。

10月，交通部救捞系统圆满完成“神舟六号”飞船海上应急救援任务。

11月5日，中国海员建设工会全国委员会与全国总工会组织部联合举办全国交通、建设系统基层工会信息员培训班。

## 2006年

1月7日，中国海员建设工会在上海召开了一届四次全委会议，会议审议通过了工作报告。会上还进行了工会工作经验交流等。

2月5日至23日，国际劳工组织第94届国际劳工（海事）大会在日内瓦召开。中国派出了由政府、船东和海员三方共28人的代表团参加，中国海员建设工会吴子恒、魏薇，国际部张涛等作为海员代表出席了会议。吴子恒代表中国海员在大会上发言，并担任了大会总务委员会委员。会议选举吴子恒为联合海事委员会的代表。大会最终通过了《2006 年海事劳工公约》。

3 月 6 日，吴子恒主席出席在香港召开的第 23 届亚洲海员峰会暨第 16 次挪威/亚洲海员委员会会议，并在会上作了发言。会议期间，同挪威船东协会就中国外派海员协议进行了谈判，同菲律宾的两个海员工会组织就中国使用菲律宾船员的有关情况进行了交流。

4 月 6 日，纪念中国海员工会成立 85 周年座谈会在广东省珠海市隆重举行。

4 月 10 日，中国海员建设工会批复筹建中国海员工会中国船级社委员会。

6 月 21 日，中日海员工会与船东协会举行“四方会谈”。中日海员工会举行“中国船员英语培训开学典礼”。

6 月 21 日，交通部在大连隆重召开搜救越南渔民总结表彰大会。南海救助局及中国海上搜救中心总值班室等 8 个集体、彭建波等 50 名个人获表彰。全国总工会授予“南海救 111”轮和“德进”轮“全国五一劳动奖状”，交通部授予“南海救 111”轮、“德进”轮“搜救越南遇险渔民英雄船”称号。

6 月，中国船级社系统工会召开成立大会。

7 月 11 日，中国航海日庆祝大会在上海洋山港举行，交通部部长李盛霖为中国“航海日”永久性标志揭幕，这个永久性标志模型将永久保存于上海中国航海博物馆。中国海员建设工会出席了会议。

7 月，中华全国总工会第十四届执行委员会主席团第九次全体会议审议通过了《企业工会工作条例（试行）》。

8 月 30 日，全国总工会、科学技术部、交通部颁发了《关于在全国职工中开展向包起帆同志学习的决定》的通知。中共中央政治局委员、全国人大常委会副委员长、全国总工会主席王兆国，国务委员陈至立出席“包起帆同志科技创新先进事迹报告会”，并在会前会见了报告团全体成员。

8月，中国海员建设工会暑期持续慰问奥运工程建设者。

9月25日至26日，中国海员建设工会主席吴子恒参加“海峡两岸工会论坛”。

9月26日，全国高技能人才工作会议暨第八届中华技能大奖和全国技术能手表彰大会在北京召开。天津港煤码头有限责任公司操作一队队长孔祥瑞等20人获得“中华技能大奖”荣誉称号。

10月25日至28日，中国海员工会港口联络委员会2006年度工作会议在杭州举行。

10月31日，天津港集团公司作出第一个以工人名字命名的基层班组《关于命名“孔祥瑞操作队”的通知》，决定将天津港煤码头公司操作一队命名为“孔祥瑞操作队”。

11月2日，上海国际港务集团包起帆、山东青岛前湾集装箱码头有限公司许振超、湖北省交通规划设计院陈刚毅、天津港（集团）公司煤码头有限责任公司孔祥瑞四位全国劳动模范联合发出倡议：“劳模要成为构建和谐社会的主力军”。

11月2日，学习六中全会精神，总结重点工作进程，提高机关干部思想和工作水平，中国海员建设工会举办工作经验交流会。

11月6日，中国海员建设工会作出《关于开展孔祥瑞学习活动的通知》。

11月，《人民日报》、新华社、中央电视台等全国各大新闻媒体纷纷报道了天津港煤码头公司操作一队队长孔祥瑞爱岗敬业、岗位成才的先进事迹。

12月19日，中国海员建设工会一届四次全委会议在浙江省宁波市召开。大会审议通过了吴子恒主席在会上作的题为《突出产业特色，把握工作重点，发挥产业工会在构建和谐社会中的重要作用》的工作报告。

12 月 19 日，中国海员建设工会、交通部交通安全委员会联合发出《关于 2006 年全国水运系统船舶、班组安全竞赛活动的表彰决定》，决定授予 99 艘船舶“安全优秀船舶”荣誉称号；授予 87 个班组“安全优秀班组”荣誉称号；对在竞赛活动中作出突出成绩的 13 家单位授予竞赛优秀组织奖。

12 月 25 日，中国海员建设工会全国委员会下发了《在全国公路运输、水运系统组织开展“农民工平安返乡”安全优质服务竞赛活动的通知》，并成立了竞赛领导小组。

## 2007 年

1 月，中宣部《时代先锋》大型主题宣传系列丛书“知识工人孔祥瑞”正式面向全国发行。

2 月 3 日至 3 月 4 日，历时 40 天的农民工平安返乡安全优质服务竞赛活动圆满结束，全国交通系统有 214018 个公路、水运客运企业，1640 多万名交通从业人员参加了活动，其中完成水运客运量 2850 万人次。中国海员建设工会下发了《关于表彰农民工平安返乡安全优质服务竞赛先进集体、先进个人的决定》，对在这项活动中作出突出贡献的 63 个集体、81 名个人授予先进集体和先进个人光荣称号。

2 月 7 日，中国海员工会发出通知，决定在全系统开展以“精细管理，岗位创优，实现又好又快发展”为主题劳动竞赛活动。

2 月 25 日，吴子恒主席出席了在雅加达举行的第 24 届亚洲海员高峰会暨挪威/亚洲海员委员会会议。

2 月 28 日，全国总工会第四届女职工委员会第四次会议暨表彰大会在京召开。会议表彰了一批先进女职工工作集体和个人，分别授予 200 个女职工组织“全国先进女职工组织”荣誉称号，201 位女职工工作干部“全国先进女职工工作者”荣誉称号，197 名个人“女职工之友”荣誉称号。全国交通系统一批先进女职工工作集体和个人受到表彰。

3月7日，交通部下发《关于表彰全国交通行业巾帼文明岗巾帼建功标兵的决定》，决定授予142个集体全国交通行业“巾帼文明岗”荣誉称号，授予149名个人全国交通行业“巾帼建功”标兵荣誉称号。

3月20日，中国海员建设工会开展2007年度全国水运系统船舶、班组安全竞赛活动。

3月28日，中国海员建设工会开展评选表彰全国优秀海员家属活动。

4月10日，中国海员建设工会下发了《关于中国海员工会中国船级社第一届委员会选举结果的批复》，江立群任中国海员建设工会中国船级社第一届委员会主席。

4月24日，由中宣部、全国总工会、交通部、天津市委联合举办的孔祥瑞同志先进事迹报告会在北京人民大会堂隆重举行。报告会前，中共中央政治局委员、全国人大常委会副委员长、全国总工会主席王兆国亲切接见了孔祥瑞先进事迹报告团全体成员。

5月18日，中国海员建设工会开展创建和评选推荐全国“工人先锋号”集体活动，并在交通行业推广山东青岛港经验。

5月22日，中国海员工会与挪威海员工会、挪威高级海员工会、挪威轮机员工会一道与挪威船东协会就中国外派海员的权益保障问题进行了新一轮谈判，并签订了协议。

5月25日，盐田国际集装箱码头有限公司召开第一届工会会员代表大会，正式成立工会。

5月27日，中国海员建设工会主席吴子恒会见了以伊藤彰信为团长的全日本港湾工会代表团。

5月28日，中国海员建设工会表彰“农民工平安返乡安全优质服务竞赛”先进集体、先进个人。

6月4日，中国海员建设工会全国委员会下发表彰第十一届

《“金锚奖”的决定》，决定授予147名优秀水运职工第十一届“金锚奖”。

6月14日，应中方邀请，日本海员工会主席藤泽洋二一行抵北京与中国海员建设工会主席吴子恒举行了会谈。双方对多年来开展中国船员英语培训班的合作给予高度评价，并共同就英语教育计划和进展情况进行了研究。15日，双方参加在天津举行第十期中国船员英语培训班开学典礼。

6月19日，中国海员建设工会在北京召开了贯彻实施《中华人民共和国船员条例》会议。

6月26日至7月2日，中国海员建设工会在中国劳动关系学院举办“全国交通建设系统工会主席培训班”。

7月10日至11日，中国海员建设工会主席吴子恒参加2007年中国航海日一系列重要活动。并在青岛举行的2007郑和航海经济文化国际论坛上发表主题演讲。

7月11日，中国海员建设工会全国委员会、交通部精神文明办公室联合发出《关于表彰全国优秀海员家属的决定》。

9月1日，《中华人民共和国船员条例》正式施行。

10月17日至19日，交通部与中国海员建设工会、中国船东协会在北京召开了国家级全国海上劳动关系三方协调机制研讨会。

10月20日，在重庆召开的港口联委会，提出了努力把港口联委会打造成总结工作经验，交流工作信息的平台；加强素质教育，培训工会干部的平台；服务重点工作，搞好调查研究的平台；宣传先进典型，树立良好形象的平台；维护职工权益，完善维权机制的平台；整合组织资源，提升产业工会整体水平的平台的工作目标。

11月17日，中国海员工会交通部救助打捞局委员会成立大会暨第一届委员会第一次会议在上海召开。

11月19日，在英国伦敦，中国交通部副部长徐祖远从国际海事组织（IMO）秘书长米乔普勒斯手中接过“南海救 111”轮全体船员获得的“海上特别勇敢奖”奖状。

12 月 10 日，中国海员建设工会发出《关于表彰全国交通建设系统工人先锋号的决定》，决定授予 114 家单位首届“全国交通建设系统工人先锋号”称号。

12 月 14 日，全国海上搜救电视电话会议在国务院小礼堂召开，会议表彰了在海（水）上搜救工作中有突出表现的先进单位和个人，并向获奖代表颁发了奖牌和证书。中国海员建设工会主席吴子恒向在 7 · 12 太平洋海域大搜救中表现突出的“IKANBILIS”轮船长马德琛颁发了“金锚奖”。国务委员兼国务院秘书长华建敏、交通部部长李盛霖出席会议。

12 月 15 日，“中国船员英语教育”第十期毕业典礼暨第十一期开班仪式在天津举行。

12 月 25 日，中国海员建设工会开展 2008 年春运“农民工平安返乡（岗）安全优质服务竞赛”活动。

## 2008 年

1 月 2 日，中国海员建设工会全国委员会与交通部交通安全委员会联合发布表彰 2007 年全国水运系统船舶、班组安全竞赛活动的先进船舶、班组和单位。

1 月 23 日，全国暨江苏交通系统 2008 年春运“农民工平安返乡（岗）安全优质服务竞赛”启动仪式在无锡举行。

1 月 24 日，中国海员建设工会主席吴子恒冒雪走访慰问劳动模范、困难职工，为他们送上了新春的祝福和慰问金。

1 月 27 日，中国海员建设工会动员广大交通职工，积极应对恶劣天气，开展“安全优质服务竞赛”，确保农民工平安返乡。

1 月 30 日，中国海员建设工会向全国交通建设系统奋战在抗灾一线职工致慰问电。

2 月 13 日，中国海员建设工会与交通部交通安全委员会联合开展2008年度全国水运系统船舶、班组安全竞赛活动。

2月26日，中国海员建设工会副主席朱临庆率团参加在菲律宾马尼拉举行的第25次亚洲海员高峰会议暨挪威/亚洲海员委员会会议。

3月20日，国家交通部和中华全国妇女联合会联合下发《关于表彰2007年度全国交通行业巾帼建功标兵和巾帼文明岗的决定》，决定授予83名全国交通行业“巾帼建功”标兵荣誉称号，授予82个集体全国交通行业“巾帼文明岗”荣誉称号。

3月24日，中国海员建设工会下发《关于表彰全国交通建设系统工会工作先进集体、优秀工会工作者和优秀工会之友的决定》，授予218家单位“全国交通建设系统工会工作先进集体”称号，授予290名个人“全国交通建设系统优秀工会工作者”称号，授予153名个人“全国交通建设系统优秀工会之友”称号。

3月27日至28日，中国海员建设工会第二届全国委员会第一次全体会议在京召开。全国总工会副主席、书记处第一书记孙春兰代表全国总工会党组和书记处出席开幕式并讲话。会议通过了工作报告，会议还选举产生了中国海员建设工会第二届全国委员会领导机构，选举李铁桥为主席，李建设、朱临庆为副主席。

3月，春运期间，各级交通工会组织在团结动员广大交通职工抗冰雪、保畅通的斗争中，谱写了一曲曲敬业奉献的时代壮歌。全国交通系统有11家单位、28名个人被全国总工会表彰为抗雨雪冰冻灾害先进集体和先进职工，并被授予“全国五一劳动奖状”“全国五一劳动奖章”荣誉。

3月，中国海员建设工会在全国交通建设系统广泛开展“我为节能减排做贡献”、继续深入实施创建“工人先锋号”活动。

4月16日，新中国成立以来首次全国船员发展大会在深圳召开。

4月24日，中宣部、交通部、全国总工会、天津市委在人民大会堂联合举行孔祥瑞先进事迹报告会。

5 月 14 日，中国海员建设工会发布认真落实全国总工会书记处抗震救灾紧急会议精神的意见。

5 月 15 日，温家宝乘船视察四川汶川地震重灾区，同时看望慰问受灾船员。

5 月 20 日，中国海员建设工会主席李铁桥在北京会见了来访的韩国“全国海上产业劳动组合联盟”委员长房东植。

5 月，汶川特大地震发生后，中国海员建设工会迅速做出反应，先后向全国交通建设系统工会下发了《关于全力做好抗震救灾工作，积极为灾区受灾职工捐款的紧急通知》《关于深入动员全国交通建设系统工会组织积极配合交通运输部、住房和城乡建设部完成灾区重建工作任务的通知》《全国交通建设系统工会抗震救灾情况统计》等文件，要求全国交通建设系统各级工会组织响应全国总工会号召，动员广大职工积极投身抗震救灾中。

5 月，全国交通系统单位广大职工心系灾区同胞，纷纷自发向灾区捐款，帮助灾区人民渡过难关，广大党员还以上缴特殊党费的形式支援灾区建设。

6 月 4 日，中交三航局有限公司工会专程赶赴四川绵阳，看望慰问奋战在援建一线的公司赴川抗震救灾工程抢险项目部职工，送上端午节的粽子，帮助落实现场的后勤保障工作。

6 月 12 日，中国海员建设工会主席李铁桥、副主席朱临庆等一行四人来香港考察调研。

6 月 11 日，“中国船员英语教育”培训班第十一期结业仪式暨第十二期开学典礼在天津举行。

6 月 18 日至 24 日，全国交通建设系统工会主席培训班在中国劳动关系学院举行。

6 月 23 日，中国海员建设工会主席李铁桥率班子全体成员及有关人员与住房和城乡建设部仇副部长等举行联席会议。

7月4日，中国海员建设工会主席李铁桥及分党组成员等与交通运输部副部长、党组成员徐祖远等举行联席会议。

7月8日，中国海员建设工会对全力配合做好抗震救灾工作提出安排意见，要求各级工会组织全力配合住房和城乡建设部、交通运输部做好抗震救灾和灾后重建工作，在组织动员、后勤保障、安全生产等方面充分发挥工会组织的作用。

7月11日，2008年中国航海日庆祝大会在郑和七下西洋的出发港江苏太仓举行。全国总工会原副主席方嘉德、中国海员建设工会主席李铁桥出席会议。

7月24日，以“船舶（班组）与安全生产”为主题的全国水运系统工会群众性安全生产论坛在西安举行。

8月9日，在广州召开的救捞系统工会会议上，确定《救捞之歌》为救捞系统的行业歌曲。

9月10日，全国著名劳动模范杨怀远光荣入选由中央宣传部、中央组织部、中央统战部等11个部门联合组织开展的“100位为新中国成立作出突出贡献的英雄模范人物和100位新中国成立以来感动中国人物”评选。

9月，中国海员建设工会参加了国际劳工组织（ILO）制定实施《2006年海事劳工公约》的《船旗国检查导则》和《港口国监督官员检查导则》三方专家会议的工作。

10月8日，中国海员建设工会发布2008年度全国交通建设系统“工人先锋号”表彰决定。

11月6日至9日，中国海员建设工会港口联委会2008年工作会议在海口召开。

11月，中国海员建设工会主席李铁桥在北京会见了来访的挪威海员工会主席杰可琳·斯密斯女士。

12月15日，中国海员建设工会与交通部交通安全委员会联合对2008年全国水运系统船舶、班组安全竞赛活动的优秀船舶、优秀班组和竞赛优秀组织奖单位进行了表彰。

## 2009 年

1 月 18 日，满载集装箱货物的“东悦”轮驶离汕头港，首次直接驶往台湾高雄港。开航前，汕头国际海员俱乐部登“东悦”轮，慰问首航船员。

2 月 23 日至 24 日，中国海员建设工会第二届全国委员会第二次全体会议在福建省福州市召开。会议通过了李铁桥作的题为《服务大局保稳定，坚持特色促发展》的工作报告。

3 月，江苏省海员交通工会向全省交通行业各级工会发出了《关于认真贯彻落实“共同约定行动”的通知》。

4 月 13 日，中国海员建设工会主席李铁桥等与交通运输部徐祖远及相关司局长在交通运输部召开 2009 年度联席会议。

5 月 14 日，中国海员建设工会发布《开展 2009 年度全国水运系统船舶、班组安全竞赛活动的通知》。

6 月 1 日至 7 日，中国海员建设工会在中国劳动关系学院举办“全国交通建设系统工会主席培训班”。

7 月 11 日，2009 年中国航海日庆祝大会在辽宁省大连市举行，中国海员建设工会出席了会议。

7 月 24 日，交通运输部海事局牵头在广州召开交通运输部海事局、中国海员建设工会、中国船东协会“建立中国海上劳动关系三方协商机制”三方座谈会。

7 月，中国海员建设工会副主席、交通运输部清理整顿外派海员市场秩序专项行动领导小组成员朱临庆带队，到福建对当地外派海员市场秩序清理整顿专项行动进行检查督导。

8 月 21 日，中国海员建设工会在四川成都召开航运联委会。

8 月，交通运输部、中国海员建设工会、中国船东协会与中国海军就在索马里海域开展护航、防范海盗袭击中国商船召开座谈会。

9月10日，由中央宣传部、中央组织部、中央统战部、中共中央文献研究室、中央党史研究室、民政部、人力资源和社会保障部、全国总工会、共青团中央、全国妇联、解放军总政治部等11个部门联合组织的“100位为新中国成立作出突出贡献的英雄模范人物和100位新中国成立以来感动中国人物”评选活动揭晓，苏兆征名列“100位为新中国成立作出突出贡献的英雄模范人物”；四位交通和建设系统先进模范杨怀远、包起帆、许振超、孔祥瑞被评为“100位新中国成立以来感动中国人物”。

10月初，中国海员建设工会与交通运输部海事局联合举办的首届直属海事系统职工岗位技能大赛在广州开幕。大赛设“港口国监督检查”和“航标业务”两个技能竞赛项目。

12月10日，全国总工会资产监督管理部和中国海员建设工会在江苏南通联合召开了全国国际海员俱乐部工作会议。

12月23日，由中国海员建设工会和中国船东协会签订了中国第一份全国性产业集体协议《中国船员集体协议》。

## 2010年

1月13日，中国海员建设工会开展2010年“春运农民工平安返乡（岗）安全优质服务劳动竞赛”活动。

1月19日至20日，中国海员建设工会第二届全国委员会第三次全体会议在陕西省西安市召开。会议通过了李铁桥主席题为《以职工为本维护稳定，以发展为纲共建和谐》的工作报告，还对中国海员建设工会第二届全国委员会常委进行补选等。

1月30日，中国海员建设工会主席李铁桥来到天津市交通集团滨海有限公司和中交建集团天津航道局，慰问劳动模范，走访困难职工，为他们送去节日的祝福，并鼓励他们克服困难，安心过节。

2月14日，时任中共中央总书记胡锦涛莅临厦门海天码头、邮轮中心，看望并慰问节日坚守岗位的职工。

2月春节，中国海员建设工会全国委员会主席李铁桥在网上大拜年，向辛勤工作在全国交通运输、建设、城建战线的工会会员和职工群众致以节日的问候和崇高的敬意。

2月24日，中国海员建设工会出席了在马尼拉召开的亚洲海员高峰会暨挪威/亚洲海员委员会会议，就公平对待海员、应对海盗等问题与亚洲各海员工会进行了交流。

3月2日，中国海员建设工会开展2010年“春运农民工平安返乡（岗）安全优质服务劳动竞赛”总结表彰工作。

3月27日，长航局召开长江航运文化建设研讨会暨长江航运文化建设“双十杰”表彰会。

4月2日，经过中日海员工会的共同努力，中国海员大连综合培训中心在大连旅顺落成。

4月14日下午，中国海员建设工会与交通运输部联席会议在交通运输部召开。交通运输部副部长徐祖远，以及办公厅、政法司、人劳司、公路局、水运局、道路运输司、海事局、救捞局等相关司局长，中国海员建设工会主席李铁桥、副主席朱临庆以及海员工作部、公路工作部相关同志参加此次会议。

4月28日，中国海员建设工会与交通运输部在上海共同举办纪念香港招商局海员起义60周年座谈会等。

4月，厦门集装箱码头集团有限公司工会主席冯鸿昌被国务院授予“全国劳动模范”荣誉称号。

5月16日至22日，在中国劳动关系学院举办“全国交通建设系统工会主席培训班”。

5月31日，中国海员建设工会发布《关于表彰2010年“春运农民工平安返乡（岗）安全优质服务劳动竞赛”先进集体、先进个人的决定》。

6月21日至25日，中国海员建设工会参加《海员培训、发证和值班标准国际公约》缔约国外交大会，89个国家和地区以及

20 个政府间和非政府间国际组织派代表出席了会议。会议审议并通过了 STCW 公约 2010 年修正案及 19 项大会决议，并决定每年 6 月 25 日为世界海员日。

6 月，中国海员建设工会参加了国际劳工局举办的《艾滋病和劳动世界建议书》的审议工作。

7 月 2 日，全国海上劳动关系三方协调机制（以下简称“三方机制”）在北京召开办公室工作会议。

7 月 11 日，以“海洋 · 海峡 · 海员”为主题的中国航海日庆祝大会在福建泉州隆重举行。大会对十名“杰出船员奖”和两名“特别奖”获得者进行了表彰。中国海员建设工会副主席朱临庆代表主办单位为“杰出船员奖”获奖者颁奖。

8 月 22 日，全国总工会国际部、中国海员建设工会和国际运输工人联合会（ITF）在北京共同举办“2006 海事劳工研讨会”，ITF 海员书记约翰 · 怀特鲁、有关省市海员工会和航运企业工会的代表以及相关专家参加研讨会。

8 月 24 日至次年 1 月 23 日，中国海员建设工会、交通运输部救捞局分别在烟台和广州举办了“救捞系统岗位练兵职工技能比赛”。决赛共有十家来自救捞系统和飞行单位的 400 余人参加了比赛和比赛服务工作。

9 月，中国海员建设工会参加了国际劳工组织《2006 年海事劳工公约》专家组会议，对全球履约等方面问题进行了研究。

10 月 13 日至 15 日，中国海员建设工会港口联络委员会 2010 年工作会议在宁波召开。

10 月，中国海员建设工会和交通运输部道路运输司联合组织开展落实《物流业调整和振兴规划》立功竞赛活动。

10 月，应香港海员工会邀请，中国海员建设工会组织专家赴香港参加 2006 海事公约、防治船舶污染海上环境、海上安保研讨会。

11 月 8 日，青岛国际海员俱乐部工作人员协助救回在大风浪中航行的外籍受伤船员。

11 月 11 日，全国海上劳动关系三方协调机制工作会议在广州召开。交通运输部副部长徐祖远、广东省副省长肖志恒、中国海员建设工会主席李铁桥、中国船东协会会长魏家福出席会议并发表讲话。

11 月 14 日，中国海员建设工会在福建泉州召开外派挪威船员工作座谈会。

11 月 29 日，中共中央政治局委员、全国人大常委会副委员长、全国总工会主席王兆国考察宁波港，其间，亲切会见宁波港集团有限公司部分劳动模范代表。

11 月，交通运输部表彰 2008 年至 2009 年度交通行业精神文明建设先进单位和个人。

12 月 1 日，中国海员建设工会表彰 2009 年至 2010 年度全国交通建设系统“工人先锋号”。

12 月 6 日，中国海员建设工会、挪威海员工会、挪威高级海员工会、挪威轮机员工会与挪威船东协会在北京签署了 2011 年至 2012 年中国外派挪威船员集体谈判议定书。

12 月 22 日，中国海员建设工会与中国船东协会在北京就续签《中国船员集体协议》举行集体协商。

是年，中国海员建设工会开展“当好东道主、建功世博会、展示新风采”活动，在全国交通建设各系统组织开展各具特色的劳动竞赛 3442 项，参赛职工近 90 万人；提出合理化建议和技术革新成果约 12.1 万条，创经济效益 9.4 亿元；开展各类职业技能竞赛 787 项，参加技能竞赛职工近 19 万人，有 4738 名职工通过技能竞赛晋升了技术等级；开展各种培训 1616 期，培训职工 26.6 万人，培训农民工 32.4 万人。

## 2011年

1月6日，中国海员建设工会主席李铁桥、副主席朱临庆参加了在北京举行的“中国海军赴亚丁湾护航两周年庆祝活动”。

1月16日至17日，中国海员建设工会第二届全国委员会第四次全体会议在山东省济南市召开。会议通过了李铁桥代表中国海员建设工会第二届全国委员会作的题为《在服务大局中发挥产业工会作用，在维权维稳中促进产业科学发展》的工作报告。

2月1日，中海货运“嘉宁山”轮在从印度驶往南非德班港途中，突遇海盗袭击，船员们冷静面对，英勇抵抗，保护了全体船员的生命和国家财产安全，充分展示了中国船员良好的职业素养。事后，交通部、中国海员建设工会等相继给予表彰。《人民日报》、新华社、新华网等100多家媒体相继报道了“嘉宁山”轮抗击海盗事迹。

2月19日，交通运输部、中国海员建设工会联合举办的2011年全国交通运输“春运农民工平安返乡（岗）安全优质服务竞赛”活动在重庆龙头寺汽车站正式启动，交通运输部副部长冯正霖、中国海员建设工会主席李铁桥、重庆市副市长凌月明共同按下了竞赛活动的启动按钮。

4月6日，中国海员工会在北京人民大会堂举行“纪念中国海员工会成立90周年座谈会”。座谈会由全国总工会党组纪检组组长、书记处书记王瑞生主持，全国总工会副主席、书记处书记陈豪参加座谈会并发表讲话，交通运输部副部长高宏峰、中国海员建设工会主席李铁桥、香港海员工会主席李志伟、中远散运船员代表靳永祥、中国船东协会常务副会长张守国分别在会上讲话。

4月15日，交通运输部道路运输司、中国海员建设工会在湖南省长沙市联合召开2011年全国“春运农民工平安返乡（岗）安全优质服务竞赛”总结表彰大会。

5月25日，英国NAUTILUS海员工会书记马克一行到访北京。中国海员建设工会副主席朱临庆、海员工作部部长魏薇与马克一行进行会谈。

6月19日至25日，中国海员建设工会在中国劳动关系学院举办“全国交通建设系统工会主席培训班”。

6月25日，交通运输部在上海举行“2011年中国船员大会”，中国海员建设工会主席李铁桥出席了会议。会议表彰了由交通运输部和中国海员建设工会共同评选出的全国“十佳海员”。

6月25日至29日，由交通运输部海事局与中国海员建设工会共同主办的首届中国海员技能大比武活动在浙江省舟山市举行。

6月30日，中国海员建设工会发布“全国十佳海员先进事迹”。

7月11日，2011年中国航海日庆祝大会在浙江舟山群岛新区举行，中国海员建设工会出席了会议。

7月18日，中国海员建设工会与交通运输部2011年度联席工作会议在交通运输部召开。

7月28日，交通运输部副部长徐祖远，中国海员建设工会主席李铁桥、副主席朱临庆赴海军南海舰队慰问了由亚丁湾完成护航任务归来的海军特战大队的官兵，向海军护航官兵致以节日的问候。

8月1日，在全国交通建设系统组织开展评选2011年度“工人先锋号”活动。

8月8日，中国海员建设工会副主席朱临庆率团参加在香港举行的第28次亚洲海员高峰会议暨挪威/亚洲海员委员会会议。

8月22日，中国海员建设工会开展关于开展劳务派遣用工情况的调查。

9月2日，中国海员建设工会副主席朱临庆在北京与到访的中国台湾海员工会孙哲英理事长一行会面。

10月11日，由广东省总工会等主办，广东省海员工会、广东海事局共同承办的“广东省‘金锚杯’海员职工职业技能大赛”决赛在广东海事局仑头航测基地隆重举行。

10月13日，中国海员建设工会港口联委会2011年工作会议在深圳召开。

11月11日，中国海员建设工会发布《表彰2011年度全国交通建设系统“工人先锋号”的决定》。

11月28日，中国海员建设工会、挪威海员工会、挪威高级海员工会、挪威轮机员工会与挪威船东协会就《中国海员中挪双边集体协议》《非挪威旗船舶上中国海员的工资和劳动条件标准协议》在深圳进行新一轮谈判。双方在对2011年集体协议执行情况进行评估的基础上，就本协议的中期修改达成共识，签署了谈判议定书，议定书于2012年1月1日生效。

12月9日至10日，中国海员建设工会第三届全国委员会第一次全体会议在北京召开。全国总工会党组书记、副主席、书记处第一书记王玉普出席开幕式并讲话。会议全面总结了过去四年海员建设工会的工作，确定了三届全委会以后一个时期的工作目标和任务。会上表彰了全国交通建设系统先进工会300个、优秀工会工作者450名、优秀工会之友150名。会议选举产生了中国海员建设工会第三届全国委员会领导机构，选举丁小岗为主席，姚久强为副主席，选举马骥等46名委员为常务委员会委员。

## 2012年

1月8日，由交通运输部、中国海员建设工会全国委员会联合举办的2012年“春运农民工平安返乡（岗）安全优质服务竞赛”活动，在深圳（银湖）汽车客运站启动。

1月31日，中国海员建设工会发布《关于开展“面对面、心贴心、实打实服务职工在基层”活动的指导意见》。

2月3日，中国海员建设工会下发了《关于开展“面对面、心贴心、实打实服务职工在基层”活动的指导意见》，成立了由全委主要领导任组长的中国海员建设工会“服务职工在基层”活动工作指导组，并下设天津、山东工作小组和一个综合协调办公室，明确了各组的工作职责、工作分工和工作要求。

2月15日至16日，中国海员建设工会在丁小岗主席的带领下赴天津开展“面对面、心贴心、实打实服务职工在基层”活动组织协调工作。

3月9日，中国海员建设工会与中国船东协会在北京就《中国船员集体协议》进行集体协商。双方对协议中劳动报酬、职业安全、服务期限、劳动条件、伤亡保赔等条款进行评估，就协议文本的修改达成一致意见，新的协议文本将于2012年4月1日生效。

3月27日，全国总工会党组纪检组组长、书记处书记王瑞生，中国海员建设工会主席丁小岗、副主席姚久强、天津市总工会副主席黄淑玲一行，在中国远洋运输（集团）总公司工会主席傅向阳的陪同下登上停靠天津港集装箱码头的中远“欧洲”轮，开展“面对面、心贴心、实打实服务职工在基层”活动。

3月30日，由中国海员建设工会和交通运输部联合开展的2012年“春运农民工平安返乡（岗）安全优质服务竞赛”总结表彰会在上海举行。

4月24日上午，中国海员建设工会与交通运输部2012年度工作联席会议在交通运输部召开。

5月16日至18日，中国海员建设工会工作组在主席丁小岗的带领下赴天津，深入天津市交通集团、天津市建工集团和滨海新区总工会等单位生产、工作一线开展服务职工活动。

5月28日至29日，第29次亚洲海员高峰会和挪威/亚洲海员委员会会议在印度尼西亚泗水举行。中国海员建设工会主席丁小岗带队参会。会议主要议题是各国海员工会工作及海盗防御问题。

5月，中国海员建设工会丁小岗主席在基层宣讲“中国特色社会主义工会发展道路”。

6月25日，“2012年中国海员大会”在上海隆重召开。

6月29日，中国海员建设工会全国委员会开展评选2012年度全国交通建设系统“工人先锋号”活动。

7月11日，中国航海日大会在江苏南京举行，中国海员建设工会出席了会议。

7月27日，全国港口协调劳动关系三方协调机制启动仪式在北京举行。

7月30日，由汕头海事局、汕头国际海员俱乐部联合举办的“推动海员体面劳动”启动仪式在广东省汕头市举行。

8月22日至25日，中国海员建设工会工作组由丁小岗主席带队赴山东开展服务职工活动。

9月12日，舟山市举行海员工会成立大会。

9月下旬，在中国劳动关系学院举办“全国交通建设系统工会主席培训班”。

10月24日，中国海员建设工会港口联委会2012年工作会议在南京召开。

11月16日，中国海员建设工会、挪威海员工会、挪威高级海员工会、挪威轮机员工会与挪威船东协会，在桂林开展新一轮中挪海员双边集体协议谈判，并达成协议。

12月4日至5日，中国海员建设工会第三届全国委员会第二次全体会议在广东省珠海市召开，全国总工会党组纪检组组长、书记处书记王瑞生在会议上讲话。会议通过了丁小岗主席作的《维护核心，服务中心，凝聚人心，推动全国交通建设系统工会工作再上新水平》的工作报告。

是年，中国海员建设工会开展全国水运系统安全优秀船舶、班组竞赛，港珠澳大桥建设劳动竞赛。

是年，中国海员建设工会开展“金锚奖”“金桥奖”“全国十佳海员”“海上特别勇敢奖”“全国模范职工小家”等评选工作，并对重点工程劳动竞赛进行了表彰。

## 2013 年

1 月 10 日，中国海员建设工会开展进一步推动解决拖欠职工工资问题工作。

1 月 25 日，中国海员建设工会与交通运输部联合召开电视电话会议，正式启动 2013 年“春运农民工平安返乡（岗）安全优质服务竞赛”活动。

3 月，由上海国际港务（集团）股份有限公司工会编写的《上海港务工会志》编写完成。

4 月 20 日至 21 日，中国海员建设工会主席丁小岗赴广东省珠海市出席港珠澳大桥岛隧工程建设劳动竞赛表彰大会并慰问大桥建设者。

4 月 22 日，交通运输部北海第一救助飞行队队长潘伟被中宣部、全国总工会确定为“劳动模范典型人物”。

5 月 7 日，交通运输部和中国海员建设工会颁布表彰 2013 年春运农民工平安返乡（岗）安全优质服务竞赛先进集体、先进个人的决定。

6 月 24 日至 28 日，第二届中国海员技能大比武在浙江舟山举行。

6 月 25 日，“船员权益论坛”在上海举办，中国海员建设工会海员工作部部长魏薇作为主讲嘉宾在论坛上发言，阐述了中国海员建设工会对维护船员权益的观点和工会在履行《2006 年海事劳工公约》中的地位和作用等。

6 月 25 日，交通运输部海事局和中国海员建设工会联合授予杜凤辉等 50 人“2013 年全国优秀海员”奖，授予姚爱娟等 50 人“全国优秀海员家属”称号。

7 月 4 日，由交通运输部、中国海员建设工会、中国就业培训技术指导中心联合举办的第五届全国交通运输行业职业技能竞赛在北京开幕。

7月11日，2013年中国航海日庆祝大会在江苏南通举行，中国海员建设工会出席了会议。

8月13日，中国海员建设工会举办《2006年海事劳工公约》研讨班。

8月18日至23日，中国海员建设工会主席丁小岗、副主席姚久强率中国海员建设工会工作组，赴辽宁开展“深入基层征求意见服务职工活动”。

8月20日，《2006年海事劳工公约》正式生效。

8月22日，中国海员建设工会副主席魏薇率团参加在符拉迪沃斯托克的第30次亚洲海员高峰会议暨挪威/亚洲海员委员会会议。

9月5日上午，全国总工会党组纪检组组长、书记处书记王瑞生到中国海员建设工会机关召开座谈会，详细了解海员建设工会机关开展党的群众路线教育实践活动情况，与大家交流心得体会，听取意见建议，并对海员建设工会的整体工作做了指导。

10月31日，台湾船员适任培训班开学典礼在集美大学举行，全国总工会台办、中国海员建设工会、交通运输部海事局、福建海事局、集美大学、台湾海员工会、台湾长荣海运股份有限公司等领导出席开学典礼。

11月3日至9日，在中国劳动关系学院举办2013年全国交通建设系统工会主席培训班，来自全国交通建设系统的150余名工会干部参加了培训并取得了结业证书。

11月12日至13日，中国海员建设工会与交通运输部海事局在广州举办了直属海事系统航标职工岗位技能竞赛。

11月27日，中国海员建设工会与全国总工会国际部、国际劳工组织、国际运输工人联合会在北京举办了《2006年海事劳工公约》研讨班。

12 月 2 日，中国海员建设工会、挪威海员工会、挪威高级海员工会、挪威轮机员工会与挪威船东协会，在北京开展新一轮中挪海员双边集体谈判。双方就中国船员工资、死亡赔偿金等内容达成新的协议。

12 月 5 日至 6 日，中国海员建设工会第三届全国委员会第三次全体会议在广西壮族自治区南宁市召开，全国总工会副主席许振超出席会议。会议通过了中国海员建设工会主席作的工作报告，补选魏薇为中国海员建设工会副主席和部分常委，并就“开展建好职工家，当好娘家人活动”作出决定。会上，广东省海员工会、上海市运输工会、上海建工集团股份有限公司工会、北京市燃气集团有限责任公司工会等四家单位就特色工作进行了典型经验交流。

是年，中国海员建设工会同交通运输部安全委员会在全国水运系统开展了以“打非治违”和安全生产标准化建设为主题的船舶班组安全竞赛活动，共有 57215 艘船舶，47216 个班组参赛。其中，169 艘船舶被评为“安全优秀船舶”，184 个班组被评为“安全优秀班组”，12 家竞赛单位获“优秀组织奖”。

## 2014 年

年初，中国海员建设工会正式下发《关于在全国交通建设系统工会组织开展建好职工家当好娘家人活动的决定》，业内各级工会开展了形式多样的建家活动，《工人日报》《中国工运》《工会工作通讯》等分别对活动予以专题报道。

1 月 16 日，由交通运输部、公安部、国家安全监管总局、全国总工会联合组织开展的 2014 年全国春运“情满旅途”活动在青岛交运集团青岛长途汽车站启动。

1 月 25 日，成功完成中国首次 300 米饱和潜水作业任务的六名潜水员，在减压舱内经过 11 天的减压之后，手持国旗安全出舱。中国海员建设工会副主席魏薇代表全委在减压舱门口迎接六名深潜英雄，第一时间将来自工会的问候传达给一线潜水员。

3 月 6 日，中国海员建设工会开展加强产业工会工作，充分发挥产业工会作用调研活动。

3 月 14 日，广东省海员系统“十佳海嫂”和“优秀海嫂”交流座谈会在广州召开。

3 月 17 日，交通运输部、科技部、全国总工会共同召开中国首次实施 300 米饱和潜水作业总结座谈会。全国总工会党组纪检组组长、书记处书记王瑞生出席会议并慰问参与此次饱和潜水作业的一线潜水员。中国海员建设工会主席丁小岗参加了座谈会。

3 月 27 日，中国海员建设工会与中国航海博物馆在上海签署合作备忘录。中国海员建设工会主席丁小岗、中国航海博物馆馆长徐祖远，分别代表双方签署备忘录。

4 月 7 日，中国海员建设工会副主席魏薇赴瑞士日内瓦出席国际劳工组织三方专门委员会第一次会议，就履行《2006 年海事劳工公约》及海员遣返和伤病亡财务担保体系三方协商等问题参与讨论，并为公约修正案投赞成票。

4 月 29 日，全国总工会机关法律服务志愿者协会成立，中国海员建设工会主席丁小岗被推选为首任会长。

5 月 13 日，由全国总工会、中国海员建设工会与新加坡高级海员联合会、新加坡海员工会共同举办的“《2006 年海事劳工公约》的实施与挑战”研讨会在北京举行。

5 月 17 日深夜至 5 月 20 日 16 时，“五指山”轮、“铜鼓岭”轮、“紫荆十二号”轮和“白石岭”轮的广大职工临危受命、奋战在一线，仅用 65 小时就完成了从水路接回 3567 名在越南人员的艰巨任务。

6 月 8 日至 14 日，全国交通建设系统工会主席培训班在中国劳动关系学院举办。

6月25日，中国海员建设工会与海事局共同表彰2014年“全国优秀船员”和“全国优秀船员家属”，授予李耀鹏等100名船员“全国优秀船员”称号、吴海燕等100名同志“全国优秀船员家属”称号。

6月25日，中国海员建设工会致全国海员的慰问信。

7月11日，以“促进21世纪海上丝绸之路与海员服务发展”为主题的2014“中国航海日论坛”在山东日照举行。论坛开幕式由中国航海学会理事长徐祖远主持，交通运输部副部长何建中，山东省副省长张超超致欢迎词。中国海员建设工会主席丁小岗出席本次论坛，副主席魏薇在论坛上作主旨演讲。

8月5日至14日，以中国海员建设工会丁小岗为团长的中国工会代表团一行六人，访问国际运联伦敦总部，之后赴保加利亚首都索非亚参加国际运联第四十三次代表大会。

8月18日至24日，中国海员建设工会组织近百名交通、建设系统的劳动模范和先进工作者，在全国总工会北戴河疗养院开展劳动模范休养活动。

9月4日上午，交通运输部救捞系统第二届职工技能比武大赛第二阶段比赛在上海市横沙岛东海救助局基地隆重举行。

10月10日，中国海员建设工会女职工工作会议在北京召开。

10月30日，中国海员建设工会港口联委会2014年工作会议在厦门召开。

10月，汇集了全国交通运输战线56名劳动模范和先进工作者的感人事迹的《“中国梦·劳动美”榜样风采录》一书由中国工人出版社正式出版发行。

11月5日，中国海员建设工会与中国船东协会在北京开展新一轮的中国船员集体协商。双方一致同意增加《海员伤病亡处理行业建议标准》作为《中国船员集体协议》附件，2015年1月1日起生效。

11月10日至16日，以中国海员建设工会主席丁小岗为团长的大陆海员工作交流团赴台，对台湾海员培训、发证工作进行考察和评估。

11月16日，中国海员建设工会与交通运输部、人力资源和社会保障部在深圳共同举办首届全国交通运输行业港口领域职业技能竞赛。

12月3日，中国海员建设工会第三届全国委员会第四次全体会议在山东青岛召开，全国总工会副主席（兼职）许振超等出席开幕式。会议通过了中国海员建设工会主席丁小岗作的题为《遵循法治、助推改革、改进作风，积极适应交通建设产业改革发展新常态》的工作报告，选举了九名常委。会上，交运集团（青岛）工会、天津港集团工会、广西壮族自治区建设工会、上海市绿化市容行业工会等四家单位就特色工作进行了典型经验交流。

12月10日，中国海员建设工会、挪威海员工会、挪威高级海员工会、挪威轮机员工会与挪威船东协会，在北京开展新一轮中挪海员双边集体谈判。双方就中国船员工资、伤病赔偿金等内容达成新的协议，新的协议于2015年1月1日起生效。

12月20日，中国海员建设工会与广东省海员工会共同举办的“我的海洋强国梦——全国水运系统职工摄影作品征集和展示活动”在广州市举行工会建家篇决赛。

## 2015年

1月21日，全国海上劳动关系三方协调机制工作会议在北京召开，交通运输部副部长何建中、中国船东协会会长马泽华、全委主席丁小岗出席会议。会议审议并通过了《全国海上劳动关系三方协调机制工作章程》修正案、《中国船员集体协议（A类）》推进情况报告及《实施〈船员劳动合同书（范本）〉三年推进计划的指导意见》，马泽华、丁小岗分别代表船东与船员在2015年《中国船员集体协议》上签字。

5月15日，中日工会举行“工会在环境保护及促进和谐劳动关系中的作用”专题座谈会在京召开。

5月17日至23日，全国交通建设系统工会主席培训班在中国劳动关系学院举办。

5月26日，港珠澳大桥建设2014年度劳动竞赛表彰大会在港珠澳大桥岛隧工程施工总营地举行。全委主席丁小岗，广东省总工会党组成员、纪检组组长廖汝捷，港珠澳大桥管理局党委书记、局长朱永灵出席大会并慰问大桥建设者。

6月25日，中国海员建设工会与交通运输部海事局共同主办的第三届中国海员技能大比武在浙江舟山举行。

6月25日，中国海员建设工会与交通运输部等联合开展“世界海员日”活动，评选表彰了“全国优秀船员”“全国优秀船员家属”。

6月，中国海员建设工会启动了“我的海洋强国梦——全国水运系统职工摄影作品征集和展示活动”，活动分为“工会建家篇、历史发展篇、人物风采篇、工作纪实篇、艺术摄影篇、手机摄影篇”等六个主题。

7月8日，“我的海洋强国梦——全国水运系统职工摄影作品征集和展示活动”工作纪实篇决赛在上海举行。

7月10日至12日，以“再扬丝路风帆、共筑蓝色梦想”为主题的2015中国航海日论坛在浙江宁波举行，中国海员建设工会主席丁小岗、副主席魏薇出席了本次论坛。

8月3日至9日，中国海员建设工会组织近百名交通、建设系统的劳动模范和先进工作者，在全国总工会北戴河疗养院开展劳动模范休养活动。

8月29日，十二届全国人大常委会第十六次会议决定批准《2006年海事劳工公约》。

9月2日至6日，中国海员建设工会主席丁小岗率中国工会代表团一行三人赴日本出席第 32 届亚洲海员高峰会和挪威/亚洲海员委员会会议。

9 月 21 日，中国海员建设工会主席丁小岗在北京会见了香港海员工会交流访问团一行。魏薇向访问团介绍了大陆航运发展情况、全委近年来的主要工作以及海事劳工公约批约进展，并与访问团就海员维权工作进行了交流。

9 月 21 日至 23 日，由交通运输部海事局和中国海员建设工会共同主办的“2015 年直属海事系统船舶安全检查技能大比武”在山东青岛举行。

10 月 25 日至 31 日，应香港工会联合会和澳门工会联合总会邀请，全国总工会机关法律服务志愿者协会会长、公职律师、中国海员建设工会主席丁小岗率全国总工会机关法律服务志愿者协会代表团赴港澳开展法律服务工作考察交流活动。

11 月 12 日，中国远洋船员工资结构问题研究课题成果研讨论证会在北京举行。

11 月 17 日，“我的海洋强国梦——全国水运系统职工摄影作品征集和展示活动”在北京圆满落下帷幕。由中国海运（集团）总公司工会推荐的作品《齐心协力》和交通运输部救助打捞局工会推荐的《征服》分获最佳摄影作品奖和最佳人气奖。

12 月 7 日，中国海员建设工会同挪威海员工会、挪威高级海员工会、挪威轮机员工会与挪威船东协会就《中挪海员集体协议》开展集体协商。协商取得了成果，双方同意从 2016 年 1 月 1 日生效。

12 月 14 日，中国海员建设工会与中国船东协会在北京开展集体协商。此次协商的主要议题是提高工资问题和《船员在船伤病亡处理行业建议标准》作为正式标准纳入协议问题。经过双方平等协商，达成协议。新协议有效期为 2016 年 1 月 1 日至 2017 年 12 月 31 日。

## 2016 年

1 月 18 日至 20 日，中国海员建设工会第三届全国委员会第五次全体会议在北京召开。全国总工会副主席（兼职）许振超出席会议并作讲话，中国海员建设工会主席、分党组书记丁小岗作了题为《秉持政治性、增强先进性、立足群众性，团结带领全国交通建设产业职工为实现“十三五”良好开局贡献力量》的工作报告。会议增补了来自基层一线的劳动模范庞海臣、翟筛红为全委兼职副主席等。会上，长江航务工会、湖南省交通运输工会、中建八局工会、北京市燃气集团有限责任公司工会等四家单位就特色工作进行了经验交流。

2 月 8 日至 12 日，应国际劳工组织和国际运输工人联合会的邀请，中国海员建设工会参加在日内瓦召开的《2006 年海事劳工公约》特别三方委员会第二次会议和《2003 海员身份证明公约》临时海事三方委员会第二次会议。

2 月 18 日，中国远洋海运集团有限公司在上海正式成立，中国海员建设工会副主席魏薇应邀出席成立大会。

4 月 28 日，“2015 年感动交通年度人物”视频报告会在北京举行。

6 月 15 日至 17 日，中国海员建设工会代表团赴香港参加庆祝香港回归祖国十九周年，暨香港海员工会复会 70 周年庆典。

6 月 25 日上午，广东省海员工会与广东海事局联合广东省船东协会、船员服务协会在广州交通职业技术学校举办了“世界海员日”庆祝活动，中国海员建设工会副主席魏薇等出席会议，来自粤港澳三地的政府部门、海员工会、航运企业、航海院校以及海员代表近 400 人参加了庆祝活动。

7 月 3 日至 9 日，2016 年全国交通建设系统工会主席培训班在中国劳动关系学院举办。

7 月 11 日，“2016 年中国航海日论坛”作为中国航海日的主题活动在浙江省宁波市举行，中国海员建设工会出席了会议。

7 月 19 日，由中国海员建设工会、中国教科文卫体工会联合组织的“医疗专家为交通职工送健康义诊活动”在青岛正式启动，为 1000 余名交通一线职工进行了诊治。

7 月 21 日，由中国海员建设工会、中国教科文卫体工会联合组织的“医疗专家为交通职工送健康义诊活动”走进抵达青岛港的“青云河”轮、“庆意”轮等船舶。

8 月 30 日至 9 月 5 日，2016 年全国交通建设系统劳模休养活动在北京全国总工会国际交流中心举行。

8 月 31 日，中国海员建设工会在河北省张家口市召开京津冀协同发展交通一体化重点建设项目劳动竞赛协作研讨会。

9 月 20 日，全国建设海员职工之家现场交流会在汕头召开，汕头国际海员俱乐部在会上推广介绍海员服务接待工作经验。

9 月 22 日，中国技能大赛——长航系统职工船闸及升船机职业技能大赛决赛在长江三峡通航管理局船闸检修基地举行。

9 月 25 日至 30 日，以中国海员建设工会副主席魏薇为团长、海事专家等为成员的专家团，赴台湾就海员培训工作进行考察交流。

10 月 26 日，中国海员建设工会、交通运输部海事局共同主办，东海航海保障中心承办的 2016 年直属海事系统航标职工岗位技能竞赛在浙江省温州航标实训基地举行。

11 月 23 日，在北京召开全国海上劳动关系三方协调机制会议。

11 月 24 日至 27 日，中国海员建设工会主席丁小岗赴新加坡，参加新加坡高级海员工会 65 周年纪念活动。

11 月 29 日，中国海员建设工会、挪威海员工会、挪威高级海员工会、挪威轮机员工会与挪威船东协会就《中挪海员集体协议》开展集体协商。本次集体协商达成协议，并从 2017 年 1 月 1

日生效。

12月3日，中国海员建设工会魏薇到江苏海事局调研并出席职工运动会闭幕式。

12月5日，长航系统劳动模范创新工作室创建工作推进会在江苏省镇江召开。

12月9日，中国海员建设工会与中国船东协会在北京进行了《中国船员集体协议（A类）》集体协商。双方经协商，达成协议。

## 2017年

1月13日，中国海员建设工会专程赶到江苏省靖江市，看望全国劳动模范、全委兼职副主席、中建五局装饰公司职工翟筛红及慰问其遭遇车祸的爱人，为他及家人送上春节祝福。

2月23日至24日，中国海员建设工会第四届全国委员会第一次全体会议在北京召开。全国总工会党组书记、副主席、书记处第一书记李玉赋代表全国总工会党组和书记处亲切看望了参会代表，并对做好新形势下海员建设工会工作提出要求。全国总工会党组成员、经费审查委员会主任李守镇，交通运输部副部长刘小明，全国总工会兼职副主席许振超出席会议。会议选举产生了中国海员建设工会第四届全国委员会领导机构，选举丁小岗为主席，张景义、曹宏伟、庞海臣（兼职）、翟筛红（兼职）为副主席。

3月9日，中国海员建设工会副主席张景义、原副主席魏薇一行到日本海员工会驻天津代表处进行慰问，与日本海员工会驻天津代表处首席代表谷村进行了会谈。

4月25日，“2016年感动交通年度人物”视频报告会在北京召开。交通运输部党组书记杨传堂、部长李小鹏，全国总工会党组成员尹德明出席会议，并观看“2016年感动交通年度人物”事迹展。中交工程建设团队、“东海救101”轮、新建机场校验试飞团队、浙江舟山公交公司司机毕怀彬荣获“感动交通特别致敬人物”，十名个人荣获“2016 年感动交通十大年度人物”称号。

5 月 3 日，厦门港务控股集团工会制定并下发《厦门港务控股集团工会职工住院互助金管理办法》《厦门港务控股集团工会职工解急济难金管理办法》。

5 月 16 日，台湾船员培训、考试及换证工作研讨会在福建厦门集美大学召开。

6 月 11 日至 17 日，2017 年全国交通建设系统工会主席培训班在黑龙江省工会干部学院举办。

6 月 23 日，汕头国际海员俱乐部举办以“快乐工作、健康生活”“放飞梦想、扬帆起航”为主题的心理沙龙。同时，在全国俱乐部中率先开通了“海员心灵驿站”心理健康咨询热线，为海员解答心理困扰问题。

6 月 25 日，第四届中国海员技能大比武在浙江舟山开幕，此次活动主题为“培育航海工匠、助力一带一路”，来自航海院校和航运企业的 46 支代表队参赛。

6 月 27 日，中国海员建设工会主席丁小岗一行慰问洛迦山灯塔守塔职工。

7 月 11 日，中国海员建设工会参加在浙江宁波举行的中国航海日活动。

7 月 18 日至 21 日，中国海员建设工会海员工作部在长航系统开展送教到基层活动，长航系统工会主席及工会工作者近 80 人参加培训。

8 月 8 日至 21 日，副主席曹宏伟带领由全国总工会权益保障部、中国海员建设工会、中国职工对外交流中心组成的调研组，分别到中交、中远、中建等六家企业单位，围绕“一带一路”建设推进过程中，境外企业工会组建和职工权益保障工作，开展专题调研。形成了《关于“一带一路”建设推进过程中我境外重要企业工会组建和职工权益保障情况的调研报告》。

9 月 25 日，丁小岗参加了中远海运集团在重庆召开的船员家属工作交流会。

9 月 28 日，江苏省太仓市郑和国际酒店举行太仓国际海员俱乐部“海员之家”启动仪式。

10 月 11 日，中国海员建设工会副主席魏薇率团参加在新加坡举行的第 34 次亚洲海员高峰会议暨挪威/亚洲海员委员会会议。

10 月，中国海员建设工会与中国船东协会在北京开展新一轮中国船员集体协商并达成协议。新协议标准从 2018 年 1 月 1 日起执行。

11 月 7 日，全国总工会副主席、书记处书记、党组成员尹德明出席中国海员建设工会学习宣传贯彻党的十九大精神会议，为海员建设工会机关全体党员干部作党的十九大精神宣讲报告，传达全国总工会党组、书记处对学习宣传贯彻党的十九大精神的有关要求，并对中国海员建设工会提出具体要求。

11 月 12 日，全国交通建设系统工会主席培训班在广西壮族自治区工会干部学校举办。

11 月 24 日，全国海上劳动关系三方协调机制工作会议在北京召开。

11 月 29 日，中国海员建设工会与来访的香港海员工会代表团在北京会谈。双方围绕加强海员工会工作，保障海员权益，推进海员素质提升，履行《2006 年海事劳工公约》等议题开展交流，并表示要进一步加强务实合作。

## 2018 年

1 月 10 日，中挪海员集体协商工作在北京举行。中国海员建设工会、挪威海员工会、挪威高级海员工会、挪威轮机员工会与挪威船东协会在北京就《中挪海员集体协议》的评估和修改开展集体协商。经过两轮协商，双方最终就中国船员劳动标准的增长达成一致，新协议标准从 2018 年 1 月 1 日起生效。

1月16日，中国海员建设工会四届二次全委会议在北京召开。全国总工会副主席、书记处书记、党组成员尹德明出席会议并讲话，中国海员建设工会分党组书记、主席丁小岗作了题为《向上看齐向前发力向内尽心团结带领全国交通建设产业职工共谱产业工会新的时代篇章》的工作报告。会议审议通过了工作报告和有关人事事项。会上，山东省海员工会、中国远洋海运集团有限公司工会、江苏省海员交通工会等八家单位就特色工作进行了经验交流。

1月29日至2月1日，中国海员建设工会副主席张景义接待国际运联海员信托基金会项目经理卢卡·托马斯一行来华考察。

4月11日至15日，中国海员建设工会主席丁小岗一行出席在韩国釜山召开的第35届亚洲海员高峰会暨第27次挪威/亚洲海员委员会会议。

4月24日至26日，中国海员建设工会副主席张景义接待全日本港湾工会副中央执行委员长松永英树一行。

4月28日，由全国总工会和交通运输部联合主办，中国海员建设工会、中国交通报社共同承办的“2017年感动交通年度人物”视频报告会在北京召开。

5月9日至10日，中国海员建设工会主席丁小岗一行赴重庆，调研内河船员职工队伍情况和权益保障工作，其间，到“长江黄金6号”邮轮、“两江”游轮等处调研工会工作，并慰问一线困难职工。

5月14日，中国海员建设工会巡视员张景义率中国海员建设工会调研组一行赴中远海运对外劳务合作有限公司工会开展“互联网+工会”工作调研。

7月8日至14日，2018年全国交通建设系统工会主席培训班在浙江省总工会干部学校举办。

7月11日，中国海员建设工会在上海参加中国航海日活动。

8月9日，中国海员建设工会在北京举办京津冀交通一体化建设全国引领性劳动和技能竞赛推进会暨“当好主人翁、建功新时代”主题论坛。

8月28日，台湾首期船员适任证书知识更新培训班在福建集美大学举办。

9月9日至15日，2018年全国交通建设系统工会主席培训班在安徽省总工会干部学校举办。

9月12日，由交通运输部海事局、中国海员建设工会联合主办的2018年直属海事系统航保职工岗位技能竞赛在烟台举办。

9月26日，中国海员建设工会传承弘扬“两路”精神推进会在四川成都召开。

10月18日，由中国海员建设工会、交通运输部海事局联合举办的2018年直属海事系统船舶交通管理技能竞赛在浙江宁波闭幕。

11月2日，中国船级社华南片区技术比武大赛在广州圆满落下帷幕。

11月7日上午，中国海员建设工会港口联络委员会2018年全体港会议在宁波召开。

12月10日，中国海员建设工会与中国船东协会在北京开展集体协商。经过双方平等协商，达成协商，新协议自2019年1月1日起生效。

12月18日，中共中央、国务院在北京人民大会堂举行庆祝改革开放40周年大会，会上宣读了《中共中央、国务院关于表彰改革开放杰出贡献人员的决定》。决定授予于敏等100名同志改革先锋称号，颁授改革先锋奖章。全国交通水运系统的港口装卸自动化的创新者包起帆、远洋运输体制改革的推动者许立荣、践行“工匠精神”的优秀代表许振超三名同志被授予改革先锋称号，并被授予改革先锋奖章。

## 2019 年

1 月 6 日，中国海员建设工会四届三次全委会议在哈尔滨召开。全国总工会副主席、书记处书记、党组成员蔡振华出席会议并讲话，中国海员建设工会分党组书记、主席丁小岗作了题为《覆盖主群体壮大主力军服务主人翁以改革创新精神推动产业工人队伍建设取得新进展》的工作报告。会上黑龙江省交通工会等单位作经验交流。会议审议通过了工作报告，还履行了相关民主程序。会后，与会人员参观了哈尔滨北方船舶公司机加车间、舾装码头和德伟创新工作室。

1 月 15 日，中国海员建设工会与香港海员工会代表团在北京会谈，围绕加强海员工会工作，保障海员权益，推进海员素质提升，开展中华海员工业联合总会成立 100 周年庆典活动等议题开展交流。

1 月 17 日，中国海员建设工会、挪威海员工会、挪威高级海员工会、挪威轮机员工会与挪威船东协会就《中国海员中挪双边集体协议》在北京进行新一轮谈判，并达成协议。

4 月 14 日至 20 日，2019 年全国交通建设系统工会主席培训班在陕西工运学院举办。

4 月 16 日至 17 日，由中国海员建设工会巡视员张景义带队，全国总工会劳动和经济部与中国海员建设工会联合督导中建赛区“京津冀协同发展交通一体化建设劳动和技能竞赛”工作开展情况。

4 月 29 日，由交通运输部和全国总工会共同主办的“2018 年感动交通年度人物”视频发布会在北京召开。

5 月 31 日，中日海员工会合作开展的中国船员英语教育计划第 43 期毕业典礼在天津举办，中国海员建设工会副主席曹宏伟、全日本海员工会国际部部长池谷义之出席毕业典礼并致辞。

6 月，全国安全生产月暨“安康杯”竞赛启动仪式在北京举办。

7 月 10 日至 12 日，中国海员建设工会副主席曹宏伟一行赴浙江省宁波市参加中国航海日论坛系列活动。

8 月 13 日，首期中国台湾地区船员申请换发大陆船员适任证书岗位适任补差培训班开学式在厦门举行，中国海员建设工会副主席曹宏伟出席开学式并讲话。

9 月 10 日至 11 日，中国海员建设工会副主席曹宏伟赴大连参加全国总工会在中远海运重工开展的“与共和国同行”——全国职工主题阅读活动，分别到大连海事局、大连国际海员俱乐部开展调研，并走访慰问了中远海运集团所属的“棒棰岛”轮，为船员们送上了慰问品和阅读卡。

9 月 18 日，全国人大常委会副委员长、中华全国总工会主席王东明到中国海员建设工会，围绕深入学习贯彻习近平总书记关于工人阶级和工会工作的重要论述，落实中国工会十七大部署，巩固深化“不忘初心、牢记使命”主题教育成果开展调研，详细了解交通、建设系统各级工会推动重点工作任务落实等情况。

9 月 19 日，由中国海员建设工会全国委员会主办，交通运输部北海救助局协办的 2019 年全国水运系统工会工作现场经验交流会在烟台召开。

9 月 20 日，中国海员建设工会副主席曹宏伟一行就山东海员工会维权服务工作，在烟台水运企业开展调研。

9 月 25 日，由中央宣传部、中央组织部、中央统战部、中央和国家机关工委、中央党史和文献研究院、教育部、人力资源和社会保障部、国务院国资委、中央军委政治工作部共同组织开展“最美奋斗者”的评选活动名单揭晓，中国远洋海运集团有限公司上海中远海运（原上海海运管理局）服务员杨怀远、招商局集团常务副董事长袁庚（生前单位）、上海国际港务（集团）股份有限公司原副总裁包起帆、山东省青岛前湾集装箱码头有限责任公司工程技术部固机高级经理许振超、交通和建设系统的天津港中煤华能煤码头有限公司操作队原党支部书记、队长孔祥瑞，大连海事大学教授曲建武等六位水运系统同志获评“最美奋斗者”称号。

10月15日，“交通记忆·强国梦想——庆祝新中国成立70周年全国交通运输职工书画摄影展”在北京开幕。

10月16日，中国海员建设工会全国委员会主席丁小岗为江苏省交通运输行业工会干部作了《工会原理与实务》专题培训。

10月23日至27日，中国海员建设工会主席丁小岗出席在越南河内举行的第36次亚洲海员高峰会暨挪威/亚洲海员委员会会议。

10月25日，由交通运输部、人力资源和社会保障部、全国总工会、共青团中央共同主办的2019年中国技能大赛——第十一届全国交通运输行业“天津港杯”流体装卸操作工职业技能大赛全国总决赛在天津港文体中心圆满落幕。

11月6日，中国海员建设工会港口联委会2019年全体港会议在广州顺利召开。

11月27日，中国海员建设工会、挪威海员工会、挪威高级海员工会、挪威轮机员工会与挪威船东协会就《中国海员中挪双边集体协议》在北京进行新一轮谈判。双方在对2019年集体协议执行情况进行评估的基础上，经过双方平等协商，达成协议。新协议的有效期为2020年1月1日至2021年12月31日。

11月29日，由中国海员建设工会主办，曹妃甸港集团股份有限公司工会和宁波舟山港集团有限公司工会共同承办的南北大港“港口工匠创新联盟”启动大会召开。

12月2日，中国海员建设工会与中国船东协会在上海开展中国海员工资福利集体协商，签订了2020—2021年周期的船员集体协议。新协议的有效期为2020年1月1日至2021年12月31日。

12月10日，全国海上劳动关系三方协调机制工作会议在北京召开。会议审议通过了全国海上劳动关系三方协调机制工作报告和经修订的《中国船员集体协议（A类）》，通报了《2006年海事劳工公约》船员舱室免除情况，交流了船员境外突发事件和投诉事项处置经验，举行了“海员之家”授牌仪式。中国海员建设工会副主席张景义当选全国海上劳动关系三方协调机制副主席并代表海员与中国船东协会签订集体协议。

12月12日，由中国海员建设工会主办，宁波舟山港集团有限公司工会与曹妃甸港集团股份有限公司工会承办的2019年“宁波舟山港杯”首届中国港口职工操作技能交流赛在宁波舟山港举行。

是年，广州黄埔国际海员俱乐部与广州港集团工会和南沙粮食通用码头分公司设立“广州中船文冲船坞有限公司海员服务站”和“广东中远海运重工有限公司海员服务站”。主动与香港海员工会合作共建“粤港澳大湾区粤港两地海员工会联络站”，共同推动两地海员的交流与学习。

## 2020年

1月10日，交通运输部、公安部、应急管理部、全国总工会、共青团中央联合在广西南宁举办2020年春运“情满旅途”活动启动仪式。

1月16日，由中国海员建设工会主办的“全国交通行业职工岗位创新成果巡展（首站）”在北京举办。

3月12日，中国海员建设工会、中国航海学会、中国船东协会、陶行知教育基金会联合发起首届“航海音乐榜”航海类原创歌曲征集活动。

3月，广州黄埔国际海员俱乐部被确定为“新冠肺炎集中医学观察定点酒店”，接待服务入境人员51批，共1450人；接待服务隔离海员17批，共108人；接待班轮14艘，服务上下船换班海员280人次。

4 月 2 日，中国海员建设工会下发《中国海员建设工会关于深入推进产业工人队伍建设改革的指导意见》。

4 月 14 日，中国海员建设工会下发《关于通报表扬全国交通建设系统“最美职工之家”“最美娘家人”的通知》，辽宁港集团有限公司工会等 20 家单位为“最美职工之家”，温东伟等 20 名个人为“最美娘家人”。

6 月 19 日，“2019 年感动交通十大年度人物”以线上直播方式成功举办。“大国船长”钟文新、中国山东国际经济技术合作有限公司塞尔维亚 E763 高速公路项目组等十个先进个人和集体获评“2019 年感动交通十大年度人物”；齐鲁交通发展集团淄博分公司收费管理部部长于正洲、长航抗疫医疗突击队等十个先进个人和集体获评“感动交通年度特别致敬人物”。

6 月 29 日，中国海员建设工会和全日本海员工会合作举办的中国船员英语培训（轮机专业）开班。

7 月 1 日，由中国海员建设工会、全国总工会劳动和经济工作部共同主办的“首届全国交通行业职工岗位创新成果云展览”正式上线。

7 月至 10 月，中国海员建设工会与全国总工会劳动和经济工作部共同开展了首届全国交通行业职工岗位创新成果展示交流活动，全国约 180 万名职工参与活动。

7 月 11 日，2020 年“中国航海日论坛”在上海以线上线下相结合的方式举行，中国海员建设工会代表出席活动。

7 月至 12 月，中国海员建设工会完成《全国交通建设系统产业工人队伍建设改革状况调研报告》。

8 月 26 日，中国海员建设工会第四届全国委员会第四次全体会议在北京召开。全国总工会副主席、书记处书记、党组成员魏地春出席会议并讲话。会议审议通过了全委会工作报告，履行了有关人事事项的民主程序。会议补选李庆忠为中国海员建设工会第四届全国委员会主席、吴疆为中国海员建设工会第四届全国委员会副主席等。

8月31日至9月2日，中国海员建设工会主席、分党组书记李庆忠一行赴江苏省调研交通建设系统产业工人队伍建设改革工作。

9月27日至28日，中国海员建设工会党支部全体党员赴山西省壶关县水池村开展支部共建活动。

10月21日至29日，全国总工会副主席、书记处书记、党组成员魏地春带队先后赴北京城建集团、宁波舟山港集团、合肥燃气集团开展产业工人队伍建设改革专题调研。

10月22日，由交通运输部、人力资源和社会保障部、全国总工会、共青团中央主办的2020年全国行业职业技能竞赛——第十二届全国交通运输行业职业技能大赛的首场全国总决赛在宁波舟山港开赛。

10月26日至30日，2020年全国交通建设系统工会主席培训班在陕西工运学院举办。

11月13日，中国海员建设工会港口联委会2020年全体港会议在江苏张家港成功召开。

11月27日，2020年江苏省公路水运工程施工工艺创新大赛决赛在江苏省南京市圆满落幕。

12月3日，中国海员建设工会下发《关于“港口工匠创新联盟”吸纳新成员的通知》，确定11家单位为港口工匠创新联盟新成员。

12月9日，中国海事局在广州举办中国—东盟第2次国际海事劳工公约履约合作研讨会，来自东盟10个国家的20名代表以视频会议的方式出席了会议。中国海员建设工会派员参加会议，并就解决《2006年海事劳工公约》履约过程中发现的涉及海员权益保障的相关问题，向政府主管部门提出了工作建议。

## 2021 年

1 月 15 日，“纪念中国海员工会成立 100 周年” 主题宣传活动正式启动。

1 月，中国海员建设工会党支部被全国总工会机关党委授予“全总机关党支部标准化规范化建设示范单位”。

3 月 3 日，“纪念中国海员工会成立 100 周年” 中国海员建设工会专题网页正式开通。

3 月 6 日，“纪念中国海员工会成立 100 周年” 专题在全国总工会官方网站上线。

3 月 11 日，“长航双十杰” 颁奖报告会在武汉举行。报告会采用现场直播的形式，超过 14 万人通过 “长江航运” 快手官方账号进行了同步观看。

4 月 6 日，中国海员工会成立 100 周年纪念大会在广州市第一次全国劳动大会旧址召开。全国人大常委会副委员长、中华全国总工会主席王东明就纪念中国海员工会成立 100 周年专门作出重要批示。中华全国总工会副主席、书记处书记魏地春，交通运输部副部长王志清出席大会并讲话。广东省总工会、中国海员建设工会主要负责同志，中央台办、交通运输部、国务院港澳办、全国总工会等有关部门及中国船东协会负责人，海员劳动模范代表参加纪念活动。

4 月 19 日，中国海员建设工会和全日本海员工会合作开展的中国船员英语教育计划培训正式开班。

4 月，厦门集装箱码头集团有限公司被全国总工会授予 “全国五一劳动奖状”。

4 月以后，中国海员建设工会向全国总工会申请专项 “送温暖” 资金 100 万元，用于开展船员 “送温暖” 工作。全委制定了《船员专项 “送温暖” 管理办法》，各省三方机制对本省船员进行摸排、核实，最终确定了 147 家企业的 975 名船员为专项 “送温暖”对象，覆盖黑龙江、山东等28个省（自治区、直辖市）。

6月8日，中国海员建设工会主席、分党组书记李庆忠出席在曹妃甸港举办的“港口工匠创新联盟”2021年发展大会，并宣布了联盟组织体系调整的决定。

6月22日，中国海员建设工会第四届全国委员会第五次全体会议在哈尔滨召开，全国总工会副主席、书记处书记、党组成员魏地春出席会议并讲话。会议通过了中国海员建设工会主席、分党组书记李庆忠代表常委会作了题为《建功“十四五”奋进新征程推进交通建设系统工会工作高质量发展》的工作报告，会议补选武建光为中国海员建设工会第四届全国委员会副主席等。

7月11日，2021年“中国航海日主论坛”以线上形式举行，中国海员建设工会主席李庆忠在中国航海日主论坛发表以《扎实推进产业工人队伍建设改革，为航运高质量发展提供强大人力支撑》为题的主旨演讲。

7月29日，港口工匠创新联盟重点工作推进会在湖北宜昌召开。

8月，广州黄埔国际海员俱乐部与广州国际海员俱乐部整合，成立广州黄埔国际海员俱乐部（广州市黄埔工人文化宫）。

8月，中国海员建设工会正式启动2021年中国船员集体协商工作，下发《关于征集〈中国船员集体协议（A类）〉修改意见的通知》，向各省海员工会和航运企业工会征求意见。

11月22日，中国海员建设工会在北京举办“关爱船员专项活动”启动仪式。

11月22日，中国海员建设工会主席李庆忠、中国船东协会常务副会长张守国分别代表船员和船东，在北京正式签订新修订的《中国船员集体协议（A类）》。11月26日，中国海员建设工会印发《关于做好2021年“全国交通安全日”宣传活动的通知》，要求结合全国交通安全日和工会工作重点，以集中宣传、安全警示教育、安全培训、群众性安全生产文化活动等主要方式，深入一线开展宣传活动。

12 月 22 日，台湾船员培训工作协调会举行，中央台办交流局、全国总工会台办、交通运输部台办、中国海员建设工会、交通运输部海事局等代表参加。会议初步确定正式成立台湾船员培训工作交流机制，办公室设在中国海员建设工会海员工作部。

是年，中国海员建设工会与交通运输部天津水运工程科学研究院合作开展《港口工匠创新联盟发展规划》课题研究。对其发展思路、模式、需求和任务等进行深度分析，确立“港口工匠创新联盟”总体目标与阶段性目标。

## 2022 年

1 月 14 日，全国首个“船员服务驿站”在江苏南京兴隆洲水上绿色综合服务区正式挂牌。

1 月 29 日，中国海员建设工会关爱船员专项活动圆满收官。

1 月以来，中国海员建设工会积极开展春节“送温暖”活动，全委领导带队分赴交通建设系统生产一线开展调研，看望一线职工和全国劳动模范，为他们送上慰问品和新春祝福。

4 月 7 日，中国海员建设工会与挪威船东协会召开“2022 年中挪海员集体协商线上会议”，对 2022—2023 年中国外派挪威船员集体协议进行谈判，双方达成协议，新协议有效期为 2022 年 4 月 1 日至 2023 年 12 月 31 日。

5 月 30 日，“2021 年感动交通十大年度人物”视频报告会以线上直播方式举行，“海巡 22”轮船长汪三涵、曹妃甸港矿石码头股份有限公司“陆海联动”创业团队等十个个人和集体获此殊荣，河南省新密市公路事业发展中心原养护科副科长白晓平等四个个人和集体荣获“2021 年感动交通年度特别致敬人物”称号。

6 月 25 日，在第十二个“世界海员日”当天，由中国海员建设工会全国委员会、交通运输部海事局、交通运输部长江航务管理局联合开展的“全国水运系统服务船员典型案例征集活动”评选结果正式揭晓，汕头国际海员俱乐部报送的“学史力行共战‘疫’情系海员解难题”等获评优秀示范案例、优秀案例。

7月11日，2022年“中国航海日论坛”在大连市举行，中国海员建设工会出席了论坛等活动。

7月20日，港口工匠创新联盟年中研讨会暨工匠交流营活动在江苏张家港市顺利举行。

8月19日，水运系统服务船员阵地建设经验交流会在山东烟台召开。中国海员建设工会全国委员会主席李庆忠出席会议并致辞。会议由中国海员建设工会二级巡视员张苏仲主持。山东省海员工会、广东省海员工会、长江航务工会、烟台国际海员俱乐部、汕头国际海员俱乐部、中国海事服务中心等六家单位进行交流发言。会议期间，与会代表现场调研了烟台国际海员俱乐部、烟台航标处、北海救助局、烟台打捞局等四个烟台地区海员之家。

9月20日至22日，中国海员建设工会第五届全国委员会第一次全体会议在福建厦门召开。全国总工会党组书记、副主席、书记处第一书记陈刚作视频讲话，全国总工会副主席、书记处书记魏地春以视频连线方式出席会议并讲话。交通运输部党组成员、副部长戴东昌，住房和城乡建设部党组成员、副部长姜万荣作视频致辞。中国海员建设工会主席、分党组书记李庆忠在会上作了题为《铭记历史奋勇前行在新起点上推动交通建设产业工会工作高质量发展》的工作报告。会议通过工作报告，履行了有关人事事项的民主程序，选举产生了中国海员建设工会第五届全国委员会领导机构，选举李庆忠为主席，吴疆、马正秋为副主席，徐一飞、陶建伟为副主席（兼），50名委员被选为常委会委员。

9月22日下午，中国海员建设工会港口联络委员会2022年主任港会议在厦门港召开。

11月11日，中国海员建设工会党支部书记李庆忠以《深入学习贯彻党的二十大精神，推动新时代产业工会工作高质量发展》为题，为支部全体党员干部讲授学习宣传贯彻党的二十大精神专题党课。

## 2023 年

1 月，2023 年春节来临之际，中国海员建设工会深入重点项目建设一线开展“送温暖”活动，走访慰问坚守岗位的一线职工、劳动模范工匠和生活困难职工，视频连线海外项目建设者，向奋战在交通建设一线上的干部职工致以新春问候。

2 月 7 日，中国海员建设工会港口联络委员会（以下简称“港口联委会”）2023 年主任港会议在上海召开。中国海员建设工会全国委员会主席李庆忠出席会议并讲话。广州港、上海港等 11 家港口企业的工会代表参会。

4 月 11 日至 15 日，以中国海员建设工会主席李庆忠为团长的中国工会代表团赴日本东京参加了第 37 次亚洲海员峰会暨挪威/亚洲海员委员会会议。

6 月 1 日，中国海员建设工会港口联委会 2023 年全体港会议在青岛顺利召开。中国海员建设工会主席、分党组书记李庆忠出席会议并讲话。

6 月 25 日，在第 13 个“世界海员日”到来之际，中国海员建设工会向社会公布了 72 家全国水运系统工会服务船员阵地清单，以及 878 艘已签约 2022—2023 年版《中国船员集体协议（A 类）》的船舶名录。

6 月 25 日，第六届中国海员技能大比武在浙江舟山拉开帷幕。来自中国各航运企业和航海院校的 48 支代表队、504 名选手，将在为期四天的竞赛中角逐九个赛事项目。延续第四届、第五届大比武的传统，香港、澳门、台湾继续组队参赛。

6 月 26 日，全国海上劳动关系三方协调机制第五次工作会议在浙江舟山召开，中国海员建设工会主席、分党组书记李庆忠参加会议并讲话。会议审议通过了新修订的《全国海上劳动关系三方协调机制工作章程》及工作报告，通报了船员专项“送温暖”、《中国船员集体协议（A类）》签约、“全国和谐劳动关系创建示范企业”情况，表彰了2022年全国水运系统服务船员十佳案例。

7月10日至15日，2023年中国航海日活动周在河北沧州成功举办，活动以“扬帆新丝路　奋楫新格局”为主题，设置了航海日论坛、航海学术年会、航海科普周、科技博览会和群众性航海文化活动五个板块30多场活动。活动期间，中国海员建设工会副主席徐一飞出席船长、轮机长沙龙并致辞。中国海员建设工会二级巡视员朱嫣红出席全国航海科普知识竞赛。

7月13日，中国海员建设工会主席、分党组书记李庆忠与香港海员工会、香港海事处一行会谈交流，全国总工会交流中心、交通运输部相关司局负责同志参加此次会议。

8月21日至25日，2023年全国交通建设系统工会主席培训班在大庆油田铁人学院举办。中国海员建设工会主席、分党组书记李庆忠出席开班式并作开班动员，来自中国海员建设工会全国委员会新任委员、全国交通建设系统工会新任主席、新组建工会的负责同志等约100人参加培训。

8月22日，由中国海员建设工会全国委员会和全国总工会文工团主办、中国远洋海运集团有限公司工会承办、中远海运集装箱运输有限公司协办的“中国梦·劳动美——凝心铸魂跟党走　团结奋斗新征程”全国交通建设产业百名劳模工匠进一线主题宣讲中远海运专场活动在上海圆满结束。中国海员建设工会主席、分党组书记李庆忠，全国总工会文工团党委书记、团长钱磊，中远海运集团董事、党组副书记靳宏荣，上海市总工会副主席丁巍，中远海运集团工会主席张善民等出席活动。

9月9日上午，内河干线流域船员服务阵地建设经验交流会暨山东省“海员之家”建设现场推进会在山东济宁召开。中国海员建设工会主席、分党组书记李庆忠出席会议并讲话。

9 月 11 日，中国海员建设工会主席、分党组书记李庆忠在北京与香港海员工会代表团正式会谈。

10 月 16 日，中国海员建设工会与交通运输部职业资格中心在北京开展工作座谈。

11 月 10 日至 16 日，经过为期一周的研讨、磋商、沟通，中国海员建设工会全国委员会与中国船东协会在上海对《中国船员集体协议（A 类）》（以下简称“集体协议”）的修订达成一致意见，签署了新一轮集体协议。

11 月 30 日，中国海员建设工会第五届全国委员会第二次全体会议在云南昆明召开。会议审议通过了全委会工作报告，履行了有关人事事项的民主程序。全国总工会副主席、书记处书记、党组成员金善文出席会议并讲话。来自全国交通建设系统的 190 余名委员和代表参加了会议。

12 月 12 日，中国海员建设工会、挪威海员工会、挪威轮机员工会与挪威船东协会在挪威首都奥斯陆完成新一轮海员集体协商，签订 2024 年至 2025 年《中挪海员集体协议》。本次协议有效期为 2024 年 1 月 1 日至 2025 年 12 月 31 日，双方将于 2024 年底前对协议进行中期评估。

12 月 15 日，由中国海员建设工会主办的“2023 年全国交通建设行业职工岗位创新优秀成果云展览”正式上线。

12 月 19 日，由中国交通职工书画摄影协会、中国海员建设工会全国委员会共同主办的第十三届全国交通运输职工书画摄影展开幕式及首展在北京举办。

## 附录一

# 中国海员工会主要领导人简介和名录

## （一）工会主要领导人简介

1. 陈炳生

陈炳生是广东省宝安县人，18岁时到英国海军京亚佛号工作，开始航海生活。三年后转到英国昌兴公司“中国皇后”轮做工。1913年，陈炳生在日本加入孙中山领导的中华革命党，成为联义社会员，并担任联义社“满提高”轮分部部长，主要组织海员为孙中山发动革命运输物资、传达消息。1921年4月中华海员工业联合总会终于成立，陈炳生当选为中华海员工业联合总会的第一任会长。

1922年1月，中华海员工业联合总会发动了香港海员大罢工，由陈炳生签发了总罢工令。1922年2月，陈炳生因杀妻案被捕无法领导香港海员大罢工。因此，海员工会改选苏兆征为（代理）会长。后经孙中山赦免，陈炳生获释。1949年后，陈炳生随国民党到台湾。

2. 苏兆征

1922年2月，苏兆征任中华海员工业联合总会（代理）会长。1926年，海员工会第一次代表大会苏兆征再次当选为中华海员工业联合总会委员长。

苏兆征1885年11月11日出生于广东省香山县淇澳村（今广东省珠海市唐家区淇澳乡）一个贫苦农民家庭。15岁时离家到香港在英商怡和洋行“乐生”轮做工，开始了海员生涯。他在外国轮船做工中，逐渐认识到中国工人组织起来的重要性。1908 年苏兆征加入孙中山领导的同盟会，开始走上革命道路。1911 年的辛亥革命期间，苏兆征在广东方面是一个积极活动分子。1920 年春季，苏兆征重新回到轮船上工作，参与组织海员工会。

1922 年 1 月爆发了香港海员大罢工，苏兆征被推选为罢工委员会总办事处总务部主任、谈判代表。同年 2 月，被罢工海员推选为代理会长，领导了香港海员大罢工。1925 年 3 月，代表工人团体参加在北京召开的国民会议促成会。在此期间，苏兆征加入了中国共产党。

1925 年 5 月召开的第二次全国劳动大会，中华海员工业联合总会作为四个发起工会之一，苏兆征在党的领导下代表海员工会参加了筹备工作。并在这次大会上当选为全国总工会执行委员。

1925 年 6 月，他与邓中夏领导了著名的省港大罢工。罢工期间，他担任了罢工委员会委员长兼财政委员会主任。他领导省港罢工期间紧紧依靠群众，坚决执行党的路线、方针，使罢工委员会的领导权始终掌握在党的手中。罢工坚持 16 个月，给英帝国主义以沉重的打击。

1926 年 1 月，中华海员工业联合总会召开了第一次全国代表大会，苏兆征当选为中华海员工业联合总会执行委员、委员长。并在同年 3 月召开的香港运输业联合会上当选委员长。其后，在第三次全国劳动大会、第四次全国劳动大会上，苏兆征当选为全国总工会的第二届、第三届委员长。

1927 年春，由中共中央推荐，他担任了武汉国民政府劳工部长。在中共第五次全国代表大会上当选为中央委员、中央政治局候补委员。在中共“八七”会议上当选为中央临时政治局委员，分管工委。苏兆征参加了著名的广州武装起义的筹备工作。广州苏维埃成立时，他被选为政府主席。1928 年 3 月，苏兆征去莫斯科参加赤色职工国际第四次代表大会和共产国际第六次代表大会，在这两个国际组织中当选为执行委员。同年6月，苏兆征在中共第六次全国代表大会上当选为中共中央政治局委员、兼任中央工委书记。

1929年2月25日，苏兆征在上海病故，时年44岁。2月26日，中共中央政治局召开第24次会议，对苏兆征不幸病逝表示悼念。会议发出通告，号召全党、全国人民一致继承苏兆征同志的奋斗精神，完成革命事业。

3. 谭华泽

谭华泽是一名老海员，在船上干了十多年的生火长，在海员中有一定威信，被推选担任加工维持团团长，对发动香港海员大罢工起到了一定的推动作用。1922年担任中华海员工业联合总会主席。1924年2月，海员工会进行改组，谭华泽当选为主席。1926年1月，中华海员工业联合总会召开第一次全国代表大会，谭华泽当选为中华海员工业联合总会副委员长兼救济委员会主任。

1927年四一二事变后，谭华泽投靠国民党，当了国民党“工会改组委员会”的顾问，帮助国民党破坏革命工会。1928年2月，中华海员工业联合总会召开各地分会联席会议，革除谭华泽中华海员工业联合总会执委、副委员长职务。

4. 林伟民

林伟民是广东中山人，海员出身。1920年，以“乐雅山房”代表身份参与中华海员工业联合总会的发起，并被推选为筹备委员、常务筹备委员。1921年中华海员工业联合总会成立后，担任中华海员工业联合总会交际。1922年，爆发香港海员大罢工，林伟民是领导罢工运动的骨干之一。在苏兆征担任代理会长后，林伟民接替苏兆征担任谈判代表，为取得罢工胜利作出了贡献。香港海员大罢工胜利后，林伟民以“海总”代表的身份到上海筹备成立中华海员工业联合总会上海支部，并于8月3日成功地发动了上海长江海员大罢工，罢工坚持22天，取得了胜利。中华海员工业联合总会上海支部成立后，林伟民当选为会长。1924 年，林伟民代表海员工会赴莫斯科参加国际运输工人代表大会。抵莫斯科时，会议已经结束。林伟民便与中共莫斯科支部的罗觉（罗亦农）、黄平取得联系，并加入了中国共产党。林伟民从莫斯科回国后，便担任“海总”驻粤代表，领导了广州盐船工人的斗争，组织盐船工人组成中华海员工业联合总会广州第一分部。1925 年在第二次全国劳动大会上当选为全国总工会第一届执行委员会委员长。1926 年 1 月，在中华海员工业联合总会第一次代表大会上，林伟民当选为执行委员，并担任宣传部部长。同年在第二次全国劳动大会上继续当选为全国总工会执行委员会委员。1927 年，林伟民因病逝世。

5. 陈权

1925 年，省港大罢工期间陈权任罢工委员会海员代表团团长。同年加入中国共产党，是 1925 年中共广东区委建立的海员党支部的共产党员之一。1926 年 1 月，在中华海员工业联合总会第一届代表大会上当选为执行委员，任组织部主任。1926 年 4 月，香港总工会成立，陈权与苏兆征、戴卓民三位海员代表当选为香港总工会执行委员。1927 年 10 月 15 日，中共南方局和中共广东省委召开联席会议后，陈权任省委委员。在广州起义中，他与陈郁一道负责组织工人赤卫队。广州起义失败后，陈权转移到上海，主持海员总工会上海办事处工作。1928 年 2 月，陈权在上海被国民党逮捕，受尽敌人严刑拷打，但陈权坚贞不屈，顽强斗争，1929 年 11 月 23 日惨死于狱中，年仅 28 岁。

6. 张瑞成

张瑞成是广东新会人，学徒出身。1921 年加入中国共产党，后到苏联学习。1925 年回国任全国总工会教育宣传委员会主任。同年，中共为加强对海员工作的领导，中共广东区委在海员中建立支部，由张瑞成任中共海员支部书记。1927 年 4 月 15 日，国民党反动派在广州发动反革命屠杀，张瑞成首批被捕，不久惨遭杀害。

7. 何来

1922 年，何来开始任中华海员工业联合总会委员，1924 年海员工会改组后继续担任委员，任调查部主任。省港大罢工期间，任罢工委员会的财政委员会成员，兼会计部主任。在中华海员工业联合总会第一届代表大会上当选为执行委员、总干事兼财政部主任。会后，中华海员工业联合总会派何来、陈权、陈剑夫等人领导海员工会广州分会的工作，何来任广州分会主任。1927 年参加了广州起义，广州苏维埃政府成立时任经济委员。

8. 陈郁

陈郁早年在船上做工，1925 年加入中国共产党，是 1925 年中共广东区委建立的海员党支部的共产党员之一。1926 年至 1927 年，在海员工会领导人苏兆征负责全国总工会和担任武汉国民政府劳工部长后，林伟民也因病住院，而何来任省港罢工委员会会计部主任，因此，陈郁和陈权便承担起领导海员工会的日常工作。

1927 年 10 月中共广东省委进行改选，陈郁当选为省委委员。根据党组织的决定，他参加了广州起义的筹备工作。广州起义爆发后，他与海员工会干部林锵云一起率领数百名赤卫队队员配合起义军攻克了伪公安局等重要据点。广州苏维埃政府成立后，他任司法委员。广州起义失败后，陈郁转移到香港，继续开展海员工会工作。1928 年 2 月，陈郁主持召开了“海总各地分会负责人联席会议”，清除了海员工会领导机构内部投靠国民党的“改委”。1928 年 12 月，陈郁任中共广东省委常委、东江巡视员。1930 年 7 月，海总迁到上海与上海分会合并，成立海员工会党团，陈郁任党团书记。1931 年 1 月，在中共六届四中全会上当选为中央政治局委员。并在这次会议上，陈郁以海员工会党团的名义对王明路线提出批评。因此，会后遭到王明的打击报复。6 月，以派往苏联国际列宁学院学习的名义，迫其离开海员工会党团的领导岗位。1934 年陈郁再次受到王明的迫害，被停止党籍，下放劳动。直到 1939 年周恩来去苏联，才把陈郁带回国。

新中国成立后，陈郁曾任全国总工会常务委员、中央人民政府燃料工业部部长等职。

9. 张浩

张浩原名林祚培，号毓英（育英）。1897 年 2 月 25 日出生在湖北省黄冈县一个农村手工业者家庭，自小做工。1922 年 2 月经林育南、恽代英介绍加入中国共产党。参加革命后先后使用过的姓名有林仲丹、张植三、张至善、张新甫、张志山、林春山、李春生、张开照、陈子贞、李福生、李复生、林武、林仲楠、林仲旦等。

1924 年张浩赴苏联在东方共产主义者劳动大学学习，1925 年回国后曾任中共上海沪西区委书记、汉口市委书记、湖南省委常委、满洲省委常委等职，领导上海、武汉、湖南、广东、东北等地的工人运动。

1929 年 11 月召开全国总工会党团第一次会议，由张浩负责起草的《海员工作决议案》获得会议通过后，会议决定派张浩去海总工作。1932 年 1 月至 1932 年 7 月，张浩化名林仲丹担任海员工会党团书记，领导了这一时期的海员工会工作。1933 年，张浩奉派担任全国总工会驻赤色职工国际代表离开海员工会党团。其后，张浩在党内、军内担任过白区工作委员会书记、129 师政委、工人学校校长、中央职工运动委员会副书记等多种职务。1942 年 3 月 6 日在延安病逝。

10. 廖承志

廖承志是广东惠阳人。1908 年生于日本东京。青年时代，他在孙中山、宋庆龄和父母廖仲恺、何香凝的教育、影响下，积极投身反帝、反封建、反军阀革命运动。1924 年加入中国国民党。

1925 年在广州中山岭南大学读书时参加学生运动和工人运动，并在革命实践中接受了马克思主义。1927 年蒋介石发动四一二反革命政变，愤而脱离国民党，1928 年 8 月加入中国共产党，在反日大同盟上海分会工作。同年 11 月党派他到德国汉堡、荷兰鹿特丹参加海员码头工人国际工作，并转入德国共产党。廖承志在此期间担任海员码头工人国际书记处中国支部书记、中国海员总工会西欧分会书记，复办了《中国海员》半月刊，并直接领导中国海员开展罢工斗争。1930 年受海员码头工人国际派遣到莫斯科参加职工国际第五次代表大会。1932 年回国，在上海任中共海员工会党团书记。1933 年 3 月在上海被捕，在法庭上与敌人展开了机智的斗争。同年 4 月获释后即参加红军，曾任中共川陕省委常委、红四方面军政治部秘书长。抗日战争爆发后，先后在八路军南京、香港办事处工作，开展抗日民族统一战线工作，领导海员工人将白求恩安全护送到抗日根据地。党的七届二中全会被递补为中央委员。1949 年被选为团中央副书记、全国青联主席。新中国成立后，历任华侨事务委员会副主任委员、中共中央对外联络部部长、统战部副部长、人大常务委员会委员、第五届全国人大常委会副委员长等职。1983 年 6 月 10 日在北京病逝。

11. 刘达潮

刘达潮又名刘耐、刘大超。1885 年出生于广东省东莞县。1911 年在“日本皇后”轮上当学徒。1918 年船上成立俱乐部时被选为负责人，同时办起了“余闲乐社”。1921 年在“俄国皇后”轮工作时，被选为该轮工会支部负责人。1922 年带领全轮海员参加了香港海员大罢工。1925 年参加省港大罢工，在罢工委员会担任会计部副主任、纠察队军需长。1927 年加入中国共产党。他在广州开设了“广发裁缝店”，以此掩护、领导海员工人运动。1929 年海员工会按全国总工会要求进行改组，刘达潮是增补的三位常委之一，成为当时海员工会的主要领导成员之一。1930 年随

“海总”迁往上海，负责到沪的外轮海员联系工作。在海员工会的安排下，他在上海办起了“怡安俱乐部”，进行秘密工作。1933年，鉴于形势更加恶化，组织决定让他回到香港领导海员工作。抗日战争爆发后，刘达潮做了大量发动海员参加抗日救亡运动的工作和工会组织工作。1937年8月15日香港海员工会成立时当选为副主席，中共党员曾生当选为组织部部长，将香港海员工会的实际领导权控制在党的手中。1938年，党组织派他出席陕甘宁边区工会代表大会。会后留在延安党校学习，后又调到工人学校做财务工作。1941年受组织派遣到新加坡中国海员工会分会工作。抗日战争胜利后，党根据工作需要，派刘达潮回香港参加中共香港海员工会海委工作。1947年4月，香港海员工会召开第二届代表大会，刘达潮化名刘耐，当选为香港海员工会副主席兼组织部长。1948年，刘达潮化名刘大超，前往东北出席第六次全国劳动大会，当选为全国总工会执行委员。新中国成立后，刘达潮主持恢复全国海员工会的筹备工作，任海员工会工作委员会主任、中国海员工会筹备委员会常务委员会主任。1955年4月15日，中国海员工会召开第二次全国代表大会，刘达潮当选为中国海员工会全国委员会主席。1974年1月8日在广州病逝。

12. 丘金

丘金是香港九龙城郊区人，1905年出生在一个农民家庭。1920年就出外做工，当时年仅16岁。1923年在美“克里夫兰总统”轮当侍役，开始了海员生涯。1925年爆发了省港大罢工，丘金在“哥伦比亚”轮鼓动同船41名海员募捐支援反帝斗争。因此他被船公司解雇，并失业一年多。直到1926年11月，丘金才又在“丕亚士总统”轮找到工作。此时，丘金结识了海员工会干部、中共广东区委海员支部组织委员陈春林和许泽强等人，在他们的影响下开始走上革命道路，并在船上组建工会，被选为船上工会支部干事。1930年5月加入中国共产党。1930年底，以海员代表的身份参加了由陈郁主持的海员工会工作扩大会议。1933 年 6 月，调到海员工会党团参加领导工作，担任外洋委员会负责人。1936 年赤色海总撤销，丘金前往香港，通过曾寿隆、廖茂等与当时在香港的中共党员建立联系，组织海员建立起“海员抗日救国委员会”，开展抗日救亡运动。不久，中共南方局工作委员会建立海员委员会，丘金担任书记。1938 年到延安中央党校学习，后任中央敌区委员会干部科科长、中央党校二部组教科副科长。1945 年当选为中国共产党第七次全国代表大会候补代表，并参加了中国共产党第七次全国代表大会。会后，曾任天津市总工会筹备委员会副主任、中共天津市委委员。1950 年丘金回到海员工会，担任筹备委员会副主任。1955 年海员工会召开第二次全国代表大会，丘金当选为中国海员工会全国委员会副主席。“文化大革命”后，工会工作全面恢复，1979 年 2 月丘金由上海调回全国海员工会任主席。1982 年离职休养。

13. 曾生

曾生是广东宝安人，1910 年生，1932 年考入中山大学，在校参加了学生抗日救亡运动，参与了广州地区学生和民众的抗日救亡运动。1935 年海总在香港被封后，成立了海员抗日团体“余闲乐社”，曾生曾担任宣传部长。1936 年加入中国共产党，1936 年底，中共南方工作委员会建立海员工作委员会，曾生是中共海委的主要领导成员。抗日战争爆发后，中共海员工会工作委员会在香港发动海员建立香港海员工会，8 月工会成立后，曾生担任香港海员工会组织部长，掌握着香港海员工会的实际领导权。1938 年 10 月，日本侵略军从大亚湾登陆后，调往惠阳成立中共惠（阳）宝（安）工委，任工委书记，并组建了以海员“余闲乐社”为主要后援的惠宝抗日游击总队，先后任总队长、东江纵队司令员。日军占领香港时，他组织海员工人参与中共在香港对文化界知名人士和国际友人的营救工作。其后历任中共广东区委、新四军纵队司令员等职。新中国成立后，被授予少将军衔，历任广东军区副司令员、华南军区第一副参谋长、海军南海舰队副司令员、广州市市长、广东省副省长、交通部副部长、交通部部长等职。

14. 卢杰

1950年4月，武汉海员组成了解放海南的参战大队，卢杰参加了武汉海员参战大队解放万山的战斗，卢杰先后担任参战大队政委、大队长。1979年中国海员工会全国委员会恢复后，任中国海员工会全国委员会副主席，1982年5月至1983年2月任中国海员工会全国委员会主席。

15. 方嘉德

1966年7月毕业于大连海运学院，1975年5月加入中国共产党，高级工程师。大学毕业后在上海远洋运输公司历任轮船水手、远洋轮驾驶员、船长，上海远洋运输公司调度员、航运处副处长、调度室主任，因工作成绩突出被评为上海市交通系统先进个人。1984年7月至1990年11月任中国海员工会全国委员会主席，分党组书记。1986年任全国总工会书记处书记、党组成员兼中国海员工会全国委员会主席、分党组书记。1987年9月代表中国海员工会去瑞士日内瓦参加第74届国际劳工（海事）大会，当选为联合国国际劳工组织理事会工人组副主席。1993年10月任全国总工会副主席、书记处书记、党组成员。全国政协第七届、第八届委员，全国总工会第十届、第十一届、第十二届执行委员，全国总工会第十届、第十一届主席团委员。

16. 张士辉

张士辉1967年8月毕业于大连海运学院，1968年10月分配到交通部上海海运局工作，1980年10月14日加入中国共产党，高级工程师。历任船舶水手、三副、二副、大副、船长。1986年

7月至1990年11月任中国海员工会副主席。1987年9月代表中国海员工会去瑞士日内瓦参加第74届国际劳工（海事）大会，当选为国际劳工组织联合海事委员会委员。1990年11月后任中国海员工会主席，分党组书记。全国政协第八届委员，全国总工会第十一届、第十二届执行委员。

17. 吴子恒

吴子恒1956年出生，船长，高级工程师。2002年12月，任中国海员建设工会全国委员会主席候选人、分党组书记。2003年3月，任中国海员建设工会第一届全国委员会主席、分党组书记。

18. 李铁桥

李铁桥1952年出生，副研究员。1984年，任全国总工会国际联络部副部长。1987年起，历任中国职工对外交流中心副秘书长、秘书长、港澳台工作领导小组办公室主任。1995年12月，当选为全国总工会第十二届执行委员。2008年3月，任中国海员建设工会第二届全国委员会主席、分党组书记。

19. 丁小岗

丁小岗1959年出生，党校研究生，律师。中共重庆市南川市委书记、市人武部党委第一书记。重庆市体育局副局长、党组成员。重庆市经济委员会副主任、党组成员，重庆市援藏干部领队、西藏自治区昌都地区行署副专员。重庆市人口和计划生育委员会副主任、党组成员。重庆市人民政府副秘书长（正厅局长级）。2011年12月，任中国海员建设工会第三届和第四届（2020年8月止）全国委员会主席，分党组书记。全国政协十三届委员。

20. 李庆忠

李庆忠1966年出生，1988年7月至2011年9月，在解放军装甲兵工程学院任排长、连长、副参谋长、参谋长、院系政委。2012年至2020年，历任全国总工会机关党委副书记，中国劳动关系学院党委副书记、纪委书记，全国总工会宣传教育部巡视员、全国总工会文工团党委书记。任中国海员建设工会第四届（2020年8月开始）和第五届全国委员会主席、分党组书记。

## （二）主要工会领导人物名录

1. 梁日青：中华海员工业联合总会副会长（1924年2月至1926年1月5日）。

2. 吴锦德：中共广东省委海员工会特别支部书记（1928年12月至1930年7月）。

3. 谭宝：中共广东海员总工会党团书记（1928年12月6日至1930年7月20日）。

4. 贾大容：1931年6月任海员工会党团负责人，1932年1月调离。

5. 李同庆：化名大刘，1933年4月接替廖承志任海员工会党团负责人。

6. 夏爵一：1934年任中共上海海上区委书记，后任海员总工会长江委员会负责人。

7. 陶林福：1933年6月调海员工会党团参加领导工作，是沿海委员会负责人。

8. 李大林：1949年任中国海员工会筹备委员会委员、常务委员会委员、全国总工会海员工会工作委员会秘书。1954年任全国海员工会秘书长。1955年4月在中国海员工会第二次全国代表大会上当选为中国海员工会全国委员会副主席，后于20世纪50年代末到内蒙古工学院工作。

9. 张孑夫：中国海员工会全国委员会副主席（1955年4月15日至1982年5月）。1962年10月任中国海员工会全国委员会分党组副书记。1978年10月恢复海员工会筹备期间，任中国海员工会工作委员会副主任，筹备负责人。

10. 唐章：中国海员工会全国委员会副主席（1978年10月至1982年5月）。

11. 左中侠：中国海员工会全国委员会秘书长（1978年10月至1982年5月）。

12. 侯星枢：中国海员工会全国委员会副主席（1982年5月至1983年5月），中国海员工会全国委员会第一副主席（主持工作，1983年5月至1984年6月）。

13. 庞家驹：中国海员工会全国委员会副主席（1982年5月至1986年6月）。

14. 王镭：中国海员工会全国委员会兼职副主席（1992年2月至1997年3月）。

15. 王贻谋：中国海员工会全国委员会副主席（1997年3月至1999年11月）。

16. 李全良：中国海员建设工会全国委员会副主席（2003年12月至2008年1月）。

17. 朱建光：中国海员建设工会全国委员会副主席（2000年8月至2003年11月）。

18. 李建设：中国海员建设工会全国委员会副主席（2008年3月至2011年12月）。

19. 朱临庆：中国海员建设工会全国委员会副主席（2005年1月至2011年10月）。

20. 姚久强：中国海员建设工会全国委员会副主席（2011年12月至2015年11月），巡视员（2015年11月至2016年6月）。

21. 魏薇：中国海员建设工会全国委员会副主席（2013年12月至2017年2月）。

22. 张景义：中国海员建设工会全国委员会副主席（2017年2月至2017年12月）。

23. 曹宏伟：中国海员建设工会全国委员会副主席（2017年

2 月至 2020 年 10 月）。

24. 庞海臣：中国海员建设工会全国委员会兼职副主席（2016 年 1 月至 2022 年 9 月）。

25. 翟筛红：中国海员建设工会全国委员会兼职副主席（2016 年 1 月至 2022 年 9 月）。

26. 吴疆：中国海员建设工会全国委员会副主席（2020 年 8 月至今）。

27. 武建光：中国海员建设工会全国委员会副主席（2021 年 6 月至 2022 年 4 月）。

28. 马正秋：中国海员建设工会全国委员会副主席（2022 年 9 月至今）。

29. 徐一飞：中国海员建设工会全国委员会兼职副主席（2022 年 9 月至今）。

30. 陶建伟：中国海员建设工会全国委员会兼职副主席（2022 年 9 月至今）。

31. 张苏仲：中国海员建设工会全国委员会副主席二级巡视员（2021 年 11 月至 2023 年 10 月）。

32. 朱嫣红：中国海员建设工会全国委员会副主席二级巡视员（2022 年 1 月至今）。

33. 吕伟：中国海员建设工会全国委员会一级巡视员（2022 年 5 月至今）。

## 附录二

# 金锚奖名录

### （一）第一届“金锚奖”获奖者（1988 年）

鲍浩贤　　上海远洋运输公司　最佳远洋船长
杨怀远　　上海海运管理局　最佳服务员
刘秀琪（女）　黑龙江航运管理局　最佳内河船长
陈安荣　　长江轮船公司　最佳客轮船长
曹　英　　上海引航管理站　最佳引航员
陈洪璋　　青岛远洋运输公司　最佳政委
郭海棠（女）　江苏无锡港务处　最佳装卸班长
沈文元　　大连轮船公司　最佳沿海船长
陈久诚　　珠江航运公司　最佳内河轮机长
高亚亮　　福建省轮船公司　最佳水手长
郭　军　　广州远洋运输公司　最佳水手
李永强　　第三航务工程局　最佳科技工作者
郑佩华（女）　上海港务局　最佳客运员
谢洪柱　　天津航道局　最佳疏浚工作者
许长民　　黑龙江航道局　最佳航测工
山本秀夫　　长江航务管理局　最佳教师
梁端议（女）　广东省育才幼儿园　最佳船员家属
姜阿南　　广州远洋运输公司　最佳业务主任
郑观培　　广州航道局　最佳爆破工程师
刘庆祥　　天津港务局第三公司　最佳港口调度员

蒋华金　　上海海运管理局　最佳厨工
孙本才　　连云港港务局外轮理货公司　最佳理货员
李安乐　　青岛港务局　最佳装卸工
张洪元　　广州海运局　最佳船舶驾驶员
沈锡贤　　上海长江轮船公司　最佳船舶乘警
陈昌本　　上海海运管理局工会　最佳航运系统工会工作者
关吉春　　大连港务局工会　最佳港务系统工会工作者
曲明智　　烟台海难救助打捞局　最佳潜水员
王明道　　重庆长江轮船公司　最佳驳船船员
叶中央　　上海航道局白节灯塔　最佳灯塔工
张风山　　第一航务工程局　最佳打桩工
郭凤先　　第二航务工程局　最佳混凝土工
李宝文　　广东省海员工会　最佳省、市海员工会工作者
李树义　　大连港务局　最佳装卸队长
任金良　　长江航务局南京港　最佳港口机械工
李长宝　　江苏吴县航道管理站　最佳航标工
金贯林　　天津港务局　最佳机械司机
邓江海　　第四航务工程局　最佳起重工
刘世忠　　广州海员疗养院　最佳医务工作者
肖方木　　长江航务局油榨碛绞滩站　最佳绞滩工
郑桥男　　原广东省海员工会　优秀离退休干部
丘　金　　中国海员工会全国委员会原主席　金锚荣誉奖

### （二）第二届“金锚奖”获奖者（1991 年）

吴炳源　　中波轮船股份总公司船长　最佳船长
陈炳权　　广州海运局船长　最佳船长
于经文　　黑龙江航运管理局船长　最佳船长
邓功烟　　台救捞局船长　最佳船长

袁亚康　　长江航道局船长　最佳船长
陈云清　　四川蜀光轮船公司船长　最佳船长
吴益寿　　福建省轮船总公司船长　最佳船长
徐熙孟　　浙江省舟山第一海运公司船长　最佳船长
黄柏宽　　广西柳州航运公司总指导船长　最佳船长
张继杰　　武汉长江港航监督局监督艇长　最佳艇长
蔡映庭　　广州远洋运输公司轮机长　最佳轮机长
董祥发　　上海长江轮船公司轮机长　最佳轮机长
李樵民　　天津航道局轮机长　最佳轮机长
李德民　　马鞍山港务局轮机长　最佳轮机长
谢铭英　　广东省汕头航运总公司轮机长　最佳轮机长
许世民　　江西省远洋运输公司轮机长　最佳轮机长
李双喜　　上海港务局轮机长　最佳轮机长
唐启才　　重庆长江轮船公司轮机长　最佳轮机长
李悦江　　上海远洋运输公司政委　最佳政委
董万轩　　广州海运局政委　最佳政委
陈培生　　广州远洋运输公司三副　最佳驾驶员
任旺宝　　上海市轮渡公司驾驶员　最佳驾驶员
田敬平　　广州航道局大副　最佳驾驶员
马达传　　广州海运局报务主任　最佳报务主任
张正邦　　上海航道局船舶党支部书记　最佳党务工作者
樊鸿基　　黑龙江航运局科研所高级工程师　最佳科技工作者
郭岭青　　岛远洋船员学院教研室主任　最佳教师
王天保　　上海海运管理局海员医院副主任医师　最佳医务工作者
张立法　　大连远洋运输公司热工科长　最佳科长
李旭辉　　广州港机厂助理工程师　最佳助理工程师
李汉杰　　广州港务局理货公司理货员　最佳理货员

| | | |
|---|---|---|
| 初军锋 | 营口港务局理货公司副科长 | 最佳理货员 |
| 王文敬 | 大连港务局引航站副站长 | 最佳引航员 |
| 彭守见 | 青岛远洋运输公司水手长 | 最佳水手长 |
| 彭正云 | 上海海运管理局机匠长 | 最佳机匠长 |
| 刘跃祥 | 天津远洋运输公司大厨 | 最佳厨工 |
| 王正福 | 大连远洋运输公司机匠 | 最佳机匠 |
| 刘思林 | 天津远洋运输公司水手 | 最佳水手 |
| 胡廷柱 | 大连轮船公司水手 | 最佳水手 |
| 张长明 | 武汉长江轮船公司驾长 | 最佳水手 |
| 裘财锦 | 芜湖长江轮船公司驾长 | 最佳水手 |
| 陈开林 | 海南港务局三亚港驳船船长 | 最佳水手 |
| 裴忠东 | 南京长江油运公司电匠 | 最佳电工 |
| 王庆利 | 秦皇岛港务局装卸队长 | 最佳装卸队长 |
| 胡三苟 | 武汉港务局装卸分队长 | 最佳装卸队长 |
| 李士善 | 黑龙江航运局佳木斯港装卸班长 | 最佳装卸工 |
| 唐军培 | 烟台港务局装卸工 | 最佳装卸工 |
| 曲立清 | 青岛港务局装卸班长 | 最佳装卸工 |
| 王　毅 | 大连港务局装卸班长 | 最佳装卸工 |
| 王绪之 | 连云港港务局装卸班长 | 最佳装卸工 |
| 谢建平 | 上海港务局装卸班长 | 最佳装卸工 |
| 杨连合 | 天津港务局机械队长 | 最佳机械队长 |
| 郭顺德 | 汕头港务局机械班长 | 最佳机械司机 |
| 章　强 | 南通港务局机械司机 | 最佳机械司机 |
| 林挺胜 | 湛江港务局机械司机 | 最佳机械司机 |
| 霍俊周 | 安徽省航道局机械司机 | 最佳机械司机 |
| 林亮久 | 宁波港务局修理班长 | 最佳修理工 |
| 周爱华 | 江苏省无锡市航运公司修理工 | 最佳修理工 |
| 薛杰领 | 张家港港务局修理工 | 最佳修理工 |

李喜惠（女） 重庆港务局客运问询员 最佳服务员
于政文 第一航运工程局工段长 最佳工段长
翁惠新 第三航务工程局架子工组长 最佳架子工
罗德强 第二航务工程局起重工 最佳起重工
吴梅生 上海港机厂装配工 最佳装配工
汪月林 上海海上安监局监督员 最佳监督员
冯乃信 宁波海上安监局灯塔主任 最佳灯塔工
万清斌 青岛海上安监局灯塔副主任 最佳灯塔工
吴天俊 湛江海上安监局航标工 最佳航标工
冯　岳 广州海上安监局航标工 最佳航标工
姚学明 湖南长沙航道分局航道站长 最佳航标工
殷志才 江苏扬州航道管理处疏浚队长 最佳疏浚队长
张永刚 贵州乌江航道工程处绞滩工 最佳绞滩工
戴绍漠 宁波国际海员俱乐部主任 最佳海员俱乐部主任
周子华 黄埔国际海员俱乐部党总支书记 最佳海员俱乐部党务工作者
王新民 大连国际海员俱乐部宣传接待科长 最佳海员俱乐部宣传员
于业成 青岛国际海员俱乐部助理翻译 最佳海员俱乐部宣传员
刘同吕 上海航道局第二工程处工会副主席 最佳工会劳动保护监督检查员
贾兆亭 天津航道局工会主席 最佳工会工作者
宋连波 第一航务工程局工会主席 最佳工会工作者
李树华 烟台救捞局工会主席 最佳工会工作者
王　镭 长江轮船总公司工会主席 最佳工会工作者
徐金保 长江航务工会主席 最佳工会工作者
李　敏 上海远洋运输公司工会主席 最佳工会工作者

崔著先　　　　石臼港务局工会主席　最佳工会工作者
付信友　　　　南京港务局二公司工会主席　最佳工会工作者
陈宗举　　　　青岛远洋运输公司工会主席　最佳工会工作者
肖印厚　　　　大连轮船公司工会主席　最佳工会工作者
李健能　　　　广东省新中国船厂工会劳保干事　最佳工会工作者
吴中校　　　　大连轮船公司经理兼党委书记　最佳工会之友
李克亮　　　　青岛远洋运输公司党委书记　最佳工会之友
蔡佩玉（女）　上海长江轮船公司（海员家属）　最佳海员家属
张　弘（女）　大连远洋运输公司（海员家属）　最佳海员家属
林淑芳（女）　上海海运管理局（海员家属）　最佳海员家属
夏爵一　　　　上海海运管理局原局工会主席　荣誉奖
李大林　　　　内蒙古工业学院原全委副主席　荣誉奖

### （三）第三届“金锚奖”获奖者（1992 年）

朱毅夫　　　　上海远洋运输公司船长　最佳远洋船长
刘必茂　　　　天津远洋运输公司船长　最佳远洋船长
王湛滨　　　　广州海运局船长　最佳船长
张炳源　　　　福建省轮船总公司船长　最佳船长
夏永寿　　　　河北省海运公司船长　最佳船长
梁成林　　　　广西北海海运公司船长　最佳船长
藏　平　　　　黑航松花江航运局船长　最佳内河船长
钟　振　　　　长江轮船海外旅游总公司副总船长　最佳内河船长
吴良来　　　　芜湖长江轮船公司船长　最佳内河船长
彭代庆　　　　重庆长江轮船公司船长　最佳内河船长
龚天佑　　　　武汉长江轮船公司船长　最佳内河船长
宋汝胜　　　　南京长江油运公司船长　最佳内河船长
游喜仔　　　　江西省江西轮船公司船长　最佳内河船长
李晓憨　　　　贵州省乌江轮船公司船长　最佳内河船长

钱松鹤　　上海市航运公司船长　最佳内河船长
杨玉如　　云南省绥江县航运公司船长　最佳内河船长
罗克忠　　四川省涪陵轮船总公司船长　最佳内河船长
刘龙虎　　第三航务工程局船长　最佳打桩船长
陆伟民　　广州航道局船长　最佳航道船长
郝德春　　天津港务局船长　最佳港作船长
朱增文　　上海市轮渡公司船长　最佳渡轮船长
王德祥　　上海远洋运输公司轮机长　最佳远洋轮机长
陈建军　　中波轮船股份公司轮机长　最佳远洋轮机长
林满根　　广东省广州市基建材料航运公司轮机长　最佳轮机长
许永本　　烟台救捞局轮机长　最佳轮机长
杨永福　　黑航合江航运局轮机长　最佳内河轮机长
王忠甫　　宁波港务局大管轮　最佳轮机员
赵富业　　天津运洋运输公司政委　最佳政委
周荣昌　　山东省烟台海运总公司政委　最佳政委
蔡友天　　津航道局政委　最佳政委
赵鸿鹏　　上海海运管理局办事处主任　最佳驻港工作者
矫永凯　　大连远洋运输公司水手长　最佳水手长
唐志清　　上海长江轮船公司水手长　最佳水手长
高廷贤　　大连市大连海运公司水手长　最佳水手长
李乃仔　　广州海运局水手长　最佳水手长
王京伟　　青岛远洋运输公司机工长　最佳机工长
周正华　　大连远洋运输公司管事　最佳管事
杨　党　　广州远洋运输公司大厨　最佳厨师
徐兴根　　上海海运管理局大厨　最佳厨师
励建平　　宁波国际海员俱乐部厨师　最佳厨师
王永榕　　广州海运局客运主任　最佳客运主任

刘厚明　　　湖北省秭归县船舶运输公司客运主任　最佳客运主任
孙　蔚（女）大连轮船公司客运员　最佳客运员
刘国良　　　张家港港务局队长　最佳装卸队长
康建国　　　秦皇岛港务局队长　最佳装卸队长
薄志强　　　天津港务局装卸班长　最佳装卸班长
孙士军　　　烟台港务局班长　最佳装卸班长
程学礼　　　连云港港务局班长　最佳装卸班长
崔开富　　　上海港务局班长　最佳装卸班长
黄荣枝　　　汕头港务局班长　最佳装卸班长
孔坚成　　　广州港务局班长　最佳装卸班长
过解明　　　江苏省无锡市港务管理局班长　最佳装卸班长
王幼华　　　福建省福州港务局装卸班长　最佳装卸班长
王德金　　　青岛港务局班长　最佳装卸班长
司胜战　　　大连港务局班长　最佳客运班长
沈民杰　　　上海港务局库场队长　最佳仓库长
费林贵　　　黑航航务工程公司电气队长　最佳队长
张天全（女）重庆港务局行李员　最佳行李员
陈　蓉（女）长江通信导航局话务员　最佳话务员
孙凤羽　　　广州远洋运输公司海监室主任　最佳海监工作者
陈文忠　　　上海港务局引航站长　最佳引航员
徐成麟　　　上海救捞局船队副队长　最佳救捞队长
李远光　　　广州救捞局船队副队长　最佳救捞队长
陈建忠　　　湖南省港航工程一船队队长　最佳队长
赵云霞　　　第一航务工程局工段长　最佳工段长
朱平治　　　第二航务工程局工长　最佳工长
周世木　　　长江航道局水手　最佳航道工
王立军　　　第一航务工程局混凝土工　最佳混凝土工

刘凤池　　第四航务工程局技师　最佳技师
邱纯清　　武汉港务局技师　最佳技师
陈龙泉　　江西省吉安船舶修造厂技师　最佳技师
李汉华　　第四航务工程局测量班长　最佳技师
曹宝山　　上海航道局班组长　最佳技师
闫　涛（女）　东风船厂电焊工　最佳电焊工
翟　梁　　上海港机厂电气工程师　最佳工程师
朱国荣　　南通港务局机务管理员　最佳机务管理员
沙为惠　　安徽省巢湖地区航运管理局副班长　最佳航运管理员
陈开忠　　大连海监局灯塔主任　最佳航标工
王炳交　　青岛海监局灯塔主任　最佳航标工
王锡琼　　海南海监局航标工　最佳航标工
胡章跃　　安徽省航道管理局起重工　最佳起重工
倪国琪　　上海海监局测量班长　最佳测量员
姚远营　　口港务局助理工程师　最佳技术人员
陆建洛　　上海港务局工程师　最佳技术人员
张秀芝（女）　广州港务局科长　最佳技术人员
王洁辉　　烟台港务局技术员　最佳技术员
梁毅光　　湛江港务局科长　最佳科技工作者
马銮芳（女）　广州港机厂副科长　最佳财务工作者
任秀媛（女）　上海航道局副主任医师　最佳医务工作者
萧汉梁　　武汉水运工程学院系主任　最佳教育工作者
赵一华　　武汉河运专科学校党总支书记　最佳教育工作者
刘乐元　　交通部水运科学研究所主任工程师　最佳科技工作者
冯玉林　　交通部天津水运工程科学研究所主任工程师　最佳科技工作者

王恩惠　　第一航务工程勘察设计院高工　最佳科技工作者
范　强　　广州航道局水运工程设计院主任工程师　最佳科技工作者
任万通　　长江船舶设计院高工　最佳科技工作者
吴礼雄　　上海船舶运输科学研究所研究实习员　最佳科技工作者
戴祝之　　上海国际海员俱乐部主任　最佳俱乐部主任
陈敬敏　　八所港务局俱乐部主任　最佳俱乐部主任
龙和平　　长航公安局武穴港派出所民警　最佳民警
何耀胜　　广西防城港务局支部书记　最佳党务工作者
唐炽佳　　广东省粤中航道局支部书记　最佳党务工作者
王本福　　四川奉节县东风航运公司支部书记　最佳党务工作者
马守春　　大连港务局副局长　最佳工会之友
车金河　　日照港务局党委书记　最佳工会之友
张文俊　　南京港务局党委书记　最佳工会之友
丛选龙　　广州海运局副局长　最佳工会之友
沈志成　　交通部安全监督局局长　最佳工会之友
刘世文　　中国远洋运输总公司党委副书记　最佳工会之友
李庆伍　　上海远洋运输公司党委书记　最佳工会之友
赵洪生　　天津航道局局长　最佳工会之友
赵连城　　山东省青岛海运公司经理　最佳工会之友
薛德成　　秦皇岛港务局工会主席　最佳工会工作者
朱林贤　　南京港务局工会主席　最佳工会工作者
钱志新　　上海海运管理局第一货运公司工会主席　最佳工会工作者
施性河　　上海长江轮船公司工会主席　最佳工会工作者
胡学林　　芜湖长江轮船公司工会主席　最佳工会工作者

荆玉荣　　　　佳木斯港务局工会主席　最佳工会工作者
黄静元　　　　江苏省江南航运公司工会主席　最佳工会工作者
赵小林　　　　广州远洋运输公司修造厂工会主席　最佳工会工作者
陈常庆（女）　青岛远洋运输公司（海员家属）　最佳海员家属
陈玉珍（女）　上海海运管理局卫生员（海员家属）　最佳海员家属

## （四）第四届“金锚奖”获奖者（1994 年）

包起帆　　　　上海港务局南浦港务公司副经理　最佳科技工作者
蒋文保　　　　江苏省港航集团运河公司船长　最佳内河船长
陈维喜　　　　安徽省远洋运输公司船长　最佳远洋船长
杨天堂　　　　上海市航运公司船长　最佳内河船长
林勇来　　　　厦门轮船总公司船长　最佳船长
秦光荣　　　　长江天府旅游轮船股份公司船长　最佳内河船长
杨玉如　　　　云南绥江县航运公司船长　最佳内河船长
何广恒　　　　梧州航运总公司船长　最佳内河船长
徐惠兴　　　　广州远洋运输公司船长　最佳远洋船长
陈乃秀　　　　长江航道局武汉航道分局船长　最佳航道船长
陈兴太　　　　大连海运（集团）公司船长　最佳船长
吴玉强　　　　海南省海运总公司船长　最佳船长
陈树培　　　　重庆长江轮船公司船长　最佳内河船长
李文芳　　　　广州海运（集团）公司船长　最佳船长
吕长生　　　　上海海运（集团）公司船长　最佳船长
刘秉臣　　　　武汉长江轮船公司船长　最佳内河船长
武友胜　　　　南京长江油运公司船长　最佳内河船长
管　辉　　　　上海航道局船长　最佳疏浚船长
崔梦桐　　　　天津海上安全监督局船长　最佳航标船长

| | |
|---|---|
| 陆荣轩 | 汕头海上安全监督局船长　最佳监督船长 |
| 郭品范 | 广州航道局船长　最佳船长 |
| 韩文才 | 天津港务局船长　最佳船长 |
| 施教忍 | 浙江省远洋运输公司船长　最佳远洋船长 |
| 周云春 | 广州救捞局船长　最佳救捞船长 |
| 姬振纲 | 大连集装箱轮船公司轮机长　最佳轮机长 |
| 葛恩华 | 河北省远洋公司轮机长　最佳远洋轮机长 |
| 刘玉麟 | 江苏省通沙汽车轮渡管理处轮机长　最佳内河轮机长 |
| 邓超强 | 广东省珠江航运公司轮机长　最佳轮机长 |
| 粟远忠 | 四川省轮船公司轮机长　最佳内河轮机长 |
| 胡大愿 | 张家港港务局轮机长　最佳港作船轮机长 |
| 曾信明 | 重庆港口管理局轮机长　最佳港作船轮机长 |
| 马雨果 | 武汉港务管理局轮机长　最佳港作船轮机长 |
| 张凤鸣 | 上海远洋运输公司指导轮机长　最佳远洋轮机长 |
| 桑有林 | 广州海运（集团）公司轮机长　最佳轮机长 |
| 杨长来 | 黑龙江航道局轮机长　最佳疏浚轮机长 |
| 冯本国 | 海南海上安全监督局轮机长　最佳监督船轮机长 |
| 徐广宏 | 日照港务局引航员　最佳引航员 |
| 苏鹏山 | 广州港务局引航员　最佳引航员 |
| 申金昌 | 中波轮船股份公司三副　最佳驾驶员 |
| 陈金杰 | 安徽省江海轮船公司三管轮　最佳轮机员 |
| 唐仰梅 | 广州海上安监局船队队长　最佳队长 |
| 杨维弟 | 大连港务局副队长　最佳队长 |
| 刘凤利 | 秦皇岛港务局机械队长　最佳队长 |
| 冯宝清 | 天津港务局装卸队长　最佳队长 |
| 唐吉杰 | 青岛港务局机械队长　最佳队长 |
| 李康华 | 海口港集团公司装卸队长　最佳队长 |

阎凤贤　　大连远洋运输公司政委　最佳政委
朱绍金　　湖南岳阳港务总公司总经理　最佳经营管理者
陈　枫　　福州港务局集装箱公司副科长　最佳管理工作者
刘　林　　秦皇岛港务局副科长　最佳管理工作者
罗大伟　　营口港务局副总工程师　最佳科技工作者
黄天成　　烟台港务局工程师　最佳工程技术人员
陆海毅　　连云港港务局技术员　最佳工程技术人员
燕明羲　　上海海运（集团）公司经理　最佳经营管理者
赵忠英　　第三航务工程局施工处主任　最佳管理工作者
申定安　　第四航务工程局工程师　最佳工程技术人员
金永瑞　　天津航道局车间主任　最佳管理工作者
姜玉民　　烟台海上救助打捞局副经理　最佳经营管理者
洪　冲　　上海海上救助打捞局科长　最佳管理工作者
池贵和　　营口海上安全监督局交管处长　最佳管理工作者
邓亚伟　　上海港务局工程师　最佳工程技术人员
邢　复　　第一航务工程勘察设计院副总工程师　最佳科技工作者
余俊成　　第二航务工程勘察设计院高级工程师　最佳工程技术人员
谢驹华　　广州航道局高级工程师　最佳工程技术人员
李文会　　上海航舶运输科学研究所副研究员　最佳科技工作者
董玉华　　大连海运学院研究所所长　最佳科技工作者
王宏彪　　上海海运学院副院长　最佳教育工作者
王均荣　　武汉交通科技大学教授　最佳教育工作者
周庆祥　　汕头国际海员俱乐部主任　最佳俱乐部主任
庞学生　　青岛国际海员俱乐部翻译　最佳翻译
桑剑堂　　上海港务局理货员　最佳理货员

| | |
|---|---|
| 孙锡才 | 中国海员工会上海培训中心副校长　最佳教育工作者 |
| 冯金秀（女） | 长江航道局江巴石信号台台长　最佳信号员 |
| 张洪图 | 第一航务工程局工段长　最佳工段长 |
| 江成根 | 第二航务工程局工段长　最佳工段长 |
| 侯文钦 | 天津远洋运输公司水手长　最佳水手长 |
| 赵在福 | 青岛远洋运输公司大厨　最佳厨工 |
| 徐礼羲 | 上海海运（集团）公司大厨　最佳厨工 |
| 龙大明 | 芜湖长江轮船公司驾长　最佳驾长 |
| 虞培斋 | 上海长江轮船公司驾长　最佳驾长 |
| 李云腾 | 烟台海上安全监督局航标工　最佳航标工 |
| 余国华 | 江西九江公路段湖口渡口管理所渡工　最佳渡工 |
| 张万云 | 长江通讯导航局线务员　最佳线务员 |
| 陈培林 | 湛江港务局班组长　最佳班组长 |
| 虞行元 | 宁波港务局班长　最佳班组长 |
| 蔡楚明 | 汕头港集装箱公司班长　最佳班组长 |
| 刘文兆 | 上海港口机械制造厂班组长　最佳班组长 |
| 杨真喜 | 上海港务局班组长　最佳班组长 |
| 何国昌 | 广州港务局装卸工　最佳装卸工 |
| 代月玲（女） | 湖北省郧阳地区航运公司服务员　最佳服务员 |
| 薛丽萍（女） | 大连港务局服务员　最佳服务员 |
| 金建平 | 南京港务管理局司机　最佳司机 |
| 王洪和 | 哈尔滨港务局司机　最佳司机 |
| 廖寿平 | 贵州赤水河航道处经理　最佳经营管理者 |
| 王　惠（女） | 大连国际海员俱乐部客运部副经理　最佳管理工作者 |
| 于新建 | 山东烟台海运总公司总经理　最佳职工之友 |
| 徐华强 | 江苏省交通厅厅长　最佳职工之友 |

王子达　　　　云南省交通厅副厅长　最佳职工之友
李德宣　　　　秦皇岛港务局党委书记　最佳职工之友
常德传　　　　青岛港务局局长　最佳职工之友
奚志诚　　　　南京港务局局长　最佳职工之友
郑　浩　　　　大连海运（集团）公司党委副书记　最佳职工之友
黄为民　　　　上海海运（集团）公司党委书记　最佳职工之友
陆海祜　　　　上海港务局党委书记　最佳职工之友
陆鸿飞　　　　天津远洋运输公司经理　最佳职工之友
周学华　　　　青山船厂组长　最佳工会积极分子
胡幸生　　　　云南省交通工会主席　最佳工会干部
潘德忠　　　　广西壮族自治区海员工会主席　最佳工会干部
张泉忠　　　　大连港务局工会副主席　最佳工会干部
尹怀惠　　　　烟台港务局工会主席　最佳工会干部
陆万圣　　　　南通港务局工会主席　最佳工会干部
刘灿康　　　　广州港务局工会主席　最佳工会干部
李景潮　　　　湛江港务局工会主席　最佳工会干部
李佩章　　　　武汉港务局工会主席　最佳工会干部
李光述　　　　长江港航监督局工会主席　最佳工会干部
赵春山　　　　广州远洋运输公司工会主席　最佳工会干部
钱澄根　　　　广州海运（集团）公司工会主席　最佳工会干部
俞仁杰　　　　武汉长江轮船公司工会主席　最佳工会干部
黄拔勤　　　　广州港口机械制造厂工会主席　最佳工会干部
蒋国寿　　　　第二航务工程局工会主席　最佳工会干部
李春莉（女）　天津远洋运输公司（干部、海员家属）　最佳海员家属
杨兴珍（女）　重庆长江轮船公司（幼儿教师、海员家属）　最佳海员家属

郭桂贞（女） 广州海运（集团）公司（教师、海员家属） 最佳海员家属

高宝凤（女） 第一航务工程局（计划员、海员家属） 最佳海员家属

## （五）第五届“金锚奖”获奖者（1996年）

张锡禄 河北省海运公司船长 优秀船长

丁为民 云南省航务局局长 优秀企业管理者

明安基 云南省昆明市内河航政处轮机长 优秀轮机长

向用智 四川省川东轮船公司船长 优秀船长

万广胜 四川省重庆民生轮船公司轮机长优 秀轮机长

齐继保 安徽省繁昌县航管站站长 优秀站长

韩学明 安徽省港航公司第三工程处班长 优秀班长

朱明祥 湖南省岳阳水运公司船长 优秀船长

刘运先 湖南省岳阳航道站站长 优秀站长

吴帮华 贵州省乌江轮船公司船长 优秀船长

曹中权 湖北省大冶市航运公司船队长 优秀船队长

胡家松 湖北省航务管理局工会副主席 优秀工会工作者

王从斌 上海市轮渡公司指导船长 优秀指导船长

黎湛佳 广东省肇庆航道分局局长 优秀企业管理者

彭耀佳 广州市疏浚打捞公司班长 优秀班长

何已添 深圳市航运总公司皇岗码头总经理 优秀经理

邵东华 山东省威海船厂铆工班班长 优秀班长

王志寿 山东省筑港总公司起重船长 优秀船长

赵吉元 山东省海员工会主席 优秀工会工作者

费崇海 江苏省盐城市交通工委副主任 优秀工会工作者

秦振中 江苏省苏北航务处邵伯船闸管理所所长 优秀所长

丁荣良 江苏省远洋运输公司船长 优秀船长

朱德科　　　江苏省海员工会主任　优秀工会工作者
罗迪鲁　　　浙江省舟山第一海运公司船长　优秀船长
瞿长聪　　　浙江省远洋运输公司轮机长　优秀轮机长
郭爱山　　　江西省赣州地区海员工会主席　优秀工会工作者
杨水清　　　江西省疏浚工程处赣浚船船长　优秀船长
林春辉　　　福建省厦门港集装箱公司经理　优秀经理
龚银春　　　福建省福州港港务船队大管轮　优秀大管轮
黄四六　　　广西漓江航运总公司船长　优秀船长
梁伟珍（女）广西北海港二公司机械大队机修工　优秀工人
王新仁　　　广西防城港第四作业区副经理　优秀经理
高廷贤　　　大连海运总公司水手长　优秀水手长
时国权　　　上海远洋运公司聊城轮政委　优秀政委
毕立孔　　　天津远洋运输公司沱海轮船长　优秀船长
程受煌　　　广州远洋运输公司党委书记　优秀工会之友
吴如松　　　广州远洋运输公司金刚海轮船长　优秀船长
倪国柱　　　青岛远洋运输公司玫瑰海轮政委　优秀政委
徐宣刚　　　青岛远洋运输公司工会主席　优秀工会工作者
王喜全　　　大连远洋运输公司阳澄湖轮船长　优秀船长
廖青青　　　中国大连外代公司科长　优秀科长
戴福星　　　中燃青岛公司青油号轮轮机长　优秀轮机长
杨善华　　　中远南通船厂船队队长　优秀船队长
肖建英　　　中汽天津公司一车队副队长　优秀队长
孙祖平　　　重庆长江轮船公司江渝号船长　优秀船长
史为芝　　　武汉长江公司长江轮轮机长　优秀轮机长
韩　冰　　　芜湖长江轮船公司钟山轮轮机长　优秀轮机长
胡继山　　　南京长江油运公司工会主席　优秀工会工作者
薛传宏　　　上海长江轮船公司党委书记　优秀党工作者
龚顺生　　　青山船厂工会主席　优秀工会工作者

吴琳真（女） 金陵船厂工艺研究所高工　优秀科技工作者
殷炳松 长航电机厂销售门市部经理　优秀经理
许建武 长江燃料供应总站站长　优秀站长
卓延法 上海（集团）海兴轮船公司船长　优秀船长
胡企方 上海海运（集团）油轮公司工会主席　优秀工会工作者
沈　杰 上海海运（集团）立丰船厂党委书记　优秀党务工作者
金立琢 广海（集团）泰华油运公司经理　优秀经理
陈应忠 广海海运（集团）英华公司船长　优秀船长
谭汉雄 广海海运（集团）英华公司大厨　优秀厨工
马东海 大连海运（集团）公司船长　优秀船长
李月福 大连海运（集团）航修站钳工　优秀工人
张柱贤 黑航局黑河港务局船舶一队船长　优秀船长
赵建华 黑航局沙河子港务局局长兼党委书记　优秀党务工作者
张永泰 长江航务管理局党委书记　优秀工会之友
孙效宣 九江港务局工会主席　优秀工会工作者
郭礼焕 南京港务局工会副主席　优秀工会工作者
殷启山 宜昌港务局副总工　优秀科技工作者
李吉奎 铜陵港务局二公司吊车司机　优秀工人
陈建国 武汉港汉口港埠公司钳工　优秀工人
李　敏（女） 重庆港口局客运站站长　优秀站长
杜　政 长江航道局泸州分局江安站站长　优秀站长
王福友 长江通导局安庆处机务技师　优秀技师
孙学谟 长江港监局张家港局监督艇长　优秀艇长
徐桂菊（女） 武汉水运工业学校教师　优秀教育工作者
韦智勋 海南省海运总公司水电公司经理　优秀经理

王永奎　　天津港集装箱公司机械一队队长　优秀队长
魏培林　　天津港外轮理货公司理货员　优秀理货员
彭大钊　　上海港锦华轮船公司船长　优秀船长
胡桂祥　　上海港东昌装卸公司科长　优秀科长
屠德铭　　上海港务局局长　优秀企业管理者
陆伟庄　　上海港务局工会主席　优秀工会工作者
郑国振　　宁波港轮驳公司甬港拖轮船长　优秀船长
施伯香　　南通港务局局长兼党委书记　优秀党务工作者
王思福　　汕头港水上作业区三船队船长　优秀船长
杨贵立　　湛江港第三作业区机械二队班长　优秀班长
郭茂辉　　湛江港务局党委书记　优秀党务工作者
朱志和　　张家港港务局工会副主席　优秀工会工作者
张孝平　　大连港东部港务公司二队装卸队长　优秀队长
陈本富　　大连港轮驳公司船长　优秀船长
吕惠君（女）大连港西部港务公司流机队司机　优秀工人
徐宗顺　　营口港煤炭装卸公司经理　优秀经理
田百安　　营口港务局工会主席　优秀工会工作者
王其生　　连云港集装箱公司技术部副科长　优秀科长
郭志渝　　青岛港集装箱公司副经理　优秀经理
刘建友　　青岛港大港公司装一队副队长　优秀队长
高厚朴　　烟台港务局振海公司副总经理　优秀经理
丁建国　　秦皇岛港一公司锅炉队队长　优秀队长
卢永杰　　秦皇岛港生活服务公司餐厅主任　优秀主任
王世宝　　秦皇岛港务局工会主席　优秀工会工作者
房训佐　　日照港务局党委书记　优秀党务工作者
陈成连　　海口港（集团）一仓储公司带班主任　优秀主任
郑宗国　　第一航务工程局党委书记　优秀党务工作者
袁仁道　　第一航务工程局二公司工会主席　优秀工会工作者

车树田　　第二航务工程局三公司潜水工　优秀工人
徐幼军　　二航局一公司一二施工处主任　优秀主任
徐仲贤　　三航局二公司船舶施工处主任　优秀主任
翁良虹　　三航局一公司设备股副股长　优秀股长
周仲高　　第四航务工程局一公司司机　优秀工人
金泽益　　第四航务工程局二公司副总工　优秀科技工作者
梁庚扬　　第四航务工程局工会原主席巡视员　优秀工会工作者
杨联铸　　广州航道局工会主席　优秀工会工作者
傅清扬　　广州航道局黄埔号船舶政委　优秀政委
沈幼祺　　上海航标厂动力车间车工　优秀工人
米金会　　天津航道局津航水船船长　优秀船长
丁平生　　广州救捞局“友诚”轮船长　优秀船长
邵　阳　　上海救捞局潜水装备厂工会主席　优秀工会工作者
刘新堂　　烟台救捞局“通发”轮轮机长　优秀轮机长
於世成　　上海海运学院管理学院院长　优秀教育工作者
陈明昭　　武汉交科大轮机工程学院教授　优秀教育工作者
陈泰灿　　集美航海学院党委书记　优秀党务工作者
林玉乃　　交通部安全监督局局长　优秀工会之友
吴庆祝　　大连海监局船队大管轮　优秀大管轮
徐文龙　　上海海监局上海航标区船长　优秀船长
王志一　　上海海监局局长　优秀工会之友
朱四平　　上海海监局工会主席　优秀工会工作者
陈根辛　　宁波海监局镇海监督站站长　优秀站长
林荣坤　　汕头海监局工会主席　优秀工会工作者
王　平　　广州海监局海测大队主任编辑　优秀主任
聂玉生　　青岛船验局船检处高工　优秀科技工作者
齐忠怀　　秦皇岛海监局交管台副台长　优秀台长

吴荔丹（女） 第一航勘察院二所水工二室高工 优秀科技工作者
程贞淳 第二航务勘察院经营计划处副处长 优秀处长
陈浩群 第三航勘察院二所水工一室主任 优秀主任
梁之劲 第四航务工程勘察设计院副总工 优秀科技工作者
陆亦根 上海港机厂齿轮箱分厂厂长 优秀厂长
张发明 广州港机实业总公司机械厂工会主席 优秀工会工作者
汤佐潮 广州国际海员俱乐部集团总经理 优秀经理
夏庆成 天津新港国际海员俱乐部党委书记 优秀党务工作者
庄民兴 厦门国际海员俱乐部宣传接待科科长 优秀科长
薛金凤（女） 上海长江轮船公司河运学校教师（海员家属） 优秀海员家属
张敏英（女） 上海港东方饭店干部（海员家属） 优秀海员家属

## （六）第六届“金锚奖”获奖者（1998年）

陈文杰 广东省海员工会主席 优秀工会工作者
林少敏 广州航道局一公司副经理 优秀管理者
王爱珍（女）中国海员广州疗养院工会主席 优秀工会工作者
赵士安 江苏连云港市航运公司经理、党委书记 优秀工会之友
潘 浩 江苏省长江驳运公司工会主席 优秀工会工作者
苏太海 江苏省海洋运输总公司机工 优秀机工
高同祥 威海港务管理局局长、党委书记 优秀工会之友
孙洪全 青岛轮渡公司船长 优秀船长
虞鹏毛 上饶地区航运公司工会主席 优秀工会工作者
万志群 江西省航务局南昌航道段船长 优秀船长

孙和英　　　　福建省轮船总公司政委　优秀政委
许耀峰　　　　厦门轮船总公司船长　优秀船长
冯自强（女）　贵州省海员工会副主席　优秀工会工作者
韩剑波　　　　贵州省赤水河航道处处长　优秀管理者
罗裕明　　　　防城港务局第三作业区门机队副队长　优秀队长
淡柳安　　　　南宁横县航道段豹子头航道站站长　优秀站长
李德润　　　　河北省海员工会主任　优秀工会工作者
乔新民　　　　云南省航务管理局局长　优秀工会之友
武凤仙（女）　云南省交通科学研究所工会主席　优秀工会工作者
陈永红　　　　四川省轮船公司船长　优秀船长
何昌泽　　　　四川华夏工程总公司总经理　优秀管理者
李起先　　　　安徽省交通厅政治部主任　优秀党务工作者
袁庆才　　　　安徽省交通工会委员会副主席　优秀工会工作者
杨剑文　　　　宁波海运（集团）总公司船长　优秀船长
高友祥　　　　浙江省远洋运输公司工会主席　优秀工会工作者
谭再军　　　　长沙港务局货运总公司船长　优秀船长
沈跃保　　　　益阳轮船实业总公司船长　优秀船长
付长春　　　　湖北省仙桃市航运总公司总经理　优秀管理者
岳小毛　　　　湖北省老河口市轮船公司船长　优秀船长
吕锦尽　　　　广东省港务监督局党委书记、局长　优秀工会之友
王圣庆　　　　上海轮渡公司船长　优秀船长
倪开平　　　　民生轮船有限公司船长　优秀船长
门洪升　　　　大连港埠集团大连海运总公司总经理　优秀管理者
林海强　　　　汕头港疏浚工程站船长　优秀船长
梁大同　　　　湛江港务局局长　优秀工会之友
陈康顺　　　　湛江港务局第二作业区维修队班长　优秀班组长
黄明坤　　　　广州港黄埔港务公司装卸班班长　优秀班组长
李　亹　　　　广州港新港港务公司工艺科科长　优秀管理者

王志君　　　大连港务局工会主席　优秀工会工作者
方　平　　　大连港寺儿沟港务公司锅炉车间主任　优秀管理者
江　波　　　大连港新港港务公司原油装卸队班长　优秀班组长
姚丰斌　　　大连港通信工程公司香黑电话站班长　优秀班组长
于作信　　　营口港务局引航公司经理　优秀管理者
孙清安　　　青岛港务局工会主席　优秀工会工作者
常德传　　　青岛港务局局长　优秀工会之友
王广成　　　青岛港务局前港公司装船队工人　优秀工人
朱　毅　　　烟台港务局局长、党委书记　优秀工会之友
李立明　　　烟台港公安局副局长　优秀管理者
朱春儒　　　日照港务局工会主席　优秀工会工作者
邱国雄　　　海口港（集团）公司船务公司船长　优秀船长
黄和荣　　　厦门港务局局长　优秀工会之友
张鸿祥　　　上海港复兴船务公司船长　优秀船长
任国钧　　　上海港张华浜港务公司机械队组长　优秀班组长
刘汉军　　　上海港南浦港务公司劝业服务部经理　优秀管理者
高峻藩　　　上海港务工程公司董事长、总经理　优秀管理者
唐仁美　　　宁波港务局工会主席　优秀工会工作者
周梦宏　　　宁波港务局镇海港埠公司煤炭队队长　优秀队长
袁爱萍（女）南通港务局党委副书记　优秀工会之友
任四清　　　张家港港埠作业区装卸班班长　优秀班组长
姜建军　　　连云港第二港务公司机械队班长　优秀班组长
刘振洋　　　秦皇岛港水暖供应公司经理　优秀管理者
史义善　　　秦皇岛港第五港务公司机械二队工长　优秀工长
祁　虎　　　天津港第五港埠公司装卸二队队长　优秀队长
傅金标　　　天津港第六港埠公司总经理　优秀管理者
孙祖铭　　　第一航务工程局三公司工会主席　优秀工会工作者
彭增亮　　　第一航务工程局一公司项目部经理　优秀管理者

蒋昌贵　　第二航务工程局二公司项目部经理　优秀管理者
阚世森　　第二航务工程局三公司施工处工段长　优秀工段长
王智刚　　第三航务工程局二公司船长　优秀船长
徐以力　　第三航务工程局工程船舶公司党委书记　优秀党务工作者
马庆辉　　第四航务工程局船舶工程公司船长　优秀船长
陈奋健　　第四航务工程局第一工程公司经理　优秀管理者
王惠民　　上海航道局东方疏浚工程公司站长　优秀站长
戴喜平　　天津航道局第二疏浚公司船队长　优秀船队长
孔超麟　　广州航道局水运工程设计研究院副总工程师　优秀科技工作者
芮　惕　　上海救捞局工程船队工会主席　优秀工会工作者
李美振　　烟台救捞局轮机长　优秀轮机长
刘清松　　广州救捞局第一船队船长　优秀船长
傅　伟（女）　中国远洋（集团）总公司工会原主席　优秀工会工作者
张　煜　　中集运输有限公司船长　优秀船长
张玉成　　中散运输有限公司船长　优秀船长
王更生　　广州远洋运输公司船长　优秀船长
刘发高　　青远连云港远洋流体设备公司总经理　优秀管理者
梁希忠　　大连远洋运输公司工会主席　优秀工会工作者
于世江　　大连远洋运输公司油船部水手长　优秀水手长
于有东　　大连外轮代理公司船务部计划科科长　优秀管理者
沈世宏　　南通远洋船务工程有限公司工艺员　优秀工艺员
于进财　　中燃大连公司船长　优秀船长
陈德诚　　上海海运（集团）公司工会主席　优秀工会工作者
刘国雄　　上海海运（集团）公司党委书记　优秀工会之友

胡鲁源　　上海海运服务总公司工会主席　优秀工会工作者
谈凤翔　　中海货运分公司船长　优秀船长
曹孟江　　大连海运（集团）公司轮机长　优秀轮机长
曹玉元　　大连海运（集团）公司船长　优秀船长
陈　彬　　广州海运集团英华船员劳务公司船长　优秀船长
罗勤贵　　广州海运集团英华船员劳务公司政委　优秀政委
李亚炳　　广州海运集团英华船员劳务公司服务员　优秀服务员
蔡　驱　　中国长江航运（集团）总公司党委书记　优秀工会之友
贺理富　　中国长江航运（集团）总公司原工会主席　优秀工会工作者
汪先栋　　中国长江航运（集团）总公司工会部长　优秀工会工作者
王一定　　南京长江油运公司总经理　优秀工会之友
陈　军　　长航武汉客运有限公司船长　优秀船长
程保红　　长航集团青山船厂外业车间主任助理　优秀管理者
候阳宝　　中交长江燃料有限公司镇江公司经理　优秀管理者
柳惠忠　　重庆东风船舶工业公司修船厂厂长　优秀管理者
张祖超　　上海长江轮船公司工会原主席　优秀工会工作者
王云贵　　南京长江油运公司船长　优秀船长
杨世华（女）　重庆市万县港务局工会主席　优秀工会工作者
林来喜　　南京港务局第三港务公司技师　优秀技师
李隆万　　重庆港口管理局工会主席　优秀工会工作者
杨开斌　　武汉港轮驳公司青山船务公司经理、支部书记　优秀工会之友
朱　峰　　南京港公安局客运派出所警长　优秀干警
孙新华　　芜湖港务局党委书记、局长　优秀工会之友

杨晓薇（女） 长江通导局南京分局南京话台话务主任　优秀主任
蒲上忠 重庆交通学校教师　优秀教育工作者
何亨艮 长江武汉航道局螺山航道站站长　优秀站长
张铜宁 长江引航中心总调度室副主任　优秀管理者
田培臻 黑龙江航运管理局工会主席　优秀工会工作者
赵德忠 哈尔滨船务公司轮机长　优秀轮机长
于开忠 佳木斯船务公司轮机长　优秀轮机长
莫泽云 海南省海运总公司海口新港机械装卸公司党支部书记　优秀党务工作者
郭　禹 大连海事大学党委书记　优秀工会之友
余思勤 上海海运学院经贸系主任　优秀教育工作者
赵成璧 武汉交通科技大学副教授　优秀教育工作者
陈爱京（女） 集美航海学院党委副书记　优秀工会之友
陈　莉（女） 南通医学院病理教研室副教授　优秀教育工作者
王远东 大连海监局航标处大窑湾航标站站长　优秀站长
沈成钽 上海海监局董家渡监督站监督员　优秀监督员
李腾进 汕头海监局船队轮机长　优秀轮机长
甘让根 广州海监局广州航标区船长　优秀船长
李育平 青岛海监局代局长　优秀工会之友
孙培勤 天津海监局天津航标区船长　优秀船长
齐忠怀 秦皇岛海监局设备技术处副处长　优秀管理者
杨德才 海南水监局航标区木兰头灯塔主任　优秀主任
田学海 第一航务工程勘察设计院勘察处副处长　优秀科技工作者
沈　斌 第三航务工程勘察设计院主任工程师　优秀科技工作者
庄慕善 上海港机厂技术中心副主任　优秀科技工作者
单　镇 江苏省南通国际海员俱乐部主任　优秀主任

张汉文　　　汕头国际海员俱乐部宣传接待科科长　优秀外宣干部
朱锦祥　　　广州国际海员俱乐部餐饮部厨师　优秀厨师
黄镇东　　　交通部部长　优秀工会之友
刘松金　　　交通部副部长　优秀工会之友
徐文凤（女）　丹东市农机总公司边贸公司经理（海员家属）　优秀海员家属
康慧心（女）　上海陆家嘴社区服务中心主任（海员家属）　优秀海员家属

## （七）第七届“金锚奖”获奖者（2001 年）

陈永康　　　上海远洋运输公司船舶管理处船长
尤扬斌　　　广州远洋运输公司洪江轮船长
房迪坤　　　上海远洋运输公司工会主席
杨风鸣　　　天津远洋运输公司国际劳务合作公司船长
宿海山　　　青岛远洋运输公司船长
时文祥　　　深圳远洋运输公司安监部经理
吴宪权　　　厦门远洋运输公司船运部经理
潘孟初　　　中波轮船股份有限公司船长
陈应池　　　中国船舶燃料供应总公司广州公司政委
魏家福　　　中国远洋运输（集团）总公司总裁
王云茂　　　中国远洋运输（集团）总公司党组书记
吉珍洪　　　上海海运（集团）公司船员公司船长
郭庆贵　　　上海海运（集团）公司海服港交船队副队长
陆金林　　　中海集团工业公司立丰船厂船体队队长
宋振宝　　　大连海运（集团）公司船员公司船长
于生发　　　大连海运（集团）公司船员公司政委
李　志　　　广州海运（集团）公司英华船员公司船长

| | |
|---|---|
| 赖不参 | 广州海运（集团）公司菠萝庙船厂技师 |
| 邓小山 | 广州海运（集团）公司英华船员公司船长 |
| 李克麟 | 中国海运（集团）总公司总裁 |
| 戴金象 | 中国海运（集团）总公司党组书记 |
| 李建新 | 重庆长江轮船公司长江轮船长 |
| 曹志伟 | 重庆长江轮船公司江渝轮轮机长 |
| 潘经恒 | 武汉长江轮船公司长江轮船长 |
| 胡永红 | 武汉长江轮船公司长江轮轮机长 |
| 姜洪友 | 南京长江油运公司工会主席 |
| 王东升 | 南京长江油运公司大庆轮船长 |
| 王远军 | 南京长江油运公司大庆轮轮机长 |
| 王顾敏 | 上海长江轮船公司明海轮船长 |
| 费荣祥 | 上海长江轮船公司大江海轮轮机长 |
| 但国均 | 武汉客运有限公司江汉轮船长 |
| 袁世平 | 长江海外旅游总公司指导船长 |
| 李宗琦 | 中国长江航运（集团）总公司原总裁 |
| 肖汉良 | 中国长江航运（集团）总公司工会主席 |
| 张亚民（女） | 第一航务工程局四公司技开处处长 |
| 翟世鸿 | 第二航务工程局五公司副总工程师 |
| 赵长义 | 第三航务工程局五公司项目部经理 |
| 林乃池 | 第四航务工程局二公司粤工起船船长 |
| 李文义 | 天津航道局设计研究院院长 |
| 周懋钰 | 上海航道局副局长 |
| 戴文安 | 广州航道局一公司广州轮船长 |
| 蔺锡纯 | 第一航务工程勘察设计院项目部经理 |
| 邹少波 | 第二航务工程勘察设计院一所航道副主任 |
| 郭华才 | 第四航务工程勘察设计院华南监理所所长 |
| 严兆基 | 上海港口机械厂主任工程师 |

谢宝桂　　　广州港口机械实业总公司工会副主席
刘怀远　　　中国港湾建设（集团）总公司总裁
陈永宽　　　中国港湾建设（集团）总公司党委书记
高卫东　　　第一航务工程局工会主席
丛　堃　　　黑航局航道局疏浚大队船长
李天茂　　　黑航局哈尔滨船舶修造厂工程师
蔡顺胜　　　长江武汉航道局“航浚”号轮轮机长
许俊辉　　　芜湖长江港监局荻港监督站副站长
熊成树　　　三峡局葛洲坝通航管区船长
梁爱忠　　　长江通信导航局南通处工程师
谢道茂　　　马鞍山港务局工会主席
周永才　　　南京港务局工会主席
马伯健　　　南京港三公司维修班班长
夏胜海　　　武汉港集装箱公司技术物资部经理
廖林荣　　　重庆港九龙坡公司机修厂副厂长
傅腊春　　　镇江港务局工会主席
向恢平　　　长江航务工会主席
孙玉敏　　　大连港港湾工程公司市致公司经理
亢可宗　　　大连港务局工会副主席
张　玲（女）大连港香炉礁港务公司货商科理货员
高宝玉　　　营口港务局局长
李艮海　　　秦皇岛港机械修造厂工程师
毕克爽　　　秦皇岛港七港务公司装船作业部部长
张燕春　　　秦皇岛港电力供应公司工人
宋愿兵　　　天津港务局工会主席
李志伟　　　天津港第一港埠公司工会主席
杨国冬　　　天津港第二港埠公司装卸队队长
盛　岩　　　烟台港务局联合港埠公司主任

| | |
|---|---|
| 宋汉臣 | 青岛港务局汽车运输公司司机 |
| 韩志武 | 青岛港务局前港公司经理 |
| 孙明学 | 日照港第一装卸公司工人 |
| 王延金 | 连云港港务局铁运公司司机长 |
| 胡广林 | 南通港务局工会副主席 |
| 洪希仓 | 张家港港务局港口工程公司科长 |
| 刘克明 | 张家港港务局工会主席 |
| 朱桂生 | 上海港张华浜港务公司生产组长 |
| 潘浩泉 | 上海港东昌港务公司劳务安置部副主任 |
| 陶惠福 | 上海港务局业务处副处长 |
| 任小波 | 宁波港务局集装箱公司机械二队副队长 |
| 李建平 | 汕头港务集团第三分公司机械二队队长 |
| 陈文志 | 广州港务局引航公司引航员 |
| 傅广源 | 广州港务局河南港务公司班长 |
| 洪贵斌 | 湛江港务局第一作业区技术科科长 |
| 郑　健 | 烟台救捞局银河公主轮船长 |
| 王文林 | 上海救捞局工会副主席 |
| 林乙鹏 | 广州救捞局第一船队轮机长 |
| 刘功臣 | 交通部海事局常务副局长 |
| 钱晓东 | 天津海事局通信站维修中心副主任 |
| 郑兴义 | 山东海事局工会主席 |
| 周尤喜 | 上海海事局党委书记 |
| 冯　琦 | 上海海事局宝山监督站宝钢班组班组长 |
| 邱云龙 | 宁波海事局局长 |
| 蔡明辉 | 汕头海事局助理工程师 |
| 吴德训 | 广州海事局副局长 |
| 杨贺祥 | 河北省远洋运输公司船长 |
| 虞卫超 | 上海水上油运公司“沪航油”号船长 |

安　宁（女）　江苏扬州港监处验船师
陈　震　　　江苏省苏北航务管理处工会副主席
李建杭　　　浙江舟山轮渡公司党委书记
蔡仙法　　　浙江黄岩海运公司轮机长
廖鸿涵　　　福州港砂石港务公司副总经理
曾福新　　　福建省轮船总公司福州油运公司轮机长
杨鲁明　　　江西九江航务分局“赣监督”号艇船长
陈会钦　　　江西港航运输有限责任公司工会主席
金林瑞　　　武穴市航务管理所所长
金小晏　　　华中航运集团海运公司“黄鹤”号轮船长
曾昭玉（女）　宜都港监所枝城港监站站长
王德贵　　　湖南远洋运输公司衡山轮船长
罗舜先　　　湖南省衡阳航道管理局局长
祁军辉　　　深圳海事局工会主席
陈烈钧　　　广东省海员工会办公室主任
张潮基　　　广东省航道局粤道监号船船长
陈有伟　　　广西北海港务局引航公司船长
黄仁辉　　　广西桂林漓江游船公司船长
彭家平　　　重庆轮船总公司江海公司重庆轮船长
李兴陆　　　四川省交通厅内河设计院勘探分院院长
刘兴和　　　贵州遵义港航监督处副处长
徐恩瑞（女）　云南省航务管理局党委书记
黄树华　　　云南省交通工会副主席
董　艳（女）　大连国际海员俱乐部财务部部长
杨伟健　　　上海国际海员俱乐部主任
林碧霞（女）　广州黄埔国际海员俱乐部餐厅部长
夏梅芳（女）　上柴股份有限公司组织部长（海员家属）
徐迎秋（女）　姜堰市机关幼儿园园长（海员家属）

周守志（女） 上海路桥机械公司工会副主席（海员家属）
李晋霞（女） 工厂工人（海员家属）

### （八）第八届“金锚奖”获奖者（2002 年）

刘世宝　　　河北省远洋运输股份有限公司轮机长
郑合钊　　　辽宁省锦州港股份有限公司工会主席
王秉才　　　辽宁省丹东海运有限公司总经理
邹吉慧　　　辽宁省大连航运集团有限公司船长
龚延庆　　　黑龙江航道局航务勘察设计院院长
王开林　　　黑龙江航运集团海运公司船长
刘敏坤　　　上海市轮渡公司新达工程公司高级工程师
蒋华年　　　江苏省交通厅副厅长
金　凌　　　江苏省交通厅科技处处长
朱小兴　　　江苏省江阴港港务有限责任公司副总经理
施卫东　　　江苏省通沙汽车轮渡管理处船长
周方平　　　宁波海运（集团）总公司船长
王坚强　　　浙江远洋运输公司船长
张小正　　　安徽省航运管理局工会主席
骆曼萍（女） 安徽省淮南市航运管理局港监科副科长
柯三明　　　厦门轮船总公司海隆对外劳务合作公司船长
林　明　　　福建省轮船总公司轮机长
李毛毛　　　江西省航务管理局疏浚工程处轮机长
彭汉波　　　江西远洋运输公司船长
李政军　　　山东省岚山港务局工会主席
纪诺传　　　青岛轮渡有限责任公司工会主席
李世龙　　　湖北省港航管理局航道处工程队队长
童　山　　　湖北省仙桃市航运总公司总经理
程慧华（女） 黄石市航务局港航监督处工会主席

| | |
|---|---|
| 颜志平 | 湖南省航务工程公司打捞船队副队长 |
| 周新汉 | 湖南远洋运输公司船长 |
| 许益日 | 湖南省益阳航道管理局站长 |
| 彭　放 | 广东省海员工会副主席 |
| 杜俊斌 | 广州市航务管理局工会主席 |
| 蔡荣通 | 广东新中国船厂公司工会主席 |
| 林传胜 | 广东省航运集团珠江油运公司船长 |
| 罗金亮 | 北海港务局总调度室副主任 |
| 曾宜波 | 防城港船舶港作公司副经理 |
| 范术宜 | 重庆市客轮总公司轮渡分公司水手长 |
| 张建华 | 重庆轮船总公司船长 |
| 尹克思 | 四川省轮船公司处长 |
| 张友明 | 贵州省乌江航道处船长 |
| 邬代理 | 贵州省赤水轮船公司经理 |
| 董秋需（女） | 云南省航务管理局工人 |
| 张成良 | 云南德宏交通运输集团公司工会主席 |
| 王金付 | 交通部海事局副局长 |
| 常富治 | 上海海事局局长助理 |
| 池才明 | 上海海事局上海航标处灯塔主任 |
| 王怀凤 | 天津海事局局长 |
| 王炳交 | 天津海事局青岛航标处灯塔主任 |
| 邢士占 | 辽宁海事局处长 |
| 李保东 | 河北黄骅海事局通航管理科副科长 |
| 姜　勇 | 山东海事局局长 |
| 陈　平 | 江苏海事局张家港海事局船长 |
| 鲁国钧 | 宁波海事局通信处处长 |
| 李志强 | 福建海事局泉州海事局工会主席 |
| 汪湘涛 | 广东海事局局长 |

| | |
|---|---|
| 李　为 | 广东海事局番禺海事处处长 |
| 耿文福 | 广西海事局局长 |
| 王光民 | 海南海事局航标处临高灯塔守灯员 |
| 吴显基 | 深圳海事局局长 |
| 韩洪启 | 营口海事局船队轮机长 |
| 丰彦文 | 烟台海事局党委工作部主任 |
| 武　军 | 连云港海事局党委书记 |
| 黄玉枝 | 厦门海事局鹭江海事处副处长 |
| 刘楚兴 | 汕头海事局党委副书记 |
| 范亚祥 | 湛江海事局党委书记 |
| 贾传荧 | 大连海事大学航海技术研究所教授 |
| 邹早建 | 武汉理工大学教授 |
| 叶银忠 | 上海海运学院工会副主席 |
| 辜建德 | 集美大学校长 |
| 马贵川 | 中远集团总公司工会主席 |
| 肖家驰 | 中远集团集装箱运输公司船长 |
| 程昌国 | 中远集团散货运输公司船长 |
| 冷聚吉 | 中远集团青远公司船长 |
| 颜世良 | 中远集团大远公司航运部经理 |
| 李善德 | 中远集团广远公司工会主席 |
| 刘铁军 | 中远集团广远公司船长 |
| 闵建国 | 中远集团物流公司党委书记 |
| 杨安成 | 中远集团中燃湛江公司船长 |
| 庄建军 | 中远集团南通船务工程公司车间组长 |
| 潘瑞龙 | 中远置业集团两湾置业公司工程部副经理 |
| 尹远平（女） | 中远集团大远公司（船员家属） |
| 徐瑞琨 | 中海中燃上海公司油库主任 |
| 闵　捷 | 中海船务代理有限公司总经理 |

吴承业　　　中海工业有限公司总经理
王修平　　　中海集装箱运输有限公司副经理
王润来　　　中海大连海运（集团）公司船长
胡巨胜　　　中海上海海运（集团）公司船长
燕明义　　　中海上海海运（中海油运）公司总经理
赵远娜（女）中海广州海运船舶工作一部科长
巫良富　　　中海广州海运船工三部船长
徐祖远　　　中海广州海运（集团）公司总经理
蔡其海　　　长航集团重庆长江轮船公司轮机长
邓礼扬　　　长航集团重庆长江国际旅游公司船长
李　俊　　　长航集团武汉长江轮船公司工会主席
魏作祯　　　长航集团武汉长江轮船公司船长
樊泽升　　　长航集团芜湖长江轮船公司驾长
唐新福　　　长航集团芜湖长江轮船公司船长
黄　兴　　　长航集团上海长航船务港埠公司船长
祝瑞荣　　　长航集团上海华泰海运公司船长
赵元金　　　长航集团长江海外旅游总公司轮机长
叶生威　　　长航集团货运总公司总经理
薛国良　　　长航集团南京长江油运公司总经理
马志亮　　　长航集团南京长江油运公司船长
姚京汉　　　长航集团长江燃料公司总经理
潘三货　　　长航集团武汉长江轮船公司驾长
钱献国　　　中港第一航务工程局一公司党委书记
易继华　　　中港第二航务工程局武汉设计所总工程师
唐志俊　　　中港第三航务工程局三公司项目经理
康东福　　　中港第四航务工程局三公司项目经理
李纯民　　　天津航道局党委书记
杨桂林　　　上海东方疏浚工程公司船长

| | |
|---|---|
| 张战彪 | 广州航道局轮机长 |
| 李元音 | 第一航务勘察设计院综合所副总工程师 |
| 周用华 | 第二航务勘察设计院下属公司副经理 |
| 陈智勇 | 第三航务勘察设计院项目负责人 |
| 林吉兆 | 第四航务勘察设计院勘察总公司副总经理 |
| 彭玉生 | 水运规划设计院设计一所总工程师 |
| 肖曙光 | 中港工贸事业部总经理 |
| 任海斌 | 长江航道局宜昌航道工程局高级工程师 |
| 张林华 | 长江海事局宜昌长江港监局船长 |
| 江　周 | 长江航运公安局池州港派出所科员 |
| 王　璇（女） | 长江通信导航局武汉局通信科副科长 |
| 胡　平（女） | 长江三峡通航局葛洲坝船闸处班长 |
| 王建一 | 长江航运总医院二外科主任 |
| 汤顺江 | 重庆港九股份公司蓝家沱分公司工人 |
| 黄忠富 | 宜昌港务局工会主席 |
| 梁述海 | 武汉港务局工会主席 |
| 姚尚富 | 安庆港口管理局局长 |
| 沙夕兰（女） | 南京港务局港口机械厂科员 |
| 康翠兰（女） | 大连港务局工会副主席 |
| 刘茂安 | 大连港机械公司五车间工人 |
| 邓　伟 | 大连港新港港务公司班长 |
| 王洪波 | 营口港务局营口港埠公司经理 |
| 边淑媛（女） | 秦皇岛港务局杂货港务公司党支部书记 |
| 代贵旺 | 秦皇岛港务局流动机械公司一队队长 |
| 张建忠 | 秦皇岛港务局第三港务公司质检站副站长 |
| 杨祥海 | 天津港第四港埠公司经理 |
| 程文斌 | 天津港第二港埠公司门吊队工会主席 |
| 郭长起 | 天津港第三港埠公司工会主席 |

| | |
|---|---|
| 邹要武 | 烟台港货运经营公司总经理助理 |
| 郑　刚 | 烟台港集装箱公司部门经理 |
| 朱广太 | 青岛港明港公司经理 |
| 孟庆平 | 青岛港大港公司经理 |
| 李德茂 | 青岛港务局生活服务中心经理 |
| 王宇生 | 日照港通信信息中心工程师 |
| 陈建国 | 日照港务局工会副主席 |
| 金　政 | 连云港港务局第四港务公司技管员 |
| 毕恒强 | 连云港港务局工会部长 |
| 周　冲 | 南通港务局纪委书记 |
| 丁邦杰 | 南通港船舶服务公司工会主席 |
| 黄国良 | 张家港港务局港埠装卸作业区班组长 |
| 徐　平 | 张家港港务局港口工程公司科长 |
| 李宝生 | 上海港务局党委副书记 |
| 陈　斌 | 上海港集装箱公司外高桥分公司干部 |
| 缪　强 | 上海外高桥保税区港务公司电脑部经理 |
| 沈保清 | 宁波港务局党委书记 |
| 胡荣富 | 宁波港铁路有限公司副站长 |
| 刘　宏 | 宁波港镇海港埠公司班长 |
| 郑怡成 | 汕头港务集团集装箱分公司经理 |
| 林昌顺 | 汕头港务集团第三分公司装卸队装卸工 |
| 严厚铭 | 广州港黄埔港务公司经理 |
| 莫东成 | 广州港务局工会副主席 |
| 林伟洪 | 广州港新风港务公司司机班班长 |
| 杨　文 | 湛江港务局铁路公司经理 |
| 周文雄 | 海口港集团公司总经理 |
| 曾武艺 | 厦门港海天集装箱有限公司资讯部程序员 |
| 王德明 | 烟台海上救助打捞局工程处船长 |

| | |
|---|---|
| 夏成春 | 上海海上救助打捞局工程船队工会主席 |
| 陈建南 | 广州海上救助打捞局第一船队轮机长 |
| 林　海 | 大连国际海员俱乐部主任 |
| 赵玉秀（女） | 镇江国际海员俱乐部客房部经理 |
| 杨　勇 | 北海国际海员俱乐部宣传科科长 |

（九）第九届“金锚奖”获奖者（2003 年）

| | |
|---|---|
| 刘卫民 | 京唐港股份有限公司董事长 |
| 石兆支 | 辽宁省葫芦岛港务管理局局长 |
| 王德才 | 大连航运集团海运总公司船长 |
| 刘统亮 | 黑龙江省航运集团佳木斯船务公司船长 |
| 张清明 | 松花江大顶子山航电枢纽筹建指挥部指挥 |
| 毛宝成 | 上海市轮渡公司船长 |
| 唐道伦 | 江苏省淮安市交通局党委书记 |
| 邹允祥 | 江苏省连云港市交通局局长 |
| 宋桂林 | 江苏省南通江海通集团公司董事长 |
| 方从现 | 浙江省海运集团船长 |
| 高　松 | 浙江温州港务集团龙湾集装箱公司工会负责人 |
| 张永魁 | 安徽省淮南市海事局水上执法大队队长 |
| 汪　勇 | 安徽省地方海事局淮河航道段段长 |
| 吴先孟 | 福州港务集团公司管理员 |
| 蔡　雄 | 福建省航道局漳州处处长 |
| 刘少戈 | 江西远洋运输公司轮机长 |
| 万志群 | 江西省航务管理局南昌分局船长 |
| 马　骥 | 山东省海员工会副主席 |
| 张保宏 | 山东省枣庄市航运管理局工会主席 |
| 魏　浩 | 山东省黄河航运局滨州浮桥管理处主任 |
| 王文辉 | 山东省小清河航运局工人 |

| | |
|---|---|
| 漆春生 | 湖北省港航局航道处项目经理 |
| 赵贤海 | 湖北省天门市港航管理局局长 |
| 冯　光 | 湖北省鄂州市地方海事局副局长 |
| 胡铁牛 | 湖南省航务管理局局长 |
| 张建新 | 湖南省益阳市水运公司经理 |
| 赵　宁 | 湖南省远洋运输公司总经理 |
| 钱保尔 | 广东海事局党委书记 |
| 王德澍 | 广东省海员工会办公室主任 |
| 冯卫生 | 广州救捞局救捞工程处潜水队队长 |
| 陈睦杰 | 广东省航道局工会主席 |
| 徐昌藩 | 广东省中山市港航集团公司船长 |
| 刘子谦 | 广西桂林市航务管理处主任 |
| 陈文全 | 广西桂林航道管理处平乐航道段段长 |
| 李万荣 | 重庆市交通工会主席 |
| 冯地禄 | 重庆轮船总公司总经理 |
| 周启发 | 民生实业集团公司船长 |
| 青俊忠 | 四川省长江水运有限公司轮机长 |
| 余　涛 | 贵州省思南船舶修造厂工人 |
| 朱　菲 | 贵州省赤水河航道处工程公司经理 |
| 周锦柱 | 云南省航务管理局船检验处处长 |
| 钱京京（女） | 云南省西双版纳交通运输集团公司工会主席 |
| 孙　继 | 交通部海事局工会主席 |
| 陈正伟 | 上海海事局党委副书记 |
| 高士森 | 上海海事局海测大队制图队副队长 |
| 李恩成 | 天津海事局海河海事处处长 |
| 崔永发 | 天津海事局天津港航标站班长 |
| 王　强 | 辽宁海事局通信修理队队长 |
| 李国平 | 辽宁海事局营口局副局长 |

| | |
|---|---|
| 杨盘生 | 河北海事局局长 |
| 邢茂林 | 山东海事局通信处发信台台长 |
| 钟　阳 | 山东海事局烟台局党委书记 |
| 曹建刚 | 江苏海事局江阴局船员 |
| 孙学勤 | 江苏海事局连云港局电工 |
| 傅国潮 | 浙江海事局宁波局执法大队、船队队长 |
| 陈兴柱 | 浙江海事局台州局局长 |
| 陈鹭玲（女） | 福建海事局厦门局危管防污处副处长 |
| 陈新流 | 广东海事局汕头局局长 |
| 黄木檀 | 广东海事局番禺海事处处长 |
| 钟建新 | 广东海事局湛江局徐闻海事处处长 |
| 李厚碧（女） | 广东海事局工会女工委副主任 |
| 朱泽旭 | 广西海事局贵港局局长 |
| 周　宝 | 海南海事局海口局局长 |
| 万松义 | 深圳海事局党组书记 |
| 尹德发 | 黑龙江海事局佳木斯局前进海事处处长 |
| 吴兆麟 | 大连海事大学校长 |
| 东　昉 | 大连海事大学航海学院院长 |
| 吕　林 | 武汉理工大学能源与动力工程学院教授 |
| 孔凡邨 | 上海海运学院商船学院院长 |
| 张向中 | 集美大学党委书记 |
| 陈治国 | 中远集团广州远洋运输公司船长 |
| 吴树雄 | 中远集团集装箱运输公司党委书记 |
| 汤学义 | 中远集团集装箱运输公司船长 |
| 李建国 | 中远集团天津远洋国际劳务公司船长 |
| 杨奇云 | 中远集团青岛远洋运输公司总经理 |
| 周云来 | 中远集团大连远洋运输公司船长 |
| 叶伟龙 | 中远集团远洋物流公司总经理 |

| | |
|---|---|
| 王　辉 | 中远集团中燃大连公司船长 |
| 霍丛林 | 中远集团工业公司副总经理 |
| 周银福 | 中远集团中波轮船公司航运部总经理 |
| 张连官 | 中远集团总公司直属党委副书记 |
| 杨宗辉 | 中海集团大连海运公司轮机长 |
| 李亚荣 | 中海集团上海船员公司船长 |
| 周建华 | 中海集团上海船员公司大厨 |
| 王松文（女） | 中海集团集装箱运输公司副经理 |
| 丁建兴 | 中海集团工业公司立丰船厂班长 |
| 冯家钦 | 中海集团环球空运公司总经理 |
| 姜运清 | 中海集团广州海运公司英华劳务公司总经理 |
| 罗宇明 | 中海集团广州海运公司英华劳务公司船长 |
| 何升平 | 长航集团重庆长江轮船公司总经理 |
| 张绍全 | 长航集团重庆长江轮船公司船长 |
| 郑明胜 | 长航集团武汉长江轮船公司厂长 |
| 徐瑞新 | 长航集团南京长江油运公司党委书记 |
| 张立忠 | 长航集团南京长江油运公司船长 |
| 张　路 | 长航集团上海长江轮船公司总经理 |
| 方国涛 | 长航集团上海海运经营公司总经理 |
| 郭汉忠 | 长航集团上海华泰海运公司船长 |
| 龙相国 | 长航集团长江海外旅游公司船长 |
| 王旺生 | 长航集团红光港机厂厂长 |
| 邢献东 | 长航集团芜湖长江轮船公司江芜船厂班长 |
| 张春路 | 中港集团一航局四公司项目部经理 |
| 庞裕金 | 中港集团二航局四公司经营部部长 |
| 吴广荣 | 中港集团上海深水港东海大桥项目部经理 |
| 肖俊平 | 中港集团四航局四公司项目经理 |
| 桑鹏强 | 中港集团天津航道局轮机长 |

| | |
|---|---|
| 徐承侃 | 中港集团上海航道局工程师 |
| 董寿山 | 中港集团广州航道局船长 |
| 胡国丹 | 中港集团水运规划设计院工程师 |
| 唐忠清 | 中港集团三航院工程公司工会主席 |
| 符海清 | 中港集团四航院一所副所长 |
| 李　辉 | 中港集团上海港机厂金属车间党支部书记 |
| 金义华 | 长江航务管理局党委书记 |
| 陈骏飞 | 长江海事局九江海事局轮机长 |
| 王显加 | 长江航道局重庆工程局六处技术员 |
| 向　望 | 长江三峡通航管理局葛闸港埠公司经理 |
| 曾瑞星 | 长航公安局武汉港刑警支队技术队队长 |
| 吕　雄 | 长江通信管理局南通处主任 |
| 陈代平 | 重庆港猫儿沱港埠公司火车司机 |
| 潘　志 | 涪陵港务管理局局长 |
| 肖运清 | 武汉港集装箱运输公司班长 |
| 张安宜 | 铜陵港务管理局工会主席 |
| 孙子键 | 南京港务管理局局长 |
| 黎新琼 | 海南省海运总公司船长 |
| 张恒朝 | 大连港寺儿沟港务公司一队队长 |
| 韩　峰 | 大连港医院骨外科副主任 |
| 王晓峰 | 大连港通信工程公司市场部部长 |
| 刘学敏 | 营口港务集团公司生产业务部总经理 |
| 王万利 | 秦皇岛港务集团公司铁运公司开滦路港站副站长 |
| 刘青海 | 秦皇岛港务集团公司机械厂干部 |
| 王余禾 | 秦皇岛港务集团公司二公司技师 |
| 刘军民 | 天津港焦炭码头公司技术管理部部门经理 |
| 金学智 | 天津港第六港埠公司固机队副队长 |
| 高如章 | 天津港务局驻津办事处工会主席 |

| | |
|---|---|
| 邹嘉勇 | 烟台港水运技校校长 |
| 孟凡学 | 烟台海港医院院长 |
| 李明才 | 中国外轮代理总公司青岛分公司党委书记 |
| 许振超 | 青岛港务集团明港公司桥吊队队长 |
| 孙　波 | 青岛港务集团前港公司卸船队队长 |
| 郑玉平（女） | 日照港务集团公司董事长 |
| 蔺洪若 | 日照港务集团公司储运公司工会主席 |
| 秦绍荣 | 连云港港务局东联港务公司工会主席 |
| 董建军 | 连云港港务局三公司班长 |
| 徐惠香 | 南通港务集团公司党委副书记 |
| 赵忠祥 | 南通港务集团公司工会办公室主任 |
| 邵红星 | 张家港港务局港埠作业区电机队副队长 |
| 彭建明 | 张家港港务局港盛区电气主管 |
| 叶青华 | 上海港国际集装箱货运公司集装箱部经理 |
| 徐国良 | 上海港军工路港务公司调度值班主任 |
| 刘文章 | 上海港引航管理站引航员 |
| 郑竹祥 | 宁波港务局工会副主席 |
| 蒋浩伟 | 宁波港务局镇海公司煤炭队副班长 |
| 蔡珍明 | 宁波港建设开发总公司工程师 |
| 吴加雄 | 厦门港务集团公司石湖山公司科长 |
| 温锡通 | 汕头港务集团公司董事长 |
| 曾庆锐 | 汕头港务集团四公司技术员 |
| 梁泽庆 | 广州港务局黄埔公司机修队保修站技师 |
| 洪　涛 | 广州港务局副局长 |
| 黄佐洪 | 广州港务局新港港务公司工会主席 |
| 郝敬波 | 湛江港三公司工会副主席 |
| 李向阳 | 海口港集团公司副总经理 |
| 叶　龙 | 海口港集团公司船务公司船长 |

曲广文　　　北海救助局救助船队船长
任能仕　　　上海救捞局工会主席
赵家麒　　　广州救捞局局长
武　剑　　　福州国际海员俱乐部外事接待科科长
林鸿斌　　　湛江国际海员俱乐部主任
曹　海　　　江苏省总工会国际部部长
洪善祥　　　交通部副部长
覃方珊　　　中国交通报社办公室主任

### （十）第十届“金锚奖”获奖者（2005年）

秦章庆　　　河北省地方海事局局长
周　伟　　　丹东市交通局党委副书记
马永杰　　　大连航运集团船长
王延林　　　黑龙江航道局佳木斯航道分局船长
王静波　　　哈尔滨轮船公司轮机长
潘仕明　　　上海市客运轮船有限公司船长
王明宜　　　江苏镇江市交通局工会主任
徐朝铭　　　江苏泰州市航道管理处处长
孙振亚　　　江苏省运河航运有限公司工会主席
谢　宁　　　嘉兴市港航管理局工会副主席
陆均如　　　舟山海星轮船有限公司总经理
高　平　　　安徽省马鞍山水上交通安全检查站科长
王年寿　　　安徽省歙县地方海事处副处长
蔡天国　　　福建省厦门轮船总公司船长
彭文华　　　福建省武夷山市地方海事处常务副处长
付哲林　　　江西远洋运输公司船长
黄长西　　　江西省航务局疏浚工程处轮机长
孟祥罡　　　龙口港集团有限公司董事长

孙永玉　　山东省青岛海运总公司总经理
戚立强　　山东威海港股份有限公司工会主席
巴丙升　　山东省东营市交通局检查员
高秀云　　山东省小清河航运局工会副主席
张雨耕　　湖北省港航管理局总监
王　伟　　湖北省港航管理局副监督长
田岳云　　湖南省长沙航道管理局站长
陈清明　　湖南远洋运输公司船长
吴建成　　交通部广州打捞局副总工
殷　疆　　交通部南海救助局党委副书记
肖干生　　中港第四航务工程局工会主席
何世强　　广东驳运公司船长
李钰萍　　广东省佛山航道局工会主席
黄　剑　　广西西江航运建设发展有限公司副厂长
丁小琍　　梧州港航实业有限公司工会主席
林长谷　　重庆轮船总公司海运公司轮机长
张利洪　　长江重庆航道工程局第二工程处主任工程师
张启林　　宜宾市地方海事局屏山县航务海事处处长
张世昌　　四川省达州市航务局班长
曾学华　　四川省泸州市古蔺县航务海事处处长
杨秀平　　贵州省铜仁地区地方海事局工程师
刘官河　　贵州省乌江航道处站长
马惠明　　西双版纳海事局局长
杨凌云　　云南省航务管理局工会主席
郭　莘　　交通部海事局副局长
吴锦红　　上海海事局工会主席
杨会明　　天津海事局科长
韩士民　　大连海事局局长

| | |
|---|---|
| 吕晓夫 | 河北海事局副处长 |
| 王海宇 | 青岛海事局副局长 |
| 陈开平 | 舟山海事局主任 |
| 陈桂平 | 镇江海事局局长 |
| 宋剑华 | 莆田海事局局长 |
| 王翠强 | 广东海事局航标工 |
| 肖伟如 | 东莞海事局大队长 |
| 李香富 | 北海海事局处长 |
| 张明海 | 海口海事局处长 |
| 张建斌 | 深圳海事局局长 |
| 常　杰 | 黑龙江海事局处长 |
| 金一丞 | 大连海事大学航海学院教授 |
| 黄有方 | 上海海事大学副校长 |
| 魏庆云 | 广州远洋运输公司船长 |
| 晏建军 | 中远集装箱运输有限公司轮机长 |
| 杜国军 | 中远散货运输有限公司船长 |
| 孙　军 | 青岛远洋运输公司纪委书记 |
| 梁富山 | 大连远洋运输公司轮机长 |
| 孙　敏 | 中波轮船股份公司（中方）总经理 |
| 姚东宁 | 上海中远物流有限公司总经理 |
| 费立孟 | 中国船舶燃料有限公司青岛公司船长 |
| 陈登华 | 中远船务舟山分公司总经理 |
| 高　峰 | 中海发展股份有限公司油轮公司政委 |
| 孙　峰 | 中海发展股份有限公司油轮公司船长 |
| 辜忠东 | 中海集装箱运输股份有限公司船长 |
| 周椿炎 | 中海集装箱运输股份有限公司政委 |
| 孙建华 | 中海发展股份有限公司货轮公司政委 |
| 陈　延 | 中海发展股份有展公司货轮公司船长 |

| | |
|---|---|
| 王宝增 | 大连海运（集团）公司主任 |
| 徐逸如 | 上海浦海航运有限公司轮机长 |
| 赵洪生 | 中港一航局一公司船舶分公司船长 |
| 曾凡义 | 中港二航局西南办事处主任 |
| 乐逢明 | 中港三航局上海浦东分公司部门经理 |
| 李　江 | 中港四航局一公司项目总工 |
| 张学忠 | 中港天津航道局船长 |
| 张谷明 | 上海航道勘察设计研究院副总工 |
| 陶　鹏 | 中交水运规则设计院建筑设计事务所所长 |
| 乔占有 | 中交第一航务工程勘察设计院设计所副所长 |
| 柯鸿雁 | 中交第二航务工程勘察设计院咨询公司经理 |
| 李云龙 | 中国长航货运总公司船长 |
| 唐祖鹏 | 中国长航货运总公司党委副书记 |
| 向建平 | 中国长航集团武汉公司峡江公司党委书记 |
| 李汉定 | 芜湖长江轮船公司江芜船厂班长 |
| 丁玉贵 | 中国长航金陵船厂工人 |
| 曹志伟 | 中国长航集团重庆长江轮船公司船长 |
| 薛宝国 | 南京长江油运公司船长 |
| 丁兴平 | 中石化长江燃料有限公司芜湖分公司经理 |
| 徐挺惠 | 上海长江轮船公司党委书记 |
| 刘恒伟 | 长江航道局党委书记 |
| 熊　辉 | 长江海事局信息中心主任助理 |
| 陈国仿 | 长江三峡通航管理局通航工程技术中心副总工 |
| 严　冬 | 长江航运公安局秭归派出所所长 |
| 蒋利刚 | 长江通信管理局重庆工程处处长助理 |
| 税华明 | 重庆港九股份有限公司组长 |
| 周正华 | 武汉港口集团汉阳港埠分公司总经理 |
| 曹文达 | 南京港口集团公司港口机械厂厂长 |

姚育胜　　长江航务管理局副总工
曹善卫　　大连港集团轮驳公司船长
鲍雨新　　大连港集团客运总公司主任
张晓冬　　大连港大港港务公司机械公司副经理
张树龙　　营口港务集团有限公司引航站站长
许景宏　　天津港石油化工码头公司总经理
沈庆霞　　天津港第二港埠有限公司女职委主任
余祝建　　天津港轮驳公司工会主席
王　刚　　秦皇岛港务集团六分公司队长
佟德友　　秦皇岛港务集团七分公司装船部部长
陈立新　　秦皇岛港务集团杂货分公司队长
杨　瑛　　青岛港口医院院长
王　啸　　青岛前湾集装箱码头有限责任公司桥吊司机
任敦明　　青岛港集团有限公司大港分公司队长
刘华龙　　上海外轮理货有限公司理货员
冯春凌　　上海沪东集装箱码头有限公司桥吊司机
徐良权　　上海港煤炭装卸公司队长
陈启宏　　宁波港集团有限公司党委副书记
鲍冯军　　宁波大港引航有限公司副科长
王兆存　　宁波港集团北仑第二港埠有限公司工会主席
刘遵和　　烟台港集装箱公司总经理
林嘉玉　　烟台港集团有限公司工会部长
杜传志　　日照港（集团）有限公司党委书记
梁奇志　　日照港（集团）有限公司工会部长
朱建辉　　南通港口集团姚港港务公司工会主席
王　跃　　南通港口集团通州港务公司工会主席
沈士权　　连云港港口集团轮驳公司轮机长
苏勋年　　连云港港口集团铁路运输公司工会主席

| | |
|---|---|
| 王剑鸣 | 张家港港务集团有限公司港埠分公司司机 |
| 陈洪先 | 广州港集团有限公司董事长 |
| 罗春民 | 广州港集团公司西基港务分公司技术队长 |
| 温伟军 | 汕头经济特区华港集装箱公司副经理 |
| 林武全 | 汕头港务集团第二分公司班长 |
| 李剑华 | 湛江港集团重点建设项目办公室副主任 |
| 陈　设 | 海南港航控股海口港务总公司总经理 |
| 邓　新 | 海南港航控股有限公司常务副书记 |
| 符恒斋 | 海南港航控股海峡股份公司船长 |
| 时宇明 | 太仓国际海员俱乐部主任 |
| 李超英 | 厦门国际海员俱乐部主任 |
| 张荣祥 | 交通部机关工会主席 |

## （十一）第十一届“金锚奖”获奖者（2007 年）

| | |
|---|---|
| 毕春雨 | 河北远洋运输股份有限公司船长 |
| 毕建陆 | 大连航运集团有限公司总经理 |
| 么会学 | 黑龙江海员总医院院长 |
| 车永全 | 黑河港务局局长 |
| 应国华 | 上海浦江游览有限公司船长 |
| 季延合 | 江苏省刘山船闸管理所所长 |
| 黄元桂 | 江苏省宿迁市航道管理处副处长 |
| 颜书裕 | 苏州市地方海事局太湖海事所所长 |
| 陈智勇 | 浙江省台州市港航管理局工会工作委员会主任 |
| 周加平 | 浙江省海运集团有限公司台州海运有限公司船长 |
| 蒋同富 | 安徽省地方海事局局长 |
| 童　韬 | 安徽远洋运输有限公司船长 |
| 陈　峰 | 福州港引航站引航员 |
| 罗志远 | 莆田港务集团有限公司秀屿第一港务分公司经理 |

王群辉　　江西远洋运输公司船长
熊武勇　　江西省交通厅航务管理局港航工程处打捞队队长
王伟兵　　威海港集团有限公司总经理
张明年　　枣庄市地方海事局局长
高　军　　山东省筑港总公司工会主席
辛　华　　威海市海大客运有限公司总经理
周业通　　山东石岛新港港务股份有限公司船长
陶维号　　湖北省交通厅港航管理局副局长
彭长征　　湖北省港路勘测设计咨询有限公司经理
谢善忠　　湖南远洋运输公司船长
蔡涤澄　　湖南省益阳航道管理局沅江航养费征稽所征稽员
陈北先　　交通部广州打捞局局长
陈成利　　交通部南海救助局船长
廖秋旺　　广州海运（集团）有限公司船长
刘汉平　　广东省东江航道局大亚湾分局惠东航道站站长
李锦秋　　广东省珠江航运有限公司船长
李世元　　广西柳州泰升航运有限责任公司船长
周秋生　　广西南宁航道管理处站长
刘大川　　重庆航运建设发展有限公司工程管理负责人
姚　勇　　长江重庆航道工程局高级工程师
王德镜　　四川省广元市元坝区地方海事处处长
冯　俊　　四川省南充市嘉陵区地方海事处副处长
侯俊光　　四川省江安县航务（海事）处处长
沈生富　　贵州省乌江航道处沿河航道段副段长
罗登仑　　贵州省遵义市地方海事局副局长
邓明文　　云南省航务管理局澜沧江航道工程建设指挥部处长
杨永林　　思茅海事局局长
王鹤荀　　黄骅海事局局长

| | |
|---|---|
| 李忠华 | 珠海海事局局长 |
| 李青平 | 交通部海事局副局长 |
| 杨　哲 | 天津海事局船员管理处处长 |
| 陈金辉 | 厦门海事局船舶监督处船舶管理主办 |
| 胡宣春 | 浙江海事局台州椒江海事处船长 |
| 赵　晗 | 青岛海事局前湾海事处处长 |
| 钟　锋 | 上海海事局洋山港海事处科长 |
| 侯景华 | 辽宁海事局局长 |
| 秦国祥 | 深圳海事局快速反应基地科长 |
| 满福海 | 广东海事局纪委书记 |
| 蔡家德 | 海口海事局港区海事处处长 |
| 许发艳 | 中国船级社高级工程师 |
| 张　宇 | 中国船级社广州分社副总工程师 |
| 李科浚 | 中国船级社总裁 |
| 刘正江 | 大连海事大学航海学院院长 |
| 王海威 | 上海海事大学校长助理 |
| 马道乐 | 大连远洋运输公司船舶政委 |
| 付广安 | 中远散货运输有限公司船长 |
| 刘　益 | 中国远洋物流有限公司副总经理 |
| 严承祥 | 大连中远船务工程有限公司副总经理 |
| 李贵成 | 中远（香港）航运有限公司船长 |
| 李　健 | 中远集装箱运输有限公司船长 |
| 邱晓虹 | 中远航运股份有限公司业务经理 |
| 苑增国 | 青岛远洋运输公司船长 |
| 赵铁军 | 青岛中远国际货运有限公司部门经理 |
| 葛一川 | 中远（集团）总公司运输部运输管理处经理 |
| 吕小苏 | 上海惠通船舶服务有限公司总经理 |
| 朱迈进 | 中海国际船舶管理有限公司上海分公司船长 |

| | |
|---|---|
| 吴友海 | 中海发展股份有限公司货轮公司轮机长 |
| 寿　健 | 中海船务代理有限公司经理 |
| 陆　良 | 中海发展股份有限公司油轮公司轮机长 |
| 孟庆宽 | 大连海运（集团）公司总经理 |
| 季　涛 | 中海集装箱运输股份有限公司工会主席 |
| 黄雪麟 | 中海工业有限公司工会主席 |
| 谢剑波 | 中海国际船舶管理有限公司广州分公司指导轮机长 |
| 于　萍 | 重庆长江轮船公司东风船舶工业公司电焊工 |
| 方卫建 | 长航凤凰股份有限公司党委书记 |
| 王　雄 | 中国长江航运集团宜昌船厂装配工 |
| 邓利明 | 南京长江油运公司轮机长 |
| 刘延木 | 中石化长江燃料有限公司党委书记 |
| 李文德 | 长江航运集团船舶重工总公司（武汉）总经理 |
| 周和林 | 上海长江轮船公司船长 |
| 谢长德 | 长航凤凰股份有限公司船长 |
| 廖　琪 | 长江轮船海外旅游总公司大副 |
| 王　俊 | 重庆中港朝天门长江大桥项目建设有限公司总经理 |
| 刘树东 | 中交天津港航勘察设计研究院有限公司副院长 |
| 张喜平 | 中交第一航务工程勘察设计院有限公司副处长 |
| 张裕山 | 中交广州航道局有限公司船长 |
| 杨力强 | 中国交通建设股份有限公司工会主席 |
| 郑吉安 | 天津一航安装工程有限公司总经理 |
| 施　俭 | 上海交通建设总承包有限公司副总经理 |
| 秦宗平 | 中交二航局第二工程有限公司副经理 |
| 程明峰 | 中交第四航务工程局有限公司船舶部船长 |
| 童小飞 | 中交三航局第二工程有限公司项目总工程师 |
| 刘　莉 | 南京港口集团公司工会副主席 |
| 朱业汉 | 长江航务管理局信息中心主任 |

许崇福　　黄石港口集团有限责任公司工会主席
张东宁　　长江南京通信管理处主任
陆　新　　长江南京航道局船长
陈良华　　宜昌海事局局长
洪为成　　重庆港务物流集团有限公司万州港船长
赵　虎　　中国水运报社副主任
蒋寿银　　武汉港务集团轮驳分公司江阴分公司经理
王志军　　大连港湾工程有限公司市政工程公司副经理
白俊岩　　大连港杂货码头公司港胜劳务公司装卸二队队长
毕可启　　大连港杂货码头公司黑嘴子作业区工艺员
刘学敏　　营口港务集团有限公司生产业务部总经理
王学俊　　天津港（集团）有限公司工会副主席
刘贵松　　天津港第五港埠公司天贵装卸劳务有限公司工人
段江山　　天津港第四港埠公司流机队队长
田新华　　秦皇岛港务集团有限公司第九港务分公司技术设备部部长
张海波　　秦皇岛港务集团有限公司杂货港务分公司散粮站技术组长
高金红　　秦皇岛港务集团有限公司通信信息工程分公司西港电话站站长
王琳琳　　青岛港（集团）有限公司前港分公司库场一队司磅员
姜德顺　　青岛港公安局消防支队支队长
郭志渝　　青岛港（集团）有限公司信息中心主任
吴军华　　上海国际港务（集团）股份有限公司宝山分公司调度值班主任
柴刚强　　上海国际港务（集团）股份有限公司上海港务工程公司项目总工程师

| | |
|---|---|
| 程海明 | 上海明东集装箱码头有限公司营运操作部副经理 |
| 李令红 | 宁波港集团有限公司集团总裁 |
| 陈景翔 | 宁波港北仑第二集装箱有限公司班长 |
| 郑亚俊 | 宁波港集团油港轮驳有限公司工会主席 |
| 于少承 | 烟台海港机械厂工人 |
| 陶晓荣 | 烟台港联合港埠公司工会主席 |
| 朱宏圣 | 日照港（集团）有限公司工会主席 |
| 王　英 | 南通港口集团有限公司工会主席 |
| 杨建如 | 南通港口集团有限公司狼山港务公司工会主席 |
| 王　军 | 连云港港口集团有限公司铁路运输公司机务段班长 |
| 顾宁锋 | 连云港港口股份有限公司东联港务分公司副经理 |
| 黄　强 | 张家港港务集团有限公司港埠分公司技师 |
| 江常开 | 广州港集团有限公司副总经理 |
| 许仲辉 | 广州港集团新沙港务有限公司班长 |
| 张庆春 | 汕头港务集团有限公司总经理 |
| 陈少明 | 汕头港务集团有限公司广澳港分公司班长 |
| 陈建强 | 湛江港集团有限公司船舶分公司轮机长 |
| 刘润林 | 海南港航控股有限公司海口港务分公司第一作业区经理 |
| 林　毅 | 海南港航控股有限公司总裁 |
| 黄石林 | 海南港航控股有限公司工会主席 |
| 方　珂 | 汕头国际海员俱乐部干部 |
| 杨伟健 | 上海国际海员俱乐部总经理 |
| 糜德顺 | 镇江国际海员俱乐部主任 |
| 宋德星 | 交通部水运司司长 |

### （十二）第十二届“金锚奖”获奖者（2010 年）

| | |
|---|---|
| 严学平 | 河北远洋运输集团股份有限公司船长 |

陈　君　　大连航运集团有限公司轮机长
戴　晶　　黑龙江省航务管理局财务审计处处长
忻顺康　　上海市轮渡有限公司党委书记
黄　岩　　江苏省交通运输厅航道局副局长
胡　峥　　江苏省无锡市航道管理处处长
陈　冲　　江苏省南通市航道管理处副科长
杨水康　　浙江省海宁市交通局局长
傅继明　　浙江省海运集团有限公司温州海运有限公司船长
李祎茂　　安徽省芜湖市港航管理局（地方海事局）局长
刘　辉　　安徽省六安市地方海事局金寨县地方海事处处长
吴智远　　福建省轮船总公司船长
陈鸿朝　　福建省湄洲湾港口管理局局长助理
洪宝珍　　江西远洋运输公司船长
喻　金　　江西水运集团有限公司轮机长
仲伟暖　　龙口港集团有限公司理货班长
赵鸿鸣　　中交一航局第二工程有限公司总经理
成积禧　　日照海明油品储运有限公司总经理
梁立信　　渤海轮渡股份有限公司船长
焦振炜　　山东济宁市港航局副科长
杨碧高　　湖北省港航管理局航道处农民工
冯红武　　湖北省港航管理局航道处主任工程师
彭　平　　湖南省湘江航运建设管理局处长
杨松茂　　湖南省益阳航道管理局站长
韩方仁　　中交第四航务工程勘察设计院有限公司工会主席
杨洪周　　中交广州航道局有限公司海外事业部副经理
丁晓石　　长航集团中石化长江燃料有限公司南京分公司部门经理
高　峰　　长航集团上海长江轮船公司工会主席

| | |
|---|---|
| 葛　标 | 长航集团船舶重工总公司副总经理 |
| 何国新 | 长航集团南京油运股份有限公司工会主席 |
| 曾庆海 | 长航集团长航凤凰股份有限公司船长 |
| 崔卫国 | 山东中外运弘志物流有限公司总经理 |
| 朱　明 | 中国外运阳光速航运输有限公司船务部副总经理 |
| 庄绍凤 | 厦门中外运裕丰冷冻工程有限公司技术总监 |
| 杨德平 | 中外运集装箱运输有限公司质量安全技术部副经理 |
| 张文灿 | 中外运久凌储运有限公司副总经理 |
| 刘洪波 | 中交水运规划设计院设计二所所长 |
| 邓克勇 | 中交第二航务工程勘察设计院有限公司副经理 |
| 俞建洲 | 中交三航院上海东华建设管理有限公司总经理 |
| 陈　超 | 中交四航局三公司驾长 |
| 胡金会 | 中交天津航道局有限公司水手长 |
| 徐而敏 | 中交上海航道局有限公司副总工程师 |
| 谢冬阳 | 中交广州航道局有限公司船长 |
| 杨京方 | 中交天津港湾工程研究院有限公司总经理助理 |
| 席明军 | 中交二航局第三工程有限公司总经理 |
| 顾建青 | 中交三航局兴安基建筑工程有限公司总经理助理 |
| 朱　仪 | 南京港口集团南京港口机械厂技术管理部副部长 |
| 邱健华 | 长江三峡通航管理局副局长 |
| 洪　波 | 中国水运报刊社副主任 |
| 程　庆 | 安庆港务总公司总经理 |
| 李伟红 | 长江航道局副局长 |
| 王岳林 | 城陵矶港务有限责任公司队长 |
| 曾泽民 | 长江海事局岳阳海事局监管处处长 |
| 森晓林 | 长江航务工会副主席 |
| 严培军 | 长江航运公安局镇江分局刑事侦查支队支队长 |
| 曾含利 | 武汉港务集团汉口港埠分公司经理 |

王海平　　河北远洋运输集团股份有限公司轮机长
孟庆鹏　　河北远洋运输集团股份有限公司造船部副经理
孙新玉　　大连港杂货码头公司大连湾作业区调度室主任
谭俊涛　　大连港湾集装箱码头有限公司拖车班长
张国和　　大连港铁路公司科长
万炳奎　　营口港务集团有限公司第三分公司总经理
毛玉兰　　营口港务集团有限公司工会主席
张　刚　　天津港港务设施管理中心工会主席
成卫东　　天津港第一港埠有限公司拖头队副队长
李金星　　天津港第五港埠有限公司副大队长
贺永生　　秦皇岛港务集团港口建设工程有限公司沉箱预制厂副经理
董凤森　　秦皇岛港股份有限公司第一港务分公司队长
韩兴刚　　秦皇岛港股份有限公司船舶分公司船长
张　辉　　大连旅顺滨海船舶修造有限公司工程主管
董自力　　黑龙江航运集团有限公司同江港务局局长
李　君　　青岛港（集团）有限公司大港分公司经理
田广文　　青岛港（集团）有限公司副总裁
马宝亮　　青岛港（集团）有限公司工会主席
朱鹏宇　　上港集团外六期工程建设指挥部工程部副经理
吴良宏　　上港集团军工路分公司安监部经理
王　辰　　上海冠东国际集装箱码头有限公司工会干事
吕力群　　宁波港股份有限公司工会主席
王　靖　　宁波港股份有限公司镇海港埠分公司工会副主席
王文炳　　宁波港股份有限公司北仑矿石码头分公司大班长
张国建　　烟台港集团有限公司总工程师
付述智　　烟台港客运总公司总经理
袁之樵　　日照港（集团）有限公司企业发展部部长

焦安文　　日照港（集团）有限公司经理
金　川　　南通中理外轮理货有限公司工会主席
王卫国　　南通港口集团有限公司董事总经理
朱建新　　连云港港口集团有限公司工会副主席
戚延龙　　连云港港口装卸劳务公司装卸五队装卸班长
赵培华　　张家港港务集团有限公司港房分公司部门经理
芦镇华　　广州港集团有限公司新港港务分公司总经理
古福兴　　广州港集团有限公司拖轮分公司船长
周小溪　　广州港集团有限公司总经理
郑镇洲　　汕头港务集团有限公司第二分公司经理
周流建　　汕头港务集团航修供应服务公司船长
李凯熊　　湛江港（集团）股份有限公司工会部长
陈建辉　　湛江港中海集装箱码头有限公司副班长
彭伟东　　海南港航海峡航运股份有限公司船长
潘　琅　　海南港航海口港务秀英客运轮渡公司副经理
卢裕俊　　海口港集装箱码头有限公司副经理
吴建良　　厦门港务集团海天集装箱有限公司工会主席
王东川　　盐田国际集装箱码头有限公司工会副主席
尹常忠　　青岛国际海员俱乐部主任
陈泰福　　泉州国际海员俱乐部主任
王卫宁　　上海船舶运输科学研究所研究员
董海军　　交通运输部天津水运工程科学研究院处长

### （十三）第十三届“金锚奖”获奖者（2012 年）

刘广海　　河北省交通运输厅副厅长
张九新　　辽宁海事局船舶监督处处长
吴宝泉　　黑龙江省松花江航运枢纽建设管理中心管理处主任
顾爱华　　上海市客运轮船有限公司工会主席

张　坚　江苏远洋运输有限公司船长
陈仁友　江苏河海运输股份有限公司党委书记
杨泽宇　南通航运职业技术学院党委副书记
张国斌　浙江省海运集团有限公司船长
陆均如　浙江省舟山海星轮船有限公司总经理
韦道琦　安徽省亳州市地方海事局党委书记
郭永强　安徽省阜阳市地方海事局界首市地方海事处工会主席
熊秀旺　福建省南平市地方海事局干部
雷　鹏　福建省上杭县地方海事处副处长
张伦喜　江西省港航管理局上饶分局工人
姜志德　江西远洋运输公司工会负责人
丛建波　威海港集团有限公司董事长
王德明　青岛海诺海运有限公司总经理
张　勇　中国海事局烟台溢油应急技术中心行动科科长
邢思浩　交通运输部烟台打捞局救捞工程处潜水工程队副队长
董笑梅　山东省交通运输厅港航局工会主席
李文军　山东省枣庄市港航管理局台儿庄港航管理处副主任
叶大双　湖北省武汉市港航管理局艇长
田红旗　湖北省汉江兴隆至汉川段航道整治工程建设指挥部常务副指挥长
何　安　湖南省长沙航道管理局罗站站长
蔡伟民　湖南省湘江航运建设管理局大源渡航电枢纽管理处处长
周士超　广东省海员工会办公室主任
常　兵　中海国际船舶管理有限公司广州分公司船长
卢书明　中交四航局有限公司福州分公司项目经理

| | |
|---|---|
| 汪志军 | 深圳海事局党组副书记 |
| 唐　丹 | 广东省航道局工会副主席 |
| 谭建豪 | 广东省航运集团广东驳运公司船长 |
| 易志海 | 梧州航道管理局龙圩航道站站长 |
| 耿　舸 | 柳州金湾水上旅游客运有限公司工会主席 |
| 颜贵友 | 民生轮船股份有限公司船长 |
| 任小洪 | 重庆长江轮船公司船长 |
| 代晨林 | 重庆长江黄金游轮有限公司物供部部长 |
| 郭友敬 | 四川省达州市宣汉县地方海事处办公室主任 |
| 刘明全 | 四川省南充市嘉陵江航道管理局段长 |
| 邓长虹 | 四川省广安市武胜县地方海事局副处长 |
| 陈英之 | 贵州省地方海事局纪委书记 |
| 马文超 | 贵州省赤水航道处农民工 |
| 马保庆 | 云南省昆磨高速公路路政管理支队支队长 |
| 奚永清 | 中华人民共和国西双版纳海事局科长 |
| 翟久刚 | 交通运输部中国海上搜救中心总值班室主任 |
| 陈爱平 | 交通部海事局常务副局长、党组副书记 |
| 黄中响 | 上海海事局航标处工会主席 |
| 刘　扬 | 天津海事局 |
| 王广德 | 黑龙江海事局副局长 |
| 李青平 | 河北海事局局长 |
| 隋国友 | 山东青岛海事局船舶交通管理中心值班室主任 |
| 沈贵平 | 江苏张家港海事局局长 |
| 周荣祥 | 浙江海事局 |
| 王玉宝 | 福建泉州海事局局长 |
| 谭永烈 | 广州海事局局长 |
| 宋国锋 | 广西南宁海事局 |
| 柯志雄 | 海南海事局通信信息中心机务员 |

| | |
|---|---|
| 黄怀深 | 深圳海事局南山海事处处长 |
| 孔令剑 | 交通运输部北海救助局副书记 |
| 舒晓文 | 交通运输部北海救助局音像中心编辑 |
| 徐卫国 | 交通运输部东海救助局船长 |
| 徐永琦 | 交通运输部烟台打捞局处长 |
| 龙　生 | 交通运输部烟台打捞局经济师 |
| 龚晓明 | 交通运输部上海打捞局队长 |
| 满竞璐 | 交通运输部上海打捞局工会副主任科员 |
| 江志彬 | 交通运输部广州打捞局工程队长 |
| 董恩泽 | 交通运输部东海第一救助飞行队办公室主任 |
| 李　嘉 | 交通运输部南海第一救助飞行队副队长 |
| 万晓明 | 中国船级社工会副主席 |
| 赵中玲 | 中国船级社质量认证公司审核员 |
| 王慧芳 | 上海规范研究所高级工程师 |
| 何慧明 | 中国船级社舟山办事处检验部经理 |
| 万晓跃 | 中国船级社处长 |
| 张淑芳 | 大连海事大学卫星导航研究所重点实验室主任 |
| 邬惠国 | 上海海事大学商船学院 |
| 王和平 | 中远集装箱运输有限公司船长 |
| 史洪亮 | 中远散货运输有限公司船长 |
| 刘建福 | 青岛远洋运输有限公司船长 |
| 方虎志 | 广州远洋运输有限公司船长 |
| 洪恩瑰 | 大远远洋运输公司船长 |
| 傅承求 | 中远比雷埃夫斯集装箱码头有限公司总经理 |
| 朱建辉 | 中国外轮理货总公司总经理 |
| 胡洪先 | 大连中远物流有限公司总经理 |
| 赵明中 | 中燃秦皇岛有限公司油库主管 |
| 林均学 | 青岛远洋船员职业学院工会主席 |

| | |
|---|---|
| 单高永 | 中海集装箱运输股份有限公司轮机长 |
| 李广庆 | 中海发展股份有限公司油轮公司轮机长 |
| 刘贞太 | 中海发展股份有限公司货轮公司船长 |
| 刘佳富 | 中海客轮有限公司船长 |
| 侯建斌 | 中海（海南）船务股份有限公司船长 |
| 朱乾淳 | 中海国际船舶管理有限公司船长 |
| 韩　琤 | 中海工业有限公司立新船厂车间定额员 |
| 陆士山 | 中石化中海燃供上海物资分公司船长 |
| 季建生 | 中海国际船舶管理有限公司工会主席 |
| 黄明辉 | 广州海运（集团）有限公司工会主席 |
| 桑史良 | 《中国海员》杂志主编 |
| 藺光龙 | 武汉长江轮船公司总经理 |
| 王道华 | 重庆长江轮船公司工会主席 |
| 孙泽全 | 南京长江油运武汉南油公司船长 |
| 黄帝博 | 中国外运广东有限公司货代事业部副总经理 |
| 曾毅辉 | 中国外运华东有限公司工程物流分公司总船长 |
| 赵春吉 | 中国外运集装箱运输有限公司副总经理 |
| 陈建设 | 中国外运长航（集团）船舶重工总公司工会主席 |
| 廖　钦 | 中国外运久凌储运有限公司广州分公司工会主席 |
| 陈家荣 | 中国外运江苏公司苏州公司工会委员 |
| 罗　蓉 | 中国外运长航集团新疆有限公司工会主席 |
| 董卫钊 | 中交第一航务工程局第一工程有限公司大副 |
| 陈俊堂 | 中交第二航务工程局第一工程有限公司副总经理 |
| 薛正明 | 中交第三航务工程局工程船舶有限公司工会主席 |
| 卫锦章 | 中交第四航务工程局航通公司生产保障部副经理 |
| 芮海滨 | 中交天津航道局有限公司船长 |
| 谷银远 | 中交上海航道局有限公司东方疏浚工程分公司船长 |
| 谢一飞 | 中交广州航道局有限公司船长 |

刘毅光　　中交广州航道局有限公司项目总监
张　勇　　中交路桥建设华东工程有限公司工会宣传委员
秦汉文　　上海振华重工（集团）股份有限公司船长
唐少鸣　　中交港珠澳大桥岛隧工程第Ⅴ工区项目部船长
魏　胜　　芜湖海事局新港执法大队大队长
付晓舫　　长江武汉航道工程局船长
王忠民　　长江三峡通航管理局葛洲坝船闸管理处副处长
王　凯　　长江航运总医院院长
施　华　　中国水运报刊社社长
唐冠军　　交通运输部长江航务管理局局长
黄正雄　　武汉港集装箱有限公司营运操作部流动机械司机
邹方中　　上港集团九江港务有限公司总经理
金　吉　　南京港股份有限公司码头装卸队队长
张海燕　　镇江港务集团有限公司轮驳分公司轮机长
高　隽　　芜湖港储运股份有限公司裕溪口煤码头分公司党委书记
左胜夕　　河北远洋运输集团股份有限公司船长
王国祥　　河北远洋运输集团股份有限公司船长
孙同峰　　大连港集团有限公司机械队队长
姜树平　　大连港杂货码头公司大连湾装卸三队副队长
张　铁　　大连港油品码头公司工会主席
戴兆亮　　营口港务集团有限公司第一分公司总经理
赵志祥　　营口港务集团有限公司固机分公司电工
寇成阳　　天津港物流发展有限公司总经理助理
张云凯　　天津港生活服务有限公司工会主席
王　骋　　天津港劳务发展有限公司班长
王　冬　　秦皇岛港股份有限公司第七港务分公司装船班班长
刘　玲　　秦皇岛港股份有限公司物资供应中心队长

杨光磊　　河北港口集团有限公司港口服务管理分公司科员
杨宇波　　哈尔滨港务局变电所所长
王彦祥　　哈尔滨龙桥船务公司站长
辛　浩　　上海罗泾矿石码头有限公司维修主任
费爱国　　上海国际港务集团股份有限公司龙吴分公司部门经理
吴　斌　　上海国际港务集团股份有限公司张华浜分公司经理助理
华林江　　宁波港集团有限公司北仑第二港埠分公司门电班班长
张逸耀　　宁波北仑国际集装箱码头有限公司工会主席
闻建耀　　宁波港集团有限公司党委书记
马首煜　　烟台港集团有限公司门机班长
刘尊学　　烟台港集团有限公司装卸队班长
徐金柱　　烟台港集团有限公司值班主任
刘　启　　日照港集团铁路运输公司工会主席
陈祥慧　　日照港集团有限公司港口医院工会主席
陈兆忠　　南通港口轮驳有限公司工会主席
浦正兴　　南通港口集团有限公司通州港务分公司工会主席
刘学军　　连云港港口股份有限公司东泰港务分公司工会主席
张炳江　　连云港港口集团有限公司铁运分公司班长
胡金刚　　张家港港务集团港盛分公司技术主任
陈志民　　广州港集团有限公司副总经理
张　营　　广州港南沙港务有限公司岸桥司机
李小珊　　广州港集团有限公司新风港务分公司调研员
张　平　　汕头港务集团集装箱服务分公司技安部主任
杨基良　　汕头港务集团有限公司第三分公司维修站站长
陈　锋　　湛江港（集团）股份有限公司第一分公司工会

| | |
|---|---|
| | 主席 |
| 鲍雪翔 | 湛江港（集团）股份有限公司第三分公司散机队技术队长 |
| 吴育壮 | 海南港航控股有限公司海口港务分公司秀英作业区副经理 |
| 潘　虎 | 海南海峡航运股份有限公司船长 |
| 王　武 | 海口港集装箱码头有限公司固机维修队技术主任 |
| 黄子榕 | 厦门国际港务股份有限公司总经理 |
| 周兴成 | 盐田国际集装箱码头有限公司工会机械操作员 |
| 戴振强 | 大连国际海员俱乐部主任 |
| 张　森 | 青岛国际海员俱乐部科长 |
| 章丹鹏 | 汕头国际海员俱乐部副主任 |
| 陈真平 | 湛江国际海员俱乐部主任 |
| 胡四碧 | 泉州国际海员俱乐部宣传科长 |
| 张　强 | 天津水运工程科学研究院副主任 |
| 张丹瑞 | 上海船舶运输科学研究所主任 |

# 附录三

# 亚洲海员高峰会表

**亚洲海员高峰会表**

| 日期 | 届数 | 地点 | 议题 |
|---|---|---|---|
| 1981年6月18—19日 | 第1届* | 日本 东京 | |
| 1982年12月7—8日 | 第2届* | 菲律宾 马尼拉 | |
| 1983年8月30—31日 | 第3届* | 中国 台北 | |
| 1985年2月7—8日 | 第4届* | 中国 香港 | |
| 1986年12月3—5日 | 第5届* | 印度尼西亚 雅加达 | |
| 1988年12月7—9日 | 第6届* | 韩国 首尔 | |
| 1989年12月7—9日 | 第7届* | 新加坡 | |
| 1990年11月19—20日 | 第8届* | 印度尼西亚 雅加达 | |
| 1991年12月9—10日 | 第9届* | 印度 果阿邦 | |
| 1992年11月30日—12月2日 | 第10届* | 日本 东京 | |
| 1993年12月1—2日 | 第11届* | 菲律宾 马尼拉 | |
| 1994年12月15—16日 | 第12届* | 中国 台北 | |
| 1995年11月17—18日 | 第13届* | 韩国 首尔 | |
| 1996年11月19—22日 | 第14届* | 中国 香港 | |
| 1997年9月26日 | 第15届 | 日本 大阪 | |

续表

| 日期 | 届数 | 地点 | 议题 |
|---|---|---|---|
| 1998 年 4 月 29—30 日 | 第 16 届 | 印度尼西亚 雅加达 | |
| 2000 年 5 月 8—10 日 | 第 17 届 | 中国 大连 | |
| 2001 年 6 月 25 日 | 第 18 届 | 韩国 首尔 | ○ 国际运输工人联合会内部船员宪章<br>○ 在亚洲区域指定宣传员<br>○ 亚洲地区国际运输工人联合会成员秘书长<br>○ 亚洲船员遣返基金<br>○ 亚洲船员联盟的结成<br>○ 国际劳工组织船员最低工资的解释 |
| 2002 年 5 月 7 日 | 第 19 届* | 中国 台北 | ○ 国际运输工人联合会内部船员宪章<br>○ 国际运输工人联合会内部整船船员工资基准<br>○ 21 世纪的国际运输工人联合会船员部门<br>○ 关于国际运输工人联合会标准协议的提案<br>○ 在下次 ITF 世界大会上选出 ITF 各种委员会成员 |
| 2003 年 5 月 4 日 | 第 20 届 | 越南 河内 | ○ 国际运输工人联合会内部整船船员工资基准和工资表问题<br>○ 促进亚洲团结<br>○ 支持国际运输工人联合会各成员组织反方便旗船运动<br>○ 签证发行/登陆路径的差别<br>○ 关于海事劳动标准的国际劳工组织会议 |

续表

| 日期 | 届数 | 地点 | 议题 |
| --- | --- | --- | --- |
| 2004 年 3 月 1 日 | 第 21 届 | 菲律宾 宿务 | ○ 国际协商论坛的设立<br>○ 安保问题<br>○ 国际劳工组织问题<br>○ 中国任务组 |
| 2005 年 2 月 28 日 | 第 22 届 | 日本 东京 | ○ 探讨国际劳工组织综合海事公约<br>○ 工会方在 2006 年国际协商论坛提出的要求<br>○ 船东国、船旗国和船员输出国共同受益 |
| 2006 年 3 月 6—7 日 | 第 23 届 | 中国 香港 | ○ 2006 年国际运输工人联合会世界大会<br>○ 促进国际劳工组织《2006 年海事劳工公约》批准<br>○ 促进亚洲地区船员教育训练和组织化的课题<br>○ 促进《海员身份证明公约》（国际劳工组织第 185 号公约）批准，加强对海盗、强盗行为及反恐对策的 APEC 及加强动员本国政府<br>○ 支持设立国际运输工人联合会亚太地区委员会 |
| 2007 年 2 月 25 日 | 第 24 届 | 印度尼西亚 雅加达 | ○方便旗船<br>○2008—2009 年国际协商论坛谈判的准备<br>○促进《2006 年海事劳工公约》的批准<br>○国旗船<br>○促进亚洲地区船员的教育训练和组织化问题<br>○国际运输工人联合会选举<br>○修改方便旗船活动政策 |

续表

| 日期 | 届数 | 地点 | 议题 |
|---|---|---|---|
| 2008 年 2 月 26 日 | 第 25 届 | 菲律宾 马尼拉 | ○方便旗船的现状和搭配<br>○促进亚洲船员的教育和训练<br>○修改方便旗船活动政策 |
| 2009 年 2 月 16 日 | 第 26 届* | 中国 台北 | ○关于亚洲船员的教育、训练方案的报告和讨论<br>○海盗、武装抢劫事件的对策<br>○修改方便旗船活动政策 |
| 2010 年 2 月 24 日 | 第 27 届 | 菲律宾 马尼拉 | ○关于亚洲船员的教育、训练方案的报告和讨论<br>○海盗、武装抢劫事件的对策<br>○修改方便旗船活动政策<br>○2010 年国际运输工人联合会世界大会 |
| 2011 年 8 月 8 日 | 第 28 届 | 中国 香港 | ○海盗、武装抢劫事件的对策<br>○针对全球船员不足的措施 |
| 2012 年 5 月 28 日 | 第 29 届 | 印度尼西亚 泗水 | ○海盗对策<br>○设置亚洲船员峰会工作组会议 |
| 2013 年 8 月 22 日 | 第 30 届 | 俄罗斯 符拉迪沃斯托克 | ○船员税制 |
| 2014 年 6 月 13 日 | 第 31 届* | 菲律宾 马尼拉 | ○关于海难事故和船员遗弃的亚洲海员高峰会成员之间的紧急联络/支援机制的讨论<br>○船员的加班 |

续表

| 日期 | 届数 | 地点 | 议题 |
| --- | --- | --- | --- |
| 2015年9月2日 | 第32届 | 日本 东京 | ○ 关于海难事故和船员遗弃的亚洲海员高峰会成员之间的紧急联络/支援机制的讨论<br>○ 独立缅甸海员工会联合会（国际运输工人联合会在缅甸政府管辖之外新建立的海员工会）<br>○ 国际运输工人联合会亚洲地区工作 |
| 2016年6月21日 | 第33届* | 菲律宾 马尼拉 | ○ 关于海难事故和船员遗弃的亚洲海员高峰会成员之间的紧急联络/支援机制的讨论<br>○ 扩大组织的工会活动<br>○ 关于新加盟组织 |
| 2017年10月11日 | 第34届 | 新加坡 | ○ 通过有关海难事故及船员遗弃的工作规则<br>○ 扩大组织的工会活动<br>○ 对新技术在航运领域应用的研讨 |
| 2018年4月11日 | 第35届 | 韩国 釜山 | ○ 自动航行船<br>○ 海事宣传 |
| 2019年10月23日 | 第36届 | 越南 河内 | ○ 自动航行船<br>○ 女性船员<br>○ 遗弃船员 |
| 2023年4月11日 | 第37届 | 日本 东京 | ○ 新冠疫情（COVID－19）对船员的影响<br>○ 航运可持续发展目标<br>○ 亚洲船员峰会工作组会暂停召开 |

注：打星号*的中国海员（建设）工会没有参加会议

# 主要参考文献

1. 本书编写组：《中国共产党简史》，人民出版社、中共党史出版社，2021 年。

2. 李玉赋主编：《新编中国工人运动史（修订版）》（上下册），中国工人出版社 ，2020 年。

3. 中国工运研究所编写组编：《中国工会简史》，中国工人出版社，2020 年。

4. 邓中夏著：《中国职工运动史简史》，人民出版社，1953 年。

5. 于眉等：《祖国水运光辉十年》，人民交通出版社，1960 年。

6. 聂宝璋：《中国近代航运史资料第一辑》（上、下册），上海人民出版社，1983 年。

7. 中国海员工会全国委员会：《中国海员的光荣传统和崇高职责》，工人出版社，1984 年。

8. 中共广东省委党史研究委员会办公室、中共珠海市委党史办公室编：《苏兆征研究史料》，广东人民出版社，1985 年。

9. 中国航海史研究会编、彭德清主编：《中国航海史（现代航海史）》，人民交通出版社，1989 年。

10. 中国航海学会编、彭德清主编：《中国航海史（近代航海史）》，人民交通出版社，1989 年。

11. 王树才主编：《河北省航运史》，人民交通出版社，1988 年。

12. 《上海沿海运输志》编纂委员会编：《上海沿海运输志》，上海社会科学院出版社，1999 年。

13. 《武汉长江轮船公司史》编写委员会、周蔚琪、朱家玉主编：《武汉长江轮船公司史》，人民交通出版社，1991 年。

14. 曾生：《曾生回忆录》，解放军出版社，1992 年。

15. 天津港史编委会编、贵义和主编：《天津港史（现代部分）》，人民交通出版社，1992 年。

16. 中国海员工会广东省委员会编：《广东海员工人运动史》，广东人民出版社，1993 年。

17. 广东航运史（现代部分）编委会编、谭玉琦主编：《广东航运史（现代部分）》，人民交通出版社，1994 年。

18. 《招商局海员起义》编审会、朱临庆主编：《招商局海员起义》，北京：人民交通出版社，1995 年。

19. 招商局史（现代部分）编委会、王大勇、朱士秀主编：《招商局史（现代部分）》，人民交通出版社，1995 年。

20. 陈琦主编：《黄河上游航运史》，人民交通出版社，1999 年。

21. 上海市静安区文物史料馆、上海社会科学院历史研究所现代史研究室编：《红映浦江——上海工运历史研究》（第一辑），上海书店出版社，2020 年。

22. 上海市静安区文物史料馆、上海社会科学院历史研究所现代史研究室编：《红映浦江——上海工运历史研究》（第二辑），上海书店出版社，2022 年。

23. 刘启闽主编：《福建航运史（现代部分）》，人民交通出版社，2001 年。

24. 聂宝璋、朱荫贵编：《中国近代航运史资料第二辑》（上、下册），中国社会科学出版社，2002 年。

25. 国家经济贸易委员会组织编写、王海平主编：《中国集装箱运输发展》，人民交通出版社，2003 年。

26. 卢权、禤倩红著：《中国工运历史人物传略：林伟民》，中国工人出版社，2012 年。

27. 卢权、禤倩红著：《中国工运历史人物传略：苏兆征》，中国工人出版社，2012 年。

28. 中共烟台市委组织部、中共烟台市委宣传部、烟台市档案馆：《红色的记忆》，黄河数字出版社，2013 年。

29. 中国航海日活动组织工作委员会办公室著：《中国航海日十周年回顾》，人民交通出版社股份有限公司，2015 年。

30. 苏若群、姚金果著：《第一次国共合作始末》，中共党史出版社，2016 年。

31. 交通运输部海事局编：《中国海员史（现代部分）》，人民交通出版社股份有限公司，2019 年。

32. 交通运输部海事局编：《中国海员史（古、近代部分）》，人民交通出版社股份有限公司，2017 年。

33.《中国远洋海运发展史》编委会编：《中国远洋海运发展史（1-8 卷）》，人民交通出版社股份有限公司，2020 年。